Statistisches Reichsamt

# Statistisches Jahrbuch für das Deutsche Reich

Statistisches Reichsamt

**Statistisches Jahrbuch für das Deutsche Reich**

ISBN/EAN: 9783741166624

Hergestellt in Europa, USA, Kanada, Australien, Japan

Cover: Foto ©Thomas Meinert / pixelio.de

Manufactured and distributed by brebook publishing software (www.brebook.com)

Statistisches Reichsamt

# Statistisches Jahrbuch für das Deutsche Reich

# Statistisches Jahrbuch

für das

# Deutsche Reich

Herausgegeben

vom

Kaiserlichen Statistischen Amt

Fünfundzwanzigster Jahrgang

1904

Berlin

Verlag von Puttkammer & Mühlbrecht

Buchhandlung für Staats- und Rechtswissenschaft

# Zur Beachtung

## Abkürzungen:

| | | | | |
|---|---|---|---|---|
| Für die Münz-Einheit: | ℳ = Mark | | Für die körperliche Einheit: | hl = Hektoliter |
| » » Längen- » : | m = Meter | | » » Gewichts- » : | kg = Kilogramm |
| » » » » : | km = Kilometer | | » » » » : | dz = Doppelzentner (= 100 kg) |
| » » Flächen- » : | ha = Hektar | | | |
| » » » » : | qkm = Quadratkilometer | | » » » » : | t = Tonne (= 1 000 kg) |
| » » körperliche » : | l = Liter | | | |

Bei Seeschiffen ist 1 Registerton = 2,832 Kubikmeter.

% bedeutet das Verhältnis im Vergleich zu 100, ‰ im Vergleich zu 1 000.

Wo die Einheit für die Darstellung zu klein erschien, wurde die Mengenangabe, wie in den Tabellen jedesmal ausdrücklich bemerkt ist, in Tausenden gemacht, bei welchen dann die erste Dezimalstelle die Hunderte bezeichnet, so daß beispielsweise zu lesen sind: 12 347,8 (1 000 t) = 12 Millionen 347 tausend 8 hundert Tonnen; 0,2 (1 000 t) = 200 Tonnen; 1 689 648,2 (1 000 ℳ) = 1 Milliarde 689 Millionen 648 tausend 2 hundert Mark.

In den Tabellen hat ein liegender Strich an Stelle einer Zahl die Bedeutung einer Null (nichts); 0,0 bezeichnet mehr als nichts, aber weniger als 5 Hundertstel; 0,00 weniger als 5 Tausendstel. Ein Punkt an Stelle einer Zahl bedeutet, daß die betreffende Angabe nicht gemacht werden kann, weil entweder der Nachweis fehlt, oder die tatsächlichen Voraussetzungen für die Fragestellung nicht zutreffen.

Die im Abschnitt »Quellennachweis« angewendeten bibliographischen Abkürzungen sind in den »Vorbemerkungen« aufgeführt.

# Berichtigungen

Auf S. 11, in den Fußnoten 1—3, ist statt S. 15 zu lesen: S. **10**.
» » 74, Zeile 5 von oben ist statt (s. unter 10) » » (s. unter **11**).
» » 224 ist in der Überschrift statt 2 bis 9 » » 2 bis **10**.
» » 224 » » » Vorbemerkung, vorletzte Zeile, statt 5 bis 9 zu lesen: 5 bis **10**.
» » 225 » » » » statt S. 230 fg. zu lesen: S. **224** fg.
» » 235 » » » Fußnote 2 statt Anh. c S. 223 » » Anh. **d** S. 223.

# Inhaltsverzeichnis

——[illegible]——

# Quellennachweis

für die

## nachfolgenden Zusammenstellungen I—XX

## Zugleich Übersicht

der bis Juni 1904 erschienenen

## Veröffentlichungen des Kaiserlichen Statistischen Amts

in sachlicher Anordnung

---

Vorbemerkungen

**Zur Einrichtung, Entwicklung und Geschichte der Reichsstatistik im allgemeinen, der Statistik des Deutschen Reichs und des Kaiserlichen Statistischen Amts:**

Hinweis auf die Inaussichtnahme einer besonderen Reichsbehörde für Statistik — s. Thronrede bei der Eröffnung des Reichstages am 8. April 1872 ... in Stenogr. Ber. d. Deutsch. Reichst., I. Leg. Per., III. Sess. 1872, Bd. 1 (S. 2, Abs. 5).

»Denkschrift betreffend den (ersten) Etat für das Statistische Amt (1872—73)« — s. Drucksachen des Deutschen Reichstages I. Leg. Per., III. Sess. 1872, Bd. 1, Nr. 8 (S. 12—13).

Beratung — s. Stenogr. Berichte dazu, Bd. 1 (S. 25, 27—29).

Mitteilung über die erfolgte Errichtung des K. St. Amts — s. Deutscher Reichs-Anzeiger vom 15. August 1872, Nr. 191.

»Die Anordnungen des Bundesrates für die gemeinsame Statistik der deutschen Staaten mit den vorbereitenden Verhandlungen, insbesondere den Protokollen und Berichten der Kommission für die weitere Ausbildung der Statistik des Zollvereins« .................. I. R. Bd. 1 (1873).

»Zusammenstellung der zu Anfang des Jahres 1884 geltenden Bestimmungen für die gemeinsame Statistik des Deutschen Reichs« ... N. F. Bd. 1 (1884).

»Die Statistik des Deutschen Reichs im Jahre 1897« (Übersicht über die Entwicklung der Statistik des Deutschen Reichs und über die Arbeiten des K. Statist. Amts im einzelnen) N. F. Bd. 101 (1897).

Jährliche Nachträge dazu in jedem ersten Vierteljahrsheft z. Stat. d. D. Reichs.

»Statistik der Organisation der Zoll- und Steuerverwaltung« ............ in I. R. Bd. 6 (1874).

Entwicklung und Einrichtung der deutschen Arbeiterstatistik ..... Beitr. z. Arb.-Stat. Nr. 1 (1904) (S. 178—212).

Einrichtung der Abteilung für Arbeiterstatistik R.-Arb.-Bl. 1903, Nr. 1 (S. 2—4).

»Die amtliche Statistik Deutschlands. Der 9. Tagung des Internationalen Statistischen Instituts ... 1903 vorgelegt«. Berlin (Carl Heymanns Verlag) 1903. 8° (38 Seiten).

Nekrologe[1]: »Zur Geschichte des K. Stat. Amts«: (Karl Becker † und Matthias Schumann †) ..... V.-H. 1896, III (S. III, 1—4). Hans von Scheel † (nebst Verzeichnis seiner Schriften) ..... V.-H. 1901, IV (4 Seiten). Leopold Wilhelmi † .. V.-H. 1904, I (2 Seiten).

[1]) Vgl. auch: »Zeitschrift des Kgl. Preuß. Statistischen Bureaus« — »Allgem. Deutsche Biographie, Nachträge« — »Biographisches [illegible]«.

**Die Veröffentlichungen des Kaiserlichen Statistischen Amts**[1]) sind außer dem vorliegenden Jahrbuch folgende:

1. **Statistik des Deutschen Reichs**

   Erste Reihe, Bd. 1—63 (I—LXIII); 1873 bis 1883.

   Seit 1884: Neue Folge, Bd. 1—149. Seit 1903 ohne den Zusatz N. F.: Bd. 150—155 (Tabellen), 157, 164.

   Von Band 39 der Neuen Folge (Beschreibung der Wasserstraßen) sind bis jetzt Teil 1: (Gebiet der Ostsee), Teil 2, a: (Elbe), Teil 2, b: (Wesergebiet) und Teil 2, c: (Emsgebiet) erschienen; Teil 3: (Rhein- und Donaugebiet) ist dem Abschluß nahe.

2. **Vierteljahrshefte zur Statistik des Deutschen Reichs**

   Die Jahrgänge 1873 bis 1876 bilden die Bände 2, 8, 14 und 20 der Ersten Reihe der Statistik des Deutschen Reichs. Eine neue Folge der Vierteljahrshefte erscheint seit 1892 als besondere Zeitschrift. Die Hefte erscheinen in der Regel im März, Juni, September und Dezember (vgl. letzte Seite des Umschlags). Jahrg. 1—13 (1892—1904).

3. **Monatshefte zur Statistik des Deutschen Reichs**

   Diese sind von 1877 bis 1881 als Bände 25, 30, 37, 43, 48, 53 und 59 der Ersten Reihe der Statistik des Deutschen Reichs, von 1884 an als besondere Zeitschrift erschienen. Seit 1892 erscheinen an ihrer Stelle außer den V.-H. (Nr. 2):

   Monatliche Nachweise über den Auswärtigen Handel des deutschen Zollgebiets, nebst Angaben über Großhandelspreise, Gewinnung von Zucker und Branntwein, Mühlenlagerverkehr und Ausrechnung von Einfuhrscheinen.

4. **Drucksachen des Kais. Statist. Amts — Abteilung für Arbeiterstatistik:**

   Erhebungen, Nr. 1—2 (1903—1904).

5. **Reichs-Arbeitsblatt.** Herausgegeben vom K. Stat. Amt — Abteilung für Arbeiterstatistik.

   Seit April 1903 monatlich (vgl. auch letzte Seite des Umschlags).

6. **Beiträge zur Arbeiterstatistik.** Bearbeitet im K. St. Amt — Abteilung für Arbeiterstatistik. Nr. 1 (1904).

7. **Einzelarbeiten**, nachstehend sachlich eingeordnet (vgl. auch letzte Seite des Umschlags).

[1]) Verlag für die Nr. 1—3 und »Jahrbuch«: Puttkammer & Mühlbrecht, Berlin, NW. 7, Unter den Linden 64. Verlag für die Nr. 4—6: Carl Heymann's Verlag, Berlin, W. 8, Mauerstraße 43—44, wo auch die »Drucksachen des Beirats für Arbeiterstatistik: Verhandlungen (Protokolle) [illegible]

Der hier folgende Quellennachweis ist nach den Hauptabschnitten (I—XX) des vorliegenden Jahrbuchs eingeteilt, und es sind außer den Veröffentlichungen des Statistischen Amts auch die für die Bearbeitung der genannten Abschnitte benutzten sonstigen Quellenwerke genannt. Vorläufige Nachweisungen, die in den »Vierteljahrsheften« zur Veröffentlichung gelangten, sind hier nur insoweit berücksichtigt, als endgültige Feststellungen noch nicht an Stelle der vorläufigen getreten sind. Veröffentlichungen des Kaiserlichen Statistischen Amts im Deutschen Reichsanzeiger sind nur dann erwähnt, wenn ihr Inhalt bisher in den eigenen Veröffentlichungen des Amts noch nicht wiedergegeben worden ist.

Bei den Hinweisen auf die Veröffentlichungen des Kaiserlichen Statistischen Amts sind folgende Abkürzungen angewendet:

1. R. = Erste Reihe der Statistik des Deutschen Reichs (Bd. 1 bis 63);[1])
N. F. = Neue Folge der Statistik des Deutschen Reichs (Bd 1—149);
Bd. = Statistik des deutschen Reichs, Band (Bd. 150 fg.);
M.-H. = Monatshefte (1884—1891);
M.-N. = Monatl. Nachweise über den auswärt. Handel (1892 fg.);
V.-H. = Vierteljahrshefte (1892 fg.);
R.-Arb.-Bl. = Reichs-Arbeitsblatt (1903 fg.);
Erhebg. = Drucksachen des K. St.-Amts — Abteilung für Arbeiterstatistik — Erhebungen, Nr... (1903 fg.);
Beitr. z. Arb.-Stat. = Beiträge zur Arbeiterstatistik, Nr... (1904).

## I. Gebietseinteilung und Bevölkerung

### Volkszählungen

Die Volkszählung v. 1. Dez. 1871 T. 1... 1. R. Bd. 2, S. 97.
» » » » » » 2... » » 14, » VI. 1.
Dsgl. vom 1. Dezember 1875: Hauptergebnis 1. R. Bd. 37, S. VIII. 67.
Berichtigung .................. 1. R. Bd. 25, Febr.-H. S. 176.
(Ausführliche Bearbeitung) T. 1 » » 25, Juli-H. » 1.
» 2 » » 30, Apr.-H. » 1.
Die Volkszählung am 1. Dez. 1880 .......... 1. R. Bd. 57
Dsgl. v. 1. Dez. 1885 .......................... N. F. » 32.
» » 1. Dez. 1890 .......................... » » 68
» » 2. Dez. 1895 .............. V.-H. { 1897, I—IV. 1898, I—II.
» » 1. Dez. 1900 ...................... Bd. 150—151

Besondere Arbeiten zur Bevölkerungsstatistik — (vgl. auch unten: »Gewerbe«).

Synoptische Zusammenstellung der in den einzelnen deutschen Staaten erlassenen Vorschriften über die Registerführung bei den Eheschließungen, Geburten und Sterbefällen .. 1. R. Bd. 25, Dezbr.-H. (S. 9—27).

Deutsche Sterbetafel, gegründet auf die Sterblichkeit der Reichsbevölkerung in den 10 Jahren 1871/72 bis 1880/81, nebst Vergleichungen mit anderen Sterbetafeln.... M.-H. 1887, XI.
Berichtigung hierzu...... » 1887, XII.

Eine gekürzte Darstellung — s. im Jahrbuch 1888.

Die Volkszahl der deutschen Staaten nach den Zählungen seit 1816 1. R. Bd. 37, Juli-H. S. 1.

Eisenbahn- und Bevölkerungsstatistik der deutschen Städte, insbesondere der deutschen Kleinstädte und Landstädte in der Periode von 1867 bis 1875 1. R. Bd. 30, Okt.-H. S. 1.

Dsgl. f. d. Periode 1867 bis 1880...M.-H. 1884, V.

Bevölkerungsdichtigkeit nach der Volkszählung vom 1. Dezbr. 1875... 1. R. Bd. 30, März-H. S. 37.

Stand und Bewegung der Bevölkerung des Deutschen Reichs und fremder Staaten in den Jahren 1841 bis 1886.................... N. F. Bd. 44.

Die Bevölkerung des Deutschen Reichs im 19. Jahrhundert auf Grund der deutschen und der internationalen Bevölkerungsstatistik .. V.-H. 1902, I. (vgl. a. »Volkszählung 1900« Bd. 150, S. 183[b]).

Bevölkerungsvermehrung 1890/95 und 1895/00 V.-H. 1897, III.

Die Deutschen im Auslande und die Ausländer im Deutschen Reich
(vom 1. Dezember 1880).......... M.-H. 1884, VIII.
Dsgl. (1. Dezember 1890) ....... V.-H. 1894, III.

Die Ausländer im Deutschen Reich (1. 12. 1900) V.-H. 1902, I, sowie in Bd. 150 u. 151.

Verzeichnis aller Wohnorte von 2000 und mehr Einwohnern
(1. Dezember 1875) ....... 1. R. Bd. 25, Juli-H. S. 50.
Dsgl.: (1. Dezember 1880)............... 1. R. Bd. 57.
Dsgl.: (1. Dezember 1885)............... N. F. » 32.
Dsgl.: (1. Dezember 1890)........... V.-H. 1892, II.
Dsgl.: (2. Dezember 1895).......... » 97, III.
Dsgl.: (1. Dezember 1900).......... { » 1902, I. und in Bd. 151.

Die Geburtenhäufigkeit 1894—1896 } s. unten:
» Heiratshäufigkeit 1891—1896 } »Bewegung der
» Häufigkeit der Sterbefälle und die natürliche Bevölkerungsvermehrung 1894—1896 } Bevölkerung«.

### Berufszählungen

a. Die Berufszählung vom 5. Juni 1882

Berufsstatistik des Reichs und der kleineren Verwaltungsbezirke mit einer Einleitung und mit kartographischen Darstellungen ....... N. F. Bd. 2.

Berufsstatistik der Großstädte ...... » » 3.

Berufsstatistik der Staaten und größeren Verwaltungsbezirke, 3 Teile ......... N. F. Bd. 4.

Die aus den Ergebnissen der allgem. Berufszählung vom 5. Juni 1882 bearbeitete landwirtschaftliche und gewerbliche Betriebsstatistik ist in N. F. Bd. 5—7 veröffentlicht. (Vgl. unten: »Land- u. Forstwirtschaft«, »Gewerbe«).

b. Die Berufs- und Gewerbezählung vom 14. Juni 1895

Die beschäftigungslosen Arbeitnehmer im Deutschen Reich am 14. Juni und 2. Dezember 1895 Ergänzg. zu V.-H. 1896, IV.

Die Hausiergewerbetreibenden im Deutschen Reich am 14 Juni 1895 ............... V.-H. 1897, I.

Die Bevölkerung nach Beruf, Alter, Familienstand und Religionsbekenntnis auf Grund der Berufszählung v. 14. Juni 1895 .. Ergänzg. zu V.-H 1897, II.

Berufsstatistik für das Reich im ganzen, Teil 1—2 N. F. Bd. 102—103.
» der Bundesstaaten, T. 1—3. N. F. Bd. 104—106.

Berufsstatistik der Großstädte, Teil 1—2... N. F. Bd. 107—108.
» der kleineren Verwaltungsbezirke N. F. Bd. 109.
» nach Ortsgrößenklassen ....... » » 110.

Die berufliche und soziale Gliederung des Deutschen Volkes n. d. Berufszählung v. 14 Juni 1895. (Mit 9 Tafeln u. 19 Karten) N. F. Bd. 111.

Über die Ergebnisse der landwirtschaftlichen und der gewerblichen Betriebszählung — s. unten: »Land- u. Forstwirtschaft« und »Gewerbe«.

## II. Bewegung der Bevölkerung

### Eheschließungen, Geburten und Sterbefälle

Im Dezember 1871 u. Jahr 1872 1. R. Bd. 8 .... S. VI. 1.
1873 ................ » » 14, .... » III. 92.
Nachtrag hierzu .. » » 25, .... » III. 106.
1874 ................ » » 25, .... » III. 46.
Nachtrag f. 1873 u. früher » » 25, April-H. S. 58.

[1]) Unterschied in römischen Ziffern.

1875 .................. 1. F. Bd. 25, April-H. S. 1.
72—75 .................. » » 30, Juli-H. » 1.
76 .................. » » 35, Dez.-H. » 1.
77 .................. » » 37, Febr.-H. » 1.
78 .................. » » 43, Januar-H. » 1.*
79 .................. » » 43, .... » XII. 1.
80 .................. » » 48, .... » XII. 1.
81 .................. » » 50, .... » 1. 1.*
82 .................. » » 50, .... » XII. 1.
83—89 .................. zu den M.-H. 1884—90. XII.
(Berichtigung zu 1888:) M.-H. 1889 (S. II, 10).
1890 fg. ........................ V.-H. 1892 fg., I.

Die Geburtenhäufigkeit im Durchschnitt der Jahre 1894—1896 (mit 1 Karte)... V.-H. 1899, I.

Die Heiratshäufigkeit i. d. Jahren 1891—1896, nachgewiesen nach kleineren Verwaltungsbezirken (mit 1 Karte)................ V.-H. 1900, I.

Die Häufigkeit der Sterbefälle und die natürliche Bevölkerungsvermehrung (Überschuß der Geburten über die Sterbefälle) in den Jahren 1894 bis 1898, nach kleineren Verwaltungsbezirken (mit 2 Karten) ..... V.-H. 1901, I.

Deutsche Sterbetafel (1871/72 bis 1880/81) — s. oben: »Besondere Arbeiten zur Bevölkerungsstatistik«.

Todesursachen in den Städten — s. unten: »Medizinalwesen«

**Selbstmorde** — s. Jahrbuch 1897 u. fg.

Die Selbstmorde in den Jahren
1893—1897 ........................ V.-H. 1898, I.
1894 fg.—1898 fg. .................... » 1900 fg., I.

Quellen:

Veröffentlichungen oder besondere Mitteilungen der landesstatistischen Zentralstellen (vgl. auch: »Allgemeines Statistisches Archiv, Jahrg. 4 (1896)«, S. 716 fg.).

**Überseeische Auswanderung**

| Jahr | 1. F. Bd. | | Jahr | 1. F. Bd. | |
|---|---|---|---|---|---|
| 1871/72.. | 2, | S. II. 12* | 1879 .... | 43, | S. III. 17. |
| 1873.. | 8, | » II. 112 | 80 .... | 48, | » II. 118. |
| 74.. | 14, | » II. 105 | 81 .... | 53, | » I. 18 |
| 75.. | 20, | » IV. 37. | 82 .... | 48, | » I. 58. |
| 76.. | 25, März-H. S. 1. | | 83 ........ | M.-H. 1884, I. | |
| 77.. | 30, März-H. » 29 | | 84 ........ | » 86, I. | |
| 78.. | 37, März-H. » 28* | | 85 ........ | » 85, I. | |

und so fort im jedem ersten M.-H. bzw. V.-H. des nächstfolgenden Jahres.

Vierteljährliche Nachweisungen der überseeischen Auswanderung: seit 1892 in den V.-H.; für das erste Vierteljahr im zweiten Heft usw; zuletzt für das zweite Vierteljahr 1899 in V.-H. 1899, III. Von da ab außer den obigen Jahresnachweisen nur noch monatliche Übersichten im »Deutschen Reichsanzeiger«.

**Ausweisungen von Ausländern** — s. Jahrbuch 1881 u. fg.

Quelle:

»Zentralblatt für das Deutsche Reich. Herausg. im Reichsamt des Innern. Berlin.«

**Erwerbung und Verlust der Reichs- und Staatsangehörigkeit**

durch Urkundenerteilung im

| Jahr | 1. F. Bd. | | Jahr | 1. F. Bd. | |
|---|---|---|---|---|---|
| 1872... | 2, | .. S. IV. 44. | 1879 .... | 43, | ... S. VII. 1. |
| 73... | 8, | .. » VII. 1. | 80 .... | 48, | ... » VII. 28. |
| 74 [illegible] | | | | | |

## III. Land- und Forstwirtschaft

**Landwirtschaftliche Betriebe**

Landwirtschaftliche Betriebsstatistik nach der Berufszählung von 1882 ... N. F. Bd. 5.

Die Landwirtschaft im Deutschen Reiche nach der landwirtschaftlichen Betriebszählung vom 14. Juni 1895. (Mit 8 Karten). N. F. Bd. 112.

**Landwirtschaftliche Bodenbenutzung**

Die Bodenbenutzung nach den landwirtschaftlichen Aufnahmen des Jahres 1878 ... 1. F. Bd. 43, S. II. 1.

Die Bodenkultur des Deutschen Reichs. Atlas der landwirtschaftlichen Bodenbenutzung nebst Darstellung der Forstfläche nach der Aufnahme im Jahre 1878 mit Tabellen und erläuterndem Text. Berlin 1881, Fol.° (15 Karten, XI u. 31 S.) [außerhalb der Nummernfolge der Bände d. St. d. D. R.[1])].

Die Ergebnisse der Ermittelung der landwirtschaftlichen Bodenbenutzung im Sommer 1883. M.-H. 1885, I.

Berichtigung hierzu: Neuaufnahme (1883) für den Kreis Lublinitz — s. V.-H. 1894, IV (S. 135, Anmerkung).

Desgl. im Jahre 1893 ........V.-H. 1894, IV.
» » » 1900 ........ » 1902, III.

Ergebnisse der Obstbaumzählung im Jahre 1900 V.-H. 1902, II.

**Anbau, Saatenstand und Ernten**

Erntestatistik für das Erntejahr
1878/79 ............ 1. F. Bd. 37, Dez.-H. S. 87.
79/80 ............ » » 43, S. X. 1.
80/81 ............ » » 48, S. VIII. 1.
81/82 ............ » » 53, » VII. 1.
82/83 ............ » » 58, » VII. 1.
83/84 ............ M.-H. 1884, XI.
84/85—90/91 ...... » 1885—91, VII.
91/92—1898 ...... V.-H. 1892—99 III. (bzw. IV).

Erntestatistik (erhoben nach dem Bundesratsbeschluß vom 18. Jan. 1899)
» » für das Jahr 1899... Ergänzungsheft zu V.-H. 1899, IV.
» » » 1900 fg ..............V.-H 1901 fg., I.

Rückblick auf die beiden Jahrzehnte 1878/87 und 1888/97 ... V.-H. 1899, III.

Saatenstandsnachrichten und Ernteschätzungen[1]) für das Jahr
1893—1898.............. V.-H. 1893—1898, IV.
Berichtigung zu 1894 ...... » 1895, I.

Anbauflächen der hauptsächlichsten Fruchtarten im Juni 1899 ... V.-H. 1899, IV.
» » » 1900 fg.. » 1900 fg., III.

Hopfenanbau und Schätzung der Hopfenernte im Jahre 1899 fg. ... V.-H. 1899 fg., IV.

Tabakbau und -Ernte — s. unten: Tabaksteuer bei »Finanzwesen«.

Anbau von Zuckerrüben — im Mai- oder Juniheft der M.-H. 1895 fg.

(vgl. auch unten: »Preise usw«, »Verbrauchsberechnungen«).

Der Ausfall der Obsternte
im Jahre 1873 ............ 1. F. Bd. 2, S. IV. 95.
für 1874 .................. » » 11, » I. 137.
» 75 .................. » » 20, » IV. 1.
» 76 .................. » » 25, Mai-H. S. 1.
» 77 und Ergänzungen zum Bericht für 1876.......... » » 37, Jan.-H. S. 1.*
Der Obstbau im Herzogtum Sachsen-Coburg .......... » » 25, Sept.-H. S. 43.

Die Veröffentlichungen über die Obsternten sind nicht fortgesetzt.

Obstbaumzählung — s. oben Bodenbenutzung.

Weinmosternte im Jahre 1902 fg. . . V.-H. 1903 fg., I.

**Forsten und Holzungen**

Bei der Anbauerhebung im Jahre 1878 wurden die Größen der Forstflächen, im Jahre 1883 auch die Bestandsarten der Forsten und die Verteilung der Forsten nach dem Besitzstande erhoben. Die Ergebnisse für 1878 sind in Bd. 43 der 1. R. der Stat. d. D. R., S. II. 1 ff., sowie in dem Atlas der Bodenkultur, Übersicht I. und Karte Nr. 15, enthalten. Die Ergebnisse für 1883 sind veröffentlicht als:

Beiträge zur Forststatistik .......... V.-H. 1884, VIII.
Desgl. hierzu.......................... » 84, IX.
Berichtigung: Neuaufnahme (1883) für den Kreis Lublinitz.. V.-H. 1884, IV.
Die Ergebnisse der forststatistischen Erhebungen des Jahres 1893 ...... » 94, IV.
Berichtigung hierzu.................. » 95, II.
Die Forsten und Holzungen 1900. Ergänzg. z. V.-H. 1903, II.

Das Forstland nach der landwirtschaftlichen Betriebszählung vom Jahre 1895 — vgl. oben »Landwirtschaftliche Betriebe«.

## IV. Viehstand

Die Ergebnisse der Viehzählung vom 10. Januar 1873 ................ I. R. Bd. 8, S. IV. 73.
Desgl. vom 10. Januar 1883 ............ V.-H. 1884, VI.
Desgl. vom 1. Dezember 1873 und vom 1. Dezember 1883 ...................... V.-H. 1884. I.
Die Ergebnisse der Viehzählung vom 1. Dezember 1892 ...................... V.-H. 1894, II.
Berichtigung hierzu .................... » 95, I.
Desgl. vom 1. Dezember 1897 ............ » 98, II.
» » 1. » 1900, Ergänzg. zu V.-H. 1903, I.

Die Viehhaltung der landwirtschaftlichen Betriebe (1895) — vgl. oben »Landwirtschaftliche Betriebe«.

## V. Gewerbe

**Allgemeine Gewerbestatistik**

a. Gewerbestatistik vom 1. Dezember 1875
Sämtliche Gewerbebetriebe:
Einleitung und Gewerbegruppen I—X. 1. R. Bd. 34, T. 1.
Gewerbegruppen XI—XIX., Wiederholungen nach Staaten, Bezirken usw. und Übersicht der Werkstätten des Eisenbahn-, Post- und Telegraphenbetriebes.... 1. R. Bd. 34, T. 2.
Gewerbebetriebe mit mehr als 5 Gehilfen:
Betriebs- und Personalverhältnisse. 1. R. Bd. 35, T. 1.
Verwendete Umtriebs- und charakteristische Arbeitsmaschinen ....... 1. R. Bd. 35, T. 2.

b. Gewerbestatistik nach der Berufszählung vom 5. Juni 1882
Gewerbestatistik des Reichs mit einer Einleitung, sowie mit Nachweisungen für die kleineren Verwaltungsbezirke und mit kartographischen Darstellungen.................. N. F. Bd. 6, T. 1.
Gewerbestatistik der Großstädte.. » » 6, » 2.
Gewerbestatistik der Staaten und größeren Verwaltungsbezirke. In 2 Abschn.... N. F. Bd. 7.

c. Gewerbestatistik nach der Berufs- und Gewerbezählung vom 14. Juni 1895
Hauptergebnisse der gewerblichen Betriebszählung Ergänzg. zu V.-H. 1898, I.
Gewerbestatistik
für das Reich im ganzen ... N. F. Bd. 113.
der Bundesstaaten, T. 1–2. N. F. Bd. 114-115.
der Großstädte ............ N. F. Bd. 116.
der Verwaltungsbezirke, Teil 1—2... N. F. Bd. 117 – 118.

Gewerbe und Handel im Deutschen Reich nach der gewerblichen Betriebszählung vom 14. Juni 1895 (Mit 14 Karten). N. F. Bd. 119.

**Besondere Arbeiten zur Gewerbe- und Sozialstatistik**

Reichs-Arbeitsblatt. Darin regelmäßig u. a. Mitteilungen über: Arbeitsmarkt, Arbeitsvermittelung und Arbeitslosigkeit, Arbeitsbedingungen, Arbeiterschutz, Arbeitsstreitigkeiten, Arbeiterversicherung, Wohnungswesen, Gesetzgebung, Tätigkeit der Gewerbegerichte. Jahrg. 1903 fg.

Allgemeine Bestandsverhältnisse der deutschen Gewerbe 1875...... 1. R. Bd. 48, S. II. 1.

Die wichtigsten Handwerker für Herstellung von Nahrungsmitteln: Fleischer, Müller, Bäcker 1875............. 1. R. Bd. 48, S. III. 1.

Die Bekleidungsgewerbe 1875 1. R. Bd. 48, S. V. 1.

Die wichtigsten Handwerker für Holzarbeiten: Tischler, Stellmacher, Böttcher und Korbmacher 1875...... 1. R. Bd. 48, S. VI. 17.

Tabakfabrikation (1878) — s. unten: Tabaksteuer bei »Finanzwesen«.

Erhebung über Verhältnisse im Handwerk. Veranstaltet im Sommer 1895. Bearbeitet im Kaiserlichen Statistischen Amt. Heft 1—3. Berlin 1895 — 96. (Nicht im Buchhandel.)

Mitteilungen hieraus.... V.-H. 1896, I. u. II.

Erhebung über die Arbeitszeit
der Gehilfen und Lehrlinge im Fleischergewerbe (1902) ..... .....Erhebg. 1.[1])
dgl. in gewerblichen Fuhrwerksbetrieben (1902) Erhebg. 2.

Arbeitslöhne — s. unten: »Preise und Löhne«.

Die amtliche Arbeiterstatistik in England, Frankreich, Österreich und in den Vereinigten Staaten von Amerika... V.-H. 1894, 95, 96 u. 99, III.

Die Fortschritte der amtlichen Arbeitsstatistik in den wichtigsten Staaten.
Teil 1: Verein. Staaten v. Amerika, Großbritannien u. Irland, Frankreich, Belgien, Österreich, Deutsches Reich[2]) ....... Beitr. z. Arb.-Stat. 1.

Die Organisation der Streikstatistik in England, Frankreich, Italien, Österreich u. d. Vereinigten Staaten v. Amerika ...... V.-H. 1898, IV.

Legitimationsscheine usw. für Handlungsreisende und Legitimationsscheine für Hausierer usw., im Deutschen Reiche (ausschl. Elsaß-Lothringen) 1870 — 1882 ausgestellt..... 1. R. Bd. 59. (S. VIII. 19.)

Die beschäftigungslosen Arbeitnehmer am 14. Juni u. 2. Dezbr. 1895 — s. oben: »Berufs- u. Gewerbezählung von 1895«.
Die Hausiergewerbetreibenden am 14. Juni 1895 ............ — s. oben: »Berufs- u. Gewerbezählung von 1895«.

Statistik der öffentlichen Armenpflege im Jahre 1885...... ............... N. F. Bd. 29.

Die Einwirkung der Versicherungsgesetzgebung auf die Armenpflege — s. unten: »Versicherungswesen«.

Rechtsprechung der Gewerbegerichte — s. unten: »Justizwesen«.

Atlas und Statistik der Arbeiterversicherung — s. unten: »Versicherungswesen«.

Unfallstatistik — s. unten »Unfallversicherung«.

---

[1]) Die Erhebungen der früheren »Kommission für Arbeiterstatistik«, Nr. I—XI (1892—1897), sind hier nicht berücksichtigt.

[2]) Vgl. auch: »Organisation d. amtl. Arbeiterstatistik i. Deutsch. Reiche [illegible] Kais. Stat. Amte [illegible] Berlin (C. Heymann) 1905 [illegible]

Konkursstatistik — s. unten: »Justizwesen«.

Zur Produktionsstatistik ... V.-H. 1898, I—II.

Deutsche Streikstatistik ....... V.-H. 1899, IV.

Gewerbliche Kinderarbeit außerhalb der Fabriken, Erhebung v. Jahre 1898 V.-H. 1900, III.

Die Deutsche Volkswirtschaft am Schlusse des 19. Jahrhunderts. Auf Grund der Ergebnisse der Berufs- und Gewerbezählung von 1895 und nach anderen Quellen bearbeitet. Berlin 1900. 8° (VIII. u. 210 S.)

Erzeugung der verbrauchssteuerpflichtigen Gegenstände: Bier, Branntwein, Salz, Schaumwein, Stärkezucker, Tabak, Zucker sowie Spielkartenfabrikation — s. unten: »Finanzwesen«.

**Die jugendlichen Fabrikarbeiter und die Fabrikarbeiterinnen**

Im Jahre 1892.............. V.-H. 1894, I

Desgl. i. d. J. 1893 fg....... V.-H. 1894 fg., IV.

(Berichtigte Zahlen für 1899 — s. V.-H. 1901, I.)

(Vgl. auch: Jahrbuch 1896 u. fg.)

Quelle:

Jahresberichte der Gewerbe-Aufsichtsbeamten usw f. d. J. 1902. Berlin 1903.

**Streiks und Aussperrungen**

Jahrgänge 1889—1901 .. N. F. Bd. 134, 141, 148; Bd. 147, 164.

Zur Statistik der Streiks und Aussperrungen. Summarische Übersichten für die einzelnen Vierteljahre; seit 1899 in den V.-H.; für das erste Vierteljahr im zweiten Heft usw.

**Bergwerks-, Salinen- und Hüttenbetrieb**

Die Erzeugnisse der Bergwerke, Salinen und Hütten im Deutschen Reich (1871 ohne Elsaß-Lothringen) und in Luxemburg

| Jahr | I. R. Bd. | Jahr | I. R. Bd. |
|---|---|---|---|
| 1871... | 2, S. II. I. | 1877..... | 30, Okt.-H. = I.* |
| 72... | 8, = III. 78. | 78..... | 37, = = I. |
| 73... | 14, = II. I. | 79..... | 43, S. X. I.* |
| 74... | 20, = II I. | 80..... | 49, = X I. |
| 75... | 25, Juni-H. S. I. | 81..... | 53, = X. I. |
| 76... | 30, = = I. | 82..... | 59, = X. I. |

1883—90.......................... V.-H. 1884—91, X.

1891 fg........................... V.-H. 1892 fg., IV.

Vorläufige Mitteilung für 1903...... = 1904, II.

Salzgewinnung usw — s. außerdem unten: Salzsteuer bei »Finanzwesen«.

Besondere Arbeiten zur Montanstatistik

Der deutsche Steinkohlenbergbau in den Jahren 1881 bis 1890 ................V.-H. 1892, I.

Die Erzeugung von Roheisen im Deutschen Reich und in Luxemburg während der 20 Jahre 1872 bis 1891 ....................V.-H. 1892, II.

Die Erzeugung von Zink, Blei, Kupfer, Silber und Gold im Deutschen Reich während der 20 Jahre 1872 bis 1891........V.-H. 1893, I.

Zur Statistik des staatlichen Montanbetriebes im Deutschen Reich...............V.-H. 1896, III.

Börsenpreise von deutschem Roheisen, Blei, Kupfer und Zink an deutschen Plätzen 1881 bis 1895 V.-H. 1896, IV.

Desgl. von Blei, Kupfer, Zink und Zinn in London und in New-York in den 12 Jahren 1885 bis 1896.............V.-H. 1898, III.

Die Förderung und der Absatz von Steinkohlen in Deutschland 1891 bis 1900....V.-H. 1901, I.

Die Braunkohlen im Deutschen Reich, deutscher Kohlenverbrauch und außerdeutsche Kohlen-

Petroleumproduktion, Handel und Verbrauch (1881 bis 1899).............V.-H. 1901, I.

Der Verbrauch von Gold zu gewerblichen Zwecken — s. unten: »Verbrauchsberechnungen«.

**Dampfkessel und Dampfmaschinen sowie Dampfkesselexplosionen**

Die Dampfkessel und Dampfmaschinen (Anfang d. J. 1879)........I. R. Bd. 43, S. IV. I.

Die Dampfkesselexplosionen

| i. J. | I. R. Bd. | i. J. | |
|---|---|---|---|
| 1877.... | 30, Dez.-H. S. I.* | 1884.. | V.-H. 1885, IX. |
| 78.... | 37, Sept.-H. = I. | = 85.. | = 86, VIII. |
| 79.... | 43, S. XI. I.* | = 86.. | = 87, VI. |
| 80.... | 48, S. VII. I. | = 87.. | = 88, VIII. |
| 81.... | 53, = X. 157. | = 88.. | = 89, VIII. |
| 82.... | 59, = X. 163 | = 89.. | = 90, VIII. |
| 83.... | V.-H. 1884, IX | = 90. | = 91, X. |
| | | = 91 fg. V.-H. | 92 fg., III. |

**Patente, geschützte Muster und Warenzeichen** — s. Jahrbuch 1888 u. fg.

Quellen:

Statistik des Kaiserlichen Patentamts, enthalten in einer der ersten Nummern jedes Jahrgangs der Zeitschrift »Blatt für Patent-, Muster- und Zeichenwesen«. Berlin.

Nachweise über das Musterregister, enthalten im Deutschen Reichsanzeiger (Zentral-Handelsregister für das Deutsche Reich) in einer der ersten Nummern jedes Jahrgangs.

## VI. Verkehr

**Post und Telegraphie** — s. Jahrbuch 1880 u. fg.

Quellen:

Statistik der Deutschen Reichs-Post- (1876 fg.: und Telegraphen) verwaltung. Berlin. Erscheint jährlich kurz nach Eröffnung des Reichstages für das vorhergehende Kalenderjahr.

**Eisenbahnen** — s. Jahrbuch 1880 u. fg.

Quellen:

Statistik der im Betriebe befindl. Eisenbahnen Deutschlands. Bearbeitet im Reichs-Eisenbahnamt. Berlin. Erscheint jährlich für das Betriebsjahr.

Statistik der Güterbewegung auf deutschen Eisenbahnen nach Verkehrsbezirken geordnet. Herausg. im Kgl. Preuß. Ministerium der öffentl. Arbeiten. Berlin. Erscheint jährlich für das Kalenderjahr.

Zeitschrift für Kleinbahnen. Herausg. im Kgl. Preuß. Ministerium der öffentl. Arbeiten. Jahrg. 1904, Ergänzungsheft (Januar). Berlin.

Besondere Arbeiten zur Statistik der Eisenbahnen:

Die Kleinbahnen in Deutschland..V.-H. 1898, III.

Kleinbahnen mit elektrischem Betrieb — s. Jahrbuch 1899 und 1901.

Kleinbahnen, (die dem öffentlichen Verkehr dienen) — s. Jahrbuch 1903 u. fg.

**Binnenschiffahrt**

a. Beschreibendes Verzeichnis der Wasserstraßen

Nach dem Stande des Jahres 1873...I. R. Bd. 15.

Die Stromgebiete des Deutschen Reichs. 3 Teile.

| | | | | |
|---|---|---|---|---|
| Teil I: Gebiet der Oder..... | N. F. Bd. 39, Teil I. | | | |
| = IIa: = = Elbe..... | = = 39, = IIa. | | | |
| = IIb: = = Weser..... | = = 39, = IIb. | | | |
| = IIc: = = Ems..... | = = 39, = IIc. | | | |

Die deutschen Wasserstraßen (Gesamtlänge der

b. Bestand der Flußschiffe

Bestand der Fluß-, Kanal-, Haff- und Küstenschiffe Ende 1872 . . . I. R. Bd. 7, S. I. 1.
Ende 1877 . . . . . . . . . . . . » » 41, » IV. 1.
» 82 . . . . . . . . . . . . . . . . in N. F. Bd. 18.
» 87 . . . . . . . . . . . . . . . . » » » » 38.
» 92 . . . . . . . . . . . . . . . . » » » » 70.
» 97 . . . . . . . . . . . . . . . . » » » » 109
» 1902 . . . . . . . . . . . . . . . » » » » 160.

Zusammenstellung für die Jahre
1877, 1882, 1887 und 1892 . . . . . . . . . . V.-H. 1894, I.
» » » 1882 und 1887 . . . . . . . . » 99, II.
» » » » 1887 und 1902 . . . . » 1904, II.

c. Verkehr auf den Wasserstraßen und beobachtete Wasserstände

Jahrgänge
1873—75 . . . . . . . . . . I. R. Bd. 7, 12, 19, 24.
76—80 . . . . . . . . . . » » 29, 36, 41, 47, 52.
81—84 . . . . . . . . . . » » 58, 63; N. F. 12, 16, 22.
85—90 . . . . . . . . . . N. F. » 28, 36, 43, 50, 57.
91—95 . . . . . . . . . . » » 63, 70, 76, 82, 89.
96—1900 . . . . . . . . . . » » 94, 100, 125, 131, 139.
1901—02 . . . . . . . . . . » » 145, 149.

d. Besondere Arbeiten zur Statistik des Verkehrs auf den Wasserstraßen.

Der Verkehr auf den Wasserstraßen
1873—74 . . . . . . . . . . . . . . . . . . I. R. Bd. 20, S. III. 43.
77—86 . . . . . . . . . . . . . . . . . . . . . . M.-H. 1887, XII.
73—87 bis 1872—90 . . N.-H. 1889—91 X (bzw. XII).
78—91 ff. . . . . . . . . . . . . . . . V.-H. 1893 ff., I. (bzw. II).

Der Wasserverkehr der Stadt Berlin
1840—73 . . . . . . . . . . . . . . . . . I. R. Bd. 7, S. V. 1—49.
40—72, 1873 und 1874 . . » » 24, » III. 46—47.

Seeschiffahrt

a. Bestand der deutschen Kauffahrteischiffe — Seeverkehr in den deutschen Hafenplätzen — Seereisen deutscher Schiffe — Schiffsunfälle an der deutschen Küste — Verunglückungen deutscher Seeschiffe.

Jahrgänge
1873—75 . . . . . . . . . . I. R. Bd. 13, 18, 23.
76—80 . . . . . . . . . . » » 28, 31, 39, 44, 51.
81—85 . . . . . . . . . . » » 56, 62; N. F. 11, 17, 23.
86—90 . . . . . . . . . . N. F. » 27, 35, 42, 49, 56.
91—95 . . . . . . . . . . » » 62, 68, 75, 81, 87.
96—1900 . . . . . . . . . . » » 93, 99, 124, 130, 137.
1901—02 . . . . . . . . . . » » 141, Bd. 154.

Seit 1879 in jeder Jahresübersicht auch Nachträge zu den Verunglückungen in den Vorjahren.

Eine Erläuterung und Besprechung der Nachweisungen über »Schiffsbestand«, »Seeverkehr«, »Seereisen« wurde bis 1882 einschließlich in der Einleitung zu dem betr. Bande gegeben; von da ab selbständig erschienen als:

Bestand der deutschen Kauffahrteischiffe am:
1. Jan. 1884 u. d. Seeschiffsverkehr i. J. 1883, M.-H. 1885, I.
1. » 85 » » » » » 84, » 86, II.
1. » 86 » » » » » 85, » 87, I.
1. » 87 » » » » » 86, » 87, XII.
1. » 88 » » » » » 87, » 88, XI.
1. » 89 » » » » » 88, » 89, XI.
1. » 90 » » » » » 89, » 90, XI.
1. » 91 » » » » » 90, V.-H. 92, I.
1. » 92 » » » » » 91, » 93, I.
1. » 93 bis 1. Jan. 1893 . . . . . . . . . . » 94, I.
1. » 94 ff. u. d. Seeschiffsverkehr i. J. 1893 ff. » 95 ff., I (bzw. II).

Seeverkehr

Seereisen deutscher Schiffe im Jahre:
1883 . . M.-H. 1885, I.
84 . . » 86, II.
85 . . » 87, I.
86 . . » 87, XII.
87 . . » 88, XI.
88 . . » 89, XI.
89 . . » 90, XI.
1890 . . . . . . . . V.-H. 1892, I.
91 . . . . . . . . » 93, I.
in den Jahren:
1883—92 . . . . V.-H. 1894, I.
im Jahre:
1893 ff. . . . V.-H. 1895 ff., II.

Verunglückungen deutscher Seeschiffe im Jahre:
1873 u. 1874 . . . . . . . . . . . . . I. R. Bd. 20, S. VII. 1.
76 » 75 . . . . . . . . . . . . » » 30, Jan.-H. S. 18.
77 » 76 . . . . . . . . . . . . » » 35, Okt.-H. » 1.
78 » 77 . . . . . . . . . . . . » » 37, » » 66.
79 » 78 . . . . . . . . . . . . » » 43, S. IX 7.
80 » 79 . . . . . . . . . . . . » » 48, » VIII. 23.*
81 » 80 . . . . . . . . . . . . » » 53, » VIII. 6.
82 » 81 . . . . . . . . . . . . » » 59, » VIII. 8.
83 » 82 — 1880 u. 89 M.-H. 1884—91, VIII bzw. VII od. IX.
90 » 91 . . . . . . . . . . . . . . . . . . V.-H. 1892, IV.
91 » 92 . . . . . . . . . . . . . . . . . . » 93, IV.
92 » 93 ff. . . . . . . . . . . . . . . . . V.-H. 1895 ff., I (bzw. II).

Schiffsunfälle an der deutschen Küste
Jahr I. R. Bd. Jahr
1873 . . . . 20, S. VII. 9 1886 . . . . . . M.-H. 88, VIII.
76 . . . . . 30, Jan.-H. S. 66. 86 . . . . . . » 87, VIII.
77 . . . . . 30, Okt.-H. » 1. 87 . . . . . . » 88, VIII.
78 . . . . . 37, Sept.-H. » 67. 88 . . . . . . » 89, VIII.
79 . . . . . 43, S. IX. 1. 89 . . . . . . » 90, VII.
80 . . . . . 48, » VIII. 26.* 90 . . . . . . » 91, IX.
81 . . . . . 53, » VIII. 1 91 . . . . . . V.-H. 92, IV.
82 . . . . . 59, » VIII. 1. 92 . . . . . . » 93, IV.
83 . . . . . M.-H. 1884, IV. 93 ff. . . . . » 95 ff., I
84 . . . . . » 85, VIII. (bzw. II).

b. Verkehr im Kaiser Wilhelm-Kanal während des ersten Betriebsjahres vom 1. Juli 1895 bis 30. Juni 1896 . . . . . . . V.-H. 1896, IV.
Desgl. während des Rechnungsjahres 1896 ff. . . . . . . . . . . » 1897 ff., II.

c. Anmusterungen von Seeleuten (Vollmatrosen und unbefahrene Schiffsjungen) bei der deutschen Handelsmarine im Jahre 1874 bis 1879 — s. unten: »Besondere Arbeiten zur Seeschiffahrtsstatistik«.
1880 . . . . . . . . . . . . . . . . . . . . . . I. R. Bd. 48, S. VI. 1.
81 . . . . . . . . . . . . . . . . . . . . . . » » 53, » III. 78.
82 . . . . . . . . . . . . . . . . . . . . . . » » 59, » IV. 70.
83 . . . M.-H. 1884, V. 1889 . . . . . . M.-H. 1890, III.
84 . . . » 85, IV. 90 . . . . . . » 91, V.
85 . . . » 86, V. 91—92 . . V.-H. 92—93, III.
86 . . . » 87, IV. 93—99 . . » 94—00, II.
87 . . . » 88, IV. 1900 u. 01 . » 1902, III.
88 . . . » 89, III. In den V.-H. nicht weiter fortgesetzt. Seemannsjahrbuch — s. Jahrbuch 1903 u. ff.

d. Entweichungen von Seeleuten
1880 . . . . . . . . . . . . . . . . . . . . . I. R. Bd. 53, S. I. 21.
81 . . . . . . . . . . . . . . . . . . . . . » » 59, » II. 1.
82 . . . . . . . . . . . . . . . . . . . . . » » 59, » XII. 47.
83 . . . M.-H. 1884, IX 1887 . . . . . . M.-H. 1888, I.
84 . . . » 85, X. 88 . . . . . . » 89, XII.
85 . . . » 86, IX. 89 . . . . . . » 90, XII.
86 . . . » 87, I. Wird nicht fortgesetzt.

e. Besondere Arbeiten zur Seeschiffahrtsstatistik

Seeschiffahrtsverkehr des Deutschen Zollgebiets

Der Seeverkehr in den deutschen Hafenplätzen in den Jahren 1873—82 ... M.-H. 1884, VII.

Verunglückungen deutscher Seeschiffe im Jahre 1873 ............ a. F. Bd. 8, S. II. 121.

Schiffsunfälle an der deutschen Küste während der Jahre

1873/77 (mit [illegible]) ..... a. F. Bd. 30, Dez.-H. S. 7.
1878/82 ( » » ) ..... » » 59, S. X. 167.
1883/87 ( » » ) ............. M.-H. 1888, X.
1888/92 ( » » ) ............. V.-H. 1894, II.
1893/97 ( » » ) ............. » 1899, III.

Anmusterungen von Vollmatrosen und Schiffsjungen und Entweichungen von Seeleuten

1874—76 ............. a. F. Bd. 30, März-H. S. 1.
77 ................. » » 37, Dez.-H. » 25.
78 ................. » » 42, S. III. 1.
79 ................. » » 43, » IV. 46.
1880 u. fg. — s. oben: »Anmusterungen von Seeleuten«.

Die Seeschiffahrtsstatistik einiger fremder Staaten V.-H. 1902, II.

## VII. Auswärtiger Handel

Monatliche Übersichten der Ein- und Ausfuhr — (Titel s. in den Vorbemerkungen zum »Quellennachweise«).

Monatliche Übersichten über den Spezialhandel des Zollgebiets nach Mengen, Herkunfts- und Bestimmungsländern nebst vorläufigen vierteljährlichen Wertberechnungen;

Besondere Aufstellungen für Getreide und Mehl:

1. Ein- und Ausfuhr von Getreide (seit Dezember 1897); 2. Mühlen- und Malzreinlagerverkehr (seit 1895); 3. Niederlagenverkehr (seit Juli 1897); 4. Durch Anrechnung von Einfuhrscheinen beglichene Zollbeträge (seit Dezember 1896).

Halbmonatlich im »Deutschen Reichsanzeiger«: Ein- und Ausfuhr von Getreide und Mehl, auch Nachweise der Bestände nach den Abschlüssen der Lagerregister.

Jahresnachweise des auswärtigen Handels

Einfuhr, Ausfuhr und Durchfuhr nach Menge und Wert der Waren, Niederlagenverkehr, Veredelungsverkehr, Berechnung der Zollerträge.

| Jahrgänge | | |
|---|---|---|
| 1872—74 ........ | a. F. Bd. | 3-5, 9-11, 16-17. |
| 73—77 ........ | » » | 22-23, 27-29, 32-33. |
| 78—80 ........ | » » | 39-40, 45-46, 49-50. |
| 81—83 ........ | » » | 51-55, 60-61; N. F. 9-10. |
| 84—86 ........ | N. F. » | 14-15, 19-20, 25-26. |
| 87—89 ........ | » » | 33-34, 40-41, 47-48. |
| 90—92 ........ | » » | 54-55, 60-61, 66-67. |
| 93—95 ........ | » » | 73-74, 79-80, 85-86. |
| 96—98 ........ | » » | 91-92, 97-98, 122-123. |
| 99—1901 ...... | » » | 124-125, 135-136, 142-143. |
| 1902 .......... | Bd. 152-153 | |

Eine Hauptübersicht über Einfuhr und Ausfuhr im Spezialhandel alljährlich für das Vorjahr im V.-H. II. — Zuletzt für das Jahr 1903 ............... V.-H. 1904, II.

Handelsverkehr mit den Schutzgebieten — s. unten: »Die Schutzgebiete«.

Besondere Arbeiten zur Statistik des auswärtigen Handels

Warenverkehr des deutschen Zollgebiets mit dem Auslande in den 10 Jahren 1880—89 N. F. Bd. 51[1]).

Auswärtiger Handel des deutschen Zollgebiets (1889—1900). Berlin 1901. Fol. (5, 17 u. 19 Bog.).

Getreide-Ein- und Ausfuhr der hauptsächlichsten Erzeugungs- und Bezugsländer in den Jahren 1890—94 ............ V.-H. 1895, II.

Getreidefrachten zwischen überseeischen Ländern und Mannheim 1888—1902 ..... (in V.-H. 1903, S. II. 119.)

Der Mühlenlagerverkehr seit 1879 ... V.-H. 1895, IV.

Das Mehl im Welthandel ....... V.-H. 1897, I.

Außenhandel mit Getreide und Mehl in den Jahren 1895—97 ................ V.-H. 1898, I.

Der Außenhandel mit Reis in Deutschland und in einigen fremden Ländern ...... V.-H. 1900, I.

Deutschlands Zuckerausfuhr seit dem Zollanschluß von Hamburg und Bremen ... V.-H. 1900, II.

Zollfreie Seeschiffsbaumaterialien

1897 ..................... V.-H. 1898, II.
1898 ..................... » 99, I.
1899—1901 fg. ............ » 1902 fg., II.

Spezialhandel und Veredelungsverkehr in der deutschen Handelsstatistik für 1897 ..... V.-H. 1898, II.

Die deutsche Handelsstatistik nach ihren gegenwärtigen Einrichtungen und Leistungen .........

Garn-Einfuhr und -Ausfuhr in den Jahren 1889—97 ....

} Ergänzung zu V.-H. 1898, IV.

Die Grundlagen der Handelsstatistik einiger fremder Staaten:

I. Österreich-Ungarn ...... V.-H. 1900, I.
II. Schweiz .............. » 1900, III.
III. Frankreich ........... » 1901, I.
Nachtrag hierzu ....... » 01, III.
IV. Großbritannien u. Irland » 01, III.

Der Außenhandel mit Maschinen in den wichtigeren Herstellungsländern ...... V.-H. 1901, III.

Deutschlands Außenhandel mit einigen für die deutsche Farbenindustrie wichtigen Waren (1891 bis 1901) ................ V.-H. 1902, III.

Die Werte des deutschen Außenhandels und die Vergleichbarkeit der deutschen Handelsnachweise mit fremden ............. V.-H. 1903, III.

Handel in Petroleum und Kohlen — s. oben: »Besondere Arbeiten zur Montanstatistik.«

Alphabetisches Verzeichnis wichtiger Hafen- und Handelsplätze außerhalb Deutschlands. Zum Gebrauch für die Statistik des auswärtigen Handels. Berlin, 1900. 8° (40 S.)

Verzeichnis der Länder der Herkunft und Bestimmung, welche mindestens (in der Statistik des Warenverkehrs) zu unterscheiden sind. Gültig vom 1. Januar 1904 ab (in M.-H. 1903, Nov.-Heft S. 231—235); außerdem auf den Umschlägen jedes Monatsheftes abgedruckt.

## VIII. Geld- und Kreditwesen

Ausprägung und Einziehung von Reichsmünzen — s. Jahrbuch 1880 u. fg.

Einziehung und Vernichtung von Landespapiergeld und Ausgabe von Reichskassenscheinen — s. Jahrbuch

Geschäftsverhältnisse der Reichsbank — s. Jahrbuch 1883 u. fg.

Statistik der Notenbanken — s. Jahrbuch 1880 u. fg.

» » Hypothekenbanken — s. Jahrbuch 1904.

Kursnotierungen an der Berliner Börse (Reichsanleihen seit 1892, Wechsel auf Wien, Petersburg, Amsterdam, Paris, London, New-York seit 1894; offizieller Bankzinsfuß an diesen Plätzen; Marktzinsfuß für Berlin seit 1897) — s. Jahrbuch 1892 u. fg.

Wechselkurse an der Berliner Börse (Wechsel auf obige Plätze, 1885—94) . . . . . . . . . . . V.-H. 1895, II.

Banknoten- und Wechselkurse an der Berliner Börse in den Jahren 1895 bis 1899 . . . . V.-H. 1900, II.

Kurse der Noten der österreichisch-ungarischen Bank und der russischen Staatsbank an der Berliner Börse 1871—1895 . . . . . . . . . . . . . . . . . V.-H. 1896, I.

Die steuerfreie Notenreserve der Reichsbank und der gleichzeitige Zinsfuß — s. Jahrbuch 1890 u. fg.

Die durch den Barvorrat ungedeckten bzw. überdeckten Noten der Reichsbank an den einzelnen Wochenausweistagen — s. Jahrbuch 1901 u. fg.

Bei den deutschen Börsen zugelassene Wertpapiere

im Jahre 1897 . . . . . . . . . . . . . . . . . . V.-H. 1898, IV.

» » 1898 . . . . . . . . . . . . . . . . . . . » 1899, II.

» » 1899 fg. . . . . . . . . . . . . . . . . . » 1900 fg., I.

Sparkassen — s. Jahrbuch 1903 u. fg.

Quellen:

Übersichten der Reichs-Ausgaben und -Einnahmen (Reichstags-Drucksachen).

Berichte der Reichsschulden-Kommission.

Zentralblatt für das Deutsche Reich, Berlin.

Verwaltungsbericht der Reichsbank. Erscheint jährlich für das Kalenderjahr.

Deutscher Reichsanzeiger (Wochenübersichten und Jahresbilanzen der Banken).

Bankgesetz vom 14. März 1875 § 9 (R.-G.-Bl. 1875, S. 179) und Bekanntmachungen dazu im Reichs-Gesetzblatt (letzte vom 27. Februar 1894 R.-G.-Bl. 1894, S. 152).

Dazu Abänderungsgesetz vom 7. Juni 1899 (R.-G.-Bl. 1899, S. 311 fg.)

Jahresberichte der betreffenden ausländischen Banken, Bulletin de statistique et de législation comparée, Paris, und The Economist, London.

Der Deutsche Oekonomist. Wochenschrift, Berlin.

Hertelscher Kursbericht, Berlin.

Börse zu Berlin — Wechsel-, Fonds- und Geldkurs (tägliches amtliches Kursblatt)

Schriftliche Mitteilungen der Bundesstaaten.

»Felix Hecht, Die Statistik der deutschen Hypothekenbanken. . . . Leipzig (Duncker & Humblot) 1903. 8°.

## IX. Preise und Löhne

Preise

Monatliche Nachweise über Großhandelspreise wichtiger Waren: Februarheft 1879 (für Januar und Februar 1879) bis Dezemberheft 1891; seit Januar 1892 in jedem Heft der Monatlichen Nachweise über den Auswärtigen Handel;

für das Jahr 1892 fg. und die Jahre 1879 bis 1892 fg. . . . . . . . . . V.-H. 1893 fg., I.

Eine größere Reihe statistischer Zusammenstellungen von Großhandels- und Marktpreisen an deutschen und ausländischen Plätzen für Getreide, Mehl, Brot, Kartoffeln, Vieh, Fleisch, Butter und andere wichtige Waren, meist Monats- und Jahresdurchschnitte für längere Zeiträume, auch Wochen- und Tagesdurchschnittspreise von Getreide im In- und Auslande ordend. findet sich in den V.-H. 1893 u. fg.; seit 1890 unter der gemeinsamen Überschrift: »Zur Statistik der Preise«.

Preisnotierungen von Weizen, Roggen, Gerste und Hafer: Deutscher Reichsanzeiger. a) Tägliche Nachweisungen unter »Berichte von deutschen Fruchtmärkten« seit 23. Januar 1897; b) wöchentliche, monatliche und vierteljährliche Zusammenstellungen von Getreidepreisen an fremden Plätzen seit Oktober 1897; c) monatliche Zusammenstellungen von Fruchtpreisen seit März 1897.

Beiträge zur Statistik der Fruchtmarktpreise (Oktober 1897 — Januar 1900) . . . V.-H. 1899 bis 1900 I (bzw. II).

Marktpreise von Nahrungsmitteln — s. Jahrbuch 1901, 1903 u. fg.

Löhne

Ortsübliche Tagelöhne gewöhnlicher Tagearbeiter — veröffentlicht im »Zentralblatt f. d. D. R.« Erstmalig für das Jahr 1892, neu bearbeitet nach dem Stand am Schluß der Jahre 1897 und 1901. Nachträge dazu halbjährlich in der letzten Juni- und Dezember Nummer jedes Jahrgangs.

Erhebungen über Arbeitslöhne in Deutschland. Übersicht über die von Behörden und Vereinen veranstalteten Aufnahmen zur Lohnstatistik. . . . . V.-H. 1893, III.

## X. Verbrauchsberechnungen

Branntwein — s. Jahrbuch 1880—82, 1892 u. fg.

Bier, Tabak, Salz, Zucker — s. Jahrbuch 1880 u. fg.

Einige vom Ausland erzeugte Waren — s. Jahrbuch 1880 u. fg.

Getreide und Kartoffeln — s. Jahrbuch 1895 u. fg.

Wichtige Erzeugnisse der Berg- und Hüttenindustrie — s. Jahrbuch 1880 u. fg.

Der Verbrauch von Gold zu gewerblichen Zwecken V.-H. 1899, I.

Berechnung des Verbrauchs von Getreide und Kartoffeln (1893/98) . . . . . . . . . . . . . . V.-H. 1900, II.

Petroleumverbrauch } — s. auch oben: »Gewerbe«,
Kohlenverbrauch } Besondere Arbeiten zur Montanstatistik.

## XI. Volksschulen

Volksschulen — s. Jahrbuch 1903 u. fg. (Nach statistischen Veröffentlichungen und schriftlichen Angaben der betr. Bundesstaaten).

## XII. Justizwesen

Geschäfts- und Organisationsstatistik der ordentlichen Gerichte

Zur deutschen Justizstatistik f. d. Jahr 1894 fg. V.-H. 1895 fg., IV.

— vgl. auch Jahrbuch 1884 u. fg. (Die »Organisationsstatistik« erscheint nur alle 2 Jahre).

Quellen:

Deutsche Justizstatistik. Bearb. im Reichs-Justizamt. Berlin (Puttkammer u. Mühlbrecht). Jahrg. 1—11, 1883—1903; außerdem Mitteilungen des Reichs-Justizamts.

Rechtsprechung der Gewerbegerichte — s. Jahrbuch 1896, 1897, 1902 u. 1904.

Quelle:

Das Gewerbegericht. Mitteilungen (später: »Monatsschrift«) des Verbandes deutscher Gewerbegerichte. Berlin. Jahrg. 1—2, 1896 bis 1896/97, außerordentliche Beilage zu 1896, Nr. 6; 1897, Nr. 8; Jahrg. 6 (1900/01): Verbandstagsbeilage zu Nr. 11.

Zur Tätigkeit der Gewerbegerichte — s. R.-Arb.-Bl. 1903 fg.

**Kriminalstatistik**

Jahrgänge 1882—85 ........ N. F. Bd. 8, 13, 18, 23.
» 1886—90 ........ » » 30, 37, 45, 52, 58.
» 1891—95 ........ » » 64, 71, 73, 83, 89.
» 1896—1900 ........ » » 95, 120, 126, 132, 139.
» 1901—03 ........ » » 146, 155, 155 (Ergänzungsheft).

Vorläufige Mitteilungen zur Kriminalstatistik für 1902 und 1897/1902 ...... V.-H. 1903, IV.

Kriminalstatistik für das deutsche Heer und die Kaiserl. Marine. Jahr 1901 V.-H. 1902, IV.
Desgl. Jahr 1902 fg. ........ » 1903 fg., II.

Kriminalstatistische Vergleiche in bezug auf die Nachweise über Geschlecht und Alter in der deutschen und ausländischen Statistik .. V.-H. 1902, III.

Zur Kriminalstatistik für 1895. Verurteilte wegen Verbrechen und Vergehen gegen bereits im Jahre 1882 geltende Reichsgesetze ...... V.-H. 1899, I.

**Konkursstatistik**

Für die Jahre 1891 u. 1892 ........ V.-H. 1893, III.
» das Jahr 93 ........ » 94, III.
» » » 94 ........ » 95, II.
» » » 95 fg. ........ » 96 fg., IV.

Vierteljährliche vorläufige Mitteilungen zur Konkursstatistik: seit 1895 in den V.-H.; für das erste Vierteljahr im zweiten Heft usw.

## XIII. Reichstagswahlen

Statistik der Wahlen für die 1. und 2. Legislaturperiode (1871 und 1874) des Deutschen Reichstags 1. R. Bd. 14, V. I.

für die 3. Legisl.-Per. (1877) .. » » 37, Juni-H. » 1.
» » 4. » (1878) .. » » 37, » » 49.
Nachtrag dazu, betr. die Begrenzung der Reichswahlkreise ........ » » 37, » » 73.
für die 5. Legisl.-Per. (1881) ..... I. R. Bd. 53, S. III. 1.
» » 6. » (1884) .......... M.-H. 1885, I.
» » 7. » (1887) .......... » 87, IV.
» » 8. » (1890) .......... » 90, IV.
» » 9. » (1893) .......... V.-H. 1893, IV.
» » 10. » (1898) { Ergänzung zu V.-H. } 98, III. / 99, I.
(In zwei Teilen)
Nachtrag zu 1898 (Ersatzwahlen) .... { V.-H. 1900, IV. / » 02, II.
für die 11. Legisl.-Per. (1903) { (Teil 1) Erg. z. V.-H. 1903, IV. / ( » 2) » » » 1904, I.

Vergleichende Übersicht der Reichstagswahlen von 1898 und 1903 .............. V.-H. 1903, III.

## XIV. Kriegswesen

Begrenzung und Bevölkerung der Armeekorpsbezirke — in den Ergebnissen der Volkszählung 1875, 1880, 1885, 1890, 1895 (s. oben, Abschnitt I).

Etatsstärke des Heeres und der Marine — s. Jahrbuch 1881 u. fg.

Die Kriegsschiffe und Kriegsfahrzeuge — s. Jahrbuch 1882 u. fg.

Heeres-Ergänzungsgeschäft — s. Jahrbuch 1880—93, 1895 u. fg.

Ergebnisse des Heeres-Ergänzungsgeschäfts (1901 fg.) V.-H. 1902 fg., IV.

Quellen:
Die Reichshaushalts-Etats und die über das Heeres-Ergänzungsgeschäft berichtenden Nummern der Reichstags-Drucksachen; zuletzt für 1902: 11. Leg.-Per., I. Sess. 1903/04, Nr. 9.

Schulbildung der in das Heer und die Marine eingestellten Rekruten

Ersatzjahr
1875/76 .................. I. R. Bd. 25, Febr.-H. S. 30.*
76/77 .................. » » 25, Novbr.-H. » 79.
77/78 .................. » » 30, Oktbr.-H. » 102.
78/79 .................. » » 37, Oktbr.-H. » 50.*

Ersatzjahr 1879/80 .................. I. R. Bd. 43, S. VIII. 1.
» 80/81 .................. » » 48, » IX. 48.
» 81/82 .................. » » 53, » VIII. 80.
» 82/83 .................. » » 59, » VIII. 24.

| Ersatzjahr | M.-H. | Ersatzjahr | M.-H. |
|---|---|---|---|
| 1883/84 ...... | 1884, IX. | 1888/89 ...... | 1889, VIII. |
| 84/85 ...... | 85, VIII. | 89/90 ...... | 90, VIII. |
| 85/86 ...... | 86, VIII. | 90/91 ...... | 91, XI. |
| 86/87 ...... | 87, XI. | 91/92 fg. .. V.-H. 1892 fg., | |
| 87/88 ...... | 88, XII. | | IV (bzw. III). |

## XV. Finanzwesen

Die Ausgaben und Einnahmen des Deutschen Reichs — s. Jahrbuch 1880 u. fg.

Die Finanzen des Reichs u. der Bundesstaaten — s. Jahrbuch 1902 u. fg.; die rechnungsmäßigen Überschüsse und Fehlbeträge im Reichshaushalt 1871—1902 — s. Jahrbuch 1904.

Die Finanzen der deutschen Bundesstaaten ..... V.-H. 1902 u. 1903, II.

Ertrag der Zölle für das deutsche Zollgebiet — s. Jahrbuch 1882 u. fg.

Quellen zu vorstehenden beiden Abteilungen:
Reichshaushalts-Etat nebst Anlagen.
Drucksachen des Reichstags, insbesondere:
Übersichten der Reichs-Ausgaben und Einnahmen;
Allgemeine Rechnung über den Reichshaushalt;
Jährliche Berichte der Reichsschuldenkommission und der Verwaltung des Schuldenwesens sowie Denkschriften über die Ausführung der seit dem Jahre 1875 erlassenen Anleihegesetze.
Die Etats und besondere Mitteilungen der einzelnen Bundesstaaten.
Kommerzialnachweisungen des Zentralbureaus des Zollvereins. 1836—1871. Berlin.
Vorläufige und schließliche Zusammenstellungen des vormaligen Zentralbureaus des deutschen Zollvereins (von 1872 ab: des Kaiserlichen Zoll- und Steuer-Rechnungsbureaus) über die
Einnahmen an Zöllen und Verbrauchssteuern,
Berechnung der Aversa an Zöllen und Verbrauchssteuern,
Abrechnung mit Österreich und Luxemburg, betr. die gemeinschaftlichen Einnahmen an Zöllen, Tabaksteuer, Branntweinsteuer usw.

Einnahmen von den verbrauchssteuer-pflichtigen Gegenständen

a. Branntweinsteuer
Monatliche Übersichten über Erzeugung, Verbrauch und Bestand inländischen Branntweins: in jedem Heft der M.-H.
Branntweinbrennerei und -besteuerung im deutschen Branntweinsteuergebiet

Jahr 1872 .................. I. R. Bd. 5, S. I. 58.
» 73 .................. » » 8, » IV. 20.
» 74 .................. » » 14, » IV. 1.
» 75 .................. » » 20, » VI. 29.
» 76 .................. » » 25, Juli-H. S. 1.*
» 77/78 .................. » » 30, Nov.-H. » 47.
» 78/79 .................. » » 37, Dez.-H. » 1.
» 79/80 .................. » » 43, S. XI. 1.
» 80/81 .................. » » 48, » XI. 1.
» 81/82 .................. » » 53, » X. 176.
» 82/83 .................. » » 59, » XI. 1.

| Jahr | M.-H. | Jahr | M.-H. |
|---|---|---|---|
| 1883/84 ........ | 1884, XI. | 1887/88 ........ | 1888, VII. |
| 84/85 ........ | 85, XI. | 88/89 ........ | 90, IV. |
| 85/86 ........ | 86, XI. | 89/90 ........ | 91, V. |
| 86/87 ........ | 87, XI. | 90/91 fg. V.-H. 1892 fg., II | |

*) Die jeweiligen »Erläuterungen« sind mit beizufügen ...

Bestand an inländischem unversteuertem Branntwein in den Niederlagen und Reinigungsanstalten des deutschen Branntweinsteuergebiets am 30. September 1889 .... M.-H. 1889, IX.

Materialverbrauch der Brauereien innerhalb des Reichssteuergebiets in den Jahren 1872 bis 1879/80 .......... 1. R. Bd. 48, S. V. 32.

b. Biersteuer

Bierbrauerei und Bierbesteuerung im deutschen Zollgebiet

1872 .................. 1. R. Bd. 8, S. I. 14.
73 .................. » » 9, » IV. 1.
74 .................. » » 14, » III. 68.
Berichtigung .......... » » 14, » VII. 84.
1875 .................. » » 20, » VI. 1.
76 .................. » » 25, Aug.-H. S. 1.
Etatsjahr 1877/78 ...... » » 30, Sept.-H. » 11.
78/79 ...... » » 37, Nov.-H. » 1.*
79/80 ...... » » 43, S. XI. 29.
80/81 ...... » » 48, » X. 163.
81/82 ...... » » 53, » X. 204.
82/83 ...... » » 59, » XI. 61.

| Etatsjahr | M.-H. | | Etatsjahr | V.-H. | |
|---|---|---|---|---|---|
| 1883/84 ....... | 1884, | XI. | 1891/92 .... | 1892, | IV. |
| 84/85 ....... | 85, | XI. | 92/93 .... | 93, | IV. |
| 85/86 ....... | 86, | XI. | 93/94 .... | 94, | IV. |
| 86/87 ....... | 87, | XII. | Berichtigung . | 95, | I. |
| 87/88 ....... | 88, | XI. | 1894/95 ff. ... | 1895 ff., | IV. |
| 88/89 ....... | 89, | X. | Rechnungsjahr | | |
| 89/90 ....... | 90, | XI. | 1897 ff. ... | 98 ff., | IV. |
| 90/91 ....... | 91, | X. | | | |

c. Tabaksteuer

α) Tabakbau und Tabakernte im deutschen Zollgebiet

1880 .................. 1. R. Bd. 48, S. IX. 30.
81 .................. » » 53, » VI. 20.
82 .................. » » 59, » VI. 110.
83 .................. M.-H. 1884, VIII.
84 .................. » 85, VII.
85—90 .................. » 86—91, VIII.
91 ff. .................. V.-H. 1892 ff., IV (bzw. III).
Berichtigte Nachweisungen für 1903 ...... V.-H. 1905, IV.

β) Besteuerung des Tabaks, Ein- und Ausfuhr von Tabak und Tabakfabrikaten, sowie Ertrag der Tabakabgaben im deutschen Zollgebiet

| Erntejahr | | Erntejahr | M.-H. | |
|---|---|---|---|---|
| 1871/72 inkl. vorjährlicher. 1. R. Bd. | | 1882/83 ........ | 1884, | I. |
| 72/73 .. 2, S. IV. 1. | | 83/84 ........ | 85, | II. |
| 73/74 .. 8, » VI. 78. | | 84/85 ........ | 86, | I. |
| 74/75 .. 14, » IX. 1. | | 85/86 ........ | 87, | I. |
| 75/76 .. 20, » VIII. 19. | | Berichtigung .... | 87, | III. |
| 76/77 .. 25, Okt.-H. S. 1. | | 1886/87 ........ | 88, | I. |
| 77/78 .. 37, Feb.-H. » 1.* | | 87/88 ........ | 89, | I. |
| 78/79 .. 37, Okt.-H. » 1.* | | 88/89 ........ | 90, | I. |
| 79/80 .. 43, S. X. 153.* | | 89/90 ........ | 91, | I. |
| 80/81 .. 48, » XII. 65. | | 90/91 ff. . V.-H. 1892 ff. | | I. |
| 81/82 .. 53, » I. 54. | | 97 ........ | » 1898, | IV. |
| Berichtigung ... 59, » II. 24. | | 98—99 .. | » 1900—01, | I. |
| | | 1900 ff. ..... | » 1901 ff., | IV. |

Tabakbau, Tabakfabrikation und Tabakhandel im Deutschen Reich und in Luxemburg nach den statistischen Ergebnissen der Arbeiten der Tabak-Enquetekommission (1878) .. 1. R. Bd. 42.

d. Salzsteuer.

Salzgewinnung und -besteuerung im deutschen Zollgebiet

1872 ............................ 1. R. Bd. 2, S. 169.
Berichtigung .................... » » 2, » II. 152.
1873 ............................ » » 8, » II. 1.
74 ............................ » » 14, » III. 1.
75 ............................ » » 20, » IV. 47.
76 ........................ 1. R. Bd. 25, Juni-H. S. 1.
Berichtigung ................ » » 25, Okt.-H. » 88.
Etatsjahr 1877/78 ......... » » 30, Okt.-H. » 39.
78/79 ......... » » 37, Aug.-H. » 1.
79/80 ......... » » 43, S. IX. 17.
80/81 ......... » » 48, » IX. 1.
81/82 ......... » » 53, » IX. 1.*

Etatsjahr 1882/83 ........ 1. R. Bd. 59, S. IX. 1.
83/84 ................ M.-H. 1884, IX.
Berichtigung zu 1879/84 ............ » 85, III.
Etatsjahre 1884/85—90/91 ........... M.-H. 1885 ff., IX (für 87/88 in X).
91/92 ff. .............. V.-H. 1892 ff., IV.
Rechnungsjahr 1897 ff. .............. » 98 ff., IV.

e. Zuckersteuer. Monatliche Übersichten über die Rübenverarbeitung, sowie über die Einfuhr und Ausfuhr von Zucker ......................; Betriebsergebnisse der Zuckerfabriken ...................... — in jedem Heft der M.-R.

Zuckergewinnung und -besteuerung im deutschen Zollgebiet

| Betriebsjahr | 1. R. Bd. | Betriebsjahr | | |
|---|---|---|---|---|
| 1871/72 .. | 2, S. I. | 1883/84 | M.-H. | 1884, XII. |
| 72/73 .. | 8, » I. 40. | 84/85 | » | 85, X. |
| 73/74 .. | 8, » VI. 124. | 85/86 | » | 86, XII. |
| 74/75 .. | 14, » IX. 46. | 86/87 | » | 87, XI. |
| 75/76 .. | 20, » VIII. 1. | 87/88 | » | 88, XII. |
| 76/77 .. | 25, Nov.-H. S. 59. | 88/89 | » | 89, XI. |
| 77/78 .. | 37, Feb.-H. » 49.* | 89/90 | » | 90, XI. |
| 78/79 .. | 43, S. III. 25. | 90/91 | » | 91, XI. |
| 79/80 .. | 43, » XII. 25.* | 91/92 | V.-H. | 92, IV. |
| 80/81 .. | 53, » I. 29. | 92/93 | » | 93, IV. |
| 81/82 .. | 53, » XII. 1. | 93/94 | » | 94, IV. |
| Nachtrag hierzu .. | 59, » I. 86. | Berichtigung hierzu: | » | 95, I. |
| 1882/83 .. | 59, » XI. 81. | 1894/95 ff. | » | 95 ff., IV. |

Berichtigung für 1871/83 M.-H. 1884, V.

Bestände an Zucker in Zuckerfabriken, Raffinerien und amtlichen Niederlagen im Zollgebiet
am 31. Juli 1886—91 ........ M.-H. 1886—91, VII.
» 31. » 92—94 ........ V.-H. 92—94, III.

Fortsetzung ist enthalten in der vorher genannten Statistik der »Zuckergewinnung usw.

Stärkezuckergewinnung und -handel im deutschen Zollgebiet

| Jahr | 1. R. Bd. | Jahr | | |
|---|---|---|---|---|
| 1872 ... | 2, S. 14. | 1883/84 | M.-H. | 1884, XI. |
| 73 ... | 8, » I. 116. | 84/85 | » | 85, X. |
| 74 ... | 14, » I. 187. | 85/86 | » | 86, X. |
| 75 ... | 20, » III. 108. | 86/87 | » | 87, XI. |
| 76 ... | 25, April-H. S. 59. | 87/88 | » | 88, XII. |
| 77/78 | 30, Juli-H. S. 55. | 88/89 | » | 89, X. |
| 78/79 | 37, » » 59. | 89/90 | » | 90, XI. |
| 79/80 | 43, S. VIII. 5. | 90/91 | » | 91, XI. |
| 80/81 | 48, » VI. 56. | 91/92 ff. | V.-H. | 92 ff., IV. |
| 81/82 | 53, » VII. 38. | | | |
| 82/83 | 59, » XI. 49. | | | |

f. Schaumweinsteuer.

Schaumwein-Erzeugung und -Besteuerung im deutschen Zollgebiet vom 1. Juli 1902 bis 31. März 1903 ......... V.-H. 1903, III.

**Stempelabgaben**

Verbrauch von Wechselstempelzeichen, sowie Einnahme an Wechselstempelsteuer

| Jahr | 1. R. Bd. | Jahr | 1. R. Bd. |
|---|---|---|---|
| 1873 ... | 6, S. I. 116. | 1880/81 ... | 48, S. VI. 64. |
| 74 ... | 11, » I. 134. | 81/82 ... | 53, » VI. 64. |
| 75 ... | 20, » II. 134 | 82/83 ... | 59, » V. 7. |
| 76 ... | 25, Jan.-H. S. 25.* | 83/84—89/90 | M.-H. 1884—90, V. |
| 77/78 | 30, Juni-H. » 10. | | Wird nicht fortgesetzt. |
| 78/79 | 37, Mai-H. » 10. | | |
| 79/80 | 43, S. VI. 12. | | |

Spielkartenfabrikation und -versteuerung

| Etatsjahr | 1. R. Bd. | Etatsjahr | | | |
|---|---|---|---|---|---|
| 1879/80 ..... | 43, S. VI. 10 | 1886/87 .. | M.-H. | 1887, | V. |
| 80/81 ..... | 48, » VI. 52. | 87/88 .. | » | 88, | VI. |
| 81/82 ..... | 53, » V. 1. | 88/89 .. | » | 89, | VI. |
| 82/83 ..... | 59, » V. 4 | 89/90 .. | » | 90, | V. |
| 83/84 .. | M.-H. 1884, VI. | 90/91 .. | » | 91, | V. |
| 84/85 .. | » 85, VI. | 91/92 bis 95/96 | | | |
| 85/86 .. | » 86, V. | | V.-H. 1892—97, III. | | |

Rechnungsjahr 1897 ff. .................. » 1898 ff., III.

Die ausländischen Inhaberpapiere mit Prämien im Deutschen Reich, abgestempelt infolge Reichsgesetzes vom 8. Juni 1871: I. R. Bd. 2, S. III. 1.

**Zollbegünstigungen der Weinhändler**

Die den Weinhändlern gewährten Zollbegünstigungen

| Jahr | I. R. Bd. | | Jahr | I. R. Bd. |
|---|---|---|---|---|
| 1872 ... | 2, S. III. | 47. | 1891/92 | 63, S. VII. 89. |
| 73 ... | 8, » II. | 68. | 92/93. | 68, » VII. 46. |
| 74 ... | 14, » I. | 162. | 93/94–98/99 | |
| 75 ... | 20, » IV. | 29. | | V.-H. 1894—99, VII. |
| 76 ... | 25, Juli-H. S. | 40. | 99/1900 | » 1901, VIII. |
| 77/78. | 30, Juli-H. » | 51. | 1901/02 fg. | V.-H. 1903 fg. III. |
| 78/79. | 37, » » | 86. | Rechnungsjahr 1897 fg. | |
| 79/80. | 42, S. VIII. | 6. | | V.-H. 1898 fg., III. |
| 80/81. | 48, » VII. | 37. | | |

**Die Zoll- und Steuer-Straffälle.**

| Jahr | I. R. Bd. | | Jahr | I. R. Bd. |
|---|---|---|---|---|
| 1872 ... | 8, S. III. | 1. | 1882/83. | 64, S. VII. 87. |
| 73 ... | 8, » V. | 69 | 83/84.. | V.-H. 1884, VIII. |
| 74 ... | 14, » VIII. | 46. | 84/85.. | » 85, VIII. |
| 75 ... | 20, » V. | 46. | 85/86.. | » 86, IX. |
| 76 ... | 25, Aug.-H. S. | 1*. | 86/87.. | » 87, VI. |
| 77/78. | 37, Jan.-H. » | 11. | 87/88.. | » 88, VII. |
| 78/79. | 37, Nov.-H. » | 1. | 88/89.. | » 89, VII. |
| 79/80. | 43, S. XII. | 1*. | 89/90.. | » 90, VI. |
| 80/81. | 48, » VIII. | 1*. | 90/91 . | » 91, VII. |
| 81/82. | 53, » IX. | 1. | 91/92 fg. | V.-H. 1892 fg., III. |
| Rechnungsjahr 1897 fg. ........ | | | | » 1898 fg., III. |

Begrenzung und Bevölkerung der Direktivbezirke für die Verwaltung der Zölle und gemeinschaftlichen indirekten Steuern sowie der Zollausschlüsse — enthalten in den Volkszählungsergebnissen (s. oben).

## XVI. Versicherungswesen

**Krankenversicherung**

Jahrgang 1885—90 ..... N. F. Bd. 24, 31, 38, 48, 52, 58.
» 91—95 ..... » » 66, 72, 78, 84, 90.
» 96—1900 ... » » 96, 121, 127, 133, 140
» 1901 ......... » » 147.

Krankenversicherung (Hauptergebnisse 1902 und 1897 1902) .............. V.-H. 1904, II.

Desgl. im Jahre 1897 ....... V.-H. 1900, I.

Die Krankenversicherung in den Knappschaftskassen und -Vereinen 1897 .. V.-H. 1900, I.

Desgl. 1898 ................ V.-H. 1900, III

» 1902 ................ » 1903, IV.

**Unfallversicherung**

Betriebe, Versicherte und Verletzte — Lohnbeträge, Ausgaben und Reservefonds — Zahl und Folgen der Verletzung — Unfallhäufigkeit — s. Jahrbuch 1888 u. fg.

Die Unfallstatistik nach der Aufnahme vom Jahre 1881 .......... I. R. Bd. 53, Ergänzungsheft.

Quellen:

Nachweisung über die gesamten Rechnungsergebnisse der Berufsgenossenschaften usw — jährlich in Nr. 1 der »Amtl. Nachr. d. R.-Versicherungsamts«.

Rechtsprechung in Unfallversicherungssachen (jährlich in den Geschäftsberichten d. R.-V.-A.). F. d. Jahr 1903: Amtl. Nachr. d. R.-Versicherungsamts 1904 (S. 248 fg.).

Statistik der Unfallversicherung — Tabellen: Umfang, Ausgaben und Einnahmen 1885 bis 1898 — in: Amtl. Nachr. d. R.-Versicherungsamts 1900, 1. Beiheft.

Statistik der entschädigungspflichtigen Unfälle f. d. Jahr 1887 — Amtl. Nachr. d. R.-Versicherungsamts 1890 (S. 211 fg.).

(Gewerbe-)Unfallstatistik f. d. Jahr 1897
T. I: Amtl. Nachr. d. R.-V.-A. 1899, Beiheft.
» 2, Abschn. I.: Amtl. Nachr. d. R.-V.-A. 1900, 2. Beiheft.
» » » II.: » » » » 1900, 3. Beiheft.

Statistik der entschädigungspflichtigen Unfälle der Land- und Forstwirtschaft des Deutschen Reichs für das Jahr 1891 — Amtl. Nachr. d. R.-Versicherungsamts 1893 (S. 211 fg.).

Unfallstatistik für Land- und Forstwirtschaft 1901 — Amtl. Nachr. d. R.-Versicherungsamts 1904, 1. Beiheft.

Statistik der Unfallfolgen — Amtl. Nachr. d. R.-Versicherungsamts 1899 (S. 666 fg.).

Rentenminderung infolge teilweiser Reaktivierung, Ausscheidewahrscheinlichkeit aus dem Rentengenusse, Kapitalwerte für Verletztenrenten bei der Tiefbau-Berufsgenossenschaft und den Versicherungsanstalten der Baugewerks-Berufsgenossenschaften — Amtl. Nachr. d. R.-Versicherungsamts 1894 (S. 207 fg.).

Invalidenversicherung — s. Jahrbuch 1892 u. fg.

Quellen:

Nachweisung der Geschäfts- und Rechnungsergebnisse der auf Grund des Invalidenversicherungsgesetzes errichteten Versicherungsanstalten usw — jährl. in Nr. 1 der »Amtl. Nachr. d. R.-V.-Amts«.

Rechtsprechung in Invalidenversicherungssachen (jährlich in den Geschäftsberichten des R.-V.-A.). F. d. Jahr 1903: Amtl. Nachr. d. R.-Versicherungsamts 1904 (S. 331 fg.).

Statistik der Invalidenversicherung 1891—1899 — Amtl. Nachr. d. R.-Versicherungsamts 1901, 1. Beiheft.

Statistik der Heilbehandlung bei den Versicherungsanstalten und zugelassenen Kasseneinrichtungen der Invalidenversicherung f. d. Jahre 1897—1903 — Beihefte zu den Amtl. Nachr. des R.-V.-A. 1902, 1903, 1904.

Statistik der Ursachen der Erwerbsunfähigkeit (Invalidität) 1891—1895 — Amtl. Nachr. d. R.-Versicherungsamts 1898, Beiheft.

Desgl. für die Jahre 1896—1899 — Amtl. Nachr. d. R.-Versicherungsamts 1903, 2. Beiheft.

Das Ausscheiden der Invaliden- und Altersrentenempfänger aus dem Rentengenusse — Amtl. Nachr. des R.-Versicherungsamts 1901, 2. Beiheft; 1902 (S. 512 fg.)

Die Art der Anlegung der Bestände der Versicherungsträger der Invalidenversicherung — Amtl. Nachr. d. R.-Versicherungsamts 1904 (S. 200 fg.).

Lebensversicherung — s. Jahrbuch 1898—1902 und 1904.

Zur Statistik der deutschen Lebensversicherungs-Gesellschaften
im Jahre 1896 ................ V.-H. 1899, I. u. III.
» » 1897 ................ » 99, IV.
» » 1898-1900 .... V.-H. 1900-1901, III (bzw. IV).

Quellen:

Jahresberichte der Versicherungs-Gesellschaften.

Zustand und Fortschritte der deutschen Lebensversicherungs-Anstalten. Jena 1895—1900.

Assekuranz-Jahrbuch. Wien. Jahrg 1896—1902.

Assekuranz-Almanach. Wien. Jahrg. 1897—1902.

Die deutschen Lebensversicherungs-Gesellschaften im Jahre 1895(—1900). Berlin 1898(—1901).

Beiträge z. Statistik d. deutschen Lebens- u. Feuerversicherung i. J. 1901. Hrsg. v. K. Aufsichtsamt f. Privatversicherg. Berlin 1903.

**Feuerversicherung**

Öffentliche Feuerversicherung — s. Jahrbuch 1896—1902 u. 1904.

Zur Statistik der deutschen Privat-Feuerversicherungs-Gesellschaften
in den Jahren 1895 u. 1897 ........ V.-H. 1899, IV.
im Jahre 1898 .................... „ 1900, I.
„ „ 99 ........................ „ 01, II.
„ „ 1900 u. 1901 — s. Jahrbuch 1903 u. 1904

Geschäftsergebnisse von 13 Privat-Feuerversicherungs-Gesellschaften auf Gegenseitigkeit (1897 und 1898) ................. V.-H. 1900, II.

Quellen:

Mitteilungen für die öffentlichen Feuerversicherungs-Anstalten. Jahrg. 27—31, Münster i. W. 1895—1902.

Jahresberichte und schriftliche Auskünfte der Versicherungs-Gesellschaften
vgl. auch oben: „Lebensversicherung."

Besondere Arbeiten zum Versicherungswesen:[1])

Arbeiterversicherung — s. auch R.-Arb.-Bl. 1903 fg.

Die Einwirkung der Versicherungs-Gesetzgebung auf die Armenpflege .... V.-H. 1897, II.

Atlas und Statistik der Arbeiterversicherung ...bearb. i. Reichs-Versicherungsamt. Beiheft z. Reichs-Arbeitsblatt, Juni 1904

Bruttoprämieneinnahme (nebst Quellenangabe) — s. Jahrbuch 1904.

## XVII. Genossenschaftswesen

Die Erwerbs- und Wirtschaftsgenossenschaften — s. Jahrbuch 1900 u. 1904.

Quellen: vgl. auch Jahrbuch 1900.

Jahr- und Adreßbuch der Erwerbs- und Wirtschaftsgenossenschaften im Deutschen Reiche 1901. Hrsg. von der Preußischen Central-Genossenschafts-Kasse. Berlin (C. Heymann) 1901. 8°.

## XVIII. Medizinal- und Veterinärwesen

**Bestand des Heilpersonals und der Heilanstalten**

Die Ärzte und das medizinische Hilfspersonal, die Apotheken und die Heilanstalten, sowie die wissenschaftlichen medizinischen und pharmazeutischen Vereine im Deutschen Reiche, nach dem Bestande vom 1. April 1876. . . 1. R. Bd. 25, Sept.-H. S. 1.

Ärzte und medizinisches Hilfspersonal nach dem Bestande vom 1. April 1887 — s. Jahrbuch 1889.

Desgl. nach dem Stande vom 1. April 1898 — s. Jahrbuch 1900 u. fg.

Apotheken, Dispensieranstalten und pharmazeutisches Personal nach dem Bestande vom 1. April 1887 — s. Jahrbuch 1890.

Anzahl der Ärzte, Zahnärzte und Apotheken — s. Jahrbuch 1897 u. fg.

Die allgemeinen Krankenhäuser im Jahre 1888 — s. Jahrbuch 1892.

Heilanstalten (1877—1900) — s. Jahrbuch 1901.

Zugang der Krankheitsfälle in den allgemeinen Krankenhäusern — s. Jahrbuch 1901.

Quellen:

Die Verbreitung des Heilpersonals, der pharmazeutischen Anstalten und des pharmazeutischen Personals im Deutschen Reiche. Nach den amtlichen Erhebungen vom 1. April 1887 bearb. im Kaiserl. Gesundheitsamt. Berlin 1889.

Die Verbreitung des Heilpersonals im Deutschen Reiche. Nach den amtlichen Erhebungen vom 1. April 1898 bearbeitet im Kaiserl. Gesundheitsamt.
[Medizinal-statistische Mitteilungen Bd. 6, H. 1 (S. 50 fg.) 1899.]

Die Heilanstalten des Deutschen Reichs nach den Erhebungen der Jahre 1881 fg. — für je 3 Jahre zusammengefaßt in: „Medizinal-statistische Mitteilungen" — s. unten!

Börner's Reichs-Medizinalkalender f. 1885 bis 1904. Teil II. Cassel 1884; Leipzig 1885 bis 1903.

**Todesursachen in den deutschen Orten mit 15 000 und mehr Einwohnern — s. Jahrbuch 1881 u. fg.**

25 Jahre Todesursachenstatistik . . V.-H. 1903, III.

Quellen:

Veröffentlichungen des Kaiserl. Gesundheitsamts. Berlin (1885 fg. J. Springer). Jahrg. 1878—1901.

Medizinal-statistische Mitteilungen aus dem Kaiserl. Gesundheitsamt. Bd. 1—8, Berlin 1893—1904.

Für frühere Jahrgänge — s. die amtliche Statistik der Todesursachen, Sanitätsberichte usw., darunter namentlich für Preußen: d. betr. Hfte. d. Preußischen Statistik; Bayern: d. Generalberichte üb. d. Sanitätsverwaltung, hrsg. v. Kgl. Staatsministerium des Innern; Sachsen: Kalender u. statistisches Jahrbuch, hrsg. v. statistischen Bureau; Württemberg: Statistisches Handbuch.

**Viehseuchen — s. Jahrbuch 1889 u. fg.**

Quelle:

Jahresbericht über die Verbreitung von Tierseuchen im Deutschen Reich. Bearbeitet im Kaiserl. Gesundheitsamt.
Jahrg. 1886—1902. Berlin.

## XIX. Meteorologische Nachweise

— s. Jahrbuch 1895 u. fg.

Quellen:

Deutsches Meteorologisches Jahrbuch für 1893—1901 bzw. 02 (Beobachtungssysteme: Deutsche Seewarte, Preußen, Bayern, Sachsen, Württemberg, Bremen, Elsaß-Lothringen). — Ergänzende Mitteilungen meteorologischer Zentralstellen (für 1902).

## XX. Die Schutzgebiete

**Allgemeine Nachweise, Handel u. a. — s. Jahrbuch 1891 u. fg.**

Quellen:

Reichshaushalts-Etat nebst Anlagen und Nachträgen von 1887/88—1897/98, bzw. 1898—1904. Berlin.

Deutsches Kolonialblatt. Jahrg. 1890—1904. Berlin

[1]) Vgl. auch: „Einrichtung und Wirkung der Deutschen Arbeiterversicherung." Denkschrift i. Auftr. des Reichs-Versicherungsamts bearb. v. Dr. L. Laß u. Dr. Friedr. Zahn. 3. Ausg. Berlin (A. Asher & Co.) 1904. 8°. — „Die Arbeiterversicherung als soziale Einrichtung." 5 Denkschriften i. Auftr. d. R.-V.-Amts bearb. v. Laß, Klein, Hartmann, Bielefeldt, Zahn etc. 1904. 8°.

# I. Gebietseinteilung und Bevölkerung.

## 1. Die Bundesstaaten nach Fläche und Bevölkerung.

(Statistik des Deutschen Reichs, Band 150.)

| Staaten und Landesteile | Fläche qkm | Ortsanwesende Bevölkerung am 1. Dezember 1900 männlich | weiblich | zusammen | am 2. Dezember 1895 | Zunahme, Abnahme (—) in % der Bevölkerung 1895 bis 1900 | 1871 bis 1900 | Auf 1 qkm kommen Einwohner 1900 | 1871 |
|---|---|---|---|---|---|---|---|---|---|
| Provinz Ostpreußen | 36 993,9 | 961 148 | 1 035 480 | 1 996 626 | 2 006 689 | −0,5 | 9,5 | 54,0 | 49,3 |
| „ Westpreußen | 25 531,9 | 767 903 | 795 755 | 1 563 658 | 1 494 360 | 4,6 | 18,9 | 61,2 | 51,8 |
| Stadt Berlin | 63,1 | 903 041 | 985 807 | 1 888 848 | 1 677 304 | 12,6 | 126,8 | 125,2[1] | 71,8[1] |
| Provinz Brandenburg | 39 837,8 | 1 523 375 | 1 585 179 | 3 108 554 | 2 821 695 | 10,2 | 52,6 | 78,0 | 51,1 |
| „ Pommern | 30 120,5 | 799 733 | 835 099 | 1 634 832 | 1 574 147 | 3,9 | 14,2 | 54,3 | 47,5 |
| „ Posen | 28 970,4 | 901 863 | 985 422 | 1 887 275 | 1 828 658 | 3,2 | 19,2 | 65,1 | 54,7 |
| „ Schlesien | 40 319,2 | 2 226 403 | 2 442 454 | 4 668 857 | 4 415 309 | 5,7 | 26,9 | 115,8 | 92,0 |
| „ Sachsen | 25 255,3 | 1 388 183 | 1 444 433 | 2 832 616 | 2 698 549 | 5,0 | 34,1 | 112,2 | 83,5 |
| „ Schleswig-Holstein | 19 004,3 | 701 577 | 656 391 | 1 357 968 | 1 286 416 | 7,9 | 32,8 | 73,0 | 55,0 |
| „ Hannover | 38 511,0 | 1 297 186 | 1 293 753 | 2 590 939 | 2 422 020 | 7,0 | 32,1 | 67,3 | 50,9 |
| „ Westfalen | 20 210,8 | 1 645 996 | 1 541 781 | 3 187 777 | 2 701 420 | 18,0 | 79,6 | 157,7 | 87,8 |
| „ Hessen-Nassau | 15 699,3 | 923 659 | 974 322 | 1 897 981 | 1 756 802 | 8,0 | 35,5 | 120,9 | 89,2 |
| „ Rheinland | 26 995,0 | 2 899 421 | 2 860 377 | 5 759 798 | 5 106 002 | 12,8 | 60,9 | 213,4 | 132,6 |
| Hohenzollern | 1 142,3 | 31 949 | 34 831 | 66 780 | 65 752 | 1,6 | 1,9 | 58,5 | 57,4 |
| Königreich Preußen | 348 657,9 | 16 971 425 | 17 501 084 | 34 472 509 | 31 855 123 | 8,2 | 39,8 | 98,9 | 70,8 |
| Bayern r. d. Rheins | 69 942,0 | 2 615 327 | 2 729 052 | 5 344 379 | 5 052 553 | 5,8 | 26,3 | 76,4 | 60,8 |
| Bayern l. d. Rheins | 5 927,9 | 412 773 | 418 905 | 831 678 | 765 991 | 6,8 | 35,9 | 140,3 | 103,8 |
| Königreich Bayern | 75 869,9 | 3 028 100 | 3 147 957 | 6 176 057 | 5 818 544 | 6,1 | 27,0 | 81,4 | 64,1 |
| Königreich Sachsen | 14 992,9 | 2 043 148 | 2 159 068 | 4 202 216 | 3 787 688 | 10,9 | 64,1 | 280,3 | 170,8 |
| Königreich Württemberg | 19 513,6 | 1 052 769 | 1 116 711 | 2 169 480 | 2 081 151 | 4,2 | 19,3 | 111,2 | 93,2 |
| Großherzogtum Baden | 15 081,0 | 926 277 | 941 667 | 1 867 944 | 1 725 464 | 8,3 | 27,8 | 123,9 | 96,0 |
| Großherzogtum Hessen | 7 680,8 | 558 240 | 561 653 | 1 119 893 | 1 039 020 | 7,8 | 31,3 | 145,8 | 111,0 |
| Großherzogtum Mecklenburg-Schwerin | 13 126,9 | 300 320 | 307 450 | 607 770 | 597 436 | 1,7 | 8,5 | 46,3 | 42,5 |
| Großherzogtum Sachsen-Weimar | 3 617,1 | 177 065 | 185 808 | 362 873 | 339 217 | 7,0 | 26,8 | 100,3 | 79,2 |
| Großherzogtum Mecklenburg-Strelitz | 2 929,5 | 50 852 | 51 750 | 102 602 | 101 540 | 1,0 | 5,8 | 35,0 | 33,1 |
| Großherzogtum Oldenburg | 6 427,4 | 198 308 | 200 872 | 399 180 | 373 739 | 6,8 | 26,1 | 62,1 | 49,3 |
| Herzogtum Braunschweig | 3 672,7 | 230 288 | 234 045 | 464 333 | 434 213 | 6,9 | 48,2 | 126,4 | 84,6 |
| Herzogtum Sachsen-Meiningen | 2 468,3 | 123 049 | 127 682 | 250 731 | 234 005 | 7,1 | 33,1 | 101,6 | 76,7 |
| Herzogtum Sachsen-Altenburg | 1 323,5 | 95 796 | 99 118 | 194 914 | 180 313 | 8,1 | 37,1 | 147,3 | 107,4 |
| Hzgt. Sachsen-Coburg-Gotha | 1 977,1 | 110 923 | 118 627 | 229 550 | 216 603 | 6,0 | 31,7 | 116,1 | 89,0 |
| Herzogtum Anhalt | 2 299,4 | 155 185 | 160 900 | 316 085 | 293 298 | 7,8 | 55,4 | 137,5 | 88,7 |
| Fürstentum Schwarzburg-Sondershausen | 862,1 | 39 508 | 41 390 | 80 898 | 78 074 | 3,6 | 20,4 | 93,8 | 77,9 |
| Fürstentum Schwarzburg-Rudolstadt | 940,4 | 45 259 | 47 800 | 93 059 | 88 685 | 4,9 | 23,4 | 99,0 | 80,8 |
| Fürstentum Waldeck | 1 121,0 | 27 935 | 29 983 | 57 918 | 57 766 | 0,3 | 3,0 | 51,7 | 50,2 |
| Fürstentum Reuß älterer Linie | 316,7 | 32 521 | 35 875 | 68 396 | 67 468 | 1,4 | 51,7 | 216,0 | 142,6 |
| Fürstent. Reuß jüngerer Linie | 826,2 | 66 668 | 72 542 | 139 210 | 132 130 | 5,4 | 56,4 | 168,4 | 107,8 |
| Fürstentum Schaumburg-Lippe | 340,2 | 21 449 | 21 683 | 43 132 | 41 224 | 4,6 | 34,2 | 126,8 | 93,9 |
| Fürstentum Lippe | 1 215,2 | 67 116 | 71 836 | 138 952 | 134 854 | 3,0 | 25,0 | 114,3 | 91,8 |
| Freie und Hansestadt Lübeck | 297,7 | 47 784 | 48 991 | 96 775 | 83 324 | 16,1 | 85,5 | 325,1 | 175,2 |
| Freie Hansestadt Bremen | 256,4 | 111 014 | 113 868 | 224 882 | 196 404 | 14,5 | 83,2 | 877,0 | 578,8 |
| Freie und Hansestadt Hamburg | 415,3 | 375 811 | 392 538 | 768 349 | 681 632 | 12,7 | 126,7 | 1850,1 | 816,8 |
| Reichsland Elsaß-Lothringen | 14 513,1 | 880 437 | 839 033 | 1 719 470 | 1 640 986 | 4,8 | 11,0 | 118,5 | 106,8 |
| Deutsches Reich | 540 742,6 | 27 737 247 | 28 629 931 | 56 367 178 | 52 279 901 | 7,8 | 37,3 | 104,2 | 75,9 |

[1]) Diese Zahlen beziehen sich auf die Provinz Brandenburg mit Berlin.

## 2. Bevölkerungswachstum seit 1816.

**a. auf dem heutigen Gebiete der Bundesstaaten**

| Staaten und Landesteile | Bevölkerung nach der Volkszählung 1816 | 1855 | 1900 | Zunahme, Abnahme (—) durchschnittlich jährlich in % 1816 bis 1855 | 1855 bis 1900 | 1816 bis 1900 |
|---|---|---|---|---|---|---|
| | in Tausend | | | | | |
| Ost- u. Westpreußen | 1 457 | 2 637 | 3 560 | 1,53 | 0,67 | 1,07 |
| Stadt Berlin | 198 | 461 | 1 889 | 2,20 | 3,18 | 2,75 |
| Brandenburg | 1 086 | 1 798 | 3 108 | 1,30 | 1,25 | 1,26 |
| Pommern | 688 | 1 289 | 1 635 | 1,61 | 0,53 | 1,04 |
| Posen | 820 | 1 393 | 1 887 | 1,37 | 0,68 | 1,00 |
| Schlesien | 1 942 | 3 182 | 4 669 | 1,27 | 0,86 | 1,05 |
| Sachsen | 1 197 | 1 882 | 2 833 | 1,16 | 0,94 | 1,03 |
| Schleswig-Holstein | 697 | 958 | 1 388 | 0,82 | 0,83 | 0,82 |
| Hannover | 1 610 | 1 830 | 2 591 | 0,31 | 0,78 | 0,57 |
| Westfalen | 1 066 | 1 627 | 3 188 | 0,93 | 1,55 | 1,31 |
| Hessen-Nassau | 958 | 1 324 | 1 898 | 0,83 | 0,80 | 0,82 |
| Rheinland | 1 910 | 3 007 | 5 760 | 1,17 | 1,48 | 1,32 |
| Hohenzollern | 55 | 63 | 67 | 0,38 | 0,12 | 0,23 |
| Preußen | (¹13 709 | (¹21 320 | 34 472 | 1,14 | 1,07 | 1,10 |
| Bayern rechts d. Rh. | 3 177 | 3 921 | 5 344 | 0,54 | 0,69 | 0,62 |
| Rheinpfalz | 430 | 587 | 832 | 0,80 | 0,78 | 0,79 |
| Bayern | 3 607 | 4 508 | 6 176 | 0,57 | 0,70 | 0,64 |
| Sachsen | 1 194 | 2 039 | 4 202 | 1,38 | 1,63 | 1,51 |
| Württemberg | 1 411 | 1 670 | 2 169 | 0,43 | 0,58 | 0,51 |
| Baden | 1 006 | 1 320 | 1 868 | 0,70 | 0,78 | 0,74 |
| Hessen | 562 | 738 | 1 120 | 0,90 | 0,78 | 0,82 |
| Mecklenb.-Schwerin | 308 | 541 | 608 | 1,45 | 0,26 | 0,81 |
| Sachsen-Weimar | 193 | 264 | 362 | 0,80 | 0,71 | 0,76 |
| Mecklenb.-Strelitz | 72 | 99 | 102 | 0,84 | 0,07 | 0,42 |
| Oldenburg | 234 | 299 | 399 | 0,63 | 0,64 | 0,64 |
| Braunschweig | 226 | 270 | 464 | 0,45 | 1,22 | 0,86 |
| Sachsen-Meiningen | 121 | 166 | 251 | 0,82 | 0,90 | 0,87 |
| Sachsen-Altenburg | 96 | 133 | 195 | 0,84 | 0,85 | 0,85 |
| S.-Coburg-Gotha | 112 | 151 | 230 | 0,77 | 0,94 | 0,86 |
| Anhalt | 120 | 168 | 316 | 0,88 | 1,41 | 1,14 |
| Schwarzb.-Sondersh. | 45 | 61 | 81 | 0,79 | 0,61 | 0,70 |
| Schwarzb.-Rudolst. | 54 | 69 | 93 | 0,62 | 0,67 | 0,65 |
| Waldeck | 52 | 58 | 58 | 0,26 | —0,01 | 0,12 |
| Reuß älterer Linie | 23 | 39 | 68 | 1,89 | 1,23 | 1,30 |
| Reuß jüngerer Linie | 60 | 80 | 139 | 0,75 | 1,23 | 1,01 |
| Schaumburg-Lippe | 26 | 30 | 43 | 0,32 | 0,83 | 0,59 |
| Lippe | 81 | 105 | 139 | 0,69 | 0,61 | 0,65 |
| Lübeck | 38 | 43 | 97 | 0,43 | 1,80 | 1,10 |
| Bremen | 50 | 89 | 225 | 1,46 | 2,08 | 1,80 |
| Hamburg | 154 | 244 | 708 | 1,10 | 2,38 | 1,82 |
| Elsaß-Lothringen | 1 281 | 1 549 | 1 719 | 0,49 | 0,23 | 0,35 |
| Deutsches Reich | 24 833 | (²36 114 | 56 367 | 0,98 | 0,99 | 0,98 |

**b. auf dem heutigen Reichsgebiete**

| Jahr | Volkszahl¹) (Anfang Dezember) in Tausend | Jährliche Zunahme % | Jahr | Volkszahl¹) (Anfang Dezember) in Tausend | Jährliche Zunahme % | Jahr | Volkszahl (Anfang Dezember) in Tausend | Jährliche Zunahme % |
|---|---|---|---|---|---|---|---|---|
| 1816 | 24 833 | . | 1845 | 34 398 | 0,98 | 1875 | 42 729 | 0,91 |
| 20 | 26 294 | 1,46 | 50 | 35 397 | 0,57 | 80 | 45 236 | 1,14 |
| 25 | 28 113 | 1,34 | 55 | (²36 114 | 0,40 | 85 | 46 858 | 0,70 |
| 30 | 29 520 | 0,98 | 60 | 37 747 | 0,88 | 90 | 49 428 | 1,07 |
| 35 | 30 938 | 0,94 | 65 | 39 656 | 0,99 | 95 | 52 280 | 1,12 |
| 40 | 32 787 | 1,16 | 70 | 40 818 | 0,58 | 1900 | 56 367 | 1,50 |

¹) [illegible] — ²) [illegible] 1855 [illegible] — ³) [illegible] 1820, 30, 35, 45, 50, 60, 65, 70 [illegible]

## 3. Bevölkerung des Reichs und des Zollgebiets¹) seit 1845.

| Bevölkerung (in 1000) um die Mitte des Jahres | | | | | |
|---|---|---|---|---|---|
| Jahr | Reich, heutiger Umfang | Zollgebiet, jeweiliger Umfang | Jahr | Reich, heutiger Umfang | Zollgebiet, jeweiliger Umfang |
| 1845 | 34 290 | 29 044 | 1875 | 42 518 | 42 156 |
| 46 | 34 616 | 29 342 | 76 | 43 059 | 42 621 |
| 47 | 34 790 | 29 527 | 77 | 43 610 | 43 107 |
| 48 | 34 847 | 29 639 | 78 | 44 129 | 43 592 |
| 49 | 35 013 | 29 752 | 79 | 44 641 | 44 076 |
| 50 | 35 312 | 29 934 | 80 | 45 095 | 44 564 |
| 51 | 35 628 | 30 165 | 81 | 45 428 | 44 894 |
| 52 | 35 864 | 30 306 | 82 | 45 719 | 45 187 |
| 53 | 35 994 | 30 524 | 83 | 46 016 | 45 480 |
| 54 | 36 036 | 32 845 | 84 | 46 336 | 45 799 |
| 55 | 36 138 | 32 699 | 85 | 46 707 | 46 165 |
| 56 | 36 260 | 32 880 | 86 | 47 134 | 46 576 |
| 57 | 36 528 | 33 154 | 87 | 47 630 | 47 046 |
| 58 | 36 831 | 33 428 | 88 | 48 168 | 47 727 |
| 59 | 37 190 | 33 700 | 89 | 48 717 | 48 917 |
| 60 | 37 811 | 34 136 | 90 | 49 241 | 49 441 |
| 61 | 38 003 | 34 512 | 91 | 49 762 | 49 963 |
| 62 | 38 352 | 34 905 | 92 | 50 266 | 50 469 |
| 63 | 38 765 | 35 311 | 93 | 50 757 | 50 960 |
| 64 | 39 189 | 35 716 | 94 | 51 339 | 51 544 |
| 65 | 39 548 | 36 020 | 95 | 52 001 | 52 207 |
| 66 | 39 787 | 36 251 | 96 | 52 753 | 52 962 |
| 67 | 40 032 | 36 592 | 97 | 53 569 | 53 781 |
| 68 | 40 223 | 37 979 | 98 | 54 406 | 54 622 |
| 69 | 40 494 | 38 063 | 99 | 55 248 | 55 468 |
| 70 | 40 805 | 38 891 | 1900 | 56 046 | 56 269 |
| 71 | 40 997 | 39 119 | 01 | 56 862 | 57 086 |
| 72 | 41 230 | 40 918 | 02 | (²57 730 | (²57 957 |
| 73 | 41 564 | 41 330 | 03 | (³58 614 | (³58 843 |
| 74 | 42 004 | 41 742 | 04 | (³59 495 | (³59 727 |

¹) Über die Entwicklung des deutschen Zollgebiets vergl. Statist. Jahrbuch für 1891, S. 2 f. — ²) Nach vorläufiger Berechnung unter Berücksichtigung [illegible] — ³) Nach [illegible] Schätzung auf Grund der bisherigen Bevölkerungszunahme.

## 4. Bevölkerung des Branntweinsteuer- und Brausteuergebiets¹) im jeweiligen Umfange seit 1883.

| Rechnungsjahr²) | Bevölkerung (in 1000), Mitte des Rechnungsjahres: Branntweinsteuer-³) gebiet | Brausteuergebiet | Rechnungsjahr²) | Bevölkerung (in 1000), Mitte des Rechnungsjahres: Branntweinsteuer-³) gebiet | Brausteuergebiet |
|---|---|---|---|---|---|
| 1883 | 36 405 | 34 639 | 1893 | 51 167 | 39 794 |
| 84 | 36 696 | 35 129 | 94 | 51 821 | 40 329 |
| 85 | 37 010 | 35 465 | 95 | 52 535 | 40 904 |
| 86 | 37 604 | 35 829 | 96 | 53 356 | 41 563 |
| 87 | 47 216 | 36 245 | 97 | 54 177 | 42 242 |
| 88 | 48 533 | 37 150 | 98 | 55 003 | 42 963 |
| 89 | 49 106 | 38 011 | 99 | 55 839 | 43 651 |
| 90 | 49 614 | 38 463 | 1900 | (⁴56 635 | 44 312 |
| 91 | 50 140 | 38 934 | 01 | (⁴57 495 | (⁴44 999 |
| 92 | 50 016 | 39 353 | 02 | (⁴58 380 | (⁴45 722 |

¹) Über die Veränderung der Steuergebiete vergl. Statist. Jahrbuch für 1891, S. 3. [illegible] — ²) [illegible] — ³), ⁴) S. die Anmerkungen ²) und ³) oben.

## 5. Wohnhäuser und Haushaltungen im Deutschen Reich am 1. Dezember 1900.

(Statistik des Deutschen Reichs, Band 150.)

### I. Wohnhäuser.

| Zur Wohnung dienende oder bestimmte Baulichkeiten | | | |
|---|---|---|---|
| **Art** | **Zahl** | **Art** | **Zahl** |
| Bewohnte Wohnhäuser | 6 235 711 | Bewohnte Wohnhäuser und andere bewohnte Baulichkeiten überhaupt | 6 318 302 |
| Andere bewohnte Baulichkeiten | 82 591 | Unbewohnte Wohnhäuser | 139 604 |
| Davon sind: | | Summe aller zur Wohnung dienenden oder bestimmten Baulichkeiten | 6 457 906 |
| Hauptsächlich oder gewöhnlich nicht zu Wohnzwecken dienende Gebäude (Schulen usw) | 64 699 | Auf 1 qkm kommen: | |
| sonstige bewohnte Baulichkeiten | 17 892 | Bewohnte Wohnhäuser und andere bewohnte Baulichkeiten | 11,68 |
| und zwar: | | Zur Wohnung dienende oder bestimmte Baulichkeiten überhaupt | 11,94 |
| feststehende (Hütten, Bretterbuden, Zelte usw) | 3 007 | Auf 1 bewohntes Gebäude kommen Einwohner | 8,93 |
| bewegliche (Wagen, Schiffe, Flöße usw) | 14 885 | | |

### II. Haushaltungen.

**a. Art und Zahl der Haushaltungen**

| Art | Zahl der Haushaltungen | Zahl der Personen | % der Gesamtzahl der Haushaltungen | % der Gesamtzahl der Personen | Auf 1 Haushaltung kommen Personen | Von 100 Einzellebenden sind |
|---|---|---|---|---|---|---|
| Haushaltungen Einzellebender, männlich | 272 742 | 272 742 | 2,2 | 0,5 | 1 | 31,3 |
| Haushaltungen Einzellebender, weiblich | 597 859 | 597 859 | 4,9 | 1,0 | 1 | 68,7 |
| zusammen | 870 601 | 870 601 | 7,1 | 1,5 | 1 | 100,0 |
| Familienhaushaltungen (H. mit 2 und mehr Personen) | 11 308 081 | 53 866 406 | 92,2 | 95,6 | 4,8 | . |
| Andere Haushaltungen (Anstalten usw) | 81 330 | 1 630 172 | 0,7 | 2,9 | 20,0 | . |
| Haushaltungen im ganzen | 12 260 012 | 56 367 178 | 100,0 | 100,0 | 4,6 | . |

**b. Größe der Familienhaushaltungen**

| Größenklassen | Zahl der Haushaltungen | % | Zahl der Mitglieder (Personen) überhaupt | Familienangehörige | % | Dienstboten für häusliche Dienste | % | Andere Personen[1] | % |
|---|---|---|---|---|---|---|---|---|---|
| Familienhaushaltungen mit 2 Personen | 1 794 046 | 15,9 | 3 588 092 | 3 414 071 | 95,2 | 72 576 | 2,0 | 101 445 | 2,8 |
| „ 3 „ | 2 062 342 | 18,2 | 6 187 026 | 5 719 697 | 92,4 | 145 544 | 2,4 | 321 785 | 5,2 |
| „ 4 „ | 2 043 850 | 18,1 | 8 175 400 | 7 494 074 | 91,7 | 182 884 | 2,2 | 498 442 | 6,1 |
| „ 5 „ | 1 766 442 | 15,6 | 8 832 210 | 8 027 205 | 90,8 | 199 926 | 2,3 | 605 079 | 6,9 |
| „ 6 „ | 1 363 416 | 12,0 | 8 180 496 | 7 368 798 | 90,1 | 185 496 | 2,3 | 626 202 | 7,6 |
| „ 7 u. 8 Personen | 1 549 926 | 13,7 | 11 449 108 | 10 142 318 | 88,6 | 264 229 | 2,3 | 1 042 361 | 9,1 |
| „ 9 u. 10 „ | 528 582 | 4,7 | 4 940 957 | 4 171 514 | 84,4 | 137 864 | 2,8 | 631 587 | 12,8 |
| „ 11 u. mehr „ | 199 477 | 1,8 | 2 513 116 | 1 641 164 | 65,3 | 148 810 | 5,9 | 723 142 | 28,8 |
| im ganzen | 11 308 081 | 100,0 | 53 866 406 | 47 979 041 | 89,1 | 1 337 381 | 2,5 | 4 550 043 | 8,4 |

[1] Zimmerabmieter, Schlafgänger, Zieh- und Pflegekinder, Gehilfen und Dienstboten für gewerbliche Zwecke, landwirtschaftliche Knechte und Mägde usw.

## 6. Die Bevölkerung in Stadt und

(Statistik des Deutschen

| Staaten und Landesteile | Gemeinden überhaupt | | Ländliche Gemeinden | | Davon Gemeinden mit …. weniger als 100 | | 100 bis unter 500 | | 500 bis unter 1000 | |
|---|---|---|---|---|---|---|---|---|---|---|
| | Zahl | Bevölkerung | Zahl | Bevölkerung | Zahl | Bevölkerung | Zahl | Bevölkerung | Zahl | Bevölkerung |
| Prov. Ostpreußen | 7 562 | 1 996 626 | 7 491 | 1 408 650 | 3 046 | 166 222 | 3 904 | 843 478 | 476 | 313 694 |
| „ Westpreußen | 3 340 | 1 563 658 | 3 267 | 997 682 | 665 | 39 789 | 2 028 | 508 279 | 472 | 317 724 |
| Stadt Berlin | 1 | 1 888 848 | — | — | — | — | — | — | — | — |
| Prov. Brandenburg | 5 308 | 3 108 554 | 5 040 | 1 311 184 | 1 636 | 80 713 | 2 870 | 676 373 | 468 | 313 094 |
| „ Pommern | 4 609 | 1 634 832 | 4 537 | 945 231 | 1 467 | 84 273 | 2 741 | 696 690 | 278 | 181 626 |
| „ Posen | 5 162 | 1 887 276 | 5 077 | 1 313 990 | 1 064 | 56 914 | 3 469 | 608 248 | 433 | 289 829 |
| „ Schlesien | 9 039 | 4 668 857 | 8 779 | 2 449 197 | 3 209 | 157 781 | 4 047 | 982 348 | 1 121 | 767 287 |
| „ Sachsen | 4 258 | 2 832 616 | 4 074 | 1 306 727 | 1 149 | 60 866 | 2 122 | 626 750 | 514 | 376 443 |
| „ Schleswig-Holst. | 2 110 | 1 387 968 | 2 024 | 647 659 | 346 | 18 676 | 1 328 | 333 053 | 259 | 170 241 |
| „ Hannover | 4 453 | 2 590 939 | 4 325 | 1 518 431 | 872 | 43 237 | 2 503 | 854 858 | 704 | 484 538 |
| „ Westfalen | 1 625 | 3 187 777 | 1 310 | 882 728 | 75 | 5 253 | 537 | 159 947 | 393 | 286 145 |
| „ Hessen-Nassau | 2 600 | 1 897 981 | 2 497 | 978 690 | 417 | 16 018 | 1 391 | 380 244 | 515 | 354 824 |
| „ Rheinland | 3 283 | 5 759 798 | 2 863 | 1 511 481 | 222 | 14 923 | 1 542 | 424 734 | 682 | 481 223 |
| Hohenzollern | 133 | 66 780 | 131 | 58 240 | 18 | 907 | 67 | 19 335 | 35 | 24 107 |
| Preußen | 53 383 | 34 472 509 | 51 415 | 15 327 900 | 14 076 | 745 549 | 28 549 | 6 914 267 | 6 368 | 4 358 275 |
| Bayern r. d. Rheins | 7 293 | 5 344 379 | 7 082 | 3 295 647 | 86 | 7 400 | 4 636 | 1 314 302 | 1 819 | 1 249 125 |
| Bayern l. d. Rheins | 708 | 831 678 | 651 | 432 373 | 4 | 334 | 271 | 87 979 | 254 | 173 670 |
| Bayern | 8 001 | 6 176 057 | 7 733 | 3 728 020 | 90 | 7 734 | 4 907 | 1 402 281 | 2 073 | 1 422 795 |
| Sachsen | 3 231 | 4 202 216 | 2 912 | 1 295 813 | 305 | 27 160 | 1 637 | 418 076 | 538 | 375 165 |
| Württemberg | 1 911 | 2 169 480 | 1 764 | 1 219 251 | — | — | 722 | 243 581 | 688 | 475 622 |
| Baden | 1 736 | 1 867 944 | 1 580 | 924 472 | 178 | 6 188 | 661 | 203 914 | 468 | 331 923 |
| Hessen | 994 | 1 119 893 | 901 | 519 061 | 54 | 3 496 | 429 | 126 280 | 276 | 192 135 |
| Mecklb.-Schwerin | 1 831 | 607 770 | 1 788 | 325 909 | 594 | 38 185 | 1 114 | 225 626 | 65 | 40 875 |
| Sachsen-Weimar | 625 | 362 873 | 606 | 205 757 | 91 | 6 530 | 397 | 99 371 | 90 | 61 684 |
| Mecklb.-Strelitz | 329 | 102 602 | 321 | 57 650 | 101 | 6 416 | 213 | 43 568 | 3 | 1 658 |
| Oldenburg | 228 | 399 180 | 165 | 114 018 | 7 | 581 | 78 | 21 668 | 38 | 27 507 |
| Braunschweig | 457 | 464 337 | 435 | 228 0[illegible] | 17 | 1 162 | 241 | 71 082 | 120 | 83 763 |
| Sachs.-Meiningen | 467 | 250 731 | 449 | 149 738 | 112 | 5 181 | 238 | 62 [illegible] | 78 | 51 709 |
| Sachs.-Altenburg | 439 | 194 914 | 429 | 104 587 | 113 | 7 389 | 280 | [illegible] 218 | 24 | 17 [illegible] |
| S.-Coburg-Gotha | 305 | 229 550 | 290 | 123 853 | 32 | 1 919 | 170 | 44 350 | 65 | 47 765 |
| Anhalt | 282 | 316 085 | 262 | 114 945 | 26 | 1 789 | 160 | 40 588 | 50 | 35 782 |
| Schwarz.-Sondhs. | 93 | 80 898 | 87 | 47 203 | 2 | 179 | 46 | 13 224 | 20 | 16 899 |
| Schwarz.-Rudolst. | 163 | 93 059 | 155 | 58 194 | 18 | 1 244 | 100 | 23 316 | 25 | 17 368 |
| Waldeck | 121 | 57 918 | 116 | 45 153 | 1 | 98 | 90 | 25 0[illegible] | 20 | 13 685 |
| Reuß älterer Linie | 75 | 68 396 | 70 | 26 523 | 10 | 740 | 41 | 11 050 | 15 | 9 555 |
| Reuß jüngerer Linie | 174 | 139 210 | 162 | 52 652 | 15 | 1 068 | 121 | 30 364 | 23 | 15 733 |
| Schaumb.-Lippe | 84 | 43 132 | 82 | 31 539 | 18 | 540 | 42 | 12 340 | 21 | 14 540 |
| Lippe | 213 | 138 952 | 205 | 96 647 | 50 | 2 375 | 75 | 22 702 | 57 | 41 0[illegible] |
| Lübeck | 51 | 96 775 | 50 | 14 677 | 11 | 832 | 34 | 7 483 | 1 | 585 |
| Bremen | 23 | 224 882 | 13 | 12 482 | — | — | 3 | 1 140 | 4 | 3 321 |
| Hamburg | 41 | 768 349 | 28 | 17 318 | 1 | 46 | 15 | 4 186 | 5 | 3 064 |
| Elsaß-Lothringen | 1 702 | 1 710 170 | 1 581 | 891 832 | 25 | 1 830 | 848 | 255 180 | 503 | 352 197 |
| Deutsches Reich | 76 958 | 56 367 178 | 73 598 | 25 734 103 | 16 036 | 868 211 | 41 211 | 10 886 172 | 11 616 | 8 012 612 |

## Land am 1. Dezember 1900.

Reichs, Band 150.)

| Einwohnern 1000 bis unter 2000: Zahl | Bevölkerung | Städtische Gemeinden: Zahl | Bevölkerung | Davon Gemeinden mit .... Einwohnern: 2000 bis unter 5000 (Landstädte): Zahl | Bevölkerung | 5000 bis unter 20 000 (Kleinstädte): Zahl | Bevölkerung | 20 000 bis unter 100 000 (Mittelstädte): Zahl | Bevölkerung | 100 000 und mehr (Großstädte): Zahl | Bevölkerung |
|---|---|---|---|---|---|---|---|---|---|---|---|
| 65 | 85 256 | 71 | 587 976 | 51 | 169 214 | 16 | 122 498 | 4 | 106 787 | 1 | 189 482 |
| 102 | 121 900 | 73 | 563 965 | 48 | 136 680 | 21 | 172 643 | 3 | 114 080 | 1 | 140 563 |
| — | — | 1 | 1 888 848 | — | — | — | — | — | — | 1 | 1 888 848 |
| 178 | 242 004 | 168 | 1 727 370 | 87 | 264 050 | 59 | 406 607 | 21 | 897 408 | 1 | 160 305 |
| 61 | 82 742 | 72 | 689 601 | 39 | 127 969 | 26 | 202 136 | 6 | 148 794 | 1 | 210 702 |
| 111 | 148 999 | 86 | 572 285 | 58 | 179 595 | 23 | 176 019 | 3 | 100 038 | 1 | 117 023 |
| 402 | 541 781 | 260 | 2 219 660 | 164 | 498 582 | 80 | 753 169 | 15 | 547 250 | 1 | 422 709 |
| 259 | 352 679 | 184 | 1 525 889 | 133 | 390 478 | 36 | 341 385 | 13 | 407 756 | 2 | 386 270 |
| 91 | 125 689 | 86 | 740 309 | 61 | 184 358 | 20 | 172 250 | 3 | 104 223 | 2 | 269 478 |
| 246 | 335 778 | 136 | 1 072 608 | 92 | 288 585 | 26 | 256 921 | 9 | 316 852 | 1 | 235 649 |
| 305 | 432 863 | 315 | 2 305 049 | 201 | 611 222 | 59 | 783 672 | 24 | 767 422 | 1 | 142 733 |
| 174 | 228 106 | 103 | 921 291 | 83 | 254 492 | 16 | 155 816 | 2 | 115 958 | 2 | 395 025 |
| 417 | 590 601 | 420 | 4 245 317 | 247 | 741 720 | 137 | 1 190 693 | 29 | 1 069 744 | 7 | 1 246 160 |
| 11 | 13 891 | 2 | 8 540 | 2 | 8 540 | — | — | — | — | — | — |
| 2 422 | 3 309 809 | 1 908 | 19 144 609 | 1 266 | 3 838 640 | 548 | 4 835 405 | 132 | 4 636 612 | 22 | 5 833 952 |
| 541 | 724 820 | 211 | 2 048 732 | 161 | 480 547 | 37 | 350 003 | 11 | 457 169 | 2 | 761 013 |
| 122 | 170 390 | 57 | 399 305 | 42 | 123 748 | 11 | 114 217 | 4 | 161 340 | — | — |
| 663 | 895 210 | 268 | 2 448 037 | 203 | 604 295 | 48 | 464 220 | 15 | 618 509 | 2 | 761 013 |
| 344 | 475 412 | 319 | 2 906 403 | 208 | 636 251 | 87 | 848 088 | 11 | 307 281 | 3 | 1 059 183 |
| 376 | 500 048 | 147 | 950 229 | 110 | 331 246 | 31 | 286 095 | 5 | 156 189 | 1 | 176 699 |
| 273 | 382 447 | 156 | 943 472 | 131 | 367 269 | 19 | 171 466 | 5 | 263 606 | 1 | 141 131 |
| 142 | 197 150 | 93 | 600 822 | 72 | 220 170 | 16 | 107 356 | 5 | 273 296 | — | — |
| 15 | 21 223 | 43 | 281 861 | 32 | 100 242 | 8 | 67 990 | 3 | 113 629 | — | — |
| 28 | 38 172 | 19 | 157 116 | 12 | 31 697 | 3 | 24 300 | 4 | 101 119 | — | — |
| 4 | 5 808 | 8 | 44 952 | 5 | 15 878 | 3 | 29 074 | — | — | — | — |
| 44 | 64 062 | 63 | 285 162 | 45 | 130 907 | 17 | 127 458 | 1 | 26 797 | — | — |
| 57 | 72 902 | 22 | 235 424 | 16 | 46 575 | 5 | 60 623 | — | — | 1 | 128 226 |
| 23 | 30 686 | 18 | 100 930 | 11 | 30 509 | 7 | 70 421 | — | — | — | — |
| 12 | 18 900 | 10 | 90 327 | 3 | 9 631 | 6 | 43 586 | 1 | 37 110 | — | — |
| 22 | 29 810 | 15 | 105 697 | 10 | 32 045 | 3 | 18 541 | 2 | 55 111 | — | — |
| 26 | 36 806 | 20 | 201 140 | 10 | 34 659 | 7 | 59 110 | 3 | 107 371 | — | — |
| 13 | 16 901 | 6 | 33 695 | 4 | 12 230 | 2 | 21 465 | — | — | — | — |
| 12 | 16 246 | 8 | 34 865 | 6 | 16 086 | 2 | 18 779 | — | — | — | — |
| 5 | 6 334 | 5 | 12 705 | 5 | 12 705 | — | — | — | — | — | — |
| 4 | 5 178 | 5 | 41 873 | 3 | 10 108 | 1 | 9 419 | 1 | 22 346 | — | — |
| 3 | 3 487 | 12 | 86 558 | 8 | 23 306 | 3 | 17 618 | 1 | 45 634 | — | — |
| 3 | 4 110 | 2 | 11 593 | — | — | 2 | 11 593 | — | — | — | — |
| 23 | 30 562 | 8 | 42 305 | 4 | 10 795 | 4 | 31 510 | — | — | — | — |
| 4 | 3 777 | 1 | 82 098 | — | — | — | — | 1 | 82 098 | — | — |
| 6 | 8 021 | 10 | 212 400 | 6 | 16 462 | 2 | 12 326 | 1 | 20 315 | 1 | 163 297 |
| 7 | 10 022 | 13 | 751 031 | 10 | 28 145 | 2 | 17 148 | — | — | 1 | 705 738 |
| 205 | 282 625 | 121 | 827 638 | 89 | 255 892 | 28 | 236 281 | 3 | 184 424 | 1 | 151 041 |
| 4 717 | 6 467 708 | 3 360 | 30 633 076 | 2 269 | 6 815 858 | 844 | 7 585 495 | 194 | 7 111 447 | 33 | 9 120 280 |

## 7. Alter und Familienstand der Bevölkerung am 1. Dezember 1900.

(Statistik des Deutschen Reichs, Band 150.)

### A. Alter.

Von den am 1. Dezember 1900 im Deutschen Reich gezählten Einwohnern (ortsanwesende Bevölkerung)

| standen im Alter von Jahren | Männliche | Weibliche | Zusammen | % der Bevölkerung | standen im Alter von Jahren | Männliche | Weibliche | Zusammen | % der Bevölkerung |
|---|---|---|---|---|---|---|---|---|---|
| unter 1 | 823 663 | 808 440 | 1 632 103 | 2,90 | 21 bis unter 25 | 2 026 096 | 2 050 280 | 4 076 376 | 7,23 |
| 1 bis unter 2 | 730 435 | 728 746 | 1 459 181 | 2,59 | 25 " " 30 | 2 225 108 | 2 243 495 | 4 468 603 | 7,93 |
| 2 " " 3 | 731 999 | 730 410 | 1 462 409 | 2,59 | 30 " " 35 | 1 961 917 | 1 990 082 | 3 951 999 | 7,01 |
| 3 " " 4 | 711 116 | 707 062 | 1 418 178 | 2,52 | 35 " " 40 | 1 707 739 | 1 741 474 | 3 449 213 | 6,12 |
| 4 " " 5 | 700 557 | 697 730 | 1 396 287 | 2,48 | 40 " " 45 | 1 510 102 | 1 578 138 | 3 088 240 | 5,48 |
| 5 " " 6 | 671 104 | 671 923 | 1 343 027 | 2,38 | 45 " " 50 | 1 260 349 | 1 345 090 | 2 605 439 | 4,62 |
| 6 " " 7 | 656 061 | 654 614 | 1 310 675 | 2,33 | 50 " " 55 | 1 104 716 | 1 238 996 | 2 343 712 | 4,16 |
| 7 " " 8 | 640 562 | 637 722 | 1 278 284 | 2,27 | 55 " " 60 | 948 369 | 1 081 277 | 2 029 646 | 3,60 |
| 8 " " 9 | 618 232 | 617 012 | 1 235 244 | 2,19 | 60 " " 65 | 755 837 | 890 612 | 1 646 449 | 2,92 |
| 9 " " 10 | 621 003 | 617 940 | 1 238 943 | 2,20 | 65 " " 70 | 544 800 | 655 196 | 1 199 996 | 2,13 |
| 10 " " 11 | 597 830 | 594 299 | 1 192 129 | 2,11 | 70 " " 75 | 356 589 | 446 185 | 802 774 | 1,42 |
| 11 " " 12 | 588 497 | 585 592 | 1 172 089 | 2,08 | 75 " " 80 | 210 793 | 267 984 | 478 777 | 0,85 |
| 12 " " 13 | 596 151 | 591 853 | 1 188 004 | 2,11 | 80 " " 85 | 88 271 | 115 708 | 203 979 | 0,36 |
| 13 " " 14 | 581 262 | 577 836 | 1 159 098 | 2,06 | 85 " " 90 | 22 455 | 32 414 | 54 869 | 0,10 |
| 14 " " 15 | 564 178 | 562 993 | 1 127 171 | 2,00 | 90 " " 95 | 3 306 | 5 571 | 8 877 | 0,02 |
| 15 " " 18 | 1 626 796 | 1 619 084 | 3 245 880 | 5,76 | 95 " " 100 | 329 | 777 | 1 106 | 0,00 |
| 18 " " 20 | 1 039 393 | 1 033 926 | 2 073 319 | 3,68 | 100 u. darüber | 8 | 32 | 40 | 0,00 |
| 20 " " 21 | 513 624 | 509 438 | 1 023 062 | 1,81 | Summe | 27 737 247 | 28 629 931 | 56 367 178 | 100,00 |

### B. Familienstand und Alter.

Von den am 1. Dezember 1900 im Deutschen Reich gezählten Einwohnern (ortsanwesende Bevölkerung)

| standen im Alter von Jahren | Ledige | | Verheiratete | | Verwitwete und Geschiedene | | % der Bevölkerung | | |
|---|---|---|---|---|---|---|---|---|---|
| | männlich | weiblich | männlich | weiblich | männlich | weiblich | Ledige | Verheiratete | Verw. und Gesch. |
| unter 14 | 9 268 472 | 9 221 179 | — | — | — | — | 32,80 | — | — |
| 14 bis unter 15 | 564 178 | 562 993 | — | — | — | — | 2,00 | — | — |
| 15 " " 18 | 1 626 220 | 1 614 009 | 562 | 4 921 | 14 | 154 | 5,74 | 0,01 | 0,00 |
| 18 " " 20 | 1 037 931 | 996 492 | 1 413 | 37 028 | 49 | 406 | 3,61 | 0,07 | 0,00 |
| 20 " " 21 | 511 302 | 454 066 | 2 278 | 54 924 | 44 | 448 | 1,71 | 0,10 | 0,00 |
| 21 " " 25 | 1 792 973 | 1 369 960 | 231 572 | 673 385 | 1 551 | 6 915 | 5,61 | 1,61 | 0,01 |
| 25 " " 30 | 1 075 413 | 771 101 | 1 140 273 | 1 447 128 | 9 422 | 25 266 | 3,28 | 4,59 | 0,06 |
| 30 " " 35 | 431 318 | 375 566 | 1 511 816 | 1 561 010 | 18 783 | 53 506 | 1,43 | 5,45 | 0,13 |
| 35 " " 40 | 225 195 | 243 730 | 1 456 886 | 1 409 859 | 25 658 | 87 885 | 0,83 | 5,08 | 0,20 |
| 40 " " 45 | 153 380 | 188 301 | 1 320 905 | 1 249 438 | 35 817 | 140 399 | 0,61 | 4,56 | 0,31 |
| 45 " " 50 | 110 286 | 140 615 | 1 103 089 | 1 009 535 | 46 974 | 194 940 | 0,44 | 3,75 | 0,43 |
| 50 " " 55 | 90 908 | 124 608 | 946 323 | 847 337 | 67 485 | 267 051 | 0,38 | 3,18 | 0,59 |
| 55 " " 60 | 71 814 | 106 523 | 784 664 | 646 402 | 91 891 | 328 352 | 0,32 | 2,54 | 0,75 |
| 60 " " 65 | 54 684 | 90 518 | 583 764 | 435 991 | 117 389 | 364 103 | 0,26 | 1,81 | 0,85 |
| 65 " " 70 | 38 235 | 67 384 | 376 949 | 245 288 | 129 616 | 342 524 | 0,19 | 1,10 | 0,84 |
| 70 " " 75 | 25 447 | 48 268 | 205 869 | 115 358 | 125 273 | 282 559 | 0,13 | 0,57 | 0,72 |
| 75 " " 80 | 14 970 | 29 245 | 95 861 | 44 149 | 99 962 | 194 590 | 0,08 | 0,25 | 0,52 |
| 80 " " 85 | 6 241 | 12 540 | 29 627 | 11 105 | 52 403 | 92 063 | 0,03 | 0,07 | 0,26 |
| 85 " " 90 | 1 575 | 3 468 | 5 401 | 1 822 | 15 479 | 27 124 | 0,01 | 0,01 | 0,08 |
| 90 " " 95 | 228 | 625 | 600 | 238 | 2 478 | 4 708 | 0,00 | 0,00 | 0,01 |
| 95 " " 100 | 34 | 84 | 71 | 36 | 224 | 657 | 0,00 | 0,00 | 0,00 |
| 100 und darüber | 2 | 2 | 1 | 1 | 5 | 29 | 0,00 | 0,00 | 0,00 |
| Summe | 17 098 806 | 16 421 317 | 9 797 924 | 9 794 965 | 840 517 | 2 413 659 | 59,47 | 34,76 | 5,77 |

## 8. Religionsverhältnisse der Bevölkerung am 1. Dezember 1900.

(Statistik des Deutschen Reichs, Band 150.)

| Staaten und Landesteile | Am 1. Dezember 1900 wurden gezählt: Christen: Evangelische | Christen: Katholische | Christen: Sonstige | Israeliten | Bekenner anderer Religionen und Personen unbekannter Religion | Unter 1000 ortsanwesenden Personen sind: Christen: Evangelische | Christen: Katholische | Christen: Sonstige | Israeliten |
|---|---|---|---|---|---|---|---|---|---|
| Provinz Ostpreußen | 1 698 465 | 269 196 | 14 995 | 13 877 | 98 | 851 | 135 | 7,5 | 7,0 |
| „ Westpreußen | 730 685 | 800 395 | 14 308 | 18 226 | 44 | 467 | 512 | 9,1 | 12 |
| Stadt Berlin | 1 590 115 | 188 440 | 14 209 | 92 206 | 8 878 | 843 | 100 | 7,5 | 49 |
| Provinz Brandenburg | 2 907 882 | 160 305 | 13 201 | 25 766 | 1 419 | 935 | 52 | 4,3 | 8,3 |
| „ Pommern | 1 579 080 | 28 169 | 6 587 | 10 880 | 116 | 966 | 23 | 4,0 | 6,7 |
| „ Posen | 569 664 | 1 260 172 | 2 135 | 35 327 | 77 | 302 | 678 | 1,1 | 19 |
| „ Schlesien | 2 042 583 | 2 569 888 | 8 889 | 47 586 | 311 | 437 | 550 | 1,9 | 10 |
| „ Sachsen | 2 610 080 | 206 131 | 7 974 | 8 047 | 394 | 921 | 73 | 2,8 | 2,8 |
| „ Schleswig-Holstein | 1 349 297 | 30 521 | 3 928 | 3 485 | 733 | 972 | 22 | 2,8 | 2,5 |
| „ Hannover | 2 327 816 | 388 906 | 8 143 | 15 393 | 381 | 860 | 131 | 3,3 | 6,0 |
| „ Westfalen | 1 537 948 | 1 616 462 | 12 879 | 20 640 | 348 | 482 | 507 | 3,9 | 6,5 |
| „ Hessen-Nassau | 1 308 016 | 520 541 | 10 611 | 45 105 | 708 | 689 | 280 | 5,6 | 25 |
| „ Rheinland | 1 663 218 | 4 021 388 | 21 666 | 52 251 | 1 275 | 289 | 696 | 3,7 | 9,1 |
| Hohenzollern | 2 847 | 63 363 | 2 | 532 | 36 | 42 | 949 | 0,0 | 8,0 |
| **Preußen** | 21 817 577 | 12 113 670 | 139 127 | 392 322 | 9 813 | 633 | 351 | 4,0 | 11 |
| Bayern rechts des Rheins | 1 297 483 | 3 997 275 | 3 738 | 44 820 | 1 063 | 243 | 748 | 0,7 | 8,4 |
| Bayern links des Rheins | 451 723 | 365 903 | 3 869 | 10 108 | 75 | 542 | 440 | 4,6 | 12 |
| **Bayern** | 1 749 206 | 4 363 178 | 7 607 | 54 928 | 1 138 | 283 | 706 | 1,2 | 8,9 |
| Sachsen | 3 072 063 | 198 265 | 19 103 | 12 416 | 369 | 945 | 47 | 4,6 | 3,8 |
| Württemberg | 1 497 299 | 650 392 | 9 426 | 11 916 | 447 | 690 | 300 | 4,3 | 5,5 |
| Baden | 704 058 | 1 131 639 | 5 563 | 26 132 | 552 | 377 | 606 | 3,0 | 14 |
| Hessen | 746 201 | 341 570 | 7 368 | 24 486 | 265 | 666 | 305 | 6,6 | 22 |
| Mecklenburg-Schwerin | 597 268 | 8 182 | 487 | 1 763 | 70 | 983 | 13 | 0,8 | 2,9 |
| Sachsen-Weimar | 347 144 | 14 158 | 381 | 1 188 | 22 | 957 | 39 | 1,0 | 3,3 |
| Mecklenburg-Strelitz | 100 568 | 1 612 | 62 | 331 | 25 | 980 | 16 | 0,6 | 3,2 |
| Oldenburg | 309 510 | 86 920 | 1 334 | 1 359 | 57 | 775 | 218 | 3,3 | 3,4 |
| Braunschweig | 438 976 | 24 175 | 1 271 | 1 824 | 87 | 941 | 52 | 2,7 | 3,9 |
| Sachsen-Meiningen | 244 810 | 4 170 | 395 | 1 351 | 5 | 978 | 17 | 1,6 | 5,4 |
| Sachsen-Altenburg | 189 685 | 4 723 | 208 | 99 | 1 | 974 | 24 | 1,1 | 0,5 |
| Sachsen-Coburg-Gotha | 225 074 | 3 370 | 515 | 608 | 23 | 981 | 15 | 2,2 | 2,7 |
| Anhalt | 301 953 | 11 609 | 794 | 1 605 | 34 | 955 | 37 | 2,6 | 5,1 |
| Schwarzburg-Sondershausen | 79 593 | 1 110 | 27 | 166 | 2 | 984 | 14 | 0,3 | 2,1 |
| Schwarzburg-Rudolstadt | 92 298 | 676 | 37 | 48 | — | 992 | 7,3 | 0,4 | 0,5 |
| Waldeck | 55 285 | 1 831 | 164 | 637 | 1 | 955 | 32 | 2,6 | 11 |
| Reuß älterer Linie | 66 860 | 1 043 | 444 | 48 | 1 | 978 | 15 | 6,5 | 0,7 |
| Reuß jüngerer Linie | 135 958 | 2 579 | 468 | 178 | 29 | 977 | 19 | 3,4 | 1,3 |
| Schaumburg-Lippe | 41 908 | 785 | 177 | 257 | 5 | 972 | 18 | 4,1 | 6,0 |
| Lippe | 132 708 | 5 157 | 205 | 879 | 3 | 955 | 37 | 1,5 | 6,3 |
| Lübeck | 93 671 | 2 190 | 213 | 670 | 31 | 968 | 23 | 2,3 | 7,0 |
| Bremen | 209 815 | 13 506 | 670 | 1 409 | 276 | 929 | 60 | 3,0 | 6,3 |
| Hamburg | 712 338 | 30 903 | 3 140 | 17 949 | 4 010 | 927 | 40 | 4,1 | 23 |
| Elsaß-Lothringen | 372 078 | 1 310 450 | 4 410 | 32 264 | 262 | 216 | 762 | 2,6 | 19 |
| **Deutsches Reich** | 35 231 104 | 20 327 913 | 203 793 | 586 833 | 17 535 | 625 | 361 | 3,6 | 10 |
| Am 1. Dezember 1890 | 31 026 810 | 17 674 021 | 145 540 | 567 884 | 13 315 | 628 | 358 | 2,9 | 11 |

## 9. Die Bevölkerung nach der Muttersprache am 1. Dezember 1900.

(Statistik des Deutschen Reichs, Band 150.)

| Muttersprache | Gesamtbevölkerung am 1. Dezember 1900 | | | Von 100 Personen mit der in der ersten Spalte bezeichneten Muttersprache waren | | Unter 10 000 der Gesamtbevölkerung hatten die in der ersten Spalte bezeichnete Muttersprache angegeben | | |
|---|---|---|---|---|---|---|---|---|
| | männlich | weiblich | zusammen | männl. | weibl. | männlich | weiblich | zusammen |
| Deutsch | 25 510 642 | 26 372 489 | 51 883 131 | 49,2 | 50,8 | 9 197,7 | 9 211,5 | 9 204,5 |
| Deutsch und eine fremde Sprache | 137 283 | 115 635 | 252 918 | 54,3 | 45,7 | 49,5 | 40,4 | 44,9 |
| darunter: | | | | | | | | |
| Deutsch und holländisch | 2 705 | 1 807 | 4 512 | 60,0 | 40,0 | 1,0 | 0,6 | 0,8 |
| " " friesisch | 320 | 230 | 550 | 58,2 | 41,8 | 0,1 | 0,1 | 0,1 |
| " " dänisch (norwegisch) | 2 297 | 1 915 | 4 212 | 54,5 | 45,5 | 0,8 | 0,7 | 0,8 |
| Deutsch und schwedisch | 325 | 326 | 651 | 49,9 | 50,1 | 0,1 | 0,1 | 0,1 |
| " " englisch | 1 044 | 1 176 | 2 220 | 47,0 | 53,0 | 0,4 | 0,4 | 0,4 |
| " " französisch | 4 463 | 4 893 | 9 356 | 47,7 | 52,3 | 1,6 | 1,7 | 1,7 |
| " " wallonisch | 514 | 346 | 860 | 59,8 | 40,2 | 0,2 | 0,1 | 0,2 |
| " " italienisch | 897 | 339 | 1 236 | 72,6 | 27,4 | 0,3 | 0,1 | 0,2 |
| " " spanisch | 134 | 138 | 272 | 49,3 | 50,7 | 0,0 | 0,1 | 0,1 |
| " " portugiesisch | 55 | 35 | 90 | 61,1 | 38,9 | 0,0 | 0,0 | 0,0 |
| " " polnisch | 92 847 | 76 787 | 169 634 | 54,7 | 45,3 | 33,5 | 26,8 | 30,1 |
| " " masurisch | 5 750 | 5 148 | 10 898 | 52,8 | 47,2 | 2,1 | 1,8 | 1,9 |
| " " kassubisch | 877 | 775 | 1 652 | 53,1 | 46,9 | 0,3 | 0,3 | 0,3 |
| " " wendisch | 11 414 | 12 365 | 23 779 | 48,0 | 52,0 | 4,1 | 4,3 | 4,2 |
| " " mährisch | 1 126 | 735 | 1 861 | 60,5 | 39,5 | 0,4 | 0,3 | 0,3 |
| " " tschechisch | 5 406 | 3 100 | 8 506 | 63,6 | 36,4 | 2,0 | 1,1 | 1,5 |
| " " russisch | 788 | 543 | 1 331 | 59,2 | 40,8 | 0,3 | 0,2 | 0,2 |
| " " litauisch | 4 903 | 4 311 | 9 214 | 53,2 | 46,8 | 1,8 | 1,5 | 1,6 |
| " " ungarisch | 873 | 419 | 1 292 | 67,6 | 32,4 | 0,3 | 0,1 | 0,2 |
| " " eine andere (vorstehend nicht angegebene) Sprache | 545 | 247 | 792 | 68,8 | 31,2 | 0,2 | 0,1 | 0,1 |
| Eine fremde (nichtdeutsche) Sprache | 2 089 322 | 2 141 807 | 4 231 129 | 49,4 | 50,6 | 753,2 | 748,1 | 750,6 |
| darunter: | | | | | | | | |
| Holländisch | 48 475 | 31 886 | 80 361 | 60,3 | 39,7 | 17,5 | 11,1 | 14,3 |
| Friesisch | 10 022 | 10 655 | 20 677 | 48,5 | 51,5 | 3,6 | 3,7 | 3,7 |
| Dänisch (norwegisch) | 70 712 | 70 349 | 141 061 | 50,1 | 49,9 | 25,5 | 24,6 | 25,0 |
| Schwedisch | 5 226 | 3 772 | 8 998 | 58,1 | 41,9 | 1,9 | 1,3 | 1,6 |
| Englisch | 7 748 | 12 469 | 20 217 | 38,3 | 61,7 | 2,8 | 4,4 | 3,6 |
| Französisch | 98 978 | 112 701 | 211 679 | 46,8 | 53,2 | 35,7 | 39,4 | 37,6 |
| Wallonisch | 6 340 | 5 501 | 11 841 | 53,5 | 46,5 | 2,3 | 1,9 | 2,1 |
| Italienisch | 56 923 | 9 038 | 65 961 | 86,3 | 13,7 | 20,5 | 3,2 | 11,7 |
| Spanisch | 1 148 | 911 | 2 059 | 55,8 | 44,2 | 0,4 | 0,3 | 0,4 |
| Portugiesisch | 275 | 204 | 479 | 57,4 | 42,6 | 0,1 | 0,1 | 0,1 |
| Polnisch | 1 495 374 | 1 591 115 | 3 086 489 | 48,4 | 51,6 | 539,1 | 555,8 | 547,6 |
| Masurisch | 67 843 | 74 206 | 142 049 | 47,8 | 52,2 | 24,5 | 25,9 | 25,2 |
| Kassubisch | 49 039 | 51 174 | 100 213 | 48,9 | 51,1 | 17,7 | 17,9 | 17,8 |
| Wendisch | 43 529 | 49 503 | 93 032 | 46,8 | 53,2 | 15,7 | 17,3 | 16,5 |
| Mährisch | 29 721 | 34 661 | 64 382 | 46,2 | 53,8 | 10,7 | 12,1 | 11,4 |
| Tschechisch | 25 518 | 17 498 | 43 016 | 59,3 | 40,7 | 9,2 | 6,1 | 7,6 |
| Russisch | 5 878 | 3 739 | 9 617 | 61,1 | 38,9 | 2,1 | 1,3 | 1,7 |
| Litauisch | 49 880 | 56 425 | 106 305 | 46,9 | 53,1 | 18,0 | 19,7 | 18,9 |
| Ungarisch | 5 746 | 2 412 | 8 158 | 70,4 | 29,6 | 2,1 | 0,8 | 1,4 |
| Eine andere (vorstehend nicht angegebene) Sprache | 10 947 | 3 588 | 14 535 | 75,3 | 24,7 | 4,0 | 1,2 | 2,6 |
| Zusammen | 27 737 847 | 28 629 331 | 56 367 178 | 49,2 | 50,8 | 10 000 | 10 000 | 10 000 |

## 10. Die Staatsangehörigkeit der Bevölkerung am 1. Dezember 1900.

(Statistik des Deutschen Reichs, Band 150.)

Von den im Deutschen Reich gezählten Einwohnern (der ortsanwesenden Bevölkerung) waren staatsangehörig in folgenden Ländern:

| Land | überhaupt | darunter weiblich |
|---|---|---|
| **A. Deutsches Reich** (einschl. deutsch. Schutzgebiete) | 55 587 642 | 28 314 935 |
| **B. Ausland** ...... | 778 698 | 314 642 |
| a. europäische Staaten: | | |
| Rußland (Europa und Asien) ............ | 46 971 | 18 951 |
| Österreich (einschl. Liechtenstein, Bosnien und Herzegowina) ........ | 371 022 | 158 507 |
| Ungarn (einschl. Kroatien) | 18 892 | 6 370 |
| Schweiz ............... | 55 450 | 24 157 |
| Italien (und S. Marino) nebst Kolonien ....... | 69 760 | 12 793 |
| Frankreich (und Monaco) nebst Algier, Tunis und Kolonien ........... | 20 482 | 10 767 |
| Spanien (und Andorra) nebst Kolonien ....... | 770 | 253 |
| Portugal (nebst Kolonien) | 190 | 52 |
| Luxemburg ............. | 13 263 | 6 000 |
| Belgien ............... | 12 122 | 5 131 |
| Niederlande (nebst Kolonien) | 88 053 | 35 068 |
| Dänemark (nebst Kolonien) | 26 547 | 11 479 |
| Schweden ............. | 9 631 | 3 711 |
| Norwegen ............. | 2 728 | 850 |
| Großbritannien nebst Indien, Australien, Ceylon, Canada und den übrigen Kolonien ............ | 16 173 | 6 930 |
| Rumänien .............. | 1 615 | 582 |
| Serbien ............... | 409 | 74 |
| Bulgarien ............. | 246 | 35 |
| Montenegro ............ | 15 | 1 |
| Türkei (in Europa und Asien, ohne Tripolis und Ägypten) ........... | 1 454 | 363 |
| Griechenland .......... | 382 | 68 |
| zusammen a .... | 767 185 | 304 213 |
| b. amerikanische Staaten: | | |
| Verein. Staaten einschl. Alaska, auch Hawaii, Cuba, Portorico und Philippinen .......... | 17 848 | 8 932 |
| Mexiko ............... | 241 | 113 |
| Guatemala ............ | 30 | 14 |
| Republik Honduras ..... | 5 | 4 |
| Salvador ............. | 4 | — |
| Nicaragua ............ | 33 | 12 |
| Costarica ............ | 8 | 2 |
| Haiti ................ | 8 | — |
| San Domingo .......... | 15 | 9 |
| Brasilien ............ | 978 | 447 |
| Venezuela ............ | 181 | 95 |
| Paraguay ............. | 12 | 2 |
| Uruguay .............. | 86 | 36 |
| Argentinien .......... | 525 | 229 |
| Chile ................ | 396 | 194 |
| Bolivia .............. | 40 | 10 |
| Peru ................. | 140 | 61 |
| Ecuador .............. | 38 | 7 |
| Columbien ............ | 55 | 23 |
| Amerika ohne nähere Angabe | 17 | 8 |
| zusammen b .... | 20 660 | 10 198 |
| c. afrikanische Staaten: | | |
| Ägypten .............. | 46 | 4 |
| Tripolis, Barka, Fessan .. | 1 | — |
| Marokko .............. | 1 | — |
| Abessynien ........... | 2 | — |
| Liberia .............. | 8 | — |
| Oranje-Freistaat ...... | 98 | 50 |
| Südafrikanische Republik .. | 218 | 111 |
| Afrika ohne nähere Angabe | 13 | 6 |
| zusammen c .... | 387 | 171 |
| d. asiatische Staaten: | | |
| China ................ | 150 | 29 |
| Japan ................ | 250 | 14 |
| Siam ................. | 21 | 5 |
| Persien .............. | 43 | 10 |
| Asien ohne nähere Angabe | 2 | 2 |
| zusammen d .... | 466 | 60 |
| **C. Ohne Angabe** .... | 838 | 354 |
| zusammen A—C .... | 56 367 178 | 28 629 931 |
| Dagegen Ausland (B) | | |
| am 2. Dezember 1895.... | 486 190 | 213 282 |
| " 1. " 1890.... | 433 254 | 189 168 |
| " 1. " 1885.... | 372 792 | . |
| " 1. " 1880.... | 276 057 | 118 811 |
| " 1. " 1875.... | 290 799 | 111 941 |
| " 1. " 1871.... | 206 755 | 82 040 |

## 11. Die (473) Gemeinden von mehr als 10 000 Einwohnern nach der Volkszählung vom 1. Dezember 1900.

(Statistik des Deutschen Reichs, Band 150.)

Die Namen der Landgemeinden, Marktflecken und Flecken sind mit * versehen.

| Namen der Gemeinden | Ortsanwesende Bevölkerung 1. 12. 1900 | Namen der Gemeinden | Ortsanwesende Bevölkerung 1. 12. 1900 | Namen der Gemeinden | Ortsanwesende Bevölkerung 1. 12. 1900 |
|---|---|---|---|---|---|
| Aachen | 135 245 | Brieg | 24 090 | Erfurt | 85 202 |
| Allenstein | 24 295 | Bromberg | 52 204 | Erlangen | 22 953 |
| Altena | 12 766 | Bruchsal | 13 555 | Eschwege | 11 113 |
| Altenburg | 37 110 | Buer* | 28 521 | Eschweiler | 21 903 |
| Altendorf* | 63 238 | Bulmke* | 11 001 | Essen | 118 862 |
| Altenessen* | 28 668 | Bunzlau | 14 590 | Eßlingen | 27 325 |
| Altona | 161 501 | Burg a. Ihle | 22 432 | Eupen | 14 297 |
| Altwasser* | 12 144 | Cannstatt | 26 497 | Euskirchen | 10 260 |
| Alt-Zabrze* | 19 562 | Celle | 19 883 | Finsterwalde | 10 728 |
| Amberg | 22 030 | Charlottenburg | 189 305 | Flensburg | 48 922 |
| Anklam | 14 617 | Chemnitz | 206 913 | Forst (Rgbz. Frankfurt) | 32 075 |
| Annaberg | 15 959 | Coburg | 20 460 | Frankenberg i. S. | 12 726 |
| Annen Wullen* | 10 960 | Cölln a. d. Elbe*¹) | 11 310 | Frankenthal | 16 899 |
| Ansbach | 17 563 | Cöln | 372 529 | Frankfurt a. M. | 288 989 |
| Apolda | 20 364 | Cöthen | 22 091 | Frankfurt a. O. | 61 852 |
| Arnstadt | 14 411 | Colmar | 36 844 | Freiberg | 30 175 |
| Aschaffenburg | 16 093 | Cotta* | 12 522 | Freiburg i. B. | 61 504 |
| Aschersleben | 27 245 | Crefeld | 106 893 | Freising | 10 090 |
| Aue | 15 246 | Crimmitschau | 22 845 | Friedenau* | 11 050 |
| Augsburg | 89 170 | Culm | 11 070 | Friedrichshagen* | 11 288 |
| Baden | 15 718 | Danzig | 140 563 | Friedrichsthal* | 10 109 |
| Bamberg | 41 823 | Darmstadt | 72 381 | Fürstenwalde | 16 705 |
| Bant* | 16 126 | Delitzsch | 10 479 | Fürth | 54 144 |
| Barmen | 141 944 | Delmenhorst | 16 579 | Fulda | 16 900 |
| Bautzen | 26 024 | Demmin | 12 079 | Gaarden*³) | 13 847 |
| Bayreuth | 29 387 | Dessau | 50 849 | Gebweiler | 13 254 |
| Beeck* | 20 456 | Detmold | 11 968 | Geestemünde | 20 110 |
| Bensberg* | 10 410 | Deuben* | 10 075 | Gelsenkirchen | 36 935 |
| Bergedorf | 10 250 | Deutsch-Wilmersdorf* | 30 671 | Gera | 45 634 |
| Bergisch-Gladbach | 11 435 | Diedenhofen | 10 062 | Gerresheim | 11 541 |
| Berlin | 1 888 848 | Dirschau | 12 809 | Gevelsberg | 13 499 |
| Bernburg | 34 431 | Döbeln | 17 749 | Gießen | 25 491 |
| Beuthen i. O.-S. | 51 404 | Dorotheendorf* | 10 704 | Gladbeck* | 11 704 |
| Biebrich | 15 048 | Dortmund | 142 733 | Glatz | 14 926 |
| Bielefeld | 63 046 | Dresden | 396 146 | Glauchau | 25 677 |
| Bismarck i. Westf.* | 21 169 | Dudweiler* | 16 320 | Gleiwitz | 52 362 |
| Bitterfeld | 11 839 | Düren | 27 168 | Glogau | 22 147 |
| Blankenburg | 10 173 | Düsseldorf | 213 711 | Gmünd | 18 699 |
| Bocholt | 21 278 | Duisburg | 92 730 | Gnesen | 21 698 |
| Bochum | 65 551 | Durlach | 11 354 | Göppingen | 10 384 |
| Boguschütz* | 11 537 | Eberswalde | 21 654 | Görlitz | 80 931 |
| Bonn | 50 736 | Eckesey*²) | 12 326 | Göttingen | 30 234 |
| Borbeck* | 47 217 | Eickel* | 16 770 | Goslar | 16 403 |
| Bottrop* | 24 847 | Eilenburg | 15 145 | Gotha | 34 651 |
| Boxhagen-Rummelsburg* | 16 884 | Eisenach | 31 580 | Graudenz | 32 727 |
| Brandenburg a. H. | 49 250 | Eisleben | 23 898 | Greifswald | 22 950 |
| Braunsberg i. Ostpr. | 12 497 | Elberfeld | 156 966 | Greiz | 22 346 |
| Braunschweig | 128 226 | Elbing | 52 518 | Grimma | 10 892 |
| Bremen | 163 297 | Elmshorn | 13 640 | Großenhain | 12 064 |
| Bremerhaven | 20 315 | Emden | 18 453 | Groß-Lichterfelde* | 23 168 |
| Breslau | 422 709 | Emmerich | 10 529 | Grünberg i. Schl. | 20 983 |

¹) Seit 1. Januar 1901 ist die Landgemeinde Cölln a. d. Elbe mit Meißen vereinigt.

| Namen der Gemeinden | Ortsanwesende Bevölkerung 1. 12. 1900 | Namen der Gemeinden | Ortsanwesende Bevölkerung 1. 12. 1900 | Namen der Gemeinden | Ortsanwesende Bevölkerung 1. 12. 1900 |
|---|---|---|---|---|---|
| Guben | 33 122 | Köln s. Cöln. | | Meißen [1]) | 20 124 |
| Güstrow | 16 882 | Köslin | 20 417 | Memel | 20 166 |
| Gumbinnen | 14 000 | Kolberg | 20 200 | Memmingen | 10 869 |
| Gummersbach | 12 525 | Konitz | 10 697 | Merheim* | 16 280 |
| Hagen i. Westfalen [1]) | 50 612 | Konstanz | 21 445 | Merseburg | 19 118 |
| Hagenau | 17 968 | Kottbus | 39 322 | Metz | 58 462 |
| Hainau | 10 142 | Krefeld s. Crefeld. | | Minden | 24 315 |
| Halberstadt | 42 810 | Kreuzburg i. O.-S. | 10 230 | Mittweida | 16 119 |
| Halle a. S. | 156 609 | Kreuznach | 21 321 | Moers* | 11 078 |
| Hamborn* | 32 597 | Kronenberg | 10 210 | Mühlhausen i. Th. | 33 428 |
| Hamburg | 705 738 | Krotoschin | 12 373 | Mülhausen i. E. | 89 118 |
| Hameln | 18 965 | Küstrin | 16 473 | Mülheim a. Rhein | 45 062 |
| Hamm i. Westfalen | 31 371 | Kulm s. Culm | | Mülheim a./Ruhr | 38 280 |
| Hamme* | 13 381 | Lahr | 13 577 | München | 499 932 |
| Hanau | 29 847 | Landau | 15 824 | München-Gladbach | 58 023 |
| Hannover | 235 649 | Landsberg a. W. | 33 598 | München-Gladbach* | 15 631 |
| Harburg | 49 153 | Landshut | 21 737 | Münster | 63 754 |
| Hardenberg* | 11 854 | Langenbielau* | 19 122 | Myslowitz | 13 358 |
| Haspe | 16 059 | Langendreer* | 19 928 | Naumburg a./S. | 23 192 |
| Heidelberg | 40 121 | Langensalza | 11 926 | Neiße | 24 287 |
| Heidenheim | 10 510 | Langerfeld* | 11 478 | Neubrandenburg | 10 559 |
| Heilbronn | 37 891 | Lauban | 13 793 | Neugersdorf* | 10 913 |
| Helmstedt | 14 250 | Lauenburg i. Pomm. | 10 412 | Neuhaldensleben | 10 130 |
| Herford | 25 109 | Laurahütte* | 13 571 | Neumünster | 27 335 |
| Herne | 27 663 | Lechhausen | 14 172 | Neunkirchen* (Rgbz. Trier) | 27 684 |
| Herten* | 12 168 | Leer | 12 301 | Neu-Ruppin | 17 130 |
| Hilden | 11 296 | Lehe | 24 301 | Neusalz a. O. | 12 580 |
| Hildesheim | 42 973 | Leipzig | 456 124 | Neuß | 28 472 |
| Hirschberg i. Schl. | 17 885 | Leobschütz | 12 629 | Neustadt a. Haardt | 17 795 |
| Höchst a. Main | 14 121 | Lichtenberg* | 43 371 | Neustadt i. O.-S. | 20 139 |
| Höhscheid | 14 172 | Liegnitz | 54 882 | Neustettin | 10 024 |
| Hörde | 25 128 | Limbach | 12 247 | Neustrelitz | 11 340 |
| Hof | 32 781 | Linden i. Hann. | 50 828 | Neu-Weißensee* | 31 946 |
| Hohenstein-Ernstthal | 13 397 | Lipine* | 16 902 | Neuwied | 11 011 |
| Horst* (Rgbz. Münster) | 11 284 | Lippstadt | 12 533 | Nieder-Hermsdorf* | 10 975 |
| Ilmenau | 10 416 | Lissa | 14 263 | Niederplanitz* | 11 388 |
| Ingolstadt | 22 207 | Löbtau* | 33 447 | Nordhausen | 28 497 |
| Inowrazlaw | 26 141 | Lörrach | 10 347 | Nowawes* | 10 874 |
| Insterburg | 27 787 | Luckenwalde | 20 984 | Nürnberg | 261 081 |
| Iserlohn | 27 265 | Ludwigsburg | 19 436 | Oberhausen | 42 148 |
| Itzehoe | 15 649 | Ludwigshafen am Rhein | 61 914 | Oberkirchen | 14 745 |
| Jauer | 13 024 | Lübeck | 82 098 | Oels | 10 583 |
| Jena | 20 648 | Lüdenscheid | 25 500 | Oelsnitz (Vogtl.) | 13 007 |
| Kaiserslautern | 48 310 | Lüneburg | 24 693 | Oelsnitz* (Erzgeb.) | 13 281 |
| Kalbe a. S. | 12 281 | Lütgendortmund* | 11 096 | Offenbach | 50 468 |
| Kalk | 20 606 | Lüttringhausen | 11 254 | Offenburg | 13 684 |
| Karlsruhe | 97 185 | Lyck | 11 386 | Ohligs | 20 689 |
| Kassel | 106 034 | Magdeburg | 229 667 | Oldenburg i. Großh. | 28 797 |
| Katernberg* | 15 374 | Mainz | 84 251 | Oppeln | 30 112 |
| Kattowitz | 31 738 | Malstatt-Burbach | 31 195 | Oschatz | 10 852 |
| Kempten | 18 864 | Mannheim | 141 131 | Oschersleben | 13 405 |
| Kiel [2]) | 107 977 | Marburg | 17 531 | Osnabrück | 51 573 |
| Kirchhörde* | 11 170 | Marienburg i. Westpr. | 10 735 | Osterfeld* | 12 177 |
| Kleve | 14 678 | Markirch | 12 372 | Osterode i. Ostpr. | 13 171 |
| Koblenz | 45 147 | Mayen | 11 981 | Ostrowo | 11 800 |
| Königsberg i. Pr. | 189 483 | Meerane | 23 851 | Paderborn | 23 508 |
| Königshütte i. O.-S. | 57 919 | Meiderich | 33 690 | Pankow* | 21 521 |
| Köpenick | 20 925 | Meiningen | 14 483 | Parchim | 10 242 |

| Namen der Gemeinden | Ortsanwesende Bevölkerung 1.12.1900 | Namen der Gemeinden | Ortsanwesende Bevölkerung 1.12.1900 | Namen der Gemeinden | Ortsanwesende Bevölkerung 1.12.1900 |
|---|---|---|---|---|---|
| Pasewalk | 10 299 | Salzwedel | 10 189 | Tarnowitz | 11 858 |
| Passau | 18 003 | Sangerhausen | 12 073 | Thorn | 29 635 |
| Peine | 15 421 | Sankt Ingbert | 14 050 | Tilsit | 34 539 |
| Pforzheim | 43 351 | Sankt Johann | 21 266 | Torgau | 11 807 |
| Pirmasens | 30 195 | Schalke* | 26 077 | Trier | 43 506 |
| Pirna | 18 296 | Schiltigheim* | 10 745 | Tübingen | 15 338 |
| Plauen i. V. | 73 888 | Schleswig | 17 910 | Tuttlingen | 13 530 |
| Plauen b. Dresden* | 12 185 | Schmölln | 10 691 | Ückendorf* | 21 937 |
| Pößneck | 12 206 | Schneidemühl | 19 655 | Ulm | 42 982 |
| Posen | 117 033 | Schönebeck | 16 261 | Unna | 14 912 |
| Potsdam | 59 796 | Schöneberg | 95 998 | Velbert | 16 691 |
| Prenzlau | 20 229 | Schönefeld* | 11 521 | Viersen | 24 761 |
| Püttlingen* | 13 089 | Schweidnitz | 28 439 | Vilich* | 12 414 |
| Quedlinburg | 23 373 | Schweinfurt | 15 302 | Völklingen* | 12 721 |
| Radeberg | 12 018 | Schwelm | 16 890 | Wald | 18 630 |
| Radevormwald | 10 701 | Schwenningen* | 10 106 | Waldenburg i. Schl. | 15 105 |
| Rastatt | 13 941 | Schwerin i. Meckl. | 38 672 | Waldheim | 10 633 |
| Rastenburg | 11 144 | Schwerte | 12 201 | Wandsbek | 27 966 |
| Rathenow | 21 046 | Schwientochlowitz* | 13 079 | Wanne* | 23 659 |
| Ratibor | 25 250 | Siegburg | 14 162 | Wattenscheid | 20 295 |
| Ratingen | 10 594 | Siegen | 22 109 | Weimar | 28 489 |
| Ravensburg | 13 453 | Siemianowitz* | 12 178 | Weinheim | 11 167 |
| Rawitsch | 11 741 | Soest | 16 721 | Weißenfels | 28 201 |
| Recklinghausen | 34 019 | Solingen | 45 260 | Weitmar* | 14 996 |
| Recklinghausen* | 17 410 | Sommerfeld | 11 910 | Werdau | 19 355 |
| Regensburg | 45 429 | Sonneberg | 13 313 | Werden a./Ruhr | 10 704 |
| Reichenbach i. Sachs. | 24 490 | Sorau i. N.-L. | 15 945 | Wermelskirchen | 15 469 |
| Reichenbach i. Schl. | 15 052 | Spandau | 65 030 | Werne* | 11 059 |
| Reinickendorf* | 14 779 | Speyer | 20 921 | Wernigerode | 11 567 |
| Remscheid | 58 108 | Spremberg | 10 925 | Wesel | 22 545 |
| Rendsburg | 14 757 | Stade | 10 545 | Wiemelhausen* | 12 430 |
| Reutlingen | 21 494 | Stargard i. Pomm. | 26 858 | Wiesbaden | 86 111 |
| Rheine (Rgbz. Münster) | 10 371 | Staßfurt | 20 011 | Wilhelmsburg* | 16 040 |
| Rheydt | 34 036 | Steele | 12 245 | Wilhelmshaven | 22 682 |
| Riesa | 13 477 | Steglitz* | 21 425 | Wismar | 20 222 |
| Rixdorf | 90 422 | Stendal | 22 075 | Witten | 33 517 |
| Ronsdorf | 13 297 | Sterkrade* | 15 004 | Wittenberg | 18 345 |
| Rosenheim | 14 248 | Stettin | 210 702 | Wittenberge | 16 258 |
| Roßberg* | 13 915 | Stolberg b. Aachen | 14 249 | Wolfenbüttel | 17 873 |
| Roßlau | 10 059 | Stolp i. Pomm. | 27 293 | Worms | 40 705 |
| Rostock | 54 735 | Stralsund | 31 076 | Würselen* | 10 203 |
| Rotthausen* | 16 600 | Straßburg i. E. | 151 041 | Würzburg | 75 499 |
| Ruda* | 11 906 | Straubing | 17 541 | Wurzen | 16 615 |
| Rudolstadt | 12 405 | Striegau | 12 853 | Zaborze* | 22 587 |
| Rüttenscheid* | 14 735 | Stuttgart | 176 699 | Zeitz | 27 391 |
| Ruhrort | 12 406 | Styrum* | 18 434 | Zerbst | 17 095 |
| Saalfeld i. S.-Meiningen | 11 679 | Suhl | 12 622 | Zittau | 30 921 |
| Saarbrücken | 23 237 | Sulzbach* (Rgbz. Trier) | 17 823 | Zweibrücken | 13 716 |
| Saargemünd | 14 685 | Swinemünde | 10 251 | Zwickau | 55 830 |
| Sagan | 13 370 | Tangermünde | 11 536 | | |

## 12. Berufsverhältnisse nach der Zählung vom 14. Juni 1895.

(Statistik des Deutschen Reichs, Band 111.)

| Beruf<br>Berufsabteilungen<br>-<br>Berufsgruppen | Berufsstellung¹) | Die Bevölkerung nach dem Hauptberuf der Erwerbstätigen: Erwerbstätige überhaupt | Erwerbstätige darunter weibliche | Dienstboten für häusliche Dienste | Angehörige ohne Hauptberuf | Erwerbstätige, Dienende und Angehörige zusammen |
|---|---|---|---|---|---|---|
| **Berufsabteilungen.** | | | | | | |
| A. Landwirtschaft, Gärtnerei und Tierzucht, Forstwirtschaft und Fischerei | a | 2 568 725 | 346 899 | 349 693 | 6 550 403 | 9 468 821 |
| | b | 96 173 | 18 107 | 12 751 | 142 300 | 251 224 |
| | c | 5 627 794 | 2 388 148 | 12 253 | 3 141 215 | 8 781 262 |
| | Sa. | 8 292 692 | 2 753 154 | 374 697 | 9 833 918 | 18 501 307 |
| B. Bergbau und Hüttenwesen, Industrie und Bauwesen | a | 1 774 375 | 399 105 | 265 075 | 3 842 524 | 5 881 974 |
| | afr | 287 389 | 130 387 | 3 180 | 380 421 | 670 990 |
| | b | 263 745 | 9 324 | 27 267 | 460 130 | 751 142 |
| | c | 5 900 654 | 968 108 | 24 579 | 6 962 296 | 12 887 529 |
| | cfr | 55 057 | 14 194 | 33 | 6 516 | 61 606 |
| | Sa. | 8 281 220 | 1 521 118 | 320 134 | 11 651 887 | 20 253 241 |
| C. Handel und Verkehr einschl. Gast- und Schankwirtschaft | a | 843 557 | 204 616 | 244 992 | 1 729 244 | 2 817 793 |
| | b | 261 907 | 11 987 | 29 504 | 326 205 | 617 616 |
| | c | 1 233 047 | 363 005 | 9 481 | 1 288 909 | 2 531 437 |
| | Sa. | 2 338 511 | 579 608 | 283 977 | 3 344 358 | 5 966 846 |
| D. Häusliche Dienste und Lohnarbeit wechselnder Art | | 432 491 | 233 865 | 1 270 | 453 046 | 886 807 |
| E. Militär- und Zivildienst, sogenannte freie Berufe | | 1 425 961 | 176 648 | 191 122 | 1 217 931 | 2 835 014 |
| Dazu: F. Ohne Beruf und Berufsangabe | | 2 142 808 | 1 115 549 | 168 116 | 1 016 145 | 3 327 069 |
| Zusammen A—F | | 22 913 683 | 6 379 942 | 1 339 316 | 27 517 285 | 51 770 284 |
| Dagegen 1882 | | 18 986 494 | 4 961 228 | 1 324 924 | 24 910 695 | 45 222 113 |
| Mithin 1895 mehr in Prozent | | 20,7 | 28,6 | 1,1 | 10,5 | 14,5 |
| **Berufsgruppen.** | | | | | | |
| I. Landwirtsch., Gärtnerei u. Tierzucht | | 8 156 045 | 2 745 840 | 360 949 | 9 551 669 | 18 068 663 |
| II. Forstwirtschaft und Fischerei | | 136 647 | 7 314 | 13 748 | 282 249 | 432 644 |
| III. Bergbau, Hütten- und Salinenwesen | | 567 753 | 13 577 | 9 379 | 1 270 138 | 1 847 270 |
| IV. Industrie der Steine und Erden | | 501 334 | 39 555 | 12 563 | 802 781 | 1 316 678 |
| V. Metallverarbeitung | | 862 035 | 36 810 | 25 640 | 1 265 114 | 2 152 789 |
| VI. Industrie der Maschinen, Instrumente | | 383 223 | 12 513 | 19 534 | 638 370 | 1 041 127 |
| VII. Chemische Industrie | | 102 921 | 14 721 | 13 081 | 174 523 | 290 525 |
| VIII. Ind. d. Leuchtstoffe, Seifen, Fette, Öle | | 42 997 | 4 288 | 4 217 | 86 856 | 134 070 |
| IX. Textilindustrie | | 945 191 | 447 962 | 21 095 | 933 618 | 1 899 904 |
| X. Papier | | 135 863 | 39 222 | 5 751 | 164 933 | 306 547 |
| XI. Leder | | 168 358 | 10 023 | 9 478 | 251 491 | 429 327 |
| XII. Holz- und Schnitzstoffe | | 657 019 | 30 346 | 17 704 | 1 023 869 | 1 698 592 |
| XIII. Nahrungs- und Genußmittel | | 878 163 | 140 131 | 101 038 | 1 098 406 | 2 077 607 |
| XIV. Bekleidung und Reinigung | | 1 513 124 | 711 041 | 30 849 | 1 429 727 | 2 973 700 |
| XV. Baugewerbe | | 1 353 637 | 11 874 | 37 781 | 2 314 705 | 3 706 123 |
| XVI. Polygraphische Gewerbe | | 119 291 | 14 938 | 6 775 | 125 437 | 251 503 |
| XVII. Künstler u. künstl. Betr. f. gewerbl. Zwecke | | 28 348 | 1 982 | 2 712 | 29 679 | 60 739 |
| XVIII. Fabrikant., Fabrikarb. usw. o. näh. Bez. | | 29 961 | 6 336 | 540 | 46 247 | 76 748 |
| XIX. Handelsgewerbe | | 1 205 134 | 299 829 | 215 919 | 1 518 567 | 2 939 620 |
| XX. Versicherungsgewerbe | | 25 384 | 560 | 5 181 | 39 099 | 69 664 |
| XXI. Verkehrsgewerbe | | 615 330 | 17 760 | 26 522 | 1 360 853 | 2 002 705 |
| XXII. Beherbergung und Erquickung | | 492 663 | 161 450 | 36 355 | 425 839 | 954 857 |

# II. Bewegung der Bevölkerung.

## 1. Die Eheschließungen, Geborenen und Gestorbenen im Jahre 1902.

(Vierteljahrshefte zur Statistik des Deutschen Reichs 1904, I.)

| Staaten und Landesteile | Eheschließungen | Geborene einschl. Totgeborene | Gestorbene einschl. Totgeborene | Mehr geboren als gestorben | Von den Geborenen überhaupt sind lebendgeborene | Auf 1000 Einwohner kamen: Eheschließungen | Geborene | Gestorbene | Mehr Geborene als Gestorbene | Lebendgeborene |
|---|---|---|---|---|---|---|---|---|---|---|
| Prov. Ostpreußen | 12 980 | 73 964 | 47 238 | 26 726 | 71 548 | 7,0 | 36,8 | 23,6 | 13,3 | 35,1 |
| " Westpreußen | 11 670 | 67 418 | 36 327 | 31 091 | 65 496 | 7,5 | 42,8 | 23,5 | 19,5 | 42,4 |
| Stadt Berlin | 14 138 | 51 184 | 32 470 | 18 714 | 49 348 | 5,8 | 26,4 | 16,8 | 9,6 | 25,5 |
| Prov. Brandenburg | 26 860 | 101 248 | 60 626 | 40 622 | 97 763 | 8,1 | 31,8 | 19,0 | 12,7 | 30,5 |
| " Pommern | 12 810 | 59 529 | 34 378 | 25 151 | 57 785 | 7,5 | 35,8 | 20,7 | 15,1 | 34,8 |
| " Posen | 13 729 | 82 544 | 40 697 | 41 847 | 80 035 | 7,2 | 43,0 | 21,2 | 21,8 | 41,5 |
| " Schlesien | 35 838 | 192 634 | 116 769 | 75 865 | 185 635 | 7,6 | 40,3 | 24,5 | 15,8 | 39,0 |
| " Sachsen | 22 748 | 101 302 | 57 511 | 43 791 | 98 007 | 8,2 | 35,6 | 20,2 | 15,4 | 34,6 |
| " Schleswig-Holstein | 11 378 | 56 459 | 34 828 | 21 631 | 54 058 | 8,4 | 32,2 | 17,6 | 15,3 | 31,8 |
| " Hannover | 20 727 | 86 766 | 45 934 | 40 832 | 83 271 | 7,8 | 32,7 | 17,3 | 15,4 | 31,7 |
| " Westfalen | 27 487 | 139 366 | 63 915 | 75 451 | 135 602 | 8,2 | 41,7 | 19,2 | 22,6 | 40,5 |
| " Hessen-Nassau | 16 586 | 58 316 | 34 921 | 23 395 | 51 232 | 8,4 | 32,6 | 18,2 | 14,0 | 31,6 |
| " Rheinland | 47 667 | 228 115 | 119 940 | 108 175 | 221 713 | 8,0 | 38,2 | 20,1 | 18,1 | 37,2 |
| Hohenzollern | 458 | 2 283 | 1 539 | 744 | 2 238 | 6,5 | 33,3 | 22,2 | 11,1 | 32,6 |
| Preußen | 281 532 | 1 298 019 | 719 898 | 578 121 | 1 255 780 | 8,0 | 36,7 | 20,4 | 16,3 | 35,5 |
| Bayern rechts des Rheins | 40 390 | 266 228 | 192 395 | 73 833 | 260 177 | 7,8 | 37,8 | 24,0 | 13,8 | 36,7 |
| Bayern links des Rheins | 7 162 | 33 229 | 17 302 | 15 927 | 32 205 | 8,1 | 38,9 | 20,8 | 18,6 | 37,7 |
| Bayern | 47 552 | 299 457 | 199 697 | 89 760 | 292 382 | 7,5 | 35,0 | 23,5 | 14,4 | 36,8 |
| Sachsen | 35 218 | 158 776 | 88 875 | 70 901 | 154 395 | 8,1 | 36,8 | 20,6 | 16,4 | 35,7 |
| Württemberg | 17 177 | 78 793 | 47 505 | 31 288 | 76 071 | 7,8 | 35,7 | 21,5 | 14,2 | 34,4 |
| Baden | 14 949 | 67 311 | 39 964 | 27 347 | 65 436 | 7,6 | 35,2 | 20,9 | 14,3 | 34,2 |
| Hessen | 9 632 | 39 076 | 22 028 | 17 048 | 37 701 | 8,0 | 34,2 | 18,5 | 14,9 | 32,8 |
| Mecklenburg-Schwerin | 4 868 | 17 974 | 11 029 | 6 945 | 17 380 | 7,5 | 29,3 | 18,0 | 11,3 | 28,3 |
| Sachsen-Weimar | 2 838 | 12 565 | 6 999 | 5 566 | 12 184 | 7,7 | 34,6 | 19,3 | 15,1 | 32,4 |
| Mecklenburg-Strelitz | 832 | 3 141 | 1 992 | 1 149 | 3 045 | 8,0 | 30,4 | 19,3 | 11,1 | 29,6 |
| Oldenburg | 2 808 | 14 568 | 7 068 | 7 500 | 14 131 | 8,1 | 35,4 | 17,1 | 18,6 | 34,3 |
| Braunschweig | 3 734 | 15 455 | 8 642 | 6 813 | 14 955 | 7,9 | 32,6 | 18,3 | 14,3 | 31,8 |
| Sachsen-Meiningen | 2 092 | 9 177 | 4 693 | 4 484 | 8 909 | 8,4 | 35,5 | 18,3 | 17,4 | 34,3 |
| Sachsen-Altenburg | 1 555 | 7 068 | 4 221 | 2 847 | 7 020 | 7,4 | 38,4 | 23,0 | 16,6 | 33,4 |
| Sachsen-Coburg-Gotha | 1 915 | 8 081 | 4 191 | 3 890 | 7 830 | 8,2 | 34,6 | 18,4 | 15,7 | 33,4 |
| Anhalt | 2 559 | 10 854 | 5 596 | 5 258 | 10 506 | 7,8 | 33,6 | 17,4 | 16,2 | 32,6 |
| Schwarzburg-Sondershausen | 616 | 2 821 | 1 481 | 1 340 | 2 743 | 7,4 | 34,4 | 18,0 | 16,4 | 33,1 |
| Schwarzburg-Rudolstadt | 719 | 3 373 | 1 751 | 1 622 | 3 277 | 7,6 | 35,1 | 18,6 | 17,2 | 34,2 |
| Waldeck | 356 | 1 701 | 995 | 716 | 1 641 | 6,1 | 29,1 | 17,0 | 12,2 | 28,0 |
| Reuß älterer Linie | 542 | 2 403 | 1 437 | 966 | 2 318 | 7,6 | 34,7 | 20,6 | 13,6 | 33,4 |
| Reuß jüngerer Linie | 1 165 | 5 308 | 3 057 | 2 251 | 5 158 | 8,3 | 37,2 | 21,4 | 15,8 | 36,6 |
| Schaumburg-Lippe | 335 | 1 335 | 717 | 618 | 1 296 | 7,8 | 30,3 | 16,4 | 14,1 | 29,8 |
| Lippe | 1 244 | 4 888 | 2 488 | 2 400 | 4 745 | 8,8 | 34,0 | 17,0 | 17,6 | 33,0 |
| Lübeck | 601 | 3 163 | 1 681 | 1 482 | 3 067 | 6,0 | 31,8 | 16,8 | 14,0 | 30,1 |
| Bremen | 2 212 | 7 453 | 4 143 | 3 310 | 7 206 | 8,2 | 28,6 | 17,3 | 14,3 | 31,1 |
| Hamburg | 6 817 | 22 464 | 13 617 | 8 847 | 21 782 | 8,4 | 28,8 | 17,3 | 11,8 | 27,8 |
| Elsaß-Lothringen | 12 696 | 54 540 | 35 229 | 19 311 | 52 716 | 7,2 | 31,1 | 20,3 | 10,8 | 30,2 |
| Deutsches Reich | 457 208 | 2 089 414 | 1 187 171 | 902 243 | 2 024 735 | 7,9 | 36,2 | 20,6 | 15,6 | 35,1 |
| Im Jahre 1901 | 468 329 | 2 097 838 | 1 240 014 | 857 824 | 2 032 313 | 8,2 | 36,9 | 21,8 | 15,1 | 35,7 |
| " " 1900 | 476 491 | 2 060 657 | 1 260 300 | 769 757 | 1 996 139 | 8,5 | 36,8 | 22,1 | 13,8 | 35,6 |
| " " 1899 | 471 519 | 2 045 286 | 1 250 179 | 795 107 | 1 980 308 | 8,5 | 37,0 | 22,6 | 14,4 | 35,8 |

## 2. Die Geborenen und Gestorbenen nach Geschlecht; Uneheliche und Totgeborene im Jahre 1902.

(Vierteljahrshefte zur Statistik des Deutschen Reichs 1904, I.)

| Staaten und Landesteile | Geborene[1] im Jahre 1902 | | | | | | | Gestorbene[1] im Jahre 1902 | | |
|---|---|---|---|---|---|---|---|---|---|---|
| | Davon waren | | | | Auf 100 Mädchen kamen Knaben | Von 100 waren | | Davon waren | | Auf 100 weibliche kamen männliche |
| | Knaben | Mädchen | Uneheliche | Totgeborene | | unehelich | totgeboren | männlich | weiblich | |
| Prov. Ostpreußen | 37 734 | 35 330 | 6 600 | 2 419 | 106,2 | 9,0 | 3,3 | 24 597 | 22 711 | 108,3 |
| „ Westpreußen | 31 770 | 30 196 | 4 235 | 2 013 | 105,2 | 6,8 | 3,2 | 19 170 | 17 648 | 108,7 |
| Stadt Berlin | 26 378 | 24 862 | 7 792 | 1 639 | 106,1 | 15,2 | 3,2 | 17 336 | 15 316 | 113,2 |
| Prov. Brandenburg | 52 146 | 49 163 | 9 531 | 3 464 | 106,2 | 9,4 | 3,4 | 32 189 | 28 436 | 113,2 |
| „ Pommern | 26 320 | 25 602 | 5 096 | 1 513 | 107,4 | 9,8 | 2,9 | 17 883 | 16 450 | 108,4 |
| „ Posen | 42 644 | 39 893 | 4 219 | 2 465 | 107,0 | 5,1 | 3,0 | 21 239 | 19 542 | 108,3 |
| „ Schlesien | 99 099 | 93 344 | 17 000 | 6 559 | 106,7 | 8,8 | 3,4 | 60 617 | 56 162 | 108,0 |
| „ Sachsen | 52 661 | 49 221 | 10 494 | 3 394 | 106,8 | 10,3 | 3,3 | 30 176 | 27 915 | 108,0 |
| „ Schleswig-Holstein | 23 567 | 22 262 | 3 916 | 1 401 | 106,0 | 8,0 | 3,0 | 13 133 | 11 748 | 111,7 |
| „ Hannover | 44 253 | 42 506 | 5 213 | 2 750 | 104,1 | 6,0 | 3,0 | 23 861 | 22 093 | 108,0 |
| „ Westfalen | 71 892 | 67 904 | 3 867 | 3 796 | 105,9 | 2,8 | 2,7 | 34 394 | 29 011 | 132,6 |
| „ Hessen-Nassau | 32 618 | 30 581 | 3 926 | 2 067 | 106,3 | 6,2 | 3,3 | 17 908 | 17 016 | 105,8 |
| „ Rheinland | 111 221 | 110 674 | 8 494 | 5 452 | 104,7 | 3,7 | 2,4 | 63 374 | 56 380 | 112,4 |
| Hohenzollern | 1 196 | 1 066 | 123 | 45 | 105,8 | 5,9 | 2,0 | 813 | 725 | 112,4 |
| Preußen | 663 570 | 630 167 | 92 185 | 40 335 | 105,2 | 7,1 | 3,1 | 376 702 | 340 844 | 110,5 |
| Bayern rechts des Rheins | 106 252 | 99 966 | 28 623 | 6 061 | 106,0 | 13,9 | 2,9 | 65 803 | 63 500 | 103,9 |
| Bayern links des Rheins | 17 168 | 16 063 | 1 838 | 1 028 | 106,9 | 5,6 | 3,1 | 6 999 | 8 312 | 108,9 |
| Bayern | 123 420 | 116 029 | 30 561 | 7 075 | 106,4 | 12,8 | 3,0 | 77 745 | 71 936 | 108,1 |
| Sachsen | 92 315 | 87 432 | 22 232 | 5 381 | 105,5 | 12,7 | 3,4 | 46 764 | 42 084 | 111,1 |
| Württemberg | 40 256 | 38 584 | 7 301 | 2 422 | 104,3 | 9,3 | 3,1 | 24 446 | 23 659 | 108,0 |
| Baden | 34 088 | 32 312 | 5 013 | 1 815 | 105,5 | 7,5 | 2,7 | 20 628 | 19 395 | 106,4 |
| Hessen | 20 191 | 18 995 | 2 879 | 1 283 | 106,3 | 7,4 | 3,3 | 11 442 | 10 592 | 107,4 |
| Mecklenburg-Schwerin | 9 353 | 8 627 | 2 062 | 587 | 108,5 | 11,5 | 3,3 | 5 722 | 5 367 | 107,4 |
| Sachsen-Weimar | 6 531 | 6 064 | 1 213 | 421 | 107,6 | 9,6 | 3,3 | 3 617 | 3 373 | 107,3 |
| Mecklenburg-Strelitz | 1 625 | 1 510 | 370 | 101 | 107,3 | 11,8 | 3,2 | 1 041 | 951 | 109,5 |
| Oldenburg | 7 457 | 7 111 | 716 | 437 | 104,9 | 4,9 | 3,0 | 3 676 | 3 322 | 110,6 |
| Braunschweig | 8 045 | 7 800 | 1 521 | 500 | 103,1 | 9,6 | 3,2 | 4 598 | 4 124 | 103,8 |
| Sachsen-Meiningen | 4 090 | 4 481 | 1 040 | 274 | 104,3 | 11,8 | 3,3 | 2 997 | 2 396 | 104,4 |
| Sachsen-Altenburg | 4 070 | 3 858 | 857 | 319 | 105,7 | 10,8 | 4,0 | 2 060 | 2 218 | 107,8 |
| Sachsen-Coburg-Gotha | 4 140 | 3 888 | 799 | 251 | 106,5 | 9,8 | 3,1 | 2 265 | 2 142 | 108,0 |
| Anhalt | 5 764 | 5 088 | 1 034 | 298 | 113,3 | 9,4 | 2,7 | 2 967 | 2 638 | 115,8 |
| Schwarzburg-Sondershausen | 1 470 | 1 345 | 267 | 73 | 109,3 | 9,5 | 2,6 | 748 | 733 | 102,0 |
| Schwarzburg-Rudolstadt | 1 702 | 1 672 | 375 | 96 | 101,8 | 11,1 | 2,8 | 663 | 693 | 95,7 |
| Waldeck | 904 | 797 | 87 | 65 | 113,4 | 5,1 | 3,8 | 439 | 527 | 87,0 |
| Reuß älterer Linie | 1 292 | 1 118 | 192 | 89 | 114,7 | 8,0 | 3,7 | 794 | 650 | 120,8 |
| Reuß jüngerer Linie | 2 701 | 2 548 | 571 | 178 | 106,0 | 10,9 | 3,4 | 1 580 | 1 447 | 109,2 |
| Schaumburg-Lippe | 657 | 666 | 60 | 45 | 98,6 | 4,4 | 3,3 | 374 | 345 | 108,6 |
| Lippe | 2 491 | 2 331 | 201 | 124 | 106,8 | 4,0 | 2,6 | 1 378 | 1 291 | 106,8 |
| Lübeck | 1 836 | 1 718 | 377 | 86 | 106,4 | 8,8 | 2,1 | 843 | 808 | 104,3 |
| Bremen | 3 812 | 3 612 | 578 | 183 | 106,5 | 7,6 | 2,4 | 2 276 | 1 867 | 121,9 |
| Hamburg | 11 535 | 10 926 | 2 701 | 702 | 105,6 | 12,1 | 3,1 | 7 800 | 6 653 | 117,4 |
| Elsaß-Lothringen | 27 943 | 26 267 | 3 873 | 1 624 | 106,4 | 7,1 | 3,0 | 18 072 | 17 186 | 105,2 |
| Deutsches Reich | 1 074 310 | 1 016 102 | 177 083 | 64 579 | 105,7 | 8,5 | 3,1 | 652 114 | 644 068 | 104,7 |
| Im Jahre 1901 | 1 081 180 | 1 017 636 | 179 888 | 65 521 | 106,3 | 8,6 | 3,1 | 649 963 | 590 640 | 110,0 |
| „ „ 1900 | 1 061 572 | 1 003 002 | 179 844 | 64 518 | 106,0 | 8,7 | 3,1 | 681 210 | 619 687 | 109,9 |
| „ „ 1899 | 1 052 275 | 993 008 | 183 504 | 64 962 | 106,0 | 9,0 | 3,2 | 634 589 | 585 594 | 109,8 |

[1] Die Summe der männlichen und weiblichen Geborenen sowie der männlichen und weiblichen Gestorbenen ist hier um 1 niedriger als in der vorhergehenden Übersicht, weil dort unter den Geborenen und unter den Gestorbenen 1 Kind unbekannten Geschlechts enthalten ist.

## 3. Die Eheschließenden nach

(Vierteljahrshefte zur Statistik

| Alter des Mannes in Jahren | Alter der Frau | | | | | | | | | | | | |
|---|---|---|---|---|---|---|---|---|---|---|---|---|---|
| | unter 16 | 16 bis unter 17 | 17 bis unter 18 | 18 bis unter 19 | 19 bis unter 20 | 20 bis unter 21 | 21 bis unter 22 | 22 bis unter 23 | 23 bis unter 24 | 24 bis unter 25 | 25 bis unter 26 | 26 bis unter 27 | 27 bis unter 28 |
| unter 20 Jahre.... | 1 | 4 | 32 | 63 | 88 | 80 | 81 | 56 | 42 | 24 | 19 | 11 | 6 |
| 20 bis unter 21 Jahre | 1 | 17 | 73 | 157 | 231 | 274 | 243 | 174 | 144 | 98 | 71 | 56 | 29 |
| 21 „ „ 22 „ | 1 | 81 | 205 | 810 | 1 313 | 1 860 | 2 039 | 1 590 | 1 169 | 816 | 662 | 414 | 284 |
| 22 „ „ 23 „ | 2 | 110 | 385 | 1 162 | 2 268 | 3 340 | 4 169 | 4 147 | 3 280 | 2 394 | 1 694 | 1 160 | 745 |
| 23 „ „ 24 „ | 3 | 135 | 522 | 1 419 | 2 876 | 4 453 | 5 672 | 6 328 | 5 927 | 4 482 | 3 110 | 2 212 | 1 492 |
| 24 „ „ 25 „ | 2 | 148 | 540 | 1 621 | 3 156 | 4 971 | 6 564 | 7 344 | 7 345 | 6 567 | 4 721 | 3 358 | 2 224 |
| 25 „ „ 26 „ | 3 | 140 | 489 | 1 486 | 2 898 | 4 500 | 5 947 | 6 773 | 7 210 | 6 650 | 5 744 | 3 932 | 2 626 |
| 26 „ „ 27 „ | 3 | 87 | 411 | 1 083 | 2 369 | 3 631 | 4 811 | 5 478 | 5 818 | 5 715 | 5 033 | 3 996 | 2 812 |
| 27 „ „ 28 „ | 2 | 67 | 274 | 775 | 1 641 | 2 703 | 3 679 | 4 321 | 4 384 | 4 528 | 4 002 | 3 628 | 2 658 |
| 28 „ „ 29 „ | — | 52 | 205 | 567 | 1 257 | 1 935 | 2 775 | 3 123 | 3 451 | 3 419 | 3 116 | 2 804 | 2 254 |
| 29 „ „ 30 „ | 2 | 38 | 154 | 407 | 925 | 1 408 | 1 963 | 2 369 | 2 637 | 2 667 | 2 467 | 2 214 | 1 834 |
| 30 „ „ 31 „ | 3 | 13 | 84 | 298 | 616 | 932 | 1 341 | 1 636 | 1 767 | 1 791 | 1 829 | 1 657 | 1 480 |
| 31 „ „ 32 „ | 3 | 29 | 68 | 168 | 444 | 701 | 1 042 | 1 245 | 1 366 | 1 463 | 1 495 | 1 272 | 1 114 |
| 32 „ „ 33 „ | — | 8 | 52 | 158 | 373 | 553 | 799 | 974 | 1 121 | 1 141 | 1 159 | 1 072 | 983 |
| 33 „ „ 34 „ | 1 | 13 | 46 | 115 | 222 | 370 | 520 | 704 | 807 | 876 | 912 | 825 | 742 |
| 34 „ „ 35 „ | — | 10 | 33 | 75 | 207 | 307 | 473 | 532 | 577 | 685 | 720 | 675 | 573 |
| 35 „ „ 36 „ | — | 4 | 23 | 70 | 137 | 263 | 324 | 391 | 474 | 501 | 506 | 519 | 509 |
| 36 „ „ 37 „ | — | 4 | 16 | 44 | 94 | 159 | 214 | 321 | 348 | 413 | 407 | 412 | 429 |
| 37 „ „ 38 „ | | 7 | 16 | 36 | 96 | 133 | 185 | 201 | 284 | 351 | 325 | 362 | 325 |
| 38 „ „ 39 „ | | 4 | 11 | 20 | 47 | 84 | 151 | 177 | 223 | 243 | 267 | 266 | 280 |
| 39 „ „ 40 „ | — | 1 | 10 | 17 | 51 | 71 | 114 | 145 | 192 | 219 | 206 | 217 | 251 |
| 40 „ „ 45 „ | — | 7 | 26 | 64 | 113 | 176 | 232 | 314 | 415 | 527 | 548 | 615 | 720 |
| 45 „ „ 50 „ | 1 | 1 | 8 | 14 | 30 | 44 | 93 | 106 | 146 | 166 | 175 | 210 | 254 |
| 50 „ „ 55 „ | — | 2 | 4 | 5 | 15 | 23 | 37 | 42 | 36 | 58 | 68 | 63 | 90 |
| 55 „ „ 60 „ | — | — | 3 | 4 | 4 | 10 | 16 | 20 | 20 | 24 | 46 | 46 | 43 |
| 60 Jahre und darüber | | 1 | 1 | 1 | 8 | 11 | 7 | 15 | 21 | 25 | 27 | 27 | 25 |
| Zusammen... | 28 | 974 | 3 780 | 10 699 | 21 499 | 33 030 | 43 184 | 48 510 | 49 264 | 45 949 | 39 225 | 32 131 | 24 791 |

¹) Hierunter 1 Frau unbekannten Alters.

... dem Alter im Jahre 1902.

(... des Deutschen Reichs 1904, I.)

| in Jahren | | | | | | | | | | | | | | | | | |
|---|---|---|---|---|---|---|---|---|---|---|---|---|---|---|---|---|---|
| 28 bis unter 29 | 29 bis unter 30 | 30 bis unter 31 | 31 bis unter 32 | 32 bis unter 33 | 33 bis unter 34 | 34 bis unter 35 | 35 bis unter 36 | 36 bis unter 37 | 37 bis unter 38 | 38 bis unter 39 | 39 bis unter 40 | 40 bis unter 45 | 45 bis unter 50 | 50 bis unter 55 | 55 bis unter 60 | 60 und darüber | Zusammen |
| 6 | 4 | 3 | 1 | 1 | — | 1 | — | 1 | 1 | — | — | 1 | — | — | — | — | 501 |
| 29 | 13 | 10 | 8 | 6 | 2 | 2 | 5 | 1 | — | — | — | 1 | — | — | — | — | 1 615 |
| 303 | 141 | 92 | 58 | 52 | 38 | 24 | 15 | 14 | 4 | 9 | 11 | 11 | 7 | 2 | 1 | — | 11 003 |
| 486 | 302 | 209 | 148 | 118 | 65 | 48 | 49 | 31 | 27 | 24 | 29 | 48 | 9 | 8 | 1 | 3 | 26 514 |
| 950 | 628 | 367 | 295 | 206 | 150 | 107 | 82 | 68 | 38 | 43 | 36 | 62 | 15 | 5 | — | 1 | 41 688 |
| 1 441 | 1 008 | 595 | 411 | 316 | 207 | 152 | 140 | 83 | 70 | 59 | 45 | 114 | 27 | 8 | 2 | 1 | 58 178 |
| 1 351 | 1 188 | 765 | 491 | 397 | 253 | 208 | 145 | 128 | 85 | 71 | 58 | 119 | 23 | 3 | 2 | 6 | 54 201 |
| 1 392 | 1 260 | 820 | 541 | 427 | 311 | 217 | 174 | 121 | 92 | 107 | 66 | 157 | 46 | 12 | 2 | 1 | 47 513 |
| 1 916 | 1 288 | 836 | 601 | 442 | 307 | 221 | 185 | 138 | 123 | 85 | 67 | 163 | 40 | 21 | 4 | 1 | 39 131 |
| 1 812 | 1 276 | 789 | 579 | 446 | 300 | 231 | 186 | 136 | 123 | 86 | 72 | 198 | 53 | 15 | 2 | 1 | 31 301 |
| 1 555 | 1 253 | 790 | 561 | 439 | 303 | 212 | 182 | 153 | 111 | 81 | 72 | 196 | 47 | 13 | 6 | 1 | 25 109 |
| 1 160 | 969 | 695 | 509 | 402 | 311 | 234 | 178 | 170 | 95 | 91 | 73 | 190 | 51 | 14 | 3 | 1 | 18 807 |
| 993 | 826 | 616 | 477 | 381 | 311 | 211 | 179 | 155 | 125 | 71 | 59 | 218 | 57 | 11 | 2 | 3 | 14 940 |
| 819 | 735 | 606 | 476 | 430 | 281 | 234 | 192 | 143 | 110 | 98 | 78 | 222 | 69 | 15 | 7 | — | 12 682 |
| 643 | 630 | 468 | 344 | 398 | 307 | 222 | 195 | 154 | 111 | 97 | 91 | 212 | 60 | 21 | 2 | 2 | 10 140 |
| 538 | 470 | 407 | 347 | 307 | 256 | 250 | 208 | 156 | 122 | 98 | 75 | 205 | 53 | 14 | 3 | 2 | 8 370 |
| 459 | 414 | 351 | 277 | 286 | 247 | 200 | 241 | 156 | 129 | 110 | 69 | 251 | 79 | 29 | 2 | 1 | 7 072 |
| 341 | 385 | 288 | 208 | 265 | 212 | 188 | 176 | 180 | 114 | 83 | 78 | 282 | 67 | 16 | 6 | — | 5 790 |
| 281 | 309 | 209 | 209 | 217 | 192 | 174 | 181 | 156 | 147 | 103 | 90 | 248 | 84 | 24 | 4 | 1 | 5 010 |
| 281 | 205 | 231 | 230 | 225 | 180 | 162 | 174 | 133 | 110 | 108 | 97 | 262 | 81 | 19 | 8 | 5 | 4 385 |
| 201 | 214 | 197 | 200 | 181 | 184 | 149 | 159 | 131 | 119 | 132 | 87 | 279 | 104 | 25 | 7 | 2 | 3 905 |
| 669 | 691 | 653 | 601 | 673 | 576 | 592 | 556 | 522 | 469 | 529 | 447 | 1 650 | 631 | 191 | 43 | 21 | 13 327 |
| 269 | 270 | 275 | 292 | 345 | 294 | 330 | 312 | 323 | 300 | 315 | 317 | 1 414 | 906 | 358 | 79 | 28 | 7 670 |
| 96 | 130 | 126 | 140 | 138 | 136 | 165 | 162 | 176 | 186 | 241 | 209 | 1 001 | 929 | 610 | 191 | 78 | 5 285 |
| 38 | 49 | 50 | 62 | 53 | 77 | 65 | 95 | 98 | 90 | 111 | 118 | 711 | 699 | 555 | 326 | 145 | 3 576 |
| 39 | 31 | 45 | 28 | 42 | 40 | 55 | 53 | 58 | 62 | 82 | 69 | 521 | 626 | 654 | 488 | 463 | 3 525 |
| 18 920 | 14 747 | 10 563 | 8 154 | 7 170 | 5 627 | 4 652 | 4 244 | 3 683 | 2 972 | 2 816 | 2 433 | 8 774 | 4 786 | 2 638 | 1 191 | 769 | 457 208 |

## 4. Bisheriger Familienstand der Eheschließenden im Jahre 1902.

(Vierteljahrshefte zur Statistik des Deutschen Reichs 1904, I.)

| Bisheriger Familienstand des Mannes | Bisheriger Familienstand der Frau | | | Zusammen |
|---|---|---|---|---|
| | Ledig | Verwitwet | Geschieden | |
| Ledig | 395 503 | 12 892 | 2 428 | 410 823 |
| Verwitwet | 30 641 | 10 926 | 1 137 | 42 704 |
| Geschieden | 2 479 | 779 | 423 | 3 681 |
| Zusammen... | 428 623 | 24 597 | 3 988 | 457 208 |

## 5. Das Religionsbekenntnis der Eheschließenden im Jahre 1902.

| Bekenntnis des Mannes | Bekenntnis der Frau | | | | | |
|---|---|---|---|---|---|---|
| | Evangelisch | Römisch-katholisch | Anderes christliches Bekenntnis | Israelitisch | Sonstiges und unbestimmtes oder nicht angegebenes | Zusammen |
| Evangelisch | 272 489 | 17 863 | 404 | 217 | 13 | 290 986 |
| Römisch-katholisch | 20 094 | 140 191 | 53 | 63 | 4 | 160 405 |
| Anderes christliches Bekenntnis | 356 | 102 | 587 | 11 | 3 | 1 259 |
| Israelitisch | 244 | 75 | 8 | 3 925 | 4 | 4 256 |
| Sonstiges und unbestimmtes oder nicht angegebenes | 39 | 6 | — | 4 | 253 | 302 |
| Zusammen... | 293 422 | 158 237 | 1 052 | 4 220 | 277 | 457 208 |

## 6. Die Mehrlingsgeburten und die Mehrlingskinder im Jahre 1902.

| Zwillingsgeburten | | | Drillingsgeburten | | | | Sonstige Mehrlingsgeburten | Mehrlingskinder | | | | | | | |
|---|---|---|---|---|---|---|---|---|---|---|---|---|---|---|---|
| | | | | | | | | lebendgeboren | | | | totgeboren | | | |
| | | | | | | | | Knaben | | Mädchen | | Knaben | | Mädchen | |
| 2 Knaben | 1 Knabe, 1 Mädchen | 2 Mädchen | 3 Knaben | 2 Knaben, 1 Mädchen | 1 Knabe, 2 Mädchen | 3 Mädchen | | ehelich | unehelich | ehelich | unehelich | ehelich | unehelich | ehelich | unehelich |
| 8 353 | 9 786 | 7 8[illegible] | 59 | 54 | 63 | 81 | [1] 4 | 23 858 | 1 581 | 23 142 | 1 586 | 1 318 | 110 | 1 088 | 121 |

[1]) 3 Vierlingsgeburten (je 1 Knabe, 3 Mädchen); 1 Fünflingsgeburt (4 Knaben, 1 Mädchen).

## 7. Die Gestorbenen (ohne die Totgeborenen) des Jahres 1902 nach dem Alter.

(Vierteljahrshefte zur Statistik des Deutschen Reichs 1904, I.)

| Altersjahre | | Gestorbene (ohne Totgeborene) männl. | weibl. | zusammen | ‰ der Gestorbenen | |
|---|---|---|---|---|---|---|
| 0 bis unter 1 Jahr | ehelich | [illegible] | [illegible] | [illegible] | [illegible] | [illegible] |
| | unehel. | [illegible] | [illegible] | [illegible] | [illegible] | |
| 1 „ „ 2 „ | | [illegible] | [illegible] | [illegible] | [illegible] | |
| 2 „ „ 3 „ | | [illegible] | [illegible] | [illegible] | [illegible] | |
| 3 „ „ 4 „ | | [illegible] | [illegible] | [illegible] | [illegible] | |
| 4 „ „ 5 „ | | [illegible] | [illegible] | [illegible] | [illegible] | |
| 5 „ „ 6 „ | | [illegible] | [illegible] | [illegible] | [illegible] | [illegible] |
| 6 „ „ 7 „ | | [illegible] | [illegible] | [illegible] | [illegible] | |
| 7 „ „ 8 „ | | [illegible] | [illegible] | [illegible] | [illegible] | |
| 8 „ „ 9 „ | | [illegible] | [illegible] | [illegible] | [illegible] | |
| 9 „ „ 10 „ | | [illegible] | [illegible] | [illegible] | [illegible] | |
| 10 „ „ 11 „ | | [illegible] | [illegible] | [illegible] | [illegible] | [illegible] |
| 11 „ „ 12 „ | | [illegible] | [illegible] | [illegible] | [illegible] | |
| 12 „ „ 13 „ | | [illegible] | [illegible] | [illegible] | [illegible] | |
| 13 „ „ 14 „ | | [illegible] | [illegible] | [illegible] | [illegible] | |
| 14 „ „ 15 „ | | [illegible] | [illegible] | [illegible] | [illegible] | |
| 15 „ „ 16 „ | | [illegible] | [illegible] | [illegible] | [illegible] | [illegible] |
| 16 „ „ 17 „ | | [illegible] | [illegible] | [illegible] | [illegible] | |
| 17 „ „ 18 „ | | [illegible] | [illegible] | [illegible] | [illegible] | |
| 18 „ „ 19 „ | | [illegible] | [illegible] | [illegible] | [illegible] | |
| 19 „ „ 20 „ | | [illegible] | [illegible] | [illegible] | [illegible] | |
| 20 „ „ 21 „ | | [illegible] | [illegible] | [illegible] | [illegible] | [illegible] |
| 21 „ „ 22 „ | | [illegible] | [illegible] | [illegible] | [illegible] | |
| 22 „ „ 23 „ | | [illegible] | [illegible] | [illegible] | [illegible] | |
| 23 „ „ 24 „ | | [illegible] | [illegible] | [illegible] | [illegible] | |
| 24 „ „ 25 „ | | [illegible] | [illegible] | [illegible] | [illegible] | |
| 25 „ „ 26 „ | | [illegible] | [illegible] | [illegible] | [illegible] | [illegible] |
| 26 „ „ 27 „ | | [illegible] | [illegible] | [illegible] | [illegible] | |
| 27 „ „ 28 „ | | [illegible] | [illegible] | [illegible] | [illegible] | |
| 28 „ „ 29 „ | | [illegible] | [illegible] | [illegible] | [illegible] | |
| 29 „ „ 30 „ | | [illegible] | [illegible] | [illegible] | [illegible] | |
| 30 „ „ 31 „ | | [illegible] | [illegible] | [illegible] | [illegible] | [illegible] |
| 31 „ „ 32 „ | | [illegible] | [illegible] | [illegible] | [illegible] | |
| 32 „ „ 33 „ | | [illegible] | [illegible] | [illegible] | [illegible] | |
| 33 „ „ 34 „ | | [illegible] | [illegible] | [illegible] | [illegible] | |
| 34 „ „ 35 „ | | [illegible] | [illegible] | [illegible] | [illegible] | |
| 35 „ „ 36 „ | | [illegible] | [illegible] | [illegible] | [illegible] | [illegible] |
| 36 „ „ 37 „ | | [illegible] | [illegible] | [illegible] | [illegible] | |
| 37 „ „ 38 „ | | [illegible] | [illegible] | [illegible] | [illegible] | |
| 38 „ „ 39 „ | | [illegible] | [illegible] | [illegible] | [illegible] | |
| 39 „ „ 40 „ | | [illegible] | [illegible] | [illegible] | [illegible] | |
| 40 „ „ 41 „ | | [illegible] | [illegible] | [illegible] | [illegible] | [illegible] |
| 41 „ „ 42 „ | | [illegible] | [illegible] | [illegible] | [illegible] | |
| 42 „ „ 43 „ | | [illegible] | [illegible] | [illegible] | [illegible] | |
| 43 „ „ 44 „ | | [illegible] | [illegible] | [illegible] | [illegible] | |
| 44 „ „ 45 „ | | [illegible] | [illegible] | [illegible] | [illegible] | |
| 45 „ „ 46 „ | | [illegible] | [illegible] | [illegible] | [illegible] | [illegible] |
| 46 „ „ 47 „ | | [illegible] | [illegible] | [illegible] | [illegible] | |
| 47 „ „ 48 „ | | [illegible] | [illegible] | [illegible] | [illegible] | |
| 48 „ „ 49 „ | | [illegible] | [illegible] | [illegible] | [illegible] | |
| 49 „ „ 50 „ | | [illegible] | [illegible] | [illegible] | [illegible] | |
| 50 „ „ 51 „ | | [illegible] | [illegible] | [illegible] | [illegible] | [illegible] |
| 51 „ „ 52 „ | | [illegible] | [illegible] | [illegible] | [illegible] | |
| 52 „ „ 53 „ | | [illegible] | [illegible] | [illegible] | [illegible] | |
| 53 „ „ 54 „ | | [illegible] | [illegible] | [illegible] | [illegible] | |
| 54 „ „ 55 „ | | [illegible] | [illegible] | [illegible] | [illegible] | |

| Altersjahr | Gestorbene (ohne Totgeborene) männl. | weibl. | zusammen | ‰ der Gestorbenen | |
|---|---|---|---|---|---|
| 55 bis unter 56 Jahr | [illegible] | [illegible] | [illegible] | [illegible] | [illegible] |
| 56 „ „ 57 „ | [illegible] | [illegible] | [illegible] | [illegible] | |
| 57 „ „ 58 „ | [illegible] | [illegible] | [illegible] | [illegible] | |
| 58 „ „ 59 „ | [illegible] | [illegible] | [illegible] | [illegible] | |
| 59 „ „ 60 „ | [illegible] | [illegible] | [illegible] | [illegible] | |
| 60 „ „ 61 „ | [illegible] | [illegible] | [illegible] | [illegible] | [illegible] |
| 61 „ „ 62 „ | [illegible] | [illegible] | [illegible] | [illegible] | |
| 62 „ „ 63 „ | [illegible] | [illegible] | [illegible] | [illegible] | |
| 63 „ „ 64 „ | [illegible] | [illegible] | [illegible] | [illegible] | |
| 64 „ „ 65 „ | [illegible] | [illegible] | [illegible] | [illegible] | |
| 65 „ „ 66 „ | [illegible] | [illegible] | [illegible] | [illegible] | [illegible] |
| 66 „ „ 67 „ | [illegible] | [illegible] | [illegible] | [illegible] | |
| 67 „ „ 68 „ | [illegible] | [illegible] | [illegible] | [illegible] | |
| 68 „ „ 69 „ | [illegible] | [illegible] | [illegible] | [illegible] | |
| 69 „ „ 70 „ | [illegible] | [illegible] | [illegible] | [illegible] | |
| 70 „ „ 71 „ | [illegible] | [illegible] | [illegible] | [illegible] | [illegible] |
| 71 „ „ 72 „ | [illegible] | [illegible] | [illegible] | [illegible] | |
| 72 „ „ 73 „ | [illegible] | [illegible] | [illegible] | [illegible] | |
| 73 „ „ 74 „ | [illegible] | [illegible] | [illegible] | [illegible] | |
| 74 „ „ 75 „ | [illegible] | [illegible] | [illegible] | [illegible] | |
| 75 „ „ 76 „ | [illegible] | [illegible] | [illegible] | [illegible] | [illegible] |
| 76 „ „ 77 „ | [illegible] | [illegible] | [illegible] | [illegible] | |
| 77 „ „ 78 „ | [illegible] | [illegible] | [illegible] | [illegible] | |
| 78 „ „ 79 „ | [illegible] | [illegible] | [illegible] | [illegible] | |
| 79 „ „ 80 „ | [illegible] | [illegible] | [illegible] | [illegible] | |
| 80 „ „ 81 „ | [illegible] | [illegible] | [illegible] | [illegible] | [illegible] |
| 81 „ „ 82 „ | [illegible] | [illegible] | [illegible] | [illegible] | |
| 82 „ „ 83 „ | [illegible] | [illegible] | [illegible] | [illegible] | |
| 83 „ „ 84 „ | [illegible] | [illegible] | [illegible] | [illegible] | |
| 84 „ „ 85 „ | [illegible] | [illegible] | [illegible] | [illegible] | |
| 85 „ „ 86 „ | [illegible] | [illegible] | [illegible] | [illegible] | [illegible] |
| 86 „ „ 87 „ | [illegible] | [illegible] | [illegible] | [illegible] | |
| 87 „ „ 88 „ | [illegible] | [illegible] | [illegible] | [illegible] | |
| 88 „ „ 89 „ | [illegible] | [illegible] | [illegible] | [illegible] | |
| 89 „ „ 90 „ | [illegible] | [illegible] | [illegible] | [illegible] | |
| 90 „ „ 91 „ | [illegible] | [illegible] | [illegible] | [illegible] | [illegible] |
| 91 „ „ 92 „ | [illegible] | [illegible] | [illegible] | [illegible] | |
| 92 „ „ 93 „ | [illegible] | [illegible] | [illegible] | [illegible] | |
| 93 „ „ 94 „ | [illegible] | [illegible] | [illegible] | [illegible] | |
| 94 „ „ 95 „ | [illegible] | [illegible] | [illegible] | [illegible] | |
| 95 „ „ 96 „ | [illegible] | [illegible] | [illegible] | [illegible] | [illegible] |
| 96 „ „ 97 „ | [illegible] | [illegible] | [illegible] | [illegible] | |
| 97 „ „ 98 „ | [illegible] | [illegible] | [illegible] | [illegible] | |
| 98 „ „ 99 „ | [illegible] | [illegible] | [illegible] | [illegible] | |
| 99 „ „ 100 „ | [illegible] | [illegible] | [illegible] | [illegible] | |
| 100 „ „ 101 „ | [illegible] | [illegible] | [illegible] | [illegible] | [illegible] |
| 101 „ „ 102 „ | [illegible] | [illegible] | [illegible] | [illegible] | |
| 102 „ „ 103 „ | [illegible] | [illegible] | [illegible] | [illegible] | |
| 103 „ „ 104 „ | [illegible] | [illegible] | [illegible] | [illegible] | |
| 104 „ „ 105 „ | [illegible] | [illegible] | [illegible] | [illegible] | |
| 105 Jahr und darüber | [illegible] | [illegible] | [illegible] | [illegible] | |
| Unbekannten Alters | [illegible] | [illegible] | [illegible] | [illegible] | |
| Zusammen | [illegible] | [illegible] | [illegible] | [illegible] | [illegible] |

## 8. Eheschließungen, Geborene und Gestorbene im Gebiet des heutigen Deutschen Reichs[1]) 1851 bis 1902.

(Statistik des Deutschen Reichs, Neue Folge, Band 44; Vierteljahrshefte zur Stat. d. D. R. 1904, I.)

| Jahr | Eheschließungen | Geborene (überhaupt) einschl. Totgeborene | Gestorbene einschl. Totgeborene | Unehelich Geborene einschl. Totgeborene | Totgeborene | Auf 1000 Einwohner kamen: Eheschließungen | Geborene einschl. Totgeborene | Gestorbene einschl. Totgeborene | mehr Geborene als Gestorbene | Wanderungsverlust[2]) Gewinn (+) | Von 100 Geborenen waren: Uneheliche | Totgeborene |
|---|---|---|---|---|---|---|---|---|---|---|---|---|
| 1851 | 296 753 | 1 361 678 | 944 402 | 158 088 | 54 801 | 8,3 | 38,2 | 26,4 | 11,7 | . | 11,6 | 4,0 |
| 52 | 274 404 | 1 324 278 | 1 070 965 | 146 126 | 52 830 | 7,7 | 36,9 | 29,8 | 7,1 | . | 11,0 | 4,0 |
| 53 | 274 580 | 1 295 743 | 1 030 201 | 138 236 | 51 551 | 7,6 | 36,0 | 28,6 | 7,4 | | 10,7 | 4,0 |
| 54 | 255 278 | 1 277 170 | 1 023 127 | 139 849 | 50 401 | 7,1 | 35,1 | 28,3 | 7,0 | 4,4 | 10,9 | 4,0 |
| 55 | 252 503 | 1 210 629 | 1 063 968 | 127 366 | 47 684 | 7,0 | 33,6 | 29,5 | 4,1 | | 10,5 | 3,9 |
| 56 | 272 653 | 1 265 275 | 963 798 | 142 901 | 48 885 | 7,5 | 34,9 | 26,6 | 8,3 | | 11,3 | 3,9 |
| 57 | 304 558 | 1 370 389 | 1 047 108 | 160 689 | 55 355 | 8,3 | 37,8 | 28,9 | 8,9 | 1,2 | 11,7 | 4,0 |
| 58 | 313 652 | 1 413 967 | 1 044 346 | 173 601 | 59 170 | 8,6 | 38,4 | 28,4 | 10,0 | | 12,3 | 4,2 |
| 59 | 298 030 | 1 454 452 | 1 018 037 | 180 633 | 61 113 | 8,0 | 39,1 | 27,4 | 11,7 | | 12,4 | 4,2 |
| 60 | 302 397 | 1 426 730 | 933 092 | 173 728 | 50 718 | 8,0 | 37,9 | 24,8 | 13,1 | 1,3 | 12,2 | 4,1 |
| 1861 | 295 434 | 1 415 639 | 1 031 273 | 171 405 | 58 284 | 7,8 | 37,2 | 27,1 | 10,1 | | 12,1 | 4,1 |
| 62 | 312 247 | 1 417 307 | 1 004 001 | 168 600 | 58 471 | 8,1 | 36,9 | 26,2 | 10,6 | | 11,9 | 4,1 |
| 63 | 330 315 | 1 516 387 | 1 058 240 | 187 877 | 62 047 | 8,5 | 39,1 | 27,3 | 11,8 | 0,8 | 12,4 | 4,1 |
| 64 | 334 613 | 1 544 926 | 1 090 904 | 189 830 | 63 148 | 8,6 | 39,4 | 27,8 | 11,6 | | 12,3 | 4,1 |
| 65 | 353 807 | 1 551 844 | 1 154 443 | 185 286 | 63 024 | 8,9 | 39,2 | 29,2 | 10,0 | | 11,9 | 4,1 |
| 66 | 319 202 | 1 509 165 | 1 291 409 | 188 968 | 63 878 | 8,0 | 39,4 | 32,2 | 7,2 | 2,7 | 12,0 | 4,1 |
| 67 | 353 491 | 1 532 810 | 1 106 636 | 173 115 | 61 102 | 9,1 | 38,9 | 27,8 | 10,8 | | 11,3 | 4,0 |
| 68 | 357 916 | 1 544 160 | 1 173 053 | 168 636 | 62 433 | 8,8 | 38,4 | 29,2 | 9,2 | | 10,9 | 4,0 |
| 69 | 384 267 | 1 594 187 | 1 154 303 | 163 284 | 64 600 | 9,5 | 39,4 | 28,5 | 10,9 | | 10,3 | 4,1 |
| 70 | 313 961 | 1 635 646 | 1 184 315 | 165 369 | 66 440 | 7,7 | 40,1 | 29,0 | 11,1 | 3,3 | 10,1 | 4,1 |
| 1871 | 338 745 | 1 473 492 | 1 272 113 | 144 394 | 59 244 | 8,2 | 35,9 | 31,0 | 4,9 | | 9,8 | 4,0 |
| 72 | 423 900 | 1 692 227 | 1 260 922 | 150 645 | 66 190 | 10,3 | 41,1 | 30,6 | 10,5 | | 8,9 | 3,9 |
| 73 | 416 049 | 1 715 280 | 1 241 459 | 158 268 | 67 166 | 10,0 | 41,2 | 29,8 | 11,4 | | 9,2 | 3,9 |
| 74 | 400 282 | 1 752 976 | 1 191 932 | 152 080 | 69 536 | 9,5 | 41,8 | 28,4 | 13,4 | 1,6 | 8,7 | 4,0 |
| 75 | 386 746 | 1 798 591 | 1 246 572 | 155 573 | 74 179 | 9,1 | 42,3 | 29,3 | 13,0 | | 8,6 | 4,1 |
| 76 | 366 930 | 1 834 605 | 1 208 011 | 158 662 | 73 550 | 8,5 | 42,6 | 28,1 | 14,6 | | 8,6 | 4,0 |
| 77 | 347 792 | 1 815 792 | 1 223 156 | 157 154 | 71 133 | 8,0 | 41,8 | 28,0 | 13,8 | | 8,7 | 3,9 |
| 78 | 340 016 | 1 785 080 | 1 228 607 | 154 620 | 70 647 | 7,7 | 40,6 | 27,6 | 12,6 | 1,7 | 8,7 | 4,0 |
| 79 | 335 113 | 1 806 741 | 1 214 643 | 159 821 | 70 870 | 7,6 | 40,6 | 27,2 | 13,3 | | 8,8 | 3,9 |
| 80 | 337 342 | 1 764 096 | 1 241 126 | 158 709 | 67 921 | 7,5 | 39,1 | 27,5 | 11,6 | | 9,0 | 3,9 |
| 1881 | 338 909 | 1 748 686 | 1 222 928 | 158 454 | 66 537 | 7,5 | 38,6 | 26,9 | 11,6 | | 9,1 | 3,8 |
| 82 | 350 457 | 1 769 501 | 1 244 006 | 164 457 | 67 153 | 7,1 | 38,7 | 27,2 | 11,5 | | 9,3 | 3,8 |
| 83 | 352 999 | 1 749 874 | 1 256 177 | 161 294 | 68 175 | 7,7 | 38,0 | 27,6 | 10,7 | 4,8 | 9,2 | 3,9 |
| 84 | 362 596 | 1 793 942 | 1 271 859 | 170 688 | 68 359 | 7,8 | 38,7 | 27,4 | 11,3 | | 9,5 | 3,8 |
| 85 | 368 619 | 1 798 637 | 1 268 452 | 170 257 | 68 710 | 7,9 | 38,5 | 27,2 | 11,4 | | 9,5 | 3,8 |
| 86 | 372 326 | 1 814 499 | 1 302 103 | 171 818 | 68 368 | 7,9 | 38,5 | 27,8 | 10,9 | | 9,5 | 3,8 |
| 87 | 370 659 | 1 825 561 | 1 220 406 | 172 118 | 68 482 | 7,8 | 38,3 | 25,8 | 12,7 | | 9,4 | 3,8 |
| 88 | 376 654 | 1 828 379 | 1 209 798 | 169 645 | 66 972 | 7,9 | 38,0 | 25,1 | 12,8 | 1,4 | 9,3 | 3,7 |
| 89 | 389 339 | 1 838 439 | 1 218 958 | 170 572 | 65 869 | 8,0 | 37,7 | 25,0 | 12,7 | | 9,3 | 3,6 |
| 90 | 395 356 | 1 820 264 | 1 260 017 | 165 672 | 61 011 | 8,0 | 37,0 | 25,6 | 11,4 | | 9,1 | 3,4 |
| 1891 | 399 398 | 1 903 160 | 1 227 409 | 172 456 | 62 988 | 8,0 | 38,2 | 24,7 | 13,6 | | 9,1 | 3,3 |
| 92 | 398 775 | 1 856 099 | 1 272 430 | 169 068 | 61 028 | 7,9 | 36,9 | 25,3 | 11,6 | | 9,1 | 3,3 |
| 93 | 401 234 | 1 928 270 | 1 310 756 | 176 352 | 62 555 | 7,9 | 38,0 | 25,8 | 12,2 | 1,6 | 9,1 | 3,2 |
| 94 | 408 066 | 1 904 297 | 1 207 423 | 178 298 | 63 092 | 7,9 | 37,1 | 23,5 | 13,6 | | 9,4 | 3,3 |
| 95 | 414 218 | 1 941 644 | 1 215 854 | 176 271 | 64 306 | 8,0 | 37,3 | 23,4 | 13,9 | | 9,1 | 3,3 |
| 96 | 432 107 | 1 979 747 | 1 183 964 | 185 359 | 64 998 | 8,2 | 37,6 | 22,1 | 15,5 | | 9,4 | 3,3 |
| 97 | 447 770 | 1 991 126 | 1 206 492 | 184 034 | 64 448 | 8,4 | 37,2 | 22,5 | 14,8 | | 9,2 | 3,2 |
| 98 | 458 877 | 2 029 891 | 1 183 050 | 185 220 | 65 160 | 8,4 | 37,3 | 21,7 | 15,6 | + 0,3 | 9,1 | 3,2 |
| 99 | 471 519 | 2 045 286 | 1 250 179 | 183 504 | 64 982 | 8,5 | 37,0 | 22,6 | 14,4 | | 9,0 | 3,2 |
| 1900 | 476 491 | 2 060 657 | 1 300 900 | 179 844 | 64 518 | 8,5 | 36,8 | 23,2 | 13,8 | | 8,7 | 3,1 |
| 01 | 468 329 | 2 097 838 | 1 240 014 | 179 693 | 65 525 | 8,2 | 36,9 | 21,8 | 15,1 | . | 8,6 | 3,1 |
| 02 | 457 208 | 2 089 414 | 1 187 171 | 177 083 | 64 679 | 7,9 | 36,2 | 20,6 | 15,6 | . | 8,5 | 3,1 |
| | | | Durchschnittlich jährlich. | | | | | | | | | |
| 1851/60 | 284 562 | 1 340 033 | 1 013 903 | 154 125 | 54 251 | 7,8 | 36,5 | 27,6 | 9,0 | 2,4 | 11,5 | 4,0 |
| 61/70 | 330 527 | 1 532 197 | 1 123 864 | 176 237 | 62 363 | 8,5 | 38,5 | 28,4 | 10,8 | 2,2 | 11,5 | 4,1 |
| 71/80 | 369 002 | 1 743 888 | 1 232 854 | 154 994 | 69 045 | 8,6 | 40,7 | 28,6 | 11,9 | 1,8 | 8,9 | 4,0 |
| 81/90 | 367 791 | 1 789 778 | 1 247 470 | 167 408 | 66 763 | 7,8 | 38,2 | 26,5 | 11,7 | 2,8 | 9,3 | 3,7 |
| 91/1900 | 430 846 | 1 964 108 | 1 233 843 | 179 081 | 63 812 | 8,2 | 37,4 | 23,5 | 13,9 | 0,7 | 9,1 | 3,2 |

[1]) Für die Jahre vor 1891 ohne Helgoland. — [2]) Durchschnittlich jährlich.

## 9. Selbstmorde.

(Vierteljahrshefte zur Statistik des Deutschen Reichs 1904, I.)

| Staaten und Landesteile (Ort der Begehung) | Selbstmorde 1902 männl. | weibl. | zus. | 1901 | 1900 | Auf 100 000 Einwohner entfielen Selbstmorde 1901/1902 nach Geschlechtern männl. | weibl. | zus. | 1902 | 1901 | 1900 | Auf 100 männliche kamen weibliche Selbstmörder 1902 | 1901 | 1900 |
|---|---|---|---|---|---|---|---|---|---|---|---|---|---|---|
| Prov. Ostpreußen | 240 | 54 | 294 | 291 | 286 | 24 | 6 | 15 | 15 | 14 | 14 | 22,5 | 27,0 | 27,1 |
| „ Westpreußen | 172 | 47 | 219 | 230 | 193 | 22 | 6 | 14 | 14 | 16 | 12 | 27,3 | 19,6 | 26,3 |
| Stadt Berlin | 461 | 103 | 564 | 554 | 488 | 45 | 12 | 28 | 31 | 29 | 26 | 22,3 | 32,6 | 30,5 |
| Prov. Brandenburg | 809 | 202 | 1 011 | 952 | 944 | 40 | 12 | 25 | 25 | 24 | 24 | 25,0 | 24,7 | 24,7 |
| „ Pommern | 242 | 68 | 310 | 265 | 280 | 28 | 7 | 20 | 19 | 16 | 16 | 28,1 | 22,8 | 22,1 |
| „ Posen | 142 | 39 | 181 | 183 | 172 | 16 | 4 | 10 | 9 | 14 | 9 | 27,5 | 21,2 | 34,4 |
| „ Schlesien | 885 | 228 | 1 113 | 1 123 | 1 131 | 40 | 9 | 24 | 23 | 24 | 24 | 25,8 | 24,5 | 25,1 |
| „ Sachsen | 686 | 245 | 931 | 872 | 809 | 44 | 15 | 31 | 33 | 31 | 30 | 35,8 | 35,7 | 32,6 |
| „ Schleswig-Holstein | 342 | 106 | 448 | 464 | 440 | 47 | 14 | 31 | 32 | 29 | 32 | 31,0 | 25,1 | 30,3 |
| „ Hannover | 482 | 101 | 583 | 634 | 661 | 35 | 8 | 22 | 22 | 21 | 21 | 20,9 | 25,2 | 24,4 |
| „ Westfalen | 353 | 57 | 410 | 436 | 355 | 21 | 3 | 12 | 12 | 13 | 11 | 16,1 | 15,8 | 13,4 |
| „ Hessen-Nassau | 320 | 88 | 408 | 380 | 357 | 33 | 9 | 20 | 21 | 20 | 19 | 27,3 | 27,1 | 33,7 |
| „ Rheinland | 590 | 156 | 746 | 679 | 637 | 18 | 4 | 11 | 12 | 12 | 11 | 26,4 | 23,3 | 24,0 |
| Hohenzollern | 6 | — | 6 | 4 | 7 | 20 | 2 | 10 | 12 | 4 | 10 | — | 20,0 | 16,7 |
| Preußen | 5 728 | 1 489 | 7 217 | 6 888 | 6 604 | 32 | 8 | 20 | 20 | 20 | 19 | 26,0 | 24,5 | 26,7 |
| Bayern rechts des Rheins | 610 | 166 | 776 | 704 | 732 | 22 | 6 | 14 | 14 | 13 | 14 | 27,2 | 23,8 | 27,4 |
| Bayern l. d. Rh. (Pfalz) | 120 | 25 | 145 | 166 | 153 | 16 | 7 | 16 | 17 | 20 | 19 | 20,8 | 24,4 | 29,7 |
| Bayern | 730 | 191 | 921 | 870 | 885 | 23 | 6 | 14 | 15 | 14 | 14 | 26,2 | 23,9 | 28,1 |
| Sachsen | 1 098 | 326 | 1 427[1] | 1 365 | 1 262 | 51 | 14 | 32 | 34 | 32 | 31 | 29,7 | 27,5 | 27,4 |
| Württemberg | 292 | 67 | 359 | 429 | 372 | 30 | 6 | 18 | 16 | 20 | 17 | 22,9 | 21,1 | 23,0 |
| Baden | 342 | 67 | 409 | 395 | 374 | 35 | 7 | 21 | 21 | 21 | 20 | 19,6 | 18,6 | 25,0 |
| Hessen | 239 | 70 | 309 | 266 | 277 | 40 | 11 | 25 | 27 | 24 | 25 | 29,3 | 23,1 | 27,1 |
| Mecklenburg-Schwerin | 127 | 27 | 154 | 129 | 145 | 37 | 10 | 23 | 25 | 21 | 24 | 21,3 | 34,0 | 33,6 |
| Sachsen-Weimar | 84 | 42 | 126 | 104 | 107 | 46 | 16 | 31 | 34 | 28 | 30 | 50,0 | 23,3 | 39,0 |
| Mecklenburg-Strelitz | 31 | 4 | 35 | 29 | 24 | 48 | 6 | 29 | 34 | 28 | 23 | 12,9 | 20,8 | 26,3 |
| Oldenburg | 98 | 23 | 121 | 80 | 125 | 46 | 11 | 27 | 30 | 20 | 31 | 23,5 | 35,6 | 20,2 |
| Braunschweig | 101 | 24 | 125 | 127 | 150 | 45 | 11 | 29 | 26 | 27 | 32 | 23,8 | 25,7 | 33,1 |
| Sachsen-Meiningen | 60 | 16 | 76 | 63 | 74 | 44 | 11 | 29 | 30 | 27 | 30 | 26,7 | 31,3 | 23,3 |
| Sachsen-Altenburg | 60 | 18 | 78 | 71 | 49 | 54 | 14 | 34 | 39 | 36 | 23 | 30,0 | 22,4 | 28,9 |
| Sachsen-Coburg-Gotha | 85 | 23 | 108 | 99 | 102 | 71 | 17 | 45 | 46 | 42 | 43 | 27,1 | 22,2 | 22,6 |
| Anhalt | 85 | 29 | 114 | 140 | 102 | 53 | 11 | 33 | 43 | 31 | 32 | 34,1 | 23,2 | 24,6 |
| Schwarzbg.-Sondersh. | 28 | 8 | 36 | 44 | 13 | 69 | 10 | 39 | 43 | 54 | 16 | 28,6 | 12,8 | 7,1 |
| Schwarzbg.-Rudolstadt | 15 | 4 | 19 | 25 | 27 | 44 | 8 | 25 | 20 | 27 | 29 | 26,7 | 8,7 | 22,7 |
| Waldeck | 4 | 1 | 5 | 4 | 4 | 13 | 2 | 7 | 9 | 7 | 7 | 25,0 | 33,3 | — |
| Reuß älterer Linie | 16 | 5 | 21 | 16 | 14 | 39 | 9 | 23 | 30 | 19 | 20 | 31,3 | 30,0 | 16,7 |
| Reuß jüngerer Linie | 25 | 11 | 36 | 43 | 44 | 43 | 16 | 29 | 25 | 31 | 32 | 44,0 | 48,3 | 33,3 |
| Schaumburg-Lippe | 4 | — | 4 | 8 | 3 | 17 | 0 | 12 | 9 | 18 | 7 | — | 100,0 | — |
| Lippe | 17 | 3 | 20 | 22 | 21 | 24 | 5 | 15 | 14 | 16 | 15 | 17,6 | 37,5 | 40,0 |
| Lübeck | 13 | 4 | 17 | 22 | 23 | 43 | 11 | 28 | 25 | 33 | 28 | 30,8 | 23,1 | 19,0 |
| Bremen | 48 | 15 | 63 | 72 | 75 | 54 | 15 | 34 | 27 | 40 | 39 | 31,3 | 21,1 | 31,7 |
| Hamburg | 230 | 64 | 294 | 254 | 257 | 51 | 13 | 33 | 37 | 33 | 27 | 27,8 | 30,4 | 33,6 |
| Elsaß-Lothringen | 201 | 42 | 243 | 274 | 212 | 24 | 5 | 14 | 14 | 16 | 14 | 20,9 | 18,6 | 37,2 |
| Deutsches Reich | 9 754 | 2 579 | 12 336 | 11 856 | 11 393 | 34 | 8 | 21 | 21 | 21 | 20 | 26,4 | 26,1 | 26,8 |

[1]) Hierunter 3 unbekannten Geschlechts.

## 10. Die überseeische Auswanderung.

(Vierteljahrshefte zur Statistik des Deutschen Reichs 1904, I.)

### a. Deutsche Auswanderer überhaupt (über deutsche[1]) und fremde[2]) Häfen).

| Jahr | Zahl | ‰ der Bevölkerung | Jahr | Zahl | ‰ der Bevölkerung | Jahr | Zahl | ‰ der Bevölkerung | Jahr | Zahl | ‰ der Bevölkerung |
|---|---|---|---|---|---|---|---|---|---|---|---|
| 1884 | 149 065 | 3,22 | 1889 | 96 070 | 1,97 | 1894 | 40 964 | 0,80 | 1899 | 24 323 | 0,44 |
| 85 | 110 119 | 2,36 | 90 | 97 103 | 1,97 | 95 | 37 498 | 0,72 | 1900 | 22 309 | 0,40 |
| 86 | 83 225 | 1,77 | 91 | 120 089 | 2,41 | 96 | 33 824 | 0,65 | 01 | 22 073 | 0,39 |
| 87 | 104 787 | 2,20 | 92 | 116 339 | 2,31 | 97 | 24 631 | 0,46 | 02 | 32 098 | 0,56 |
| 88 | 103 951 | 2,16 | 93 | 87 677 | 1,75 | 98 | 22 221 | 0,41 | 03 | 36 310 | 0,63 |

[1]) Bremen, Hamburg, bis 1898 auch Stettin.
[2]) Belgische, holländische, französische, seit 1899 auch englische (Liverpool).

### b. Deutsche Auswanderer über deutsche und fremde Häfen[3]) nach Wanderzielen[4]).

| Jahr | Ver. St. v. Amerika | Brasilien | übrig. Amerika | Australien | Afrika | Asien | Jahr | Ver. St. v. Amerika | Brasilien | übrig. Amerika | Australien | Afrika | Asien |
|---|---|---|---|---|---|---|---|---|---|---|---|---|---|
| 1884 | 139 339 | 1 253 | 2 083 | 866 | 230 | 35 | 1894 | 35 902 | 1 288 | 2 608 | 225 | 760 | 151 |
| 85 | 102 224 | 1 713 | 2 331 | 604 | 294 | 72 | 95 | 32 503 | 1 405 | 2 359 | 211 | 688 | 134 |
| 86 | 75 591 | 2 045 | 1 398 | 534 | 101 | 116 | 96 | 29 007 | 1 001 | 2 152 | 174 | 1 346 | 144 |
| 87 | 95 976 | 1 152 | 1 555 | 500 | 302 | 227 | 97 | 20 348 | 938 | 1 765 | 324 | 1 115 | 145 |
| 88 | 94 361 | 1 129 | 1 922 | 539 | 331 | 230 | 98 | 18 563 | 821 | 1 347 | 163 | 1 104 | 223 |
| 89 | 84 424 | 2 412 | 2 243 | 496 | 422 | 262 | 99 | 10 805 | 896 | 1 123 | 141 | 554 | 178 |
| 90 | 89 765 | 4 148 | 2 080 | 474 | 471 | 165 | 1900 | 18 703 | 364 | 474 | 196 | 183 | 1 |
| 91 | 113 046 | 3 779 | 2 130 | 438 | 599 | 97 | 01 | 10 912 | 402 | 282 | 217 | 55 | 6 |
| 92 | 111 806 | 796 | 2 765 | 376 | 476 | 120 | 02 | 28 211 | 807 | 546 | 235 | 114 | 2 |
| 93 | 76 249 | 1 173 | 7 262 | 261 | 586 | 140 | 03 | 33 649 | 693 | 732 | 153 | 226 | — |

[3]) Die über französische Häfen gegangenen deutschen Auswanderer konnten hier für die Jahre 1883 bis 1889 nicht nach Bestimmungsländern nachgewiesen werden, da für diese Jahre bestimmte Angaben der Reiseziele fehlen.
[4]) Ferner nach europäischen Staaten im Jahre 1899: 1 626, davon nach Großbritannien 1 608
" " 1900: 1 389, " " " 1 368
" " 1901: 1 199, " " " 1 168
" " 1902: 1 183, " " " 1 181
" " 1903: 857, " " " 856

### c. Gesamtauswanderung über deutsche Häfen (Bremen, Hamburg, Stettin) mit Unterscheidung der fremden Auswanderer nach Bestimmungsländern.

| Jahr | Deutsche | Fremde | Von den fremden Auswanderern wurden befördert nach[5]): Amerika: Vereinigte Staaten | Amerika: übriges | Afrika | Asien | Australien | Unter den fremden Auswanderern nach Amerika kamen aus: Vereinigte Staaten: Rußland | Vereinigte Staaten: Österreich-Ungarn | Vereinigte Staaten: anderen europ. Staaten | übriges: Rußland | übriges: Österreich-Ungarn | übriges: andere europ. Staat. |
|---|---|---|---|---|---|---|---|---|---|---|---|---|---|
| 1884 | 126 511 | 68 986 | 67 204 | 1 337 | 139 | 72 | 144 | 17 209 | 33 194 | 6 187 | 74 | 548 | 228 |
| 85 | 88 800 | 66 247 | 64 203 | 1 746 | 131 | 20 | 147 | 18 568 | 28 148 | 3 831 | 155 | 422 | 709 |
| 86 | 66 647 | 99 827 | 95 611 | 3 793 | 95 | 45 | 283 | 32 202 | 43 803 | 7 503 | 1 568 | 482 | 1 243 |
| 87 | 79 473 | 92 989 | 89 479 | 2 924 | 114 | 136 | 336 | 28 418 | 37 532 | 10 706 | 1 057 | 433 | 843 |
| 88 | 80 671 | 108 386 | 102 385 | 3 358 | 159 | 201 | 283 | 38 120 | 41 251 | 9 800 | 1 121 | 938 | 584 |
| 89 | 74 101 | 106 808 | 101 217 | 4 823 | 270 | 122 | 376 | 34 777 | 42 524 | 7 677 | 1 671 | 965 | 1 410 |
| 90 | 74 820 | 168 471 | 134 582 | 33 008 | 458 | 70 | 353 | 55 145 | 54 582 | 7 580 | 30 045 | 1 048 | 1 274 |
| 91 | 93 145 | 196 080 | 174 664 | 20 371 | 553 | 118 | 374 | 93 848 | 53 373 | 9 173 | 15 164 | 1 789 | 2 196 |
| 92 | 90 183 | 151 412 | 144 418 | 6 149 | 445 | 63 | 307 | 70 343 | 50 403 | 8 600 | 3 997 | 1 238 | 550 |
| 93 | 71 068 | 98 288 | 93 438 | 4 450 | 150 | 59 | 191 | 39 054 | 39 423 | 2 994 | 1 417 | 1 745 | 426 |
| 94 | 33 560 | 52 760 | 49 321 | 2 754 | 499 | 75 | 111 | 16 678 | 14 481 | 1 682 | 801 | 788 | 267 |
| 95 | 29 226 | 95 074 | 87 918 | 5 612 | 1 361 | 63 | 120 | 33 180 | 34 761 | 1 748 | 2 346 | 1 982 | 361 |
| 96 | 25 771 | 95 803 | 84 149 | 9 722 | 1 678 | 94 | 160 | 29 415 | 33 110 | 1 001 | 1 464 | 6 872 | 468 |
| 97 | 18 801 | 64 419 | 55 698 | 7 542 | 785 | 102 | 292 | 16 507 | 20 218 | 843 | 1 066 | 5 297 | 384 |
| 98 | 17 173 | 83 805 | 74 679 | 7 674 | 844 | 87 | 521 | 25 230 | 33 395 | 1 223 | 1 065 | 4 720 | 219 |
| 99 | 19 786 | 130 646 | 105 151 | 8 723 | 649 | 23 | 44 | 42 082 | 60 881 | 1 949 | 1 598 | 6 781 | 281 |
| 1900 | 16 690 | 160 120 | 133 124 | 7 422 | 481 | — | 35 | 49 580 | 79 269 | 4 170 | 1 598 | 5 592 | 211 |
| 01 | 16 467 | 166 626 | 147 972 | 5 644 | 593 | 1 | 68 | 44 714 | 101 845 | 1 364 | 1 614 | 3 652 | 350 |
| 02 | 23 530 | 221 432 | 194 266 | 8 705 | 1 217 | - | 81 | 55 368 | 136 043 | 2 773 | 1 006 | 6 125 | 629 |
| 03 | 27 614 | 268 227 | 235 118 | 13 964 | 2 012 | | 94 | 68 105 | 161 085 | 5 861 | 2 456 | 10 873 | 627 |

[5]) Außerdem nach europäischen Staaten im Jahre 1899: 16 056, davon nach Großbritannien 16 054
" " 1900: 19 067, " " " 19 064
" " 1901: 12 348 nach Großbritannien
" " 1902: 17 163 " "
" " 1903: 17 039 " "

## 10d. Überseeische Auswanderung Deutscher über deutsche und fremde Häfen im Jahre 190

| Staaten und Landesteile der Herkunft | Deutsche Auswanderer | Davon wurden befördert über: Hamburg | Bremen | Antwerpen | französische Häfen (Havre, Cherbourg, Boulogne) | nach Europa: Großbritannien | übrige Staaten | nach Amerika: Vereinigte Staaten | Brasilien | übrige Staaten | Afrika | Australien | Auf 100 000 Einwohner kamen Auswanderer: überhaupt | nach den Ver. Staaten von Amerika |
|---|---|---|---|---|---|---|---|---|---|---|---|---|---|---|
| Prov. Ostpreußen | 862 | 284 | 386 | 32 | — | 14 | 1 | 594 | 7 | 26 | 9 | 1 | 43 | 30 |
| „ Westpreußen | 2 663 | 1 102 | 1 396 | 164 | 1 | 30 | — | 2 595 | 8 | 58 | 1 | 1 | 165 | 161 |
| „ Brandenburg m. Berlin | 2 082 | 1 087 | 916 | 79 | — | 189 | — | 1 695 | 72 | 74 | 29 | 23 | 40 | 33 |
| „ Pommern | 1 307 | 588 | 678 | 41 | — | 25 | — | 1 256 | 11 | 7 | 8 | — | 78 | 75 |
| „ Posen | 4 961 | 1 723 | 2 684 | 554 | — | 13 | — | 4 906 | 12 | 29 | 1 | — | 256 | 253 |
| „ Schlesien | 828 | 419 | 376 | 33 | — | 19 | — | 666 | 14 | 117 | 4 | 8 | 17 | 14 |
| „ Sachsen | 804 | 320 | 429 | 55 | — | 47 | — | 714 | 11 | 17 | 8 | 7 | 26 | 23 |
| „ Schleswig-Holstein | 1 465 | 1 316 | 140 | 9 | — | 91 | — | 1 250 | 36 | 57 | 18 | 7 | 102 | 87 |
| „ Hannover | 2 518 | 411 | 2 062 | 45 | — | 47 | — | 2 339 | 40 | 48 | 29 | 15 | 94 | 87 |
| „ Westfalen | 2 086 | 234 | 770 | 1 082 | — | 12 | — | 1 969 | 62 | 32 | 9 | 2 | 61 | 57 |
| „ Hessen-Nassau | 629 | 130 | 403 | 96 | — | 10 | — | 593 | 10 | 8 | 7 | 1 | 32 | 30 |
| „ Rheinland | 1 893 | 212 | 684 | 996 | 1 | 17 | — | 1 741 | 34 | 58 | 32 | 11 | 31 | 28 |
| Hohenzollern | 19 | 2 | 11 | 6 | — | — | — | 19 | — | — | — | — | 28 | 28 |
| **Preußen** | 21 907 | 7 828 | 10 775 | 3 202 | 2 | 504 | 1 | 20 345 | 317 | 511 | 153 | 76 | 61 | 57 |
| Bayern rechts des Rheins | 2 759 | 576 | 1 486 | 694 | 3 | 8 | — | 2 629 | 77 | 39 | 5 | 1 | 50 | 48 |
| Bayern l. Rh. (Rhein-Pfalz) | 520 | 9 | 185 | 316 | 10 | — | — | 490 | — | 18 | 4 | 8 | 60 | 56 |
| **Bayern** | 3 279 | 585 | 1 671 | 1 010 | 13 | 8 | — | 3 119 | 77 | 57 | 9 | 9 | 51 | 48 |
| Sachsen | 1 723 | 679 | 943 | 101 | — | 80 | — | 1 490 | 103 | 28 | 8 | 14 | 39 | 34 |
| Württemberg | 1 542 | 295 | 790 | 435 | 22 | 5 | — | 1 486 | 33 | 12 | 5 | 1 | 69 | 67 |
| Baden | 923 | 128 | 475 | 293 | 27 | 5 | — | 882 | 20 | 13 | 2 | 1 | 47 | 45 |
| Hessen | 431 | 72 | 268 | 91 | — | 1 | — | 412 | 9 | 4 | 8 | — | 37 | 35 |
| Mecklenburg-Schwerin | 248 | 177 | 68 | 3 | — | 9 | — | 226 | 7 | 3 | 3 | — | 40 | 37 |
| Sachsen-Weimar | 180 | 66 | 85 | 29 | — | 2 | — | 149 | 28 | 1 | 2 | — | 48 | 40 |
| Mecklenburg-Strelitz | 26 | 15 | 11 | — | — | — | — | 25 | — | 1 | — | — | 25 | 24 |
| Oldenburg | 392 | 32 | 353 | 7 | — | 7 | — | 374 | 7 | — | 1 | 3 | 101 | 90 |
| Braunschweig | 175 | 53 | 121 | 1 | — | 23 | — | 147 | 1 | 2 | 2 | — | 36 | 31 |
| Sachsen-Meiningen | 65 | 3 | 60 | 2 | — | 2 | — | 62 | — | 1 | — | — | 25 | 24 |
| Sachsen-Altenburg | 41 | 6 | 28 | 7 | — | 2 | — | 38 | 1 | — | — | — | 20 | 19 |
| Sachsen-Coburg-Gotha | 62 | 9 | 48 | 5 | — | 2 | — | 59 | 1 | — | — | — | 26 | 25 |
| Anhalt | 49 | 18 | 28 | 3 | — | 1 | — | 42 | 4 | 1 | — | 1 | 15 | 13 |
| Schwarzb.-Sondersh. | 25 | 5 | 20 | — | — | 2 | — | 23 | — | — | — | — | 30 | 28 |
| Schwarzburg-Rudolst. | 31 | 15 | 13 | 3 | — | — | — | 29 | 1 | 1 | — | — | 32 | 30 |
| Waldeck | 19 | 3 | 14 | 2 | — | — | — | 19 | — | — | — | — | 33 | 33 |
| Reuß älterer Linie | 64 | 1 | 63 | — | — | — | — | 64 | — | — | — | — | 92 | 92 |
| Reuß jüngerer Linie | 99 | 15 | 50 | 34 | — | — | — | 96 | 1 | 2 | — | — | 68 | 66 |
| Schaumburg-Lippe | 12 | — | 12 | — | — | — | — | 11 | — | — | — | 1 | 27 | 25 |
| Lippe | 43 | 4 | 39 | — | — | — | — | 42 | 1 | — | — | — | 30 | 30 |
| Lübeck | 66 | 56 | 10 | — | — | 6 | — | 43 | 8 | 3 | — | 6 | 64 | 42 |
| Bremen | 480 | 13 | 465 | 2 | — | 19 | — | 434 | 1 | 18 | 1 | 7 | 201 | 182 |
| Hamburg | 948 | 764 | 166 | 18 | — | 175 | — | 592 | 57 | 58 | 32 | 34 | 117 | 73 |
| Elsaß-Lothringen | 898 | 38 | 57 | 205 | 598 | 3 | — | 861 | 18 | 16 | — | — | 51 | 49 |
| Deutschland o. näh. Ang. | [1]) 2 579 | — | — | — | — | — | — | [1]) 2 579 | — | — | — | — | . | . |
| **Deutsches Reich** | [1]) 36 310 | 10 875 | 16 639 | 5 457 | 660 | 856 | 1 | [1]) 33 649 | 693 | 732 | 228 | 165 | 62 | 57 |

[1]) 2568 über Rotterdam, 11 über Amsterdam; von den über Rotterdam gegangenen Personen i[st] das Wanderziel nicht bekannt geworden, vermutlich die Vereinigten Staaten von Amerika.

## 11. Ausweisungen von Ausländern im Jahre 1903. (Anzeigen im Reichs-Centralblatt.)

Nach § 39 des Strafgesetzbuchs wurden ausgewiesen 54 m., 9 w. Personen
„ § 39 bzw. 362 „ „ „ „ 1 „ — „ „
„ § 362 „ „ „ „ 510 „ [1]), 63 „ „
Unter den nach § 362 Ausgewiesenen waren 11 Familien mit 37 Personen.

[1]) Darunter 3 Personen nach § 181a in Verbindung mit § 362 des Strafgesetzbuchs.

# III. Land- und Forstwirtschaft.

## 1. Die land- und forstwirtschaftlichen Betriebe nach der Zählung vom 14. Juni 1895.

(Statistik des Deutschen Reichs, Band 112.)

### a. Landwirtschaftliche Betriebe.

| | Größenklassen der Betriebe nach der landwirtschaftlich benutzten[1]) Fläche bemessen: unter 2 ha | 2 bis unter 5 ha | 5 bis unter 20 ha | 20 bis unter 50 ha | 50 bis unter 100 ha | 100 bis unter 500 ha | 500 und mehr ha | Zusammen |
|---|---|---|---|---|---|---|---|---|
| **Betriebe überhaupt.** | | | | | | | | |
| **Zahl** | | | | | | | | |
| im Jahre 1895 | 3 236 367 | 1 016 318 | 998 804 | 239 643 | 42 124 | 20 881 | 4 180 | 5 558 317 |
| % | 58,2 | 18,3 | 18,0 | 4,3 | 0,7 | 0,4 | 0,1 | 100 |
| im Jahre 1882 | 3 061 831 | 981 407 | 926 605 | 239 887 | 41 623 | 20 847 | 4 144 | 5 276 344 |
| % | 58,0 | 18,6 | 17,6 | 4,5 | 0,8 | 0,4 | 0,1 | 100 |
| **Fläche (Gesamtfläche der Betriebe) ha** | | | | | | | | |
| im Jahre 1895 | 2 415 914 | 4 142 071 | 12 537 660 | 9 459 240 | 3 697 861 | 6 571 104 | 4 460 792 | 43 284 742 |
| % | 5,6 | 9,6 | 29,0 | 21,8 | 8,6 | 15,2 | 10,3 | 100 |
| im Jahre 1882 | 2 159 358 | 3 832 902 | 11 492 017 | 9 080 545 | 3 334 918 | 6 053 415 | 4 225 526 | 40 178 681 |
| % | 5,4 | 9,5 | 28,6 | 22,6 | 8,3 | 15,1 | 10,5 | 100 |
| **Betriebe nach dem Besitzverhältnis.** | | | | | | | | |
| **Zahl** | | | | | | | | |
| im Jahre 1895: | | | | | | | | |
| Nur eigenes Land | 1 009 126 | 442 268 | 584 521 | 179 888 | 29 291 | 12 775 | 2 026 | 2 260 900 |
| Nur Pachtland | 831 107 | 47 185 | 19 707 | 6 062 | 2 087 | 4 211 | 780 | 912 959 |
| Eigenes und Pachtl. | 840 700 | 458 406 | 338 061 | 45 044 | 8 716 | 3 680 | 742 | 1 694 231 |
| Andere Formen[2]) | 722 008 | 150 179 | 97 137 | 11 292 | 1 021 | 532 | 58 | 983 917 |
| **Fläche ha** | | | | | | | | |
| Eigenes Land | 1 575 672 | 3 364 418 | 11 352 975 | 8 837 753 | 3 284 307 | 5 188 784 | 3 686 471 | 37 270 380 |
| Pachtland | 598 851 | 659 894 | 1 024 881 | 564 209 | 395 891 | 1 351 265 | 764 950 | 5 360 041 |
| Andere Formen | 241 391 | 117 759 | 159 804 | 57 278 | 37 663 | 31 055 | 9 371 | 654 321 |
| **Betriebe nach der Bodenbenutzung.** | | | | | | | | |
| **Zahl** | | | | | | | | |
| i. J. 1895 Betriebe mit: | | | | | | | | |
| nur landw. Fläche | 3 088 590 | 793 569 | 598 247 | 112 411 | 22 359 | 10 185 | 1 122 | 4 626 483 |
| landw. u. Forstfläche | 147 777 | 222 749 | 400 557 | 127 232 | 19 765 | 10 696 | 3 058 | 931 834 |
| **Fläche ha** | | | | | | | | |
| landwirtschaftl. Fläche | 1 808 444 | 3 285 984 | 9 721 875 | 7 113 231 | 2 756 866 | 4 624 259 | 3 207 542 | 32 517 941 |
| forstwirtsch. Fläche[3]) | 413 033 | 546 860 | 1 850 277 | 1 522 042 | 875 788 | 1 568 768 | 1 005 508 | 7 582 276 |
| sonstige Fläche[4]) | 194 437 | 309 227 | [illegible] | [illegible] | [illegible] | [illegible] | [illegible] | [illegible] |

### b. Forstwirtschaftliche Betriebe.[5])

| im Jahre 1895 | Größenklassen der Betriebe nach der forstwirtschaftlich benutzten Fläche bemessen: unter 2 ha | 2 bis unter 10 ha | 10 bis unter 20 ha | 20 bis unter 100 ha | 100 bis unter 200 ha | 200 bis unter 500 ha | 500 und mehr ha | Zusammen |
|---|---|---|---|---|---|---|---|---|
| **Betriebe überhaupt.** | | | | | | | | |
| **Zahl** | | | | | | | | |
| ausschl. forstw. Betr. | 4 970 | 3 579 | 1 548 | 4 660 | 2 576 | 2 373 | 2 340 | 22 041 |
| Betr. in Verbdg. mit landwirtsch. Fläche | 565 690 | 282 917 | 50 343 | 25 085 | 2 811 | 2 158 | 1 921 | 931 834 |
| **Fläche ha** | | | | | | | | |
| Gesamtfläche[6]) | 4 949 018 | 6 815 165 | 2 506 864 | 3 681 138 | 1 636 685 | 2 326 856 | 8 931 591 | 30 847 317 |
| Davon: | | | | | | | | |
| Forstfläche | 380 240 | 1 245 853 | 684 230 | 1 260 060 | 759 752 | 1 401 198 | 7 994 597 | 13 725 930 |
| landwirtschaftl. Fläche | 4 166 336 | 4 994 041 | 1 595 050 | 2 118 496 | 771 430 | 801 367 | 624 776 | 15 071 505 |
| sonstige Fläche | 402 442 | 575 271 | 227 575 | 302 582 | 105 503 | 124 291 | 312 218 | 2 049 882 |

1) Acker, Wiese, bessere Weide, Gartenland, Weinberge. — 2) D. i. Betriebe, die bewirtschaftetes Land haben ausschließlich oder teilweise auf Grund [illegible] oder gegen einen anderen Ertragsanteil, als Deputatland, als [illegible] Dienstland, als [illegible] Gemeindeland zur zeitweiligen Benutzung. — 3) Forstflächen sind hier nur [illegible] nachgewiesen, als sie mit landwirtschaftlichen Betrieben zusammenhängen. — 4) Davon sind Öd- und Unland einschließlich unbebaute Weide und Hutung [illegible] ha, Haus- und Hofräume, Wege, Gewässer [illegible] ha. — 5) D. i. sowohl reine Forstbetriebe, wie solche, in denen [illegible] landwirtschaftliche Benutzung mit der Forstwirtschaft verbunden ist. — 6) Demnach beträgt die Gesamtfläche der ausschließlich forstwirtschaftlichen Betriebe 6 343 [illegible] ha, wovon 6 143 234 ha Forstfläche, 199 [illegible] ha sonstige Fläche sind.

## 2. Bodenbenutzung.

### a. Hauptarten der Bodenbenutzung.

(Vierteljahrshefte zur Statistik des Deutschen Reichs 1902, III.)

| Staaten und Landesteile | Im Jahre 1900 umfaßten ein: Ackerland, Gartenland | Weinberge | Wiesen | Weiden mit Hutungen | Forsten und Holzungen | Haus- und Hofräume, Öd- und Unland, Wege, Gewässer etc. | Von je 100 ha der Gesamtfläche kamen daher auf: Acker- und Gartenland | Weinberge | Wiesen | Weiden | Forsten und Holzungen | Haus- und Hofräume etc. |
|---|---|---|---|---|---|---|---|---|---|---|---|---|
| | 100 Hektar | | | | | | | | | | | |
| Prov. Ostpreußen | 20 439,2 | — | 4 161,5 | 2 546,0 | 6 444,2 | 3 401,4 | 55,8 | — | 11,3 | 6,8 | 17,6 | 9,1 |
| „ Westpreußen | 14 189,7 | — | 1 623,5 | 1 066,3 | 5 540,6 | 2 597,4 | 55,6 | — | 6,4 | 4,2 | 21,7 | 9,8 |
| Stadt Berlin | 11,7 | — | 0,1 | — | — | 51,2 | 18,3 | — | 0,2 | — | — | 81,5 |
| Prov. Brandenburg | 18 094,2 | 4,5 | 4 116,0 | 1 132,2 | 13 816,7 | 3 161,3 | 45,4 | 0,0 | 10,3 | 2,8 | 33,6 | 8,0 |
| „ Pommern | 16 600,3 | — | 3 102,1 | 1 363,8 | 6 181,5 | 2 361,8 | 55,1 | — | 10,4 | 4,8 | 20,8 | 7,8 |
| „ Posen | 18 256,2 | 1,5 | 2 234,1 | 962,0 | 5 728,5 | 1 726,3 | 63,0 | 0,0 | 7,7 | 3,3 | 19,8 | 6,0 |
| „ Schlesien | 22 401,8 | 13,8 | 3 535,6 | 564,2 | 11 818,9 | 2 184,4 | 55,8 | 0,0 | 8,8 | 1,4 | 29,3 | 5,4 |
| „ Sachsen | 15 307,5 | 9,9 | 2 111,3 | 674,4 | 5 366,4 | 1 736,6 | 60,6 | 0,0 | 8,4 | 2,7 | 21,3 | 6,9 |
| „ Schleswig-Holstein | 10 802,8 | — | 2 056,3 | 2 211,3 | 1 263,1 | 2 660,8 | 56,6 | — | 10,8 | 11,5 | 6,5 | 14,0 |
| „ Hannover | 12 780,6 | — | 4 424,2 | 4 616,8 | 6 600,9 | 10 422,8 | 33,2 | — | 11,5 | 12,1 | 17,2 | 27,1 |
| „ Westfalen | 8 024,5 | — | 1 532,4 | 2 032,8 | 5 662,2 | 2 257,4 | 42,7 | — | 8,1 | 10,6 | 28,6 | 11,2 |
| „ Hessen-Nassau | 4 250,5 | 39,0 | 1 817,6 | 371,9 | 6 226,6 | 795,1 | 29,3 | 0,2 | 11,4 | 2,8 | 39,7 | 5,0 |
| „ Rheinland | 12 326,0 | 140,4 | 2 153,2 | 1 018,0 | 8 548,6 | 2 595,5 | 46,7 | 0,5 | 7,9 | 3,9 | 30,6 | 8,8 |
| Hohenzollern | 523,0 | — | 112,9 | 66,1 | 399,8 | 40,3 | 46,4 | — | 10,0 | 5,8 | 34,1 | 3,6 |
| Preußen | 178 616,3 | 211,3 | 32 733,6 | 20 548,8 | 82 302,8 | 35 737,3 | 51,2 | 0,1 | 9,4 | 5,8 | 23,6 | 10,2 |
| Bayern rechts des Rheins | 32 892,3 | 83,8 | 12 421,4 | 2 596,2 | 22 352,1 | 4 595,4 | 43,9 | 0,1 | 17,4 | 3,3 | 31,2 | 6,2 |
| Bayern l. d. Rh. (Pfalz) | 2 588,2 | 156,4 | 546,7 | 26,6 | 2 335,9 | 315,4 | 43,1 | 2,7 | 9,2 | 0,5 | 38,9 | 5,3 |
| Bayern | 35 471,5 | 240,2 | 12 968,1 | 2 622,8 | 24 686,6 | 4 910,2 | 46,5 | 0,3 | 17,1 | 3,4 | 32,5 | 6,5 |
| Sachsen | 8 487,8 | 5,8 | 1 753,6 | 84,8 | 3 861,4 | 771,8 | 56,6 | 0,0 | 11,8 | 0,6 | 25,9 | 5,1 |
| Württemberg | 8 754,3 | 210,9 | 2 906,5 | 309,2 | 6 004,7 | 1 053,2 | 44,9 | 1,1 | 15,0 | 2,0 | 30,9 | 5,4 |
| Baden | 5 586,6 | 190,9 | 2 095,6 | 347,2 | 5 677,0 | 874,8 | 37,2 | 1,3 | 13,9 | 2,3 | 37,7 | 5,8 |
| Hessen | 3 782,5 | 137,9 | 946,7 | 116,0 | 2 405,1 | 383,9 | 48,9 | 1,8 | 12,2 | 1,5 | 31,1 | 5,0 |
| Mecklenburg-Schwerin | 7 558,8 | — | 1 165,3 | 625,8 | 2 567,4 | 1 441,4 | 57,4 | — | 8,9 | 4,7 | 18,9 | 11,0 |
| Sachsen-Weimar | 2 055,2 | 2,6 | 315,4 | 64,7 | 933,6 | 273,5 | 56,1 | 0,1 | 8,7 | 1,8 | 25,5 | 7,6 |
| Mecklenburg-Strelitz | 1 299,5 | — | 207,3 | 86,1 | 622,4 | 623,7 | 47,5 | — | 7,3 | 2,8 | 21,9 | 21,4 |
| Oldenburg | 1 521,5 | — | 767,3 | 871,6 | 482,4 | 2 143,8 | 23,6 | — | 12,0 | 13,6 | 10,6 | 33,0 |
| Braunschweig | 1 862,6 | — | 348,1 | 87,2 | 1 104,1 | 228,0 | 51,1 | — | 9,6 | 2,4 | 30,6 | 6,2 |
| Sachsen-Meiningen | 1 030,4 | 0,8 | 272,1 | 41,0 | 1 038,6 | 100,2 | 41,6 | 0,0 | 11,0 | 1,7 | 42,1 | 4,3 |
| Sachsen-Altenburg | 709,2 | 0,1 | 113,1 | 10,9 | 339,6 | 70,4 | 53,2 | 0,0 | 8,4 | 0,8 | 27,1 | 5,3 |
| Sachsen-Coburg-Gotha | 1 045,4 | 0,2 | 202,1 | 22,9 | 585,4 | 102,1 | 53,0 | 0,0 | 10,3 | 1,2 | 30,0 | 5,2 |
| Anhalt | 1 280,1 | 0,0 | 163,0 | 32,0 | 578,4 | 141,5 | 55,9 | 0,0 | 7,1 | 1,4 | 25,2 | 6,2 |
| Schwarzb.-Sondersh. | 490,1 | — | 39,8 | 5,3 | 267,1 | 66,8 | 56,6 | — | 4,6 | 0,6 | 31,0 | 7,7 |
| Schwarzb.-Rudolstadt | 382,6 | 0,1 | 73,2 | 10,8 | 413,3 | 51,4 | 41,4 | 0,0 | 7,9 | 1,2 | 43,7 | 5,6 |
| Waldeck | 474,1 | — | 82,6 | 75,2 | 423,6 | 53,8 | 42,3 | — | 7,2 | 6,7 | 38,1 | 4,8 |
| Reuß älterer Linie | 129,1 | — | 34,6 | 5,1 | 112,5 | 15,1 | 40,8 | — | 11,2 | 1,6 | 35,8 | 0,5 |
| Reuß jüngerer Linie | 327,6 | — | 136,0 | 22,4 | 312,6 | 29,6 | 39,5 | — | 16,4 | 2,7 | 37,6 | 3,6 |
| Schaumburg-Lippe | 164,8 | — | 42,0 | 18,2 | 69,4 | 45,6 | 48,6 | — | 12,3 | 5,4 | 20,3 | 13,2 |
| Lippe | 615,3 | — | 83,6 | 105,9 | 324,9 | 60,1 | 51,8 | — | 6,8 | 8,8 | 27,2 | 5,0 |
| Lübeck | 170,3 | — | 26,2 | 8,6 | 41,8 | 48,4 | 59,6 | — | 9,2 | 2,9 | 13,1 | 16,1 |
| Bremen | 67,4 | — | 82,6 | 59,4 | 0,8 | 41,8 | 26,5 | — | 32,6 | 23,1 | 0,3 | 16,5 |
| Hamburg | 193,8 | — | 31,2 | 72,8 | 17,2 | 94,8 | 47,8 | — | 7,5 | 17,4 | 4,2 | 23,4 |
| Elsaß-Lothringen | 6 733,8 | 330,8 | 1 440,8 | 349,8 | 4 383,3 | 780,1 | 46,5 | 2,3 | 9,9 | 2,4 | 30,3 | 5,4 |
| Deutsches Reich | 262 578,1 | 1 384,4 | 59 591,8 | 27 067,1 | 138 958,7 | 56 130,6 | 48,6 | 0,3 | 11,0 | 5,0 | 25,7 | 9,4 |
| „ 1893 | 264 411,3 | 1 324,8 | 59 125,7 | 28 790,1 | 139 567,1 | 44 174,8 | 48,9 | 0,2 | 11,0 | 5,3 | 25,8 | 9,1 |
| „ 1883 | 261 771,2 | 1 346,4 | 59 034,6 | 28 951,2 | 139 025,[illegible] | 44 760,[illegible] | 48,4 | 0,2 | 10,9 | 5,3 | 25,7 | 9,2 |

## 2b. Benutzung des Acker- und Gartenlandes.

(Vierteljahrshefte zur Statistik des Deutschen Reichs 1902, III.)

| Staaten und Landesteile | Im Jahre 1900 waren gewidmet: den Getreidearten und Hülsenfrüchten | den Hackfrüchten und Gemüsen | den Handelsgewächsen | den Futterpflanzen | der Ackerweide und Brache | den Haus- und Obstgärten | Von je 100 ha der Fläche des Acker- und Gartenlandes kamen auf: Getreide | Hackfrüchte | Handelsgewächse | Futterpflanzen | Ackerweide und Brache | Haus- und Obstgärten |
|---|---|---|---|---|---|---|---|---|---|---|---|---|
| | 100 Hektar | | | | | | | | | | | |
| Prov. Ostpreußen | 11 701,0 | 2 090,7 | 81,6 | 2 638,1 | 3 753,1 | 174,7 | 57,2 | 10,2 | 0,4 | 12,9 | 18,4 | 0,9 |
| „ Westpreußen | 8 392,7 | 2 512,3 | 74,8 | 1 598,6 | 1 466,5 | 144,2 | 59,2 | 17,7 | 0,5 | 11,3 | 10,3 | 1,0 |
| Stadt Berlin | 2,7 | 1,1 | — | 0,6 | 0,2 | 6,6 | 22,6 | 9,9 | — | 4,8 | 8,8 | 55,7 |
| Prov. Brandenburg | 11 437,3 | 3 740,9 | 90,5 | 1 432,6 | 1 136,2 | 246,9 | 63,2 | 20,7 | 0,5 | 7,9 | 6,6 | 1,4 |
| „ Pommern | 9 893,5 | 2 574,4 | 101,8 | 1 632,5 | 2 246,4 | 151,3 | 59,6 | 16,5 | 0,6 | 9,9 | 13,6 | 0,9 |
| „ Posen | 11 622,0 | 3 700,6 | 68,9 | 1 015,1 | 1 077,2 | 173,4 | 63,7 | 20,3 | 0,4 | 8,6 | 5,9 | 0,9 |
| „ Schlesien | 14 507,4 | 4 624,6 | 204,1 | 2 369,1 | 357,0 | 338,9 | 64,8 | 20,6 | 0,9 | 10,8 | 1,6 | 1,5 |
| „ Sachsen | 9 724,4 | 3 783,5 | 140,9 | 1 048,3 | 411,8 | 199,7 | 63,6 | 24,7 | 0,9 | 6,9 | 2,7 | 1,3 |
| „ Schleswig-Holstein | 5 355,6 | 599,0 | 42,7 | 773,4 | 3 860,2 | 171,3 | 49,6 | 5,5 | 0,4 | 7,2 | 35,7 | 1,6 |
| „ Hannover | 9 005,9 | 2 132,6 | 47,1 | 660,1 | 687,5 | 247,4 | 70,5 | 16,7 | 0,4 | 5,1 | 5,4 | 1,9 |
| „ Westfalen | 5 645,0 | 1 339,6 | 29,0 | 795,9 | 586,8 | 226,9 | 66,5 | 15,5 | 0,3 | 9,2 | 6,8 | 2,7 |
| „ Hessen-Nassau | 4 122,1 | 1 244,6 | 50,1 | 645,9 | 183,2 | 114,6 | 65,9 | 19,9 | 0,8 | 8,7 | 2,9 | 1,8 |
| „ Rheinland | 7 086,7 | 2 691,8 | 39,6 | 1 624,9 | 653,9 | 339,6 | 57,4 | 21,5 | 0,3 | 12,4 | 5,3 | 2,0 |
| Hohenzollern | 323,7 | 58,7 | 4,0 | 88,6 | 38,3 | 8,7 | 61,9 | 11,2 | 0,8 | 17,0 | 7,3 | 1,7 |
| Preußen | 108 820,4 | 31 094,1 | 973,6 | 16 723,2 | 16 458,2 | 2 546,0 | 61,6 | 17,6 | 0,6 | 9,5 | 9,6 | 1,4 |
| Bayern rechts des Rheins | 17 274,1 | 3 833,9 | 353,1 | 3 055,1 | 2 684,3 | 703,5 | 61,9 | 13,7 | 1,3 | 11,0 | 9,6 | 2,5 |
| Bayern l. Rh. (Rhg. Pfalz) | 1 331,6 | 764,0 | 22,4 | 286,6 | 119,1 | 46,0 | 51,6 | 29,7 | 0,9 | 11,2 | 4,6 | 1,8 |
| Bayern | 18 605,9 | 4 597,9 | 375,4 | 3 341,7 | 2 803,4 | 747,5 | 61,1 | 15,1 | 1,2 | 11,0 | 9,3 | 2,4 |
| Sachsen | 5 084,3 | 1 685,5 | 25,1 | 1 188,9 | 57,3 | 390,6 | 60,2 | 20,0 | 0,3 | 14,1 | 0,7 | 4,7 |
| Württemberg | 5 435,1 | 1 418,6 | 134,0 | 1 193,2 | 416,3 | 158,6 | 62,1 | 16,2 | 1,5 | 13,6 | 4,8 | 1,8 |
| Baden | 3 120,6 | 1 242,0 | 120,8 | 842,5 | 181,5 | 169,4 | 54,8 | 21,6 | 2,3 | 14,8 | 3,2 | 3,0 |
| Hessen | 2 187,2 | 1 067,4 | 17,5 | 429,7 | 21,1 | 37,9 | 58,1 | 28,4 | 0,5 | 11,4 | 0,6 | 1,0 |
| Mecklenburg-Schwerin | 4 361,6 | 840,6 | 67,0 | 779,1 | 1 393,9 | 118,2 | 57,7 | 11,1 | 0,9 | 10,2 | 18,4 | 1,6 |
| Sachsen-Weimar | 1 240,4 | 377,4 | 13,0 | 252,5 | 93,7 | 40,6 | 61,7 | 18,6 | 0,6 | 12,5 | 4,6 | 2,0 |
| Mecklenburg-Strelitz | 782,6 | 138,4 | 25,8 | 155,5 | 269,4 | 18,5 | 56,5 | 10,0 | 1,9 | 11,2 | 19,3 | 1,3 |
| Oldenburg | 1 284,9 | 207,7 | 5,5 | 125,5 | 185,1 | 113,7 | 66,9 | 10,8 | 0,3 | 6,5 | 9,7 | 5,9 |
| Braunschweig | 1 161,1 | 515,6 | 3,4 | 114,7 | 31,9 | 55,8 | 61,7 | 27,4 | 0,2 | 6,1 | 1,7 | 2,9 |
| Sachsen-Meiningen | 597,2 | 187,8 | 4,2 | 120,9 | 75,5 | 24,1 | 59,1 | 18,8 | 0,4 | 12,0 | 7,5 | 2,4 |
| Sachsen-Altenburg | 497,8 | 152,9 | 2,6 | 85,7 | 8,2 | 21,6 | 64,7 | 19,9 | 0,3 | 11,1 | 1,2 | 2,8 |
| Sachsen-Coburg-Gotha | 633,4 | 171,1 | 1,4 | 129,9 | 82,6 | 28,8 | 60,6 | 16,4 | 0,1 | 12,4 | 7,9 | 2,8 |
| Anhalt | 811,9 | 420,8 | 6,6 | 85,7 | 30,6 | 27,6 | 58,7 | 30,4 | 0,5 | 6,2 | 2,3 | 2,0 |
| Schwarzburg-Sondersh. | 305,4 | 77,2 | 2,6 | 66,4 | 31,3 | 7,8 | 62,3 | 15,8 | 0,5 | 13,5 | 6,4 | 1,5 |
| Schwarzburg-Rudolstadt | 229,8 | 82,9 | 2,4 | 43,4 | 25,6 | 8,8 | 58,6 | 20,9 | 0,6 | 11,1 | 6,6 | 2,3 |
| Waldeck | 318,2 | 57,5 | 3,7 | 48,1 | 33,6 | 13,5 | 67,9 | 12,3 | 0,8 | 10,2 | 7,1 | 2,6 |
| Reuß älterer Linie | 81,5 | 26,0 | 0,4 | 13,3 | 0,7 | 7,6 | 62,9 | 20,1 | 0,3 | 10,6 | 0,6 | 5,6 |
| Reuß jüngerer Linie | 207,6 | 65,5 | 1,9 | 34,4 | 2,5 | 11,6 | 64,3 | 20,3 | 0,6 | 10,8 | 0,8 | 3,4 |
| Schaumburg-Lippe | 119,5 | 23,8 | 3,0 | 10,7 | 3,4 | 4,0 | 72,7 | 14,5 | 1,8 | 6,5 | 2,1 | 2,4 |
| Lippe | 426,5 | 103,6 | 2,9 | 62,9 | 23,9 | 25,5 | 66,1 | 16,1 | 0,4 | 9,7 | 3,7 | 4,0 |
| Lübeck | 92,3 | 14,9 | 1,6 | 18,5 | 42,8 | 5,8 | 53,2 | 8,6 | 0,6 | 9,4 | 24,7 | 3,3 |
| Bremen | 40,8 | 16,9 | 0,1 | 2,4 | 2,1 | 5,4 | 60,3 | 25,0 | 0,1 | 3,6 | 3,1 | 8,0 |
| Hamburg | 95,8 | 28,4 | 0,7 | 11,2 | 30,6 | 29,4 | 48,5 | 14,2 | 0,4 | 7,1 | 15,3 | 14,9 |
| Elsaß-Lothringen | 3 960,9 | 1 318,9 | 75,6 | 690,7 | 549,4 | 207,4 | 58,5 | 19,5 | 1,1 | 10,1 | 8,1 | 3,0 |
| Deutsches Reich | 160 599,0 | 45 932,2 | 1 879,1 | 26 586,6 | 22 557,4 | 4 827,9 | 61,1 | 17,5 | 0,7 | 10,1 | 8,7 | 1,9 |
| 1893 | 159 981,2 | 42 376,4 | 2 610,5 | 24 193,7 | 27 605,5 | 4 726,1 | 60,5 | 16,1 | 1,0 | 9,4 | 10,5 | 1,8 |
| 1883 | 157 339,7 | 39 436,4 | 3 343,1 | 24 046,5 | 33 368,1 | 4 159,5 | 60,1 | 15,1 | 1,1 | 9,2 | 12,7 | 1,6 |

## 2c. Die Betriebsarten der Forsten und Holzungen nach Staaten, bzw. Besitzstand.

(Vierteljahrshefte zur Statistik des Deutschen Reichs 1903, II.)

| Staaten / Arten des Besitzstandes | Im Jahre 1900 waren bestanden mit: Laubholz überhaupt | und zwar: Niederwald | Mittelwald | Plänterwald | Hochwald | Nadelholz überhaupt | und zwar: Plänterwald | Hochwald |
|---|---|---|---|---|---|---|---|---|
| | Hektar | | | | | | | |
| Preußen | 2 556 630 | 656 721 | 212 763 | 248 797 | 1 438 349 | 5 713 498 | 706 263 | 5 007 235 |
| Bayern | 605 907 | 113 269 | 186 983 | 28 646 | 277 009 | 1 860 647 | 197 085 | 1 663 562 |
| Sachsen | 43 450 | 17 193 | 13 268 | 5 059 | 7 930 | 341 090 | 38 411 | 302 679 |
| Württemberg | 231 090 | 4 789 | 75 989 | 11 338 | 138 974 | 369 325 | 32 834 | 336 491 |
| Baden | 285 580 | 48 640 | 57 532 | 1 843 | 177 565 | 282 207 | 18 246 | 263 961 |
| Hessen | 140 202 | 24 702 | 516 | 364 | 114 620 | 99 807 | 95 | 99 712 |
| Mecklenburg-Schwerin | 86 737 | 21 382 | 6 469 | 4 540 | 54 346 | 150 012 | 5 185 | 144 827 |
| Sachsen-Weimar | 32 970 | 2 970 | 8 687 | 4 021 | 17 292 | 60 117 | 4 321 | 55 796 |
| Mecklenburg-Strelitz | 22 284 | 4 737 | 2 814 | 1 302 | 13 431 | 39 941 | 1 549 | 38 392 |
| Oldenburg | 34 808 | 11 377 | 314 | 41 | 23 076 | 33 533 | 1 | 33 532 |
| Braunschweig | 65 050 | 301 | 8 927 | 1 311 | 54 511 | 44 424 | 1 728 | 42 696 |
| Sachsen-Meiningen | 25 732 | 2 099 | 10 751 | 2 322 | 10 560 | 78 127 | 18 664 | 59 463 |
| Sachsen-Altenburg | 5 136 | 1 560 | 1 895 | 328 | 1 353 | 30 767 | 1 223 | 29 544 |
| Sachsen-Coburg-Gotha | 14 062 | 3 011 | 3 583 | 1 464 | 6 004 | 45 514 | 2 334 | 43 180 |
| Anhalt | 16 460 | 1 393 | 4 212 | 1 751 | 9 104 | 41 388 | 568 | 40 820 |
| Schwarzburg-Sondersh. | 11 139 | 545 | 1 030 | 3 663 | 5 901 | 15 572 | 819 | 14 753 |
| Schwarzburg-Rudolstadt | 6 890 | 1 528 | 1 455 | 3 223 | 684 | 34 441 | 4 893 | 29 548 |
| Waldeck | 29 879 | 1 399 | 615 | 832 | 27 033 | 12 916 | 568 | 12 348 |
| Reuß älterer Linie | 285 | 10 | 16 | 56 | 203 | 10 968 | 2 211 | 8 757 |
| Reuß jüngerer Linie | 1 201 | 528 | 302 | 123 | 248 | 29 996 | 2 815 | 27 181 |
| Schaumburg-Lippe | 5 417 | 23 | 14 | 164 | 5 216 | 1 482 | 41 | 1 441 |
| Lippe | 26 082 | 1 015 | 1 003 | 2 090 | 21 974 | 7 406 | 1 172 | 6 234 |
| Lübeck | 2 859 | 514 | 88 | 180 | 2 077 | 1 224 | 160 | 1 064 |
| Bremen | 48 | 48 | — | — | — | — | — | — |
| Hamburg | 803 | 379 | — | 138 | 286 | 984 | 412 | 572 |
| Elsaß-Lothringen | 294 095 | 27 388 | 160 406 | 2 100 | 104 201 | 145 737 | 2 294 | 143 443 |
| **Deutsches Reich** | **4 544 800** | **947 680** | **699 677** | **325 491** | **2 571 952** | **9 451 069** | **1 043 802** | **8 407 267** |
| 1893 | 4 667 210 | . | . | . | . | 9 283 120 | . | . |
| 1883 | 4 302 580 | . | . | . | . | 9 105 318 | . | . |
| 1. Kronforsten | 98 066 | 7 925 | 4 321 | 2 848 | 82 972 | 159 236 | 1 880 | 157 356 |
| 2. Staatsforsten | 1 180 423 | 62 059 | 42 234 | 15 081 | 1 061 049 | 3 249 667 | 59 157 | 3 190 510 |
| 3. Staatsanteilsforsten | 13 265 | 36 | 215 | — | 13 014 | 16 528 | 18 | 16 510 |
| 4. Gemeindeforsten | 1 144 587 | 235 332 | 253 173 | 18 782 | 637 300 | 1 113 503 | 73 385 | 1 040 118 |
| 5. Stiftungsforsten | 65 076 | 10 329 | 13 122 | 2 765 | 38 860 | 145 939 | 11 771 | 134 168 |
| 6. Genossenschaftsforsten | 209 974 | 73 184 | 35 023 | 14 776 | 86 991 | 96 240 | 13 086 | 83 154 |
| und zwar: a) deutschrechtliche Waldgenossenschaften | 188 796 | 63 509 | 32 269 | 12 084 | 80 934 | 77 003 | 10 294 | 66 709 |
| b) neuere Waldgenossensch. | 21 178 | 9 675 | 2 754 | 2 692 | 6 057 | 19 239 | 2 792 | 16 447 |
| 7. Privatforsten | 1 833 409 | 558 815 | 351 589 | 271 239 | 651 766 | 4 669 956 | 884 505 | 3 785 451 |
| und zwar: a) zu fideikommissarischen Gütern gehörige Forsten und Fideikommißforsten | 413 440 | 56 543 | 54 193 | 22 493 | 280 211 | 1 033 224 | 43 886 | 989 338 |
| b) andere Privatforsten | 1 419 969 | 502 272 | 297 396 | 248 746 | 371 555 | 3 636 732 | 840 619 | 2 796 113 |
| **Zusammen** | **4 544 800** | **947 680** | **699 677** | **325 491** | **2 571 952** | **9 451 069** | **1 043 802** | **8 407 267** |

## 24. Der Holzertrag der Forsten und Holzungen nach Staaten, bzw. Besitzstand.

(Vierteljahrshefte zur Statistik des Deutschen Reichs 1903, II.)

| Staaten / Arten des Besitzstandes | Gesamtfläche der Forsten im Jahre 1900 | Holzertrag im letzten vor der Erhebung abgelaufenen Wirtschaftsjahre | | | | Außerdem | |
|---|---|---|---|---|---|---|---|
| | | Nutzholz | Brennholz | Zusammen Derbholz | Stock- und Reisholz | Eichenlohe [1] | Weidenruten [2] |
| | Hektar | Festmeter | | | | | |
| Preußen | 8 270 134 | 9 660 900 | 8 394 586 | 18 055 486 | 6 378 655 | 70 707 | 84 445 |
| Bayern | 2 468 553 | 4 334 967 | 3 852 335 | 8 187 302 | 484 478 | 12 782 | 2 370 |
| Sachsen | 384 540 | 1 043 261 | 345 788 | 1 389 049 | 467 446 | 247 | 776 |
| Württemberg | 600 415 | 1 274 514 | 1 039 858 | 2 314 372 | 608 679 | 10 656 | 301 |
| Baden | 567 795 | 1 130 412 | 1 224 593 | 2 355 005 | 634 848 | 8 379 | 4 565 |
| Hessen | 240 009 | 291 757 | 525 511 | 817 268 | 391 232 | 13 751 | 498 |
| Mecklenburg-Schwerin | 238 740 | 267 523 | 540 530 | 808 053 | 183 376 | 4 783 | 170 |
| Sachsen-Weimar | 93 088 | 164 912 | 130 907 | 295 819 | 106 315 | 362 | 269 |
| Mecklenburg-Strelitz | 62 225 | 66 655 | 97 515 | 164 170 | 20 983 | 6 | 4 |
| Oldenburg | 68 341 | 41 320 | 34 160 | 75 480 | 40 642 | 1 762 | 887 |
| Braunschweig | 109 473 | 205 864 | 212 842 | 418 706 | 139 314 | 11 | 43 |
| Sachsen-Meiningen | 103 859 | 195 002 | 145 046 | 340 048 | 122 392 | 9 | — |
| Sachsen-Altenburg | 35 903 | 90 310 | 43 058 | 133 368 | 50 368 | 231 | 160 |
| Sachsen-Coburg-Gotha | 59 576 | 103 447 | 82 975 | 186 422 | 68 712 | 254 | 187 |
| Anhalt | 57 784 | 87 738 | 79 256 | 166 994 | 60 638 | 29 | 2 877 |
| Schwarzburg-Sondersh. | 26 711 | 47 893 | 34 051 | 81 944 | 18 436 | 16 | 6 |
| Schwarzburg-Rudolstadt | 41 330 | 74 624 | 35 830 | 110 454 | 34 474 | 427 | 58 |
| Waldeck | 42 795 | 29 434 | 56 983 | 86 417 | 46 254 | 38 | — |
| Reuß älterer Linie | 11 253 | 23 578 | 7 774 | 31 352 | 12 546 | — | — |
| Reuß jüngerer Linie | 31 198 | 97 683 | 21 320 | 119 003 | 55 565 | 38 | 192 |
| Schaumburg-Lippe | 6 809 | 13 065 | 8 006 | 21 071 | 13 195 | 13 | 7 |
| Lippe | 33 488 | 33 078 | 57 302 | 90 380 | 27 870 | 11 | 138 |
| Lübeck | 4 083 | 3 002 | 9 297 | 12 299 | 9 616 | 146 | 9 |
| Bremen | 48 | — | — | — | — | — | 1 204 |
| Hamburg | 1 787 | 1 155 | 2 179 | 3 334 | 3 161 | — | 2 158 |
| Elsaß-Lothringen | 439 832 | 734 902 | 868 934 | 1 603 836 | 507 694 | 3 970 | 106 |
| **Deutsches Reich** | **13 995 869** | **20 017 896** | **17 850 646** | **37 868 542** | **10 472 305** | **134 626** | **101 438** |
| 1. Kronforsten | 257 302 | 444 524 | 410 645 | 855 169 | 304 880 | 2 025 | 910 |
| 2. Staatsforsten | 4 430 090 | 8 712 870 | 6 536 975 | 15 249 845 | 3 098 844 | 6 277 | 12 087 |
| 3. Staatsanteilsforsten | 20 703 | 40 963 | 48 237 | 89 200 | 26 919 | — | — |
| 4. Gemeindeforsten | 2 258 080 | 2 637 621 | 3 387 080 | 6 024 701 | 2 452 870 | 39 779 | 11 775 |
| 5. Stiftungsforsten | 211 015 | 359 465 | 343 161 | 702 626 | 198 953 | 1 759 | 558 |
| 6. Genossenschaftsforsten | 306 214 | 226 000 | 405 583 | 631 583 | 333 030 | 10 559 | 1 253 |
| und zwar: | | | | | | | |
| a) deutschrechtliche Waldgenossenschaften | 265 797 | 191 453 | 372 763 | 564 216 | 309 620 | 9 950 | 842 |
| b) andere Waldgenossensch. | 40 417 | 34 547 | 32 820 | 67 367 | 23 410 | 609 | 411 |
| 7. Privatforsten | 6 503 365 | 7 596 453 | 6 718 965 | 14 315 418 | 4 057 000 | 74 227 | 74 855 |
| und zwar: | | | | | | | |
| a) zu fideikommissarischen Gütern gehörende Forsten und Fideikommißforsten | 1 446 664 | 2 459 524 | 1 943 306 | 4 402 830 | 1 097 063 | 11 743 | 19 046 |
| b) andere Privatforsten | 5 056 701 | 5 136 929 | 4 775 659 | 9 912 588 | 2 959 937 | 62 484 | 55 809 |
| **Zusammen** | **13 995 869** | **20 017 896** | **17 850 646** | **37 868 542** | **10 472 305** | **134 626** | **101 438** |

[1] 1 Festmeter Eichenlohe in lufttrockenem Zustande = 7,5 dz.

[2] 1 Festmeter = 6 dz.

## 2e. Die Holzarten des Hochwaldes nach Staaten, bzw. Besitzstand.

(Vierteljahrshefte zur Statistik des Deutschen Reichs 1903, II.)

| Staaten — Arten des Besitzstandes | Im Jahre 1900 waren im Hochwald bestanden mit: Laubholz überhaupt | und zwar Eichen | Birken, Erlen, Aspen (Espen) | Buchen und sonstigem Laubholz | Nadelholz überhaupt | und zwar Kiefern (Föhren) | Lärchen | Fichten (Rottannen) | Tannen (Weißtannen) |
|---|---|---|---|---|---|---|---|---|---|
| | Hektar | | | | | | | | |
| Preußen | 1 438 349 | 361 617 | 164 023 | 912 709 | 5 007 235 | 4 173 796 | 7 006 | 813 903 | 12 530 |
| Bayern | 277 008 | 33 391 | 21 640 | 221 978 | 1 663 592 | 738 552 | 3 066 | 842 217 | 79 757 |
| Sachsen | 7 930 | 2 022 | 1 441 | 4 462 | 302 679 | 93 720 | 309 | 207 358 | 1 292 |
| Württemberg | 138 974 | 11 825 | 2 811 | 124 538 | 338 491 | 45 205 | 726 | 229 820 | 60 940 |
| Baden | 177 565 | 11 922 | 2 381 | 163 262 | 263 961 | 64 919 | 615 | 139 291 | 59 136 |
| Hessen | 114 620 | 18 420 | 912 | 95 282 | 99 712 | 81 725 | 372 | 17 555 | 60 |
| Mecklbg.-Schwerin | 54 348 | 9 428 | 7 450 | 37 470 | 144 827 | 138 752 | 91 | 5 357 | 627 |
| Sachsen-Weimar | 17 292 | 873 | 167 | 16 252 | 55 796 | 33 563 | 78 | 22 020 | 135 |
| Mecklbg.-Strelitz | 13 431 | 1 396 | 847 | 11 188 | 38 392 | 38 169 | 14 | 209 | — |
| Oldenburg | 23 076 | 11 577 | 1 233 | 10 208 | 33 532 | 29 971 | 153 | 3 380 | 28 |
| Braunschweig | 54 511 | 5 170 | 1 132 | 48 209 | 42 696 | 7 001 | 144 | 35 495 | 56 |
| Sachsen-Meiningen | 10 560 | 802 | 52 | 9 816 | 59 463 | 17 398 | 49 | 41 639 | 369 |
| Sachsen-Altenburg | 1 358 | 615 | 178 | 565 | 29 544 | 20 058 | 11 | 9 402 | 75 |
| Sachs.-Cob.-Gotha | 6 004 | 444 | 59 | 5 501 | 43 190 | 9 138 | 45 | 33 684 | 313 |
| Anhalt | 9 104 | 4 503 | 677 | 3 924 | 40 826 | 33 787 | 99 | 6 926 | 15 |
| Schwarzb.-Sondersh. | 5 901 | 248 | 7 | 5 646 | 14 753 | 3 418 | 7 | 11 317 | 11 |
| Schwarzb.-Rudolst. | 684 | 67 | 16 | 601 | 29 548 | 10 818 | 31 | 18 079 | 622 |
| Waldeck | 27 033 | 960 | 220 | 25 853 | 12 348 | 3 971 | 140 | 8 221 | 16 |
| Reuß ält. Linie | 203 | 48 | 47 | 108 | 8 757 | 3 157 | 3 | 5 500 | 91 |
| Reuß jüng. Linie | 248 | 41 | 50 | 157 | 27 181 | 3 947 | 21 | 22 844 | 369 |
| Schaumburg-Lippe | 5 216 | 2 961 | 59 | 2 196 | 1 441 | 327 | 46 | 1 068 | (0,5) 0 |
| Lippe | 21 974 | 3 871 | 285 | 17 818 | 6 234 | 1 779 | 56 | 4 332 | 67 |
| Lübeck | 2 077 | 837 | 87 | 1 153 | 1 064 | 803 | — | 260 | 1 |
| Bremen | — | — | — | — | — | — | — | — | — |
| Hamburg | 286 | 67 | — | 219 | 572 | 485 | — | 87 | — |
| Elsaß-Lothringen | 164 201 | 49 396 | 6 561 | 108 244 | 143 443 | 48 695 | 228 | 12 352 | 82 178 |
| **Deutsches Reich** | **2 571 952** | **532 396** | **212 340** | **1 827 817** | **8 407 287** | **5 603 128** | **13 369** | **2 492 122** | **298 708** |
| 1. Kronforsten | 82 972 | 21 911 | 2 923 | 58 138 | 157 356 | 104 010 | 282 | 52 594 | 490 |
| 2. Staatsforsten | 1 061 049 | 226 190 | 90 714 | 744 155 | 3 190 510 | 2 046 458 | 2 465 | 1 054 339 | 87 248 |
| 3. Staatsanteilsforsten | 13 014 | 5 085 | 290 | 7 639 | 16 510 | 14 729 | 9 | 1 145 | 627 |
| 4. Gemeindeforsten | 637 300 | 116 481 | 15 673 | 505 146 | 1 040 118 | 613 096 | 2 219 | 324 165 | 99 708 |
| 5. Stiftungsforsten | 38 860 | 8 103 | 2 662 | 28 035 | 134 168 | 78 307 | 230 | 51 515 | 4 116 |
| 6. Genossenschaftsforsten | 88 991 | 10 875 | 1 955 | 74 161 | 83 154 | 48 768 | 81 | 31 747 | 560 |
| und zwar: a) deutschrechtliche Waldgenossenschaften | 80 934 | 9 895 | 1 472 | 69 567 | 66 707 | 36 690 | 68 | 28 166 | 483 |
| b) neuere Waldgenossenschaften | 8 057 | 980 | 483 | 4 594 | 16 447 | 12 076 | 13 | 4 281 | 77 |
| 7. Privatforsten | 651 766 | 143 700 | 98 123 | 409 943 | 3 785 451 | 2 696 862 | 8 013 | 974 617 | 105 959 |
| und zwar: a) zu fideikommissarischen Gütern gehörige Forsten u. Fideikommißforsten | 280 211 | 53 698 | 22 942 | 203 571 | 988 338 | 658 929 | 3 451 | 316 587 | 10 371 |
| b) andere Privatforsten | 371 555 | 90 002 | 75 181 | 206 372 | 2 796 113 | 2 037 933 | 4 562 | 658 030 | 95 588 |
| **Zusammen** | **2 571 952** | **532 396** | **212 340** | **1 827 817** | **8 407 287** | **5 603 128** | **13 388** | **2 492 122** | **298 708** |

## 21. Die Altersklassen des Hochwaldes

(Vierteljahrshefte zur Statistik

| Im Jahre 1900 waren im Hochwald bestanden mit | | | | | | | | |
|---|---|---|---|---|---|---|---|---|
| | Laubholz | | | | | | | |
| …berhaupt | über 100 | 81—100 | 61—80 | 41—60 | 21—40 | bis 20 | Räumden | Blößen |
| | Jahre alt | | | | | | | |
| Hektar | | | | | | | | |
| 438 349 | 230 428 | 210 634 | 257 171 | 263 888 | 244 150 | 209 994 | 14 288 | 7 798 |
| 277 000 | 64 539 | 43 043 | 51 336 | 36 214 | 41 599 | 37 345 | 1 542 | 1 391 |
| 7 930 | 1 094 | 502 | 931 | 1 984 | 1 810 | 1 544 | 31 | 34 |
| 138 974 | 7 360 | 22 580 | 34 382 | 29 520 | 22 367 | 22 411 | 6 | 348 |
| 177 565 | 22 064 | 29 261 | 35 389 | 34 889 | 31 127 | 24 621 | 66 | 128 |
| 114 620 | 23 290 | 22 348 | 20 969 | 17 903 | 14 987 | 14 588 | 346 | 169 |
| 54 348 | 10 322 | 8 849 | 12 210 | 7 797 | 7 152 | 7 340 | 204 | 472 |
| 17 292 | 4 851 | 2 954 | 2 588 | 2 342 | 2 009 | 2 416 | 28 | 4 |
| 13 431 | 2 749 | 1 958 | 2 771 | 2 426 | 1 960 | 1 466 | 60 | 41 |
| 23 076 | 3 659 | 2 755 | 4 469 | 4 439 | 3 458 | 3 800 | 385 | 92 |
| 54 511 | 10 059 | 11 419 | 9 906 | 10 733 | 6 118 | 5 946 | 223 | 206 |
| 10 560 | 2 709 | 2 108 | 1 314 | 1 635 | 1 291 | 1 186 | 223 | 94 |
| 1 358 | 134 | 39 | 134 | 192 | 309 | 539 | (0,1) 0 | 11 |
| 6 004 | 660 | 1 338 | 752 | 1 141 | 766 | 1 092 | 4 | 31 |
| 9 104 | 3 094 | 920 | 984 | 1 261 | 1 157 | 1 623 | 45 | 20 |
| 5 001 | 1 960 | 1 291 | 649 | 1 241 | 636 | 123 | 1 | — |
| 684 | 214 | 160 | 50 | 94 | 84 | 76 | 6 | — |
| 27 033 | 3 285 | 6 055 | 6 358 | 5 459 | 2 907 | 2 636 | 207 | 26 |
| 203 | 41 | 35 | 20 | 28 | 32 | 44 | 1 | 2 |
| 248 | 60 | 14 | 23 | 34 | 50 | 59 | 4 | 4 |
| 5 216 | 650 | 1 351 | 1 221 | 717 | 555 | 334 | 40 | 142 |
| 21 974 | 3 782 | 3 680 | 4 293 | 4 100 | 3 434 | 2 440 | 130 | 55 |
| 2 077 | 382 | 339 | 475 | 292 | 280 | 318 | 1 | — |
| — | — | — | — | — | — | — | — | — |
| 286 | 167 | 11 | 44 | 7 | 32 | 25 | — | — |
| 164 201 | 18 421 | 22 047 | 29 632 | 29 240 | 35 687 | 27 201 | 635 | 929 |
| 571 962 | 416 478 | 396 691 | 478 210 | 457 635 | 424 218 | 369 167 | 18 666 | 11 997 |
| 82 972 | 21 351 | 14 594 | 12 971 | 12 099 | 10 731 | 10 509 | 378 | 339 |
| 061 049 | 226 728 | 170 472 | 191 309 | 172 741 | 150 034 | 137 271 | 8 777 | 3 717 |
| 13 014 | 3 602 | 1 412 | 2 182 | 2 743 | 2 000 | 1 075 | — | — |
| 637 300 | 82 379 | 107 147 | 137 609 | 120 848 | 101 342 | 83 693 | 2 252 | 2 029 |
| 38 800 | 4 432 | 6 166 | 7 829 | 7 617 | 6 226 | 6 203 | 255 | 72 |
| 86 991 | 9 376 | 16 814 | 18 427 | 16 354 | 14 709 | 10 569 | 501 | 238 |
| 651 766 | 68 610 | 79 086 | 107 683 | 125 232 | 139 176 | 119 787 | 6 390 | 5 002 |
| 571 962 | 416 478 | 396 691 | 478 210 | 457 635 | 424 218 | 369 167 | 18 666 | 11 997 |
| 532 395 | 97 677 | 58 942 | 72 414 | 83 548 | 100 485 | 109 089 | 7 282 | 2 958 |
| 212 340 | 1 660 | 7 530 | 30 749 | 47 691 | 60 719 | 55 428 | 4 629 | 3 725 |
| 827 217 | 317 141 | 329 210 | 375 047 | 326 396 | 263 014 | 204 650 | 6 445 | 5 314 |
| 571 962 | 416 478 | 396 691 | 478 210 | 457 635 | 424 218 | 369 167 | 18 666 | 11 997 |

| | | | | | | | |
|---|---|---|---|---|---|---|---|
| 302 679 | 8 432 | 15 306 | 42 906 | 72 810 | 75 621 | 77 068 | 2 266 |
| 836 491 | 27 364 | 36 294 | 45 686 | 58 878 | 76 844 | 88 125 | 842 |
| 263 961 | 31 704 | 30 328 | 43 909 | 54 911 | 50 957 | 49 297 | 620 |
| 99 712 | 1 978 | 7 147 | 20 975 | 24 864 | 21 697 | 22 208 | 263 |
| 144 827 | 5 538 | 9 164 | 18 739 | 30 322 | 38 092 | 37 015 | 2 117 |
| 55 796 | 1 657 | 2 808 | 8 450 | 15 046 | 14 653 | 12 892 | 356 |
| 88 392 | 7 279 | 5 343 | 6 545 | 6 535 | 5 935 | 6 147 | 182 |
| 33 532 | 72 | 457 | 2 662 | 4 592 | 8 616 | 16 192 | 572 |
| 42 896 | 997 | 2 514 | 8 259 | 10 657 | 9 694 | 8 677 | 96 |
| 59 463 | 4 811 | 6 075 | 10 458 | 12 622 | 11 146 | 11 553 | 1 410 |
| 29 544 | 443 | 2 422 | 3 793 | 7 317 | 7 362 | 7 429 | 212 |
| 43 180 | 2 100 | 5 197 | 7 615 | 9 584 | 9 021 | 7 905 | 186 |
| 40 826 | 1 708 | 2 120 | 4 330 | 10 281 | 10 162 | 11 743 | 109 |
| 14 753 | 545 | 1 293 | 2 418 | 3 157 | 3 931 | 3 283 | 41 |
| 29 548 | 1 232 | 2 514 | 3 778 | 5 933 | 7 012 | 6 502 | 288 |
| 12 348 | 2 | 57 | 589 | 2 711 | 3 839 | 4 209 | 284 |
| 8 757 | 481 | 643 | 1 044 | 1 895 | 1 747 | 2 598 | 145 |
| 27 181 | 607 | 1 595 | 3 455 | 5 685 | 6 563 | 9 478 | 166 |
| 1 441 | — | 27 | 177 | 337 | 460 | 338 | 5 |
| 6 234 | 3 | 653 | 675 | 1 138 | 1 690 | 1 420 | 294 |
| 1 064 | — | 26 | 51 | 429 | 216 | 330 | 11 |
| — | — | — | — | — | — | — | — |
| 572 | 3 | 2 | 1 | 38 | 133 | 305 | — |
| 143 443 | 23 993 | 19 027 | 20 478 | 22 694 | 28 089 | 25 311 | 1 315 |
| **407 867** | **611 444** | **720 956** | **1 120 695** | **1 664 777** | **1 987 078** | **2 019 848** | **113 030** |
| 157 356 | 11 285 | 16 695 | 26 742 | 35 846 | 32 350 | 31 958 | 601 |
| 190 510 | 420 852 | 352 790 | 467 320 | 616 166 | 621 858 | 625 348 | 25 988 |
| 16 510 | 1 364 | 2 839 | 3 388 | 3 017 | 2 878 | 2 880 | — |
| 040 118 | 61 811 | 89 638 | 152 709 | 218 388 | 245 879 | 243 585 | 10 876 |
| 134 168 | 6 196 | 11 762 | 19 003 | 27 678 | 33 698 | 32 234 | 1 042 |
| 83 154 | 942 | 2 755 | 7 289 | 17 735 | 25 069 | 28 101 | 1 487 |
| 785 451 | 108 994 | 244 477 | 444 448 | 745 947 | 1 025 340 | 1 048 740 | 73 036 |
| **407 867** | **611 444** | **720 956** | **1 120 695** | **1 664 777** | **1 987 078** | **2 019 848** | **113 030** |
| 603 128 | 390 041 | 453 510 | 720 494 | 1 143 877 | 1 327 843 | 1 353 327 | 91 393 |
| 13 309 | 149 | 647 | 2 106 | 3 435 | 3 010 | 3 749 | 101 |
| 492 122 | 161 096 | 219 521 | 349 966 | 476 358 | 607 152 | 607 051 | 19 280 |
| 298 708 | 60 158 | 47 269 | 48 329 | 41 107 | 49 073 | 46 719 | 2 256 |
| **407 867** | **611 444** | **720 956** | **1 120 695** | **1 664 777** | **1 987 078** | **2 019 848** | **113 030** |

## 3. Ernteflächen der wichtigsten Nährfrüchte für Menschen und Vieh.

(Vierteljahrshefte zur Statistik des Deutschen Reichs 1904, I.)

| Staaten und Landesteile | Roggen | Weizen | Winter-Spelz (u. Emer) | Sommer-gerste | Kartoffeln | Hafer | Wiesen-heu |
|---|---|---|---|---|---|---|---|
| | Im Jahre 1903 betrug die Erntefläche von | | | | | | |
| | Hektar | | | | | | |
| Prov. Ostpreußen | 390 815 | 93 906 | — | 113 797 | 173 396 | 353 182 | 413 695 |
| „ Westpreußen | 386 606 | 71 713 | — | 78 755 | 190 938 | 159 183 | 160 744 |
| „ Brandenburg | 627 716 | 51 091 | — | 76 454 | 309 271 | 232 493 | 396 878 |
| „ Pommern | 435 583 | 50 423 | — | 58 178 | 199 704 | 274 332 | 309 889 |
| „ Posen | 633 783 | 86 745 | — | 112 388 | 284 372 | 146 882 | 232 428 |
| „ Schlesien | 565 945 | 191 557 | — | 161 903 | 328 340 | 375 244 | 347 087 |
| „ Sachsen | 329 275 | 157 920 | 85 | 155 306 | 200 354 | 282 456 | 211 818 |
| „ Schleswig-Holstein | 144 648 | 41 125 | — | 55 049 | 31 397 | 204 207 | 208 178 |
| „ Hannover | 421 673 | 83 434 | — | 33 391 | 131 969 | 247 348 | 402 251 |
| „ Westfalen | 336 200 | 74 990 | — | 14 452 | 94 934 | 168 213 | 162 338 |
| „ Hessen-Nassau | 143 852 | 64 072 | — | 30 298 | 88 346 | 151 250 | 181 419 |
| „ Rheinland | 254 107 | 93 955 | 2 306 | 31 947 | 174 095 | 261 864 | 213 426 |
| Hohenzollern | 1 109 | 1 728 | 12 600 | 5 354 | 4 829 | 9 000 | 12 454 |
| Preußen | 4 577 418 | 1 042 542 | 14 991 | 917 104 | 2 209 870 | 2 815 351 | 3 241 093 |
| Bayern rechts des Rheins | 509 010 | 279 422 | 66 281 | 332 326 | 286 822 | 467 966 | 1 224 721 |
| Bayern l. Rh. (Rhein-Pfalz) | 54 026 | 13 164 | 1 312 | 29 206 | 58 077 | 31 070 | 53 479 |
| Bayern | 563 036 | 292 586 | 67 593 | 361 532 | 344 899 | 499 036 | 1 288 200 |
| Sachsen | 211 209 | 53 921 | — | 27 454 | 125 006 | 196 692 | 178 021 |
| Württemberg | 40 329 | 30 586 | 161 413 | 100 128 | 98 742 | 131 312 | 296 211 |
| Baden | 48 844 | 36 088 | 52 350 | 38 167 | 87 720 | 71 357 | 211 228 |
| Hessen | 70 920 | 28 406 | 2 984 | 38 617 | 65 391 | 52 773 | 94 713 |
| Mecklenburg-Schwerin | 141 200 | 38 145 | — | 24 924 | 55 786 | 125 300 | 118 384 |
| Sachsen-Weimar | 28 545 | 21 330 | 3 | 25 061 | 23 902 | 38 667 | 33 050 |
| Mecklenburg-Strelitz | 26 021 | 11 459 | — | 4 671 | 9 631 | 20 904 | 20 916 |
| Oldenburg | 60 194 | 5 024 | 1 | 5 113 | 15 879 | 35 173 | 82 230 |
| Braunschweig | 28 735 | 27 564 | — | 6 953 | 15 986 | 39 077 | 33 050 |
| Sachsen-Meiningen | 18 321 | 9 957 | 89 | 5 189 | 14 380 | 20 370 | 27 131 |
| Sachsen-Altenburg | 15 433 | 9 032 | — | 7 061 | 9 210 | 15 906 | 11 540 |
| Sachsen-Coburg-Gotha | 11 308 | 10 236 | 206 | 14 067 | 12 459 | 19 000 | 20 234 |
| Anhalt | 29 720 | 10 861 | — | 17 106 | 19 354 | 17 599 | 15 978 |
| Schwarzburg-Sondersh. | 5 134 | 6 078 | 51 | 5 541 | 4 960 | 8 461 | 3 878 |
| Schwarzburg-Rudolstadt | 6 949 | 3 707 | 37 | 3 508 | 6 168 | 5 551 | 7 423 |
| Waldeck | 10 548 | 4 423 | — | 461 | 4 174 | 12 759 | 8 961 |
| Reuß älterer Linie | 3 367 | 478 | — | 1 454 | 2 136 | 2 751 | 5 386 |
| Reuß jüngerer Linie | 7 643 | 3 296 | — | 3 138 | 5 252 | 7 184 | 14 068 |
| Schaumburg-Lippe | 5 213 | 1 943 | — | 204 | 1 718 | 2 753 | 4 642 |
| Lippe | 14 111 | 6 763 | — | 1 100 | 6 271 | 13 098 | 7 850 |
| Lübeck | 3 245 | 997 | — | 254 | 1 038 | 3 487 | 2 656 |
| Bremen | 1 581 | 88 | — | 219 | 1 340 | 1 715 | 8 387 |
| Hamburg | 3 382 | 1 053 | — | 103 | 1 368 | 4 011 | 3 181 |
| Elsaß-Lothringen | 50 698 | 149 919 | 116 | 52 442 | 90 703 | 112 821 | 187 251 |
| Deutsches Reich | 6 012 817 | 1 807 475 | 388 834 | 1 700 493 | 3 237 558 | 4 390 398 | 5 923 856 |
| 1902 | 6 134 545 | 1 912 215 | 312 657 | 1 644 035 | 3 240 577 | 4 156 290 | 5 949 535 |
| 1901 | 5 812 137 | 1 581 420 | 314 644 | 1 859 265 | 3 318 834 | 4 411 412 | 5 944 493 |
| 1900 | 5 954 971 | 2 049 160 | 317 231 | 1 670 013 | 3 218 777 | 4 144 816 | 5 912 132 |
| 1899 | 5 871 068 | 2 016 490 | 324 116 | 1 640 868 | 3 131 461 | 3 995 744 | 5 887 573 |
| 98 | 5 945 191 | 1 969 311 | 327 489 | 1 635 325 | 3 080 358 | 3 996 521 | 5 915 475 |
| 97 | 5 966 776 | 1 940 666 | 325 718 | 1 643 871 | 3 067 762 | 3 999 052 | 5 911 962 |
| 96 | 5 982 180 | 1 926 225 | 322 152 | 1 652 791 | 3 051 790 | 3 979 643 | 5 909 693 |
| 95 | 5 893 596 | 1 930 630 | 338 659 | 1 663 080 | 3 049 718 | 4 028 692 | 5 913 995 |
| 94 | 6 044 563 | 1 980 496 | 343 708 | 1 600 628 | 3 025 103 | 3 916 326 | 5 912 626 |
| 93 | 6 012 315 | 2 044 103 | 347 044 | 1 594 407 | 3 036 867 | 3 906 969 | 5 915 552 |

## 4. Ernteertrag der wichtigsten Nährfrüchte für Menschen und Vieh.

(Vierteljahrshefte zur Statistik des Deutschen Reichs 1904, I.)

### a. Gesamter Ernteertrag.

| Staaten und Landesteile | Im Jahre 1903 betrug die Gesamterntemenge von | | | | | | |
|---|---|---|---|---|---|---|---|
| | Roggen | Weizen | Winter-Spelz (u. Emer) | Sommergerste | Kartoffeln | Hafer | Wiesenheu |
| | Tonnen (zu 1000 kg) | | | | | | |
| Prov. Ostpreußen | 456 169 | 137 935 | — | 166 465 | 1 797 748 | 469 455 | 1 708 318 |
| „ Westpreußen | 496 795 | 138 748 | — | 136 420 | 1 854 352 | 329 661 | 766 768 |
| „ Brandenburg | 1 029 387 | 118 527 | — | 171 764 | 4 611 357 | 450 619 | 1 426 419 |
| „ Pommern | 866 801 | 109 132 | — | 133 950 | 2 672 135 | 485 408 | 1 281 478 |
| „ Posen | 1 027 800 | 124 483 | — | 202 666 | 3 001 851 | 253 647 | 935 141 |
| „ Schlesien | 869 887 | 350 333 | — | 324 572 | 4 235 896 | 726 660 | 1 350 412 |
| „ Sachsen | 639 225 | 431 846 | 114 | 395 843 | 3 162 107 | 544 722 | 745 996 |
| „ Schleswig-Holstein | 235 182 | 94 973 | — | 118 389 | 357 344 | 393 900 | 751 721 |
| „ Hannover | 714 938 | 195 040 | — | 47 310 | 1 855 124 | 525 270 | 1 613 271 |
| „ Westfalen | 404 204 | 135 784 | — | 21 771 | 1 322 076 | 280 707 | 747 189 |
| „ Hessen-Nassau | 263 818 | 123 882 | — | 45 135 | 1 087 583 | 286 491 | 875 758 |
| „ Rheinland | 480 079 | 195 570 | 2 816 | 62 898 | 2 155 857 | 612 634 | 881 678 |
| Hohenzollern | 1 320 | 2 761 | 17 736 | 8 384 | 47 309 | 12 886 | 64 066 |
| **Preußen** | 7 313 605 | 2 158 703 | 20 765 | 1 833 557 | 28 760 738 | 5 172 140 | 13 147 193 |
| Bayern rechts des Rheins | 832 567 | 437 043 | 108 888 | 568 424 | 3 917 182 | 732 696 | 6 552 839 |
| Bayern l. Rh. (Rhz. Pfalz) | 116 801 | 25 618 | 2 314 | 73 388 | 804 732 | 64 686 | 272 859 |
| **Bayern** | 949 368 | 462 661 | 111 202 | 641 812 | 4 721 914 | 797 292 | 6 825 698 |
| Sachsen | 458 066 | 134 592 | — | 80 803 | 2 016 624 | 448 345 | 675 323 |
| Württemberg | 59 636 | 49 881 | 212 312 | 168 441 | 1 151 977 | 232 138 | 1 475 278 |
| Baden | 85 080 | 64 116 | 97 528 | 98 575 | 1 030 009 | 111 619 | 1 118 043 |
| Hessen | 151 504 | 61 638 | 5 570 | 138 697 | 957 728 | 110 183 | 442 780 |
| Mecklenburg-Schwerin | 275 640 | 84 249 | — | 58 290 | 874 103 | 275 927 | 481 778 |
| Sachsen-Weimar | 57 009 | 43 354 | 4 | 52 699 | 341 061 | 72 616 | 157 944 |
| Mecklenburg-Strelitz | 42 724 | 21 478 | — | 9 109 | 134 064 | 41 599 | 89 521 |
| Oldenburg | 108 442 | 9 998 | 1 | 9 832 | 212 807 | 67 897 | 298 773 |
| Braunschweig | 66 018 | 74 105 | — | 16 923 | 290 300 | 101 138 | 135 812 |
| Sachsen-Meiningen | 30 110 | 16 610 | 98 | 9 268 | 211 478 | 32 770 | 134 696 |
| Sachsen-Altenburg | 31 720 | 19 825 | — | 14 293 | 137 636 | 35 283 | 53 103 |
| Sachsen-Coburg-Gotha | 19 728 | 17 617 | 235 | 24 747 | 161 168 | 30 659 | 90 186 |
| Anhalt | 58 766 | 32 317 | — | 48 470 | 334 080 | 45 401 | 50 413 |
| Schwarzburg-Sondersh. | 10 354 | 13 610 | 56 | 11 807 | 65 426 | 18 406 | 9 123 |
| Schwarzburg-Rudolstadt | 13 121 | 7 714 | 37 | 7 663 | 77 914 | 10 035 | 33 766 |
| Waldeck | 17 587 | 8 132 | — | 805 | 42 006 | 23 897 | 39 369 |
| Reuß ältere Linie | 6 734 | 879 | — | 2 068 | 27 284 | 6 300 | 19 558 |
| Reuß jüngere Linie | 15 270 | 5 002 | — | 6 287 | 75 118 | 14 077 | 45 629 |
| Schaumburg-Lippe | 11 106 | 4 283 | — | 401 | 23 538 | 6 272 | 18 771 |
| Lippe | 27 735 | 13 598 | — | 1 660 | 79 600 | 25 118 | 40 892 |
| Lübeck | 5 383 | 2 015 | — | 480 | 10 856 | 6 242 | 7 304 |
| Bremen | 3 100 | 131 | — | 305 | 12 744 | 2 863 | 33 854 |
| Hamburg | 4 479 | 1 283 | — | 124 | 11 523 | 5 953 | 11 818 |
| Elsaß-Lothringen | 82 146 | 249 273 | 174 | 105 621 | 1 136 734 | 178 327 | 918 482 |
| **Deutsches Reich** | **9 904 493** | **3 555 064** | **447 982** | **3 323 630** | **42 901 530** | **7 873 385** | **26 356 027** |
| 1902 | 9 494 150 | 3 900 396 | 483 121 | 3 100 227 | 43 462 395 | 7 467 230 | 26 017 083 |
| 1901 | 8 162 660 | 2 498 851 | 432 190 | 3 321 102 | 48 687 261 | 7 050 153 | 22 370 047 |
| 1900 | 8 550 659 | 3 841 165 | 466 347 | 3 002 182 | 40 585 317 | 7 091 930 | 23 116 276 |
| 1899 | 8 675 792 | 3 847 447 | 476 095 | 2 983 876 | 38 486 202 | 6 882 687 | 23 767 790 |
| 98 | 9 032 173 | 3 607 610 | 514 151 | 2 819 112 | 36 720 609 | 6 754 120 | 25 909 781 |
| 97 | 8 170 511 | 3 261 235 | 462 520 | 2 564 439 | 33 776 060 | 5 718 644 | 25 303 197 |
| 96 | 8 534 037 | 3 419 918 | 485 239 | 2 727 105 | 32 329 046 | 5 969 465 | 25 047 803 |
| 95 | 7 724 902 | 3 171 844 | 470 736 | 2 793 074 | 37 786 006 | 6 244 473 | 21 882 782 |
| 94 | 8 343 033 | 3 336 360 | 539 622 | 2 849 118 | 33 608 804 | 6 380 100 | 22 645 358 |
| 93 | 8 041 024 | 3 405 021 | 327 507 | 2 359 722 | 40 724 386 | 4 180 457 | 13 191 681 |

## 4 b. Ernteertrag im Verhältnis zur Fläche.

| Staaten und Landesteile | Vom Hektar wurden geerntet: dz (Doppelzentner = 100 kg) | | | | | | | | | | | | | |
|---|---|---|---|---|---|---|---|---|---|---|---|---|---|---|
| | Roggen | | Weizen | | Winter-Spelz (u. Emer) | | Sommergerste | | Kartoffeln | | Hafer | | Wiesenheu | |
| | 1899/1902 | 1903 | 1899/1902 | 1903 | 1899/1902 | 1903 | 1899/1902 | 1903 | 1899/1902 | 1903 | 1899/1902 | 1903 | 1899/1902 | 1903 |
| Prov. Ostpreußen | 13,2 | 12,2 | 15,8 | 14,7 | 15,1 | — | 15,5 | 14,6 | 112,8 | 108,7 | 15,8 | 13,3 | 33,6 | 41,2 |
| " Westpreußen | 12,1 | 12,9 | 19,7 | 19,1 | — | — | 18,3 | 18,0 | 115,7 | 97,1 | 15,0 | 14,4 | 32,6 | 47,7 |
| " Brandenburg | 13,6 | 16,4 | 20,0 | 23,2 | — | — | 19,4 | 22,5 | 129,3 | 148,1 | 16,0 | 19,4 | 33,4 | 35,9 |
| " Pommern | 14,1 | 15,3 | 21,8 | 21,6 | 20,0 | — | 18,9 | 20,6 | 128,7 | 133,8 | 16,3 | 17,7 | 32,0 | 41,4 |
| " Posen | 12,6 | 16,2 | 16,1 | 18,7 | 16,1 | — | 16,0 | 18,0 | 129,6 | 126,7 | 14,3 | 17,8 | 30,0 | 42,1 |
| " Schlesien | 13,5 | 15,1 | 16,9 | 18,8 | 16,0 | — | 18,4 | 20,0 | 131,6 | 129,1 | 16,9 | 19,4 | 32,4 | 38,8 |
| " Sachsen | 16,1 | 19,1 | 24,3 | 27,3 | 9,1 | 13,1 | 22,9 | 25,5 | 147,8 | 157,8 | 20,9 | 23,4 | 37,7 | 36,6 |
| " Schleswig-Holstein | 16,4 | 16,3 | 25,6 | 23,1 | 15,1 | — | 20,8 | 21,1 | 113,2 | 114,3 | 19,7 | 19,3 | 33,9 | 36,5 |
| " Hannover | 15,8 | 17,0 | 21,9 | 23,4 | 15,1 | — | 18,5 | 20,8 | 140,6 | 140,6 | 19,5 | 21,3 | 37,0 | 40,1 |
| " Westfalen | 16,0 | 17,1 | 18,3 | 18,1 | — | — | 14,1 | 16,1 | 138,1 | 139,3 | 16,4 | 16,7 | 40,5 | 45,7 |
| " Hessen-Nassau | 15,4 | 18,3 | 19,1 | 19,3 | 15,1 | — | 16,8 | 17,3 | 138,6 | 126,0 | 18,2 | 18,9 | 42,6 | 48,3 |
| " Rheinland | 17,7 | 19,2 | 19,8 | 20,8 | 12,3 | 12,8 | 18,2 | 19,7 | 134,5 | 123,8 | 18,4 | 19,8 | 37,6 | 41,3 |
| Hohenzollern | 12,3 | 11,9 | 18,5 | 15,9 | 14,6 | 14,1 | 14,5 | 16,7 | 96,6 | 97,6 | 13,8 | 14,3 | 41,0 | 51,4 |
| Preußen | 14,2 | 16,0 | 19,6 | 20,7 | 14,3 | 13,9 | 18,9 | 20,0 | 132,3 | 130,8 | 17,1 | 18,4 | 34,9 | 40,6 |
| Bayern rechts des Rheins | 14,6 | 16,4 | 15,1 | 15,6 | 17,1 | 16,4 | 16,1 | 17,1 | 130,2 | 138,6 | 15,3 | 15,7 | 49,7 | 53,1 |
| Bayern l. Rh. (Rhein-Pfalz) | 19,6 | 21,6 | 17,3 | 19,5 | 17,5 | 17,8 | 23,5 | 25,1 | 136,8 | 188,6 | 18,5 | 20,8 | 48,0 | 51,0 |
| Bayern | 15,0 | 16,9 | 15,2 | 15,8 | 17,1 | 16,5 | 16,7 | 17,8 | 131,4 | 138,9 | 15,5 | 16,0 | 49,7 | 53,0 |
| Sachsen | 17,8 | 21,7 | 22,0 | 25,0 | — | — | 20,5 | 22,1 | 143,6 | 161,8 | 20,6 | 22,9 | 39,6 | 37,9 |
| Württemberg | 13,0 | 14,9 | 14,7 | 16,3 | 12,6 | 13,2 | 15,3 | 16,8 | 119,9 | 116,7 | 14,2 | 15,3 | 47,0 | 49,8 |
| Baden | 15,5 | 17,5 | 15,8 | 16,8 | 17,8 | 18,6 | 16,3 | 17,8 | 127,8 | 117,4 | 15,6 | 15,4 | 51,3 | 52,8 |
| Hessen | 19,6 | 21,4 | 20,9 | 21,7 | 18,3 | 18,7 | 23,3 | 23,7 | 143,9 | 144,3 | 21,2 | 20,9 | 47,0 | 46,7 |
| Mecklenburg-Schwerin | 16,7 | 17,1 | 23,4 | 22,4 | — | — | 21,6 | 23,4 | 140,6 | 156,7 | 18,8 | 22,0 | 39,1 | 40,8 |
| Sachsen-Weimar | 15,8 | 20,0 | 19,8 | 20,3 | 11,0 | 14,0 | 17,8 | 20,3 | 130,5 | 142,8 | 18,3 | 19,8 | 47,8 | 50,9 |
| Mecklenburg-Strelitz | 15,8 | 16,4 | 20,3 | 18,7 | — | — | 17,9 | 19,6 | 142,9 | 139,2 | 17,4 | 19,9 | 40,4 | 42,8 |
| Oldenburg | 14,7 | 15,8 | 24,4 | 19,9 | 13,1 | 14,0 | 18,5 | 19,1 | 140,1 | 134,0 | 18,8 | 19,3 | 34,4 | 38,3 |
| Braunschweig | 19,3 | 23,0 | 23,6 | 26,0 | — | — | 21,5 | 24,3 | 148,5 | 152,9 | 23,5 | 23,0 | 40,3 | 41,1 |
| Sachsen-Meiningen | 14,6 | 16,4 | 16,6 | 16,7 | 10,4 | 11,0 | 17,6 | 17,9 | 137,8 | 147,1 | 16,5 | 16,1 | 50,3 | 48,6 |
| Sachsen-Altenburg | 17,3 | 20,8 | 20,7 | 21,9 | 10,0 | — | 17,7 | 20,3 | 133,1 | 149,4 | 19,8 | 22,3 | 45,8 | 48,0 |
| Sachsen-Coburg-Gotha | 14,6 | 17,1 | 17,0 | 17,2 | 12,0 | 11,4 | 17,5 | 17,2 | 129,7 | 129,6 | 16,1 | 16,1 | 45,0 | 44,6 |
| Anhalt | 17,9 | 19,8 | 27,0 | 20,8 | — | — | 24,7 | 28,3 | 155,3 | 172,3 | 22,0 | 25,8 | 39,0 | 31,6 |
| Schwarzburg-Sondersh. | 15,9 | 20,2 | 20,0 | 22,4 | 11,7 | 11,1 | 19,4 | 21,6 | 126,6 | 131,4 | 19,7 | 21,7 | 35,3 | 23,8 |
| Schwarzburg-Rudolstadt | 16,3 | 18,9 | 22,3 | 20,8 | 15,7 | 10,0 | 20,8 | 21,5 | 120,8 | 126,3 | 18,2 | 18,1 | 47,9 | 45,8 |
| Waldeck | 15,0 | 16,7 | 20,0 | 18,4 | — | — | 17,2 | 17,5 | 118,0 | 100,8 | 17,0 | 18,7 | 36,8 | 44,2 |
| Reuß älterer Linie | 17,4 | 20,0 | 19,3 | 18,1 | — | — | 18,2 | 20,4 | 116,8 | 128,0 | 19,1 | 22,0 | 37,9 | 38,3 |
| Reuß jüngerer Linie | 16,4 | 20,0 | 20,1 | 21,8 | — | — | 17,4 | 20,0 | 129,[illegible] | 143,0 | 18,2 | 20,8 | 34,1 | 32,6 |
| Schaumburg-Lippe | 20,9 | 21,3 | 23,9 | 22,0 | 14,7 | — | 19,3 | 19,7 | 144,8 | 137,0 | 21,1 | 22,8 | 39,1 | 40,4 |
| Lippe | 18,1 | 19,7 | 20,3 | 20,1 | — | — | 15,8 | 15,1 | 137,7 | 125,0 | 18,7 | 19,2 | 46,1 | 52,1 |
| Lübeck | 15,7 | 16,5 | 24,1 | 20,2 | — | — | 18,0 | 18,8 | 103,4 | 102,0 | 16,8 | 17,8 | 28,2 | 27,5 |
| Bremen | 14,8 | 16,5 | 15,9 | 14,9 | — | — | 14,3 | 13,9 | 98,7 | 95,1 | 14,7 | 16,7 | 33,9 | 40,2 |
| Hamburg | 13,1 | 13,8 | 11,7 | 12,8 | — | — | 11,0 | 12,1 | 99,5 | 84,4 | 12,4 | 14,8 | 38,8 | 37,2 |
| Elsaß-Lothringen | 14,8 | 16,2 | 15,4 | 16,6 | 16,1 | 15,0 | 17,8 | 20,1 | 129,8 | 125,8 | 14,0 | 15,9 | 42,0 | 49,1 |
| Deutsches Reich | 14,5 | 16,5 | 18,6 | 19,7 | 14,7 | 14,9 | 18,3 | 19,5 | 132,6 | 132,5 | 17,1 | 18,4 | 40,2 | 44,5 |
| 1902 | . | 15,2 | . | 20,1 | . | 15,3 | . | 18,0 | . | 134,1 | . | 18,0 | . | 43,7 |
| 1901 | . | 14,0 | . | 15,8 | . | 13,6 | . | 17,8 | . | 146,7 | . | 16,0 | . | 37,5 |
| 1900 | . | 14,4 | . | 18,6 | . | 14,2 | . | 18,0 | . | 156,1 | . | 17,1 | . | 39,1 |
| 1899 | . | 14,1 | . | 19,1 | . | 14,5 | . | 18,1 | . | 133,9 | . | 17,1 | . | 40,8 |
| 98 | . | 15,1 | . | 18,8 | . | 15,7 | . | 17,3 | . | 119,1 | . | 16,9 | . | 43,8 |
| 97 | . | 13,5 | . | 17,0 | . | 14,1 | . | 15,6 | . | 110,1 | . | 14,1 | . | 42,8 |
| 96 | . | 14,3 | . | 17,3 | . | 13,6 | . | 16,5 | . | 105,9 | . | 15,0 | . | 39,0 |
| 95 | . | 13,1 | . | 16,4 | . | 13,9 | . | 16,4 | . | 123,9 | . | 15,4 | . | 37,0 |
| 94 | . | 13,4 | . | 16,9 | . | 15,2 | . | 17,1 | . | 111,1 | . | 16,1 | . | 38,1 |
| 93 | . | 14,5 | . | 16,7 | . | 15,1 | . | 14,5 | . | 134,1 | . | 10,7 | . | 22,1 |

## 5. Obstbau.

(Vierteljahrshefte zur Statistik des Deutschen Reichs 1902, II.)

| Staaten und Landesteile | Im Jahre 1900: wurden gezählt 1000 Stück: Äpfel- bäume | Birn- bäume | Pflaumen- (Zwetschgen-) bäume | Kirsch- bäume | Zusammen | entfielen auf 1 qkm der Gesamtfläche Stück: Äpfel- bäume | Birn- bäume | Pflaumen- bäume | Kirsch- bäume | Obstbäume überhaupt |
|---|---|---|---|---|---|---|---|---|---|---|
| Prov. Ostpreußen | 882 | 564 | 705 | 1 498 | 3 647 | 24 | 15 | 19 | 41 | 99 |
| „ Westpreußen | 614 | 399 | 1 359 | 892 | 3 264 | 24 | 16 | 52 | 35 | 128 |
| Stadt Berlin | 4 | 6 | 4 | 2 | 16 | 67 | 91 | 66 | 36 | 260 |
| Prov. Brandenburg | 2 014 | 1 262 | 5 443 | 2 094 | 10 813 | 50 | 32 | 137 | 52 | 271 |
| „ Pommern | 813 | 434 | 1 516 | 880 | 3 643 | 27 | 15 | 50 | 29 | 121 |
| „ Posen | 937 | 733 | 2 011 | 1 120 | 4 800 | 32 | 25 | 70 | 39 | 166 |
| „ Schlesien | 2 773 | 1 807 | 5 317 | 1 984 | 11 881 | 69 | 45 | 132 | 49 | 295 |
| „ Sachsen | 2 788 | 1 507 | 8 011 | 2 477 | 14 783 | 110 | 60 | 317 | 98 | 585 |
| „ Schleswig-Holstein | 1 065 | 413 | 625 | 310 | 2 413 | 56 | 22 | 33 | 16 | 127 |
| „ Hannover | 3 798 | 1 101 | 3 903 | 767 | 9 569 | 99 | 28 | 101 | 20 | 248 |
| „ Westfalen | 2 766 | 816 | 2 030 | 370 | 5 982 | 137 | 40 | 101 | 18 | 296 |
| „ Hessen-Nassau | 2 712 | 812 | 2 758 | 470 | 6 752 | 173 | 52 | 176 | 30 | 430 |
| „ Rheinland | 5 558 | 2 319 | 3 648 | 951 | 12 476 | 206 | 86 | 135 | 35 | 463 |
| Hohenzollern | 173 | 75 | 87 | 13 | 348 | 152 | 66 | 76 | 12 | 305 |
| Preußen | 26 897 | 12 247 | 37 420 | 13 823 | 90 387 | 77 | 35 | 107 | 40 | 259 |
| Bayern rechts des Rheins | 5 928 | 2 911 | 9 248 | 1 519 | 19 606 | 85 | 42 | 132 | 22 | 281 |
| Bayern l. Rh. (Rhj. Pfalz) | 647 | 538 | 1 494 | 281 | 2 960 | 109 | 91 | 252 | 47 | 499 |
| Bayern | 6 575 | 3 449 | 10 742 | 1 800 | 22 566 | 87 | 45 | 141 | 24 | 297 |
| Sachsen | 2 541 | 1 604 | 3 674 | 1 439 | 9 258 | 169 | 107 | 245 | 96 | 617 |
| Württemberg | 5 908 | 2 328 | 2 186 | 464 | 10 886 | 303 | 119 | 112 | 24 | 558 |
| Baden | 2 878 | 1 776 | 2 696 | 996 | 8 346 | 191 | 117 | 179 | 66 | 553 |
| Hessen | 1 614 | 515 | 1 819 | 186 | 4 134 | 210 | 67 | 237 | 24 | 538 |
| Mecklenburg-Schwerin | 427 | 208 | 648 | 315 | 1 598 | 33 | 16 | 49 | 24 | 122 |
| Sachsen-Weimar | 522 | 227 | 1 732 | 246 | 2 727 | 144 | 63 | 479 | 68 | 754 |
| Mecklenburg-Strelitz | 76 | 39 | 136 | 44 | 295 | 26 | 13 | 47 | 15 | 101 |
| Oldenburg | 574 | 178 | [1] 306 | 83 | [1] 1 141 | 89 | 28 | [1] 48 | 13 | [1] 178 |
| Braunschweig | 509 | 161 | 565 | 123 | 1 358 | 139 | 44 | 154 | 33 | 370 |
| Sachsen-Meiningen | 241 | 96 | 388 | 106 | 831 | 98 | 40 | 157 | 42 | 337 |
| Sachsen-Altenburg | 266 | 157 | 703 | 217 | 1 343 | 201 | 118 | 531 | 164 | 1 014 |
| Sachsen-Coburg-Gotha | 264 | 108 | 445 | 148 | 965 | 133 | 55 | 225 | 75 | 488 |
| Anhalt | 290 | 182 | 796 | 315 | 1 583 | 126 | 79 | 346 | 137 | 688 |
| Schwarzburg-Sondersh. | 119 | 49 | 369 | 81 | 618 | 138 | 57 | 428 | 94 | 717 |
| Schwarzburg-Rudolstadt | 119 | 55 | 254 | 75 | 503 | 127 | 58 | 270 | 81 | 536 |
| Waldeck | 117 | 23 | 133 | 8 | 281 | 105 | 20 | 119 | 7 | 251 |
| Reuß älterer Linie | 37 | 27 | 93 | 9 | 166 | 116 | 84 | 293 | 29 | 522 |
| Reuß jüngerer Linie | 90 | 53 | 202 | 61 | 406 | 109 | 64 | 245 | 74 | 492 |
| Schaumburg-Lippe | 98 | 25 | 169 | 8 | 300 | 287 | 73 | 497 | 24 | 882 |
| Lippe | 238 | 62 | 308 | 31 | 639 | 196 | 51 | 253 | 26 | 526 |
| Lübeck | 30 | 20 | 26 | 23 | 99 | 101 | 66 | 88 | 78 | 331 |
| Bremen | 79 | 47 | 25 | 14 | 165 | 307 | 182 | 100 | 57 | 646 |
| Hamburg | 109 | 85 | 116 | 40 | 350 | 262 | 204 | 279 | 97 | 842 |
| Elsaß-Lothringen | 1 714 | 1 302 | 3 485 | 986 | 7 487 | 118 | 90 | 240 | 68 | 516 |
| Deutsches Reich | 52 332 | 25 114 | [1] 69 434 | 21 548 | [1] 168 432 | 97 | 46 | 128 | 40 | 311 |

[1]) Abgeändert infolge nachträglicher Berichtigung.

## 6. Tabakbau.

Nach den steueramtlichen Angaben.

(Vierteljahrshefte zur Statistik des Deutschen Reichs 1903, III. und IV.)
Vgl. auch im Abschnitt X. Tabakverbrauch und im Abschnitt XV. Einnahmen vom Tabak.

| Deutsches Zollgebiet Erntejahre | Zahl der Tabakpflanzer | Davon hatten bepflanzt eine Gesamtfläche bis zu 1 Ar | über 1 bis 10 Ar | über 10 Ar bis 1 Hektar | über 1 Hektar | Flächeninhalt der mit Tabak bepflanzten Grundstücke überhaupt Hektar | auf 1 Pflanzer Ar | Ertrag an geschuldeten Tabaksteuern vom ha ℳ | überhaupt ℳ |
|---|---|---|---|---|---|---|---|---|---|
| 1883 | 202 862 | 100 954 | 33 337 | 66 504 | 2 067 | 22 068 | 10,88 | 17,7 | 390 160 |
| 84 | 187 582 | 97 863 | 31 112 | 56 730 | 1 877 | 21 091 | 11,24 | 22,4 | 471 930 |
| 85 | 175 192 | 92 892 | 28 875 | 51 425 | 2 000 | 19 529 | 11,15 | 19,7 | 385 480 |
| 86 | 176 715 | 91 741 | 29 898 | 53 114 | 1 962 | 19 843 | 11,23 | 19,4 | 385 850 |
| 87 | 180 074 | 87 828 | 31 711 | 58 488 | 2 047 | 21 466 | 11,92 | 19,0 | 408 660 |
| 1888 | 168 366 | 89 344 | 28 747 | 48 533 | 1 742 | 18 032 | 10,71 | 14,6 | 263 580 |
| 89 | 163 351 | 84 548 | 28 828 | 48 431 | 1 544 | 17 397 | 10,65 | 22,4 | 390 120 |
| 90 | 180 200 | 90 141 | 32 277 | 56 037 | 1 745 | 20 114 | 11,16 | 21,1 | 423 720 |
| 91 | 162 738 | 78 495 | 30 113 | 52 473 | 1 657 | 18 533 | 11,39 | 18,8 | 347 740 |
| 92 | 145 147 | 77 941 | 24 801 | 41 033 | 1 372 | 14 730 | 10,15 | 20,6 | 303 500 |
| 1893 | 141 728 | 74 629 | 24 053 | 41 590 | 1 456 | 15 198 | 10,72 | 21,1 | 320 820 |
| 94 | 152 201 | 75 552 | 20 892 | 48 124 | 1 683 | 17 575 | 11,55 | 21,8 | 383 170 |
| 95 | 157 028 | 65 583 | 31 477 | 57 983 | 1 985 | 21 154 | 13,47 | 23,0 | 485 460 |
| 96 | 158 011 | 66 272 | 31 062 | 58 412 | 2 265 | 22 076 | 13,97 | 21,0 | 462 680 |
| 97 | 155 522 | 63 828 | 30 253 | 59 406 | 2 035 | 21 567 | 13,87 | 21,0 | 453 410 |
| 1898 | 139 171 | 61 040 | 27 132 | 49 420 | 1 579 | 17 652 | 12,68 | 18,5 | 325 590 |
| 99 | 116 319 | 53 381 | 21 023 | 40 534 | 1 381 | 14 615 | 12,56 | 20,6 | 300 750 |
| 1900 | 114 654 | 50 253 | 21 762 | 41 229 | 1 410 | 14 751 | 12,87 | 23,6 | 347 801 |
| 01 | 120 490 | 47 401 | 24 264 | 47 288 | 1 557 | 16 963 | 14,08 | 23,6 | 400 127 |
| 02 | 117 925 | 43 316 | 25 284 | 47 691 | 1 634 | 17 325 | 14,69 | 21,8 | 376 875 |

## 7. Weinbau.

(Vierteljahrshefte zur Statistik des Deutschen Reichs 1904, I.)

| Im Deutschen Reich in den Jahren | Wein: im Ertrag stehende Erntefläche ha | Ernteertrag vom ha hl Weinmost | insgesamt hl Weinmost | Wert des Mostes Millionen ℳ | Im Deutschen Reich in den Jahren | Wein: im Ertrag stehende Erntefläche ha | Ernteertrag vom ha hl Weinmost | insgesamt hl Weinmost | Wert des Mostes Millionen ℳ |
|---|---|---|---|---|---|---|---|---|---|
| 1890 | 120 300 | 24,7 | 2 974 583 | . | 1896 | 116 405 | 43,4 | 5 050 874 | 109,6 |
| 91 | 119 294 | 6,3 | 748 462 | . | 97 | 117 042 | 23,7 | 2 775 643 | 84,6 |
| 92 | 118 292 | 14,1 | 1 673 626 | . | 98[1] | 117 279 | 12,0 | 1 400 818 | 51,8 |
| 93 | 115 768 | 33,0 | 3 820 352 | 132,1 | 1902 | 119 922 | 20,6 | 2 475 699 | 80,9 |
| 94 | 116 548 | 24,2 | 2 824 422 | 67,1 | 03 | 119 649 | 31,6 | 3 785 697 | 104,4 |
| 95 | 116 137 | 17,3 | 2 011 637 | 91,5 | | | | | |
| **Im Erntejahr 1903 in den Staaten (und hauptsächlichsten der weinbautreibenden Landesteile).** | | | | | | | | | |
| Preußen | 18 310 | 33,3 | 597 974 | 21,8 | Konstanz | 1 650 | 44,6 | 73 546 | 1,6 |
| Wiesbaden | 3 139 | 23,6 | 74 115 | 3,2 | Freiburg | 9 306 | 41,0 | 381 940 | 11,5 |
| Koblenz | 8 360 | 36,4 | 304 016 | 9,3 | Karlsruhe | 2 827 | 40,1 | 113 478 | 4,0 |
| Trier | 4 006 | 51,3 | 205 521 | 8,9 | Mannheim | 3 850 | 17,2 | 66 294 | 2,1 |
| Bayern | 22 128 | 34,1 | 753 377 | 18,0 | Hessen | 13 403 | 38,7 | 518 483 | 12,1 |
| Pfalz | 15 267 | 38,7 | 591 072 | 13,3 | Starkenburg | 679 | 33,8 | 22 970 | 0,6 |
| Unterfranken | 6 196 | 23,2 | 143 587 | 4,1 | Rheinhessen | 12 713 | 39,0 | 495 393 | 11,0 |
| Württemberg | 16 805 | 26,0 | 437 205 | 14,0 | Elsaß-Lothringen | 30 897 | 26,8 | 828 513 | 18,9 |
| Neckarkreis | 11 897 | 29,1 | 346 371 | 11,2 | Unter-Elsaß | 14 304 | 26,7 | 381 905 | 7,8 |
| Schwarzwaldkreis | 996 | 15,5 | 15 455 | 0,4 | Ober-Elsaß | 10 765 | 21,0 | 226 265 | 6,6 |
| Jagstkreis | 3 653 | 15,9 | 58 045 | 2,1 | Lothringen | 5 828 | 37,8 | 220 343 | 5,0 |
| Baden | 17 633 | 36,6 | 645 258 | 19,2 | Übrige Staaten | 467 | 31,9 | 14 897 | 0,4 |

[1]) In den Jahren 1899 bis 1901 ist die Weinmosternte nicht erhoben worden.

# 8. Hopfenbau.

(Vierteljahrshefte zur Statistik des Deutschen Reichs 1903, IV.)

| Im Deutschen Reich in den Jahren | Hopfen: Ernte-fläche ha | Hopfen: Ernteertrag vom ha dz | Hopfen: Ernteertrag insgesamt dz | Im Deutschen Reich in den Jahren | Hopfen: Ernte-fläche ha | Hopfen: Ernteertrag vom ha dz | Hopfen: Ernteertrag insgesamt dz |
|---|---|---|---|---|---|---|---|
| 1893 | 42 065 | 2,5 | 106 400 | 1899¹) | 38 143 | 6,0 | 227 380 |
| 94 | 42 208 | 7,8 | 331 090 | 1900¹) | 37 191 | 5,9 | 217 824 |
| 95 | 42 074 | 7,2 | 301 810 | 01²) | 37 506 | 3,3 | 125 188 |
| 96 | 40 700 | 6,2 | 253 250 | 02²) | 36 731 | 6,2 | 227 636 |
| 97 | 39 525 | 6,0 | 238 610 | 03²) | 36 667 | 5,8 | 211 201 |
| 98 | 38 740 | 5,6 | 218 670 | | | | |

| Erntejahr 1902. Staaten und Landesteile | Ernte-fläche ha | Veranschlagter Ernteertrag ²) vom ha dz | Veranschlagter Ernteertrag ²) insgesamt dz | Von dem veranschlagten Ernteertrag entfallen auf die 1903 angelegten Flächen | 1902 angelegten Flächen | vor 1902 angelegten Flächen mit der Qualitätsstufe: sehr gut | gut | mittel | unter mittel | gering |
|---|---|---|---|---|---|---|---|---|---|---|
| | | | | dz | | | | | | |
| Reg.-Bez. Königsberg | 131 | 4,3 | 563 | 12 | 57 | — | 88 | 319 | 69 | — |
| „ Posen | 1 272 | 3,3 | 4 226 | 110 | 594 | — | 775 | 2 161 | 201 | 385 |
| „ Magdeburg | 402 | 6,3 | 2 527 | 1 | 26 | — | 541 | 1 371 | 282 | 306 |
| „ Wiesbaden | 116 | 7,4 | 862 | — | 6 | — | 661 | 78 | 63 | 54 |
| „ Sigmaringen | 84 | 6,4 | 536 | 0 | 2 | — | — | 534 | — | — |
| Übrige preuß. Landesteile | 124 | 3,7 | 457 | 2 | 13 | — | 276 | 88 | 18 | 60 |
| Preußen | 2 129 | 4,3 | 9 171 | 125 | 698 | — | 2 359 | 4 567 | 728 | 694 |
| Reg.-Bez. Oberbayern | 3 895 | 5,8 | 22 496 | 48 | 554 | 7 575 | 8 760 | 4 384 | 781 | 404 |
| „ Niederbayern | 5 116 | 5,8 | 29 751 | 63 | 648 | 8 544 | 12 645 | 6 861 | 754 | 347 |
| „ Pfalz | 135 | 7,3 | 987 | 4 | 7 | 304 | 510 | 162 | — | — |
| „ Oberpfalz | 1 220 | 3,5 | 4 285 | 15 | 84 | 406 | 1 512 | 1 884 | 115 | 288 |
| „ Oberfranken | 2 182 | 4,4 | 9 540 | 44 | 141 | 169 | 3 671 | 4 431 | 699 | 404 |
| „ Mittelfranken | 10 656 | 4,1 | 43 738 | 88 | 1 593 | 10 477 | 19 672 | 9 803 | 1440 | 463 |
| „ Unterfranken | 232 | 1,9 | 438 | 2 | 49 | — | 62 | 57 | 20 | 228 |
| „ Schwaben | 100 | 2,0 | 199 | — | — | — | — | 199 | — | 0 |
| Bayern | 23 566 | 4,7 | 111 441 | 254 | 3 054 | 27 467 | 47 043 | 27 781 | 3 809 | 2 033 |
| Neckarkreis | 1 170 | 6,8 | 7 977 | 20 | 166 | — | 6 137 | 1 655 | — | — |
| Schwarzwaldkreis | 2 723 | 7,4 | 20 033 | 35 | 227 | — | 16 918 | 2 853 | — | — |
| Jagstkreis | 128 | 2,3 | 293 | — | — | — | 163 | 130 | — | — |
| Donaukreis | 1 091 | 6,2 | 6 788 | 14 | 178 | — | 5 944 | 652 | — | — |
| Württemberg | 5 112 | 6,9 | 35 091 | 69 | 580 | — | 29 102 | 5 300 | — | — |
| Ld.-Kom.-Bz. Konstanz | 197 | 4,9 | 970 | 4 | 29 | — | — | 937 | — | — |
| „ Freiburg | 46 | 7,8 | 360 | — | 11 | — | 339 | — | — | — |
| „ Karlsruhe | 806 | 9,7 | 7 833 | 72 | 121 | 254 | 7 333 | — | — | 43 |
| „ Mannheim | 747 | 8,4 | 6 291 | 18 | 94 | 607 | 3 355 | 856 | 1 361 | — |
| Baden | 1 796 | 8,6 | 15 434 | 94 | 255 | 881 | 11 027 | 1 793 | 1 381 | 43 |
| Bezirk Unter-Elsaß | 3 701 | 9,8 | 36 286 | 190 | 801 | 4 626 | 26 634 | 4 688 | 283 | 64 |
| „ Ober-Elsaß | 128 | 12,0 | 1 540 | 0 | 5 | — | 1 232 | 303 | — | — |
| „ Lothringen | 195 | 10,3 | 2 006 | 6 | 62 | — | 1 938 | — | — | — |
| Elsaß-Lothringen | 4 024 | 9,9 | 39 832 | 196 | 868 | 4 626 | 28 604 | 4 991 | 283 | 64 |
| Übrige deutsche Bundesstaaten | 40 | 5,8 | 232 | 1 | 6 | 36 | 130 | 49 | 7 | 3 |
| Deutsches Reich | 36 667 | 5,8 | 211 201 | 730 | 5 441 | 32 990 | 118 525 | 44 481 | 6 188 | 2 637 |
| 1902 | 36 731 | 6,2 | 227 636 | 678 | 9 039 | 60 152 | 113 408 | 40 131 | 2 995 | 1 233 |
| 1901 | 37 506 | 3,3 | 125 188 | 927 | 4 472 | 10 206 | 49 887 | 37 847 | 8 274 | 14 175 |

¹) u. ²) Ernteertrag, veranschlagt zu Anfang ¹) der vierten Augustwoche, ²) der vierten Septemberwoche.

# IV. Viehstand.

## 1. Viehstand nach Stückzahl und Verkaufswert.

(Vierteljahrshefte zur Statistik des Deutschen Reichs 1903, I. — Ergänzungsheft.)

| Staaten und Landesteile | Die Viehzählung am 1. Dezember 1900 ergab: Stückzahl: 1000 Stück | | | | | Verkaufswert: Millionen Mark | | | | | |
|---|---|---|---|---|---|---|---|---|---|---|---|
| | Pferde | Rindvieh | Schafe | Schweine | Ziegen | Pferde | Rindvieh | Schafe | Schweine | Ziegen | überhaupt¹) |
| Prov. Ostpreußen | 459,2 | 1 062,2 | 621,6 | 841,8 | 32,9 | 161,9 | 180,1 | 11,8 | 42,8 | 0,5 | 406,6 |
| „ Westpreußen | 244,0 | 638,5 | 620,0 | 627,0 | 87,6 | 95,5 | 122,8 | 12,8 | 29,7 | 1,8 | 261,4 |
| „ Brandenburg | 341,1 | 843,5 | 842,1 | 1 045,8 | 239,3 | 236,8 | 198,1 | 16,8 | 57,0 | 3,8 | 562,3 |
| „ Pommern | 214,2 | 884,4 | 1 295,9 | 936,6 | 63,8 | 115,7 | 180,8 | 25,5 | 50,5 | 1,3 | 343,8 |
| „ Posen | 263,8 | 869,6 | 612,8 | 771,8 | 110,2 | 95,3 | 173,0 | 17,1 | 37,2 | 1,5 | 319,2 |
| „ Schlesien | 321,0 | 1 530,5 | 399,3 | 952,6 | 219,7 | 148,7 | 311,6 | 8,1 | 48,6 | 3,8 | 520,2 |
| „ Sachsen | 213,1 | 778,2 | 836,7 | 1 281,0 | 297,2 | 167,4 | 203,9 | 18,5 | 71,0 | 4,7 | 466,5 |
| „ Schleswig-Holstein | 164,8 | 899,2 | 238,2 | 611,7 | 46,4 | 123,5 | 201,7 | 7,6 | 33,4 | 1,1 | 367,8 |
| „ Hannover | 263,9 | 1 115,0 | 824,0 | 1 556,9 | 233,0 | 139,5 | 253,3 | 14,7 | 84,2 | 4,0 | 495,8 |
| „ Westfalen | 146,3 | 661,5 | 224,5 | 884,9 | 216,0 | 99,4 | 143,1 | 4,4 | 54,3 | 3,9 | 305,0 |
| „ Hessen-Nassau | 85,8 | 587,8 | 305,0 | 558,2 | 172,0 | 64,0 | 127,6 | 5,7 | 29,6 | 2,8 | 230,0 |
| „ Rheinland | 191,9 | 1 158,4 | 174,1 | 893,5 | 363,9 | 145,4 | 254,2 | 3,4 | 48,7 | 5,4 | 457,2 |
| Hohenzollern | 6,4 | 47,9 | 7,2 | 27,6 | 3,2 | 2,1 | 10,6 | 0,2 | 1,5 | 0,0 | 14,4 |
| Preußen | 2 923,8 | 10 877,0 | 7 001,5 | 10 986,8 | 2 031,6 | 1 585,2 | 2 340,4 | 140,8 | 586,8 | 33,6 | 4 698,8 |
| Bayern rechts des Rheins | 346,6 | 3 223,5 | 743,8 | 1 599,5 | 218,4 | 197,6 | 691,8 | 13,7 | 86,8 | 3,0 | 993,4 |
| Bayern l. Rh. (Rhg. Pfalz) | 40,1 | 245,7 | 16,8 | 157,7 | 56,2 | 27,1 | 66,4 | 0,4 | 10,5 | 1,0 | 104,2 |
| Bayern | 386,7 | 3 469,2 | 760,4 | 1 757,2 | 274,6 | 224,7 | 757,2 | 14,1 | 96,9 | 4,0 | 1 097,6 |
| Sachsen | 166,7 | 688,0 | 74,2 | 576,9 | 139,3 | 129,4 | 171,3 | 2,0 | 37,4 | 2,8 | 343,1 |
| Württemberg | 112,1 | 1 021,5 | 316,3 | 514,1 | 52,4 | 66,4 | 213,8 | 6,3 | 24,6 | 1,1 | 308,6 |
| Baden | 75,6 | 631,3 | 68,5 | 407,8 | 109,7 | 53,1 | 167,8 | 1,6 | 31,4 | 2,2 | 255,8 |
| Hessen | 39,3 | 330,7 | 81,6 | 313,1 | 127,8 | 32,6 | 81,8 | 1,7 | 15,8 | 2,2 | 184,8 |
| Mecklenburg-Schwerin | 101,5 | 328,7 | 529,7 | 454,6 | 27,7 | 56,5 | 64,9 | 10,9 | 23,2 | 0,3 | 154,8 |
| Sachsen-Weimar | 21,3 | 133,3 | 88,2 | 157,3 | 52,8 | 12,2 | 36,8 | 1,8 | 13,8 | 0,9 | 64,6 |
| Mecklenburg-Strelitz | 19,1 | 51,8 | 128,5 | 71,7 | 8,8 | 10,2 | 10,1 | 2,8 | 4,0 | 0,1 | 27,0 |
| Oldenburg | 41,9 | 234,8 | 112,2 | 210,5 | 37,3 | 26,0 | 61,3 | 2,1 | 12,0 | 0,5 | 102,1 |
| Braunschweig | 33,4 | 123,8 | 137,5 | 181,4 | 54,1 | 23,4 | 31,6 | 2,8 | 8,8 | 0,6 | 70,4 |
| Sachsen-Meiningen | 7,5 | 74,2 | 31,2 | 80,4 | 39,6 | 5,3 | 16,8 | 0,7 | 4,5 | 0,7 | 27,5 |
| Sachsen-Altenburg | 12,3 | 69,2 | 9,8 | 66,9 | 15,5 | 8,8 | 17,2 | 0,2 | 4,1 | 0,8 | 30,6 |
| Sachsen-Coburg-Gotha | 10,3 | 68,4 | 47,3 | 96,1 | 40,4 | 5,4 | 18,9 | 1,0 | 6,2 | 0,7 | 30,7 |
| Anhalt | 19,5 | 67,7 | 86,2 | 103,8 | 30,9 | 13,7 | 20,1 | 2,2 | 6,7 | 0,5 | 43,3 |
| Schwarzburg-Sondersh. | 3,0 | 25,0 | 37,2 | 40,9 | 15,5 | 3,1 | 5,8 | 0,6 | 2,1 | 0,2 | 11,6 |
| Schwarzburg-Rudolst. | 3,5 | 22,3 | 23,4 | 31,6 | 18,0 | 2,6 | 4,6 | 0,5 | 1,7 | 0,3 | 9,4 |
| Waldeck | 6,7 | 31,0 | 39,0 | 40,3 | 9,1 | 3,9 | 6,4 | 0,9 | 1,8 | 0,1 | 13,6 |
| Reuß älterer Linie | 2,0 | 14,3 | 2,3 | 16,1 | 3,0 | 1,8 | 3,3 | 0,0 | 0,8 | 0,1 | 5,8 |
| Reuß jüngerer Linie | 4,6 | 34,8 | 8,0 | 27,1 | 10,9 | 3,1 | 7,9 | 0,1 | 1,4 | 0,2 | 12,5 |
| Schaumburg-Lippe | 3,1 | 12,5 | 1,6 | 32,9 | 5,7 | 2,3 | 3,6 | 0,1 | 1,8 | 0,1 | 8,3 |
| Lippe | 8,3 | 38,3 | 16,3 | 86,2 | 36,1 | 5,8 | 8,6 | 0,3 | 4,9 | 0,6 | 19,6 |
| Lübeck | 4,0 | 8,5 | 3,2 | 10,5 | 1,6 | 2,0 | 1,7 | 0,1 | 0,6 | 0,0 | 4,5 |
| Bremen | 6,5 | 16,1 | 0,7 | 16,1 | 4,9 | 3,3 | 4,0 | 0,0 | 0,9 | 0,1 | 8,2 |
| Hamburg | 16,7 | 13,4 | 2,7 | 21,4 | 7,0 | 9,8 | 2,8 | 0,1 | 1,3 | 0,1 | 14,3 |
| Elsaß-Lothringen | 142,8 | 504,8 | 83,0 | 441,3 | 60,8 | 66,2 | 116,3 | 1,4 | 17,2 | 1,0 | 202,8 |
| Deutsches Reich | 4 195,4 | 18 939,7 | 9 692,5 | 16 807,0 | 3 267,0 | 2 352,1 | 4 182,2 | 104,2 | 813,7 | 54,6 | 7 596,4 |
| 1. Dzbr. 1897 | 4 038,5 | 18 490,8 | 10 866,8 | 14 274,6 | . | . | . | . | . | . | . |
| 1. Dzbr. 1892 | 3 836,3 | 17 555,6 | 13 589,7 | 12 174,3 | 3 091,5 | 1 881,4 | 3 547,2 | 417,9 | 684,7 | 48,6 | ¹)6 579,6 |
| 10. Jan. 1883 | 3 522,5 | 15 786,8 | 19 189,7 | 9 206,2 | 2 641,0 | 1 678,7 | 3 074,3 | 406,5 | 476,7 | 39,7 | ¹)5 576,9 |
| 10. Jan. 1873 | 3 352,2 | 15 776,7 | 24 999,4 | 7 124,1 | 2 320,0 | . | . | . | . | . | . |
| Anfang d. 1860er Jahre | 3 193,7 | 14 999,8 | 28 016,8 | 6 462,3 | 1 918,5 | . | . | . | . | . | . |

¹) Einschließlich des Verkaufswertes der Maultiere, Maulesel und Esel.

## 2. Lebendgewicht von Rindvieh, Schafen und Schweinen.

Nach der Aufnahme von 1900.

(Vierteljahrshefte zur Statistik des Deutschen Reichs 1903, I. — Ergänzungsheft.)

| Staaten und Landesteile | Rindvieh | | | | | Schafe | | Schweine | |
|---|---|---|---|---|---|---|---|---|---|
| | Kälber, noch nicht 6 Monate alt | Jungvieh, 1/2 bis 2 Jahre | 2 Jahre alt und ältere: Stiere (Ochsen) | 2 Jahre alt und ältere: Kühe | überhaupt | unter 1 Jahr | 1 Jahr und älter | 1/2 bis (noch nicht) 1 Jahr | 1 Jahr und älter |
| | Tonnen (zu 1000 kg) | | | | | | | | |
| Prov. Ostpreußen | 7 409 | 88 967 | 39 243 | 220 798 | 353 417 | 3 384 | 22 347 | 20 703 | 21 542 |
| „ Westpreußen | 5 209 | 46 465 | 16 314 | 162 103 | 229 091 | 4 549 | 20 003 | 16 294 | 14 054 |
| Stadt Berlin | 130 | 418 | 899 | 4 505 | 5 953 | 124 | 169 | 641 | 380 |
| Prov. Brandenburg | 7 047 | 64 957 | 37 253 | 219 234 | 318 491 | 5 968 | 26 919 | 25 886 | 29 459 |
| „ Pommern | 5 792 | 43 093 | 15 969 | 197 209 | 262 063 | 8 368 | 40 127 | 30 635 | 21 298 |
| „ Posen | 7 581 | 61 737 | 47 179 | 193 868 | 310 365 | 4 244 | 19 235 | 16 862 | 20 035 |
| „ Schlesien | 13 444 | 90 094 | 66 813 | 381 614 | 551 964 | 2 572 | 13 544 | 31 097 | 13 899 |
| „ Sachsen | 7 742 | 51 080 | 47 218 | 202 877 | 308 917 | 6 512 | 26 747 | 39 643 | 30 792 |
| „ Schleswig-Holstein | 7 505 | 74 754 | 24 468 | 219 720 | 326 168 | 3 318 | 11 169 | 18 697 | 11 681 |
| „ Hannover | 10 586 | 75 662 | 25 498 | 292 959 | 404 693 | 5 643 | 23 427 | 42 989 | 42 033 |
| „ Westfalen | 4 956 | 37 878 | 8 956 | 176 015 | 227 804 | 1 468 | 6 992 | 36 237 | 19 443 |
| „ Hessen-Nassau | 4 931 | 36 308 | 17 056 | 137 787 | 196 082 | 1 734 | 6 983 | 16 666 | 12 848 |
| „ Rheinland | 9 694 | 60 354 | 34 967 | 286 590 | 391 605 | 1 058 | 4 983 | 30 407 | 14 543 |
| Hohenzollern | 537 | 2 858 | 1 579 | 10 094 | 15 068 | 65 | 233 | 1 033 | 375 |
| Preußen | 92 582 | 720 616 | 383 420 | 2 705 363 | 3 901 981 | 48 980 | 224 898 | 326 550 | 252 182 |
| Bayern rechts des Rheins | 28 855 | 155 477 | 206 286 | 682 212 | 1 072 830 | 4 588 | 22 396 | 33 242 | 31 840 |
| Bayern l. Rh. (Rhg. Pfalz) | 2 432 | 17 347 | 5 378 | 65 860 | 91 017 | 147 | 409 | 4 874 | 2 079 |
| Bayern | 31 287 | 172 824 | 211 664 | 748 072 | 1 163 847 | 4 735 | 22 805 | 38 116 | 33 919 |
| Sachsen | 5 437 | 34 170 | 16 622 | 223 257 | 279 486 | 726 | 2 618 | 20 306 | 10 379 |
| Württemberg | 11 200 | 60 789 | 39 296 | 221 078 | 332 362 | 2 146 | 10 014 | 9 709 | 8 628 |
| Baden | 6 602 | 39 081 | 22 641 | 163 255 | 231 009 | 513 | 2 188 | 16 737 | 12 315 |
| Hessen | 3 180 | 20 324 | 5 413 | 88 637 | 117 563 | 580 | 2 551 | 10 121 | 4 055 |
| Mecklenburg-Schwerin | 2 404 | 16 291 | 4 917 | 90 105 | 113 717 | 3 784 | 18 739 | 11 718 | 10 142 |
| Sachsen-Weimar | 1 801 | 10 255 | 5 143 | 31 993 | 49 192 | 642 | 2 962 | 4 097 | 2 853 |
| Mecklenburg-Strelitz | 415 | 3 058 | 959 | 13 081 | 17 513 | 903 | 4 122 | 1 611 | 2 386 |
| Oldenburg | 2 378 | 19 744 | 5 570 | 66 536 | 94 228 | 1 074 | 3 004 | 10 210 | 3 858 |
| Braunschweig | 1 508 | 9 562 | 6 360 | 31 437 | 48 863 | 1 298 | 4 302 | 4 140 | 5 710 |
| Sachsen-Meiningen | 867 | 4 612 | 3 045 | 18 014 | 26 538 | 209 | 1 021 | 2 398 | 1 119 |
| Sachsen-Altenburg | 1 043 | 4 374 | 1 544 | 22 555 | 29 516 | 74 | 323 | 1 862 | 1 517 |
| Sachsen-Coburg-Gotha | 911 | 5 144 | 2 788 | 18 688 | 27 531 | 416 | 1 562 | 3 511 | 1 715 |
| Anhalt | 808 | 4 313 | 8 597 | 17 032 | 30 748 | 810 | 3 015 | 3 633 | 2 315 |
| Schwarzb.-Sondersh. | 283 | 1 374 | 702 | 6 777 | 9 130 | 338 | 1 207 | 1 315 | 574 |
| Schwarzb.-Rudolstadt | 213 | 1 089 | 804 | 5 514 | 7 620 | 181 | 678 | 876 | 495 |
| Waldeck | 323 | 2 043 | 708 | 7 015 | 10 089 | 300 | 1 105 | 932 | 706 |
| Reuß älterer Linie | 187 | 886 | 941 | 3 234 | 5 248 | 14 | 89 | 242 | 132 |
| Reuß jüngerer Linie | 506 | 2 162 | 2 676 | 7 549 | 12 893 | 68 | 259 | 711 | 398 |
| Schaumburg-Lippe | 104 | 718 | 336 | 3 835 | 4 993 | 9 | 47 | 825 | 1 316 |
| Lippe | 290 | 2 512 | 608 | 10 865 | 14 275 | 117 | 545 | 2 731 | 2 521 |
| Lübeck | 38 | 275 | 73 | 2 568 | 2 954 | 38 | 83 | 329 | 312 |
| Bremen | 164 | 1 191 | 269 | 3 124 | 4 748 | 7 | 22 | 704 | 277 |
| Hamburg | 76 | 533 | 170 | 3 668 | 4 447 | 20 | 88 | 811 | 542 |
| Elsaß-Lothringen | 4 933 | 25 731 | 15 299 | 119 745 | 165 708 | 459 | 2 063 | 8 396 | 7 394 |
| Deutsches Reich | 159 836 | 1 163 681 | 740 883 | 4 683 923 | 6 708 883 | 58 524 | 308 537 | 482 703 | 307 488 |
| 1892 | 156 871 | 913 562 | 776 686 | 4 140 526 | 5 989 645 | . | . | . | 332 613 |
| 1883 | 138 061 | 717 896 | 739 462 | 3 458 619 | 5 062 038 | . | . | . | 219 532 |
| 1873 | . | . | . | . | . | . | . | . | . |

## 3. Federvieh und Bienenstöcke.

(Vierteljahrshefte zur Statistik des Deutschen Reichs 1903, I. — Ergänzungsheft.)

| Staaten und Landesteile | Es wurden gezählt am 1. Dezember 1900 Stück | | | | | | |
|---|---|---|---|---|---|---|---|
| | Gänse | Enten | Hühner | Truthühner | Perlhühner | Bienenstöcke ohne bewegliche Waben | Bienenstöcke mit beweglichen Waben |
| Provinz Ostpreußen | 369 541 | 261 741 | 2 276 534 | 32 936 | 8 012 | 119 713 | 37 245 |
| „ Westpreußen | 195 099 | 162 093 | 1 716 182 | 25 897 | 10 386 | 82 438 | 27 656 |
| „ Brandenburg | 749 367 | 169 804 | 3 000 352 | 28 907 | 7 731 | 62 705 | 61 057 |
| „ Pommern | 213 512 | 139 215 | 2 135 631 | 27 010 | 8 071 | 89 938 | 42 801 |
| „ Posen | 352 860 | 212 230 | 2 131 868 | 44 664 | 22 085 | 77 282 | 39 961 |
| „ Schlesien | 793 869 | 165 275 | 3 802 060 | 38 830 | 15 480 | 45 411 | 117 336 |
| „ Sachsen | 374 837 | 146 252 | 3 549 209 | 25 257 | 7 715 | 40 584 | 52 306 |
| „ Schleswig-Holstein | 63 434 | 89 785 | 1 844 494 | 9 212 | 1 012 | 83 449 | 33 258 |
| „ Hannover | 181 762 | 157 613 | 4 251 031 | 18 936 | 3 146 | 188 446 | 30 280 |
| „ Westfalen | 86 580 | 77 832 | 3 045 652 | 8 018 | 2 784 | 61 172 | 39 300 |
| „ Hessen-Nassau | 232 042 | 40 595 | 1 706 596 | 4 866 | 1 191 | 26 563 | 33 867 |
| „ Rheinland | 74 662 | 80 618 | 4 266 335 | 8 452 | 3 937 | 73 445 | 74 290 |
| Hohenzollern | 10 478 | 10 028 | 97 228 | 133 | 35 | 1 910 | 5 956 |
| Preußen | 3 698 661 | 1 702 882 | 32 813 225 | 268 108 | 92 484 | 953 031 | 595 225 |
| Bayern rechts des Rheins | 761 210 | 140 776 | 7 302 318 | 15 420 | 5 200 | 215 817 | 147 496 |
| Bayern l. Rh. (Rbz. Pfalz) | 117 036 | 22 504 | 744 914 | 2 095 | 411 | 4 794 | 24 291 |
| Bayern | 878 246 | 163 280 | 8 047 232 | 17 515 | 5 611 | 220 611 | 171 787 |
| Sachsen | 549 982 | 65 582 | 1 901 369 | 13 700 | 4 261 | 30 903 | 44 888 |
| Württemberg | 237 558 | 181 531 | 2 479 777 | 4 388 | 3 188 | 55 973 | 94 913 |
| Baden | 155 581 | 56 150 | 1 888 324 | 2 916 | 1 160 | 29 242 | 78 651 |
| Hessen | 175 237 | 33 001 | 1 176 593 | 4 137 | 639 | 14 332 | 21 833 |
| Mecklenburg-Schwerin | 32 705 | 44 787 | 969 298 | 11 846 | 5 361 | 25 828 | 23 987 |
| Sachsen-Weimar | 70 080 | 15 281 | 518 395 | 2 972 | 632 | 6 274 | 13 611 |
| Mecklenburg-Strelitz | 9 327 | 10 441 | 164 074 | 1 887 | 915 | 3 792 | 7 385 |
| Oldenburg | 15 856 | 29 664 | 841 107 | 1 584 | 318 | 41 958 | 3 499 |
| Braunschweig | 29 041 | 15 030 | 454 754 | 3 315 | 1 133 | 7 403 | 2 983 |
| Sachsen-Meiningen | 35 367 | 6 308 | 243 093 | 1 316 | 204 | 5 309 | 6 703 |
| Sachsen-Altenburg | 28 448 | 4 087 | 183 037 | 678 | 219 | 2 398 | 5 853 |
| Sachsen-Coburg-Gotha | 31 494 | 6 058 | 284 094 | 2 040 | 243 | 2 422 | 8 839 |
| Anhalt | 33 593 | 15 678 | 408 911 | 3 248 | 909 | 3 617 | 3 171 |
| Schwarzburg-Sondersh. | 12 638 | 3 294 | 110 129 | 1 247 | 195 | 788 | 3 430 |
| Schwarzburg-Rudolstadt | 14 028 | 3 371 | 104 034 | 430 | 165 | 2 459 | 3 102 |
| Waldeck | 10 330 | 2 589 | 99 235 | 168 | 34 | 2 490 | 1 063 |
| Reuß älterer Linie | 14 370 | 820 | 45 018 | 207 | 39 | 381 | 1 558 |
| Reuß jüngerer Linie | 23 948 | 2 156 | 89 279 | 328 | 97 | 1 195 | 3 311 |
| Schaumburg-Lippe | 2 475 | 1 468 | 63 669 | 499 | 153 | 2 245 | 571 |
| Lippe | 4 885 | 4 221 | 184 182 | 818 | 237 | 3 543 | 1 487 |
| Lübeck | 928 | 941 | 42 146 | 179 | 105 | 981 | 752 |
| Bremen | 2 468 | 5 023 | 95 675 | 430 | 123 | 669 | 114 |
| Hamburg | 5 628 | 8 527 | 122 245 | 524 | 89 | 1 299 | 380 |
| Elsaß-Lothringen | 164 693 | 84 003 | 2 057 039 | 6 525 | 1 467 | 34 438 | 52 665 |
| Deutsches Reich | 6 230 126 | 2 467 043 | 64 898 837 | 361 165 | 128 871 | 1 453 579 | 1 181 771 |
| 1892 | . | . | . | | | 1 396 705 | 617 697 |
| 1883 | . | . | . | | | 1 541 591 | 368 206 |
| 1873 | . | . | . | | | 1 039 661 | 291 823 |

# V. Gewerbe.

## 1. Die Gewerbebetriebe und ihr Personal nach der Zählung vom 14. Juni 1895.

(Statistik des Deutschen Reichs, Band 119.)

Der folgende gewerbestatistische Nachweis gliedert sich nach Gewerbeabteilungen (A, B, C) und Gewerbegruppen (I—XXI). Gewerbeabteilung A umfaßt die Gewerbegruppen I und II, B: III—XVII, C: XVIII—XXI.

**Hauptbetriebe** sind Gewerbebetriebe, innerhalb deren Betriebsstätten eine oder mehrere Personen mit ihrer alleinigen oder Hauptbeschäftigung tätig waren.

Von den **gewerbtätigen Personen** kommt jede nur **einmal zur Nachweisung und zwar, sofern sie** mehrere Erwerbstätigkeiten ausübte, bei dem Gewerbebetriebe, **in welchem sie mit ihrer Hauptbeschäftigung** tätig war.

| Gewerbeabteilungen / Gewerbegruppen | Zahl der (Haupt-) Gewerbebetriebe und der darin durchschnittlich beschäftigten Personen | | | | | | | |
|---|---|---|---|---|---|---|---|---|
| | Kleinbetriebe (1—5 Pers.) | | Mittelbetriebe (6—50 Pers.) | | Großbetriebe (51 u. mehr Pers.) | | Gewerbebetriebe überhaupt | |
| | Betriebe | Personen | Betriebe | Personen | Betriebe | Personen | Betriebe | Personen |
| **Gewerbe überhaupt.** | | | | | | | | |
| Gesamtsumme | 2 934 723 | 4 770 669 | 191 301 | 2 454 333 | 18 953 | 3 044 267 | 3 144 977 | 10 269 269 |
| 1882: | 2 882 768 | 4 335 822 | 112 715 | 1 391 720 | 9 974 | 1 613 147 | 3 005 457 | 7 340 789 |
| 1895 in % mehr als 1882 | 1,8 | 10,0 | 69,7 | 76,2 | 90,0 | 88,7 | 4,6 | 39,9 |
| **Gewerbeabteilungen.** | | | | | | | | |
| A. Gärtn., Tierz. u. Fischerei | 39 698 | 70 091 | 2 571 | 25 853 | 52 | 7 184 | 42 321 | 103 128 |
| B. Ind. einschl. Bergb. u. Baug. | 1 989 572 | 3 191 125 | 139 459 | 1 902 049 | 17 941 | 2 907 329 | 2 146 972 | 8 000 503 |
| C. Handel u. Verkehr, einschl. Gast- u. Schankwirtschaft | 905 453 | 1 509 453 | 49 271 | 526 431 | 960 | 129 754 | 955 684 | 2 165 638 |
| 1882: | | | | | | | | |
| A. Gärtn., Tierz. u. Fischerei | 30 671 | 51 437 | 1 183 | 11 422 | 30 | 4 559 | 31 886 | 67 418 |
| B. Ind. einschl. Bergb. u. Baug. | 2 175 857 | 3 270 404 | 85 001 | 1 109 128 | 9 481 | 1 554 131 | 2 270 339 | 5 933 663 |
| C. Handel u. Verkehr, einschl. Gast- u. Schankwirtschaft | 676 218 | 1 013 981 | 26 531 | 271 270 | 463 | 54 557 | 703 212 | 1 339 708 |
| 1895 in % mehr (+) oder weniger (—) als 1882: | | | | | | | | |
| A. Gärtn., Tierz. u. Fischerei | + 29,4 | + 36,3 | + 117,3 | + 126,3 | + 73,3 | + 57,6 | + 32,7 | + 53,0 |
| B. Ind. einschl. Bergb. u. Baug. | — 8,6 | — 2,4 | + 64,1 | + 71,5 | + 89,2 | + 87,1 | — 5,4 | + 34,8 |
| C. Handel u. Verkehr, einschl. Gast- u. Schankwirtschaft | + 33,9 | + 48,9 | + 85,7 | + 94,1 | + 107,3 | + 137,8 | + 35,9 | + 61,7 |
| **Gewerbegruppen.** | | | | | | | | |
| I. Kunst- und Handelsgärtnerei | 22 354 | 45 091 | 2 367 | 23 642 | 47 | 6 253 | 24 768 | 74 991 |
| II. Tierzucht u. Fischerei | 17 344 | 24 997 | 204 | 2 211 | 5 | 929 | 17 553 | 28 137 |
| III. Bergbau, Hütten- und Salinenwesen | 1 741 | 3 640 | 1 098 | 21 465 | 1 164 | 511 184 | 4 003 | 536 289 |
| IV. Ind. d. Steine u. Erden | 31 486 | 71 208 | 14 804 | 237 530 | 1 930 | 249 548 | 48 220 | 558 286 |
| V. Metallverarbeitung | 145 039 | 285 262 | 12 157 | 157 452 | 1 422 | 197 041 | 158 618 | 639 755 |
| VI. Ind. d. Masch., Instr. | 79 353 | 128 918 | 6 898 | 110 064 | 1 629 | 343 690 | 87 871 | 582 672 |
| VII. Chemische Industrie | 8 228 | 18 122 | 1 781 | 25 993 | 376 | 71 116 | 10 385 | 115 231 |
| VIII. Indust. d. Leuchtstoffe, Seifen, Fette, Öle | 4 268 | 8 795 | 1 728 | 26 113 | 195 | 23 001 | 6 191 | 57 909 |
| IX. Textilindustrie | 193 358 | 258 181 | 8 674 | 147 477 | 3 260 | 587 599 | 205 292 | 993 257 |
| X. Papierindustrie | 14 019 | 27 150 | 3 010 | 48 241 | 602 | 77 518 | 17 631 | 152 909 |
| XI. Lederindustrie | 43 847 | 81 225 | 3 228 | 39 849 | 350 | 39 269 | 47 325 | 160 343 |
| XII. Indust. d. Holz- und Schnitzstoffe | 204 702 | 346 121 | 14 458 | 176 852 | 754 | 75 523 | 219 914 | 598 496 |
| XIII. Ind. der Nahrungs- und Genußmittel | 246 567 | 530 162 | 21 378 | 244 817 | 1 026 | 246 499 | 268 971 | 1 021 490 |
| XIV. Bekleidg. u. Reinigung | 830 657 | 1 117 324 | 17 592 | 184 455 | 796 | 88 825 | 848 845 | 1 390 604 |
| XV. Baugewerbe | 167 833 | 282 419 | 27 854 | 413 985 | 3 298 | 349 102 | 198 985 | 1 045 516 |
| XVI. Polygraph. Gewerbe | 9 556 | 20 981 | 4 214 | 61 038 | 423 | 45 868 | 14 193 | 127 887 |
| XVII. Künstlerische Gewerbe | 8 939 | 11 606 | 555 | 6 718 | 17 | 1 555 | 9 511 | 19 879 |
| XVIII. Handelsgewerbe | 603 209 | 943 545 | 31 490 | 337 025 | 510 | 52 423 | 635 209 | 1 332 993 |
| XIX. Versicherungsgewerbe | 6 658 | 8 825 | 631 | 7 941 | 53 | 5 490 | 7 342 | 22 256 |
| XX. Verkehrsgewerbe | 74 911 | 124 307 | 3 484 | 41 683 | 301 | 64 441 | 78 696 | 230 431 |
| XXI. Beherbergungs- und Erquickungsgewerbe | 220 665 | 432 776 | 13 676 | 139 782 | 96 | 7 400 | 234 437 | 579 958 |

## 2. Die im Jahre 1902 in Fabriken und diesen gleichgestellten Anlagen

Verhältnis der revisionspflichtigen

[Nach den Berichten der

| Gruppe | Bezeichnung der Industriezweige | Zahl der Fabriken usw. überhaupt | mit Arbeiterinnen über 16 Jahre | mit jugendlichen Arbeitern | Anzahl der in den Fabriken usw.: erwachsenen männlichen Arbeiter | Arbeiterinnen über 16 Jahre: 16 bis 21 Jahre | Arbeiterinnen über 16 Jahre: über 21 Jahre | Arbeiterinnen über 16 Jahre: zusammen | jungen Leute von 14 bis 16 Jahren: männlich | jungen Leute von 14 bis 16 Jahren: weiblich | jungen Leute von 14 bis 16 Jahren: zusammen |
|---|---|---|---|---|---|---|---|---|---|---|---|
| 1 | 2 | 3 | 4 | 5 | 6 | 7 | 8 | 9 | 10 | 11 | 12 |
| | | | | | | | | | | | Deutsches |
| III. | Bergbau, Hütten- und Salinenwesen, Torfgräberei | 3 011 | 783 | 1 529 | 786 617 | 6 619 | 8 709 | 15 328 | 27 637 | 1 124 | 28 761 |
| IV. | Industrie d. Steine und Erden | 24 604 | 5 681 | 8 065 | 475 083 | 20 002 | 35 964 | 55 966 | 28 529 | 6 429 | 34 958 |
| V. | Metallverarbeitung | 13 214 | 2 749 | 8 044 | 320 691 | 18 583 | 28 710 | 45 293 | 32 114 | 7 383 | 39 497 |
| VI. | Maschinen, Werkzeuge, Instrumente, Apparate | 11 997 | 1 174 | 7 078 | 583 034 | 9 955 | 14 879 | 24 834 | 36 367 | 1 877 | 38 244 |
| VII. | Chemische Industrie | 2 319 | 792 | 627 | 84 589 | 5 377 | 9 736 | 15 113 | 3 000 | 1 638 | 4 638 |
| VIII. | Forstwirtschaftliche Nebenprodukte, Leuchtstoffe, Fette, Öle und Firnisse | 3 260 | 638 | 471 | 50 624 | 2 513 | 3 478 | 5 991 | 901 | 808 | 1 709 |
| IX. | Textilindustrie | 12 758 | 9 817 | 7 311 | 345 726 | 125 199 | 238 564 | 363 763 | 26 063 | 12 427 | 38 490 |
| X. | Papierindustrie | 3 338 | 2 376 | 1 860 | 79 740 | 18 653 | 26 837 | 45 490 | 5 303 | 6 580 | 11 883 |
| XI. | Lederindustrie | 2 670 | 690 | 785 | 60 102 | 4 231 | 6 684 | 10 915 | 2 748 | 1 268 | 4 016 |
| XII. | Industrie der Holz- u. Schnitzstoffe | 22 604 | 2 212 | 6 751 | 246 115 | 7 066 | 13 841 | 21 [illegible] | 14 042 | 2 464 | 17 106 |
| XIII. | Nahrungs- u. Genußmittel | 57 850 | 8 393 | 8 644 | 350 784 | 43 574 | 83 331 | 126 905 | 15 212 | 14 307 | 29 519 |
| XIV. | Bekleidung u. Reinigung | 8 698 | 7 314 | 3 222 | 71 468 | 40 350 | 59 439 | 99 789 | 4 636 | 11 454 | 16 090 |
| XV. | Baugewerbe (Zimmerplätze und andere Bauhöfe) | 4 095 | 110 | 2 150 | 100 847 | 66 | 396 | 462 | 5 005 | 9 | 5 004 |
| XVI. | Polygraphische Gewerbe | 5 654 | 2 840 | 4 197 | 91 389 | 12 021 | 15 608 | 27 629 | 11 591 | 3 326 | 14 917 |
| — | Sonstige Industriezweige | 1 068 | 112 | 115 | 7 813 | 415 | 1 187 | 1 602 | 436 | 135 | 571 |
| | Zusammen | 178 938 | 45 591 | 61 850 | 3 664 641 | 314 624 | 546 493 | 860 057 | 215 874 | 101 289 | 316 303 |

[1] Zur vergleichenden Gegenüberstellung mit den im Jahrbuch für 1903 auf S. 45 gegebenen Zahlen, Zahlen nicht geeignet, weil in früheren Jahren eine Anzahl von gewerblichen Anlagen mitgezählt worden sind, kommen, die aber zu den Fabriken und diesen gleichgestellten Anlagen nicht gehören.

| | | | | | | | | | | | | |
|---|---|---|---|---|---|---|---|---|---|---|---|---|
| 141 | 16 | 157 | 830 863 | 3 102 | 750 846 | 14 228 | 26 781 | 1 098 | 119 | 11 | 799 083 | III. |
| 923 | 263 | 1 186 | 567 193 | 14 378 | 369 045 | 49 366 | 21 656 | 5 445 | 705 | 239 | 447 356 | IV. |
| 606 | 219 | 825 | 406 306 | 6 850 | 244 806 | 36 619 | 22 833 | 5 933 | 386 | 99 | 310 766 | V. |
| 516 | 66 | 582 | 646 694 | 7 112 | 454 664 | 21 247 | 27 562 | 1 513 | 391 | 65 | 505 442 | VI. |
| 29 | 46 | 75 | 114 425 | 1 529 | 84 421 | 11 561 | 2 566 | 1 272 | 14 | 26 | 99 912 | VII. |
| 28 | 22 | 50 | 58 374 | 1 903 | 36 784 | 4 800 | 725 | 660 | 24 | 13 | 43 026 | VIII. |
| 903 | 1 596 | 2 499 | 780 478 | 8 101 | 269 983 | 290 337 | 20 946 | 31 701 | 746 | 1 196 | 617 909 | IX. |
| 149 | 184 | 333 | 137 455 | 2 264 | 67 302 | 36 959 | 4 151 | 5 563 | 120 | 99 | 114 194 | X. |
| 68 | 23 | 91 | 75 124 | 1 506 | 45 585 | 9 155 | 2 181 | 1 005 | 29 | 11 | 57 966 | XI. |
| 395 | 104 | 499 | 284 727 | 11 457 | 169 056 | 15 576 | 9 890 | 1 867 | 247 | 54 | 197 290 | XII. |
| 291 | 471 | 762 | 507 070 | 20 763 | 239 565 | 100 307 | 9 404 | 11 840 | 192 | 256 | 301 570 | XIII. |
| 205 | 318 | 523 | 187 870 | 3 026 | 53 910 | 68 517 | 3 495 | 8 311 | 130 | 188 | 134 551 | XIV. |
| 79 | 5 | 84 | 107 297 | 1 381 | 30 108 | 177 | 1 590 | 6 | 15 | | 31 986 | XV. |
| 314 | 64 | 378 | 134 313 | 3 317 | 65 363 | 21 314 | 8 026 | 2 594 | 204 | 50 | 97 551 | XVI. |
| 31 | 2 | 33 | 10 019 | 229 | 3 492 | 737 | 145 | 77 | 6 | | 4 457 | — |
| **4 676** | **3 399** | **8 077** | **4 849 106** | **87 878** | **2 892 612** | **680 900** | **161 951** | **81 881** | **3 328** | **2 307** | **3 822 959** | |

rtr. die jugendlichen Fabrikarbeiter und Fabrikarbeiterinnen in den Jahren 1899—1901, sind die hier gegebenen
uf die zwei besondere, auf Grund des § 120 e der Gewerbeordnung erlassene Vorschriften zur Anwendung

## 3. Streiks und Aussperrungen.

### Im Jahre 1903.

(Statistik des Deutschen Reichs, Band 164.)

| Gewerbegruppen<br>—<br>Gewerbearten | Zahl der im Jahre 1903 begonnenen Streiks | Angaben über die im Jahre 1903 beendeten Streiks | | | | | | | | | |
|---|---|---|---|---|---|---|---|---|---|---|---|
| | | Zahl der beendeten Streiks | Zahl der | | Höchstzahl der gleichzeitig von dem Streik | | Die Forderungen der Streikenden betrafen | | | Die Streik[illegible] hatten | |
| | | | betroffenen Betriebe | in den betroffenen Betrieben bei Ausbruch des Streiks beschäftigten Arbeiter | Streikenden Personen | gezwungen feiernden Arbeiter | den Arbeitslohn | die Arbeitszeit | andere Forderungen | völlig | teilweise |
| Kunst- u. Handelsgärtnerei | 7 | 7 | 184 | 1 808 | 1 328 | — | 6 | 2 | 2 | 1 | 2 |
| Bergbau, Hütten- und Salinenwesen, Torfgräberei | 12 | 12 | 13 | 7 715 | 2 095 | 49 | 14 | 3 | 7 | 3 | 6 |
| Industrie d. Steine u. Erden | 80 | 74 | 106 | 6 341 | 3 190 | 375 | 54 | 10 | 46 | 14 | 24 |
| darunter: | | | | | | | | | | | |
| Arbeiter in Steinbrüchen | 16 | 14 | 59 | 1 660 | 1 035 | 278 | 12 | 2 | 7 | 4 | 5 |
| Steinmetzen, Steinhauer | 20 | 20 | 94 | 801 | 435 | 20 | 11 | [illegible] | 14 | 4 | 5 |
| Ziegler | 13 | 8 | 46 | 834 | 504 | — | 6 | 4 | 6 | [illegible] | 4 |
| Porzellanarbeiter | 16 | 16 | 20 | 1 369 | 377 | 64 | 12 | 2 | 6 | [illegible] | 4 |
| Glasarbeiter | 8 | 8 | 13 | 1 048 | 333 | 62 | 7 | — | 3 | 2 | 2 |
| Metallverarbeitung | 153 | 150 | 1 482 | 35 343 | 11 006 | 7 424 | 132 | 47 | 117 | 25 | 35 |
| darunter: | | | | | | | | | | | |
| Metallarbeiter für unedle Metalle (exkl. Eisen) | 10 | 12 | 12 | 1 582 | 772 | — | 4 | 2 | 9 | 2 | 1 |
| Arbeiter für Erzeugung und Verarbeitung von Metalllegierungen | 83 | 82 | 369 | 17 480 | 3 433 | 7 338 | 17 | 6 | 16 | 2 | 5 |
| [illegible] | 51 | 51 | 38 | 3 707 | 1 547 | 10 | 26 | 3 | 20 | 6 | 8 |
| Klempner | 25 | 25 | 844 | 3 954 | 1 338 | 47 | 35 | 20 | 20 | 4 | 10 |
| Schlosser | 14 | 13 | 64 | 1 482 | 766 | 3 | 10 | 2 | 10 | 4 | 4 |
| Feilenhauer | 7 | 7 | 52 | 548 | 319 | — | 4 | 1 | 7 | — | — |
| Nadler und Drahtarbeiter | 11 | 11 | 24 | 1 597 | 691 | — | 11 | 3 | 8 | 2 | 4 |
| Industrie der Maschinen, Instr. und Apparate | 78 | 75 | 70 | 25 476 | 4 909 | 232 | 61 | 16 | 54 | 12 | 24 |
| darunter: | | | | | | | | | | | |
| Arbeiter in Maschinenfabriken | 37 | 34 | 34 | 12 109 | 3 891 | 13 | 26 | 4 | 21 | 5 | 9 |
| Wagenbauer | 5 | 5 | 5 | 2 179 | 108 | 90 | 5 | 3 | 3 | 1 | 2 |
| Schiffsbauer | 6 | 6 | 10 | 1 387 | 133 | 18 | 5 | — | 1 | 1 | 1 |
| Arbeiter in [illegible] | 8 | 8 | 8 | 612 | 387 | 17 | 7 | — | 4 | 1 | 4 |
| Arbeiter für elektrische Maschinen, [illegible], Anlagen etc. | 11 | 11 | 11 | 7 079 | 888 | 89 | 9 | 1 | 9 | — | 5 |

| Gewerbegruppen / Gewerbearten | Zahl der im Jahre 1903 begonnenen Streiks | Angaben über die im Jahre 1903 beendeten Streiks: Zahl der beendeten Streiks | Zahl der betroffenen Betriebe | Zahl der in den betroffenen Betrieben bei Ausbruch des Streiks beschäftigten Arbeiter | Höchstzahl der während der Dauer des Streiks gleichzeitig Streikenden Personen | Höchstzahl der gezwungen feiernden Arbeiter | Die Forderungen der Streikenden betrafen ...mal den Arbeitslohn | die Arbeitszeit | andere Gegenstände | Die Streikenden hatten Erfolg: vollen | teilweisen | keinen |
|---|---|---|---|---|---|---|---|---|---|---|---|---|
| **Industrie der Nahrungs- und Genußmittel** | 42 | 40 | 129 | 2 605 | 1 291 | 38 | 39 | 19 | 40 | 7 | 14 | 19 |
| darunter: | | | | | | | | | | | | |
| Brauer und Mälzer | 13 | 11 | 14 | 352 | 183 | — | 12 | 4 | 11 | 3 | 2 | 6 |
| Tabakarbeiter | 12 | 12 | 12 | 358 | 333 | 26 | 10 | 1 | 11 | — | 6 | 6 |
| **Bekleidungs- und Reinigungs-Gewerbe** | 76 | 75 | 943 | 8 587 | 4 309 | 90 | 51 | 9 | 57 | 21 | 30 | 24 |
| darunter: | | | | | | | | | | | | |
| Schneider | 24 | 23 | 129 | 1 373 | 1 301 | 12 | 14 | 2 | 18 | 12 | 5 | 6 |
| Hutmacher | 6 | 6 | 6 | 341 | 73 | 2 | 5 | — | 1 | 1 | 3 | 2 |
| Kürschner | 7 | 7 | 72 | 835 | 444 | — | 1 | 3 | 7 | 2 | 3 | 2 |
| Schuhmacher | 26 | 26 | 682 | 5 367 | 2 258 | 76 | 21 | 3 | 21 | 3 | 14 | 9 |
| **Baugewerbe** | 527 | 520 | 2 744 | 63 835 | 35 491 | 4 632 | 538 | 187 | 279 | 133 | 176 | 211 |
| darunter: | | | | | | | | | | | | |
| Bauarbeiter, Handlanger usw.[1] | 109 | 109 | 650 | 18 241 | 11 073 | 1 646 | 111 | 23 | 36 | 32 | 39 | 38 |
| Steinträger | 13 | 13 | 20 | 1 132 | 322 | 377 | 15 | — | 3 | 2 | 3 | 8 |
| Erdarbeiter | 23 | 23 | 24 | 2 016 | 787 | 125 | 18 | 1 | 6 | 2 | 3 | 18 |
| Maurer | 217 | 213 | 798 | 23 110 | 14 432 | 2 626 | 189 | 81 | 122 | 46 | 72 | 95 |
| Zimmerer | 71 | 69 | 348 | 7 485 | 3 048 | 654 | 81 | 35 | 22 | 24 | 26 | 19 |
| Glaser | 3 | 3 | 28 | 127 | 97 | 2 | 4 | 1 | 3 | — | 2 | 1 |
| Maler | 25 | 24 | 461 | 3 963 | 2 296 | 37 | 42 | 18 | 22 | 2 | 10 | 12 |
| Stuckateure | 31 | 21 | 100 | 3 088 | 1 990 | 34 | 24 | 7 | 17 | 10 | 7 | 4 |
| Dachdecker | 11 | 11 | 86 | 622 | 375 | 11 | 23 | 14 | 13 | 3 | 3 | 5 |
| Steinsetzer, Pflasterer, Asphalteure | 14 | 14 | 47 | 1 140 | 389 | 92 | 13 | 3 | 6 | 7 | 4 | 3 |
| Ofensetzer | 14 | 14 | 73 | 803 | 600 | 14 | 12 | 4 | 7 | 3 | 6 | 5 |
| Gas- u. Wasserinstallateure | 5 | 5 | 8 | 85 | 64 | 14 | 5 | — | 2 | 2 | 1 | 2 |
| **Polygraphische Gewerbe** | 23 | 22 | 31 | 2 717 | 1 168 | 10 | 14 | 7 | 21 | 4 | 5 | 13 |
| darunter: | | | | | | | | | | | | |
| Buch-, Stein- und Zinkdrucker | 18 | 18 | 20 | 1 980 | 814 | — | 10 | 5 | 18 | 4 | 2 | 12 |
| **Künstlerische Gewerbe** | 7 | 7 | 19 | 529 | 168 | — | 6 | 2 | 7 | 1 | 5 | 1 |
| **Handelsgewerbe** | 39 | 39 | 114 | 5 343 | 3 003 | 6 | 26 | 2 | 29 | 8 | 9 | 22 |
| darunter: | | | | | | | | | | | | |
| Träger, Schauerleute usw. | 14 | 14 | 81 | 3 650 | 2 038 | 6 | 12 | 2 | 13 | 2 | 6 | 6 |
| **Verkehrsgewerbe** | 28 | 28 | 80 | 4 184 | 2 629 | 15 | 28 | 4 | 13 | 7 | 7 | 14 |
| darunter: | | | | | | | | | | | | |
| Kutscher im Personenfuhrwerk | 10 | 9 | 9 | 1 708 | 546 | — | 9 | 2 | 3 | 3 | — | 6 |
| Kutscher im Fracht-(Roll-)fuhrwerk | 9 | 9 | 28 | 880 | 304 | — | 9 | 1 | 4 | 2 | 5 | 2 |
| Seeleute, Flößer usw. | 5 | 5 | 7 | 1 329 | 1 246 | — | 4 | — | 1 | 1 | 1 | 3 |
| [illegible] | 5 | 5 | 16 | 267 | 232 | 15 | 6 | 1 | 3 | 1 | 1 | 3 |
| **Beherbergungs- und Erquickungs-Gewerbe** | 2 | 2 | 2 | 83 | 16 | — | 1 | — | 1 | 1 | — | 1 |
| **Sonstige Gewerbe** | 1 | 1 | 1 | 50 | 40 | — | — | — | 1 | — | — | 1 |
| **Gesamtsumme 1903** | [2]1 495 | 1 374 | 7 096 | 198 836 | 85 603 | 13 811 | 1 247 | 372 | 925 | 300 | 444 | 630 |
| Dagegen im Jahre 1902 | [3]1 084 | 1 060 | 3 437 | 131 086 | 53 912 | 6 272 | 798 | 222 | 564 | 228 | 235 | 597 |
| " " " 1901 | [4]1 071 | 1 056 | 4 561 | 141 280 | 55 262 | 7 420 | 868 | 249 | 586 | 200 | 285 | 571 |
| " " " 1900 | [5]1 462 | 1 433 | 7 740 | 298 819 | 122 803 | 9 007 | 1 436 | 513 | 820 | 275 | 505 | 653 |
| " " " 1899 | [6]1 336 | 1 288 | 7 121 | 236 858 | 99 338 | 10 122 | 1 126 | 370 | 596 | 331 | 429 | 528 |

1) Diese Zeile umfaßt Bauarbeiter ohne nähere Angabe, Holz- und Steinträger, Bauarbeiter, Handlanger, »Maurer un
Zimmerer«. 2) 3) 4) 5) 6) Darunter 30, bzw. 15, 29, 48, 11 Streiks, die im Jahre 1902, bzw. 1901, 1900, 1899, 1898 begonnen hatte

**Aussperrungen** haben im Jahre 1903: 96 stattgefunden, von denen innerhalb des Jahrs 7 beendet wurden. Von diesen 70 Aussperrungen wurden 1 714 Betriebe betroffen, in denen 52 541 Arbeit beschäftigt waren. Ausgesperrt wurden im ganzen 35 273 Personen, außerdem wurden 835 Arbeiter infolg der Aussperrungen zum Feiern gezwungen. Die Forderungen der Arbeitgeber betrafen 31 mal den Arbeit lohn, 12 mal die Arbeitszeit und 53 mal andere Gegenstände. Die Aussperrung hatte in 36 Fällen volle in 15 Fällen teilweisen, in 19 Fällen keinen Erfolg.

## 4. Bergwerksbetrieb.

(Vierteljahrshefte zur Statistik des Deutschen Reichs 1903, IV.)

Zu 4—10. Die Nachweise beziehen sich auf Deutschland und das Großherzogtum Luxemburg, das Eisenerze, Roheisen, Gußeisen 2. Schmelzung und Flußeisen hervorbringt. — Die Angaben über die mittlere Belegschaft beziehen sich nur auf die Hauptbetriebe. Unter 4. sind bei den Hauptbetrieben auch diejenigen Werke gezählt, welche in Aus- und Vorrichtung begriffen oder wegen neuer Bauten oder durch Unglücksfälle im Betrieb an der Förderung von absatzfähigen Erzeugnissen verhindert waren. Die zum Teil nicht unbedeutende Belegschaft dieser Werke ist beim Nachweis der mittleren Belegschaft mitgezählt. Als Nebenbetriebe sind (unter 4.—6.) solche verzeichnet, die das betreffende Erzeugnis neben einem anderen Haupterzeugnis gewonnen. — Als Wert ist durchgängig der Verkaufswert am Ursprungsorte verstanden.

| Jahr | Zahl der betriebenen Werke: Haupt-betriebe | Neben-betriebe | Mittlere Belegschaft Köpfe | Förderung: Menge 1 000 Tonnen | Wert 1 000 Mark | Zahl der betriebenen Werke: Haupt-betriebe | Neben-betriebe | Mittlere Belegschaft Köpfe | Förderung: Menge 1 000 Tonnen | Wert 1 000 Mark |
|---|---|---|---|---|---|---|---|---|---|---|
| | **Steinkohlen.** | | | | | **Braunkohlen.** | | | | |
| 1893 | 415 | — | 290 632 | 73 852,3 | 408 395 | 605 | — | 36 588 | 21 573,6 | 55 023 |
| 94 | 346 | — | 299 627 | 76 741,1 | 509 100 | 586 | — | 35 620 | 22 064,6 | 53 152 |
| 95 | 329 | — | 303 937 | 79 169,3 | 538 895 | 568 | — | 37 476 | 24 788,4 | 58 011 |
| 96 | 332 | — | 316 513 | 85 690,3 | 592 976 | 568 | — | 38 195 | 26 780,9 | 60 883 |
| 97 | 333 | — | 336 174 | 91 055,0 | 648 939 | 555 | — | 40 057 | 29 419,5 | 66 251 |
| 1898 | 331 | — | 357 695 | 96 309,1 | 710 233 | 569 | — | 42 812 | 31 648,9 | 73 380 |
| 99 | 331 | — | 378 575 | 101 639,8 | 789 449 | 567 | — | 44 745 | 34 204,7 | 78 450 |
| 1900 | 338 | — | 413 693 | 109 290,2 | 966 065 | 569 | — | 50 911 | 40 498,0 | 96 497 |
| 01 | 336 | — | 448 000 | 108 539,4 | 1 015 254 | 562 | — | 58 537 | 44 480,0 | 110 290 |
| 02 | 320 | — | 451 197 | 107 473,9 | 930 517 | 546 | — | 53 740 | 43 126,8 | 102 571 |
| | **Steinsalz.** | | | | | **Kalisalze.[1])** | | | | |
| 1893 | 10 | 6 | 919 | 669,0 | 2 944 | 13 | 8 | 6 165 | 1 528,2 | 20 672 |
| 94 | 10 | 6 | 775 | 734,9 | 3 140 | 13 | 8 | 6 794 | 1 643,6 | 22 281 |
| 95 | 10 | 6 | 900 | 696,8 | 3 108 | 14 | 9 | 6 735 | 1 521,9 | 20 715 |
| 96 | 10 | 6 | 929 | 758,9 | 3 249 | 18 | 8 | 6 914 | 1 780,6 | 25 156 |
| 97 | 10 | 6 | 905 | 763,4 | 3 217 | 24 | 10 | 8 580 | 1 946,3 | 26 085 |
| 1898 | 10 | 7 | 857 | 807,6 | 3 389 | 28 | 11 | 9 482 | 2 208,9 | 29 650 |
| 99 | 10 | 9 | 830 | 861,1 | 3 828 | 35 | 11 | 10 460 | 2 483,1 | 32 161 |
| 1900 | 14 | 10 | 1 233 | 926,6 | 4 242 | 37 | 15 | 11 828 | 3 050,6 | 39 111 |
| 01 | 10 | 8 | 1 264 | 985,1 | 4 520 | 41 | 18 | 13 192 | 3 531,9 | 43 429 |
| 02 | 16 | 8 | 2 022 | 1 010,4 | 4 699 | 33 | 22 | 12 547 | 3 295,0 | 40 006 |
| | **Eisenerze.** | | | | | **Zinkerze.** | | | | |
| 1893 | 619 | 41 | 34 845 | 11 457,6 | 39 801 | 82 | 37 | 15 107 | 787,9 | 14 291 |
| 94 | 580 | 35 | 34 912 | 12 392,1 | 42 178 | 56 | 36 | 14 399 | 728,8 | 10 278 |
| 95 | 543 | 30 | 33 550 | 12 349,6 | 41 076 | 54 | 30 | 13 701 | 706,4 | 10 577 |
| 96 | 634 | 32 | 35 223 | 14 162,3 | 51 399 | 43 | 27 | 13 391 | 729,0 | 17 023 |
| 97 | 708 | 32 | 37 991 | 15 466,0 | 60 068 | 45 | 26 | 13 749 | 663,9 | 16 881 |
| 1898 | 635 | 28 | 38 320 | 15 901,3 | 60 825 | 61 | 31 | 14 147 | 641,7 | 22 047 |
| 99 | 708 | 29 | 40 917 | 17 989,6 | 70 170 | 72 | 36 | 14 582 | 661,8 | 35 420 |
| 1900 | 712 | 26 | 43 803 | 18 961,3 | 77 628 | 66 | 31 | 14 304 | 639,2 | 25 753 |
| 01 | 598 | 25 | 40 802 | 16 570,2 | 71 999 | 59 | 32 | 14 636 | 647,8 | 21 502 |
| 02 | 540 | 25 | 39 202 | 17 963,6 | 65 731 | 57 | 35 | 14 943 | 702,5 | 29 811 |

[1]) Kainit und andere Kalirohsalze.

| Jahr | Zahl der betriebenen Werke: Hauptbetriebe | Zahl der betriebenen Werke: Nebenbetriebe | Mittlere Belegschaft (Köpfe) | Förderung: Menge (1 000 Tonnen) | Förderung: Wert (1 000 Mark) | Zahl der betriebenen Werke: Hauptbetriebe | Zahl der betriebenen Werke: Nebenbetriebe | Mittlere Belegschaft (Köpfe) | Förderung: Menge (1 000 Tonnen) | Förderung: Wert (1 000 Mark) |
|---|---|---|---|---|---|---|---|---|---|---|
| | **Bleierze.** | | | | | **Kupfererze.** | | | | |
| 1893 | 157 | 49 | 13 970 | 168,4 | 14 144 | 31 | 62 | 13 944 | 585,0 | 18 123 |
| 94 | 120 | 37 | 12 918 | 162,7 | 12 104 | 20 | 53 | 13 692 | 588,1 | 16 240 |
| 95 | 95 | 46 | 12 496 | 161,6 | 12 940 | 25 | 46 | 13 620 | 633,4 | 15 380 |
| 96 | 104 | 35 | 12 289 | 157,6 | 12 996 | 18 | 48 | 14 081 | 717,3 | 16 959 |
| 97 | 132 | 36 | 12 385 | 150,2 | 13 016 | 21 | 45 | 14 420 | 700,6 | 19 010 |
| 1898 | 144 | 38 | 13 008 | 149,3 | 13 113 | 29 | 48 | 14 454 | 702,0 | 19 685 |
| 99 | 171 | 38 | 13 803 | 144,4 | 14 112 | 53 | 56 | 14 911 | 733,6 | 20 608 |
| 1900 | 187 | 41 | 14 065 | 148,8 | 18 072 | 61 | 53 | 15 587 | 747,7 | 23 818 |
| 01 | 161 | 39 | 13 701 | 153,8 | 14 141 | 60 | 51 | 15 852 | 777,2 | 24 299 |
| 02 | 116 | 48 | 12 389 | 167,9 | 13 436 | 47 | 48 | 16 108 | 761,9 | 20 431 |
| | **Silber- und Golderze.** | | | | | **Summe aller Bergwerkserzeugnisse.[1]** | | | | |
| 1893 | 29 | 2 | 3 258 | 18,8 | 3 098 | 2 117 | 263 | 420 550 | 110 882,6 | 670 314 |
| 94 | 28 | 1 | 5 080 | 19,1 | 2 519 | 1 892 | 231 | 426 781 | 115 346,3 | 675 151 |
| 95 | 20 | 1 | 4 721 | 10,6 | 1 709 | 1 794 | 221 | 430 155 | 120 293,8 | 706 475 |
| 96 | 18 | 1 | 4 425 | 11,3 | 1 712 | 1 888 | 214 | 445 048 | 131 061,2 | 786 086 |
| 97 | 19 | 1 | 4 045 | 9,7 | 1 453 | 1 969 | 209 | 471 200 | 140 453,7 | 859 290 |
| 1898 | 19 | 1 | 3 645 | 14,7 | 1 883 | 1 856 | 209 | 497 340 | 148 673,0 | 938 896 |
| 99 | 14 | 1 | 3 214 | 13,5 | 1 919 | 2 142 | 227 | 526 184 | 159 065,3 | 1 051 631 |
| 1900 | 11 | 1 | 2 925 | 12,6 | 2 059 | 2 241 | 229 | 573 078 | 174 666,0 | 1 263 244 |
| 01 | 11 | 2 | 2 887 | 11,6 | 1 551 | 2 001 | 221 | 612 781 | 176 070,5 | 1 313 673 |
| 02 | 10 | 1 | 2 614 | 11,7 | 1 389 | 1 850 | 236 | 608 872 | 174 680,1 | 1 235 759 |

## 5. Gewinnung von Salzen aus wässeriger Lösung. (S. Vorbemerkung bei 4.)

| Jahr | Hauptbetriebe | Nebenbetriebe | Mittlere Belegschaft (Köpfe) | Menge (1 000 Tonnen) | Wert (1 000 Mark) | Hauptbetriebe | Nebenbetriebe | Mittlere Belegschaft (Köpfe) | Menge (1 000 Tonnen) | Wert (1 000 Mark) |
|---|---|---|---|---|---|---|---|---|---|---|
| | **Kochsalz.** | | | | | **Chlorkalium.** | | | | |
| 1893 | 70 | 9 | 3 203 | 504,6 | 13 977 | 22 | 3 | 2 526 | 137,9 | 17 305 |
| 94 | 73 | 8 | 3 179 | 522,6 | 14 299 | 22 | 3 | 2 390 | 149,8 | 18 888 |
| 95 | 73 | 8 | 3 288 | 523,4 | 14 253 | 23 | 3 | 2 481 | 154,4 | 19 685 |
| 96 | 72 | 10 | 3 328 | 547,6 | 14 650 | 21 | 3 | 2 455 | 174,6 | 22 874 |
| 97 | 71 | 10 | 3 336 | 543,8 | 12 137 | 20 | 3 | 2 371 | 168,0 | 23 058 |
| 1898 | 71 | 9 | 3 440 | 565,7 | 12 466 | 20 | 3 | 2 769 | 191,3 | 25 541 |
| 99 | 69 | 9 | 3 308 | 571,1 | 12 087 | 19 | 3 | 3 286 | 207,6 | 27 205 |
| 1900 | 70 | 9 | 3 482 | 587,6 | 14 268 | 21 | 3 | 4 040 | 271,5 | 35 175 |
| 01 | 70 | 9 | 3 640 | 578,8 | 15 730 | 25 | 3 | 4 353 | 294,7 | 35 129 |
| 02 | 69 | 10 | 3 567 | 572,8 | 15 613 | 28 | 3 | 4 587 | 267,5 | 31 545 |
| | **Andere Salze.[2]** | | | | | **Summe aller Salze.** | | | | |
| 1893 | 29 | 64 | 696 | 190,7 | 10 572 | 121 | 76 | 6 485 | 831,0 | 41 854 |
| 94 | 28 | 62 | 640 | 186,1 | 9 531 | 123 | 73 | 6 224 | 858,5 | 42 721 |
| 95 | 27 | 61 | 668 | 178,0 | 8 769 | 123 | 72 | 6 455 | 857,9 | 42 707 |
| 96 | 29 | 58 | 684 | 178,7 | 8 788 | 122 | 71 | 6 467 | 900,2 | 46 312 |
| 97 | 28 | 58 | 659 | 183,8 | 8 225 | 119 | 69 | 6 366 | 894,6 | 43 420 |
| 1898 | 27 | 60 | 658 | 191,6 | 9 307 | 118 | 72 | 6 877 | 948,5 | 47 314 |
| 99 | 27 | 62 | 634 | 216,0 | 10 392 | 115 | 74 | 7 228 | 995,1 | 49 684 |
| 1900 | 27 | 66 | 681 | 253,1 | 12 766 | 118 | 78 | 8 203 | 1 112,4 | 62 209 |
| 01 | 26 | 75 | 657 | 217,8 | 13 314 | 121 | 87 | 8 650 | 1 121,1 | 61 173 |
| 02 | 27 | 75 | 819 | 248,2 | 12 647 | 122 | 88 | 8 973 | 1 088,5 | 59 805 |

[1]) Außer den aufgeführten Bergwerkserzeugnissen sind in dieser Summe enthalten: Graphit, Asphalt, Erdöl, Bittersalze, Borazit, Zinnerze, Quecksilbererze, Kobalterze, Nickelerze, Antimonerze, Arsenikerze, Manganerze, Wismuterze, Uranerze, Wolframerze, Schwefelkies, Vitriol- und Alaunerze.

[2]) Hierzu gehören: Chlormagnesium, Glaubersalz, schwefelsaures Kali, schwefelsaure Kalimagnesia, schwefelsaure Magnesia, schwefelsaure Tonerde, Alaun.

## 6. Hüttenbetrieb. (S. Vorbemerkung bei 4.)

| Jahr | Zahl der betriebenen Werke: Haupt- | Neben-betriebe | Mittlere Belegschaft Köpfe | Gewinnung: Menge 1 000 Tonnen | Wert 1 000 Mark | Zahl der betriebenen Werke: Haupt- | Neben-betriebe | Mittlere Belegschaft Köpfe | Gewinnung: Menge 1 000 Tonnen | Wert 1 000 Mark |
|---|---|---|---|---|---|---|---|---|---|---|
| | **Roheisen.** (Näheres siehe unter 7. Hochofenbetrieb.) | | | | | **Zink.** | | | | |
| 1893 | 103 | — | 24 201 | 4 880,0 | 216 328 | 28 | 3 | 9 601 | 143,0 | 47 296 |
| 94 | 102 | — | 24 110 | 5 380,0 | 231 570 | 28 | 3 | 9 453 | 143,6 | 41 813 |
| 95 | 103 | 1 | 24 059 | 5 464,5 | 236 952 | 27 | 3 | 10 369 | 150,3 | 41 637 |
| 96 | 106 | — | 26 562 | 6 372,0 | 299 600 | 27 | 3 | 10 467 | 153,1 | 47 108 |
| 97 | 108 | 1 | 30 459 | 6 881,5 | 350 147 | 28 | 3 | 10 711 | 150,7 | 50 477 |
| 1898 | 108 | 1 | 30 778 | 7 312,9 | 378 752 | 28 | 3 | 10 533 | 154,9 | 58 634 |
| 99 | 107 | 1 | 36 334 | 8 143,1 | 455 875 | 28 | 3 | 10 631 | 153,3 | 72 951 |
| 1900 | 107 | 1 | 34 743 | 8 520,5 | 551 146 | 27 | 3 | 10 779 | 155,8 | 62 057 |
| 01 | 107 | 1 | 32 367 | 7 880,1 | 401 774 | 27 | 4 | 10 561 | 160,3 | 54 787 |
| 02 | 98 | 1 | 32 399 | 8 529,9 | 455 609 | 26 | 4 | 10 859 | 174,9 | 62 228 |
| | **Blei** (einschl. Kaufglätte). | | | | | **Kupfer** (einschl. Schwarzkupfer u. Kupferstein). | | | | |
| 1893 | 13 | 17 | 2 702 | 98,2 | 19 210 | 9 | 12 | 3 725 | 24,0 | 23 705 |
| 94 | 13 | 17 | 2 082 | 104,4 | 19 818 | 9 | 11 | 3 673 | 20,4 | 21 978 |
| 95 | 14 | 16 | 2 709 | 114,6 | 23 041 | 9 | 14 | 3 764 | 26,6 | 23 475 |
| 96 | 14 | 18 | 2 902 | 117,7 | 25 975 | 9 | 14 | 3 968 | 29,8 | 29 330 |
| 97 | 13 | 19 | 2 731 | 122,2 | 29 495 | 9 | 11 | 4 313 | 29,1 | 30 239 |
| 1898 | 13 | 19 | 2 796 | 136,6 | 35 284 | 9 | 7 | 4 475 | 30,8 | 32 737 |
| 99 | 13 | 20 | 2 682 | 132,5 | 38 343 | 9 | 8 | 4 677 | 34,7 | 50 092 |
| 1900 | 13 | 20 | 2 013 | 121,9 | 41 761 | 9 | 10 | 4 742 | 35,1 | 49 392 |
| 01 | 13 | 21 | 2 866 | 127,2 | 33 361 | 9 | 13 | 4 806 | 31,7 | 46 610 |
| 02 | 14 | 19 | 3 039 | 144,5 | 32 382 | 9 | 12 | 4 699 | 31,0 | 34 384 |
| | **Silber** (Reinmetall).[1] Kilogramm | | | | | **Gold** (Reinmetall).[1] Kilogramm | | | | |
| 1893 | 8 | 14 | 2 517 | 448 092 | 40 848 | — | 13 | | 2 347 | 7 096 |
| 94 | 8 | 14 | 2 508 | 442 822 | 38 504 | — | 13 | — | 3 199 | 8 916 |
| 95 | 7 | 15 | 2 288 | 391 979 | 34 403 | — | 13 | — | 3 547 | 9 879 |
| 96 | 6 | 15 | 2 084 | 428 429 | 38 872 | — | 13 | — | 2 487 | 6 916 |
| 97 | 7 | 13 | 2 351 | 448 068 | 36 381 | — | 14 | — | 2 781 | 7 737 |
| 1898 | 7 | 14 | 2 477 | 480 578 | 38 157 | — | 14 | — | 2 847 | 7 913 |
| 99 | 7 | 14 | 2 491 | 467 590 | 37 832 | — | 13 | — | 2 605 | 7 259 |
| 1900 | 7 | 14 | 2 053 | 415 735 | 34 653 | — | 12 | — | 3 055 | 8 523 |
| 01 | 7 | 14 | 2 012 | 403 796 | 32 519 | — | 13 | — | 2 755 | 7 688 |
| 02 | 8 | 15 | 1 855 | 430 610 | 30 800 | — | 12 | — | 2 684 | 7 431 |
| | **Schwefelsäure.**[2] 1000 Tonnen | | | | | **Summe aller Hüttenerzeugnisse.**[3] 1000 Tonnen | | | | |
| 1893 | 62 | 11 | 3 895 | 575,8 | 17 883 | 247 | 140 | 47 419 | 5 856,1 | 389 907 |
| 94 | 62 | 11 | 3 763 | 617,9 | 18 519 | 249 | 136 | 46 858 | 6 300,8 | 390 264 |
| 95 | 62 | 12 | 3 459 | 608,9 | 17 695 | 238 | 144 | 47 401 | 6 394,3 | 396 257 |
| 96 | 59 | 14 | 3 383 | 668,9 | 18 241 | 238 | 150 | 50 080 | 7 374,7 | 477 088 |
| 97 | 61 | 13 | 3 553 | 707,1 | 18 318 | 242 | 149 | 54 855 | 7 926,1 | 535 185 |
| 1898 | 58 | 15 | 3 598 | 768,8 | 20 348 | 243 | 138 | 55 411 | 8 438,0 | 584 424 |
| 99 | 59 | 17 | 3 683 | 832,7 | 22 948 | 240 | 138 | 61 208 | 9 334,5 | 701 043 |
| 1900 | 58 | 17 | 3 788 | 849,8 | 24 282 | 241 | 136 | 59 664 | 9 723,1 | 701 635 |
| 01 | 61 | 18 | 4 824 | 856,8 | 24 448 | 242 | 140 | 58 518 | 9 097,3 | 708 835 |
| 02 | 60 | 20 | 4 775 | 965,0 | 26 889 | 231 | 137 | 58 730 | 9 885,4 | 672 824 |

| [1]) Davon wurden gewonnen | Silber kg aus inländischen Erzen | Silber kg aus ausländischen Erzen | Silber kg aus in- u. ausländischen Rückständen u. Abfällen | Gold kg aus inländischen Erzen | Gold kg aus ausländischen Erzen | Gold kg aus in- u. ausländischen Rückständen u. Abfällen |
|---|---|---|---|---|---|---|
| 1898 | 173 328 | 276 523 | 30 727 | 111 | 817 | 1 909 |
| 99 | 134 108 | 298 582 | 35 870 | 112 | 486 | 2 007 |
| 1900 | 168 319 | 195 [illegible] | 51 688 | 99 | 506 | 2 450 |
| 01 | 171 777 | 197 968 | 34 051 | 91 | 449 | 2 215 |
| 02 | 178 409 | 214 048 | 38 153 | 94 | 331 | 2 259 |

[2]) Engl. Schwefelsäure und rauchendes Vitriolöl.

[3]) Außer den aufgeführten Hüttenerzeugnissen sind in dieser Summe enthalten: Quecksilber, Nickel, Blaufarbenwerkprodukte, [illegible], Zinn, [illegible], Wismut, Antimon, [illegible], [illegible], [illegible], [illegible], [illegible], [illegible] und [illegible].

## 7. Hochofenbetrieb. (S. Vorbemerkung bei 4.)

| Jahr | In Hochofenwerken | waren Hochöfen vorhanden | waren Hochöfen in Betrieb | Betriebsdauer der Hochöfen Wochen | Mittlere Belegschaft Köpfe | Verhüttete Rohstoffe (Erz, Schlacken, Zuschläge) 1000 Tonnen | Erzeugtes Roheisen: zur Gießerei Menge 1000 Tonnen | zur Gießerei Wert 1000 Mark | zur Flußeisenbereitung Menge 1000 Tonnen | zur Flußeisenbereitung Wert 1000 Mark |
|---|---|---|---|---|---|---|---|---|---|---|
| 1893 | 103 | 263 | 204 | 9 747 | 24 201 | 14 259,7 | 739,1 | 36 583 | 2 831,8 | 118 812 |
| 94 | 102 | 258 | 208 | 9 878 | 24 110 | 15 158,0 | 840,1 | 40 147 | 3 160,0 | 132 898 |
| 95 | 104 | 263 | 212 | 9 929 | 24 059 | 15 421,4 | 855,6 | 40 565 | 3 373,3 | 143 238 |
| 96 | 108 | 265 | 229 | 10 848 | 26 562 | 17 950,1 | 944,4 | 48 508 | 4 054,9 | 185 244 |
| 97 | 109 | 273 | 242 | 11 661 | 30 459 | 19 159,1 | 1 089,1 | 58 576 | 4 481,7 | 221 286 |
| 1898 | 109 | 281 | 253 | 11 587 | 30 778 | 20 327,0 | 1 232,1 | 67 702 | 4 850,0 | 244 082 |
| 99 | 108 | 285 | 263 | 12 808 | 36 334 | 22 879,1 | 1 380,0 | 81 349 | 5 475,4 | 299 881 |
| 1900 | 108 | 288 | 274 | 13 252 | 34 743 | 24 291,0 | 1 378,1 | 84 740 | 5 983,0 | 376 777 |
| 01 | 106 | 309 | 263 | 11 517 | 32 387 | 22 162,9 | 1 432,0 | 88 089 | 5 461,1 | 329 391 |
| 02 | 99 | 289 | 241 | 10 946 | 32 399 | 23 725,7 | 1 484,0 | 84 379 | 6 218,4 | 325 173 |

| Jahr | Erzeugtes Roheisen: zur Schweißeisenbereitung Menge 1000 Tonnen | zur Schweißeisenbereitung Wert 1000 Mark | Gußwaren erster Schmelzung Menge 1000 Tonnen | Gußwaren erster Schmelzung Wert 1000 Mark | Bruch- und Wascheisen Menge 1000 Tonnen | Bruch- und Wascheisen Wert 1000 Mark | Gesamterzeugung von Roheisen (S. 6 auf Seite 48) Menge 1000 Tonnen | Gesamterzeugung Wert 1000 Mark |
|---|---|---|---|---|---|---|---|---|
| 1893 | 1 370,3 | 57 081 | 34,7 | 3 607 | 9,7 | 463 | 4 986,0 | 216 326 |
| 94 | 1 334,0 | 54 415 | 34,8 | 3 653 | 10,0 | 457 | 5 380,0 | 231 570 |
| 95 | 1 194,0 | 49 514 | 31,7 | 3 226 | 9,8 | 409 | 5 464,6 | 236 852 |
| 96 | 1 330,0 | 62 143 | 32,6 | 3 347 | 10,0 | 418 | 6 372,0 | 299 660 |
| 97 | 1 250,4 | 65 324 | 42,9 | 4 466 | 11,4 | 495 | 6 881,5 | 350 147 |
| 1898 | 1 172,6 | 62 248 | 45,8 | 4 236 | 12,0 | 484 | 7 312,8 | 378 752 |
| 99 | 1 222,7 | 68 280 | 48,8 | 5 857 | 12,5 | 608 | 8 143,1 | 455 875 |
| 1900 | 1 099,2 | 72 554 | 51,3 | 6 378 | 13,9 | 691 | 8 520,5 | 551 148 |
| 01 | 927,8 | 58 807 | 46,0 | 4 904 | 12,9 | 453 | 7 880,1 | 491 774 |
| 02 | 770,4 | 41 050 | 45,3 | 4 671 | 11,9 | 426 | 8 529,9 | 455 099 |

## 8. Eisengießereibetrieb. (S. Vorbemerkung bei 4.)

| Jahr | Zahl der betriebenen Werke[1] | Mittlere Belegschaft Köpfe | Verschmolzenes Roheisen und Alteisen 1000 Tonnen | Erzeugte Gußwaren zweiter Schmelzung: Geschirrguß Menge 1000 Tonnen | Geschirrguß Wert 1000 Mark | Röhren Menge 1000 Tonnen | Röhren Wert 1000 Mark | Sonstige Gußwaren Menge 1000 Tonnen | Sonstige Gußwaren Wert 1000 Mark |
|---|---|---|---|---|---|---|---|---|---|
| 1893 | 1 221 | 63 552 | 1 234,5 | 65,0 | 11 582 | 188,0 | 22 547 | 797,3 | 140 888 |
| 94 | 1 235 | 60 131 | 1 307,1 | 69,9 | 12 443 | 189,9 | 19 864 | 861,4 | 144 060 |
| 95 | 1 232 | 67 903 | 1 341,3 | 73,6 | 13 252 | 165,0 | 17 768 | 916,7 | 154 006 |
| 96 | 1 215 | 74 536 | 1 570,2 | 88,1 | 16 534 | 195,0 | 21 925 | 1 080,3 | 187 804 |
| 97 | 1 216 | 79 844 | 1 681,0 | 86,3 | 16 420 | 195,0 | 22 253 | 1 168,3 | 208 532 |
| 1898 | 1 213 | 85 435 | 1 824,2 | 92,0 | 17 675 | 212,4 | 27 623 | 1 278,0 | 211 087 |
| 99 | 1 238 | 91 613 | 2 038,2 | 103,4 | 21 409 | 243,2 | 35 174 | 1 422,9 | 272 067 |
| 1900 | 1 253 | 95 548 | 2 090,0 | 111,8 | 23 632 | 272,0 | 39 605 | 1 412,6 | 285 377 |
| 01 | 1 249 | 85 715 | 1 751,3 | 98,1 | 19 270 | 254,9 | 32 000 | 1 169,6 | 221 055 |
| 02 | 1 295 | 84 530 | 1 805,5 | 96,7 | 18 330 | 297,8 | 35 044 | 1 175,2 | 208 329 |

[1]) Wegen fehlender Angaben sind hier nicht zur Nachweisung gelangt im Jahre 1893: 39 Werke, 1894: 41 Werke, 1895: 48 Werke, 1896: 52 Werke, 1897: 54 Werke, 1898: 46 Werke, 1899: 32 Werke, 1900: 26 Werke, 1901: 24 Werke, 1902: 22 Werke. Nach ungefährer Schätzung betrug die Erzeugung dieser Werke 1893: 13 400 t zu 2 270 000 ℳ, 1894: 17 900 t zu 3 490 000 ℳ, 1895: 17 600 t zu 3 630 000 ℳ, 1896: 19 950 t zu 3 981 700 ℳ, 1897: 23 670 t zu 5 408 000 ℳ, 1898: 15 100 t zu 3 650 000 ℳ, 1899: 7 950 t zu 1 750 500 ℳ, 1900: 16 250 t zu 3 675 000 ℳ, 1901: 7 200 t zu 1 125 000 ℳ, 1902: 5 800 t zu 1 450 000 ℳ.

## 9. Schweißeisenbetrieb. (S. Vorbemerkung bei 4.)

| Jahr | Zahl der betriebenen Werke¹) | Mittlere Belegschaft (Köpfe) | Verarbeitetes Eisen (1000 Tonnen) | Erzeugnisse aus Schweißeisen und Schweißstahl: Rohluppen und Rohschienen zum Verkauf, Menge 1000 Tonnen | Rohluppen und Rohschienen zum Verkauf, Wert 1000 Mark | Zementstahl zum Verkauf, Menge 1000 Tonnen | Zementstahl zum Verkauf, Wert 1000 Mark | Eisenbahnschienen und Schienenbefestigungsteile, Menge 1000 Tonnen | Eisenbahnschienen und Schienenbefestigungsteile, Wert 1000 Mark |
|---|---|---|---|---|---|---|---|---|---|
| 1893 | 218 | 40 342 | 1 586,4 | 84,1 | 6 761 | 1,1 | 279 | 11,1 | 1 684 |
| 94 | 213 | 38 851 | 1 540,4 | 77,0 | 5 581 | — | — | 6,5 | 888 |
| 95 | 208 | 38 190 | 1 399,6 | 83,8 | 5 956 | 0,2 | 35 | 1,5 | 204 |
| 96 | 192 | 39 684 | 1 521,0 | 86,5 | 7 160 | 0,2 | 38 | 1,6 | 253 |
| 97 | 180 | 39 058 | 1 455,1 | 79,8 | 7 335 | 0,3 | 52 | 6,5 | 1 020 |
| 1898 | 176 | 38 135 | 1 480,9 | 82,9 | 7 383 | — | — | 11,9 | 1 290 |
| 99 | 175 | 37 607 | 1 549,8 | 79,2 | 8 524 | — | — | 15,7 | 2 041 |
| 1900 | 174 | 38 145 | 1 347,7 | 69,3 | 8 846 | — | — | 18,9 | 2 835 |
| 01 | 164 | 31 585 | 1 051,0 | 30,0 | 3 498 | — | — | 19,5 | 2 544 |
| 02 | 156 | 27 479 | 1 107,6 | 52,0 | 4 545 | 0,0 | 3 | 23,6 | 2 508 |

| Jahr | Erzeugnisse aus Schweißeisen und Schweißstahl: Eiserne Bahnschwellen und Schwellenbefestigungsteile, Menge 1000 Tonnen | Eiserne Bahnschwellen und Schwellenbefestigungsteile, Wert 1000 Mark | Rollendes Eisenbahnmaterial (Achsen, Räder, Radreifen usw), Menge 1000 Tonnen | Rollendes Eisenbahnmaterial, Wert 1000 Mark | Handelseisen (Façoneisen, Baueisen, Profileisen), Menge 1000 Tonnen | Handelseisen, Wert 1000 Mark | Platten und Bleche außer Weißblech, Menge 1000 Tonnen | Platten und Bleche außer Weißblech, Wert 1000 Mark |
|---|---|---|---|---|---|---|---|---|
| 1893 | 3,4 | 445 | 6,9 | 1 599 | 807,8 | 90 690 | 118,6 | 17 774 |
| 94 | 0,8 | 37 | 10,9 | 1 824 | 820,1 | 87 221 | 111,3 | 14 425 |
| 95 | 0,6 | 112 | 5,3 | 1 156 | 789,0 | 82 425 | 91,8 | 10 921 |
| 96 | 0,3 | 30 | 5,7 | 1 263 | 887,7 | 101 532 | 99,4 | 12 574 |
| 97 | 0,5 | 71 | 13,9 | 2 380 | 793,6 | 97 367 | 109,6 | 14 619 |
| 1898 | 0,6 | 117 | 12,1 | 2 309 | 829,9 | 103 279 | 108,3 | 14 816 |
| 99 | 0,1 | 17 | 8,5 | 2 082 | 1 002,9 | 127 497 | 67,0 | 11 456 |
| 1900 | 0,2 | 29 | 8,3 | 1 925 | 748,7 | 121 391 | 55,1 | 10 576 |
| 01 | 0,2 | 21 | 6,0 | 1 202 | 590,6 | 79 923 | 44,2 | 7 690 |
| 02 | 0,7 | 122 | 5,6 | 1 199 | 662,1 | 79 963 | 44,9 | 7 278 |

| Jahr | Erzeugnisse aus Schweißeisen und Schweißstahl: Weißblech, Menge 1000 Tonnen | Weißblech, Wert 1000 Mark | Draht, Menge 1000 Tonnen | Draht, Wert 1000 Mark | Röhren, Menge 1000 Tonnen | Röhren, Wert 1000 Mark | Andere verkäufliche Eisen- und Stahlsorten, Menge 1000 Tonnen | Andere verkäufliche Eisen- und Stahlsorten, Wert 1000 Mark |
|---|---|---|---|---|---|---|---|---|
| 1893 | — | — | 57,7 | 6 553 | 23,3 | 3 507 | 48,8 | 10 205 |
| 94 | — | — | 57,4 | 6 343 | 22,9 | 4 495 | 32,1 | 8 600 |
| 95 | — | — | 38,8 | 4 363 | 33,2 | 6 405 | 34,0 | 9 323 |
| 96 | — | — | 35,6 | 5 180 | 42,2 | 10 568 | 38,7 | 11 188 |
| 97 | — | — | 34,1 | 5 363 | 37,7 | 10 257 | 36,3 | 10 877 |
| 1898 | — | — | 33,1 | 5 372 | 46,7 | 12 019 | 34,6 | 10 913 |
| 99 | — | — | 32,8 | 4 897 | 62,3 | 17 868 | 35,6 | 11 874 |
| 1900 | — | — | 26,8 | 4 903 | 49,8 | 14 608 | 39,0 | 14 214 |
| 01 | — | — | 25,1 | 3 869 | 46,3 | 12 196 | 45,7 | 11 953 |
| 02 | — | — | 26,0 | 3 552 | 45,7 | 10 770 | 33,3 | 9 252 |

¹) Wegen fehlender Angaben sind hier nicht zur Nachweisung gelangt 1893: 2 Werke, 1894: 2 Werke, 1895: 2 Werke, 1896: 1 Werk, 1899: 1 Werk, 1900: 1 Werk. Nach ungefährer Schätzung betrug die Erzeugung dieser Werke im Jahre 1893: 3 800 t zu 560 000 ℳ, 1894: 4 100 t zu 610 000 ℳ, 1895: 3 550 t zu 620 000 ℳ, 1896: 2 350 t zu 328 000 ℳ, 1899: 15 t zu 3 450 ℳ, 1900: 18 t zu 3 980 ℳ.

## 10. Flußeisenbetrieb. (S. Vorbemerkung bei 4.)

| Jahr | Zahl der betriebenen Werke[1] | Mittlere Belegschaft (Köpfe) | Verarbeitetes Eisen (1 000 Tonnen) | Erzeugnisse aus Flußeisen und Flußstahl: Halbfabrikate (Ingots, Brammen, Billets, Platinen usw) zum Verkauf | | Eisenbahnschienen und Schienenbefestigungsteile | | Eiserne Bahnschwellen und Schwellenbefestigungsteile | |
|---|---|---|---|---|---|---|---|---|---|
| | | | | Menge 1 000 Tonnen | Wert 1 000 Mark | Menge 1 000 Tonnen | Wert 1 000 Mark | Menge 1 000 Tonnen | Wert 1 000 Mark |
| 1893 | 139 | 65 944 | 4 034,8 | 931,6 | 69 562 | 483,2 | 50 504 | 150,1 | 15 121 |
| 94 | 146 | 69 372 | 4 659,1 | 1 032,9 | 74 351 | 568,8 | 58 026 | 138,8 | 13 646 |
| 95 | 149 | 75 080 | 4 994,6 | 1 131,5 | 80 320 | 480,9 | 51 153 | 143,3 | 13 565 |
| 96 | 153 | 83 912 | 6 019,8 | 1 358,7 | 105 579 | 580,1 | 61 195 | 159,8 | 15 661 |
| 97 | 164 | 91 528 | 6 512,1 | 1 273,1 | 107 131 | 782,8 | 87 313 | 144,9 | 15 225 |
| 1898 | 170 | 106 459 | 7 318,3 | 1 428,1 | 122 304 | 807,2 | 91 514 | 168,6 | 17 834 |
| 99 | 177 | 120 083 | 8 112,5 | 1 508,4 | 138 677 | 792,0 | 94 585 | 201,7 | 22 060 |
| 1900 | 189 | 124 665 | 8 372,5 | 1 530,1 | 164 623 | 903,1 | 120 195 | 231,6 | 28 484 |
| 01 | 200 | 121 860 | 8 139,7 | 1 648,8 | 145 669 | 829,6 | 98 981 | 203,2 | 22 983 |
| 02 | 199 | 128 438 | 9 533,3 | 2 230,8 | 177 435 | 921,5 | 101 685 | 209,3 | 22 773 |

| Jahr | Erzeugnisse aus Flußeisen und Flußstahl: Rollendes Eisenbahnmaterial (Achsen, Räder, Radreifen usw) | | Handelseisen (Fassoneisen, Baueisen, Profileisen) | | Platten und Bleche außer Weißblech | | Weißblech | |
|---|---|---|---|---|---|---|---|---|
| | Menge 1 000 Tonnen | Wert 1 000 Mark | Menge 1 000 Tonnen | Wert 1 000 Mark | Menge 1 000 Tonnen | Wert 1 000 Mark | Menge 1 000 Tonnen | Wert 1 000 Mark |
| 1893 | 80,0 | 16 652 | 694,8 | 67 335 | 309,4 | 43 501 | 27,4 | 8 740 |
| 94 | 85,7 | 17 337 | 875,0 | 79 694 | 354,3 | 47 389 | 31,8 | 9 384 |
| 95 | 109,8 | 20 624 | 1 020,7 | 92 883 | 448,3 | 58 624 | 31,3 | 8 694 |
| 96 | 118,8 | 25 795 | 1 332,8 | 131 245 | 566,8 | 79 296 | 34,2 | 9 344 |
| 97 | 127,0 | 29 012 | 1 555,0 | 100 001 | 574,1 | 84 883 | 31,5 | 8 300 |
| 1898 | 145,5 | 32 750 | 1 858,4 | 203 040 | 659,0 | 97 205 | 35,8 | 9 434 |
| 99 | 154,6 | 35 583 | 2 132,1 | 255 958 | 773,6 | 126 062 | 34,0 | 10 132 |
| 1900 | 179,3 | 42 581 | 2 013,1 | 281 602 | 773,3 | 142 790 | 30,7 | 11 053 |
| 01 | 141,4 | 32 484 | 1 841,7 | 210 600 | 768,7 | 120 883 | 38,8 | 11 998 |
| 02 | 142,8 | 29 027 | 2 223,0 | 233 931 | 856,3 | 122 747 | 42,5 | 14 371 |

| Jahr | Erzeugnisse aus Flußeisen und Flußstahl: Draht | | Röhren | | Kriegsmaterial aller Art (Geschütze, Geschosse usw) | | Andere verkäufliche Eisen- und Stahlsorten | |
|---|---|---|---|---|---|---|---|---|
| | Menge 1 000 Tonnen | Wert 1 000 Mark | Menge 1 000 Tonnen | Wert 1 000 Mark | Menge 1 000 Tonnen | Wert 1 000 Mark | Menge 1 000 Tonnen | Wert 1 000 Mark |
| 1893 | 394,7 | 40 494 | 8,3 | 1 813 | 15,0 | 17 252 | 69,0 | 19 758 |
| 94 | 447,1 | 43 968 | 9,6 | 2 029 | 15,5 | 18 909 | 82,7 | 21 768 |
| 95 | 465,6 | 45 795 | 12,1 | 3 331 | 8,7 | 9 515 | 97,1 | 27 100 |
| 96 | 513,4 | 54 926 | 10,3 | 2 603 | 14,0 | 16 589 | 132,8 | 38 500 |
| 97 | 478,8 | 53 605 | 11,6 | 3 601 | 15,4 | 18 884 | 133,3 | 40 371 |
| 1898 | 442,7 | 50 283 | 16,1 | 7 958 | 29,3 | 27 404 | 181,0 | 53 194 |
| 99 | 479,7 | 61 599 | 30,8 | 8 502 | 26,6 | 24 931 | 195,9 | 61 044 |
| 1900 | 430,8 | 65 811 | 28,4 | 9 473 | 30,3 | 30 768 | 205,0 | 65 618 |
| 01 | 497,8 | 64 252 | 32,1 | 9 471 | 21,4 | 24 817 | 192,4 | 51 675 |
| 02 | 547,8 | 65 133 | 37,7 | 11 638 | 19,4 | 21 058 | 192,5 | 48 018 |

[1] Wegen fehlender Angaben sind hier nicht zur Nachweisung gelangt 1894: 1 Werk, 1895: 2 Werke, 1896: 1 Werk, 1902: 1 Werk. Nach ungefährer Schätzung betrug die Erzeugung dieser Werke im Jahre 1894: 400 t zu 87 000 ℳ, 1895: 850 t zu 180 000 ℳ, 1896: 460 t zu 104 000 ℳ, 1902: Schätzung unmöglich.

## 11. Biergewinnung.

(Vierteljahrshefte zur Statistik des Deutschen Reichs 1903, IV.)

### a. Biergewinnung im Brausteuergebiet.[1]

Umfang und Bevölkerung des Brausteuergebiets s. S. 2 unter 4.

| Rechnungsjahre (1. April beginnend) | Zahl der im Betriebe gewesenen Brauereien | Darunter gewerbliche Brauereien | Menge der verwendeten steuerpflichtigen Braustoffe: Getreide Tonnen | Malzersatzstoffe[2] Tonnen | Menge des gewonnenen Biers: obergäriges 1 000 hl | untergäriges 1 000 hl | zusammen 1 000 hl | auf den Kopf Liter | Zur Herstellung von 1 Hektoliter Bier wurden durchschnittlich verwendet: Getreide kg | Malzersatzstoffe kg |
|---|---|---|---|---|---|---|---|---|---|---|
| 1883 | 10 706 | 9 625 | 472 578 | 2 466 | 8 072 | 15 320 | 23 392 | 67 | 20,22 | 0,04 |
| 84 | 10 520 | 9 461 | 493 281 | 2 843 | 8 384 | 16 229 | 24 613 | 70 | 20,02 | 0,09 |
| 85 | 10 366 | 9 326 | 487 501 | 3 045 | 8 081 | 16 810 | 24 891 | 68 | 20,00 | 0,10 |
| 86 | 9 708 | 8 690 | 532 964 | 3 695 | 8 715 | 17 850 | 26 565 | 74 | 20,00 | 0,11 |
| 87 | 9 639 | 8 605 | 550 390 | 4 391 | 8 504 | 18 972 | 27 476 | 76 | 20,07 | 0,17 |
| 1888 | 9 556 | 8 540 | 573 350 | 4 953 | 8 396 | 20 259 | 28 655 | 77 | 20,04 | 0,18 |
| 89 | 9 275 | 8 352 | 632 641 | 7 117 | 8 989 | 23 200 | 32 189 | 85 | 19,72 | 0,22 |
| 90 | 8 969 | 8 054 | 630 624 | 9 365 | 8 327 | 23 952 | 32 279 | 84 | 19,54 | 0,29 |
| 91 | 8 672 | 7 785 | 630 751 | 8 754 | 7 841 | 24 791 | 32 632 | 84 | 19,47 | 0,26 |
| 92 | 8 460 | 7 571 | 633 077 | 8 716 | 7 665 | 25 506 | 33 171 | 84 | 19,24 | 0,27 |
| 1893 | 8 243 | 7 403 | 653 379 | 9 154 | 7 523 | 26 862 | 34 385 | 86 | 19,19 | 0,28 |
| 94 | 8 020 | 7 225 | 643 564 | 10 809 | 7 131 | 26 843 | 33 974 | 84 | 19,12 | 0,32 |
| 95 | 7 847 | 7 068 | 702 927 | 11 938 | 7 884 | 29 849 | 37 733 | 92 | 18,83 | 0,32 |
| 96 | 7 682 | 6 938 | 711 844 | 12 106 | 7 545 | 30 811 | 38 356 | 92 | 18,78 | 0,32 |
| 97 | 7 542 | 6 818 | 759 088 | 14 207 | 7 777 | 33 659 | 41 436 | 98 | 18,45 | 0,35 |
| 1898 | 7 312 | 6 638 | 764 137 | 15 760 | 7 567 | 34 702 | 42 269 | 98 | 18,23 | 0,38 |
| 99 | 7 083 | 6 441 | 781 073 | 15 766 | 7 281 | 35 928 | 43 209 | 99 | 18,20 | 0,37 |
| 1900 | 6 903 | 6 283 | 800 727 | 14 961 | 7 429 | 37 305 | 44 734 | 101 | 18,19 | 0,33 |
| 01 | 6 674 | 6 118 | 796 468 | 14 962 | 7 323 | 37 718 | 45 041 | 100 | 17,68 | 0,33 |
| 02 | 6 591 | 6 072 | 745 919 | 13 444 | 6 467 | 35 759 | 42 226 | 92 | 17,64 | 0,32 |
| **Im Rechnungsjahr 1902 nach Steuerdirektivbezirken.** | | | | | | | | | | |
| Ostpreußen | 162 | 158 | 22 960 | 737 | 287 | 901 | 1 188 | 59 | 19,33 | 0,62 |
| Westpreußen | 91 | 91 | 12 869 | 446 | 118 | 612 | 730 | 46 | 18,01 | 0,62 |
| Brandenburg | 566 | 565 | 122 147 | 2 447 | 2 225 | 4 827 | 7 052 | 137 | 17,34 | 0,35 |
| Pommern | 188 | 140 | 14 098 | 882 | 90 | 751 | 841 | 51 | 17,84 | 0,16 |
| Posen | 136 | 136 | 10 049 | 152 | 167 | 434 | 601 | 31 | 16,68 | 0,25 |
| Schlesien | 614 | 614 | 55 290 | 603 | 714 | 2 508 | 3 222 | 67 | 17,28 | 0,11 |
| Provinz Sachsen | 435 | 434 | 42 065 | 612 | 358 | 2 115 | 2 473 | 91 | 17,08 | 0,16 |
| Schleswig-Holstein | 436 | 278 | 26 587 | 519 | 194 | 1 406 | 1 600 | 110 | 16,77 | 0,32 |
| Hannover | 367 | 303 | 28 429 | 1 317 | 123 | 1 495 | 1 618 | 60 | 18,72 | 0,81 |
| Westfalen | 769 | 746 | 66 820 | 606 | 73 | 3 392 | 3 465 | 96 | 19,41 | 0,04 |
| Hessen-Nassau | 202 | 201 | 42 807 | 376 | 7 | 2 206 | 2 213 | 115 | 19,47 | 0,03 |
| Rheinland | 706 | 696 | 95 925 | 2 701 | 812 | 4 563 | 5 375 | 90 | 16,28 | 0,08 |
| Hohenzollern | 172 | 172 | 2 981 | 9 | 3 | 144 | 147 | 219 | 20,31 | 0,06 |
| Zusammen Preußen | 4 770 | 4 424 | 542 770 | 11 525 | 5 171 | 25 354 | 30 525 | 86 | 18,01 | 0,38 |
| Sachsen | 601 | 601 | 72 718 | 544 | 806 | 3 789 | 4 595 | 106 | 15,84 | 0,12 |
| Hessen | 125 | 125 | 30 719 | 122 | — | 1 567 | 1 567 | 130 | 19,68 | 0,08 |
| Mecklenburg | 256 | 95 | 7 686 | 111 | 97 | 388 | 485 | 68 | 15,78 | 0,23 |
| Thüringen | 590 | 300 | 47 825 | 146 | 121 | 2 410 | 2 531 | 151 | 18,89 | 0,06 |
| Oldenburg | 63 | 62 | 3 799 | 5 | 25 | 191 | 216 | 66 | 17,59 | 0,02 |
| Braunschweig | 58 | 58 | 10 592 | 73 | 25 | 571 | 596 | 125 | 17,82 | 0,12 |
| Anhalt | 60 | 60 | 8 108 | 112 | 65 | 367 | 432 | 130 | 17,88 | 0,26 |
| Lübeck | 22 | 21 | 1 817 | 18 | 29 | 83 | 112 | 104 | 16,20 | 0,16 |
| Bremen | 14 | 14 | 6 640 | 251 | 13 | 353 | 366 | 157 | 18,20 | 0,69 |
| Hamburg | 22 | 22 | 13 240 | 537 | 115 | 666 | 781 | 100 | 17,21 | 0,68 |

[1] Betriebe, in denen Bier lediglich als steuerfreier Haustrunk bereitet wird, sind nicht berücksichtigt. — [2] Darunter Reis 1883: 492 t, 1884: 622 t, 1885: 855 t, 1886: 680 t, 1887: 968 t, 1888: 1 274 t, 1889: 2 065 t, 1890: 3 250 t, 1891: 4 305 t, 1892: 5 077 t, 1893: 5 107 t, 1894: 6 781 t, 1895: 7 578 t, 1896: 7 596 t, 1897: 9 367 t, 1898: 10 225 t, 1899: 9 869 t, 1900: 8 957 t, 1901: 8 757 t und 1902: 7 614 t.

## 11 b. Art und Betriebsumfang der Bierbrauereien im Brausteuergebiet.

| Rechnungsjahre (1. April beginnend) | Von den im Brausteuergebiet im Betriebe gewesenen Brauereien (s. vorige Seite) haben vorwiegend bereitet obergäriges Bier: gewerbliche | nicht gewerbliche | untergäriges Bier: gewerbliche | nicht gewerbliche | an Brausteuer entrichtet¹) bis 15 M | über 15 bis 60 M | 60 bis 300 M | 300 bis 600 M | 600 bis 1 500 M | 1 500 bis 6 000 M | 6 000 bis 15 000 M | 15 000 M |
|---|---|---|---|---|---|---|---|---|---|---|---|---|
| 1883 | 6 454 | 1 077 | 3 171 | 1 | 1 948 | 1 004 | 2 353 | 1 398 | 1 769 | 1 609 | 403 | 218 |
| 84 | 6 369 | 1 058 | 3 092 | 1 | 1 894 | 958 | 2 228 | 1 350 | 1 825 | 1 618 | 402 | 243 |
| 85 | 6 229 | 1 038 | 3 097 | 1 | 1 853 | 918 | 2 138 | 1 352 | 1 794 | 1 618 | 424 | 238 |
| 86 | 5 573 | 1 017 | 3 117 | 1 | 1 293 | 837 | 2 038 | 1 330 | 1 800 | 1 697 | 450 | 261 |
| 87 | 5 477 | 1 003 | 3 128 | 1 | 1 317 | 830 | 2 018 | 1 298 | 1 734 | 1 700 | 451 | 291 |
| 1888 | 5 363 | 1 014 | 3 177 | 2 | 1 329 | 799 | 1 974 | 1 284 | 1 699 | 1 687 | 478 | 306 |
| 89 | 5 190 | 922 | 3 162 | 1 | 1 208 | 774 | 1 890 | 1 234 | 1 658 | 1 677 | 475 | 359 |
| 90 | 4 916 | 914 | 3 138 | 1 | 1 211 | 732 | 1 788 | 1 177 | 1 606 | 1 596 | 480 | 379 |
| 91 | 4 664 | 886 | 3 121 | 1 | 1 185 | 715 | 1 721 | 1 142 | 1 476 | 1 573 | 490 | 374 |
| 92 | 4 500 | 888 | 3 071 | 1 | 1 201 | 634 | 1 650 | 1 088 | 1 448 | 1 549 | 523 | 368 |
| 1893 | 4 335 | 837 | 3 070 | 1 | 1 162 | 627 | 1 583 | 1 035 | 1 420 | 1 511 | 525 | 382 |
| 94 | 4 145 | 803 | 3 080 | 1 | 1 176 | 586 | 1 515 | 1 021 | 1 357 | 1 453 | 535 | 388 |
| 95 | 4 042 | 779 | 3 026 | — | 1 161 | 511 | 1 383 | 977 | 1 321 | 1 514 | 569 | 414 |
| 96 | 3 969 | 744 | 2 969 | — | 1 147 | 494 | 1 385 | 923 | 1 279 | 1 472 | 501 | 423 |
| 97 | 3 861 | 724 | 2 957 | — | 1 145 | 487 | 1 304 | 869 | 1 218 | 1 456 | 590 | 455 |
| 1898 | 3 778 | 674 | 2 862 | — | 1 093 | 446 | 1 284 | 880 | 1 158 | 1 392 | 586 | 475 |
| 99 | 3 579 | 642 | 2 862 | — | 1 037 | 404 | 1 212 | 872 | 1 116 | 1 366 | 587 | 489 |
| 1900 | 3 414 | 620 | 2 839 | — | 1 007 | 374 | 1 170 | 828 | 1 078 | 1 337 | 615 | 495 |
| 01 | 3 302 | 561 | 2 811 | — | 921 | 383 | 1 144 | 801 | 1 009 | 1 323 | 620 | 493 |
| 02 | 3 258 | 509 | 2 814 | — | 962 | 365 | 1 152 | 753 | 1 000 | 1 308 | 595 | 447 |

¹) Die Summe dieser Spalten weicht von der Zahl der im Betriebe gewesenen Brauereien (Nachw. a.) zum Teil etwas ab, was mit der Fixation der Brausteuer im Zusammenhange steht.

## 11 c. Biergewinnung in den deutschen Steuergebieten und dem deutschen Zollgebiet.

| Jahre¹) | Biergewinnung in dem Brausteuergebiet (1 000 Hektoliter) | Bayern | Württemberg | Baden²) | Elsaß-Lothringen | dem Zollgebiet | Biergewinnung auf den Kopf der Bevölkerung: Brausteuergebiet (Liter) | Bayern | Württemberg | Baden | Elsaß-Lothringen | Zollgebiet |
|---|---|---|---|---|---|---|---|---|---|---|---|---|
| 1883 | 23 392 | 12 265 | 3 084 | 1 221 | 623 | 40 873 | 67 | 229 | 155 | 77 | 53 | 90 |
| 84 | 24 013 | 12 608 | 3 028 | 1 236 | 802 | 42 374 | 70 | 234 | 152 | 78 | 51 | 92 |
| 85 | 24 291 | 12 665 | 2 879 | 1 244 | 691 | 41 857 | 68 | 234 | 144 | 78 | 44 | 91 |
| 86 | 26 565 | 13 090 | 3 306 | 1 302 | 720 | 45 068 | 74 | 240 | 165 | 81 | 46 | 97 |
| 87 | 27 476 | 13 711 | 3 558 | 1 484 | 778 | 47 100 | 76 | 250 | 176 | 92 | 50 | 100 |
| 1888 | 28 655 | 13 528 | 3 154 | 1 509 | 759 | 47 696 | 77 | 245 | 156 | 93 | 48 | 99 |
| 89 | 32 169 | 14 284 | 3 419 | 1 631 | 798 | 52 420 | 85 | 258 | 168 | 100 | 51 | 107 |
| 90 | 32 279 | 14 427 | 3 508 | 1 679 | 837 | 52 830 | 84 | 258 | 172 | 102 | 52 | 107 |
| 91 | 32 632 | 14 490 | 3 454 | 1 643 | 875 | 53 205 | 84 | 258 | 169 | 99 | 54 | 108 |
| 92 | 33 171 | 15 101 | 3 749 | 1 714 | 912 | 54 780 | 84 | 267 | 183 | 102 | 56 | 108 |
| 1893 | 34 385 | 15 025 | 3 478 | 1 710 | 907 | 55 623 | 86 | 264 | 169 | 102 | 56 | 109 |
| 94 | 33 974 | 15 186 | 3 490 | 1 728 | 869 | 55 380 | 84 | 265 | 169 | 101 | 53 | 107 |
| 95 | 37 733 | 16 034 | 3 885 | 1 914 | 997 | 60 695 | 92 | 277 | 187 | 111 | 61 | 118 |
| 96 | 38 356 | 16 208 | 3 795 | 2 192 | 937 | 61 621 | 92 | 278 | 181 | 126 | 57 | 118 |
| 97 | 41 436 | 16 982 | 4 100 | 2 741 | 964 | 66 378 | 98 | 286 | 194 | 156 | 58 | 123 |
| 1898 | 42 269 | 17 455 | 4 069 | 2 947 | 1 058 | 67 988 | 98 | 291 | 191 | 166 | 63 | 124 |
| 99 | 43 209 | 17 779 | 4 128 | 3 095 | 1 128 | 69 500 | 99 | 292 | 193 | 170 | 66 | 125 |
| 1900 | 44 734 | 17 944 | 3 877 | 2 974 | 1 106 | 70 857 | 101 | 291 | 179 | 160 | 64 | 125 |
| 01 | 45 041 | 17 818 | 4 013 | 2 964 | 1 117 | 71 157 | 100 | 286 | 184 | 157 | 64 | 124 |
| 02 | 42 226 | 17 381 | 3 792 | 2 967 | 1 148 | 67 609 | 92 | 275 | 172 | 155 | 66 | 116 |

¹) Für das Brausteuergebiet, für Württemberg und Elsaß-Lothringen Rechnungsjahre; für Bayern Kalenderjahre.
²) 1883—1895 Steuerjahre, die mit dem 1. Dezember (1882 usw.) begannen; 1896: 1. Dezember 1895 bis 31. Dezember 1896 (13 Monate), von 1897 ab Kalenderjahre. Die Biergewinnung wird in Baden erst seit 1897 unmittelbar erhoben; die für die vorangegangenen Jahre ergebenen Zahlen sind aus dem Betrage der erhobenen Biersteuer berechnet.

## 12. Branntweingewinnung.

(Vierteljahrshefte zur Statistik des Deutschen Reichs 1904, I.)

Umfang und Bevölkerung des Branntweinsteuergebiets s. S. 2 unter 4.

### a. Zahl der im Betriebe gewesenen Brennereien.

| Betriebsjahre (1. Oktober beginnend) | Brennereien, die hauptsächlich verarbeiteten: Kartoffeln landwirtschaftliche | Kartoffeln gewerbliche | Getreide landwirtschaftliche | Getreide gewerbliche | andere Stoffe (gewerbl. Br.) | Melasse | andere nichtmehlige Stoffe | Brennereien überhaupt | Darunter in Verbindung mit Hefengewinnung betriebene Brennereien landwirtschaftliche | gewerbliche |
|---|---|---|---|---|---|---|---|---|---|---|
| 1893/94 | 5 774 | 16 | 5 772 | 870 | . | 27 | 59 044 | 71 503 | 826 | 443 |
| 94/95 | 5 611 | 20 | 6 642 | 907 | . | 30 | 52 167 | 65 377 | 616 | 435 |
| 95/96 | 5 615 | 68 | 6 654 | 1 075 | 219 | 29 | 47 103 | 60 763 | 617 | 419 |
| 96/97 | 5 533 | 38 | 6 967 | 1 083 | 172 | 31 | 48 284 | 62 108 | 600 | 426 |
| 97/98 | 5 941 | 44 | 6 980 | 1 072 | 141 | 30 | 46 571 | 60 779 | 570 | 406 |
| 98/99 | 5 530 | 41 | 7 837 | 1 064 | 192 | 29 | 46 233 | 60 925 | 554 | 400 |
| 99/1900 | 6 262 | 72 | 7 648 | 1 040 | 141 | 28 | 43 833 | 59 024 | 538 | 395 |
| 1900/01 | 5 796 | 61 | 6 164 | 884 | 239 | 27 | 61 669 | 74 840 | 519 | 385 |
| 01/02 | 6 459 | 78 | 7 065 | 921 | 139 | 28 | 55 168 | 69 858 | 489 | 371 |
| 02/03 | 6 337 | 36 | 8 436 | 789 | 52 | 29 | 45 192 | 60 871 | 454 | 356 |
| 1902/03 in den Direktivbezirken: Ostpreußen | 293 | — | 1 | 4 | — | — | 4 | 302 | 1 | 4 |
| Westpreußen | 330 | — | 1 | 1 | — | — | 3 | 335 | 1 | 1 |
| Brandenburg | 597 | 3 | 11 | 24 | — | — | 12 | 647 | 4 | 13 |
| Pommern | 452 | 2 | 3 | 18 | — | — | 1 | 476 | 2 | 18 |
| Posen | 537 | — | — | 2 | — | — | 2 | 541 | — | 2 |
| Schlesien | 636 | 1 | 124 | 129 | — | 4 | 15 | 909 | 3 | 13 |
| Provinz Sachsen | 226 | 1 | 13 | 72 | — | 9 | 5 | 326 | 4 | 4 |
| Hannover | 15 | — | 231 | 60 | — | 2 | 7 | 315 | 100 | 51 |
| Westfalen | 1 | — | 471 | 113 | — | — | 40 | 625 | 218 | 95 |
| Übr. preuß. Bezirk. | 132 | 1 | 569 | 259 | 2 | — | 989 | 1 952 | 101 | 108 |
| Bayern | 1 353 | 5 | 1 039 | 14 | 1 | — | 2 143 | 4 555 | 3 | 7 |
| Sachsen | 532 | — | 13 | 9 | — | 1 | 17 | 572 | — | 5 |
| Württemberg | 696 | 18 | 2 239 | 22 | 40 | 3 | 2 679 | 5 697 | 2 | 6 |
| Baden | 199 | 5 | 3 576 | 8 | 9 | 4 | 17 247 | 21 048 | — | 4 |
| Elsaß-Lothringen | 37 | — | 55 | 3 | — | — | 21 962 | 22 057 | — | — |
| Übrigen Bezirken | 301 | — | 70 | 51 | — | 6 | 86 | 514 | 15 | 25 |

### b. Rohstoffverbrauch in den Brennereien.

| Betriebsjahre (1. Oktober beginnend) | Verarbeitete Stoffe: Kartoffeln | Getreide und alle übrigen mehligen Stoffe | Melasse, Rüben u. Rübensaft | Brauereiabfälle, Hefenbrühe | Kernobst und Kernobsttreber | Steinobst | Obst- und Traubenwein | Weinhefe, Weintreber | Sonstige Stoffe |
|---|---|---|---|---|---|---|---|---|---|
| | 1000 Tonnen | | | 1000 Hektoliter | | | | | |
| 1893/94 | 2 148 | 325 | 34 | 188 | 272 | 603 | 28 | 538 | 46 |
| 94/95 | 1 804 | 322 | 76 | 180 | 130 | 422 | 25 | 367 | 90 |
| 95/96 | 2 210 | 331 | 43 | 183 | 120 | 227 | 30 | 245 | 57 |
| 96/97 | 2 116 | 314 | 45 | 165 | 61 | 197 | 32 | 539 | 89 |
| 97/98 | 2 201 | 333 | 47 | 128 | 106 | 193 | 27 | 374 | 69 |
| 98/99 | 2 580 | 348 | 35 | 116 | 104 | 230 | 28 | 267 | 79 |
| 99/1900 | 2 502 | 347 | 35 | 109 | 86 | 221 | 29 | 373 | 84 |
| 1900/01 | 2 790 | 364 | 30 | 88 | 360 | 733 | 30 | 597 | 64 |
| 01/02 | 3 068 | 362 | 32 | 82 | 87 | 507 | 39 | 520 | 81 |
| 02/03 | 2 367 | 352 | 35 | 85 | 118 | 129 | 24 | 387 | 79 |

## 12 c. Erzeugung und Kontingent der Brennereien.

| Betriebsjahre (1. Oktober beginnend) | Es wurden erzeugt in Brennereien, die hauptsächlich verarbeiteten: Kartoffeln, landwirtschaftlichen | Kartoffeln, gewerblichen | Getreide, landwirtschaftlichen | Getreide, gewerblichen | andere Stoffe (gemischt etc.) | Melasse | andere nicht mehlige Stoffe | in den Brennereien überhaupt[1] | darunter in den auf Hefenerzeugung betriebenen Brennereien, landwirtschaftlichen | darunter … gewerblichen |
|---|---|---|---|---|---|---|---|---|---|---|
| | Hektoliter Alkohol | | | | | | | | | |
| **A. Gesamterzeugung:** | | | | | | | | | | |
| 1893/94 | 2 578 949 | 4 591 | 185 000 | 347 443 | . | 98 376 | 50 320 | 3 202 685 | 86 904 | 315 535 |
| 94/95 | 2 168 353 | 4 185 | 186 850 | 337 113 | . | 218 472 | 30 688 | 2 951 671 | 86 378 | 307 379 |
| 95/96 | 2 650 397 | 4 926 | 202 623 | 328 900 | 354 | 122 285 | 25 103 | 3 333 648 | 90 878 | 290 501 |
| 96/97 | 2 393 598 | 4 681 | 224 721 | 320 845 | 272 | 127 794 | 28 594 | 3 100 505 | 93 569 | 288 537 |
| 97/98 | 2 546 368 | 4 496 | 251 828 | 325 434 | 294 | 134 202 | 25 268 | 3 287 890 | 97 699 | 286 990 |
| 98/99 | 3 101 705 | 5 029 | 245 681 | 315 283 | 387 | 102 889 | 24 615 | 3 815 569 | 102 142 | 300 677 |
| 99/1900 | 2 942 765 | 5 226 | 246 292 | 352 414 | 249 | 94 734 | 26 140 | 3 667 820 | 103 431 | 317 412 |
| 1900/01 | 3 296 705 | 6 075 | 249 476 | 364 273 | 719 | 83 707 | 50 815 | 4 051 860 | 101 211 | 328 796 |
| 01/02 | 3 511 895 | 7 276 | 230 804 | 363 373 | 312 | 88 728 | 36 520 | 4 238 908 | 95 107 | 332 035 |
| 02/03 | 2 642 772 | 7 189 | 267 390 | 378 395 | 140 | 88 124 | 18 927 | 3 382 937 | 88 580 | 347 627 |
| 1902/03 in den Direktivbezirken: Ostpreußen | 118 978 | — | 224 | 5 130 | — | — | 108 | 124 440 | 224 | 5 130 |
| Westpreußen | 230 343 | — | 581 | 46 | — | — | 141 | 231 111 | 581 | 46 |
| Brandenburg | 478 297 | 1 013 | 352 | 12 867 | — | — | 276 | 492 805 | 35 | 12 342 |
| Pommern | 370 795 | 2 022 | 647 | 27 850 | — | — | 2 | 402 216 | 419 | 27 850 |
| Posen | 533 790 | — | — | 1 023 | — | — | 20 | 535 436 | — | 1 023 |
| Schlesien | 411 178 | 03 | 5 268 | 29 069 | — | 15 067 | 800 | 461 476 | 468 | 25 112 |
| Prov. Sachsen | 119 837 | 2 480 | 1 811 | 8 203 | — | 23 900 | 70 | 156 304 | 854 | 7 670 |
| Hannover | 4 100 | — | 48 571 | 43 479 | — | 12 753 | 67 | 108 970 | 21 303 | 41 279 |
| Westfalen | 50 | — | 86 055 | 50 580 | — | — | 142 | 140 413 | 42 303 | 55 343 |
| Rheinland | 1 053 | 8 | 45 451 | 42 521 | 1 | — | 1 580 | 90 597 | 12 554 | 27 777 |
| Übrig. preuß. Bez. | 11 022 | — | 10 047 | 39 630 | 6 | — | 550 | 61 255 | 1 709 | 39 629 |
| Bayern | 139 702 | 224 | 15 832 | 22 862 | 0 | — | 3 147 | 181 767 | 3 300 | 21 587 |
| Sachsen | 117 137 | — | 658 | 14 955 | — | 120 | 294 | 133 164 | — | 14 834 |
| Württemberg | 9 118 | 81 | 13 918 | 5 480 | 115 | 10 514 | 1 000 | 40 228 | 1 064 | 5 424 |
| Baden | 9 446 | 359 | 4 424 | 40 137 | 24 | 8 953 | 3 012 | 67 257 | — | 39 727 |
| Mecklenburg | 31 089 | — | 301 | 3 300 | — | — | 1 | 35 687 | 01 | 3 181 |
| Anhalt | 26 752 | — | — | 8 | — | 7 929 | 10 | 34 709 | — | — |
| Elsaß-Lothringen | 1 865 | — | 416 | 11 | — | — | 6 036 | 8 328 | — | — |
| Übrigen Bezirken | 27 339 | — | 12 144 | 21 648 | — | 8 887 | 750 | 70 774 | 3 635 | 18 067 |
| **B. Davon wurden erzeugt:[2]** | | | | | | | | | | |
| 1902/03 | | | | | | | | | | |
| 1. In den besonders kontingentierten Brennereien: | | | | | | | | | | |
| a) zum niedrigeren Verbrauchsabgabensatz | 1 745 491 | 4 613 | 132 970 | 150 100 | 125 | 82 580 | 4 853 | 2 120 740 | 37 585 | 128 858 |
| b) zum höheren Verbrauchsabgabensatz | 692 746 | 61 | 93 370 | 187 873 | — | 3 385 | 1 316 | 978 759 | 48 263 | 176 799 |
| 2. In den nicht besonders kontingentierten Brennereien (B. O. § 29): | | | | | | | | | | |
| a) zum niedrigeren Verbrauchsabgabensatz | 7 112 | 1 | 5 617 | — | 6 | — | 11 932 | 24 669 | 194 | — |
| b) zum höheren Verbrauchsabgabensatz | 197 421 | — | 15 422 | — | | — | 718 | 213 561 | 2 541 | — |
| 3. In den nicht am Kontingent beteiligten Brennereien | — | 2 505 | — | 40 100 | 15 | 2 150 | 64 | 44 834 | — | 41 648 |
| **C. Kontingent der im Betriebe gewesenen Brennereien:** | | | | | | | | | | |
| | 1 763 500 | 5 113 | 141 859 | 152 058 | 867 | 82 889 | 8 475 | 2 154 561 | 38 752 | 128 690 |
| Von diesem Kontingent wurden abgebrannt | 1 752 603 | 4 614 | 138 587 | 150 100 | 131 | 82 589 | 16 785 | 2 145 409 | 37 770 | 128 858 |

[1] Geringe Unterschiede zwischen den Angaben der Summenspalte und der vorhergehenden Spalten beruhen auf Abrundungen.
[2] Gegen A. Gesamterzeugung im ganzen 373 hl weniger; wegen des Unterschieds vgl. Vierteljahrshefte z. St. d. D. R. 1904. I. S. 225. Anmerk. 1

# 13. Zuckergewinnung.

(Vierteljahrshefte zur Statistik des Deutschen Reichs 1903, IV.)

## a. Verarbeitung von Rüben zur Zuckergewinnung.

| Betriebsjahre (1. August bis 31. Juli) | Zahl der Fabriken, welche Rüben verarbeitet haben | Menge der verarbeiteten Rüben | Die verarbeiteten Rüben waren geerntet auf | Also auf 1 Hektar Rüben[1]) | Menge der gewonnenen Rohzucker aller Produkte[2]) | Melasse | In einer 12stündigen Arbeitsschicht wurden verarbeitet Rüben |
|---|---|---|---|---|---|---|---|
| | | Tonnen | ha | dz | Tonnen | Tonnen | Tonnen |
| 1883/84 | 376 | 8 918 130 | Bis 1891/92 waren nur die Anbauflächen der von den Fabriken selbst gewonnenen Rüben ermittelt. | 299 | 940 109 | 207 978 | 99 |
| 84/85 | 408 | 10 402 688 | | 329 | 1 123 030 | 259 700 | 107 |
| 85/86 | 399 | 7 070 317 | | 302 | 808 105 | 180 178 | 108 |
| 86/87 | 401 | 8 306 671 | | 300 | 985 628 | 215 887 | 114 |
| 87/88 | 391 | 6 963 961 | | 264 | 910 698 | 182 087 | 116 |
| 1888/89 | 396 | 7 896 183 | | 282 | 944 805 | 201 189 | 118 |
| 89/90 | 401 | 9 822 635 | | 329 | 1 213 689 | 240 797 | 129 |
| 90/91 | 406 | 10 623 319 | | 322 | 1 284 485 | 263 094 | 134 |
| 91/92 | 403 | 9 488 002 | | 282 | 1 144 368 | 244 969 | 145 |
| 92/93 | 401 | 9 811 940 | 352 015 | 279 | 1 171 843 | 241 805 | 157 |
| 1893/94 | 405 | 10 644 352 | 386 481 | 275 | 1 316 665 | 279 299 | 168 |
| 94/95 | 405 | 14 521 030 | 441 441 | 329 | 1 766 805 | 347 090 | 181 |
| 95/96 | 397 | 11 672 816 | 376 669 | 310 | 1 537 522 | 328 463 | 197 |
| 96/97 | 399 | 13 721 601 | 424 881 | 323 | 1 738 885 | 342 322 | 200 |
| 97/98 | 402 | 13 697 892 | 437 174 | 313 | 1 755 229 | 344 480 | 216 |
| 1898/99 | 402 | 12 150 612 | 426 458 | 285 | 1 627 072 | 306 809 | 215 |
| 99/1900 | 399 | 12 439 301 | 426 732 | 292 | 1 691 258 | 307 133 | 221 |
| 1900/01 | 395 | 13 253 909 | 447 036 | 296 | 1 874 715 | 326 237 | 227 |
| 01/02 | 395 | 16 012 667 | 478 749 | 334 | 2 182 961 | 370 553 | 245 |
| [3]) 02/03 | 393 | 11 270 978 | 427 644 | 264 | 1 645 444 | 306 392 | 232 |
| **Im Betriebsjahr 1902/03[3]) nach Steuerdirektivbezirken.** | | | | | | | |
| Ostpreußen | 2 | 49 186 | 2 818 | 176 | 6 831 | 1 661 | 221 |
| Westpreußen | 19 | 623 761 | 26 907 | 232 | 89 807 | 21 847 | 288 |
| Brandenburg | 14 | 466 588 | 18 525 | 252 | 66 325 | 10 258 | 260 |
| Pommern | 11 | 537 701 | 22 993 | 234 | 80 540 | 9 884 | 391 |
| Posen | 30 | 1 280 877 | 48 448 | 266 | 198 221 | 27 738 | 442 |
| Schlesien | 56 | 1 486 706 | 56 096 | 262 | 214 462 | 43 165 | 211 |
| Sachsen | 112 | 3 061 240 | 105 648 | 290 | 444 831 | 61 813 | 197 |
| Schleswig-Holstein | 3 | 16 470 | 807 | 229 | 2 297 | 932 | 157 |
| Hannover | 43 | 959 987 | 38 185 | 261 | 139 434 | 26 705 | 290 |
| Westfalen | 5 | 106 821 | 5 265 | 207 | 15 581 | 3 675 | 312 |
| Hessen-Nassau | 4 | 53 421 | 2 049 | 261 | 7 381 | 1 767 | 263 |
| Rheinland | 10 | 368 544 | 13 241 | 278 | 51 341 | 9 520 | 314 |
| **Preußen** | 300 | 9 006 621 | 340 978 | 264 | 1 317 641 | 238 933 | 242 |
| Bayern | 3 | 64 150 | 2 589 | 248 | 9 426 | 2 014 | 270 |
| Sachsen | 4 | 125 652 | 5 252 | 239 | 17 856 | 2 914 | 231 |
| Württemberg | 4 | 80 404 | 2 722 | 295 | 12 505 | 4 235 | 111 |
| Baden und Elsaß-Lothringen | 2 | 50 092 | 1 770 | 283 | 6 786 | 6 040 | 242 |
| Hessen | 5 | 139 891 | 4 874 | 287 | 20 190 | 4 328 | 261 |
| Mecklenburg | 12 | 437 505 | 20 649 | 212 | 63 174 | 10 759 | 384 |
| Thüringen | 7 | 174 082 | 6 316 | 276 | 26 299 | 3 591 | 182 |
| Braunschweig | 32 | 624 691 | 23 887 | 260 | 89 921 | 17 235 | 190 |
| Anhalt | 24 | 571 860 | 16 667 | 346 | 81 644 | 16 243 | 161 |

[1]) Bis 1891/92 einschließlich bezieht sich dieses Ernteverhältnis **nur** auf die von den Fabriken selbst gezogenen Rüben.

[2]) Hier ist die gesamte Zuckergewinnung der Fabriken, die Rüben verarbeitet haben, nachgewiesen, einschließlich des in diesen Fabriken durch Entzuckerung von Melasse gewonnenen Zuckers. Aller Zucker sind auf Rohzucker umgerechnet.

[3]) Das Betriebsjahr 1902/03 umfaßt infolge Abänderung der Zuckergesetzgebung durch Gesetz vom 6. Januar 1903 (R. G. Bl. S. 1) die Zeit vom 1. VIII. 1902 bis 31. VIII. 1903.

Vgl. Abschn. X, »Zuckerverbrauch« und Abschn. XV, »Einnahme vom Zucker«.

## 13 b. Gewinnung von Roh- und Verbrauchszucker.

| Betriebsjahr (1. August bis 31. Juli) | Zahl der Rübenzuckerfabriken | Zahl der Zuckerraffinerien | Zahl der Melasseentzuckerungsanstalten | Zahl der Zuckerfabriken überhaupt | Außer den in der Übersicht 13a aufgeführten Rüben sind zur Verarbeitung gelangt: Rohzucker | Verbrauchszucker | Melasse | Im ganzen sind gewonnen worden: Rohzucker | Verbrauchszucker | 1) überhaupt auf Rohzucker umgerechnet | Zur Gewinnung von 1 kg Rohzucker waren durchschnittlich an Rüben erforderlich |
|---|---|---|---|---|---|---|---|---|---|---|---|
| | | | | | Tonnen | | | | | | kg |
| 1893/94 | 405 | 57 | 6 | 468 | 793 418 | 17 502 | 217 369 | 1 270 508 | 817 522 | 1 366 001 | 7,70 |
| 94/95 | 405 | 56 | 6 | 467 | 934 608 | 26 349 | 238 836 | 1 692 011 | 989 802 | 1 827 074 | 7,04 |
| 95/96 | 397 | 55 | 6 | 458 | 1 004 068 | 28 075 | 267 889 | 1 467 437 | 1 084 395 | 1 637 057 | 7,18 |
| 96/97 | 399 | 51 | 6 | 456 | 914 495 | 35 957 | 293 070 | 1 659 055 | 1 004 954 | 1 821 223 | 7,53 |
| 97/98 | 402 | 50 | 6 | 458 | 1 133 090 | 25 451 | 278 916 | 1 664 268 | 1 207 350 | 1 814 400 | 7,68 |
| 1898/99 | 402 | 49 | 6 | 457 | 1 096 484 | 18 444 | 254 062 | 1 521 715 | 1 185 922 | 1 722 429 | 7,05 |
| 99/1900 | 399 | 48 | 6 | 453 | 1 107 199 | 18 502 | 262 385 | 1 573 008 | 1 215 205 | 1 795 478 | 6,93 |
| 1900/01 | 395 | 47 | 6 | 448 | 1 175 907 | 19 050 | 269 608 | 1 740 451 | 1 292 167 | 1 979 118 | 6,70 |
| 01/02 | 395 | 46 | 6 | 447 | 1 202 897 | 21 188 | 276 077 | 2 033 740 | 1 345 448 | 2 302 248 | 6,90 |
| (²02/03 | 393 | 45 | 6 | 444 | 1 323 228 | 22 745 | 294 200 | 1 516 044 | 1 459 371 | 1 789 070 | 8,00 |

¹) Nach Abzug des zur Verarbeitung gelangten Zuckers.
²) Vgl. Anm. 3 S. 58.

## 14. Gewinnung von Stärkezucker.¹)

(Vierteljahrshefte zur Statistik des Deutschen Reichs 1903, IV.)

| Betriebsjahre (1. August bis 31. Juli) | Zahl der Stärkezuckerfabriken | Menge der zu Stärkezucker verarbeiteten Stärke: selbsthergestellte Stärke, nasse | selbsthergestellte Stärke, trockene | angekaufte Stärke, nasse | angekaufte Stärke, trockene | Menge des gewonnenen Stärkezuckers: Stärkezucker in fester Form | darunter kristallisierter Stärkezucker²) | Stärkezuckersirup | außerdem Zuckerfarben |
|---|---|---|---|---|---|---|---|---|---|
| | | Tonnen | | | | | | | |
| 1898/99 | 26 | 37 569 | 1 017 | 37 695 | 2 040 | 8 106 | 379 | 36 962 | 4 405 |
| 99/1900 | 26 | 36 546 | 353 | 37 596 | 3 878 | 8 081 | 383 | 35 902 | 4 976 |
| 1900/01 | 25 | 39 399 | 313 | 40 972 | 3 027 | 8 500 | 309 | 39 008 | 4 602 |
| 01/02 | 27 | 49 805 | 1 143 | 48 023 | 2 105 | 9 942 | 142 | 49 289 | 4 128 |
| (³02/03 | 27 | 53 832 | 737 | 53 141 | 1 759 | 9 617 | 142 | 54 530 | 3 998 |
| **Im Betriebsjahre 1902/03³) nach Steuerdirektionsbezirken.** | | | | | | | | | |
| Brandenburg | 10 | 22 261 | 167 | 39 803 | 536 | 7 715 | — | 27 367 | 3 505 |
| Pommern | 2 | 1 597 | 108 | 4 300 | — | 315 | — | 3 413 | 68 |
| Posen | 4 | 18 891 | 43 | 415 | 62 | — | — | 11 577 | 238 |
| Schlesien | 3 | 6 804 | 379 | 968 | 31 | 173 | 122 | 4 728 | 169 |
| Sachsen | 3 | 1 439 | 40 | 4 247 | 125 | 20 | 20 | 3 967 | 83 |
| Preußen | 22 | 50 992 | 737 | 49 733 | 754 | 8 222 | 142 | 51 052 | 3 998 |
| Bayern, Hessen u. Elsaß-Lothringen | 3 | 90 | — | 545 | 1 005 | 967 | — | 428 | — |
| Mecklenburg | 2 | 2 750 | — | 2 863 | — | 428 | — | 3 050 | — |

¹) Gewinnung von Süßstoffen vgl. Jahrg. 21—24 dieses Jahrbuchs.
²) In Form von Broten, Platten u. dgl.
³) Vgl. Anm. 3 S. 56.

## 15. Schaumweingewinnung.

(Vierteljahrshefte zur Statistik des Deutschen Reichs 1903, III.)

| Rechnungsjahre (1. April beginnend) | Zahl der Schaumweinfabriken | Bestand am Anfang des Jahres ¹) | Im Laufe des Jahres wurden ¹) fertiggestellt | davon nicht amtlich Flaschengärung hergestellt | versteuert | unter Steuerkontrolle ausgeführt | in den Fabrikbetrieb zurückgeführt od. Brennereien abgeliefert | Gesamtabgang | Bestand am Schlusse des Jahres ²) |
|---|---|---|---|---|---|---|---|---|---|
| | | Schaumwein in ganzen Flaschen | | | | | | | |
| **a) Schaumwein aus Fruchtwein ohne Zusatz von Traubenwein, § 2a des Gesetzes vom 9. V. 1902.** | | | | | | | | | |
| 1. VII. 1902 bis 31. III. 1903 ¹) | 103 | 37 295 | 151 378 | 151 209 | 129 909 | 3 023 | 3 092 | 136 024 | 52 133 |
| In den Direktivbezirken: Ost-, Westpreußen, Pommern, Posen | 10 | 3 736 | 6 666 | 6 615 | 6 829 | — | 110 | 6 939 | 3 463 |
| Brandenburg | 9 | 590 | 18 707 | 18 707 | 14 763 | — | 43 | 14 796 | 4 500 |
| Schlesien | 7 | 2 266 | 1 758 | 1 758 | 1 696 | — | 617 | 2 308 | 1 716 |
| Provinz Sachsen | 6 | 1 053 | 5 898 | 5 898 | 5 603 | 4 | 152 | 5 759 | 1 192 |
| Schleswig-Holstein, Hannover | 7 | 40 | 6 293 | 6 293 | 4 671 | 408 | 20 | 5 099 | 1 233 |
| Hessen-Nassau | 8 | 1 219 | 25 389 | 25 389 | 25 088 | 331 | 23 | 25 442 | 1 166 |
| Westfalen, Rheinland | 3 | 772 | 1 158 | 1 428 | 1 992 | — | 35 | 2 027 | 203 |
| Preußen | 49 | 9 670 | 66 170 | 66 090 | 60 633 | 743 | 996 | 62 372 | 13 473 |
| Bayern | 12 | 1 269 | 7 243 | 7 189 | 6 298 | 6 | 87 | 6 391 | 2 119 |
| Königr. Sachsen | 17 | 7 001 | 24 471 | 24 440 | 17 689 | — | 368 | 18 057 | 13 414 |
| Württemberg | 4 | 308 | 2 505 | 2 501 | 2 507 | — | 193 | 2 700 | 112 |
| Baden | 2 | 5 | 1 384 | 1 384 | 1 055 | — | 45 | 1 100 | 289 |
| Hessen | 6 | 17 630 | 39 563 | 39 563 | 32 150 | 2 274 | 1 865 | 36 289 | 20 980 |
| Thüringen | 5 | 168 | 3 233 | 3 233 | 3 231 | — | — | 3 231 | 170 |
| Oldenburg | 3 | 607 | 4 242 | 4 242 | 3 780 | — | 10 | 3 790 | 1 059 |
| Mecklenbg., Braunschweig, Bremen | 5 | 831 | 2 565 | 2 565 | 2 563 | — | 124 | 2 687 | 509 |
| **b) Anderer Schaumwein, § 2b des Gesetzes vom 9. V. 1902.** | | | | | | | | | |
| 1. VII. 1902 bis 31. III. 1903 ¹) | 203 | 1 151 302 | 7 528 645 | 743 701 | 5 949 275 | 795 509 | 57 945 | 6 802 729 | 1 875 563 |
| In den Direktivbezirken: Ost-, Westpreußen, Pommern | 4 | 3 726 | 33 931 | 14 621 | 21 839 | 6 198 | 3 601 | 31 638 | 5 718 |
| Brandenburg | 17 | 201 | 241 658 | 98 176 | 204 227 | 9 293 | 3 947 | 217 467 | 27 387 |
| Schlesien | 8 | 3 527 | 91 495 | 3 899 | 84 884 | 117 | 120 | 85 121 | 9 901 |
| Provinz Sachsen | 9 | 168 632 | 420 855 | 1 995 | 357 138 | 4 520 | 4 377 | 366 035 | 223 474 |
| Schleswig-Holstein, Hannover | 6 | 5 073 | 44 369 | 2 280 | 34 280 | 9 144 | 382 | 43 806 | 5 623 |
| Hessen-Nassau | 29 | 354 235 | 2 461 541 | 353 636 | 1 861 143 | 367 108 | 17 427 | 2 245 678 | 670 110 |
| Rheinland | 25 | 86 422 | 562 119 | 3 958 | 342 861 | 141 359 | 1 464 | 485 684 | 161 404 |
| Preußen | 97 | 621 816 | 3 850 274 | 479 566 | 2 906 387 | 538 040 | 31 326 | 3 475 753 | 1 003 617 |
| Bayern | 22 | 28 076 | 317 089 | 7 808 | 280 209 | 11 900 | 1 578 | 293 689 | 51 476 |
| Königr. Sachsen | 10 | 19 728 | 51 616 | 27 445 | 50 707 | 1 636 | 288 | 52 631 | 18 711 |
| Württemberg | 9 | 19 698 | 192 694 | 22 998 | 163 067 | 5 273 | 351 | 168 691 | 43 703 |
| Baden | 5 | 3 218 | 9 657 | 435 | 8 748 | — | 123 | 8 871 | 4 004 |
| Hessen | 20 | 352 069 | 1 845 728 | 156 793 | 1 378 776 | 225 171 | 12 901 | 1 616 848 | 581 004 |
| Thüringen | 2 | 121 | 442 | 442 | 455 | — | 17 | 472 | 91 |
| Oldenburg | 3 | 157 | 1 533 | 1 533 | 559 | — | 9 | 568 | 1 122 |
| Lübeck, Hamburg | 4 | 8 713 | 45 308 | 43 025 | 29 559 | 1 124 | 7 620 | 38 303 | 15 719 |
| Elsaß-Lothringen, Luxemburg | 25 | 97 708 | 1 205 297 | 3 563 | 1 130 804 | 12 361 | 3 722 | 1 146 887 | 156 118 |

¹) Das Schaumweinsteuergesetz vom 9. V. 1902 (R. G. Bl. S. 155) trat am 1. Juli 1902 in Kraft, daher nur ¾ Jahr.

²) Wegen der Unstimmigkeiten zwischen Endbestand und dem aus Anfangsbestand, Zugang und Abgang sich berechnenden Sollbestand vgl. Vierteljahrshefte z. St. d. D. R. 1903, III S. 146/149, Anmerkungen.

## 18. Patente, geschützte Muster und Warenzeichen.

(Blatt für Patent-, Muster- und Zeichenwesen 1904 Nr. 4 und Deutscher Reichs-Anzeiger 1904 Nr. 13, Beil. 4.)

### a. Patente und Zier- (Geschmacks-) Muster.

| Jahr | Patente[1] Anmeldungen | Bekanntgemachte Anmeldungen | Erteilte Patente | Vernichtete und zurückgenommene Patente | Abgelaufene und wegen Nichtzahlung der Gebühr erloschene Patente | Am Jahresschluß in Kraft | Geschützte Muster und Modelle[2]) |
|---|---|---|---|---|---|---|---|
| Bis 1898 | *242 387* | *113 187* | *101 760* | *445* | *81 461* | *57 751* | *1 711 862* |
| Im Jahre 1899 | 21 080 | 8 549 | 7 430 | 24 | 5 143 | 22 198 | 123 503 |
| „ 1900 | 21 925 | 10 129 | 8 784 | 19 | 5 854 | 25 115 | 131 666 |
| „ 01 | 25 165 | 11 925 | 10 508 | 28 | 7 051 | 28 550 | 135 194 |
| „ 02 | 27 565 | 11 521 | 10 010 | 41 | 8 403 | 30 725 | 160 764 |
| „ 03 | 28 313 | 11 010 | 9 964 | 41 | 9 185 | 31 466 | 171 461 |
| Summe | 366 418 | 166 321 | 148 456 | 598 | 117 097 | . | 2 434 450 |

[1]) Nach dem Patentgesetz vom 25. Mai 1877 seit 1. Juli 1877; seit 1. Oktober 1891 nach dem Patentgesetz vom 7. April 1891. — [2]) Nach dem Reichsgesetz vom 11. Januar 1876, betr. das Urheberrecht an Mustern und Modellen, seit 1. April 1876; sogenannte Zier- oder Geschmacksmuster.

### b. Gebrauchsmuster und Warenzeichen.

| Jahr | Gebrauchsmuster[1]) Anmeldungen | Eintragungen | Ohne Eintragung erledigt | Am Jahresschluß unerledigt | Gelöscht auf Grund Verzichts oder Urteils | Gelöscht wegen Zeitablaufs | Durch Zahlung der weiteren Gebühr von 60 M verlängert | Warenzeichen[2]) Anmeldungen | Eintragungen | Löschungen |
|---|---|---|---|---|---|---|---|---|---|---|
| Bis 1898 | *118 791* | *107 880* | *6 862* | *10 770* | *1 212* | *44 186* | *9 035* | *53 514* | *35 103* | *392* |
| Im Jahre 1899 | 21 831 | 19 700 | 1 981 | 4 199 | 278 | 16 407 | 2 601 | 9 761 | 6 448 | 120 |
| „ 1900 | 21 432 | 18 220 | 2 241 | 5 170 | 243 | 18 551 | 2 977 | 9 727 | 5 581 | 82 |
| „ 01 | 24 082 | 20 700 | 2 670 | 5 882 | 235 | 20 424 | 2 978 | 9 924 | 5 104 | 72 |
| „ 02 | 27 483 | 24 102 | 3 071 | 6 192 | 285 | 18 970 | 2 855 | 11 168 | 5 155 | 100 |
| „ 03 | 29 259 | 24 548 | 3 150 | 7 753 | 283 | 18 601 | 3 059 | 12 482 | 8 307 | 71 |
| Summe | 242 878 | 216 150 | 19 975 | . | 2 516 | 137 139 | 23 505 | 106 576 | 65 698 | 837 |

[1]) Nach dem Reichsgesetz vom 1. Juni 1891, betr. den Schutz von Gebrauchsmustern, seit 1. Oktober 1891.
[2]) Nach dem Reichsgesetz vom 12. Mai 1894, betr. den Schutz von Warenbezeichnungen, seit 1. Oktober 1894.

## 16 d. Patente und Gebrauchsmuster nach Klassen.

| Lfd. Nr. | Bezeichnung der Klasse (Amtliche Klassen-Nr.) | Erteilte Patente 1877/1903 | Eingetragene Gebrauchsmuster 1891/1903 |
|---|---|---|---|
| 1 | Bäckerei (2) | 535 | 899 |
| 2 | Bekleidungsindustrie (3) | 1 100 | 9 218 |
| 3 | Beleuchtung (4) | 2 456 | 6 669 |
| 4 | Bergbau (5) | 967 | 487 |
| 5 | Bier, Branntwein (6) | 1 954 | 1 307 |
| 6 | Bleichen (8) | 3 028 | 3 073 |
| 7 | Bürstenwarenfabrikation (9) | 339 | 1 395 |
| 8 | Brennstoffe (10) | 570 | 401 |
| 9 | Buchbinderei (11) | 1 040 | 3 346 |
| 10 | Chemische Apparate u. Prozesse (12) | (¹ 4 329 | 1 097 |
| 11 | Dampfkessel, Dampfmaschinen (13, 14) | 5 300 | 1 871 |
| 12 | Druckerei (15) | 3 007 | 2 279 |
| 13 | Eisen-, Blech- u. Drahterzeugung (18, 7) | 1 649 | 565 |
| 14 | Eisenbahn-, Straßenbau (19) | 1 148 | 951 |
| 15 | Eisenbahnbetrieb (20) | 5 552 | 3 399 |
| 16 | Elektrische Apparate (21) | 7 024 | 8 783 |
| 17 | Farbstoffe (22) | 3 413 | 273 |
| 18 | Fettindustrie (23) | 616 | 416 |
| 19 | Feuerungs- u. Heizungsanlagen (24, 36) | 3 945 | 7 151 |
| 20 | Flechtmaschinen (25) | 1 408 | 1 580 |
| 21 | Gasbereitung und -Beleuchtung (26) | 2 082 | 4 134 |
| 22 | Gebläse (27) | 706 | 585 |
| 23 | Gesundheitspflege (30) | 2 472 | 8 248 |
| 24 | Gießerei und Hüttenwesen (31, 40) | 1 789 | 501 |
| 25 | Glas (32) | 809 | 535 |
| 26 | Hand- und Reisegeräte (33) | 1 125 | 7 056 |
| 27 | Hauswirtschaftliche Geräte (34) | 5 347 | 24 524 |
| 28 | Hebezeuge (35) | 1 284 | 1 017 |
| 29 | Hochbauwesen (37) | 1 780 | 7 210 |
| 30 | Holz, Horn (38, 39) | 2 746 | 3 132 |
| 31 | Hutfabrikation (41) | 244 | 807 |
| 32 | Instrumente (42) | 5 821 | 8 686 |
| 33 | Kurzwaren (44) | 1 840 | 6 236 |
| 34 | Land- und Forstwirtschaft (45) | 4 963 | 9 901 |
| 35 | Luft- und Gasmaschinen (46) | 2 372 | 993 |
| 36 | Maschinenelemente (47) | 4 788 | 7 331 |
| 37 | Metallbearbeitung, chem. u. mech. (48, 49) | 6 160 | 4 999 |
| 38 | Müllerei (50) | 1 890 | 1 211 |
| 39 | Musikinstrumente (51) | 2 485 | 3 807 |
| 40 | Nähmaschinen (52) | 1 791 | 1 555 |
| 41 | Nahrungsmittel (53) | 1 064 | 1 365 |
| 42 | Papierfabrikation u. Erzeugnisse (55, 54) | 2 539 | 8 713 |
| 43 | Photographie (57) | 1 243 | 2 359 |
| 44 | Pressen (58) | 613 | 581 |
| 45 | Pumpen (59) | 1 160 | 1 077 |
| 46 | Rettungswesen (61) | 569 | 748 |
| 47 | Sattlerei, Wagenbau u. Pferdegeschirr (63, 56) | 4 450 | 12 059 |
| 48 | Schankgerätschaften (64) | 2 842 | 7 498 |
| 49 | Schiffsbau und Schiffsbetrieb (65) | 1 415 | 598 |
| 50 | Schlächterei (66) | 437 | 737 |
| 51 | Schleifen und Polieren (67) | 619 | 881 |
| 52 | Schlosserei (68) | 2 348 | 5 976 |
| 53 | Schreib- und Zeichenwaren (70) | 1 463 | 4 865 |
| 54 | Schuhwerk (71) | 1 290 | 3 340 |
| 55 | Schußwaffen (72) | 2 705 | 1 760 |
| 56 | Signalwesen (74) | 770 | 1 392 |
| 57 | Soda (75) | (² . | 50 |
| 58 | Spinnerei und Weberei (76, 86) | 3 880 | 3 631 |
| 59 | Sport (77) | 2 241 | 7 416 |
| 60 | Tabak (79) | 693 | 550 |
| 61 | Tonwaren (80) | 2 373 | 1 998 |
| 62 | Transportwesen (81) | 1 217 | 4 506 |
| 63 | Trockenvorrichtungen (82) | 909 | 631 |
| 64 | Uhren (83) | 1 105 | 1 683 |
| 65 | Wasserleitung (85) | 1 830 | 3 492 |
| 66 | Werkzeuge, auch Schneidewerkzeuge (87, 69) | 1 120 | 3 275 |
| 67 | Wind- und Wasserkraftmaschinen (88) | 535 | 237 |
| 68 | Zucker- und Stärkefabrikation (89) | 1 553 | 515 |
| 69 | Sonstiges | 4 200 | 3 014 |
| | Überhaupt | 149 056 | 242 678 |

¹) Einschließlich Soda (75). — ²) Klasse 75 ist mit Klasse 12 vereinigt worden.

## 16 e. Warenzeichen nach Klassen.

| Nr. | Warenklasse | Eingetragene Warenzeichen 1894/1903 |
|---|---|---|
| 1 | Ackerbau-Erzeugnisse usw. | 133 |
| 2 | Arzneimittel, Drogen usw. | 4 162 |
| 3 | Bekleidungs-Gegenstände (außer Pelze) | 1 885 |
| 4 | Beleuchtungsapparate usw. | 921 |
| 5 | Borsten, Borstenwaren, Kämme, Schwämme usw. | 422 |
| 6 | Chemische Produkte | 662 |
| 7 | Dichtungsmaterialien, Isoliermittel usw. | 242 |
| 8 | Dünger | 93 |
| 9 | Eisen, Stahl und andere Metalle, auch Waren aus solchen | 4 672 |
| 10 | Fahrzeuge, Fahrräder usw. | 890 |
| 11 | Farben (außer Malfarben und Tinten) | 2 249 |
| 12 | Felle, Leder, Pelze usw. | 395 |
| 13 | Firnisse, Lacke, Harze usw. | 1 344 |
| 14 | Garne, Seile usw. | 1 846 |
| 15 | Gespinstfasern und Polstermaterial | 51 |
| 16 | Getränke | 9 406 |
| 17 | Gold- und Silberwaren, Schmucksachen usw. | 796 |
| 18 | Gummiwaren usw. | 355 |
| 19 | Hand- und Reisegeräte | 123 |
| 20 | Heiz- u. Leuchtstoffe, Fette | 1 644 |
| 21 | Holz-, Kork- usw. Waren | 271 |
| 22 | Instrumente u. Apparate | 1 015 |
| 23 | Maschinen u. Geräte | 2 597 |
| 24 | Möbel u. Polsterwaren | 149 |
| 25 | Musikinstrumente | 1 084 |
| 26 | Nahrungs- u. Genußmittel | 7 547 |
| 27 | Papier, auch Papierwaren und Stoffe zur Papierfabrikation | 945 |
| 28 | Photo- u. lithographische Erzeugnisse | 589 |
| 29 | Porzellan-, Ton-, Glaswaren usw. | 472 |
| 30 | Posamentierwaren usw. | 555 |
| 31 | Sattler-, Lederwaren usw. | 201 |
| 32 | Schreib- und Zeichenwaren, Lehrmittel usw. | 1 635 |
| 33 | Schußwaffen u. Geschosse | 144 |
| 34 | Seifen, Putz- u. Toilettenmittel, Parfümerien usw. | 4 332 |
| 35 | Spiele u. Spielwaren | 313 |
| 36 | Sprengstoffe, Zündwaren, Feuerwerkskörper | 823 |
| 37 | Steine u. and. Baumat. | 504 |
| 38 | Tabakfabrikate | 6 391 |
| 39 | Teppiche, Decken, Gardinen usw. | 132 |
| 40 | Uhren | 280 |
| 41 | Webstoffe, Bänder | 1 031 |
| 42 | Sammelwaren¹) | 2 335 |
| | Überhaupt | 65 608 |

¹) Waren verschiedener Art, insbesondere [illegible]

# VI. Verkehr.

## 1. Post und Telegraphie.

(Besonders Mitteilungen der Behörden und Statistik der deutschen Reichs-Post- und Telegraphenverwaltung; Nachweisung über den Betrieb der Königlich bayerischen Verkehrsanstalten; Verwaltungsbericht der Königlich württembergischen Verkehrsanstalten.)

Die Angaben über die Stückzahl der gewöhnlichen Briefsendungen und die von den Fernsprechanstalten ermittelten Gespräche beruhen auf probeweisen Zählungen; ebenso die Angaben über Wertbeträge, Nachnahmebeträge und Postauftragsgelder, für Württemberg auch über die Stückzahl der Pakete, Wertbriefe und Kästchen mit Wertangabe. Alle übrigen Angaben sind Ergebnisse fortlaufender Aufzeichnungen.

### a. Anstalten und Leistungen.

| Im Jahr | Reichspostgebiet | Königl. bayerisches Postgebiet | Königl. württembergisches Postgebiet | Zusammen im Deutschen Reiche | Reichspostgebiet | Königl. bayerisches Postgebiet | Königl. württembergisches Postgebiet | Zusammen im Deutschen Reiche |
|---|---|---|---|---|---|---|---|---|
| | | | | | 1 000 Stück | | | |
| | Mittlere Einwohnerzahl der Postgebiete. In Tausenden. | | | | Eingegangene Briefsendungen. | | | |
| 1893 | 43 008 | 5 694 | 2 055 | 50 757 | 1 682 530 | 162 405 | 71 811 | 1 916 746 |
| 94 | 43 534 | 5 742 | 2 063 | 51 339 | 1 771 754 | 167 932 | 75 697 | 2 015 383 |
| 95 | 44 129 | 5 796 | 2 076 | 52 001 | 1 842 322 | 177 478 | 81 025 | 2 100 825 |
| 96 | 44 780 | 5 861 | 2 094 | 52 735 | 1 934 828 | 188 702 | 89 779 | 2 211 309 |
| 97 | 45 470 | 5 932 | 2 112 | 53 514 | 2 061 801 | 199 454 | 95 912 | 2 357 167 |
| 1898 | 46 181 | 6 002 | 2 131 | 54 314 | 2 181 924 | 215 296 | 106 504 | 2 503 724 |
| 99 | 46 893 | 6 075 | 2 151 | 55 110 | 2 377 506 | 233 680 | 113 108 | 2 724 294 |
| 1900 | 47 701 | 6 145 | 2 158 | 56 004 | 2 893 555 | 252 856 | 123 552 | 3 270 993 |
| 01 | 48 455 | 6 225 | 2 182 | 56 862 | 3 095 716 | 327 580 | 134 146 | 3 557 442 |
| 02 | 49 216 | 6 309 | 2 205 | 57 730 | 3 277 417 | 377 076 | 145 269 | 3 799 762 |
| | Postanstalten[1]) am Schlusse des Jahres, Anzahl. | | | | Eingegangene Pakete ohne Wertangabe. | | | |
| 1893 | 25 963 | 1 974 | 653 | 28 590 | 108 879 | 9 933 | 6 245 | 125 057 |
| 94 | 27 372 | 2 023 | 951 | 30 346 | 113 435 | 10 742 | 6 317 | 130 494 |
| 95 | 28 683 | 2 141 | 962 | 31 786 | 120 410 | 11 218 | 6 694 | 138 322 |
| 96 | 29 973 | 2 217 | 983 | 33 173 | 127 521 | 11 879 | 6 877 | 146 270 |
| 97 | 31 028 | 2 390 | 997 | 34 415 | 135 140 | 12 048 | 7 235 | 155 032 |
| 1898 | 31 584 | 2 820 | 1 003 | 35 407 | 142 167 | 13 476 | 7 345 | 162 988 |
| 99 | 31 927 | 3 440 | 1 021 | 36 388 | 149 904 | 14 235 | 7 880 | 172 019 |
| 1900 | 32 009 | 4 067 | 1 040 | 37 116 | 153 985 | 14 502 | 7 960 | 176 447 |
| 01 | 32 194 | 4 456 | 1 052 | 37 702 | 157 732 | 16 111 | 8 539 | 182 382 |
| 02 | 32 433 | 4 587 | 1 066 | 38 086 | 164 659 | 16 364 | 8 914 | 189 937 |
| | Postreisende. | | | | Eingegangene Briefe, Kästchen[2]) und Pakete mit Wertangabe. | | | |
| 1893 | 1 802 763 | 795 171 | 552 469 | 3 150 403 | 9 697 | 1 291 | 665 | 11 653 |
| 94 | 1 828 856 | 806 876 | 575 789 | 3 211 521 | 9 835 | 1 311 | 670 | 11 816 |
| 95 | 1 767 800 | 818 865 | 584 912 | 3 171 577 | 10 005 | 1 380 | 741 | 12 126 |
| 96 | 1 703 015 | 828 580 | 579 571 | 3 111 166 | 10 337 | 1 374 | 731 | 12 442 |
| 97 | 1 635 577 | 817 906 | 562 318 | 3 015 801 | 10 672 | 1 432 | 758 | 12 862 |
| 1898 | 1 579 966 | 888 112 | 564 983 | 3 033 061 | 11 029 | 1 407 | 742 | 13 178 |
| 99 | 1 466 374 | 984 546 | 559 193 | 3 010 113 | 10 526 | 1 331 | 770 | 12 627 |
| 1900 | 1 394 482 | 1 151 827 | 595 617 | 3 141 926 | 10 509 | 1 329 | 739 | 12 577 |
| 01 | 1 277 571 | 1 216 932 | 584 775 | 3 079 278 | 10 270 | 1 348 | 785 | 12 403 |
| 02 | 1 184 168 | 1 242 239 | 525 449 | 2 951 856 | 10 168 | 1 280 | 777 | 12 225 |

[1]) Ohne die deutschen Postanstalten in den Schutzgebieten und im Auslande, deren Zahl betragen hat am Schlusse der Jahre 1893: 22, 1894: 26, 1895: 43, 1896: 46, 1897: 48, 1898: 55, 1899: 76, 1900: 86, 1901: 105, 1902: 109.

[2]) Die Kästchen mit Wertangabe erscheinen 1893 erstmals.

| Reichs-postgebiet | Königl. bayerisches Postgebiet | Königl. württembergisches Postgebiet | Zusammen im Deutschen Reiche |
|---|---|---|---|
| Betrag in 1000 M. | | | |
| **Eingegangene Briefe, Kästchen und Pakete mit Wertangabe.** | | | |
| 11 951 065 | 1 221 536 | 549 738 | 13 725 320 |
| 13 045 248 | 1 111 683 | 576 679 | 14 733 610 |
| 14 800 076 | 1 207 471 | 594 800 | 16 602 347 |
| 13 754 927 | 1 288 504 | 654 840 | 15 698 271 |
| 18 224 647 | 1 444 378 | 1 084 893 | *) 20 753 918 |
| 14 616 310 | 1 306 384 | 650 304 | 16 662 998 |
| 14 967 243 | 1 598 225 | 669 702 | 17 235 176 |
| 15 984 424 | 1 674 058 | 685 325 | 18 343 807 |
| 14 981 319 | 1 474 244 | 682 719 | 17 138 282 |
| 15 065 517 | 1 762 402 | 685 293 | 17 513 212 |
| **Eingegangene Nachnahmesendungen.** | | | |
| 115 839 | 13 521 | 4 368 | 133 728 |
| 141 371 | 17 150 | 5 100 | 163 630 |
| 190 962 | 18 040 | 5 868 | 214 870 |
| 229 502 | 20 895 | 7 036 | 257 433 |
| 294 771 | 25 702 | 8 211 | 328 684 |
| 338 901 | 29 583 | 9 929 | 378 413 |
| 417 127 | 34 580 | 10 620 | 462 327 |
| 498 393 | 38 341 | 11 340 | 548 074 |
| 554 311 | 41 778 | 14 133 | 610 242 |
| 595 962 | 50 717 | 15 695 | 662 374 |
| **Eingegangene Postaufträge zur Einziehung von Geldbeträgen.** | | | |
| **573 068** | 54 180 | 18 974 | 646 220 |
| **581 610** | 53 436 | 19 083 | 654 129 |
| **568 053** | 47 850 | 19 274 | 635 177 |
| **558 320** | 50 190 | 20 275 | 628 985 |
| **543 619** | 51 378 | 21 466 | 616 463 |
| **572 627** | 56 021 | 22 461 | 651 109 |
| **588 315** | 58 266 | 24 135 | 670 716 |
| **623 789** | 59 250 | 25 693 | 708 732 |
| **617 784** | 65 379 | 24 869 | 708 032 |
| **609 980** | 61 219 | 24 262 | 695 461 |
| **Eingegangene Postanweisungen.** | | | |
| 4 780 678 | 464 085 | 221 778 | 5 466 541 |
| 4 974 801 | 485 237 | 228 069 | 5 688 107 |
| 5 181 968 | 505 274 | 240 613 | 5 927 850 |
| 5 468 518 | 537 441 | 255 067 | 6 261 026 |
| 5 808 339 | 576 490 | 273 722 | 6 658 551 |
| **6** 173 641 | 615 177 | 290 928 | 7 079 746 |
| **7** 160 690 | 714 118 | 337 136 | 8 211 944 |
| 7 868 890 | 789 884 | 372 614 | 9 031 388 |
| 8 168 638 | 831 181 | 389 057 | 9 389 076 |
| 8 441 665 | 868 401 | 406 832 | 9 716 908 |
| **Aufgegebene Postanweisungen.** | | | |
| 4 704 210 | 488 125 | 150 789 | 5 342 124 |
| 4 954 042 | 511 585 | 196 619 | 5 662 246 |
| 5 156 184 | 535 508 | 206 705 | 5 898 457 |
| 5 441 909 | 570 427 | 216 683 | 6 229 119 |
| 5 783 778 | 613 218 | 231 124 | 6 628 117 |
| 6 159 391 | 653 706 | 246 704 | 7 059 801 |
| 7 141 254 | 757 882 | 281 484 | 8 182 620 |
| **7 855** 571 | 832 237 | 314 855 | 9 002 663 |
| **8 148 788** | 868 685 | 330 888 | 9 348 361 |
| **8 421 814** | 906 951 | 345 783 | **9 674** 548 |

| Reichs-postgebiet | Königl. bayerisches Postgebiet | Königl. württembergisches Postgebiet | Zusammen im Deutschen Reiche |
|---|---|---|---|
| **Telegraphenanstalten**[1] am Schlusse des Jahres. | | | |
| 16 906 | 1 845 | 637 | 19 37… |
| 17 290 | 1 930 | 676 | 19 89… |
| 17 893 | 2 129 | 691 | 20 71… |
| 18 461 | 2 269 | 712 | 21 44… |
| 19 029 | 2 363 | 746 | 22 13… |
| 19 503 | 2 598 | 782 | 22 88… |
| 20 233 | 2 625 | 858 | 23 71… |
| 20 768 | 2 771 | 917 | 24 45… |
| 21 489 | 3 084 | 1 027 | 25 60… |
| 22 207 | 3 161 | 1 232 | … |
| **Telegraphennetz**[2], Länge der Linien in km. | | | |
| 106 353 | 12 173 | 4 759 | 123 28… |
| 109 604 | 12 724 | 4 912 | 127 24… |
| 113 173 | 13 775 | 4 967 | 131 91… |
| 116 297 | 14 430 | 5 135 | 135 86… |
| 119 328 | 16 309 | 5 431 | 141 06… |
| 105 697 | 15 698 | 4 819 | 126 15… |
| 107 168 | 16 186 | 5 173 | 128 52… |
| 108 496 | 16 681 | 5 472 | 130 8… |
| 109 185 | 17 944 | 6 176 | 133 31… |
| 110 792 | 18 631 | 6 764 | 136 18… |
| Länge der Drähte[3] in km. | | | |
| 394 552 | 37 688 | 12 159 | 444 39… |
| 412 028 | 39 958 | 12 723 | 464 70… |
| 433 235 | 43 472 | 13 345 | 490 05… |
| 455 635 | 46 636 | 14 356 | 516 62… |
| 476 235 | 49 596 | 15 930 | 541 76… |
| 407 423 | 42 318 | 11 686 | 461 42… |
| 418 415 | 44 083 | 12 063 | 474 55… |
| 424 475 | 46 477 | 12 652 | 483 60… |
| 430 975 | 49 094 | 13 361 | 493 43… |
| 442 160 | 50 444 | 13 969 | 506 57… |
| **Eingegangene Telegramme.** | | | |
| 24 875 490 | 2 141 862 | 745 472 | 27 763 71… |
| 25 640 578 | 2 156 295 | 752 353 | 28 549 22… |
| 28 319 070 | 2 292 700 | 834 738 | 31 446 52… |
| 28 052 591 | 2 401 346 | 845 223 | 31 160 15… |
| 30 209 674 | 2 397 647 | 880 973 | 33 488 29… |
| 32 175 075 | 2 710 529 | 913 862 | 35 79… |
| 34 077 984 | 2 857 027 | 923 332 | 37 858 34… |
| 35 301 373 | 2 975 726 | 917 093 | 39 194 19… |
| 34 716 304 | 2 847 072 | 868 170 | 38 423 33… |
| 34 292 021 | 2 864 580 | 863 690 | 38 020 29… |
| **Aufgegebene Telegramme.** | | | |
| 24 416 889 | 2 069 575 | 692 890 | 27 179 36… |
| 24 852 662 | 2 096 428 | 692 340 | 27 641 43… |
| 26 979 209 | 2 254 856 | 773 391 | 30 007 45… |
| 27 709 678 | 2 470 494 | 781 258 | 30 961 42… |
| 29 620 245 | 2 680 450 | 821 368 | 33 122 06… |
| 31 436 750 | 2 819 038 | 852 461 | 35 108 24… |
| 33 134 004 | 3 006 129 | 866 863 | 37 006 99… |
| 34 343 165 | 3 127 727 | 871 563 | 38 342 45… |
| 33 657 068 | 2 999 432 | 817 565 | 37 474 10… |
| **33** 449 201 | 2 798 459 | 799 097 | 37 046 75… |

| Im Jahre | Reichspostgebiet | Königl. bayerisches Postgebiet | Königl. württembergisches Postgebiet | Zusammen im Deutschen Reiche | Reichspostgebiet | Königl. bayerisches Postgebiet | Königl. württembergisches Postgebiet | Zusammen im Deutschen Reiche |
|---|---|---|---|---|---|---|---|---|
| | **I b. Verhältnisberechnungen für Post und Telegraphie.** | | | | | | | |
| | Auf den Kopf der Bevölkerung entfallen: | | | | | | | |
| | Eingegangene Briefsendungen, Anzahl. | | | | Betrag der ausgezahlten Postanweisungen, ℳ | | | |
| 1893 | 39,10 | 28,52 | 34,04 | 37,76 | 111,1 | 81,5 | 107,0 | 107,7 |
| 94 | 40,67 | 29,10 | 38,00 | 39,26 | 114,3 | 84,5 | 110,8 | 110,8 |
| 95 | 41,75 | 30,62 | 40,47 | 40,46 | 117,4 | 87,2 | 115,9 | 114,0 |
| 96 | 43,81 | 31,65 | 42,07 | 41,93 | 122,1 | 91,7 | 121,1 | 118,7 |
| 97 | 45,34 | 33,62 | 45,41 | 44,06 | 127,7 | 97,2 | 129,6 | 124,4 |
| 1898 | 47,25 | 35,67 | 49,00 | 46,10 | 133,7 | 102,5 | 136,5 | 130,8 |
| 99 | 50,70 | 38,47 | 52,56 | 48,43 | 152,7 | 117,6 | 156,7 | 149,0 |
| 1900 | 60,66 | 42,76 | 57,25 | 58,67 | 165,0 | 128,5 | 172,7 | 161,3 |
| 01 | 63,60 | 52,62 | 61,46 | 62,69 | 168,8 | 133,6 | 178,3 | 165,1 |
| 02 | 66,50 | 50,77 | 65,60 | 65,83 | 171,6 | 137,7 | 184,5 | 168,3 |
| | Eingegangene Pakete ohne Wertangabe. | | | | Eingegangene Wertbriefe, Kästchen und Pakete mit Wertangabe. | | | |
| 1893 | 2,53 | 1,74 | 3,04 | 2,46 | 0,23 | 0,13 | 0,32 | 0,23 |
| 94 | 2,61 | 1,67 | 3,06 | 2,64 | 0,23 | 0,13 | 0,32 | 0,23 |
| 95 | 2,76 | 1,94 | 3,22 | 2,66 | 0,23 | 0,14 | 0,35 | 0,23 |
| 96 | 2,65 | 2,03 | 3,28 | 2,77 | 0,23 | 0,23 | 0,36 | 0,24 |
| 97 | 2,97 | 2,14 | 3,43 | 2,90 | 0,23 | 0,24 | 0,60 | 0,74 |
| 1898 | 3,06 | 2,25 | 3,46 | 3,00 | 0,24 | 0,23 | 0,35 | 0,24 |
| 99 | 3,20 | 2,34 | 3,66 | 3,17 | 0,22 | 0,21 | 0,36 | 0,23 |
| 1900 | 3,23 | 2,38 | 3,60 | 3,16 | 0,28 | 0,22 | 0,34 | 0,22 |
| 01 | 3,26 | 2,60 | 3,91 | 3,31 | 0,21 | 0,22 | 0,35 | 0,22 |
| 02 | 3,35 | 2,59 | 4,05 | 3,70 | 0,31 | 0,20 | 0,36 | 0,21 |
| | Eingegangene Nachnahmesendungen in ℳ | | | | Wert der eingegangenen Wertbriefe usw., ℳ | | | |
| 1893 | 2,7 | 2,4 | 2,1 | 2,6 | 277,0 | 214,5 | 267,8 | 270,4 |
| 94 | 3,2 | 3,0 | 2,4 | 3,2 | 299,7 | 193,6 | 279,5 | 287,0 |
| 95 | 4,3 | 3,1 | 2,6 | 4,1 | 333,1 | 209,6 | 296,5 | 319,8 |
| 96 | 5,1 | 3,6 | 3,4 | 4,9 | 307,2 | 210,8 | 312,7 | 297,7 |
| 97 | 6,5 | 4,9 | 3,9 | 6,1 | 400,6 | 243,4 | 513,7 | ([1] 387,8 |
| 1898 | 7,3 | 4,9 | 4,7 | 7,0 | 316,5 | 232,7 | 305,2 | 306,6 |
| 99 | 8,0 | 5,7 | 4,0 | 8,4 | 319,2 | 263,1 | 311,3 | 312,7 |
| 1900 | 10,4 | 6,2 | 5,3 | 9,6 | 335,1 | 272,4 | 317,6 | 327,5 |
| 01 | 11,4 | 6,7 | 6,6 | 10,7 | 309,3 | 238,9 | 312,9 | 301,4 |
| 02 | 12,1 | 8,0 | 7,1 | 11,6 | 306,1 | 279,0 | 310,6 | 303,4 |
| | Eingegangene Postaufträge, Betrag in ℳ | | | | Eingegangene Telegramme, Anzahl. | | | |
| 1893 | 13,8 | 9,8 | 9,2 | 12,7 | 0,56 | 0,36 | 0,36 | 0,55 |
| 94 | 13,4 | 9,3 | 9,3 | 12,1 | 0,50 | 0,38 | 0,38 | 0,56 |
| 95 | 12,9 | 8,2 | 9,3 | 12,2 | 0,61 | 0,40 | 0,40 | 0,60 |
| 96 | 12,5 | 8,6 | 9,7 | 11,9 | 0,64 | 0,41 | 0,40 | 0,60 |
| 97 | 12,0 | 8,7 | 10,2 | 11,5 | 0,66 | 0,41 | 0,42 | 0,63 |
| 1898 | 12,4 | 9,3 | 10,5 | 12,0 | 0,70 | 0,46 | 0,43 | 0,68 |
| 99 | 12,5 | 9,6 | 11,2 | 12,2 | 0,73 | 0,47 | 0,43 | 0,69 |
| 1900 | 13,1 | 9,6 | 11,9 | 12,7 | 0,74 | 0,46 | 0,42 | 0,70 |
| 01 | 12,7 | 10,6 | 11,4 | 12,5 | 0,72 | 0,46 | 0,40 | 0,68 |
| 02 | 12,4 | 9,7 | 11,0 | 12,0 | 0,70 | 0,45 | 0,39 | 0,66 |
| | **I c. Gebühreneinnahme der Post und Telegraphie.** | | | | | | | |
| | Porto- u. Telegraphengebühren zus.[2]), 1000 ℳ | | | | Telegraphengebühren besonders[3]), 1000 ℳ | | | |
| 1893 | 232 754 | 20 253 | ([4] 9 797 | 262 804 | 36 737 | 2 504 | 1 120 | 40 361 |
| 94 | 245 279 | 20 681 | 10 539 | 276 502 | 39 027 | 2 712 | 1 224 | 42 963 |
| 95 | 260 751 | 22 084 | 11 301 | 294 136 | 42 989 | 3 072 | 1 409 | 47 470 |
| 96 | ([1] 277 123 | 23 542 | 11 760 | 312 425 | 45 484 | 3 421 | 1 510 | 50 415 |
| 97 | ([1] 300 795 | 25 477 | 12 582 | 338 854 | 49 818 | 3 854 | 1 756 | 55 428 |
| 1898 | ([1] 324 151 | 27 813 | 13 416 | 365 380 | 55 522 | 4 373 | 1 975 | 61 870 |
| 99 | ([1] 347 319 | 31 837 | 14 452 | 393 608 | 61 840 | 4 911 | 2 233 | 68 984 |
| 1900 | ([1] 366 711 | 32 851 | 14 966 | 414 528 | 66 505 | 5 253 | 2 438 | 74 196 |
| 01 | ([1] 384 541 | 34 486 | 15 513 | 434 540 | 71 845 | 5 626 | 2 637 | 80 108 |
| 02 | ([1] 406 955 | 36 509 | 16 115 | 459 579 | 77 922 | 6 269 | 2 826 | 87 017 |

| Im Jahre | Reichspostgebiet | Königl. bayerisches Postgebiet | Königl. württembergisches Postgebiet | Zusammen im Deutschen Reiche | Im inneren Reichstelegraphenverkehr | Im Verkehr nach: Bayern | Württemberg | dem Ausland |
|---|---|---|---|---|---|---|---|---|
| | Auf den Kopf der Bevölkerung entfallen: Porto- u. Telegraphengebühren-Einnahme, ℳ | | | | Im Reichspostgebiet betrug die durchschnittliche Einnahme für ein gebührenpflichtiges Telegramm ℳ | | | |
| 1893 | 5,4 | 3,8 | 4,0 | 5,2 | 0,67 | 0,75 | 0,79 | 2,35 |
| 94 | 5,6 | 3,4 | 5,1 | 5,4 | 0,65 | 0,71 | 0,78 | 2,42 |
| 95 | 5,9 | 3,8 | 5,3 | 5,7 | 0,67 | 0,70 | 0,73 | 2,38 |
| 96 | 6,2 | 4,0 | 5,4 | 5,9 | 0,65 | 0,77 | 0,72 | 2,32 |
| 97 | 6,4 | 4,3 | 5,9 | 6,3 | 0,66 | 0,78 | 0,71 | 2,39 |
| 1898 | 7,0 | 4,6 | 6,3 | 6,7 | 0,65 | 0,80 | 0,60 | 2,41 |
| 99 | 7,4 | 5,2 | 6,7 | 7,2 | 0,66 | 0,70 | 0,47 | 2,39 |
| 1900 | 7,7 | 5,3 | 6,9 | 7,4 | 0,66 | 0,72 | 0,70 | 2,30 |
| 01 | 7,9 | 5,4 | 7,1 | 7,8 | 0,66 | 0,70 | 0,69 | 2,48 |
| 02 | 8,3 | 5,6 | 7,3 | 8,0 | 0,66 | 0,67 | 0,67 | 2,26 |

## 1 d. Fernsprecheinrichtungen.

| | | Reichspostgebiet | Königl. bayerisches Postgebiet | Königl. württemberg. Postgebiet | Zusammen im Deutschen Reiche |
|---|---|---|---|---|---|
| Zahl der Orte mit Fernsprechanstalten | 1898 | 11 475 | 215 | 88 | 11 778 |
| | 99 | 12 686 | 372 | 117 | 13 175 |
| | 1900 | 14 304 | 549 | 680 | 15 533 |
| | 01 | 15 155 | 1 073 | 821 | [1] 17 049 |
| | 02 | 16 247 | 1 300 | 1 038 | [1] 18 585 |
| Länge der Fernsprechlinien[2]) km | 1898 | 42 461 | 6 436 | 2 506 | 51 403 |
| | 99 | 51 618 | 7 646 | 2 711 | 61 973 |
| | 1900 | 66 882 | 9 621 | 2 877 | 79 380 |
| | 01 | 81 513 | 11 262 | 2 974 | 95 749 |
| | 02 | 93 178 | 11 152 | 3 049 | 107 379 |
| Länge der Fernsprechleitungen[3]) km | 1898 | 411 628 | 49 868 | 21 841 | 483 337 |
| | 99 | 526 652 | 60 601 | 31 170 | 618 423 |
| | 1900 | 716 562 | 76 215 | 40 314 | 833 091 |
| | 01 | 1 026 631 | 102 045 | 48 738 | 1 177 414 |
| | 02 | 1 268 315 | 118 165 | 59 676 | 1 446 156 |
| Zahl der Sprechstellen (einschließlich der öffentlichen) | 1898 | 182 846 | 20 367 | 8 908 | 212 121 |
| | 99 | 195 078 | 23 806 | 10 507 | 229 391 |
| | 1900 | 247 087 | 29 097 | 13 463 | 289 647 |
| | 01 | 291 835 | 33 760 | 15 539 | 341 134 |
| | 02 | 337 255 | 38 244 | 17 425 | 392 924 |
| Zahl der Verbindungsanlagen zwischen den Stadt-Fernsprecheinrichtungen verschiedener Orte | 1898 | 1 065 | 101 | 85 | 1 251 |
| | 99 | 1 695 | 146 | 123 | 1 964 |
| | 1900 | 2 423 | 215 | 159 | 2 797 |
| | 01 | 3 303 | 340 | 220 | 3 878 |
| | 02 | 3 817 | 390 | 258 | 4 465 |
| Gesamtzahl der von den Fernsprechanstalten vermittelten Gespräche, in Tausenden[4]) | 1898 | 522 672,3 | 24 487,6 | 15 968,0 | 563 127,9 |
| | 99 | 574 020,1 | 28 472,1 | 18 803,3 | 621 295,5 |
| | 1900 | 629 968,6 | 36 689,8 | 24 298,0 | 690 956,4 |
| | 01 | 692 687,7 | 44 267,4 | 29 271,8 | 766 226,9 |
| | 02 | 757 648,6 | 51 856,5 | 33 084,6 | 842 589,7 |

## 1 e. Personal der Post und Telegraphie.

| Am Schlusse der Jahre | Reichspostgebiet | Königl. bayerisches Postgebiet | Königl. württembergisches Postgebiet | Zusammen im Deutschen Reiche | Das Gesamtpersonal umfaßte: Beamte | Unterbeamte | Außerhalb des Beamtenverhältnisses stehende, dauernd oder in erheblichem Umfange beschäftigte Personen | Posthalter | Postillone |
|---|---|---|---|---|---|---|---|---|---|
| 1898 | 173 976 | 16 568 | 7 028 | 197 572 | 85 831 | 86 656 | 18 325 | 1 513 | 5 244 |
| 99 | 181 702 | 17 865 | 7 378 | 206 945 | 87 423 | 91 594 | 21 129 | 1 530 | 5 269 |
| 1900 | 194 256 | 19 193 | 7 857 | 221 306 | 91 011 | 98 705 | 21 667 | 1 579 | 5 344 |
| 01 | 202 587 | 20 774 | 8 310 | 231 671 | 95 155 | 102 741 | 26 808 | 1 603 | 5 364 |
| 02 | 209 906 | 21 668 | 8 882 | 240 456 | 98 429 | 105 920 | 29 125 | 1 616 | 5 366 |

[1]) Außerdem 21 Fernsprechanstalten in den Schutzgebieten und im Ausland. — [2]) Ohne die 23 Anstalten in den Schutzgebieten und im Ausland. — [3]) Seit 1898 sind die Linien und Leitungen der Fernsprech-Verbindungsanlagen hier mitgezählt. — [4]) Seit 1898 wird jedes Gespräch ohne Rücksicht auf die Zahl der Vermittelungsanstalten, die dabei mitgewirkt haben, nur einmal gezählt, während vor 1898 die von den Fernsprech-Vermittelungsanstalten ausgeführten Verbindungen gezählt wurden.

## 2. Vollspurige Eisenbahnen.

(Haupt- und Nebeneisenbahnen.)

(Statistik der im Betriebe befindlichen Eisenbahnen Deutschlands, herausgegeben vom Reichs-Eisenbahnamt.)

Zu 2—4. Es sind nachstehend nur die dem öffentlichen Verkehr dienenden Bahnen nachgewiesen.

### a. Nach Staatsgebieten.

| Staaten und Landesteile | Am Ende des Rechnungsjahrs 1902 bestanden | | | | | Von der Gesamtlänge entfielen auf je | |
|---|---|---|---|---|---|---|---|
| | Hauptbahnen | | Nebenbahnen | | Haupt- und Nebenbahnen zusammen | | |
| | Staatsbahnen und auf Rechnung des Staates verwaltete Privatbahnen | Privatbahnen | Staatsbahnen und auf Rechnung des Staates verwaltete Privatbahnen | Privatbahnen | | 1000 □km Grundfläche | 100000 Einwohner |
| | km | km | km | km | km | km | km |
| Prov. Ostpreußen | 589,4 | 275,4 | 1 387,5 | 67,1 | 2 319,4 | 82,7 | 115,9 |
| „ Westpreußen | 769,6 | 110,4 | 1 010,5 | 6,3 | 1 896,8 | 74,3 | 119,0 |
| „ Brandenburg | 3 182,3 | — | 529,3 | 350,0 | 3 861,6 | 91,8 | 71,3 |
| „ Pommern | 735,1 | — | 852,4 | 321,2 | 1 918,7 | 63,1 | 116,6 |
| „ Posen | 1 015,8 | — | 1 018,1 | 65,0 | 2 099,5 | 72,5 | 109,4 |
| „ Schlesien | 2 625,8 | — | 1 170,7 | 197,4 | 3 993,7 | 90,1 | 83,9 |
| „ Sachsen | 1 878,3 | — | 730,4 | 165,1 | 2 773,8 | 109,8 | 98,3 |
| „ Schleswig-Holstein | 751,8 | 87,3 | 411,2 | 174,1 | 1 424,5 | 76,0 | 100,1 |
| „ Hannover | 1 755,4 | 32,0 | 838,2 | 188,9 | 2 804,5 | 72,8 | 105,7 |
| „ Westfalen | 1 724,0 | 98,9 | 646,5 | 319,2 | 2 787,2 | 137,0 | 82,6 |
| „ Hessen-Nassau | 1 120,3 | — | 619,7 | 16,6 | 1 756,6 | 111,9 | 90,3 |
| „ Rheinland | 2 431,7 | 60,3 | 1 264,3 | 88,7 | 3 815,0 | 141,5 | 63,9 |
| Hohenzollern | 65,8 | — | 24,9 | — | 90,7 | 79,4 | 131,8 |
| Preußen | 17 945,6 | 642,3 | 10 614,3 | 2 139,1 | 31 341,8 | 89,9 | 88,1 |
| Bayern | 4 046,1 | 568,1 | 1 801,4 | 397,2 | 6 812,8 | 89,8 | 106,0 |
| Sachsen | 1 755,8 | 5,0 | 743,7 | — | 2 504,8 | 167,0 | 57,9 |
| Württemberg | 1 465,8 | — | 183,7 | 67,2 | 1 716,5 | 88,0 | 77,9 |
| Baden | 1 487,1 | 15,8 | 207,5 | 200,6 | 1 911,0 | 126,7 | 99,8 |
| Hessen | 844,2 | — | 377,4 | 49,8 | 1 271,4 | 165,5 | 110,8 |
| Mecklenburg-Schwerin | 511,2 | — | 652,4 | 9,1 | 1 172,7 | 89,8 | 191,2 |
| Sachsen-Weimar | 217,0 | — | 95,6 | 40,8 | 353,4 | 97,7 | 95,4 |
| Mecklenburg-Strelitz | 150,8 | — | 9,3 | 88,0 | 248,1 | 81,1 | 239,8 |
| Oldenburg | 284,8 | 20,0 | 237,1 | 13,1 | 561,7 | 87,4 | 137,2 |
| Braunschweig | 345,8 | — | 95,0 | 102,6 | 543,4 | 172,5 | 133,4 |
| Sachsen-Meiningen | 174,0 | — | 78,5 | — | 252,5 | 102,3 | 98,5 |
| Sachsen-Altenburg | 106,1 | — | 82,5 | — | 188,6 | 142,5 | 94,8 |
| Sachsen-Koburg-Gotha | 141,2 | — | 147,6 | 7,6 | 296,4 | 149,9 | 120,8 |
| Anhalt | 215,8 | — | 53,1 | 25,9 | 294,8 | 128,3 | 91,0 |
| Schwarzburg-Sondershausen | 60,8 | — | 14,8 | 72,2 | 147,8 | 171,2 | 179,8 |
| Schwarzburg-Rudolstadt | 52,3 | — | 53,9 | 5,9 | 112,0 | 119,1 | 118,6 |
| Waldeck | 3,9 | — | 35,4 | — | 39,3 | 35,1 | 67,8 |
| Reuß älterer Linie | 25,2 | — | 18,0 | — | 43,2 | 136,1 | 62,8 |
| Reuß jüngerer Linie | 44,8 | — | 50,0 | — | 94,8 | 114,7 | 66,6 |
| Schaumburg-Lippe | 24,3 | — | — | 13,7 | 38,0 | 111,1 | 86,7 |
| Lippe | 44,0 | — | 39,6 | 0,8 | 84,3 | 69,4 | 59,1 |
| Lübeck | 10,1 | 40,0 | — | 0,8 | 60,9 | 204,8 | 60,7 |
| Bremen | 15,3 | — | 5,7 | 0,1 | 51,3 | 200,1 | 22,0 |
| Hamburg | 37,4 | 8,8 | 6,0 | 2,2 | 54,5 | 131,5 | 6,9 |
| Elsaß-Lothringen | 1 293,3 | 12,1 | 346,6 | 26,4 | 1 678,5 | 115,7 | 96,2 |
| Deutsches Reich, Ende 1902 | ([1] 31 333,4 | 1 317,8 | ([2] 15 950,4 | ([3] 3 362,1 | 51 984,0 | 96,1 | 90,0 |
| *Dagegen Ende 1892* | *29 037,3* | *2 412,0* | *9 800,7* | *1 657,8* | *42 907,8* | *79,4* | *85,3* |

[1]) Hierunter 19,3, — [2]) hierunter 54,9 Privatbahnen. — [3]) Hierunter eine Staatsbahn unter Privatverwaltung mit 18,4 km.

## 2 b. Länge der vollspurigen Staats- und Privatbahnen.

| Rechnungsjahr | Bahn- (Eigentums-) länge am Ende des Rechnungsjahres km | Davon entfielen auf Staatsbahnen km | Davon entfielen auf Privatbahnen km | Von den Privatbahnen waren in Staats-verwaltung km | Von den Privatbahnen waren in Privat-verwaltung km | Es kamen auf 1000 qkm Fläche km Eisenbahnen | Es kamen auf 100 000 Einwohner km Eisenbahnen | Jährliche Zunahme der Bahnlänge in % |
|---|---|---|---|---|---|---|---|---|
| 1893 | 43 500 | 39 153 | 4 347 | 571 | 3 776 | 80,8 | 85,7 | 1,6 |
| 94 | 44 109 | 39 981 | 4 128 | 284 | 3 844 | 81,6 | 85,9 | 1,4 |
| 95 | 45 203 | 41 358 | 3 845 | 273 | 3 572 | 83,6 | 87,0 | 2,5 |
| 96 | 46 115 | 42 777 | 3 338 | 256 | 3 082 | 85,2 | 87,4 | 2,0 |
| 97 | 47 062 | 43 522 | 3 540 | 164 | 3 376 | 87,0 | 87,9 | 2,1 |
| 1898 | 46 229 | 44 405 | 3 829 | 146 | 3 683 | 89,2 | 88,5 | 2,5 |
| 99 | 48 089 | 44 098 | 3 991 | 148 | 3 845 | 00,4 | 88,9 | 1,8 |
| 1900 | 49 878 | 45 712 | 4 166 | 146 | 4 020 | 92,3 | 89,1 | 1,8 |
| 01 | 51 040 | 46 550 | 4 490 | 205 | 4 285 | 91,4 | 89,6 | 2,3 |
| 02 | 51 964 | 47 228 | 4 736 | 205 | 4 531 | 96,1 | 90,0 | 1,8 |

## 2 c. Anlagekapital, Ertrag und Personal der vollspurigen Eisenbahnen.

| Rechnungsjahr | Verwendetes Anlagekapital am Ende des Rechnungsjahrs überhaupt Mill. ℳ | Verwendetes Anlagekapital auf 1 km Bahnlänge 1000 ℳ | Betriebseinnahmen Millionen ℳ | Betriebsausgaben Millionen ℳ | Überschuß der Betriebseinnahmen über die -ausgaben überhaupt Millionen ℳ | Überschuß vom verwendeten Anlagekapital % | Beamte und Arbeiter (im Jahresdurchschnitt): etatsmäßige Beamte | diätarische Beamte | Arbeiter | Beamte und Arbeiter zusammen |
|---|---|---|---|---|---|---|---|---|---|---|
| 1893 | 11 020 | 253,4 | 1 407 | 859 | 548 | 5,08 | 147 047 | 21 241 | 247 225 | 416 413 |
| 94 | 11 181 | 253,3 | 1 410 | 860 | 550 | 4,98 | 151 002 | 19 906 | 255 206 | 426 114 |
| 95 | 11 407 | 252,3 | 1 498 | 852 | 646 | 5,74 | 152 959 | 19 519 | 259 338 | 431 816 |
| 96 | 11 664 | 252,0 | 1 588 | 884 | 704 | 6,15 | 155 013 | 19 734 | 267 638 | 442 415 |
| 97 | 11 854 | 252,9 | 1 677 | 952 | 725 | 6,21 | 159 515 | 20 970 | 287 268 | 467 753 |
| 1898 | 12 134 | 252,0 | 1 840 | 1 117 | 723 | 6,06 | 174 353 | 26 675 | 308 619 | 509 647 |
| 99 | 12 463 | 253,6 | 1 946 | 1 195 | 751 | 6,12 | 183 559 | 28 064 | 308 740 | 520 363 |
| 1900 | 12 746 | 255,6 | 2 031 | 1 290 | 741 | 5,91 | 192 546 | 28 174 | 314 931 | 535 651 |
| 01 | 13 131 | 257,0 | 1 973 | 1 310 | 663 | 5,14 | 190 302 | 26 437 | 318 611 | 544 350 |
| 02 | 13 457 | 258,8 | 2 025 | [1] 1 311 | 714 | 5,40 | 200 817 | 25 619 | 318 921 | 543 357 |

[1]) Unter Einrechnung von 3,8 Millionen ℳ Betriebsausgaben für einige schmalspurige Eisenbahnen, die in ungetrennter Rechnung mit Vollspurbahnen betrieben werden, betrugen die Betriebsausgaben 1 315 Millionen ℳ.

Von diesen entfielen auf:

| Persönliche Ausgaben (Besoldungen, Löhne usw) | Sächliche Ausgaben (Beschaffung usw der Betriebs- usw Materialien usw) |
|---|---|
| 622 Millionen ℳ | 693 Millionen ℳ |

## 2 d. Betriebsmittel und Verkehr der vollspurigen Eisenbahnen.

| Rechnungsjahr | Lokomotiven | Personenwagen | Gepäck- und Güterwagen¹) | Auf je 100 km Betriebslänge entfielen: Lokomotiven | Personenwagen | Gepäck- und Güterwagen | Befördert: Personen | Güter (einschl. der frachtfrei beförderten Güter) | Zurückgelegt: Personenkilometer²) | Tonnenkilometer³) (einschl. der frachtfrei beförderten Güter) |
|---|---|---|---|---|---|---|---|---|---|---|
| | am Ende des Rechnungsjahrs | | | | | | Anzahl in 1000 | Menge in 1000 Tonnen | Anzahl in Millionen | |
| 1893 | 15 715 | 29 675 | 314 801 | 36 | 69 | 721 | 521 479 | 244 179 | 12 552 | 24 061 |
| 94 | 15 839 | 30 354 | 322 610 | 36 | 70 | 729 | 542 746 | 252 244 | 12 811 | 24 909 |
| 95 | 16 107 | 31 423 | 330 805 | 35 | 70 | 729 | 592 333 | 260 409 | 13 917 | 26 537 |
| 96 | 16 350 | 32 391 | 340 792 | 35 | 71 | 749 | 646 461 | 283 938 | 15 111 | 28 087 |
| 97 | 16 884 | 33 664 | 361 956 | 36 | 72 | 767 | 692 354 | 301 179 | 16 192 | 30 226 |
| 1898 | 17 623 | 35 086 | 384 040 | 36 | 74 | 794 | 758 087 | 320 840 | 17 554 | 32 579 |
| 99 | 18 291 | 36 628 | 398 522 | 37 | 76 | 811 | 804 712 | 341 491 | 18 595 | 34 981 |
| 1900 | 19 069 | 38 434 | 412 744 | 38 | 78 | 825 | 848 092 | 358 925 | 19 959 | 36 911 |
| 01 | 19 724 | 39 917 | 420 487 | 38 | 79 | 822 | 847 806 | 351 278 | 20 525 | 35 325 |
| 02 | 20 298 | 41 259 | 424 525 | 39 | 81 | 815 | 882 988 | 364 629 | 21 028 | 36 670 |

¹) Hierzu sind auch die Postwagen gerechnet, welche Eigentum der Bahnverwaltungen sind.
²) Personenkilometer bedeutet die Beförderung einer Person ein Kilometer weit.
³) Tonnenkilometer (tkm) bedeutet die Beförderung einer Tonne (= 1000 kg) ein Kilometer weit.

## 2 e. Leistungen und Kosten der Betriebsmittel der vollspurigen Eisenbahnen.

| Rechnungsjahr | Von eigenen und fremden Lokomotiven (seit 1898 einschl. der Motorwagen) sind auf den eigenen Betriebsstrecken geleistet worden: in Schnell- und Personenzügen | in gemischten Zügen | in Güterzügen | Von den im eigenen Betriebe befindlichen Lokomotiven (einschl. der Motorwagen) sind auf eigenen und fremden Strecken geleistet worden: überhaupt | durchschn. auf 1 Lokomotive | Auf eigenen und fremden Strecken sind geleistet worden von den eigenen: Personenwagen | Gepäck- u. Güterwagen | Von diesen Wagen wurden durchschn. auf 1 Wagenachse geleistet | Kosten für Unterhaltung, Erneuerung und Ergänzung der: Lokomotiven und Tender | Personenwagen | Gepäck- und Güterwagen |
|---|---|---|---|---|---|---|---|---|---|---|---|
| | Nutzkilometer¹) | | | | | Wagenachskilometer²) | | | | | |
| | Anzahl in 1000 | | | | | Anzahl in Mill. | | in 1000 | 1000 ℳ | | |
| 1893 | 181 635 | 31 196 | 128 627 | 362 494 | 23,0 | 2 752 | 10 505 | 18,1 | 68 813 | 24 710 | 45 648 |
| 94 | 186 461 | 31 718 | 130 189 | 360 506 | 22,4 | 2 852 | 10 638 | 18,6 | 64 980 | 22 100 | 49 042 |
| 95 | 192 680 | 33 575 | 138 566 | 382 062 | 23,9 | 2 977 | 11 283 | 19,1 | 64 296 | 24 107 | 48 332 |
| 96 | 200 421 | 36 382 | 142 574 | 403 954 | 24,9 | 3 255 | 11 681 | 19,5 | 68 506 | 23 316 | 49 547 |
| 97 | 207 616 | 40 613 | 152 517 | 436 586 | 25,8 | 3 526 | 12 319 | 19,5 | 70 803 | 22 595 | 54 306 |
| 1898 | 215 194 | 43 174 | 172 294 | 460 819 | 26,7 | 3 833 | 12 966 | 19,7 | (³75 712 | (³24 570 | (³61 513 |
| 99 | 226 866 | 45 025 | 184 767 | 484 062 | 27,8 | 3 994 | 13 749 | 19,9 | 78 263 | 30 691 | 62 566 |
| 1900 | 239 268 | 47 347 | 195 187 | 511 767 | 27,6 | 4 100 | 14 124 | 19,6 | 90 602 | 28 737 | 65 165 |
| 01 | 250 278 | 49 918 | 192 870 | 520 749 | 26,8 | 4 200 | 13 850 | 18,9 | 94 117 | 31 294 | 60 045 |
| 02 | 255 626 | 53 294 | 194 743 | 530 852 | 26,6 | 4 434 | 14 318 | 19,2 | 89 717 | 30 187 | 55 068 |

¹) D. h. die Zahl der mit Zügen verkuppelten Lokomotiven, vervielfältigt mit der Zahl der von ihnen gefahrenen Kilometer.
²) D. h. die Zahl der Achsen, vervielfältigt mit der Länge des von ihnen zurückgelegten Weges.
³) Bis 1897 lediglich Vollspurbahnen, von 1898 ab einschließlich einiger schmalspuriger Eisenbahnen, die in ungetrennter Rechnung mit vollspurigen Eisenbahnen betrieben werden, sowie einschließlich der Kosten der Zubehörstücke und Wagendecken.

## 2 f. Personenverkehr auf vollspurigen Eisenbahnen

(einschließlich der Fahrten auf Rückfahrkarten, Rundreisehefte und Zeitkarten sowie in besonderen Sonderzügen).

| Rechnungsjahr | Es betrug für die I. Klasse: die Zahl der Personenkilometer | die Einnahme überhaupt | die Einnahme auf 1 Personenkilometer | II. Klasse: die Zahl der Personenkilometer | die Einnahme überhaupt | die Einnahme auf 1 Personenkilometer | III. Klasse: die Zahl der Personenkilometer | die Einnahme überhaupt | die Einnahme auf 1 Personenkilometer | IV. Klasse: die Zahl der Personenkilometer | die Einnahme überhaupt | die Einnahme auf 1 Personenkilometer | Militärbeförderung: die Zahl der Personenkilometer | die Einnahme überhaupt | die Einnahme auf 1 Personenkilometer |
|---|---|---|---|---|---|---|---|---|---|---|---|---|---|---|---|
| | in Mill. | Mill. ℳ | Pf. | in Mill. | Mill. ℳ | Pf. | in Mill. | Mill. ℳ | Pf. | in Mill. | Mill. ℳ | Pf. | in Mill. | Mill. ℳ | Pf. |
| 1893 | 189 | 14,9 | 7,87 | 1885 | 93,4 | 4,96 | 6 188 | 181,6 | 2,94 | 3627 | 72,1 | 1,99 | 663 | 10,1 | 1,53 |
| 94 | 197 | 15,5 | 7,85 | 1934 | 95,1 | 4,92 | 6 335 | 185,3 | 2,93 | 3667 | 72,4 | 1,97 | 678 | 10,5 | 1,55 |
| 95 | 217 | 17,6 | 8,10 | 2008 | 99,0 | 4,83 | 6 936 | 197,0 | 2,84 | 3891 | 79,3 | 2,04 | 806 | 12,3 | 1,52 |
| 96 | 229 | 18,7 | 7,94 | 2201 | 103,5 | 4,71 | 7 550 | 208,1 | 2,76 | 4329 | 85,9 | 1,98 | 803 | 12,3 | 1,61 |
| 97 | 248 | 19,8 | 7,98 | 2275 | 107,3 | 4,71 | 7 977 | 219,1 | 2,75 | 4848 | 96,2 | 1,99 | 814 | 12,9 | 1,58 |
| (¹)1898 | 269 | 21,0 | 7,82 | 2435 | 113,8 | 4,65 | 8 682 | 235,6 | 2,71 | 5354 | 106,2 | 1,98 | 865 | 13,3 | 1,54 |
| 99 | 301 | 23,3 | 7,75 | 2551 | 118,6 | 4,66 | 9 111 | 244,9 | 2,69 | 5863 | 115,0 | 1,96 | 825 | 11,0 | 1,33 |
| 1900 | 344 | 26,3 | 7,62 | 2776 | 128,8 | 4,64 | 9 689 | 259,7 | 2,68 | 6340 | 125,9 | 1,98 | 913 | 12,0 | 1,31 |
| 01 | 320 | 23,4 | 7,16 | 2704 | 121,7 | 4,50 | 9 810 | 265,2 | 2,75 | 6686 | 127,4 | 1,91 | 1038 | 11,1 | 1,07 |
| 02 | 317 | 23,3 | 7,33 | 2665 | 120,6 | 4,58 | 10 011 | 267,6 | 2,67 | 7019 | 133, | 1,89 | 1029 | 10,7 | 1,00 |

## 2 g. Güterverkehr auf vollspurigen Eisenbahnen.

| Rechnungsjahr | Güterbeförderung gegen Frachtberechnung — Eil- und Expreßgut: Zahl der Tonnenkilometer | Einnahme überhaupt | Einnahme auf 1 Tonnenkilometer | Frachtgut: Zahl der Tonnenkilometer | Einnahme überhaupt | Einnahme auf 1 Tonnenkilometer | Militärgut einschl. Pferde und Fahrzeuge; Viehbeförderung; Dienstgut: Zahl der Tonnenkilometer | Einnahme überhaupt | Einnahme auf 1 Tonnenkilometer |
|---|---|---|---|---|---|---|---|---|---|
| | in Mill. | Mill. ℳ | Pf. | in Mill. | Mill. ℳ | Pf. | in Mill. | Mill. ℳ | Pf. |
| 1893 | 91 | 22,4 | 24,47 | 22 327 | 845,2 | 3,79 | 2 066 | 61,0 | 2,95 |
| 94 | 96 | 23,7 | 24,63 | 22 502 | 855,8 | 3,80 | 1 751 | 58,9 | 3,35 |
| 95 | 108 | 26,4 | 24,48 | 24 197 | 917,6 | 3,79 | 811 | 40,6 | 4,99 |
| 96 | 115 | 27,6 | 24,06 | 25 742 | 975,8 | 3,79 | 818 | 39,0 | 4,76 |
| 97 | 127 | 30,4 | 23,95 | 27 557 | 1 020,1 | 3,70 | 876 | 41,1 | 4,70 |
| (¹)1898 | 140 | 32,3 | 23,13 | 29 836 | 1 089,4 | 3,65 | 807 | 40,3 | 4,99 |
| 99 | 154 | 33,6 | 21,75 | 32 098 | 1 147,3 | 3,57 | 734 | 40,0 | 5,45 |
| 1900 | 244 | 43,6 | 17,93 | 33 660 | 1 184,6 | 3,52 | 795 | 42,4 | 5,34 |
| 01 | 250 | 43,6 | 17,44 | 31 921 | 1 129,2 | 3,54 | 818 | 43,0 | 5,26 |
| 02 | 284 | 48,1 | 17,01 | 33 210 | 1 169,0 | 3,52 | 818 | 44,3 | 5,42 |

¹) Von 1898 ab einschließlich einiger schmalspuriger Eisenbahnen, die in ungetrennter Rechnung mit vollspurigen Eisenbahnen betrieben werden.

## 3. Schmalspurige Eisenbahnen.

| Rechnungsjahr | Bahnlänge am Ende des Rechnungsjahrs km | Davon entfielen auf Staatsbahnen km | Davon entfielen auf Privatbahnen km | Betriebseinnahmen 1000 M | Betriebsausgaben 1000 M | Überschuß der Betriebseinnahmen über die -ausgaben überhaupt 1000 M | Überschuß vom verwendeten Anlagekapital % | Bestand der Betriebsmittel am Ende des Rechnungsjahrs: Lokomotiven | Personenwagen | Gepäck- und Güterwagen (einschl. Arbeitswagen) | Von den Lokomotiven wurden zurückgelegt 1000 Nutzkilometer |
|---|---|---|---|---|---|---|---|---|---|---|---|
| 1893 | 1 340 | 583 | 757 | 6 349 | 4 443 | 1 906 | 2,5 | 276 | 756 | 5 460 | 5 230 |
| 94 | 1 353 | 599 | 754 | 6 689 | 4 706 | 1 983 | 2,6 | 290 | 778 | 5 804 | 5 605 |
| 95 | 1 297 | 607 | 690 | 6 087 | 4 610 | 2 077 | 2,8 | 270 | 710 | 6 095 | 5 328 |
| 96 | 1 318 | 628 | 690 | 7 245 | 4 863 | 2 382 | 3,1 | 284 | 747 | 6 325 | 5 491 |
| 97 | 1 387 | 664 | 723 | 7 537 | 6 046 | 1 491 | 1,8 | 302 | 780 | 6 858 | 5 677 |
| 1898 | 1 602 | 722 | 880 | 9 265 | 6 826 | 2 439 | 2,7 | 344 | 900 | 7 403 | 7 002 |
| 99 | 1 713 | 778 | 935 | 9 316 | 7 674 | 1 642 | 1,7 | 366 | 948 | 7 807 | 7 819 |
| 1900 | 1 800 | 705 | 1 005 | 9 836 | 8 326 | 1 510 | 1,4 | 393 | 1 081 | 8 207 | 7 981 |
| 01 | 1 803 | 843 | 1 050 | 10 171 | 8 570 | 1 601 | 1,4 | 409 | 1 114 | 8 594 | 8 039 |
| 02 | 1 879 | 848 | 1 030 | 10 348 | 8 659 | 1 689 | 1,4 | 406 | 1 097 | 8 764 | 8 248 |

| Rechnungsjahr | Beförderte Personen Anzahl in 1000 | Beförderte Güter Menge in 1000 Tonnen | Zurückgelegte Personenkilometer Anzahl in 1000 | Zurückgelegte Tonnenkilometer Anzahl in 1000 | Verwendetes Anlagekapital (soweit bekannt) überhaupt 1000 M | auf 1 km Bahnlänge 1000 M | Beamte und Arbeiter (im Jahresdurchschnitt): etatsmäßige und diätarische Beamte | Arbeiter | Beamte und Arbeiter zusammen |
|---|---|---|---|---|---|---|---|---|---|
| 1893 | 14 372 | 4 025 | 104 430 | 47 689 | 76 298 | 56,0 | 1 178 | 1 276 | 2 454 |
| 94 | 15 014 | 4 302 | 113 093 | 51 077 | 79 257 | 58,6 | 1 233 | 1 328 | 2 561 |
| 95 | 12 249 | 4 672 | 92 846 | 55 347 | 73 226 | 58,0 | 1 161 | 1 185 | 2 346 |
| 96 | 13 158 | 5 169 | 100 132 | 60 319 | 76 461 | 58,0 | 1 234 | 1 347 | 2 581 |
| 97 | 14 465 | 5 446 | 107 277 | 63 778 | 81 662 | 59,8 | 1 349 | 1 721 | 3 070 |
| 1898 | 19 062 | 6 084 | 151 379 | 72 262 | 90 545 | 60,4 | 1 545 | 1 784 | 3 329 |
| 99 | 21 304 | 6 542 | 173 511 | 78 961 | 94 189 | 61,0 | 1 733 | 2 017 | 3 750 |
| 1900 | 22 953 | 6 692 | 188 460 | 80 535 | 98 728 | 61,9 | 1 820 | 2 036 | 3 856 |
| 01 | 23 240 | 6 812 | 192 173 | 85 186 | 118 839 | 67,6 | 1 894 | 2 307 | 4 201 |
| 02 | 22 959 | 7 227 | 198 852 | 88 204 | 120 214 | 69,0 | 1 917 | 2 257 | 4 174 |

## 4. Unfälle beim Betriebe der voll- und schmalspurigen Eisenbahnen.

| Rechnungsjahr | Unfälle: Entgleisungen | Zusammenstöße | sonstige | zusammen | Verunglückte Personen[1]: Reisende getötet[2] | Reisende verletzt | Bahnbeamte und Bahnarbeiter getötet[2] | Bahnbeamte und Bahnarbeiter verletzt | Andere Personen getötet[2] | Andere Personen verletzt | Personen überhaupt getötet[2] | Personen überhaupt verletzt | Auf je 1 000 000 durchfahrene Zugkilometer Tötungen und Verletzungen |
|---|---|---|---|---|---|---|---|---|---|---|---|---|---|
| 1893 | 466 | 269 | 2 895 | 3 630 | 72 | 198 | 412 | 2 069 | 205 | 225 | 689 | 2 483 | 9,1 |
| 94 | 512 | 302 | 2 875 | 3 689 | 42 | 191 | 344 | 2 079 | 267 | 244 | 653 | 2 514 | 8,8 |
| 95 | 495 | 263 | 2 207 | 2 965 | 63 | 265 | 412 | 1 339 | 259 | 219 | 734 | 1 823 | 6,9 |
| 96 | 512 | 287 | 2 442 | 3 241 | 66 | 277 | 450 | 1 461 | 258 | 269 | 774 | 2 007 | 7,1 |
| 97 | 495 | 319 | 2 423 | 3 237 | 101 | 468 | 482 | 1 367 | 257 | 301 | 840 | 2 136 | 7,2 |
| 1898 | 532 | 295 | 2 695 | 3 522 | 76 | 218 | 532 | 1 458 | 300 | 305 | 908 | 1 981 | 6,3 |
| 99 | 580 | 348 | 2 723 | 3 651 | 72 | 345 | 537 | 1 552 | 308 | 291 | 917 | 2 191 | 6,7 |
| 1900 | 634 | 356 | 2 769 | 3 759 | 121 | 600 | 555 | 1 496 | 318 | 351 | 994 | 2 447 | 7,0 |
| 01 | 555 | 302 | 2 440 | 3 297 | 82 | 409 | 482 | 1 291 | 307 | 338 | 881 | 2 038 | 5,8 |
| 02 | 554 | 248 | 2 454 | 3 256 | [3]77 | [3]433 | 456 | 1 246 | 318 | 376 | 851 | 2 055 | 5,6 |

[1]) Ohne die Selbstmörder, deren Zahl im Jahre 1902 auf den vollspurigen Eisenbahnen 247 betrug. Bei Selbstmordversuchen wurden 11 Personen verletzt. — [2]) Zu den getöteten sind auch die innerhalb 24 Stunden nach dem Unfall verstorbenen Personen gerechnet. — [3]) Davon auf vollspurigen Eisenbahnen unverschuldet 5 getötet und 276 verletzt; durch eigene Unvorsichtigkeit 70 getötet und 146 verletzt.

## 5. Kleinbahnen,

(die dem öffentlichen Verkehr dienen).

(Zeitschrift für Kleinbahnen, herausgegeben im Ministerium der öffentlichen Arbeiten, 1903, Heft 3.)

| Staaten und Landesteile | Am Schlusse des Jahres 1902 standen im Betriebe: Straßenbahnen, Spurweite 1,435 m | 1,000 m | sonstige und unbekannte | insgesamt | Nebenbahnähnliche Kleinbahnen[1], Spurweite 1,435 m | 1,000 m | sonstige und unbekannte | insgesamt |
|---|---|---|---|---|---|---|---|---|
| | km | km | km | km | km | km | km | km |
| Prov. Ostpreußen | — | 50,4 | — | 50,4 | 112,1 | — | 523,7 | 635,8 |
| „ Westpreußen | 17,0 | 17,7 | 22,4 | 57,1 | 101,1 | — | 219,3 | 320,4 |
| „ Brandenburg | 396,3 | 55,5 | 21,5 | 473,3 | 313,6 | — | 332,0 | 645,6 |
| „ Pommern | 25,3 | 5,8 | — | 31,1 | 228,2 | 200,1 | 822,6 | 1 250,9 |
| „ Posen | 13,0 | 11,8 | — | 24,8 | 40,8 | 54,1 | 564,2 | 659,1 |
| „ Schlesien | 45,6 | 48,0 | 16,0 | 109,6 | 94,8 | — | 323,3 | 418,1 |
| „ Sachsen | 34,8 | 86,7 | 13,6 | 135,1 | 196,0 | 75,7 | 219,0 | 490,7 |
| „ Schleswig-Holstein | 72,0 | 9,3 | 38,3 | 119,6 | 50,6 | 191,8 | 176,6 | 419,0 |
| „ Hannover | 7,9 | 6,0 | 162,8 | 176,7 | 71,8 | 227,8 | 138,7 | 438,3 |
| „ Westfalen | 26,8 | 244,6 | — | 271,4 | 18,3 | 103,7 | 107,5 | 229,5 |
| „ Hessen-Nassau | 79,5 | 36,2 | — | 115,7 | 91,0 | 105,6 | 46,8 | 243,4 |
| „ Rheinland | 179,5 | 481,8 | 11,7 | 673,0 | 75,6 | 250,0 | 155,5 | 481,1 |
| Hohenzollern | — | — | — | — | 38,6 | — | — | 38,6 |
| Preußen | 897,4 | 1 053,5 | 285,8 | 2 236,7 | 1 472,1 | 1 209,8 | 3 628,9 | 6 270,8 |
| Bayern | 29,8 | 39,3 | 51,6 | 120,7 | — | — | — | — |
| Sachsen | — | 39,9 | 269,7 | 309,6 | — | — | — | — |
| Württemberg | — | 45,5 | — | 45,5 | 14,6 | — | — | 14,6 |
| Baden | 15,0 | 27,1 | 20,3 | 62,4 | — | 42,5 | — | 42,5 |
| Hessen | — | 20,6 | — | 20,6 | — | 40,5 | — | 40,5 |
| Mecklenburg-Schwerin | 7,5 | — | 4,0 | 11,5 | — | — | — | — |
| Sachsen-Weimar | — | 19,6 | — | 19,6 | — | — | — | — |
| Mecklenburg-Strelitz | — | — | — | — | — | — | 65,6 | 65,6 |
| Oldenburg | — | 3,7 | — | 3,7 | — | 13,3 | 29,3 | 42,6 |
| Braunschweig | — | — | 33,7 | 33,7 | 17,0 | — | 6,2 | 23,2 |
| Sachsen-Meiningen | — | — | — | — | — | — | 0,9 | 0,9 |
| Sachsen-Altenburg | — | 3,7 | — | 3,7 | — | — | — | — |
| Sachsen-Koburg-Gotha | — | 3,0 | — | 3,0 | — | — | — | — |
| Anhalt | 9,2 | 8,7 | — | 17,9 | — | — | 41,0 | 41,0 |
| Schwarzburg-Sondershausen | — | — | — | — | — | — | — | — |
| Schwarzburg-Rudolstadt | — | — | — | — | — | — | — | — |
| Waldeck | 3,3 | — | — | 3,3 | — | — | — | — |
| Reuß älterer Linie | — | — | — | — | — | — | — | — |
| Reuß jüngerer Linie | — | 11,9 | — | 11,9 | — | — | — | — |
| Schaumburg-Lippe | — | — | — | — | — | 13,0 | — | 13,0 |
| Lippe | — | — | 10,7 | 10,7 | — | 5,5 | — | 5,5 |
| Lübeck | — | — | 12,7 | 12,7 | — | — | — | — |
| Bremen | 42,7 | — | — | 42,7 | — | 9,0 | — | 9,0 |
| Hamburg | 111,8 | — | — | 111,8 | — | — | — | — |
| Elsaß-Lothringen | 15,5 | 78,5 | — | 94,0 | — | — | — | — |
| Deutsches Reich | 1 131,6 | 1 356,1 | 688,5 | 3 176,2 | 1 463,7 | 1 334,8 | 3 771,1 | 6 569,6 |
| Dagegen 1901 | *1 075,7* | *1 256,0* | *674,7* | *3 006,4* | *1 285,8* | *1 195,4* | *3 229,3* | *5 710,5* |

[1] D. h. »Bahnen, die über den Umfang städtischer Straßenbahnen hinaus den Personen- und Güterverkehr von Ort zu Ort vermitteln und sich nach ihrer Ausdehnung, Anlage und Einrichtung der Bedeutung der Nebeneisenbahnen nähern« (Ausführungsanweisung vom 13. August 1898 zum preuß. Kleinbahngesetz). In den meisten Bundesstaaten sind derartige Bahnen zu den Nebeneisenbahnen gerechnet, daher hier nicht verzeichnet.

## 6. Güterverkehr auf den Eisenbahnen.

(Statistik der Güterbewegung auf deutschen Eisenbahnen. Herausgegeben im Königl. Preuß. Ministerium der öffentlichen Arbeiten. Band 67, 68 und 69.)

Die Mengen der in nachfolgender Übersicht angeführten Güter sind nach dem beförderten Gewicht, also einschließlich des Gewichts der Verpackung unter Abrundung auf ganze und halbe Tonnen und Weglassung aller Sendungen unter 500 kg (½ t), bei Vieh nach Stückzahl angegeben. Für die Unterscheidung der Herkunft und Bestimmung sind lediglich die Angaben der Frachtbriefe und Transportscheine über Aufgabe- und Bestimmungsstation maßgebend (beim Seeverkehr mithin in der Regel die inländischen Seehäfen). Demnach gilt als Durchfuhr nur der Verkehr von der Land- zur Landgrenze; dagegen erscheint die Durchfuhr von der Land- zur Seegrenze als Einfuhr (Empfang im inländischen Seehafen) und umgekehrt von der See- zur Landgrenze als Ausfuhr (Versand vom inländischen Seehafen), ferner von der See- zur Seegrenze, ebenso wie der Verkehr mit dem Auslande über die Seegrenze, als Inlandsverkehr.

| Nr. | Warengattung | Menge der beförderten Güter: in den Jahren 1900 | 1901 | 1902 | 1902 im Inlandsverkehr | Gesamtverkehr mit dem Auslande: Versand nach | Empfang von | Durchfuhrverkehr |
|---|---|---|---|---|---|---|---|---|
| | | 1000 Tonnen (zu 1000 kg) | | | | | | |
| 1. | Abfälle | 113 | 111 | 117 | 103 | 3 | 11 | — |
| 2. | Baumwolle, rohe, auch Abfälle | 502 | 613 | 692 | 467 | 146 | 77 | 2 |
| 3. | Bier | 1 895 | 1 868 | 1 825 | 1 682 | 60 | 70 | 13 |
| 4. | Blei | 250 | 249 | 276 | 252 | 20 | 4 | — |
| 5. | Borke und Lohe | 251 | 261 | 257 | 156 | 7 | 92 | 2 |
| 6a. | Braunkohlen, rohe | 15 344 | 15 656 | 14 886 | 9 208 | 2 | 5 641 | 35 |
| 6b. | Braunkohlenbriketts und Koks | 6 516 | 6 573 | 7 289 | 7 003 | 278 | 7 | 1 |
| 7. | Zement | 2 672 | 2 587 | 2 845 | 2 715 | 57 | 33 | 40 |
| 8. | Chemikalien und Drogeriewaren | 702 | 749 | 791 | 689 | 69 | 28 | 5 |
| 9. | Dachpappe, Steinpappe usw. | 160 | 153 | 165 | 161 | 4 | — | — |
| 10. | Düngemittel, auch künstliche | 6 390 | 7 197 | 7 187 | 6 922 | 304 | 177 | 28 |
| 11a. | Eisen, roh, aller Art usw. | 4 817 | 3 949 | 4 008 | 2 917 | 335 | 708 | 48 |
| 11b. | Luppen von Schweißeisen usw. | 1 166 | 1 247 | 1 587 | 1 282 | 152 | 111 | 42 |
| 11c. | Eisen- und Stahlbruch | 2 069 | 1 678 | 2 069 | 1 939 | 56 | 71 | 3 |
| 12. | Eisen und Stahl, Stab- und Façoneisen usw. | 4 564 | 4 232 | 4 714 | 3 870 | 765 | 57 | 22 |
| 13. | Eisenbahnschienen, Schienenbefestigungsgegenst. | 1 519 | 1 429 | 1 508 | 1 347 | 135 | 9 | 17 |
| 14. | Eisenbahnschwellen, eiserne | 280 | 258 | 301 | 275 | 20 | 4 | 2 |
| 15. | Eiserne Achsen und Bandagen, Räder usw. | 278 | 210 | 229 | 187 | 40 | 1 | 1 |
| 16. | Eiserne Dampfkessel, Reservoirs usw. | 1 408 | 1 205 | 1 102 | 902 | 180 | 26 | 24 |
| 17. | Eiserne Röhren und Säulen | 653 | 645 | 722 | 648 | 61 | 7 | 6 |
| 18. | Eisen- und Stahldraht | 598 | 589 | 589 | 481 | 105 | 3 | — |
| 19. | Eisen- und Stahlwaren | 1 273 | 1 248 | 1 393 | 1 246 | 131 | 12 | 4 |
| 20. | Eisenerz (ausschl. Schwefelkies) | 11 611 | 9 857 | 10 415 | 6 914 | 373 | 1 418 | 1 710 |
| 21. | Erde, Kies, Mergel, Lehm, Ton usw. | 11 017 | 10 528 | 11 023 | 10 452 | 246 | 285 | 40 |
| 22a. | Erze, rohe, Bleierze usw. | 351 | 397 | 351 | 259 | 24 | 68 | — |
| 22b. | Kupfererze, Kupferstein | 22 | 23 | 35 | 26 | 5 | 4 | — |
| 22c. | Übrige Erze | 1 554 | 1 381 | 1 525 | 1 270 | 65 | 171 | 19 |
| 23. | Farbhölzer | 48 | 43 | 40 | 30 | 4 | 5 | 1 |
| 24. | Fische | 242 | 290 | 312 | 211 | 67 | 33 | 1 |
| 25. | Flachs, Hanf, Hede, Werg | 202 | 206 | 204 | 78 | 18 | 102 | 6 |
| 26. | Fleisch, auch Speck | 90 | 90 | 91 | 55 | 2 | 31 | 3 |
| 27. | Garn und Zwirne | 401 | 373 | 406 | 348 | 22 | 25 | 11 |
| 28a. | Getreide: Weizen | 2 616 | 2 551 | 2 611 | 2 277 | 190 | 128 | 16 |
| 28b. | " Roggen | 1 603 | 1 584 | 1 761 | 1 597 | 26 | 139 | 1 |
| 28c. | " Hafer | 1 386 | 1 429 | 1 363 | 1 166 | 55 | 137 | 5 |
| 28d. | " Gerste | 1 708 | 1 793 | 1 932 | 1 652 | 11 | 266 | 3 |
| 28e. | " Hirse, Buchweizen, Hülsenfrüchte | 337 | 347 | 403 | 185 | 6 | 210 | 2 |
| 28f. | " Mais (Kukuruz) | 1 049 | 976 | 773 | 632 | 12 | 126 | 3 |
| 28g. | " Malz | 588 | 595 | 564 | 443 | 6 | 93 | 22 |
| 28h. | " Lein- und Ölsamen | 285 | 241 | 318 | 221 | 5 | 91 | 1 |
| 28i. | " andere Sämereien | 263 | 224 | 226 | 166 | 20 | 38 | 2 |
| 29. | Glas und Glaswaren | 607 | 713 | 735 | 639 | 49 | 35 | 12 |
| 30. | Häute, Felle, Leder, Pelzwaren | 351 | 372 | 391 | 312 | 34 | 41 | 4 |
| 31a. | Holz: Rundholz, roh beschlagene Stämme | 3 525 | 3 211 | 3 052 | 2 490 | 29 | 528 | 5 |
| 31b. | " Nutzholz, Werkholz, Holzdraht usw. | 5 312 | 4 829 | 5 212 | 4 707 | 51 | 424 | 30 |
| 31c. | " Brennholz, Eisenbahnschwellen usw. | 5 822 | 5 881 | 5 613 | [illegible]90 | 134 | 373 | 16 |
| 31d. | " außereuropäisches | 190 | 212 | 202 | 188 | 9 | 5 | — |

| Nr. | C. Güterverkehr auf den Eisenbahnen. Beförderung. Warengattung | Menge der beförderten Güter in den Jahren 1900 | 1901 | 1902 | 1902 im: Inlandverkehr | Auslandsverkehr: Versand nach dem Auslande | Empfang vom Auslande | Durchgangsverkehr |
|---|---|---|---|---|---|---|---|---|
| | | 1000 Tonnen zu 1000 kg | | | | | | |
| 32. | Holzzeugmasse, Strohmasse | 778 | 713 | 777 | 718 | 42 | 10 | 7 |
| 33. | Hopfen | 40 | 32 | 45 | 33 | 7 | 4 | 1 |
| 34. | Jute | 82 | 89 | 108 | 102 | 2 | 4 | — |
| 35. | Kaffee, Kakao, Tee | 130 | 155 | 150 | 125 | 10 | 9 | 3 |
| 36. | Kalk, gebrannter | 3 247 | 3 098 | 3 253 | 2 946 | 25 | 219 | 63 |
| 37. | Kartoffeln | 1 854 | 1 940 | 2 172 | 2 039 | 30 | 107 | 7 |
| 38. | Knochen | 124 | 122 | 121 | 97 | 8 | 15 | — |
| 39. | Knochenkohle | 13 | 13 | 11 | 10 | 1 | … | — |
| 40. | Lumpen | 366 | 451 | 385 | 329 | 22 | 31 | 3 |
| 41a. | Mehl und Mühlenfabrikate | 2 497 | 2 640 | 2 699 | 2 649 | 15 | 24 | 11 |
| 41b. | Kleie | 1 666 | 1 810 | 1 889 | 1 348 | 6 | 456 | 5 |
| 42. | Obst, Gemüse, Pflanzen usw. | 907 | 1 041 | 1 055 | 624 | 16 | 408 | 7 |
| 43. | Öle, Fette, Tran und Talg | 619 | 645 | 613 | 533 | 21 | 73 | 6 |
| 44. | Ölkuchen, Kokoskuchen usw. | 1 161 | 1 244 | 1 214 | 1 003 | 37 | 171 | 3 |
| 45. | Papier und Pappe usw. | 1 071 | 1 096 | 1 105 | 1 053 | 44 | 10 | 2 |
| 46. | Petroleum und andere Mineralöle | 1 043 | 1 062 | 1 063 | 868 | 84 | 103 | 8 |
| 47. | Reis, Reismehl und Reiskleie | 246 | 221 | 293 | 251 | 7 | 33 | 1 |
| 48. | Ton- und Zementröhren | 522 | 503 | 531 | 521 | 8 | 1 | 1 |
| 49. | Rüben, Zucker-, Futterrüben, Zichorienwurzeln | 7 012 | 5 038 | 6 963 | 6 938 | 13 | 9 | 3 |
| 50. | Rübensirup, Melasse | 373 | 400 | 431 | 425 | 4 | 2 | — |
| 51. | Salpetersäure, Salzsäure | 201 | 190 | 196 | 187 | 5 | 4 | — |
| 52. | Salz | 1 360 | 1 363 | 1 350 | 1 277 | 71 | 0 | 2 |
| 53. | Schiefer | 164 | 161 | 173 | 136 | 6 | 25 | 6 |
| 54. | Schwefelsäure | 494 | 455 | 514 | 463 | 34 | 16 | 1 |
| 55a. | Soda, rohe, kalzinierte | 380 | 369 | 268 | 243 | 24 | 1 | 1 |
| 55b. | " kaustische | 55 | 54 | 72 | 64 | 2 | 5 | 1 |
| 56. | Spiritus, Branntwein, Essig | 543 | 572 | 563 | 546 | 12 | 3 | 2 |
| 57. | Stärke, Stärkezucker usw. | 255 | 265 | 312 | 295 | 7 | 8 | 2 |
| 58. | Steine, bearbeitet, Pflastersteine usw. | 804 | 858 | 803 | 737 | 11 | 43 | 12 |
| 59. | Steine, gebr., Bruch- und Kalksteine usw. | 23 618 | 23 580 | 23 585 | 22 807 | 624 | 116 | 38 |
| 60a. | Steinkohlen | 81 730 | 80 783 | 79 159 | 65 693 | 11 965 | 1 228 | 273 |
| 60b. | Steinkohlenbriketts | 2 251 | 2 231 | 2 303 | 2 013 | 268 | 14 | 8 |
| 60c. | Steinkohlenkoks | 11 369 | 10 249 | 10 281 | 6 966 | 3 134 | 154 | 27 |
| 61. | Tabak, roh, Tabakrippen | 104 | 109 | 111 | 88 | 11 | 10 | 2 |
| 62. | Teer, Pech, Asphalt, Harz usw. | 910 | 887 | 914 | 778 | 86 | 49 | 1 |
| 63. | Tonwaren, Porzellan, Steingut usw. | 325 | 325 | 342 | 303 | 19 | 16 | 4 |
| 64. | Torf, Torfstreu, Holzkohlen | 413 | 471 | 465 | 403 | 15 | 33 | 2 |
| 65. | Wein | 462 | 410 | 415 | 381 | 5 | 26 | 3 |
| 66. | Wolle | 402 | 379 | 470 | 358 | 37 | 62 | 13 |
| 67. | Zink, Zinkasche, Zinkbruch | 242 | 244 | 301 | 255 | 21 | 24 | 1 |
| 68a. | Zucker, roh | 1 434 | 1 567 | 1 612 | 1 589 | — | 23 | — |
| 68b. | " raffinierter | 863 | 865 | 918 | 829 | 30 | 39 | 20 |
| 69. | Sammelladungen | 974 | 954 | 1 001 | 790 | 126 | 45 | 34 |
| 70. | Sonstige Güter | 6 861 | 7 102 | 7 448 | 6 612 | 215 | 523 | 98 |
| | Zusammen | 264 968 | 259 260 | 263 532 | 223 279 | 21 583 | 15 778 | 2 930 |
| | Außerdem: | 1000 Stück | | | | | | |
| 72. | Pferde (auch Fohlen), Esel usw. | 474 | 438 | 492 | 311 | 9 | 62 | 10 |
| 73. | Rindvieh (auch Kälber) | 5 194 | 5 395 | 5 069 | 5 355 | 5 | 254 | 15 |
| 74. | Schafe (auch Lämmer) | 2 142 | 2 143 | 2 108 | 1 380 | 612 | 1 | 6 |
| 75. | Schweine (auch Ferkel) | 10 516 | 9 912 | 9 971 | 9 858 | 1 | 104 | 8 |
| 76. | Geflügel und sonstiges Vieh | 34 142 | 22 731 | 25 240 | 11 546 | 119 | 14 372 | 181 |
| | | 1000 Tonnen | | | | | | |
| | Gesamt[1]) | 269 507 | 264 327 | 267 449 | 227 153 | 21 577 | 15 986 | 2 343 |
| | Davon Gut: von Schiffen gekommen | [illegible] | [illegible] | [illegible] | 3 556 | [illegible] | [illegible] | [illegible] |
| | nach Schiffen gegangen | [illegible] | [illegible] | [illegible] | [illegible] | — | [illegible] | — |
| | zwischen Schiffen befördert | [illegible] | [illegible] | 845 | 845 | — | [illegible] | [illegible] |

[1]) Zur Bildung der Schlußsummen ist das Lebendgewicht des Viehes nach folgenden Sätzen berechnet: 1 Pferd usw. = 450 kg, 1 Stück Rindvieh = 500 kg, 1 Schaf = 40 kg, 1 Schwein = 90 kg, 1 Stück Geflügel usw. = 4 kg.

## 7. Die deutschen Wasserstraßen.

(Statistik des Deutschen Reichs, N. F., Band 39, T. 1, II und Angaben der Wasserbaubehörden.)

| Bezeichnung der Wasserstraßen<br>a) freier Flußlauf, b) kanalisierter Fluß, c) gegrabener Kanal | Gesamtlänge der schiffbaren Strecke | Davon können befahren werden durch Schiffe mit einem Tiefgange von 1,75 m | 1,50 m | 1,00 m | 0,75 m | unter 0,75 m |
|---|---|---|---|---|---|---|
| | Kilometer | | | | | |
| Im Memelgebiet: | | | | | | |
| a) | 273,20 | — | 210,07 | 56,66 | 5,60 | — |
| b) | 20,50 | — | 20,50 | — | — | — |
| c) | 34,67 | — | 34,67 | — | — | — |
| Küstenflüsse des Kurischen Haffs: a) | 63,31 | — | 57,61 | — | — | 5,70 |
| Verbindung zwischen Memel- und Pregelgebiet: | | | | | | |
| c) (großer Friedrichsgraben) | 19,00 | — | 19,00 | — | — | — |
| Masurische Wasserstraßen: | | | | | | |
| a) freier Flußlauf und Seenstrecken | 140,00 | — | — | 146,00 | — | — |
| c) | 18,00 | — | — | 18,00 | — | — |
| Im Pregelgebiet: a) | 219,93 | — | 92,88 | 127,05 | — | — |
| Im Pregelgebiet: b) | 9,50 | 9,50 | — | — | — | — |
| Küstenflüsse des Frischen Haffs: a) | 32,10 | — | 11,30 | 8,80 | 12,00 | — |
| Elbing-Oberländischer- und Drewenz-Schilling-Seekanal: | | | | | | |
| a) freier Flußlauf und Seenstrecken | 105,12 | — | — | 105,12 | — | — |
| b) | 10,10 | — | — | 10,10 | — | — |
| c) | 39,79 | — | — | 39,79 | — | — |
| Im Weichselgebiet: a) | 508,22 | 15,80 | 231,88 | 153,57 | — | 107,07 |
| Im Weichselgebiet: b) | 12,76 | — | 12,76 | — | — | — |
| Im Weichselgebiet: c) | 17,90 | — | 17,90 | — | — | — |
| Verbindung zwischen Weichsel- und Odergebiet: | | | | | | |
| c) (Bromberger Kanal) | 39,36 | — | — | 39,36 | — | — |
| Küstengewässer der Ostsee westlich der Oder: a) | 445,10 | — | 184,00 | 28,30 | — | 232,80 |
| Im Odergebiet: a) | 1 647,07 | 401,84 | 420,09 | 672,30 | 58,30 | 48,66 |
| Im Odergebiet: b) | 606,19 | 85,70 | 234,99 | 285,50 | — | — |
| Im Odergebiet: c) | 61,49 | 11,00 | — | 50,49 | — | — |
| Küstenflüsse nördlich der Elbe: | | | | | | |
| a) | 274,10 | — | 160,80 | 110,30 | — | 3,00 |
| b) | 39,30 | — | 39,30 | — | — | — |
| Verbindungen zwischen Oder- und Elbegebiet: c) | 150,62 | 66,45 | 84,17 | — | — | — |
| Im Elbegebiet: a) | 1 902,03 | 519,16 | 545,20 | 653,67 | 184,00 | — |
| Im Elbegebiet: b) | 680,01 | 84,44 | 83,10 | 470,03 | — | 49,31 |
| Im Elbegebiet: c) | 521,37 | 92,66 | — | 325,67 | — | 103,04 |
| Verbindung zwischen Elbe- und Wesergebiet: c) | 27,50 | — | — | 11,40 | — | 16,10 |
| Im Wesergebiet: a) | 688,11 | 114,01 | 330,50 | 239,65 | — | 3,00 |
| Im Wesergebiet: b) | 311,11 | — | — | 142,95 | 168,16 | — |
| Im Wesergebiet: c) | 36,32 | — | — | 36,32 | — | — |
| Küstengewässer zwischen Weser und Ems: a) | 7,70 | — | — | 7,70 | — | — |
| Verbindung zwischen Weser- und Emsgebiet: c) | 45,30 | — | 45,30 | — | — | — |
| Im Emsgebiet (ausschl. Dortmund-Emskanal): | | | | | | |
| a) | 457,81 | 75,28 | — | 382,53 | — | — |
| b) | 109,92 | — | — | 109,92 | — | — |
| c) | 726,74 | 78,00 | 10,00 | 588,02 | 47,66 | 2,36 |
| Dortmund-Emskanal: | | | | | | |
| a) | 23,67 | 23,67 | — | — | — | — |
| b) | 48,80 | 48,80 | — | — | — | — |
| c) | 210,58 | 210,58 | — | — | — | — |
| Im Rheingebiet: a) | 1 731,88 | 435,92 | 142,77 | 712,03 | 123,66 | 316,50 |
| Im Rheingebiet: b) | 581,46 | 32,64 | 17,76 | 531,06 | — | — |
| Im Rheingebiet: c) | 378,16 | — | 68,26 | 309,90 | — | — |
| Verbindung zwischen Rhein- und Donaugebiet: c) | 146,66 | — | — | 146,66 | — | — |
| Im Donaugebiet: a) | 745,32 | — | — | 449,65 | — | 295,67 |
| Im Donaugebiet: b) | 32,60 | — | — | 32,60 | — | — |
| Gesamtsumme ….: a) freier Flußlauf | 9 291,73 | 1 586,55 | 2 391,73 | 3 914,66 | 383,50 | 1 012,19 |
| Gesamtsumme ….: b) kanalisierter Flußlauf | 2 409,33 | 261,16 | 407,09 | 1 582,76 | 108,16 | 49,24 |
| Gesamtsumme ….: c) gegrabener Kanal | 2 473,96 | 458,69 | 279,40 | 1 566,61 | 47,66 | 121,60 |
| Nord-Ostseekanal | 98,65 | 98,65 | | | — | — |
| Seekanal Königsberg-Pillau | 32,50 | 32,50 | — | — | — | — |
| | 14 366,10 | 2 437,77 | 3 082,12 | 7 064,07 | 598,40 | 1 182,63 |

## 8. Der Bestand der Fluß-, Kanal-, Haff- und Küstenschiffe.

(Statistik des Deutschen Reichs, Band 140[1])

Nachgewiesen sind die zur gewerbsmäßigen Frachtbeförderung dienenden Schiffe von 10 Tonnen (zu 1 000 kg) und mehr, sowie die Personen- und Schleppdampfschiffe. Neben den eigentlichen Flußschiffen werden an den unteren Wasserläufen, den Haffen usw. die in die Seeschiffsregister nicht aufgenommenen Schiffe von 10 und mehr Tonnen mitgezählt. Nachstehend nicht mitgezählt, aber ihrer geringen Tragfähigkeit wegen auch nicht unter dem Seeschiffsbestand (s. unter 10) nachgewiesen wurden 1882: 130 Schiffe von 2 105 Tonnen, 1887: 131 Schiffe von 1 996 Tonnen, 1892: 98 Schiffe von 1 514 Tonnen, 1897: 129 Schiffe von 2 013 Tonnen, 1902: 73 Schiffe von 2 396 Tonnen.

| Gattung der Schiffe | Am 31. Dezember | Zahl der Schiffe | Zahl der Schiffe, für welche die Tragfähigkeit nachgewiesen | Tragfähigkeit dieser Schiffe im ganzen Tonnen | Anzahl der Schiffe, deren Tragfähigkeit beträgt Tonnen: unter 20 | 20 bis unter 50 | 50 bis unter 100 | 100 bis unter 150 | 150 bis unter 300 | 300 und darüber |
|---|---|---|---|---|---|---|---|---|---|---|
| Schiffe überhaupt | 1882 | 18 715 | 18 242 | 1 658 266 | 2 595 | 4 740 | 4 775 | 3 672 | 1 764 | 696 |
| | 87 | 20 390 | 19 989 | 2 100 708 | 2 551 | 4 958 | 3 774 | 5 460 | 2 136 | 1 112 |
| | 92 | 22 848 | 22 378 | 2 760 553 | 2 682 | 5 101 | 3 647 | 6 326 | 2 901 | 1 721 |
| | 97 | 22 564 | 21 945 | 3 370 447 | 2 596 | 4 577 | 3 217 | 4 405 | 4 640 | 2 510 |
| | 1902 | 24 817 | 23 927 | 4 873 502 | 2 743 | 4 391 | 3 629 | 1 702 | 6 829 | 4 633 |
| und zwar: 1. Segelschiffe | 1882 | 17 885 | 17 620 | 1 625 111 | 2 411 | 4 523 | 4 643 | 3 623 | 1 733 | 687 |
| | 87 | 19 237 | 19 168 | 2 040 413 | 2 314 | 4 721 | 3 593 | 5 370 | 2 067 | 1 101 |
| | 92 | 21 318 | 21 168 | 2 688 596 | 2 313 | 4 711 | 3 412 | 6 210 | 2 824 | 1 698 |
| | 97 | 20 611 | 20 360 | 3 266 087 | 2 077 | 4 073 | 2 939 | 4 278 | 4 539 | 2 454 |
| | 1902 | 22 214 | 21 665 | 4 728 778 | 1 900 | 3 707 | 3 299 | 1 534 | 6 650 | 4 575 |
| 2. Dampfschiffe[2] | 1882 | 830 | 622 | 33 155 | 184 | 217 | 132 | 49 | 31 | 9 |
| | 87 | 1 153 | 821 | 51 292 | 237 | 233 | 181 | 90 | 69 | 11 |
| | 92 | 1 530 | 1 210 | 71 957 | 369 | 390 | 235 | 116 | 77 | 23 |
| | 97 | 1 953 | 1 585 | 104 360 | 519 | 504 | 278 | 127 | 101 | 56 |
| | 1902 | 2 603 | 2 262 | 144 724 | 843 | 684 | 330 | 168 | 179 | 58 |
| Darunter (2): a) Personendampfer | 1882 | 311 | 274 | 11 067 | 91 | 103 | 62 | 8 | 10 | — |
| | 87 | 492 | 449 | 18 666 | 146 | 160 | 100 | 31 | 12 | — |
| | 92 | 677 | 593 | 24 672 | 210 | 208 | 127 | 30 | 18 | — |
| | 97 | 816 | 686 | 27 713 | 262 | 236 | 134 | 35 | 16 | 3 |
| | 1902 | 1 171 | 989 | 33 278 | 493 | 308 | 133 | 22 | 27 | 6 |
| b) Güterdampfer | 1882 | 95 | 94 | 12 359 | 3 | 15 | 23 | 26 | 20 | 7 |
| | 87 | 128 | 127 | 18 295 | — | 8 | 38 | 36 | 36 | 9 |
| | 92 | 141 | 140 | 23 689 | 1 | 14 | 23 | 45 | 39 | 18 |
| | 97 | 191 | 184 | 36 190 | 20 | 26 | 24 | 40 | 41 | 33 |
| | 1902 | 217 | 216 | 46 054 | 3 | 21 | 43 | 54 | 59 | 34 |
| c) Schleppdampfer | 1882 | 345 | 238 | 8 781 | 83 | 93 | 46 | 15 | 1 | — |
| | 87 | 461 | 229 | 12 524 | 85 | 60 | 39 | 23 | 21 | 1 |
| | 92 | 635 | 446 | 22 155 | 141 | 161 | 80 | 41 | 20 | 3 |
| | 97 | 876 | 677 | 38 502 | 219 | 233 | 112 | 50 | 44 | 19 |
| | 1902 | 1 141 | 995 | 61 274 | 330 | 320 | 137 | 89 | 84 | 17 |
| d) Tau- (Ketten-) Dampfer | 1882 | 65 | 3 | 30 | 3 | — | — | — | — | — |
| | 87 | 50 | 2 | 22 | 2 | — | — | — | — | — |
| | 92 | 50 | 6 | 598 | 2 | — | 3 | — | — | 1 |
| | 97 | 42 | 11 | 775 | 3 | — | 6 | 2 | — | — |
| | 1902 | 53 | 42 | 2 082 | 2 | 19 | 12 | — | 9 | — |
| e) Dampffähren | 1882 | 14 | 13 | 918 | 4 | 6 | 1 | — | — | 2 |
| | 87 | 22 | 14 | 785 | 4 | 5 | 4 | — | — | 1 |
| | 92 | 27 | 25 | 843 | 15 | 7 | 2 | — | — | 1 |
| | 97 | 28 | 27 | 880 | 15 | 9 | 2 | — | — | 1 |
| | 1902 | 21 | 20 | 1 136 | 6 | 7 | 3 | 3 | — | 1 |

[1]) Die Mißstimmung zwischen den nachstehenden Angaben und denen im Band 140 beruht auf nachträglichen Berichtigungen.

[2]) Einschließlich 385 Dampfbarkassen und Motorboote.

## 11. Der Wasserstraßenverkehr an den bedeutenderen Durchgangs- und Hafenorten.

(Statistik des Deutschen Reichs, Band 149.)

| Durchgangs- oder Hafenorte | Im Jahre | Zu Berg: Anzahl der beladenen Fahrzeuge | Zu Berg: Anzahl der unbeladenen Fahrzeuge | Zu Berg: Tragfähigkeit derselben (in 1000 Tonnen) | Zu Berg: Güter ohne Flößholz (in 1000 Tonnen) | Zu Berg: Flößholz (in 1000 Tonnen) | Zu Tal: Anzahl der beladenen Fahrzeuge | Zu Tal: Anzahl der unbeladenen Fahrzeuge | Zu Tal: Tragfähigkeit derselben (in 1000 Tonnen) | Zu Tal: Güter ohne Flößholz (in 1000 Tonnen) | Zu Tal: Flößholz (in 1000 Tonnen) |
|---|---|---|---|---|---|---|---|---|---|---|---|
| | | Durchgegangen | | | | | Durchgegangen | | | | |
| Schmalleningken (Memel) | 1898 | 118 | 880 | 122,7 | 8,3 | — | 1 109 | 10 | 132,6 | 93,1 | 647,8 |
| | 99 | 135 | 823 | 116,8 | 9,0 | — | 1 060 | 20 | 129,7 | 82,3 | 611,6 |
| | 1900 | 90 | 873 | 136,3 | 7,8 | — | 1 147 | 13 | 145,1 | 98,0 | 647,0 |
| | 01 | 76 | 1 097 | 151,9 | 5,3 | — | 1 251 | 31 | 160,3 | 120,1 | 511,7 |
| | 02 | 90 | 992 | 157,0 | 5,8 | — | 1 118 | 51 | 165,6 | 121,6 | 411,5 |
| | | Angekommen | | | | | Angekommen | | | | |
| Königsberg (Pregel) | 1898 | 6 778 | 194 | 327,6 | 274,4 | — | 3 070 | — | 262,4 | 189,1 | 301,0 |
| | 99 | 5 859 | 150 | 325,8 | 297,0 | — | 3 400 | — | 257,7 | 198,7 | 313,3 |
| | 1900 | 5 138 | 141 | 279,1 | 238,1 | — | 3 434 | — | 239,3 | 185,7 | 289,8 |
| | 01 | 5 010 | 180 | 249,0 | 195,9 | — | 3 449 | — | 253,5 | 178,4 | 193,1 |
| | 02 | 5 330 | 274 | 214,1 | 168,4 | — | 3 402 | — | 216,3 | 152,6 | 178,7 |
| | | Durchgegangen | | | | | Durchgegangen | | | | |
| Thorn (Weichsel) | 1898 | 445 | 6 | 66,9 | 45,7 | — | 544 | 52 | 82,7 | 46,6 | 883,6 |
| | 99 | 468 | 22 | 74,3 | 49,8 | — | 430 | 20 | 80,9 | 42,8 | 980,3 |
| | 1900 | 355 | 260 | 79,0 | 39,6 | — | 680 | 92 | 110,9 | 68,6 | 722,1 |
| | 01 | 441 | 232 | 91,0 | 50,9 | — | 786 | 61 | 130,7 | 67,1 | 789,4 |
| | 02 | 405 | 144 | 112,1 | 61,3 | — | 643 | 122 | 127,2 | 61,3 | 433,6 |
| Bromberger Kanal[1]) | 1898 | 915 | 672 | 208,6 | 96,8 | 444,3 | 400 | 524 | 126,3 | 34,1 | 5,5 |
| | 99 | 1 067 | 606 | 210,8 | 115,0 | 373,1 | 828 | 201 | 131,6 | 80,6 | 4,5 |
| | 1900 | 631 | 540 | 160,5 | 68,3 | 327,8 | 671 | 263 | 123,1 | 74,4 | 9,6 |
| | 01 | 922 | 598 | 221,9 | 97,3 | 387,8 | 859 | 606 | 221,1 | 85,2 | 6,1 |
| | 02 | 1 077 | 478 | 281,3 | 130,0 | 269,5 | 762 | 852 | 250,7 | 80,4 | 8,1 |
| Cüstrin (Warthe) | 1898 | 1 211 | 2 098 | 494,5 | 157,7 | — | 2 979 | 128 | 464,2 | 391,8 | 199,6 |
| | 99 | 1 167 | 2 470 | 551,1 | 149,9 | — | 3 671 | 52 | 561,8 | 409,8 | 225,3 |
| | 1900 | 1 000 | 2 225 | 488,8 | 116,9 | — | 2 939 | 87 | 438,3 | 387,3 | 212,2 |
| | 01 | 1 028 | 1 572 | 393,6 | 126,6 | — | 2 417 | 108 | 395,1 | 308,8 | 165,3 |
| | 02 | 810 | 2 190 | 561,6 | 113,9 | — | 2 961 | 108 | 587,4 | 388,6 | 126,0 |
| | | Angekommen | | | | | Abgegangen | | | | |
| Breslau (Oder) | 1898 | 2 934 | 4 618 | 1 381,7 | 381,5 | — | 4 082 | 1 167 | 843,6 | 708,8 | — |
| | 99 | 2 442 | 5 772 | 1 476,2 | 367,3 | — | 4 278 | 1 275 | 980,4 | 810,5 | — |
| | 1900 | 2 453 | 4 991 | 1 494,0 | 374,3 | — | 3 554 | 1 258 | 867,4 | 657,4 | — |
| | 01 | 2 698 | 4 298 | 1 406,3 | 362,7 | — | 3 646 | 979 | 896,6 | 641,7 | — |
| | 02 | 1 761 | 3 890 | 1 279,1 | 301,1 | — | 2 779 | 1 010 | 831,9 | 598,8 | — |
| | | Angekommen | | | | | Abgegangen | | | | |
| Cosel (Oderhafen) | 1898 | 543 | 3 583 | 719,6 | 70,0 | — | 3 870 | 9 | 701,3 | 727,4 | — |
| | 99 | 641 | 4 024 | 853,3 | 97,1 | — | 4 094 | 32 | 869,9 | 876,4 | — |
| | 1900 | 544 | 3 490 | 794,8 | 79,7 | — | 3 906 | 68 | 782,9 | 813,3 | — |
| | 01 | 526 | 3 606 | 861,8 | 64,0 | — | 4 065 | 24 | 853,7 | 840,6 | — |
| | 02 | 425 | 5 195 | 1 436,0 | 83,8 | — | 3 748 | 20 | 1 470,2 | 1 265,8 | — |
| | | Durchgegangen | | | | | Durchgegangen | | | | |
| Hamburg-Entenwärder (Oberelbe) | 1898 | 15 668 | 8 789 | 3 918,1 | 3 055,0 | 0,2 | 19 260 | 8 440 | 3 786,3 | 2 434,5 | 16,6 |
| | 99 | 15 606 | 6 874 | 3 647,8 | 2 950,1 | 0,1 | 18 193 | 7 513 | 3 716,8 | 2 457,0 | 23,8 |
| | 1900 | 15 834 | 7 289 | 4 104,3 | 2 875,0 | 0,3 | 19 279 | 7 533 | 3 785,8 | 2 491,2 | 35,3 |
| | 01 | 15 580 | 7 482 | 4 623,8 | 2 903,8 | 0,8 | 18 299 | 8 235 | 4 340,1 | 2 337,4 | 21,3 |
| | 02 | 15 172 | 7 384 | 4 907,7 | 2 775,8 | 2,0 | 16 906 | 9 492 | 4 803,6 | 2 395,5 | 18,0 |

[1]) Zu Berg: Richtung nach der Netze; Zu Tal: nach der Weichsel.

| Durchgangs- oder Hafenorte (Richtung) | Im Jahre | Zu Berg: Anzahl der beladenen Fahrzeuge | Zu Berg: Anzahl der unbeladenen Fahrzeuge | Zu Berg: Tragfähigkeit derselben (in 1000 Tonnen) | Zu Berg: Güter ohne Floßholz (in 1000 Tonnen) | Zu Berg: Floßholz (in 1000 Tonnen) | Zu Tal: Anzahl der beladenen Fahrzeuge | Zu Tal: Anzahl der unbeladenen Fahrzeuge | Zu Tal: Tragfähigkeit derselben (in 1000 Tonnen) | Zu Tal: Güter ohne Floßholz (in 1000 Tonnen) | Zu Tal: Floßholz (in 1000 Tonnen) |
|---|---|---|---|---|---|---|---|---|---|---|---|
| | | Durchgegangen | | | | | Durchgegangen | | | | |
| Rathenower Schleuse (Havel)[1] | 1898 | 7 067 | 257 | 1 418,8 | 1 333,9 | — | 3 329 | 3 271 | 1 317,0 | 472,9 | 13,7 |
| | 99 | 6 786 | 233 | 1 361,7 | 1 383,1 | — | 3 941 | 2 424 | 1 292,7 | 639,9 | 14,7 |
| | 1900 | 7 257 | 220 | 1 530,7 | 1 509,6 | — | 3 778 | 2 930 | 1 401,7 | 580,8 | 10,0 |
| | 01 | 7 017 | 271 | 1 581,4 | 1 412,6 | 0,0 | 3 271 | 3 229 | 1 438,8 | 495,9 | 7,1 |
| | 02 | 5 947 | 429 | 1 701,0 | 1 340,7 | — | 3 494 | 2 281 | 1 501,3 | 578,0 | 4,0 |
| | | Angekommen | | | | | Angekommen | | | | |
| Berlin (Spree) | 1898 | 19 820 | 1 857 | 3 211,4 | 2 977,6 | 3,7 | 12 400 | 1 498 | 2 217,8 | 2 082,6 | 1,0 |
| | 99 | 18 951 | 1 475 | 3 082,2 | 2 900,1 | 1,8 | 12 584 | 1 630 | 2 249,7 | 2 130,6 | 1,8 |
| | 1900 | 18 977 | 1 172 | 3 154,2 | 2 853,8 | 0,7 | 11 347 | 1 593 | 2 101,1 | 1 927,4 | 1,1 |
| | 01 | 18 602 | 905 | 3 177,0 | 2 874,7 | 1,8 | 10 150 | 1 020 | 1 883,1 | 1 733,5 | 0,4 |
| | 02 | 18 477 | 1 523 | 3 933,8 | 3 066,2 | 1,0 | 11 096 | 1 207 | 2 650,8 | 2 295,7 | 1,3 |
| | | Durchgegangen | | | | | Durchgegangen | | | | |
| Eberswalde (Finowkanal)[2] | 1898 | 11 906 | 50 | 1 718,1 | 1 687,3 | 55,7 | 3 021 | 6 060 | 1 393,1 | 468,3 | 2,3 |
| | 99 | 11 538 | 45 | 1 678,2 | 1 611,9 | 53,0 | 3 348 | 5 708 | 1 302,1 | 452,1 | 3,4 |
| | 1900 | 11 998 | 51 | 1 769,3 | 1 735,4 | 45,1 | 3 291 | 6 302 | 1 432,9 | 452,1 | 2,9 |
| | 01 | 11 707 | 50 | 1 824,9 | 1 692,3 | 46,0 | 3 449 | 6 234 | 1 493,1 | 449,9 | 2,1 |
| | 02 | 11 301 | 45 | 2 181,4 | 1 663,8 | 39,8 | 3 100 | 5 989 | 1 748,8 | 441,5 | 2,8 |
| | | Durchgegangen | | | | | Durchgegangen | | | | |
| Plauer Schleuse (Plauer Kanal) | 1898 | 3 348 | 2 457 | 948,3 | 456,4 | 3,1 | 5 264 | 165 | 916,8 | 880,2 | 0,1 |
| | 99 | 3 330 | 2 504 | 993,1 | 408,3 | 5,5 | 5 451 | 216 | 968,2 | 964,0 | 0,1 |
| | 1900 | 2 906 | 2 757 | 1 009,9 | 411,5 | 20,1 | 5 002 | 144 | 828,4 | 821,0 | 2,9 |
| | 01 | 2 957 | 2 459 | 1 041,5 | 416,2 | 3,7 | 4 777 | 160 | 961,1 | 863,8 | 1,8 |
| | 02 | 2 294 | 3 012 | 1 312,5 | 353,4 | 12,9 | 4 643 | 173 | 1 182,7 | 931,3 | 1,0 |
| | | Angekommen | | | | | Angekommen | | | | |
| Magdeburg (Elbe) | 1898 | 5 936 | 268 | 1 658,6 | 1 127,0 | — | 1 228 | 1 | 444,7 | 362,7 | 16,1 |
| | 99 | 5 403 | 301 | 1 645,0 | 1 085,3 | — | 1 227 | 1 | 420,7 | 406,9 | 20,6 |
| | 1900 | 4 967 | 469 | 1 598,6 | 970,4 | — | 1 111 | 9 | 400,0 | 305,9 | 30,9 |
| | 01 | 4 529 | 399 | 1 525,1 | 827,4 | — | 1 091 | 40 | 433,8 | 351,8 | 26,9 |
| | 02 | 4 193 | 572 | 1 634,2 | 785,9 | — | 1 240 | 4 | 539,1 | 363,9 | 21,4 |
| | | Durchgegangen | | | | | Durchgegangen | | | | |
| Schandau (Elbe) | 1898 | 3 099 | 6 062 | 2 800,4 | 490,4 | — | 9 562 | 68 | 2 810,8 | 2 519,6 | 288,8 |
| | 99 | 2 480 | 6 009 | 2 614,1 | 430,8 | — | 9 032 | 39 | 2 825,4 | 2 898,1 | 284,1 |
| | 1900 | 1 589 | 6 389 | 2 492,9 | 472,3 | — | 8 515 | 25 | 2 652,9 | 2 303,8 | 358,1 |
| | 01 | 2 557 | 5 420 | 2 635,8 | 465,8 | — | 8 304 | 14 | 2 834,4 | 2 561,0 | 333,1 |
| | 02 | 2 084 | 5 577 | 3 311,8 | 383,2 | — | 8 033 | 20 | 3 314,7 | 2 549,1 | 277,9 |
| | | Angekommen | | | | | Abgegangen | | | | |
| Minden (Weser) | 1898 | 540 | 76 | 179,7 | 108,9 | — | 273 | 97 | 61,5 | 19,1 | — |
| | 99 | 853 | 102 | 266,7 | 133,4 | — | 192 | 19 | 30,8 | 18,6 | — |
| | 1900 | 819 | 77 | 221,3 | 119,8 | — | 164 | 27 | 33,3 | 11,8 | 0,3 |
| | 01 | 722 | 58 | 214,9 | 106,9 | — | 129 | 57 | 37,1 | 8,6 | — |
| | 02 | 589 | 61 | 181,0 | 82,1 | — | 143 | 23 | 27,8 | 8,4 | — |
| | | Durchgegangen | | | | | Durchgegangen | | | | |
| Emmerich (Rhein) | 1898 | 16 995 | 5 407 | 10 535,4 | 7 877,0 | 4,7 | 17 095 | 5 000 | 10 232,8 | 4 090,4 | 24,8 |
| | 99 | 17 090 | 4 401 | 10 927,4 | 8 409,1 | 5,1 | 15 801 | 5 562 | 10 690,8 | 3 647,8 | 25,4 |
| | 1900 | 17 478 | 4 309 | 11 577,2 | 9 036,4 | 2,4 | 15 910 | 5 980 | 11 394,4 | 4 120,7 | 23,3 |
| | 01 | 16 107 | 5 215 | 11 082,1 | 8 513,9 | 2,0 | 16 954 | 4 913 | 11 165,9 | 4 618,0 | 20,0 |
| | 02 | 15 902 | 5 728 | 11 029,0 | 8 170,3 | 0,8 | 18 305 | 3 489 | 11 259,9 | 5 944,8 | 20,8 |

[1]) Seit 1. April 1891 ist der Verkehr auf 2 Schleusen, die Hauptschleuse und die Stadtschleuse, verteilt.
[2]) Zu Berg: Richtung nach der Havel, Zu Tal: nach der Oder.

| Durchgangs- oder Hafenorte (Verkehrsweg) | Im Jahre | Zu Berg: Anzahl der beladenen Fahrzeuge | Zu Berg: Anzahl der unbeladenen Fahrzeuge | Zu Berg: Tragfähigkeit derselben (in 1000 Tonnen) | Zu Berg: Güter oder Floßholz (in 1000 Tonnen) | Zu Berg: Floßholz | Zu Tal: Anzahl der beladenen Fahrzeuge | Zu Tal: Anzahl der unbeladenen Fahrzeuge | Zu Tal: Tragfähigkeit derselben (in 1000 Tonnen) | Zu Tal: Güter oder Floßholz (in 1000 Tonnen) | Zu Tal: Floßholz |
|---|---|---|---|---|---|---|---|---|---|---|---|
| | | Abgegangen | | | | | Abgegangen | | | | |
| Ruhrort (Rhein) | 1898 | 4 414 | 657 | 3 530,0 | 2 409,0 | — | 8 371 | 899 | 2 731,1 | 2 001,4 | — |
| | 99 | 4 074 | 835 | 3 418,8 | 2 477,0 | — | 7 943 | 1 099 | 3 094,1 | 1 936,4 | — |
| | 1900 | 4 879 | 892 | 4 276,5 | 3 155,5 | — | 8 269 | 933 | 3 184,7 | 1 853,8 | — |
| | 01 | 4 470 | 588 | 3 804,9 | 3 039,0 | — | 8 333 | 943 | 3 342,2 | 2 169,6 | — |
| | 02 | 3 869 | 939 | 3 521,4 | 2 540,3 | — | 8 784 | 922 | 3 505,1 | 2 487,5 | — |
| | | Abgegangen | | | | | Abgegangen | | | | |
| Duisburg-Hochfeld mit den am Duisburger Rheinufer belegenen gewerblichen Anlagen | 1898 | . | . | . | 2 298,4 | | . | . | . | 447,0 | . |
| | 99 | . | . | . | 2 563,5 | | . | . | . | 435,8 | . |
| | 1900 | . | . | . | 3 069,9 | | . | . | . | 416,8 | . |
| | 01 | . | . | . | 3 224,9 | | . | . | . | 581,0 | . |
| | 02 | . | . | . | 3 002,9 | | . | . | . | 1 115,3 | . |
| | | Angekommen | | | | | Angekommen | | | | |
| Cöln | 1898 | 1 082 | . | 813,0 | 412,4 | — | 1 479 | . | 510,8 | 175,3 | 14,6 |
| | 99 | 1 978 | . | 863,3 | 424,6 | — | 2 157 | . | 618,8 | 259,1 | 17,1 |
| | 1900 | 1 818 | . | 791,2 | 398,8 | — | 1 684 | . | 601,3 | 193,0 | 16,1 |
| | 01 | 1 832 | . | 817,6 | 384,7 | — | 1 363 | . | 522,5 | 142,1 | 18,9 |
| | 02 | 2 017 | . | 967,1 | 376,9 | — | 1 510 | . | 845,3 | 169,5 | 18,6 |
| | | Durchgegangen | | | | | Durchgegangen | | | | |
| Güdingen (Saar) | 1898 | 2 540 | 471 | 792,8 | 593,6 | — | 1 242 | 1 819 | 813,6 | 260,7 | — |
| | 99 | 2 305 | 441 | 733,0 | 547,5 | — | 1 099 | 1 620 | 717,0 | 245,0 | — |
| | 1900 | 2 410 | 499 | 786,8 | 583,9 | — | 1 122 | 1 777 | 783,4 | 249,3 | — |
| | 01 | 2 163 | 458 | 718,9 | 529,6 | — | 999 | 1 725 | 735,1 | 236,3 | — |
| | 02 | 2 172 | 402 | 705,8 | 538,3 | — | 918 | 1 620 | 704,5 | 218,0 | — |
| | | Angekommen | | | | | Angekommen | | | | |
| Frankfurt (Main) | 1898 | 1 892 | 21 | 1 395,0 | 828,0 | — | 2 179 | 11 | 165,1 | 88,2 | 11,3 |
| | 99 | 1 926 | 39 | 1 151,7 | 807,9 | — | 2 140 | 12 | 148,5 | 91,5 | 13,9 |
| | 1900 | 2 961 | 20 | 1 327,6 | 978,5 | — | 2 816 | 6 | 172,2 | 133,6 | 21,7 |
| | 01 | 2 484 | 15 | 1 195,9 | 805,4 | — | 2 423 | 3 | 160,1 | 128,1 | 19,9 |
| | 02 | 2 972 | 4 | 1 275,0 | 891,6 | — | 2 638 | 2 | 176,0 | 142,3 | 16,2 |
| | | Angekommen | | | | | Angekommen | | | | |
| Mannheim (Rhein) | 1898 | 6 816 | — | 5 097,0 | 3 379,1 | — | 2 995 | — | 170,4 | 109,4 | — |
| | 99 | 6 601 | — | 5 606,1 | 3 462,3 | — | 6 274 | — | 355,2 | 253,8 | — |
| | 1900 | 8 144 | — | 7 293,2 | 3 916,8 | — | 6 356 | 3 | 406,0 | 321,1 | — |
| | 01 | 8 289 | — | 5 461,7 | 3 781,5 | — | 3 764 | — | 393,4 | 201,6 | — |
| | 02 | 7 971 | — | 5 492,1 | 3 440,0 | — | 3 131 | — | 348,6 | 237,3 | 2,2 |
| | | Angekommen | | | | | Abgegangen | | | | |
| Ludwigshafen (Rhein) | 1898 | 3 218 | 607 | 3 276,5 | 1 017,8 | — | 1 314 | 2 468 | 3 237,4 | 244,1 | — |
| | 99 | 3 684 | 440 | 3 630,1 | 1 133,8 | — | 1 226 | 2 768 | 3 514,9 | 241,1 | — |
| | 1900 | 3 079 | 500 | 4 082,6 | 1 453,6 | — | 1 369 | 3 038 | 4 008,9 | 262,7 | — |
| | 01 | 3 673 | 745 | 4 211,1 | 1 400,7 | — | 1 690 | 2 605 | 4 090,1 | 319,5 | — |
| | 02 | 3 410 | 945 | 4 111,1 | 1 148,9 | — | 1 955 | 2 319 | 4 025,4 | 433,0 | — |
| | | Abgegangen | | | | | Angekommen | | | | |
| Mannheim (Neckar) | 1898 | 1 434 | 1 004 | 273,7 | 102,5 | — | 2 438 | — | 273,2 | 186,0 | 125,0 |
| | 99 | 1 479 | 1 282 | 325,1 | 91,8 | — | 2 795 | — | 330,5 | 198,7 | 112,8 |
| | 1900 | 1 380 | 1 180 | 303,8 | 100,7 | — | 2 560 | — | 303,5 | 212,5 | 93,1 |
| | 01 | 1 504 | 1 103 | 324,8 | 111,9 | — | 2 667 | — | 324,8 | 233,3 | 102,2 |
| | 02 | 1 320 | 898 | 286,6 | 77,6 | — | 2 227 | — | 285,6 | 180,5 | 96,8 |
| | | Durchgegangen (Einfuhr) | | | | | Durchgegangen (Ausfuhr) | | | | |
| Lagarde-Zollgrenze (Rhein-Marne-Kanal) | 1898 | 1 309 | 514 | 519,6 | 325,4 | — | 1 376 | 402 | 507,4 | 320,4 | 0,8 |
| | 99 | 1 358 | 406 | 511,0 | 312,0 | — | 1 305 | 376 | 481,8 | 316,8 | — |
| | 1900 | 1 369 | 516 | 579,8 | 349,3 | — | 1 387 | 358 | 492,9 | 343,7 | 0,1 |
| | 01 | 1 252 | 531 | 501,0 | 309,6 | — | 1 303 | 208 | 429,9 | 324,8 | 0,1 |
| | 02 | 1 111 | 490 | 464,0 | 289,7 | — | 1 185 | 208 | 399,9 | 295,2 | — |

## 10. Der Güterverkehr an den wichtigeren Durchgangsstellen nach Hauptwarengattungen.

| Durchgangsstelle – Warengattung | Durchgegangen im Jahre (Die erste Spalte weist die Menge der betr. Warengattung nach, die zweite das Verhältnis, in welchem diese Menge zur Gesamtmenge der in der angegebenen Richtung beförderten Waren steht) 1898 Tonnen | % | 1899 Tonnen | % | 1900 Tonnen | % | 1901 Tonnen | % | 1902 Tonnen | % |
|---|---|---|---|---|---|---|---|---|---|---|
| **Schmalleningken (Memel)** | Zu Berg | | | | | | | | | |
| Steinkohlen und Koks | 4 532 | 54,0 | 5 580 | 61,6 | 5 017 | 68,5 | 2 879 | 53,9 | 3 428 | 57,0 |
| | Zu Tal | | | | | | | | | |
| Getreide und Hülsenfrüchte | 3 879 | 0,5 | 4 414 | 0,6 | 6 151 | 0,8 | 13 201 | 2,1 | 6 156 | 1,2 |
| Holz | 721 449 | 97,4 | 672 421 | 96,8 | 721 370 | 97,0 | 606 412 | 95,4 | 511 168 | 95,3 |
| Steine | 6 417 | 0,8 | 9 054 | 1,3 | 8 649 | 1,2 | 9 105 | 1,4 | 11 579 | 2,2 |
| **Thorn-Zollgrenze (Weichsel)** | Zu Berg | | | | | | | | | |
| Häute, Felle, Leder | 1 174 | 2,6 | 3 976 | 8,1 | 1 830 | 4,6 | 2 055 | 5,1 | 5 154 | 8,4 |
| Salz | 298 | 0,7 | 1 902 | 3,9 | 3 370 | 8,5 | 6 201 | 12,3 | 13 813 | 22,1 |
| Steinkohlen | 1 229 | 2,7 | 3 471 | 7,0 | 8 124 | 20,4 | 8 713 | 17,1 | 6 648 | 10,6 |
| Teer, Pech, Harze, Asphalt | 3 727 | 8,2 | 4 824 | 9,8 | 4 539 | 11,4 | 4 554 | 9,0 | 4 213 | 6,9 |
| | Zu Tal | | | | | | | | | |
| Getreide und Hülsenfrüchte | 10 582 | 1,1 | 19 894 | 1,9 | 8 664 | 1,1 | 7 218 | 0,8 | 5 744 | 1,2 |
| Holz | 883 474 | 95,0 | 980 285 | 95,0 | 723 183 | 91,7 | 790 132 | 92,3 | 433 586 | 87,8 |
| Mehl | — | — | 606 | 0,1 | 5 136 | 0,7 | 10 022 | 1,2 | 16 535 | 3,3 |
| Zucker, Melasse, Sirup | 4 404 | 0,5 | 4 848 | 0,5 | 29 036 | 3,6 | 12 614 | 1,5 | 12 725 | 2,6 |
| Steine | 25 625 | 2,8 | 16 110 | 1,6 | 15 443 | 2,0 | 25 305 | 3,0 | 17 743 | 3,6 |
| **Küstrin (Oder)** | Zu Berg | | | | | | | | | |
| Düngemittel | 16 380 | 4,5 | 34 300 | 9,4 | 37 300 | 11,3 | 20 680 | 7,4 | 38 030 | 16,2 |
| Roheisen und Brucheisen | 85 420 | 23,6 | 95 940 | 26,3 | 68 720 | 20,8 | 42 520 | 15,1 | 11 765 | 5,0 |
| Erze | 18 340 | 5,1 | 49 560 | 13,6 | 48 310 | 14,6 | 38 550 | 13,7 | 36 995 | 15,8 |
| Getreide u. Hülsenfrüchte | 4 550 | 1,3 | 2 670 | 0,7 | 2 940 | 0,9 | 12 060 | 4,3 | 2 040 | 1,9 |
| Holz | 24 174 | 6,7 | 27 083 | 7,4 | 15 705 | 4,8 | 16 733 | 5,9 | 13 623 | 5,8 |
| Fische, auch Heringe | 11 170 | 3,1 | 2 620 | 0,7 | 3 630 | 1,1 | 9 040 | 3,2 | 15 210 | 6,5 |
| Petroleum | 29 630 | 8,2 | 35 180 | 9,6 | 36 200 | 11,0 | 28 860 | 10,3 | 23 295 | 10,0 |
| Steine | 10 830 | 2,9 | 6 270 | 1,7 | 5 100 | 1,5 | 8 630 | 3,1 | 18 695 | 8,0 |
| | Zu Tal | | | | | | | | | |
| Unedle Metalle (ohne Eisen) | 6 160 | 2,0 | 11 400 | 3,0 | 8 670 | 2,7 | 15 720 | 5,0 | 22 095 | 6,0 |
| Zucker, Melasse, Sirup | 13 790 | 4,5 | 22 500 | 6,0 | 19 850 | 6,1 | 15 900 | 5,1 | 25 810 | 6,7 |
| Steinkohlen | 148 160 | 49,1 | 179 410 | 47,7 | 134 990 | 41,5 | 133 470 | 42,8 | 186 465 | 48,9 |
| Braunkohlen | 17 330 | 5,7 | 19 800 | 5,3 | 18 800 | 5,8 | 20 000 | 6,4 | 27 075 | 7,1 |
| **Hamburg-Entenwärder (Oberelbe)** | Zu Berg | | | | | | | | | |
| Düngemittel | 223 283 | 7,6 | 287 025 | 9,7 | 232 147 | 8,1 | 298 415 | 10,3 | 298 908 | 10,8 |
| Rohe Baumwolle | 71 648 | 2,3 | 61 206 | 2,1 | 33 568 | 1,2 | 37 510 | 1,3 | 45 430 | 1,6 |
| Roheisen- und Brucheisen | 180 241 | 5,9 | 258 747 | 8,7 | 227 890 | 7,9 | 97 571 | 3,4 | 51 589 | 1,9 |
| Erze | 64 570 | 2,1 | 71 305 | 2,4 | 38 164 | 1,3 | 70 847 | 2,7 | 91 788 | 3,3 |
| Flachs, Hanf, Hede, Werg | 63 795 | 2,1 | 42 548 | 1,4 | 37 813 | 1,3 | 36 944 | 1,3 | 117 574 | 4,2 |
| Weizen | 155 903 | 5,1 | 126 556 | 4,3 | 70 340 | 2,5 | 325 479 | 11,2 | 255 867 | 9,3 |
| Roggen | 231 753 | 7,6 | 76 952 | 2,6 | 130 295 | 4,5 | 214 841 | 8,4 | 224 287 | 8,1 |
| Hafer | 111 670 | 3,6 | 7 761 | 0,3 | 40 671 | 1,4 | 56 780 | 2,0 | 6 436 | 0,2 |
| Gerste | 172 582 | 5,6 | 127 011 | 4,3 | 87 401 | 3,0 | 111 317 | 3,8 | 115 282 | 4,2 |
| Anderes Getreide u. Hülsenfr. | 514 568 | 16,8 | 489 015 | 16,5 | 400 688 | 13,9 | 302 410 | 10,6 | 252 317 | 9,1 |
| Ölsaat | 94 136 | 2,0 | 91 252 | 3,1 | 83 452 | 2,9 | 125 704 | 4,3 | 126 438 | 4,6 |
| Holz | 78 615 | 2,6 | 76 450 | 2,6 | 64 654 | 2,2 | 56 566 | 1,9 | 52 163 | 1,9 |
| Fische | 28 109 | 0,9 | 18 615 | 0,6 | 18 962 | 0,7 | 20 895 | 0,7 | 31 800 | 1,1 |
| Mehl | 70 946 | 2,3 | 74 182 | 2,5 | 49 497 | 1,7 | 32 085 | 1,6 | 40 041 | 1,4 |
| Reis | 24 375 | 0,8 | 30 119 | 1,0 | 32 130 | 1,1 | 37 648 | 1,3 | 38 202 | 1,3 |
| Kaffee, Kakao | 31 709 | 1,0 | 35 707 | 1,2 | 37 710 | 1,3 | 32 626 | 1,1 | 38 700 | 1,4 |
| Fette Öle und Fette | 87 196 | 2,9 | 78 801 | 2,7 | 59 454 | 2,1 | 48 745 | 1,7 | 51 782 | 1,9 |
| Petroleum | 197 952 | 6,5 | 216 134 | 7,3 | 236 131 | 8,2 | 222 021 | 7,8 | 215 772 | 7,8 |
| Steinkohlen | 76 420 | 2,5 | 110 894 | 3,7 | 146 712 | 5,1 | 122 038 | 4,3 | 192 613 | 6,9 |
| Koks | 1 191 | 0,0 | 1 431 | 0,0 | 9 085 | 0,3 | 34 927 | 1,2 | 35 304 | 1,3 |
| Teer, Pech, Harze, Asphalt | 48 251 | 1,6 | 51 453 | 1,7 | 56 690 | 2,0 | 54 231 | 1,9 | 54 315 | 2,0 |
| Wolle, roh | 29 680 | 1,0 | 36 465 | 1,3 | 26 153 | 0,9 | 17 164 | 0,6 | 31 301 | 1,1 |

| Durchgangsstelle<br>Warengattung<br>(Fortsetzung) | Durchgegangen im Jahre (Die erste Spalte weist die Menge der betr. Warengattung nach, die zweite das Verhältnis, in welchem diese Menge zur Gesamtmenge der in der angegebenen Richtung beförderten Waren steht) | | | | | | | | | |
|---|---|---|---|---|---|---|---|---|---|---|
| | 1898 | | 1899 | | 1900 | | 1901 | | 1902 | |
| | Tonnen | % | Tonnen | % | Tonnen | % | Tonnen | % | Tonnen | % |
| Noch: Hamburg-Entenwärder | | | | | Zu Tal | | | | | |
| Düngemittel | 358 144 | 14,0 | 362 270 | 14,0 | 326 554 | 12,0 | 380 807 | 16,6 | 401 200 | 16,0 |
| Unedle Metalle | 12 738 | 0,5 | 12 485 | 0,5 | 11 015 | 0,4 | 11 064 | 0,5 | 26 555 | 1,1 |
| Verarbeitetes Eisen | 8 880 | 0,4 | 5 140 | 0,2 | 8 400 | 0,3 | 11 082 | 0,5 | 28 853 | 1,2 |
| Zement, Traß, Kalk | 6 518 | 0,3 | 5 637 | 0,2 | 28 080 | 1,1 | 28 170 | 1,2 | 37 652 | 1,6 |
| Weizen | 5 750 | 0,2 | 20 000 | 0,8 | 47 310 | 1,9 | 10 731 | 0,5 | 2 627 | 0,1 |
| Gerste | 67 118 | 2,7 | 55 739 | 2,1 | 64 762 | 2,6 | 61 567 | 2,6 | 44 464 | 1,9 |
| Kartoffeln | 11 502 | 0,5 | 6 475 | 0,2 | 14 496 | 0,6 | 10 477 | 0,4 | 9 719 | 0,4 |
| Glaswaren | 26 039 | 1,1 | 25 358 | 1,0 | 29 585 | 1,2 | 31 868 | 1,3 | 29 872 | 1,2 |
| Holz | 143 727 | 5,9 | 155 951 | 6,2 | 171 390 | 6,8 | 95 217 | 4,0 | 118 073 | 4,8 |
| Branntwein | 19 355 | 0,8 | 31 224 | 1,3 | 12 658 | 0,5 | 7 143 | 0,3 | 6 791 | 0,3 |
| Mehl | 32 400 | 13,2 | 30 077 | 1,2 | 31 815 | 1,3 | 19 351 | 0,6 | 24 145 | 1,0 |
| Salz | 81 514 | 3,3 | 73 135 | 2,8 | 80 405 | 3,2 | 96 738 | 4,1 | 88 686 | 3,7 |
| Zucker, Melasse, Sirup | 923 165 | 37,7 | 920 039 | 37,1 | 985 312 | 39,0 | 970 755 | 41,2 | 858 264 | 35,0 |
| Steine | 87 284 | 3,8 | 65 802 | 2,7 | 66 436 | 2,6 | 17 026 | 0,7 | 28 857 | 1,2 |
| Steinkohlen | 151 298 | 6,2 | 125 053 | 5,0 | 131 019 | 5,2 | 148 805 | 6,3 | 148 317 | 6,1 |
| Mauersteine | 12 049 | 0,5 | 33 731 | 1,4 | 4 021 | 0,2 | 11 702 | 0,5 | 43 711 | 1,0 |
| Rathenower Schleuse[1]) (Havel) | | | | | Zu Berg | | | | | |
| Düngemittel | 34 825 | 2,6 | 58 130 | 4,2 | 64 485 | 4,3 | 48 300 | 3,1 | 75 180 | 5,6 |
| Roheisen | 25 575 | 1,9 | 53 260 | 3,6 | 55 630 | 3,7 | 20 405 | 1,4 | 18 920 | 1,4 |
| And. unedle Metalle, roh usw | 25 405 | 1,9 | 38 810 | 2,5 | 51 450 | 3,4 | 25 415 | 1,6 | 19 565 | 1,5 |
| Verarbeitetes Eisen | 43 745 | 3,3 | 63 805 | 4,0 | 42 501 | 2,0 | 42 200 | 3,0 | 38 605 | 2,9 |
| Weizen | 28 445 | 2,1 | 21 900 | 1,7 | 8 895 | 0,6 | 112 115 | 7,8 | 81 690 | 6,1 |
| Roggen | 45 210 | 3,4 | 11 095 | 0,8 | 22 000 | 1,5 | 81 100 | 5,7 | 105 340 | 7,9 |
| Anderes Getreide u. Hülsenfr. | 273 480 | 20,5 | 230 910 | 16,7 | 234 830 | 15,0 | 190 215 | 13,4 | 124 645 | 9,3 |
| Ölsaat | 27 395 | 2,1 | 24 290 | 1,6 | 24 730 | 1,6 | 29 130 | 2,1 | 36 405 | 2,7 |
| Holz | 37 020 | 2,8 | 35 035 | 2,5 | 43 390 | 2,9 | 36 960 | 2,6 | 28 790 | 2,1 |
| Mehl | 98 005 | 7,4 | 101 540 | 7,5 | 84 640 | 5,6 | 79 100 | 5,6 | 86 895 | 6,5 |
| Fette Öle und Fette | 102 490 | 6,8 | 113 755 | 8,2 | 101 295 | 6,7 | 95 005 | 6,7 | 87 840 | 6,6 |
| Petroleum | 95 850 | 7,2 | 75 790 | 5,6 | 73 670 | 4,8 | 86 891 | 6,2 | 88 915 | 6,6 |
| Steinkohlen | 231 300 | 17,3 | 360 905 | 20,1 | 421 245 | 28,0 | 321 025 | 22,7 | 333 840 | 24,9 |
| Teer, Pech, Harze, Asphalt | 31 080 | 2,4 | 35 690 | 2,6 | 18 175 | 1,2 | 32 660 | 2,3 | 10 870 | 0,8 |
| | | | | | Zu Tal | | | | | |
| Holz | 112 975 | 23,2 | 145 865 | 22,3 | 135 501 | 22,6 | 109 566 | 21,6 | 128 250 | 22,0 |
| Mehl | 17 490 | 3,6 | 25 645 | 3,9 | 23 830 | 4,0 | 16 245 | 3,2 | 16 090 | 2,8 |
| Zucker | 152 030 | 31,3 | 215 390 | 32,9 | 194 165 | 32,3 | 154 260 | 30,7 | 178 440 | 30,7 |
| Mauersteine | 40 020 | 8,4 | 83 575 | 12,8 | 50 095 | 9,6 | 60 270 | 12,0 | 55 375 | 9,5 |
| Schandau-Zollgrenze (Elbe) | | | | | Zu Berg | | | | | |
| Düngemittel | 51 601 | 10,4 | 64 250 | 14,0 | 68 003 | 15,7 | 72 340 | 15,4 | 61 312 | 16,0 |
| Rohe Baumwolle | 18 805 | 3,8 | 18 582 | 4,3 | 11 896 | 2,6 | 14 641 | 3,1 | 17 274 | 4,5 |
| Roheisen und Brucheisen | 81 402 | 16,0 | 69 713 | 16,2 | 51 055 | 11,8 | 38 174 | 8,2 | 16 418 | 4,3 |
| Erze | 32 675 | 6,7 | 35 422 | 8,2 | 50 890 | 11,8 | 51 058 | 11,0 | 40 887 | 10,7 |
| Getreide und Hülsenfrüchte | 90 191 | 18,4 | 17 650 | 4,1 | 9 913 | 2,3 | 20 937 | 4,5 | 10 236 | 2,7 |
| Ölsaat | 11 384 | 2,3 | 16 383 | 3,8 | 15 986 | 3,7 | 32 689 | 7,0 | 30 819 | 8,0 |
| Reis | 8 726 | 1,8 | 12 867 | 3,0 | 18 928 | 4,4 | 19 245 | 4,1 | 20 879 | 5,4 |
| Salz | 14 341 | 2,9 | 12 647 | 2,9 | 9 558 | 2,2 | 14 234 | 3,1 | 13 394 | 3,5 |
| Fette Öle und Fette | 32 463 | 6,6 | 20 948 | 4,8 | 18 837 | 4,4 | 15 233 | 3,3 | 14 877 | 3,9 |
| Steinkohlen und Koks | 8 552 | 1,7 | 11 522 | 2,7 | 23 018 | 5,3 | 33 958 | 7,3 | 16 684 | 4,4 |
| Teer, Pech, Harze, Asphalt | 12 164 | 2,5 | 13 560 | 3,1 | 15 038 | 3,5 | 18 094 | 3,9 | 13 523 | 3,6 |
| | | | | | Zu Tal | | | | | |
| Gerste | 72 689 | 2,6 | 94 013 | 3,0 | 72 233 | 2,7 | 91 284 | 3,2 | 87 869 | 3,1 |
| Obst | 12 338 | 0,4 | 12 371 | 0,4 | 13 796 | 0,5 | 9 712 | 0,3 | 11 489 | 0,4 |
| Holz | 307 920 | 10,9 | 293 872 | 9,2 | 358 932 | 13,9 | 342 335 | 11,9 | 294 025 | 10,4 |
| Glaswaren | 6 758 | 0,2 | 8 332 | 0,3 | 8 396 | 0,3 | 8 911 | 0,3 | 6 351 | 0,2 |
| Zucker, Melasse, Sirup | 212 024 | 7,5 | 315 495 | 9,9 | 308 755 | 11,8 | 287 343 | 9,9 | 244 356 | 8,6 |
| Steine | 101 226 | 3,6 | 110 825 | 3,5 | 79 936 | 3,0 | 72 253 | 2,5 | 75 714 | 2,7 |
| Braunkohlen | 2 014 551 | 71,5 | 2 247,176 | 70,6 | 1 608 334 | 63,8 | 1 983 389 | 68,5 | 1 971 507 | 69,6 |

[1]) Seit 1. April 1891 ist der Verkehr auf 2 Schleusen, die Hauptschleuse und die Stadtschleuse, verteilt

| Durchgangsstelle — Warengattung (Fortsetzung) | Durchgänge im Jahre (Die erste Spalte weist die Menge der bezw. Warengattung nach, die zweite das Verhältnis, in welchem diese Menge zur Gesamtmenge der in der angegebenen Richtung beförderten Waren steht) | | | | | | | | | |
|---|---|---|---|---|---|---|---|---|---|---|
| | 1898 | | 1899 | | 1900 | | 1901 | | 1902 | |
| | Tonnen | % | Tonnen | % | Tonnen | % | Tonnen | % | Tonnen | % |
| **Emswachtschiff (Ems)** | Zu Berg | | | | | | | | | |
| Weizen | 618 | 0,4 | 1 179 | 0,7 | 15 102 | 7,4 | 22 217 | 12,3 | 18 424 | 8,8 |
| Roggen | 6 730 | 3,0 | 6 331 | 3,7 | 8 239 | 4,0 | 11 931 | 6,5 | 17 421 | 8,4 |
| Gerste | 5 418 | 3,1 | 5 160 | 2,9 | 4 678 | 2,3 | 8 477 | 4,6 | 25 280 | 12,3 |
| Anderes Getreide u. Hülsenfr. | 19 986 | 11,4 | 15 852 | 9,2 | 28 790 | 14,1 | 18 834 | 10,2 | 11 143 | 5,8 |
| Holz | 88 691 | 50,8 | 95 553 | 55,2 | 95 122 | 46,4 | 67 808 | 36,5 | 68 819 | 32,4 |
| Mehl | 2 028 | 1,7 | 3 839 | 2,2 | 5 027 | 2,5 | 7 973 | 4,3 | 6 226 | 3,0 |
| | Zu Tal | | | | | | | | | |
| Verarbeitetes Eisen | 9 769 | 11,6 | 6 372 | 7,7 | 7 938 | 6,6 | 12 084 | 11,3 | 12 088 | 9,7 |
| Steinkohlen und Koks | 17 529 | 21,0 | 20 254 | 24,3 | 29 827 | 25,4 | 45 300 | 42,3 | 57 622 | 43,9 |
| Torf | 12 519 | 15,2 | 11 795 | 14,2 | 11 475 | 9,6 | 11 204 | 10,4 | 10 419 | 7,8 |
| Mauersteine | 12 770 | 15,3 | 15 529 | 18,8 | 25 136 | 21,7 | 11 989 | 11,2 | 15 005 | 11,2 |
| **Emmerich-Zollgrenze (Rhein)** | Zu Berg | | | | | | | | | |
| Düngemittel | 145 562 | 1,8 | 359 699 | 4,3 | 487 084 | 5,4 | 183 138 | 2,0 | 185 806 | 2,2 |
| Roheisen | 167 277 | 2,1 | 222 271 | 2,6 | 361 632 | 4,0 | 123 698 | 1,4 | 54 655 | 0,7 |
| And. unedle Metalle, roh usw. | 65 419 | 0,8 | 86 076 | 1,0 | 91 563 | 1,0 | 60 287 | 0,7 | 72 058 | 0,9 |
| Erze | 2 376 628 | 29,8 | 2 381 262 | 28,3 | 2 655 221 | 29,4 | 3 388 567 | 39,5 | 3 209 944 | 39,3 |
| Weizen | 1 081 116 | 13,6 | 1 185 477 | 14,1 | 860 541 | 9,5 | 1 309 321 | 15,3 | 1 320 875 | 16,2 |
| Roggen | 330 422 | 4,2 | 230 201 | 2,7 | 325 508 | 3,6 | 288 489 | 3,4 | 451 541 | 5,5 |
| Hafer | 280 225 | 3,5 | 256 681 | 3,1 | 338 660 | 3,7 | 290 384 | 3,3 | 312 690 | 3,8 |
| Gerste | 254 522 | 3,2 | 208 830 | 2,4 | 146 931 | 1,6 | 173 748 | 2,0 | 206 682 | 2,5 |
| Anderes Getreide u. Hülsenfr. | 380 133 | 4,8 | 419 215 | 5,0 | 321 413 | 3,6 | 246 307 | 2,9 | 265 605 | 3,3 |
| Ölsaat | 178 279 | 2,2 | 179 834 | 2,1 | 204 723 | 2,3 | 206 315 | 2,4 | 252 032 | 3,1 |
| Holz | 657 146 | 8,3 | 600 184 | 7,1 | 653 739 | 7,2 | 577 980 | 6,8 | 565 113 | 6,9 |
| Mehl | 90 436 | 1,1 | 57 321 | 0,7 | 59 532 | 0,7 | 79 068 | 0,9 | 50 986 | 0,6 |
| Reis | 25 715 | 0,3 | 25 428 | 0,3 | 36 630 | 0,3 | 21 131 | 0,2 | 28 855 | 0,4 |
| Kaffee, Kakao | 35 411 | 0,4 | 37 781 | 0,4 | 37 036 | 0,4 | 40 814 | 0,5 | 83 025 | 1,0 |
| Zucker | 55 562 | 0,7 | 50 181 | 0,2 | 101 163 | 1,1 | 57 137 | 0,7 | 88 343 | 1,1 |
| Fette Öle und Fette | 98 214 | 1,2 | 95 802 | 1,1 | 111 060 | 1,2 | 104 652 | 1,2 | 126 354 | 1,5 |
| Petroleum | 279 527 | 3,5 | 258 852 | 3,1 | 338 708 | 3,7 | 284 954 | 3,3 | 276 292 | 3,4 |
| Steinkohlen | 46 649 | 0,6 | 221 925 | 2,6 | 536 087 | 6,0 | 124 243 | 1,5 | 39 691 | 0,5 |
| Teer, Pech, Harze, Asphalt | 57 261 | 0,7 | 72 562 | 0,9 | 96 012 | 1,0 | 96 317 | 1,1 | 78 741 | 1,0 |
| | Zu Tal | | | | | | | | | |
| Düngemittel | 64 961 | 1,6 | 54 072 | 1,3 | 62 546 | 1,5 | 13 548 | 0,3 | 34 743 | 0,6 |
| Roheisen | 961 | 0,0 | 3 032 | 0,1 | 727 | 0,0 | 9 922 | 0,2 | 103 341 | 1,7 |
| Verarbeitetes Eisen | 257 991 | 6,3 | 230 625 | 6,3 | 209 949 | 5,1 | 400 708 | 8,6 | 910 164 | 15,3 |
| Zement, Traß, Kalk | 107 124 | 2,5 | 107 658 | 2,9 | 86 666 | 2,1 | 113 058 | 2,4 | 163 317 | 2,8 |
| Glas, Glaswaren | 16 374 | 0,4 | 12 478 | 0,3 | 10 253 | 0,2 | 18 193 | 0,4 | 25 586 | 0,4 |
| Holz | 37 281 | 0,9 | 36 309 | 1,0 | 30 566 | 0,7 | 50 410 | 1,1 | 49 636 | 0,8 |
| Wein | 24 040 | 0,6 | 21 514 | 0,6 | 20 418 | 0,5 | 23 950 | 0,5 | 33 108 | 0,6 |
| Salz | 55 036 | 1,3 | 48 162 | 1,3 | 54 304 | 1,3 | 88 586 | 1,9 | 65 922 | 1,1 |
| Steine | 341 243 | 8,3 | 350 111 | 9,5 | 369 088 | 8,9 | 405 221 | 8,7 | 437 939 | 7,3 |
| Steinkohlen und Koks | 1 962 836 | 47,7 | 1 897 152 | 51,6 | 1 920 134 | 46,3 | 2 097 103 | 45,9 | 2 717 918 | 45,8 |
| Tonwaren, Steingut, Porzellan | 18 086 | 0,4 | 12 124 | 0,3 | 12 956 | 0,3 | 19 621 | 0,4 | 25 306 | 0,4 |
| **Passau-Zollgrenze (Donau)** | Zu Berg | | | | | | | | | |
| Weizen und Spelz | 13 079 | 9,0 | 15 420 | 7,3 | 44 964 | 16,6 | 40 629 | 17,8 | 56 397 | 25,4 |
| Gerste | 45 318 | 31,1 | 70 049 | 33,6 | 51 867 | 19,5 | 54 068 | 23,1 | 34 132 | 15,4 |
| Anderes Getreide u. Hülsenfr. | 51 285 | 35,3 | 54 158 | 25,8 | 44 755 | 16,9 | 56 197 | 20,8 | 60 915 | 29,9 |
| Holz | 15 954 | 11,0 | 30 635 | 14,6 | 71 861 | 27,1 | 70 096 | 26,1 | 34 505 | 15,5 |
| Mehl | 3 770 | 2,6 | 15 713 | 7,4 | 27 511 | 10,3 | 20 815 | 7,7 | 11 052 | 5,0 |
| | Zu Tal | | | | | | | | | |
| Verarbeitetes Eisen | 8 812 | 19,3 | 5 202 | 12,0 | 1 883 | 6,1 | 7 385 | 18,1 | 7 255 | 15,0 |
| Fette Öle und Fette | 4 406 | 9,8 | 4 997 | 12,0 | 4 314 | 14,0 | 4 522 | 10,8 | 4 643 | 9,8 |
| Steine | 1 665 | 3,8 | 3 256 | 7,6 | 3 688 | 11,9 | 6 220 | 14,6 | 7 508 | 15,7 |

## 11. Der Bestand der deutschen Seeschiffe (Kauffahrteischiffe).

(Statistik des Deutschen Reichs, Band 154.)

Nur diejenigen Schiffe, deren Brutto-Raumgehalt 50 cbm = 17,65 Reg.-Tons übersteigt, sind in dieser Nachweisung enthalten. — Für die Zeit vor dem 1. Januar 1896 sind Erhebungen über den Brutto-Raumgehalt der Schiffe nicht angestellt worden. Was den Netto-Raumgehalt der Schiffe betrifft, so ist bei Vergleichung der Angaben zu berücksichtigen, daß am 1. Juli 1895 eine neue Schiffsvermessungs-Ordnung in Kraft getreten ist, nach welcher besonders bei den Dampfern ein kleinerer Netto-Raumgehalt sich ergibt als nach der früher geltenden Vermessungsweise.

Die aufgeführten Schleppschiffe (Seeleichter) sind zu selbständiger Fortbewegung nur ausnahmsweise fähig und zum Verkehr an der Küste und über See in der Regel auf Schleppdampferhilfe angewiesen.

### a. Der Bestand am 1. Januar 1903 im Vergleich mit den Vorjahren.

| Am 1. Januar der Jahre | Ostseegebiet | | | | Nordseegebiet | | | | Deutsches Reich | | | |
|---|---|---|---|---|---|---|---|---|---|---|---|---|
| | Zahl | Raumgehalt in Registertons brutto | netto | Besatzung | Zahl | Raumgehalt in Registertons brutto | netto | Besatzung | Zahl | Raumgehalt in Registertons brutto | netto | Besatzung |
| | **Segelschiffe** | | | | | | | | | | | |
| 1871 | 2 006 | . | 439 089 | 17 316 | 2 366 | . | 461 272 | 17 423 | 4 372 | . | 900 361 | 34 739 |
| 76 | 1 964 | . | 437 382 | 16 612 | 2 462 | . | 463 931 | 16 603 | 4 426 | . | 901 313 | 33 215 |
| 81 | 1 710 | . | 388 063 | 14 023 | 2 536 | . | 577 704 | 16 980 | 4 246 | . | 965 767 | 31 003 |
| 86 | 1 283 | . | 298 569 | 10 209 | 2 155 | . | 556 378 | 14 630 | 3 438 | . | 854 947 | 24 839 |
| 91 | 859 | . | 185 659 | 5 979 | 1 816 | . | 507 756 | 11 919 | 2 675 | . | 693 415 | 17 898 |
| 96 | 548 | 99 205 | 94 688 | 3 023 | 1 840 | 519 212 | 496 348 | 11 464 | 2 388 | 618 417 | 591 036 | 14 487 |
| 97 | 506 | 81 433 | 76 371 | 2 514 | 1 890 | 514 808 | 486 305 | 11 687 | 2 396 | 596 241 | 562 676 | 14 201 |
| 98 | 467 | 63 440 | 58 651 | 2 027 | 1 879 | 516 518 | 484 740 | 11 633 | 2 346 | 579 967 | 543 391 | 13 660 |
| 99 | 426 | 52 575 | 47 945 | 1 713 | 1 892 | 543 853 | 508 260 | 11 837 | 2 318 | 596 428 | 556 205 | 13 550 |
| 1900 | 397 | 42 723 | 38 389 | 1 401 | 1 891 | 535 674 | 498 010 | 11 807 | 2 288 | 578 397 | 536 399 | 13 208 |
| 01 | 386 | 34 510 | 30 507 | 1 264 | 1 884 | 533 674 | 494 633 | 11 658 | 2 270 | 568 190 | 525 140 | 12 922 |
| 02 | 361 | 25 928 | 22 359 | 1 093 | 1 875 | 524 102 | 484 784 | 11 536 | 2 236 | 550 030 | 507 143 | 12 629 |
| 03 | 372 | 22 388 | 18 962 | 1 060 | 1 860 | 519 458 | 479 540 | 11 456 | 2 232 | 541 846 | 498 502 | 12 516 |
| | **Schleppschiffe (Seeleichter) — bis 1882 nicht gesondert nachgewiesen** | | | | | | | | | | | |
| 1886 | — | — | — | — | 33 | . | 6 897 | 96 | 33 | . | 6 897 | 96 |
| 91 | 4 | . | 373 | — | 78 | . | 15 973 | 234 | 82 | . | 16 346 | 234 |
| 96 | 3 | 339 | 332 | — | 133 | 31 422 | 30 737 | 371 | 136 | 31 761 | 31 069 | 371 |
| 97 | 3 | 339 | 332 | — | 153 | 35 450 | 34 409 | 428 | 156 | 35 789 | 34 741 | 428 |
| 98 | 5 | 695 | 658 | 4 | 171 | 42 998 | 41 522 | 498 | 176 | 43 693 | 42 180 | 502 |
| 99 | 5 | 947 | 916 | 4 | 167 | 45 621 | 44 040 | 481 | 172 | 46 568 | 44 956 | 485 |
| 1900 | 3 | 339 | 332 | — | 175 | 53 129 | 50 908 | 577 | 178 | 53 468 | 51 240 | 577 |
| 01 | 5 | 977 | 947 | 2 | 218 | 71 343 | 67 683 | 771 | 223 | 72 320 | 68 630 | 773 |
| 02 | 15 | 2 837 | 2 696 | 18 | 245 | 81 437 | 77 135 | 888 | 260 | 84 274 | 79 831 | 906 |
| 03 | 16 | 3 528 | 3 285 | 35 | 252 | 84 015 | 79 528 | 906 | 268 | 87 543 | 82 813 | 941 |
| | **Dampfschiffe** | | | | | | | | | | | |
| 1871 | 76 | . | 10 734 | 994 | 71 | . | 71 260 | 3 742 | 147 | . | 81 994 | 4 736 |
| 76 | 137 | . | 33 486 | 1 708 | 182 | . | 150 083 | 7 439 | 319 | . | 183 569 | 9 147 |
| 81 | 201 | . | 55 202 | 2 348 | 213 | . | 160 556 | 6 309 | 414 | . | 215 758 | 8 657 |
| 86 | 327 | . | 122 797 | 4 056 | 327 | . | 297 808 | 9 950 | 654 | . | 420 605 | 14 006 |
| 91 | 378 | . | 149 130 | 4 719 | 518 | . | 574 522 | 17 598 | 896 | . | 723 652 | 22 317 |
| 96 | 381 | 215 807 | 144 346 | 4 765 | 687 | 1 103 453 | 735 593 | 20 374 | 1 068 | 1 319 060 | 879 939 | 25 139 |
| 97 | 389 | 227 570 | 142 818 | 4 936 | 737 | 1 200 348 | 747 142 | 21 240 | 1 126 | 1 427 918 | 889 960 | 26 176 |
| 98 | 404 | 252 551 | 157 427 | 5 270 | 767 | 1 313 297 | 812 373 | 22 996 | 1 171 | 1 565 848 | 969 800 | 28 266 |
| 99 | 427 | 275 952 | 170 857 | 5 502 | 796 | 1 398 615 | 867 534 | 23 609 | 1 223 | 1 674 567 | 1 038 391 | 29 111 |
| 1900 | 440 | 292 240 | 180 028 | 5 630 | 853 | 1 571 284 | 970 130 | 25 397 | 1 293 | 1 863 524 | 1 150 158 | 31 027 |
| 01 | 452 | 313 629 | 192 315 | 5 874 | 938 | 1 872 251 | 1 155 560 | 30 987 | 1 390 | 2 185 880 | 1 347 875 | 36 861 |
| 02 | 451 | 327 404 | 200 665 | 5 917 | 1 012 | 2 118 840 | 1 305 394 | 34 494 | 1 463 | 2 446 244 | 1 506 059 | 40 411 |
| 03 | 469 | 353 596 | 217 220 | 6 235 | 1 076 | 2 282 811 | 1 405 219 | 36 749 | 1 545 | 2 636 407 | 1 622 439 | 42 984 |
| | **Seeschiffe überhaupt** | | | | | | | | | | | |
| 1871 | 2 082 | | 449 823 | 18 310 | 2 437 | | 532 532 | 21 165 | 4 519 | | 982 355 | 39 475 |
| 76 | 2 101 | | 470 868 | 18 320 | 2 644 | | 614 014 | 24 042 | 4 745 | | 1 084 882 | 42 362 |
| 81 | 1 911 | | 443 265 | 16 371 | 2 749 | | 738 260 | 23 289 | 4 660 | | 1 181 525 | 39 660 |
| 86 | 1 610 | | 421 366 | 14 265 | 2 525 | | 861 083 | 24 666 | 4 135 | | 1 282 449 | 38 931 |

## 11 b. Der Bestand am 1. Januar 1903 nach der Heimat der Schiffe.

| Küsten- oder Uferstrecken | Zahl | Raumgehalt in Registertons brutto | Raumgehalt in Registertons netto | Besatzung |
|---|---|---|---|---|
| **Segelschiffe** | | | | |
| Ostpreußen | 3 | 132 | 105 | 6 |
| Westpreußen | 28 | 1 826 | 1 594 | 81 |
| Pommern | 199 | 10 406 | 8 632 | 556 |
| Schleswig-Holstein, Ostseegebiet | 130 | 5 022 | 4 096 | 313 |
| Schleswig-Holstein, Nordseegeb. | 419 | 16 422 | 13 278 | 1 127 |
| Hannover, östlicher Teil | 455 | 21 980 | 18 348 | 1 080 |
| Hannover, westlicher Teil | 297 | 23 376 | 10 848 | 1 712 |
| Preuß. Rheingebiet | 3 | 532 | 449 | 15 |
| Zus. Königr. Preußen | 1 534 | 79 696 | 66 [illegible] | 4 890 |
| Mecklenburg-Schwerin | 12 | 5 000 | 4 595 | 104 |
| Oldenburg | 190 | 52 908 | 48 563 | 1 279 |
| Bremen | 136 | 170 808 | 160 279 | 2 718 |
| Hamburg | 351 | 233 434 | 218 735 | 3 595 |
| **Schleppschiffe (Seeleichter)** | | | | |
| Ostpreußen | 1 | 116 | 107 | — |
| Pommern | 2 | 589 | 571 | 8 |
| Schleswig-Holstein, Ostseegebiet | 13 | 2 813 | 2 657 | 27 |
| Schleswig-Holstein, Nordseegeb. | 12 | 1 109 | 1 017 | 23 |
| Hannover, östlicher Teil | 2 | 430 | 445 | 5 |
| Hannover, westlicher Teil | 1 | 200 | 186 | 1 |
| Westfalen | 3 | 1 389 | 1 331 | 11 |
| Zus. Königr. Preußen | 34 | 6 664 | 6 314 | 75 |
| Bremen | 120 | 43 869 | 41 806 | 385 |
| Hamburg | 105 | 36 096 | 34 741 | 481 |
| **Dampfschiffe** | | | | |
| Ostpreußen | 36 | 18 511 | 11 591 | 369 |
| Westpreußen | 35 | 23 141 | 13 961 | 472 |
| Pommern | 138 | 85 966 | 51 063 | 1 764 |
| Schleswig-Holstein, Ostseegebiet | 189 | 168 091 | 104 630 | 2 624 |
| Schleswig-Holstein, Nordseegeb. | 38 | 14 254 | 7 986 | 376 |
| Hannover, östlicher Teil | 59 | 28 452 | 15 455 | 814 |
| Hannover, westlicher Teil | 30 | 3 589 | 1 245 | 213 |
| Preuß. Rheingebiet | 15 | 10 498 | 6 780 | 199 |
| Zus. Königr. Preußen | 540 | 352 502 | 212 734 | 6 831 |
| Mecklenburg-Schwerin | 36 | 23 111 | 13 758 | 458 |
| Oldenburg | 29 | 17 853 | 10 935 | 297 |
| Lübeck | 35 | 34 736 | 22 188 | 548 |
| Bremen | 343 | 730 009 | 442 966 | 13 751 |
| Hamburg | 571 | 1 478 156 | 919 858 | 21 099 |
| **Seeschiffe überhaupt** | | | | |
| Ostpreußen | 40 | 18 759 | 11 803 | 375 |
| Westpreußen | 63 | 24 967 | 15 555 | 553 |
| Pommern | 339 | 96 961 | 60 266 | 2 328 |
| Schleswig-Holstein, Ostseegebiet | 332 | 175 926 | 111 352 | 2 964 |
| Schleswig-Holstein, Nordseegeb. | 469 | 31 784 | 22 273 | 1 526 |
| Hannover, östlicher Teil | 516 | 50 894 | 34 248 | 1 899 |
| Hannover, westlicher Teil | 328 | 27 165 | 21 279 | 1 926 |
| Westfalen | 3 | 1 389 | 1 331 | 11 |
| Preuß. Rheingebiet | 18 | 11 030 | 7 229 | 214 |
| Zus. Königr. Preußen | 2 108 | 438 962 | 285 338 | 11 796 |
| Mecklenburg-Schwerin | 48 | 28 111 | 18 353 | 562 |
| Oldenburg | 219 | 70 761 | 59 518 | 1 576 |
| Lübeck | 35 | 34 736 | 22 188 | 548 |
| Bremen | 608 | 944 686 | 645 053 | 16 844 |
| Hamburg | 1 027 | 1 748 579 | 1 173 354 | 25 115 |

## 11 c. Der Bestand am 1. Januar 1903 nach Schiffsgattungen.

| Gattung der Schiffe | Zahl | Raumgehalt in Registertons brutto | Raumgehalt in Registertons netto | Besatzung |
|---|---|---|---|---|
| **Segelschiffe** | | | | |
| Schiffe mit mehr als 3 Masten | 52 | 140 973 | 131 061 | 1 675 |
| Dreimastige Schiffe: Vollschiffe | 65 | 149 433 | 141 122 | 1 988 |
| Dreimastige Schiffe: Barken | 139 | 155 990 | 146 513 | 2 347 |
| Dreimastige Schiffe: Schonerbarken u. dreimastige Schoner | 19 | 5 500 | 4 720 | 149 |
| Zweimastige Schiffe: Briggen | 6 | 1 551 | 1 307 | 47 |
| Zweimastige Schiffe: Schonerbriggen und Brigantinen | 14 | 2 461 | 2 158 | 87 |
| Zweimastige Schiffe: Schoner | 78 | 6 057 | 5 801 | 344 |
| Zweimastige Schiffe: Schonergalioten, Galeassen und Galioten | 224 | 11 857 | 9 698 | 656 |
| Zweimastige Schiffe: Gaffelschoner u. Schmacken | 83 | 7 772 | 6 187 | 337 |
| Zweimastige Schiffe: Andere zweimast. Schiffe | [illegible] | 42 625 | 34 559 | 3 731 |
| Einmastige Schiffe | 532 | 16 698 | 13 370 | 1 155 |
| **Schleppschiffe (Seeleichter)** | | | | |
| Schiffe mit Masten | 145 | 49 248 | 46 100 | 383 |
| Schiffe ohne Masten | 120 | 38 397 | 36 673 | 318 |
| **Dampfschiffe** | | | | |
| Räderdampfer | 44 | 14 021 | 6 088 | 814 |
| Schraubendampfer | 1 501 | 2 822 39[illegible] | 1 616 351 | 42 340 |

## 11 d. Der Bestand am 1. Januar 1903 nach Größe, Alter und Hauptmaterial der Schiffe.

| Größe, Alter und Hauptmaterial der Schiffe | Segelschiffe | | | Schleppschiffe (Seeleichter) | | | Dampfschiffe | | |
|---|---|---|---|---|---|---|---|---|---|
| | Zahl | Raumgehalt in Reg.-Tons brutto | Besatzung | Zahl | Raumgehalt in Reg.-Tons brutto | Besatzung | Zahl | Raumgehalt in Reg.-Tons brutto | Besatzung |
| **Größe in Reg.-Tons brutto** | | | | | | | | | |
| unter 50 | 1 393 | 43 952 | 3 092 | 2 | 53 | 4 | 74 | 2 660 | 287 |
| von 50 bis unter 100 | 442 | 30 796 | 2 686 | 11 | 834 | 16 | 99 | 7 005 | 510 |
| „ 100 „ „ 150 | 59 | 6 994 | 301 | 34 | 4 204 | 70 | 110 | 14 481 | 945 |
| „ 150 „ „ 200 | 34 | 5 813 | 206 | 23 | 3 870 | 61 | 104 | 17 535 | 1 019 |
| „ 200 „ „ 250 | 16 | 3 574 | 110 | 58 | 13 215 | 158 | 49 | 10 693 | 554 |
| „ 250 „ „ 300 | 2 | 539 | 15 | 21 | 5 756 | 67 | 28 | 7 585 | 330 |
| „ 300 „ „ 400 | 8 | 2 835 | 74 | 41 | 14 743 | 177 | 34 | 11 824 | 460 |
| „ 400 „ „ 500 | 6 | 2 813 | 62 | 35 | 15 702 | 134 | 45 | 20 277 | 807 |
| „ 500 „ „ 600 | 4 | 2 159 | 34 | 9 | 5 019 | 27 | 50 | 27 487 | 739 |
| „ 600 „ „ 800 | 20 | 14 360 | 270 | 33 | 23 263 | 228 | 101 | 70 358 | 1 564 |
| „ 800 „ „ 1000 | 22 | 19 319 | 337 | 1 | 824 | 1 | 111 | 100 560 | 2 043 |
| „ 1000 „ „ 1200 | 28 | 30 848 | 485 | — | — | — | 56 | 81 916 | 1 038 |
| „ 1200 „ „ 1400 | 33 | 45 415 | 637 | — | — | — | 63 | 81 191 | 1 345 |
| „ 1400 „ „ 1600 | 34 | 50 225 | 688 | — | — | — | 70 | 104 863 | 1 519 |
| „ 1600 „ „ 1800 | 41 | 70 667 | 934 | — | — | — | 65 | 110 232 | 1 795 |
| „ 1800 „ „ 2000 | 25 | 47 033 | 609 | — | — | — | 41 | 78 015 | 1 130 |
| „ 2000 „ „ 2500 | 34 | 75 951 | 917 | — | — | — | 102 | 228 111 | 3 068 |
| „ 2500 „ „ 3000 | 14 | 38 635 | 489 | — | — | — | 67 | 184 109 | 2 567 |
| „ 3000 „ „ 3500 | 13 | 40 810 | 482 | — | — | — | 40 | 129 030 | 1 560 |
| „ 3500 „ „ 4000 | — | — | — | — | — | — | 39 | 144 877 | 1 741 |
| „ 4000 „ „ 4500 | 1 | 4 028 | 41 | — | — | — | 27 | 114 746 | 1 168 |
| „ 4500 „ „ 5000 | — | — | — | — | — | — | 43 | 205 102 | 2 453 |
| „ 5000 „ „ 6000 | 1 | 5 081 | 45 | — | — | — | 73 | 396 714 | 4 987 |
| „ 6000 „ „ 7000 | — | — | — | — | — | — | 11 | 71 014 | 1 037 |
| „ 7000 „ „ 8000 | — | — | — | — | — | — | 15 | 111 570 | 1 547 |
| „ 8000 „ „ 9000 | — | — | — | — | — | — | 3 | 25 187 | 1 024 |
| „ 9000 „ „ 10000 | — | — | — | — | — | — | 1 | 9 835 | 177 |
| „ 10000 „ „ 11000 | — | — | — | — | — | — | 10 | 106 454 | 1 842 |
| „ 11000 „ „ 12000 | — | — | — | — | — | — | 3 | 33 893 | 379 |
| „ 12000 „ „ 13000 | — | — | — | — | — | — | 3 | 37 149 | 953 |
| „ 13000 „ „ 14000 | — | — | — | — | — | — | 5 | 66 368 | 1 058 |
| „ 14000 „ „ 15000 | — | — | — | — | — | — | 2 | 29 257 | 1 010 |
| „ 15000 und darüber | — | — | — | — | — | — | 1 | 16 502 | 522 |
| **Alter** | | | | | | | | | |
| Unter 1 Jahr | 68 | 20 737 | 420 | 12 | 3 941 | 43 | 81 | 153 741 | 2 137 |
| 1 bis unter 3 Jahre | 127 | 7 949 | 394 | 59 | 25 395 | 268 | 189 | 559 018 | 7 058 |
| 3 „ „ 5 „ | 147 | 11 130 | 551 | 37 | 14 912 | 160 | 174 | 422 768 | 5 940 |
| 5 „ „ 7 „ | 127 | 14 292 | 720 | 28 | 11 251 | 117 | 143 | 343 411 | 5 160 |
| 7 „ „ 10 „ | 155 | 50 785 | 1 171 | 11 | 2 462 | 35 | 186 | 319 691 | 4 981 |
| 10 „ „ 15 „ | 387 | 217 101 | 3 330 | 57 | 16 651 | 164 | 345 | 478 932 | 9 275 |
| 15 „ „ 20 „ | 228 | 74 662 | 1 756 | 25 | 4 649 | 67 | 140 | 159 394 | 3 591 |
| 20 „ „ 30 „ | 487 | 69 683 | 2 287 | 10 | 2 111 | 27 | 210 | 171 072 | 3 110 |
| 30 „ „ 40 „ | 278 | 43 442 | 1 287 | 10 | 2 114 | 22 | 52 | 20 823 | 656 |
| 40 „ „ 50 „ | 153 | 7 308 | 361 | 14 | 2 773 | 31 | 16 | 4 537 | 176 |
| 50 Jahre und mehr | 85 | 3 983 | 186 | 1 | 190 | 1 | — | — | — |
| Erbauungsjahr unbekannt | 19 | 713 | 44 | 4 | 794 | 8 | — | — | — |
| **Hauptmaterial** | | | | | | | | | |
| Eisen und Stahl | 492 | 428 034 | 6 518 | 251 | 85 193 | 905 | 1 536 | 2 635 543 | 42 941 |
| hartes und weiches Holz | 1 737 | 115 594 | 5 894 | 13 | 1 697 | 23 | 8 | 544 | 32 |
| Holz und Eisen (Stahl) | 3 | 217 | 4 | 4 | 653 | 13 | 1 | 320 | 11 |

## 11 e. Der Bestand am 1. Januar 1903 nach der Verwendung der Schiffe.

| Verwendung der Schiffe | Segelschiffe | | | Schleppschiffe (Seeleichter) | | | Dampfschiffe | | |
|---|---|---|---|---|---|---|---|---|---|
| | Zahl | Raumgehalt in Reg.-Tons brutto | Besatzung | Zahl | Raumgehalt in Reg.-Tons brutto | Besatzung | Zahl | Raumgehalt in Reg.-Tons brutto | Besatzung |
| Eigentliche Handelsschiffe | 1 909 | 524 048 | 10 243 | 206 | 87 395 | 937 | 1 246 | 2 597 095 | 40 537 |
| Fischerfahrzeuge | 281 | 15 356 | 2 150 | — | — | — | 131 | 21 046 | 1 438 |
| Quatzen (Fischhändlerfahrzeuge) und sonstige Fahrzeuge zur Beförderung von Fischen | 30 | 784 | 75 | — | — | — | 1 | 77 | 8 |
| Steintransportfahrzeuge | 1 | 40 | 2 | 1 | 116 | — | — | — | — |
| Lotsenfahrzeuge | 9 | 640 | 44 | — | — | — | — | — | — |
| Taucher- und Hebefahrzeuge | 1 | 32 | — | 1 | 32 | 4 | 1 | 49 | 2 |
| Rammprähme | 1 | 45 | 2 | — | — | | — | — | — |
| Schlepp- und Bergungsdampfer | — | — | — | — | — | — | 162 | 16 520 | 934 |
| Eisbrecher | — | — | — | — | — | — | 1 | 120 | 6 |
| Kabeldampfer | — | — | — | — | — | — | 1 | 1 494 | 59 |

## 11 f. Der Bestand am 1. Januar 1903 in den 20 bedeutendsten deutschen Häfen.

| Häfen | Segelschiffe | | | Schleppschiffe (Seeleichter) | | | Dampfschiffe | | |
|---|---|---|---|---|---|---|---|---|---|
| | Zahl | Raumgehalt in Reg.-Tons brutto | Besatzung | Zahl | Raumgehalt in Reg.-Tons brutto | Besatzung | Zahl | Raumgehalt in Reg.-Tons brutto | Besatzung |
| Hamburg | 223 | 228 605 | 3 158 | 105 | 38 990 | 481 | 570 | 1 477 965 | 21 089 |
| Bremen | 93 | 144 082 | 2 048 | 122 | 39 407 | 369 | 310 | 717 525 | 13 355 |
| Flensburg | 4 | 138 | 7 | 4 | 512 | 6 | 75 | 92 279 | 1 272 |
| Stettin | 33 | 1 043 | 84 | 2 | 599 | 8 | 102 | 71 975 | 1 412 |
| Kiel | 9 | 823 | 33 | 9 | 2 301 | 21 | 68 | 39 314 | 768 |
| Bremerhaven | 19 | 24 702 | 326 | 7 | 4 462 | 16 | 32 | 12 367 | 380 |
| Lübeck | — | — | — | — | — | — | 35 | 34 756 | 548 |
| Geestemünde | 18 | 6 884 | 127 | — | — | — | 50 | 27 245 | 746 |
| Elsfleth | 44 | 30 993 | 663 | — | — | — | — | — | — |
| Danzig | 7 | 980 | 29 | — | — | — | 31 | 21 629 | 430 |
| Apenrade | 6 | 291 | 11 | — | — | — | 14 | 17 068 | 277 |
| Brake | 62 | 16 327 | 349 | — | — | — | 1 | 757 | 13 |
| Schleswig | — | — | — | — | — | — | 13 | 16 757 | 200 |
| Oldenburg | 14 | 762 | 32 | — | — | — | 18 | 15 602 | 225 |
| Rostock | 8 | 4 784 | 92 | — | — | — | 21 | 10 369 | 261 |
| Wismar | 4 | 216 | 12 | — | — | — | 15 | 12 742 | 197 |
| Königsberg | — | — | — | — | — | — | 20 | 10 390 | 227 |
| Emden | 79 | 9 157 | 1 015 | — | — | — | 10 | 978 | 66 |
| Köln | — | — | — | — | — | — | 10 | 10 128 | 173 |
| Swinemünde | 4 | 222 | 11 | — | — | — | 8 | 8 587 | 119 |

## 11 g. Das Personal der deutschen Seeschiffe am 1. Januar 1903.

| Dienstverhältnis | Ostseegebiet Offiziere | Ostseegebiet Mannschaften | Ostseegebiet Zusammen | Nordseegebiet Offiziere | Nordseegebiet Mannschaften | Nordseegebiet Zusammen | Deutsches Reich Offiziere | Deutsches Reich Mannschaften | Deutsches Reich Zusammen |
|---|---|---|---|---|---|---|---|---|---|
| | | | | **Segelschiffe** | | | | | |
| Seemännisches Personal | 393 | 667 | 1 060 | 2 534 | 8 840 | 11 374 | 2 927 | 9 507 | 12 434 |
| Maschinenpersonal | — | — | — | 8 | 4 | 12 | 8 | 4 | 12 |
| Übriges Personal | — | — | — | 8 | 62 | 70 | 8 | 62 | 70 |
| | | | | **Schleppschiffe (Seeleichter)** | | | | | |
| Seemännisches Personal | 13 | 22 | 35 | 267 | 611 | 878 | 280 | 633 | 913 |
| Übriges Personal | — | — | — | 2 | 26 | 28 | 2 | 26 | 28 |
| | | | | **Dampfschiffe** | | | | | |
| Seemännisches Personal | 1 039 | 2 555 | 3 594 | 3 241 | 10 211 | 13 452 | 4 280 | 12 766 | 17 046 |
| Maschinenpersonal | 804 | 1 513 | 2 317 | 2 831 | 11 982 | 14 813 | 3 635 | 13 495 | 17 130 |
| Übriges Personal | 27 | 297 | 324 | 810 | 7 674 | 8 484 | 837 | 7 971 | 8 808 |
| | | | | **Seeschiffe überhaupt** | | | | | |
| Seemännisches Personal | 1 445 | 3 244 | 4 689 | 6 042 | 19 662 | 25 704 | 7 487 | 22 906 | 30 393 |
| Maschinenpersonal | 804 | 1 513 | 2 317 | 2 839 | 11 986 | 14 825 | 3 643 | 13 499 | 17 142 |
| Übriges Personal | 27 | 297 | 324 | 820 | 7 762 | 8 582 | 847 | 8 059 | 8 906 |

## 12. Neubauten von Schiffen auf deutschen Privatwerften und auf ausländischen Werften für deutsche Rechnung.

(Vierteljahrshefte zur Statistik des Deutschen Reichs 1904, I.)

Die Größe der Schiffe ist nach dem Brutto-Raumgehalt angegeben. Die in den Hauptzahlen enthaltenen Angaben für Dampfschiffe sind noch besonders mit cursiven Ziffern aufgeführt.

| Jahre | 1. Es befanden sich im Bau: Kriegsschiffe Zahl | Kriegsschiffe Reg.-Tons | Kauffahrteischiffe Zahl | Kauffahrteischiffe Reg.-Tons | Flußschiffe Zahl | Flußschiffe Reg.-Tons | 2. Davon (s. 1.) wurden fertiggestellt: Kriegsschiffe Zahl | Kriegsschiffe Reg.-Tons | Kauffahrteischiffe Zahl | Kauffahrteischiffe Reg.-Tons | Flußschiffe Zahl | Flußschiffe Reg.-Tons |
|---|---|---|---|---|---|---|---|---|---|---|---|---|
| | | | | **I. Auf deutschen Privatwerften** | | | | | | | | |
| | | | | **a) für deutsche Rechnung** | | | | | | | | |
| 1902 | 28 | 89 601 | 431 | 383 540 | 230 | 38 271 | 10 | 21 898 | 272 | 190 412 | 190 | 31 288 |
| | *28* | *89 601* | *318* | *335 485* | *47* | *7 561* | *10* | *21 898* | *134* | *157 619* | *38* | *6 624* |
| 03 | 28 | 104 026 | 379 | 302 960 | 236 | 35 941 | 12 | 28 256 | 251 | 229 010 | 188 | 28 039 |
| | *28* | *104 026* | *237* | *310 302* | *44* | *4 882* | *12* | *28 256* | *149* | *210 174* | *32* | *1 497* |
| | | | | **b) für fremde Rechnung** | | | | | | | | |
| 1902 | 1 | 4 759 | 48 | 31 680 | 6 | 1 434 | 1 | 4 759 | 30 | 21 440 | 4 | 1 221 |
| | *1* | *4 759* | *30* | *30 463* | *4* | *391* | *1* | *4 759* | *22* | *21 105* | *2* | *178* |
| 03 | — | — | 54 | 26 798 | 16 | 1 283 | — | — | 43 | 19 952 | 13 | 451 |
| | — | — | *39* | *23 009* | *9* | *1 154* | — | — | *30* | *17 411* | *6* | *315* |
| | | | | **II. Auf ausländischen Werften für deutsche Rechnung** | | | | | | | | |
| 1902 | — | — | 53 | 75 416 | 4 | 727 | — | — | 40 | 57 007 | 4 | 727 |
| | — | — | *44* | *59 785* | — | — | — | — | *19* | *45 970* | — | — |
| 03 | — | — | 40 | 74 483 | 2 | 386 | — | — | 31 | 30 652 | 2 | 386 |
| | — | — | *11* | *55 001* | — | — | — | — | *7* | *27 711* | — | — |

## 13. Anmusterungen von Vollmatrosen und unbefahrenen Schiffsjungen für die deutsche Handelsmarine.

(Vierteljahrshefte zur Statistik des Deutschen Reichs 1903, II und besondere Nachweisungen.)

Die Erhebungen werden seit dem Jahre 1901 auf etwas veränderter Grundlage vorgenommen, doch sind die Ergebnisse mit denen der früheren Jahre immerhin vergleichbar. Bei Berechnung der Durchschnittsheuern sind die Nebeneinnahmen nicht berücksichtigt worden. Die Durchschnittsheuern beziehen sich bis einschließlich 1900 nur für unbefahrene Schiffsjungen, vom Jahre 1901 ab für Schiffsjungen überhaupt.

| Deutsche Handelsmarine | Im Durchschnitt der Jahre bzw. im Jahre | Küstenstrecke: Ost- und Westpreußen | Pommern und Mecklenburg | Schleswig-Holstein Ostseegebiet und Lübeck | Schleswig-Holstein Nordseegebiet | Hamburg | Hannover, Oldenburg und Rheinprovinz | Bremen | Mithin Ostseegebiet | Mithin Nordseegebiet | Überhaupt |
|---|---|---|---|---|---|---|---|---|---|---|---|
| Es wurden angemustert: Vollmatrosen | 1876/80 | 1 373 | 2 199 | 328 | 711 | 3 845 | 1 227 | 2 716 | 4 100 | 8 499 | 12 599 |
| | 1881/85 | 1 209 | 2 016 | 735 | 872 | 5 192 | 987 | 2 529 | 4 089 | 9 305 | 13 394 |
| | 1886/90 | 1 165 | 1 906 | 716 | 1 200 | 5 234 | 1 004 | 2 573 | 3 721 | 10 517 | 14 241 |
| | 1891/95 | 918 | 1 667 | 915 | 1 379 | 7 333 | 1 458 | 2 651 | 3 500 | 13 022 | 16 522 |
| | 1896 | 847 | 1 475 | 858 | 1 747 | 7 796 | 1 509 | 2 739 | 2 930 | 14 201 | 17 521 |
| | 97 | 867 | 1 493 | 1 104 | 1 756 | 7 795 | 1 948 | 2 293 | 3 464 | 14 791 | 18 244 |
| | 98 | 755 | 1 508 | 995 | 1 264 | 8 705 | 2 287 | 3 218 | 3 257 | 15 476 | 18 733 |
| | 99 | 761 | 1 740 | 917 | 1 439 | 8 734 | 2 395 | 2 903 | 3 417 | 15 431 | 18 748 |
| | 1900 | 735 | 1 743 | 1 031 | 1 460 | 9 078 | 2 174 | 3 224 | 3 509 | 15 936 | 19 466 |
| | 01 | 694 | 1 408 | 1 113 | 1 334 | 8 165 | 2 348 | 3 293 | 3 112 | 15 167 | 18 860 |
| | 02 | 625 | 1 406 | 1 090 | 1 428 | 9 404 | 2 718 | 3 744 | 4 135 | 16 072 | 19 327 |
| unbefahrene Schiffsjungen | 1876/80 | 380 | 709 | 184 | 211 | 267 | 275 | 319 | 1 276 | 1 172 | 2 448 |
| | 1881/85 | 301 | 685 | 171 | 268 | 390 | 290 | 418 | 1 157 | 1 221 | 2 498 |
| | 1886/90 | 222 | 459 | 145 | 239 | 343 | 246 | 396 | 891 | 1 224 | 2 115 |
| | 1891/95 | 210 | 365 | 169 | 155 | 466 | 281 | 315 | 734 | 1 232 | 1 966 |
| | 1896 | 162 | 266 | 145 | 150 | 471 | 233 | 309 | 573 | 1 167 | 1 740 |
| | 97 | 157 | 331 | 211 | 175 | 594 | 298 | 370 | 680 | 1 437 | 2 117 |
| | 98 | 137 | 285 | 212 | 211 | 639 | 312 | 410 | 634 | 1 576 | 2 210 |
| | 99 | 173 | 259 | 196 | 248 | 763 | 347 | 439 | 662 | 1 793 | 2 455 |
| | 1900 | 154 | 283 | 169 | 240 | 548 | 377 | 505 | 606 | 2 164 | 2 768 |
| | 01 | 87 | 210 | 179 | 280 | 880 | 530 | 421 | 476 | 2 211 | 2 687 |
| | 02 | 81 | 184 | 151 | 323 | 832 | 517 | 490 | 416 | 1 990 | 2 307 |
| Es betrug bei freier Beköstigung die durchschnittliche Monatsheuer Mark: der Vollmatrosen | 1876/80 | 46,75 | 46,04 | 50,42 | 53,20 | 61,84 | 51,76 | 52,36 | 48,03 | 51,55 | 50,47 |
| | 1881/85 | 42,64 | 41,38 | 46,50 | 45,87 | 44,59 | 45,12 | 46,24 | 43,88 | 47,62 | 46,68 |
| | 1886/90 | 41,11 | 42,41 | 46,44 | 50,61 | 52,79 | 50,66 | 49,11 | 43,86 | 51,82 | 49,85 |
| | 1891/95 | 47,74 | 47,44 | 48,70 | 54,22 | 54,78 | 59,24 | 55,01 | 47,84 | 55,32 | 53,72 |
| | 1896 | 47,46 | 48,47 | 47,80 | 51,88 | 56,84 | 61,47 | 51,36 | 47,16 | 52,17 | 51,74 |
| | 97 | 47,80 | 48,34 | 49,17 | 54,03 | 53,81 | 62,48 | 55,48 | 48,62 | 55,34 | 54,02 |
| | 98 | 52,44 | 49,14 | 55,40 | 56,18 | 55,41 | 63,14 | 60,86 | 52,04 | 57,12 | 60,63 |
| | 99 | 50,44 | 51,87 | 53,34 | 55,46 | 58,44 | 63,42 | 57,40 | 53,38 | 58,74 | 57,76 |
| | 1900 | 54,60 | 56,24 | 56,18 | 61,85 | 62,43 | 63,18 | 60,10 | 56,30 | 62,18 | 61,13 |
| | 01 | 57,14 | 58,94 | 59,62 | 61,24 | 63,48 | 63,71 | 61,38 | 58,48 | 62,47 | 61,66 |
| | 02 | 56,76 | 58,92 | 60,44 | 59,78 | 63,48 | 64,31 | 63,04 | 58,42 | 62,49 | 61,88 |
| der Schiffsjungen | 1876/80 | 20,38 | 18,16 | 17,65 | 15,88 | 15,67 | 14,31 | 14,16 | 18,14 | 15,85 | 17,24 |
| | 1881/85 | 18,34 | 16,10 | 13,16 | 12,91 | 13,06 | 13,38 | 13,44 | 17,75 | 13,06 | 15,26 |
| | 1886/90 | 16,18 | 15,04 | 14,47 | 12,05 | 14,67 | 14,00 | 14,03 | 14,72 | 14,18 | 15,08 |
| | 1891/95 | 16,73 | 15,88 | 16,83 | 14,40 | 12,66 | 14,36 | 13,34 | 16,09 | 14,06 | 14,38 |
| | 1896 | 15,82 | 14,12 | 14,89 | 13,09 | 12,02 | 14,00 | 12,30 | 14,09 | 13,06 | 13,56 |
| | 97 | 17,88 | 15,27 | 16,35 | 14,33 | 13,01 | 16,01 | 11,63 | 15,06 | 14,06 | 14,91 |
| | 98 | 18,51 | 14,88 | 15,80 | 15,76 | 13,24 | 15,46 | 12,10 | 15,44 | 13,46 | 14,48 |
| | 99 | 21,59 | 16,30 | 15,44 | 14,20 | 12,30 | 14,99 | 13,16 | 18,32 | 14,16 | 14,35 |
| | 1900 | 19,24 | 16,03 | 17,38 | 19,76 | 13,40 | 14,12 | 13,34 | 17,36 | 13,66 | 14,34 |
| | 01 | 22,43 | 16,26 | 17,18 | 11,67 | 13,41 | 15,63 | 12,00 | 17,64 | 14,18 | 14,41 |
| | 02 | 21,11 | 16,37 | 16,84 | 12,08 | 13,12 | 14,06 | 14,20 | 17,70 | 13,66 | 14,49 |

## 14. Der Seeverkehr in den deutschen Häfen.

(Statistik des Deutschen Reichs, Band 154.)

Die Größe der Schiffe ist nach dem Netto-Raumgehalt angegeben. Schiffe, welche auf einer Reise mehrere deutsche Häfen berührten, sind nur bei einem dieser Häfen als abgegangen oder angekommen gezählt.

### a. Der Seeverkehr im Jahre 1902 im Vergleich mit den Vorjahren.

| Art des Verkehrs | Im Jahre | Seeschiffe sind in deutschen Häfen zu Handelszwecken angekommen: Mit Ladung | | angekommen: In Ballast oder leer | | abgegangen: Mit Ladung | | abgegangen: In Ballast oder leer | |
|---|---|---|---|---|---|---|---|---|---|
| | | Schiffe | Reg.-Tons | Schiffe | Reg.-Tons | Schiffe | Reg.-Tons | Schiffe | Reg.-Tons |
| Angekommene und abgegangene Schiffe (im ganzen) | 1898 | 74 954 | 16 484 043 | 11 660 | 1 220 781 | 64 187 | 12 610 004 | 23 460 | 5 892 758 |
| | 99 | 77 414 | 16 786 697 | 11 232 | 1 203 354 | 66 839 | 12 323 748 | 23 490 | 5 702 625 |
| | 1900 | 77 286 | 17 136 495 | 10 893 | 1 449 262 | 63 994 | 12 723 410 | 23 704 | 5 948 651 |
| | 01 | 78 603 | 17 675 812 | 10 809 | 1 498 519 | 64 535 | 13 043 213 | 25 182 | 6 089 329 |
| | 02 | 78 271 | 18 414 221 | 11 484 | 1 564 493 | 65 234 | 13 517 972 | 24 919 | 6 377 898 |
| Darunter Dampfschiffe | 1898 | 43 707 | 14 256 611 | 1 667 | 824 417 | 35 825 | 10 286 690 | 9 588 | 4 456 201 |
| | 99 | 45 565 | 14 412 175 | 1 882 | 824 787 | 37 415 | 10 573 941 | 9 962 | 4 660 954 |
| | 1900 | 46 156 | 14 844 636 | 2 104 | 1 086 124 | 37 964 | 10 963 105 | 10 549 | 4 985 618 |
| | 01 | 47 351 | 15 336 855 | 2 039 | 1 044 290 | 39 113 | 11 877 658 | 10 194 | 5 033 369 |
| | 02 | 48 535 | 16 187 470 | 2 363 | 1 166 595 | 40 092 | 11 750 244 | 11 238 | 5 482 861 |
| | | aus Häfen der in der Vorspalte bezeichneten Ländergebiete | | | | nach Häfen der in der Vorspalte bezeichneten Ländergebiete | | | |
| 1. Deutschen Häfen[1] | 1898 | 43 626 | 3 275 605 | 9 622 | 705 198 | 44 037 | 3 271 873 | 10 357 | 727 918 |
| | 99 | 45 567 | 3 244 862 | 9 168 | 673 525 | 45 321 | 3 207 661 | 10 226 | 710 558 |
| | 1900 | 43 772 | 3 277 160 | 7 950 | 751 500 | 43 345 | 3 252 893 | 8 856 | 765 408 |
| | 01 | 45 635 | 3 558 478 | 8 659 | 851 967 | 45 110 | 3 530 580 | 9 498 | 867 702 |
| | 02 | 44 938 | 3 645 022 | 8 765 | 836 966 | 44 410 | 3 633 792 | 9 704 | 878 273 |
| Darunter Dampfschiffe | 1898 | 22 672 | 2 305 797 | 1 041 | 403 501 | 22 697 | 2 309 056 | 1 013 | 370 396 |
| | 99 | 24 170 | 2 250 842 | 1 181 | 367 276 | 24 251 | 2 214 466 | 1 175 | 349 550 |
| | 1900 | 24 775 | 2 277 897 | 1 320 | 472 970 | 24 672 | 2 250 220 | 1 312 | 426 174 |
| | 01 | 26 108 | 2 486 402 | 1 249 | 496 669 | 26 192 | 2 459 419 | 1 277 | 485 966 |
| | 02 | 26 636 | 2 606 384 | 1 858 | 562 457 | 26 331 | 2 595 797 | 1 862 | 561 837 |
| 2. Außerdeutschen europäischen Häfen (einschl. der großen Seefischerei) | 1898 | 28 890 | 8 522 713 | 2 038 | 515 583 | 18 581 | 5 386 354 | 12 868 | 4 090 654 |
| | 99 | 29 469 | 8 560 158 | 2 063 | 526 003 | 18 955 | 5 492 532 | 13 000 | 4 659 807 |
| | 1900 | 31 284 | 9 041 763 | 2 134 | 665 858 | 19 058 | 5 541 068 | 14 656 | 4 809 272 |
| | 01 | 30 635 | 8 782 873 | 2 161 | 626 405 | 17 801 | 5 374 731 | 15 488 | 4 906 656 |
| | 02 | 31 051 | 9 289 900 | 2 716 | 724 915 | 19 220 | 5 704 738 | 15 068 | 5 227 724 |
| Darunter Dampfschiffe | 1898 | 19 115 | 7 786 901 | 625 | 420 925 | 11 862 | 4 912 754 | 8 416 | 4 163 610 |
| | 99 | 19 339 | 7 741 333 | 698 | 444 485 | 11 845 | 4 986 870 | 8 670 | 4 066 700 |
| | 1900 | 19 613 | 8 219 219 | 875 | 581 252 | 11 900 | 5 036 484 | 8 934 | 4 342 876 |
| | 01 | 19 149 | 8 039 898 | 784 | 532 476 | 11 505 | 4 989 380 | 8 810 | 4 332 974 |
| | 02 | 19 959 | 8 505 288 | 1 003 | 602 274 | 12 152 | 5 229 003 | 9 269 | 4 709 850 |
| 3. Außereuropäischen Häfen | 1898 | 2 406 | 4 685 725 | — | — | 1 569 | 3 351 777 | 235 | 364 154 |
| | 99 | 2 378 | 4 981 677 | 1 | 3 226 | 1 563 | 3 623 563 | 234 | 332 260 |
| | 1900 | 2 230 | 4 817 572 | 9 | 31 898 | 1 591 | 3 928 854 | 193 | 310 977 |
| | 01 | 2 333 | 5 334 961 | 6 | 15 147 | 1 615 | 4 138 197 | 198 | 315 471 |
| | 02 | 2 285 | 5 479 299 | 3 | 2 612 | 1 604 | 4 179 422 | 152 | 373 901 |
| Darunter Dampfschiffe | 1898 | 1 920 | 4 125 913 | — | — | 1 266 | 3 048 880 | 159 | 322 195 |
| | 99 | 1 856 | 4 420 000 | 1 | 3 226 | 1 318 | 3 372 603 | 117 | 244 704 |
| | 1900 | 1 768 | 4 347 510 | 9 | 31 898 | 1 392 | 3 683 401 | 105 | 216 468 |
| | 01 | 1 894 | 4 815 555 | 6 | 15 147 | 1 418 | 3 855 659 | 107 | 216 429 |
| | 02 | 1 940 | 5 075 798 | 2 | 1 664 | 1 406 | 3 925 922 | 107 | 217 174 |

[1] Die Häfen der deutschen Schutzgebiete sind nicht als deutsche gerechnet.

## 14 b. Der Seeverkehr in den deutschen Häfen im Jahre 1902 nach Herkunft und Bestimmung.

| Länder der Herkunft und Bestimmung | Seeschiffe angekommen von den nebenbezeichneten Ländern oder Küstenstrecken | | | | Seeschiffe abgegangen nach den nebenbezeichneten Ländern oder Küstenstrecken | | | |
|---|---|---|---|---|---|---|---|---|
| | Mit Ladung | | In Ballast oder leer | | Mit Ladung | | In Ballast oder leer | |
| | Schiffe | Reg.-Tons | Schiffe | Reg.-Tons | Schiffe | Reg.-Tons | Schiffe | Reg.-Tons |
| Deutsches Küstengebiet | 44 936 | 3 646 022 | 8 765 | 836 966 | 44 410 | 3 633 782 | 9 704 | 876 273 |
| dagegen im Jahre 1901 | 45 637 | 3 558 476 | 8 639 | 861 987 | 45 110 | 3 530 985 | 9 496 | 867 708 |
| " " " 00 | 43 772 | 3 277 160 | 7 950 | 751 600 | 43 345 | 3 252 603 | 8 656 | 765 402 |
| " " " 1899 | 45 567 | 3 244 862 | 9 168 | 873 526 | 45 321 | 3 207 661 | 10 226 | 710 558 |
| " " " 98 | 43 858 | 3 275 605 | 9 622 | 705 198 | 44 037 | 3 271 873 | 10 357 | 727 818 |
| **Außerdeutsches Europa.** | | | | | | | | |
| Rußland am weiß. Meere u. Eism. | 6 | 2 741 | | — | 1 | 756 | 11 | 9 970 |
| " an der Ostsee | 1 326 | 547 331 | 74 | 42 917 | 1 185 | 495 802 | 1 075 | 653 529 |
| " am schw. u. asow. Meere | 247 | 472 382 | — | — | — | — | 5 | 11 888 |
| Schweden | 6 106 | 1 241 171 | 337 | 83 293 | 3 810 | 930 762 | 2 015 | 544 031 |
| Norwegen mit Spitzbergen | 886 | 270 070 | 14 | 8 065 | 704 | 258 897 | 256 | 77 265 |
| Dänemark mit Island und Faröer | 5 813 | 725 411 | 1 770 | 173 909 | 7 137 | 864 102 | 1 698 | 93 143 |
| Großbritannien und Irland | 8 630 | 4 567 332 | 213 | 257 148 | 4 350 | 2 234 967 | 3 459 | 3 107 491 |
| Niederlande | 1 179 | 395 211 | 146 | 78 438 | 985 | 398 007 | 101 | 98 302 |
| Belgien | 284 | 178 522 | 44 | 37 540 | 198 | 129 305 | 37 | 45 770 |
| Frankreich am atlantischen Meere | 103 | 79 575 | 39 | 29 251 | 105 | 85 680 | 13 | 15 395 |
| " am mittelländ. Meere | 40 | 41 828 | — | — | 8 | 11 142 | 1 | 1 526 |
| Spanien am atlantischen Meere | 129 | 127 911 | 3 | 1 621 | 28 | 17 181 | 23 | 30 027 |
| " am mittelländ. Meere, einschl. Gibraltar | 73 | 63 080 | | | 28 | 22 639 | 4 | 5 991 |
| Portugal, einschl. der Azoren | 131 | 88 574 | — | — | 93 | 63 236 | 1 | 721 |
| Italien und Malta | 85 | 94 813 | 6 | 11 212 | 64 | 69 910 | 6 | 3 901 |
| Österreich-Ungarn | 26 | 30 106 | — | | 25 | 29 575 | 2 | 219 |
| Griechenland | 13 | 13 475 | — | | | | 1 | 1 918 |
| Rumänien | 90 | 141 756 | | | 14 | 16 116 | 1 | 2 010 |
| Europ. Türkei, einschl. Bulgarien | 42 | 61 439 | | | 31 | 50 178 | 2 | 1 696 |
| Unbestimmt | — | | | | | — | 1 | 74 |
| Gr. Seefischerei (Segelflotte usw.) | 6 429 | 241 169 | 40 | 1 821 | 151 | 28 028 | 6 051 | 220 794 |
| Zus. außerdeutsches Europa | 31 036 | 9 289 800 | 2 716 | 724 916 | 19 220 | 5 704 768 | 15 063 | 5 227 724 |
| dagegen im Jahre 1901 | 30 633 | 8 782 873 | 2 164 | 626 405 | 17 801 | 5 373 731 | 15 486 | 4 906 656 |
| " " " 00 | 31 284 | 9 041 763 | 2 134 | 665 858 | 19 056 | 5 641 663 | 14 666 | 4 869 272 |
| " " " 1899 | 29 489 | 8 560 158 | 2 063 | 526 603 | 18 958 | 5 492 532 | 13 060 | 4 659 807 |
| " " " 98 | 28 890 | 8 522 713 | 2 038 | 615 563 | 18 561 | 5 386 364 | 12 868 | 4 690 664 |
| **Deutsche Schutzgebiete in:** | | | | | | | | |
| Afrika am atlantischen Meere[1]) | 28 | 52 928 | | | 30 | 57 667 | — | |
| " am indischen Meere[2]) | 27 | 61 093 | | | 26 | 59 580 | — | |
| China | 3 | 13 859 | | | 9 | 27 980 | | |
| Neu-Guinea u. a. d. Ins. i. still. M. | | — | | — | 1 | 157 | | |
| Zus. deutsche Schutzgebiete | 58 | 127 866 | — | — | 66 | 145 307 | — | |
| dagegen im Jahre 1901 | 66 | 164 904 | 1 | 1 372 | 63 | 122 342 | — | — |
| " " " 00 | 48 | 78 102 | | — | 70 | 125 967 | 2 | 5 966 |
| " " " 1899 | 42 | 65 499 | — | | 66 | 84 892 | — | — |
| " " " 98 | 38 | 83 620 | — | — | 47 | 70 992 | | — |
| **Amerika.** | | | | | | | | |
| Brit. Nordamerika am atl. Meere | 17 | 30 178 | — | — | 35 | 61 023 | 3 | 2 046 |
| " " " still. Meere | 1 | 1 705 | | — | | — | — | — |
| Verein. St. v. Amerika a. atl. M. | 790 | 2 463 992 | 2 | 1 664 | 426 | 1 727 173 | 109 | 212 052 |
| " " " " a. still. M. | 55 | 105 954 | | | 34 | 66 801 | | — |
| Mexiko am atlantischen Meere | 59 | 65 919 | | | 33 | 65 814 | 3 | 1 214 |
| " am stillen Meere | — | — | — | — | 26 | 42 010 | | — |

1) Außerdem liefen einige beladene Dampfer auf ihrer Reise von oder nach Hamburg zum Zwecke des Ladens und Löschens oder der Passagierbeförderung Häfen der deutschen Schutzgebiete Togo und Kamerun an, konnten jedoch hier nicht mit nachgewiesen werden, weil der Hauptteil ihrer Ladungen in anderen Hafenplätzen der Westküste von Afrika geladen oder gelöscht worden ist.

2) Die im Verkehr zwischen Hamburg und dem deutschen Schutzgebiete in Afrika am indischen Meere als angekommen oder abgegangen nachgewiesenen Dampfer liefen auf ihrer Hin- oder Rückreise auch andere Hafenplätze der Ostküste von Afrika an.

## 14 b. Der Seeverkehr in den deutschen Häfen im Jahre 1902 nach Herkunft und Bestimmung.
(Fortsetzung.)

| Länder der Herkunft und Bestimmung | Seeschiffe angekommen von den nebenbezeichneten Ländern oder Küstenstrecken | | | | Seeschiffe abgegangen nach den nebenbezeichneten Ländern oder Küstenstrecken | | | |
|---|---|---|---|---|---|---|---|---|
| | Mit Ladung | | In Ballast oder leer | | Mit Ladung | | In Ballast oder leer | |
| | Schiffe | Reg.-Tons | Schiffe | Reg.-Tons | Schiffe | Reg.-Tons | Schiffe | Reg.-Tons |
| Zentralamerika am atlant. Meere | 6 | 2 402 | — | — | — | — | — | — |
| " am stillen Meere | 17 | 14 157 | — | — | 8 | 14 431 | — | — |
| Westindische Inseln | 87 | 105 585 | — | — | 55 | 89 132 | 10 | 5 703 |
| Südamerika am atlantischen Meere, nördl. von Brasilien | 34 | 44 530 | — | — | 29 | 40 761 | — | — |
| Brasilien | 154 | 308 190 | — | — | 173 | 347 335 | 1 | 721 |
| Südamerika am atlantischen Meere, südl. vom Brasilien | 202 | 436 161 | — | — | 110 | 283 935 | — | — |
| Chile | 103 | 227 300 | — | — | 65 | 157 006 | 7 | 21 266 |
| Übriges Südamerika am stillen Meere | 4 | 5 065 | — | — | 10 | 15 261 | — | — |
| Zus. Amerika | 1 591 | 3 941 137 | 2 | 1 664 | 1 010 | 2 910 712 | 133 | 243 002 |
| dagegen im Jahre 1901 | 1 705 | 3 976 867 | — | — | 1 037 | 2 883 611 | 184 | 296 443 |
| " " " 00 | 1 677 | 3 728 411 | 1 | 1 479 | 1 096 | 2 878 780 | 186 | 299 404 |
| " " " 1899 | 1 820 | 3 890 735 | 1 | 3 226 | 1 116 | 2 776 392 | 195 | 316 943 |
| " " " 98 | 1 866 | 3 669 739 | — | — | 1 116 | 2 614 036 | 219 | 370 427 |
| **Afrika.** | | | | | | | | |
| Egypten am mittelländ. Meere | 6 | 7 104 | — | — | 2 | 2 225 | — | — |
| Übriges Afrika am mittelländischen Meere | 21 | 27 326 | — | — | — | — | 1 | 2 350 |
| Kapland mit Natal | 10 | 28 801 | 1 | 948 | 61 | 140 605 | — | — |
| Afrika am atlantischen Meere[1] | 155 | 176 130 | — | — | 148 | 167 235 | 2 | 290 |
| " am indischen und roten[1] Meere | 18 | 41 212 | — | — | 22 | 47 006 | 2 | 256 |
| Zus. Afrika | 212 | 280 609 | 1 | 948 | 233 | 357 075 | 5 | 2 896 |
| dagegen im Jahre 1901 | 175 | 223 792 | 1 | 2 001 | 190 | 278 983 | 4 | 5 181 |
| " " " 00 | 163 | 201 606 | — | — | 149 | 207 845 | 2 | 334 |
| " " " 1899 | 163 | 237 670 | — | — | 151 | 219 300 | 1 | 163 |
| " " " 98 | 170 | 235 433 | — | — | 167 | 232 958 | — | — |
| **Asien.** | | | | | | | | |
| Asien am mittelländischen und schwarzen Meere (Levante) | 129 | 223 323 | — | — | 54 | 60 317 | 11 | 25 217 |
| Übriges Vorderasien bis Ostind. | — | — | — | — | 4 | 7 179 | — | — |
| Ostindien mit d. indischen Inseln | 186 | 475 196 | — | — | 75 | 192 918 | 2 | 1 626 |
| China[1] | 39 | 144 272 | — | — | 37 | 120 640 | — | — |
| Japan | 20 | 88 103 | — | — | 21 | 97 422 | — | — |
| Übriges Asien (Rußland am stillen Meere und Korea) | — | — | — | — | 16 | 19 758 | — | — |
| Zus. Asien | 374 | 930 895 | — | — | 208 | 523 234 | 13 | 26 843 |
| dagegen im Jahre 1901 | 316 | 773 266 | 4 | 11 774 | 227 | 597 569 | 7 | 11 114 |
| " " " 00 | 300 | 874 131 | 8 | 30 419 | 201 | 510 876 | 3 | 5 273 |
| " " " 1899 | 304 | 849 089 | — | — | 184 | 367 381 | 6 | 12 696 |
| " " " 98 | 297 | 609 789 | — | — | 155 | 342 283 | 5 | 12 673 |
| **Australien.** | | | | | | | | |
| Australien und Inseln im stillen Meere[1] | 60 | 198 792 | — | — | 86 | 243 694 | 1 | 1 290 |
| dagegen im Jahre 1901 | 69 | 208 454 | — | — | 98 | 255 995 | 2 | 3 333 |
| " " " 00 | 46 | 136 232 | — | — | 85 | 206 984 | — | — |
| " " " 1899 | 49 | 135 671 | — | — | 77 | 178 598 | 2 | 2 458 |
| " " " 98 | 35 | 107 144 | — | — | 84 | 182 509 | 1 | 1 054 |
| Zus. außereuropäische Länder[1] | 2 237 | 5 351 433 | 3 | 2 612 | 1 533 | 4 034 115 | 152 | 273 901 |
| dagegen im Jahre 1901 | 2 267 | 5 178 359 | 5 | 13 775 | 1 552 | 4 016 156 | 198 | 315 471 |
| " " " 00 | 2 184 | 4 739 980 | 9 | 31 898 | 1 521 | 3 802 887 | 191 | 304 011 |
| " " " 1899 | 2 336 | 4 913 178 | 1 | 3 226 | 1 506 | 3 538 671 | 204 | 332 260 |
| " " " 98 | 2 368 | 4 622 105 | — | — | 1 522 | 3 271 789 | 225 | 384 154 |

[1]) Mit Ausschluß der deutschen Schutzgebiete.

## 14 c. Der Seeverkehr in den deutschen Häfen nach Flaggen.

| Flagge der Schiffe | Im Jahre | Angekommene Seeschiffe | | | | Abgegangene Seeschiffe | | | |
|---|---|---|---|---|---|---|---|---|---|
| | | Mit Ladung | | In Ballast oder leer | | Mit Ladung | | In Ballast oder leer | |
| | | Schiffe | Reg.-Tons | Schiffe | Reg.-Tons | Schiffe | Reg.-Tons | Schiffe | Reg.-Tons |
| Deutsche Schiffe | 1898 | 55 552 | 8 747 695 | 9 462 | 778 527 | 50 899 | 7 659 547 | 15 193 | 2 024 947 |
| | 99 | 58 899 | 9 457 549 | 8 905 | 706 915 | 52 581 | 8 148 081 | 15 984 | 2 160 679 |
| | 1900 | 58 876 | 9 920 232 | 7 673 | 878 054 | 50 823 | 8 409 325 | 16 393 | 2 382 057 |
| | 01 | 59 690 | 10 396 068 | 8 583 | 984 475 | 52 144 | 8 880 868 | 16 538 | 2 377 221 |
| | 02 | 60 037 | 10 807 427 | 8 888 | 1 042 119 | 51 945 | 9 252 192 | 17 474 | 2 540 054 |
| Darunter Dampfschiffe | 1898 | 32 634 | 7 508 097 | 1 084 | 459 834 | 28 325 | 6 484 123 | 5 452 | 1 573 405 |
| | 99 | 33 319 | 8 091 382 | 1 314 | 486 205 | 30 243 | 6 940 659 | 6 123 | 1 649 534 |
| | 1900 | 35 856 | 8 523 803 | 1 459 | 590 943 | 30 938 | 7 245 490 | 6 696 | 1 886 100 |
| | 01 | 37 076 | 8 916 690 | 1 592 | 614 932 | 32 065 | 7 670 915 | 6 423 | 1 835 828 |
| | 02 | 38 121 | 9 356 207 | 2 154 | 734 609 | 32 661 | 7 946 771 | 7 540 | 2 061 011 |
| Fremde Schiffe | 1898 | 19 402 | 7 730 348 | 2 198 | 442 254 | 13 268 | 4 350 457 | 8 257 | 3 777 809 |
| | 99 | 18 515 | 7 329 148 | 2 327 | 408 439 | 13 278 | 4 175 665 | 7 506 | 3 541 046 |
| | 1900 | 18 410 | 7 216 263 | 2 220 | 571 208 | 13 171 | 4 224 085 | 7 371 | 3 583 584 |
| | 01 | 18 913 | 7 278 544 | 2 218 | 509 044 | 12 301 | 4 062 544 | 8 644 | 3 712 608 |
| | 02 | 18 234 | 7 606 794 | 2 586 | 522 374 | 13 289 | 4 265 790 | 7 445 | 3 828 844 |
| Darunter Dampfschiffe | 1898 | 11 073 | 6 748 314 | 583 | 364 583 | 7 500 | 3 802 567 | 4 136 | 3 380 796 |
| | 99 | 10 246 | 6 310 793 | 568 | 328 982 | 7 172 | 3 633 282 | 3 659 | 3 011 420 |
| | 1900 | 10 300 | 6 320 833 | 745 | 495 181 | 7 426 | 3 722 615 | 3 653 | 3 099 318 |
| | 01 | 10 275 | 6 440 165 | 647 | 429 760 | 7 048 | 3 607 143 | 3 771 | 3 219 541 |
| | 02 | 10 414 | 6 831 263 | 709 | 431 784 | 7 431 | 3 803 951 | 3 698 | 3 427 850 |
| **Davon im Seeverkehr zwischen deutschen Häfen (Küstenverkehr):** | | | | | | | | | |
| Deutsche Schiffe | 1898 | 41 935 | 3 017 983 | 8 752 | 554 904 | 42 284 | 3 011 493 | 9 420 | 590 992 |
| | 99 | 43 811 | 3 040 014 | 8 170 | 538 570 | 43 556 | 3 008 825 | 9 163 | 583 295 |
| | 1900 | 42 209 | 3 107 437 | 7 074 | 580 244 | 41 807 | 3 080 107 | 7 899 | 600 903 |
| | 01 | 43 833 | 3 359 309 | 7 649 | 683 158 | 43 316 | 3 331 435 | 8 411 | 693 748 |
| | 02 | 43 156 | 3 400 931 | 7 743 | 701 579 | 42 667 | 3 386 879 | 8 838 | 744 260 |
| Fremde Schiffe | 1898 | 1 723 | 257 622 | 870 | 150 204 | 1 773 | 260 390 | 937 | 130 926 |
| | 99 | 1 756 | 195 848 | 992 | 134 949 | 1 705 | 198 826 | 1 083 | 127 263 |
| | 1900 | 1 563 | 169 723 | 876 | 161 262 | 1 538 | 172 786 | 956 | 164 499 |
| | 01 | 1 804 | 199 167 | 980 | 168 809 | 1 803 | 199 550 | 1 065 | 173 954 |
| | 02 | 1 782 | 244 091 | 1 022 | 135 387 | 1 743 | 246 993 | 1 068 | 132 013 |
| **1902 sind in deutschen Häfen angekommen und abgegangen:** | | | | | | | | | |
| russische Schiffe ........ | | 581 | 203 165 | 41 | 10 932 | 326 | 118 707 | 298 | 102 006 |
| schwedische „ ........ | | 4 548 | 975 575 | 378 | 75 603 | 3 197 | 712 872 | 1 685 | 323 008 |
| norwegische „ ........ | | 1 092 | 509 520 | 119 | 57 607 | 759 | 319 340 | 479 | 254 847 |
| dänische „ ........ | | 5 007 | 874 105 | 1 318 | 118 712 | 4 352 | 668 482 | 1 878 | 315 802 |
| britische „ ........ | | 4 928 | 4 309 838 | 212 | 201 870 | 2 069 | 2 077 394 | 2 174 | 2 428 612 |
| niederländische „ ........ | | 1 763 | 291 351 | 508 | 34 214 | 1 538 | 211 004 | 755 | 111 820 |
| belgische „ ........ | | 37 | 29 409 | 2 | 800 | 18 | 8 567 | 20 | 20 606 |
| französische „ ........ | | 97 | 115 736 | 3 | 3 694 | 66 | 88 392 | 31 | 48 354 |
| spanische „ ........ | | 81 | 140 463 | 2 | 1 700 | 37 | 20 159 | 46 | 73 089 |
| italienische „ ........ | | 38 | 78 717 | 1 | 2 606 | 15 | 30 231 | 24 | 47 429 |
| andere fremde „ ........ | | 64 | 118 895 | 2 | 2 356 | 12 | 20 652 | 55 | 102 371 |

## 14 d. Der Seeverkehr im Jahre 1902 in den bedeutenderen deutschen Häfen.

| Häfen | Angekommene Seeschiffe | | | | Abgegangene Seeschiffe | | | |
|---|---|---|---|---|---|---|---|---|
| | Mit Ladung | | In Ballast oder leer | | Mit Ladung | | In Ballast oder leer | |
| | Schiffe | Reg.-Tons | Schiffe | Reg.-Tons | Schiffe | Reg.-Tons | Schiffe | Reg.-Tons |
| Memel | 387 | 110 467 | 282 | 113 844 | 614 | 198 760 | 84 | 29 077 |
| Pillau | 248 | 148 665 | 400 | 102 486 | 121 | 35 206 | 110 | 91 064 |
| Königsberg | 1 438 | 349 050 | 42 | 9 681 | 1 779 | 437 425 | 135 | 43 325 |
| Neufahrwasser (Danzig) | 1 498 | 536 737 | 251 | 136 144 | 1 372 | 484 039 | 357 | 183 905 |
| Swinemünde | 640 | 300 847 | 29 | 3 333 | 353 | 96 069 | 255 | 197 997 |
| Stettin | 4 181 | 1 206 382 | 138 | 47 292 | 3 336 | 814 054 | 822 | 429 059 |
| Kratzwiek | 238 | 195 512 | 2 | 3 113 | 65 | 41 364 | 166 | 150 258 |
| Ahlbeck | 369 | 67 306 | — | — | 369 | 67 306 | — | — |
| Heringsdorf | 618 | 140 465 | — | — | 618 | 140 465 | — | — |
| Göhren | 662 | 137 639 | — | — | 677 | 138 944 | — | — |
| Sellin | 732 | 142 686 | — | — | 732 | 142 686 | — | — |
| Binz | 1 230 | 156 575 | — | — | 1 201 | 155 907 | 27 | 629 |
| Saßnitz | 2 268 | 474 140 | 150 | 16 403 | 2 341 | 486 241 | 60 | 3 079 |
| Rostock | 1 892 | 288 888 | 138 | 16 840 | 1 523 | 206 661 | 511 | 103 382 |
| Wismar | 787 | 106 575 | 145 | 11 149 | 588 | 32 784 | 331 | 77 396 |
| Lübeck | 2 334 | 519 323 | 153 | 14 035 | 2 058 | 370 491 | 425 | 154 807 |
| Burg auf Fehmarn | 1 419 | 51 824 | 70 | 2 570 | 1 441 | 50 945 | 40 | 3 246 |
| Heiligenhafen | 2 241 | 60 857 | 45 | 1 793 | 2 208 | 58 127 | 74 | 3 588 |
| Kiel | 3 940 | 574 449 | 49 | 3 557 | 1 879 | 312 548 | 1 552 | 234 938 |
| Flensburg | 1 892 | 201 126 | 52 | 2 547 | 680 | 49 908 | 847 | 144 253 |
| Sonderburg | 812 | 64 490 | 52 | 771 | 669 | 42 103 | 175 | 19 486 |
| Hörnum | 279 | 47 352 | 271 | 13 065 | 238 | 43 674 | 311 | 16 889 |
| Wyk auf Föhr | 1 847 | 80 698 | 156 | 2 119 | 1 842 | 91 047 | 153 | 4 727 |
| Wittdün auf Amrum | 1 424 | 84 119 | 18 | 572 | 1 408 | 83 782 | 37 | 916 |
| Helgoland | 724 | 172 337 | 22 | 5 634 | 650 | 169 059 | 95 | 8 693 |
| Altona | 3 603 | 252 503 | 109 | 4 410 | 446 | 42 374 | 2 939 | 135 605 |
| Hamburg | 9 407 | 7 930 517 | 1 536 | 579 031 | 9 985 | 5 003 435 | 2 341 | 2 626 432 |
| Harburg | 303 | 58 600 | 34 | 4 566 | 515 | 48 799 | 27 | 15 938 |
| Cuxhaven | 409 | 358 666 | 7 | 5 531 | 266 | 306 022 | 31 | 2 893 |
| Bremerhaven | 1 514 | 1 347 843 | 63 | 95 947 | 914 | 1 272 547 | 653 | 245 320 |
| Geestemünde | 2 376 | 351 957 | 183 | 18 673 | 377 | 132 085 | 2 211 | 240 471 |
| Bremen | 2 070 | 1 021 817 | 203 | 79 402 | 2 003 | 778 908 | 352 | 253 698 |
| Brake | 237 | 249 494 | 70 | 9 421 | 272 | 26 790 | 141 | 168 466 |
| Blumenthal | 222 | 107 694 | 1 | 55 | 13 | 1 902 | 19 | 8 275 |
| Nordenham | 720 | 96 747 | 9 | 4 848 | 90 | 27 447 | 643 | 62 074 |
| Wilhelmshaven | 1 192 | 76 534 | 19 | 8 939 | 111 | 15 478 | 751 | 59 843 |
| Norderney | 2 528 | 156 472 | 72 | 2 053 | 2 366 | 151 825 | 231 | 6 311 |
| Borkum | 1 170 | 67 518 | 5 | 103 | 998 | 59 649 | 268 | 7 871 |
| Am Norddeich | 2 109 | 112 061 | 166 | 2 878 | 2 091 | 114 635 | 81 | 1 225 |
| Emden | 1 387 | 291 327 | 156 | 44 270 | 1 394 | 170 799 | 153 | 162 247 |
| Ruhrort | 43 | 14 473 | — | — | 138 | 52 669 | — | — |
| Duisburg | 246 | 76 036 | — | — | 225 | 71 065 | — | — |
| Uerdingen | 194 | 52 788 | — | — | 173 | 48 345 | — | — |
| Düsseldorf | 356 | 121 887 | — | — | 304 | 99 304 | 6 | 3 338 |
| Mülheim am Rhein | 97 | 24 853 | 1 | 133 | 217 | 73 072 | 1 | 689 |
| Köln | 300 | 120 983 | 5 | 2 145 | 369 | 121 963 | 1 | 384 |

## 15. Die Seereisen deutscher Schiffe.

(Statistik des Deutschen Reichs, Band 154.)

Die Fahrten der in der großen Seefischerei tätigen Schiffe sind in diesen Zahlen nicht mitenthalten.

| Seereisen deutscher Schiffe | Im Jahre | Mit Ladung: Schiffe (Reisen) | Mit Ladung: Netto-Raumgehalt in Reg.-Tons | In Ballast oder leer: Schiffe (Reisen) | In Ballast oder leer: Netto-Raumgehalt in Reg.-Tons |
|---|---|---|---|---|---|
| Von deutschen Seeschiffen überhaupt gemachte Fahrten (soweit ihre Zahl bekannt geworden) .... | 1898 | 79 206 | 39 601 338 | 15 994 | 4 193 834 |
| | 99 | 81 836 | 42 790 926 | 16 719 | 4 428 033 |
| | 1900 | 81 971 | 49 751 167 | 14 985 | 4 751 026 |
| | 01 | 84 851 | 53 048 016 | 15 482 | 4 851 084 |
| | 02 | 85 480 | 62 772 856 | 16 175 | 5 386 332 |
| Davon kommen auf Reisen zwischen: a) Deutschen Häfen ........... | 1898 | 42 100 | 3 014 733 | 9 088 | 572 993 |
| | 99 | 43 084 | 3 028 820 | 8 670 | 560 936 |
| | 1900 | 42 008 | 3 098 772 | 7 487 | 595 574 |
| | 01 | 43 575 | 3 345 372 | 8 030 | 688 453 |
| | 02 | 42 912 | 3 393 870 | 8 191 | 722 920 |
| b) Deutschen und außerdeutschen Häfen ..................... | 1898 | 18 541 | 10 197 502 | 3 898 | 1 517 611 |
| | 99 | 19 258 | 11 335 512 | 3 303 | 1 660 102 |
| | 1900 | 19 374 | 11 076 791 | 3 648 | 1 659 488 |
| | 01 | 18 632 | 12 445 659 | 3 768 | 1 798 030 |
| | 02 | 19 442 | 13 003 382 | 4 065 | 1 926 471 |
| c) Außerdeutschen Häfen (einschl. der deutschen Schutzgebiete) ..... | 1898 | 18 564 | 20 389 103 | 3 420 | 2 103 230 |
| | 99 | 18 894 | 28 426 474 | 3 748 | 2 206 995 |
| | 1900 | 20 589 | 34 080 604 | 3 850 | 2 295 966 |
| | 01 | 22 644 | 38 157 584 | 3 684 | 2 369 601 |
| | 02 | 26 055 | 46 375 600 | 3 919 | 2 736 941 |

## 16. Der Verkehr im Kaiser Wilhelm-Kanal.

(Vierteljahrshefte zur Statistik des Deutschen Reichs 1904, II.)

| Schiffsverkehr | | 1903 | 1902 | 1901 | 1900 | 1899 | 1898 |
|---|---|---|---|---|---|---|---|
| | | In den Jahren | | | | | |
| Gesamter Verkehr an abgabepflichtigen Schiffen ..... | Schiffe | 32 393 | 30 232 | 29 470 | 29 671 | 26 524 | 25 224 |
| | Reg.-Tons | 4 935 611 | 4 431 028 | 4 193 764 | 4 282 258 | 3 451 273 | 3 069 011 |
| Davon entfielen auf die Richtung: | | | | | | | |
| Brunsbüttel-Holtenau .... | Schiffe | 15 507 | 14 522 | 13 942 | 14 034 | 12 790 | 12 285 |
| | Reg.-Tons | 2 107 907 | 1 881 487 | 1 674 268 | 1 733 292 | 1 423 739 | 1 313 931 |
| Holtenau-Brunsbüttel . | Schiffe | 16 888 | 15 710 | 15 528 | 15 537 | 13 734 | 12 939 |
| | Reg.-Tons | 2 827 704 | 2 549 533 | 2 524 458 | 2 548 970 | 2 027 534 | 1 695 080 |
| Nationalität der verkehrenden Schiffe: | | | | | | | |
| Deutsche Schiffe | Schiffe | 27 108 | 25 513 | 25 150 | 25 432 | 22 575 | 22 010 |
| | Reg.-Tons | 2 944 055 | 2 764 652 | 2 593 525 | 2 667 437 | 2 242 225 | 2 081 149 |
| Fremde Schiffe. | Schiffe | 5 285 | 4 719 | 4 320 | 4 139 | 3 949 | 3 214 |
| | Reg.-Tons | 1 990 856 | 1 666 368 | 1 605 229 | 1 614 821 | 1 209 048 | 947 862 |
| Gattung der verkehrenden Schiffe: | | | | | | | |
| Dampfschiffe .. | Schiffe | 14 062 | 13 050 | 12 117 | 12 357 | 11 250 | 10 680 |
| | Reg.-Tons | 3 870 975 | 3 485 310 | 3 352 300 | 3 479 148 | 2 715 332 | 2 381 769 |
| Darunter mit Ladung.... | Schiffe | 9 994 | 9 452 | 8 924 | 9 579 | 8 644 | 7 925 |
| | Reg.-Tons | 3 394 094 | 3 011 234 | 2 936 452 | 3 032 252 | 2 368 807 | 2 069 709 |
| Segelschiffe ... | Schiffe | 18 331 | 16 582 | 17 353 | 17 214 | 15 274 | 14 544 |
| | Reg.-Tons | 1 064 536 | 945 710 | 846 154 | 803 110 | 735 941 | 627 242 |
| Darunter mit Ladung.... | Schiffe | 11 471 | 10 518 | 11 083 | 11 410 | 10 428 | 9 519 |
| | Reg.-Tons | 716 665 | 642 863 | 588 006 | 561 255 | 532 852 | 430 122 |
| Erhobene Gebühren: | | | | | | | |
| Kanalabgaben ......... | ℳ | 2 234 053 | 2 025 361 | 1 937 342 | 1 979 818 | 1 650 512 | 1 426 840 |
| Schleppgebühren....... | „ | 142 095 | 125 491 | 137 547 | 147 631 | 132 015 | 104 391 |
| Sonstige ............. | „ | 2 893 | 3 659 | 3 686 | 5 906 | 4 845 | 3 539 |

## 17. Die verunglückten (verloren gegangenen) deutschen Seeschiffe.

(Vierteljahrshefte zur Statistik des Deutschen Reichs 1904, I.)

Die Verunglückungen eines Jahres lassen sich in der Regel erst nach Ablauf von 2 Jahren vollständig angeben.

Die Größe der Schiffe ist nach dem Netto-Raumgehalt angegeben.

| Es verunglückten (gingen vollständig verloren) deutsche Seeschiffe | Im Jahre | Gesamtzahl der verunglückten Seeschiffe | | Darunter mit Ladung | | Darunter Dampfschiffe | | Zahl der | | Menschenleben gingen verloren von | |
|---|---|---|---|---|---|---|---|---|---|---|---|
| | | Schiffe | Reg.-Tons | Schiffe | Reg.-Tons | Schiffe | Reg.-Tons | Besatzung | Passagiere | der Besatzung | den Passagieren |
| Überhaupt | 1892 | 104 | 37 380 | 89 | 34 569 | 16 | 6 860 | 934 | 164 | 858 | 60 |
| | 93 | 126 | 51 117 | 107 | 40 320 | 14 | 11 383 | 1 168 | 31 | 278 | — |
| | 94 | 122 | 47 462 | 108 | 43 888 | 22 | 14 943 | 1 203 | 160 | 209 | 5 |
| | 95 | 155 | 58 670 | 138 | 57 207 | 17 | 14 549 | 1 497 | 275 | 384 | [1]262 |
| | 96 | 84 | 31 258 | 77 | 27 676 | 9 | 8 614 | 784 | 222 | 178 | [1]214 |
| | 1897 | 74 | 28 937 | 63 | 23 875 | 13 | 5 304 | 663 | 84 | 194 | 1 |
| | 98 | 111 | 34 682 | 92 | 30 770 | 23 | 14 362 | 1 003 | 170 | 232 | 5 |
| | 99 | 106 | 44 044 | 84 | 37 671 | 18 | 22 387 | 888 | 190 | 220 | 6 |
| | 1900 | 85 | 44 720 | 70 | 35 145 | 25 | 15 819 | 962 | 91 | 286 | 3 |
| | 01 | 82 | 34 148 | 72 | 31 171 | 28 | 20 711 | 898 | 183 | 205 | 13 |
| **Im Jahre 1901** | | | | | | | | | | | |
| Davon: in der Ostsee (mit Sund und Belten) und dem Kattegat, einschl. Flußmündungen und Flußgebiete: | | | | | | | | | | | |
| a) in den deutschen Küstengewässern | | 8 | 860 | 6 | 808 | 4 | 709 | 45 | 14 | 8 | 6 |
| b) in anderen Gewässern | | 12 | 2 790 | 9 | 2 648 | 3 | 2 326 | 70 | 2 | 12 | — |
| in der Nordsee und dem Skagerrak, einschl. Watten, Flußmündungen und Flußgebiete: | | | | | | | | | | | |
| a) in den deutschen Küstengewässern | | 21 | 4 027 | 18 | 2 745 | 2 | 1 537 | 110 | 5 | — | — |
| b) in anderen Gewässern | | 10 | 4 175 | 18 | 4 127 | 5 | 2 792 | 144 | 3 | 69 | 1 |
| im englischen Kanal | | 1 | 984 | 1 | 984 | 1 | 984 | 21 | 2 | 4 | — |
| „ mittelländischen Meere | | 1 | 1 029 | 1 | 1 029 | 1 | 1 029 | 24 | 10 | — | — |
| „ atlantischen Ozean | | 9 | 8 270 | 8 | 6 778 | 6 | 5 267 | 177 | 11 | 65 | — |
| in der Nordsee oder im atlantischen Ozean | | 2 | 78 | 2 | 78 | 2 | 78 | 23 | — | 23 | — |
| im indischen Ozean | | 2 | 4 564 | 2 | 4 564 | 2 | 4 564 | 113 | 70 | — | — |
| „ stillen Ozean | | 6 | 5 729 | 6 | 5 729 | 2 | 1 425 | 138 | 66 | — | 6 |
| „ atlantischen oder stillen Ozean | | 1 | 1 652 | 1 | 1 652 | — | — | 24 | — | 24 | — |
| Und zwar sind: | | | | | | | | | | | |
| Gestrandet | | 26 | 15 221 | 22 | 13 895 | 8 | 10 255 | 339 | 93 | 4 | 6 |
| Gesunken | | 12 | 1 416 | 12 | 1 416 | 2 | 668 | 51 | — | 9 | — |
| Infolge schwerer Beschädigungen von der Besatzung verlassen | | 3 | 1 474 | 3 | 1 474 | 1 | 105 | 32 | 9 | 2 | 6 |
| Infolge schwerer Beschädigungen als nicht ausbesserungswert aufgegeben | | 6 | 2 551 | 5 | 1 050 | — | — | 55 | — | — | — |
| Zusammengestoßen | | 15 | 7 064 | 12 | 7 007 | 9 | 6 [illegible] | 206 | 80 | 13 | — |
| Verbrannt | | 2 | 1 407 | 2 | 1 407 | — | — | 38 | — | — | — |
| Verschollen | | 18 | 5 018 | 16 | 4 913 | 8 | 2 882 | 177 | 1 | 177 | 1 |
| **Im Jahre 1902** | | | | | | | | | | | |
| Soweit bis Ende Februar 1904 bekannt geworden | | 87 | 40 833 | 63 | 30 834 | 20 | 21 807 | 976 | 86 | 140 | 1 |

[1]) Die hohe Zahl erklärt sich daraus, daß ein Dampfschiff verunglückte, welches zahlreiche Passagiere an Bord hatte, die bei dem Unfall sämtlich oder zum größten Teil umkamen.

## 18. Die Schiffsunfälle an der deutschen Küste.[1])

(Statistik des Deutschen Reichs, Band 154.)

Schiffsunfälle an der deutschen Küste selbst, auf dem Meere innerhalb 20 Seemeilen von der deutschen Küste oder auf den mit dem Meere in Verbindung stehenden, von Seeschiffen befahrenen Binnengewässern.

| Art der Unfälle | Im Jahre | Küstenstrecken, an denen die Unfälle stattfanden | | | | | | | | | | | | | | | |
|---|---|---|---|---|---|---|---|---|---|---|---|---|---|---|---|---|---|
| | | Nimmersatt bis Brüsterort | Brüsterort bis Neukrug | Neukrug bis Rixhöft | Rixhöft bis Groß-Horst | Groß-Horst bis Arkona | Arkona bis Ort | Ort bis Dahmeshöft | Dahmeshöft bis Bülk | Bülk bis dän. Grenze | Küstengebiet der Ostsee | Dän. Grenze bis Süderhöft | Süderhöft bis Neuwerk | Neuwerk bis Wangeroog | Wangeroog bis Emsmündung | Küstengebiet der Nordsee | Gesamtes deutsches Küstengebiet |
| Zusammen Unfälle aller Art (Schiffe) | 1893 | 7 | 6 | 31 | 6 | 99 | 12 | 14 | 38 | 9 | 222 | 5 | 203 | 84 | 20 | 312 | 534 |
| | 94 | 3 | 8 | 28 | 4 | 76 | 14 | 15 | 30 | 8 | 186 | 4 | 170 | 56 | 47 | 277 | 463 |
| | 95 | 7 | 22 | 26 | 9 | 87 | 16 | 17 | 43 | 5 | 232 | 16 | 189 | 77 | 15 | 297 | 529 |
| | 96 | 6 | 19 | 22 | 10 | 89 | 10 | 21 | 41 | 9 | 229 | 7 | 165 | 42 | 21 | 235 | 464 |
| | 97 | 6 | 16 | 24 | 6 | 95 | 16 | 14 | 47 | 7 | 233 | 6 | 204 | 64 | 13 | 287 | 520 |
| | 1898 | 9 | 15 | 24 | 4 | 72 | 15 | 13 | 24 | 6 | 182 | 7 | 212 | 63 | 17 | 299 | 481 |
| | 99 | 8 | 19 | 27 | 13 | 93 | 20 | 16 | 33 | 19 | 249 | 9 | 179 | 64 | 18 | 270 | 519 |
| | 1900 | 7 | 11 | 32 | 15 | 75 | 12 | 16 | 56 | 13 | 237 | 5 | 180 | 45 | 17 | 247 | 484 |
| | 01 | 7 | 13 | 29 | 2 | 72 | 12 | 24 | 50 | 1 | 210 | 3 | 213 | 56 | 21 | 293 | 503 |
| | 02 | 1 | 17 | 36 | 5 | 55 | 17 | 8 | 49 | 8 | 196 | 8 | 212 | 67 | 33 | 320 | 516 |
| Darunter verloren gegangene Schiffe | 1893 | 3 | — | 3 | 3 | 9 | 3 | 2 | 6 | — | 29 | 2 | 13 | 7 | 8 | 30 | 59 |
| | 94 | — | — | 2 | — | 5 | 2 | 1 | 4 | 3 | 17 | 2 | 8 | 9 | 14 | 33 | 50 |
| | 95 | 1 | 3 | 6 | 2 | 7 | 3 | 1 | 2 | 1 | 26 | 8 | 15 | 16 | 9 | 48 | 74 |
| | 96 | 1 | 1 | 2 | 4 | 2 | 4 | 2 | 2 | 2 | 20 | 5 | 12 | 6 | 9 | 32 | 52 |
| | 97 | 3 | 1 | 3 | 3 | 3 | 2 | 1 | 5 | — | 21 | 5 | 7 | 8 | 6 | 26 | 47 |
| | 1898 | 3 | 1 | 8 | 1 | 11 | 2 | 2 | 1 | 3 | 32 | 4 | 22 | 6 | 8 | 40 | 72 |
| | 99 | 7 | 6 | 6 | 8 | 6 | 10 | 1 | 3 | 3 | 50 | 8 | 16 | 10 | 7 | 41 | 91 |
| | 1900 | 2 | 1 | 4 | 6 | 5 | 2 | — | 7 | 1 | 28 | 2 | 12 | 1 | 4 | 19 | 47 |
| | 01 | 3 | 1 | 3 | 1 | 8 | — | 2 | 3 | 1 | 22 | 1 | 16 | 7 | 8 | 32 | 54 |
| | 02 | — | 1 | 2 | 3 | 7 | 2 | — | 4 | 1 | 20 | — | 11 | 11 | 8 | 30 | 50 |
| Menschenleben gingen verloren | 1893 | — | — | — | — | 8 | — | — | 7 | — | 15 | 1 | 18 | 15 | 16 | 50 | 65 |
| | 94 | — | — | 4 | 1 | 5 | — | — | — | — | 10 | 4 | 18 | 2 | 11 | 35 | 45 |
| | 95 | 1 | 4 | 6 | 1 | 4 | 5 | — | 18 | 1 | 40 | 4 | 35 | 10 | 5 | 54 | 94 |
| | 96 | 7 | 1 | 1 | 4 | 3 | 1 | 3 | 1 | — | 21 | — | 14 | 6 | 2 | 22 | 43 |
| | 97 | — | — | 8 | 10 | 2 | — | 2 | — | — | 22 | — | 24 | 2 | 5 | 31 | 53 |
| | 1898 | 16 | — | 5 | — | — | — | 4 | — | 2 | 27 | — | 6 | 5 | 4 | 15 | 42 |
| | 99 | 12 | 4 | 2 | 17 | 22 | — | — | — | — | 57 | 3 | 7 | 2 | — | 12 | 69 |
| | 1900 | — | 2 | 4 | 17 | 9 | — | — | — | — | 32 | 2 | 11 | — | — | 13 | 45 |
| | 01 | 12 | — | — | — | 10 | — | — | — | — | 22 | — | 3 | — | — | 3 | 25 |
| | 02 | — | — | 2 | — | — | — | — | 2 | — | 4 | — | 112 | 9 | — | 121 | 125 |
| **Die Schiffsunfälle im Jahre 1902 nach ihrer Art** | | | | | | | | | | | | | | | | | |
| Strandungen | | 1 | 4 | 6 | 4 | 11 | 8 | 4 | 9 | 6 | 53 | 8 | 39 | 21 | 11 | 79 | 132 |
| Kentern | | — | — | 2 | — | 1 | — | — | 1 | 1 | 5 | — | — | — | — | — | 5 |
| Sinken | | — | — | 2 | 1 | 1 | — | — | 1 | 1 | 6 | — | — | 1 | 1 | 2 | 8 |
| Zusammenstöße (Schiffe) | | — | 8 | 19 | — | 20 | 6 | 4 | 35 | — | 92 | — | 153 | 33 | 10 | 196 | 288 |
| Sonstige Unfälle | | — | 5 | 7 | — | 22 | 3 | — | 3 | — | 40 | — | 20 | 12 | 11 | 43 | 83 |
| **Nationalität der im Jahre 1902 von Unfällen betroffenen Schiffe** | | | | | | | | | | | | | | | | | |
| Deutsche Schiffe | | 1 | 11 | 33 | 4 | 44 | 6 | 5 | 32 | 6 | 142 | 4 | 145 | 54 | 20 | 223 | 365 |
| Fremde Schiffe | | — | 6 | 3 | 1 | 11 | 11 | 3 | 17 | 2 | 54 | 4 | 67 | 13 | 13 | 97 | 151 |
| **Unter den im Jahre 1902 von Unfällen betroffenen Schiffen waren** | | | | | | | | | | | | | | | | | |
| Dampfschiffe | | — | 10 | 16 | 2 | 19 | 8 | 3 | 24 | — | 82 | 3 | 118 | 32 | 9 | 162 | 244 |
| Segelschiffe | | 1 | 7 | 20 | 3 | 36 | 9 | 5 | 25 | 8 | 114 | 5 | 94 | 35 | 24 | 158 | 272 |
| Davon m. Raumgehalt v. 1000 Reg.-T. brutto und darüber: | | | | | | | | | | | | | | | | | |
| Dampfschiffe | | — | 3 | 1 | — | 4 | 4 | 1 | 4 | — | 17 | 2 | 66 | 11 | 4 | 83 | 100 |
| Segelschiffe | | — | — | — | — | — | — | 1 | — | — | 1 | — | 7 | — | — | 7 | 8 |

[1]) Die Schiffsunfälle an der Küste von Helgoland sind nicht mitgezählt. Für 1902 sind die Schiffsunfälle gezählt, über welche bis Ende Februar 1904 die amtlichen Erhebungen abgeschlossen waren.

# VII. Auswärtiger Handel.

## Vorbemerkungen.

Die deutsche Handelsstatistik beruht auf dem Reichsgesetz über die Statistik des Warenverkehrs des deutschen Zollgebiets mit dem Auslande vom 20. Juli 1879; sie bezieht sich also nicht auf das Gebiet des Deutschen Reichs, sondern auf das deutsche Zollgebiet. Dieses besteht aus dem deutschen Reichsgebiet mit Ausnahme der Freihäfen Hamburg, Cuxhaven, Bremerhaven und Geestemünde, der Insel Helgoland, des Zollausschlußgebiets Bremen und einiger badischer Grenzorte an der Grenze gegen die Schweiz, und dem Großherzogtum Luxemburg und den 2 österreichischen Gemeinden Jungholz und Mittelberg.

Die Freihäfen und die vom Zollgebiet ausgeschlossenen Teile des Reichs — mit Ausnahme des Zollausschlußgebiets Bremen — erscheinen daher in der deutschen Handelsstatistik als Ausland.

Eine von den Freihafengebieten abweichende Stellung nehmen die Freibezirke Emden, Brake, Altona, Stettin und Neufahrwasser ein; sie sind Zollniederlagen mit erweiterten Befugnissen und bilden als solche einen Teil des Zollgebiets. Das Zollausschlußgebiet Bremen wird zollgesetzlich wie die Freihäfen, hinsichtlich der Handelsstatistik wie die Freibezirke behandelt.

Nach dem Gesetz vom 20. Juli 1879 sind die über die Grenzen des deutschen Zollgebiets ein-, aus- oder durchgeführten Waren den mit den Vorschriften für die Handelsstatistik beauftragten Zollstellen nach Gattung und Menge, Herkunfts- und Bestimmungsland anzumelden.

Die Bezeichnung der Waren erfolgt nach dem statistischen Warenverzeichnis, das eine Zerlegung des Zolltarifs darstellt. Dem statistischen Warenverzeichnis dient das amtliche Warenverzeichnis zum Zolltarif, das die statistischen Nummern der einzelnen Warengattungen angibt, als alphabetisches Register.

Bei der Einfuhr wird als Land der Herkunft der Ware das Land bezeichnet, aus dessen Gebiet die Versendung der Ware mit der Bestimmung nach dem deutschen Zollgebiet erfolgt ist, also in der Regel das Land, aus dessen Eigenhandel die Ware herstammt.

Als Land der Bestimmung ist bei der Ausfuhr das Land angegeben, welches als Endziel einer Sendung angemeldet wird, in der Regel also das Land, in dessen Eigenhandel die Ware übergeht.

Die deutsche Handelsstatistik unterscheidet 77 Herkunftsgebiete und zwar für Europa 26, Afrika 10, Asien 15, Amerika 19, Australien und Polynesien 7.

Die Mengen sind in der Regel nach Reingewicht, sofern nicht in einzelnen Fällen ein anderer Maßstab (Festmeter, Zahl, Stück, Wert) ausdrücklich vorgeschrieben ist, verzeichnet.

Die Wertangaben beruhen auf Schätzungen, die von einer Kommission von Sachverständigen alljährlich aufgestellt werden. In einzelnen besonderen Fällen sind die Anmeldepflichtigen zu Wertangaben verpflichtet.

Während bis Ende 1896 von dem Veredelungsverkehr nur der Mühlenlagerverkehr mit Getreide und Ölfrüchten und der Verkehr mit Reis und Reisstärke zu den Reisstärkefabriken in den Spezialhandel einbezogen, im übrigen aber der Veredelungsverkehr getrennt vom Spezialhandel in besonderen Nachweisungen dargestellt und nur in dem Gesamteigenhandel mitenthalten war, ist vom Beginn des Jahres 1897 ab auch der übrige Teil des aktiven Veredelungsverkehrs (Veredelung im Zollgebiet), welcher für Rechnung eines Inländers erfolgt, in den Spezialhandel eingerechnet worden.

Ferner werden die unter den statistischen Nummern 440 a—e aufgeführten Schiffe — Warengruppe XV — erst seit Anfang 1897 in der Statistik über den auswärtigen Warenverkehr des Zollgebiets nachgewiesen.

Bei dem Vergleich des Spezialhandels der Jahre 1897 bis 1903 mit den Vorjahren darf dies nicht außer acht gelassen werden.

Im Hinblick auf diese veränderte Grundlage der statistischen Aufzeichnung des Spezialhandels seit 1897 sind nachstehend bei der Vergleichung der für die einzelnen Jahre nachgewiesenen Werte für den Zeitraum von 1894 bis 1896 die Werte des Jahres 1894 und für den Zeitraum von 1897 bis 1903 des Jahres 1897 als Ausgangspunkt genommen und = 100 gesetzt worden.

In den nachstehenden Übersichten wird der auswärtige Handel als Generalhandel, Gesamteigenhandel und Spezialhandel dargestellt.

Der Generalhandel umfaßt:

in der Einfuhr: 1. die Einfuhr in den freien Verkehr, mit Ausnahme der aus dem Zollausschlußgebiet Bremen, den Freibezirken, Niederlagen und Konten. 2. die Einfuhr im gesamten Veredelungsverkehr. 3. die Einfuhr in das Zollausschlußgebiet Bremen, die Freibezirke, auf Niederlagen und Konten. 4. die unmittelbare Durchfuhr.

in der Ausfuhr: 1. die Ausfuhr aus dem freien Verkehr, einschließlich der unter Steueraufsicht ausgeführten, einer Verbrauchs- oder Steuervergütung unterliegenden inländischen Waren (Bier, Branntwein, Salz, Schaumwein, Spielkarten, Tabak, Zucker). 2. die Ausfuhr im gesamten Veredelungsverkehr. 3. die Ausfuhr aus dem Zollausschlußgebiet Bremen, aus Freibezirken, von Niederlagen und Konten. 4. die unmittelbare Durchfuhr.

Der Gesamteigenhandel umfaßt die vorstehend bei Ein- und Ausfuhr unter 1 bis 3 begriffenen Verkehrsarten.

Der Spezialhandel umfaßt:

in der Einfuhr: 1. die Einfuhr in den freien Verkehr, unmittelbar oder mit Begleitscheinen oder aus dem Zollausschlußgebiet Bremen, den Freibezirken, Niederlagen und Konten; ferner vom Jahre 1897 ab 2. die Einfuhr zur Veredelung auf inländische Rechnung unter Zollaufsicht.

in der Ausfuhr: 1. die Ausfuhr aus dem freien Verkehr, einschließlich der unter Steueraufsicht ausgeführten, einer Verbrauchs- oder Steuervergütung unterliegenden inländischen Waren (Bier, Branntwein, Salz, Schaumwein, Spielkarten, Tabak, Zucker); ferner vom Jahre 1897 ab 2. die Ausfuhr nach der Veredelung auf inländische Rechnung unter Zollaufsicht.

## 1. Generalhandel.

| Jahr | Einfuhr | Ausfuhr | darunter Durchfuhr | Jahr | Einfuhr | Ausfuhr | darunter Durchfuhr |
|---|---|---|---|---|---|---|---|
| | 1000 Tonnen | | | | 1000 Tonnen | | |
| 1894 | 35 167,3 | 25 918,4 | 1 973,1 | 1899 | 48 273,1 | 33 097,1 | 2 370,0 |
| 95 | 35 682,0 | 26 953,0 | 1 980,0 | 1900 | 49 491,4 | 36 318,1 | 2 5[illegible]9,0 |
| 96 | 39 934,1 | 29 221,0 | 2 154,1 | 01 | 47 829,0 | 35 796,0 | 2 472,1 |
| 97 | 43 589,0 | 31 316,1 | 2 256,0 | 02 | 46 573,1 | 38 514,0 | 2 439,0 |
| 98 | 45 926,0 | 33 394,0 | 2 307,3 | 03 | 51 296,1 | 42 229,5 | 2 600,4 |

## 2. Gesamteigenhandel, nach 4 Hauptabteilungen und im ganzen.

| Jahr | Einfuhr: 1000 Tonnen | Einfuhr: Millionen Mark | Einfuhr: Verhältnis der Jahreswerte zueinander | Ausfuhr: 1000 Tonnen | Ausfuhr: Millionen Mark | Ausfuhr: Verhältnis der Jahreswerte zueinander |
|---|---|---|---|---|---|---|
| | | | **a. Rohstoffe für Industriezwecke.** | | | |
| 1894 | 25 016,8 | 1 706,0 | 100 | 19 373,7 | 713,4 | 100 |
| 95 | 25 448,9 | 1 830,1 | 108 | 20 147,9 | 773,0 | 108 |
| 96 | 28 001,7 | 1 940,3 | 114 | 21 900,6 | 836,4 | 117 |
| 1897 | 31 314,4 | 2 170,3 | 100 | 23 668,0 | 879,1 | 100 |
| 98 | 32 519,4 | 2 325,4 | 107 | 25 527,3 | 918,0 | 105 |
| 99 | 35 234,9 | 2 689,1 | 124 | 25 706,9 | 1 071,0 | 122 |
| 1900 | 36 889,7 | 2 895,4 | 133 | 27 807,0 | 1 184,4 | 135 |
| 01 | 34 500,7 | 2 510,8 | 116 | 27 357,0 | 1 132,1 | 129 |
| 02 | 33 088,4 | 2 600,4 | 120 | 29 632,6 | 1 211,0 | 138 |
| 03 | 36 606,4 | 2 906,0 | 134 | 32 280,9 | 1 276,8 | 145 |
| | | | **b. Fabrikate.** | | | |
| 1894 | 1 648,7 | 912,0 | 100 | 2 017,5 | 1 965,5 | 100 |
| 95 | 1 637,4 | 1 015,0 | 111 | 2 158,5 | 2 279,8 | 116 |
| 96 | 1 832,6 | 1 028,1 | 113 | 2 413,0 | 2 415,3 | 123 |
| 1897 | 1 865,6 | 1 030,5 | 100 | 2 323,6 | 2 373,5 | 100 |
| 98 | 2 014,9 | 1 080,6 | 105 | 2 519,1 | 2 467,7 | 104 |
| 99 | 2 199,8 | 1 252,0 | 121 | 2 678,1 | 2 808,4 | 118 |
| 1900 | 2 164,6 | 1 298,4 | 126 | 2 836,7 | 3 086,4 | 130 |
| 01 | 2 130,9 | 1 145,0 | 111 | 2 844,3 | 2 987,2 | 126 |
| 02 | 2 097,0 | 1 189,3 | 115 | 3 187,6 | 3 182,1 | 134 |
| 03 | 2 312,8 | 1 311,1 | 127 | 3 503,1 | 3 383,1 | 143 |
| | | | **c. Nahrungs- und Genußmittel, Vieh.**[1] | | | |
| 1894 | 6 537,4 | 1 585,7 | 100 | 2 553,4 | 580,3 | 100 |
| 95 | 6 615,0 | 1 567,7 | 99 | 2 668,4 | 609,3 | 105 |
| 96 | 7 944,8 | 1 669,5 | 105 | 2 755,8 | 661,0 | 114 |
| 1897 | 8 152,1 | 1 790,7 | 100 | 3 096,6 | 705,0 | 100 |
| 98 | 9 083,8 | 1 980,0 | 111 | 3 009,8 | 670,4 | 95 |
| 99 | 8 467,8 | 1 886,0 | 105 | 2 941,7 | 632,1 | 90 |
| 1900 | 7 927,5 | 1 934,9 | 108 | 3 164,1 | 689,3 | 98 |
| 01 | 8 723,6 | 2 071,1 | 116 | 3 122,3 | 623,7 | 89 |
| 02 | 8 969,9 | 2 128,1 | 119 | 3 254,8 | 601,4 | 86 |
| 03 | 9 455,9 | 2 139,1 | 119 | 3 584,3 | 681,9 | 97 |
| | | | **d. Edelmetalle, roh oder gemünzt.** | | | |
| 1894 | 0,9 | 340,0 | 100 | 0,4 | 90,0 | 100 |
| 95 | 0,6 | 132,9 | 39 | 0,8 | 106,1 | 118 |
| 96 | 1,0 | 261,1 | 77 | 0,6 | 239,0 | 266 |
| 1897 | 1,0 | 183,9 | 100 | 0,6 | 151,2 | 100 |
| 98 | 1,1 | 359,0 | 195 | 0,8 | 254,0 | 168 |
| 99 | 1,0 | 300,6 | 163 | 0,6 | 161,2 | 107 |
| 1900 | 1,3 | 277,4 | 151 | 0,4 | 141,2 | 93 |
| 01 | 1,3 | 289,1 | 157 | 0,6 | 81,6 | 54 |
| 02 | 1,8 | 174,6 | 95 | 0,6 | 135,0 | 89 |
| 03 | 1,3 | 318,5 | 173 | 0,4 | 115,4 | 76 |
| | | | **e. im ganzen (a—d).** | | | |
| 1894 | 33 193,9 | 4 345,0 | 100 | 23 945,0 | 3 349,0 | 100 |
| 95 | 33 702,1 | 4 365,9 | 100 | 24 973,1 | 3 768,1 | 112 |
| 96 | 37 780,8 | 4 899,0 | 108 | 27 069,6 | 4 152,1 | 124 |
| 1897 | 41 333,0 | 5 175,6 | 100 | 29 089,2 | 4 106,9 | 100 |
| 98 | 43 618,7 | 5 745,0 | 111 | 31 086,7 | 4 311,0 | 105 |
| 99 | 45 903,6 | 6 12[illegible] | 118 | 31 327,1 | 4 673,0 | 114 |
| 1900 | 48 982,1 | 6 476,1 | 124 | 33 [illegible] | 5 101,0 | 124 |
| 01 | 45 356,6 | 6 016,0 | 116 | 33 321,4 | 4 825,1 | 117 |
| 02 | 44 134,5 | 6 093,5 | 118 | 36 075,1 | 5 130,3 | 125 |
| 03 | 48 410,1 | 6 675,5 | 129 | 39 369,7 | 5 437,4 | 133 |

[1] Bei Vieh sind auch andere lebende Tiere eingerechnet.

## 3. Spezialhandel, nach 4 Hauptabteilungen und im ganzen.

| Jahr | Einfuhr 1 000 Tonnen | Einfuhr Millionen Mark | Einfuhr Verhältnis der Jahreswerte zueinander | Ausfuhr 1 000 Tonnen | Ausfuhr Millionen Mark | Ausfuhr Verhältnis der Jahreswerte zueinander |
|---|---|---|---|---|---|---|
| | | | **a. Rohstoffe für Industriezwecke.** | | | |
| 1894 | 21 449,2 | 1 665,9 | 100 | 18 993,2 | 663,0 | 100 |
| 95 | 25 689,5 | 1 805,4 | 108 | 19 785,2 | 722,4 | 108 |
| 96 | 27 492,4 | 1 886,8 | 113 | 21 404,3 | 773,3 | 116 |
| 1897 | 30 711,6 | 2 100,9 | 100 | 23 229,0 | 814,4 | 100 |
| 98 | 32 077,1 | 2 246,5 | 107 | 25 121,8 | 856,1 | 105 |
| 99 | 34 635,0 | 2 607,6 | 124 | 25 209,7 | 1 016,0 | 125 |
| 1900 | 36 255,1 | 2 803,4 | 133 | 27 261,1 | 1 111,6 | 136 |
| 01 | 34 088,1 | 2 458,8 | 117 | 26 958,4 | 1 086,1 | 133 |
| 02 | 32 891,5 | 2 559,5 | 122 | 29 246,9 | 1 162,4 | 143 |
| 03 | 36 199,0 | 2 844,3 | 135 | 31 921,3 | 1 223,6 | 150 |
| | | | **b. Fabrikate.** | | | |
| 1894 | 1 568,3 | 835,0 | 100 | 1 925,9 | 1 879,6 | 100 |
| 95 | 1 650,5 | 925,5 | 111 | 2 168,5 | 2 179,1 | 116 |
| 96 | 1 768,1 | 939,6 | 112 | 2 200,8 | 2 301,1 | 122 |
| 1897 | 1 925,4 | 965,9 | 100 | 2 285,3 | 2 302,5 | 100 |
| 98 | 2 060,2 | 1 015,0 | 105 | 2 450,7 | 2 396,0 | 104 |
| 99 | 2 164,0 | 1 147,8 | 119 | 2 605,3 | 2 722,1 | 118 |
| 1900 | 2 209,9 | 1 199,7 | 124 | 2 760,6 | 2 982,4 | 129 |
| 01 | 2 104,3 | 1 064,1 | 110 | 2 774,3 | 2 891,4 | 126 |
| 02 | 2 083,1 | 1 102,1 | 114 | 3 115,8 | 3 089,0 | 134 |
| 03 | 2 151,9 | 1 207,9 | 125 | 3 423,6 | 3 281,4 | 142 |
| | | | **c. Nahrungs- und Genußmittel, Vieh.**[1] | | | |
| 1894 | 6 004,0 | 1 437,0 | 100 | 1 963,8 | 414,6 | 100 |
| 95 | 5 866,2 | 1 389,8 | 97 | 2 035,6 | 416,6 | 100 |
| 96 | 7 158,8 | 1 488,0 | 103 | 2 021,1 | 450,7 | 109 |
| 1897 | 7 524,3 | 1 614,7 | 100 | 2 525,1 | 515,8 | 100 |
| 98 | 8 594,8 | 1 819,1 | 113 | 2 512,8 | 504,1 | 98 |
| 99 | 7 852,3 | 1 728,1 | 107 | 2 407,3 | 478,3 | 93 |
| 1900 | 7 446,3 | 1 762,5 | 109 | 2 620,6 | 517,6 | 100 |
| 01 | 8 160,4 | 1 898,0 | 118 | 2 629,4 | 451,2 | 88 |
| 02 | 8 379,0 | 1 968,8 | 122 | 2 667,0 | 426,6 | 83 |
| 03 | 8 682,4 | 1 954,3 | 121 | 2 896,0 | 510,1 | 99 |
| | | | **d. Edelmetalle, roh oder gemünzt.** | | | |
| 1894 | 0,8 | 347,3 | 100 | 0,4 | 90,3 | 100 |
| 95 | 0,8 | 125,4 | 36 | 0,3 | 106,0 | 118 |
| 96 | 1,0 | 250,4 | 72 | 0,4 | 228,7 | 254 |
| 1897 | 1,0 | 183,4 | 100 | 0,3 | 151,3 | 100 |
| 98 | 1,1 | 359,0 | 195 | 0,5 | 254,0 | 168 |
| 99 | 1,6 | 300,5 | 163 | 0,3 | 161,6 | 107 |
| 1900 | 1,2 | 277,6 | 151 | 0,4 | 141,2 | 93 |
| 01 | 1,3 | 289,4 | 157 | 0,4 | 81,8 | 54 |
| 02 | 1,2 | 174,2 | 95 | 0,4 | 135,0 | 89 |
| 03 | 1,3 | 318,4 | 173 | 0,4 | 115,5 | 76 |
| | | | **e. im ganzen (a—d).** | | | |
| 1894 | 32 022,8 | 4 285,8 | 100 | 22 883,1 | 3 051,3 | 100 |
| 95 | 32 537,0 | 4 246,0 | 99 | 23 829,7 | 3 424,0 | 112 |
| 96 | 36 410,8 | 4 558,0 | 106 | 25 719,0 | 3 753,8 | 123 |
| 1897 | 40 162,2 | 4 864,2 | 100 | 28 019,0 | 3 786,2 | 100 |
| 98 | 42 729,8 | 5 439,7 | 112 | 30 094,3 | 4 010,6 | 106 |
| 99 | 44 652,8 | 5 783,8 | 119 | 30 403,2 | 4 368,4 | 115 |
| 1900 | 45 911,9 | 6 043,5 | 124 | 32 681,7 | 4 752,6 | 126 |
| 01 | 44 304,8 | 5 710,3 | 117 | 32 362,6 | 4 512,6 | 119 |
| 02 | 43 335,7 | 5 805,8 | 119 | 35 029,4 | 4 811,3 | 127 |
| 03 | 47 023,8 | 6 321,9 | 130 | 38 290,8 | 5 130,1 | 135 |

[1] Bei Vieh sind auch andere lebende Tiere eingerechnet.

## 4. Die Hauptabteilungen des Spezialhandels nach dem Wert und im Verhältnis zum Gesamtwert.

| Jahr | I. Rohstoffe für Industriezwecke | | II. Fabrikate | | III. Nahrungs- und Genußmittel, Vieh[1] | | IV. Edelmetalle | |
|---|---|---|---|---|---|---|---|---|
| | Wert in 1000 ℳ | % des Gesamtwertes | Wert in 1000 ℳ | % des Gesamtwertes | Wert in 1000 ℳ | % des Gesamtwertes | Wert in 1000 ℳ | % des Gesamtwertes |
| | **Einfuhr** | | | | | | | |
| 1897 | 2 100 117 | 43,2 | 965 835 | 19,8 | 1 614 705 | 33,2 | 183 947 | 3,8 |
| 98 | 2 246 451 | 41,3 | 1 015 129 | 18,7 | 1 819 016 | 33,4 | 359 030 | 6,6 |
| 99 | 2 607 014 | 45,1 | 1 147 378 | 19,8 | 1 728 504 | 29,8 | 300 332 | 5,2 |
| 1900 | 2 803 097 | 46,4 | 1 199 645 | 19,8 | 1 762 872 | 29,2 | 277 375 | 4,6 |
| 01 | 2 458 769 | 43,1 | 1 064 231 | 18,8 | 1 898 235 | 33,2 | 289 103 | 5,1 |
| 02 | 2 559 636 | 44,1 | 1 101 743 | 19,0 | 1 968 621 | 33,9 | 174 776 | 3,0 |
| 03 | 2 842 466 | 45,0 | 1 207 953 | 19,1 | 1 952 269 | 30,9 | 318 458 | 5,0 |
| | **Ausfuhr** | | | | | | | |
| 1897 | 814 813 | 21,5 | 2 304 463 | 60,9 | 515 657 | 13,6 | 151 266 | 4,0 |
| 98 | 856 326 | 21,4 | 2 396 141 | 59,7 | 504 099 | 12,6 | 253 999 | 6,3 |
| 99 | 1 016 132 | 23,8 | 2 712 104 | 62,1 | 478 793 | 10,9 | 161 360 | 3,7 |
| 1900 | 1 111 420 | 23,4 | 2 982 380 | 62,3 | 517 581 | 10,9 | 141 880 | 3,0 |
| 01 | 1 086 815 | 24,1 | 2 893 474 | 64,1 | 452 159 | 10,0 | 81 198 | 1,8 |
| 02 | 1 162 156 | 24,1 | 3 088 976 | 64,2 | 426 653 | 8,8 | 135 048 | 2,8 |
| 03 | 1 223 365 | 23,5 | 3 281 800 | 64,0 | 510 069 | 9,9 | 115 637 | 2,6 |

## 5. Die Waren im Spezialhandel und Gesamteigenhandel nach Gruppen.

| Jahr | Spezialhandel Einfuhr 1000 Tonnen | Spezialhandel Einfuhr Millionen Mark | Spezialhandel Einfuhr Verhältnis der Jahreswerte zueinander | Spezialhandel Ausfuhr 1000 Tonnen | Spezialhandel Ausfuhr Millionen Mark | Spezialhandel Ausfuhr Verhältnis der Jahreswerte zueinander | Gesamteigenhandel Einfuhr 1000 Tonnen | Gesamteigenhandel Einfuhr Millionen Mark | Gesamteigenhandel Einfuhr Verhältnis der Jahreswerte zueinander | Gesamteigenhandel Ausfuhr 1000 Tonnen | Gesamteigenhandel Ausfuhr Millionen Mark | Gesamteigenhandel Ausfuhr Verhältnis der Jahreswerte zueinander |
|---|---|---|---|---|---|---|---|---|---|---|---|---|
| | **I. Vieh und andere lebende Tiere.** | | | | | | | | | | | |
| 1894 | 348,0 | 280,4 | 100 | 27,9 | 21,4 | 100 | 349,0 | 280,6 | 100 | 28,0 | 23,3 | 100 |
| 95 | 260,1 | 205,4 | 73 | 30,3 | 27,3 | 117 | 260,2 | 205,6 | 73 | 30,3 | 27,1 | 116 |
| 96 | 190,2 | 157,7 | 56 | 21,3 | 23,9 | 102 | 190,2 | 157,8 | 56 | 23,3 | 24,0 | 102 |
| 1897 | 185,0 | 180,6 | 100 | 20,8 | 21,1 | 100 | 185,0 | 180,6 | 100 | 20,8 | 21,1 | 100 |
| 98 | 180,9 | 182,1 | 101 | 17,1 | 20,9 | 90 | 180,8 | 182,1 | 101 | 17,1 | 20,9 | 90 |
| 99 | 189,0 | 186,4 | 103 | 13,9 | 19,7 | 85 | 189,0 | 186,4 | 103 | 13,9 | 19,7 | 85 |
| 1900 | 192,2 | 178,6 | 99 | 15,8 | 21,1 | 91 | 192,2 | 178,6 | 99 | 15,8 | 21,1 | 91 |
| 01 | 210,2 | 188,0 | 104 | 20,0 | 19,1 | 82 | 210,2 | 188,0 | 104 | 20,1 | 19,1 | 82 |
| 02 | 258,7 | 241,6 | 134 | 18,9 | 19,5 | 84 | 258,7 | 241,6 | 134 | 18,9 | 19,5 | 84 |
| 03 | 284,8 | 263,8 | 146 | 21,6 | 22,1 | 96 | 284,8 | 263,8 | 146 | 21,6 | 22,1 | 96 |
| | **II. Sämereien und Gewächse für Aussaat, Zucht und Gärtnerei usw.** | | | | | | | | | | | |
| 1894 | 228,4 | 63,6 | 100 | 45,8 | 31,1 | 100 | 229,3 | 63,7 | 100 | 45,9 | 31,3 | 100 |
| 95 | 134,9 | 48,1 | 76 | 58,2 | 31,5 | 101 | 134,9 | 48,1 | 76 | 58,5 | 31,6 | 101 |
| 96 | 152,0 | 53,6 | 84 | 68,7 | 32,5 | 104 | 152,1 | 53,3 | 84 | 69,0 | 32,7 | 104 |
| 1897 | 171,6 | 44,1 | 100 | 71,8 | 27,9 | 100 | 189,6 | 46,1 | 100 | 89,7 | 30,1 | 100 |
| 98 | 167,1 | 56,0 | 128 | 77,6 | 34,1 | 122 | 179,1 | 57,3 | 124 | 93,7 | 36,8 | 121 |
| 99 | 200,0 | 68,4 | 155 | 83,3 | 42,6 | 153 | 218,7 | 70,8 | 153 | 101,3 | 45,0 | 149 |
| 1900 | 217,8 | 66,8 | 151 | 87,8 | 43,2 | 155 | 224,5 | 67,8 | 147 | 102,7 | 45,6 | 150 |
| 01 | 257,7 | 63,1 | 143 | 83,5 | 45,1 | 162 | 271,1 | 65,1 | 141 | 100,0 | 48,1 | 159 |
| 02 | 273,4 | 71,4 | 162 | 76,5 | 34,9 | 125 | 291,4 | 74,4 | 161 | 92,3 | 37,3 | 124 |
| 03 | 212,9 | 78,8 | 178 | 79,0 | 37,1 | 133 | 230,3 | 81,0 | 175 | 98,6 | 39,9 | 132 |
| | **III. Abfälle, Düngungsmittel und verschiedene tierische Erzeugnisse.** | | | | | | | | | | | |
| 1894 | 1 537,7 | 183,0 | 100 | 348,9 | 27,6 | 100 | 1 540,4 | 184,3 | 100 | 349,4 | 27,6 | 100 |
| 95 | 1 369,0 | 109,7 | 89 | 328,4 | 25,0 | 91 | 1 368,8 | 109,8 | 88 | 328,8 | 25,1 | 90 |
| 96 | 1 510,3 | 117,6 | 85 | 387,4 | 26,0 | 95 | 1 510,8 | 117,5 | 95 | 387,9 | 26,0 | 95 |
| 1897 | 1 858,6 | 153,0 | 100 | 416,8 | 31,3 | 100 | 1 858,4 | 153,0 | 100 | 447,0 | 31,3 | 100 |
| 98 | 1 816,1 | 150,3 | 98 | 471,8 | 32,8 | 101 | 1 816,7 | 150,7 | 98 | 471,9 | 32,7 | 104 |
| 99 | 2 072,4 | 191,8 | 125 | 511,7 | 40,4 | 130 | 2 081,0 | 192,3 | 125 | 512,0 | 40,7 | 130 |
| 1900 | 2 158,1 | 211,1 | 138 | 497,7 | 41,3 | 133 | 2 159,7 | 211,7 | 138 | 497,8 | 41,8 | 133 |
| 01 | 2 312,2 | 216,5 | 141 | 513,3 | 42,7 | 136 | 2 317,1 | 217,3 | 142 | 515,5 | 42,9 | 137 |
| 02 | 2 280,0 | 214,1 | 140 | 511,4 | 42,6 | 136 | 2 292,6 | 214,1 | 140 | 513,0 | 42,8 | 137 |
| 03 | 2 548,1 | 211,5 | 138 | 609,9 | 38,7 | 124 | 2 548,3 | 211,4 | 138 | 610,6 | 38,7 | 124 |

[1]) Bei Vieh sind auch andere lebende Tiere eingerechnet.

| Jahr | Spezialhandel Einfuhr 1 000 Tonnen | Einfuhr Millionen Mark | Einfuhr Verhältnis der Tonnenmengen | Ausfuhr 1 000 Tonnen | Ausfuhr Millionen Mark | Ausfuhr Verhältnis der Tonnenmengen | Gesamteigenhandel Einfuhr 1 000 Tonnen | Einfuhr Millionen Mark | Einfuhr Verhältnis der Tonnenmengen | Ausfuhr 1 000 Tonnen | Ausfuhr Millionen Mark | Ausfuhr Verhältnis der Tonnenmengen |
|---|---|---|---|---|---|---|---|---|---|---|---|---|
| | | | | | | **IV. Brennstoffe.** | | | | | | |
| 1894 | 12 283,4 | 94,1 | 100 | 12 352,0 | 144,9 | 100 | 12 299,9 | 94,6 | 100 | 12 352,0 | 144,6 | 100 |
| 95 | 12 988,7 | 113,3 | 120 | 13 021,4 | 149,1 | 104 | 13 005,2 | 113,7 | 120 | 13 022,1 | 149,1 | 104 |
| 96 | 13 751,9 | 116,6 | 124 | 14 212,8 | 165,1 | 116 | 13 774,3 | 117,1 | 124 | 14 212,9 | 165,1 | 116 |
| 1897 | 14 881,7 | 130,6 | 100 | 14 979,4 | 178,6 | 100 | 14 908,6 | 130,7 | 100 | 14 979,0 | 178,6 | 100 |
| 98 | 14 874,7 | 137,6 | 105 | 16 608,7 | 209,4 | 118 | 14 898,4 | 137,3 | 105 | 16 620,3 | 209,4 | 118 |
| 99 | 15 581,3 | 160,7 | 123 | 16 637,0 | 235,9 | 133 | 15 622,7 | 161,3 | 123 | 16 650,8 | 236,1 | 133 |
| 1900 | 16 231,5 | 222,7 | 170 | 18 250,3 | 286,6 | 161 | 16 276,7 | 223,6 | 171 | 18 285,1 | 286,3 | 161 |
| 01 | 15 114,0 | 182,1 | 140 | 18 064,7 | 275,1 | 155 | 15 141,0 | 183,1 | 140 | 18 083,8 | 275,4 | 155 |
| 02 | 14 958,9 | 169,6 | 127 | 18 156,8 | 270,6 | 152 | 14 987,3 | 165,6 | 127 | 18 179,2 | 270,3 | 152 |
| 03 | 15 418,6 | 164,1 | 128 | 20 984,1 | 289,6 | 163 | 15 468,7 | 164,7 | 128 | 21 008,7 | 290,1 | 163 |
| | | | | | | **V. Nahrungs- und Genußmittel.** | | | | | | |
| | | | | | | **Rohstoffe.** | | | | | | |
| 1894 | 5 183,4 | 943,1 | 100 | 658,1 | 76,6 | 100 | 5 632,6 | 1 048,3 | 100 | 1 025,3 | 183,3 | 100 |
| 95 | 5 110,1 | 973,6 | 103 | 685,7 | 89,6 | 117 | 5 769,7 | 1 137,7 | 108 | 1 072,7 | 225,6 | 123 |
| 96 | 6 430,6 | 1 114,7 | 118 | 598,1 | 77,9 | 102 | 7 074,9 | 1 260,1 | 120 | 1 031,9 | 215,4 | 118 |
| 1897 | 6 815,3 | 1 209,4 | 100 | 769,9 | 115,4 | 100 | 7 387,6 | 1 363,7 | 100 | 1 282,3 | 271,6 | 100 |
| 98 | 7 883,0 | 1 379,6 | 114 | 806,8 | 167,6 | 110 | 8 315,0 | 1 519,6 | 111 | 1 409,3 | 275,6 | 101 |
| 99 | 7 119,0 | 1 271,9 | 105 | 891,4 | 109,6 | 94 | 7 681,7 | 1 409,1 | 108 | 1 386,7 | 243,5 | 90 |
| 1900 | 6 706,4 | 1 285,5 | 108 | 1 109,1 | 135,6 | 117 | 7 086,1 | 1 433,1 | 104 | 1 531,9 | 279,5 | 103 |
| 01 | 7 414,2 | 1 412,1 | 117 | 1 070,8 | 105,3 | 91 | 7 904,0 | 1 556,6 | 114 | 1 406,1 | 249,3 | 92 |
| 02 | 7 601,1 | 1 448,5 | 118 | 1 054,4 | 119,6 | 100 | 8 113,0 | 1 564,5 | 115 | 1 563,1 | 263,5 | 97 |
| 03 | 7 870,1 | 1 387,9 | 115 | 1 368,6 | 166,6 | 144 | 8 510,4 | 1 519,1 | 113 | 1 894,9 | 299,9 | 110 |
| | | | | | | **Fabrikate.** | | | | | | |
| 1894 | 471,1 | 214,5 | 100 | 1 276,9 | 314,6 | 100 | 555,8 | 256,5 | 100 | 1 500,3 | 374,6 | 100 |
| 95 | 490,0 | 211,3 | 99 | 1 319,9 | 299,3 | 95 | 565,1 | 234,6 | 91 | 1 563,4 | 357,6 | 98 |
| 96 | 537,7 | 209,6 | 98 | 1 402,8 | 348,9 | 111 | 679,8 | 251,4 | 98 | 1 700,7 | 421,6 | 113 |
| 1897 | 514,0 | 224,7 | 100 | 1 734,8 | 376,8 | 100 | 569,4 | 246,6 | 100 | 1 813,7 | 408,6 | 100 |
| 98 | 527,0 | 257,8 | 115 | 1 558,8 | 356,1 | 95 | 587,4 | 278,7 | 113 | 1 012,9 | 374,7 | 92 |
| 99 | 514,3 | 268,6 | 119 | 1 492,8 | 350,6 | 93 | 597,1 | 289,6 | 118 | 1 541,1 | 368,7 | 90 |
| 1900 | 547,7 | 298,5 | 133 | 1 534,4 | 361,4 | 96 | 648,9 | 334,6 | 136 | 1 617,1 | 388,6 | 95 |
| 01 | 536,0 | 298,6 | 133 | 1 538,8 | 327,8 | 87 | 609,6 | 317,3 | 133 | 1 605,8 | 354,9 | 87 |
| 02 | 519,7 | 298,4 | 133 | 1 583,7 | 291,9 | 77 | 598,8 | 302,6 | 131 | 1 672,1 | 318,5 | 78 |
| 03 | 527,5 | 300,4 | 134 | 1 546,1 | 332,1 | 83 | 660,7 | 336,4 | 136 | 1 668,5 | 359,1 | 88 |
| | | | | | | **VI. Rohstoffe und Fabrikate der Fette, fetten Öle und Mineralöle.** | | | | | | |
| | | | | | | **Rohstoffe.** | | | | | | |
| 1894 | 618,3 | 136,6 | 100 | 48,7 | 10,9 | 100 | 639,3 | 141,1 | 100 | 64,8 | 13,1 | 100 |
| 95 | 623,4 | 135,9 | 89 | 51,1 | 10,6 | 99 | 649,7 | 132,6 | 94 | 67,8 | 13,6 | 103 |
| 96 | 659,8 | 138,9 | 97 | 46,7 | 10,6 | 95 | 666,7 | 135,6 | 96 | 59,9 | 14,8 | 97 |
| 1897 | 654,2 | 137,5 | 100 | 50,0 | 12,4 | 100 | 671,1 | 139,7 | 100 | 58,6 | 15,1 | 100 |
| 98 | 699,6 | 153,6 | 111 | 31,2 | 11,7 | 91 | 730,8 | 159,6 | 114 | 39,6 | 14,5 | 92 |
| 99 | 705,5 | 165,7 | 120 | 40,9 | 14,7 | 115 | 737,1 | 171,1 | 122 | 53,0 | 18,8 | 119 |
| 1900 | 763,4 | 203,6 | 148 | 38,0 | 16,9 | 132 | 774,3 | 206,5 | 148 | 48,8 | 20,7 | 131 |
| 01 | 760,0 | 197,8 | 144 | 38,5 | 15,7 | 123 | 772,7 | 199,8 | 143 | 44,9 | 18,7 | 118 |
| 02 | 825,4 | 219,5 | 160 | 37,2 | 15,4 | 118 | 867,3 | 225,0 | 162 | 45,6 | 19,0 | 120 |
| 03 | 914,2 | 208,1 | 151 | 41,0 | 15,1 | 119 | 930,1 | 213,5 | 153 | 50,1 | 19,1 | 122 |
| | | | | | | **Fabrikate.** | | | | | | |
| 1894 | 977,0 | 111,1 | 100 | 46,9 | 20,1 | 100 | 1 024,1 | 115,8 | 100 | 89,4 | 25,6 | 100 |
| 95 | 1 003,7 | 117,0 | 105 | 43,0 | 18,1 | 87 | 979,0 | 115,8 | 100 | 87,2 | 22,6 | 92 |
| 96 | 1 038,3 | 113,6 | 102 | 46,4 | 21,3 | 102 | 1 071,8 | 117,1 | 101 | 93,0 | 26,9 | 108 |
| 1897 | 1 116,1 | 99,6 | 100 | 42,7 | 18,0 | 100 | 1 035,6 | 96,1 | 100 | 83,0 | 21,9 | 100 |
| 98 | 1 149,3 | 117,9 | 119 | 43,1 | 19,5 | 108 | 1 181,0 | 114,7 | 119 | 86,3 | 24,6 | 110 |
| 99 | 1 175,6 | 120,1 | 142 | 42,0 | 20,6 | 111 | 1 169,3 | 141,9 | 148 | 89,1 | 25,6 | 117 |
| 1900 | 1 215,3 | 136,4 | 158 | 39,3 | 19,7 | 109 | 1 129,8 | 151,6 | 157 | 86,0 | 25,8 | 118 |
| 01 | 1 219,0 | 146,1 | 148 | 53,3 | 26,6 | 144 | 1 219,2 | 147,6 | 153 | 102,1 | 31,6 | 143 |
| 02 | 1 260,6 | 153,3 | 155 | 62,6 | 31,9 | 177 | 1 270,9 | 154,5 | 161 | 114,4 | 37,6 | 162 |
| 03 | 1 314,8 | [illegible] | 162 | 68,3 | 31,6 | 174 | 1 468,5 | 173,6 | 180 | 125,9 | 37,6 | 173 |

| Jahr | Spezialhandel Einfuhr 1000 Tonnen | Millionen Mark | Verhältnis der Jahresmengen | Spezialhandel Ausfuhr 1000 Tonnen | Millionen Mark | Verhältnis der Jahresmengen | Gesamteigenhandel Einfuhr 1000 Tonnen | Millionen Mark | Verhältnis der Jahresmengen | Gesamteigenhandel Ausfuhr 1000 Tonnen | Millionen Mark | Verhältnis der Jahresmengen |
|---|---|---|---|---|---|---|---|---|---|---|---|---|
| **VII. Rohstoffe und Fabrikate der chemischen Industrie und Pharmazie.** | | | | | | | | | | | | |
| **Rohstoffe.** | | | | | | | | | | | | |
| 1894 | 1 224,3 | 164,6 | 100 | 382,6 | 35,4 | 100 | 1 222,8 | 165,6 | 100 | 383,6 | 36,4 | 100 |
| 95 | 1 326,2 | 168,9 | 103 | 387,3 | 37,1 | 104 | 1 324,0 | 169,4 | 102 | 389,3 | 38,0 | 104 |
| 96 | 1 399,6 | 169,0 | 103 | 460,6 | 36,3 | 101 | 1 401,1 | 169,7 | 102 | 483,0 | 37,0 | 101 |
| 1897 | 1 517,0 | 173,0 | 100 | 530,0 | 37,1 | 100 | 1 519,2 | 175,6 | 100 | 530,7 | 37,5 | 100 |
| 98 | 1 584,5 | 176,1 | 101 | 587,9 | 38,4 | 104 | 1 584,3 | 176,7 | 101 | 588,8 | 38,9 | 104 |
| 99 | 1 811,8 | 207,5 | 118 | 804,0 | 44,0 | 120 | 1 819,5 | 208,4 | 119 | 605,8 | 44,8 | 119 |
| 1900 | 1 828,1 | 218,0 | 125 | 726,0 | 45,1 | 122 | 1 840,8 | 219,0 | 125 | 728,8 | 45,7 | 122 |
| 01 | 1 940,3 | 225,9 | 128 | 863,8 | 45,0 | 122 | 1 940,5 | 221,4 | 128 | 684,1 | 45,7 | 122 |
| 02 | 1 808,2 | 211,7 | 121 | 765,4 | 44,0 | 120 | 1 900,7 | 211,2 | 120 | 766,8 | 44,6 | 119 |
| 03 | 1 982,9 | 233,1 | 133 | 814,7 | 51,0 | 139 | 1 982,4 | 234,0 | 133 | 816,3 | 51,4 | 138 |
| **Fabrikate.** | | | | | | | | | | | | |
| 1894 | 221,6 | 106,9 | 100 | 524,3 | 168,0 | 100 | 224,6 | 108,0 | 100 | 528,1 | 170,9 | 100 |
| 95 | 230,8 | 110,9 | 104 | 540,1 | 301,7 | 112 | 243,7 | 113,6 | 104 | 543,7 | 303,6 | 112 |
| 96 | 276,0 | 115,0 | 108 | 590,7 | 384,4 | 121 | 277,1 | 116,9 | 107 | 592,7 | 385,9 | 120 |
| 1897 | 286,6 | 109,7 | 100 | 594,7 | 381,1 | 100 | 288,4 | 110,9 | 100 | 596,8 | 388,4 | 100 |
| 98 | 293,1 | 104,6 | 95 | 647,7 | 339,9 | 108 | 284,7 | 106,0 | 96 | 649,2 | 340,6 | 108 |
| 99 | 311,4 | 105,8 | 99 | 700,8 | 365,4 | 113 | 315,7 | 118,0 | 101 | 702,7 | 367,0 | 114 |
| 1900 | 322,7 | 113,0 | 103 | 749,6 | 358,4 | 110 | 326,0 | 114,7 | 103 | 751,7 | 354,1 | 110 |
| 01 | 349,0 | 110,7 | 101 | 788,3 | 363,0 | 113 | 350,3 | 112,0 | 101 | 791,3 | 364,4 | 113 |
| 02 | 317,9 | 111,6 | 101 | 809,0 | 386,0 | 120 | 319,4 | 113,1 | 101 | 811,7 | 388,1 | 120 |
| 03 | 302,6 | 117,1 | 107 | 872,0 | 396,9 | 123 | 304,5 | 119,4 | 108 | 873,2 | 398,2 | 124 |
| **VIII. Rohstoffe und Fabrikate der Asbest-, Stein-, Ton- und Glasindustrie.** | | | | | | | | | | | | |
| **Rohstoffe.** | | | | | | | | | | | | |
| 1894 | 1 640,8 | 44,3 | 100 | 1 481,7 | 32,9 | 100 | 1 647,0 | 45,0 | 100 | 1 486,1 | 32,4 | 100 |
| 95 | 1 533,1 | 38,4 | 86 | 1 529,0 | 33,8 | 104 | 1 533,0 | 38,7 | 86 | 1 534,1 | 34,1 | 104 |
| 96 | 1 639,0 | 43,0 | 98 | 1 690,3 | 42,3 | 130 | 1 636,0 | 43,0 | 95 | 1 695,0 | 42,6 | 130 |
| 1897 | 1 741,0 | 47,6 | 100 | 2 050,3 | 41,0 | 100 | 1 750,8 | 48,5 | 100 | 2 054,6 | 41,6 | 100 |
| 98 | 1 877,7 | 49,8 | 105 | 2 365,0 | 46,9 | 114 | 1 881,9 | 50,3 | 104 | 2 369,3 | 47,5 | 114 |
| 99 | 2 044,6 | 54,1 | 114 | 2 410,6 | 51,0 | 127 | 2 058,7 | 54,2 | 113 | 2 414,8 | 52,0 | 127 |
| 1900 | 2 304,6 | 66,0 | 139 | 2 485,9 | 67,8 | 165 | 2 310,9 | 66,1 | 138 | 2 490,1 | 68,1 | 165 |
| 01 | 2 004,3 | 54,1 | 114 | 2 376,1 | 55,7 | 136 | 2 005,4 | 54,5 | 112 | 2 379,2 | 56,1 | 138 |
| 02 | 1 966,8 | 47,4 | 100 | 2 390,0 | 54,6 | 133 | 1 970,5 | 47,5 | 98 | 2 398,1 | 54,6 | 133 |
| 03 | 2 020,0 | 49,4 | 104 | 2 525,6 | 51,7 | 126 | 2 019,5 | 49,0 | 102 | 2 528,8 | 51,9 | 125 |
| **Fabrikate.** | | | | | | | | | | | | |
| 1894 | 177,8 | 17,3 | 100 | 444,1 | 83,3 | 100 | 178,6 | 17,2 | 100 | 446,0 | 83,7 | 100 |
| 95 | 181,0 | 18,1 | 105 | 470,3 | 92,7 | 111 | 182,3 | 18,0 | 103 | 471,8 | 93,6 | 111 |
| 96 | 215,3 | 20,6 | 120 | 577,0 | 112,7 | 135 | 217,4 | 21,1 | 120 | 578,7 | 113,5 | 136 |
| 1897 | 230,9 | 21,1 | 100 | 543,9 | 110,1 | 100 | 232,5 | 21,2 | 100 | 545,4 | 110,7 | 100 |
| 98 | 285,3 | 22,0 | 104 | 626,0 | 108,0 | 98 | 288,4 | 23,0 | 107 | 628,4 | 108,7 | 98 |
| 99 | 275,3 | 23,4 | 112 | 628,4 | 117,6 | 107 | 280,1 | 26,0 | 119 | 633,6 | 118,6 | 107 |
| 1900 | 278,8 | 24,7 | 117 | 607,7 | 133,0 | 122 | 286,8 | 27,0 | 127 | 613,8 | 133,6 | 123 |
| 01 | 220,8 | 21,0 | 100 | 531,3 | 135,0 | 123 | 224,1 | 24,1 | 112 | 535,4 | 136,1 | 123 |
| 02 | 202,1 | 19,0 | 90 | 580,0 | 135,5 | 123 | 207,0 | 22,1 | 102 | 584,7 | 137,0 | 124 |
| 03 | 219,6 | 19,4 | 93 | 647,8 | 147,6 | 134 | 226,3 | 22,7 | 104 | 652,1 | 151,0 | 136 |
| **IX. Rohstoffe und Fabrikate der Metallindustrie, mit Ausnahme von Maschinen, Instrumenten und Apparaten.[1]** | | | | | | | | | | | | |
| **Erze.** | | | | | | | | | | | | |
| 1894 | 2 809,1 | 60,1 | 100 | 2 618,6 | 10,6 | 100 | 2 809,5 | 60,0 | 100 | 2 618,5 | 10,1 | 100 |
| 95 | 2 662,8 | 61,6 | 102 | 2 535,3 | 10,0 | 98 | 2 662,6 | 61,5 | 103 | 2 535,7 | 10,0 | 98 |
| 96 | 3 387,5 | 74,9 | 121 | 2 729,8 | 11,5 | 113 | 3 387,6 | 78,0 | 122 | 2 729,4 | 11,6 | 113 |
| 1897 | 3 991,9 | 94,0 | 100 | 3 315,4 | 13,1 | 100 | 3 991,9 | 95,1 | 100 | 3 315,4 | 13,0 | 100 |
| 98 | 4 331,2 | 94,6 | 101 | 3 018,6 | 12,7 | 96 | 4 332,1 | 95,3 | 101 | 3 018,5 | 14,7 | 98 |
| 99 | 5 207,6 | 121,7 | 132 | 3 206,6 | 19,7 | 148 | 5 260,8 | 122,9 | 132 | 3 225,0 | 20,0 | 152 |
| 1900 | 5 242,0 | 139,0 | 151 | 3 343,1 | 18,4 | 139 | 5 242,9 | 139,0 | 151 | 3 457,1 | 20,4 | 158 |
| 01 | 5 311,4 | 129,1 | 140 | 2 486,2 | 13,0 | 101 | 5 311,0 | 129,1 | 140 | 2 494,0 | 13,6 | 105 |
| 02 | 4 961,0 | 106,0 | 115 | 2 957,4 | 14,9 | 113 | 4 964,5 | 106,1 | 115 | 2 957,4 | 14,0 | 113 |
| 03 | 6 300,3 | 134,0 | 145 | 3 416,6 | 17,0 | 130 | 6 390,9 | 134,0 | 145 | 3 416,5 | 17,1 | 130 |

[1] Edelmetalle sind auf Seite 104 am Schlusse besonders aufgeführt.

| Spezialhandel | | | | | | Gesamteigenhandel | | | | |
|---|---|---|---|---|---|---|---|---|---|---|
| Einfuhr | | | Ausfuhr | | | Einfuhr | | | Ausfuhr | |
| 1000 Tonnen | Millionen Mark | Verhältniszahl der Jahreswerte zueinander | 1000 Tonnen | Millionen Mark | Verhältniszahl der Jahreswerte zueinander | 1000 Tonnen | Millionen Mark | Verhältniszahl der Jahreswerte zueinander | 1000 Tonnen | Millionen Mark |
| **Rohe unedle Metalle, auch gemünzt.¹)** | | | | | | | | | | |
| 323,5 | 77,1 | 100 | 372,9 | 50,0 | 100 | 356,4 | 78,5 | 100 | 362,2 | 50,7 |
| 322,3 | 84,8 | 110 | 380,2 | 51,1 | 102 | 372,4 | 86,7 | 110 | 389,4 | 51,8 |
| 485,5 | 113,0 | 147 | 340,9 | 54,2 | 108 | 362,2 | 116,8 | 148 | 350,1 | 54,3 |
| 640,4 | 133,4 | 100 | 259,8 | 49,8 | 100 | 672,1 | 140,3 | 100 | 269,6 | 50,3 |
| 605,7 | 160,0 | 115 | 402,3 | 65,0 | 131 | 611,5 | 160,3 | 114 | 418,9 | 65,9 |
| 882,5 | 228,5 | 165 | 350,0 | 77,3 | 156 | 918,7 | 231,6 | 165 | 367,3 | 79,0 |
| 1 067,0 | 285,2 | 206 | 313,7 | 75,3 | 151 | 1 106,3 | 289,0 | 206 | 330,7 | 77,3 |
| 488,9 | 176,7 | 127 | 509,8 | 83,4 | 167 | 498,4 | 177,1 | 126 | 613,9 | 84,1 |
| 382,6 | 165,0 | 119 | 1 265,9 | 135,3 | 272 | 376,0 | 164,9 | 118 | 1 276,2 | 136,1 |
| 456,1 | 196,1 | 141 | 1 284,1 | 143,4 | 289 | 461,0 | 196,3 | 140 | 1 290,6 | 144,0 |
| **Einfach bearbeitete Gegenstände.²)** | | | | | | | | | | |
| 32,7 | 6,4 | 100 | 766,0 | 100,4 | 100 | 36,1 | 7,3 | 100 | 775,6 | 101,9 |
| 32,9 | 6,4 | 100 | 819,1 | 110,3 | 109 | 36,0 | 6,9 | 95 | 835,7 | 112,1 |
| 48,6 | 10,3 | 161 | 821,9 | 126,7 | 126 | 32,3 | 11,1 | 153 | 846,8 | 129,4 |
| 55,0 | 12,8 | 100 | 796,1 | 127,6 | 100 | 57,3 | 12,9 | 100 | 707,8 | 127,8 |
| 50,8 | 12,0 | 94 | 858,4 | 140,6 | 110 | 52,4 | 13,5 | 94 | 850,7 | 140,8 |
| 80,0 | 22,8 | 175 | 775,9 | 160,4 | 126 | 88,7 | 22,5 | 186 | 779,7 | 161,8 |
| 76,3 | 23,4 | 181 | 788,9 | 174,4 | 137 | 84,3 | 24,0 | 107 | 793,4 | 175,0 |
| 47,1 | 12,3 | 103 | 1 220,6 | 188,1 | 148 | 47,6 | 12,9 | 100 | 1 235,3 | 188,0 |
| 53,8 | 13,8 | 112 | 1 311,6 | 182,4 | 143 | 53,0 | 13,9 | 110 | 1 313,0 | 183,4 |
| 55,0 | 13,8 | 112 | 1 381,2 | 200,4 | 157 | 55,8 | 13,0 | 110 | 1 381,8 | 200,1 |
| **Fabrikate.** | | | | | | | | | | |
| 27,3 | 17,0 | 100 | 441,6 | 175,4 | 100 | 29,4 | 19,5 | 100 | 452,8 | 179,4 |
| 27,3 | 18,0 | 103 | 473,5 | 204,0 | 118 | 29,8 | 20,0 | 103 | 493,0 | 209,1 |
| 36,9 | 24,1 | 137 | 508,9 | 237,7 | 135 | 40,2 | 27,5 | 139 | 539,3 | 243,4 |
| 47,5 | 28,1 | 100 | 483,5 | 244,0 | 100 | 50,4 | 30,6 | 100 | 485,3 | 245,6 |
| 64,9 | 32,0 | 112 | 517,8 | 267,4 | 109 | 67,7 | 33,6 | 110 | 510,0 | 268,1 |
| 83,0 | 41,7 | 146 | 530,4 | 326,0 | 134 | 88,2 | 45,4 | 148 | 542,3 | 328,0 |
| 77,0 | 45,0 | 158 | 606,3 | 371,6 | 153 | 81,6 | 49,0 | 161 | 610,4 | 377,3 |
| 50,5 | 33,2 | 116 | 672,9 | 373,4 | 153 | 68,7 | 36,0 | 120 | 674,3 | 375,8 |
| 40,4 | 27,2 | 95 | 912,0 | 414,6 | 170 | 42,4 | 29,1 | 95 | 918,9 | 416,0 |
| 42,0 | 30,0 | 105 | 1 013,3 | 446,9 | 183 | 44,2 | 31,0 | 105 | 1 017,6 | 449,4 |
| **X. Rohstoffe und Fabrikate der Holz-, Schnitz- und Flechtindustrie.** | | | | | | | | | | |
| **Rohstoffe.** | | | | | | | | | | |
| 1 838,9 | 94,1 | 100 | 183,3 | 25,6 | 100 | 1 850,8 | 101,8 | 100 | 211,0 | 26,4 |
| 1 754,0 | 107,5 | 114 | 216,4 | 29,2 | 116 | 1 724,2 | 106,6 | 103 | 240,8 | 31,0 |
| 1 917,8 | 125,0 | 133 | 227,1 | 32,7 | 124 | 1 904,3 | 125,1 | 123 | 254,1 | 33,0 |
| 2 230,3 | 188,5 | 100 | 206,4 | 53,9 | 100 | 2 347,3 | 193,7 | 100 | 224,1 | 55,0 |
| 2 645,0 | 163,7 | 87 | 211,6 | 36,7 | 68 | 2 588,7 | 161,4 | 83 | 223,9 | 37,6 |
| 2 529,9 | 152,7 | 81 | 187,2 | 43,9 | 80 | 2 491,4 | 151,0 | 78 | 195,3 | 43,6 |
| 2 685,3 | 129,6 | 69 | 202,4 | 48,4 | 90 | 2 848,6 | 134,0 | 69 | 218,0 | 49,6 |
| 2 507,8 | 108,0 | 57 | 174,4 | 45,1 | 84 | 2 555,1 | 109,2 | 56 | 190,9 | 46,0 |
| 2 002,7 | 111,0 | 59 | 196,8 | 51,3 | 95 | 1 849,6 | 107,0 | 55 | 212,7 | 58,1 |
| 2 538,6 | 127,5 | 68 | 203,6 | 52,9 | 97 | 2 616,6 | 130,2 | 67 | 216,9 | 53,4 |
| **Einfach bearbeitete Gegenstände.³)** | | | | | | | | | | |
| 1 179,0 | 81,6 | 100 | 97,8 | 9,4 | 100 | 1 433,4 | 103,6 | 100 | 403,0 | 41,7 |
| 1 240,1 | 91,9 | 112 | 77,4 | 8,9 | 95 | 1 571,3 | 120,3 | 116 | 409,3 | 43,0 |
| 1 521,0 | 118,5 | 145 | 87,9 | 10,6 | 113 | 1 930,0 | 157,8 | 153 | 490,0 | 54,5 |
| 1 805,9 | 159,7 | 100 | 165,8 | 17,8 | 100 | 2 283,1 | 196,4 | 100 | 528,4 | 61,5 |
| 2 184,3 | 195,1 | 122 | 148,4 | 16,0 | 91 | 2 555,2 | 233,8 | 119 | 463,1 | 55,0 |
| 2 345,8 | 194,0 | 121 | 143,3 | 17,6 | 99 | 2 715,7 | 223,0 | 114 | 429,8 | 43,1 |
| 2 417,0 | 166,3 | 104 | 136,9 | 18,3 | 105 | 2 705,8 | 186,4 | 95 | 469,5 | 39,0 |
| 2 016,3 | 148,1 | 90 | 138,3 | 17,3 | 99 | 2 333,8 | 144,0 | 73 | 448,9 | 36,0 |
| 1 964,5 | 134,1 | 84 | 187,5 | 20,0 | 114 | 2 194,4 | 146,3 | 75 | 448,6 | 39,1 |
| 2 334,6 | 154,1 | 96 | 191,6 | 21,4 | 123 | 2 589,8 | 169,1 | 86 | 453,0 | 39,7 |

| Jahr | Spezialhandel Einfuhr 1000 Tonnen | Spezialhandel Einfuhr Millionen Mark | Spezialhandel Einfuhr Verhältniszahl | Spezialhandel Ausfuhr 1000 Tonnen | Spezialhandel Ausfuhr Millionen Mark | Spezialhandel Ausfuhr Verhältniszahl | Gesamteigenhandel Einfuhr 1000 Tonnen | Gesamteigenhandel Einfuhr Millionen Mark | Gesamteigenhandel Einfuhr Verhältniszahl | Gesamteigenhandel Ausfuhr 1000 Tonnen | Gesamteigenhandel Ausfuhr Millionen Mark | Gesamteigenhandel Ausfuhr Verhältniszahl |
|---|---|---|---|---|---|---|---|---|---|---|---|---|
| | | | | | **Fabrikate.** | | | | | | | |
| 1894 | 26,5 | 26,0 | 100 | 51,0 | 66,4 | 100 | 35,8 | 30,3 | 100 | 66,1 | 74,0 | 100 |
| 95 | 27,9 | 27,0 | 103 | 58,4 | 75,0 | 114 | 32,8 | 31,3 | 103 | 72,4 | 84,6 | 114 |
| 96 | 32,3 | 30,0 | 115 | 58,4 | 88,6 | 124 | 37,8 | 35,5 | 117 | 80,0 | 94,6 | 127 |
| 1897 | 37,4 | 34,3 | 100 | 67,8 | 75,7 | 100 | 39,8 | 37,0 | 100 | 70,1 | 79,6 | 100 |
| 98 | 41,8 | 37,6 | 110 | 71,8 | 80,0 | 106 | 44,6 | 41,0 | 108 | 73,5 | 83,0 | 105 |
| 99 | 42,6 | 37,9 | 110 | 75,9 | 88,1 | 117 | 46,9 | 45,1 | 120 | 78,0 | 92,0 | 116 |
| 1900 | 47,0 | 40,9 | 119 | 82,6 | 102,0 | 138 | 50,0 | 46,0 | 121 | 85,0 | 108,7 | 137 |
| 01 | 37,1 | 34,6 | 101 | 80,4 | 94,2 | 125 | 40,5 | 38,0 | 101 | 83,1 | 99,0 | 125 |
| 02 | 39,0 | 34,3 | 100 | 79,5 | 83,0 | 110 | 42,8 | 37,6 | 99 | 82,8 | 88,0 | 111 |
| 03 | 41,0 | 34,1 | 100 | 79,3 | 78,7 | 104 | 43,9 | 38,5 | 101 | 82,6 | 85,0 | 107 |
| | | | | | **XI. Rohstoffe und Fabrikate der Papierindustrie.** | | | | | | | |
| | | | | | **Rohstoffe und Halbzeug (Halbstoff).** | | | | | | | |
| 1894 | 108,3 | 10,9 | 100 | 119,3 | 19,0 | 100 | 109,2 | 11,1 | 100 | 119,4 | 19,3 | 100 |
| 95 | 104,8 | 12,5 | 115 | 130,6 | 21,5 | 112 | 105,8 | 12,7 | 114 | 131,3 | 21,6 | 112 |
| 96 | 131,4 | 14,3 | 131 | 127,6 | 20,5 | 107 | 131,8 | 14,4 | 130 | 128,3 | 20,6 | 107 |
| 1897 | 158,7 | 16,1 | 100 | 160,8 | 26,1 | 100 | 158,1 | 16,0 | 100 | 160,7 | 26,1 | 100 |
| 98 | 200,3 | 18,0 | 113 | 148,8 | 22,6 | 87 | 199,8 | 18,1 | 113 | 148,7 | 22,6 | 86 |
| 99 | 204,0 | 17,8 | 111 | 138,8 | 22,9 | 88 | 205,0 | 17,8 | 112 | 138,9 | 23,0 | 88 |
| 1900 | 238,8 | 20,7 | 129 | 162,8 | 31,3 | 120 | 239,5 | 20,8 | 130 | 163,9 | 31,6 | 120 |
| 01 | 321,8 | 24,0 | 152 | 153,8 | 24,8 | 95 | 321,8 | 24,1 | 153 | 154,1 | 24,9 | 95 |
| 02 | 201,2 | 18,0 | 114 | 185,6 | 31,1 | 119 | 262,8 | 18,9 | 118 | 187,5 | 31,0 | 120 |
| 03 | 331,4 | 24,1 | 150 | 180,8 | 28,9 | 111 | 330,4 | 24,1 | 152 | 182,9 | 29,3 | 112 |
| | | | | | **Fabrikate.** | | | | | | | |
| 1894 | 8,8 | 6,1 | 100 | 110,7 | 70,5 | 100 | 8,6 | 6,3 | 100 | 106,4 | 70,6 | 100 |
| 95 | 8,0 | 6,5 | 107 | 122,9 | 80,7 | 114 | 8,4 | 6,7 | 108 | 123,3 | 80,8 | 114 |
| 96 | 9,8 | 7,4 | 121 | 133,9 | 86,0 | 122 | 10,8 | 7,7 | 124 | 134,1 | 86,6 | 123 |
| 1897 | 10,4 | 7,6 | 100 | 127,3 | 79,5 | 100 | 10,8 | 7,6 | 100 | 123,4 | 79,7 | 100 |
| 98 | 12,1 | 8,0 | 111 | 121,6 | 80,8 | 102 | 12,4 | 8,6 | 113 | 121,8 | 81,0 | 102 |
| 99 | 14,3 | 9,5 | 125 | 120,1 | 81,6 | 103 | 14,5 | 9,8 | 129 | 120,5 | 81,7 | 103 |
| 1900 | 16,4 | 10,6 | 139 | 140,0 | 100,0 | 126 | 16,7 | 10,8 | 142 | 140,3 | 100,3 | 126 |
| 01 | 19,1 | 11,1 | 146 | 121,8 | 87,7 | 110 | 19,6 | 11,3 | 149 | 122,0 | 87,8 | 110 |
| 02 | 17,2 | 10,1 | 134 | 147,1 | 89,8 | 113 | 17,5 | 10,3 | 138 | 147,5 | 90,0 | 113 |
| 03 | 18,9 | 11,6 | 153 | 165,7 | 103,6 | 130 | 19,8 | 11,7 | 154 | 165,8 | 103,9 | 130 |
| | | | | | **XII. Rohstoffe und Fabrikate der Leder-, Wachstuch- und Rauchwarenindustrie.** | | | | | | | |
| | | | | | **Rohstoffe.** | | | | | | | |
| 1894 | 107,8 | 97,3 | 100 | 42,7 | 40,0 | 100 | 108,4 | 97,6 | 100 | 43,3 | 40,4 | 100 |
| 95 | 117,7 | 144,0 | 148 | 41,8 | 51,6 | 129 | 117,8 | 144,1 | 148 | 42,0 | 51,8 | 128 |
| 96 | 105,1 | 114,5 | 118 | 37,3 | 41,3 | 108 | 105,3 | 114,8 | 118 | 37,4 | 43,1 | 108 |
| 1897 | 126,2 | 136,6 | 100 | 43,0 | 50,1 | 100 | 126,1 | 136,5 | 100 | 43,3 | 50,4 | 100 |
| 98 | 133,1 | 141,5 | 104 | 44,0 | 51,1 | 102 | 133,4 | 142,0 | 104 | 44,1 | 51,8 | 103 |
| 99 | 116,0 | 144,4 | 106 | 50,4 | 66,0 | 132 | 118,3 | 146,7 | 107 | 50,8 | 68,1 | 135 |
| 1900 | 128,8 | 163,9 | 120 | 46,5 | 60,4 | 121 | 131,5 | 166,8 | 122 | 47,0 | 61,3 | 122 |
| 01 | 123,0 | 154,6 | 113 | 58,4 | 74,7 | 149 | 123,4 | 155,1 | 114 | 58,6 | 75,1 | 149 |
| 02 | 128,1 | 185,4 | 138 | 60,0 | 86,1 | 172 | 128,8 | 186,8 | 137 | 60,3 | 86,5 | 172 |
| 03 | 149,9 | 213,6 | 160 | 53,8 | 78,9 | 157 | 151,1 | 220,7 | 162 | 53,8 | 79,1 | 157 |
| | | | | | **Fabrikate.** | | | | | | | |
| 1894 | 13,0 | 84,1 | 100 | 16,4 | 166,0 | 100 | 14,5 | 90,6 | 100 | 17,7 | 172,1 | 100 |
| 95 | 15,1 | 100,5 | 120 | 18,4 | 200,3 | 121 | 17,8 | 111,7 | 123 | 19,8 | 208,3 | 121 |
| 96 | 14,7 | 96,6 | 115 | 17,5 | 173,1 | 104 | 15,6 | 102,6 | 113 | 18,9 | 180,3 | 105 |
| 1897 | 16,8 | 99,4 | 100 | 19,5 | 180,4 | 100 | 17,6 | 107,1 | 100 | 20,3 | 186,4 | 100 |
| 98 | 18,0 | 107,1 | 108 | 20,8 | 185,6 | 103 | 19,0 | 113,9 | 106 | 21,4 | 193,6 | 103 |
| 99 | 18,3 | 106,3 | 107 | 23,8 | 204,6 | 113 | 17,0 | 112,0 | 104 | 24,0 | 214,6 | 115 |
| 1900 | 15,8 | 117,6 | 118 | 23,9 | 205,4 | 114 | 16,4 | 120,4 | 115 | 24,7 | 217,6 | 116 |
| 01 | 15,0 | 118,5 | 118 | 23,0 | 191,7 | 106 | 15,3 | 128,6 | 120 | 23,9 | 207,1 | 111 |
| 02 | 15,4 | 141,4 | 144 | 25,1 | 218,0 | 121 | 15,9 | 154,3 | 144 | 26,0 | 234,1 | 125 |
| 03 | 18,3 | 157,0 | 187 | 26,2 | 256,3 | 142 | 16,9 | 190,0 | 177 | 27,1 | 274,7 | 148 |

| Jahr | Spezialhandel | | | | | | Gesamteigenhandel | | | | | |
|---|---|---|---|---|---|---|---|---|---|---|---|---|
| | Einfuhr | | | Ausfuhr | | | Einfuhr | | | Ausfuhr | | |
| | 1000 Tonnen | Millionen Mark | Verhältnis zu Jahren [illegible] | 1000 Tonnen | Millionen Mark | Verhältnis zu Jahren [illegible] | 1000 Tonnen | Millionen Mark | Verhältnis zu Jahren [illegible] | 1000 Tonnen | Millionen Mark | Verhältnis zu Jahren [illegible] |
| **XIII. Rohstoffe und Fabrikate der Textil- und Filzindustrie; Kleider.** | | | | | | | | | | | | |
| **Rohstoffe.** | | | | | | | | | | | | |
| 1894 | 711,3 | 588,1 | 100 | 132,8 | 127,1 | 100 | 719,5 | 589,7 | 100 | 135,6 | 134,7 | 100 |
| 95 | 823,0 | 664,7 | 113 | 156,1 | 146,1 | 115 | 834,7 | 671,8 | 114 | 162,5 | 158,0 | 116 |
| 96 | 764,5 | 650,0 | 110 | 164,3 | 155,1 | 122 | 770,1 | 656,5 | 111 | 175,3 | 164,7 | 125 |
| 1897 | 765,9 | 629,6 | 100 | 151,4 | 140,1 | 100 | 792,8 | 650,1 | 100 | 165,8 | 158,1 | 100 |
| 98 | 898,3 | 686,4 | 109 | 145,1 | 127,9 | 91 | 944,1 | 719,0 | 111 | 166,4 | 142,0 | 94 |
| 99 | 841,1 | 806,7 | 127 | 155,3 | 154,5 | 110 | 885,0 | 837,9 | 129 | 177,0 | 171,5 | 113 |
| 1900 | 782,8 | 814,5 | 129 | 156,6 | 162,1 | 116 | 828,5 | 866,9 | 133 | 190,9 | 198,1 | 130 |
| 01 | 819,9 | 741,7 | 118 | 148,9 | 145,8 | 104 | 848,8 | 769,0 | 118 | 167,3 | 164,6 | 107 |
| 02 | 890,8 | 833,7 | 133 | 155,4 | 162,7 | 116 | 911,8 | 854,5 | 131 | 176,4 | 182,5 | 120 |
| 03 | 932,1 | 949,1 | 151 | 169,3 | 177,8 | 127 | 965,4 | 983,9 | 151 | 193,5 | 201,8 | 134 |
| **Fabrikate.** | | | | | | | | | | | | |
| 1894 | 63,5 | 344,7 | 100 | 105,2 | 669,1 | 100 | 75,7 | 394,5 | 100 | 116,3 | 721,5 | 100 |
| 95 | 71,8 | 404,5 | 118 | 119,6 | 792,3 | 118 | 85,1 | 467,7 | 119 | 131,5 | 853,9 | 118 |
| 96 | 74,1 | 390,4 | 114 | 114,8 | 802,0 | 120 | 87,8 | 453,1 | 115 | 128,6 | 869,0 | 120 |
| 1897 | 84,7 | 401,9 | 100 | 115,8 | 776,4 | 100 | 93,9 | 450,0 | 100 | 121,6 | 817,3 | 100 |
| 98 | 83,3 | 406,0 | 101 | 113,6 | 762,8 | 98 | 90,7 | 458,0 | 100 | 119,1 | 803,1 | 98 |
| 99 | 82,9 | 470,5 | 116 | 120,5 | 880,4 | 113 | 91,3 | 532,1 | 118 | 127,3 | 933,4 | 114 |
| 1900 | 77,5 | 458,8 | 114 | 134,8 | 936,7 | 121 | 85,0 | 518,9 | 115 | 141,7 | 992,3 | 121 |
| 01 | 65,9 | 397,4 | 99 | 130,7 | 905,1 | 117 | 71,3 | 442,0 | 98 | 136,5 | 953,5 | 117 |
| 02 | 68,1 | 426,7 | 106 | 142,9 | 981,6 | 126 | 74,6 | 479,1 | 106 | 148,4 | 1030,6 | 126 |
| 03 | 74,4 | 456,1 | 113 | 147,9 | 1047,4 | 135 | 81,8 | 517,1 | 115 | 153,9 | 1101,7 | 135 |
| **XIV. Rohstoffe und Fabrikate der Kautschukindustrie.** | | | | | | | | | | | | |
| **Rohstoffe.** | | | | | | | | | | | | |
| 1894 | 5,6 | 21,6 | 100 | 1,1 | 4,4 | 100 | 5,7 | 22,8 | 100 | 1,1 | 4,4 | 100 |
| 95 | 6,6 | 27,1 | 121 | 1,3 | 5,5 | 125 | 6,9 | 27,4 | 120 | 1,3 | 5,5 | 125 |
| 96 | 8,2 | 34,8 | 154 | 1,6 | 6,1 | 139 | 8,3 | 34,8 | 153 | 1,6 | 6,1 | 139 |
| 1897 | 8,8 | 38,6 | 100 | 2,3 | 8,1 | 100 | 8,8 | 38,5 | 100 | 2,3 | 8,1 | 100 |
| 98 | 10,1 | 54,3 | 141 | 2,6 | 10,1 | 124 | 10,3 | 54,8 | 142 | 2,4 | 10,3 | 126 |
| 99 | 13,7 | 76,7 | 199 | 5,4 | 24,3 | 296 | 13,7 | 76,7 | 199 | 5,4 | 24,0 | 298 |
| 1900 | 13,6 | 71,8 | 191 | 4,9 | 21,5 | 262 | 13,6 | 73,8 | 192 | 4,9 | 21,5 | 262 |
| 01 | 13,0 | 48,1 | 125 | 5,0 | 13,6 | 166 | 13,0 | 48,0 | 126 | 5,0 | 13,7 | 167 |
| 02 | 15,0 | 60,9 | 158 | 8,3 | 16,1 | 198 | 15,4 | 62,9 | 163 | 6,2 | 16,1 | 198 |
| 03 | 15,8 | 80,4 | 209 | 5,1 | 18,3 | 223 | 15,5 | 80,1 | 208 | 5,1 | 18,3 | 223 |
| **Fabrikate.** | | | | | | | | | | | | |
| 1894 | 1,9 | 7,1 | 100 | 3,3 | 18,7 | 100 | 2,0 | 8,5 | 100 | 3,6 | 19,5 | 100 |
| 95 | 2,0 | 8,9 | 124 | 3,9 | 20,6 | 111 | 2,2 | 10,7 | 126 | 4,1 | 21,8 | 112 |
| 96 | 2,4 | 10,8 | 151 | 5,0 | 25,0 | 139 | 2,6 | 12,3 | 145 | 5,1 | 26,7 | 137 |
| 1897 | 2,7 | 11,0 | 100 | 5,1 | 29,3 | 100 | 2,9 | 13,0 | 100 | 5,8 | 29,0 | 100 |
| 98 | 3,0 | 14,1 | 128 | 5,9 | 44,6 | 152 | 3,1 | 15,1 | 127 | 5,9 | 45,1 | 151 |
| 99 | 2,9 | 14,3 | 129 | 7,1 | 54,4 | 185 | 2,8 | 15,5 | 129 | 7,8 | 55,3 | 185 |
| 1900 | 2,8 | 12,5 | 113 | 8,2 | 43,4 | 148 | 3,3 | 17,1 | 143 | 8,6 | 45,3 | 152 |
| 01 | 1,8 | 11,8 | 105 | 8,3 | 33,1 | 113 | 1,9 | 12,5 | 104 | 8,4 | 33,9 | 113 |
| 02 | 1,8 | 12,3 | 110 | 9,4 | 36,6 | 125 | 2,2 | 14,1 | 118 | 9,8 | 37,3 | 125 |
| 03 | 1,0 | 13,1 | 117 | 11,6 | 48,3 | 165 | 2,0 | 13,8 | 115 | 11,7 | 49,0 | 164 |
| **XV. Eisenbahnfahrzeuge, Schiffe; gepolsterte Wagen und Möbel.[1]** | | | | | | | | | | | | |
| 1894 | 0,9 | 0,8 | 100 | 6,3 | 2,8 | 100 | 1,2 | 1,9 | 100 | 6,4 | 3,1 | 100 |
| 95 | 0,4 | 0,7 | 78 | 8,1 | 3,7 | 132 | 0,8 | 1,1 | 92 | 8,7 | 4,1 | 132 |
| 96 | 1,1 | 1,3 | 133 | 6,4 | 4,1 | 150 | 2,0 | 1,3 | 125 | 8,6 | 4,5 | 145 |
| 1897 | 12,8 | 1,9 | 100 | 28,0 | 13,7 | 100 | 12,9 | 3,0 | 100 | 28,0 | 13,8 | 100 |
| 98 | 18,3 | 4,6 | 159 | 30,2 | 25,5 | 186 | 18,4 | 4,7 | 157 | 30,1 | 25,4 | 186 |
| 99 | 56,2 | 12,9 | 445 | 46,6 | 19,1 | 139 | 56,2 | 12,9 | 430 | 46,7 | 19,1 | 139 |
| 1900 | 46,4 | 9,6 | 331 | 43,9 | 37,9 | 277 | 46,6 | 9,7 | 321 | 44,0 | 37,6 | 275 |
| 01 | 39,7 | 13,8 | 476 | 37,3 | 27,5 | 201 | 39,2 | 13,9 | 463 | 37,5 | 27,7 | 201 |
| 02 | 38,6 | 8,6 | 297 | 33,2 | 20,5 | 149 | 38,7 | 8,7 | 290 | 33,9 | 20,5 | 149 |
| 03 | 29,9 | 6,2 | 214 | 39,4 | 18,2 | 131 | 30,0 | 6,3 | 210 | 39,4 | 18,1 | 131 |

[1]) Die Werte der ein- und ausgeführten Eisenbahnfahrzeuge und Schiffe werden angemeldet. Die Schiffe

| Jahr | Spezialhandel | | | | | | Gesamteigenhandel | | | | | |
|---|---|---|---|---|---|---|---|---|---|---|---|---|
| | Einfuhr | | | Ausfuhr | | | Einfuhr | | | Ausfuhr | | |
| | 1 000 Tonnen | Millionen Mark | Verhältnis der Jahresmengen | 1 000 Tonnen | Millionen Mark | Verhältnis der Jahresmengen | 1 000 Tonnen | Millionen Mark | Verhältnis der Jahresmengen | 1 000 Tonnen | Millionen Mark | Verhältnis der Jahresmengen |
| | **XVI. Maschinen, Instrumente und Apparate.** | | | | | | | | | | | |
| 1894 | 45,7 | 60,4 | 100 | 141,0 | 157,8 | 100 | 47,7 | 64,4 | 100 | 145,2 | 164,0 | 100 |
| 95 | 48,1 | 59,5 | 90 | 156,8 | 198,1 | 126 | 50,0 | 63,6 | 99 | 160,8 | 205,0 | 125 |
| 96 | 61,8 | 68,7 | 114 | 182,0 | 208,6 | 133 | 63,6 | 73,6 | 115 | 187,6 | 218,1 | 133 |
| 1897 | 72,0 | 83,4 | 100 | 192,6 | 216,8 | 100 | 74,8 | 88,4 | 100 | 194,7 | 225,6 | 100 |
| 98 | 85,8 | 96,2 | 116 | 213,0 | 239,4 | 110 | 88,6 | 102,6 | 118 | 215,9 | 248,4 | 110 |
| 99 | 96,8 | 109,8 | 131 | 249,7 | 291,0 | 134 | 110,3 | 125,0 | 142 | 255,0 | 304,8 | 135 |
| 1900 | 102,2 | 138,1 | 166 | 266,0 | 344,0 | 158 | 113,6 | 155,6 | 177 | 271,0 | 356,5 | 158 |
| 01 | 71,1 | 95,0 | 115 | 246,1 | 325,8 | 146 | 78,6 | 104,6 | 119 | 249,8 | 328,3 | 146 |
| 02 | 53,4 | 80,6 | 97 | 250,0 | 325,9 | 148 | 50,1 | 87,1 | 99 | 254,8 | 324,0 | 144 |
| 03 | 62,8 | 88,1 | 106 | 283,0 | 357,1 | 165 | 65,0 | 100,1 | 114 | 287,1 | 364,1 | 161 |
| | **XVII. Kurzwaren und Schmuck; Spielzeug.** | | | | | | | | | | | |
| 1894 | 0,7 | 24,0 | 100 | 22,0 | 77,0 | 100 | 0,8 | 23,4 | 100 | 23,0 | 79,1 | 100 |
| 95 | 0,7 | 19,7 | 90 | 26,1 | 81,7 | 105 | 1,0 | 20,7 | 90 | 28,4 | 82,0 | 105 |
| 96 | 0,7 | 18,5 | 84 | 30,2 | 100,9 | 130 | 0,9 | 19,1 | 84 | 30,4 | 101,0 | 129 |
| 1897 | 0,8 | 21,0 | 100 | 30,4 | 109,9 | 100 | 0,9 | 22,0 | 100 | 30,8 | 110,4 | 100 |
| 98 | 0,8 | 21,5 | 102 | 29,0 | 106,5 | 97 | 0,9 | 26,4 | 101 | 30,0 | 107,3 | 97 |
| 99 | 0,9 | 26,7 | 127 | 32,6 | 122,8 | 111 | 1,0 | 28,9 | 132 | 32,7 | 123,7 | 112 |
| 1900 | 0,9 | 27,7 | 132 | 34,2 | 163,1 | 149 | 1,0 | 28,6 | 131 | 34,1 | 164,3 | 149 |
| 01 | 0,9 | 25,6 | 122 | 34,2 | 149,5 | 138 | 0,9 | 26,2 | 120 | 34,5 | 151,5 | 137 |
| 02 | 1,1 | 29,5 | 140 | 34,8 | 165,1 | 150 | 1,2 | 30,2 | 138 | 34,9 | 166,6 | 150 |
| 03 | 1,0 | 27,2 | 132 | 38,1 | 178,1 | 162 | 1,0 | 28,- | 131 | 38,9 | 180,6 | 163 |
| | **XVIII. Gegenstände der Literatur und bildenden Kunst.** | | | | | | | | | | | |
| 1894 | 4,8 | 31,6 | 100 | 14,1 | 101,0 | 100 | 4,8 | 32,4 | 100 | 14,3 | 101,4 | 100 |
| 95 | 4,7 | 33,4 | 104 | 15,8 | 108,0 | 107 | 4,7 | 33,6 | 104 | 15,8 | 108,1 | 107 |
| 96 | 5,3 | 41,1 | 127 | 16,7 | 120,7 | 120 | 5,3 | 41,0 | 127 | 16,8 | 120,9 | 120 |
| 1897 | 5,8 | 43,4 | 100 | 17,4 | 127,6 | 100 | 5,4 | 43,1 | 100 | 17,4 | 127,7 | 100 |
| 98 | 5,8 | 44,1 | 107 | 18,2 | 136,1 | 107 | 5,6 | 42,8 | 98 | 18,4 | 136,4 | 107 |
| 99 | 6,0 | 45,0 | 104 | 18,7 | 140,5 | 110 | 6,0 | 45,1 | 105 | 18,7 | 140,6 | 110 |
| 1900 | 6,4 | 44,3 | 102 | 20,9 | 157,9 | 124 | 6,4 | 44,6 | 103 | 21,0 | 158,1 | 124 |
| 01 | 6,4 | 44,0 | 101 | 21,0 | 178,1 | 140 | 6,6 | 44,5 | 103 | 21,0 | 178,5 | 140 |
| 02 | 6,7 | 46,4 | 107 | 22,0 | 198,2 | 156 | 6,7 | 46,7 | 108 | 22,0 | 199,1 | 156 |
| 03 | 6,9 | 55,0 | 124 | 23,4 | 156,3 | 122 | 6,9 | 55,7 | 129 | 23,6 | 156,1 | 123 |
| | **Dazu: Edelmetalle.** | | | | | | | | | | | |
| 1894 | 0,9 | 347,1 | 100 | 0,4 | 90,0 | 100 | 0,9 | 340,0 | 100 | 0,4 | 90,0 | 100 |
| 95 | 0,6 | 125,0 | 36 | 0,3 | 106,1 | 118 | 0,6 | 132,9 | 39 | 0,8 | 106,4 | 118 |
| 96 | 1,0 | 250,8 | 72 | 0,4 | 228,7 | 254 | 1,0 | 261,1 | 77 | 0,6 | 239,0 | 266 |
| 1897 | 1,0 | 183,4 | 100 | 0,6 | 151,3 | 100 | 1,0 | 183,9 | 100 | 0,6 | 151,1 | 100 |
| 98 | 1,1 | 359,0 | 195 | 0,6 | 254,0 | 168 | 1,1 | 359,4 | 195 | 0,6 | 254,0 | 168 |
| 99 | 1,0 | 300,5 | 183 | 0,4 | 161,4 | 107 | 1,0 | 300,4 | 163 | 0,4 | 161,4 | 107 |
| 1900 | 1,2 | 277,4 | 151 | 0,4 | 141,5 | 93 | 1,2 | 277,4 | 151 | 0,4 | 141,5 | 93 |
| 01 | 1,3 | 289,1 | 157 | 0,4 | 81,1 | 54 | 1,3 | 289,1 | 157 | 0,4 | 81,1 | 54 |
| 02 | 1,2 | 174,8 | 95 | 0,4 | 135,0 | 89 | 1,3 | 174,3 | 95 | 0,4 | 135,0 | 89 |
| 03 | 1,2 | 318,6 | 173 | 0,4 | 115,6 | 76 | 1,3 | 318,5 | 173 | 0,4 | 115,6 | 76 |

Der Gattung nach nicht angemeldete Waren sind in der Summe der Fabrikate und in den Hauptsummen S. 96 und S. 97 mit eingerechnet.

## B. Spezialhandel der wichtigeren Waren.

Die Waren sind alphabetisch geordnet; die Arten einer Gattung sind bei dieser zu suchen, z. B. Eisenerze bei Erzen, Roggen bei Getreide.

Aufgenommen sind Waren, welche unter einer statistischen Nummer namentlich aufgeführt oder mit nur wenigen anderen zusammengefaßt sind und in der Einfuhr oder Ausfuhr im letzten Jahre einen Wert von 3 Millionen Mark erreicht haben. Herkunfts- und Bestimmungsländer sind angegeben, wenn der Wert der mit einem Lande gehandelten Waren in den beiden letzten Jahren mindestens 500 Tausend Mark betragen hat.

| Warengattung / Länder der Herkunft bzw. Bestimmung | 1900 | | 1901 | | 1902 | | 1903 | |
|---|---|---|---|---|---|---|---|---|
| | Tonnen | 1 000 ℳ | Tonnen | 1 000 ℳ | Tonnen | 1 000 ℳ | Tonnen | 1 000 ℳ |
| **Abfälle (a—c):** | | | | | | | | |
| **a. Kleie.** | | | | | | | | |
| Einfuhr | 758 847 | 66 929 | 768 412 | 66 136 | 685 249 | 58 003 | 908 318 | 72 142 |
| Belgien | 24 697 | 2 272 | 18 127 | 1 613 | 18 975 | 1 651 | 24 182 | 1 959 |
| Großbritannien | 15 220 | 1 385 | 23 975 | 2 086 | 13 827 | 1 244 | 25 521 | 2 093 |
| Niederlande | 37 252 | 3 448 | 38 690 | 3 405 | 36 065 | 3 246 | 43 815 | 3 680 |
| Norwegen | 9 717 | 894 | 18 667 | 1 680 | 15 652 | 1 409 | 19 693 | 1 575 |
| Österreich-Ungarn | 156 437 | 13 933 | 134 968 | 11 472 | 136 271 | 11 583 | 135 501 | 10 569 |
| Rußland | 385 542 | 34 335 | 440 562 | 36 813 | 367 385 | 30 494 | 491 290 | 38 566 |
| Argentinien | 54 980 | 5 039 | 45 601 | 4 013 | 52 768 | 4 591 | 103 741 | 8 307 |
| Brasilien | 315 | 27 | — | — | 6 525 | 548 | 7 523 | 602 |
| Ver. St. v. Amerika | 38 798 | 3 451 | 24 538 | 2 086 | 12 769 | 1 057 | 25 747 | 2 060 |
| Ausfuhr | 12 666 | 1 182 | 7 261 | 647 | 32 835 | 2 986 | 8 177 | 684 |
| **b. Malzkeime, Reisabfälle, Kartoffelpülpe.** | | | | | | | | |
| Einfuhr | 71 286 | 6 282 | 78 670 | 6 487 | 74 520 | 6 283 | 88 878 | 7 360 |
| Italien | 14 556 | 1 208 | 15 869 | 1 238 | 13 100 | 956 | 11 677 | 841 |
| Österreich-Ungarn | 10 241 | 881 | 8 462 | 711 | 11 184 | 1 097 | 18 565 | 1 738 |
| Ver. St. v. Amerika | 15 395 | 1 362 | 17 894 | 1 575 | 17 057 | 1 330 | 13 148 | 1 078 |
| Ausfuhr | 3 142 | 308 | 1 741 | 167 | 4 491 | 412 | 3 769 | 284 |
| **c. Tierknochen, nicht zur Verwendung als Schnitzstoff; Hornpeddig.** | | | | | | | | |
| Einfuhr | 38 398 | 3 466 | 31 613 | 2 836 | 33 863 | 3 286 | 38 066 | 3 236 |
| Britisch-Indien usw. | 19 662 | 1 770 | 12 202 | 1 098 | 15 259 | 1 297 | 15 116 | 1 234 |
| Ausfuhr | 13 240 | 1 059 | 10 331 | 826 | 10 980 | 824 | 10 438 | 783 |
| **Asphalt.** | | | | | | | | |
| Einfuhr | 283 | 99 | 165 | 58 | 42 | 14 | 62 | 16 |
| Ausfuhr | 16 379 | 6 181 | 14 892 | 5 967 | 13 804 | 5 682 | 20 006 | 7 002 |
| Belgien | 2 905 | 1 162 | 500 | 200 | 2 013 | 805 | 3 097 | 1 084 |
| Großbritannien | 2 602 | 1 041 | 1 419 | 568 | 3 446 | 1 378 | 4 610 | 1 610 |
| Niederlande | 4 514 | 1 805 | 6 951 | 2 780 | 3 422 | 1 369 | 3 709 | 1 298 |
| Schweden | 3 356 | 1 342 | 3 868 | 1 547 | 2 393 | 957 | 2 822 | 988 |

| Länder der Herkunft bzw. Bestimmung | Tonnen | 1000 M | Tonnen | 1000 M | Tonnen | 1000 M | Tonnen | 1000 M |
|---|---|---|---|---|---|---|---|---|
| **Alkaloide und deren Salze (ohne Chinin usw. s. d.); Antipyrin; Antifebrin.** | | | | | | | | |
| Einfuhr | 43 | 2 671 | 46 | 4 804 | 70 | 6 031 | 47 | 5 784 |
| Großbritannien | 14 | 1 257 | 14 | 2 255 | 15 | 2 000 | 12 | 1 615 |
| Schweiz | 19 | 315 | 15 | 600 | 22 | 646 | 17 | 602 |
| Peru | 3 | 875 | 3 | 1 088 | 4 | 1 309 | 4 | 1 408 |
| Ausfuhr | 98 | 4 796 | 92 | 5 273 | 161 | 10 064 | 116 | 6 466 |
| Großbritannien | 17 | 664 | 16 | 704 | 26 | 1 162 | 17 | 658 |
| Rußland | 11 | 644 | 12 | 869 | 21 | 1 391 | 15 | 855 |
| Japan | 25 | 657 | 13 | 590 | 21 | 1 195 | 21 | 944 |
| Ver. St. v. Amerika | 12 | 1 044 | 9 | 987 | 21 | 1 935 | 9 | 872 |
| **Aluminium-, Nickelwaren; feine Waren aus Kupfer, Messing, vernickelt, verniert.** | | | | | | | | |
| Einfuhr | 483 | 2 184 | 436 | 1 938 | 416 | 1 767 | 495 | 1 963 |
| Österreich-Ungarn | 127 | 575 | 128 | 569 | 128 | 541 | 129 | 559 |
| Ausfuhr | 2 398 | 10 781 | 2 270 | 9 861 | 2 606 | 10 972 | 2 886 | 12 416 |
| Frankreich | 121 | 546 | 122 | 515 | 124 | 588 | 142 | 611 |
| Großbritannien | 254 | 1 144 | 212 | 934 | 349 | 1 467 | 305 | 1 316 |
| Niederlande | 207 | 918 | 212 | 926 | 201 | 848 | 227 | 978 |
| Österreich-Ungarn | 186 | 817 | 182 | 791 | 192 | 804 | 226 | 981 |
| Rußland | 348 | 1 526 | 386 | 1 653 | 391 | 1 636 | 471 | 2 053 |
| Schweiz | 123 | 547 | 112 | 485 | 127 | 551 | 138 | 595 |
| **Ammoniak, schwefelsaures.** | | | | | | | | |
| Einfuhr | 23 106 | 4 852 | 44 408 | 9 770 | 42 252 | 9 718 | 36 168 | 8 448 |
| Belgien | 719 | 151 | 3 330 | 733 | 2 685 | 617 | 3 200 | 768 |
| Großbritannien | 13 189 | 2 769 | 27 365 | 6 025 | 26 578 | 6 113 | 19 052 | 4 573 |
| Österreich-Ungarn | 6 850 | 1 430 | 10 882 | 2 394 | 11 421 | 2 627 | 11 223 | 2 694 |
| Ausfuhr | 2 431 | 516 | 9 842 | 2 166 | 5 744 | 1 321 | 5 592 | 1 342 |
| Belgien | 26 | 6 | 4 502 | 991 | 4 073 | 937 | 3 068 | 716 |
| **Anilin- und andere Teerfarbstoffe.** | | | | | | | | |
| Einfuhr | 1 174 | 3 816 | 1 164 | 3 728 | 1 179 | 3 884 | 1 360 | 4 078 |
| Schweiz | 608 | 1 977 | 577 | 1 845 | 714 | 2 316 | 818 | 2 451 |
| Ausfuhr | 23 781 | 77 286 | 25 030 | 78 631 | 28 806 | 80 299 | 29 330 | 88 008 |
| Belgien | 1 137 | 3 697 | 1 058 | 3 385 | 1 270 | 3 938 | 1 397 | 4 192 |
| Frankreich | 681 | 2 214 | 659 | 2 109 | 669 | 2 074 | 741 | 2 222 |
| Großbritannien | 5 277 | 17 149 | 5 799 | 18 094 | 6 600 | 20 483 | 6 335 | 19 004 |
| Italien | 1 376 | 4 472 | 1 673 | 5 355 | 2 041 | 6 328 | 2 118 | 6 353 |
| Niederlande | 506 | 1 936 | 514 | 1 646 | 608 | 1 884 | 701 | 2 103 |
| Österreich-Ungarn | 2 228 | 7 240 | 2 491 | 7 970 | 2 863 | 8 874 | 3 059 | 9 176 |
| Rußland | 723 | 2 350 | 750 | 2 400 | 824 | 2 553 | 751 | 2 253 |
| Schweden | 510 | 1 656 | 472 | 1 510 | 504 | 1 561 | 556 | 1 668 |
| Schweiz | 585 | 1 901 | 569 | 1 821 | 679 | 2 104 | 625 | 1 876 |
| Spanien | 310 | 1 007 | 308 | 986 | 408 | 1 264 | 432 | 1 296 |
| Britisch-Indien usw. | 995 | 3 233 | 1 430 | 4 577 | 1 215 | 3 766 | 1 623 | 4 869 |
| China | 1 806 | 5 869 | 1 856 | 5 938 | 2 081 | 6 450 | 2 178 | 6 535 |
| Japan | 793 | 2 577 | 592 | 1 893 | 1 041 | 3 226 | 882 | 2 646 |
| Brasilien | 163 | 531 | 145 | 463 | 247 | 765 | 286 | 859 |
| Mexiko | 207 | 671 | 190 | 608 | 218 | 675 | 237 | 711 |
| Ver. St. v. Amerika | 5 152 | 16 744 | 5 128 | 16 410 | 5 914 | 18 333 | 5 650 | 16 950 |

Spezialhandel der wichtigeren Waren.

| Warengattung — Länder der Herkunft bzw. Bestimmung | 1900 | | 1901 | | 1902 | | 1903 | |
|---|---|---|---|---|---|---|---|---|
| | Tonnen | 1 000 ℳ | Tonnen | 1 000 ℳ | Tonnen | 1 000 ℳ | Tonnen | 1 000 ℳ |
| **Asphalt, Harz- und Holzzement.** | | | | | | | | |
| Einfuhr | 60 766 | 4 442 | 62 269 | 3 426 | 88 596 | 4 869 | 94 377 | 6 134 |
| Großbritannien | 40 071 | 2 204 | 21 740 | 1 196 | 56 220 | 3 091 | 58 159 | 3 845 |
| Ausfuhr | 36 921 | 1 846 | 39 471 | 1 984 | 40 596 | 2 030 | 49 766 | 2 738 |
| Großbritannien | 12 813 | 641 | 17 392 | 870 | 16 286 | 814 | 17 950 | 989 |
| **Baumwolle, rohe.** | | | | | | | | |
| Einfuhr | 313 155 | 318 047 | 332 879 | 296 248 | 343 304 | 319 662 | 382 466 | 395 147 |
| Großbritannien | 1 484 | 1 395 | 640 | 576 | 567 | 535 | 554 | 570 |
| Ägypten | 25 212 | 32 523 | 24 106 | 25 312 | 30 361 | 37 648 | 30 372 | 48 469 |
| Britisch Indien usw. | 25 838 | 21 187 | 48 100 | 34 191 | 48 374 | 35 313 | 79 056 | 60 673 |
| Ver. St. v. Amerika | 256 235 | 258 797 | 256 323 | 233 254 | 267 001 | 244 305 | 268 087 | 281 491 |
| Ausfuhr | 33 903 | 34 920 | 30 725 | 27 652 | 37 780 | 35 866 | 38 414 | 40 404 |
| Niederlande | 2 136 | 2 200 | 1 289 | 1 160 | 2 570 | 2 385 | 2 328 | 2 400 |
| Österreich-Ungarn | 16 750 | 17 252 | 16 692 | 15 023 | 20 657 | 19 355 | 17 963 | 18 832 |
| Rußland | 11 048 | 11 374 | 8 918 | 8 054 | 9 630 | 8 937 | 15 092 | 14 513 |
| Schweden | 466 | 480 | 439 | 395 | 841 | 781 | 766 | 797 |
| Schweiz | 1 781 | 1 838 | 1 921 | 1 729 | 2 174 | 2 014 | 2 047 | 2 129 |
| **Baumwollabfälle.** | | | | | | | | |
| Einfuhr | 46 375 | 22 658 | 40 705 | 19 538 | 43 117 | 21 669 | 49 443 | 23 183 |
| Belgien | 1 224 | 612 | 1 233 | 592 | 1 732 | 866 | 1 670 | 952 |
| Frankreich | 4 583 | 2 190 | 4 619 | 2 217 | 5 381 | 2 690 | 6 367 | 3 649 |
| Großbritannien | 9 829 | 4 915 | 9 245 | 4 437 | 9 397 | 4 699 | 8 582 | 4 392 |
| Niederlande | 7 019 | 3 510 | 5 590 | 2 683 | 5 672 | 2 836 | 6 342 | 3 619 |
| Österreich-Ungarn | 4 865 | 2 430 | 4 375 | 2 100 | 4 898 | 2 446 | 5 584 | 3 183 |
| Schweiz | 1 986 | 995 | 1 561 | 750 | 1 751 | 876 | 2 243 | 1 279 |
| Britisch Indien usw. | 1 090 | 545 | 1 590 | 763 | 2 334 | 1 167 | 2 835 | 1 616 |
| Ver. St. v. Amerika | 12 968 | 6 484 | 10 653 | 5 114 | 10 759 | 5 379 | 14 517 | 8 278 |
| Ausfuhr | 17 107 | 8 663 | 16 284 | 7 816 | 18 004 | 9 002 | 23 757 | 13 541 |
| Frankreich | 2 498 | 1 249 | 2 452 | 1 177 | 2 441 | 1 221 | 2 711 | 1 545 |
| Niederlande | 6 101 | 3 051 | 6 004 | 2 882 | 6 044 | 3 022 | 7 462 | 4 253 |
| Österreich-Ungarn | 5 784 | 2 892 | 4 948 | 2 375 | 5 058 | 2 519 | 5 994 | 3 417 |
| Ver. St. v. Amerika | 277 | 139 | 384 | 184 | 1 346 | 673 | 2 471 | 1 408 |
| **Baumwollengarn** s. Garn. | | | | | | | | |
| **Baumwollenwaren (a—k):** | | | | | | | | |
| **a. dichte Gewebe, rohe.** | | | | | | | | |
| Einfuhr | 3 494 | 11 550 | 3 214 | 10 285 | 3 330 | 10 988 | 3 337 | 11 611 |
| Großbritannien | 1 814 | 5 985 | 1 619 | 5 180 | 1 862 | 6 144 | 1 880 | 6 455 |
| Schweiz | 1 553 | 5 125 | 1 441 | 4 611 | 1 392 | 4 594 | 1 310 | 4 521 |
| Ausfuhr | 631 | 2 081 | 626 | 1 845 | 650 | 1 761 | 887 | 2 872 |
| Schweiz | 114 | 376 | 145 | 449 | 176 | 562 | 159 | 537 |
| **b. dichte Gewebe, gebleicht, auch appretiert.** | | | | | | | | |
| Einfuhr | 610 | 1 934 | 462 | 1 863 | 600 | 1 926 | 533 | 2 028 |
| Großbritannien | 406 | 1 542 | 361 | 1 390 | 388 | 1 437 | 364 | 1 383 |
| Ausfuhr | 2 258 | 9 033 | 2 265 | 8 608 | 2 835 | 11 048 | 3 428 | 13 712 |
| Belgien | 278 | 1 118 | 236 | 895 | 253 | 985 | 316 | 1 262 |
| Dänemark | 190 | 761 | 168 | 639 | 238 | 926 | 173 | 694 |
| Großbritannien | 139 | 556 | 164 | 622 | 251 | 980 | 280 | 1 121 |
| Niederlande | 151 | 603 | 176 | 667 | 209 | 814 | 201 | 803 |
| Schweiz | 243 | 973 | 289 | 1 100 | 328 | 1 270 | 336 | 1 344 |
| Ver. St. v. Amerika | 271 | 1 082 | 308 | 1 169 | 546 | 2 130 | 975 | 3 901 |

**c. dichte Gewebe, gefärbt, bedruckt, ombriert, jaspiert.**

| Länder der Herkunft bzw. Bestimmung | Tonnen | 1 000 ℳ | Tonnen | 1 000 ℳ | Tonnen | 1 000 ℳ |
|---|---|---|---|---|---|---|
| **Ausfuhr** | 20 431 | 79 882 | 18 788 | 69 515 | 22 565 | 81 234 |
| Belgien | 686 | 2 673 | 617 | 2 283 | 759 | 2 731 |
| Dänemark | 409 | 1 594 | 370 | 1 367 | 439 | 1 581 |
| Frankreich | 720 | 2 807 | 699 | 2 586 | 685 | 2 467 |
| Großbritannien | 4 066 | 15 858 | 3 731 | 13 806 | 4 307 | 16 226 |
| Italien | 222 | 865 | 219 | 808 | 293 | 1 061 |
| Niederlande | 1 446 | 5 639 | 1 430 | 5 291 | 1 788 | 6 436 |
| Norwegen | 205 | 801 | 246 | 911 | 218 | 785 |
| Österreich-Ungarn | 332 | 1 294 | 365 | 1 350 | 373 | 1 341 |
| Rumänien | 308 | 1 202 | 1 022 | 3 780 | 1 435 | 5 164 |
| Schweden | 269 | 1 049 | 246 | 909 | 267 | 959 |
| Schweiz | 1 230 | 4 797 | 1 124 | 4 159 | 1 325 | 4 769 |
| Türkei in Europa | 416 | 1 622 | 539 | 1 995 | 651 | 2 342 |
| Türkei in Asien | 119 | 463 | 150 | 551 | 192 | 692 |
| Ägypten | 331 | 1 290 | 429 | 1 588 | 486 | 1 751 |
| Britisch Südafrika | 269 | 1 050 | 472 | 1 747 | 962 | 3 463 |
| Britisch Westafrika | 108 | 422 | 136 | 501 | 216 | 779 |
| Franz. Westafrika | 82 | 321 | 84 | 312 | 175 | 630 |
| Britisch Indien usw. | 755 | 2 946 | 470 | 1 738 | 650 | 2 339 |
| Japan | 959 | 3 741 | 112 | 416 | 418 | 1 506 |
| Argentinien | 1 264 | 4 930 | 918 | 3 397 | 971 | 3 495 |
| Brasilien | 735 | 2 867 | 603 | 2 229 | 870 | 3 131 |
| Chile | 1 333 | 5 197 | 913 | 3 378 | 728 | 2 621 |
| Kolumbien | 88 | 150 | 122 | 451 | 178 | 641 |
| Mexiko | 291 | 1 134 | 160 | 645 | 239 | 859 |
| Peru | 345 | 1 346 | 255 | 944 | 228 | 820 |
| Uruguay | 254 | 989 | 199 | 736 | 251 | 904 |
| Venezuela | 244 | 952 | 211 | 779 | 159 | 573 |
| Ver. St. v. Amerika | 881 | 3 437 | 920 | 3 403 | 871 | 3 135 |
| **d. Posamentier- und Knopfmacherwaren.** | | | | | | |
| **Einfuhr** | 39 | 268 | 36 | 243 | 31 | 209 |
| **Ausfuhr** | 3 194 | 22 038 | 2 868 | 19 789 | 2 707 | 18 469 |
| Belgien | 93 | 642 | 88 | 607 | 76 | 515 |
| Großbritannien | 1 044 | 7 206 | 966 | 6 665 | 797 | 5 417 |
| Niederlande | 218 | 1 506 | 185 | 1 273 | 217 | 1 474 |
| Österreich-Ungarn | 119 | 820 | 114 | 784 | 101 | 687 |
| Schweiz | 132 | 913 | 129 | 888 | 122 | 832 |
| Brasilien | 71 | 489 | 54 | 375 | 77 | 521 |
| Ver. St. v. Amerika | 624 | 4 308 | 523 | 3 605 | 401 | 2 726 |
| **e. Sammet, aufgeschnittener.** | | | | | | |
| **Einfuhr** | 69 | 455 | 90 | 588 | 101 | 662 |
| **Ausfuhr** | 775 | 5 115 | 788 | 5 201 | 855 | 5 603 |
| Ver. St. v. Amerika | 74 | 486 | 78 | 514 | 110 | 717 |
| **f. Spitzen.** | | | | | | |
| **Einfuhr** | 55 | 2 146 | 60 | 2 344 | 91 | 3 440 |
| Frankreich | 12 | 448 | 11 | 417 | 14 | 556 |
| Großbritannien | 39 | 1 501 | 42 | 1 618 | 65 | 2 616 |
| **Ausfuhr** | 694 | 26 805 | 703 | 24 595 | 884 | 30 223 |
| Belgien | 21 | 642 | 18 | 627 | 26 | 907 |
| Frankreich | 27 | 804 | 24 | 826 | 30 | 1 047 |
| Großbritannien | 311 | 9 318 | 288 | 10 097 | 347 | 11 141 |
| Niederlande | 27 | 795 | 26 | 914 | 29 | 1 003 |
| Österreich-Ungarn | 9 | 282 | 10 | 350 | 18 | 620 |
| Ver. St. v. Amerika | 178 | 5 274 | 218 | 7 637 | 275 | 9 625 |

g. Stickereien.

Spezialhandel der wichtigeren Waren.

| Warengattung / Länder der Herkunft bzw. Bestimmung | 1900 Tonnen | 1900 1 000 ℳ | 1901 Tonnen | 1901 1 000 ℳ | 1902 Tonnen | 1902 1 000 ℳ | 1903 Tonnen | 1903 1 000 ℳ |
|---|---|---|---|---|---|---|---|---|
| **Ausfuhr** | **672** | **24 178** | **558** | **19 450** | **719** | **25 182** | **979** | **34 718** |
| Dänemark | 19 | 670 | 15 | 536 | 15 | 532 | 15 | 544 |
| Frankreich | 42 | 1 505 | 33 | 1 169 | 37 | 1 295 | 37 | 1 318 |
| Großbritannien | 357 | 12 838 | 255 | 8 922 | 313 | 10 969 | 437 | 15 725 |
| Niederlande | 22 | 781 | 15 | 508 | 15 | 515 | 17 | 598 |
| Österreich-Ungarn | 23 | 821 | 21 | 739 | 28 | 963 | 32 | 1 280 |
| Ver. St. v. Amerika | 127 | 4 579 | 126 | 4 424 | 222 | 7 774 | 324 | 11 006 |
| **h. Strumpfwaren.** | | | | | | | | |
| **Einfuhr** | **38** | **362** | **32** | **240** | **33** | **267** | **39** | **307** |
| **Ausfuhr** | **10 592** | **71 146** | **9 372** | **59 624** | **10 569** | **72 017** | **10 931** | **82 819** |
| Belgien | 243 | 1 874 | 227 | 1 811 | 292 | 2 389 | 251 | 2 208 |
| Frankreich | 92 | 899 | 74 | 652 | 85 | 777 | 119 | 1 262 |
| Großbritannien | 1 931 | 14 278 | 1 782 | 13 079 | 2 193 | 17 022 | 2 269 | 18 479 |
| Niederlande | 508 | 3 203 | 377 | 2 332 | 439 | 2 836 | 452 | 3 255 |
| Österreich-Ungarn | 130 | 1 409 | 103 | 1 002 | 114 | 1 157 | 101 | 1 058 |
| Rumänien | 67 | 425 | 138 | 761 | 235 | 1 224 | 165 | 978 |
| Rußland | 76 | 730 | 85 | 774 | 110 | 1 093 | 107 | 1 103 |
| Schweiz | 133 | 915 | 114 | 682 | 128 | 810 | 121 | 847 |
| Türkei in Europa | 207 | 1 348 | 159 | 933 | 209 | 1 354 | 266 | 1 699 |
| Türkei in Asien | 79 | 470 | 83 | 466 | 102 | 612 | 95 | 596 |
| Ägypten | 98 | 594 | 130 | 710 | 157 | 943 | 157 | 991 |
| Britisch Indien usw. | 439 | 2 628 | 605 | 3 385 | 515 | 3 096 | 632 | 3 933 |
| Britisch Malakka | 164 | 986 | 117 | 651 | 129 | 774 | 117 | 716 |
| Argentinien | 223 | 1 449 | 246 | 1 403 | 180 | 1 105 | 245 | 1 774 |
| Brasilien | 263 | 1 581 | 238 | 1 118 | 270 | 1 649 | 218 | 1 537 |
| Brit. Nordamerika | 80 | 571 | 72 | 476 | 121 | 859 | 98 | 748 |
| Chile | 247 | 1 503 | 232 | 2 327 | 243 | 1 478 | 356 | 2 531 |
| Mexiko | 121 | 731 | 92 | 524 | 124 | 749 | 116 | 819 |
| Peru | 96 | 578 | 105 | 591 | 108 | 649 | 87 | 680 |
| Kuba, Portorico | 100 | 612 | 103 | 576 | 87 | 521 | 84 | 530 |
| Uruguay | 134 | 825 | 124 | 697 | 152 | 919 | 177 | 1 234 |
| Ver. St. v. Amerika | 3 862 | 15 190 | 2 641 | 16 437 | 3 116 | 22 062 | 3 455 | 26 382 |
| Britisch Australien | 370 | 2 419 | 402 | 2 336 | 425 | 2 783 | 234 | 1 665 |
| **i. Tüll, roh und ungemustert.** | | | | | | | | |
| **Einfuhr** | **346** | **6 780** | **283** | **4 803** | **203** | **3 446** | **205** | **3 018** |
| Großbritannien | 315 | 5 336 | 267 | 4 541 | 194 | 3 291 | 106 | 2 941 |
| **Ausfuhr** | **1** | **24** | **4** | **61** | **4** | **67** | **6** | **88** |
| **k. Undichte Gewebe, gebleicht, gefärbt, bedruckt (außer Gardinenstoffen).** | | | | | | | | |
| **Einfuhr** | **263** | **2 232** | **265** | **2 331** | **346** | **2 787** | **361** | **3 072** |
| Großbritannien | 187 | 1 477 | 210 | 1 698 | 248 | 1 982 | 275 | 2 336 |
| **Ausfuhr** | **1 027** | **8 110** | **1 087** | **8 664** | **1 230** | **8 842** | **1 333** | **11 324** |
| Großbritannien | 218 | 1 723 | 271 | 2 139 | 309 | 2 471 | 282 | 2 399 |
| Niederlande | 84 | 664 | 87 | 689 | 92 | 734 | 109 | 928 |
| Österreich-Ungarn | 48 | 382 | 79 | 623 | 70 | 556 | 59 | 500 |
| Ver. St. v. Amerika | 58 | 459 | 73 | 580 | 79 | 629 | 157 | 1 337 |
| **Bernstein-, Celluloid-, Elfenbein-, Jet-, Perlmutterwaren.** | | | | | | | | |
| **Einfuhr** | **251** | **5 088** | **234** | **4 326** | **240** | **4 184** | **236** | **4 108** |
| Frankreich | 64 | 942 | 58 | 1 112 | 59 | 1 095 | 53 | 952 |
| Großbritannien | 23 | 584 | 26 | 819 | 28 | 964 | 30 | 648 |
| Österreich-Ungarn | 140 | 2 405 | 125 | 1 309 | 130 | 1 365 | 119 | 1 052 |
| Ver. St. v. Amerika | 4 | 820 | 4 | 770 | 4 | 917 | 4 | 553 |
| **Ausfuhr** | **668** | **8 729** | **684** | **10 059** | **727** | **10 619** | **832** | **8 738** |
| Frankreich | 37 | 470 | 36 | 501 | 44 | 632 | 50 | 501 |
| Großbritannien | 114 | 1 604 | 181 | 2 686 | 152 | 2 108 | 159 | 1 650 |
| Niederlande | 26 | 338 | 27 | 440 | 43 | 659 | 69 | 715 |
| Österreich-Ungarn | 77 | 1 111 | 63 | 845 | 67 | 560 | 82 | 860 |
| Rußland | 55 | 713 | 71 | 886 | 60 | 893 | 65 | 696 |

Spezialhandel der wichtigeren Waren.

| Warengattung / Länder der Herkunft bezw. Bestimmung | 1900 Tonnen | 1900 1000 M. | 1901 Tonnen | 1901 1000 M. | 1902 Tonnen | 1902 1000 M. | 1903 Tonnen | 1903 1000 M. |
|---|---|---|---|---|---|---|---|---|
| **Bettfedern, gereinigte und zugerichtete.** | | | | | | | | |
| Einfuhr | 987 | 3 610 | 907 | 3 218 | 780 | 2 966 | 843 | 3 116 |
| Österreich-Ungarn | 927 | 3 419 | 854 | 3 075 | 701 | 2 628 | 682 | 2 658 |
| Ausfuhr | 1 182 | 5 056 | 1 062 | 4 803 | 1 111 | 5 183 | 1 165 | 5 374 |
| Frankreich | 77 | 733 | 65 | 596 | 83 | 791 | 71 | 642 |
| Großbritannien | 118 | 685 | 117 | 643 | 161 | 924 | 172 | 1 031 |
| Schweiz | 351 | 1 615 | 344 | 1 547 | 339 | 1 612 | 376 | 1 803 |
| **Bettfedern, rohe.** | | | | | | | | |
| Einfuhr | 8 828 | 20 816 | 7 447 | 15 980 | 8 138 | 18 635 | 7 889 | 19 876 |
| Österreich-Ungarn | 3 073 | 10 383 | 3 115 | 8 970 | 3 187 | 10 517 | 3 262 | 11 741 |
| Rußland | 1 501 | 4 210 | 1 118 | 2 907 | 1 023 | 2 866 | 1 112 | 3 446 |
| China | 2 722 | 1 267 | 2 044 | 2 249 | 2 889 | 1 178 | 2 293 | 2 732 |
| Ausfuhr | 938 | 2 582 | 940 | 2 897 | 985 | 3 012 | 853 | 3 110 |
| Österreich-Ungarn | 446 | 780 | 433 | 650 | 375 | 619 | 306 | 503 |
| **Bier.** | | | | | | | | |
| Einfuhr | 73 889 | 10 523 | 70 628 | 9 380 | 71 362 | 9 506 | 74 394 | 8 879 |
| Großbritannien | 2 569 | 594 | 2 306 | 614 | 2 222 | 623 | 2 217 | 635 |
| Österreich-Ungarn | 70 588 | 9 897 | 68 224 | 8 742 | 69 063 | 8 865 | 72 041 | 8 223 |
| Ausfuhr | 111 379 | 22 225 | 110 902 | 22 788 | 112 711 | 22 344 | 114 851 | 22 392 |
| Freihafen Hamburg | 3 384 | 910 | 4 069 | 1 094 | 4 682 | 1 231 | 5 058 | 1 266 |
| Belgien | 11 890 | 1 603 | 12 444 | 1 801 | 13 322 | 1 911 | 14 401 | 1 990 |
| Frankreich | 18 598 | 2 433 | 14 973 | 2 077 | 14 593 | 2 014 | 14 415 | 1 953 |
| Großbritannien | 7 037 | 1 088 | 6 893 | 1 009 | 5 102 | 731 | 5 260 | 815 |
| Italien | 4 214 | 657 | 3 958 | 631 | 4 543 | 708 | 4 705 | 729 |
| Niederlande | 4 435 | 630 | 4 835 | 740 | 6 191 | 911 | 6 232 | 899 |
| Österreich-Ungarn | 7 502 | 978 | 7 106 | 992 | 7 342 | 1 085 | 6 734 | 919 |
| Schweiz | 9 916 | 1 290 | 9 813 | 1 357 | 11 677 | 1 614 | 11 770 | 1 587 |
| Britisch Südafrika | 3 669 | 1 167 | 5 903 | 1 816 | 6 429 | 1 955 | 3 967 | 1 174 |
| Britisch Malakka | 2 812 | 869 | 3 012 | 900 | 3 483 | 1 037 | 3 311 | 977 |
| China | 5 372 | 1 716 | 5 172 | 1 666 | 3 677 | 1 113 | 4 470 | 1 337 |
| Ver. St. v. Amerika | 5 475 | 740 | 5 672 | 805 | 6 560 | 952 | 7 650 | 1 055 |
| Britisch Australien | 2 194 | 733 | 2 819 | 888 | 1 889 | 624 | 2 260 | 712 |
| **Blauholz.** | | | | | | | | |
| Einfuhr | 36 868 | 3 871 | 22 320 | 2 455 | 19 542 | 2 345 | 30 259 | 3 110 |
| Brit. Westindien usw. | 6 853 | 720 | 2 658 | 293 | 4 829 | 580 | 12 297 | 1 045 |
| Mexiko | 19 404 | 2 037 | 13 012 | 1 497 | 13 793 | 1 655 | 15 460 | 1 855 |
| Ausfuhr | 6 661 | 653 | 5 726 | 667 | 4 766 | 620 | 4 554 | 517 |
| **Blei, rohes; Bruchblei, Bleiabfälle.** | | | | | | | | |
| Einfuhr | 70 252 | 15 091 | 52 886 | 13 020 | 30 006 | 6 875 | 52 440 | 13 023 |
| Belgien | 20 227 | 6 837 | 17 839 | 4 576 | 10 225 | 4 364 | 27 890 | 6 556 |
| Großbritannien | 8 380 | 3 184 | 7 662 | 2 030 | 2 304 | 576 | 3 720 | 1 391 |
| Ver. St. v. Amerika | 27 754 | 9 853 | 17 082 | 4 465 | 12 597 | 2 771 | 13 682 | 3 811 |
| Britisch Australien | 7 320 | 2 745 | 4 695 | 1 221 | 3 043 | 691 | 3 946 | 967 |
| Ausfuhr | 18 825 | 4 596 | 20 820 | 5 568 | 23 100 | 5 331 | 30 243 | 7 202 |
| Großbritannien | 3 460 | 1 197 | 4 649 | 1 230 | 5 854 | 1 147 | 6 172 | 1 497 |
| Österreich-Ungarn | 5 215 | 1 789 | 5 431 | 1 439 | 5 552 | 1 301 | 8 480 | 2 290 |
| Rußland | 4 947 | 1 722 | 4 555 | 1 207 | 4 110 | 1 014 | 8 030 | 1 927 |
| **Blei-, Farben- und Pastellstifte, Zeichenkohle, Zeichenkreide, Graphit in kleinen Tafeln.** | | | | | | | | |
| Einfuhr | 128 | 317 | 158 | 358 | 148 | 368 | 225 | 448 |
| Ausfuhr | 1 614 | 4 930 | 1 434 | 5 029 | 1 506 | 5 297 | 1 639 | 5 636 |
| Großbritannien | 376 | 839 | 326 | 1 120 | 306 | 1 012 | 311 | 1 033 |
| **Bleiweiß.** | | | | | | | | |
| Einfuhr | 698 | 265 | 423 | 131 | 367 | 121 | 442 | 141 |
| Ausfuhr | 15 126 | 5 353 | 16 966 | 5 769 | 19 070 | 5 721 | 20 765 | 5 918 |
| Großbritannien | 10 630 | 4 464 | 10 649 | 3 621 | 12 678 | 3 803 | 12 988 | 3 605 |

Spezialhandel der wichtigsten Waren.

| Warengattung / Länder der Herkunft bzw. Bestimmung | 1900 Tonnen | 1900 1 000 ℳ | 1901 Tonnen | 1901 1 000 ℳ | 1902 Tonnen | 1902 1 000 ℳ | 1903 Tonnen | 1903 1 000 ℳ |
|---|---|---|---|---|---|---|---|---|
| **Blumen und Blumenbestandteile aus Webe- oder Wirkwaren usw.** | | | | | | | | |
| Einfuhr | 9 | 393 | 8 | 346 | 8 | 382 | 10 | 418 |
| Ausfuhr | 221 | 5 021 | 255 | 6 586 | 294 | 6 233 | 357 | 6 636 |
| Großbritannien | 31 | 181 | 17 | 170 | 44 | 947 | 49 | 906 |
| Ver. St. v. Amerika | 145 | 3 182 | 183 | 4 825 | 189 | 4 039 | 217 | 4 441 |
| **Blumen, Blüten, Knospen, Blätter, Kränze, frisch oder getrocknet.** | | | | | | | | |
| Einfuhr | 4 077 | 6 441 | 3 851 | 4 266 | 4 205 | 4 174 | 4 920 | 4 904 |
| Frankreich | 1 313 | 2 782 | 1 036 | 1 547 | 1 368 | 1 626 | 1 504 | 1 947 |
| Italien | 1 748 | 2 181 | 1 559 | 1 335 | 1 630 | 1 212 | 1 847 | 1 463 |
| Ausfuhr | 355 | 933 | 409 | 944 | 487 | 1 039 | 500 | 876 |
| **Borke (Holzborke und Gerberlohe).** | | | | | | | | |
| Einfuhr | 108 354 | 9 344 | 109 802 | 9 835 | 108 318 | 9 615 | 111 124 | 9 942 |
| Belgien | 10 991 | 1 021 | 11 759 | 1 079 | 11 665 | 1 065 | 11 900 | 1 073 |
| Frankreich | 21 538 | 1 938 | 20 402 | 1 836 | 20 002 | 1 800 | 16 209 | 1 556 |
| Österreich-Ungarn | 63 042 | 5 115 | 66 073 | 5 286 | 66 311 | 5 305 | 68 030 | 5 514 |
| Britisch Südafrika | 2 039 | 186 | 3 502 | 630 | 3 292 | 592 | 4 106 | 739 |
| Ausfuhr | 16 200 | 1 636 | 16 729 | 1 678 | 15 808 | 1 559 | 14 815 | 1 485 |
| **Borsten.** | | | | | | | | |
| Einfuhr | 2 885 | 17 424 | 3 044 | 18 982 | 3 752 | 23 315 | 3 413 | 21 612 |
| Österreich-Ungarn | 164 | 985 | 192 | 1 153 | 148 | 740 | 161 | 846 |
| Rußland | 1 901 | 11 405 | 2 065 | 12 189 | 2 491 | 15 692 | 2 137 | 14 918 |
| China | 464 | 2 237 | 457 | 1 645 | 762 | 4 953 | 768 | 3 838 |
| Ausfuhr | 1 645 | 17 230 | 1 660 | 16 982 | 2 038 | 20 755 | 1 838 | 19 830 |
| Belgien | 128 | 1 404 | 87 | 961 | 142 | 1 705 | 121 | 1 523 |
| Frankreich | 449 | 5 387 | 341 | 4 094 | 355 | 4 264 | 355 | 4 475 |
| Großbritannien | 362 | 3 080 | 408 | 3 467 | 577 | 4 901 | 432 | 3 835 |
| Niederlande | 49 | 535 | 43 | 468 | 67 | 740 | 54 | 627 |
| Österreich-Ungarn | 174 | 1 045 | 237 | 1 422 | 307 | 1 840 | 259 | 1 632 |
| Schweiz | 57 | 628 | 64 | 705 | 65 | 785 | 70 | 887 |
| Ver. St. v. Amerika | 279 | 3 190 | 323 | 4 847 | 361 | 5 421 | 355 | 5 586 |
| **Branntwein.** | | | | | | | | |
| Einfuhr | 11 719 | 15 109 | 3 829 | 4 732 | 3 815 | 5 579 | 4 208 | 5 472 |
| Frankreich | 4 151 | 9 262 | 1 384 | 3 115 | 1 625 | 3 601 | 1 595 | 3 371 |
| Ausfuhr | 25 435 | 7 482 | 25 711 | 6 273 | 43 924 | 8 106 | 36 217 | 7 630 |
| Großbritannien | 3 944 | 959 | 5 912 | 1 298 | 9 332 | 1 544 | 5 710 | 1 109 |
| Britisch Westafrika | 5 842 | 1 874 | 6 371 | 1 574 | 7 135 | 1 587 | 6 407 | 1 344 |
| **Braunkohlen.** | | | | | | | | |
| Einfuhr | 7 960 313 | 67 663 | 8 108 943 | 75 413 | 7 882 010 | 63 056 | 7 062 123 | 57 327 |
| Österreich-Ungarn | 7 960 312 | 67 663 | 8 108 907 | 75 413 | 7 881 986 | 63 056 | 7 062 008 | 57 327 |
| Ausfuhr | 52 705 | 422 | 21 718 | 174 | 21 766 | 152 | 22 409 | 157 |
| **Buchdruckerschriften.** | | | | | | | | |
| Einfuhr | 30 | 101 | 19 | 29 | 18 | 24 | 25 | 24 |
| Ausfuhr | 912 | 3 314 | 815 | 3 428 | 886 | 3 263 | 933 | 3 451 |
| Österreich-Ungarn | 136 | 610 | 142 | 566 | 165 | 577 | 192 | 714 |
| **Bücher, Karten, Musikalien, Zeitschriften.** | | | | | | | | |
| Einfuhr | 4 473 | 21 488 | 4 613 | 22 144 | 5 062 | 24 247 | 6 036 | 28 908 |
| Belgien | 145 | 697 | 132 | 633 | 145 | 697 | 145 | 834 |
| Frankreich | 701 | 3 365 | 639 | 3 065 | 640 | 3 074 | 694 | 3 982 |
| Großbritannien | 362 | 1 739 | 371 | 1 780 | 390 | 1 870 | 425 | 2 465 |
| Niederlande | 413 | 1 984 | 404 | 1 940 | 400 | 1 919 | 452 | 2 593 |
| Österreich-Ungarn | 1 607 | 7 711 | 1 690 | 8 114 | 2 046 | 9 818 | 1 843 | 10 580 |
| Rußland | 163 | 783 | 179 | 859 | 178 | 851 | 195 | 1 119 |
| Schweiz | 666 | 3 198 | 713 | 3 421 | 744 | 3 571 | 757 | 4 346 |
| Ver. St. v. Amerika | 154 | 739 | 218 | 1 045 | 238 | 1 132 | 212 | 1 333 |

Spezialhandel der wichtigeren Waren.

| Warengattung / Länder der Herkunft bzw. Bestimmung | 1900 Tonnen | 1900 1 000 ℳ | 1901 Tonnen | 1901 1 000 ℳ | 1902 Tonnen | 1902 1 000 ℳ | 1903 Tonnen | 1903 1 000 ℳ |
|---|---|---|---|---|---|---|---|---|
| **Ausfuhr** | **14 059** | **78 728** | **14 177** | **79 392** | **14 873** | **86 640** | **16 036** | **84 807** |
| Belgien | 296 | 1 638 | 300 | 1 682 | 299 | 1 796 | 350 | 1 934 |
| Dänemark | 233 | 1 302 | 213 | 1 194 | 205 | 1 228 | 211 | 1 176 |
| Frankreich | 661 | 3 700 | 470 | 2 633 | 532 | 3 193 | 585 | 3 319 |
| Großbritannien | 779 | 4 360 | 874 | 4 892 | 800 | 5 401 | 1 073 | 5 986 |
| Italien | 200 | 1 120 | 196 | 1 096 | 223 | 1 340 | 205 | 1 146 |
| Niederlande | 648 | 3 631 | 612 | 3 429 | 664 | 3 986 | 705 | 3 936 |
| Österreich-Ungarn | 6 196 | 34 697 | 6 312 | 35 344 | 6 360 | 38 160 | 6 627 | 36 977 |
| Rußland | 1 311 | 7 343 | 1 295 | 7 250 | 1 150 | 6 897 | 1 159 | 6 465 |
| Schweden | 241 | 1 350 | 265 | 1 482 | 241 | 1 444 | 233 | 1 298 |
| Schweiz | 1 562 | 8 747 | 1 615 | 9 045 | 1 692 | 10 150 | 1 789 | 9 984 |
| Ver. St. v. Amerika | 1 116 | 6 252 | 1 137 | 6 366 | 1 163 | 6 979 | 1 111 | 6 202 |
| **Bürstenbinder- und Siebmacherwaren, feine.** | | | | | | | | |
| **Einfuhr** | **122** | **1 752** | **118** | **1 520** | **117** | **1 525** | **144** | **1 929** |
| Frankreich | 91 | 1 471 | 80 | 1 268 | 78 | 1 254 | 98 | 1 670 |
| **Ausfuhr** | **987** | **8 826** | **1 093** | **9 283** | **1 020** | **7 927** | **1 117** | **8 128** |
| Großbritannien | 506 | 4 430 | 570 | 4 832 | 535 | 4 060 | 555 | 4 416 |
| Ver. St. v. Amerika | 124 | 1 053 | 184 | 2 467 | 142 | 1 139 | 186 | 1 584 |
| **Bürstenbinderwaren, grobe.** | | | | | | | | |
| **Einfuhr** | **968** | **898** | **1 016** | **888** | **872** | **757** | **755** | **621** |
| **Ausfuhr** | **1 231** | **5 295** | **1 083** | **3 812** | **1 140** | **3 890** | **1 257** | **4 624** |
| Großbritannien | 533 | 2 291 | 447 | 1 697 | 509 | 1 762 | 567 | 2 039 |
| **Butter, frisch, gesalzen oder eingeschmolzen.** | | | | | | | | |
| **Einfuhr** | **16 636** | **25 671** | **18 008** | **28 955** | **16 890** | **28 387** | **24 294** | **43 419** |
| Dänemark | 1 320 | 2 243 | 1 015 | 1 725 | 436 | 763 | 2 340 | 4 446 |
| Niederlande | 5 829 | 9 327 | 5 176 | 8 799 | 5 385 | 9 694 | 7 671 | 14 575 |
| Österreich-Ungarn | 5 038 | 7 129 | 6 243 | 9 444 | 6 235 | 9 976 | 5 551 | 9 159 |
| Rußland | 3 666 | 5 499 | 4 746 | 7 594 | 4 089 | 6 943 | 7 678 | 13 434 |
| **Ausfuhr** | **2 537** | **5 504** | **2 466** | **5 388** | **2 200** | **5 032** | **1 268** | **2 785** |
| Großbritannien | 1 610 | 3 510 | 1 675 | 3 650 | 1 327 | 3 052 | 488 | 1 074 |
| **Calciumkarbid.** | | | | | | | | |
| **Einfuhr** | **7 703** | **2 057** | **9 526** | **2 143** | **11 287** | **2 765** | **14 081** | **3 205** |
| Norwegen | 1 316 | 351 | 1 813 | 408 | 2 150 | 527 | 3 145 | 736 |
| Österreich-Ungarn | 1 871 | 500 | 1 687 | 379 | 2 169 | 531 | 3 482 | 815 |
| Schweiz | 2 345 | 626 | 3 769 | 852 | 5 122 | 1 255 | 5 818 | 1 385 |
| **Ausfuhr** | **224** | **42** | **275** | **63** | **126** | **33** | **335** | **72** |
| **Cellulose, Stroh- und anderer Faserstoff.** | | | | | | | | |
| **Einfuhr** | **22 558** | **4 737** | **32 070** | **5 520** | **21 986** | **4 083** | **27 528** | **4 819** |
| Norwegen | 2 188 | 459 | 3 724 | 708 | 3 370 | 573 | 3 979 | 657 |
| Österreich-Ungarn | 8 875 | 1 864 | 8 020 | 1 764 | 7 518 | 1 504 | 9 506 | 1 901 |
| Schweden | 6 024 | 1 265 | 13 215 | 2 641 | 6 704 | 1 207 | 7 431 | 1 226 |
| **Ausfuhr** | **66 614** | **15 653** | **56 285** | **12 716** | **75 454** | **16 488** | **66 486** | **13 297** |
| Belgien | 8 537 | 2 134 | 4 693 | 1 079 | 12 536 | 2 570 | 12 357 | 2 471 |
| Frankreich | 15 051 | 3 763 | 16 351 | 3 761 | 20 317 | 4 165 | 16 462 | 3 293 |
| Großbritannien | 9 054 | 2 264 | 5 498 | 1 265 | 9 510 | 1 950 | 8 205 | 1 641 |
| Italien | 5 668 | 1 417 | 6 027 | 1 386 | 6 552 | 1 343 | 6 533 | 1 307 |
| Niederlande | 7 347 | 1 837 | 7 352 | 1 691 | 6 803 | 1 395 | 7 301 | 1 460 |
| Schweiz | 2 297 | 574 | 2 228 | 513 | 2 591 | 531 | 3 147 | 629 |
| Ver. St. v. Amerika | 3 378 | 844 | 2 726 | 627 | 7 109 | 1 457 | 4 176 | 835 |

### Chinin, Chininsalze, Chininpräparate.

| | | | | | | | | |
|---|---|---|---|---|---|---|---|---|
| Einfuhr | 5 | 225 | 2 | 101 | 3 | 98 | 3 | 9 |
| Ausfuhr | 185 | 8 316 | 196 | 8 207 | 232 | 8 369 | 197 | 7 09 |
| Großbritannien | 34 | 1 539 | 31 | 1 315 | 28 | 1 015 | 15 | 55 |
| Italien | 27 | 1 233 | 38 | 1 508 | 34 | 1 210 | 27 | 95 |
| Niederlande | 11 | 482 | 3 | 103 | 15 | 547 | 61 | 2 18 |
| Rußland | 28 | 1 152 | 30 | 1 273 | 33 | 1 199 | 27 | 97 |
| Ver. St. v. Amerika | 57 | 2 574 | 54 | 2 285 | 37 | 2 045 | 17 | 64 |

### Chinarinde.

| | | | | | | | | |
|---|---|---|---|---|---|---|---|---|
| Einfuhr | 3 634 | 4 724 | 4 233 | 5 870 | 3 969 | 5 160 | 2 678 | 4 78 |
| Großbritannien | 1 572 | 2 044 | 1 095 | 1 313 | 994 | 1 292 | 298 | 38 |
| Niederl. Indien usw. | 27 | 35 | 636 | 763 | 2 313 | 3 007 | 3 257 | 4 23 |
| Ausfuhr | 84 | 210 | 75 | 181 | 87 | 216 | 98 | 22 |

### Chlorkalium.

| | | | | | | | | |
|---|---|---|---|---|---|---|---|---|
| Einfuhr | 484 | 69 | 462 | 65 | 261 | 37 | 48 | |
| Ausfuhr | 114 489 | 16 312 | 118 968 | 16 654 | 108 925 | 14 989 | 125 802 | 17 73 |
| Belgien | 7 706 | 1 098 | 10 142 | 1 420 | 6 411 | 898 | 8 370 | 1 18 |
| Frankreich | 13 258 | 1 989 | 13 958 | 1 954 | 10 664 | 1 493 | 14 256 | 2 01 |
| Großbritannien | 13 325 | 1 899 | 12 381 | 1 733 | 11 188 | 1 566 | 12 750 | 1 80 |
| Österreich-Ungarn | 3 677 | 544 | 4 137 | 579 | 3 731 | 522 | 3 703 | 53 |
| Ver. St. v. Amerika | 65 218 | 9 294 | 64 103 | 8 974 | 61 576 | 8 621 | 70 201 | 9 93 |

### Därme, Blasen, Magen, nicht zum Genuß.

| | | | | | | | | |
|---|---|---|---|---|---|---|---|---|
| Einfuhr | 22 996 | 41 190 | 21 372 | 43 506 | 22 568 | 45 802 | 23 640 | 28 70 |
| Dänemark | 3 015 | 5 517 | 2 583 | 5 192 | 3 453 | 6 940 | 3 520 | 1 76 |
| Frankreich | 1 199 | 3 094 | 1 088 | 3 083 | 907 | 2 577 | 971 | 1 55 |
| Großbritannien | 2 835 | 4 715 | 2 668 | 4 509 | 3 378 | 5 709 | 3 379 | 1 85 |
| Niederlande | 1 323 | 1 623 | 1 201 | 1 642 | 1 444 | 3 178 | 1 128 | 78 |
| Österreich-Ungarn | 989 | 2 106 | 1 152 | 2 868 | 1 280 | 3 188 | 1 060 | 1 59 |
| Rußland | 2 931 | 8 916 | 3 120 | 9 827 | 2 958 | 9 343 | 3 240 | 9 71 |
| Argentinien | 248 | 443 | 502 | 1 010 | 730 | 1 483 | 510 | 10 |
| Ver. St. v. Amerika | 8 939 | 10 995 | 7 584 | 11 375 | 6 687 | 10 031 | 8 073 | 9 68 |
| Ausfuhr | 2 740 | 9 458 | 3 114 | 11 420 | 2 972 | 11 026 | 2 370 | 5 32 |
| Frankreich | 266 | 876 | 220 | 802 | 178 | 648 | 215 | 47 |
| Österreich-Ungarn | 744 | 3 183 | 821 | 3 778 | 694 | 3 193 | 634 | 1 90 |
| Ver. St. v. Amerika | 112 | 671 | 100 | 651 | 131 | 853 | 120 | 78 |

### Dampfschiffe (Seeschiffe) von Eisen oder Stahl.

| | Stück | | Stück | | Stück | | Stück | |
|---|---|---|---|---|---|---|---|---|
| Einfuhr | 16 | 6 381 | 15 | 9 120 | 13 | 2 169 | 10 | 1 231 |
| Großbritannien | 10 | 4 027 | 10 | 7 970 | 7 | 1 803 | 6 | 81 |
| Ausfuhr | 22 | 24 847 | 19 | 12 506 | 8 | 11 148 | 11 | 8 98 |
| Dänemark | 1 | 80 | — | — | 2 | 2 068 | 3 | 1 50 |
| Rußland | 11 | 6 862 | 6 | 5 852 | 1 | 8 000 | 4 | 6 97 |

### Decken aus Kamptulikon, Linoleum, Korticium.

| | Tonnen | | Tonnen | | Tonnen | | Tonnen | |
|---|---|---|---|---|---|---|---|---|
| Einfuhr | 982 | 593 | 224 | 157 | 87 | 62 | 71 | 48 |
| Ausfuhr | 2 380 | 1 870 | 3 401 | 1 881 | 4 115 | 2 757 | 5 393 | 3 667 |
| Niederlande | 578 | 326 | 688 | 178 | 798 | 515 | 875 | 591 |

### Edelsteine und Korallen, echte, bearbeitet, echte Perlen: ohne Fassung.

| | | | | | | | | |
|---|---|---|---|---|---|---|---|---|
| Einfuhr | 3,770 | 5 819 | [illegible] | 5 391 | 3,409 | 6 535 | 3,840 | 6 670 |
| Frankreich | 0,487 | 1 948 | 0,415 | 1 660 | 0,461 | 2 171 | 0,600 | 2 250 |
| Großbritannien | 0,196 | 1 512 | 0,222 | 1 694 | 0,154 | 2 003 | 0,133 | 2 326 |
| Britisch Indien usw. | 1,231 | 1 083 | 1,288 | 1 098 | 1,360 | 1 360 | 1,105 | 1 104 |
| Ausfuhr | 0,967 | 6 785 | [illegible] | 5 399 | 1,746 | 7 604 | 1,928 | 8 217 |
| Frankreich | 0,206 | 1 236 | [illegible] | 1 428 | 0,115 | 1 026 | 0,125 | 1 125 |
| Großbritannien | 0,072 | 304 | 0,118 | 500 | 0,023 | 598 | 0,027 | 702 |
| Ver. St. v. Amerika | 0,249 | 2 723 | 0,288 | 2 900 | 0,319 | 4 147 | 0,309 | 2 992 |

Spezialhandel der wichtigeren Waren.

| Warengattung<br>Länder der Herkunft bzw. Bestimmung | 1900 Tonnen | 1900 1 000 M | 1901 Tonnen | 1901 1 000 M | 1902 Tonnen | 1902 1 000 M | 1903 Tonnen | 1903 1 000 M |
|---|---|---|---|---|---|---|---|---|
| **Edel- und Halbedelsteine, Korallen: echte, roh, auch gemahlen.** | | | | | | | | |
| Einfuhr | 88,669 | 4 733 | 115,404 | 4 647 | 314,888 | 5 376 | 192,187 | 3 036 |
| Brasilien | 27,101 | 339 | 56,534 | 635 | 90,908 | 1 373 | 103,499 | 524 |
| Britisch Australien | 3,674 | 1 845 | 5,665 | 1 929 | 11,422 | 2 606 | 8,908 | 1 160 |
| Ausfuhr | 6,384 | 276 | 4,433 | 188 | 6,260 | 274 | 3,668 | 181 |
| **Eier von Geflügel, Eigelb.** | | | | | | | | |
| Einfuhr | 118 170 | 103 227 | 116 487 | 104 773 | 128 164 | 115 071 | 124 777 | 108 377 |
| Bulgarien | 344 | 317 | 1 706 | 1 677 | 3 049 | 2 834 | 4 007 | 3 364 |
| Italien | 8 504 | 9 797 | 6 931 | 8 178 | 5 531 | 5 696 | 4 588 | 4 654 |
| Niederlande | 2 285 | 1 991 | 2 310 | 2 076 | 2 453 | 2 256 | 2 386 | 2 147 |
| Österreich-Ungarn | 53 174 | 47 845 | 51 642 | 48 017 | 53 939 | 50 151 | 43 581 | 37 911 |
| Rumänien | 1 919 | 1 766 | 1 924 | 1 673 | 3 662 | 3 406 | 3 030 | 2 545 |
| Rußland | 50 320 | 40 230 | 50 148 | 41 604 | 55 790 | 47 399 | 64 215 | 55 197 |
| Serbien | 172 | 190 | 247 | 222 | 1 485 | 1 381 | 706 | 659 |
| Ausfuhr | 613 | 597 | 888 | 899 | 960 | 969 | 1 036 | 1 036 |
| **Eisen (a—e):** | | | | | | | | |
| **a. Brucheisen und Eisenabfälle.** | | | | | | | | |
| Einfuhr | 100 383 | 8 489 | 26 383 | 1 850 | 31 950 | 1 607 | 69 898 | 2 934 |
| Niederlande | 41 208 | 3 503 | 12 456 | 872 | 20 703 | 1 035 | 28 178 | 1 237 |
| Ausfuhr | 61 896 | 4 906 | 163 308 | 8 163 | 168 960 | 9 787 | 108 246 | 6 338 |
| Belgien | 1 073 | 97 | 22 309 | 1 171 | 22 326 | 1 293 | 9 684 | 561 |
| Italien | 5 773 | 577 | 39 971 | 2 198 | 49 520 | 2 872 | 39 635 | 2 299 |
| Schweiz | 14 257 | 1 354 | 7 456 | 391 | 12 069 | 700 | 11 628 | 674 |
| **b. Eck- und Winkeleisen.** | | | | | | | | |
| Einfuhr | 827 | 124 | 671 | 88 | 184 | 20 | 308 | 38 |
| Ausfuhr | 215 841 | 30 837 | 342 447 | 34 628 | 368 238 | 37 068 | 419 556 | 38 867 |
| Freihafen Hamburg | 6 282 | 942 | 7 577 | 795 | 6 237 | 642 | 5 120 | 522 |
| Belgien | 24 746 | 3 465 | 50 647 | 5 065 | 49 216 | 4 883 | 35 420 | 3 472 |
| Dänemark | 11 634 | 1 687 | 10 338 | 1 014 | 13 411 | 1 314 | 8 450 | 828 |
| Großbritannien | 47 016 | 6 582 | 114 343 | 11 434 | 121 659 | 11 983 | 152 787 | 13 751 |
| Italien | 14 993 | 2 174 | 16 186 | 1 700 | 19 150 | 1 972 | 21 404 | 2 140 |
| Niederlande | 20 142 | 3 660 | 41 434 | 4 143 | 42 790 | 4 194 | 48 994 | 4 654 |
| Schweden | 12 136 | 1 699 | 13 090 | 1 298 | 13 782 | 1 282 | 20 862 | 1 878 |
| Schweiz | 36 592 | 5 489 | 30 936 | 3 403 | 38 384 | 4 146 | 43 947 | 4 614 |
| Britisch Indien usw. | 2 080 | 291 | 6 795 | 679 | 8 520 | 835 | 13 088 | 1 273 |
| Argentinien | 4 601 | 644 | 11 076 | 997 | 5 768 | 508 | 7 269 | 640 |
| Brit. Nordamerika | — | — | 704 | 70 | 5 535 | 542 | 7 429 | 601 |
| Ver. St. v. Amerika | 940 | 132 | 487 | 49 | 23 777 | 2 330 | 11 007 | 1 024 |
| **c. Luppeneisen, Rohschienen, Ingots.** | | | | | | | | |
| Einfuhr | 2 778 | 484 | 1 686 | 228 | 1 640 | 207 | 2 149 | 284 |
| Ausfuhr | 33 627 | 4 038 | 201 716 | 16 137 | 636 427 | 49 841 | 638 132 | 46 861 |
| Belgien | 16 113 | 1 773 | 57 684 | 4 613 | 87 381 | 6 814 | 105 599 | 7 719 |
| Frankreich | 6 212 | 683 | 5 487 | 439 | 7 340 | 572 | 7 831 | 572 |
| Großbritannien | 263 | 37 | 112 279 | 8 982 | 362 917 | 28 308 | 300 613 | 28 554 |
| Italien | 2 533 | 355 | 8 853 | 708 | 12 199 | 951 | 12 936 | 946 |
| Niederlande | 151 | 21 | 1 510 | 121 | 42 811 | 3 339 | 30 440 | 2 223 |
| Schweiz | 7 600 | 1 064 | 6 106 | 488 | 9 864 | 769 | 11 796 | 862 |
| Ver. St. v. Amerika | — | — | 1 614 | 131 | 99 710 | 7 780 | 71 694 | 5 455 |
| **d. Roheisen.** | | | | | | | | |
| Einfuhr | 728 712 | 68 417 | 267 593 | 17 035 | 143 049 | 8 666 | 168 347 | 9 225 |
| Großbritannien | 670 191 | 53 615 | 243 310 | 15 207 | 116 245 | 6 510 | 133 626 | 7 350 |
| Schweden | 11 843 | 1 747 | 5 753 | 600 | 11 684 | 1 285 | 10 850 | 1 150 |
| Ausfuhr | 128 409 | 10 242 | 156 448 | 6 762 | 347 266 | 19 102 | 418 072 | 23 899 |
| Belgien | 58 588 | 4 101 | 52 581 | 2 629 | 100 811 | 5 243 | 138 121 | 7 590 |
| Frankreich | 36 325 | 2 906 | 32 024 | 1 601 | 30 387 | 1 519 | 32 532 | 1 627 |
| Großbritannien | 3 273 | 311 | 28 932 | 2 085 | 39 954 | 2 197 | 23 157 | 1 389 |
| Niederlande | 2 460 | 235 | 2 116 | 145 | 69 928 | 4 940 | 41 105 | 2 261 |
| Österreich-Ungarn | 11 587 | 1 041 | 13 312 | 865 | 14 335 | 788 | 12 851 | 707 |
| Schweiz | 9 544 | 954 | 7 920 | 555 | 9 867 | 504 | 14 380 | 863 |
| Ver. St. v. Amerika | — | — | 5 909 | 445 | 49 586 | 3 465 | 128 899 | 9 029 |

| | | | | | | | |
|---|---|---|---|---|---|---|---|
| Einfuhr | 37 899 | 8 388 | 22 618 | 4 255 | 24 579 | 4 635 | 26 129 |
| Großbritannien | 6 549 | 1 290 | 3 808 | 533 | 4 449 | 710 | 4 835 |
| Schweden | 19 158 | 4 980 | 13 622 | 3 133 | 16 820 | 3 544 | 15 523 |
| Ausfuhr | 172 833 | 86 432 | 329 613 | 34 784 | 381 216 | 37 216 | 348 029 |
| Freihafen Hamburg | 4 846 | 703 | 5 272 | 554 | 5 949 | 613 | — |
| Belgien | 8 403 | 1 147 | 19 455 | 1 848 | 25 406 | 2 368 | 21 304 |
| Dänemark | 14 506 | 2 103 | 15 156 | 1 591 | 20 855 | 2 148 | 23 558 |
| Großbritannien | 6 007 | 871 | 42 845 | 4 499 | 55 100 | 5 673 | 43 345 |
| Italien | 5 078 | 787 | 9 573 | 1 101 | 12 003 | 1 356 | 13 560 |
| Niederlande | 28 708 | 3 873 | 40 910 | 4 296 | 47 667 | 4 910 | 48 132 |
| Österreich-Ungarn | 4 540 | 681 | 4 072 | 448 | 5 589 | 604 | 6 882 |
| Rumänien | 4 069 | 570 | 9 840 | 985 | 11 393 | 1 117 | 8 784 |
| Rußland | 35 484 | 5 500 | 32 341 | 3 719 | 17 720 | 2 002 | 11 116 |
| Schweiz | 18 674 | 2 394 | 12 819 | 1 474 | 19 028 | 2 150 | 19 311 |
| Britisch Indien usw | 8 939 | 1 296 | 52 177 | 5 479 | 38 645 | 3 774 | 41 874 |
| Japan | 9 873 | 1 432 | 24 515 | 2 577 | 22 820 | 2 330 | 27 833 |
| Argentinien | 2 848 | 399 | 11 968 | 1 197 | 15 302 | 1 500 | 21 830 |
| Brit. Nordamerika | 189 | 3 | 2 134 | 213 | 9 375 | 919 | 13 576 |

## Eisenwaren (a—m):

### a. Drahtstifte.

| | | | | | | | |
|---|---|---|---|---|---|---|---|
| Einfuhr | 120 | 26 | 68 | 12 | 28 | 5 | 40 |
| Ausfuhr | 48 988 | 9 660 | 64 477 | 8 716 | 55 167 | 9 103 | 51 282 |
| Großbritannien | 14 461 | 3 037 | 17 343 | 2 775 | 13 316 | 2 197 | 14 386 |
| Japan | 4 817 | 1 012 | 7 882 | 1 229 | 13 065 | 2 136 | 6 573 |

### b. Eisenbahn-Laschen, -Schwellen, -Unterlagsplatten.

| | | | | | | | |
|---|---|---|---|---|---|---|---|
| Einfuhr | 481 | 70 | 169 | 82 | 30 | 3 | 85 |
| Ausfuhr | 39 492 | 5 627 | 42 710 | 5 376 | 48 950 | 6 189 | 73 099 |
| Niederlande | 4 475 | 671 | 5 800 | 858 | 5 003 | 645 | 10 270 |
| Schweiz | 10 770 | 1 510 | 11 083 | 1 338 | 17 030 | 1 883 | 14 384 |

### c. Eisenbahnschienen.

| | | | | | | | |
|---|---|---|---|---|---|---|---|
| Einfuhr | 343 | 41 | 545 | 67 | 136 | 18 | 142 |
| Ausfuhr | 165 666 | 19 880 | 180 878 | 20 047 | 366 815 | 35 127 | 378 611 |
| Belgien | 4 147 | 567 | 7 685 | 865 | 15 325 | 1 494 | 15 318 |
| Großbritannien | 23 904 | 2 999 | 28 475 | 3 132 | 54 826 | 5 208 | 61 240 |
| Niederlande | 21 942 | 2 743 | 35 407 | 3 895 | 39 254 | 3 789 | 37 041 |
| Schweden | 1 767 | 223 | 2 762 | 311 | 9 174 | 894 | 11 888 |
| Schweiz | 25 531 | 3 253 | 18 185 | 2 046 | 21 878 | 2 133 | 15 787 |
| Kiautschou | 1 573 | 107 | 2 149 | 236 | 7 702 | 738 | 8 426 |
| Niederl. Indien usw | 20 180 | 2 524 | 23 816 | 2 601 | 9 136 | 868 | 9 872 |
| Brit. Nordamerika | 111 | 14 | 9 774 | 1 075 | 24 523 | 2 330 | 29 182 |
| Ver. St. v. Amerika | 40 | 6 | 1 236 | 136 | 87 133 | 8 478 | 58 880 |

### d. Eisendraht.

Spezialhandel der wichtigeren Waren.

| Warengattung / Länder der Herkunft bzw. Bestimmung | 1900 Tonnen | 1900 1 000 ℳ | 1901 Tonnen | 1901 1 000 ℳ | 1902 Tonnen | 1902 1 000 ℳ | 1903 Tonnen | 1903 1 000 ℳ |
|---|---|---|---|---|---|---|---|---|
| **e. Eisenbahn-Achsen, -Radeisen, -Räder, -Wagenfedern, Puffer.** | | | | | | | | |
| **Einfuhr** | 2 198 | 591 | 958 | 240 | 588 | 141 | 335 | 70 |
| **Ausfuhr** | 46 675 | 15 468 | 49 257 | 14 777 | 47 491 | 13 060 | 48 385 | 12 580 |
| Großbritannien | 1 461 | 482 | 1 002 | 301 | 2 107 | 596 | 3 117 | 810 |
| Italien | 6 203 | 2 047 | 7 633 | 2 290 | 8 714 | 2 396 | 11 214 | 2 916 |
| Niederlande | 7 458 | 2 460 | 5 084 | 1 795 | 5 933 | 1 632 | 4 529 | 1 178 |
| Schweiz | 3 058 | 1 009 | 2 428 | 728 | 2 975 | 818 | 2 803 | 752 |
| Brit. Nordamerika | 2 293 | 757 | 2 746 | 824 | 2 893 | 821 | 4 228 | 1 098 |
| Ver. St. v. Amerika | 3 619 | 1 194 | 3 679 | 1 104 | 4 552 | 1 252 | 3 724 | 968 |
| **f. feine Waren aus Guß- oder Schmiedeeisen.** | | | | | | | | |
| **Einfuhr** | 2 314 | 7 247 | 2 476 | 6 218 | 2 390 | 6 252 | 3 581 | 6 979 |
| Frankreich | 448 | 1 125 | 411 | 953 | 417 | 1 009 | 430 | 1 211 |
| Großbritannien | 432 | 1 109 | 431 | 1 003 | 389 | 947 | 439 | 1 061 |
| Österreich-Ungarn | 309 | 743 | 302 | 690 | 325 | 737 | 361 | 874 |
| Ver. St. v. Amerika | 633 | 2 933 | 682 | 2 167 | 781 | 2 557 | 868 | 2 844 |
| **Ausfuhr** | 30 284 | 71 114 | 32 846 | 77 914 | 33 764 | 80 202 | 38 498 | 88 488 |
| Freihafen Hamburg | 318 | 780 | 249 | 593 | 251 | 591 | 340 | 798 |
| Belgien | 1 525 | 3 179 | 1 501 | 3 377 | 1 475 | 3 296 | 1 778 | 3 776 |
| Dänemark | 584 | 1 374 | 666 | 1 581 | 812 | 1 928 | 920 | 1 996 |
| Frankreich | 1 161 | 3 056 | 1 091 | 2 792 | 1 118 | 2 854 | 1 506 | 3 588 |
| Großbritannien | 3 884 | 9 311 | 4 370 | 10 466 | 4 808 | 11 456 | 4 852 | 10 765 |
| Italien | 816 | 1 885 | 1 000 | 2 235 | 910 | 2 136 | 1 155 | 2 575 |
| Niederlande | 1 993 | 4 481 | 2 128 | 4 985 | 2 389 | 5 457 | 2 758 | 5 899 |
| Norwegen | 425 | 972 | 460 | 1 077 | 509 | 1 212 | 528 | 1 203 |
| Österreich-Ungarn | 1 822 | 4 951 | 1 998 | 5 345 | 2 074 | 5 682 | 2 572 | 6 800 |
| Rumänien | 169 | 396 | 300 | 695 | 459 | 1 078 | 409 | 1 009 |
| Rußland | 3 186 | 7 139 | 3 825 | 8 574 | 3 921 | 8 779 | 4 086 | 8 490 |
| Schweden | 471 | 1 133 | 485 | 1 105 | 541 | 1 244 | 553 | 1 201 |
| Schweiz | 1 249 | 3 089 | 1 421 | 3 471 | 1 398 | 3 404 | 1 564 | 3 721 |
| Spanien | 1 040 | 2 386 | 938 | 2 167 | 1 204 | 2 759 | 1 171 | 2 631 |
| Türkei in Europa | 420 | 1 032 | 541 | 1 258 | 537 | 1 233 | 593 | 1 215 |
| Britisch Südafrika | 165 | 355 | 228 | 529 | 375 | 872 | 544 | 1 152 |
| Britisch Indien usw | 976 | 2 371 | 1 224 | 2 915 | 1 140 | 2 688 | 1 737 | 3 842 |
| Britisch Malakka | 594 | 1 365 | 430 | 993 | 383 | 858 | 404 | 851 |
| China | 804 | 1 858 | 940 | 2 204 | 954 | 2 191 | 980 | 2 095 |
| Niederl. Indien usw | 807 | 1 673 | 667 | 1 515 | 400 | 1 085 | 647 | 1 501 |
| Philippinen usw. | 246 | 671 | 290 | 743 | 304 | 762 | 242 | 576 |
| Argentinien | 855 | 1 951 | 841 | 1 931 | 592 | 1 400 | 1 040 | 2 274 |
| Brasilien | 786 | 1 942 | 588 | 1 484 | 717 | 1 783 | 902 | 2 101 |
| Brit. Nordamerika | 185 | 481 | 161 | 563 | 229 | 733 | 250 | 713 |
| Chile | 454 | 1 024 | 519 | 1 194 | 447 | 1 016 | 650 | 1 379 |
| Mexiko | 479 | 1 314 | 418 | 1 264 | 580 | 1 516 | 603 | 1 511 |
| Ver. St. v. Amerika | 1 255 | 4 238 | 1 331 | 4 994 | 1 221 | 4 906 | 1 555 | 5 783 |
| Britisch Australien | 242 | 603 | 255 | 651 | 276 | 777 | 296 | 733 |
| **g. ganz grobe Gußwaren von Eisen.** | | | | | | | | |
| **Einfuhr** | 21 593 | 3 131 | 20 690 | 2 483 | 9 215 | 1 040 | 9 514 | 1 106 |
| **Ausfuhr** | 31 103 | 6 754 | 27 730 | 4 437 | 32 160 | 4 824 | 56 214 | 7 899 |
| Niederlande | 3 561 | 640 | 4 124 | 665 | 5 498 | 844 | 15 316 | 1 915 |
| Schweiz | 5 711 | 1 057 | 4 427 | [illegible] | 3 615 | 547 | 4 395 | 650 |

Spezialhandel der wichtigeren Waren.

## b. grobe Eisenwaren.

| Warengattung / Länder der Herkunft bzw. Bestimmung | 1900 Tonnen | 1900 1 000 ℳ | 1901 Tonnen | 1901 1 000 ℳ | 1902 Tonnen | 1902 1 000 ℳ | 1903 Tonnen | 1903 1 000 ℳ |
|---|---|---|---|---|---|---|---|---|
| **Einfuhr** | **23 755** | **19 078** | **18 909** | **13 490** | **13 135** | **10 420** | **14 874** | **11 184** |
| Frankreich | 2 657 | 2 409 | 1 885 | 1 626 | 1 832 | 1 483 | 2 307 | 1 639 |
| Großbritannien | 8 816 | 6 773 | 4 049 | 3 136 | 2 915 | 2 280 | 5 236 | 3 592 |
| Österreich-Ungarn | 1 834 | 1 542 | 2 851 | 2 301 | 1 275 | 1 163 | 1 370 | 1 160 |
| Schweiz | 824 | 773 | 837 | 565 | 600 | 518 | 847 | 662 |
| Ver. St. v. Amerika | 4 459 | 4 074 | 4 938 | 3 948 | 4 120 | 3 168 | 2 461 | 2 090 |
| **Ausfuhr** | **185 656** | **139 130** | **183 384** | **144 014** | **215 244** | **162 236** | **241 085** | **172 073** |
| Freihafen Hamburg | 5 382 | 4 239 | 5 210 | 3 834 | 6 860 | 4 781 | 6 152 | 4 423 |
| Belgien | 10 470 | 8 716 | 10 182 | 7 857 | 10 608 | 7 875 | 10 561 | 7 621 |
| Bulgarien | 404 | 340 | 552 | 439 | 688 | 540 | 796 | 549 |
| Dänemark | 4 376 | 3 745 | 6 072 | 4 533 | 7 521 | 5 594 | 6 326 | 4 435 |
| Frankreich | 5 037 | 4 899 | 5 437 | 4 392 | 7 451 | 5 651 | 7 688 | 5 558 |
| Großbritannien | 12 781 | 10 451 | 15 825 | 11 545 | 18 710 | 13 935 | 22 656 | 15 979 |
| Italien | 7 403 | 6 116 | 6 092 | 5 557 | 8 379 | 6 393 | 10 256 | 7 188 |
| Niederlande | 18 486 | 13 483 | 21 864 | 16 846 | 25 745 | 18 762 | 33 434 | 23 255 |
| Norwegen | 2 304 | 1 933 | 2 402 | 1 928 | 3 134 | 2 361 | 2 520 | 2 152 |
| Österreich-Ungarn | 10 198 | 8 681 | 9 644 | 7 755 | 9 585 | 7 411 | 11 577 | 8 473 |
| Rumänien | 1 686 | 1 459 | 2 985 | 2 525 | 4 330 | 3 400 | 4 944 | 3 339 |
| Rußland | 21 461 | 18 626 | 22 128 | 18 062 | 19 789 | 15 739 | 22 169 | 15 236 |
| Finnland | 1 590 | 1 253 | 1 209 | 964 | 1 034 | 736 | 1 460 | 1 034 |
| Schweden | 3 883 | 3 089 | 3 180 | 2 389 | 4 274 | 3 034 | 4 614 | 2 302 |
| Schweiz | 12 553 | 10 361 | 10 808 | 8 557 | 14 070 | 10 609 | 14 660 | 10 321 |
| Spanien | 3 710 | 3 030 | 3 765 | 2 862 | 3 768 | 2 948 | 4 283 | 3 151 |
| Türkei in Europa | 1 058 | 890 | 1 867 | 1 452 | 3 063 | 2 351 | 1 960 | 1 337 |
| Türkei in Asien | 584 | 495 | 1 001 | 778 | 1 245 | 929 | 1 050 | 776 |
| Ägypten | 1 554 | 1 304 | 1 031 | 1 485 | 1 843 | 1 364 | 2 644 | 1 914 |
| Britisch Südafrika | 1 224 | 1 075 | 1 977 | 1 602 | 4 598 | 3 675 | 3 027 | 2 369 |
| Port. Ostafrika | 262 | 218 | 345 | 271 | 1 256 | 959 | 1 062 | 784 |
| Britisch Indien usw. | 2 883 | 2 374 | 2 345 | 1 970 | 2 837 | 2 195 | 3 753 | 2 783 |
| China | 2 193 | 1 737 | 1 610 | 1 221 | 1 222 | 898 | 1 904 | 1 430 |
| Kiautschou | 1 056 | 982 | 1 076 | 871 | 1 303 | 933 | 2 416 | 1 636 |
| Japan | 2 908 | 2 226 | 3 048 | 2 310 | 1 673 | 1 149 | 795 | 544 |
| Niederl. Indien usw. | 3 240 | 2 677 | 4 816 | 3 713 | 7 158 | 5 496 | 3 770 | 2 699 |
| Argentinien | 5 118 | 4 396 | 5 126 | 4 266 | 4 682 | 3 753 | 11 097 | 8 750 |
| Brasilien | 3 467 | 3 097 | 2 724 | 2 305 | 4 841 | 3 891 | 5 601 | 4 382 |
| Brit. Nordamerika | 402 | 350 | 315 | 237 | 3 512 | 2 539 | 1 776 | 1 336 |
| Chile | 2 843 | 2 484 | 3 363 | 2 641 | 4 008 | 2 904 | 7 310 | 5 119 |
| Mexiko | 1 807 | 1 575 | 3 043 | 2 285 | 5 062 | 3 715 | 4 006 | 3 206 |
| Uruguay | 358 | 316 | 509 | 513 | 892 | 734 | 973 | 766 |
| Ver. St. v. Amerika | 2 210 | 1 873 | 2 015 | 2 231 | 4 922 | 3 874 | 6 047 | 4 359 |
| Britisch Australien | 2 993 | 2 745 | 6 910 | 5 959 | 5 111 | 4 459 | 4 912 | 3 874 |

Spezialhandel der wichtigeren Waren.

| Warengattung — Länder der Herkunft bzw. Bestimmung | 1900 Tonnen | 1900 1 000 M. | 1901 Tonnen | 1901 1 000 M. | 1902 Tonnen | 1902 1 000 M. | 1903 Tonnen | 1903 1 000 M. |
|---|---|---|---|---|---|---|---|---|
| **k. Platten und Bleche aus schmiedbarem Eisen, rohe.** | | | | | | | | |
| Einfuhr | 3 629 | 728 | 2 887 | 324 | 1 600 | 203 | 1 238 | 16 |
| Ausfuhr | 167 363 | 27 751 | 265 627 | 32 239 | 273 021 | 32 075 | 278 934 | 31 65 |
| Freihafen Hamburg | 22 182 | 3 418 | 15 272 | 1 758 | 15 058 | 1 731 | 15 076 | 1 92 |
| Belgien | 13 268 | 2 189 | 28 406 | 3 562 | 35 162 | 4 041 | 35 399 | 3 89 |
| Dänemark | 5 107 | 843 | 9 334 | 1 120 | 10 319 | 1 187 | 13 205 | 1 45 |
| Großbritannien | 2 334 | 339 | 22 786 | 2 620 | 41 731 | 4 384 | 41 399 | 4 34 |
| Italien | 5 490 | 1 016 | 8 777 | 1 317 | 11 492 | 1 609 | 8 932 | 1 16 |
| Niederlande | 41 177 | 6 382 | 78 516 | 9 422 | 60 056 | 7 435 | 64 263 | 6 75 |
| Norwegen | 1 222 | 202 | 7 721 | 1 042 | 5 697 | 684 | 7 649 | 88 |
| Rußland | 16 062 | 3 052 | 14 713 | 2 280 | 12 393 | 1 859 | 7 549 | 1 09 |
| Schweiz | 16 951 | 3 136 | 12 171 | 1 704 | 15 778 | 2 130 | 15 222 | 1 97 |
| Britisch Indien usw. | 8 737 | 1 616 | 24 015 | 2 882 | 18 343 | 2 132 | 25 897 | 2 84 |
| **l. Röhren, gewalzte und gezogene aus schmiedbarem Eisen, rohe.** | | | | | | | | |
| Einfuhr | 20 262 | 5 066 | 12 201 | 2 318 | 10 804 | 1 885 | 9 346 | 1 70 |
| Ver. St. v. Amerika | 7 462 | 1 890 | 8 124 | 1 361 | 6 441 | 1 160 | 4 870 | 87 |
| Ausfuhr | 39 766 | 9 939 | 48 377 | 9 676 | 55 464 | 10 588 | 66 501 | 12 63 |
| Belgien | 5 020 | 1 480 | 7 064 | 1 413 | 6 869 | 1 305 | 8 424 | 1 60 |
| Dänemark | 2 527 | 632 | 2 940 | 588 | 3 128 | 594 | 4 387 | 83 |
| Italien | 2 767 | 692 | 3 851 | 770 | 4 104 | 780 | 4 116 | 78 |
| Niederlande | 5 174 | 1 293 | 6 968 | 1 394 | 8 043 | 1 528 | 8 714 | 1 65 |
| Schweiz | 6 203 | 1 551 | 9 024 | 1 805 | 9 024 | 1 715 | 6 015 | 1 31 |
| **m. Weißblech.** | | | | | | | | |
| Einfuhr | 18 168 | 5 447 | 9 849 | 2 885 | 16 698 | 4 758 | 17 080 | 4 61 |
| Großbritannien | 17 801 | 5 340 | 9 730 | 2 844 | 16 592 | 4 729 | 16 963 | 4 58 |
| Ausfuhr | 236 | 66 | 158 | 54 | 150 | 51 | 177 | 5 |
| **Elfenbein.** | | | | | | | | |
| Einfuhr | 233 | 3 371 | 166 | 2 981 | 201 | 3 415 | 157 | 3 36 |
| Belgien | 50 | 726 | 42 | 672 | 42 | 709 | 31 | 56 |
| Großbritannien | 116 | 1 682 | 82 | 1 317 | 93 | 1 574 | 87 | 1 74 |
| Ausfuhr | 61 | 1 151 | 66 | 1 380 | 65 | 1 000 | 63 | 1 33 |
| **Erde, Mergel, Kies, ungefärbter Sand, Schlamm.** | | | | | | | | |
| Einfuhr | 386 028 | 1 551 | 264 686 | 1 096 | 305 236 | 1 229 | 249 475 | 1 18 |
| Ausfuhr | 822 840 | 3 703 | 832 335 | 3 746 | 713 506 | 3 211 | 783 210 | 3 52 |
| Niederlande | 555 776 | 2 501 | 550 942 | 2 479 | 459 788 | 2 069 | 529 708 | 2 38 |
| **Erdnüsse, frische Erdmandeln.** | | | | | | | | |
| Einfuhr | 20 128 | 4 178 | 19 084 | 3 917 | 25 642 | 6 089 | 37 784 | 7 17 |
| Brit. Westafrika | 2 625 | 519 | 1 843 | 360 | 3 608 | 721 | 3 520 | 65 |
| Franz. Westafrika | 13 122 | 2 493 | 12 891 | 2 462 | 12 474 | 2 807 | 15 105 | 2 75 |
| Britisch Indien usw. | 290 | 67 | 2 105 | 520 | 4 402 | 1 017 | 13 885 | 2 75 |
| Ausfuhr | 14 | 4 | 766 | 109 | 2 | 1 | 3 | |
| **Erze (a—k):** | | | | | | | | |
| **a. Bleierze.** | | | | | | | | |
| Einfuhr | 51 338 | 10 876 | 109 196 | 20 406 | 71 078 | 9 538 | 67 873 | 9 91 |
| Belgien | 1 132 | 136 | 3 894 | 409 | 16 446 | 1 768 | 6 774 | 72 |
| Österreich-Ungarn | 2 846 | 484 | 3 991 | 479 | 5 452 | 518 | 8 784 | 67 |
| Britisch Australien | 37 257 | 8 563 | 78 102 | 16 987 | 44 370 | 6 424 | 44 476 | 7 81 |
| Ausfuhr | 1 309 | 230 | 881 | 125 | 2 024 | 321 | 1 870 | 31 |

Spezialhandel der wichtigeren Waren.

| Warengattung<br>Länder der Herkunft bzw. Bestimmung | 1900 Tonnen | 1900 1 000 ℳ | 1901 Tonnen | 1901 1 000 ℳ | 1902 Tonnen | 1902 1 000 ℳ | 1903 Tonnen | 1903 1 000 ℳ |
|---|---|---|---|---|---|---|---|---|
| **b. Eisenerze.** | | | | | | | | |
| Einfuhr | 4 107 848 | 75 182 | 4 370 022 | 69 703 | 3 967 403 | 59 235 | 5 226 336 | 80 176 |
| Belgien | 152 137 | 1 581 | 169 770 | 1 548 | 110 001 | 935 | 137 337 | 1 167 |
| Frankreich | 66 283 | 994 | 45 633 | 593 | 54 200 | 705 | 143 521 | 1 866 |
| Österreich-Ungarn | 270 163 | 5 403 | 241 825 | 4 232 | 231 331 | 4 147 | 267 058 | 4 407 |
| Rußland | 32 808 | 558 | 37 368 | 635 | 52 758 | 976 | 220 107 | 4 184 |
| Schweden | 1 487 555 | 26 595 | 1 477 124 | 23 634 | 1 144 006 | 17 160 | 1 434 654 | 22 954 |
| Spanien | 1 848 529 | 35 182 | 2 136 557 | 35 253 | 1 918 003 | 28 770 | 2 491 424 | 37 371 |
| Algerien | 154 528 | 2 936 | 119 633 | 1 914 | 113 528 | 1 816 | 101 446 | 1 623 |
| Brit. Nordamerika | 3 135 | 59 | 21 049 | 358 | 221 407 | 3 543 | 201 351 | 4 182 |
| Ausfuhr | 3 247 888 | 11 928 | 2 389 870 | 8 968 | 2 868 068 | 10 096 | 3 343 810 | 11 898 |
| Belgien | 1 782 684 | 6 239 | 1 163 963 | 4 074 | 1 661 824 | 5 484 | 1 900 387 | 6 871 |
| Frankreich | 1 428 267 | 4 999 | 1 182 094 | 4 137 | 1 153 535 | 3 807 | 1 396 355 | 4 608 |
| **c. Gold- und Platinerze.** | | | | | | | | |
| Einfuhr | 610 | 6 738 | 486 | 6 021 | 466 | 5 703 | 463 | 3 386 |
| Großbritannien | 13 | 17 | — | — | 1 | 1 366 | 0 | 699 |
| Rußland[1] | 2 | 2 850 | 2 | 3 464 | 2 | 3 883 | 1 | 2 471 |
| Ausfuhr | 11 | 14 | 1 | 33 | 0 | 0 | 3 | 1 |
| **d. Kobalt- und Nickelerze.** | | | | | | | | |
| Einfuhr | 13 032 | 1 664 | 12 156 | 1 462 | 16 561 | 1 844 | 36 827 | 6 348 |
| Franz. Australien | 12 665 | 1 510 | 11 670 | 1 400 | 14 326 | 1 146 | 31 151 | 4 984 |
| Ausfuhr | 186 | 83 | 95 | 48 | 3 | 2 | 1 | 1 |
| **e. Kupfererze, ausgebrannter kupferhaltiger Schwefelkies.** | | | | | | | | |
| Einfuhr | 10 930 | 7 248 | 4 614 | 2 403 | 14 630 | 3 465 | 13 714 | 3 482 |
| Ausfuhr | 25 686 | 2 642 | 26 678 | 1 839 | 17 031 | 1 314 | 16 066 | 1 117 |
| Großbritannien | 4 508 | 1 803 | 2 613 | 915 | 2 935 | 862 | 2 192 | 658 |
| **f. Manganerze.** | | | | | | | | |
| Einfuhr | 264 420 | 9 849 | 222 010 | 9 746 | 204 647 | 8 422 | 223 709 | 8 185 |
| Rußland | 139 135 | 6 957 | 154 431 | 6 949 | 166 393 | 6 989 | 161 417 | 6 053 |
| Spanien | 43 062 | 1 763 | 24 815 | 803 | 19 611 | 647 | 31 345 | 940 |
| Ausfuhr | 2 464 | 178 | 5 684 | 328 | 4 628 | 278 | 11 130 | 598 |
| **g. Schlacken von Erzen, Schlackenfilze, Schlackenwolle.** | | | | | | | | |
| Einfuhr | 874 847 | 18 777 | 733 931 | 11 767 | 831 282 | 12 814 | 877 394 | 13 898 |
| Belgien | 221 149 | 4 312 | 107 682 | 1 729 | 222 483 | 3 449 | 232 236 | 3 716 |
| Frankreich | 564 095 | 11 006 | 489 739 | 7 836 | 471 534 | 7 309 | 529 289 | 8 469 |
| Österreich-Ungarn | 117 867 | 2 004 | 88 973 | 1 424 | 55 360 | 858 | 63 459 | 952 |
| Ausfuhr | 32 494 | 686 | 27 289 | 438 | 22 726 | 341 | 14 673 | 221 |
| **h. Schwefelkies.** | | | | | | | | |
| Einfuhr | 487 679 | 15 923 | 488 633 | 17 807 | 482 095 | 14 966 | 619 317 | 17 019 |
| Portugal | 108 048 | 2 377 | 104 613 | 2 506 | 112 822 | 2 134 | 100 385 | 1 958 |
| Spanien | 333 257 | 13 310 | 363 884 | 14 555 | 349 000 | 12 564 | 396 160 | 14 717 |
| Ausfuhr | 24 936 | 666 | 23 650 | 423 | 35 310 | 631 | 32 611 | 491 |
| **i. Silbererze.** | | | | | | | | |
| Einfuhr | 8 643 | 6 716 | 8 279 | 6 221 | 6 129 | 3 909 | 3 924 | 2 649 |
| Bolivien | 2 765 | 1 990 | 2 492 | 1 744 | 1 826 | 1 095 | 1 169 | 760 |
| Peru | 3 221 | 2 319 | 3 636 | 2 545 | 2 575 | 1 349 | 2 265 | 1 472 |
| Ausfuhr | 9 | 4 | 4 | 1 | 1 | 0 | 6 | 2 |

Spezialhandel der wichtigeren Waren.

| Warengattung / Länder der Herkunft bzw. Bestimmung | 1900 Tonnen | 1900 1 000 ℳ | 1901 Tonnen | 1901 1 000 ℳ | 1902 Tonnen | 1902 1 000 ℳ | 1903 Tonnen | 1903 1 000 ℳ |
|---|---|---|---|---|---|---|---|---|
| **k. Zinkerze.** | | | | | | | | |
| **Einfuhr** | 68 882 | 5 824 | 78 633 | 5 414 | 61 487 | 5 266 | 67 184 | 7 172 |
| Österreich-Ungarn | 19 587 | 1 318 | 24 046 | 2 864 | 24 361 | 2 010 | 14 472 | 1 303 |
| Ver. St. v. Amerika | 8 578 | 944 | 9 541 | 906 | 10 808 | 1 200 | 8 822 | 1 279 |
| Britisch Australien | 8 843 | 884 | 4 302 | 387 | 6 353 | 710 | 13 907 | 1 599 |
| **Ausfuhr** | 34 841 | 2 821 | 41 882 | 2 860 | 46 965 | 2 630 | 40 458 | 3 764 |
| Belgien | 10 235 | 1 445 | 21 860 | 1 093 | 26 336 | 1 475 | 20 502 | 1 968 |
| Österreich-Ungarn | 10 232 | 767 | 18 226 | 911 | 20 461 | 1 146 | 19 937 | 1 794 |
| **Essenzen (flüssige alkohol- oder ätherhaltige Parfümerien).** | | | | | | | | |
| **Einfuhr** | 40 | 298 | 41 | 306 | 41 | 310 | 43 | 314 |
| **Ausfuhr** | 1 477 | 7 387 | 1 488 | 8 673 | 1 424 | 6 959 | 1 717 | 6 158 |
| Großbritannien | 287 | 1 337 | 268 | 1 476 | 285 | 1 393 | 302 | 1 207 |
| Niederl. Indien usw. | 129 | 647 | 175 | 964 | 145 | 708 | 188 | 470 |
| **Fahrräder und Fahrradteile.**[1] | | | | | | | | |
| **Einfuhr** | 385 | 3 272 | 264 | 1 565 | 248 | 1 336 | 264 | 1 427 |
| **Ausfuhr** | 1 566 | 10 386 | 1 811 | 12 276 | 2 389 | 14 601 | 3 411 | 18 142 |
| Belgien | 129 | 460 | 130 | 471 | 154 | 522 | 232 | 715 |
| Dänemark | 159 | 1 150 | 201 | 1 429 | 300 | 1 875 | 513 | 2 943 |
| Frankreich | 61 | 561 | 101 | 1 128 | 165 | 1 890 | 182 | 2 088 |
| Großbritannien | 128 | 936 | 186 | 1 185 | 297 | 1 819 | 315 | 1 039 |
| Italien | 77 | 404 | 80 | 461 | 82 | 502 | 260 | 1 055 |
| Niederlande | 191 | 1 213 | 287 | 1 866 | 447 | 2 366 | 652 | 3 352 |
| Österreich-Ungarn | 237 | 970 | 220 | 889 | 282 | 1 074 | 346 | 1 149 |
| Rußland | 131 | 988 | 141 | 1 017 | 157 | 949 | 224 | 1 308 |
| Schweiz | 147 | 1 180 | 165 | 1 315 | 207 | 1 331 | 283 | 1 618 |
| **Farbendruckbilder, Kupferstiche, Photographien usw.** | | | | | | | | |
| **Einfuhr** | 706 | 8 048 | 674 | 7 414 | 640 | 7 138 | 688 | 8 187 |
| Frankreich | 111 | 1 279 | 100 | 1 101 | 106 | 1 162 | 136 | 1 622 |
| Großbritannien | 101 | 1 159 | 67 | 959 | 89 | 980 | 99 | 1 172 |
| Österreich-Ungarn | 240 | 2 762 | 239 | 2 629 | 201 | 2 211 | 212 | 2 401 |
| Schweiz | 85 | 742 | 63 | 698 | 64 | 702 | 68 | 812 |
| Ver. St. v. Amerika | 59 | 675 | 61 | 671 | 46 | 509 | 43 | 514 |
| **Ausfuhr** | 6 106 | 76 202 | 6 892 | 89 874 | 6 810 | 102 144 | 7 420 | 80 648 |
| Belgien | 283 | 3 250 | 212 | 3 180 | 267 | 4 001 | 362 | 2 950 |
| Dänemark | 71 | 813 | 73 | 1 100 | 87 | 1 308 | 99 | 803 |
| Frankreich | 508 | 5 845 | 400 | 5 904 | 476 | 7 145 | 402 | 5 275 |
| Großbritannien | 2 114 | 24 306 | 2 083 | 31 250 | 2 400 | 35 994 | 2 559 | 20 857 |
| Italien | 150 | 1 725 | 142 | 2 137 | 174 | 2 610 | 163 | 1 331 |
| Niederlande | 252 | 2 800 | 231 | 3 470 | 272 | 4 079 | 301 | 2 456 |
| Österreich-Ungarn | 600 | 9 106 | 705 | 10 580 | 758 | 11 364 | 790 | 6 439 |
| Rußland | 268 | 3 081 | 258 | 3 870 | 265 | 3 971 | 337 | 2 749 |
| Schweden | 106 | 1 218 | 121 | 1 821 | 137 | 2 052 | 114 | 932 |
| Schweiz | 172 | 1 979 | 178 | 2 663 | 186 | 2 787 | 188 | 1 535 |
| Spanien | 102 | 1 177 | 99 | 1 479 | 120 | 1 797 | 140 | 1 142 |
| Argentinien | 44 | 500 | 64 | 957 | 66 | 987 | 112 | 912 |
| Brasilien | 54 | 626 | 51 | 764 | 57 | 851 | 64 | 580 |
| Mexiko | 49 | 560 | 55 | 828 | 52 | 783 | 62 | 506 |
| Ver. St. v. Amerika | 846 | 9 726 | 996 | 14 940 | 1 130 | 16 947 | 1 297 | 10 574 |

Spezialhandel der wichtigeren Waren.

| Warengattung / Länder der Herkunft bzw. Bestimmung | 1900 Tonnen | 1900 1 000 ℳ | 1901 Tonnen | 1901 1 000 ℳ | 1902 Tonnen | 1902 1 000 ℳ | 1903 Tonnen | 1903 1 000 ℳ |
|---|---|---|---|---|---|---|---|---|
| **Porzellanwaren, mehrfarbig, bemalt, vergoldet.** | | | | | | | | |
| Einfuhr | 1 691 | 2 636 | 1 357 | 1 690 | 1 270 | 1 566 | 1 355 | 1 409 |
| Österreich-Ungarn | 761 | 1 142 | 605 | 817 | 636 | 778 | 613 | 681 |
| Ausfuhr | 13 820 | 13 128 | 15 144 | 11 358 | 14 148 | 10 611 | 18 124 | 12 093 |
| Belgien | 711 | 675 | 845 | 694 | 836 | 704 | 1 122 | 841 |
| Dänemark | 935 | 833 | 850 | 637 | 950 | 712 | 1 001 | 751 |
| Österreich-Ungarn | 627 | 496 | 628 | 467 | 667 | 400 | 714 | 536 |
| Schweiz | 1 184 | 1 125 | 954 | 716 | 911 | 683 | 1 242 | 932 |
| Brasilien | 594 | 564 | 771 | 578 | 698 | 343 | 773 | 579 |
| Ver. St. v. Amerika | 961 | 913 | 1 148 | 861 | 1 582 | 1 187 | 2 598 | 1 949 |
| **Federvieh, lebendes (a—c)** | | | | | | | | |
| **a. Gänse.** | Stück | | Stück | | Stück | | Stück | |
| Einfuhr | 6 220 615 | 17 487 | 6 431 247 | 18 704 | 7 254 145 | 23 398 | 7 814 723 | 28 827 |
| Österreich-Ungarn | 1 060 890 | 2 970 | 1 051 670 | 3 050 | 1 263 570 | 4 442 | 1 126 857 | 3 832 |
| Rußland | 5 082 510 | 14 234 | 5 311 176 | 15 412 | 5 894 169 | 18 861 | 6 613 870 | 22 487 |
| Ausfuhr | 63 901 | 267 | 65 273 | 277 | 56 829 | 304 | 99 444 | 567 |
| **b. Haushühner.** | Tonnen | | Tonnen | | Tonnen | | Tonnen | |
| Einfuhr | 9 616 | 10 734 | 9 374 | 10 276 | 10 595 | 11 530 | 10 610 | 11 481 |
| Italien | 2 049 | 2 663 | 1 300 | 1 691 | 1 381 | 1 795 | 1 046 | 1 360 |
| Niederlande | 1 045 | 1 463 | 1 094 | 1 531 | 1 142 | 1 599 | 1 196 | 1 674 |
| Österreich-Ungarn | 4 167 | 4 207 | 4 951 | 4 951 | 5 853 | 4 853 | 5 478 | 4 478 |
| Rußland | 2 105 | 2 105 | 1 638 | 1 838 | 2 011 | 2 011 | 2 665 | 2 665 |
| Ausfuhr | 191 | 383 | 135 | 271 | 131 | 262 | 76 | 151 |
| **c. sonstiges Federvieh.** | | | | | | | | |
| Einfuhr | 2 439 | 3 430 | 2 268 | 3 188 | 2 688 | 3 758 | 2 676 | 4 061 |
| Österreich-Ungarn | 897 | 1 256 | 923 | 1 292 | 1 068 | 1 495 | 1 091 | 1 527 |
| Rußland | 1 335 | 1 869 | 1 154 | 1 616 | 1 345 | 1 883 | 1 565 | 2 391 |
| Ausfuhr | 46 | 93 | 53 | 106 | 53 | 106 | 50 | 99 |
| **Federvieh, nicht lebendes.** | | | | | | | | |
| Einfuhr | 5 159 | 6 694 | 6 601 | 8 465 | 6 714 | 8 915 | 6 619 | 8 554 |
| Frankreich | 584 | 1 022 | 594 | 1 040 | 586 | 1 025 | 628 | 1 099 |
| Österreich-Ungarn | 2 637 | 3 171 | 3 088 | 3 854 | 3 404 | 4 255 | 3 075 | 3 844 |
| Rußland | 1 443 | 1 734 | 2 162 | 2 594 | 1 851 | 2 221 | 2 028 | 2 433 |
| Ausfuhr | 261 | 479 | 288 | 518 | 273 | 495 | 303 | 542 |
| **Fische, frische.** | | | | | | | | |
| Einfuhr | 47 935 | 26 867 | 62 729 | 27 086 | 71 402 | 28 493 | 74 813 | 28 847 |
| Belgien | 1 702 | 1 401 | 2 285 | 1 284 | 2 190 | 1 357 | 2 647 | 1 126 |
| Dänemark | 8 691 | 4 922 | 10 266 | 5 518 | 13 601 | 6 072 | 14 621 | 6 495 |
| Großbritannien | 20 370 | 6 035 | 24 702 | 7 563 | 32 178 | 9 149 | 29 682 | 7 674 |
| Niederlande | 4 092 | 3 373 | 4 883 | 3 055 | 6 016 | 3 539 | 5 941 | 3 349 |
| Norwegen | 3 467 | 875 | 5 874 | 1 186 | 8 142 | 1 702 | 9 152 | 1 706 |
| Österreich-Ungarn | 2 677 | 3 154 | 2 860 | 3 183 | 1 793 | 2 079 | 2 055 | 2 444 |
| Rußland | 2 173 | 1 678 | 2 896 | 1 980 | 2 459 | 2 037 | 2 382 | 2 148 |
| Schweden | 2 624 | 1 024 | 8 441 | 2 071 | 3 119 | 992 | 5 709 | 1 399 |
| Ver. St. v. Amerika | 778 | 777 | 630 | 630 | 706 | 734 | 972 | 1 050 |
| Ausfuhr | 5 657 | 4 250 | 5 650 | 4 091 | 5 848 | 4 621 | 7 023 | 5 726 |
| Belgien | 1 126 | 370 | 1 139 | 654 | 1 245 | 687 | 1 441 | 786 |
| Österreich-Ungarn | 1 161 | 903 | 1 370 | 1 124 | 1 330 | 1 131 | 2 079 | 1 443 |
| Rußland | 1 540 | 939 | 1 444 | 654 | 1 475 | 667 | 1 612 | 1 045 |
| Schweiz | 665 | 865 | 718 | 933 | 728 | 965 | 795 | 1 034 |
| **Fische, gesalzene (außer Heringen) in Fässern, Töpfen; geräucherte, bloß abgekochte.** | | | | | | | | |
| Einfuhr | 4 555 | 5 120 | 5 770 | 6 631 | 8 019 | 8 420 | 6 217 | 6 071 |
| Niederlande | 3 422 | 3 764 | 4 231 | 4 189 | 5 461 | 5 734 | 3 230 | 2 861 |
| Ver. St. v. Amerika | 707 | 778 | 850 | 839 | 1 771 | 1 859 | 2 162 | 3 046 |
| Ausfuhr | 418 | 844 | 655 | 461 | 696 | 670 | 810 | 502 |

Spezialhandel der wichtigeren Waren.

| Warengattung<br>Länder der Herkunft bzw. Bestimmung | 1900 Tonnen | 1900 1 000 ℳ | 1901 Tonnen | 1901 1 000 ℳ | 1902 Tonnen | 1902 1 000 ℳ | 1903 Tonnen | 1903 1 000 ℳ |
|---|---|---|---|---|---|---|---|---|
| **Flachs.** | | | | | | | | |
| **Einfuhr** | **43 270** | **32 703** | **40 356** | **31 289** | **47 034** | **36 030** | **64 427** | **47 686** |
| Belgien | 458 | 572 | 733 | 953 | 924 | 1 106 | 786 | 980 |
| Österreich-Ungarn | 4 184 | 3 215 | 4 388 | 3 755 | 4 330 | 2 808 | 6 179 | 4 417 |
| Rußland | 38 257 | 28 658 | 34 650 | 29 283 | 41 103 | 30 556 | 58 401 | 42 354 |
| **Ausfuhr** | **17 166** | **8 847** | **18 828** | **11 079** | **15 400** | **8 930** | **20 139** | **10 760** |
| Belgien | 1 290 | 1 032 | 1 725 | 1 352 | 1 324 | 1 133 | 1 442 | 1 284 |
| Frankreich | 5 648 | 4 518 | 5 878 | 5 380 | 4 805 | 4 308 | 4 191 | 3 778 |
| Österreich-Ungarn | 9 153 | 3 435 | 8 845 | 3 698 | 8 580 | 2 927 | 13 825 | 5 037 |
| **Fleisch von Vieh (a—b): a. frisch.** | | | | | | | | |
| **Einfuhr** | **22 012** | **20 012** | **31 514** | **31 024** | **32 920** | **33 189** | **19 166** | **17 862** |
| Dänemark | 7 883 | 6 149 | 6 587 | 5 270 | 6 168 | 5 368 | 5 611 | 5 166 |
| Niederlande | 12 075 | 10 986 | 12 609 | 12 411 | 14 480 | 14 694 | 8 786 | 9 106 |
| Österreich-Ungarn | 893 | 938 | 8 951 | 9 797 | 7 480 | 7 975 | 925 | 960 |
| Rußland | 868 | 811 | 2 092 | 2 176 | 3 248 | 3 408 | 2 249 | 1 936 |
| **Ausfuhr** | **1 666** | **2 068** | **1 569** | **1 938** | **1 644** | **1 978** | **1 559** | **2 041** |
| Freihafen Hamburg | 411 | 466 | 439 | 502 | 676 | 822 | 624 | 788 |
| Frh. Bremerhaven, Geestemünde | 545 | 620 | 476 | 550 | 440 | 541 | 568 | 716 |
| **b. einfach zubereitet.** | | | | | | | | |
| **Einfuhr** | **28 330** | **25 341** | **22 248** | **21 420** | **23 180** | **24 108** | **14 686** | **13 542** |
| Dänemark | 2 450 | 1 752 | 1 849 | 1 341 | 3 119 | 2 762 | 2 204 | 1 633 |
| Großbritannien | 772 | 722 | 698 | 751 | 678 | 768 | 287 | 273 |
| Niederlande | 1 814 | 1 949 | 1 376 | 1 553 | 1 743 | 2 129 | 1 362 | 1 414 |
| Österreich-Ungarn | 818 | 1 155 | 1 120 | 1 533 | 1 965 | 2 670 | 1 018 | 1 359 |
| Ver. St. v. Amerika | 20 229 | 17 822 | 16 277 | 15 180 | 14 018 | 14 050 | 8 431 | 7 659 |
| **Ausfuhr** | **3 461** | **6 208** | **2 862** | **5 563** | **2 717** | **5 486** | **2 517** | **4 864** |
| Freihafen Hamburg | 350 | 398 | 359 | 639 | 312 | 598 | 281 | 513 |
| Frankreich | 1 121 | 2 017 | 978 | 1 845 | 919 | 1 805 | 896 | 1 640 |
| **Fleischextrakt, Pepton, Suppen-, Bouillontafeln.** | | | | | | | | |
| **Einfuhr** | **838** | **11 691** | **701** | **10 618** | **761** | **6 671** | **846** | **7 618** |
| Uruguay | 580 | 8 126 | 529 | 7 412 | 585 | 5 303 | 639 | 6 155 |
| **Ausfuhr** | **114** | **186** | **103** | **331** | **104** | **646** | **176** | **481** |
| **Garne (a—e): a. Baumwollengarn, auch Vigognegarn.** | | | | | | | | |
| **Einfuhr** | **19 969** | **62 933** | **16 050** | **48 669** | **17 128** | **61 154** | **18 946** | **60 051** |
| Belgien | 153 | 432 | 134 | 382 | 207 | 568 | 208 | 824 |
| Frankreich | 50 | 135 | 40 | 111 | 148 | 508 | 206 | 768 |
| Großbritannien | 16 096 | 52 753 | 13 780 | 41 768 | 14 976 | 44 377 | 16 432 | 52 031 |
| Schweiz | 2 894 | 9 258 | 1 955 | 5 807 | 1 725 | 5 461 | 1 740 | 3 895 |
| **Ausfuhr** | **11 326** | **29 134** | **12 078** | **28 637** | **13 024** | **31 703** | **11 760** | **32 496** |
| Belgien | 222 | 789 | 186 | 596 | 171 | 616 | 246 | 784 |
| Dänemark | 670 | 1 419 | 554 | 1 215 | 676 | 1 439 | 583 | 1 359 |
| Frankreich | 1 213 | 2 608 | 1 623 | 2 913 | 895 | 1 886 | 515 | 1 536 |
| Großbritannien | 1 738 | 3 010 | 1 374 | 2 332 | 1 431 | 2 722 | 1 157 | 2 555 |
| Italien | 211 | 936 | 202 | 834 | 252 | 1 022 | 280 | 1 307 |
| Niederlande | 3 401 | 6 214 | 3 697 | 6 300 | 4 200 | 7 219 | 3 633 | 6 929 |
| Norwegen | 192 | 592 | 168 | 465 | 198 | 553 | 169 | 551 |
| Österreich-Ungarn | 702 | 2 833 | 1 212 | 3 582 | 1 336 | 3 929 | 1 298 | 4 544 |
| Rußland | 317 | 2 318 | 284 | 1 141 | 345 | 1 383 | 424 | 1 655 |
| Schweden | 375 | 1 173 | 360 | 1 051 | 392 | 1 286 | 414 | 1 170 |
| Schweiz | 510 | 1 938 | 493 | 1 332 | 641 | 1 948 | 569 | 1 948 |
| Türkei in Europa | 102 | 432 | 237 | 993 | 215 | 820 | 206 | 787 |
| Britisch Indien usw. | 128 | 581 | 248 | 857 | 222 | 862 | 173 | 699 |
| Argentinien | 161 | 462 | 119 | 373 | 246 | 535 | 294 | 726 |
| Brasilien | 66 | 223 | 60 | 223 | 189 | 533 | 227 | 649 |
| Ver. St. v. Amerika | 241 | 930 | 225 | 605 | 255 | 821 | 313 | 902 |

Spezialhandel der wichtigeren Waren.

| Warengattung — Länder der Herkunft bzw. Bestimmung | 1900 Tonnen | 1900 1 000 ℳ | 1901 Tonnen | 1901 1 000 ℳ | 1902 Tonnen | 1902 1 000 ℳ | 1903 Tonnen | 1903 1 000 ℳ |
|---|---|---|---|---|---|---|---|---|
| **b. Leinengarn.**[1] | | | | | | | | |
| Einfuhr | 12 568 | 19 861 | 10 772 | 18 360 | 8 277 | 13 886 | 10 420 | 17 812 |
| Belgien | 3 612 | 4 505 | 2 909 | 4 083 | 1 786 | 2 390 | 2 560 | 3 541 |
| Großbritannien | 1 570 | 4 913 | 1 221 | 4 070 | 977 | 3 422 | 1 019 | 4 011 |
| Österreich-Ungarn | 6 401 | 9 188 | 5 758 | 9 183 | 4 076 | 7 107 | 5 748 | 8 056 |
| Ausfuhr | 1 437 | 2 780 | 1 255 | 2 867 | 1 661 | 3 100 | 1 594 | 3 308 |
| **c. Wollengarn.** | | | | | | | | |
| Einfuhr | 24 760 | 110 678 | 20 328 | 82 873 | 22 593 | 86 801 | 24 186 | 90 954 |
| Belgien | 1 912 | 7 200 | 1 111 | 3 615 | 1 109 | 5 837 | 1 424 | 4 982 |
| Frankreich | 900 | 4 514 | 664 | 2 802 | 968 | 4 117 | 808 | 4 220 |
| Großbritannien | 20 759 | 92 843 | 17 323 | 70 670 | 19 431 | 73 129 | 20 855 | 75 773 |
| Österreich-Ungarn | 577 | 2 492 | 402 | 1 418 | 288 | 959 | 211 | 774 |
| Schweiz | 578 | 3 401 | 811 | 4 487 | 784 | 4 401 | 707 | 5 063 |
| Ausfuhr | 8 830 | 56 807 | 10 416 | 56 310 | 10 884 | 62 408 | 10 294 | 69 113 |
| Dänemark | 290 | 1 858 | 295 | 1 627 | 353 | 2 050 | 329 | 1 918 |
| Frankreich | 61 | 386 | 141 | 741 | 166 | 949 | 163 | 928 |
| Großbritannien | 1 718 | 10 603 | 2 359 | 12 479 | 1 944 | 11 120 | 1 667 | 9 449 |
| Niederlande | 179 | 1 146 | 183 | 989 | 208 | 1 190 | 245 | 1 370 |
| Norwegen | 188 | 1 240 | 229 | 1 357 | 218 | 1 275 | 180 | 1 048 |
| Österreich-Ungarn | 2 119 | 13 843 | 2 186 | 11 961 | 2 559 | 14 615 | 2 158 | 11 845 |
| Rumänien | 70 | 464 | 133 | 745 | 172 | 956 | 175 | 945 |
| Rußland | 901 | 5 168 | 1 858 | 10 016 | 2 067 | 12 079 | 1 510 | 9 077 |
| Finnland | 238 | 1 509 | 223 | 1 171 | 197 | 1 127 | 228 | 1 149 |
| Schweden | 876 | 5 779 | 841 | 4 631 | 883 | 5 120 | 805 | 4 729 |
| Schweiz | 368 | 2 380 | 402 | 2 201 | 614 | 3 452 | 648 | 3 698 |
| China | 190 | 1 227 | 149 | 817 | 112 | 655 | 284 | 1 648 |
| Japan | 587 | 3 741 | 334 | 1 779 | 467 | 2 626 | 511 | 2 936 |
| Argentinien | 172 | 1 154 | 113 | 651 | 80 | 504 | 112 | 640 |
| **Gemälde, Zeichnungen.** | | | | | | | | |
| Einfuhr | 681 | 11 614 | 688 | 11 718 | 627 | 13 188 | 638 | 15 783 |
| Belgien | 47 | 946 | 36 | 716 | 39 | 968 | 34 | 858 |
| Frankreich | 66 | 1 318 | 72 | 1 436 | 55 | 1 383 | 72 | 1 793 |
| Großbritannien | 40 | 790 | 34 | 688 | 28 | 695 | 30 | 750 |
| Italien | 31 | 624 | 32 | 642 | 32 | 795 | 32 | 788 |
| Niederlande | 25 | 498 | 28 | 552 | 33 | 865 | 37 | 930 |
| Österreich-Ungarn | 290 | 5 800 | 314 | 6 282 | 282 | 7 095 | 348 | 8 693 |
| Schweiz | 37 | 730 | 33 | 654 | 25 | 613 | 41 | 1 080 |
| Ausfuhr | 384 | 7 676 | 363 | 7 084 | 371 | 9 280 | 385 | 9 880 |
| Belgien | 36 | 710 | 30 | 596 | 25 | 613 | 22 | 558 |
| Frankreich | 51 | 1 012 | 37 | 734 | 28 | 703 | 27 | 625 |
| Großbritannien | 43 | 852 | 36 | 718 | 50 | 1 298 | 41 | 1 023 |
| Österreich-Ungarn | 101 | 2 028 | 100 | 2 002 | 113 | 2 823 | 132 | 3 298 |
| Schweiz | 24 | 478 | 32 | 640 | 33 | 820 | 28 | 705 |
| Ver. St. v. Amerika | 34 | 682 | 28 | 564 | 37 | 930 | 48 | 1 205 |
| **Gerbstoffextrakte.** | | | | | | | | |
| Einfuhr | 27 224 | 6 866 | 28 690 | 6 145 | 26 181 | 6 467 | 31 230 | 7 363 |
| Belgien | 2 595 | 649 | 2 508 | 603 | 2 354 | 616 | 2 853 | 822 |
| Frankreich | 9 640 | 2 410 | 9 351 | 1 904 | 9 478 | 1 890 | 12 348 | 2 604 |
| Österreich-Ungarn | 8 037 | 2 020 | 8 879 | 1 781 | 6 588 | 1 284 | 6 839 | 1 417 |
| Argentinien | 3 346 | 826 | 4 051 | 1 051 | 3 577 | 1 037 | 5 779 | 1 702 |
| Ausfuhr | 9 316 | 2 794 | 10 865 | 2 816 | 12 304 | 3 480 | 14 732 | 4 435 |
| Österreich-Ungarn | 3 740 | 1 182 | 3 776 | 1 128 | 4 324 | 1 236 | 4 451 | 1 166 |
| **Getreide (a—f):** | | | | | | | | |
| **a. Buchweizen.** | | | | | | | | |
| Einfuhr | 28 586 | 3 694 | 31 846 | 4 227 | 27 774 | 3 587 | 33 826 | 3 778 |
| Rußland | 17 457 | 2 095 | 17 410 | 2 261 | 17 369 | 2 197 | 30 245 | 3 387 |
| Ausfuhr | 41 | 7 | 5 | 6 | 8 | 1 | 12 | 2 |

[1] Hierunter Jute- und Manilahanfgarn über Nr. 20; Garne bis Nr. 20 werden getrennt als Leinen-, Jute- und Manilahanfgarn angeschrieben.

Spezialhandel der wichtigeren Waren.

| Warengattung<br>Länder der Herkunft bzw. Bestimmung | 1900 Tonnen | 1900 1 000 ℳ | 1901 Tonnen | 1901 1 000 ℳ | 1902 Tonnen | 1902 1 000 ℳ | 1903 Tonnen | 1903 1 000 ℳ |
|---|---|---|---|---|---|---|---|---|
| **b. Gerste.** | | | | | | | | |
| **Einfuhr** | **781 458** | **92 484** | **899 749** | **105 448** | **1 127 546** | **127 862** | **1 588 063** | **164 719** |
| Dänemark | 18 314 | 2 381 | 26 367 | 3 824 | 16 624 | 2 139 | 10 048 | 1 272 |
| Österreich-Ungarn | 285 210 | 39 928 | 285 625 | 41 789 | 314 209 | 44 293 | 372 283 | 49 873 |
| Rumänien | 16 996 | 1 981 | 51 160 | 5 531 | 53 053 | 5 690 | 64 333 | 6 105 |
| Rußland | 381 171 | 39 260 | 409 715 | 50 472 | 717 648 | 72 769 | 1 123 460 | 105 605 |
| **Ausfuhr** | **30 341** | **4 821** | **37 667** | **5 663** | **34 692** | **5 405** | **41 626** | **6 278** |
| Großbritannien | 14 011 | 2 570 | 16 524 | 2 520 | 18 504 | 2 905 | 26 446 | 4 033 |
| Niederlande | 3 866 | 635 | 8 090 | 1 193 | 5 150 | 798 | 3 029 | 454 |
| **c. Hafer.** | | | | | | | | |
| **Einfuhr** | **462 351** | **46 726** | **412 636** | **47 313** | **380 254** | **47 718** | **470 321** | **47 195** |
| Rumänien | 174 | 18 | 5 479 | 597 | 30 452 | 3 685 | 76 710 | 7 671 |
| Rußland | 380 071 | 38 907 | 348 870 | 40 220 | 325 896 | 39 922 | 377 089 | 37 782 |
| Ver. St. v. Amerika | 54 433 | 5 824 | 49 594 | 5 604 | 2 919 | 371 | 1 786 | 191 |
| **Ausfuhr** | **106 968** | **12 159** | **146 117** | **18 005** | **132 056** | **16 889** | **86 332** | **9 390** |
| Dänemark | 17 055 | 1 893 | 16 853 | 2 039 | 15 099 | 1 872 | 19 157 | 2 050 |
| Großbritannien | 26 489 | 3 020 | 71 725 | 8 858 | 72 101 | 9 085 | 12 820 | 1 359 |
| Niederlande | 5 645 | 632 | 5 956 | 745 | 6 932 | 884 | 4 491 | 472 |
| Schweden | 10 026 | 1 183 | 3 827 | 471 | 6 261 | 789 | 12 024 | 1 687 |
| Schweiz | 41 313 | 4 875 | 39 587 | 4 909 | 28 787 | 3 771 | 34 232 | 3 834 |
| **d. Mais.** | | | | | | | | |
| **Einfuhr** | **1 384 157** | **128 866** | **1 103 310** | **119 791** | **900 580** | **93 359** | **953 230** | **92 296** |
| Österreich-Ungarn | 5 770 | 638 | 9 877 | 1 027 | 36 153 | 3 905 | 5 342 | 606 |
| Rumänien | 57 777 | 5 891 | 124 941 | 12 369 | 232 034 | 24 138 | 71 332 | 7 205 |
| Rußland | 60 297 | 5 547 | 73 214 | 7 115 | 333 393 | 31 340 | 99 800 | 9 390 |
| Argentinien | 112 022 | 10 330 | 161 905 | 15 546 | 187 344 | 19 484 | 240 788 | 22 951 |
| Ver. St. v. Amerika | 1 124 602 | 104 036 | 804 234 | 82 032 | 60 145 | 7 157 | 514 259 | 50 397 |
| **Ausfuhr** | **44** | **6** | **62** | **9** | **66** | **10** | **100** | **13** |
| **e. Roggen.** | | | | | | | | |
| **Einfuhr** | **893 383** | **96 049** | **868 706** | **89 474** | **976 042** | **104 857** | **813 763** | **82 485** |
| Bulgarien | 557 | 63 | 7 485 | 786 | 6 708 | 717 | 12 714 | 1 297 |
| Rumänien | 16 546 | 1 870 | 33 820 | 3 585 | 60 680 | 6 280 | 34 648 | 3 534 |
| Rußland | 834 328 | 89 273 | 773 617 | 79 683 | 841 969 | 90 314 | 718 500 | 72 369 |
| Ver. St. v. Amerika | 21 906 | 2 519 | 38 444 | 4 306 | 53 869 | 5 933 | 40 120 | 4 474 |
| **Ausfuhr** | **76 092** | **8 408** | **92 083** | **10 183** | **104 601** | **11 704** | **209 032** | **21 243** |
| Dänemark | 15 315 | 1 685 | 31 911 | 3 510 | 28 681 | 3 812 | 58 706 | 5 929 |
| Niederlande | 8 565 | 942 | 13 553 | 1 464 | 18 567 | 2 061 | 30 335 | 3 094 |
| Norwegen | 11 471 | 1 262 | 13 705 | 1 508 | 7 356 | 884 | 31 782 | 3 210 |
| Österreich-Ungarn | 1 741 | 209 | 11 839 | 1 385 | 4 285 | 523 | 3 628 | 417 |
| Rußland | 1 725 | 186 | 7 053 | 748 | 6 539 | 700 | 6 224 | 623 |
| Finnland | 966 | 107 | 1 300 | 139 | 5 759 | 616 | 12 628 | 1 263 |
| Schweden | 33 755 | 3 713 | 8 656 | 952 | 28 340 | 3 179 | 54 901 | 5 554 |
| **f. Weizen.** | | | | | | | | |
| **Einfuhr** | **1 293 864** | **171 117** | **2 134 200** | **282 702** | **2 074 630** | **271 633** | **1 929 109** | **262 807** |
| Österreich-Ungarn | 7 452 | 1 076 | 16 709 | 2 489 | 12 376 | 1 948 | 9 334 | 1 376 |
| Rumänien | 43 455 | 5 910 | 87 055 | 11 404 | 219 156 | 29 148 | 199 121 | 26 884 |
| Rußland | 278 196 | 36 443 | 496 079 | 64 491 | 628 166 | 80 722 | 786 875 | 101 113 |
| Serbien | 12 370 | 1 484 | 16 850 | 2 106 | 10 147 | 1 289 | 15 108 | 1 888 |
| Argentinien | 479 929 | 63 340 | 221 770 | 29 314 | 158 177 | 20 800 | 321 981 | 42 180 |
| Ver. St. v. Amerika | 455 934 | 60 639 | 1 237 147 | 163 159 | 1 019 415 | 134 053 | 565 281 | 75 748 |
| Britisch Australien | 3 160 | 446 | 42 749 | 5 042 | 16 430 | 2 300 | 629 | 90 |
| **Ausfuhr** | **295 080** | **38 481** | **92 832** | **12 555** | **82 170** | **10 934** | **180 338** | **24 011** |
| Dänemark | 28 454 | 3 699 | 14 580 | 1 954 | 15 863 | 2 015 | 34 950 | 4 614 |
| Großbritannien | 91 322 | 11 871 | 25 392 | 3 443 | 5 032 | 649 | 12 942 | 1 721 |
| Niederlande | 21 316 | 2 686 | 6 925 | 915 | 7 195 | 921 | 11 102 | 1 471 |
| Schweden | 99 241 | 13 001 | 30 562 | 4 126 | 38 820 | 5 880 | 93 576 | 12 352 |
| Schweiz | 6 563 | 938 | 3 895 | 576 | 7 965 | 1 183 | 12 789 | 1 867 |

Spezialhandel der wichtigeren Waren.

| Warengattung / Länder der Herkunft bzw. Bestimmung | 1900 Tonnen | 1900 1 000 ℳ | 1901 Tonnen | 1901 1 000 ℳ | 1902 Tonnen | 1902 1 000 ℳ | 1903 Tonnen | 1903 1 000 ℳ |
|---|---|---|---|---|---|---|---|---|
| **Gewächse, lebende; Blumenzwiebeln, Georginenknollen.** | | | | | | | | |
| Einfuhr | 11 787 | 9 058 | 12 556 | 8 444 | 13 161 | 7 434 | 15 149 | 8 733 |
| Belgien | 2 701 | 2 109 | 3 067 | 2 454 | 3 277 | 2 294 | 4 570 | 3 199 |
| Niederlande | 7 570 | 4 661 | 8 088 | 4 855 | 8 536 | 4 268 | 8 940 | 4 470 |
| Ausfuhr | 4 929 | 4 318 | 5 203 | 4 460 | 5 294 | 3 956 | 6 085 | 4 560 |
| Großbritannien | 679 | 679 | 843 | 843 | 713 | 570 | 918 | 734 |
| Österreich-Ungarn | 1 412 | 1 059 | 1 510 | 1 132 | 1 845 | 1 152 | 1 829 | 1 280 |
| **Gewehre für Kriegszwecke.** | | | | | | | | |
| Einfuhr | 12 | 168 | 90 | 1 256 | 5 | 76 | 2 | 32 |
| Ausfuhr | 622 | 8 798 | 519 | 7 778 | 265 | 3 972 | 348 | 5 222 |
| Serbien | 207 | 2 927 | 149 | 2 435 | 1 | 8 | 18 | 267 |
| Hongkong | 0 | 3 | — | — | — | — | 131 | 1 971 |
| **Glasflüsse ohne Fassung; Glas- und Emailwaren in Verbindung mit anderen Materialien.** | | | | | | | | |
| Einfuhr | 471 | 941 | 431 | 1 624 | 422 | 1 676 | 467 | 2 307 |
| Österreich-Ungarn | 257 | 514 | 238 | 750 | 252 | 826 | 258 | 1 134 |
| Ausfuhr | 3 520 | 7 744 | 3 649 | 7 367 | 4 043 | 8 181 | 4 694 | 11 907 |
| Belgien | 254 | 360 | 373 | 771 | 415 | 894 | 315 | 735 |
| Frankreich | 533 | 1 172 | 669 | 1 079 | 642 | 1 197 | 976 | 879 |
| Großbritannien | 244 | 536 | 281 | 749 | 389 | 1 052 | 432 | 1 284 |
| Rußland | 123 | 270 | 106 | 530 | 131 | 634 | 120 | 533 |
| **Glas (a—d):** | | | | | | | | |
| **a. Hohlglas, gemeines grünes und anderes naturfarbiges.**[1] | | | | | | | | |
| Einfuhr | 1 021 | 153 | 1 020 | 153 | 769 | 114 | 717 | 100 |
| Ausfuhr | 89 608 | 12 993 | 75 470 | 10 943 | 86 390 | 11 956 | 97 631 | 13 180 |
| Freihafen Hamburg | 6 796 | 985 | 5 525 | 801 | 5 717 | 800 | 5 963 | 805 |
| Belgien | 10 886 | 1 578 | 9 619 | 1 395 | 5 038 | 705 | 4 988 | 673 |
| Großbritannien | 28 721 | 4 165 | 24 706 | 3 591 | 30 000 | 4 292 | 33 986 | 4 588 |
| Chile | 8 176 | 1 186 | 4 990 | 744 | 5 569 | 780 | 8 782 | 1 187 |
| Mexiko | 5 264 | 763 | 2 702 | 394 | 6 294 | 881 | 8 289 | 1 119 |
| **b. Hohlglas, weißes, ungemustert, ungeschliffen, ungepreßt.**[1] | | | | | | | | |
| Einfuhr | 644 | 187 | 602 | 176 | 542 | 167 | 600 | 171 |
| Ausfuhr | 25 920 | 7 517 | 25 770 | 7 473 | 28 291 | 7 099 | 30 142 | 7 988 |
| Frankreich | 2 728 | 791 | 2 668 | 774 | 3 380 | 974 | 2 617 | 694 |
| Großbritannien | 8 550 | 2 480 | 8 357 | 2 423 | 7 520 | 2 091 | 9 357 | 2 480 |
| **c. Tafel- und Spiegelglas, unbelegtes, geschliffen, poliert, geschnitten, gemustert.** | | | | | | | | |
| Einfuhr | 558 | 431 | 463 | 361 | 692 | 568 | 1 347 | 908 |
| Ausfuhr | 6 195 | 5 195 | 7 111 | 5 400 | 8 870 | 6 036 | 9 012 | 6 793 |
| Belgien | 928 | 628 | 1 986 | 1 787 | 3 618 | 3 084 | 3 682 | 2 231 |
| Großbritannien | 669 | 669 | 1 488 | 1 339 | 1 120 | 968 | 1 256 | 794 |
| Österreich-Ungarn | 303 | 303 | 408 | 367 | 404 | 620 | 353 | 349 |
| Ver. St. v. Amerika | 1 392 | 1 392 | 1 389 | 1 250 | 1 916 | 1 649 | 1 727 | 1 553 |
| **d. Uhr-, Brillen-, Lorgnon-, Stereoskopengläser, geschliffenes optisches Glas.** | | | | | | | | |
| Einfuhr | 52 | 618 | 45 | 502 | 36 | 433 | 37 | 369 |
| Ausfuhr | 258 | 3 616 | 291 | 4 067 | 281 | 3 937 | 288 | 2 701 |
| Frankreich | 49 | 679 | 62 | 865 | 67 | 940 | 60 | 754 |
| **Glycerin, gereinigtes.** | | | | | | | | |
| Einfuhr | 1 801 | 2 018 | 1 716 | 1 716 | 1 323 | 1 402 | 1 081 | 1 167 |
| Niederlande | 1 108 | 1 241 | 1 117 | 1 117 | 876 | 928 | 703 | 750 |
| Ausfuhr | 1 388 | 1 584 | 2 060 | 2 131 | 1 672 | 1 713 | 3 107 | 3 232 |
| **Glycerin, rohes.** | | | | | | | | |
| Einfuhr | 6 482 | 5 509 | 5 111 | 3 731 | 4 166 | 3 249 | 4 115 | 3 292 |
| Großbritannien | 2 670 | 2 270 | 610 | 445 | 441 | 344 | 1 262 | 961 |
| Ausfuhr | 186 | 158 | 163 | 119 | 394 | 308 | 863 | 690 |

[1]) In der Ausfuhr ausschl. der Instrumente und Apparate aus Glas zu wissenschaftlichen oder

Spezialhandel der wichtigeren Waren.

| Warengattung — Länder der Herkunft bzw. Bestimmung | 1900 Tonnen | 1900 1000 ℳ | 1901 Tonnen | 1901 1000 ℳ | 1902 Tonnen | 1902 1000 ℳ | 1903 Tonnen | 1903 1000 ℳ |
|---|---|---|---|---|---|---|---|---|
| **Gold: Bruchgold, Bruchsilber, Pagament.** | | | | | | | | |
| **Einfuhr** | 45,774 | 15 792 | 32,140 | 10 893 | 30,662 | 8 921 | 28,800 | 8 883 |
| Italien | 11,860 | 3 919 | 11,427 | 3 813 | 10,468 | 3 062 | 9,842 | 2 893 |
| Schweiz | 17,878 | 6 202 | 14,321 | 4 762 | 14,416 | 4 209 | 14,607 | 4 352 |
| **Ausfuhr** | 1,490 | 62 | 0,071 | 24 | 0,024 | 7 | 0,008 | 2 |
| **Gold, gemünzt.** | | | | | | | | |
| **Einfuhr** | 54,059 | 137 761 | 54,412 | 136 629 | 26,423 | 66 348 | 46,370 | 116 435 |
| Belgien | 0,744 | 1 868 | 0,866 | 1 720 | 0,586 | 1 471 | 0,508 | 1 276 |
| Dänemark | 0,542 | 1 363 | 0,238 | 598 | 0,222 | 560 | 0,266 | 665 |
| Frankreich | 0,598 | 1 502 | 2,491 | 6 255 | 0,340 | 854 | 2,352 | 5 906 |
| Großbritannien | 20,874 | 51 912 | 14,788 | 37 082 | 1,748 | 4 384 | 28,653 | 71 945 |
| Niederlande | 1,790 | 4 495 | 4,108 | 10 315 | 3,718 | 9 331 | 1,910 | 4 796 |
| Österreich-Ungarn | 3,612 | 9 070 | 1,810 | 4 545 | 8,489 | 21 190 | 10,588 | 26 574 |
| Rußland | 17,340 | 43 541 | 18,619 | 46 758 | 0,121 | 304 | 0,255 | 640 |
| Schweiz | 0,317 | 796 | 0,292 | 733 | 0,360 | 903 | 0,469 | 1 175 |
| **Ausfuhr** | 38,072 | 98 250 | 10,993 | 27 392 | 18,449 | 46 440 | 10,904 | 27 415 |
| Großbritannien | 16,288 | 40 978 | 1,128 | 2 831 | 0,209 | 525 | 0,637 | 1 602 |
| Österreich-Ungarn | 8,400 | 21 123 | 5,505 | 13 843 | 12,496 | 31 307 | 7,788 | 19 558 |
| Rumänien | 1,207 | 3 033 | 0,870 | 2 188 | 4,438 | 11 142 | 0,203 | 510 |
| Schweiz | 0,478 | 1 202 | 0,458 | 1 154 | 0,585 | 1 471 | 0,581 | 1 461 |
| **Gold, roh, auch in Barren.** | | | | | | | | |
| **Einfuhr** | 37,084 | 103 482 | 43,064 | 120 204 | 26,034 | 72 836 | 58,900 | 164 331 |
| Frankreich | 0,407 | 1 136 | 1,083 | 3 022 | 0,497 | 1 386 | 0,432 | 1 205 |
| Großbritannien | 21,577 | 60 200 | 19,336 | 53 945 | 10,548 | 29 415 | 52,481 | 146 455 |
| Österreich-Ungarn | 1,553 | 4 333 | 2,074 | 5 787 | 0,324 | 904 | 0,487 | 1 359 |
| China | 4,552 | 12 703 | 7,287 | 20 317 | 8,844 | 24 675 | 0,661 | 1 844 |
| Ver. St. v. Amerika | 2,218 | 6 186 | 12,339 | 34 423 | 5,058 | 14 112 | 2,960 | 8 253 |
| **Ausfuhr** | 6,607 | 18 610 | 8,651 | 24 139 | 21,326 | 59 552 | 22,933 | 64 218 |
| Italien | 1,377 | 3 847 | 1,356 | 3 780 | 1,509 | 4 216 | 1,617 | 4 518 |
| Österreich-Ungarn | 0,386 | 1 078 | 3,735 | 10 408 | 4,440 | 12 405 | 1,505 | 4 205 |
| Rußland | 0,909 | 2 540 | 1,256 | 3 509 | 13,113 | 36 638 | 18,096 | 50 557 |
| Schweiz | 1,836 | 5 127 | 1,304 | 3 643 | 1,596 | 4 465 | 1,383 | 3 864 |
| **Gold- und Silberwaren.** | | | | | | | | |
| **Einfuhr** | 33,259 | 8 413 | 32,291 | 5 746 | 32,403 | 7 327 | 35,040 | 8 633 |
| Frankreich | 6,278 | 1 114 | 6,317 | 1 034 | 6,018 | 1 388 | 7,048 | 1 416 |
| Großbritannien | 4,377 | 879 | 5,053 | 765 | 5,417 | 1 090 | 5,788 | 1 155 |
| Italien | 8,134 | 948 | 7,257 | 767 | 6,737 | 1 648 | 7,708 | 1 798 |
| Österreich-Ungarn | 4,916 | 1 474 | 4,681 | 1 374 | 4,416 | 1 279 | 4,631 | 1 301 |
| Schweiz | 2,211 | 663 | 2,103 | 630 | 1,966 | 599 | 2,578 | 772 |
| **Ausfuhr** | 111,117 | 73 483 | 98,561 | 68 866 | 110,980 | 68 798 | 112,483 | 80 728 |
| Belgien | 4,752 | 3 239 | 3,598 | 3 830 | 3,540 | 3 001 | 3,149 | 3 382 |
| Dänemark | 3,430 | 911 | 3,520 | 867 | 4,718 | 1 023 | 4,481 | 1 460 |
| Frankreich | 6,750 | 6 169 | 6,137 | 5 409 | 4,706 | 5 865 | 4,096 | 5 091 |
| Großbritannien | 28,182 | 12 755 | 21,078 | 9 763 | 30,931 | 9 528 | 31,603 | 10 311 |
| Italien | 12,596 | 6 317 | 10,062 | 5 124 | 11,396 | 5 714 | 11,982 | 5 095 |
| Niederlande | 2,709 | 2 152 | 3,563 | 2 018 | 3,021 | 2 752 | 3,184 | 2 927 |
| Norwegen | 0,709 | 713 | 0,751 | 708 | 0,594 | 681 | 0,580 | 713 |
| Österreich-Ungarn | 10,544 | 8 736 | 9,015 | 7 469 | 9,559 | 7 586 | 11,899 | 9 498 |
| Rußland | 5,120 | 6 169 | 6,314 | 5 799 | 5,984 | 6 914 | 4,067 | 8 266 |
| Schweden | 2,074 | 1 013 | 2,122 | 926 | 2,073 | 918 | 1,767 | 811 |
| Schweiz | 8,815 | 3 101 | 7,514 | 2 610 | 7,870 | 2 681 | 8,470 | 3 031 |
| Spanien | 2,330 | 2 314 | 1,903 | 1 837 | 1,824 | 3 853 | 1,359 | 3 910 |
| Ägypten | 0,607 | 510 | 0,567 | 452 | 0,743 | 516 | 1,794 | 1 241 |
| Britisch Indien usw. | 0,194 | 495 | 0,173 | 593 | 0,488 | 2 006 | 0,370 | 1 604 |
| Argentinien | 4,578 | 3 024 | 2,756 | 4 084 | 3,310 | 3 048 | 3,013 | 4 364 |
| Brasilien | 3,807 | 2 081 | 2,538 | 1 752 | 2,810 | 1 077 | 3,104 | 2 324 |
| Mexiko | 0,684 | 2 485 | 0,511 | 1 899 | 0,507 | 2 046 | 1,133 | 3 760 |
| Uruguay | 1,787 | 762 | 1,878 | 670 | 1,742 | 667 | 1,773 | 699 |

## Spezialhandel der wichtigeren Waren.

| Warengattung<br>Länder der Herkunft bzw. Bestimmung | 1900 Tonnen | 1900 1 000 ℳ | 1901 Tonnen | 1901 1 000 ℳ | 1902 Tonnen | 1902 1 000 ℳ | 1903 Tonnen | 1903 1 000 ℳ |
|---|---|---|---|---|---|---|---|---|
| **Graphit, ungeformt.** | | | | | | | | |
| Einfuhr | 22 405 | 3 821 | 17 374 | 2 680 | 19 392 | 2 982 | 20 963 | 3 094 |
| Österreich-Ungarn | 13 517 | 1 081 | 10 437 | 809 | 11 580 | 897 | 12 317 | 954 |
| Ceylon | 5 219 | 2 088 | 3 892 | 1 162 | 4 008 | 1 434 | 5 560 | 1 666 |
| Ausfuhr | 2 068 | 313 | 1 667 | 282 | 1 691 | 216 | 1 810 | 212 |
| **Grassaat, Timotheesaat.** | | | | | | | | |
| Einfuhr | 9 720 | 4 605 | 9 523 | 5 112 | 12 059 | 5 986 | 12 784 | 6 524 |
| Großbritannien | 4 928 | 1 971 | 5 390 | 2 367 | 6 255 | 2 627 | 5 858 | 3 057 |
| Ver. St. v. Amerika | 2 201 | 1 210 | 749 | 577 | 2 427 | 1 135 | 4 563 | 1 984 |
| Ausfuhr | 3 615 | 2 137 | 3 770 | 2 714 | 3 366 | 2 316 | 4 310 | 2 244 |
| **Guano.** | | | | | | | | |
| Einfuhr | 39 439 | 3 819 | 50 148 | 5 160 | 58 827 | 6 497 | 61 192 | 5 540 |
| Freihafen Hamburg | 8 456 | 844 | 13 250 | 1 496 | 14 296 | 1 428 | 15 947 | 1 593 |
| Belgien | 4 604 | 424 | 8 723 | 615 | 8 070 | 691 | 13 713 | 1 100 |
| Peru | 16 208 | 1 616 | 16 223 | 1 784 | 18 810 | 1 881 | 13 058 | 1 366 |
| Ausfuhr | 1 988 | 207 | 2 873 | 263 | 2 098 | 212 | 2 026 | 199 |
| **Gummi arabikum, Gummi Senegal, Gummi Tragant.** | | | | | | | | |
| Einfuhr | 3 888 | 3 667 | 4 290 | 3 565 | 5 038 | 4 079 | 4 821 | 3 560 |
| Großbritannien | 608 | 486 | 814 | 651 | 504 | 504 | 501 | 571 |
| Ägypten | 280 | 336 | 342 | 487 | 1 654 | 1 191 | 1 437 | 934 |
| Türkei in Asien | 283 | 451 | 281 | 362 | 588 | 1 196 | 583 | 682 |
| Ausfuhr | 1 283 | 1 481 | 1 402 | 1 600 | 1 866 | 1 359 | 1 895 | 1 808 |
| **Gummilack, Schellack.** | | | | | | | | |
| Einfuhr | 3 706 | 4 618 | 3 099 | 4 814 | 2 867 | 6 847 | 3 807 | 11 641 |
| Großbritannien | 969 | 1 260 | 658 | 1 054 | 888 | 1 954 | 1 011 | 3 236 |
| Britisch Indien usw. | 2 626 | 3 424 | 2 251 | 3 601 | 1 514 | 3 331 | 2 372 | 7 190 |
| Ausfuhr | 648 | 987 | 669 | 1 317 | 802 | 2 664 | 842 | 2 948 |
| Österreich-Ungarn | 159 | 286 | 161 | 322 | 213 | 551 | 277 | 970 |
| **Haare von Hasen, Kaninchen, Bibern, Affen, Bisamratten.** | | | | | | | | |
| Einfuhr | 162 | 2 430 | 242 | 3 874 | 205 | 3 283 | 269 | 3 224 |
| Belgien | 66 | 1 051 | 128 | 2 081 | 139 | 2 289 | 150 | 1 801 |
| Frankreich | 48 | 771 | 58 | 934 | 35 | 555 | 47 | 568 |
| Ausfuhr | 231 | 4 614 | 310 | 4 964 | 241 | 3 853 | 329 | 3 947 |
| Frankreich | 41 | 814 | 48 | 771 | 44 | 709 | 65 | 780 |
| Großbritannien | 25 | 498 | 35 | 556 | 49 | 789 | 70 | 840 |
| **Haare von Pferden.** | | | | | | | | |
| Einfuhr | 2 554 | 7 180 | 2 297 | 5 267 | 2 648 | 6 436 | 2 584 | 6 793 |
| Italien | 292 | 921 | 188 | 484 | 279 | 547 | 227 | 540 |
| Rußland | 944 | 2 689 | 863 | 1 812 | 943 | 2 619 | 1 059 | 2 225 |
| Argentinien | 215 | 560 | 351 | 898 | 388 | 807 | 282 | 658 |
| Ausfuhr | 1 236 | 3 563 | 1 198 | 3 540 | 1 169 | 3 388 | 1 228 | 3 002 |
| Österreich-Ungarn | 323 | 835 | 312 | 956 | 355 | 1 081 | 354 | 771 |
| **Häute und Felle (a—k):** | | | | | | | | |
| **a. Hasen- und Kaninchenfelle, rohe.** | | | | | | | | |
| Einfuhr | 1 658 | 4 146 | 1 863 | 5 188 | 2 010 | 5 317 | 1 914 | 4 461 |
| Großbritannien | 294 | 734 | 402 | 2 125 | 351 | 562 | 313 | 633 |
| Österreich-Ungarn | 531 | 1 318 | 572 | 1 608 | 588 | 1 911 | 569 | 1 684 |
| Rußland | 415 | 1 038 | 457 | 2 279 | 530 | 1 855 | 377 | 1 136 |
| Ausfuhr | 1 856 | 4 204 | 1 833 | 6 417 | 1 461 | 5 370 | 1 703 | 4 431 |
| Belgien | 330 | 1 023 | 482 | 1 686 | 393 | 1 453 | 522 | 1 189 |
| Ver. St. v. Amerika | 755 | 2 340 | 888 | 3 108 | 649 | 2 401 | 647 | 1 940 |

Spezialhandel der wichtigeren Waren.

| Warengattung<br>Länder der Herkunft bzw. Bestimmung | 1900 Tonnen | 1900 1 000 ℳ | 1901 Tonnen | 1901 1 000 ℳ | 1902 Tonnen | 1902 1 000 ℳ | 1903 Tonnen | 1903 1 000 ℳ |
|---|---|---|---|---|---|---|---|---|
| **b. Kalbfelle, grüne und gesalzene.** | | | | | | | | |
| **Einfuhr** | **4 899** | **5 817** | **4 802** | **5 552** | **7 268** | **9 601** | **9 997** | **14 025** |
| Frankreich | 2 214 | 2 767 | 2 134 | 2 667 | 3 631 | 4 901 | 4 842 | 7 021 |
| Österreich-Ungarn | 331 | 397 | 532 | 638 | 1 330 | 1 662 | 2 076 | 2 801 |
| **Ausfuhr** | **4 054** | **4 367** | **5 022** | **5 568** | **4 807** | **6 211** | **4 117** | **5 670** |
| Frankreich | 576 | 576 | 856 | 898 | 611 | 855 | 468 | 678 |
| Großbritannien | 650 | 650 | 664 | 664 | 704 | 983 | 574 | 804 |
| Ver. St. v. Amerika | 1 460 | 1 679 | 2 138 | 2 566 | 2 261 | 3 396 | 1 674 | 2 511 |
| **c. Kalbfelle, gekalkte und trockene.** | | | | | | | | |
| **Einfuhr** | **10 128** | **27 742** | **10 120** | **28 782** | **10 838** | **33 269** | **8 525** | **26 088** |
| Dänemark | 974 | 2 727 | 861 | 2 495 | 745 | 2 235 | 646 | 2 001 |
| Norwegen | 208 | 604 | 245 | 734 | 360 | 1 080 | 301 | 904 |
| Österreich-Ungarn | 2 844 | 7 194 | 3 016 | 8 144 | 2 968 | 8 904 | 2 256 | 7 219 |
| Rußland | 4 084 | 13 536 | 4 512 | 13 761 | 5 247 | 17 314 | 3 386 | 11 343 |
| Finnland | 241 | 601 | 303 | 818 | 225 | 653 | 204 | 612 |
| Schweden | 439 | 1 110 | 388 | 1 163 | 381 | 1 119 | 336 | 1 048 |
| **Ausfuhr** | **4 153** | **12 132** | **4 863** | **14 749** | **5 034** | **16 263** | **3 301** | **10 980** |
| Frankreich | 1 818 | 5 635 | 1 570 | 5 022 | 1 592 | 5 451 | 1 155 | 3 810 |
| Österreich-Ungarn | 201 | 504 | 244 | 600 | 212 | 594 | 270 | 782 |
| Ver. St. v. Amerika | 1 246 | 3 617 | 2 141 | 6 636 | 1 980 | 6 753 | 1 262 | 4 289 |
| **d. Rindshäute, grüne und gesalzene.** | | | | | | | | |
| **Einfuhr** | **49 028** | **48 166** | **51 402** | **48 785** | **55 428** | **58 322** | **68 338** | **72 380** |
| Belgien | 1 046 | 1 191 | 972 | 1 021 | 887 | 1 080 | 1 351 | 1 534 |
| Dänemark | 1 025 | 922 | 1 136 | 852 | 745 | 559 | 1 390 | 1 112 |
| Frankreich | 4 006 | 3 405 | 3 536 | 2 808 | 4 076 | 3 669 | 4 750 | 4 518 |
| Niederlande | 1 830 | 1 464 | 1 897 | 1 443 | 2 214 | 1 882 | 2 953 | 2 658 |
| Österreich-Ungarn | 3 079 | 2 309 | 2 332 | 1 652 | 3 194 | 2 715 | 4 147 | 3 732 |
| Schweden | 785 | 628 | 1 072 | 858 | 765 | 688 | 896 | 852 |
| Schweiz | 3 398 | 3 058 | 2 942 | 2 501 | 3 013 | 3 043 | 3 151 | 3 308 |
| Argentinien | 19 082 | 20 951 | 21 521 | 21 521 | 24 495 | 26 944 | 28 896 | 30 930 |
| Brasilien | 6 054 | 6 357 | 8 478 | 8 002 | 7 275 | 8 367 | 9 523 | 11 189 |
| Uruguay | 4 020 | 4 422 | 3 781 | 3 970 | 3 933 | 4 523 | 4 032 | 4 810 |
| Ver. St. v. Amerika | 1 368 | 1 300 | 1 268 | 1 140 | 1 809 | 1 963 | 2 298 | 2 413 |
| **Ausfuhr** | **24 609** | **21 558** | **32 364** | **27 026** | **33 382** | **34 971** | **29 887** | **32 646** |
| Belgien | 984 | 984 | 1 619 | 1 558 | 2 139 | 2 845 | 2 039 | 2 243 |
| Dänemark | 870 | 783 | 810 | 729 | 762 | 876 | 794 | 953 |
| Frankreich | 2 205 | 1 764 | 2 207 | 1 655 | 2 046 | 1 739 | 1 651 | 1 486 |
| Großbritannien | 4 502 | 3 826 | 6 626 | 5 301 | 5 685 | 5 116 | 3 257 | 3 104 |
| Niederlande | 1 372 | 1 166 | 2 009 | 1 607 | 2 594 | 2 594 | 2 377 | 2 495 |
| Österreich-Ungarn | 3 282 | 2 954 | 5 379 | 4 572 | 6 480 | 6 804 | 5 636 | 5 918 |
| Rußland | 6 304 | 5 674 | 8 570 | 7 284 | 9 330 | 11 196 | 8 151 | 11 345 |
| Finnland | 921 | 829 | 710 | 604 | 539 | 647 | 807 | 968 |
| Schweden | 691 | 590 | 1 009 | 858 | 1 320 | 1 452 | 1 924 | 2 212 |
| **e. Rindshäute, gekalkte und trockene.** | | | | | | | | |
| **Einfuhr** | **34 088** | **49 329** | **24 577** | **35 761** | **20 887** | **33 660** | **27 517** | **47 235** |
| Großbritannien | 1 257 | 1 634 | 401 | 614 | 446 | 669 | 676 | 1 038 |
| Niederlande | 690 | 1 001 | 523 | 732 | 504 | 874 | 732 | 1 177 |
| Österreich-Ungarn | 644 | 1 063 | 467 | 748 | 440 | 792 | 626 | 1 190 |
| Britisch Indien usw. | 20 484 | 28 678 | 11 056 | 15 478 | 9 734 | 15 574 | 11 164 | 19 538 |
| China | 667 | 1 068 | 2 033 | 3 050 | 1 376 | 2 202 | 2 050 | 3 486 |
| Niederl. Indien usw. | 281 | 393 | 407 | 651 | 452 | 814 | 243 | 450 |
| Argentinien | 2 306 | 4 135 | 2 068 | 3 309 | 1 006 | 2 730 | 3 882 | 6 794 |
| Brasilien | 3 413 | 5 461 | 4 022 | 6 436 | 3 255 | 5 696 | 4 147 | 7 464 |
| Ver. St. v. Amerika | 795 | 1 153 | 404 | 566 | 389 | 583 | 464 | 742 |
| **Ausfuhr** | **4 666** | **6 724** | **5 121** | **7 386** | **4 717** | **7 840** | **4 287** | **7 388** |
| Österreich-Ungarn | 1 265 | 1 807 | 1 629 | 2 268 | 1 670 | 2 805 | 1 427 | 2 569 |
| Rußland | 1 233 | 1 727 | 1 002 | 1 402 | 747 | 1 269 | 578 | 1 012 |

Spezialhandel der wichtigeren Waren.

| Warengattung<br>Länder der Herkunft bzw. Bestimmung | 1900 Tonnen | 1900 1 000 ℳ | 1901 Tonnen | 1901 1 000 ℳ | 1902 Tonnen | 1902 1 000 ℳ | 1903 Tonnen | 1903 1 000 ℳ |
|---|---|---|---|---|---|---|---|---|
| **f. Roßhäute, rohe.** | | | | | | | | |
| Einfuhr | 15 410 | 11 811 | 14 109 | 9 981 | 14 454 | 11 654 | 15 674 | 14 111 |
| Frankreich | 2 776 | 1 677 | 3 130 | 1 723 | 2 875 | 2 013 | 2 190 | 1 760 |
| Großbritannien | 3 847 | 2 508 | 3 362 | 2 022 | 3 464 | 2 434 | 3 716 | 2 985 |
| Argentinien | 2 681 | 2 718 | 3 603 | 3 332 | 3 741 | 3 712 | 3 106 | 3 619 |
| Ver. St. v. Amerika | 1 624 | 1 348 | 1 405 | 989 | 1 838 | 1 474 | 2 062 | 1 808 |
| Ausfuhr | 2 326 | 2 128 | 3 437 | 2 724 | 5 071 | 4 771 | 5 637 | 5 738 |
| Rußland | 1 510 | 1 292 | 2 273 | 1 796 | 3 464 | 3 234 | 3 989 | 4 030 |
| Ver. St. v. Amerika | 381 | 451 | 835 | 529 | 966 | 977 | 959 | 1 094 |
| **g. Schaf- und Ziegenfelle, rohe behaarte.** | | | | | | | | |
| Einfuhr | 12 445 | 16 136 | 15 096 | 18 784 | 15 822 | 31 291 | 18 100 | 37 520 |
| Frankreich | 1 302 | 1 747 | 1 418 | 2 037 | 1 658 | 4 228 | 1 708 | 4 428 |
| Griechenland | 369 | 353 | 478 | 569 | 752 | 1 445 | 449 | 793 |
| Großbritannien | 1 010 | 1 707 | 1 508 | 2 364 | 1 053 | 2 330 | 1 167 | 2 046 |
| Italien | 586 | 547 | 430 | 346 | 506 | 1 178 | 521 | 1 344 |
| Österreich-Ungarn | 2 715 | 3 290 | 2 890 | 3 904 | 3 223 | 6 912 | 2 997 | 6 366 |
| Rußland | 1 546 | 2 173 | 1 534 | 2 597 | 1 677 | 4 525 | 2 201 | 6 753 |
| Spanien | 618 | 511 | 867 | 506 | 600 | 1 424 | 769 | 1 570 |
| Türkei in Asien | 538 | 513 | 546 | 447 | 430 | 838 | 967 | 2 010 |
| Argentinien | 1 152 | 991 | 1 851 | 1 321 | 1 801 | 1 966 | 2 587 | 2 961 |
| Ausfuhr | 4 496 | 8 052 | 5 048 | 9 728 | 4 926 | 9 843 | 4 147 | 10 937 |
| Belgien | 1 012 | 1 705 | 1 288 | 2 238 | 1 392 | 2 524 | 1 278 | 2 467 |
| Frankreich | 364 | 970 | 250 | 739 | 306 | 831 | 385 | 1 617 |
| Großbritannien | 584 | 1 452 | 419 | 1 190 | 479 | 1 386 | 378 | 1 633 |
| Niederlande | 540 | 604 | 633 | 741 | 564 | 841 | 480 | 758 |
| Österreich-Ungarn | 1 018 | 1 004 | 851 | 768 | 704 | 830 | 517 | 1 310 |
| Ver. St. v. Amerika | 674 | 1 924 | 1 087 | 3 541 | 641 | 2 171 | 667 | 2 362 |
| **h. Schaf- und Ziegenfelle, enthaarte halbgare usw.** | | | | | | | | |
| Einfuhr | 3 086 | 11 057 | 3 626 | 14 606 | 3 501 | 19 842 | 3 832 | 23 566 |
| Frankreich | 475 | 1 424 | 390 | 1 584 | 504 | 2 543 | 462 | 2 989 |
| Großbritannien | 2 231 | 6 693 | 2 218 | 8 950 | 2 107 | 12 047 | 2 493 | 15 310 |
| Britisch-Indien usw | 718 | 2 153 | 719 | 2 876 | 688 | 4 238 | 888 | 4 436 |
| Ausfuhr | 38 | 122 | 77 | 240 | 60 | 241 | 37 | 149 |
| **i. Felle zur Pelzwerkbereitung, nicht von Pelztieren.** | | | | | | | | |
| Einfuhr | 771 | 4 028 | 870 | 4 350 | 846 | 4 092 | 831 | 6 332 |
| Rußland | 614 | 3 681 | 692 | 3 450 | 642 | 3 333 | 545 | 4 628 |
| Ausfuhr | 218 | 1 489 | 220 | 1 208 | 215 | 1 286 | 422 | 2 523 |
| **k. Felle zur Pelzwerkbereitung, von Pelztieren; Vogelbälge.** | | | | | | | | |
| Einfuhr | 3 087 | 58 573 | 3 229 | 64 891 | 3 832 | 68 869 | 4 389 | 104 863 |
| Belgien | 91 | 1 629 | 91 | 1 944 | 110 | 1 973 | 167 | 2 893 |
| Frankreich | 215 | 3 865 | 181 | 3 072 | 247 | 4 453 | 309 | 9 239 |
| Großbritannien | 807 | 13 519 | 797 | 13 946 | 967 | 17 413 | 1 183 | 34 801 |
| Österreich-Ungarn | 140 | 1 958 | 148 | 2 511 | 210 | 3 785 | 230 | 5 719 |
| Rußland | 980 | 17 744 | 928 | 15 771 | 1 373 | 24 719 | 1 402 | 24 568 |
| Argentinien | 415 | 8 014 | 682 | 11 535 | 393 | 7 067 | 387 | 6 355 |
| Ver. St. v. Amerika | 206 | 5 715 | 190 | 2 223 | 252 | 4 541 | 369 | 9 742 |
| Ausfuhr | 2 063 | 41 260 | 2 336 | 44 386 | 2 494 | 49 872 | 2 194 | 60 596 |
| Belgien | 118 | 2 321 | 97 | 1 849 | 103 | 2 052 | 68 | 2 020 |
| Dänemark | 70 | 1 392 | 48 | 904 | 39 | 778 | 39 | 809 |
| Frankreich | 400 | 7 994 | 424 | 8 050 | 522 | 10 436 | 462 | 12 302 |
| Großbritannien | 320 | 6 398 | 265 | 5 031 | 354 | 7 084 | 337 | 10 891 |
| Italien | 34 | 674 | 48 | 918 | 62 | 1 230 | 36 | 897 |
| Österreich-Ungarn | 257 | 5 142 | 213 | 4 049 | 260 | 5 194 | 217 | 4 160 |
| Rußland | 328 | 6 564 | 432 | 8 204 | 402 | 8 036 | 437 | 9 601 |
| Türkei in Europa | 28 | 554 | 21 | 391 | 34 | 676 | 49 | 1 371 |
| Ver. St. v. Amerika | 369 | 7 370 | 615 | 11 676 | 503 | 10 056 | 412 | 13 639 |

Spezialhandel der wichtigeren Waren.

| Warengattung / Länder der Herkunft bzw. Bestimmung | 1900 | | 1901 | | 1902 | | 1903 | |
|---|---|---|---|---|---|---|---|---|
| | Tonnen | 1 000 M. | Tonnen | 1 000 M. | Tonnen | 1 000 M. | Tonnen | 1 000 M. |
| **Hanf, außer Aloe- und Manilahanf.** | | | | | | | | |
| Einfuhr | 46 406 | 25 524 | 42 878 | 24 795 | 40 661 | 23 516 | 40 402 | 21 760 |
| Italien | 13 472 | 9 430 | 11 959 | 8 491 | 12 568 | 9 299 | 11 683 | 8 230 |
| Österreich-Ungarn | 2 600 | 1 456 | 2 256 | 1 308 | 2 746 | 1 483 | 2 218 | 1 198 |
| Rußland | 29 035 | 14 082 | 28 071 | 14 597 | 24 737 | 12 245 | 25 616 | 11 782 |
| Ausfuhr | 18 166 | 10 230 | 18 472 | 10 935 | 14 251 | 8 337 | 13 696 | 7 605 |
| Belgien | 1 544 | 872 | 1 705 | 1 010 | 1 272 | 744 | 1 133 | 621 |
| Frankreich | 3 350 | 1 893 | 2 679 | 1 586 | 2 036 | 1 191 | 3 021 | 1 655 |
| Großbritannien | 6 701 | 3 786 | 7 997 | 4 734 | 6 288 | 3 677 | 4 905 | 2 688 |
| Niederlande | 1 660 | 938 | 1 698 | 1 005 | 1 312 | 768 | 1 184 | 649 |
| Norwegen | 1 403 | 793 | 1 416 | 838 | 991 | 580 | 1 028 | 563 |
| **Hede (Werg).** | | | | | | | | |
| Einfuhr | 30 031 | 11 282 | 29 454 | 12 246 | 31 325 | 15 542 | 30 990 | 14 945 |
| Belgien | 3 020 | 993 | 3 851 | 578 | 3 197 | 511 | 2 577 | 1 031 |
| Italien | 3 123 | 1 655 | 3 221 | 1 803 | 3 408 | 2 113 | 3 584 | 2 114 |
| Niederlande | 1 812 | 779 | 1 852 | 889 | 2 417 | 1 257 | 2 716 | 1 467 |
| Österreich-Ungarn | 5 368 | 1 879 | 4 929 | 1 972 | 6 066 | 2 548 | 6 828 | 1 071 |
| Rußland | 16 153 | 6 300 | 14 701 | 6 615 | 15 358 | 6 797 | 14 322 | 6 875 |
| Ausfuhr | 11 528 | 4 479 | 11 041 | 4 757 | 11 234 | 4 682 | 9 370 | 3 935 |
| Belgien | 1 861 | 733 | 2 322 | 1 000 | 2 575 | 1 073 | 1 704 | 716 |
| Frankreich | 1 782 | 693 | 2 155 | 938 | 1 884 | 786 | 1 448 | 608 |
| Großbritannien | 3 029 | 1 177 | 2 215 | 963 | 2 137 | 891 | 1 296 | 544 |
| Österreich-Ungarn | 1 687 | 656 | 1 980 | 853 | 1 848 | 770 | 2 375 | 997 |
| **Heringe, gesalzene.** | | | | | | | | |
| | Faß | | Faß | | Faß | | Faß | |
| Einfuhr | 1 128 868 | 38 016 | 1 380 293 | 41 482 | 1 577 379 | 49 898 | 1 464 855 | 39 063 |
| Großbritannien | 571 350 | 19 340 | 666 049 | 20 661 | 758 547 | 24 188 | 601 040 | 15 689 |
| Niederlande | 310 546 | 10 286 | 371 185 | 10 801 | 451 464 | 14 481 | 533 874 | 18 354 |
| Norwegen | 120 840 | 3 359 | 154 872 | 4 031 | 196 368 | 5 478 | 111 764 | 2 599 |
| Schweden | 120 768 | 4 589 | 164 037 | 5 577 | 157 716 | 5 362 | 198 034 | 5 165 |
| Ausfuhr | 1 586 | 138 | 1 840 | 160 | 3 294 | 307 | 542 | 433 |
| **Holzgeist.** | | | | | | | | |
| | Tonnen | | Tonnen | | Tonnen | | Tonnen | |
| Einfuhr | 4 067 | 3 666 | 4 273 | 3 675 | 4 769 | 5 949 | 5 407 | 4 825 |
| Österreich-Ungarn | 1 810 | 1 629 | 2 295 | 1 971 | 2 602 | 3 160 | 3 107 | 2 485 |
| Ver. St. v. Amerika | 2 060 | 1 854 | 1 910 | 1 642 | 1 839 | 2 526 | 1 958 | 1 567 |
| Ausfuhr | 946 | 994 | 1 161 | 1 186 | 1 207 | 1 297 | 1 460 | 1 387 |
| **Holz und Holzwaren (a-l):** | | | | | | | | |
| **a. Bau- und Nutzholz, roh oder nur in der Querrichtung mit Axt oder Säge bearbeitet.**[1] | | | | | | | | |
| Einfuhr | 2 027 327 | 76 232 | 2 461 143 | 59 255 | 1 947 593 | 54 332 | 2 463 250 | 60 166 |
| Frankreich | 9 315 | 270 | 8 130 | 356 | 6 701 | 1 371 | 12 345 | 1 837 |
| Niederlande | 16 291 | 473 | 13 365 | 358 | 7 317 | 1 001 | 8 914 | 676 |
| Österreich-Ungarn | 1 578 295 | 45 803 | 1 377 831 | 32 950 | 1 152 018 | 30 091 | 1 311 555 | 34 681 |
| Rußland | 989 370 | 28 704 | 1 019 222 | 24 295 | 730 971 | 19 805 | 1 087 513 | 28 617 |
| Ver. St. v. Amerika | 19 832 | 574 | 12 343 | 457 | 26 552 | 2 151 | 20 763 | 2 076 |
| Ausfuhr | 182 610 | 9 313 | 155 047 | 7 470 | 176 242 | 8 026 | 182 225 | 9 463 |
| Belgien | 38 796 | 1 979 | 31 139 | 1 384 | 28 374 | 1 331 | 26 810 | 1 293 |
| Frankreich | 12 575 | 641 | 16 208 | 605 | 11 991 | 556 | 13 929 | 642 |
| Großbritannien | 52 297 | 2 667 | 29 951 | 1 371 | 39 605 | 1 883 | 43 695 | 2 096 |
| Niederlande | 40 478 | 2 065 | 35 770 | 1 950 | 40 988 | 2 400 | 41 875 | 2 436 |
| Österreich-Ungarn | 11 476 | 585 | 11 889 | 565 | 17 074 | 859 | 12 735 | 717 |
| Schweiz | 17 347 | 885 | 14 083 | 608 | 18 168 | 938 | 21 902 | 1 163 |

[1]) In der Einfuhr einschl. des rohen Bau- und Nutzholzes für Bewohner und Industrien des Grenzbezirks.

Spezialhandel der wichtigeren Waren.

| Warengattung — Länder der Herkunft bzw. Bestimmung | 1900 | | 1901 | | 1902 | | 1903 | |
|---|---|---|---|---|---|---|---|---|
| | Tonnen | 1 000 ℳ | Tonnen | 1 000 ℳ | Tonnen | 1 000 ℳ | Tonnen | 1 000 ℳ |
| **b. Bau- und Nutzholz, nach der Längsachse beschlagen; Naben, Felgen, Speichen.** | | | | | | | | |
| Einfuhr | 673 846 | 26 051 | 553 127 | 23 866 | 448 410 | 22 949 | 524 617 | 26 241 |
| Österreich-Ungarn | 230 753 | 12 345 | 166 418 | 7 293 | 127 706 | 6 648 | 156 504 | 7 672 |
| Rußland | 354 326 | 18 957 | 319 055 | 13 657 | 240 415 | 11 672 | 274 790 | 12 828 |
| Finnland | 28 377 | 1 518 | 22 268 | 891 | 22 744 | 1 137 | 27 513 | 1 293 |
| Schweden | 48 334 | 2 586 | 34 174 | 1 381 | 46 689 | 2 316 | 53 546 | 2 517 |
| Ausfuhr | 14 131 | 827 | 8 523 | 539 | 9 856 | 731 | 12 283 | 889 |
| **c. Bau- und Nutzholz, gesägt; Kanthölzer, Säge- und Schnittwaren.** | | | | | | | | |
| Einfuhr | 1 642 551 | 112 816 | 1 368 699 | 88 970 | 1 447 648 | 92 387 | 1 720 528 | 111 402 |
| Norwegen | 42 751 | 2 928 | 39 295 | 2 360 | 43 447 | 2 564 | 43 910 | 2 679 |
| Österreich-Ungarn | 507 473 | 34 762 | 384 169 | 24 544 | 387 988 | 25 751 | 480 265 | 28 334 |
| Rumänien | 39 609 | 2 713 | 39 608 | 2 384 | 24 584 | 1 415 | 30 588 | 1 788 |
| Rußland | 185 068 | 13 362 | 162 063 | 9 760 | 180 775 | 8 472 | 243 513 | 13 314 |
| Finnland | 101 871 | 6 978 | 120 234 | 7 214 | 132 649 | 7 826 | 145 103 | 8 706 |
| Schweden | 477 328 | 32 697 | 380 703 | 23 061 | 439 678 | 26 381 | 452 044 | 28 029 |
| Ver. St. v. Amerika | 256 878 | 17 596 | 223 936 | 16 445 | 241 188 | 21 176 | 316 589 | 26 928 |
| Ausfuhr | 129 985 | 11 050 | 146 012 | 11 868 | 144 086 | 11 376 | 167 360 | 13 211 |
| Freihafen Hamburg | 7 687 | 653 | 8 716 | 639 | 13 301 | 914 | 14 909 | 1 118 |
| Belgien | 11 677 | 991 | 14 980 | 1 751 | 16 362 | 1 507 | 14 708 | 1 455 |
| Dänemark | 19 870 | 1 689 | 17 894 | 1 831 | 16 845 | 1 147 | 20 686 | 1 470 |
| Großbritannien | 51 277 | 4 359 | 31 687 | 3 890 | 38 128 | 2 734 | 72 824 | 5 336 |
| Niederlande | 11 960 | 1 017 | 12 099 | 1 285 | 22 078 | 1 990 | 15 377 | 1 411 |
| Schweiz | 9 328 | 793 | 11 751 | 1 037 | 9 557 | 739 | 8 944 | 759 |
| **d. Faßdauben, eichene, ungefärbte.** | | | | | | | | |
| Einfuhr | 62 893 | 6 876 | 48 894 | 5 411 | 33 771 | 4 062 | 32 189 | 4 186 |
| Österreich-Ungarn | 32 317 | 4 201 | 25 335 | 3 040 | 20 788 | 2 494 | 19 364 | 2 517 |
| Rußland | 4 067 | 549 | 3 467 | 416 | 5 136 | 616 | 5 380 | 699 |
| Ver. St. v. Amerika | 16 325 | 2 122 | 15 458 | 1 855 | 7 618 | 914 | 7 076 | 920 |
| Ausfuhr | 2 936 | 455 | 2 157 | 324 | 2 304 | 346 | 1 767 | 283 |
| **e. Nutzholz von Buchsbaum, Zedern, Kokos, Ebenholz, Mahagoni, roh.** | | | | | | | | |
| Einfuhr | 33 218 | 7 308 | 38 059 | 7 836 | 39 717 | 9 888 | 32 837 | 7 591 |
| Kostarika | 12 824 | 2 821 | 9 204 | 1 841 | 9 417 | 2 072 | 4 257 | 894 |
| Kuba, Portorico | 4 384 | 964 | 8 798 | 2 039 | 9 652 | 3 378 | 13 414 | 4 024 |
| Ver. St. v. Amerika | 3 430 | 755 | 9 155 | 1 373 | 4 997 | 749 | 5 177 | 785 |
| Ausfuhr | 1 089 | 288 | 841 | 235 | 1 048 | 292 | 957 | 249 |
| **f. Quebrachoholz, unzerkleinert.** | | | | | | | | |
| Einfuhr | 121 136 | 7 877 | 111 668 | 7 258 | 136 697 | 8 196 | 108 649 | 8 141 |
| Argentinien | 120 909 | 7 859 | 110 614 | 7 190 | 135 865 | 8 158 | 108 272 | 8 120 |
| Ausfuhr | 858 | 64 | 2 068 | 155 | 1 310 | 92 | 1 548 | 132 |
| **g. Schleifholz und Holz zur Cellulosefabrikation.** | | | | | | | | |
| Einfuhr | 148 364 | 3 486 | 204 000 | 5 100 | 173 149 | 3 982 | 220 042 | 5 281 |
| Österreich-Ungarn | 118 857 | 2 793 | 128 047 | 3 201 | 115 051 | 2 646 | 139 214 | 3 341 |
| Rußland | 24 458 | 575 | 59 486 | 1 487 | 45 882 | 1 055 | 55 245 | 1 326 |
| Ausfuhr | 29 679 | 1 039 | 38 940 | 1 129 | 35 574 | 926 | 26 163 | 785 |
| **h. Böttcherwaren, grobe, gebeizt, gefärbt, lackiert, poliert.** | | | | | | | | |
| Einfuhr | 392 | 165 | 720 | 302 | 234 | 98 | 197 | 83 |
| Ausfuhr | 21 970 | 9 887 | 21 762 | 9 140 | 21 278 | 8 937 | 16 441 | 6 905 |
| Freihafen Hamburg | 16 483 | 7 418 | 15 026 | 6 311 | 13 011 | 5 465 | 7 569 | 3 179 |
| Rußland | 660 | 297 | 1 738 | 730 | 2 553 | 1 072 | 2 459 | 1 033 |
| **i. Holzwaren, feine; Holzbronze.** | | | | | | | | |
| Einfuhr | 1 588 | 3 068 | 1 493 | 2 912 | 1 407 | 2 861 | 1 454 | 2 812 |
| Frankreich | 205 | 516 | 225 | 440 | 222 | 641 | 243 | 582 |
| Österreich-Ungarn | 587 | 1 145 | 538 | 1 049 | 512 | 739 | 498 | 800 |

Spezialhandel der wichtigeren Waren.

| Warengattung<br>Länder der Herkunft bzw. Bestimmung | 1900 Tonnen | 1900 1 000 ℳ | 1901 Tonnen | 1901 1 000 ℳ | 1902 Tonnen | 1902 1 000 ℳ | 1903 Tonnen | 1903 1 000 ℳ |
|---|---|---|---|---|---|---|---|---|
| Ausfuhr | 13 071 | 28 013 | 13 828 | 29 846 | 12 446 | 26 758 | 14 109 | 21 164 |
| Großbritannien | 8 323 | 17 895 | 9 235 | 19 856 | 8 154 | 17 532 | 8 630 | 12 945 |
| Niederlande | 767 | 1 649 | 577 | 1 241 | 557 | 1 198 | 475 | 712 |
| Österreich-Ungarn | 266 | 571 | 277 | 596 | 287 | 618 | 357 | 535 |
| Britisch-Indien usw. | 286 | 615 | 242 | 521 | 282 | 606 | 459 | 689 |
| Britisch Australien | 872 | 1 875 | 888 | 1 905 | 610 | 1 310 | 754 | 1 131 |
| **k. Horn, Celluloid, Elfenbein in rohen Platten; Hornmehl, Korkmehl.** | | | | | | | | |
| Einfuhr | 347 | 3 057 | 316 | 2 765 | 371 | 3 800 | 486 | 4 227 |
| Frankreich | 175 | 1 337 | 142 | 996 | 207 | 1 898 | 254 | 1 890 |
| Großbritannien | 98 | 1 218 | 105 | 1 183 | 105 | 1 241 | 138 | 1 196 |
| Ausfuhr | 709 | 5 465 | 733 | 5 205 | 922 | 4 349 | 1 004 | 4 915 |
| Frankreich | 169 | 1 299 | 177 | 1 226 | 116 | 577 | 119 | 590 |
| Großbritannien | 65 | 502 | 68 | 418 | 116 | 576 | 162 | 793 |
| Österreich-Ungarn | 228 | 1 758 | 191 | 1 262 | 246 | 1 353 | 360 | 1 762 |
| **l. Stuhlrohr, Bambusrohr, gebeizt, gefärbt, gespalten, geschnitten.** | | | | | | | | |
| Einfuhr | 63 | 51 | 94 | 75 | 120 | 247 | 87 | 225 |
| Ausfuhr | 3 167 | 3 859 | 3 246 | 4 080 | 3 400 | 5 473 | 3 730 | 6 736 |
| Österreich-Ungarn | 428 | 535 | 416 | 520 | 337 | 1 181 | 309 | 1 080 |
| Ver. St. v. Amerika | 1 822 | 2 278 | 1 892 | 2 365 | 2 116 | 2 434 | 2 443 | 2 809 |
| **Hopfen.** | | | | | | | | |
| Einfuhr | 2 716 | 7 089 | 6 981 | 12 962 | 2 728 | 6 374 | 1 358 | 5 024 |
| Österreich-Ungarn | 2 495 | 6 735 | 6 505 | 11 360 | 2 438 | 5 851 | 1 078 | 4 310 |
| Ausfuhr | 9 648 | 26 256 | 6 690 | 14 588 | 10 298 | 25 461 | 9 981 | 43 803 |
| Belgien | 1 819 | 4 187 | 1 172 | 2 343 | 2 029 | 4 464 | 1 798 | 6 634 |
| Dänemark | 406 | 1 219 | 352 | 915 | 283 | 819 | 428 | 1 970 |
| Frankreich | 1 188 | 3 741 | 1 134 | 2 034 | 1 037 | 2 800 | 1 458 | 7 178 |
| Großbritannien | 2 218 | 4 658 | 1 334 | 2 267 | 3 040 | 7 143 | 1 211 | 4 662 |
| Niederlande | 555 | 1 664 | 408 | 1 060 | 477 | 1 240 | 440 | 1 936 |
| Österreich-Ungarn | 354 | 991 | 132 | 263 | 358 | 895 | 1 615 | 7 672 |
| Schweden | 561 | 1 684 | 273 | 710 | 359 | 1 040 | 421 | 1 976 |
| Schweiz | 401 | 1 263 | 232 | 602 | 282 | 817 | 389 | 1 943 |
| Ver. St. v. Amerika | 641 | 1 102 | 387 | 1 175 | 1 474 | 3 685 | 1 031 | 4 331 |
| **Hülsenfrüchte, trockene (a—c):** | | | | | | | | |
| **a. Bohnen.** | | | | | | | | |
| Einfuhr | 33 157 | 5 070 | 33 144 | 5 258 | 29 183 | 4 820 | 48 402 | 8 498 |
| Österreich-Ungarn | 18 917 | 3 046 | 21 107 | 3 446 | 18 312 | 2 865 | 27 737 | 5 153 |
| Rußland | 7 653 | 1 031 | 6 450 | 977 | 6 996 | 1 096 | 9 015 | 1 417 |
| Ausfuhr | 3 199 | 497 | 3 438 | 521 | 2 107 | 301 | 2 029 | 372 |
| **b. Erbsen.** | | | | | | | | |
| Einfuhr | 58 011 | 9 605 | 58 530 | 10 118 | 61 719 | 10 012 | 69 757 | 11 381 |
| Niederlande | 3 075 | 600 | 3 790 | 739 | 3 108 | 617 | 2 644 | 569 |
| Rußland | 45 265 | 7 333 | 46 238 | 7 860 | 48 233 | 7 621 | 62 420 | 9 980 |
| Ausfuhr | 3 819 | 709 | 2 934 | 606 | 4 870 | 1 008 | 6 009 | 1 022 |
| **c. Linsen.** | | | | | | | | |
| Einfuhr | 18 943 | 3 670 | 15 255 | 2 866 | 20 935 | 3 461 | 21 569 | 3 791 |
| Rußland | 18 348 | 3 496 | 14 862 | 2 750 | 19 704 | 3 151 | 21 305 | 3 728 |
| Ausfuhr | 2 117 | 562 | 1 401 | 363 | 879 | 231 | 1 638 | 369 |
| **Hüte (Herrenhüte aus Filz).** | | | | | | | | |
| Einfuhr | 130 | 3 383 | 119 | 3 084 | 120 | 3 133 | 134 | 3 595 |
| Großbritannien | 36 | 874 | 33 | 813 | 36 | 900 | 41 | 877 |
| Österreich-Ungarn | 47 | 1 431 | 43 | 1 223 | 45 | 1 251 | 53 | 1 718 |
| Ausfuhr | 241 | 2 965 | 199 | 2 664 | 264 | 3 560 | 243 | 3 387 |
| Belgien | 66 | 716 | 47 | 579 | 66 | 861 | 58 | 726 |
| Niederlande | 40 | 523 | 41 | 537 | 58 | 805 | 56 | 723 |

Spezialhandel der wichtigeren Waren.

| Warengattung / Länder der Herkunft bzw. Bestimmung | 1900 Tonnen | 1900 1 000 ℳ | 1901 Tonnen | 1901 1 000 ℳ | 1902 Tonnen | 1902 1 000 ℳ | 1903 Tonnen | 1903 1 000 ℳ |
|---|---|---|---|---|---|---|---|---|
| **Indigo.** | | | | | | | | |
| Einfuhr | 564 | 4 091 | 609 | 4 264 | 527 | 3 687 | 291 | 1 786 |
| Britisch-Indien usw. | 350 | 2 516 | 423 | 2 938 | 282 | 1 975 | 134 | 804 |
| Ausfuhr | 1 873 | 9 304 | 2 673 | 12 694 | 5 294 | 18 462 | 7 233 | 20 896 |
| Frankreich | 100 | 502 | 59 | 278 | 112 | 1 259 | 154 | 1 309 |
| Großbritannien | 169 | 844 | 348 | 1 654 | 612 | 1 894 | 1 055 | 2 004 |
| Italien | 108 | 539 | 106 | 504 | 367 | 844 | 448 | 896 |
| Niederlande | 91 | 453 | 126 | 599 | 332 | 763 | 397 | 774 |
| Österreich-Ungarn | 377 | 1 887 | 573 | 2 730 | 873 | 2 444 | 1 262 | 2 903 |
| Rußland | 95 | 475 | 141 | 667 | 284 | 3 064 | 309 | 2 784 |
| China | 119 | 595 | 116 | 551 | 259 | 583 | 738 | 1 441 |
| Japan | 17 | 87 | 58 | 277 | 230 | 2 183 | 342 | 3 077 |
| Ver. St. v. Amerika | 493 | 2 463 | 710 | 3 374 | 1 392 | 3 132 | 1 736 | 3 124 |
| **Insektenwachs, Pflanzenwachs.** | | | | | | | | |
| Einfuhr | 2 807 | 6 523 | 2 931 | 6 877 | 2 842 | 6 326 | 3 006 | 6 820 |
| Brasilien | 305 | 611 | 279 | 189 | 455 | 705 | 627 | 1 048 |
| Kuba, Portorico | 294 | 824 | 338 | 930 | 356 | 970 | 266 | 724 |
| Ausfuhr | 2 076 | 6 814 | 1 819 | 5 279 | 1 847 | 5 339 | 1 719 | 4 960 |
| Rußland | 1 637 | 4 584 | 1 450 | 4 448 | 1 437 | 4 169 | 1 177 | 3 416 |
| **Instrumente, astronomische, optische, mathematische, chemische, physikalische.** [1] | | | | | | | | |
| Einfuhr | 13 | 694 | 10 | 446 | 12 | 541 | 10 | 488 |
| Ausfuhr | 273 | 11 762 | 268 | 11 524 | 272 | 13 304 | 181 | 8 929 |
| Frankreich | 29 | 1 230 | 10 | 430 | 13 | 613 | 4 | 185 |
| Großbritannien | 18 | 782 | 18 | 791 | 29 | 1 411 | 13 | 648 |
| Niederlande | 12 | 507 | 13 | 559 | 13 | 642 | 10 | 505 |
| Österreich-Ungarn | 29 | 1 260 | 35 | 1 523 | 41 | 1 994 | 27 | 1 299 |
| Rußland | 83 | 3 573 | 73 | 3 152 | 52 | 2 548 | 52 | 2 568 |
| Ver. St. v. Amerika | 20 | 839 | 33 | 1 415 | 38 | 1 882 | 21 | 1 068 |
| **Instrumente, chirurgische.** [1] | | | | | | | | |
| Einfuhr | 23 | 999 | 21 | 902 | 20 | 800 | 22 | 888 |
| Ausfuhr | 195 | 8 776 | 207 | 7 218 | 204 | 6 989 | 189 | 4 936 |
| Großbritannien | 17 | 761 | 21 | 727 | 26 | 759 | 19 | 538 |
| Rußland | 42 | 1 881 | 42 | 1 476 | 31 | 917 | 21 | 591 |
| Ver. St. v. Amerika | 27 | 1 229 | 34 | 1 197 | 33 | 967 | 33 | 913 |
| **Instrumente, musikalische, außer Klavieren, Harmoniums und Orgeln.** | | | | | | | | |
| Einfuhr | 298 | 1 440 | 274 | 1 272 | 294 | 1 687 | 275 | 1 862 |
| Österreich-Ungarn | 126 | 744 | 156 | 843 | 154 | 906 | 217 | 1 177 |
| Ausfuhr | 3 970 | 11 792 | 4 124 | 14 196 | 3 776 | 11 872 | 4 208 | 16 885 |
| Großbritannien | 845 | 2 262 | 966 | 3 031 | 680 | 2 092 | 650 | 2 469 |
| Österreich-Ungarn | 260 | 825 | 201 | 914 | 265 | 814 | 304 | 1 292 |
| Rußland | 344 | 1 440 | 459 | 1 853 | 407 | 1 523 | 358 | 1 438 |
| Ver. St. v. Amerika | 603 | 2 571 | 775 | 3 220 | 822 | 2 648 | 1 103 | 4 895 |
| **Jod.** | | | | | | | | |
| Einfuhr | 236 | 5 433 | 266 | 4 779 | 220 | 3 960 | 320 | 5 784 |
| Großbritannien | 101 | 2 312 | 98 | 1 737 | 100 | 1 795 | 50 | 895 |
| Chile | 110 | 2 530 | 146 | 2 633 | 84 | 1 510 | 234 | 4 207 |
| Ausfuhr | 29 | 706 | 27 | 513 | 24 | 488 | 29 | 547 |
| **Jute.** | | | | | | | | |
| Einfuhr | 97 106 | 30 183 | 117 642 | 32 912 | 140 881 | 35 213 | 112 022 | 29 126 |
| Britisch-Indien usw. | 95 095 | 29 460 | 114 529 | 32 068 | 138 467 | 34 616 | 111 396 | 28 963 |
| Ausfuhr | 12 754 | 4 081 | 6 988 | 2 026 | 6 823 | 1 869 | 10 392 | 2 910 |
| Rußland | 8 696 | 2 783 | 4 293 | 1 245 | 4 800 | 1 258 | 7 160 | 2 005 |
| **Käse.** | | | | | | | | |
| Einfuhr | 16 646 | 21 361 | 16 673 | 22 123 | 16 908 | 22 123 | 16 268 | 21 954 |
| Frankreich | 835 | 1 503 | 864 | 1 554 | 939 | 1 689 | 1 022 | 1 840 |
| Niederlande | 8 243 | 9 892 | 8 642 | 10 370 | 9 017 | 11 271 | 9 448 | 11 810 |
| Schweiz | 6 915 | 9 128 | 6 513 | 9 441 | 5 216 | 8 130 | 5 075 | 7 327 |
| Ausfuhr | 1 166 | 985 | 1 458 | 1 206 | 1 416 | 1 172 | 1 277 | 1 161 |

Spezialhandel der wichtigeren Waren.

| Warengattung / Länder der Herkunft bzw. Bestimmung | 1900 Tonnen | 1900 1 000 M. | 1901 Tonnen | 1901 1 000 M. | 1902 Tonnen | 1902 1 000 M. | 1903 Tonnen | 1903 1 000 M. |
|---|---|---|---|---|---|---|---|---|
| **Kaffee, roher.** | | | | | | | | |
| Einfuhr | 160 828 | 155 828 | 171 874 | 147 740 | 171 436 | 143 161 | 181 998 | 145 168 |
| Großbritannien | 6 627 | 8 483 | 4 618 | 5 218 | 1 959 | 2 272 | 2 747 | 3 021 |
| Niederlande | 11 231 | 12 130 | 5 775 | 5 659 | 3 017 | 3 067 | 2 724 | 2 598 |
| Britisch Indien usw. | 1 607 | 2 250 | 2 542 | 3 234 | 1 908 | 2 576 | 2 979 | 3 871 |
| Niederl. Indien usw. | 11 804 | 15 345 | 12 341 | 13 426 | 12 970 | 16 601 | 13 823 | 17 279 |
| Brasilien | 91 824 | 73 459 | 102 329 | 70 607 | 112 285 | 71 547 | 119 538 | 73 309 |
| Brit. Westind. usw. | 1 348 | 1 656 | 734 | 807 | 945 | 1 087 | 630 | 703 |
| Kolumbien | 1 695 | 2 034 | 1 858 | 2 044 | 1 533 | 1 763 | 2 027 | 2 02[illegible] |
| Kostarika | 1 271 | 1 716 | 2 824 | 3 531 | 2 788 | 3 625 | 3 729 | 4 47[illegible] |
| Guatemala | 18 335 | 20 419 | 23 564 | 25 920 | 19 406 | 22 399 | 17 387 | 19 126 |
| Hond., Nikar., Salv. | 1 255 | 1 443 | 2 273 | 2 273 | 2 225 | 2 537 | 3 003 | 3 903 |
| Mexiko | 1 499 | 1 874 | 2 077 | 2 285 | 2 610 | 3 132 | 2 932 | 3 571 |
| Kuba, Portoriko | 714 | 1 000 | 440 | 557 | 734 | 954 | 1 062 | 1 275 |
| Venezuela | 3 730 | 4 103 | 4 784 | 4 784 | 5 215 | 5 736 | 4 829 | 4 849 |
| Ausfuhr | 13 | 19 | 19 | 26 | 16 | 20 | 17 | 22 |
| **Kakaobohnen, roh.** | | | | | | | | |
| Einfuhr | 19 264 | 28 711 | 18 517 | 24 736 | 20 687 | 26 181 | 21 034 | 26 991 |
| Portugal | 988 | 1 373 | 1 311 | 1 639 | 1 349 | 1 551 | 2 448 | 2 692 |
| Britisch Westafrika | 87 | 121 | 211 | 254 | 359 | 381 | 835 | 971 |
| Portug. Westafrika | 2 502 | 3 477 | 3 116 | 3 895 | 4 068 | 4 679 | 3 879 | 4 265 |
| Brasilien | 3 777 | 5 363 | 3 239 | 4 016 | 3 128 | 3 751 | 2 600 | 2 964 |
| Brit. Westind. usw. | 1 437 | 2 184 | 1 196 | 1 614 | 1 545 | 2 039 | 1 292 | 1 642 |
| Dominik. Republ. | 586 | 774 | 1 853 | 2 124 | 2 449 | 2 694 | 3 116 | 3 241 |
| Ecuador | 5 398 | 8 481 | 4 745 | 6 973 | 4 729 | 6 620 | 5 003 | 7 021 |
| Venezuela | 1 159 | 2 171 | 957 | 1 330 | 693 | 1 536 | 829 | 1 410 |
| Ausfuhr | 12 | 3 | 107 | 17 | 85 | 15 | 143 | 21 |
| **Kali, schwefelsaures.** | | | | | | | | |
| Einfuhr | 866 | 103 | 686 | 82 | 208 | 32 | 81 | 1[illegible] |
| Ausfuhr | 35 126 | 5 318 | 37 216 | 5 154 | 40 787 | 5 484 | 50 455 | 7 581 |
| Niederlande | 3 299 | 455 | 3 986 | 552 | 4 250 | 563 | 6 351 | 851 |
| Ver. St. v. Amerika | 21 600 | 3 013 | 22 822 | 3 161 | 27 946 | 3 703 | 33 011 | 4 441 |
| **Kalk, natürlicher kohlensaurer, erdiger; Mörtel.** | | | | | | | | |
| Einfuhr | 272 324 | 4 055 | 261 659 | 3 803 | 293 161 | 4 104 | 339 244 | 4 02[illegible] |
| Belgien | 184 052 | 2 761 | 173 487 | 2 429 | 210 091 | 2 941 | 231 088 | 3 241 |
| Österreich-Ungarn | 75 016 | 1 125 | 76 431 | 1 070 | 70 855 | 991 | 86 898 | 1 216 |
| Ausfuhr | 78 768 | 1 538 | 76 079 | 1 369 | 81 076 | 1 469 | 82 774 | 1 82[illegible] |
| Frankreich | 38 705 | 756 | 33 601 | 606 | 36 994 | 666 | 34 705 | 555 |
| **Kalk, natürlicher phosphorsaurer.** | | | | | | | | |
| Einfuhr | 320 138 | 14 726 | 361 155 | 16 163 | 430 643 | 19 782 | 461 692 | 21 210 |
| Belgien | 18 071 | 831 | 12 581 | 579 | 22 401 | 1 031 | 46 494 | 2 135 |
| Algerien | 45 950 | 2 114 | 39 503 | 1 817 | 59 047 | 2 716 | 64 443 | 2 964 |
| Ver. St. v. Amerika | 229 838 | 10 573 | 272 411 | 12 531 | 320 306 | 14 734 | 289 119 | 13 29[illegible] |
| Britisch Australien | 6 705 | 308 | 5 800 | 267 | 11 681 | 537 | 37 957 | 1 746 |
| Ausfuhr | 1 123 | 79 | 2 280 | 113 | 1 103 | 55 | 4 342 | 217 |
| **Kampfer.** | | | | | | | | |
| Einfuhr | 1 048 | 3 878 | 948 | 3 216 | 1 150 | 3 888 | 1 470 | 4 778 |
| Großbritannien | 105 | 387 | 171 | 583 | 158 | 505 | 167 | 694 |
| Japan | 469 | 1 735 | 640 | 2 174 | 931 | 2 080 | 1 244 | 3 85[illegible] |
| Ausfuhr | 365 | 1 608 | 409 | 1 768 | 440 | 1 871 | 444 | 1 841 |
| **Kaolin, Feldspat, feuerfester Ton.** | | | | | | | | |
| Einfuhr | 265 289 | 11 527 | 249 180 | 8 823 | 229 556 | 7 022 | 255 083 | 7 301 |
| Großbritannien | 87 598 | 3 723 | 86 259 | 3 019 | 71 295 | 2 492 | 83 101 | 2 52[illegible] |
| Österreich-Ungarn | 125 955 | 5 983 | 116 954 | 4 678 | 111 876 | 3 356 | 120 069 | 3 60[illegible] |
| Ausfuhr | 169 855 | 3 704 | 128 176 | 3 178 | 138 928 | 3 273 | 165 829 | 3 44[illegible] |
| Österreich-Ungarn | 47 348 | 1 089 | 39 363 | 984 | 34 250 | 857 | 37 066 | 98[illegible] |
| Rußland | 23 248 | 535 | 18 885 | 567 | 19 841 | 595 | 17 799 | 51[illegible] |

Spezialhandel der wichtigeren Waren.

| Warengattung / Länder der Herkunft bzw. Bestimmung | 1900 Tonnen | 1900 1 000 ℳ | 1901 Tonnen | 1901 1 000 ℳ | 1902 Tonnen | 1902 1 000 ℳ | 1903 Tonnen | 1903 1 000 ℳ |
|---|---|---|---|---|---|---|---|---|
| **Kartoffeln, frische.** | | | | | | | | |
| **Einfuhr** | **177 683** | **8 028** | **140 763** | **5 647** | **158 890** | **7 438** | **179 408** | **9 438** |
| Belgien | 20 501 | 779 | 22 919 | 665 | 31 273 | 1 001 | 19 905 | 876 |
| Gibr., Malta, Cyp. | 4 300 | 688 | 4 407 | 661 | 4 899 | 784 | 7 114 | 1 136 |
| Italien | 14 200 | 1 278 | 12 650 | 1 075 | 18 259 | 1 641 | 10 310 | 1 114 |
| Niederlande | 59 678 | 1 731 | 53 624 | 1 448 | 51 058 | 1 634 | 38 216 | 1 605 |
| Österreich-Ungarn | 39 833 | 2 071 | 19 528 | 879 | 30 881 | 1 482 | 65 339 | 3 038 |
| Rußland | 33 821 | 1 187 | 21 303 | 619 | 16 775 | 503 | 32 168 | 1 206 |
| **Ausfuhr** | **186 815** | **7 233** | **224 411** | **7 293** | **197 291** | **9 470** | **272 940** | **16 012** |
| Großbritannien | 68 087 | 2 724 | 63 891 | 2 076 | 13 371 | 642 | 103 605 | 5 698 |
| Niederlande | 16 248 | 650 | 18 831 | 612 | 10 765 | 517 | 58 011 | 3 240 |
| Schweden | 47 118 | 1 853 | 81 252 | 2 640 | 89 194 | 4 181 | 19 950 | 1 097 |
| Schweiz | 16 861 | 675 | 23 900 | 778 | 27 551 | 1 322 | 27 129 | 1 402 |
| **Kartoffelstärke, nicht geröstet, Kartoffelmehl.** | | | | | | | | |
| **Einfuhr** | **162** | **40** | **88** | **18** | **105** | **21** | **99** | **24** |
| **Ausfuhr** | **21 792** | **4 140** | **26 445** | **4 198** | **45 961** | **7 584** | **27 996** | **5 598** |
| Großbritannien | 11 351 | 2 157 | 14 061 | 2 320 | 23 838 | 3 933 | 15 583 | 3 117 |
| Spanien | 3 247 | 617 | 3 734 | 616 | 6 329 | 1 044 | 4 142 | 828 |
| **Katechu.** | | | | | | | | |
| **Einfuhr** | **5 691** | **2 236** | **5 371** | **2 686** | **5 397** | **2 914** | **5 295** | **3 124** |
| Britisch Indien usw. | 4 409 | 1 762 | 3 924 | 2 062 | 3 640 | 1 966 | 3 541 | 2 080 |
| **Ausfuhr** | **1 072** | **480** | **492** | **360** | **816** | **457** | **1 197** | **730** |
| **Kautschuk und Guttapercha.** | | | | | | | | |
| **Einfuhr** | **13 421** | **73 818** | **13 622** | **48 228** | **16 029** | **60 855** | **18 587** | **80 432** |
| Belgien | 447 | 2 461 | 424 | 2 224 | 300 | 1 266 | 335 | 1 750 |
| Frankreich | 511 | 2 810 | 378 | 1 030 | 465 | 1 083 | 741 | 2 022 |
| Großbritannien | 3 227 | 17 746 | 3 196 | 15 662 | 3 434 | 18 750 | 3 858 | 24 187 |
| Rußland | 1 846 | 10 153 | 1 966 | 1 081 | 1 959 | 1 077 | 1 153 | 634 |
| Britisch Westafrika | 441 | 2 426 | 401 | 1 803 | 401 | 1 803 | 252 | 1 337 |
| Deutsch Westafrika | 410 | 2 255 | 383 | 1 629 | 320 | 1 440 | 405 | 2 223 |
| Franz. Westafrika | 338 | 1 859 | 274 | 1 165 | 363 | 1 816 | 355 | 2 200 |
| Kongostaat | 782 | 4 303 | 1 047 | 5 393 | 1 236 | 6 796 | 1 244 | 8 212 |
| Portug. Ostafrika | 278 | 1 526 | 195 | 977 | 214 | 1 308 | 212 | 1 314 |
| Portug. Westafrika | 320 | 1 761 | 361 | 1 532 | 486 | 2 186 | 202 | 1 312 |
| Britisch Indien usw. | 394 | 2 166 | 449 | 1 570 | 547 | 2 438 | 672 | 3 787 |
| Britisch Malakka | 906 | 4 081 | 716 | 2 906 | 1 346 | 6 057 | 1 374 | 7 603 |
| Niederl. Indien usw. | 370 | 2 037 | 164 | 658 | 122 | 550 | 192 | 1 016 |
| Brasilien | 613 | 1 371 | 625 | 1 730 | 1 007 | 6 488 | 1 756 | 13 395 |
| Venezuela | 352 | 1 933 | 328 | 1 378 | 434 | 1 735 | 412 | 2 208 |
| Ver. St. v. Amerika | 203 | 1 118 | 137 | 563 | 157 | 573 | 152 | 636 |
| **Ausfuhr** | **4 770** | **21 484** | **5 613** | **13 628** | **6 236** | **16 188** | **6 087** | **18 288** |
| Frankreich | 234 | 1 053 | 149 | 745 | 189 | 702 | 188 | 904 |
| Großbritannien | 611 | 2 748 | 452 | 1 242 | 481 | 1 405 | 421 | 1 487 |
| Österreich-Ungarn | 352 | 1 583 | 400 | 2 000 | 384 | 1 581 | 420 | 1 084 |
| Rußland | 343 | 1 544 | 556 | 2 780 | 654 | 3 590 | 1 091 | 6 656 |
| Ver. St. v. Amerika | 2 691 | 12 108 | 2 605 | 4 151 | 3 865 | 6 338 | 2 275 | 4 141 |
| **Kautschukwaren (a—d):** | | | | | | | | |
| **a. feine Waren aus weichem Kautschuk.** | | | | | | | | |
| **Einfuhr** | **653** | **3 877** | **722** | **4 439** | **755** | **4 315** | **698** | **3 626** |
| Rußland | 451 | 2 599 | 503 | 3 197 | 528 | 2 010 | 469 | 2 340 |
| **Ausfuhr** | **396** | **3 026** | **325** | **2 365** | **431** | **2 756** | **489** | **3 100** |
| Großbritannien | 176 | 1 142 | 168 | 1 063 | 207 | 1 121 | 222 | 1 251 |
| **b. Gewebe, mit Kautschuk oder Guttapercha verbunden.[1]** | | | | | | | | |
| **Einfuhr** | **372** | **3 113** | **363** | **3 104** | **419** | **3 546** | **468** | **4 020** |
| Frankreich | 144 | 1 100 | 143 | 1 100 | 154 | 1 200 | 186 | 1 548 |
| Großbritannien | 146 | 1 221 | 144 | 1 227 | 181 | 1 561 | 164 | 1 439 |
| **Ausfuhr** | **546** | **4 644** | **467** | **3 970** | **550** | **4 678** | **698** | **6 078** |

| | | | | | | | |
|---|---|---|---|---|---|---|---|
| Einfuhr | 149 | 1 343 | 147 | 734 | 157 | 748 | 184 |
| Ausfuhr | 2 481 | 21 091 | 2 392 | 11 962 | 2 448 | 11 630 | 2 707 |
| Großbritannien... | 512 | 4 355 | 500 | 2 501 | 501 | 2 381 | 591 |
| Niederlande ..... | 214 | 1 816 | 189 | 941 | 204 | 968 | 228 |
| Österreich-Ungarn | 197 | 1 675 | 148 | 729 | 127 | 605 | 135 |
| Rußland........ | 107 | 910 | 102 | 511 | 116 | 552 | 132 |
| Schweden....... | 142 | 1 202 | 145 | 726 | 135 | 643 | 147 |
| Schweiz ........ | 228 | 1 983 | 205 | 1 027 | 198 | 940 | 221 |

### d. Hartgummiwaren.

| | | | | | | | |
|---|---|---|---|---|---|---|---|
| Einfuhr | 26 | 192 | 29 | 234 | 28 | 218 | 27 |
| Ausfuhr | 898 | 7 620 | 821 | 7 393 | 901 | 7 996 | 1 101 |
| Frankreich....... | 193 | 1 641 | 179 | 1 612 | 211 | 1 704 | 211 |
| Großbritannien... | 188 | 1 600 | 206 | 1 851 | 272 | 2 194 | 370 |
| Rußland........ | 65 | 556 | 82 | 715 | 72 | 578 | 81 |
| Ver. St. v. Amerika | 58 | 495 | 51 | 460 | 63 | 505 | 94 |

### Kaviar.

| | | | | | | | |
|---|---|---|---|---|---|---|---|
| Einfuhr | 399 | 6 251 | 389 | 6 562 | 397 | 5 667 | 409 |
| Rußland........ | 336 | 5 705 | 334 | 6 018 | 352 | 5 282 | 393 |
| Ausfuhr | 6 | 63 | 9 | 128 | 17 | 222 | 17 |

### Klaviere, Harmoniums und Orgeln.

| | | | | | | | |
|---|---|---|---|---|---|---|---|
| Einfuhr | 173 | 584 | 194 | 579 | 240 | 920 | 213 |
| Ausfuhr | 12 804 | 28 787 | 13 161 | 31 282 | 12 901 | 31 422 | 13 348 |
| Belgien ........ | 253 | 590 | 277 | 692 | 242 | 607 | 258 |
| Großbritannien... | 4 901 | 11 072 | 5 589 | 13 184 | 5 580 | 13 483 | 5 385 |
| Italien......... | 269 | 616 | 273 | 649 | 256 | 624 | 315 |
| Niederlande ..... | 728 | 1 668 | 684 | 1 644 | 578 | 1 425 | 601 |
| Österreich-Ungarn | 237 | 574 | 236 | 592 | 275 | 712 | 314 |
| Rußland........ | 907 | 2 143 | 939 | 2 278 | 952 | 2 374 | 920 |
| Schweiz ........ | 251 | 595 | 244 | 698 | 300 | 756 | 330 |
| Britisch Südafrika | 242 | 560 | 312 | 741 | 580 | 1 398 | 743 |
| Britisch Australien | 2 583 | 5 813 | 2 601 | 6 118 | 2 006 | 4 817 | 2 030 |

### Klee-, Esparsette-, Luzerne-, Serradella-Saat.

| | | | | | | | |
|---|---|---|---|---|---|---|---|
| Einfuhr | 28 410 | 28 538 | 23 931 | 22 590 | 30 348 | 32 775 | 35 632 |
| Frankreich....... | 4 010 | 4 010 | 1 800 | 1 558 | 3 802 | 3 650 | 7 479 |
| Italien......... | 1 052 | 800 | 840 | 756 | 1 281 | 1 448 | 1 963 |
| Österreich-Ungarn | 8 798 | 9 282 | 11 817 | 10 990 | 10 796 | 12 523 | 10 097 |
| Rußland........ | 5 419 | 5 961 | 7 042 | 7 042 | 10 187 | 10 798 | 10 313 |
| Ver. St. v. Amerika | 6 577 | 6 315 | 1 211 | 1 284 | 2 461 | 2 658 | 3 660 |
| Ausfuhr | 10 971 | 11 606 | 10 378 | 10 814 | 7 676 | 8 792 | 10 246 |
| Belgien......... | 516 | 568 | 1 072 | 1 265 | 727 | 996 | 1 395 |
| Dänemark....... | 2 227 | 3 007 | 1 690 | 1 750 | 1 717 | 2 318 | 1 558 |
| Großbritannien... | 1 834 | 1 691 | 3 980 | 4 218 | 1 829 | 2 097 | 2 148 |
| Niederlande ..... | 470 | 470 | 402 | 414 | 457 | 667 | 459 |
| Österreich-Ungarn | 2 184 | 2 075 | 302 | 293 | 502 | 517 | 721 |
| Schweden....... | 829 | 1 119 | 796 | 859 | 831 | 1 121 | 975 |
| Ver. St. v. Amerika | 216 | 129 | 619 | 322 | 494 | 632 | 1 017 |

### Kleider, Leibwäsche und Putzwaren (a—c):

a. aus Baumwolle, Leinen, Wolle; wollene Leibwäsche; Korsette.

Spezialhandel der wichtigeren Waren.

| Warengattung / Länder der Herkunft bzw. Bestimmung | 1900 Tonnen | 1900 1000 M | 1901 Tonnen | 1901 1000 M | 1902 Tonnen | 1902 1000 M | 1903 Tonnen | 1903 1000 M |
|---|---|---|---|---|---|---|---|---|
| **Ausfuhr** | **7 869** | **99 848** | **7 316** | **116 654** | **7 829** | **120 753** | **7 641** | **118 147** |
| Belgien | 100 | 1 370 | 113 | 1 737 | 94 | 1 527 | 111 | 1 858 |
| Dänemark | 238 | 2 794 | 210 | 3 146 | 214 | 3 256 | 198 | 2 921 |
| Frankreich | 108 | 1 402 | 98 | 1 755 | 84 | 1 445 | 92 | 1 615 |
| Großbritannien | 3 174 | 40 569 | 3 414 | 53 984 | 3 440 | 53 805 | 3 223 | 48 457 |
| Italien | 18 | 234 | 24 | 413 | 32 | 562 | 32 | 548 |
| Niederlande | 1 423 | 19 555 | 1 248 | 20 644 | 1 212 | 19 988 | 1 269 | 20 565 |
| Norwegen | 207 | 2 668 | 187 | 2 598 | 170 | 2 633 | 175 | 2 597 |
| Österreich-Ungarn | 63 | 840 | 73 | 1 274 | 95 | 1 652 | 103 | 1 758 |
| Rumänien | 16 | 195 | 32 | 490 | 33 | 535 | 39 | 632 |
| Finnland | 65 | 368 | 45 | 784 | 46 | 797 | 58 | 934 |
| Schweden | 139 | 1 885 | 99 | 1 711 | 97 | 1 659 | 106 | 1 743 |
| Schweiz | 710 | 8 933 | 683 | 9 825 | 700 | 11 321 | 789 | 11 019 |
| Britisch Südafrika | 27 | 338 | 33 | 466 | 82 | 2 223 | 97 | 1 814 |
| Britisch Indien usw. | 124 | 1 664 | 55 | 993 | 48 | 851 | 53 | 1 004 |
| Britisch Malakka | 87 | 1 216 | 141 | 2 794 | 187 | 3 708 | 210 | 4 170 |
| Brasilien | 42 | 564 | 32 | 554 | 48 | 833 | 53 | 909 |
| Brit. Nordamerika | 115 | 1 683 | 83 | 1 483 | 131 | 2 327 | 163 | 2 861 |
| Ver. St. v. Amerika | 249 | 3 506 | 190 | 3 421 | 219 | 4 087 | 166 | 3 048 |
| Britisch Australien | 104 | 1 254 | 115 | 1 535 | 133 | 1 775 | 112 | 1 696 |

**b. aus Seide und Halbseide, gestickte und Spitzenkleider.**

| Länder | 1900 Tonnen | 1900 1000 M | 1901 Tonnen | 1901 1000 M | 1902 Tonnen | 1902 1000 M | 1903 Tonnen | 1903 1000 M |
|---|---|---|---|---|---|---|---|---|
| **Einfuhr** | **40** | **1 801** | **40** | **1 822** | **42** | **2 013** | 47 | 2 381 |
| Frankreich | 21 | 1 114 | 21 | 1 037 | 22 | 1 071 | 24 | 1 215 |
| **Ausfuhr** | **423** | **11 726** | **460** | **14 648** | **387** | **12 689** | 285 | 9 886 |
| Großbritannien | 187 | 5 346 | 253 | 8 052 | 176 | 5 787 | 111 | 3 760 |
| Niederlande | 87 | 2 279 | 77 | 2 534 | 72 | 2 315 | 56 | 2 041 |
| Schweiz | 27 | 819 | 25 | 923 | 27 | 989 | 27 | 957 |

**c. Leibwäsche, baumwollene und leinene.**

| Länder | 1900 Tonnen | 1900 1000 M | 1901 Tonnen | 1901 1000 M | 1902 Tonnen | 1902 1000 M | 1903 Tonnen | 1903 1000 M |
|---|---|---|---|---|---|---|---|---|
| **Einfuhr** | **24** | **194** | **22** | **176** | **20** | **158** | **22** | **223** |
| **Ausfuhr** | **2 227** | **18 284** | **1 977** | **16 212** | **1 968** | **12 476** | **2 011** | **13 968** |
| Dänemark | 170 | 1 391 | 130 | 1 067 | 132 | 966 | 163 | 1 331 |
| Großbritannien | 145 | 1 189 | 128 | 1 031 | 109 | 1 075 | 197 | 1 365 |
| Niederlande | 548 | 4 495 | 531 | 4 355 | 471 | 3 000 | 420 | 2 918 |
| Rußland | 510 | 4 184 | 477 | 3 910 | 457 | 2 911 | 527 | 3 659 |
| Schweiz | 223 | 1 829 | 195 | 1 598 | 192 | 1 224 | 189 | 1 318 |

**Koks.**

| Länder | 1900 Tonnen | 1900 1000 M | 1901 Tonnen | 1901 1000 M | 1902 Tonnen | 1902 1000 M | 1903 Tonnen | 1903 1000 M |
|---|---|---|---|---|---|---|---|---|
| **Einfuhr** | **512 690** | **12 805** | **400 187** | **9 112** | **362 488** | **7 217** | **432 819** | **8 333** |
| Freihafen Hamburg | 50 243 | 1 507 | 51 440 | 1 157 | 82 038 | 1 600 | 74 228 | 1 410 |
| Belgien | 329 751 | 7 387 | 236 626 | 5 076 | 170 385 | 3 440 | 264 710 | 4 972 |
| Frankreich | 30 342 | 898 | 58 133 | 1 395 | 55 179 | 1 159 | 55 810 | 1 116 |
| Österreich-Ungarn | 30 130 | 843 | 29 362 | 725 | 26 387 | 581 | 27 317 | 601 |
| **Ausfuhr** | **2 228 188** | **61 769** | **2 096 881** | **52 757** | **2 188 888** | **45 788** | **2 523 361** | **52 624** |
| Belgien | 190 731 | 4 291 | 113 680 | 2 615 | 176 042 | 3 257 | 237 340 | 4 272 |
| Frankreich | 749 164 | 20 302 | 753 647 | 20 725 | 703 528 | 15 819 | 917 131 | 20 655 |
| Italien | 24 475 | 710 | 32 695 | 948 | 28 521 | 685 | 40 745 | 958 |
| Niederlande | 112 196 | 2 468 | 130 164 | 2 603 | 185 100 | 3 332 | 181 639 | 3 179 |
| Österreich-Ungarn | 635 825 | 15 451 | 617 281 | 14 272 | 530 918 | 11 608 | 525 964 | 11 308 |
| Rußland | 231 831 | 5 463 | 186 324 | 4 279 | 187 602 | 3 471 | 215 621 | 3 989 |
| Schweiz | 128 211 | 3 812 | 129 232 | 4 135 | 125 802 | 3 585 | 145 883 | 4 085 |
| Mexiko | 31 814 | 700 | 60 712 | 2 093 | 113 192 | 1 811 | 105 419 | 1 582 |

**Korkholz, rohes.**

Spezialhandel der wichtigeren Waren.

| Warengattung<br>Länder der Herkunft bzw. Bestimmung | 1900 Tonnen | 1900 1000 ℳ | 1901 Tonnen | 1901 1000 ℳ | 1902 Tonnen | 1902 1000 ℳ | 1903 Tonnen | 1903 1000 ℳ |
|---|---|---|---|---|---|---|---|---|
| **Korkstopfen, Korksohlen, Korkschnitzereien und andere nicht grobe Korkwaren.** | | | | | | | | |
| Einfuhr | 1 703 | 5 819 | 1 780 | 5 832 | 1 581 | 5 080 | 1 426 | 4 584 |
| Portugal | 313 | 1 031 | 282 | 901 | 252 | 806 | 175 | 558 |
| Spanien | 1 174 | 3 873 | 1 273 | 4 074 | 1 150 | 3 681 | 1 029 | 3 391 |
| Ausfuhr | 200 | 820 | 216 | 778 | 200 | 743 | 210 | 787 |
| **Kupfer und Kupferlegierungen (a—d):** | | | | | | | | |
| **a. Bruchkupfer, Kupferabfälle, Scheidemünzen.** | | | | | | | | |
| Einfuhr | 4 603 | 6 697 | 4 636 | 5 769 | 4 369 | 4 392 | 5 533 | 5 797 |
| Österreich-Ungarn | 2 183 | 2 258 | 2 312 | 2 983 | 2 373 | 2 421 | 2 490 | 2 600 |
| Ausfuhr | 5 466 | 7 994 | 5 181 | 6 389 | 4 227 | 4 249 | 5 668 | 6 431 |
| Frankreich | 1 534 | 2 109 | 934 | 1 150 | 631 | 644 | 1 778 | 2 009 |
| Großbritannien | 1 796 | 2 387 | 1 332 | 1 651 | 1 363 | 1 391 | 1 166 | 1 318 |
| Österreich-Ungarn | 467 | 663 | 868 | 1 059 | 553 | 548 | 731 | 819 |
| Schweiz | 642 | 912 | 716 | 874 | 461 | 461 | 804 | 959 |
| Ver. St. v. Amerika | 245 | 357 | 558 | 704 | 697 | 690 | 459 | 514 |
| **b. Kupfer, rohes.** | | | | | | | | |
| Einfuhr | 83 503 | 127 588 | 58 826 | 86 080 | 76 050 | 84 693 | 83 281 | 102 280 |
| Freihafen Hamburg | 2 223 | 3 443 | 1 000 | 1 793 | 1 398 | 1 781 | 1 662 | 2 078 |
| Großbritannien | 9 546 | 14 510 | 7 653 | 11 174 | 8 536 | 9 475 | 10 390 | 14 676 |
| Spanien | 446 | 669 | 1 164 | 1 455 | 868 | 738 | 1 001 | 1 441 |
| Japan | 2 378 | 3 566 | 3 158 | 4 421 | 2 493 | 2 692 | 3 131 | 3 694 |
| Chile | 1 017 | 1 525 | 832 | 1 258 | 886 | 957 | 399 | 463 |
| Ver. St. v. Amerika | 86 264 | 101 384 | 42 421 | 61 937 | 60 275 | 67 308 | 64 073 | 79 450 |
| Britisch Australien | 593 | 920 | 948 | 1 384 | 494 | 548 | 826 | 1 033 |
| Ausfuhr | 5 505 | 8 363 | 5 687 | 7 083 | 4 678 | 5 603 | 4 333 | 5 216 |
| Österreich-Ungarn | 3 092 | 4 504 | 2 792 | 3 713 | 2 486 | 2 515 | 2 377 | 2 738 |
| Rußland | 1 429 | 2 215 | 565 | 831 | 874 | 987 | 1 108 | 1 265 |
| **c. Messing und Tombak, auch Bruch.** | | | | | | | | |
| Einfuhr | 2 214 | 2 425 | 1 709 | 1 582 | 1 102 | 959 | 1 970 | 1 630 |
| Ausfuhr | 4 421 | 4 854 | 5 013 | 4 582 | 5 302 | 4 382 | 5 625 | 4 883 |
| Großbritannien | 870 | 975 | 781 | 714 | 1 135 | 942 | 1 363 | 1 159 |
| Österreich-Ungarn | 1 999 | 2 199 | 2 617 | 2 407 | 2 748 | 2 281 | 2 804 | 2 383 |
| **d. Kupfer in Stangen und Blechen, unplattiert.** | | | | | | | | |
| Einfuhr | 908 | 1 625 | 788 | 1 247 | 540 | 664 | 569 | 836 |
| Ausfuhr | 5 273 | 9 353 | 4 952 | 8 288 | 6 188 | 7 978 | 7 875 | 11 875 |
| Niederlande | 417 | 739 | 477 | 799 | 639 | 1 079 | 739 | 1 031 |
| Schweiz | 740 | 1 315 | 480 | 804 | 571 | 748 | 700 | 991 |
| Britisch Indien usw | 345 | 541 | 443 | 719 | 559 | 708 | 1 367 | 1 924 |
| China | 416 | 737 | 390 | 601 | 301 | 378 | 563 | 788 |
| **Kupfer- und Messing- usw Waren (a—d):** | | | | | | | | |
| **a. Artilleriezündungen, Patronen, Zündhütchen.** | | | | | | | | |
| Einfuhr | 148 | 325 | 87 | 190 | 78 | 172 | 124 | 497 |
| Ausfuhr | 1 731 | 6 104 | 1 880 | 5 640 | 3 245 | 10 889 | 3 280 | 15 400 |
| Türkei in Europa | 164 | 404 | 240 | 781 | 819 | 2 745 | 958 | 2 558 |
| **b. Kupfer- und Messing- usw Waren, feine.** | | | | | | | | |
| Einfuhr | 1 007 | 3 987 | 834 | 3 133 | 866 | 3 106 | 977 | 3 881 |
| Frankreich | 290 | 1 161 | 212 | 908 | 257 | 987 | 268 | 989 |
| Großbritannien | 209 | 819 | 166 | 625 | 151 | 548 | 159 | 581 |
| Österreich-Ungarn | 182 | 711 | 169 | 634 | 190 | 680 | 261 | 971 |

| Länder der Herkunft bzw. Bestimmung | Tonnen | 1 000 M. | Tonnen | 1 000 M. | Tonnen | 1 000 M. | Tonnen | 1 000 M. |
|---|---|---|---|---|---|---|---|---|
| **Ausfuhr** | **8 888** | **33 178** | **7 862** | **29 447** | **9 272** | **32 324** | **10 038** | **38 06** |
| Belgien | 1 121 | 4 191 | 421 | 1 378 | 542 | 1 892 | 752 | 1 64 |
| Dänemark | 234 | 870 | 259 | 971 | 298 | 1 039 | 419 | 1 49 |
| Frankreich | 431 | 1 608 | 369 | 1 379 | 466 | 1 613 | 427 | 1 55 |
| Großbritannien | 1 570 | 5 826 | 1 727 | 6 465 | 1 775 | 6 191 | 1 894 | 6 52 |
| Italien | 350 | 1 317 | 348 | 1 308 | 405 | 1 410 | 379 | 1 57 |
| Niederlande | 569 | 2 127 | 434 | 1 619 | 546 | 1 903 | 774 | 2 74 |
| Norwegen | 179 | 675 | 154 | 580 | 227 | 795 | 158 | 57 |
| Österreich-Ungarn | 506 | 1 897 | 533 | 2 001 | 579 | 2 016 | 631 | 2 37 |
| Rußland | 1 086 | 4 032 | 1 158 | 4 331 | 1 169 | 4 057 | 1 208 | 4 30 |
| Schweden | 286 | 1 063 | 230 | 897 | 300 | 1 047 | 400 | 1 46 |
| Schweiz | 352 | 1 316 | 318 | 1 198 | 464 | 1 612 | 518 | 1 80 |
| Spanien | 305 | 1 161 | 278 | 1 044 | 282 | 994 | 300 | 1 13 |
| Britisch-Indien usw. | 180 | 705 | 154 | 578 | 175 | 612 | 174 | 60 |
| Argentinien | 201 | 738 | 112 | 420 | 228 | 792 | 176 | 61 |

**c. Kupferschmiedewaren, grobe.**

| Länder der Herkunft bzw. Bestimmung | Tonnen | 1 000 M. | Tonnen | 1 000 M. | Tonnen | 1 000 M. | Tonnen | 1 000 M. |
|---|---|---|---|---|---|---|---|---|
| **Einfuhr** | **366** | **893** | **362** | **886** | **328** | **738** | **492** | **1 24** |
| **Ausfuhr** | **3 176** | **8 141** | **3 088** | **7 863** | **3 476** | **7 821** | **4 261** | **10 81** |
| Großbritannien | 163 | 413 | 525 | 1 334 | 414 | 970 | 435 | 1 11 |
| Niederlande | 293 | 733 | 298 | 718 | 435 | 950 | 491 | 1 24 |
| Rußland | 467 | 1 171 | 409 | 978 | 428 | 931 | 410 | 1 03 |
| Schweiz | 313 | 793 | 270 | 650 | 307 | 679 | 414 | 1 04 |

**d. Kupfer-, Messing-Draht, unplattiert.**

| Länder der Herkunft bzw. Bestimmung | Tonnen | 1 000 M. | Tonnen | 1 000 M. | Tonnen | 1 000 M. | Tonnen | 1 000 M. |
|---|---|---|---|---|---|---|---|---|
| **Einfuhr** | **71** | **126** | **91** | **140** | **124** | **161** | **136** | **28** |
| **Ausfuhr** | **9 996** | **17 232** | **7 833** | **13 160** | **10 122** | **13 869** | **9 231** | **14 44** |
| Belgien | 511 | 909 | 314 | 538 | 307 | 478 | 374 | 58 |
| Großbritannien | 2 407 | 4 371 | 2 197 | 3 760 | 3 800 | 5 105 | 2 771 | 4 36 |
| Italien | 797 | 1 458 | 698 | 1 179 | 1 038 | 1 433 | 684 | 1 08 |
| Niederlande | 880 | 1 532 | 549 | 930 | 733 | 1 014 | 617 | 96 |
| Schweiz | 1 868 | 2 464 | 957 | 1 609 | 662 | 949 | 1 220 | 1 92 |
| Spanien | 588 | 1 076 | 370 | 639 | 888 | 1 149 | 604 | 1 10 |

**Kurzwaren: Waren aus unedlen Metallen, vergoldet oder versilbert; feine Galanterie- und Quincailleriewaren.**

| Länder der Herkunft bzw. Bestimmung | Tonnen | 1 000 M. | Tonnen | 1 000 M. | Tonnen | 1 000 M. | Tonnen | 1 000 M. |
|---|---|---|---|---|---|---|---|---|
| **Einfuhr** | **238** | **2 825** | **220** | **2 633** | **218** | **2 766** | **186** | **2 04** |
| Frankreich | 67 | 1 438 | 65 | 1 129 | 58 | 1 013 | 46 | 57 |
| Österreich-Ungarn | 132 | 1 008 | 132 | 923 | 126 | 1 080 | 107 | 97 |
| **Ausfuhr** | **681** | **16 848** | **658** | **15 327** | **698** | **18 757** | **893** | **21 27** |
| Belgien | 31 | 527 | 33 | 456 | 37 | 913 | 49 | 1 23 |
| Dänemark | 32 | 793 | 29 | 695 | 28 | 710 | 30 | 74 |
| Frankreich | 37 | 2 046 | 36 | 1 810 | 36 | 1 790 | 40 | 1 97 |
| Großbritannien | 89 | 3 016 | 110 | 2 772 | 114 | 3 411 | 126 | 3 14 |
| Österreich-Ungarn | 34 | 513 | 43 | 433 | 33 | 993 | 38 | 1 14 |
| Rußland | 24 | 1 504 | 27 | 1 325 | 24 | 1 932 | 23 | 1 85 |
| Schweiz | 28 | 991 | 36 | 908 | 31 | 1 016 | 37 | 1 11 |
| Spanien | 12 | 488 | 14 | 448 | 11 | 340 | 13 | 64 |
| Argentinien | 16 | 704 | 19 | 656 | 14 | 560 | 27 | 90 |
| Brasilien | 34 | 782 | 21 | 702 | 34 | 840 | 31 | 76 |

Leder (a—b):

Spezialhandel der wichtigeren Waren.

| Warengattung<br>Länder der Herkunft bzw. Bestimmung | 1900 Tonnen | 1900 1000 M. | 1901 Tonnen | 1901 1000 M. | 1902 Tonnen | 1902 1000 M. | 1903 Tonnen |
|---|---|---|---|---|---|---|---|
| **Ausfuhr** | 5 352 | 52 533 | 5 217 | 54 779 | 6 068 | 69 780 | 5 826 |
| Belgien | 332 | 3 331 | 301 | 3 262 | 366 | 4 513 | 470 |
| Dänemark | 114 | 1 136 | 106 | 1 111 | 129 | 1 484 | 150 |
| Frankreich | 428 | 4 276 | 316 | 3 327 | 328 | 3 746 | 348 |
| Großbritannien | 857 | 8 567 | 699 | 7 334 | 966 | 10 354 | 1 166 |
| Italien | 628 | 5 234 | 568 | 5 962 | 675 | 6 608 | 734 |
| Niederlande | 114 | 1 138 | 123 | 1 293 | 124 | 1 425 | 139 |
| Österreich-Ungarn | 932 | 9 318 | 917 | 9 633 | 1 028 | 11 803 | 1 082 |
| Portugal | 66 | 662 | 69 | 758 | 85 | 974 | 86 |
| Rumänien | 61 | 610 | 131 | 1 370 | 146 | 1 674 | 132 |
| Rußland | 382 | 3 820 | 518 | 5 441 | 628 | 7 219 | 730 |
| Schweden | 113 | 1 134 | 173 | 1 812 | 223 | 2 560 | 224 |
| Schweiz | 158 | 1 584 | 143 | 1 502 | 222 | 2 548 | 193 |
| Spanien | 138 | 1 384 | 125 | 1 310 | 122 | 1 398 | 101 |
| Türkei in Europa | 55 | 546 | 61 | 636 | 62 | 711 | 93 |
| Argentinien | 40 | 395 | 36 | 377 | 58 | 668 | 45 |
| Brasilien | 68 | 682 | 64 | 674 | 93 | 1 070 | 86 |
| Chile | 115 | 1 150 | 83 | 872 | 83 | 956 | 104 |
| Mexiko | 37 | 371 | 44 | 463 | 45 | 515 | 42 |
| Ver. St. v. Amerika | 524 | 5 239 | 460 | 4 919 | 542 | 6 227 | 532 |
| **b. Sohlleder.** | | | | | | | |
| **Einfuhr** | 1 613 | 3 628 | 1 502 | 3 164 | 1 446 | 3 036 | 1 486 |
| Chile | 1 323 | 2 975 | 1 252 | 2 639 | 1 190 | 2 517 | 1 177 |
| **Ausfuhr** | 2 229 | 4 568 | 2 167 | 4 334 | 2 569 | 5 652 | 2 648 |
| Dänemark | 118 | 241 | 157 | 325 | 247 | 544 | 245 |
| Großbritannien | 707 | 1 448 | 532 | 1 064 | 315 | 803 | 223 |
| Niederlande | 390 | 800 | 429 | 858 | 580 | 1 276 | 672 |
| Schweiz | 514 | 1 054 | 538 | 1 075 | 721 | 1 585 | 891 |
| **Lederwaren (a—g):** | | | | | | | |
| **a. feine Schuhe aus Leder oder in Verbindung mit solchem** (außer denjenigen aus Kautschuk). | | | | | | | |
| **Einfuhr** | 792 | 9 505 | 748 | 8 977 | 698 | 8 382 | 736 |
| Italien | 56 | 677 | 55 | 661 | 52 | 625 | 47 |
| Österreich-Ungarn | 479 | 5 748 | 465 | 5 579 | 427 | 5 129 | 431 |
| Ver. St. v. Amerika | 34 | 412 | 64 | 771 | 68 | 811 | 118 |
| **Ausfuhr** | 584 | 7 008 | 459 | 5 507 | 444 | 5 323 | 504 |
| Dänemark | 84 | 1 006 | 76 | 916 | 77 | 922 | 95 |
| Großbritannien | 76 | 917 | 47 | 569 | 49 | 591 | 49 |
| Niederlande | 75 | 898 | 82 | 989 | 69 | 831 | 80 |
| Schweiz | 173 | 2 070 | 133 | 1 596 | 137 | 1 645 | 154 |
| **b. feine Lederwaren ohne Verbindung mit anderen Materialien** (außer Schuhen, Albums, Buchbinderarbeiten). | | | | | | | |
| **Einfuhr** | 239 | 3 590 | 237 | 3 318 | 249 | 3 482 | 255 |
| Belgien | 103 | 1 539 | 101 | 1 422 | 99 | 1 383 | 101 |
| Frankreich | 60 | 906 | 51 | 723 | 55 | 767 | 56 |
| **Ausfuhr** | 1 690 | 25 067 | 988 | 11 864 | 825 | 10 726 | 824 |
| Belgien | 112 | 1 460 | 60 | 721 | 60 | 780 | 68 |
| Dänemark | 54 | 705 | 56 | 668 | 56 | 726 | 52 |
| Großbritannien | 906 | 11 808 | 489 | 5 863 | 260 | 3 779 | 278 |
| Niederlande | 80 | 1 033 | 66 | 787 | 82 | 1 066 | 53 |
| Schweiz | 34 | 447 | 54 | 652 | 72 | 934 | 85 |

Spezialhandel der wichtigeren Waren.

| Warengattung / Länder der Herkunft bzw. Bestimmung | 1900 | | 1901 | | 1902 | | 1903 | |
|---|---|---|---|---|---|---|---|---|
| | Tonnen | 1 000 ℳ | Tonnen | 1 000 ℳ | Tonnen | 1 000 ℳ | Tonnen | 1 000 ℳ |
| **d. grobe Lederwaren.** | | | | | | | | |
| Einfuhr | 334 | 1 495 | 270 | 1 187 | 262 | 1 156 | 288 | 1 328 |
| Ausfuhr | 1 450 | 6 088 | 1 317 | 5 893 | 1 309 | 5 978 | 1 553 | 7 590 |
| Großbritannien | 158 | 655 | 178 | 716 | 151 | 610 | 186 | 788 |
| Rußland | 303 | 1 274 | 290 | 1 334 | 287 | 1 430 | 324 | 1 805 |
| Schweiz | 196 | 825 | 188 | 781 | 212 | 884 | 250 | 1 110 |
| **e. Handschuhe aus Leder.** | | | | | | | | |
| Einfuhr | 190 | 9 091 | 172 | 8 186 | 178 | 8 509 | 178 | 8 482 |
| Frankreich | 8 | 427 | 8 | 862 | 9 | 1 020 | 10 | 1 083 |
| Österreich-Ungarn | 169 | 8 089 | 153 | 6 814 | 155 | 6 436 | 157 | 7 018 |
| Ausfuhr | 431 | 27 580 | 339 | 20 761 | 333 | 18 479 | 331 | 18 757 |
| Belgien | 26 | 1 638 | 9 | 434 | 15 | 673 | 11 | 510 |
| Großbritannien | 70 | 4 470 | 62 | 3 860 | 80 | 4 430 | 77 | 4 287 |
| Niederlande | 12 | 730 | 11 | 634 | 10 | 555 | 12 | 628 |
| Österreich-Ungarn | 20 | 1 278 | 15 | 788 | 17 | 755 | 17 | 773 |
| Ver. St. v. Amerika | 278 | 18 086 | 220 | 13 938 | 190 | 11 334 | 188 | 11 277 |
| **f. Waren aus feinem Wachstuch, Ledertuch, Buchbinderleinen usw.** | | | | | | | | |
| Einfuhr | 124 | 622 | 130 | 605 | 134 | 689 | 160 | 750 |
| Ausfuhr | 711 | 4 060 | 718 | 2 873 | 809 | 3 476 | 1 120 | 4 515 |
| Großbritannien | 67 | 384 | 88 | 352 | 175 | 699 | 358 | 1 484 |
| Schweiz | 169 | 966 | 179 | 718 | 184 | 737 | 173 | 692 |
| **g. Waren aus grauer Packleinwand usw.** | | | | | | | | |
| Einfuhr | 89 | 241 | 67 | 180 | 52 | 130 | 56 | 150 |
| Ausfuhr | 1 043 | 3 234 | 1 093 | 3 387 | 1 167 | 3 617 | 1 128 | 3 498 |
| Großbritannien | 179 | 556 | 213 | 659 | 229 | 710 | 147 | 456 |
| **Leim, Leimgallerte.** | | | | | | | | |
| Einfuhr | 4 573 | 2 144 | 3 311 | 1 456 | 3 524 | 1 586 | 3 378 | 1 351 |
| Ausfuhr | 5 657 | 3 980 | 5 556 | 3 334 | 6 086 | 3 347 | 6 236 | 3 187 |
| Großbritannien | 1 741 | 1 219 | 1 534 | 920 | 1 775 | 976 | 1 764 | 882 |
| **Leinsaat.** | | | | | | | | |
| Einfuhr | 267 671 | 71 067 | 230 020 | 63 555 | 245 960 | 64 232 | 331 585 | 86 032 |
| Rußland | 107 521 | 28 279 | 58 953 | 15 918 | 49 150 | 12 779 | 46 099 | 9 400 |
| Britisch-Indien usw. | 80 405 | 21 709 | 66 368 | 18 451 | 74 670 | 20 534 | 112 538 | 23 633 |
| Argentinien | 41 013 | 10 787 | 74 587 | 19 094 | 84 338 | 21 085 | 151 011 | 38 825 |
| Ver. St. v. Amerika | 17 966 | 4 779 | 21 737 | 5 847 | 25 236 | 6 408 | 4 841 | 1 013 |
| Ausfuhr | 17 316 | 4 639 | 9 129 | 2 527 | 7 079 | 1 771 | 10 601 | 2 166 |
| Großbritannien | 9 073 | 2 417 | 4 066 | 1 118 | 3 495 | 856 | 4 047 | 810 |
| **Leinwand, leinener Zwillich und Drillich.** [1] | | | | | | | | |
| Einfuhr | 725 | 5 997 | 599 | 4 971 | 621 | 5 085 | 644 | 5 324 |
| Großbritannien | 404 | 4 714 | 337 | 3 905 | 381 | 4 051 | 371 | 4 222 |
| Österreich-Ungarn | 219 | 864 | 185 | 723 | 165 | 626 | 156 | 624 |
| Ausfuhr | 2 636 | 9 456 | 2 455 | 9 868 | 2 568 | 9 604 | 2 867 | 11 024 |
| Dänemark | 489 | 1 555 | 420 | 1 482 | 445 | 1 435 | 552 | 1 861 |
| Niederlande | 156 | 536 | 149 | 551 | 164 | 582 | 192 | 658 |
| Schweden | 253 | 836 | 211 | 711 | 209 | 676 | 203 | 910 |
| Schweiz | 332 | 1 269 | 233 | 918 | 255 | 955 | 254 | 1 029 |
| Ver. St. v. Amerika | 508 | 2 508 | 469 | 2 144 | 559 | 2 697 | 565 | 2 918 |
| **Leinenes Tisch-, Bett-, Handtücher-Zeug, verarbeitet.** | | | | | | | | |
| Einfuhr | 14 | 7 | 1 | 5 | 1 | 3 | 1 | 7 |
| Ausfuhr | 862 | 4 395 | 777 | 4 185 | 984 | 5 014 | 1 132 | 6 084 |
| Ver. St. v. Amerika | 724 | 3 694 | 667 | 3 570 | 832 | 4 325 | 985 | 5 175 |
| **Lokomotiven, Lokomobilen.** | | | | | | | | |
| Einfuhr | 4 308 | 4 343 | 2 538 | 3 656 | 2 434 | 5 471 | 2 774 | 7 063 |
| Frankreich | 141 | 721 | 190 | 966 | 321 | 2 700 | 430 | 3 735 |
| Großbritannien | 3 196 | 3 106 | 1 753 | 2 686 | 1 617 | 2 317 | 1 697 | 3 319 |

[1] Einschließlich der ungefärbten usw. Gewebe aus Jute, Manilahanf usw. mit mehr als 40 Fäden sowie dergleichen gefärbten usw. Gewebe mit mehr als 120 Fäden auf 4 qcm Gewebefläche.

Spezialhandel der wichtigeren Waren.

| Warengattung / Länder der Herkunft bzw. Bestimmung | 1900 Tonnen | 1900 1 000 M. | 1901 Tonnen | 1901 1 000 M. | 1902 Tonnen | 1902 1 000 M. | 1903 Tonnen | 1903 1 000 M. |
|---|---|---|---|---|---|---|---|---|
| **Ausfuhr** | **12 803** | **15 718** | **18 782** | **25 155** | **21 149** | **28 302** | **27 407** | **31 629** |
| Belgien | 448 | 604 | 1 017 | 1 222 | 863 | 1 136 | 510 | 879 |
| Dänemark | 373 | 412 | 1 288 | 1 622 | 877 | 2 090 | 738 | 889 |
| Frankreich | 495 | 653 | 1 038 | 1 616 | 3 067 | 4 773 | 998 | 1 495 |
| Großbritannien | 214 | 309 | 806 | 1 644 | 966 | 2 199 | 738 | 2 061 |
| Italien | 303 | 384 | 2 166 | 3 518 | 2 093 | 3 138 | 1 674 | 1 745 |
| Niederlande | 550 | 693 | 823 | 1 041 | 1 240 | 1 414 | 636 | 873 |
| Österreich-Ungarn | 1 115 | 1 338 | 959 | 1 417 | 1 195 | 1 770 | 1 219 | 1 743 |
| Rußland | 4 025 | 4 990 | 3 527 | 4 305 | 3 722 | 5 538 | 4 485 | 4 134 |
| Schweiz | 357 | 449 | 439 | 679 | 322 | 537 | 305 | 517 |
| Spanien | 464 | 604 | 2 866 | 3 373 | 2 216 | 2 556 | 4 821 | 4 390 |
| Niederl. Indien usw. | 1 054 | 1 422 | 787 | 908 | 923 | 1 068 | 692 | 860 |
| **Lumpen.** | | | | | | | | |
| **Einfuhr** | **44 040** | **9 507** | **38 718** | **7 355** | **42 541** | **8 102** | **52 230** | **10 968** |
| Belgien | 14 244 | 3 062 | 13 037 | 2 477 | 12 473 | 2 370 | 14 131 | 2 667 |
| Frankreich | 8 395 | 1 786 | 7 431 | 1 412 | 8 491 | 1 613 | 11 948 | 2 509 |
| Großbritannien | 2 141 | 460 | 2 083 | 396 | 2 841 | 540 | 3 081 | 637 |
| Niederlande | 8 325 | 1 790 | 6 815 | 1 245 | 8 079 | 1 535 | 10 801 | 2 268 |
| Schweiz | 4 305 | 926 | 3 586 | 681 | 3 860 | 735 | 4 456 | 936 |
| **Ausfuhr** | **52 672** | **11 780** | **48 001** | **9 200** | **57 811** | **12 710** | **54 100** | **13 000** |
| Belgien | 3 422 | 751 | 3 417 | 683 | 4 169 | 917 | 5 232 | 1 256 |
| Großbritannien | 12 544 | 2 760 | 10 794 | 2 159 | 10 074 | 2 216 | 9 241 | 2 218 |
| Österreich-Ungarn | 8 773 | 1 930 | 10 220 | 2 044 | 11 749 | 2 585 | 10 281 | 2 467 |
| Rußland | 2 928 | 644 | 5 511 | 1 102 | 7 230 | 1 591 | 7 243 | 1 738 |
| Ver. St. v. Amerika | 19 100 | 4 202 | 11 589 | 2 318 | 18 779 | 4 131 | 15 284 | 3 668 |
| **Malz und Gerste und Hafer.** | | | | | | | | |
| **Einfuhr** | **108 853** | **24 708** | **98 343** | **22 117** | **97 892** | **21 136** | **106 820** | **22 918** |
| Österreich-Ungarn | 108 159 | 24 561 | 97 867 | 22 010 | 97 430 | 21 045 | 106 177 | 21 872 |
| **Ausfuhr** | **10 021** | **2 872** | **9 322** | **2 347** | **8 307** | **2 019** | **9 010** | **2 378** |
| Schweiz | 2 157 | 546 | 2 842 | 711 | 2 600 | 625 | 2 385 | 572 |
| **Marmor, roh, behauen.** | | | | | | | | |
| **Einfuhr** | **34 019** | **5 326** | **38 958** | **4 822** | **39 253** | **5 978** | **42 503** | **6 176** |
| Italien | 24 676 | 2 468 | 24 535 | 2 699 | 20 110 | 4 178 | 30 636 | 4 595 |
| Österreich-Ungarn | 4 314 | 420 | 9 393 | 1 011 | 7 737 | 929 | 8 171 | 740 |
| **Ausfuhr** | **3 076** | **307** | **3 018** | **332** | **2 780** | **301** | **2 853** | **271** |
| **Maschinen und Maschinenteile,** außer Lokomotiven, Lokomobilen, **Dampfkesseln,** Nähmaschinen, Kratzen und Kratzenbeschläge (a—n): (Seit 1900 nach ihrem Verwendungszweck unterschieden.) | | | | | | | | |
| **Einfuhr** | **89 484** | **87 381** | **61 819** | **52 978** | **44 803** | **36 205** | **50 699** | **39 399** |
| überwiegend aus: | | | | | | | | |
| Holz | 4 477 | 87 382 (Holz bis unedl. Metallen zus.) | 3 285 | 52 978 (Holz bis unedl. Metallen zus.) | 3 132 | 36 205 (Holz bis unedl. Metallen zus.) | 3 053 | 39 399 (Holz bis unedl. Metallen zus.) |
| Gußeisen | 69 391 | | 47 565 | | 33 824 | | 38 357 | |
| schmiedb. Eisen | 15 288 | | 10 702 | | 7 305 | | 8 174 | |
| and. unedl. Metallen | 308 | | 327 | | 542 | | 615 | |
| **Ausfuhr** | **208 682** | **186 164** | **186 535** | **149 328** | **181 477** | **141 828** | **208 427** | **168 448** |
| überwiegend aus: | | | | | | | | |
| Holz | 1 530 | 186 444 (Holz bis unedl. Metallen zus.) | 1 137 | 149 348 (Holz bis unedl. Metallen zus.) | 1 599 | 141 818 (Holz bis unedl. Metallen zus.) | 2 670 | 168 448 (Holz bis unedl. Metallen zus.) |
| Gußeisen | 167 493 | | 141 670 | | 139 822 | | 158 818 | |
| schmiedb. Eisen | 38 462 | | 36 792 | | 38 994 | | 47 777 | |
| and. unedl. Metallen | 1 191 | | 937 | | 1 062 | | 1 162 | |

Spezialhandel der wichtigeren Waren.

| Warengattung / Länder der Herkunft bzw. Bestimmung | 1900 Tonnen | 1900 1 000 M. | 1901 Tonnen | 1901 1 000 M. | 1902 Tonnen | 1902 1 000 M. | 1903 Tonnen | 1903 1 000 M. |
|---|---|---|---|---|---|---|---|---|
| **a. landwirtschaftliche Maschinen.** | | | | | | | | |
| Einfuhr | 28 825 | 31 708 | 24 640 | 22 184 | 17 718 | 15 056 | 15 584 | 12 890 |
| Großbritannien | 5 078 | 5 586 | 3 691 | 3 321 | 2 829 | 2 490 | 2 676 | 2 010 |
| Brit. Nordamerika | 1 920 | 2 116 | 1 601 | 1 441 | 1 209 | 1 027 | 1 302 | 1 090 |
| Ver. St. v. Amerika | 20 249 | 22 274 | 18 006 | 16 205 | 12 138 | 10 118 | 9 889 | 7 911 |
| Ausfuhr | 12 955 | 12 985 | 11 567 | 8 270 | 12 848 | 8 711 | 14 450 | 11 142 |
| Belgien | 781 | 781 | 540 | 438 | 843 | 602 | 815 | 635 |
| Frankreich | 638 | 636 | 569 | 455 | 527 | 395 | 808 | 609 |
| Niederlande | 1 087 | 1 087 | 1 114 | 892 | 1 298 | 974 | 1 304 | 994 |
| Österreich-Ungarn | 865 | 865 | 694 | 555 | 906 | 679 | 894 | 699 |
| Rußland | 6 200 | 6 209 | 6 158 | 4 927 | 6 210 | 4 657 | 7 045 | 5 455 |
| Schweiz | 990 | 990 | 605 | 484 | 672 | 504 | 672 | 508 |
| **b. Brauerei- und Brennereigeräte (Maschinen).** | | | | | | | | |
| Einfuhr | 108 | 108 | 123 | 111 | 98 | 88 | 74 | 66 |
| Ausfuhr | 2 610 | 3 523 | 2 212 | 2 465 | 2 833 | 3 116 | 2 815 | 2 787 |
| **c. Müllereimaschinen.** | | | | | | | | |
| Einfuhr | 1 055 | 1 055 | 676 | 642 | 790 | 751 | 858 | 796 |
| Ausfuhr | 6 107 | 6 107 | 5 864 | 5 570 | 6 811 | 6 471 | 7 139 | 6 782 |
| Belgien | 520 | 510 | 797 | 757 | 416 | 424 | 830 | 794 |
| Österreich-Ungarn | 723 | 713 | 617 | 586 | 1 017 | 967 | 1 240 | 1 178 |
| Rußland | 1 219 | 1 219 | 1 029 | 977 | 1 015 | 964 | 1 270 | 1 206 |
| **d. elektrische Maschinen.** | | | | | | | | |
| Einfuhr | 4 380 | 6 525 | 2 181 | 3 490 | 1 434 | 2 295 | 1 000 | 1 615 |
| Schweiz | 977 | 1 465 | 599 | 958 | 518 | 820 | 399 | 638 |
| Ausfuhr | 12 818 | 23 282 | 12 480 | 19 835 | 13 450 | 21 520 | 13 670 | 21 725 |
| Belgien | 608 | 1 095 | 699 | 1 118 | 972 | 1 555 | 1 231 | 1 970 |
| Frankreich | 1 061 | 1 909 | 242 | 387 | 240 | 384 | 314 | 502 |
| Großbritannien | 958 | 1 745 | 1 512 | 2 419 | 4 667 | 7 467 | 3 620 | 5 791 |
| Italien | 1 829 | 3 292 | 1 650 | 2 639 | 1 076 | 1 721 | 1 090 | 1 744 |
| Niederlande | 373 | 671 | 478 | 765 | 417 | 667 | 781 | 1 249 |
| Österreich-Ungarn | 1 197 | 2 154 | 1 122 | 1 795 | 548 | 877 | 571 | 914 |
| Rußland | 3 077 | 5 538 | 2 650 | 4 240 | 1 406 | 2 249 | 1 234 | 1 974 |
| Schweden | 401 | 722 | 389 | 622 | 430 | 688 | 497 | 796 |
| Schweiz | 430 | 771 | 354 | 566 | 285 | 456 | 370 | 592 |
| Spanien | 762 | 1 371 | 972 | 1 554 | 837 | 1 339 | 916 | 1 466 |
| Argentinien | 87 | 156 | 276 | 442 | 407 | 651 | 480 | 768 |
| **e. Baumwollspinnmaschinen.** | | | | | | | | |
| Einfuhr | 10 863 | 10 863 | 8 129 | 8 503 | 5 582 | 4 184 | 7 216 | 4 546 |
| Großbritannien | 9 876 | 9 876 | 7 319 | 5 855 | 4 929 | 3 734 | 6 399 | 4 031 |
| Ausfuhr | 5 110 | 5 306 | 5 647 | 4 800 | 4 205 | 3 364 | 3 606 | 2 463 |
| Frankreich | 1 688 | 1 772 | 2 026 | 2 232 | 2 221 | 1 777 | 1 614 | 1 130 |
| Österreich-Ungarn | 1 078 | 1 132 | 897 | 592 | 721 | 577 | 715 | 501 |
| **f. Webereimaschinen.** | | | | | | | | |
| Einfuhr | 8 154 | 4 910 | 3 808 | 2 345 | 3 545 | 1 960 | 4 463 | 2 455 |
| Großbritannien | 6 138 | 3 683 | 1 806 | 1 084 | 1 765 | 971 | 2 451 | 1 349 |
| Schweiz | 1 420 | 852 | 1 582 | 949 | 1 247 | 686 | 1 061 | 584 |
| Ausfuhr | 8 720 | 5 888 | 6 808 | 4 425 | 8 590 | 5 154 | 8 090 | 4 854 |
| Frankreich | 1 655 | 1 076 | 1 100 | 715 | 851 | 511 | 1 184 | 710 |
| Italien | 1 226 | 797 | 881 | 573 | 1 181 | 709 | 1 145 | 680 |
| Österreich-Ungarn | 1 768 | 1 149 | 1 725 | 1 121 | 2 209 | 1 325 | 1 619 | 971 |
| Rußland | 787 | 512 | 936 | 609 | 1 279 | 767 | 962 | 577 |

Spezialhandel der wichtigeren Waren.

| Warengattung<br>Länder der Herkunft bzw. Bestimmung | 1900 Tonnen | 1900 1 000 ℳ | 1901 Tonnen | 1901 1 000 ℳ | 1902 Tonnen | 1902 1 000 ℳ | 1903 Tonnen | 1903 1 000 ℳ |
|---|---|---|---|---|---|---|---|---|
| **g. Dampfmaschinen.** | | | | | | | | |
| Einfuhr | 4 365 | 3 710 | 2 680 | 2 010 | 2 417 | 1 692 | 2 987 | 2 311 |
| Großbritannien | 1 061 | 902 | 602 | 452 | 802 | 561 | 602 | 613 |
| Schweiz | 1 738 | 1 478 | 1 272 | 954 | 782 | 534 | 1 060 | 817 |
| Ausfuhr | 21 555 | 19 400 | 16 112 | 12 890 | 21 842 | 16 661 | 22 464 | 16 848 |
| Freihafen Hamburg | 1 284 | 1 156 | 1 351 | 1 081 | 921 | 691 | 911 | 683 |
| Belgien | 1 485 | 1 336 | 818 | 654 | 1 578 | 1 183 | 1 185 | 889 |
| Frankreich | 4 247 | 3 822 | 2 255 | 1 804 | 2 905 | 2 179 | 1 810 | 1 358 |
| Großbritannien | 1 889 | 1 700 | 1 727 | 1 382 | 5 298 | 3 972 | 7 360 | 5 520 |
| Niederlande | 886 | 798 | 907 | 725 | 2 109 | 1 507 | 1 798 | 1 349 |
| Rußland | 5 586 | 5 027 | 3 847 | 3 077 | 2 598 | 1 948 | 2 578 | 1 934 |
| **h. Maschinen für Holzstoff- und Papierfabrikation.** | | | | | | | | |
| Einfuhr | 307 | 258 | 198 | 118 | 151 | 83 | 240 | 187 |
| Ausfuhr | 6 278 | 4 395 | 4 865 | 3 162 | 6 729 | 4 037 | 6 708 | 4 025 |
| Österreich-Ungarn | 820 | 574 | 1 292 | 840 | 1 391 | 835 | 1 289 | 773 |
| **i. Werkzeugmaschinen.** | | | | | | | | |
| Einfuhr | 6 420 | 5 760 | 1 702 | 1 447 | 1 802 | 1 514 | 2 364 | 1 773 |
| Ver. St. v. Amerika | 4 757 | 4 995 | 1 166 | 991 | 698 | 559 | 1 142 | 856 |
| Ausfuhr | 9 207 | 7 877 | 8 285 | 6 214 | 21 055 | 14 738 | 20 465 | 13 279 |
| Belgien | 344 | 293 | 466 | 349 | 2 408 | 1 685 | 1 421 | 853 |
| Frankreich | 1 200 | 1 020 | 1 166 | 875 | 3 142 | 2 199 | 2 506 | 1 504 |
| Großbritannien | 250 | 213 | 336 | 252 | 1 604 | 1 123 | 2 073 | 1 244 |
| Italien | 976 | 830 | 793 | 595 | 1 262 | 884 | 1 615 | 969 |
| Österreich-Ungarn | 1 238 | 1 051 | 1 270 | 952 | 2 428 | 1 698 | 2 892 | 1 735 |
| Rußland | 2 370 | 2 014 | 1 746 | 1 310 | 3 246 | 2 272 | 3 218 | 1 931 |
| **k. Pumpen.** | | | | | | | | |
| Einfuhr | 1 185 | 1 185 | 634 | 634 | 649 | 584 | 1 090 | 1 012 |
| Ausfuhr | 5 709 | 5 138 | 5 296 | 5 296 | 5 260 | 4 734 | 8 410 | 7 759 |
| Österreich-Ungarn | 1 252 | 1 127 | 1 160 | 1 160 | 1 059 | 953 | 1 486 | 1 377 |
| Rußland | 1 669 | 1 502 | 1 372 | 1 372 | 972 | 875 | 1 284 | 1 177 |
| **l. Walzmaschinen.** | | | | | | | | |
| Einfuhr | 995 | 547 | 1 565 | 783 | 378 | 170 | 669 | 301 |
| Ausfuhr | 6 308 | 3 785 | 4 271 | 2 349 | 5 491 | 2 745 | 5 988 | 3 464 |
| Belgien | 893 | 536 | 429 | 236 | 1 723 | 861 | 1 885 | 943 |
| Frankreich | 2 405 | 1 443 | 1 830 | 1 006 | 1 865 | 933 | 2 171 | 1 086 |
| **m. Hebemaschinen.** | | | | | | | | |
| Einfuhr | 1 666 | 1 400 | 1 081 | 873 | 874 | 656 | 1 311 | 1 041 |
| Ausfuhr | 3 620 | 3 620 | 4 188 | 3 769 | 13 267 | 9 047 | 14 557 | 9 851 |
| Freihafen Hamburg | 411 | 411 | 1 212 | 1 091 | 4 901 | 2 745 | 2 630 | 1 759 |
| **n. Maschinen zu industriellen Zwecken, nicht besonders genannt.** | | | | | | | | |
| Einfuhr | 17 521 | 15 768 | 11 605 | 9 864 | 7 088 | 5 529 | 10 289 | 8 975 |
| Großbritannien | 6 466 | 5 819 | 5 149 | 4 377 | 3 738 | 2 910 | 5 595 | 4 401 |
| Österreich-Ungarn | 1 593 | 1 434 | 1 066 | 911 | 565 | 441 | 968 | 1 010 |
| Schweiz | 900 | 810 | 859 | 730 | 639 | 498 | 935 | 839 |
| Ver. St. v. Amerika | 2 774 | 2 496 | 1 303 | 1 107 | 675 | 527 | 911 | 716 |
| Ausfuhr | 100 775 | 80 620 | 87 369 | 65 482 | 48 079 | 33 655 | 63 119 | 55 616 |
| Belgien | 7 066 | 5 653 | 7 002 | 5 251 | 1 781 | 1 249 | 4 014 | 3 387 |
| Dänemark | 1 437 | 1 150 | 1 393 | 1 045 | 618 | 433 | 1 108 | 935 |
| Frankreich | 8 721 | 6 977 | 7 548 | 5 661 | 3 929 | 2 750 | 4 483 | 4 174 |
| Großbritannien | 4 404 | 3 523 | 6 560 | 4 920 | 3 824 | 2 677 | 4 630 | 3 790 |
| Italien | 10 663 | 8 530 | 6 977 | 5 233 | 4 325 | 3 027 | 4 429 | 4 107 |
| Niederlande | 5 561 | 4 449 | 7 460 | 5 595 | 3 303 | 2 313 | 4 157 | 3 749 |

Spezialhandel der wicht

| Warengattung / Länder der Herkunft bzw. Bestimmung | 1900 | | 1901 | | 1902 | |
|---|---|---|---|---|---|---|
| | Tonnen | 1 000 ℳ | Tonnen | 1 000 ℳ | Tonnen | 1 000 ℳ |
| Österreich-Ungarn | 12 373 | 9 398 | 10 878 | 8 159 | 6 627 | 4 639 |
| Rußland | 13 278 | 10 622 | 10 003 | 7 502 | 6 450 | 4 515 |
| Schweden | 3 042 | 2 434 | 2 340 | 1 795 | 1 396 | 1 117 |
| Schweiz | 5 616 | 4 508 | 4 183 | 3 138 | 2 290 | 1 603 |
| Spanien | 6 324 | 5 059 | 5 322 | 3 991 | 2 055 | 1 438 |
| Transvaal | 44 | 35 | 82 | 61 | 858 | 600 |
| Niederl. Indien usw. | 4 338 | 3 470 | 2 020 | 1 515 | 676 | 473 |
| Argentinien | 1 079 | 863 | 932 | 699 | 588 | 412 |
| Mexiko | 940 | 752 | 747 | 561 | 822 | 575 |
| Ver. St. v. Amerika | 2 307 | 1 803 | 1 876 | 1 407 | 1 926 | 1 348 |
| Britisch Australien | 1 208 | 966 | 1 272 | 954 | 912 | 638 |

## Maschinen: Nähmaschinen und Teile davon.

| | 1900 Tonnen | 1900 1 000 ℳ | 1901 Tonnen | 1901 1 000 ℳ | 1902 Tonnen | 1902 1 000 ℳ |
|---|---|---|---|---|---|---|
| Einfuhr | 6 160 | 6 178 | 5 077 | 4 891 | 4 681 | 5 355 |
| Großbritannien | 3 608 | 3 592 | 3 172 | 3 281 | 2 889 | 2 944 |
| Ver. St. v. Amerika | 2 497 | 4 502 | 1 842 | 1 527 | 1 728 | 1 116 |
| Ausfuhr | 13 370 | 20 347 | 13 466 | 20 950 | 14 058 | 22 000 |
| Belgien | 1 106 | 1 272 | 1 083 | 1 230 | 1 067 | 1 388 |
| Dänemark | 252 | 437 | 281 | 496 | 317 | 608 |
| Frankreich | 1 602 | 1 944 | 1 915 | 2 287 | 2 262 | 2 933 |
| Großbritannien | 1 434 | 2 383 | 1 624 | 2 356 | 1 506 | 2 330 |
| Italien | 391 | 800 | 445 | 939 | 513 | 1 095 |
| Niederlande | 609 | 1 072 | 646 | 1 083 | 711 | 1 212 |
| Österreich-Ungarn | 602 | 1 076 | 699 | 1 158 | 822 | 1 435 |
| Rußland | 2 453 | 4 125 | 2 784 | 5 046 | 2 721 | 5 003 |
| Schweiz | 713 | 862 | 594 | 763 | 657 | 873 |
| Brasilien | 301 | 384 | 270 | 360 | 351 | 687 |
| Britisch Australien | 452 | 579 | 445 | 540 | 386 | 527 |

## Mineralöl (a—b):

### a. Erdöl (Petroleum).

| | 1900 Tonnen | 1900 1 000 ℳ | 1901 Tonnen | 1901 1 000 ℳ | 1902 Tonnen | 1902 1 000 ℳ |
|---|---|---|---|---|---|---|
| Einfuhr | 989 381 | 84 801 | 985 904 | 71 304 | 1 006 829 | 71 871 |
| Freihafen Hamburg | 61 | 5 | 4 309 | 345 | 12 379 | 823 |
| Österreich-Ungarn | 25 143 | 2 510 | 17 335 | 1 869 | 26 034 | 1 713 |
| Rumänien | 9 509 | 859 | 16 261 | 1 506 | 22 714 | 1 684 |
| Rußland | 128 330 | 9 376 | 127 318 | 7 541 | 144 784 | 8 330 |
| Ver. St. v. Amerika | 825 275 | 71 125 | 819 144 | 59 855 | 795 013 | 58 316 |
| Ausfuhr | 4 374 | 882 | 4 674 | 910 | 4 941 | 698 |

### b. Schmieröle.

| | 1900 Tonnen | 1900 1 000 ℳ | 1901 Tonnen | 1901 1 000 ℳ | 1902 Tonnen | 1902 1 000 ℳ |
|---|---|---|---|---|---|---|
| Einfuhr | 124 605 | 22 411 | 118 990 | 19 635 | 125 667 | 20 736 |
| Freihafen Hamburg | 4 298 | 774 | 4 328 | 714 | 4 460 | 736 |
| Österreich-Ungarn | 2 243 | 404 | 2 060 | 340 | 3 051 | 503 |
| Rußland | 67 737 | 11 103 | 62 794 | 10 361 | 65 207 | 10 759 |
| Ver. St. v. Amerika | 45 328 | 8 161 | 45 619 | 7 527 | 49 242 | 8 125 |
| Ausfuhr | 2 618 | 462 | 2 299 | 381 | 2 519 | 416 |

## Mineralwasser.

| | 1900 Tonnen | 1900 1 000 ℳ | 1901 Tonnen | 1901 1 000 ℳ | 1902 Tonnen | 1902 1 000 ℳ |
|---|---|---|---|---|---|---|
| Einfuhr | 8 220 | 2 482 | 7 652 | 2 319 | 9 436 | 2 784 |
| Österreich-Ungarn | 7 485 | 2 262 | 6 662 | 2 010 | 8 722 | 2 575 |
| Ausfuhr | 43 734 | 8 135 | 40 850 | 8 170 | 44 208 | 8 810 |
| Belgien | 11 514 | 2 142 | 7 884 | 1 577 | 10 634 | 2 047 |
| Großbritannien | 5 422 | 1 008 | 4 133 | 827 | 5 560 | 1 070 |
| Niederlande | 12 683 | 2 339 | 15 446 | 3 089 | 14 454 | 2 782 |
| Österreich-Ungarn | 3 231 | 601 | 3 199 | 640 | 3 097 | 596 |

Spezialhandel der wichtigeren Waren.

| Warengattung / Länder der Herkunft bzw. Bestimmung | 1900 | | 1901 | | 1902 | | 1903 | |
|---|---|---|---|---|---|---|---|---|
| | Tonnen | 1 000 ℳ | Tonnen | 1 000 ℳ | Tonnen | 1 000 ℳ | Tonnen | 1 000 ℳ |
| **Möbel und Möbelteile aus hartem Holz; furnierte Möbel.** | | | | | | | | |
| Einfuhr | 3 578 | 5 725 | 3 037 | 4 850 | 3 095 | 3 514 | 3 119 | 3 639 |
| Österreich-Ungarn | 2 098 | 3 337 | 1 847 | 2 956 | 1 889 | 1 606 | 1 849 | 1 572 |
| Ver. St. v. Amerika | 644 | 1 030 | 528 | 845 | 511 | 767 | 384 | 846 |
| Ausfuhr | 2 646 | 7 409 | 2 724 | 7 826 | 2 911 | 8 550 | 2 934 | 8 802 |
| Großbritannien | 263 | 716 | 392 | 1 098 | 324 | 730 | 318 | 716 |
| Niederlande | 795 | 2 227 | 850 | 2 661 | 1 166 | 2 684 | 1 071 | 2 417 |
| Schweiz | 422 | 1 182 | 440 | 1 232 | 359 | 807 | 450 | 1 012 |
| **Mohn.** | | | | | | | | |
| Einfuhr | 28 749 | 7 787 | 25 919 | 6 874 | 31 138 | 8 613 | 33 026 | 7 826 |
| Rußland | 1 284 | 456 | 1 109 | 444 | 1 717 | 678 | 2 110 | 88[illegible] |
| Britisch-Indien usw. | 24 838 | 6 337 | 21 694 | 5 554 | 24 537 | 6 564 | 27 587 | 6 060 |
| Ausfuhr | 42 | 19 | 46 | 19 | 95 | 46 | 11 | 5 |
| **Mühlenerzeugnisse (a—c):** | | | | | | | | |
| **a. Getreide, Mais, Hülsenfrüchte, geschroten; Graupen, Grieß (auch Reisgrieß), Grütze.** | | | | | | | | |
| Einfuhr | 5 708 | 1 161 | 6 813 | 1 172 | 4 842 | 1 018 | 4 833 | 1 01[illegible] |
| Ausfuhr | 30 973 | 5 582 | 32 300 | 5 492 | 45 096 | 7 453 | 48 045 | 7 861 |
| Dänemark | 3 470 | 694 | 3 105 | 574 | 3 881 | 706 | 4 867 | 876 |
| Großbritannien | 1 337 | 307 | 3 003 | 572 | 3 592 | 647 | 4 457 | 914 |
| Finnland | 5 375 | 967 | 2 615 | 471 | 5 391 | 970 | 7 650 | 1 147 |
| Ver. St. v. Amerika | 10 553 | 2 427 | 15 065 | 2 550 | 23 470 | 3 286 | 20 471 | 2 938 |
| **b. Mehl aus Weizen.** | | | | | | | | |
| Einfuhr | 33 673 | 7 000 | 38 470 | 7 911 | 31 645 | 6 703 | 31 979 | 6 745 |
| Österreich-Ungarn | 18 274 | 4 294 | 20 214 | 4 649 | 15 188 | 3 739 | 20 011 | 4 573 |
| Ver. St. v. Amerika | 9 551 | 1 786 | 11 852 | 2 271 | 10 789 | 2 138 | 7 845 | 1 530 |
| Ausfuhr | 32 034 | 5 279 | 28 938 | 4 519 | 20 253 | 3 113 | 28 289 | 4 362 |
| Niederlande | 10 002 | 1 461 | 9 653 | 1 496 | 9 479 | 1 441 | 10 833 | 1 785 |
| Schweiz | 3 587 | 563 | 6 693 | 1 038 | 3 510 | 539 | 3 381 | 521 |
| **c. Mehl aus Roggen.** | | | | | | | | |
| Einfuhr | 1 632 | 273 | 1 999 | 371 | 2 185 | 400 | 1 883 | 349 |
| Ausfuhr | 93 624 | 12 631 | 64 413 | 8 637 | 62 947 | 8 198 | 89 466 | 10 928 |
| Dänemark | 9 650 | 1 314 | 9 991 | 1 599 | 12 435 | 1 616 | 12 732 | 1 592 |
| Niederlande | 10 789 | 1 403 | 13 761 | 2 064 | 13 573 | 1 765 | 16 946 | 2 118 |
| Norwegen | 45 482 | 6 186 | 21 246 | 3 357 | 11 239 | 1 506 | 8 754 | 1 126 |
| Finnland | 17 942 | 2 422 | 5 791 | 784 | 18 849 | 2 532 | 38 676 | 4 486 |
| **Nickelmetall, rohes.** | | | | | | | | |
| Einfuhr | 1 712 | 4 886 | 1 947 | 5 649 | 1 468 | 4 155 | 1 587 | 4 356 |
| Großbritannien | 1 072 | 3 054 | 1 341 | 3 821 | 1 067 | 3 040 | 1 138 | 3 004 |
| Ausfuhr | 268 | 939 | 390 | 1 363 | 689 | 2 377 | 700 | 2 381 |
| **Nüsse, reife; genießbare Kastanien, Pinienkerne, Zirbelnüsse.** | | | | | | | | |
| Einfuhr | 14 603 | 7 201 | 14 978 | 6 780 | 15 428 | 7 129 | 17 281 | 8 102 |
| Frankreich | 4 547 | 2 183 | 4 404 | 1 673 | 3 471 | 1 803 | 5 493 | 2 197 |
| Italien | 5 979 | 3 229 | 6 834 | 2 714 | 5 857 | 2 811 | 8 003 | 4 017 |
| Ausfuhr | 542 | 282 | 483 | 183 | 111 | 80 | 305 | 137 |
| **Obst, frisches, mit Ausnahme der Weinbeeren und der Südfrüchte (a—d):** | | | | | | | | |
| **a. Äpfel.** | | | | | | | | |
| Einfuhr | 124 875 | 7 966 | 118 234 | 16 227 | 112 836 | 13 289 | 157 391 | 18 602 |
| Italien | 4 403 | 803 | 10 805 | 2 161 | 12 196 | 1 120 | 16 084 | 2 410 |
| Niederlande | 13 110 | 656 | 9 221 | 468 | 10 067 | 956 | 6 816 | 1 022 |
| Österreich-Ungarn | 42 907 | 3 440 | 44 688 | 6 701 | 28 079 | 4 347 | 61 506 | 7 381 |
| Schweiz | 55 104 | 2 094 | 8 461 | 761 | 48 446 | 4 360 | 19 879 | 2 323 |
| Ver. St. v. Amerika | 1 700 | 317 | 1 973 | 395 | 5 806 | 1 459 | 17 807 | 3 719 |
| Ausfuhr | 3 003 | 381 | 2 711 | 629 | 2 772 | 646 | 2 819 | 861 |

Spezialhandel der wichtigeren Waren.

| Warengattung — Länder der Herkunft bzw. Bestimmung | 1900 | | 1901 | | 1902 | | 1903 | |
|---|---|---|---|---|---|---|---|---|
| | Tonnen | 1 000 ℳ | Tonnen | 1 000 ℳ | Tonnen | 1 000 ℳ | Tonnen | 1 000 ℳ |
| **b. Birnen.** | | | | | | | | |
| Einfuhr | 25 357 | 3 425 | 27 308 | 4 626 | 25 889 | 4 860 | 24 683 | 3 968 |
| Italien | 2 008 | 442 | 3 345 | 569 | 3 461 | 900 | 3 718 | 1 003 |
| Österreich-Ungarn | 13 392 | 1 846 | 10 076 | 1 711 | 12 918 | 1 584 | 18 104 | 4 345 |
| Ausfuhr | 1 833 | 276 | 1 843 | 373 | 1 825 | 438 | 2 670 | 771 |
| **c. Steinobst, außer Kirschen.** | | | | | | | | |
| Einfuhr | 21 092 | 4 049 | 17 488 | 3 662 | 25 262 | 6 086 | 22 411 | 5 056 |
| Italien | 2 840 | 828 | 2 934 | 1 412 | 3 290 | 1 182 | 2 481 | 1 121 |
| Österreich-Ungarn | 16 447 | 2 074 | 13 269 | 1 537 | 19 004 | 2 794 | 18 753 | 1 435 |
| Ausfuhr | 5 560 | 1 058 | 3 092 | 681 | 11 685 | 1 293 | 24 854 | 7 342 |
| Großbritannien | 4 361 | 801 | 1 863 | 445 | 9 974 | 950 | 20 213 | 6 024 |
| **d. Beeren zum Genuß.** | | | | | | | | |
| Einfuhr | 9 353 | 2 432 | 8 643 | 2 795 | 9 145 | 2 383 | 14 022 | 3 137 |
| Schweden | 6 049 | 1 573 | 3 635 | 1 000 | 5 110 | 1 278 | 10 085 | 2 017 |
| Ausfuhr | 343 | 89 | 322 | 129 | 244 | 97 | 1 121 | 448 |
| **Obst, getrocknet, zerschnitten, bloß eingekocht, eingesalzen.** | | | | | | | | |
| Einfuhr | 62 807 | 25 489 | 49 368 | 20 094 | 60 838 | 25 891 | 83 603 | 33 331 |
| Frankreich | 4 791 | 2 396 | 3 632 | 2 361 | 897 | 1 095 | 996 | 580 |
| Österreich-Ungarn | 12 231 | 4 036 | 12 811 | 4 100 | 14 913 | 4 772 | 12 744 | 4 539 |
| Serbien | 20 124 | 6 238 | 13 323 | 3 904 | 20 682 | 5 791 | 12 586 | 4 132 |
| Ver. St. v. Amerika | 23 258 | 11 862 | 17 110 | 8 731 | 21 645 | 12 771 | 34 844 | 17 805 |
| Ausfuhr | 108 | 56 | 115 | 54 | 125 | 60 | 178 | 93 |
| **Öl (a—n):** | | | | | | | | |
| **a. Ätherische Öle, nicht besonders genannt.** | | | | | | | | |
| Einfuhr | 421 | 5 631 | 417 | 5 192 | 409 | 5 249 | 418 | 6 036 |
| Frankreich | 70 | 1 262 | 57 | 1 033 | 62 | 1 203 | 63 | 1 252 |
| Großbritannien | 37 | 1 178 | 22 | 736 | 28 | 983 | 18 | 688 |
| Ausfuhr | 386 | 4 634 | 388 | 4 658 | 418 | 5 642 | 424 | 5 942 |
| Frankreich | 61 | 715 | 59 | 713 | 68 | 917 | 54 | 756 |
| Ver. St. v. Amerika | 47 | 565 | 54 | 653 | 23 | 982 | 92 | 1 290 |
| **b. Baumöl in Fässern, auch denaturiertes.** | | | | | | | | |
| Einfuhr | 10 298 | 8 326 | 12 425 | 9 432 | 17 868 | 10 168 | 11 610 | 6 707 |
| Frankreich | 1 562 | 1 641 | 1 409 | 1 565 | 1 868 | 1 519 | 1 554 | 1 452 |
| Italien | 6 027 | 4 965 | 8 352 | 6 365 | 9 528 | 5 608 | 5 798 | 3 152 |
| Spanien | 1 779 | 1 217 | 207 | 170 | 6 112 | 2 844 | 3 705 | 1 852 |
| Ausfuhr | 45 | 63 | 51 | 68 | 85 | 89 | 118 | 120 |
| **c. Baumwollensamenöl in Fässern, auch denaturiertes.** | | | | | | | | |
| Einfuhr | 45 129 | 16 815 | 51 802 | 20 767 | 65 496 | 23 927 | 39 887 | 16 165 |
| Großbritannien | 8 857 | 3 100 | 7 195 | 2 601 | 12 242 | 4 903 | 10 450 | 3 772 |
| Ver. St. v. Amerika | 35 627 | 13 475 | 44 239 | 18 009 | 42 781 | 18 825 | 29 022 | 12 118 |
| Ausfuhr | 84 | 45 | 96 | 53 | 232 | 132 | 35 | 18 |
| **d. Palm- und Kokosnußöl.** | | | | | | | | |
| Einfuhr | 14 960 | 6 145 | 16 716 | 6 579 | 20 686 | 9 270 | 22 076 | 8 980 |
| Belgien | 565 | 315 | 1 792 | 782 | 2 725 | 1 313 | 3 217 | 1 322 |
| Großbritannien | 2 306 | 888 | 1 615 | 599 | 2 079 | 895 | 2 478 | 902 |
| Britisch-Westafrika | 8 512 | 3 333 | 9 304 | 3 531 | 10 080 | 4 347 | 9 796 | 3 989 |
| Ausfuhr | 13 874 | 5 372 | 27 657 | 11 069 | 33 126 | 15 461 | 34 203 | 13 312 |
| Großbritannien | 6 076 | 2 339 | 11 869 | 4 489 | 13 887 | 6 527 | 9 830 | 3 775 |
| Österreich-Ungarn | 5 628 | 2 195 | 7 060 | 2 885 | 7 093 | 3 748 | 12 290 | 4 795 |
| Schweiz | 820 | 439 | 1 614 | 640 | 1 836 | 830 | 2 421 | 969 |
| Ver. St. v. Amerika | 126 | 49 | 363 | 149 | 3 347 | 1 558 | 3 930 | 1 517 |

Spezialhandel der wichtigeren Waren.

| Warengattung / Länder der Herkunft bzw. Bestimmung | 1900 Tonnen | 1900 1 000 ℳ | 1901 Tonnen | 1901 1 000 ℳ | 1902 Tonnen | 1902 1 000 ℳ | 1903 Tonnen | 1903 1 000 ℳ |
|---|---|---|---|---|---|---|---|---|
| **Ölkuchen, Ölkuchenmehl.** | | | | | | | | |
| **Einfuhr** | **499 615** | **60 856** | **535 631** | **61 937** | **487 881** | **58 470** | **502 742** | **57 108** |
| Freihafen Hamburg | 38 504 | 4 844 | 45 930 | 5 515 | 49 894 | 6 237 | 50 330 | 6 040 |
| Belgien | 7 687 | 939 | 8 230 | 996 | 7 572 | 946 | 7 737 | 1 006 |
| Dänemark | 6 189 | 774 | 6 343 | 729 | 7 570 | 908 | 4 173 | 532 |
| Frankreich | 34 340 | 4 258 | 39 094 | 4 761 | 34 290 | 4 115 | 30 827 | 3 576 |
| Niederlande | 22 704 | 2 929 | 23 141 | 2 719 | 28 830 | 3 460 | 26 958 | 3 370 |
| Österreich-Ungarn | 22 370 | 2 684 | 23 746 | 2 754 | 25 247 | 2 777 | 29 137 | 3 112 |
| Rußland | 145 216 | 17 571 | 147 505 | 15 045 | 128 289 | 13 468 | 146 570 | 14 657 |
| Britisch Indien usw. | 6 011 | 661 | 9 292 | 976 | 7 580 | 849 | 14 190 | 1 542 |
| Ceylon | 3 654 | 402 | 4 504 | 541 | 5 491 | 642 | 7 015 | 877 |
| Ver. St. v. Amerika | 187 927 | 22 927 | 201 290 | 24 134 | 171 285 | 22 610 | 166 207 | 20 277 |
| **Ausfuhr** | **140 350** | **15 084** | **136 075** | **15 021** | **149 127** | **16 042** | **170 213** | **18 816** |
| Dänemark | 15 673 | 1 881 | 20 052 | 2 266 | 29 126 | 2 953 | 40 207 | 4 222 |
| Großbritannien | 62 801 | 6 594 | 59 016 | 6 694 | 52 016 | 4 993 | 58 805 | 5 298 |
| Niederlande | 38 009 | 4 321 | 34 954 | 4 282 | 34 022 | 3 656 | 35 869 | 3 946 |
| Schweden | 14 509 | 1 606 | 12 324 | 1 417 | 21 660 | 2 058 | 20 808 | 1 873 |
| **Ölsäure, Ölbrech.** | | | | | | | | |
| **Einfuhr** | **12 958** | **4 810** | **15 219** | **5 858** | **13 881** | **5 891** | **14 476** | **5 109** |
| Belgien | 5 648 | 1 977 | 6 445 | 2 385 | 6 505 | 2 692 | 7 166 | 2 460 |
| Frankreich | 1 132 | 453 | 1 585 | 697 | 1 089 | 794 | 1 814 | 676 |
| Niederlande | 1 793 | 690 | 2 299 | 910 | 1 536 | 660 | 1 955 | 691 |
| Ver. St. v. Amerika | 3 123 | 1 203 | 3 591 | 1 417 | 1 860 | 800 | 2 592 | 892 |
| **Ausfuhr** | **217** | **91** | **170** | **75** | **224** | **106** | **244** | **97** |
| **Palmkerne, Kopra, Butterbohnen, Illipe-, Shearnüsse, Stillingiasamen.** | | | | | | | | |
| **Einfuhr** | **148 958** | **35 826** | **151 037** | **37 710** | **184 909** | **51 092** | **188 423** | **49 037** |
| Großbritannien | 23 219 | 5 224 | 14 170 | 3 224 | 14 053 | 3 689 | 931 | 233 |
| Britisch Westafrika | 90 032 | 20 257 | 103 397 | 23 988 | 131 841 | 34 279 | 151 180 | 35 074 |
| Deutsch Westafrika | 4 174 | 939 | 6 048 | 1 512 | 7 086 | 1 843 | 3 851 | 963 |
| Britisch Indien usw. | 14 131 | 4 582 | 8 442 | 2 845 | 6 829 | 2 347 | 7 163 | 2 364 |
| Ceylon | 2 475 | 755 | 4 789 | 1 628 | 6 508 | 2 408 | 8 420 | 2 694 |
| Niederl. Indien usw. | 6 828 | 2 048 | 6 106 | 2 076 | 11 447 | 4 178 | 14 040 | 4 352 |
| **Ausfuhr** | **1 402** | **372** | **2 877** | **803** | **1 971** | **634** | **3 160** | **761** |
| Rußland | 107 | 32 | 1 833 | 511 | 1 840 | 589 | 2 907 | 661 |
| **Papier (a—g):** | | | | | | | | |
| **a. Bunt-, Gold- und Silberpapier; getränktes oder mit Überzügen versehenes Papier.** | | | | | | | | |
| **Einfuhr** | **197** | **708** | **263** | **810** | **220** | **689** | **279** | **764** |
| **Ausfuhr** | **7 572** | **27 280** | **6 269** | **22 567** | **6 958** | **13 910** | **7 865** | **15 731** |
| Großbritannien | 2 180 | 7 849 | 1 951 | 7 084 | 2 217 | 4 481 | 2 509 | 5 018 |
| Niederlande | 331 | 1 193 | 217 | 780 | 240 | 495 | 379 | 758 |
| Österreich-Ungarn | 534 | 1 921 | 584 | 2 101 | 611 | 1 221 | 726 | 1 451 |
| Schweiz | 345 | 1 242 | 364 | 1 309 | 380 | 760 | 464 | 927 |
| Japan | 422 | 1 520 | 163 | 586 | 436 | 873 | 506 | 1 013 |
| Ver. St. v. Amerika | 1 736 | 6 248 | 1 319 | 4 750 | 1 318 | 2 635 | 1 289 | 2 579 |
| **b. Druckpapier, auch farbiges.** | | | | | | | | |
| **Einfuhr** | **422** | **162** | **416** | **141** | **322** | **103** | **352** | **113** |
| **Ausfuhr** | **29 931** | **8 686** | **18 349** | **4 687** | **25 505** | **5 994** | **30 142** | **6 782** |
| Großbritannien | 12 158 | 3 526 | 5 743 | 1 436 | 9 245 | 2 172 | 11 619 | 2 614 |
| Niederlande | 3 040 | 881 | 1 016 | 479 | 2 501 | 602 | 2 391 | 538 |
| Argentinien | 3 229 | 936 | 3 339 | 835 | 2 341 | 550 | 2 720 | 612 |
| Brasilien | 3 112 | 903 | 1 507 | 377 | 2 306 | 542 | 2 702 | 608 |
| **c. Packpapier, geglättet.** | | | | | | | | |
| **Einfuhr** | **2 763** | **1 046** | **2 716** | **1 005** | **2 449** | **857** | **2 549** | **892** |
| **Ausfuhr** | **23 773** | **9 509** | **19 610** | **7 464** | **26 373** | **8 880** | **23 805** | **8 332** |
| Belgien | 1 624 | 690 | 1 521 | 578 | 1 634 | 572 | 1 775 | 621 |
| Großbritannien | 11 603 | 4 641 | 8 581 | 3 261 | 11 276 | 3 947 | 9 213 | 3 224 |
| Niederlande | 2 393 | 957 | 2 393 | 910 | 3 575 | 1 251 | 3 515 | 1 230 |

| | | | | | | | |
|---|---|---|---|---|---|---|---|
| Einfuhr | 414 | 99 | 343 | 82 | 225 | 47 | 340 |
| Ausfuhr | 14 428 | 3 751 | 14 077 | 3 622 | 17 020 | 3 234 | 20 442 |
| Großbritannien... | 4 356 | 1 133 | 4 675 | 1 122 | 5 128 | 974 | 5 669 |
| **e. Photographisches Papier.** | | | | | | | |
| Einfuhr | 52 | 302 | 39 | 296 | 44 | 266 | 134 |
| Ausfuhr | 425 | 4 254 | 450 | 4 501 | 475 | 5 694 | 1 219 |
| Großbritannien... | 103 | 1 032 | 113 | 1 129 | 129 | 1 549 | 573 |
| Österreich-Ungarn. | 67 | 673 | 31 | 306 | 66 | 786 | 88 |
| Rußland ........ | 52 | 523 | 59 | 591 | 58 | 694 | 68 |
| Ver. St. v. Amerika | 27 | 273 | 57 | 565 | 51 | 607 | 235 |
| **f. Schreibpapier; zu Rechnungen, Etiketten usw vorgerichtetes Papier.** | | | | | | | |
| Einfuhr | 1 144 | 1 144 | 1 007 | 1 007 | 907 | 870 | 761 |
| Ausfuhr | 6 882 | 5 506 | 6 071 | 4 669 | 8 027 | 5 646 | 8 360 |
| Niederlande ..... | 1 173 | 939 | 1 183 | 814 | 1 612 | 1 193 | 2 029 |
| **g. Papier, nicht besonders genannt (Pergamentpapier), Malerpappe, gefärbte P** | | | | | | | |
| Einfuhr | 232 | 209 | 500 | 455 | 469 | 422 | 598 |
| Ausfuhr | 7 797 | 7 017 | 7 773 | 6 995 | 8 877 | 7 989 | 10 800 |
| Frankreich....... | 581 | 523 | 626 | 564 | 709 | 638 | 1 195 |
| Großbritannien... | 2 661 | 2 395 | 2 321 | 2 089 | 2 982 | 2 683 | 3 540 |
| Niederlande ..... | 969 | 872 | 852 | 767 | 1 041 | 937 | 1 141 |
| **Papiertapeten.** | | | | | | | |
| Einfuhr | 494 | 665 | 330 | 462 | 282 | 375 | 312 |
| Ausfuhr | 5 948 | 4 461 | 7 118 | 5 338 | 7 517 | 6 389 | 9 080 |
| Belgien......... | 755 | 566 | 911 | 684 | 906 | 770 | 1 081 |
| Frankreich ...... | 674 | 506 | 864 | 648 | 887 | 754 | 1 206 |
| Großbritannien... | 553 | 414 | 1 015 | 761 | 1 037 | 881 | 1 514 |
| Niederlande ..... | 1 610 | 1 208 | 1 876 | 1 407 | 1 798 | 1 528 | 2 135 |
| **Papier- und Pappwaren.** | | | | | | | |
| Einfuhr | 1 430 | 2 859 | 1 364 | 2 728 | 1 483 | 2 818 | 1 029 |
| Österreich-Ungarn. | 601 | 1 202 | 545 | 1 090 | 566 | 1 075 | 582 |
| Ausfuhr | 14 232 | 21 348 | 13 858 | 20 787 | 15 685 | 23 528 | 18 923 |
| Belgien ........ | 897 | 1 345 | 775 | 1 163 | 920 | 1 380 | 1 074 |
| Frankreich....... | 435 | 652 | 454 | 681 | 526 | 789 | 662 |
| Großbritannien... | 2 780 | 4 170 | 2 757 | 4 135 | 3 163 | 4 745 | 3 617 |
| Italien.......... | 333 | 500 | 389 | 584 | 457 | 685 | 438 |
| Niederlande ..... | 1 963 | 2 944 | 2 041 | 3 062 | 2 122 | 3 183 | 2 617 |
| Österreich-Ungarn. | 1 420 | 2 130 | 1 321 | 1 982 | 1 511 | 2 267 | 1 794 |
| Rußland ........ | 494 | 741 | 451 | 677 | 419 | 629 | 506 |
| Schweiz......... | 906 | 1 359 | 827 | 1 240 | 982 | 1 473 | 1 103 |
| Argentinien ..... | 361 | 542 | 428 | 642 | 577 | 865 | 1 228 |
| Ver. St. v. Amerika | 1 178 | 1 767 | 1 092 | 1 638 | 1 268 | 1 902 | 1 566 |
| **Pelze: Schafpelze, fertige, nicht überzogene; ungefüttertes Pelzwerk.** | | | | | | | |
| Einfuhr | 568 | 1 705 | 454 | 1 355 | 609 | 3 656 | 681 |
| Großbritannien... | 270 | 810 | 205 | 573 | 271 | 1 627 | 243 |
| China.......... | 217 | 652 | 196 | 550 | 262 | 1 569 | 300 |
| Ausfuhr | 381 | 1 332 | 357 | 1 170 | 368 | 3 679 | 353 |
| Österreich-Ungarn. | 71 | 248 | 117 | 396 | 134 | 1 337 | 108 |
| Ver. St. v. Amerika | 173 | 606 | 119 | 391 | 130 | 1 297 | 119 |

| | | | | | | | | |
|---|---|---|---|---|---|---|---|---|
| **Pfeffer.** | | | | | | | | |
| Einfuhr | 4 678 | 6 458 | 4 798 | 6 412 | 4 718 | 6 489 | 4 639 | 6 505 |
| Britisch Indien usw | 2 492 | 3 330 | 2 612 | 3 449 | 2 199 | 2 887 | 2 026 | 2 686 |
| Britisch Malakka | 777 | 1 116 | 834 | 1 150 | 1 317 | 1 913 | 1 387 | 2 090 |
| Ausfuhr | 7 | 13 | 9 | 14 | 12 | 12 | 11 | 16 |
| **Porzellan und porzellanartige Waren, farbig, bemalt, vergoldet usw oder in Verbindung mit anderen Stoffen (a—b):** | | | | | | | | |
| **a. Tafelgeschirr.** | | | | | | | | |
| Einfuhr | 401 | 681 | 407 | 691 | 378 | 642 | 414 | 704 |
| Ausfuhr | 16 141 | 28 341 | 18 402 | 31 293 | 19 310 | 32 828 | 22 143 | 37 643 |
| Großbritannien | 3 881 | 6 093 | 3 807 | 6 472 | 3 624 | 6 160 | 4 118 | 7 000 |
| Niederlande | 441 | 692 | 376 | 639 | 602 | 1 023 | 590 | 1 003 |
| Brit. Nordamerika | 306 | 527 | 324 | 551 | 364 | 619 | 670 | 1 138 |
| Ver. St. v. Amerika | 8 418 | 13 216 | 10 164 | 17 279 | 11 090 | 18 853 | 12 416 | 21 107 |
| Britisch Australien | 388 | 610 | 474 | 806 | 521 | 885 | 544 | 925 |
| **b. Luxusporzellan.** | | | | | | | | |
| Einfuhr | 70 | 174 | 70 | 245 | 54 | 190 | 59 | 208 |
| Ausfuhr | 3 416 | 8 710 | 3 013 | 10 546 | 3 431 | 12 007 | 3 093 | 10 825 |
| Belgien | 244 | 622 | 167 | 585 | 165 | 577 | 222 | 775 |
| Frankreich | 197 | 502 | 247 | 865 | 187 | 655 | 225 | 787 |
| Großbritannien | 1 078 | 2 748 | 910 | 3 185 | 1 079 | 3 776 | 807 | 2 825 |
| Niederlande | 147 | 375 | 204 | 712 | 312 | 1 091 | 290 | 1 016 |
| Ver. St. v. Amerika | 1 115 | 2 842 | 786 | 2 749 | 941 | 3 292 | 845 | 2 959 |
| **Porzellan und porzellanartige Waren, weiß.** | | | | | | | | |
| Einfuhr | 214 | 193 | 198 | 179 | 183 | 167 | 191 | 171 |
| Ausfuhr | 5 481 | 4 768 | 4 773 | 4 248 | 5 857 | 4 501 | 5 713 | 4 677 |
| Großbritannien | 627 | 545 | 568 | 506 | 967 | 860 | 1 027 | 852 |
| Schweiz | 586 | 510 | 597 | 531 | 696 | 619 | 905 | 715 |
| **Pech- und Torfkohlen, Feueranzünder.** | | | | | | | | |
| Einfuhr | 137 153 | 2 287 | 92 837 | 1 488 | 81 854 | 1 288 | 84 835 | 1 343 |
| Belgien | 115 820 | 1 853 | 81 401 | 1 303 | 64 354 | 965 | 45 891 | 665 |
| Ausfuhr | 660 222 | 10 468 | 629 783 | 9 980 | 497 799 | 12 525 | 895 145 | 15 185 |
| Niederlande | 168 125 | 2 270 | 177 642 | 2 398 | 227 645 | 1 959 | 240 926 | 3 132 |
| Schweiz | 307 814 | 7 080 | 286 625 | 6 592 | 371 541 | 8 174 | 429 278 | 9 015 |
| **Pottasche.** | | | | | | | | |
| Einfuhr | 1 622 | 487 | 1 758 | 527 | 2 112 | 601 | 1 850 | 537 |
| Ausfuhr | 15 761 | 5 674 | 15 667 | 5 449 | 14 041 | 4 634 | 13 121 | 4 461 |
| Großbritannien | 4 268 | 1 536 | 3 895 | 1 363 | 2 908 | 960 | 3 640 | 1 218 |
| Ver. St. v. Amerika | 4 495 | 1 618 | 5 331 | 1 866 | 4 806 | 1 586 | 5 365 | 1 824 |
| **Quecksilber.** | | | | | | | | |
| Einfuhr | 555 | 3 051 | 651 | 3 480 | 648 | 3 306 | 674 | 3 368 |
| Österreich-Ungarn | 247 | 1 359 | 348 | 1 861 | 281 | 1 433 | 314 | 1 572 |
| Rußland | 250 | 1 374 | 193 | 1 034 | 318 | 1 630 | 313 | 1 566 |
| Ausfuhr | 23 | 130 | 27 | 147 | 109 | 560 | 62 | 318 |
| **Raps, Rübsaat, Hederich- und Rettichsaat.** | | | | | | | | |
| Einfuhr | 131 914 | 31 748 | 165 443 | 35 183 | 150 588 | 29 137 | 114 058 | 20 294 |
| Rumänien | 42 296 | 10 120 | 24 652 | 5 440 | 22 267 | 4 344 | 8 710 | 1 544 |
| Rußland | 22 370 | 5 487 | 14 680 | 3 438 | 13 653 | 2 504 | 22 868 | 4 002 |
| Britisch Indien usw | 62 373 | 14 845 | 119 289 | 24 451 | 102 485 | 19 718 | 74 201 | 13 210 |
| Ausfuhr | 2 220 | 578 | 3 610 | 889 | 6 558 | 1 380 | 5 274 | 1 046 |
| Dänemark | 1 274 | 331 | 2 162 | 530 | 4 495 | 943 | 3 346 | 652 |

Spezialhandel der wichtigeren Waren.

| Warengattung<br>Länder der Herkunft bzw. Bestimmung | 1900 Tonnen | 1900 1 000 ℳ | 1901 Tonnen | 1901 1 000 ℳ | 1902 Tonnen | 1902 1 000 ℳ | 1903 Tonnen | 1903 1 000 ℳ |
|---|---|---|---|---|---|---|---|---|
| Ausfuhr | 129 820 | 25 769 | 96 567 | 16 173 | 103 308 | 17 051 | 103 268 | 18 689 |
| Belgien | 2 869 | 570 | 929 | 156 | 8 938 | 1 475 | 4 883 | 865 |
| Dänemark | 3 539 | 702 | 2 646 | 443 | 3 846 | 635 | 5 733 | 1 032 |
| Großbritannien | 11 406 | 2 264 | 4 669 | 782 | 5 908 | 975 | 13 348 | 2 402 |
| Portugal | 14 130 | 2 805 | 12 387 | 2 075 | 11 048 | 1 823 | 8 727 | 1 571 |
| Rußland | 15 468 | 3 071 | 8 013 | 1 342 | 9 781 | 1 612 | 6 809 | 1 227 |
| Argentinien | 5 819 | 1 155 | 6 415 | 1 075 | 5 016 | 828 | 3 811 | 686 |
| Brasilien | 11 819 | 2 306 | 10 480 | 1 755 | 6 835 | 1 128 | 13 220 | 2 380 |
| Kuba, Portorico | 21 661 | 4 300 | 20 968 | 3 512 | 25 118 | 4 145 | 14 174 | 2 551 |
| Ver. St. v. Amerika | 5 598 | 1 111 | 6 087 | 1 120 | 4 812 | 794 | 5 174 | 931 |
| **Salpeter (a—b):** | | | | | | | | |
| **a. Chilesalpeter.** | | | | | | | | |
| Einfuhr | 484 544 | 77 527 | 529 568 | 90 027 | 467 024 | 81 728 | 467 130 | 82 916 |
| Chile | 483 886 | 77 422 | 529 091 | 89 946 | 466 754 | 81 682 | 466 822 | 82 861 |
| Ausfuhr | 14 169 | 2 407 | 13 481 | 2 426 | 14 737 | 2 726 | 17 583 | 3 209 |
| Österreich-Ungarn | 5 812 | 988 | 6 780 | 1 220 | 6 357 | 1 176 | 5 894 | 1 076 |
| **b. Kalisalpeter.** | | | | | | | | |
| Einfuhr | 2 047 | 778 | 1 829 | 608 | 1 889 | 755 | 2 163 | 865 |
| Belgien | 1 988 | 756 | 1 509 | 580 | 1 855 | 741 | 2 083 | 831 |
| Ausfuhr | 14 744 | 5 603 | 13 439 | 5 241 | 9 734 | 3 894 | 9 871 | 3 888 |
| Großbritannien | 4 884 | 1 856 | 4 586 | 1 788 | 2 813 | 1 125 | 2 635 | 1 054 |
| Niederlande | 1 352 | 514 | 1 497 | 584 | 1 385 | 554 | 1 353 | 541 |
| **Salz: Abraumsalze.** | | | | | | | | |
| Einfuhr | 130 | 3 | 165 | 3 | 307 | 6 | 388 | 7 |
| Ausfuhr | 498 277 | 11 473 | 592 347 | 12 143 | 499 220 | 10 234 | 501 386 | 10 278 |
| Großbritannien | 28 194 | 691 | 30 467 | 625 | 36 395 | 746 | 25 160 | 516 |
| Niederlande | 47 573 | 1 165 | 65 652 | 1 346 | 54 218 | 1 111 | 56 695 | 1 162 |
| Schweden | 56 244 | 1 378 | 65 137 | 1 335 | 70 398 | 1 443 | 55 047 | 1 129 |
| Ver. St. v. Amerika | 261 410 | 6 404 | 322 328 | 6 608 | 250 856 | 5 143 | 275 302 | 5 644 |
| **Salz (Siede-, Stein-, Seesalz).** | | | | | | | | |
| Einfuhr | 21 738 | 502 | 23 901 | 512 | 20 404 | 470 | 20 118 | 872 |
| Ausfuhr | 236 291 | 2 441 | 286 424 | 3 116 | 328 324 | 3 214 | 339 183 | 4 070 |
| **Schiefer: Dachschiefer und rohe Schieferplatten.** | | | | | | | | |
| Einfuhr | 58 793 | 5 079 | 41 570 | 4 888 | 46 078 | 3 721 | 41 035 | 3 309 |
| Belgien | 9 607 | 961 | 9 236 | 1 108 | 8 541 | 534 | 8 618 | 547 |
| Frankreich | 12 760 | 1 276 | 10 927 | 1 311 | 12 788 | 831 | 12 079 | 785 |
| Großbritannien | 21 365 | 2 136 | 15 838 | 1 901 | 19 850 | 2 063 | 16 349 | 1 717 |
| Ausfuhr | 3 111 | 311 | 3 076 | 369 | 3 253 | 337 | 2 841 | 296 |
| **Schmalz und schmalzartige Fette** (ausschl. der für Seifen- und Lichtefabriken unter Kontrolle) **(a—b):** | | | | | | | | |
| **a. Oleomargarin.** | | | | | | | | |
| Einfuhr | 21 760 | 17 335 | 24 108 | 21 834 | 20 245 | 21 818 | 24 606 | 19 818 |
| Frankreich | 542 | 418 | 278 | 177 | 1 042 | 1 094 | 1 284 | 988 |
| Österreich-Ungarn | 1 001 | 751 | 992 | 843 | 998 | 1 068 | 698 | 545 |
| Ver. St. v. Amerika | 19 891 | 15 913 | 22 544 | 20 290 | 17 783 | 19 206 | 22 254 | 17 912 |
| Ausfuhr | 4 | 4 | 3 | 3 | 0 | 0 | 0 | 0 |
| **b. Schweineschmalz.** | | | | | | | | |
| Einfuhr | 101 623 | 70 171 | 97 854 | 83 236 | 82 273 | 85 431 | 82 974 | 72 624 |
| Ver. St. v. Amerika | 100 522 | 69 360 | 95 542 | 81 211 | 78 980 | 82 130 | 80 820 | 70 715 |
| Ausfuhr | 64 | 58 | 104 | 104 | 79 | 84 | 76 | 76 |
| **Schmuckfedern, rohe.** | | | | | | | | |
| Einfuhr | 325 | 7 621 | 255 | 4 314 | 236 | 4 066 | 256 | 5 381 |
| Frankreich | 89 | 2 077 | 69 | 863 | 57 | 806 | 65 | 949 |
| Britisch Südafrika | 28 | 1 520 | 35 | 1 600 | 33 | 1 960 | 41 | 2 650 |
| Ausfuhr | 41 | 655 | 41 | 609 | 32 | 441 | 76 | 668 |

Spezialhandel der wichtigeren Waren.

| Warengattung / Länder der Herkunft bzw. Bestimmung | 1900 | | 1901 | | 1902 | | 1903 | |
|---|---|---|---|---|---|---|---|---|
| | Tonnen | 1 000 ℳ | Tonnen | 1 000 ℳ | Tonnen | 1 000 ℳ | Tonnen | 1 000 ℳ |
| **Schmuckfedern, zugerichtete.** | | | | | | | | |
| **Einfuhr** | 7 | 766 | 8,180 | 852 | 8,249 | 825 | 7,001 | 760 |
| **Ausfuhr** | 29 | 2 583 | 44,471 | 3 558 | 65,001 | 5 248 | 58,944 | 4 667 |
| Großbritannien | 6 | 549 | 11,797 | 944 | 10,067 | 805 | 15,158 | 1 212 |
| Ver. St. v. Amerika | 12 | 1 098 | 23,661 | 1 885 | 43,604 | 3 489 | 31,819 | 2 505 |
| **Schwefel.** | | | | | | | | |
| **Einfuhr** | 40 689 | 3 662 | 32 750 | 3 275 | 32 798 | 3 444 | 41 646 | 4 570 |
| Italien | 38 636 | 3 477 | 31 103 | 3 110 | 30 610 | 3 214 | 39 210 | 4 213 |
| **Ausfuhr** | 1 148 | 115 | 621 | 68 | 576 | 66 | 1 052 | 126 |
| **Seide (a—e):** | | | | | | | | |
| **a. Florettseide, gefärbt.** | | | | | | | | |
| **Einfuhr** | 25 | 403 | 19 | 280 | 29 | 446 | 37 | 582 |
| **Ausfuhr** | 255 | 4 594 | 240 | 3 868 | 240 | 4 109 | 189 | 3 276 |
| Großbritannien | 91 | 1 640 | 84 | 1 546 | 76 | 1 296 | 25 | 453 |
| Rußland | 30 | 537 | 37 | 614 | 28 | 480 | 5 | 93 |
| Schweiz | 40 | 717 | 32 | 580 | 34 | 578 | 31 | 558 |
| **b. Florettseide, ungefärbt.** | | | | | | | | |
| **Einfuhr** | 1 626 | 23 576 | 1 632 | 21 373 | 1 987 | 27 058 | 2 217 | 32 269 |
| Belgien | 8 | 113 | 12 | 139 | 68 | 659 | 168 | 2 949 |
| Frankreich | 324 | 3 988 | 300 | 3 549 | 387 | 4 430 | 447 | 6 038 |
| Italien | 253 | 3 125 | 180 | 1 946 | 223 | 2 496 | 218 | 2 625 |
| Österreich-Ungarn | 122 | 1 942 | 107 | 1 569 | 105 | 1 632 | 108 | 1 748 |
| Schweiz | 876 | 13 979 | 879 | 13 963 | 1 156 | 17 406 | 1 212 | 18 540 |
| **Ausfuhr** | 371 | 5 184 | 333 | 4 903 | 401 | 5 324 | 319 | 4 460 |
| Großbritannien | 118 | 1 676 | 71 | 845 | 97 | 1 255 | 100 | 1 212 |
| Österreich-Ungarn | 51 | 758 | 50 | 614 | 80 | 1 073 | 80 | 1 323 |
| Schweiz | 152 | 2 041 | 153 | 1 809 | 117 | 1 576 | 101 | 1 335 |
| **c. Rohseide, gefärbt.** | | | | | | | | |
| **Einfuhr** | 77 | 2 372 | 87 | 2 506 | 105 | 3 144 | 83 | 2 682 |
| Schweiz | 71 | 2 189 | 80 | 2 200 | 91 | 2 775 | 71 | 2 250 |
| **Ausfuhr** | 323 | 9 998 | 386 | 11 072 | 509 | 15 278 | 397 | 12 548 |
| Belgien | 11 | 347 | 8 | 229 | 18 | 534 | 22 | 692 |
| Großbritannien | 19 | 599 | 20 | 562 | 38 | 1 074 | 28 | 875 |
| Italien | 108 | 3 348 | 132 | 3 797 | 171 | 5 233 | 102 | 3 240 |
| Österreich-Ungarn | 67 | 2 062 | 68 | 1 894 | 79 | 2 370 | 92 | 2 904 |
| Schweiz | 103 | 3 199 | 114 | 3 272 | 150 | 4 483 | 123 | 3 877 |
| Ver. St. v. Amerika | 1 | 34 | 28 | 795 | 39 | 1 179 | 16 | 496 |
| **d. Rohseide, ungefärbt.** | | | | | | | | |
| **Einfuhr** | 2 926 | 108 244 | 3 186 | 105 475 | 3 411 | 117 666 | 3 187 | 119 207 |
| Frankreich | 236 | 8 717 | 210 | 6 940 | 216 | 7 449 | 250 | 7 559 |
| Großbritannien | 63 | 2 324 | 61 | 2 016 | 89 | 3 060 | 55 | 1 916 |
| Italien | 1 904 | 70 446 | 2 170 | 71 600 | 2 321 | 80 078 | 2 094 | 81 479 |
| Österreich-Ungarn | 49 | 1 813 | 59 | 1 947 | 61 | 2 087 | 78 | 2 557 |
| Schweiz | 644 | 23 810 | 638 | 21 057 | 690 | 23 798 | 687 | 25 719 |
| China | 28 | 1 032 | 38 | 1 241 | 20 | 687 | 18 | 485 |
| **Ausfuhr** | 112 | 4 133 | 129 | 4 257 | 147 | 5 008 | 188 | 6 890 |
| Österreich-Ungarn | 53 | 1 954 | 46 | 1 508 | 43 | 1 470 | 45 | 1 550 |
| Schweiz | 17 | 640 | 21 | 686 | 39 | 1 352 | 29 | 858 |
| **e. Zwirn aus Seide.** | | | | | | | | |
| **Einfuhr** | 21 | 574 | 18 | 498 | 28 | 893 | 61 | 1 716 |
| **Ausfuhr** | 87 | 2 438 | 101 | 3 621 | 114 | 4 108 | 111 | 4 144 |
| Österreich-Ungarn | 16 | 440 | 17 | 588 | 18 | 645 | 15 | 544 |

Spezialhandel der wichtigeren Waren.

| Warengattung<br>Länder der Herkunft bzw. Bestimmung | 1900 Tonnen | 1900 1 000 ℳ | 1901 Tonnen | 1901 1 000 ℳ | 1902 Tonnen | 1902 1 000 ℳ | 1903 Tonnen | 1903 1 000 ℳ |
|---|---|---|---|---|---|---|---|---|
| **Seidenwaren (a—g):** | | | | | | | | |
| **a. halbseidene Bänder ohne Metallfäden.** | | | | | | | | |
| Einfuhr | 18 | 414 | 28 | 741 | 27 | 714 | 24 | 664 |
| Ausfuhr | 903 | 21 677 | 836 | 19 077 | 697 | 18 116 | 813 | 17 408 |
| Belgien | 87 | 2 090 | 68 | 1 985 | 55 | 1 472 | 57 | 1 630 |
| Großbritannien | 192 | 4 608 | 145 | 4 159 | 84 | 2 255 | 68 | 1 878 |
| Niederlande | 104 | 2 503 | 59 | 1 770 | 30 | 811 | 28 | 738 |
| Österreich-Ungarn | 36 | 871 | 34 | 1 026 | 30 | 818 | 31 | 884 |
| Schweden | 25 | 595 | 24 | 717 | 20 | 543 | 21 | 593 |
| Schweiz | 24 | 574 | 28 | 838 | 29 | 788 | 30 | 847 |
| Ver. St. v. Amerika | 308 | 7 404 | 177 | 5 298 | 229 | 6 194 | 251 | 7 139 |
| **b. halbseidene Posamentier- und Knopfmacherwaren.** | | | | | | | | |
| Einfuhr | 5 | 106 | 4 | 76 | 4 | 84 | 6 | 97 |
| Ausfuhr | 247 | 4 938 | 286 | 5 722 | 329 | 6 572 | 434 | 9 110 |
| Frankreich | 10 | 382 | 22 | 446 | 32 | 640 | 48 | 1 004 |
| Großbritannien | 86 | 1 718 | 148 | 2 968 | 139 | 2 774 | 156 | 3 870 |
| Ver. St. v. Amerika | 23 | 454 | 28 | 534 | 42 | 846 | 83 | 1 735 |
| **c. halbseidene Zeuge, Tücher, Schals.** | | | | | | | | |
| Einfuhr | 168 | 4 141 | 131 | 4 899 | 159 | 5 572 | 141 | 5 364 |
| Frankreich | 79 | 2 812 | 67 | 2 335 | 73 | 2 639 | 61 | 2 480 |
| Großbritannien | 34 | 952 | 30 | 1 064 | 36 | 1 253 | 40 | 1 616 |
| Schweiz | 9 | 218 | 10 | 340 | 16 | 571 | 13 | 520 |
| Ausfuhr | 3 413 | 88 733 | 3 289 | 85 496 | 3 439 | 91 123 | 3 813 | 101 851 |
| Belgien | 115 | 2 977 | 97 | 2 532 | 123 | 3 252 | 101 | 2 917 |
| Dänemark | 40 | 1 045 | 37 | 959 | 37 | 970 | 34 | 977 |
| Frankreich | 220 | 5 730 | 195 | 5 078 | 227 | 6 013 | 247 | 7 172 |
| Großbritannien | 1 494 | 38 836 | 1 601 | 41 613 | 1 550 | 41 075 | 1 487 | 41 644 |
| Italien | 58 | 1 518 | 53 | 1 375 | 52 | 1 383 | 46 | 1 346 |
| Niederlande | 114 | 2 954 | 85 | 2 220 | 76 | 2 019 | 100 | 2 903 |
| Österreich-Ungarn | 42 | 1 082 | 37 | 965 | 41 | 1 094 | 46 | 1 346 |
| Schweden | 78 | 2 031 | 67 | 1 747 | 55 | 1 455 | 49 | 1 418 |
| Schweiz | 72 | 1 862 | 61 | 1 581 | 81 | 2 213 | 127 | 3 822 |
| Spanien | 39 | 1 012 | 33 | 868 | 41 | 1 097 | 36 | 930 |
| Türkei in Europa | 23 | 588 | 15 | 393 | 24 | 625 | 40 | 844 |
| Britisch Indien usw. | 50 | 1 310 | 80 | 2 080 | 56 | 1 495 | 55 | 1 094 |
| Ver. St. v. Amerika | 764 | 19 861 | 663 | 17 249 | 827 | 21 981 | 910 | 27 283 |
| **d. seidene Bänder, sowie halbseidene in Verbindung mit Metallfäden.** | | | | | | | | |
| Einfuhr | 11 | 665 | 13 | 693 | 14 | 743 | 16 | 820 |
| Frankreich | 9 | 445 | 11 | 578 | 12 | 644 | 12 | 633 |
| Ausfuhr | 101 | 3 737 | 100 | 3 996 | 142 | 5 686 | 120 | 4 792 |
| Großbritannien | 21 | 766 | 27 | 1 096 | 38 | 1 536 | 31 | 1 236 |
| Ver. St. v. Amerika | 16 | 591 | 14 | 564 | 44 | 1 740 | 25 | 1 012 |
| **e. Gaze, Krepp und Flor, ganz oder teilweise aus Seide.** | | | | | | | | |
| Einfuhr | 64 | 5 462 | 76 | 6 566 | 108,790 | 8 619 | 101,872 | 8 656 |
| Frankreich | 42 | 3 807 | 55 | 4 977 | 85,327 | 6 818 | 78,813 | 7 076 |
| Großbritannien | 12 | 726 | 11 | 678 | 12,211 | 611 | 11,970 | 718 |
| Schweiz | 9 | 600 | 9 | 840 | 9,377 | 1 054 | 9,867 | 931 |
| Ausfuhr | 6 | 621 | 6 | 710 | 11,744 | 940 | 12,888 | 1 120 |
| **f. seidene Zeuge, Tücher, Schals, sowie halbseidene in Verbindung mit Metallfäden.** | | | | | | | | |
| Einfuhr | 337 | 17 265 | 316 | 17 314 | 309 | 16 952 | 278 | 16 102 |
| Frankreich | 150 | 7 643 | 141 | 7 753 | 130 | 7 116 | 108 | 7 422 |
| Großbritannien | 21 | 1 052 | 20 | 1 094 | 21 | 1 148 | 19 | 829 |
| Österreich-Ungarn | 21 | 1 045 | 20 | 1 085 | 14 | 776 | 19 | 939 |
| Schweiz | 80 | 4 376 | 68 | 3 738 | 72 | 3 936 | 59 | 2 940 |
| Japan | 43 | 2 256 | 54 | 2 911 | 58 | 3 159 | 62 | 3 318 |

Spezialhandel der wichtigeren Waren.

| Warengattung / Länder der Herkunft bzw. Bestimmung | 1900 | | 1901 | | 1902 | | 1903 | |
|---|---|---|---|---|---|---|---|---|
| | Tonnen | 1 000 ℳ | Tonnen | 1 000 ℳ | Tonnen | 1 000 ℳ | Tonnen | 1 000 ℳ |
| **Ausfuhr** | **231** | **13 874** | **248** | **14 368** | **262** | **16 508** | **261** | **16 381** |
| Belgien | 11 | 666 | 9 | 552 | 12 | 720 | 14 | 794 |
| Dänemark | 11 | 684 | 9 | 522 | 9 | 510 | 9 | 528 |
| Frankreich | 18 | 1 079 | 18 | 1 080 | 17 | 1 030 | 18 | 1 050 |
| Großbritannien | 38 | 2 186 | 49 | 2 928 | 51 | 3 012 | 62 | 3 716 |
| Niederlande | 12 | 710 | 17 | 996 | 17 | 980 | 14 | 765 |
| Österreich-Ungarn | 27 | 1 590 | 24 | 1 427 | 22 | 1 316 | 26 | 1 559 |
| Schweden | 17 | 1 012 | 16 | 978 | 15 | 906 | 17 | 1 001 |
| Schweiz | 24 | 1 464 | 28 | 1 680 | 37 | 2 238 | 28 | 1 674 |
| Ver. St. v. Amerika | 15 | 870 | 21 | 716 | 27 | 1 632 | 16 | 948 |
| **z. Spitzen, Blonden und Stickereien, ganz oder teilweise aus Seide.** | | | | | | | | |
| **Einfuhr** | **86** | **5 300** | **83** | **5 030** | **86** | **5 750** | **64** | **4 421** |
| Frankreich | 80 | 4 900 | 79 | 4 841 | 79 | 5 101 | 58 | 4 054 |
| **Ausfuhr** | **31** | **1 843** | **34** | **1 815** | **51** | **2 886** | **71** | **4 146** |
| Großbritannien | 8 | 388 | 11 | 632 | 15 | 834 | 21 | 1 225 |
| Ver. St. v. Amerika | 0 | 457 | 10 | 570 | 15 | 843 | 24 | 1 407 |
| **Seife in geformten Handstücken; parfümierte Seife.** | | | | | | | | |
| **Einfuhr** | **177** | **381** | **193** | **328** | **213** | **362** | **221** | **363** |
| **Ausfuhr** | **3 822** | **5 491** | **3 878** | **5 428** | **4 423** | **6 182** | **4 507** | **6 008** |
| Großbritannien | 1 155 | 1 617 | 1 208 | 1 691 | 1 320 | 1 847 | 1 378 | 1 722 |
| **Seilerwaren.** | | | | | | | | |
| **Einfuhr** | **184** | **202** | **116** | **136** | **123** | **131** | **153** | **160** |
| **Ausfuhr** | **6 338** | **6 972** | **5 386** | **6 733** | **6 184** | **6 781** | **6 732** | **9 424** |
| Freihafen Hamburg | 568 | 624 | 571 | 714 | 695 | 764 | 696 | 975 |
| Großbritannien | 1 752 | 1 927 | 1 245 | 1 556 | 1 665 | 1 832 | 1 624 | 2 274 |
| Niederlande | 729 | 802 | 570 | 712 | 753 | 828 | 756 | 1 058 |
| **Sesam.** | | | | | | | | |
| **Einfuhr** | **29 437** | **8 403** | **35 870** | **10 207** | **48 818** | **14 382** | **61 638** | **15 495** |
| Britisch Indien usw. | 28 101 | 7 430 | 30 995 | 8 741 | 37 312 | 10 820 | 42 716 | 10 786 |
| China | 1 441 | 346 | 1 480 | 195 | 9 156 | 2 564 | 16 673 | 4 168 |
| **Ausfuhr** | **1** | **0** | **0** | **0** | — | — | **3** | **1** |
| **Silber, roh, auch in Barren.** | | | | | | | | |
| **Einfuhr** | **167,482** | **13 955** | **197,553** | **15 878** | **282,774** | **20 091** | **283,117** | **21 412** |
| Großbritannien | 110,643 | 9 233 | 173,925 | 13 958 | 272,114 | 19 334 | 281,180 | 20 541 |
| **Ausfuhr** | **284,653** | **23 885** | **328,723** | **26 544** | **372,300** | **26 645** | **276,260** | **20 245** |
| Großbritannien | 87,602 | 7 345 | 72,442 | 5 842 | 87,612 | 6 271 | 50,046 | 3 681 |
| Österreich-Ungarn | 23,728 | 1 990 | 34,198 | 2 761 | 119,361 | 8 540 | 85,181 | 6 261 |
| Rußland | 109,084 | 9 228 | 161,277 | 13 031 | 100,191 | 7 160 | 63,040 | 4 637 |
| Schweden | 9,918 | 843 | 7,322 | 591 | 13,404 | 959 | 17,490 | 1 287 |
| Schweiz | 20,788 | 1 742 | 27,119 | 2 190 | 24,035 | 1 784 | 29,037 | 2 180 |
| **Soda, kalzinierte.** | | | | | | | | |
| **Einfuhr** | **373** | **37** | **178** | **18** | **121** | **11** | **114** | **11** |
| **Ausfuhr** | **44 316** | **4 432** | **45 967** | **4 597** | **33 109** | **3 063** | **46 088** | **4 263** |
| Italien | 6 769 | 677 | 6 756 | 676 | 4 786 | 443 | 6 109 | 565 |
| Schweiz | 10 777 | 1 078 | 9 029 | 903 | 10 589 | 980 | 10 430 | 965 |
| **Spielzeug aller Art.** | | | | | | | | |
| **Einfuhr** | **215** | **367** | **209** | **375** | **218** | **388** | **227** | **388** |
| **Ausfuhr** | **32 493** | **53 441** | **32 452** | **53 147** | **32 905** | **55 447** | **34 717** | **56 840** |
| Belgien | 1 376 | 2 371 | 1 025 | 1 735 | 1 145 | 2 264 | 1 253 | 1 558 |
| Frankreich | 1 454 | 3 076 | 1 377 | 3 288 | 1 471 | 3 274 | 1 187 | 3 107 |
| Großbritannien | 12 617 | 20 213 | 12 396 | 19 773 | 12 495 | 20 749 | 12 218 | 19 393 |
| Niederlande | 1 346 | 1 791 | 1 295 | 1 742 | 1 370 | 1 961 | 1 298 | 1 835 |
| Österreich-Ungarn | 671 | 1 414 | 708 | 1 391 | 735 | 1 511 | 841 | 1 636 |
| Rußland | 228 | 806 | 282 | 939 | 258 | 867 | 300 | 1 079 |
| Schweiz | 597 | 1 022 | 645 | 1 074 | 690 | 1 162 | 718 | 1 278 |
| Brit. Südafrika | 163 | 271 | 295 | 439 | 387 | 633 | 351 | 605 |
| Argentinien | 449 | 776 | 400 | 607 | 357 | 681 | 507 | 993 |
| Brit. Nordamerika | 429 | 622 | 487 | 704 | 446 | 723 | 549 | 789 |
| Ver. St. v. Amerika | 9 612 | 14 399 | 10 097 | 15 466 | 9 974 | 15 579 | 11 055 | 16 691 |
| Britisch Australien | 1 040 | 1 483 | 912 | 1 317 | 1 052 | 1 527 | 857 | 1 412 |

| | | | | | | | | |
|---|---|---|---|---|---|---|---|---|
| **Sprengstoffe.** | | | | | | | | |
| Einfuhr | 29 | 46 | 60 | 80 | 68 | 103 | 78 | |
| Ausfuhr | 2 808 | 4 403 | 3 497 | 6 434 | 3 319 | 6 067 | 3 655 | 6 |
| Großbritannien | 601 | 962 | 547 | 1 007 | 365 | 666 | 327 | |
| Rußland | 334 | 534 | 416 | 765 | 393 | 718 | 423 | |
| Britisch Australien | 550 | 889 | 1 085 | 1 996 | 885 | 1 600 | 958 | 1 |
| **Stearin- und Palmitinsäure, Paraffin, Walrat.** | | | | | | | | |
| Einfuhr | 4 900 | 3 822 | 7 188 | 3 594 | 7 348 | 3 874 | 9 497 | 4 |
| Großbritannien | 560 | 457 | 1 825 | 912 | 1 287 | 644 | 1 010 | |
| Ver. St. v. Amerika | 3 710 | 2 901 | 4 581 | 2 292 | 5 255 | 2 627 | 7 331 | 3 |
| Ausfuhr | 898 | 662 | 814 | 676 | 1 182 | 874 | 1 132 | |
| **Steine und Ton, feuerfeste, unglasiert.** | | | | | | | | |
| Einfuhr | 40 414 | 1 485 | 26 886 | 807 | 23 018 | 575 | 27 648 | |
| Ausfuhr | 146 657 | 5 822 | 97 225 | 3 889 | 91 006 | 3 840 | 114 365 | 4 |
| Belgien | 21 841 | 874 | 13 568 | 543 | 16 563 | 663 | 14 863 | |
| Rußland | 58 612 | 2 342 | 25 393 | 1 016 | 24 256 | 970 | 33 482 | 1 |
| **Steine, roh oder bloß behauen.** | | | | | | | | |
| Einfuhr | 1 072 438 | 25 915 | 826 994 | 18 956 | 870 686 | 17 641 | 902 646 | 17 |
| Belgien | 80 805 | 2 177 | 57 473 | 1 618 | 48 190 | 1 380 | 42 498 | 1 |
| Dänemark | 97 760 | 2 923 | 98 410 | 2 035 | 87 443 | 2 118 | 85 543 | 1 |
| Frankreich | 57 942 | 2 172 | 40 988 | 1 239 | 27 688 | 1 919 | 32 126 | 1 |
| Österreich-Ungarn | 189 614 | 4 885 | 178 304 | 3 382 | 160 006 | 2 902 | 177 477 | 2 |
| Schweden | 486 071 | 9 778 | 420 341 | 8 293 | 447 866 | 8 594 | 450 444 | 8 |
| Schweiz | 68 653 | 1 630 | 42 852 | 832 | 34 011 | 507 | 36 684 | |
| Ausfuhr | 676 805 | 26 812 | 608 664 | 19 978 | 587 136 | 20 633 | 594 459 | 19 |
| Frankreich | 46 552 | 1 620 | 40 615 | 985 | 36 768 | 952 | 48 272 | 1 |
| Niederlande | 462 433 | 18 230 | 419 146 | 15 192 | 409 684 | 15 333 | 393 300 | 14 |
| Österreich-Ungarn | 73 531 | 2 491 | 73 462 | 1 828 | 68 577 | 1 743 | 75 021 | 1 |
| Schweiz | 53 884 | 1 986 | 37 623 | 1 099 | 40 059 | 1 203 | 42 357 | |
| **Steinkohlen.** | | | | | | | | |
| Einfuhr | 7 384 049 | 124 880 | 6 297 389 | 92 518 | 6 426 668 | 89 932 | 6 766 613 | 94 |
| Belgien | 616 824 | 8 944 | 457 623 | 5 492 | 486 063 | 5 953 | 535 401 | 6 |
| Großbritannien | 6 053 316 | 114 693 | 5 205 064 | 78 085 | 5 192 147 | 75 729 | 5 208 628 | 76 |
| Niederlande | 160 444 | 3 209 | 127 108 | 1 907 | 171 733 | 2 439 | 202 482 | 2 |
| Österreich-Ungarn | 556 021 | 7 794 | 484 120 | 6 536 | 542 312 | 7 341 | 618 758 | 8 |
| Ausfuhr | 18 275 896 | 218 938 | 18 266 267 | 209 082 | 18 101 141 | 208 888 | 17 889 934 | 219 |
| Freihafen Hamburg | 715 280 | 11 875 | 730 240 | 11 956 | 651 746 | 10 343 | 655 258 | 10 |
| Frh. Bremh., Geest. | 255 006 | 4 113 | 201 474 | 3 183 | 238 661 | 3 532 | 376 163 | 5 |
| Belgien | 1 619 176 | 23 316 | 1 761 791 | 25 370 | 2 217 419 | 29 713 | 2 409 112 | 28 |
| Dänemark | 40 136 | 722 | 50 945 | 1 039 | 81 953 | 1 590 | 113 911 | 2 |
| Frankreich | 803 860 | 12 058 | 796 087 | 11 477 | 980 867 | 13 144 | 1 073 043 | 14 |
| Italien | 20 578 | 473 | 31 868 | 733 | 37 479 | 844 | 62 285 | 1 |
| Niederlande | 3 681 312 | 51 547 | 4 025 661 | 52 334 | 4 546 956 | 54 498 | 5 180 331 | 62 |
| Österreich-Ungarn | 6 084 661 | 74 430 | 5 671 173 | 68 054 | 5 604 497 | 64 452 | 5 628 874 | 62 |
| Rußland | 844 458 | 20 134 | 838 050 | 9 000 | 579 248 | 6 429 | 606 279 | 6 |
| Schweiz | 1 145 419 | 25 772 | 1 028 566 | 23 658 | 1 019 704 | 22 433 | 1 063 793 | 23 |
| **Strohbänder.** | | | | | | | | |
| Einfuhr | 1 441 | 4 324 | 1 250 | 3 482 | 1 383 | 3 886 | 1 708 | 4 |
| Großbritannien | 502 | 1 955 | 472 | 1 346 | 310 | 1 007 | 247 | |
| Italien | 31 | 445 | 26 | 523 | 45 | 676 | 41 | |
| China | 506 | 835 | 629 | 1 130 | 691 | 1 174 | 912 | 1 |
| Japan | 142 | 511 | 17 | 201 | 207 | 810 | 456 | 1 |
| Ausfuhr | 64 | 276 | 46 | 214 | 68 | 284 | 84 | |
| **Stuhlrohr, ungespalten, ungebeizt, ungefärbt.** | | | | | | | | |
| Einfuhr | 12 861 | 6 173 | 12 663 | 6 174 | 12 224 | 6 685 | 17 935 | 8 |

Spezialhandel der wichtigeren Waren.

| Warengattung / Länder der Herkunft bzw. Bestimmung | 1900 Tonnen | 1900 1 000 M | 1901 Tonnen | 1901 1 000 M | 1902 Tonnen | 1902 1 000 M | 1903 Tonnen |
|---|---|---|---|---|---|---|---|
| **Südfrüchte (a—d):** | | | | | | | |
| **a. Apfelsinen, Zitronen, Feigen, Datteln und dergleichen, frische.** | | | | | | | |
| Einfuhr | 64 780 | 13 985 | 68 907 | 13 868 | 89 147 | 14 247 | 99 640 |
| Italien | 46 754 | 10 286 | 45 258 | 9 032 | 48 364 | 7 631 | 49 992 |
| Spanien | 15 549 | 3 110 | 20 866 | 4 173 | 38 453 | 6 153 | 47 323 |
| Ausfuhr | 24 | 8 | 36 | 7 | 25 | 6 | 22 |
| **b. Korinthen.** | | | | | | | |
| Einfuhr | 12 574 | 3 521 | 12 552 | 4 278 | 16 189 | 3 724 | 18 482 |
| Griechenland | 12 238 | 3 427 | 12 142 | 4 158 | 15 922 | 3 662 | 18 182 |
| Ausfuhr | 155 | 74 | 11 | 5 | 8 | 8 | 4 |
| **c. Mandeln, getrocknete.** | | | | | | | |
| Einfuhr | 6 718 | 12 813 | 9 486 | 11 916 | 7 142 | 10 624 | 9 884 |
| Frankreich | 832 | 1 548 | 397 | 747 | 655 | 949 | 617 |
| Italien | 3 892 | 7 844 | 7 482 | 9 515 | 4 758 | 7 282 | 7 334 |
| Spanien | 442 | 972 | 267 | 406 | 491 | 880 | 665 |
| Marokko | 1 251 | 2 126 | 997 | 1 097 | 1 144 | 1 595 | 1 163 |
| Ausfuhr | 4 | 9 | 5 | 8 | 42 | 79 | 23 |
| **d. Rosinen.** | | | | | | | |
| Einfuhr | 23 830 | 10 982 | 24 508 | 10 784 | 24 878 | 10 572 | 22 716 |
| Griechenland | 806 | 398 | 1 455 | 640 | 1 269 | 539 | 1 240 |
| Spanien | 2 233 | 1 027 | 2 855 | 1 256 | 2 144 | 911 | 1 845 |
| Türkei in Asien | 19 670 | 9 048 | 18 865 | 8 012 | 20 037 | 8 516 | 18 213 |
| Ausfuhr | 17 | 10 | 13 | 8 | 11 | 6 | 12 |
| **Superphosphat.** | | | | | | | |
| Einfuhr | 72 862 | 4 884 | 107 385 | 6 442 | 109 374 | 6 562 | 82 740 |
| Freihafen Hamburg | 22 509 | 1 461 | 32 948 | 1 977 | 28 421 | 1 705 | 27 103 |
| Belgien | 34 579 | 2 248 | 50 014 | 3 001 | 52 274 | 3 136 | 27 139 |
| Niederlande | 8 576 | 558 | 13 021 | 781 | 14 781 | 887 | 16 844 |
| Ausfuhr | 77 118 | 5 631 | 79 180 | 5 147 | 77 818 | 5 058 | 88 672 |
| Österreich-Ungarn | 35 337 | 2 562 | 35 684 | 2 319 | 34 540 | 2 246 | 48 839 |
| Schweiz | 19 783 | 1 434 | 17 813 | 1 158 | 18 281 | 1 188 | 16 242 |
| **Tabakblätter, unbearbeitete.** | | | | | | | |
| Einfuhr | 58 073 | 97 528 | 58 603 | 112 308 | 68 581 | 91 340 | 60 471 |
| Niederlande | 6 957 | 16 697 | 5 685 | 16 713 | 4 978 | 9 558 | 5 450 |
| Türkei in Europa | 1 629 | 2 770 | 1 595 | 2 711 | 1 825 | 3 650 | 2 010 |
| Türkei in Asien | 630 | 1 071 | 862 | 1 466 | 1 056 | 2 112 | 1 024 |
| Niederl. Indien usw. | 17 831 | 42 795 | 20 086 | 58 215 | 20 688 | 45 307 | 20 976 |
| Brasilien | 11 349 | 15 322 | 10 783 | 14 557 | 11 741 | 12 915 | 12 318 |
| Kolumbien | 2 793 | 3 374 | 2 305 | 1 874 | 2 051 | 1 355 | 2 039 |
| Dominikan. Rep. | 3 271 | 2 290 | 3 836 | 2 493 | 3 974 | 2 384 | 3 922 |
| Mexiko | 907 | 2 267 | 837 | 2 342 | 971 | 2 426 | 1 094 |
| Kuba, Portorico | 658 | 2 104 | 914 | 1 899 | 950 | 2 091 | 1 122 |
| Ver. St. v. Amerika | 10 452 | 8 989 | 9 258 | 8 981 | 8 733 | 8 559 | 8 844 |
| Ausfuhr | 486 | 306 | 262 | 231 | 344 | 282 | 272 |
| **Talg.** | | | | | | | |
| Einfuhr | 27 448 | 15 087 | 23 114 | 13 408 | 26 966 | 18 337 | 24 331 |
| Frankreich | 1 419 | 781 | 1 521 | 882 | 2 501 | 1 701 | 2 111 |
| Großbritannien | 6 351 | 3 493 | 4 759 | 2 760 | 6 408 | 4 357 | 6 129 |
| Argentinien | 208 | 114 | 338 | 196 | 1 307 | 889 | 1 800 |
| Ver. St. v. Amerika | 13 862 | 7 624 | 11 035 | 6 400 | 10 242 | 6 964 | 10 057 |
| Britisch Australien | 3 529 | 1 941 | 3 504 | 2 032 | 2 449 | 1 665 | 1 647 |
| Ausfuhr | 590 | 342 | 778 | 487 | 810 | 567 | 577 |
| **Telegraphenapparate, Telephone, Mikrophone.** | | | | | | | |
| Einfuhr | 18 | 263 | 12 | 180 | 14 | 113 | 27 |
| Ausfuhr | 426 | 6 425 | 312 | 4 656 | 376 | 3 006 | 488 |
| Großbritannien | 71 | 1 059 | 70 | 1 036 | 30 | 632 | 118 |

| Länder der Herkunft bzw. Bestimmung | Tonnen | 1 000 M | Tonnen | 1 000 M | Tonnen | 1 000 M | Tonnen | 1 000 M |
|---|---|---|---|---|---|---|---|---|
| **Telegraphenkabel.** | | | | | | | | |
| Einfuhr | 50 | 60 | 103 | 134 | 501 | 488 | 487 | 337 |
| Ausfuhr | 18 444 | 20 077 | 13 902 | 20 123 | 9 901 | 11 108 | 22 683 | 22 281 |
| Belgien | 1 014 | 1 318 | 1 370 | 2 691 | 1 137 | 1 412 | 849 | 899 |
| Großbritannien | 855 | 1 181 | 2 073 | 2 725 | 663 | 899 | 959 | 1 027 |
| Niederlande | 900 | 1 174 | 1 703 | 2 134 | 1 807 | 1 973 | 3 113 | 3 070 |
| Rußland | 1 458 | 1 896 | 993 | 1 502 | 796 | 838 | 1 446 | 1 408 |
| Schweden | 910 | 1 174 | 907 | 1 381 | 1 280 | 1 389 | 2 222 | 2 145 |
| Schweiz | 1 458 | 1 895 | 856 | 1 203 | 619 | 650 | 613 | 611 |
| Spanien | 1 616 | 2 101 | 446 | 685 | 1 117 | 1 159 | 481 | 512 |
| **Terpentinharz, Terpentinbalsam.** | | | | | | | | |
| Einfuhr | 102 464 | 11 767 | 106 851 | 12 010 | 88 602 | 10 189 | 107 268 | 13 884 |
| Frankreich | 9 504 | 1 331 | 11 070 | 1 634 | 10 207 | 1 531 | 12 727 | 1 909 |
| Österreich-Ungarn | 898 | 898 | 852 | 632 | 688 | 551 | 805 | 644 |
| Ver. St. v. Amerika | 91 247 | 9 351 | 93 809 | 9 616 | 78 247 | 8 020 | 92 138 | 11 097 |
| Ausfuhr | 22 802 | 2 857 | 18 168 | 2 350 | 16 312 | 1 896 | 20 209 | 2 811 |
| Österreich-Ungarn | 8 205 | 1 024 | 7 152 | 877 | 3 807 | 471 | 6 227 | 866 |
| Rußland | 6 580 | 823 | 4 160 | 520 | 5 826 | 733 | 7 017 | 976 |
| **Terpentinöl, anderes Harzöl; Kampferöl.** | | | | | | | | |
| Einfuhr | 28 130 | 20 002 | 27 550 | 14 292 | 26 380 | 18 994 | 27 108 | 20 983 |
| Frankreich | 807 | 630 | 948 | 540 | 1 440 | 1 023 | 2 874 | 2 386 |
| Rußland | 2 823 | 1 073 | 2 602 | 781 | 2 653 | 849 | 3 239 | 1 360 |
| Ver. St. v. Amerika | 22 584 | 16 918 | 22 615 | 12 212 | 21 309 | 14 490 | 19 720 | 16 368 |
| Ausfuhr | 1 647 | 1 186 | 1 846 | 986 | 1 641 | 1 081 | 1 998 | 1 665 |
| **Teer, mit Ausschluß des denaturierten.** | | | | | | | | |
| Einfuhr | 2 857 | 4 488 | 2 887 | 4 621 | 3 102 | 5 155 | 2 888 | 5 080 |
| Britisch Indien usw. | 235 | 447 | 269 | 538 | 262 | 544 | 285 | 570 |
| China | 1 800 | 2 783 | 1 786 | 2 910 | 1 927 | 3 142 | 1 807 | 3 174 |
| Niederl. Indien usw. | 373 | 541 | 362 | 543 | 408 | 592 | 356 | 554 |
| Ausfuhr | 8 | 24 | 18 | 30 | 9 | 28 | 8 | 25 |
| **Tierhörner, Hufe, Knochen als Schnitzstoffe.** | | | | | | | | |
| Einfuhr | 6 232 | 3 995 | 6 601 | 4 112 | 6 166 | 3 833 | 6 856 | 3 565 |
| Ausfuhr | 2 080 | 2 588 | 2 854 | 2 015 | 2 470 | 2 248 | 2 518 | 2 121 |
| Österreich-Ungarn | 1 203 | 1 452 | 1 285 | 1 477 | 1 313 | 1 315 | 1 298 | 1 165 |
| **Thomasschlacken, gemahlene.** | | | | | | | | |
| Einfuhr | 103 401 | 3 309 | 87 152 | 2 654 | 103 107 | 3 427 | 132 837 | 4 047 |
| Belgien | 43 720 | 1 487 | 42 907 | 1 287 | 53 603 | 1 769 | 73 002 | 2 234 |
| Frankreich | 49 082 | 1 449 | 40 010 | 1 200 | 44 510 | 1 469 | 57 660 | 1 755 |
| Ausfuhr | 174 663 | 5 627 | 202 738 | 5 921 | 182 082 | 5 163 | 218 191 | 6 080 |
| Belgien | 27 309 | 822 | 37 340 | 1 064 | 19 459 | 584 | 23 518 | 629 |
| Niederlande | 37 211 | 1 302 | 37 063 | 1 186 | 51 142 | 1 662 | 52 765 | 1 551 |
| Österreich-Ungarn | 17 105 | 684 | 38 976 | 1 208 | 38 730 | 1 210 | 48 531 | 1 342 |
| Schweiz | 17 025 | 630 | 16 582 | 522 | 19 846 | 764 | 19 693 | 691 |
| **Tran.** | | | | | | | | |
| Einfuhr | 16 775 | 5 670 | 16 603 | 6 143 | 19 038 | 7 235 | 14 844 | 5 938 |
| Großbritannien | 1 589 | 552 | 1 474 | 546 | 2 501 | 932 | 1 874 | 790 |
| Norwegen | 9 145 | 3 292 | 9 002 | 3 331 | 9 202 | 3 497 | 6 810 | 2 724 |
| Japan | 3 102 | 1 117 | 3 784 | 1 400 | 4 625 | 1 757 | 3 488 | 1 395 |
| Ausfuhr | 255 | 117 | 388 | 173 | 386 | 180 | 608 | 284 |

**Tischler-, Drechsler-, Wagner-Arbeiten, grobe.**

## Uhren (a–c):

### a. Schiffschronometer, Stutz-, Wand-, Wecker-, Kontrolluhren.

| | | | | | | | | |
|---|---|---|---|---|---|---|---|---|
| Einfuhr | 26 | 187 | 20 | 169 | 28 | 108 | 21 | 114 |
| Ausfuhr | 3 977 | 11 983 | 4 137 | 12 829 | 3 901 | 18 646 | 4 444 | 16 223 |
| Belgien | 250 | 750 | 215 | 668 | 249 | 1 183 | 205 | 1 211 |
| Großbritannien | 1 991 | 5 973 | 2 101 | 6 581 | 1 877 | 8 917 | 2 030 | 8 343 |
| Niederlande | 236 | 709 | 308 | 936 | 314 | 1 491 | 312 | 1 477 |
| Rußland | 210 | 629 | 246 | 761 | 179 | 864 | 189 | 774 |
| Schweiz | 164 | 491 | 172 | 534 | 170 | 807 | 209 | 856 |
| | Stück | | Stück | | Stück | | Stück | |

### b. Taschenuhren in goldnen Gehäusen.

| | | | | | | | | |
|---|---|---|---|---|---|---|---|---|
| Einfuhr | 352 356 | 10 571 | 328 721 | 9 862 | 306 102 | 10 407 | 302 063 | 10 270 |
| Schweiz | 347 634 | 10 429 | 325 277 | 9 758 | 302 428 | 10 283 | 298 593 | 10 152 |
| Ausfuhr | 3 093 | 356 | 5 797 | 725 | 3 844 | 481 | 2 983 | 361 |

### c. Taschenuhren in silbernen oder nicht metallenen Gehäusen; Werke ohne Gehäuse.

| | | | | | | | | |
|---|---|---|---|---|---|---|---|---|
| Einfuhr | 863 968 | 8 640 | 718 746 | 7 167 | 715 662 | 7 514 | 674 867 | 6 749 |
| Schweiz | 855 755 | 8 558 | 708 596 | 7 086 | 708 490 | 7 430 | 668 143 | 6 683 |
| Ausfuhr | 9 535 | 238 | 8 408 | 202 | 9 469 | 237 | 6 512 | 186 |

## Vieh (a–g):

### a. Jungvieh bis zu 2½ Jahren.

| | | | | | | | | |
|---|---|---|---|---|---|---|---|---|
| Einfuhr | 58 484 | 11 817 | 68 146 | 14 166 | 96 016 | 21 684 | 105 794 | 25 702 |
| Dänemark | 18 514 | 3 903 | 20 490 | 4 201 | 23 161 | 5 211 | 30 929 | 7 732 |
| Österreich-Ungarn | 34 071 | 6 295 | 41 653 | 7 498 | 66 709 | 13 342 | 70 091 | 15 420 |
| Schweiz | 2 740 | 1 315 | 4 648 | 2 138 | 5 835 | 2 976 | 4 425 | 2 434 |
| Ausfuhr | 2 125 | 688 | 3 867 | 1 246 | 3 121 | 1 098 | 4 247 | 1 616 |
| Schweiz | 1 706 | 546 | 3 538 | 1 132 | 2 630 | 924 | 3 739 | 1 421 |

### b. Kühe.

| | | | | | | | | |
|---|---|---|---|---|---|---|---|---|
| Einfuhr | 70 683 | 21 681 | 76 959 | 23 636 | 117 064 | 39 208 | 121 060 | 41 670 |
| Dänemark | 16 759 | 5 352 | 14 924 | 4 985 | 17 404 | 5 655 | 25 375 | 5 583 |
| Österreich-Ungarn | 40 554 | 12 761 | 46 814 | 12 996 | 80 278 | 25 689 | 83 601 | 29 260 |
| Schweiz | 11 861 | 5 930 | 16 255 | 7 315 | 19 182 | 9 781 | 11 831 | 6 625 |
| Ausfuhr | 1 119 | 493 | 1 651 | 718 | 1 410 | 668 | 2 064 | 1 087 |
| Schweiz | 945 | 406 | 1 535 | 660 | 1 259 | 592 | 1 896 | 1 010 |

### c. Ochsen.

| | | | | | | | | |
|---|---|---|---|---|---|---|---|---|
| Einfuhr | 64 947 | 26 990 | 64 664 | 26 998 | 73 268 | 34 099 | 90 737 | 46 783 |
| Dänemark | 3 849 | 1 001 | 3 089 | 803 | 1 874 | 544 | 1 950 | 644 |
| Österreich-Ungarn | 60 204 | 25 387 | 60 544 | 25 711 | 71 330 | 33 525 | 88 758 | 46 134 |
| Ausfuhr | 2 888 | 1 371 | 2 605 | 1 169 | 2 883 | 1 498 | 3 365 | 1 650 |
| Schweiz | 2 774 | 1 318 | 2 447 | 1 162 | 2 829 | 1 471 | 3 336 | 1 835 |

### d. Pferde.

Spezialhandel der wichtigeren Waren.

| Warengattung / Länder der Herkunft bzw. Bestimmung | 1900 Stück | 1900 1 000 M. | 1901 Stück | 1901 1 000 M. | 1902 Stück | 1902 1 000 M. | 1903 Stück | 1903 1 000 M. |
|---|---|---|---|---|---|---|---|---|
| Ausfuhr | 10 912 | 10 327 | 10 641 | 7 060 | 10 966 | 7 698 | 10 827 | 6 808 |
| Belgien | 3 431 | 3 348 | 2 712 | 1 531 | 1 814 | 747 | 2 429 | 764 |
| Niederlande | 1 751 | 1 806 | 1 468 | 1 061 | 1 294 | 904 | 1 209 | 917 |
| Österreich-Ungarn | 922 | 838 | 880 | 731 | 914 | 832 | 845 | 766 |
| Schweiz | 3 767 | 3 037 | 4 251 | 2 386 | 4 806 | 2 280 | 5 348 | 2 015 |
| **e. Schafvieh.** | | | | | | | | |
| Einfuhr | 1 038 | 119 | 856 | 90 | 1 077 | 103 | 1 702 | 136 |
| Ausfuhr | 147 247 | 4 488 | 187 862 | 6 659 | 159 128 | 5 940 | 129 937 | 4 830 |
| Belgien | 55 094 | 1 598 | 58 750 | 1 703 | 50 303 | 1 610 | 45 772 | 1 602 |
| Großbritannien | 56 609 | 2 642 | 72 061 | 2 161 | 55 548 | 1 777 | 50 141 | 1 705 |
| Schweiz | 15 813 | 427 | 27 238 | 763 | 29 854 | 896 | 28 031 | 981 |
| **f. Schweine, außer Spanferkeln.** | | | | | | | | |
| Einfuhr | 68 563 | 6 086 | 77 257 | 7 792 | 70 592 | 8 474 | 79 511 | 8 364 |
| Rußland | 67 959 | 5 929 | 72 609 | 7 270 | 69 936 | 8 393 | 79 301 | 8 327 |
| Ausfuhr | 3 462 | 331 | 1 986 | 211 | 2 022 | 231 | 30 308 | 3 210 |
| **g. Stiere.** | | | | | | | | |
| Einfuhr | 6 158 | 2 003 | 7 221 | 2 318 | 10 688 | 3 742 | 9 896 | 3 659 |
| Dänemark | 2 481 | 770 | 3 193 | 990 | 4 239 | 1 399 | 3 617 | 1 266 |
| Österreich-Ungarn | 3 464 | 1 109 | 3 873 | 1 230 | 6 059 | 2 121 | 5 902 | 2 243 |
| Ausfuhr | 184 | 120 | 188 | 117 | 187 | 128 | 198 | 163 |
| | Tonnen | | Tonnen | | Tonnen | | Tonnen | |
| **Wein (a—c):** | | | | | | | | |
| **a. in Fässern.** | | | | | | | | |
| Einfuhr | 78 300 | 38 099 | 77 820 | 35 601 | 73 310 | 35 061 | 71 912 | 37 343 |
| Frankreich | 32 892 | 17 322 | 36 108 | 17 204 | 33 905 | 17 052 | 30 957 | 17 548 |
| Griechenland | 2 901 | 987 | 1 902 | 713 | 2 117 | 787 | 2 750 | 876 |
| Italien | 8 798 | 2 604 | 5 508 | 1 539 | 4 092 | 1 204 | 5 315 | 1 662 |
| Österreich-Ungarn | 7 804 | 5 331 | 7 211 | 4 551 | 6 247 | 3 977 | 6 152 | 3 801 |
| Portugal | 2 997 | 3 087 | 2 685 | 2 683 | 2 474 | 2 485 | 2 363 | 2 363 |
| Spanien | 13 308 | 7 008 | 17 453 | 7 049 | 17 733 | 7 767 | 17 394 | 8 802 |
| Türkei in Asien | 3 834 | 941 | 3 914 | 975 | 3 942 | 979 | 4 366 | 1 204 |
| Ausfuhr | 14 122 | 9 847 | 12 892 | 9 596 | 12 770 | 9 488 | 13 150 | 9 927 |
| Belgien | 2 109 | 1 410 | 2 027 | 1 318 | 1 836 | 1 193 | 1 972 | 1 341 |
| Großbritannien | 2 263 | 1 338 | 2 212 | 1 438 | 2 235 | 1 466 | 2 181 | 1 483 |
| Niederlande | 1 056 | 739 | 1 093 | 830 | 1 137 | 853 | 1 067 | 745 |
| Rußland | 698 | 1 256 | 622 | 965 | 603 | 996 | 695 | 1 003 |
| Schweiz | 2 477 | 1 114 | 1 381 | 801 | 1 773 | 1 064 | 1 700 | 1 156 |
| Ver. St. v. Amerika | 3 208 | 1 976 | 3 551 | 2 415 | 3 517 | 2 321 | 3 887 | 2 604 |
| **b. in Flaschen, außer Schaumwein.** | | | | | | | | |
| Einfuhr | 788 | 1 311 | 731 | 1 208 | 657 | 1 054 | 592 | 1 086 |
| Frankreich | 509 | 916 | 463 | 870 | 426 | 746 | 451 | 766 |
| Ausfuhr | 8 077 | 10 784 | 8 847 | 10 145 | 7 940 | 9 882 | 8 222 | 10 231 |
| Großbritannien | 2 474 | 2 968 | 2 315 | 2 662 | 2 404 | 2 764 | 2 278 | 2 688 |
| Niederlande | 732 | 1 025 | 831 | 1 039 | 806 | 927 | 831 | 980 |
| Österreich-Ungarn | 329 | 658 | 311 | 560 | 321 | 545 | 328 | 542 |
| Ver. St. v. Amerika | 1 654 | 2 150 | 1 037 | 2 421 | 2 130 | 2 795 | 2 291 | 2 933 |
| **c. Schaumwein.** | | | | | | | | |
| Einfuhr | 4 208 | 9 489 | 1 579 | 3 582 | 2 003 | 4 606 | 2 220 | 4 884 |
| Frankreich | 4 185 | 9 416 | 1 564 | 3 540 | 1 990 | 4 476 | 2 206 | 4 854 |
| Ausfuhr | 2 046 | 2 188 | 1 959 | 2 155 | 1 997 | 2 197 | 2 061 | 2 238 |
| Großbritannien | 1 119 | 1 198 | 1 007 | 1 108 | 961 | 1 057 | 972 | 1 069 |
| **Weinbeeren, frische.** | | | | | | | | |
| Einfuhr | 27 147 | 7 293 | 35 182 | 8 837 | 49 615 | 12 771 | 58 079 | 14 601 |
| Frankreich | 6 945 | 1 445 | 7 377 | 1 701 | 8 216 | 2 048 | 4 305 | 1 336 |
| Italien | 10 049 | 3 028 | 16 477 | 4 399 | 23 678 | 6 321 | 24 284 | 7 115 |
| Österreich-Ungarn | 3 762 | 1 079 | 2 657 | 707 | 6 206 | 1 471 | 5 086 | 1 365 |
| Spanien | 5 800 | 1 364 | 7 380 | 1 450 | 9 212 | 1 887 | 14 825 | 3 370 |
| Ausfuhr | 55 | 26 | 51 | 20 | 49 | 24 | 76 | 37 |

Spezialhandel der wichtigeren Waren.

| Warengattung — Länder der Herkunft bzw. Bestimmung | 1900 | | 1901 | | 1902 | | 1903 | |
|---|---|---|---|---|---|---|---|---|
| | Tonnen | 1 000 M. | Tonnen | 1 000 M. | Tonnen | 1 000 M. | Tonnen | 1 000 M. |
| Ausfuhr | 21 332 | 156 389 | 21 398 | 149 789 | 22 596 | 158 389 | 23 258 | 170 347 |
| Belgien | 1 037 | 8 088 | 883 | 6 182 | 1 020 | 6 887 | 852 | 5 556 |
| Bulgarien | 37 | 288 | 68 | 476 | 87 | 638 | 117 | 700 |
| Dänemark | 1 345 | 10 487 | 1 295 | 9 002 | 1 416 | 9 965 | 1 687 | 11 811 |
| Frankreich | 559 | 4 207 | 553 | 3 868 | 712 | 4 761 | 798 | 7 179 |
| Großbritannien | 3 506 | 27 332 | 4 206 | 29 435 | 5 073 | 36 315 | 4 742 | 37 938 |
| Italien | 764 | 5 961 | 825 | 5 777 | 939 | 7 109 | 867 | 7 805 |
| Niederlande | 1 768 | 13 794 | 1 748 | 12 235 | 1 821 | 12 680 | 1 863 | 12 292 |
| Norwegen | 681 | 5 311 | 725 | 5 286 | 681 | 4 972 | 767 | 6 418 |
| Österreich-Ungarn | 667 | 5 199 | 633 | 4 428 | 716 | 5 028 | 673 | 5 185 |
| Portugal | 78 | 609 | 82 | 577 | 69 | 532 | 73 | 542 |
| Rumänien | 226 | 1 760 | 530 | 3 711 | 695 | 4 885 | 659 | 4 116 |
| Rußland | 285 | 2 223 | 313 | 2 189 | 384 | 2 582 | 309 | 3 189 |
| Finnland | 214 | 1 671 | 178 | 1 244 | 174 | 1 150 | 189 | 1 320 |
| Schweden | 1 059 | 8 262 | 930 | 6 509 | 846 | 6 019 | 813 | 6 095 |
| Schweiz | 1 839 | 14 341 | 1 727 | 12 092 | 1 924 | 13 318 | 1 787 | 12 507 |
| Serbien | 55 | 427 | 79 | 555 | 105 | 751 | 124 | 742 |
| Spanien | 64 | 501 | 90 | 627 | 111 | 789 | 98 | 669 |
| Türkei in Europa | 365 | 2 845 | 588 | 4 030 | 514 | 3 485 | 534 | 3 201 |
| Türkei in Asien | 210 | 1 634 | 217 | 1 522 | 237 | 1 660 | 221 | 1 322 |
| Ägypten | 219 | 1 710 | 220 | 1 537 | 207 | 1 572 | 252 | 1 782 |
| Britisch Indien usw. | 1 546 | 12 056 | 1 568 | 10 975 | 894 | 6 159 | 1 479 | 6 875 |
| China | 362 | 2 821 | 354 | 2 479 | 419 | 2 682 | 377 | 3 200 |
| Japan | 1 111 | 8 663 | 468 | 3 273 | 599 | 4 081 | 453 | 2 956 |
| Argentinien | 392 | 3 054 | 268 | 1 878 | 228 | 1 642 | 396 | 2 177 |
| Brasilien | 204 | 1 588 | 165 | 1 155 | 196 | 1 398 | 211 | 1 373 |
| Brit. Nordamerika | 80 | 625 | 93 | 649 | 132 | 938 | 178 | 1 513 |
| Chile | 597 | 4 657 | 486 | 3 404 | 356 | 2 454 | 392 | 2 949 |
| Mexiko | 154 | 1 202 | 149 | 1 042 | 152 | 1 135 | 124 | 927 |
| Peru | 109 | 853 | 107 | 750 | 103 | 733 | 86 | 689 |
| Ver. St. v. Amerika | 932 | 7 272 | 868 | 6 079 | 908 | 6 567 | 977 | 8 505 |
| Britisch Australien | 140 | 1 094 | 138 | 968 | 176 | 1 238 | 140 | 1 046 |
| **Zement.** | | | | | | | | |
| Einfuhr | 70 303 | 2 822 | 87 202 | 2 674 | 52 016 | 1 281 | 49 870 | 1 108 |
| Österreich-Ungarn | 37 020 | 1 554 | 40 610 | 1 015 | 31 447 | 719 | 27 588 | 607 |
| Ausfuhr | 690 386 | 25 433 | 560 012 | 18 434 | 698 378 | 19 996 | 742 381 | 18 061 |
| Belgien | 18 009 | 425 | 29 582 | 701 | 26 313 | 526 | 31 929 | 647 |
| Dänemark | 12 521 | 563 | 15 345 | 544 | 18 984 | 567 | 20 729 | 518 |
| Großbritannien | 12 472 | 561 | 33 549 | 1 174 | 33 635 | 1 007 | 35 604 | 917 |
| Niederlande | 92 961 | 3 999 | 89 097 | 2 171 | 108 649 | 2 549 | 123 202 | 2 091 |
| Österreich-Ungarn | 22 675 | 1 019 | 21 068 | 735 | 17 255 | 518 | 23 590 | 567 |
| Britisch Südafrika | 17 116 | 770 | 31 734 | 1 111 | 36 720 | 1 102 | 39 220 | 980 |
| Brasilien | 19 809 | 891 | 14 975 | 524 | 18 200 | 546 | 30 602 | 765 |
| Ver. St. v. Amerika | 197 250 | 8 874 | 108 809 | 3 804 | 246 730 | 7 400 | 221 672 | 5 541 |
| **Zigaretten.** | | | | | | | | |
| Einfuhr | 385 | 7 704 | 426 | 7 598 | 480 | 7 886 | 541 | 8 874 |
| Österreich-Ungarn | 51 | 509 | 61 | 611 | 84 | 840 | 106 | 1 059 |
| Rußland | 85 | 1 700 | 88 | 1 760 | 92 | 1 384 | 100 | 1 593 |
| Ägypten | 201 | 4 811 | 224 | 4 482 | 248 | 4 956 | 273 | 5 454 |
| Ausfuhr | 64 | 702 | 76 | 818 | 83 | 847 | 87 | 788 |
| **Zigarren.** | | | | | | | | |
| Einfuhr | 318 | 7 747 | 327 | 8 186 | 357 | 7 511 | 373 | 7 185 |
| Niederlande | 76 | 759 | 81 | 813 | 86 | 858 | 77 | 771 |
| Kuba, Portorico | 118 | 5 775 | 125 | 6 219 | 136 | 5 448 | 129 | 5 148 |
| Ausfuhr | 482 | 4 107 | 453 | 4 171 | 399 | 3 660 | 382 | 3 719 |
| Schweden | 54 | 582 | 59 | 634 | 63 | 631 | 67 | 734 |

Spezialhandel der wichtigeren Waren.

| Warengattung / Länder der Herkunft bzw. Bestimmung | 1900 Tonnen | 1900 1000 ℳ | 1901 Tonnen | 1901 1000 ℳ | 1902 Tonnen | 1902 1000 ℳ | 1903 Tonnen | 1903 1000 ℳ |
|---|---|---|---|---|---|---|---|---|
| **Zink, gestrecktes, gewalztes (Platten, Bleche).** | | | | | | | | |
| Einfuhr | 146 | 63 | 306 | 122 | 134 | 56 | 237 | 104 |
| Ausfuhr | 16 700 | 7 268 | 16 617 | 6 607 | 17 016 | 7 104 | 15 716 | 6 615 |
| Dänemark | 1 772 | 771 | 1 591 | 636 | 1 768 | 746 | 1 775 | 781 |
| Großbritannien | 6 500 | 2 827 | 7 447 | 2 979 | 7 720 | 3 223 | 7 006 | 3 109 |
| **Zink, rohes; Bruchzink, auch Zinkabfälle.** | | | | | | | | |
| Einfuhr | 24 263 | 8 407 | 21 260 | 7 237 | 26 946 | 9 403 | 26 749 | 10 724 |
| Belgien | 14 128 | 5 751 | 12 766 | 4 632 | 15 453 | 6 024 | 15 243 | 6 705 |
| Großbritannien | 3 080 | 1 398 | 3 459 | 1 003 | 3 805 | 1 130 | 2 226 | 803 |
| Niederlande | 3 297 | 1 317 | 2 508 | 858 | 3 263 | 1 199 | 3 210 | 1 343 |
| Österreich-Ungarn | 815 | 288 | 1 076 | 313 | 1 948 | 614 | 3 285 | 1 201 |
| Ausfuhr | 61 899 | 20 850 | 64 490 | 18 763 | 70 282 | 20 157 | 67 057 | 25 238 |
| Frankreich | 3 525 | 1 379 | 2 072 | 709 | 3 358 | 1 244 | 3 775 | 1 570 |
| Großbritannien | 15 311 | 6 198 | 18 306 | 6 355 | 32 249 | 12 088 | 28 136 | 11 953 |
| Italien | 2 023 | 804 | 2 248 | 792 | 2 348 | 890 | 2 284 | 988 |
| Niederlande | 2 155 | 873 | 1 817 | 628 | 2 828 | 1 056 | 1 525 | 633 |
| Österreich-Ungarn | 15 407 | 6 118 | 14 935 | 5 063 | 15 289 | 5 629 | 15 919 | 6 658 |
| Rußland | 8 322 | 3 370 | 11 162 | 3 679 | 8 649 | 3 244 | 7 616 | 3 137 |
| **Zinkwaren, feine.** | | | | | | | | |
| Einfuhr | 132 | 330 | 126 | 309 | 105 | 278 | 122 | 309 |
| Ausfuhr | 1 731 | 5 037 | 1 469 | 4 880 | 1 818 | 5 578 | 1 733 | 6 419 |
| Großbritannien | 277 | 806 | 162 | 551 | 177 | 610 | 229 | 768 |
| **Zinkasche, Zinkweiß, Ofenbruch, Lithopone.** | | | | | | | | |
| Einfuhr | 4 884 | 2 049 | 3 673 | 1 356 | 3 988 | 1 470 | 4 667 | 1 804 |
| Österreich-Ungarn | 1 370 | 576 | 1 593 | 538 | 1 410 | 520 | 1 631 | 610 |
| Ausfuhr | 20 729 | 8 371 | 24 201 | 8 323 | 28 400 | 9 886 | 27 627 | 9 893 |
| Belgien | 1 765 | 737 | 3 052 | 1 085 | 4 533 | 1 665 | 4 417 | 1 718 |
| Frankreich | 1 267 | 512 | 3 077 | 941 | 3 854 | 1 104 | 3 026 | 846 |
| Großbritannien | 6 668 | 2 627 | 6 601 | 2 204 | 8 389 | 2 766 | 8 164 | 2 673 |
| Niederlande | 1 578 | 557 | 1 847 | 625 | 2 105 | 739 | 2 112 | 729 |
| Rußland | 1 803 | 778 | 2 075 | 780 | 1 806 | 737 | 1 896 | 775 |
| **Zinn, rohes; Bruchzinn.** | | | | | | | | |
| Einfuhr | 12 464 | 33 501 | 12 818 | 30 080 | 13 760 | 33 438 | 13 926 | 36 602 |
| Großbritannien | 4 358 | 11 722 | 3 975 | 9 262 | 4 754 | 11 551 | 4 758 | 12 128 |
| Niederlande | 2 519 | 6 776 | 2 474 | 5 765 | 2 291 | 5 567 | 2 569 | 6 550 |
| Niederl. Indien usw. | 4 768 | 12 820 | 5 535 | 12 847 | 5 659 | 13 750 | 5 303 | 13 582 |
| Ausfuhr | 1 626 | 4 406 | 1 683 | 3 856 | 2 271 | 5 664 | 2 681 | 6 270 |
| Frankreich | 355 | 961 | 384 | 903 | 451 | 1 106 | 572 | 1 401 |
| Schweiz | 310 | 841 | 322 | 757 | 520 | 1 274 | 430 | 1 079 |
| **Zinnwaren, feine.** | | | | | | | | |
| Einfuhr | 116 | 638 | 93 | 486 | 109 | 580 | 133 | 627 |
| Ausfuhr | 1 316 | 5 084 | 1 460 | 6 091 | 1 878 | 7 213 | 1 581 | 6 295 |
| Großbritannien | 483 | 2 200 | 557 | 2 338 | 605 | 2 599 | 555 | 1 774 |
| **Zucker.** | | | | | | | | |
| Einfuhr | 1 235 | 456 | 1 759 | 654 | 2 005 | 515 | 6 818 | 2 045 |
| Ausfuhr | 1 008 486 | 216 838 | 1 088 446 | 202 828 | 1 073 924 | 169 416 | 1 020 194 | 186 739 |
| Freihafen Hamburg | 3 900 | 924 | 57 047 | 9 561 | 7 718 | 995 | 171 051 | 29 065 |
| Dänemark | 13 186 | 2 714 | 13 349 | 2 259 | 10 906 | 1 454 | 17 362 | 2 914 |
| Großbritannien | 513 609 | 115 341 | 690 759 | 131 365 | 712 742 | 107 606 | 656 570 | 123 553 |
| Niederlande | 3 977 | 915 | 16 630 | 2 905 | 30 119 | 4 353 | 30 385 | 5 372 |
| Norwegen | 23 454 | 5 336 | 29 088 | 5 973 | 29 653 | 4 984 | 27 100 | 5 530 |
| Portugal | 8 926 | 1 906 | 11 260 | 2 106 | 13 977 | 2 146 | 11 200 | 2 122 |
| Schweiz | 12 523 | 2 968 | 17 224 | 3 524 | 23 840 | 4 000 | 23 348 | 4 664 |
| Britisch Südafrika | 888 | 210 | 7 306 | 1 510 | 13 823 | 2 328 | 4 897 | 973 |
| China | 240 | 56 | 1 414 | 292 | 8 778 | 1 376 | 11 585 | 2 267 |
| Japan | 15 901 | 3 698 | 55 967 | 11 438 | 32 506 | 5 440 | 10 953 | 2 143 |
| Brit. Nordamerika | 21 704 | 4 592 | 37 928 | 6 180 | 73 016 | 9 211 | 14 940 | 2 397 |
| Ver. St. v. Amerika | 353 980 | 60 978 | 122 860 | 20 260 | 86 797 | 10 903 | 2 951 | 507 |

## 7. Getreide, Hülsenfrüchte, Mehl.

### a. Einfuhr.

| Weizen | Roggen | Hafer | Gerste | Mais | Buchweizen | Hülsenfrüchte und Hirse | Ölfrüchte |
|---|---|---|---|---|---|---|---|
| Tonnen | | | | | | | |
| **1. Gesamteinfuhr über die Zollgrenze (Gesamteigenhandel).** | | | | | | | |
| 1 215 194 | 708 384 | 425 312 | 1 116 707 | 514 563 | 21 774 | 106 266 | 568 929 |
| 1 519 172 | 1 039 003 | 264 084 | 897 053 | 356 074 | 25 602 | 186 681 | 573 857 |
| 1 752 158 | 1 056 296 | 588 979 | 1 089 039 | 853 400 | 24 800 | 190 513 | 589 213 |
| 1 454 129 | 864 009 | 604 378 | 1 084 184 | 1 320 717 | 30 745 | 202 422 | 564 149 |
| 1 581 201 | 891 536 | 491 128 | 1 100 429 | 1 628 084 | 26 580 | 188 068 | 596 916 |
| 1 600 051 | 590 744 | 305 591 | 1 110 294 | 1 700 359 | 27 215 | 200 408 | 601 659 |
| 1 299 552 | 967 861 | 559 544 | 779 405 | 1 393 600 | 28 203 | 176 569 | 646 173 |
| 2 306 399 | 887 218 | 476 015 | 917 670 | 1 210 684 | 34 570 | 186 785 | 654 994 |
| 2 201 974 | 990 638 | 502 990 | 1 138 175 | 918 566 | 31 525 | 234 301 | 734 996 |
| 2 124 643 | 833 700 | 559 812 | 1 612 155 | 1 034 235 | 35 610 | 241 347 | 823 482 |
| **2. Einfuhr im Spezialhandel** a) im Spezialhandel ohne Mühlenlagerverkehr, b) auf Mühlenlager: | | | | | | | |
| 837 386 | 396 543 | 402 320 | 1 058 176 | 583 063 | 17 161 | 139 657 | 459 795 |
| 316 151 | 267 082 | 230 | 38 321 | 114 | 4 249 | 5 656 | 91 034 |
| **1 153 537** | **663 625** | **402 550** | **1 096 497** | **583 177** | **21 410** | **145 313** | **550 829** |
| 983 347 | 638 635 | 238 490 | 900 873 | 323 828 | 20 126 | 128 693 | 488 696 |
| 354 831 | 326 167 | 235 | 28 136 | — | 5 199 | 7 961 | 61 036 |
| **1 338 178** | **964 802** | **238 726** | **929 009** | **323 828** | **25 325** | **136 654** | **549 732** |
| 1 439 023 | 778 301 | 494 447 | 1 005 853 | 821 252 | 22 017 | 139 112 | 534 538 |
| 213 682 | 254 279 | 607 | 22 282 | 99 | 3 370 | 7 820 | 47 464 |
| **1 652 705** | **1 032 580** | **495 054** | **1 028 135** | **821 351** | **25 387** | **146 932** | **582 002** |
| 1 099 945 | 711 095 | 547 237 | 1 040 968 | 1 265 909 | 25 017 | 160 757 | 489 874 |
| 79 576 | 145 737 | 643 | 10 547 | 316 | 4 516 | 6 726 | 76 036 |
| **1 179 521** | **856 832** | **547 880** | **1 043 516** | **1 266 206** | **29 533** | **167 483** | **565 910** |
| 1 427 038 | 809 296 | 455 867 | 1 140 737 | 1 580 000 | 23 992 | 142 224 | 515 200 |
| 50 417 | 104 776 | 334 | 12 330 | 586 | 3 528 | 6 465 | 68 535 |
| **1 477 455** | **914 072** | **456 201** | **1 153 067** | **1 580 586** | **27 520** | **148 689** | **583 735** |
| 1 338 541 | 485 796 | 259 038 | 1 091 905 | 1 626 258 | 21 679 | 127 416 | 539 975 |
| 32 310 | 75 455 | 109 | 12 345 | 327 | 4 538 | 4 398 | 48 804 |
| **1 370 851** | **561 251** | **259 147** | **1 104 250** | **1 626 586** | **26 217** | **131 814** | **588 779** |
| 1 285 010 | 795 348 | 462 231 | 770 483 | 1 384 126 | 24 191 | 125 219 | 571 030 |
| 8 854 | 97 985 | 120 | 10 975 | 31 | 4 314 | 7 723 | 68 497 |
| **1 293 864** | **893 333** | **462 351** | **781 458** | **1 384 157** | **28 505** | **132 942** | **639 527** |
| 2 123 102 | 804 870 | 412 511 | 889 262 | 1 193 319 | 27 332 | 135 650 | 576 312 |
| 11 098 | 58 836 | 25 | 10 487 | — | 4 514 | 6 628 | 72 249 |
| **2 134 200** | **863 706** | **412 536** | **899 749** | **1 193 319** | **31 846** | **142 278** | **648 561** |
| 2 063 635 | 907 330 | 388 254 | 1 116 317 | 900 463 | 23 832 | 147 264 | 641 224 |
| 10 895 | 68 712 | 1 000 | 11 289 | 117 | 3 942 | 7 970 | 72 929 |
| **2 074 530** | **976 042** | **389 254** | **1 127 666** | **900 580** | **27 774** | **155 234** | **714 153** |
| 1 924 065 | 787 295 | 469 939 | 1 574 304 | 852 781 | 29 204 | 171 793 | 749 058 |
| 5 044 | 26 468 | 382 | 11 759 | 458 | 4 622 | 6 841 | 59 932 |
| **1 929 109** | **813 763** | **470 321** | **1 586 063** | **853 239** | **33 826** | **178 634** | **808 990** |
| **3. Einfuhr auf Zollniederlagen.** | | | | | | | |
| 446 998 | 134 039 | 107 498 | 232 505 | 134 947 | 3 420 | 101 109 | 64 659 |
| 588 934 | 222 787 | 62 342 | 115 727 | 133 357 | 2 630 | 89 007 | 66 600 |
| 606 501 | 232 753 | 146 932 | 198 803 | 217 652 | 1 181 | 79 785 | 60 870 |
| 681 790 | 209 204 | 185 609 | 222 850 | 355 424 | 4 124 | 67 468 | 26 897 |
| 655 461 | 201 250 | 124 264 | 196 982 | 384 170 | 1 680 | 85 106 | 50 428 |

## 7. Getreide, Hülsenfrüchte, Mehl.

### b. Ausfuhr.

| Weizen | Roggen | Hafer | Gerste | Mais | Buchweizen | Hülsenfrüchte und [illegible] | Ölfrüchte |
|---|---|---|---|---|---|---|---|
| | | | Tonnen | | | | |
| 1. Gesamtausfuhr über die Zollgrenze (Gesamteigenhandel). | | | | | | | |
| 172 275 | 82 954 | 55 828 | 56 084 | 12 869 | 898 | 49 986 | 35 852 |
| 185 418 | 64 262 | 91 084 | 65 764 | 11 345 | 317 | 58 499 | 42 962 |
| 245 847 | 58 314 | 74 137 | 86 919 | 21 838 | 382 | 39 692 | 42 499 |
| 410 254 | 116 276 | 76 914 | 32 276 | 35 425 | 376 | 44 324 | 36 494 |
| 331 119 | 143 931 | 102 773 | 29 864 | 31 824 | 520 | 47 353 | 21 621 |
| 335 451 | 152 938 | 103 165 | 27 948 | 18 865 | 502 | 60 383 | 32 893 |
| 383 218 | 119 515 | 201 207 | 40 736 | 10 756 | 491 | 63 367 | 28 962 |
| 239 397 | 105 280 | 223 638 | 44 282 | 13 131 | 451 | 63 097 | 24 519 |
| 283 064 | 143 110 | 217 083 | 49 953 | 15 937 | 2 971 | 65 847 | 24 037 |
| 347 272 | 222 384 | 190 739 | 53 083 | 26 738 | 1 861 | 72 846 | 27 193 |
| 2. Davon entfallen auf die Ausfuhr | | | | | | | |
| Spezialhandel ohne Mühlenlagerverkehr, b) von Mühlenlagern, c) von Zollausschlüssen | | | | | | | |
| 79 191 | 49 712 | 22 759 | 19 405 | 116 | 66 | 4 349 | 22 622 |
| — | — | — | — | — | — | — | — |
| 91 534 | 32 773 | 33 032 | 36 598 | 12 739 | 812 | 45 035 | 13 228 |
| 69 911 | 35 992 | 51 427 | 49 014 | 68 | 182 | 8 127 | 29 087 |
| — | — | — | — | — | — | — | — |
| 123 628 | 27 830 | 39 810 | 16 621 | 11 277 | 135 | 50 358 | 13 871 |
| 75 214 | 38 322 | 30 377 | 20 968 | 71 | 214 | 5 636 | 29 732 |
| — | — | — | — | — | — | — | — |
| 168 314 | 19 616 | 43 700 | 15 868 | 21 730 | 168 | 34 244 | 12 763 |
| 171 390 | 108 435 | 21 363 | 18 515 | 74 | 126 | 4 092 | 28 791 |
| — | — | — | — | — | — | — | — |
| 237 247 | 9 744 | 55 534 | 13 732 | 35 330 | 250 | 40 232 | 7 702 |
| 134 820 | 129 706 | 47 284 | 12 656 | 52 | 92 | 5 248 | 14 570 |
| — | — | — | — | — | — | — | — |
| 194 805 | 14 160 | 55 474 | 17 166 | 31 760 | 428 | 42 087 | 7 050 |
| 187 409 | 123 458 | 68 437 | 13 989 | 33 | 83 | 7 447 | 21 724 |
| — | — | — | — | — | — | — | — |
| 138 537 | 29 382 | 34 720 | 13 915 | 18 917 | 419 | 52 901 | 11 168 |
| 295 080 | 78 092 | 105 998 | 30 341 | 44 | 40 | 14 333 | 21 318 |
| — | — | — | — | — | — | — | — |
| 98 931 | 43 308 | 95 199 | 10 351 | 10 707 | 451 | 49 034 | 7 643 |
| 92 832 | 92 063 | 146 117 | 37 557 | 62 | 5 | 10 709 | 20 352 |
| — | — | — | — | — | — | — | — |
| 145 335 | 13 085 | 77 509 | 6 627 | 13 068 | 446 | 52 297 | 4 167 |
| 82 179 | 104 601 | 132 958 | 34 692 | 66 | 8 | 11 392 | 17 222 |
| — | — | — | — | — | — | — | — |
| 179 766 | 38 415 | 84 120 | 15 216 | 15 868 | 2 963 | 54 454 | 6 815 |
| 180 333 | 209 032 | 86 332 | 41 625 | 100 | 12 | 11 586 | 19 819 |
| — | — | — | — | — | — | — | — |
| 166 393 | 13 257 | 104 402 | 11 403 | 26 633 | 1 849 | 81 257 | 7 374 |

## 8. Anteil der wichtigsten Waren am Spezialhandel.

### a. Einfuhr.

#### 1. Wertsummen.

| Warengattung nach den Werten von 1903 geordnet | Wert in Millionen Mark | | | | | | | | | |
|---|---|---|---|---|---|---|---|---|---|---|
| | 1903 | 1902 | 1901 | 1900 | 1899 | 1898 | 1897 | 1896 | 1895 | 1894 |
| Baumwolle, rohe | 355,4 | 319,7 | 296,0 | 338,0 | 228,5 | 237,1 | 231,6 | 226,4 | 210,7 | 191,7 |
| Schafwolle, roh, gekrempelt usw. | 288,0 | 273,9 | 231,6 | 261,6 | 328,0 | 241,4 | 218,7 | 237,1 | 248,0 | 222,5 |
| Weizen | 258,4 | 271,6 | 282,3 | 172,0 | 180,4 | 231,4 | 173,0 | 187,8 | 144,3 | 117,9 |
| Gerste | 164,7 | 147,0 | 105,4 | 92,3 | 127,9 | 113,3 | 120,4 | 108,9 | 89,3 | 104,4 |
| Gold, roh, auch in Barren | 164,3 | 78,6 | 120,4 | 103,8 | 143,4 | 175,1 | 97,3 | 128,9 | 47,6 | 103,0 |
| Kaffee, roher | 145,1 | 143,1 | 147,7 | 165,8 | 128,0 | 137,0 | 160,0 | 189,3 | 202,1 | 202,8 |
| Rindshäute | 129,6 | 92,0 | 84,5 | 97,0 | 81,1 | 85,3 | 74,6 | 61,5 | 82,1 | 52,1 |
| Rohseide, ungefärbt | 125,1 | 117,7 | 105,5 | 108,1 | 127,6 | 103,0 | 89,5 | 83,6 | 99,1 | 77,1 |
| Gold, gemünzt | 116,0 | 66,1 | 136,6 | 137,8 | 127,0 | 151,0 | 57,0 | 93,3 | 49,4 | 201,4 |
| Bau- u. Nutzholz, gesägt; Bretter usw. | 111,4 | 92,4 | 87,0 | 112,5 | 123,7 | 104,5 | 88,1 | 57,0 | 43,6 | 43,4 |
| Eier von Geflügel; Eigelb | 108,6 | 115,1 | 108,8 | 103,1 | 98,1 | 85,6 | 67,0 | 76,4 | 74,0 | 68,5 |
| Häute u. Felle zur Pelzwerkbereitung, von Schafen; auch Vogelbälge | 104,4 | 60,0 | 54,0 | 55,6 | 37,4 | 36,0 | 35,2 | 35,6 | 36,5 | 33,0 |
| Kupfer, rohes | 103,3 | 84,3 | 85,1 | 127,6 | 104,6 | 73,0 | 68,1 | 54,7 | 40,1 | 31,0 |
| Steinkohlen | 94,2 | 89,0 | 92,5 | 134,4 | 85,6 | 69,0 | 66,1 | 62,1 | 63,1 | 60,2 |
| Schmalz und schmalzartige Fette | 94,1 | 109,3 | 106,7 | 88,8 | 80,6 | 83,1 | 55,5 | 45,0 | 52,7 | 63,0 |
| Pferde | 92,6 | 91,4 | 78,6 | 77,6 | 88,8 | 91,4 | 84,5 | 73,6 | 74,1 | 61,6 |
| Mais | 92,2 | 93,4 | 129,4 | 158,9 | 135,1 | 126,0 | 85,0 | 58,1 | 39,1 | 51,4 |
| Wollengarn | 91,0 | 86,4 | 82,4 | 110,8 | 113,0 | 92,1 | 99,1 | 114,1 | 119,6 | 100,4 |
| Tabakblätter, unbearbeitete | 90,2 | 91,1 | 112,2 | 97,8 | 89,1 | 94,0 | 97,6 | 102,6 | 88,0 | 83,4 |
| Petroleum | 89,5 | 71,7 | 71,5 | 84,0 | 79,0 | 64,1 | 49,1 | 59,1 | 61,6 | 45,1 |
| Chilesalpeter | 82,9 | 84,3 | 90,0 | 77,8 | 77,9 | 61,4 | 67,6 | 67,4 | 71,1 | 68,8 |
| Roggen | 82,8 | 104,6 | 89,4 | 96,4 | 64,3 | 102,4 | 80,2 | 85,5 | 80,0 | 54,1 |
| Kautschuk und Guttapercha | 80,4 | 60,6 | 48,1 | 75,4 | 76,7 | 54,5 | 58,0 | 38,4 | 47,3 | 42,6 |
| Eisenerze | 80,4 | 59,1 | 69,7 | 75,1 | 70,4 | 54,5 | 46,7 | 34,6 | 47,3 | 47,0 |
| Kleie, Malzkeime, Reisabfälle usw. | 79,3 | 64,6 | 71,6 | 73,1 | 57,6 | 48,8 | 49,1 | 45,1 | 42,3 | 45,8 |
| Bau- und Nutzholz, roh | 69,0 | 54,5 | 59,1 | 79,0 | 98,0 | 115,1 | 92,8 | 70,1 | 59,0 | 52,1 |
| Leinsaat | 66,0 | 64,0 | 63,4 | 71,1 | 54,1 | 50,6 | 44,0 | 42,1 | 38,5 | 35,0 |
| Baumwollengarn, roh, ungezwirnt | 60,4 | 51,1 | 48,6 | 62,6 | 55,6 | 53,4 | 39,1 | 56,9 | 56,7 | 45,1 |
| Wolle, gekämmte | 57,5 | 53,6 | 40,9 | 51,7 | 77,1 | 46,1 | 32,0 | 29,6 | 32,2 | 35,0 |
| Braunkohlen | 57,2 | 63,5 | 75,4 | 67,3 | 60,1 | 55,8 | 51,1 | 45,1 | 39,8 | 44,7 |
| Maschinen aller Art | 57,0 | 48,6 | 54,0 | 101,2 | 69,1 | 55,8 | 46,5 | 43,4 | 30,0 | 28,6 |
| Ölkuchen | 57,0 | 58,5 | 51,0 | 60,4 | 54,1 | 53,0 | 46,9 | 29,7 | 27,3 | 29,1 |
| Palmkerne, Kopra usw. | 49,6 | 51,0 | 37,7 | 35,8 | 30,4 | 28,0 | 22,7 | 26,7 | 29,0 | 34,4 |
| Flachs, roh, geröstet, gebrochen, geschwungen usw. | 47,6 | 35,0 | 31,8 | 32,8 | 43,4 | 44,9 | 46,0 | 37,8 | 37,7 | 39,0 |
| Hafer | 47,0 | 47,7 | 47,3 | 46,3 | 38,5 | 54,1 | 38,4 | 45,1 | 30,6 | 38,5 |
| Ochsen | 46,4 | 34,8 | 47,0 | 47,0 | 26,0 | 29,1 | 18,7 | 18,6 | 22,8 | 33,0 |
| Reis | 45,1 | 38,3 | 19,0 | 46,6 | 57,0 | 48,8 | 64,4 | 39,6 | 41,2 | 20,6 |
| Butter[1] | 43,6 | 48,7 | 29,0 | 25,6 | 19,9 | 15,0 | 15,3 | 13,3 | 9,8 | 10,4 |
| Federvieh, lebendes | 42,1 | 38,7 | 32,1 | 31,7 | 33,6 | 30,4 | 27,1 | 16,4 | 17,6 | 17,1 |
| Kühe | 41,6 | 39,0 | 23,6 | 21,6 | 17,2 | 19,1 | 22,0 | 24,1 | 34,8 | 54,0 |
| Kalbfelle | 40,1 | 42,8 | 34,3 | 33,7 | 30,0 | 25,4 | 24,1 | 20,1 | 16,8 | 19,7 |
| Kleesaat, Esparsette- usw. Saat | 38,8 | 32,8 | 22,6 | 28,5 | 40,3 | 22,9 | 14,8 | 23,3 | 19,5 | 36,1 |
| Seidenwaren | 38,3 | 41,0 | 17,7 | 35,8 | 35,6 | 30,4 | 28,7 | 26,7 | 18,8 | 35,6 |
| Schaf- und Ziegenfelle, mit Behaarung | 37,6 | 31,3 | 18,4 | 15,2 | 16,0 | 24,1 | 20,4 | 19,1 | 17,5 | 13,2 |
| Wein in Fässern | 37,2 | 35,0 | 35,6 | 38,2 | 36,0 | 35,0 | 34,2 | 33,1 | 34,0 | 34,7 |
| Obst und Beeren zum Genuß, frisch | 36,4 | 28,0 | 30,4 | 41,3 | 56,2 | 27,7 | 36,0 | 22,2 | 24,8 | 21,2 |
| Baumwollenwaren | 35,1 | 34,3 | 31,0 | 35,0 | 32,1 | 31,2 | 40,3 | 39,0 | 24,2 | 11,8 |
| Heringe, gesalzene | 35,2 | 49,4 | 41,4 | 38,4 | 55,6 | 31,7 | 30,8 | 25,8 | 29,0 | 30,6 |
| Zinn, rohes; Bruchzinn | 33,6 | 33,4 | 30,1 | 33,3 | 39,3 | 21,6 | 15,5 | 17,3 | 13,3 | 15,4 |
| Florettseide, ungefärbt | 32,3 | 27,1 | 31,4 | 23,1 | 23,0 | 22,0 | 20,4 | 31,7 | 28,0 | 20,4 |
| Fleisch von Vieh, frisch u. einfach zubereitet | 31,0 | 57,2 | 32,4 | 45,0 | 62,4 | 78,2 | 39,4 | 21,3 | 37,0 | 22,0 |
| Jute | 30,1 | 35,0 | 38,0 | 50,1 | 37,6 | 34,5 | 61,8 | 44,0 | 27,3 | 21,7 |
| Bücher, Karten, Musikalien | 28,4 | 24,8 | 22,1 | 21,5 | 22,0 | 20,3 | 19,7 | 19,4 | 15,0 | 15,0 |
| Blasen, Därme, Magen | 28,7 | 25,7 | 23,5 | 21,7 | 39,4 | 20,8 | 23,5 | 13,6 | 25,8 | 27,0 |
| Fische, frische | 28,1 | 28,5 | 27,1 | 25,4 | 25,4 | 34,6 | 20,2 | 25,5 | 20,6 | 15,0 |
| Übrige Waren | 1 775,0 | 1 685,5 | 1 673,7 | 1 853,4 | 1 736,4 | 1 588,0 | 1 544,7 | 1 377,1 | 1 330,4 | 1 358,4 |
| Gesamteinfuhr | 6 321,1 | 5 805,8 | 5 710,3 | 6 043,0 | 5 783,6 | 5 439,7 | 4 864,0 | 4 558,5 | 4 246,1 | 4 285,8 |

## 8. Anteil der wichtigsten Waren am Spezialhandel.
### a. Einfuhr.
### 2. Verhältniswerte.

| Warengattung nach den Werten von 1903 geordnet | % der Werte der Einfuhr | | | | | | | | | |
|---|---|---|---|---|---|---|---|---|---|---|
| | 1903 | 1902 | 1901 | 1900 | 1899 | 1898 | 1897 | 1896 | 1895 | 1894 |
| aumwolle, rohe | 6,2 | 5,8 | 5,2 | 5,8 | 4,0 | 4,4 | 4,7 | 5,0 | 5,2 | 4,6 |
| chafwolle, roh, gekrempelt usw | 4,8 | 4,7 | 4,1 | 4,8 | 5,7 | 4,4 | 4,6 | 5,9 | 5,6 | 5,3 |
| eizen | 4,0 | 4,7 | 5,0 | 2,6 | 3,1 | 4,3 | 3,8 | 4,8 | 3,4 | 2,6 |
| erste | 2,6 | 2,2 | 1,6 | 1,4 | 2,2 | 2,4 | 2,5 | 2,4 | 2,1 | 2,4 |
| old, roh, auch in Barren | 2,8 | 1,8 | 2,1 | 1,7 | 2,6 | 3,3 | 2,0 | 2,6 | 1,1 | 2,4 |
| affee, roher | 2,3 | 2,4 | 2,6 | 2,8 | 2,3 | 2,5 | 3,6 | 4,1 | 4,8 | 4,7 |
| indshäute | 1,9 | 1,8 | 1,5 | 1,8 | 1,4 | 1,8 | 1,6 | 1,5 | 1,9 | 1,3 |
| ohseide, ungefärbt | 1,9 | 2,0 | 1,4 | 1,5 | 2,3 | 1,6 | 1,3 | 1,7 | 2,0 | 1,8 |
| old, gemünzt | 1,9 | 1,1 | 2,4 | 2,8 | 2,2 | 2,5 | 1,2 | 2,1 | 1,9 | 4,7 |
| au- u. Nutzholz, gesägt; Kantholz usw | 1,8 | 1,8 | 1,5 | 1,9 | 2,1 | 1,9 | 1,8 | 1,3 | 1,0 | 1,0 |
| er von Geflügel; Eigelb | 1,7 | 2,0 | 1,6 | 1,7 | 1,7 | 1,6 | 1,4 | 1,7 | 1,8 | 1,6 |
| äute u. Felle zur Pelzwerkbereitung, von Pelztieren; auch Vogelbälge | 1,7 | 1,2 | 1,0 | 0,9 | 0,7 | 0,7 | 0,7 | 0,8 | 0,9 | 0,8 |
| upfer, rohes | 1,6 | 1,6 | 1,5 | 2,1 | 1,8 | 1,4 | 1,4 | 1,3 | 1,0 | 0,7 |
| teinkohlen | 1,6 | 1,8 | 1,8 | 2,3 | 1,5 | 1,3 | 1,4 | 1,8 | 1,6 | 1,4 |
| chmalz und schmalzartige Fette | 1,5 | 1,9 | 1,9 | 1,5 | 1,4 | 1,5 | 1,1 | 1,0 | 1,3 | 1,5 |
| ferde | 1,5 | 1,8 | 1,4 | 1,8 | 1,5 | 1,7 | 1,2 | 1,6 | 1,8 | 1,4 |
| ais | 1,5 | 1,8 | 2,1 | 2,1 | 2,8 | 2,3 | 1,9 | 1,8 | 0,7 | 1,2 |
| ollengarn | 1,4 | 1,6 | 1,5 | 1,3 | 2,0 | 1,7 | 2,0 | 2,6 | 2,8 | 2,8 |
| abakblätter, unbearbeitete | 1,4 | 1,9 | 2,0 | 1,6 | 1,4 | 1,7 | 2,0 | 2,8 | 2,1 | 1,9 |
| etroleum | 1,4 | 1,2 | 1,3 | 1,4 | 1,4 | 1,3 | 1,0 | 1,9 | 1,5 | 1,1 |
| hilesalpeter | 1,3 | 1,4 | 1,8 | 1,3 | 1,9 | 1,1 | 1,4 | 1,5 | 1,7 | 1,6 |
| oggen | 1,8 | 1,8 | 1,6 | 1,6 | 1,1 | 1,9 | 1,7 | 1,9 | 1,9 | 1,3 |
| autschuk und Guttapercha | 1,3 | 1,8 | 0,6 | 1,3 | 1,8 | 1,0 | 0,8 | 0,8 | 0,7 | 0,6 |
| isenerze | 1,3 | 1,0 | 1,3 | 1,2 | 1,2 | 1,0 | 1,0 | 0,8 | 0,7 | 0,8 |
| leie, Malzkeime, Reisabfälle usw | 1,2 | 1,1 | 1,6 | 1,8 | 1,0 | 0,8 | 1,0 | 1,0 | 0,5 | 0,9 |
| au- u. Nutzholz, roh | 1,1 | 0,8 | 1,0 | 1,5 | 1,7 | 2,1 | 1,8 | 1,6 | 1,4 | 1,9 |
| einsaat | 1,0 | 1,1 | 1,1 | 1,3 | 1,0 | 0,9 | 0,9 | 1,0 | 0,8 | 0,8 |
| aumwollengarn, auch Vigognegarn | 0,9 | 0,9 | 0,8 | 1,0 | 1,0 | 1,0 | 1,2 | 1,2 | 1,8 | 1,1 |
| olle, gekämmte | 0,9 | 0,8 | 0,7 | 0,9 | 1,8 | 0,8 | 0,7 | 0,8 | 0,8 | 0,8 |
| raunkohlen | 0,9 | 1,1 | 1,2 | 1,1 | 1,0 | 1,0 | 1,1 | 1,0 | 0,8 | 0,9 |
| aschinen aller Art | 0,9 | 0,8 | 1,1 | 1,7 | 1,2 | 1,0 | 1,0 | 1,0 | 0,7 | 0,7 |
| lkuchen | 0,9 | 1,0 | 1,1 | 1,0 | 0,9 | 1,0 | 1,0 | 0,7 | 0,8 | 0,7 |
| almkerne, Kopra usw | 0,8 | 0,9 | 0,7 | 0,8 | 0,5 | 0,6 | 0,5 | 0,6 | 0,7 | 0,8 |
| achs, roh, geröstet, gebrochen, geschwungen usw | 0,7 | 0,8 | 0,6 | 0,6 | 0,4 | 0,5 | 0,6 | 0,7 | 0,6 | 0,6 |
| afer | 0,7 | 0,9 | 0,5 | 0,8 | 0,8 | 1,0 | 1,1 | 1,0 | 0,4 | 0,6 |
| chien | 0,7 | 0,5 | 0,4 | 0,4 | 0,6 | 0,3 | 0,1 | 0,4 | 0,6 | 0,5 |
| eis | 0,7 | 0,9 | 0,7 | 0,5 | 1,0 | 0,9 | 1,3 | 0,4 | 0,6 | 0,6 |
| utter [1]) | 0,7 | 0,4 | 0,6 | 0,4 | 0,4 | 0,3 | 0,8 | 0,3 | 0,3 | 0,3 |
| edervieh, lebendes | 0,7 | 0,7 | 0,8 | 0,6 | 0,8 | 0,8 | 0,6 | 0,4 | 0,6 | 0,6 |
| äse | 0,7 | 0,7 | 0,4 | 0,4 | 0,8 | 0,4 | 0,5 | 0,5 | 0,8 | 1,8 |

| | | | | | | | | | |
|---|---|---|---|---|---|---|---|---|---|
| ...mwollwaren | 301,6 | 259,1 | 219,2 | 244,7 | 206,0 | 181,2 | 177,1 | 166,3 | 183,0 |
| ...ollwaren | 244,1 | 266,9 | 212,6 | 255,2 | 217,2 | 201,7 | 209,6 | 215,6 | 222,1 |
| ...aschinen aller Art | 232,6 | 197,6 | 220,7 | 228,2 | 189,0 | 147,6 | 159,0 | 115,2 | 90,0 |
| ...einkohlen | 219,0 | 208,9 | 209,7 | 216,9 | 180,2 | 159,7 | 133,5 | 121,9 | 107,2 |
| ...der | 186,7 | 159,1 | 202,6 | 216,3 | 203,6 | 212,0 | 289,9 | 236,1 | 192,9 |
| ...enwaren, grobe | 172,1 | 162,0 | 144,0 | 139,1 | 138,5 | 117,7 | 102,6 | 94,5 | 79,1 |
| ...derwaren | 162,1 | 246,1 | 137,3 | 139,2 | 142,7 | 128,2 | 122,0 | 126,1 | 128,1 |
| ...eider u. Putzwaren aus Baumwolle, Wolle usw; Leibwäsche, Korsette | 118,1 | 120,8 | 116,6 | 99,6 | 92,1 | 65,1 | 88,1 | 94,0 | 65,9 |
| ...enwaren, feine | 88,5 | 80,0 | 77,9 | 71,1 | 47,1 | 37,0 | 36,9 | 36,9 | 32,9 |
| ...ilin- und andere Teerfarbstoffe | 88,0 | 89,3 | 79,6 | 77,1 | 74,0 | 72,0 | 67,0 | 64,9 | 63,1 |
| ...cher, Karten, Musikalien | 84,0 | 85,6 | 79,0 | 78,7 | 70,6 | 70,1 | 64,5 | 62,1 | 52,5 |
| ...er, lackiertes, gefärbtes usw | 83,1 | 69,2 | 54,2 | 53,5 | 51,7 | 46,1 | 47,5 | 48,0 | 52,6 |
| ...ld- und Silberwaren | 80,7 | 68,0 | 60,9 | 73,6 | 48,7 | 41,1 | 39,9 | 30,1 | 23,1 |
| ...ld, roh, auch in Barren | 64,0 | 59,6 | 24,0 | 13,6 | 13,6 | 13,5 | 90,1 | 96,9 | 20,1 |
| ...te u. Teile zur Holzwerkbetreibung, von Webstühlen; auch Werkzeuge | 60,6 | 49,9 | 44,0 | 41,1 | 30,1 | 30,3 | 29,1 | 26,2 | 29,1 |
| ...rbendruckbilder, Kupferstiche usw | 60,5 | 102,1 | 39,0 | 70,1 | 62,1 | 58,0 | 55,1 | 50,0 | 46,1 |
| ...ollengarn | 59,1 | 62,5 | 56,3 | 56,2 | 57,0 | 44,9 | 44,6 | 44,9 | 46,2 |
| ...ielzeug aller Art | 56,2 | 55,1 | 53,1 | 53,0 | 43,0 | 58,2 | 40,1 | 40,0 | 35,1 |
| ...ls | 52,6 | 45,2 | 52,6 | 55,2 | 46,0 | 40,2 | 36,6 | 36,6 | 35,6 |
| ...rzellan usw, farbig, vergoldet usw | 51,1 | 47,2 | 45,0 | 38,1 | 32,1 | 30,5 | 32,1 | 32,9 | 16,0 |
| ...oheisen, Rohschienen, Ingots | 46,7 | 49,6 | 16,1 | 4,0 | 2,6 | 3,1 | 3,6 | 4,5 | 4,8 |
| ...pfen | 44,0 | 25,5 | 14,6 | 23,3 | 17,0 | 27,1 | 23,0 | 19,6 | 27,3 |
| ...umwolle, roh | 40,0 | 35,1 | 17,7 | 34,0 | 25,5 | 23,0 | 22,2 | 32,1 | 23,0 |
| ...abschnitte | 39,8 | 42,6 | 34,0 | 28,5 | 31,1 | 26,1 | 23,1 | 21,6 | 30,0 |
| ...- und Winkeleisen | 39,7 | 38,0 | 34,6 | 30,8 | 23,2 | 21,6 | 17,6 | 18,7 | 16,3 |
| ...pfer- und Messing- usw Waren, ... | 38,1 | 32,5 | 29,0 | 33,0 | 27,9 | 21,9 | 18,5 | 19,2 | 13,0 |
| ...atten u. Bleche aus schmiedbarem Eisen | 35,7 | 33,1 | 34,7 | 30,3 | 26,0 | 25,1 | 20,3 | 19,1 | 16,9 |
| ...sen, schmiedbares, in Stäben usw | 35,1 | 37,1 | 34,2 | 25,0 | 27,1 | 30,6 | 28,3 | 28,7 | 28,0 |
| ...senbahnschienen | 34,6 | 35,1 | 20,0 | 19,6 | 13,0 | 13,0 | 11,0 | 12,0 | 10,1 |
| ...aumwollengarn, auch Vigognegarn | 32,5 | 31,8 | 28,5 | 29,1 | 20,9 | 19,3 | 21,0 | 16,1 | 26,7 |
| ...aviere usw | 32,3 | 31,0 | 29,0 | 28,6 | 23,5 | 25,7 | 24,6 | 22,1 | 19,0 |
| ...sendraht | 31,9 | 29,0 | 33,1 | 29,9 | 25,0 | 26,5 | 26,5 | 27,5 | 26,0 |
| ...derwaren, feine | 30,3 | 28,1 | 29,7 | 38,9 | 54,5 | 47,0 | 45,3 | 50,0 | 56,0 |
| ...hafwolle, roh, gekrempelt usw | 28,9 | 29,0 | 21,2 | 21,9 | 24,1 | 20,0 | 23,9 | 20,1 | 24,0 |
| ...nk, rohes; Bruchzink usw | 28,1 | 26,0 | 18,8 | 20,6 | 22,7 | 20,0 | 17,6 | 19,0 | 26,1 |
| ...olle, gekämmte | 27,5 | 27,0 | 25,5 | 28,3 | 32,0 | 21,2 | 23,0 | 23,1 | 18,7 |
| ...ld, gemünzt | 27,0 | 46,0 | 27,1 | 98,3 | 122,0 | 208,0 | 28,6 | 100,6 | 62,1 |
| ...eisen | 24,0 | 30,9 | 12,6 | 38,5 | 25,1 | 22,6 | 26,1 | 9,5 | 8,0 |
| ...pheisen | 23,9 | 19,0 | 8,2 | 10,0 | 12,1 | 10,1 | 5,0 | 7,7 | 7,1 |
| ...er | 22,1 | 22,7 | 22,2 | 22,1 | 19,6 | 18,5 | 29,0 | 13,6 | 14,5 |
| ...legraphenkabel | 22,5 | 12,1 | 20,1 | 20,1 | 18,3 | 13,6 | 9,7 | 9,1 | 5,0 |
| ...aren a. unedlen Metallen, vergoldet od. versilb. usw; feine Galant.- usw Waren | 22,3 | 18,2 | 13,3 | 16,2 | 3,1 | 3,7 | 5,9 | . | . |
| ...lzwaren, feine; Holzbronze | 21,1 | 26,2 | 19,9 | 28,1 | 26,1 | 24,7 | 22,2 | 23,1 | 21,0 |
| ...oggen | 22,1 | 11,7 | 10,1 | 8,0 | 14,3 | 15,6 | 11,[illegible] | 3,0 | 3,0 |
| ...digo | 20,7 | 18,5 | 12,7 | 9,0 | 7,2 | 7,6 | 4,2 | 6,0 | 8,0 |
| ...lber, roh, auch in Barren | 20,1 | 26,6 | 26,5 | 23,9 | 24,0 | 27,2 | 30,1 | 27,9 | 23,0 |
| ...orsten und Borstensurrogate | 19,6 | 20,6 | 17,0 | 17,1 | 17,6 | 13,6 | 32,3 | 11,0 | 10,0 |
| ...ilinöl, Anilinsalze usw | 19,7 | 14,7 | 12,0 | 11,0 | 11,[illegible] | 13,6 | 11,5 | 10,0 | 6,2 |
| ...hrräder, Fahrradteile | 19,1 | 14,5 | 10,3 | 10,0 | 11,7 | 12,6 | 9,0 | - | . |
| ...ndschuhe, ganz od. teilw. a. Leder | 18,2 | 18,6 | 10,8 | 27,6 | 28,0 | 28,0 | 21,3 | 18,6 | 25,8 |
| ...is | 18,6 | 17,1 | 16,0 | 25,2 | 26,8 | 23,0 | 27,5 | 0,0 | 0,0 |
| ...utschuk und Guttapercha | 18,3 | 16,1 | 13,6 | 21,5 | 24,5 | 10,1 | 8,1 | 6,1 | 5,5 |
| ...schen-, Wand-, Wecker-, Kontroll- usw Uhren | 18,0 | 18,5 | 13,2 | 11,9 | 12,3 | 8,7 | 7,9 | 7,2 | 6,7 |
| ...ment | 18,0 | 20,0 | 18,0 | 25,0 | 30,7 | 30,0 | 18,0 | 16,0 | 12,0 |
| ...lorkalium | 17,7 | 15,0 | 16,[illegible] | 16,3 | 14,6 | 13,9 | 11,0 | 12,3 | 11,3 |
| ...rige Waren | 1 703,5 | 1 578,5 | 1 590,6 | 1 673,5 | 1 558,4 | 1 411,0 | 1 394,0 | 1 381,6 | 1 316,1 |
| Gesamtausfuhr | 5 130,2 | 4 812,5 | 4 512,4 | 4 752,6 | 4 368,4 | 4 010,2 | 3 786,1 | 3 758,0 | 3 424,1 |

### 8. Anteil der wichtigsten Waren am Spezialhandel.

#### b. Ausfuhr.

##### 2. Verhältniswerte.

| Warengattung nach den Werten von 1903 geordnet | % der Werte der Ausfuhr | | | | | | | | | |
|---|---|---|---|---|---|---|---|---|---|---|
| | 1903 | 1902 | 1901 | 1900 | 1899 | 1898 | 1897 | 1896 | 1895 | 1894 |
| Baumwollenwaren | 5,9 | 5,4 | 4,9 | 5,3 | 4,7 | 4,5 | 4,7 | 4,4 | 5,4 | 4,7 |
| Wollenwaren | 4,6 | 5,5 | 4,7 | 5,0 | 5,0 | 5,0 | 5,6 | 5,7 | 6,8 | 6,1 |
| Maschinen aller Art | 4,6 | 4,1 | 4,4 | 4,8 | 4,3 | 3,7 | 3,4 | 3,1 | 2,7 | 2,6 |
| Steinkohlen | 4,0 | 4,3 | 4,8 | 4,6 | 4,1 | 4,0 | 3,6 | 3,8 | 3,1 | 3,3 |
| Zucker | 3,6 | 3,3 | 4,5 | 4,6 | 4,7 | 5,6 | 6,1 | 6,3 | 5,6 | 6,9 |
| Eisenwaren, grobe | 3,4 | 3,4 | 3,2 | 2,9 | 3,3 | 2,5 | 2,7 | 2,5 | 2,8 | 2,3 |
| Seidenwaren | 3,3 | 3,0 | 3,0 | 2,9 | 3,6 | 3,2 | 3,0 | 3,8 | 3,7 | 3,4 |
| Kleider u. Putzwaren aus Baumwolle, Wolle usw; Leibwäsche, wollene; Korsette | 2,8 | 2,5 | 2,6 | 2,1 | 2,1 | 1,6 | 2,6 | 2,6 | 1,9 | 2,0 |
| Eisenwaren, feine | 1,7 | 1,7 | 1,7 | 1,5 | 1,1 | 0,8 | 1,0 | 1,0 | 1,0 | 0,9 |
| Anilin- und andere Teerfarbstoffe | 1,7 | 1,9 | 1,8 | 1,6 | 1,7 | 1,6 | 1,6 | 1,7 | 1,6 | 1,7 |
| Bücher, Karten, Musikalien | 1,6 | 1,6 | 1,8 | 1,7 | 1,6 | 1,6 | 1,7 | 1,7 | 1,5 | 1,6 |
| Leder, lackiertes, gefärbtes usw. | 1,6 | 1,4 | 1,3 | 1,1 | 1,3 | 1,8 | 1,8 | 1,3 | 1,5 | 1,3 |
| Gold- und Silberwaren | 1,6 | 1,4 | 1,8 | 1,5 | 1,1 | 1,0 | 1,6 | 0,8 | 0,7 | 0,8 |
| Gold, roh, auch in Barren | 1,3 | 1,2 | 0,5 | 0,3 | 0,3 | 0,8 | 2,4 | 2,6 | 0,8 | 0,3 |
| Häute u. Felle zur Pelzwerkbereitung, von Pelztieren; auch Vogelbälge | 1,3 | 1,0 | 1,0 | 0,9 | 0,7 | 0,8 | 0,8 | 0,7 | 0,8 | 0,9 |
| Farbendruckbilder, Kupferstiche usw | 1,3 | 2,1 | 2,0 | 1,6 | 1,4 | 1,4 | 1,6 | 1,3 | 1,4 | 1,6 |
| Wollengarn | 1,2 | 1,5 | 1,3 | 1,3 | 1,8 | 1,1 | 1,2 | 1,3 | 1,4 | 1,4 |
| Spielzeug aller Art | 1,1 | 1,3 | 1,3 | 1,1 | 1,0 | 1,0 | 1,1 | 1,1 | 1,5 | 1,0 |
| Koks | 1,0 | 1,0 | 1,3 | 1,2 | 1,1 | 1,0 | 1,0 | 1,0 | 1,0 | 1,2 |
| Porzellan usw, farbig, vergoldet usw | 1,0 | 1,0 | 1,6 | 0,9 | 0,7 | 0,6 | 0,8 | 0,8 | 0,5 | 0,4 |
| Luppeneisen, Rohschienen, Ingots | 0,9 | 1,0 | 0,6 | 0,1 | 0,1 | 0,1 | 0,1 | 0,1 | 0,1 | 0,1 |
| Hopfen | 0,9 | 0,5 | 0,3 | 0,8 | 0,4 | 0,7 | 0,6 | 0,5 | 0,8 | 0,7 |
| Baumwolle, rohe | 0,8 | 0,7 | 0,6 | 0,7 | 0,6 | 0,8 | 0,6 | 0,9 | 0,7 | 0,5 |
| Rindshäute | 0,8 | 0,9 | 0,6 | 0,6 | 0,7 | 0,7 | 0,6 | 0,6 | 0,5 | 0,7 |
| Eck- und Winkeleisen | 0,8 | 0,8 | 0,9 | 0,7 | 0,7 | 0,5 | 0,5 | 0,5 | 0,5 | 0,4 |
| Kupfer- und Messing- usw Waren, feine | 0,7 | 0,7 | 0,6 | 0,7 | 0,6 | 0,5 | 0,5 | 0,6 | 0,4 | 0,4 |
| Platten u. Bleche aus schmiedbarem Eisen | 0,7 | 0,7 | 0,6 | 0,5 | 0,4 | 0,6 | 0,6 | 0,5 | 0,5 | 0,4 |
| Eisen, schmiedbares, in Stäben usw | 0,7 | 0,6 | 0,6 | 0,5 | 0,6 | 0,9 | 0,7 | 0,8 | 0,8 | 1,0 |
| Eisenbahnschienen | 0,7 | 0,7 | 0,4 | 0,4 | 0,8 | 0,8 | 0,3 | 0,5 | 0,5 | 0,8 |
| Baumwollengarn, auch Vigognegarn | 0,8 | 0,7 | 0,8 | 0,6 | 0,5 | 0,5 | 0,6 | 0,4 | 0,5 | 0,5 |
| Klaviere usw | 0,8 | 0,7 | 0,7 | 0,6 | 0,6 | 0,6 | 0,6 | 0,8 | 0,6 | 0,6 |
| Eisendraht | 0,8 | 0,5 | 0,7 | 0,3 | 0,6 | 0,7 | 0,7 | 0,7 | 0,5 | 0,9 |
| Lederwaren, feine | 0,6 | 0,6 | 0,7 | 0,8 | 1,2 | 1,2 | 1,2 | 1,6 | 1,6 | 1,5 |
| Schafwolle, roh, gekrempelt usw. | 0,6 | 0,6 | 0,5 | 0,5 | 0,6 | 0,5 | 0,6 | 0,6 | 0,7 | 0,7 |
| Zink, rohes; Bruchzink usw. | 0,6 | 0,5 | 0,4 | 0,4 | 0,5 | 0,5 | 0,6 | 0,5 | 0,5 | 0,6 |
| Wolle, gekämmte | 0,5 | 0,6 | 0,6 | 0,6 | 0,7 | 0,4 | 0,7 | 0,6 | 0,5 | 0,6 |
| Gold, gemünzt | 0,6 | 1,0 | 0,6 | 2,1 | 2,6 | 5,8 | 0,7 | 2,7 | 1,8 | 1,1 |
| Weizen | 0,5 | 0,3 | 0,5 | 0,8 | 0,6 | 0,6 | 0,7 | 0,5 | 0,3 | 0,8 |
| Roheisen | 0,5 | 0,4 | 0,3 | 0,3 | 0,6 | 0,8 | 0,1 | 0,2 | 0,2 | 0,6 |
| Bier | 0,4 | 0,5 | 0,5 | 0,5 | 0,4 | 0,5 | 0,5 | 0,4 | 0,4 | 0,4 |
| Telegraphenkabel | 0,4 | 0,3 | 0,4 | 0,4 | 0,4 | 0,8 | 0,3 | 0,3 | 0,8 | 0,1 |
| Waren a. unedlen Metallen, vergoldet od. versilb. usw; feine Galanterie- usw Waren | 0,4 | 0,4 | 0,3 | 0,4 | 0,1 | 0,1 | 0,7 | . | . | . |
| Holzwaren, feine; Holzbronze | 0,4 | 0,6 | 0,7 | 0,5 | 0,6 | 0,5 | 0,6 | 0,9 | 0,5 | 0,6 |
| Roggen | 0,4 | 0,2 | 0,3 | 0,8 | 0,8 | 0,4 | 0,3 | 0,1 | 0,1 | 0,1 |
| Indigo | 0,4 | 0,4 | 0,3 | 0,3 | 0,3 | 0,2 | 0,1 | 0,2 | 0,2 | 0,6 |
| Silber, roh, auch in Barren | 0,4 | 0,5 | 0,6 | 0,5 | 0,5 | 0,7 | 0,6 | 0,7 | 0,7 | 1,2 |
| Borsten und Borstensurrogate | 0,4 | 0,4 | 0,4 | 0,4 | 0,4 | 0,6 | 0,6 | 0,6 | 0,3 | 0,6 |
| Anilinöl, Anilinsalze usw | 0,4 | 0,3 | 0,6 | 0,2 | 0,3 | 0,8 | 0,6 | 0,3 | 0,2 | 0,2 |
| Fahrräder, Fahrradteile | 0,4 | 0,3 | 0,0 | 0,3 | 0,6 | 0,8 | 0,3 | . | . | . |
| Handschuhe, ganz od. teilw. a. Leder | 0,4 | 0,4 | 0,5 | 0,6 | 0,5 | 0,5 | 0,6 | 0,5 | 0,8 | 0,6 |
| Reis | 0,4 | 0,4 | 0,4 | 0,5 | 0,5 | 0,6 | 0,7 | 0,9 | 0,9 | 0,9 |
| Kautschuk und Guttapercha | 0,4 | 0,3 | 0,3 | 0,5 | 0,8 | 0,8 | 0,3 | 0,3 | 0,2 | 0,3 |
| Stutz-, Wand-, Wecker-, Kontroll- usw Uhren | 0,4 | 0,4 | 0,3 | 0,3 | 0,3 | 0,3 | 0,3 | 0,3 | 0,3 | 0,2 |
| Zement | 0,3 | 0,4 | 0,4 | 0,5 | 0,5 | 0,5 | 0,6 | 0,4 | 0,4 | 0,6 |
| Chlorkalium | 0,3 | 0,3 | 0,4 | 0,3 | 0,3 | 0,3 | 0,3 | 0,3 | 0,3 | 0,4 |
| Übrige Waren | 33,9 | 32,7 | 35,3 | 35,9 | 36,2 | 35,3 | 35,6 | 38,6 | 38,4 | 39,0 |
| Gesamtausfuhr | 100 | 100 | 100 | 100 | 100 | 100 | 100 | 100 | 100 | 100 |

## D. 1. Der Spezialhandel nach Erdteilen und Ländern.

### a. Einfuhr.

| Länder der Herkunft | Wert in Millionen Mark | | | | | | | | | |
|---|---|---|---|---|---|---|---|---|---|---|
| | 1903 | 1902 | 1901 | 1900 | 1899 | 1898 | 1897 | 1896 | 1895 | 189 |
| **I. Europa** | 3 867,1 | 3 617,7 | 3 481,8 | 3 787,3 | 3 736,2 | 3 578,0 | 3 251,5 | 3 040,3 | 2 818,1 | 2 901 |
| Freih. Hamburg, Auzh. | 22,1 | 22,3 | 20,3 | 20,0 | 19,3 | 15,7 | 16,6 | 15,6 | 14,3 | 12 |
| Freih. Bremerh., Geestem. | 0,6 | 0,1 | 0,2 | 0,1 | 0,1 | 0,0 | 0,1 | unter »Nichterm. ((erw | | |
| Zollausschluß Helgoland | 0,2 | 0,1 | 0,2 | 0,4 | 0,1 | 0,1 | 0,2 | 0,1 | 0,1 | 0 |
| Badische Zollausschlüsse | 0,3 | 0,4 | 0,3 | 0,3 | 0,3 | 0,3 | 0,1 | 0,6 | 0,4 | 0 |
| Belgien | 207,4 | 196,7 | 186,5 | 220,1 | 246,1 | 201,0 | 186,5 | 175,7 | 179,1 | 171 |
| Bulgarien | 8,1 | 6,3 | 5,4 | 2,6 | 1,0 | 1,6 | 3,0 | 3,7 | 2,4 | 3 |
| Gibraltar, Malta, Cypern | 1,5 | 1,2 | 1,0 | 0,9 | 0,7 | 0,7 | 0,5 | 0,4 | 0,4 | 0 |
| Dänemark | 77,8 | 74,7 | 68,1 | 71,4 | 77,1 | 65,6 | 60,4 | 58,1 | 73,0 | 73 |
| Frankreich | 338,0 | 306,1 | 281,5 | 305,1 | 303,1 | 263,8 | 246,0 | 233,6 | 249,7 | 214 |
| Griechenland | 11,4 | 11,5 | 9,0 | 8,5 | 8,4 | 8,3 | 9,1 | 9,3 | 8,0 | 4 |
| Großbritannien | 833,5 | 610,4 | 657,4 | 840,7 | 777,1 | 825,7 | 661,5 | 647,0 | 578,4 | 605 |
| Italien | 200,1 | 192,5 | 182,6 | 186,4 | 197,0 | 170,3 | 153,0 | 157,1 | 146,0 | 141 |
| Niederlande | 194,0 | 206,1 | 203,6 | 219,4 | 203,3 | 184,1 | 185,1 | 162,6 | 164,2 | 195 |
| Norwegen | 21,6 | 23,1 | 21,0 | 20,6 | 24,3 | 29,1 | 24,1 | 19,1 | 19,5 | 19 |
| Österreich-Ungarn | 754,3 | 719,5 | 693,3 | 724,1 | 730,4 | 661,1 | 600,5 | 578,0 | 523,4 | 581 |
| Portugal | 15,5 | 14,3 | 18,1 | 17,6 | 15,9 | 17,6 | 17,3 | 15,1 | 13,2 | 12 |
| Rumänien | 63,4 | 84,1 | 47,8 | 35,0 | 27,2 | 33,0 | 52,6 | 69,3 | 36,4 | 59 |
| Rußland | 826,2 | 760,4 | 716,1 | 716,5 | 701,6 | 727,1 | 700,1 | 634,7 | 568,8 | 541 |
| Finnland | 19,4 | 13,1 | 13,4 | 13,0 | 14,2 | 9,5 | 8,2 | | | |
| Schweden | 90,1 | 80,0 | 84,3 | 104,9 | 109,1 | 103,0 | 87,5 | 74,0 | 65,9 | 6 |
| Schweiz | 171,8 | 168,5 | 154,0 | 170,5 | 176,3 | 173,5 | 158,6 | 146,3 | 144,5 | 13 |
| Serbien | 8,4 | 12,5 | 7,6 | 9,0 | 8,0 | 6,5 | 8,1 | 6,6 | 5,6 | 4 |
| Spanien | 87,7 | 74,9 | 78,3 | 82,4 | 69,5 | 48,1 | 42,1 | 33,9 | 28,6 | 3 |
| Türkei i. Europa u. Montenegro | 10,3 | 11,0 | 6,9 | 3,5 | | | | | | |
| Türkei in Asien | 27,1 | 25,3 | 23,1 | 22,1 | 28,9 | 19,5 | 30,5 | 25,0 | 22,1 | 2 |
| Türkei in Afrika | 0,1 | 0,0 | 0,0 | 0,0 | | | | | | |
| **II. Afrika** | 188,0 | 164,2 | 126,3 | 147,2 | 104,4 | 101,3 | 91,3 | 88,0 | 78,4 | 7 |
| Ägypten | 57,1 | 45,6 | 32,1 | 40,6 | 31,9 | 24,6 | 24,1 | 20,1 | 17,6 | 1 |
| Algerien | 9,1 | 8,4 | 6,4 | 8,4 | 4,9 | 3,9 | 2,8 | unter »Frankreich« | | |
| Tunis | 0,6 | 0,6 | 0,3 | 0,7 | 0,5 | 0,1 | 0,1 | | | |
| Deutsch Ostafrika | 2,1 | 1,5 | 0,9 | 1,1 | 0,7 | 0,6 | 0,7 | 0,7 | 0,3 | 1 |
| Abessinien usw. | 0,1 | 0,1 | 0,1 | 0,1 | 0,0 | 0,2 | 0,0 | 6,0 | 5,0 | |
| Britisch Ostafrika | 2,1 | 2,1 | 1,9 | 2,1 | 1,9 | 1,7 | 1,0 | | | |
| Madagaskar | 2,1 | 2,7 | 2,1 | 2,0 | 2,1 | 2,9 | 2,1 | | | |
| Portugiesisch Ostafrika | 2,3 | 3,0 | 1,6 | 9,6 | 2,9 | 1,9 | 2,0 | | | |
| Transvaal | 0,0 | 0,2 | 0,5 | 7,4 | 39,3 | 0,6 | 0,7 | 1,2 | 0,5 | |
| Britisch Südafrika | 29,1 | 26,1 | 22,0 | 18,6 | 30,0 | 19,8 | 17,0 | 21,2 | 17,1 | |
| Oranje-Kolonie | — | — | 0,0 | 0,2 | — | 0,0 | 0,0 | | | |
| Deutsch Südwestafrika | 0,3 | 0,5 | 0,3 | 0,3 | 0,4 | 0,1 | 0,1 | 3,5 | 3,0 | |
| Deutsch Westafrika | 4,0 | 4,6 | 4,1 | 4,2 | 3,6 | 3,6 | 3,6 | | | |
| Marokko | 4,6 | 3,7 | 3,6 | 3,1 | 5,0 | 6,2 | 5,0 | 2,5 | 2,0 | |
| Britisch Westafrika | 48,5 | 43,0 | 30,0 | 28,1 | 26,1 | 23,5 | 20,5 | | | |
| Französisch Westafrika | 5,2 | 5,5 | 5,0 | 5,3 | 3,4 | 2,8 | 3,0 | | | |
| Kongostaat | 9,0 | 7,1 | 5,4 | 4,7 | 3,2 | 1,7 | 1,8 | 33,1 | 33,0 | 3 |
| Liberia | 1,5 | 1,9 | 1,1 | 1,7 | 1,3 | 1,0 | 1,0 | | | |
| Portugiesisch Westafrika | 6,1 | 7,7 | 6,5 | 6,2 | 7,3 | 7,1 | 3,0 | | | |
| Übriges Afrika | 0,1 | 0,1 | 0,0 | 0,1 | 0,1 | 0,1 | 0,1 | | | |

| Länder der Herkunft | Wert in Millionen Mark | | | | | | | | | |
|---|---|---|---|---|---|---|---|---|---|---|
| | 1903 | 1902 | 1901 | 1900 | 1899 | 1898 | 1897 | 1896 | 1895 | 1894 |
| **III. Asien** | **438,0** | **418,0** | **392,9** | **370,0** | **344,0** | **330,3** | **302,1** | **303,6** | **267,7** | **261,9** |
| Britisch Indien usw | 233,0 | 214,5 | 197,1 | 204,8 | | | | | | |
| Ceylon | 8,3 | 7,6 | 6,3 | 6,6 | 230,5 | 220,9 | 204,4 | | | |
| Britisch Malakka usw | 22,3 | 16,5 | 11,1 | 13,3 | | | | 171,1 | 162,1 | 164,1 |
| Portugiesisch Indien | 0,0 | 0,0 | 0,0 | — | — | 0,0 | 0,0 | | | |
| China | 34,6 | 35,1 | 44,6 | 35,0 | | | | | | |
| Hongkong | 0,1 | 0,0 | 0,2 | 0,5 | 39,0 | 39,4 | 57,4 | 41,8 | 27,0 | 27,1 |
| Kiautschou | 0,4 | 0,0 | 0,0 | 0,1 | | | | | | |
| Französisch Indien | 0,7 | 6,0 | 5,4 | 3,0 | 0,7 | 0,1 | 3,7 | 0,0 | 0,0 | 0,0 |
| Japan | 21,6 | 17,3 | 19,3 | 16,0 | 16,5 | 10,3 | 12,3 | 11,0 | 7,8 | 7,0 |
| Korea | 0,0 | 0,0 | 0,0 | 0,0 | 0,0 | 0,0 | 0,0 | 0,0 | — | 0,0 |
| Niederländ. Indien usw | 92,3 | 90,4 | 96,7 | 83,7 | 62,0 | 61,9 | 67,1 | 77,1 | 68,3 | 52,0 |
| Siam | 1,1 | 5,6 | 6,7 | 3,1 | 1,7 | 3,5 | 5,6 | 0,1 | 0,0 | 0,1 |
| Philippinen usw | 2,9 | 2,7 | 3,1 | 2,1 | 2,0 | 1,1 | 0,9 | 0,5 | 0,9 | 0,5 |
| Persien | 0,9 | 1,1 | 3,0 | 1,3 | 1,0 | 1,4 | 0,3 | | | |
| Übriges Asien | 0,0 | 0,1 | 0,0 | 0,1 | 0,3 | 0,4 | 0,6 | 1,0 | 1,1 | 0,5 |
| Aden, Bahrein usw | 0,6 | 0,5 | 0,1 | 0,1 | | | | | | |
| **IV. Amerika** | **1 863,2** | **1 477,6** | **1 582,6** | **1 598,4** | **1 414,0** | **1 329,3** | **1 080,1** | **1 009,8** | **868,0** | **951,9** |
| Argentinien | 270,1 | 201,8 | 200,3 | 214,9 | 194,5 | 145,9 | 109,1 | 108,2 | 118,0 | 104,0 |
| Bolivien | 5,6 | 5,3 | 7,0 | 7,6 | 5,7 | 3,9 | 2,9 | 1,0 | 1,1 | 5,1 |
| Brasilien | 138,1 | 118,6 | 113,9 | 115,3 | 91,0 | 104,6 | 100,4 | 100,1 | 114,8 | 91,3 |
| Britisch Nordamerika | 9,7 | 9,4 | 7,4 | 6,4 | 4,3 | 5,9 | 4,1 | 3,0 | 2,1 | 2,0 |
| Britisch Westindien usw | 7,1 | 6,5 | 5,9 | 9,5 | 7,8 | 7,9 | 8,6 | 7,1 | 3,4 | 5,9 |
| Chile | 95,7 | 113,0 | 100,7 | 89,3 | 93,0 | 83,0 | 81,6 | 79,1 | 81,2 | 85,7 |
| Kolumbien | 5,5 | 4,5 | 6,0 | 6,3 | 8,1 | 7,9 | 7,6 | 8,6 | 7,4 | 8,4 |
| Kostarika | 5,5 | 5,7 | 5,0 | 4,6 | 4,1 | 4,0 | 4,4 | | | |
| Guatemala | 20,1 | 23,9 | 26,8 | 23,9 | 22,0 | 19,7 | 29,0 | 39,7 | 39,0 | 35,8 |
| Hondur., Nikar., Salvad. | 4,7 | 3,5 | 3,0 | 3,5 | 3,1 | 2,6 | 2,4 | | | |
| Dänisch Westindien | 0,1 | 0,1 | 0,0 | 0,0 | 0,0 | 0,1 | 0,1 | 0,2 | 0,1 | 0,1 |
| Dominikanische Republik | 7,5 | 6,0 | 6,1 | 5,1 | 4,9 | 4,1 | 5,0 | 13,7 | 13,1 | 13,0 |
| Republik Haiti | 0,3 | 0,5 | 2,1 | 4,7 | 4,6 | 4,6 | 6,0 | | | |
| Ecuador | 9,7 | 8,0 | 8,6 | 10,3 | 10,0 | 3,5 | 7,1 | 5,3 | 5,0 | 5,0 |
| Französisch Amerika | 0,1 | 0,0 | 0,0 | 0,0 | 0,0 | 0,0 | 0,0 | 0,0 | 0,0 | 0,0 |
| Mexiko | 14,5 | 12,3 | 10,8 | 12,9 | 11,3 | 11,1 | 12,7 | 13,1 | 11,6 | 12,1 |
| Niederländisch Amerika | 0,9 | 0,3 | 0,3 | 1,0 | 0,9 | 0,6 | 0,9 | 0,5 | 0,7 | 0,9 |
| Paraguay | 2,1 | 0,9 | 0,9 | 0,7 | 0,1 | 0,4 | 0,6 | 0,4 | 0,5 | 0,5 |
| Peru | 7,1 | 7,0 | 7,1 | 7,0 | 4,1 | 4,0 | 3,8 | 3,8 | 4,8 | 6,0 |
| Kuba, Portoriko | 15,3 | 14,6 | 12,4 | 11,3 | 13,9 | 12,5 | 12,9 | 13,5 | 13,4 | 13,8 |
| Uruguay | 15,1 | 12,9 | 14,5 | 15,4 | 13,1 | 10,3 | 10,3 | 10,9 | 8,6 | 8,1 |
| Venezuela | 10,4 | 10,3 | 9,0 | 9,7 | 9,4 | 9,7 | 10,9 | 16,0 | 13,5 | 20,0 |
| Verein. St. von Amerika | 943,0 | 911,1 | 1 012,1 | 1 020,3 | 907,0 | 877,1 | 658,0 | 584,0 | 511,9 | 532,9 |
| **V. Australasien und Polynesien** | **126,1** | **122,1** | **111,2** | **125,6** | **123,0** | **88,3** | **87,0** | **104,2** | **118,3** | **98,9** |
| Britisch Australien | 120,0 | 120,1 | 107,3 | 122,1 | 121,1 | 86,3 | 83,7 | 103,6 | 113,7 | 97,7 |
| Deutsch Australien | 0,0 | 0,6 | 0,1 | 0,1 | 0,3 | 0,1 | 0,1 | 0,1 | 0,1 | 0,1 |
| Samoa-Inseln | 0,5 | 0,1 | 0,4 | 0,5 | 0,0 | 0,0 | 0,0 | 0,1 | 0,0 | 0,3 |
| Französisch Australien | 5,6 | 2,0 | 2,6 | 3,5 | 1,6 | 1,3 | 1,1 | | | |
| Übriges Polynesien | — | 0,0 | 0,5 | 0,0 | 0,0 | 0,0 | 0,0 | 1,1 | 4,8 | 0,7 |
| Hawaiische Inseln | 0,0 | 0,0 | 0,0 | 0,0 | | | | 0,0 | 0,2 | 0,0 |
| **Nicht ermittelt** (Seewärts) | 5,6 | 5,7 | 5,7 | 4,9 | 3,0 | 3,7 | 2,4 | 2,3 | 2,2 | 1,6 |
| **Gesamteinfuhr** | 6 321,1 | 5 805,8 | 5 710,3 | 6 043,0 | 5 783,6 | 5 439,7 | 4 864,6 | 4 558,0 | 4 246,1 | 4 285,5 |

## Der Spezialhandel nach Erdteilen und Ländern.

### b. Ausfuhr.

| Wert in Millionen Mark | | | | | | | | | |
|---|---|---|---|---|---|---|---|---|---|
| 1903 | 1902 | 1901 | 1900 | 1899 | 1898 | 1897 | 1896 | 1895 | 1894 |
| 987,0 | 3 766,7 | 3 551,4 | 3 688,5 | 3 474,5 | 3 108,0 | 2 960,5 | 2 909,4 | 2 630,5 | 2 443 |
| 84,0 | 61,3 | 73,3 | 69,5 | 70,8 | 58,5 | 58,6 | 59,5 | 57,0 | 56, |
| 11,0 | 9,1 | 8,9 | 9,6 | 7,1 | 6,7 | 4,6 | unter »Nicht erw.« | | (ferw. |
| 1,0 | 1,1 | 1,0 | 1,6 | 1,6 | 1,0 | 1,0 | 0,8 | 0,7 | 0, |
| 0,0 | 0,1 | 0,1 | 0,6 | 0,5 | 0,3 | 0,1 | 0,1 | 0,1 | 0 |
| 268,0 | 260,7 | 236,0 | 253,1 | 207,1 | 187,3 | 189,6 | 168,0 | 159,0 | 149, |
| 7,7 | 6,0 | 5,9 | 4,7 | 5,8 | 5,6 | 6,4 | 5,1 | 4,4 | 5 |
| 2,1 | 2,0 | 1,8 | 1,6 | 1,3 | 0,9 | 0,9 | 0,8 | 0,8 | 0 |
| 149,7 | 131,1 | 118,0 | 125,6 | 125,8 | 120,4 | 107,6 | 97,0 | 100,9 | 83 |
| 271,0 | 253,1 | 249,0 | 277,6 | 216,7 | 209,4 | 209,9 | 201,6 | 202,8 | 188 |
| 8,0 | 6,9 | 6,6 | 6,1 | 5,0 | 5,5 | 4,6 | 4,1 | 3,9 | 3 |
| 987,7 | 965,5 | 916,0 | 912,1 | 851,7 | 803,8 | 701,7 | 715,1 | 678,1 | 634 |
| 136,1 | 130,0 | 127,1 | 127,3 | 116,0 | 94,0 | 90,1 | 85,6 | 83,4 | 82 |
| 418,0 | 393,6 | 379,0 | 395,9 | 357,7 | 280,1 | 263,9 | 262,1 | 245,1 | 244 |
| 62,7 | 61,3 | 65,0 | 70,6 | 77,0 | 63,1 | 55,5 | 48,3 | 42,0 | 40 |
| 530,6 | 533,1 | 491,3 | 510,7 | 466,0 | 453,7 | 435,1 | 477,3 | 435,8 | 401 |
| 24,0 | 20,4 | 19,9 | 20,7 | 18,9 | 15,6 | 14,1 | 13,0 | 13,0 | 10 |
| 37,6 | 49,5 | 34,0 | 25,0 | 36,8 | 37,1 | 35,4 | 32,8 | 34,1 | 36 |
| 378,6 | 345,7 | 318,4 | 324,9 | 396,6 | 409,6 | 345,6 | 364,1 | 220,9 | 194 |
| 34,0 | 28,0 | 27,5 | 34,1 | 40,7 | 30,9 | 26,0 | | | |
| 130,3 | 119,1 | 111,4 | 138,3 | 136,0 | 107,0 | 98,9 | 78,9 | 76,6 | 73 |
| 304,1 | 285,3 | 264,3 | 295,1 | 284,7 | 255,9 | 254,4 | 244,0 | 219,0 | 188 |
| 7,0 | 5,6 | 7,1 | 8,8 | 4,1 | 3,8 | 3,9 | 2,5 | 1,7 | 3 |
| 58,1 | 55,8 | 50,0 | 54,3 | 44,0 | 24,7 | 30,0 | 39,4 | 31,0 | 30 |
| 35,5 | 29,6 | 25,0 | 23,1 | | | | | | |
| 14,6 | 13,4 | 12,4 | 11,1 | 32,8 | 37,1 | 30,5 | 28,0 | 39,0 | 34 |
| 0,1 | 0,3 | 0,3 | 0,1 | | | | | | |
| 102,0 | 91,0 | 71,1 | 73,3 | 68,5 | 64,0 | 60,9 | 57,4 | 42,0 | 38 |
| 22,7 | 18,1 | 16,5 | 15,7 | 9,7 | 11,7 | 10,5 | 9,9 | 9,6 | 7 |
| 0,9 | 0,5 | 0,5 | 0,9 | 0,4 | 0,6 | 0,1 | unter »Frankreich« | | |
| 0,6 | 0,6 | 0,4 | 0,4 | 0,3 | 0,3 | 0,6 | | | |
| 2,6 | 2,5 | 3,0 | 3,8 | 2,6 | 3,3 | 3,7 | 1,1 | 1,7 | 1 |
| 0,1 | 0,0 | 0,0 | 0,0 | 0,0 | 0,0 | 0,0 | | | |
| 3,1 | 2,6 | 1,5 | 2,6 | 1,4 | 0,9 | 1,1 | 3,1 | 2,7 | 1 |
| 0,1 | 0,3 | 0,3 | 0,3 | 0,1 | 0,1 | 0,1 | | | |
| 4,5 | 4,5 | 1,8 | 6,1 | 2,6 | 1,9 | 2,1 | | | |
| 8,9 | 5,1 | 0,9 | 2,6 | 11,3 | 9,1 | 12,1 | 13,7 | 9,3 | 5 |
| 32,7 | 35,1 | 20,0 | 12,4 | 11,3 | 14,5 | 19,5 | 15,6 | 13,0 | 11 |
| 0,0 | 0,0 | 0,0 | 0,0 | 0,5 | 0,1 | 0,8 | | | |
| 4,3 | 4,6 | 5,6 | 5,1 | 4,8 | 2,9 | 2,8 | 4,0 | 3,7 | 8 |
| 5,1 | 6,0 | 5,7 | 7,9 | 6,7 | 4,5 | 3,9 | | | |
| 4,0 | 1,6 | 2,5 | 1,1 | 2,5 | 1,2 | 1,2 | 1,0 | 1,2 | 1 |
| 6,1 | 8,1 | 7,6 | 7,6 | 8,0 | 6,9 | 5,5 | | | |
| 2,6 | 2,4 | 2,1 | 3,5 | 3,1 | 2,4 | 1,9 | | | |
| 0,5 | 0,6 | 0,8 | 1,1 | 1,0 | 1,0 | 0,6 | 8,5 | 6,6 | 7 |
| 0,7 | 0,7 | 0,8 | 0,8 | 0,9 | 0,7 | 0,4 | | | |
| 1,1 | 1,4 | 1,5 | 3,1 | 3,5 | 2,0 | 2,1 | | | |
| 0,1 | 0,1 | 0,6 | 0,4 | 0,0 | 0,1 | 0,5 | | | |

| Länder der Bestimmung | 1903 | 1902 | 1901 | 1900 | 1899 | 1898 | 1897 | 1896 | 1895 | 1894 |
|---|---|---|---|---|---|---|---|---|---|---|
| | Wert in Millionen Mark | | | | | | | | | |
| **III. Asien** .... | 231,7 | 202,9 | 210,2 | 230,9 | 181,4 | 170,1 | 138,8 | 148,8 | 122,9 | 88,9 |
| Britisch Indien usw ... | 76,0 | 57,4 | 67,1 | 55,1 | | | | | | |
| Ceylon ............ | 1,4 | 1,1 | 1,1 | 1,7 | 65,1 | 57,1 | 47,1 | | | |
| Britisch Malakka usw .. | 13,5 | 11,7 | 11,3 | 11,0 | | | | 49,1 | 44,7 | 39,1 |
| Portugiesisch Indien .. | 0,0 | 0,0 | 0,0 | 0,0 | 0,0 | 0,0 | 0,0 | | | |
| China ............ | 44,7 | 37,0 | 37,8 | 41,7 | | | | | | |
| Hongkong ......... | 8,7 | 4,0 | 4,4 | 3,4 | 50,7 | 48,0 | 38,8 | 45,1 | 33,0 | 28,1 |
| Kiautschou ........ | 10,1 | 6,0 | 5,5 | 3,7 | | | | | | |
| Französisch Indien .... | 0,4 | 0,5 | 0,5 | 0,3 | 0,1 | 0,1 | 0,1 | 0,1 | 0,1 | 0,1 |
| Japan ............ | 45,4 | 49,8 | 45,5 | 70,4 | 40,9 | 43,0 | 39,1 | 35,6 | 26,1 | 17,1 |
| Korea ............ | 0,1 | 0,1 | 0,1 | 0,1 | 0,0 | 0,0 | 0,1 | 0,0 | 0,1 | 0,0 |
| Niederländ. Indien usw | 21,8 | 23,8 | 26,0 | 27,4 | 19,5 | 18,8 | 15,3 | 13,8 | 11,6 | 11,6 |
| Siam ............ | 2,9 | 2,1 | 2,8 | 2,6 | 1,4 | 1,1 | 0,9 | 0,6 | 0,5 | 0,3 |
| Philippinen usw ...... | 5,8 | 6,5 | 7,0 | 6,3 | 2,7 | 1,6 | 2,3 | 3,0 | 3,0 | 2,8 |
| Persien ............ | 1,3 | 1,1 | 1,5 | 0,8 | 0,6 | 0,5 | 0,4 | | | |
| Übriges Asien ........ | 0,1 | 0,3 | 0,0 | 0,0 | 0,1 | 0,1 | 0,1 | 0,6 | 0,8 | 0,5 |
| Aden, Bahrein usw ... | 0,1 | 0,0 | 0,1 | 0,1 | | | | | | |
| **IV. Amerika** ... | 772,3 | 703,5 | 628,2 | 685,5 | 601,9 | 532,1 | 588,1 | 607,1 | 604,9 | 447,9 |
| Argentinien ......... | 71,0 | 47,6 | 54,1 | 64,0 | 52,3 | 44,7 | 35,8 | 44,1 | 37,3 | 30,1 |
| Bolivien .......... | 2,7 | 2,6 | 3,6 | 4,0 | 2,8 | 2,0 | 1,7 | 2,0 | 2,0 | 1,1 |
| Brasilien .......... | 51,0 | 41,8 | 55,5 | 45,0 | 46,5 | 45,0 | 50,1 | 60,0 | 75,1 | 57,0 |
| Britisch Nordamerika .. | 35,9 | 38,7 | 26,5 | 20,0 | 23,7 | 23,4 | 16,8 | 15,3 | 16,5 | 16,8 |
| Britisch Westindien usw | 2,0 | 2,0 | 2,0 | 1,5 | 2,1 | 1,6 | 1,5 | 1,1 | 1,0 | 1,1 |
| Chile ............ | 43,1 | 38,1 | 34,0 | 39,9 | 28,1 | 20,5 | 27,0 | 34,8 | 44,5 | 22,9 |
| Kolumbien ......... | 8,3 | 4,1 | 4,1 | 2,3 | 5,0 | 3,7 | 8,6 | 6,9 | 4,3 | 3,0 |
| Kostarika ......... | 1,6 | 1,0 | 1,0 | 1,8 | 1,0 | 1,1 | 1,9 | | | |
| Guatemala ......... | 0,9 | 2,1 | 2,5 | 1,6 | 1,1 | 1,4 | 3,5 | 10,7 | 10,1 | 6,5 |
| Hondur., Nikar., Salvad. | 2,1 | 3,0 | 2,0 | 2,1 | 2,8 | 1,0 | 2,0 | | | |
| Dänisch Westindien .... | 0,0 | 0,5 | 0,0 | 0,1 | 0,0 | 0,0 | 0,1 | 0,1 | 0,5 | 0,0 |
| Dominikanische Republik | 0,9 | 0,9 | 1,0 | 1,1 | 0,7 | 0,6 | 0,6 | 1,8 | 2,0 | 2,3 |
| Republik Haiti ....... | 0,8 | 0,7 | 0,9 | 1,1 | 0,9 | 0,7 | 1,4 | | | |
| Ecuador ........... | 3,6 | 2,5 | 3,6 | 5,5 | 3,5 | 3,0 | 2,9 | 2,7 | 1,6 | 1,6 |
| Französisch Amerika ... | 0,1 | 0,1 | 0,0 | 0,1 | 0,1 | 0,0 | 0,0 | 0,0 | 0,0 | 0,1 |
| Mexiko ............ | 36,5 | 34,1 | 26,0 | 28,1 | 22,3 | 20,3 | 17,6 | 15,0 | 16,3 | 10,9 |
| Niederländisch Amerika. | 0,7 | 0,7 | 0,6 | 0,4 | 0,4 | 0,4 | 0,5 | 0,3 | 0,4 | 0,3 |
| Paraguay ........... | 0,7 | 0,5 | 0,5 | 0,3 | 0,9 | 0,3 | 0,1 | 0,1 | 0,9 | 0,1 |
| Peru ............. | 9,4 | 9,1 | 11,1 | 9,9 | 7,7 | 6,8 | 6,4 | 7,3 | 5,4 | 4,1 |
| Kuba, Portoriko ..... | 10,8 | 12,0 | 10,5 | 11,8 | 9,6 | 4,6 | 5,9 | 4,6 | 3,3 | 3,8 |
| Uruguay ........... | 14,1 | 11,8 | 9,6 | 12,0 | 10,0 | 8,0 | 5,6 | 9,6 | 9,0 | 8,0 |
| Venezuela .......... | 5,4 | 4,1 | 7,0 | 5,0 | 4,0 | 4,3 | 5,5 | 6,0 | 6,1 | 6,1 |
| Verein. St. von Amerika | 469,1 | 449,1 | 385,5 | 439,6 | 377,6 | 334,6 | 397,9 | 383,7 | 368,7 | 271,1 |
| **V. Australasien und Polynesien** ... | 46,6 | 47,2 | 54,1 | 50,0 | 40,0 | 34,7 | 32,6 | 30,0 | 23,6 | 21,5 |
| Britisch Australien .... | 40,8 | 45,5 | 52,4 | 47,9 | 37,6 | 32,9 | 31,3 | 29,3 | 22,9 | 20,4 |
| Deutsch Australien .... | 0,7 | 0,6 | 0,4 | 0,6 | 0,6 | 0,3 | 0,1 | 0,1 | 0,1 | 0,0 |
| Samoa-Inseln ....... | 0,4 | 0,5 | 0,3 | 0,0 | 0,2 | 0,1 | 0,1 | 0,1 | 0,1 | 0,1 |
| Französisch Australien .. | 0,3 | 0,1 | 0,1 | 0,1 | 0,5 | 0,0 | 0,1 | | | |
| Übriges Polynesien .. | 0,0 | 0,0 | 0,1 | 0,0 | 1,3 | 1,0 | 0,9 | 0,1 | 0,1 | 0,1 |
| Hawaiische Inseln .... | 0,4 | 0,5 | 1,0 | 1,0 | | | | 0,3 | 0,0 | 0,5 |
| **Nicht ermittelt** ([illegible]) | 9,9 | 0,7 | 1,0 | 0,5 | 0,2 | 0,0 | 0,0 | 1,0 | 1,1 | 0,9 |
| Gesamtausfuhr .... | 5 130,3 | 4 812,8 | 4 512,8 | 4 752,6 | 4 368,4 | 4 010,6 | 3 786,2 | 3 753,8 | 3 424,1 | 3 051,5 |

## 9. II. Der Spezialhandel nach Erdteilen und Ländern.

Die Werte der Ein- und Ausfuhr des Jahres 1897 als Ausgangspunkt = 100 gesetzt, ergeben sich für den Handel mit den einzelnen Gebieten die nachstehenden Verhältniszahlen.

| Länder | Einfuhr | | | | | | Ausfuhr | | | | | |
|---|---|---|---|---|---|---|---|---|---|---|---|---|
| | Werte im Vergleich zu 1897 (= 100) für die Jahre | | | | | | | | | | | |
| | 1898 | 1899 | 1900 | 1901 | 1902 | 1903 | 1898 | 1899 | 1900 | 1901 | 1902 | 1903 |
| **Gesamt-Ein- und Ausfuhr** | 112 | 119 | 124 | 117 | 118 | 130 | 104 | 116 | 120 | 119 | 127 | 135 |
| **I. Europa** | 110 | 116 | 117 | 107 | 111 | 123 | 108 | 117 | 125 | 120 | 127 | 134 |
| Freih. Hamburg, Kuxh. | 94 | 116 | 121 | 122 | 134 | 134 | 100 | 121 | 118 | 125 | 105 | 144 |
| Freih. Bremerh., Geest. | 29 | 160 | 46 | 82 | 64 | 449 | 145 | 155 | 204 | 192 | 200 | 256 |
| Zollausschl. Helgoland | 87 | 113 | 129 | 103 | 95 | 103 | 137 | 164 | 160 | 138 | 128 | 144 |
| Badische Zollausschlüsse | 108 | 117 | 113 | 112 | 145 | 125 | 223 | 307 | 361 | 174 | 224 | 246 |
| Belgien | 108 | 132 | 118 | 100 | 105 | 111 | 99 | 109 | 133 | 124 | 138 | 141 |
| Bulgarien | 61 | 40 | 54 | 188 | 228 | 270 | 90 | 68 | 73 | 92 | 93 | 120 |
| Gibraltar, Malta, Cyp. | 155 | 158 | 198 | 208 | 215 | 286 | 98 | 146 | 170 | 195 | 213 | 238 |
| Dänemark | 109 | 128 | 118 | 113 | 124 | 128 | 112 | 117 | 117 | 110 | 122 | 139 |
| Frankreich | 108 | 123 | 124 | 115 | 125 | 137 | 98 | 103 | 132 | 119 | 121 | 130 |
| Griechenland | 90 | 90 | 92 | 99 | 121 | 121 | 129 | 118 | 153 | 154 | 163 | 189 |
| Großbritannien | 125 | 117 | 127 | 99 | 92 | 126 | 115 | 121 | 130 | 131 | 138 | 141 |
| Italien | 111 | 129 | 122 | 119 | 126 | 131 | 105 | 128 | 141 | 141 | 144 | 151 |
| Niederlande | 99 | 110 | 116 | 110 | 111 | 105 | 106 | 124 | 150 | 144 | 149 | 159 |
| Norwegen | 121 | 103 | 80 | 87 | 99 | 90 | 114 | 139 | 127 | 117 | 110 | 113 |
| Österreich-Ungarn | 110 | 122 | 121 | 115 | 120 | 128 | 104 | 107 | 117 | 113 | 123 | 122 |
| Portugal | 102 | 92 | 102 | 105 | 86 | 90 | 111 | 134 | 147 | 141 | 145 | 173 |
| Rumänien | 65 | 52 | 68 | 91 | 160 | 121 | 112 | 111 | 77 | 103 | 140 | 114 |
| Rußland | 104 | 100 | 102 | 102 | 109 | 118 | 119 | 115 | 94 | 92 | 99 | 110 |
| Finnland | 115 | 173 | 157 | 163 | 160 | 188 | 117 | 154 | 129 | 104 | 107 | 130 |
| Schweden | 118 | 119 | 120 | 96 | 92 | 103 | 115 | 147 | 149 | 120 | 128 | 142 |
| Schweiz | 109 | 111 | 107 | 97 | 106 | 108 | 101 | 112 | 115 | 104 | 112 | 120 |
| Serbien | 78 | 99 | 117 | 94 | 155 | 110 | 99 | 106 | 228 | 186 | 144 | 181 |
| Spanien | 114 | 165 | 196 | 166 | 178 | 208 | 83 | 147 | 181 | 167 | 186 | 194 |
| Türkei in Europa<br>Türkei in Asien<br>Türkei in Afrika | 97 | 95 | 100 | 99 | 120 | 124 | 120 | 105 | 111 | 121 | 140 | 162 |
| **II. Afrika** | 111 | 180 | 181 | 138 | 180 | 197 | 105 | 115 | 120 | 117 | 151 | 167 |
| Abessinien usw. | 175 | 171 | 433 | 375 | 525 | 863 | 229 | 157 | 343 | 800 | 457 | 2 300 |
| Ägypten | 102 | 133 | 169 | 133 | 190 | 237 | 111 | 92 | 149 | 157 | 173 | 216 |
| Algerien | 141 | 176 | 299 | 238 | 307 | 326 | 318 | 599 | 660 | 687 | 674 | 1 153 |
| Britisch Ostafrika | 91 | 98 | 113 | 97 | 114 | 114 | 78 | 117 | 121 | 129 | 122 | 270 |
| Britisch Südafrika | 113 | 172 | 107 | 126 | 150 | 167 | 108 | 84 | 92 | 148 | 245 | 243 |
| Britisch Westafrika | 115 | 129 | 139 | 152 | 212 | 211 | 125 | 146 | 139 | 139 | 147 | 113 |
| Deutsch Ostafrika | 81 | 103 | 145 | 128 | 204 | 294 | 201 | 159 | 230 | 181 | 150 | 155 |
| Deutsch Südwestafrika | 88 | 78 | 137 | 133 | 140 | 144 | 103 | 171 | 179 | 200 | 163 | 152 |
| Deutsch Westafrika | 102 | 102 | 121 | 115 | 130 | 122 | 113 | 169 | 201 | 144 | 154 | 132 |
| Französisch Westafrika | 81 | 100 | 155 | 145 | 161 | 160 | 130 | 160 | 189 | 115 | 132 | 140 |
| Kongostaat | 90 | 175 | 255 | 321 | 397 | 492 | 158 | 151 | 194 | 134 | 92 | 74 |
| Liberia | 104 | 189 | 173 | 120 | 159 | 158 | 163 | 217 | 182 | 186 | 173 | 161 |
| Madagaskar | 92 | 106 | 98 | 104 | 129 | 108 | 70 | 72 | 131 | 123 | 119 | 74 |
| Marokko | 122 | 100 | 107 | 71 | 73 | 92 | 102 | 130 | 117 | 130 | 138 | 300 |
| Oranje-Kolonie | 100 | — | — | 100 | — | — | 72 | 211 | 3 | 9 | 12 | 20 |
| Portugiesisch Ostafrika | 92 | 120 | 468 | 79 | 145 | 111 | 84 | 102 | 275 | 79 | 201 | 204 |
| Portugiesisch Westafrika | 185 | 186 | 167 | 168 | 196 | 108 | 95 | 168 | 149 | 69 | 65 | 83 |
| Transvaal | 88 | 6 011 | 1 129 | 82 | 2 | 5 | 76 | 94 | 13 | 7 | 42 | 74 |
| Tunis | 69 | 168 | 604 | 867 | 657 | 604 | 87 | 66 | 87 | 91 | 138 | 153 |
| Übriges Afrika | 53 | 88 | 58 | 11 | 20 | 66 | 38 | 74 | 74 | 115 | 44 | 40 |

| Länder | Einfuhr | | | | | | Ausfuhr | | | | | | Ein- u. Ausfuhr zusammen |
|---|---|---|---|---|---|---|---|---|---|---|---|---|---|
| | Werte im Vergleich zu 1897 (= 100) für die Jahre | | | | | | | | | | | | |
| | 1898 | 1899 | 1900 | 1901 | 1902 | 1903 | 1898 | 1899 | 1900 | 1901 | 1902 | 1903 | 1903 |
| **III. Asien** | 96 | 98 | 106 | 112 | 119 | 126 | 122 | 131 | 167 | 162 | 147 | 168 | 157 |
| Britisch Indien usw. / Ceylon / Britisch Malakka usw. | 108 | 113 | 110 | 105 | 116 | 130 | 121 | 138 | 148 | 168 | 149 | 190 | 148 |
| China / Hongkong / Kiautschou | 69 | 50 | 63 | 78 | 97 | 61 | 148 | 157 | 164 | 147 | 151 | 197 | 110 |
| Französisch Indien | 2 | 25 | 124 | 198 | 238 | 25 | 66 | 153 | 249 | 210 | 195 | 271 | 37 |
| Japan | 85 | 138 | 135 | 163 | 146 | 178 | 110 | 104 | 179 | 116 | 127 | 116 | 131 |
| Korea | 143 | 21 | 64 | 350 | 71 | 100 | 82 | 71 | 207 | 370 | 312 | 265 | 229 |
| Niederländ. Indien usw. | 92 | 93 | 124 | 144 | 135 | 137 | 123 | 128 | 179 | 170 | 154 | 143 | 138 |
| Persien | 178 | 129 | 160 | 131 | 138 | 111 | 69 | 135 | 186 | 283 | 258 | 293 | 177 |
| Portugiesisch Indien | 75 | — | — | 13 | 6 | 150 | 114 | 14 | 314 | 243 | 129 | 229 | 187 |
| Siam | 93 | 30 | 37 | 119 | 100 | 21 | 125 | 158 | 305 | 327 | 253 | 342 | 84 |
| Philippinen usw. | 146 | 229 | 249 | 344 | 191 | 320 | 68 | 118 | 270 | 303 | 279 | 248 | 268 |
| Übriges Asien / Aden, Bahrein usw. | 62 | 39 | 49 | 108 | 99 | 71 | 42 | 58 | 33 | 56 | 102 | 100 | 79 |
| **IV. Amerika** | 123 | 131 | 148 | 147 | 137 | 147 | 99 | 101 | 118 | 105 | 110 | 130 | 141 |
| Argentinien | 134 | 178 | 215 | 184 | 185 | 248 | 125 | 146 | 179 | 151 | 132 | 198 | 235 |
| Bolivien | 132 | 194 | 258 | 253 | 198 | 178 | 119 | 167 | 265 | 215 | 154 | 162 | 172 |
| Brasilien | 104 | 91 | 115 | 113 | 118 | 132 | 90 | 93 | 91 | 71 | 87 | 103 | 122 |
| Britisch Nordamerika | 141 | 102 | 153 | 177 | 226 | 237 | 143 | 142 | 119 | 158 | 231 | 214 | 218 |
| Britisch Westindien usw. | 92 | 90 | 111 | 69 | 77 | 82 | 104 | 135 | 98 | 131 | 133 | 141 | 91 |
| Chile | 102 | 114 | 110 | 123 | 138 | 117 | 75 | 104 | 148 | 126 | 120 | 161 | 128 |
| Kolumbien | 100 | 106 | 81 | 77 | 61 | 70 | 65 | 57 | 28 | 50 | 47 | 96 | 84 |
| Kostarika | 91 | 92 | 104 | 123 | 130 | 124 | 60 | 63 | 84 | 71 | 54 | 102 | 111 |
| Dänisch Westindien | 131 | 125 | 95 | 81 | 38 | 33 | 91 | 80 | 93 | 99 | 92 | 114 | 76 |
| Dominikan. Republik | 79 | 91 | 99 | 112 | 111 | 131 | 118 | 135 | 222 | 253 | 161 | 158 | 133 |
| Ecuador | 113 | 134 | 144 | 115 | 109 | 129 | 109 | 120 | 190 | 125 | 87 | 125 | 128 |
| Französisch Amerika | 73 | 73 | 137 | 85 | 93 | 563 | 38 | 160 | 131 | 88 | 185 | 192 | 358 |
| Guatemala | 68 | 77 | 75 | 92 | 82 | 69 | 56 | 33 | 48 | 77 | 63 | 27 | 65 |
| Hondur., Nikar., Salv. | 107 | 130 | 104 | 132 | 139 | 197 | 60 | 75 | 93 | 84 | 143 | 91 | 144 |
| Mexiko | 89 | 93 | 101 | 85 | 97 | 114 | 116 | 127 | 160 | 148 | 195 | 208 | 168 |
| Niederländisch Amerika | 95 | 98 | 104 | 84 | 92 | 95 | 111 | 133 | 132 | 174 | 206 | 201 | 122 |
| Paraguay | 108 | 90 | 194 | 237 | 253 | 636 | 118 | 107 | 130 | 191 | 190 | 278 | 494 |
| Peru | 106 | 110 | 180 | 192 | 185 | 189 | 108 | 121 | 155 | 175 | 143 | 148 | 164 |
| Republik Haiti | 77 | 70 | 78 | 37 | 9 | 14 | 47 | 33 | 74 | 62 | 52 | 57 | 22 |
| Kuba, Portorico | 97 | 100 | 92 | 97 | 114 | 120 | 80 | 160 | 204 | 182 | 215 | 187 | 141 |
| Uruguay | 95 | 121 | 143 | 135 | 119 | 140 | 152 | 187 | 215 | 173 | 212 | 254 | 178 |
| Venezuela | 89 | 86 | 88 | 80 | 94 | 95 | 77 | 73 | 91 | 127 | 74 | 98 | 106 |
| Verein. St. von Amerika | 133 | 138 | 155 | 158 | 138 | 143 | 84 | 95 | 111 | 97 | 113 | 118 | 134 |
| **V. Australasien und Polynesien** | 101 | 141 | 141 | 128 | 141 | 148 | 106 | 123 | 154 | 168 | 146 | 143 | 144 |
| Britisch Australien | 101 | 141 | 143 | 126 | 140 | 149 | 105 | 121 | 153 | 167 | 145 | 143 | 141 |
| Deutsch Australien | 182 | 243 | 102 | 48 | 128 | 33 | 121 | 264 | 287 | 339 | 252 | 317 | 222 |
| Französisch Australien | 107 | 130 | 207 | 216 | 167 | 466 | 44 | 95 | 120 | 219 | 100 | 394 | 463 |
| Samoa-Inseln | 125 | 675 | 12 625 | 11 050 | 8 525 | 10 975 | 73 | 137 | 144 | 232 | 389 | 338 | 658 |
| Übriges Polynesien / Hawaiische Inseln | 56 | 30 | 52 | 508 | 11 | 7 | 100 | 148 | 138 | 141 | 64 | 41 | 43 |
| **Nicht ermittelt (Ungewiß)** | 156 | 128 | 211 | 245 | 243 | 240 | 70 | 79 | 67 | 230 | 98 | 1 196 | 490 |

## 10. Anteil der Herkunfts- und Bestimmungsländer am Spezialhandel.

### a. Einfuhr.

### 1. Wertsummen.

| Länder der Herkunft nach den Werten von 1903 geordnet. | Wert in Millionen Mark | | | | | | | | | |
|---|---|---|---|---|---|---|---|---|---|---|
| | 1903 | 1902 | 1901 | 1900 | 1899 | 1898 | 1897 | 1896 | 1895 | 1894 |
| Verein. St. von Amerika | 941,0 | 911,1 | 1 046,1 | 1 020,8 | 907,0 | 877,1 | 698,0 | 584,0 | 521,7 | 532,0 |
| Rußland | 826,2 | 760,4 | 716,1 | 716,5 | 701,7 | 727,0 | 700,0 | 634,7 | 568,8 | 543,0 |
| Finnland | 15,4 | 13,6 | 13,4 | 13,0 | 14,1 | 9,1 | 8,2 | | | |
| Großbritannien | 833,1 | 610,6 | 657,8 | 840,7 | 777,0 | 825,7 | 661,5 | 647,0 | 578,0 | 608,6 |
| Österreich-Ungarn | 754,8 | 719,5 | 693,3 | 724,3 | 730,0 | 662,0 | 600,5 | 578,0 | 525,0 | 581,8 |
| Frankreich | 338,0 | 306,2 | 281,6 | 309,5 | 303,1 | 265,3 | 246,0 | | | |
| Algerien | 9,1 | 8,6 | 6,4 | 8,1 | 4,9 | 3,9 | 4,4 | 433,6 | 429,0 | 414,1 |
| Tunis | 0,7 | 0,6 | 0,6 | 0,7 | 0,1 | 0,6 | 0,1 | | | |
| Britisch Indien usw. | 253,0 | 214,5 | 197,1 | 204,6 | | | | | | |
| Britisch Malakka usw. | 22,4 | 16,5 | 11,3 | 13,3 | 230,5 | 220,0 | 204,6 | | | |
| Ceylon | 8,1 | 7,0 | 6,3 | 6,8 | | | | 171,2 | 161,2 | 164,1 |
| Portugiesisch Indien | 0,0 | 0,0 | 0,0 | — | — | 0,0 | 0,0 | | | |
| Argentinien | 270,6 | 201,8 | 200,4 | 234,6 | 194,5 | 145,9 | 109,1 | 108,8 | 118,4 | 103,0 |
| Belgien | 207,4 | 196,7 | 186,1 | 220,1 | 246,1 | 201,4 | 186,5 | 173,7 | 179,1 | 171,6 |
| Italien | 200,1 | 192,5 | 182,6 | 186,4 | 197,0 | 170,3 | 153,0 | 137,9 | 146,0 | 141,4 |
| Niederlande | 194,4 | 206,1 | 203,8 | 215,4 | 203,3 | 184,1 | 185,1 | 162,6 | 164,3 | 199,2 |
| Schweiz | 171,8 | 168,6 | 154,0 | 170,5 | 176,3 | 173,9 | 158,6 | 146,3 | 144,5 | 136,5 |
| Brasilien | 132,1 | 118,6 | 115,9 | 115,1 | 91,0 | 104,6 | 100,4 | 100,1 | 114,8 | 91,3 |
| Britisch Australien | 120,0 | 120,0 | 107,9 | 122,1 | 121,1 | 86,8 | 85,7 | 103,6 | 113,7 | 97,8 |
| Chile | 95,7 | 113,0 | 100,7 | 89,4 | 93,4 | 83,0 | 81,6 | 79,3 | 81,7 | 83,7 |
| Niederländisch Indien usw. | 92,3 | 90,9 | 96,7 | 83,7 | 62,4 | 61,9 | 67,4 | 77,1 | 68,8 | 52,4 |
| Schweden | 90,2 | 80,4 | 84,3 | 104,9 | 104,0 | 103,9 | 87,5 | 74,0 | 61,9 | 63,4 |
| Spanien | 87,7 | 74,9 | 78,3 | 82,4 | 69,5 | 48,1 | 48,1 | 35,9 | 38,6 | 39,4 |
| Dänemark | 77,3 | 74,7 | 68,3 | 71,5 | 77,5 | 65,6 | 60,4 | 58,2 | 71,0 | 71,4 |
| Rumänien | 63,4 | 84,0 | 47,6 | 35,9 | 27,1 | 34,0 | 52,6 | 69,3 | 36,0 | 59,3 |
| Ägypten | 57,1 | 45,5 | 38,2 | 40,6 | 31,9 | 24,6 | 24,1 | 20,1 | 17,6 | 23,1 |
| Türkei in Asien | 27,5 | 29,4 | 23,1 | 22,1 | | | | | | |
| Türkei i. Europa u. Montenegro | 10,5 | 11,5 | 6,9 | 8,4 | 28,9 | 29,5 | 30,5 | 25,9 | 22,1 | 18,9 |
| Türkei in Afrika | 0,0 | 0,0 | 0,0 | 0,0 | | | | | | |
| China | 34,8 | 55,1 | 44,6 | 15,4 | | | | | | |
| Hongkong | 0,3 | 0,5 | 0,1 | 0,5 | 29,0 | 39,5 | 57,5 | 42,6 | 27,0 | 27,1 |
| Kiautschou | 0,0 | 0,1 | 0,0 | 0,1 | | | | | | |
| Guatemala | 20,1 | 23,0 | 26,8 | 21,1 | 22,6 | 19,7 | 29,0 | | | |
| Kostarika | 5,1 | 5,8 | 5,4 | 4,6 | 4,1 | 4,0 | 4,4 | 19,7 | 19,4 | 15,8 |
| Hondur., Nikar., Salvad. | 4,7 | 3,3 | 3,1 | 2,5 | 3,1 | 2,5 | 2,4 | | | |
| Britisch Südafrika | 29,0 | 26,0 | 22,0 | 28,6 | 30,0 | 19,8 | 17,4 | 21,1 | 17,2 | 11,8 |
| Oranje-Kolonie | — | 0,0 | 0,0 | — | — | 0,0 | 0,0 | | | |
| Freihäfen Hamburg, Kuxh. | 22,1 | 22,3 | 20,3 | 20,0 | 19,3 | 15,7 | 16,6 | 15,6 | 14,3 | 12,5 |
| Japan | 21,6 | 17,8 | 19,8 | 16,4 | 16,5 | 10,3 | 12,1 | 11,4 | 7,8 | 7,0 |
| Norwegen | 21,6 | 23,6 | 21,0 | 20,6 | 24,6 | 29,1 | 24,1 | 19,4 | 15,3 | 19,1 |
| Kuba, Portorico | 13,1 | 14,6 | 12,4 | 11,8 | 12,9 | 12,9 | 12,9 | 13,5 | 13,4 | 13,6 |
| Portugal | 15,5 | 14,8 | 18,1 | 17,6 | 15,9 | 17,6 | 17,1 | 13,1 | 13,1 | 12,6 |
| Uruguay | 25,1 | 18,9 | 14,1 | 15,4 | 13,1 | 10,3 | 10,5 | 10,5 | 8,6 | 8,3 |
| Mexiko | 14,1 | 12,3 | 10,6 | 12,9 | 11,8 | 12,1 | 12,7 | 13,2 | 12,6 | 12,1 |
| Griechenland | 11,0 | 11,1 | 9,1 | 8,1 | 8,4 | 8,4 | 9,1 | 9,3 | 8,0 | 4,9 |
| Venezuela | 10,4 | 10,5 | 9,6 | 9,1 | 9,4 | 9,7 | 10,9 | 16,0 | 13,6 | 20,4 |
| Britisch Nordamerika | 9,2 | 9,4 | 7,4 | 6,4 | 4,1 | 5,9 | 4,1 | 3,0 | 2,1 | 8,2 |
| Ecuador | 9,6 | 8,1 | 8,6 | 10,8 | 10,0 | 8,5 | 7,5 | 5,6 | 5,4 | 5,0 |
| Serbien | 8,8 | 12,5 | 7,5 | 9,4 | 8,0 | 6,3 | 8,1 | 6,6 | 5,6 | 4,8 |
| Bulgarien | 8,1 | 6,9 | 5,6 | 1,8 | 1,4 | 1,6 | 3,0 | 3,7 | 2,4 | 3,6 |
| Peru | 7,1 | 7,0 | 7,2 | 7,0 | 4,1 | 4,4 | 3,8 | 3,8 | 4,8 | 6,0 |
| Britisch Westindien usw. | 7,2 | 6,1 | 3,3 | 9,5 | 7,8 | 7,9 | 8,6 | 7,1 | 8,4 | 5,9 |
| Britisch Westafrika | 42,2 | 43,0 | 30,4 | 18,0 | 26,2 | 23,5 | 20,1 | | | |
| Kongostaat | 9,0 | 7,1 | 5,9 | 4,7 | 3,7 | 1,6 | 1,6 | | | |
| Dominik. Republik | 7,0 | 6,0 | 6,1 | 3,1 | 4,9 | 4,5 | 3,4 | 78,3 | 79,6 | 78,1 |
| Portugiesisch Westafrika | 6,1 | 7,7 | 6,5 | 6,1 | 7,4 | 7,1 | 3,9 | | | |
| Übrige Länder | 60,5 | 61,0 | 66,5 | 78,4 | 92,5 | 51,5 | 44,1 | | | |
| Gesamteinfuhr | 6 321,1 | 5 806,5 | 5 710,3 | 6 043,0 | 5 783,6 | 5 439,7 | 4 864,6 | 4 558,0 | 4 246,1 | 4 285,6 |

## 10. Anteil der Herkunfts- und Bestimmungsländer am Spezialhandel.

### a. Einfuhr.

### 2. Verhältniswerte.

| Länder der Herkunft und am Werte von 1903 geordnet. | % der Werte der Einfuhr | | | | | | | | |
|---|---|---|---|---|---|---|---|---|---|
| | 1903 | 1902 | 1901 | 1900 | 1899 | 1898 | 1897 | 1896 | 1895 |
| Verein. St. v. Amerika | 14,0 | 15,7 | 18,2 | 16,9 | 15,7 | 16,1 | 13,6 | 12,8 | 12,1 |
| Rußland | 13,1 | 13,1 | 12,6 | 11,9 | 12,1 | 13,8 | 14,4 | 13,9 | 13,4 |
| Finnland | 0,2 | 0,2 | 0,2 | 0,2 | 0,3 | 0,2 | 0,2 | | |
| Großbritannien | 13,2 | 10,5 | 11,3 | 13,9 | 13,4 | 15,1 | 13,6 | 14,2 | 13,8 |
| Österreich-Ungarn | 11,9 | 12,4 | 12,1 | 12,0 | 12,6 | 12,3 | 12,3 | 12,7 | 12,4 |
| Frankreich | 5,4 | 5,0 | 4,9 | 5,1 | 5,2 | 4,9 | 5,0 | | |
| Algerien | 0,1 | 0,1 | 0,1 | 0,1 | 0,1 | 0,0 | 0,1 | 5,1 | 5,4 |
| Tunis | 0,0 | 0,0 | 0,0 | 0,0 | 0,0 | 0,0 | 0,0 | | |
| Britisch Indien usw. | 4,0 | 3,7 | 3,6 | 3,4 | | | | | |
| Britisch Malakka usw. | 0,4 | 0,3 | 0,2 | 0,2 | 4,0 | 4,1 | 4,2 | | |
| Ceylon | 0,1 | 0,1 | 0,1 | 0,1 | | | | 3,9 | 3,8 |
| Portugiesisch Indien | 0,0 | 0,0 | 0,0 | — | — | 0,0 | 0,0 | | |
| Argentinien | 4,8 | 3,5 | 3,6 | 3,9 | 3,4 | 2,7 | 2,7 | 2,4 | 2,8 |
| Belgien | 3,3 | 3,4 | 3,3 | 3,6 | 4,3 | 3,7 | 3,6 | 3,9 | 4,2 |
| Italien | 3,2 | 3,3 | 3,2 | 3,1 | 3,4 | 3,1 | 3,1 | 3,0 | 3,4 |
| Niederlande | 3,1 | 3,1 | 3,6 | 3,6 | 3,5 | 3,4 | 3,6 | 3,8 | 3,9 |
| Schweiz | 2,7 | 2,9 | 2,7 | 2,6 | 3,0 | 3,2 | 3,3 | 3,2 | 3,4 |
| Brasilien | 2,1 | 2,0 | 2,0 | 1,9 | 1,8 | 1,9 | 2,1 | 2,3 | 2,7 |
| Britisch Australien | 1,9 | 2,1 | 1,0 | 2,0 | 2,1 | 1,6 | 1,9 | 2,8 | 2,7 |
| Chile | 1,5 | 1,9 | 1,8 | 1,5 | 1,6 | 1,6 | 1,7 | 1,7 | 1,9 |
| Niederländisch Indien usw. | 1,5 | 1,6 | 1,7 | 1,4 | 1,1 | 1,1 | 1,4 | 1,7 | 1,6 |
| Schweden | 1,4 | 1,4 | 1,6 | 1,7 | 1,8 | 1,9 | 1,9 | 1,6 | 1,5 |
| Spanien | 1,4 | 1,8 | 1,4 | 1,4 | 1,2 | 0,9 | 0,9 | 0,8 | 0,7 |
| Dänemark | 1,3 | 1,3 | 1,3 | 1,3 | 1,8 | 1,3 | 1,3 | 1,3 | 1,7 |
| Rumänien | 1,0 | 1,5 | 0,6 | 0,6 | 0,5 | 0,6 | 1,1 | 1,5 | 0,9 |
| Ägypten | 0,9 | 0,6 | 0,6 | 0,7 | 0,6 | 0,6 | 0,5 | 0,4 | 0,6 |
| Türkei in Asien | 0,4 | 0,5 | 0,4 | 0,4 | | | | | |
| Türkei i. Europa u. Montenegro | 0,3 | 0,2 | 0,1 | 0,1 | 0,5 | 0,5 | 0,8 | 0,8 | 0,8 |
| Türkei in Afrika | 0,0 | 0,0 | 0,0 | 0,0 | | | | | |
| China | 0,8 | 1,0 | 0,9 | 0,6 | | | | | |
| Hongkong | 0,0 | 0,0 | 0,0 | 0,0 | 0,5 | 0,7 | 1,2 | 0,9 | 0,8 |
| Kiautschou | 0,0 | 0,0 | 0,0 | 0,0 | | | | | |
| Guatemala | 0,8 | 0,4 | 0,5 | 0,5 | 0,4 | 0,4 | 0,6 | | |
| Kostarika | 0,1 | 0,1 | 0,1 | 0,1 | 0,1 | 0,1 | 0,1 | 0,9 | 0,9 |
| Hondur., Nikar., Salvad. | 0,1 | 0,1 | 0,0 | 0,0 | 0,0 | 0,0 | 0,0 | | |
| Britisch Südafrika | 0,5 | 0,5 | 0,4 | 0,3 | 0,6 | 0,4 | 0,4 | 0,6 | 0,4 |
| Oranje-Kolonie | — | 0,0 | 0,0 | — | — | 0,0 | 0,0 | | |
| Freihäfen Hamburg, Kuxh. | 0,4 | 0,4 | 0,6 | 0,8 | 0,8 | 0,6 | 0,3 | 0,3 | 0,3 |
| Japan | 0,3 | 0,3 | 0,3 | 0,5 | 0,3 | 0,2 | 0,2 | 0,8 | 0,8 |
| Norwegen | 0,6 | 0,4 | 0,4 | 0,5 | 0,4 | 0,5 | 0,5 | 0,4 | 0,4 |
| Kuba, Portoriko | 0,3 | 0,3 | 0,3 | 0,2 | 0,3 | 0,2 | 0,8 | 0,3 | 0,8 |
| Portugal | 0,8 | 0,3 | 0,2 | 0,6 | 0,8 | 0,8 | 0,4 | 0,8 | 0,8 |
| Uruguay | 0,7 | 0,2 | 0,3 | 0,2 | 0,3 | 0,2 | 0,2 | 0,2 | 0,2 |
| Mexiko | 0,8 | 0,3 | 0,8 | 0,2 | 0,3 | 0,3 | 0,5 | 0,6 | 0,6 |
| Griechenland | 0,2 | 0,3 | 0,3 | 0,1 | 0,1 | 0,2 | 0,2 | 0,3 | 0,2 |
| Venezuela | 0,2 | 0,2 | 0,2 | 0,1 | 0,3 | 0,2 | 0,2 | 0,4 | 0,3 |
| Britisch Nordamerika | 0,2 | 0,3 | 0,1 | 0,1 | 0,1 | 0,1 | 0,1 | 0,1 | 0,1 |
| Ecuador | 0,2 | 0,1 | 0,1 | 0,3 | 0,2 | 0,3 | 0,1 | 0,1 | 0,1 |
| Serbien | 0,1 | 0,2 | 0,1 | 0,1 | 0,1 | 0,1 | 0,3 | 0,1 | 0,1 |
| Bulgarien | 0,1 | 0,1 | 0,1 | 0,0 | 0,0 | 0,0 | 0,1 | 0,1 | 0,1 |
| Peru | 0,1 | 0,1 | 0,1 | 0,1 | 0,1 | 0,1 | 0,1 | 0,1 | 0,1 |
| Britisch Westindien usw. | 0,1 | 0,1 | 0,1 | 0,2 | 0,2 | 0,1 | 0,2 | 0,1 | 0,2 |
| Britisch Westafrika | 0,7 | 0,7 | 0,5 | 0,5 | 0,5 | 0,4 | 0,4 | | |
| Kongostaat | 0,1 | 0,1 | 0,1 | 0,1 | 0,1 | 0,0 | 0,0 | | |
| Dominik. Republik | 0,1 | 0,1 | 0,1 | 0,1 | 0,1 | 0,1 | 0,1 | 1,3 | 1,9 |
| Portugiesisch Westafrika | 0,1 | 0,1 | 0,1 | 0,1 | 0,1 | 0,2 | 0,1 | | |
| Übrige Länder | 1,0 | 1,1 | 1,2 | 1,3 | 1,6 | 1,0 | 1,1 | | |
| Gesamteinfuhr | 100 | 100 | 100 | 100 | 100 | 100 | 100 | 100 | 100 |

## 10. Anteil der Herkunfts- und Bestimmungsländer am Spezialhandel.

### b. Ausfuhr.

#### 1. Wertsummen.

| Länder der Bestimmung nach den Grenzen von 1903 geordnet | Wert in Millionen Mark | | | | | | | | | |
|---|---|---|---|---|---|---|---|---|---|---|
| | 1903 | 1902 | 1901 | 1900 | 1899 | 1898 | 1897 | 1896 | 1895 | 1894 |
| Großbritannien | 987,7 | 965,5 | 916,4 | 912,1 | 851,6 | 803,8 | 701,7 | 715,1 | 678,0 | 634,1 |
| Österreich-Ungarn | 530,8 | 533,6 | 491,5 | 510,7 | 466,8 | 453,7 | 435,1 | 477,1 | 435,8 | 401,7 |
| Verein. St. v. Amerika | 469,0 | 449,8 | 385,2 | 439,6 | 377,6 | 334,0 | 397,1 | 383,3 | 368,7 | 271,1 |
| Niederlande | 418,4 | 393,6 | 379,8 | 395,9 | 327,7 | 280,0 | 263,9 | 262,1 | 245,0 | 244,8 |
| Rußland | 378,6 | 343,7 | 318,4 | 324,9 | 396,6 | 409,6 | 345,6 | 364,0 | 310,9 | 294,8 |
| Finnland | 34,8 | 28,8 | 27,6 | 34,0 | 40,7 | 30,9 | 26,4 | | | |
| Schweiz | 304,1 | 285,1 | 264,3 | 293,1 | 284,7 | 255,9 | 254,4 | 244,8 | 219,0 | 188,3 |
| Frankreich | 271,9 | 253,8 | 249,9 | 277,6 | 216,7 | 205,4 | 200,9 | | | |
| Algerien | 0,9 | 0,5 | 0,5 | 0,5 | 0,4 | 0,8 | 0,1 | 201,6 | 208,2 | 188,0 |
| Tunis | 0,6 | 0,6 | 0,4 | 0,4 | 0,1 | 0,3 | 0,4 | | | |
| Belgien | 268,8 | 260,7 | 236,0 | 253,1 | 207,1 | 187,3 | 189,6 | 168,0 | 159,4 | 149,9 |
| Dänemark | 149,7 | 131,1 | 118,0 | 125,5 | 123,3 | 120,4 | 107,4 | 97,4 | 100,9 | 83,4 |
| Italien | 136,1 | 130,8 | 127,0 | 127,1 | 116,0 | 94,4 | 90,1 | 85,6 | 83,4 | 82,5 |
| Schweden | 132,3 | 119,1 | 111,4 | 138,1 | 136,1 | 107,8 | 92,9 | 78,9 | 76,6 | 73,1 |
| Britisch Indien usw. | 76,0 | 57,4 | 67,2 | 56,1 | | | | | | |
| Britisch Malakka usw. | 14,1 | 11,7 | 11,1 | 12,0 | 65,3 | 57,0 | 47,1 | | | |
| Ceylon | 1,6 | 1,1 | 1,1 | 1,7 | | | | 49,0 | 44,7 | 39,0 |
| Portugiesisch Indien | 0,8 | 0,8 | 0,8 | 0,8 | 0,0 | 0,8 | 0,0 | | | |
| Freihäfen Hamburg, Cuxh. | 84,4 | 61,3 | 73,3 | 69,6 | 70,8 | 58,5 | 58,6 | 39,5 | 37,0 | 36,6 |
| Argentinien | 71,0 | 47,0 | 34,6 | 64,8 | 51,1 | 44,7 | 35,3 | 44,2 | 37,6 | 30,4 |
| China | 44,7 | 37,9 | 37,8 | 43,7 | | | | | | |
| Kiautschou | 10,1 | 6,9 | 3,3 | 5,7 | 50,6 | 48,0 | 32,1 | 45,3 | 39,0 | 28,6 |
| Hongkong | 8,7 | 4,0 | 4,6 | 3,5 | | | | | | |
| Norwegen | 62,7 | 61,3 | 63,0 | 70,6 | 77,0 | 63,4 | 55,6 | 48,3 | 42,4 | 40,0 |
| Spanien | 58,8 | 55,8 | 50,0 | 54,1 | 44,0 | 24,7 | 30,0 | 39,0 | 31,0 | 30,6 |
| Brasilien | 51,9 | 43,3 | 35,1 | 45,7 | 46,3 | 45,1 | 50,1 | 60,3 | 75,0 | 57,0 |
| Türkei i. Europa u. Montenegro | 35,5 | 29,5 | 25,0 | 23,1 | | | | | | |
| Türkei in Asien | 14,6 | 13,4 | 12,2 | 11,1 | 32,6 | 37,0 | 30,9 | 28,0 | 39,0 | 34,0 |
| Türkei in Afrika | 0,1 | 0,3 | 0,3 | 0,1 | | | | | | |
| Japan | 45,6 | 49,8 | 45,1 | 70,4 | 40,9 | 43,0 | 19,0 | 35,6 | 26,1 | 17,1 |
| Britisch Australien | 44,8 | 45,3 | 52,1 | 47,0 | 37,9 | 32,9 | 31,3 | 29,3 | 22,0 | 20,3 |
| Chile | 43,3 | 34,1 | 34,0 | 39,9 | 28,1 | 20,3 | 27,0 | 34,6 | 44,5 | 32,5 |
| Rumänien | 37,6 | 49,5 | 34,0 | 25,4 | 36,8 | 37,0 | 33,1 | 32,3 | 34,1 | 36,5 |
| Mexiko | 36,5 | 34,2 | 26,0 | 28,1 | 22,3 | 20,3 | 17,5 | 15,0 | 16,3 | 10,9 |
| Britisch Nordamerika | 35,8 | 38,7 | 26,5 | 20,0 | 23,7 | 23,9 | 16,8 | 13,1 | 16,3 | 16,3 |
| Britisch Südafrika | 32,1 | 33,1 | 20,8 | 12,5 | 11,3 | 14,5 | 13,6 | 15,7 | 13,0 | 11,3 |
| Oranje-Kolonie | 0,0 | 0,0 | 0,0 | 0,0 | 0,1 | 0,1 | 0,1 | | | |
| Portugal | 24,4 | 17,4 | 19,4 | 20,1 | 18,4 | 13,6 | 14,1 | 13,4 | 11,0 | 10,9 |
| Ägypten | 22,7 | 18,1 | 16,5 | 15,7 | 9,7 | 11,7 | 10,5 | 9,4 | 5,8 | 6,9 |
| Niederländisch Indien usw. | 21,8 | 23,5 | 26,0 | 27,1 | 19,5 | 15,5 | 15,3 | 13,9 | 17,6 | 11,0 |
| Uruguay | 14,1 | 11,6 | 9,7 | 14,0 | 10,4 | 8,4 | 5,0 | 9,0 | 8,9 | 7,8 |
| Kuba, Portoriko | 10,5 | 12,6 | 10,1 | 11,8 | 9,6 | 4,6 | 5,6 | 4,5 | 3,1 | 3,3 |
| Deutsch Westafrika | 5,1 | 6,0 | 5,7 | 7,9 | 6,7 | 4,0 | 4,0 | 4,0 | 2,6 | 2,8 |
| Deutsch Südwestafrika | 4,3 | 4,6 | 5,1 | 5,0 | 4,8 | 2,9 | 2,9 | | | |
| Peru | 9,4 | 9,1 | 11,1 | 9,9 | 7,3 | 6,8 | 6,4 | 7,3 | 5,4 | 4,1 |
| Transvaal | 8,9 | 5,1 | 0,1 | 1,6 | 11,3 | 9,1 | 12,1 | 13,7 | 9,3 | 5,5 |
| Kolumbien | 8,3 | 4,1 | 4,3 | 2,3 | 5,0 | 5,6 | 8,7 | 6,9 | 4,1 | 3,0 |
| Griechenland | 8,7 | 6,9 | 6,4 | 6,5 | 4,0 | 5,4 | 4,1 | 4,1 | 3,9 | 3,6 |
| Bulgarien | 7,3 | 6,0 | 5,9 | 4,7 | 5,6 | 5,1 | 6,4 | 5,1 | 4,4 | 5,7 |
| Serbien | 7,0 | 5,6 | 7,1 | 8,0 | 2,1 | 3,5 | 3,9 | 2,5 | 1,7 | 3,1 |
| Philippinen usw. | 5,9 | 6,5 | 7,0 | 6,5 | 2,7 | 1,0 | 2,3 | 3,0 | 3,0 | 2,5 |
| Venezuela | 5,4 | 4,0 | 7,0 | 5,0 | 4,0 | 4,1 | 5,1 | 6,1 | 6,1 | 6,0 |
| Freib. Bremerhaven, Geest. | 11,0 | 9,3 | 8,4 | 9,1 | 7,1 | 6,7 | 4,7 | | | |
| Britisch Westafrika | 6,1 | 8,1 | 7,1 | 7,6 | 8,0 | 6,9 | 5,1 | | | |
| Portugiesisch Ostafrika | 4,5 | 4,1 | 1,1 | 0,1 | 1,1 | 1,9 | 2,4 | 38,0 | 34,0 | 29,6 |
| Marokko | 4,0 | 1,6 | 1,5 | 1,3 | 1,5 | 1,1 | 1,1 | | | |
| Übrige Länder | 49,4 | 36,3 | 42,0 | 44,9 | 36,3 | 31,0 | 30,6 | | | |
| Gesamtausfuhr | 5 130,3 | 4 812,8 | 4 512,6 | 4 752,6 | 4 368,4 | 4 010,6 | 3 786,2 | 3 753,8 | 3 424,1 | 3 051,5 |

## 10. Anteil der Herkunfts- und Bestimmungsländer am Spezialhandel.

### b. Ausfuhr.

### 2. Verhältniswerte.

| Länder der Bestimmung nach den Werten von 1903 geordnet | % der Werte der Ausfuhr | | | | | | | | | |
|---|---|---|---|---|---|---|---|---|---|---|
| | 1903 | 1902 | 1901 | 1900 | 1899 | 1898 | 1897 | 1896 | 1895 | 1894 |
| Großbritannien | 18,3 | 20,1 | 20,3 | 19,2 | 19,4 | 20,0 | 18,6 | 19,0 | 19,8 | 20,8 |
| Österreich-Ungarn | 10,3 | 11,1 | 10,9 | 10,7 | 10,7 | 11,3 | 11,6 | 12,7 | 12,7 | 13,2 |
| Verein. St. v. Amerika | 9,1 | 9,3 | 8,5 | 9,3 | 8,6 | 8,3 | 10,6 | 10,3 | 10,8 | 8,9 |
| Niederlande | 8,2 | 8,3 | 8,1 | 8,3 | 7,5 | 7,0 | 7,0 | 7,0 | 7,3 | 8,0 |
| Rußland | 7,1 | 7,4 | 7,1 | 6,9 | 9,1 | 10,3 | 9,3 | 9,7 | 8,6 | 8,4 |
| Finnland | 0,7 | 0,8 | 0,8 | 0,7 | 0,9 | 0,8 | 0,7 | | | |
| Schweiz | 5,9 | 5,9 | 5,9 | 6,1 | 6,5 | 6,4 | 6,7 | 6,6 | 6,4 | 6,3 |
| Frankreich | 5,3 | 5,8 | 5,4 | 5,9 | 5,0 | 5,1 | 5,8 | | | |
| Algerien | 0,0 | 0,0 | 0,0 | 0,0 | 0,0 | 0,0 | 0,0 | 5,4 | 5,9 | 6,2 |
| Tunis | 0,0 | 0,0 | 0,0 | 0,0 | 0,0 | 0,0 | 0,0 | | | |
| Belgien | 5,8 | 5,6 | 5,2 | 5,3 | 4,7 | 4,7 | 5,0 | 4,5 | 4,8 | 4,9 |
| Dänemark | 2,9 | 2,7 | 2,8 | 2,8 | 2,9 | 3,0 | 2,8 | 2,8 | 2,9 | 2,1 |
| Italien | 2,7 | 2,7 | 2,8 | 2,7 | 2,7 | 2,4 | 2,4 | 2,3 | 2,4 | 2,7 |
| Schweden | 2,4 | 2,6 | 2,5 | 2,9 | 3,1 | 2,7 | 2,5 | 2,1 | 2,2 | 2,4 |
| Britisch Indien usw. | 1,6 | 1,9 | 1,6 | 1,9 | | | | | | |
| Britisch Malakka usw. | 0,3 | 0,3 | 0,2 | 0,3 | 1,5 | 1,4 | 1,7 | | | |
| Ceylon | 0,0 | 0,0 | 0,0 | 0,0 | | | | 1,3 | 1,3 | 1,3 |
| Portugiesisch Indien | 0,0 | 0,0 | 0,0 | 0,0 | 0,0 | 0,0 | 0,0 | | | |
| Freihäfen Hamburg, Cuxh. | 1,8 | 1,3 | 1,6 | 1,5 | 1,8 | 1,8 | 1,6 | 1,0 | 1,1 | 1,3 |
| Argentinien | 1,1 | 1,0 | 1,2 | 1,3 | 1,2 | 1,1 | 0,9 | 1,2 | 1,1 | 1,0 |
| China | 0,9 | 0,8 | 0,8 | 0,9 | | | | | | |
| Kiautschou | 0,2 | 0,1 | 0,1 | 0,1 | 1,2 | 1,2 | 0,9 | 1,7 | 1,0 | 0,9 |
| Hongkong | 0,1 | 0,1 | 0,1 | 0,1 | | | | | | |
| Norwegen | 1,7 | 1,8 | 1,6 | 1,5 | 1,9 | 1,6 | 1,5 | 1,3 | 1,2 | 1,3 |
| Spanien | 1,1 | 1,3 | 1,1 | 1,1 | 1,0 | 0,8 | 0,6 | 1,0 | 0,9 | 1,0 |
| Brasilien | 1,0 | 0,9 | 0,8 | 1,0 | 1,1 | 1,1 | 1,3 | 1,4 | 2,3 | 1,9 |
| Türkei i. Europa u. Rumelien | 0,7 | 0,9 | 0,5 | 0,6 | | | | | | |
| Türkei in Asien | 0,3 | 0,2 | 0,2 | 0,2 | 0,7 | 0,9 | 0,8 | 0,1 | 1,1 | 1,1 |
| Türkei in Afrika | 0,0 | 0,0 | 0,0 | 0,0 | | | | | | |
| Japan | 0,9 | 1,0 | 1,0 | 1,5 | 0,9 | 1,1 | 1,0 | 0,9 | 0,6 | 0,6 |
| Britisch Australien | 0,9 | 1,0 | 1,2 | 1,0 | 0,9 | 0,8 | 0,8 | 0,8 | 0,7 | 0,7 |
| Chile | 0,8 | 0,7 | 0,6 | 0,8 | 0,8 | 0,6 | 0,7 | 0,8 | 1,3 | 0,7 |
| Rumänien | 0,7 | 1,0 | 0,8 | 0,5 | 0,8 | 0,9 | 0,9 | 0,9 | 1,0 | 1,2 |
| Mexiko | 0,7 | 0,7 | 0,8 | 0,6 | 0,5 | 0,6 | 0,6 | 0,4 | 0,5 | 0,3 |
| Britisch Nordamerika | 0,7 | 0,8 | 0,8 | 0,4 | 0,6 | 0,6 | 0,4 | 0,4 | 0,6 | 0,6 |
| Britisch Südafrika | 0,6 | 0,7 | 0,4 | 0,3 | 0,8 | 0,4 | 0,4 | 0,4 | 0,4 | 0,4 |
| Oranje-Kolonie | 0,0 | 0,0 | 0,0 | 0,0 | 0,0 | 0,0 | 0,0 | | | |
| Portugal | 0,5 | 0,4 | 0,1 | 0,1 | 0,4 | 0,4 | 0,6 | 0,6 | 0,4 | 0,5 |
| Ägypten | 0,4 | 0,4 | 0,4 | 0,3 | 0,2 | 0,3 | 0,3 | 0,3 | 0,2 | 0,2 |
| Niederländisch Indien | 0,4 | 0,5 | 0,6 | 0,4 | 0,6 | 0,6 | 0,4 | 0,4 | 0,3 | 0,4 |
| Uruguay | 0,3 | 0,3 | 0,2 | 0,3 | 0,3 | 0,3 | 0,1 | 0,8 | 0,8 | 0,5 |
| Kuba, Portorico | 0,2 | 0,3 | 0,3 | 0,3 | 0,2 | 0,1 | 0,2 | 0,1 | 0,1 | 0,1 |
| Deutsch Westafrika | 0,1 | 0,1 | 0,1 | 0,2 | 0,2 | 0,1 | 0,1 | 0,1 | 0,1 | 0,1 |
| Deutsch Südwestafrika | 0,1 | 0,1 | 0,2 | 0,1 | 0,1 | 0,1 | 0,1 | | | |
| Peru | 0,2 | 0,2 | 0,2 | 0,3 | 0,2 | 0,3 | 0,3 | 0,3 | 0,2 | 0,1 |
| Transvaal | 0,2 | 0,1 | 0,0 | 0,0 | 0,3 | 0,3 | 0,3 | 0,4 | 0,3 | 0,2 |
| Kolumbien | 0,2 | 0,1 | 0,1 | 0,1 | 0,1 | 0,1 | 0,2 | 0,2 | 0,1 | 0,1 |
| Griechenland | 0,2 | 0,1 | 0,1 | 0,1 | 0,1 | 0,1 | 0,1 | 0,1 | 0,1 | 0,1 |
| Bulgarien | 0,2 | 0,1 | 0,1 | 0,1 | 0,1 | 0,2 | 0,2 | 0,1 | 0,1 | 0,3 |
| Serbien | 0,1 | 0,1 | 0,2 | 0,2 | 0,1 | 0,1 | 0,1 | 0,1 | 0,0 | 0,1 |
| Philippinen usw. | 0,1 | 0,1 | 0,2 | 0,1 | 0,1 | 0,0 | 0,1 | 0,1 | 0,1 | 0,1 |
| Venezuela | 0,1 | 0,1 | 0,1 | 0,1 | 0,1 | 0,1 | 0,2 | 0,2 | 0,2 | 0,3 |
| Freih. Bremerhaven, Geest. | 0,2 | 0,2 | 0,2 | 0,2 | 0,2 | 0,2 | 0,1 | | | |
| Britisch Westafrika | 0,1 | 0,2 | 0,2 | 0,2 | 0,3 | 0,2 | 0,1 | | | |
| Portugiesisch Ostafrika | 0,1 | 0,1 | 0,0 | 0,1 | 0,1 | 0,0 | 0,1 | 1,0 | 1,0 | 1,0 |
| Marokko | 0,1 | 0,0 | 0,0 | 0,0 | 0,0 | 0,0 | 0,0 | | | |
| Übrige Länder | 1,0 | 0,7 | 0,9 | 1,0 | 0,4 | 0,4 | 0,5 | | | |
| Gesamtausfuhr | 100 | 100 | 100 | 100 | 100 | 100 | 100 | 100 | 100 | 100 |

# VIII. Geld- und Kreditwesen.

## 1. Ausprägung und Einziehung von Reichsmünzen.

(Gesetz vom 4. Dezember 1871 (R. G. Bl. S. 404) und Münzgesetz vom 9. Juli 1873 (R. G. Bl. S. 233). Anlagen zu den Übersichten der Reichs-Ausgaben und Einnahmen. Reichstags-Drucksachen. Deutscher Reichsanzeiger.)

| Sorten | Es sind Reichsmünzen geprägt worden in den Rechnungsjahren 1899 | 1900 | 1901 | 1902 | 1903 | zusammen seit 1871 bis Ende März 1904 | Hiervon wurden wieder eingezogen bis Ende März 1904 | Mithin bleiben |
|---|---|---|---|---|---|---|---|---|
| | 1000 M | | | | | | | |
| **Goldmünzen** | | | | | | | | |
| Doppelkronen | 160 897,2 | 82 521,0 | 105 023,8 | 75 075,4 | 62 441,8 | 3 323 305,5 | 9 854,6 | 3 313 450,9 |
| Kronen | 3 000,0 | 13 806,1 | 10 101,5 | 12 344,8 | 30 143,0 | 671 727,8 | 26 155,9 | 645 571,9 |
| Halbe Kronen [1]) | — | — | — | — | — | 27 969,9 | 24 249,9 | 3 720,0 |
| **Silbermünzen** [2]) | | | | | | | | |
| 5 Mark-Stücke | 6 537,5 | 11 276,6 | 12 312,9 | 20 000,1 | 10 157,7 | 193 211,9 | 83,8 | 193 128,6 |
| 2 » » | 4 590,1 | 14 702,1 | 10 735,1 | 17 932,0 | 21 214,7 | 197 556,3 | 143,3 | 197 413,0 |
| 1 » » | 3 440,2 | 4 407,5 | 8 089,4 | 9 998,9 | 4 705,8 | 220 421,9 | 68,2 | 220 353,7 |
| 50 Pfennig-Stücke | — | 95,9 | 144,8 | 192,1 | — | 72 307,4 | 884,8 | 71 422,6 |
| 20 » » [3]) | — | — | — | — | — | 35 717,8 | 30 251,0 | 5 466,8 |
| **Nickelmünzen** | | | | | | | | |
| 20 Pfennig-Stücke [4]) | — | — | — | — | — | 5 005,9 | 4 513,5 | 492,4 |
| 10 » » | 4 436,1 | 4 613,8 | 1 500,0 | 999,4 | 999,9 | 47 763,9 | 194,9 | 47 569,0 |
| 5 » » | 1 037,1 | 1 113,0 | 750,0 | 999,7 | 500,3 | 23 347,1 | 22,4 | 23 324,7 |
| **Kupfermünzen** | | | | | | | | |
| 2 Pfennig-Stücke | — | — | — | — | — | 6 213,2 | 1,7 | 6 211,5 |
| 1 » » | 615,7 | 1 078,3 | 49,8 | 109,5 | 296,4 | 10 034,2 | 1,3 | 10 032,9 |
| **Im ganzen** | 185 157,6 | 133 733,7 | 148 727,1 | 137 741,7 | 150 289,7 | 4 834 584,9 | 96 425,1 | 4 738 159,8 |

[1]) Seit 1. X. 1900 nicht mehr gesetzliches Zahlungsmittel (Gesetz vom 1. VI. 1900 und Bekanntmachung vom 13. VI. 1900 R. G. Bl. S. 250 und 253).

[2]) Als gesetzliches Zahlungsmittel gelten gegenwärtig noch die Eintalerstücke deutschen Gepräges.

[3]) Seit 1. I. 1902 nicht mehr gesetzliches Zahlungsmittel (Gesetz v. 1. VI. 1900 und Bekanntmachung v. 31. X. 1901, R. G. Bl. 1901 S. 468).

[4]) Seit 1. I. 1903 nicht mehr gesetzliches Zahlungsmittel (Gesetz vom 1. VI. 1900 und Bekanntmachung vom 16. X. 1902, R. G. Bl. 1902 S. 267).

Über Reichskassenscheine vgl. Abschn. XV unter »Reichsschulden«.

## 2. Banknotenumlauf.

(Verwaltungsbericht der Reichsbank für das Jahr 1903, Anlage B, sowie die im Deutschen Reichs-Anzeiger veröffentlichten Jahresbilanzen der anderen Banken.)

| Notenbanken | Ende 1903 waren im Umlauf Noten in Abschnitten von M 100 | 500 | 1000 | Notenbanken | Am Jahresschluß waren im Umlauf Noten in Abschnitten von M 100 | 500 | 1000 |
|---|---|---|---|---|---|---|---|
| | 1000 M | | | | 1000 M | | |
| Reichsbank | 1 147 025,6 | — | 418 433,0 | Zusammen Ende 1903: 6 Banken | 1 284 138,0 | 23 716,5 | 418 433,0 |
| Bayer. Notenbank | 63 464,9 | — | — | 1902: 6 Banken | 1 237 039,5 | 44 445,0 | 416 885,0 |
| Sächs. Bank z. Dresd. | 24 894,7 | 23 716,5 | — | 01: 7 » | 1 268 918,7 | 21 431,0 | 406 109,0 |
| Württemb. Notenb. | 23 450,4 | — | — | 00: 8 » | 1 198 495,4 | 21 731,1 | 383 451,0 |
| Badische Bank | 19 559,0 | — | — | 1899: 8 » | 1 146 957,7 | 24 668,0 | 383 338,0 |
| Braunschw. Bank | 2 745,0 | — | — | | | | |

## 3. Stand der Notenbanken.

(Bankgesetz vom 14. März 1875, § 8, R. G. Bl. S. 178.)
Nach dem Durchschnitt der im Deutschen Reichs-Anzeiger veröffentlichten Wochenübersichten.

| Notenbanken | Grund-kapital | Reserve-fonds | Notenumlauf überhaupt | Notenumlauf darunter ungedeckt | Andere Verbindlichkeiten täglich fällige | Andere Verbindlichkeiten mit Kündigungsfrist | Sonstige Passiva | Summe der Passiva |
|---|---|---|---|---|---|---|---|---|
| | 1903. Passiva — 1 000 ℳ | | | | | | | |
| Reichsbank | 150 000 | 47 096 | 1 248 718 | 308 210 | 553 748 | — | 27 351 | 2 027 113 |
| Bayerische Notenbank | 7 500 | 2 873 | 64 004 | 28 079 | 8 154 | — | 4 207 | 86 738 |
| Sächsische Bank zu Dresden | 30 000 | 6 115 | 39 257 | 10 080 | 29 198 | 30 060 | 1 100 | 135 740 |
| Württembergische Notenbank | 9 000 | 1 107 | 22 709 | 9 607 | 8 077 | 69 | 792 | 41 754 |
| Badische Bank | 9 000 | 1 978 | 17 759 | 9 842 | 12 460 | — | 821 | 42 018 |
| Braunschweigische Bank | 10 500 | 962 | 1 879 | 1 274 | 5 431 | 3 973 | 148 | 22 893 |
| **Zusammen 1903: 6 Banken** | **216 000** | **60 131** | **1 394 336** | **366 152** | **617 068** | **34 102** | **34 818** | **2 360 260** |
| 1902: 6 „ | 216 000 | 56 684 | 1 373 482 | 266 702 | 636 869 | 37 744 | 33 172 | 2 353 951 |
| 01: 7 „ | 231 672 | 54 901 | 1 345 436 | 294 404 | 649 461 | 37 048 | 41 935 | 2 360 451 |
| 00: 8 „ | 219 672 | 48 329 | 1 313 833 | 362 292 | 561 770 | 43 726 | 49 665 | 2 237 017 |
| 1899: 8 „ | 219 672 | 47 389 | 1 322 101 | 350 867 | 576 530 | 35 120 | 37 504 | 2 238 636 |

| Notenbanken | Metall-bestand | Reichs-kassen-scheine | Noten anderer Banken | Wechsel | Lombard | Effekten | Sonstige Aktiva | Summe der Aktiva |
|---|---|---|---|---|---|---|---|---|
| | 1903. Aktiva — 1 000 ℳ | | | | | | | |
| Reichsbank[1] | 904 947 | 27 118 | 10 443 | 845 737 | 74 831 | 80 908 | 83 039 | 2 027 113 |
| Bayerische Notenbank | 30 903 | 83 | 3 939 | 46 016 | 3 318 | 57 | 2 422 | 86 738 |
| Sächsische Bank zu Dresden | 19 570 | 560 | 9 048 | 46 135 | 23 921 | 16 089 | 19 828 | 135 740 |
| Württembergische Notenbank | 10 778 | 103 | 2 161 | 17 118 | 9 343 | 1 101 | 1 150 | 41 754 |
| Badische Bank | 7 213 | 13 | 659 | 20 380 | 10 854 | 518 | 2 348 | 42 018 |
| Braunschweigische Bank | 512 | 8 | 85 | 9 218 | 1 743 | 1 089 | 10 487 | 23 148 |
| **Zusammen 1903: 6 Banken** | **973 953** | **27 896** | **26 336** | **984 804** | **124 010** | **109 433** | **119 280** | **2 356 611** |
| 1902: 6 „ | 1 052 391 | 27 460 | 26 920 | 901 408 | 130 848 | 87 334 | 127 863 | 2 354 253 |
| 01: 7 „ | 990 262 | 26 259 | 34 511 | 990 950 | 122 626 | 60 251 | 135 996 | 2 360 855 |
| 00: 8 „ | 899 630 | 23 763 | 28 169 | 1 036 961 | 99 875 | 28 807 | 122 360 | 2 239 564 |
| 1899: 8 „ | 911 528 | 22 836 | 27 972 | 1 049 428 | 100 361 | 21 511 | 107 159 | 2 240 795 |

[1]) Metallbestand am 31. Dezember 1903: Gold, in Barren und fremden Münzen 153 221, in deutschen Münzen 404 858, in Talern 169 738, in Scheidemünzen 65 627 (1 000 ℳ). Vgl. auch die Zusammensetzung des Metallbestandes Tab. 5 g S. 186.

| Notenbanken | 4a. Gesetzlich steuerfreie Maximalbeträge des ungedeckten Notenumlaufs (Bankges. v. 14. III. 1875, §§ 9 und 10) 1 000 ℳ | 4b. Notensteuer im Jahre 1903 1 000 ℳ | 4c. Deckung des Notenumlaufs durch Metall in % (vergl. Tab. 5 f. S. 186) 1899 | 1900 | 1901 | 1902 | 1903 | im Durchschnitt |
|---|---|---|---|---|---|---|---|---|
| Reichsbank | 470 000 | 605,3 | 72,30 | 71,77 | 78,37 | 79,88 | 72,47 | 74,66 |
| Bayerische Notenbank | 32 000 | 11,7 | 49,82 | 51,77 | 49,20 | 49,56 | 48,28 | 49,63 |
| Sächsische Bank zu Dresden | 16 771 | 5,7 | 55,38 | 52,52 | 52,28 | 52,17 | 49,84 | 52,46 |
| Württembergische Notenbank | 10 000 | 2,1 | 50,20 | 47,18 | 56,57 | 50,48 | 47,47 | 50,88 |
| Badische Bank | 10 000 | 0,3 | 37,02 | 38,49 | 50,03 | 36,96 | 40,78 | 39,81 |
| Braunschweigische Bank | 2 829 | | 26,66 | 27,13 | 26,79 | 27,20 | 27,26 | 27,06 |
| **Zusammen 1903: 6 Banken** | **541 600** | **625,0** | | | | | | |

## 5. Geschäftsverhältnisse der Reichsbank.

(Verwaltungsberichte der Reichsbank.)

### a. Im allgemeinen.

| | 1899 | 1900 | 1901 | 1902 | 1903 |
|---|---|---|---|---|---|
| | Millionen Mark | | | | |
| Gesamtumsatz der Reichsbank | 179 633 | 189 091 | 193 148 | 191 926 | 205 285 |
| davon entfallen auf die Reichshauptbank | 60 708 | 59 904 | 63 782 | 67 087 | 71 617 |
| » » Reichsbankanstalten ¹) | 118 925 | 129 187 | 129 366 | 124 839 | 133 668 |
| Goldankäufe | 98,4 | 124,3 | 139,0 | 20,5 | 97,9 |
| Offene Depots am Jahresschluß (Nennwert) | 2 862,4 | 2 888,8 | 2 075,9 | 3 029,4 | 3 101,8 |
| Gewinnberechnung: | | | | | |
| Einnahmen | 48,6 | 51,9 | 44,7 | 36,9 | 43,0 |
| darunter Gewinn aus dem Wechselgeschäft | 39,4 | 42,6 | 35,9 | 25,4 | 32,3 |
| » » » » Lombardgeschäft | 5,0 | 5,1 | 5,1 | 5,0 | 5,6 |
| » erhobene Gebühren | 3,6 | 3,1 | 3,0 | 3,1 | 3,1 |
| Ausgaben | 16,9 | 17,9 | 18,8 | 16,9 | 17,6 |
| darunter Verwaltungskosten | 11,7 | 12,8 | 13,7 | 14,0 | 14,6 |
| Reingewinn | 31,7 | 34,0 | 25,9 | 20,0 | 25,4 |
| zur Reichskasse gelangt | 19,1 | 20,8 | 12,4 | 8,8 | 12,4 |
| zum Reservefonds | — | — | 4,1 | 3,0 | 4,0 |
| an die Anteilseigner gelangt ²) | 12,6 | 13,2 | 9,4 | 8,2 | 9,0 |
| Dividende der Anteilseigner in % | 10,40 | 10,06 | 6,25 | 5,41 | 6,18 |
| Bankzinsfuß (Jahresdurchschnitt): | | | | | |
| in % a) für Wechsel | 5,038 | 5,333 | 4,099 | 3,321 | 3,837 |
| in % b) » Lombarddarlehne | 6,038 | 6,333 | 5,099 | 4,321 | 4,837 |

¹) 1903: Reichsbankhauptstellen 19, R. Bankstellen 63, R. B. Nebenstellen 257, R. B. Warendepots 12, R. B. Kommanditen 0.
1902: » 18, » 61, » 251, » 12, » 0.

²) Zahl der Reichsbankanteile 70 000,
davon 1903: Eigentum von 10 118 Inländern: 58 403 Stück, Eigentum von 1 [illegible] Ausländern: 11 597 Stück,
dagegen 1902: Eigentum von 10 236 Inländern: 58 381 Stück, Eigentum von 1 976 Ausländern: 11 619 Stück.

### b. Giroverkehr der Reichsbank. ¹)

| Jahr | Zahl der Girokonten (Ende des Jahres) | Einnahmen, 1000 ℳ: Barzahlungen | Verrechnungen mit Konteninhabern | Übertragungen: am Platze | Übertragungen: von anderen Bankstellen | Zusammen |
|---|---|---|---|---|---|---|
| 1899 | 14 987 | 10 216 726 | 21 717 730 | 22 481 239 | 21 594 335 | 78 010 033 |
| 1900 | 15 847 | 11 278 119 | 20 524 126 | 24 159 636 | 25 866 385 | 81 828 266 |
| 01 | 17 134 | 12 011 861 | 19 669 766 | 25 200 243 | 27 011 819 | 83 893 692 |
| 02 | 18 030 | 11 818 284 | 19 379 210 | 25 597 362 | 27 789 117 | 84 593 973 |
| 03 | 20 027 | 12 841 894 | 20 256 468 | 27 851 702 | 28 609 906 | 89 569 970 |

| Jahr | Ausgaben, 1000 ℳ: Barzahlungen | Verrechnungen mit Konteninhabern | Übertragungen: am Platze | Übertragungen: auf andere Bankstellen | Zusammen | Bestand Ende Dezember 1000 ℳ |
|---|---|---|---|---|---|---|
| 1899 | 15 145 625 | 18 411 718 | 22 481 239 | 21 938 178 | 77 976 760 | 385 357 |
| 1900 | 16 166 376 | 17 158 207 | 24 159 636 | 24 319 825 | 81 804 044 | 409 579 |
| 01 | 16 112 916 | 17 092 115 | 25 200 242 | 25 429 789 | 83 835 062 | 468 209 |
| 02 | 15 773 758 | 17 036 663 | 25 597 362 | 26 214 463 | 84 622 246 | 439 935 |
| 03 | 17 405 027 | 17 313 914 | 27 851 702 | 26 947 493 | 89 548 136 | 461 709 |

¹) In den mitgeteilten Zahlen sind nicht enthalten die bei den Abrechnungsstellen der Reichsbank (in Berlin, Bremen, Breslau, Dresden, Elberfeld, Frankfurt a. M., Hamburg, Köln, Leipzig, Stuttgart, Chemnitz) abgerechneten Beträge (Tätigkeit als Clearing-House). Diese Beträge beliefen sich in 1000 ℳ (in Klammern [illegible]) auf: 1899 — 30 237 661 (4 597 164), 1900 — 29 472 741 (5 166 737), 1901 — 28 222 035 (5 402 565), 1902 — 29 959 161 ([illegible]), 1903 — 31 136 633 ([illegible]).

## 5 c. Wechselverkehr der Reichsbank.

### Bankzinsfuß in % für Wechsel.

| Jahr | Januar | Februar | März | April | Mai | Juni | Juli | August | Septbr. | Oktober | Novbr. | Dezbr. | Jahresdurchschnitt [1] |
|---|---|---|---|---|---|---|---|---|---|---|---|---|---|
| 1899 | 1–15: 6, 16–31: 5 | 1–19: 5, 20–28: 4,5 | 4,5 | 4,5 | 1–8: 4,5, 9–31: 4 | 1–18: 4, 19–30: 4,5 | 4,5 | 1–6: 4,5, 7–31: 5 | 5 | 1–3: 5, 4–31: 6 | 6 | 1–18: 6, 19–31: 7 | 5,038 |
| 1900 | 1–11: 7, 12–26: 6, 27–31: 5,5 | 5,5 | 5,5 | 5,5 | 5,5 | 5,5 | 1–11: 5,5, 12–31: 5 | 5 | 5 | 5 | 5 | 5 | 5,333 |
| 01 | 5 | 1–25: 5, 26–28: 4,5 | 4,5 | 1–21: 4,5, 22–30: 4 | 4 | 1–17: 4, 18–30: 3,5 | 3,5 | 3,5 | 1–22: 3,5, 23–30: 4 | 4 | 4 | 4 | 4,099 |
| 02 | 1–17: 4, 18–31: 3,5 | 1–10: 3,5, 11–28: 3 | 3 | 3 | 3 | 3 | 3 | 3 | 3 | 1–3: 3, 4–31: 4 | 4 | 4 | 3,321 |
| 03 | 4 | 1–10: 4, 11–28: 3,5 | 3,5 | 3,5 | 3,5 | 1–7: 3,5, 8–30: 4 | 4 | 4 | 4 | 4 | 4 | 4 | 3,837 |

[1] Bei Berechnung des Durchschnitts ist das Jahr zu 360 Tagen zugrunde gelegt.

### Ankauf und Einziehung von Wechseln.

**Angekaufte Platzwechsel**

| Jahr | 1899 | 1900 | 1901 | 1902 | 1903 |
|---|---|---|---|---|---|
| Stück | 1 268 132 | 1 288 224 | 1 320 550 | 1 299 729 | 1 410 602 |
| Betrag (1000 ℳ) | 3 228 719 | 3 220 920 | 3 276 843 | 3 088 820 | 3 500 298 |
| Größe (ℳ) im Durchschnitt | 2 546 | 2 500 | 2 481 | 2 361 | 2 481 |
| Anlage (1000 ℳ) | 445 176 | 435 015 | 476 162 | 468 393 | 505 061 |
| Verfallzeit, Tage | 50 | 49 | 52 | 55 | 52 |

**Angekaufte Versandwechsel auf das Inland**

| Jahr | 1899 | 1900 | 1901 | 1902 | 1903 |
|---|---|---|---|---|---|
| Stück | 2 994 012 | 3 128 193 | 3 194 790 | 3 064 281 | 3 216 866 |
| Betrag (1000 ℳ) | 4 946 707 | 5 330 004 | 5 303 411 | 4 368 722 | 5 064 024 |
| Größe (ℳ) im Durchschnitt | 1 652 | 1 704 | 1 659 | 1 426 | 1 574 |
| Anlage (1000 ℳ) | 352 844 | 338 392 | 342 242 | 284 386 | 316 609 |
| Verfallzeit, Tage | 26 | 23 | 23 | 21 | 23 |

**Angekaufte Wechsel auf das Ausland**

| Jahr | 1899 | 1900 | 1901 | 1902 | 1903 |
|---|---|---|---|---|---|
| Stück | 16 221 | 20 989 | 22 857 | 24 430 | 25 979 |
| Betrag (1000 ℳ) | 131 049 | 211 751 | 169 092 | 180 416 | 175 063 |
| Größe (ℳ) im Durchschnitt | 8 079 | 10 089 | 7 398 | 7 385 | 6 738 |
| Anlage (1000 ℳ) | 19 045 | 28 753 | 20 946 | 22 733 | 24 068 |

**Nennwerte der Wechsel in 1000 ihrer Valuta**

| Wechsel auf: | | im Jahre 1899 | 1900 | 1901 | 1902 | 1903 |
|---|---|---|---|---|---|---|
| Amerika | $ | 13,3 | 12,8 | 13,9 | 15,4 | 17,0 |
| Belgien | Frs. | 2 548 | 3 400 | 3 572 | 4 010 | 5 321 |
| England | £ | 5 690 | 9 858 | 7 712 | 8 303 | 7 957 |
| Frankreich | Frs. | 9 567 | 3 528 | 4 290 | 2 727 | 3 280 |
| Holland | G. | 1 864 | 1 723 | 2 013 | 1 821 | 1 934 |
| Italien | Lire | 273 | 412 | 511 | 532 | 894 |
| Kopenhagen | Kr. | 400 | 542 | 437 | 507 | 493 |
| Rußland | R. | 5,3 | — | 3,0 | — | 5,3 |
| Schweiz | Frs. | 1 928 | 1 800 | 1 486 | 1 793 | 1 862 |
| Skandinavien | Kr. | 146 | 260 | 149 | 210 | 98 |
| Spanien | Pes. | — | — | 6 | — | — |
| Wien | K. | 18 | 7 | 13 | 58 | 51 |

**Wechseleinziehung für fremde Rechnung [1]**

| Jahr | 1899 | 1900 | 1901 | 1902 | 1903 |
|---|---|---|---|---|---|
| Stück | 436 206 | 497 235 | 574 784 | 563 645 | [2] 530 410 |
| Betrag (1000 ℳ) | 1 002 410 | 1 140 337 | 1 268 759 | 1 185 929 | [2] 925 453 |

**Zusammen Wechselverkehr**

| Jahr | 1899 | 1900 | 1901 | 1902 | 1903 |
|---|---|---|---|---|---|
| Stück | 4 734 571 | 4 934 641 | 5 112 981 | 4 952 065 | 5 203 857 |
| Betrag (1000 ℳ) | 9 308 885 | 9 903 912 | 10 017 905 | 8 803 887 | 9 664 758 |

[1] Platzwechsel für Girokontoinhaber und Auftragswechsel. — [2] Darunter Auftragspapiere 125 718 Stück im Betrage von 148 803 (1000 ℳ).

## 5 d. Die steuerfreie Notenreserve[1]) der Reichsbank an den einzelnen Wochenausweistagen und der gleichzeitige Zinsfuß.

(M = steuerfreie Notenreserve; Z = Zinsfuß in %.)

| Jahr / Datum | 1892 M Z | 1893 M Z | 1894 M Z | 1895 M Z | 1896 M Z | 1897 M Z | 1898 M Z | 1899 M Z | 1900 M Z | 1901 M Z | 1902 M Z | 1903 M Z |
|---|---|---|---|---|---|---|---|---|---|---|---|---|
| | Millionen Mark | | | | | | | | | | | |
| **Januar** | | | | | | | | | | | | |
| 7 | [illegible] | [illegible] | [illegible] | [illegible] | [illegible] | [illegible] | [illegible] | [illegible] | [illegible] | [illegible] | [illegible] | [illegible] |
| 15 | [illegible] | [illegible] | [illegible] | [illegible] | [illegible] | [illegible] | [illegible] | [illegible] | [illegible] | [illegible] | [illegible] | [illegible] |
| 23 | [illegible] | [illegible] | [illegible] | [illegible] | [illegible] | [illegible] | [illegible] | [illegible] | [illegible] | [illegible] | [illegible] | [illegible] |
| 31 | [illegible] | [illegible] | [illegible] | [illegible] | [illegible] | [illegible] | [illegible] | [illegible] | [illegible] | [illegible] | [illegible] | [illegible] |
| **Februar** | | | | | | | | | | | | |
| 7 | [illegible] | [illegible] | [illegible] | [illegible] | [illegible] | [illegible] | [illegible] | [illegible] | [illegible] | [illegible] | [illegible] | [illegible] |
| 15 | [illegible] | [illegible] | [illegible] | [illegible] | [illegible] | [illegible] | [illegible] | [illegible] | [illegible] | [illegible] | [illegible] | [illegible] |
| 23 | [illegible] | [illegible] | [illegible] | [illegible] | [illegible] | [illegible] | [illegible] | [illegible] | [illegible] | [illegible] | [illegible] | [illegible] |
| [illegible] | [illegible] | [illegible] | [illegible] | [illegible] | [illegible] | [illegible] | [illegible] | [illegible] | [illegible] | [illegible] | [illegible] | [illegible] |
| **März** | | | | | | | | | | | | |
| 7 | [illegible] | [illegible] | [illegible] | [illegible] | [illegible] | [illegible] | [illegible] | [illegible] | [illegible] | [illegible] | [illegible] | [illegible] |
| 15 | [illegible] | [illegible] | [illegible] | [illegible] | [illegible] | [illegible] | [illegible] | [illegible] | [illegible] | [illegible] | [illegible] | [illegible] |
| 23 | [illegible] | [illegible] | [illegible] | [illegible] | [illegible] | [illegible] | [illegible] | [illegible] | [illegible] | [illegible] | [illegible] | [illegible] |
| 31 | [illegible] | [illegible] | [illegible] | [illegible] | [illegible] | [illegible] | [illegible] | [illegible] | [illegible] | [illegible] | [illegible] | [illegible] |
| **April** | | | | | | | | | | | | |
| 7 | [illegible] | [illegible] | [illegible] | [illegible] | [illegible] | [illegible] | [illegible] | [illegible] | [illegible] | [illegible] | [illegible] | [illegible] |
| 15 | [illegible] | [illegible] | [illegible] | [illegible] | [illegible] | [illegible] | [illegible] | [illegible] | [illegible] | [illegible] | [illegible] | [illegible] |
| 23 | [illegible] | [illegible] | [illegible] | [illegible] | [illegible] | [illegible] | [illegible] | [illegible] | [illegible] | [illegible] | [illegible] | [illegible] |
| 30 | [illegible] | [illegible] | [illegible] | [illegible] | [illegible] | [illegible] | [illegible] | [illegible] | [illegible] | [illegible] | [illegible] | [illegible] |
| **Mai** | | | | | | | | | | | | |
| 7 | [illegible] | [illegible] | [illegible] | [illegible] | [illegible] | [illegible] | [illegible] | [illegible] | [illegible] | [illegible] | [illegible] | [illegible] |
| 15 | [illegible] | [illegible] | [illegible] | [illegible] | [illegible] | [illegible] | [illegible] | [illegible] | [illegible] | [illegible] | [illegible] | [illegible] |
| 23 | [illegible] | [illegible] | [illegible] | [illegible] | [illegible] | [illegible] | [illegible] | [illegible] | [illegible] | [illegible] | [illegible] | [illegible] |
| 31 | [illegible] | [illegible] | [illegible] | [illegible] | [illegible] | [illegible] | [illegible] | [illegible] | [illegible] | [illegible] | [illegible] | [illegible] |
| **Juni** | | | | | | | | | | | | |
| 7 | [illegible] | [illegible] | [illegible] | [illegible] | [illegible] | [illegible] | [illegible] | [illegible] | [illegible] | [illegible] | [illegible] | [illegible] |
| 15 | [illegible] | [illegible] | [illegible] | [illegible] | [illegible] | [illegible] | [illegible] | [illegible] | [illegible] | [illegible] | [illegible] | [illegible] |
| 23 | [illegible] | [illegible] | [illegible] | [illegible] | [illegible] | [illegible] | [illegible] | [illegible] | [illegible] | [illegible] | [illegible] | [illegible] |
| 30 | [illegible] | [illegible] | [illegible] | [illegible] | [illegible] | [illegible] | [illegible] | [illegible] | [illegible] | [illegible] | [illegible] | [illegible] |
| **Juli** | | | | | | | | | | | | |
| 7 | [illegible] | [illegible] | [illegible] | [illegible] | [illegible] | [illegible] | [illegible] | [illegible] | [illegible] | [illegible] | [illegible] | [illegible] |
| 15 | [illegible] | [illegible] | [illegible] | [illegible] | [illegible] | [illegible] | [illegible] | [illegible] | [illegible] | [illegible] | [illegible] | [illegible] |
| 23 | [illegible] | [illegible] | [illegible] | [illegible] | [illegible] | [illegible] | [illegible] | [illegible] | [illegible] | [illegible] | [illegible] | [illegible] |
| 31 | [illegible] | [illegible] | [illegible] | [illegible] | [illegible] | [illegible] | [illegible] | [illegible] | [illegible] | [illegible] | [illegible] | [illegible] |
| **August** | | | | | | | | | | | | |
| 7 | [illegible] | [illegible] | [illegible] | [illegible] | [illegible] | [illegible] | [illegible] | [illegible] | [illegible] | [illegible] | [illegible] | [illegible] |
| 15 | [illegible] | [illegible] | [illegible] | [illegible] | [illegible] | [illegible] | [illegible] | [illegible] | [illegible] | [illegible] | [illegible] | [illegible] |
| 23 | [illegible] | [illegible] | [illegible] | [illegible] | [illegible] | [illegible] | [illegible] | [illegible] | [illegible] | [illegible] | [illegible] | [illegible] |
| 31 | [illegible] | [illegible] | [illegible] | [illegible] | [illegible] | [illegible] | [illegible] | [illegible] | [illegible] | [illegible] | [illegible] | [illegible] |
| **September** | | | | | | | | | | | | |
| 7 | [illegible] | [illegible] | [illegible] | [illegible] | [illegible] | [illegible] | [illegible] | [illegible] | [illegible] | [illegible] | [illegible] | [illegible] |
| 15 | [illegible] | [illegible] | [illegible] | [illegible] | [illegible] | [illegible] | [illegible] | [illegible] | [illegible] | [illegible] | [illegible] | [illegible] |
| 23 | [illegible] | [illegible] | [illegible] | [illegible] | [illegible] | [illegible] | [illegible] | [illegible] | [illegible] | [illegible] | [illegible] | [illegible] |
| 30 | [illegible] | [illegible] | [illegible] | [illegible] | [illegible] | [illegible] | [illegible] | [illegible] | [illegible] | [illegible] | [illegible] | [illegible] |
| **Oktober** | | | | | | | | | | | | |
| 7 | [illegible] | [illegible] | [illegible] | [illegible] | [illegible] | [illegible] | [illegible] | [illegible] | [illegible] | [illegible] | [illegible] | [illegible] |
| 15 | [illegible] | [illegible] | [illegible] | [illegible] | [illegible] | [illegible] | [illegible] | [illegible] | [illegible] | [illegible] | [illegible] | [illegible] |
| 23 | [illegible] | [illegible] | [illegible] | [illegible] | [illegible] | [illegible] | [illegible] | [illegible] | [illegible] | [illegible] | [illegible] | [illegible] |
| 31 | [illegible] | [illegible] | [illegible] | [illegible] | [illegible] | [illegible] | [illegible] | [illegible] | [illegible] | [illegible] | [illegible] | [illegible] |
| **November** | | | | | | | | | | | | |
| 7 | [illegible] | [illegible] | [illegible] | [illegible] | [illegible] | [illegible] | [illegible] | [illegible] | [illegible] | [illegible] | [illegible] | [illegible] |
| 15 | [illegible] | [illegible] | [illegible] | [illegible] | [illegible] | [illegible] | [illegible] | [illegible] | [illegible] | [illegible] | [illegible] | [illegible] |
| 23 | [illegible] | [illegible] | [illegible] | [illegible] | [illegible] | [illegible] | [illegible] | [illegible] | [illegible] | [illegible] | [illegible] | [illegible] |
| 30 | [illegible] | [illegible] | [illegible] | [illegible] | [illegible] | [illegible] | [illegible] | [illegible] | [illegible] | [illegible] | [illegible] | [illegible] |
| **Dezember** | | | | | | | | | | | | |
| 7 | [illegible] | [illegible] | [illegible] | [illegible] | [illegible] | [illegible] | [illegible] | [illegible] | [illegible] | [illegible] | [illegible] | [illegible] |
| 15 | [illegible] | [illegible] | [illegible] | [illegible] | [illegible] | [illegible] | [illegible] | [illegible] | [illegible] | [illegible] | [illegible] | [illegible] |
| 23 | [illegible] | [illegible] | [illegible] | [illegible] | [illegible] | [illegible] | [illegible] | [illegible] | [illegible] | [illegible] | [illegible] | [illegible] |
| 31 | [illegible] | [illegible] | [illegible] | [illegible] | [illegible] | [illegible] | [illegible] | [illegible] | [illegible] | [illegible] | [illegible] | [illegible] |

1) Die steuerfreie Notenreserve [illegible]

## 5 e. Die durch den Barvorrat¹) ungedeckten oder überdeckten Noten²) der Reichsbank an den einzelnen Wochenausweistagen.

| Jahr / Datum | 1892 | 1893 | 1894 | 1895 | 1896 | 1897 | 1898 | 1899 | 1900 | 1901 | 1902 | 1903 |
|---|---|---|---|---|---|---|---|---|---|---|---|---|
| | Millionen Mark | | | | | | | | | | | |
| **Januar** | | | | | | | | | | | | |
| 7 | 141,1 | 195,0 | 233,1 | 110,0 | 329,2 | 324,7 | 354,0 | 440,5 | 502,4 | 516,0 | 426,1 | 542,6 |
| 15 | 67,8 | 128,5 | 141,6 | 6,4 | 206,4 | 204,8 | 236,2 | 327,6 | 341,1 | 356,0 | 260,1 | 357,0 |
| 23 | 0,3 | 55,4 | 51,5 | 63,9 | 121,8 | 125,0 | 147,6 | 211,7 | 213,4 | 227,7 | 132,9 | 242,6 |
| 31 | *1,3* | 53,6 | 38,4 | *69,5* | 111,8 | 139,8 | 145,1 | 233,4 | 258,0 | 264,3 | 161,3 | 306,0 |
| **Februar** | | | | | | | | | | | | |
| 7 | *41,8* | 22,3 | 9,5 | *106,3* | 46,8 | 90,7 | 98,1 | 181,6 | 207,3 | 230,1 | 95,1 | 231,9 |
| 15 | *80,6* | *21,9* | *21,8* | *149,3* | 17,7 | 27,5 | 24,8 | 117,5 | 139,4 | 154,8 | 23,1 | 175,3 |
| 23 | *139,6* | *38,3* | *60,8* | *177,9* | *23,7* | *23,9* | *28,1* | 79,5 | 111,8 | 100,2 | *41,4* | 182,0 |
| 28 | *122,7* | *30,3* | *40,7* | *146,8* | 29,1 | 33,6 | 21,7 | 120,3 | 159,8 | 120,3 | 31,1 | 209,3 |
| **März** | | | | | | | | | | | | |
| 7 | *118,3* | 27,3 | 38,1 | *141,6* | 22,0 | 21,6 | 26,5 | 113,4 | 152,3 | 111,9 | 19,1 | 182,6 |
| 15 | *130,6* | *48,4* | *45,1* | *155,9* | 20,0 | 0,6 | 14,6 | 79,1 | 119,1 | 89,3 | 0,1 | 164,7 |
| 23 | *129,8* | *22,4* | *11,7* | *135,8* | 40,3 | 13,6 | 32,5 | 102,4 | 130,3 | 108,8 | 15,1 | 165,7 |
| 31 | 48,7 | 170,4 | 189,7 | 85,6 | 337,4 | 305,6 | 363,6 | 403,3 | 531,7 | 476,3 | 359,1 | 595,5 |
| **April** | | | | | | | | | | | | |
| 7 | 38,1 | 177,8 | 150,8 | 61,1 | 279,6 | 262,1 | 314,3 | 346,6 | 427,8 | 418,4 | 313,4 | 407,1 |
| 15 | *1,3* | 118,1 | 97,3 | *8,3* | 165,8 | 173,3 | 225,1 | 221,0 | 335,6 | 253,5 | 164,0 | 308,0 |
| 23 | *37,6* | 82,8 | 47,3 | *71,1* | 117,0 | 125,7 | 189,3 | 168,3 | 244,4 | 150,7 | 80,4 | 270,4 |
| 30 | 12,1 | 115,0 | 93,7 | *9,6* | 188,5 | 189,9 | 276,8 | 250,0 | 326,8 | 225,7 | 170,4 | 347,5 |
| **Mai** | | | | | | | | | | | | |
| 7 | *26,2* | 91,8 | 73,6 | *27,9* | 148,7 | 149,4 | 237,6 | 225,0 | 287,3 | 190,9 | 140,8 | 297,6 |
| 15 | *67,8* | 54,4 | 17,4 | *61,1* | 100,0 | 93,7 | 192,6 | 163,3 | 221,7 | 117,2 | 81,5 | 219,4 |
| 23 | *121,8* | 10,1 | *51,8* | *101,6* | 61,1 | 55,1 | 136,6 | 96,5 | 149,8 | 60,6 | *6,6* | 161,9 |
| 31 | *108,3* | 22,5 | *43,8* | *51,1* | 85,0 | 88,6 | 178,7 | 149,0 | 206,9 | 99,6 | 68,7 | 251,5 |
| **Juni** | | | | | | | | | | | | |
| 7 | *120,7* | 10,9 | *51,7* | *61,0* | 64,0 | 77,0 | 142,5 | 129,4 | 175,1 | 68,4 | 29,1 | 189,1 |
| 15 | *131,6* | 7,0 | *65,1* | *60,7* | 45,7 | 32,7 | 107,0 | 98,3 | 136,2 | 43,8 | *0,5* | 148,3 |
| 23 | *79,8* | 63,7 | *23,9* | *41,0* | 75,6 | 71,8 | 138,8 | 137,4 | 149,6 | 51,3 | *2,1* | 140,1 |
| 30 | 73,8 | 252,9 | 173,4 | 181,1 | 327,7 | 321,6 | 422,9 | 432,1 | 452,0 | 443,5 | 382,3 | 514,8 |
| **Juli** | | | | | | | | | | | | |
| 7 | 38,7 | 225,0 | 125,2 | 150,7 | 281,7 | 267,7 | 359,1 | 388,7 | 314,5 | 390,4 | 319,6 | 415,8 |
| 15 | *30,5* | 168,5 | 68,5 | 77,0 | 166,4 | 179,6 | 252,1 | 270,7 | 252,1 | 274,1 | 190,6 | 278,6 |
| 23 | *66,6* | 124,3 | 7,3 | 9,7 | 102,6 | 131,9 | 177,0 | 210,5 | 172,5 | 182,0 | 107,5 | 179,8 |
| 31 | *39,5* | 144,8 | 33,3 | 38,8 | 146,6 | 179,1 | 213,0 | 248,7 | 223,6 | 215,7 | 173,7 | 252,7 |
| **August** | | | | | | | | | | | | |
| 7 | *57,7* | 122,3 | 17,6 | 25,0 | 104,5 | 153,4 | 177,1 | 234,5 | 194,6 | 204,5 | 145,6 | 224,8 |
| 15 | *72,9* | 106,4 | *15,2* | 2,4 | 82,7 | 126,9 | 137,6 | 186,0 | 157,6 | 188,2 | 110,8 | 169,8 |
| 23 | *74,1* | 73,8 | 55,3 | *16,4* | 48,4 | 105,1 | 98,3 | 152,4 | 116,1 | 121,6 | 73,9 | 120,9 |
| 31 | *32,1* | 111,6 | *14,1* | 47,0 | 109,3 | 170,3 | 167,8 | 230,4 | 209,3 | 228,1 | 173,6 | 228,5 |
| **September** | | | | | | | | | | | | |
| 7 | *38,4* | 107,4 | *19,9* | 46,0 | 117,5 | 183,4 | 181,6 | 234,2 | 217,7 | 215,4 | 185,7 | 223,6 |
| 15 | *43,3* | 95,0 | *27,2* | 49,1 | 109,2 | 181,6 | 183,8 | 241,4 | 219,1 | 191,7 | 181,7 | 194,0 |
| 23 | *14,5* | 114,1 | *17,5* | 69,1 | 129,7 | 207,1 | 290,9 | 293,0 | 247,4 | 193,6 | 196,8 | 198,0 |
| 30 | 196,7 | 330,8 | 175,5 | 319,8 | 413,0 | 488,3 | 569,9 | 664,8 | 585,0 | 608,6 | 621,6 | 624,0 |
| **Oktober** | | | | | | | | | | | | |
| 7 | 186,6 | 289,7 | 174,1 | 314,1 | 371,7 | 404,4 | 535,7 | 577,0 | 542,2 | 400,2 | 546,5 | 544,3 |
| 15 | 158,8 | 240,1 | 96,1 | 235,6 | 280,8 | 303,7 | 460,6 | 497,7 | 425,1 | 326,9 | 415,6 | 415,1 |
| 23 | 128,0 | 102,7 | 44,2 | 169,3 | 220,6 | 290,6 | 394,6 | 418,5 | 360,4 | 285,6 | 334,0 | 330,8 |
| 31 | 180,0 | 226,9 | 71,5 | 248,0 | 268,6 | 332,4 | 448,7 | 481,1 | 432,1 | 356,1 | 413,6 | 491,0 |
| **November** | | | | | | | | | | | | |
| 7 | 173,2 | 197,9 | 33,7 | 218,7 | 241,5 | 300,5 | 423,8 | 439,7 | 409,5 | 311,0 | 390,0 | 400,6 |
| 15 | 134,6 | 148,7 | *22,4* | 108,6 | 207,7 | 234,0 | 367,8 | 394,6 | 348,3 | 258,5 | 335,1 | 354,7 |
| 23 | 88,6 | 100,9 | *73,4* | 165,6 | 149,0 | 166,7 | 299,5 | 345,8 | 279,0 | 196,4 | 272,8 | 364,6 |
| 30 | 101,8 | 90,2 | *46,2* | 211,8 | 176,3 | 195,8 | 330,1 | 382,8 | 316,5 | 264,6 | 335,9 | 344,8 |
| **Dezember** | | | | | | | | | | | | |
| 7 | 96,1 | 87,3 | 62,3 | 164,7 | 154,5 | 181,6 | 291,6 | 363,8 | 295,6 | 230,5 | 325,1 | 330,5 |
| 15 | 79,7 | 75,5 | *64,3* | 159,3 | 147,4 | 153,8 | 256,7 | 343,6 | 302,9 | 203,9 | 304,7 | 310,0 |
| 23 | 130,6 | 136,8 | 2,6 | 218,9 | 210,6 | 215,8 | 324,0 | 429,1 | 365,8 | 255,7 | 370,7 | 391,0 |
| 31 | 278,3 | 283,7 | 100,8 | 441,7 | 427,5 | 465,7 | 576,4 | 631,0 | 649,3 | 568,5 | 701,9 | 745,0 |
| Im Jahresdurchschnitt | 8,7 | 108,6 | 30,6 | 50,7 | 158,3 | 160,4 | 238,7 | 281,1 | 284,7 | 243,1 | 211,4 | 300,3 |
| Maximum | 414,0 | 398,0 | 308,5 | 619,4 | 451,2 | 523,1 | 604,3 | 594,1 | 537,7 | 525,6 | 743,0 | 643,0 |

¹) Als Barvorrat gilt nach § 9 d. Bankges. v. 14. III 1875 der in den Kassen der Bank befindliche Betrag an kursfähigem deutschen Gelde, an Reichskassenscheinen, an Noten anderer deutscher Banken und an Gold in Barren oder ausländischen Münzen, das Pfund fein zu 1392 M. berechnet.
²) Die ungedeckten Notenbeträge sind in gewöhnlichen, die überdeckten in kursiven [illegible]

## 5 f. Deckung des Notenumlaufs der Reichsbank und der fremden Gelder[1]) in %.

| Zeitabschnitte und Jahre | Noten allein: a. Bardeckung[2]) durchschnittlich % | höchste % | niedrigste % | b. Metalldeckung[3]) durchschnittlich % | höchste % | niedrigste % | c. Golddeckung[4]) durchschnittlich % | höchste % | niedrigste % | Noten und fremde Gelder: a. Bardeckung[2]) durchschnittlich % | höchste % | niedrigste % | b. Metalldeckung[3]) durchschnittlich % | höchste % | niedrigste % | c. Golddeckung[4]) durchschnittlich % | höchste % | niedrigste % |
|---|---|---|---|---|---|---|---|---|---|---|---|---|---|---|---|---|---|---|
| 1881/85 | 84,1 | 99,4 | 64,1 | 78,1 | 93,8 | 59,6 | 34,1 | 47,7 | 18,7 | 65,4 | 75,1 | 48,1 | 61,4 | 71,1 | 46,1 | 26,7 | 34,7 | 15,7 |
| 1886 | 90,3 | 108,4 | 69,4 | 86,4 | 103,8 | 66,8 | 48,0 | 57,7 | 37,4 | 66,7 | 73,1 | 53,0 | 63,8 | 70,0 | 51,6 | 35,4 | 39,6 | 29,6 |
| 87 | 90,6 | 107,0 | 72,8 | 89,8 | 102,3 | 70,0 | 54,7 | 62,8 | 40,4 | 66,6 | 71,8 | 56,6 | 63,7 | 68,9 | 54,6 | 38,9 | 42,0 | 31,1 |
| 88 | 100,1 | 119,7 | 80,8 | 98,8 | 115,9 | 78,5 | 65,3 | 79,7 | 50,8 | 71,0 | 75,1 | 62,1 | 68,7 | 73,3 | 59,0 | 46,3 | 50,9 | 37,4 |
| 89 | 91,8 | 110,4 | 65,9 | 88,3 | 106,7 | 63,3 | 59,3 | 72,9 | 40,4 | 65,7 | 73,8 | 50,7 | 63,6 | 71,4 | 48,1 | 42,6 | 48,8 | 31,7 |
| 90 | 84,6 | 98,8 | 64,3 | 81,4 | 95,0 | 61,8 | 52,8 | 62,1 | 37,4 | 61,8 | 68,1 | 51,8 | 59,6 | 65,7 | 49,8 | 38,6 | 43,4 | 30,7 |
| 1886/90 | 91,8 | 110,7 | 64,1 | 88,1 | 115,9 | 61,1 | 56,1 | 79,0 | 37,4 | 66,3 | 75,7 | 50,7 | 63,8 | 73,1 | 48,7 | 40,5 | 50,9 | 29,6 |
| 1891 | 95,2 | 107,3 | 75,4 | 92,0 | 100,7 | 72,8 | 60,7 | 69,1 | 46,3 | 64,5 | 69,0 | 57,4 | 62,8 | 66,8 | 55,4 | 41,3 | 44,6 | 35,4 |
| 92 | 99,1 | 115,9 | 75,6 | 95,7 | 111,4 | 73,3 | 62,6 | 74,4 | 46,0 | 65,7 | 69,8 | 57,8 | 62,0 | 67,7 | 55,9 | 41,1 | 45,1 | 34,4 |
| 93 | 88,9 | 106,4 | 70,0 | 85,6 | 102,1 | 67,1 | 53,6 | 68,6 | 39,4 | 60,9 | 69,0 | 52,3 | 58,8 | 66,6 | 50,1 | 38,6 | 42,9 | 29,5 |
| 94 | 96,0 | 107,1 | 78,5 | 93,4 | 103,8 | 75,4 | 61,0 | 74,8 | 47,1 | 65,0 | 69,9 | 59,0 | 62,8 | 67,8 | 56,7 | 41,6 | 48,7 | 35,7 |
| 95 | 95,4 | 118,3 | 66,5 | 92,6 | 114,1 | 64,6 | 64,3 | 82,3 | 43,2 | 65,5 | 73,5 | 49,9 | 63,4 | 71,1 | 48,5 | 44,2 | 50,9 | 32,4 |
| 1891/95 | 95,1 | 118,3 | 66,6 | 91,8 | 114,7 | 64,6 | 60,7 | 82,0 | 39,1 | 64,3 | 73,5 | 49,8 | 62,6 | 71,1 | 48,5 | 41,6 | 50,9 | 29,5 |
| 1896 | 85,4 | 102,4 | 68,0 | 82,3 | 99,1 | 64,0 | 55,6 | 68,7 | 42,9 | 59,0 | 68,1 | 48,8 | 56,8 | 65,7 | 47,3 | 38,4 | 45,5 | 31,7 |
| 97 | 83,4 | 102,5 | 61,3 | 80,3 | 98,0 | 58,1 | 54,5 | 68,3 | 38,0 | 58,1 | 66,8 | 46,8 | 56,0 | 64,5 | 41,7 | 38,0 | 44,0 | 28,4 |
| 98 | 78,0 | 102,0 | 57,6 | 75,7 | 99,6 | 55,1 | 51,9 | 71,7 | 35,9 | 55,4 | 67,6 | 43,4 | 53,9 | 65,2 | 41,7 | 36,6 | 47,1 | 27,1 |
| 99 | 75,4 | 93,0 | 51,9 | 72,8 | 89,6 | 49,7 | 50,3 | 63,0 | 32,4 | 51,8 | 63,0 | 38,5 | 49,6 | 60,3 | 36,8 | 34,6 | 42,8 | 24,1 |
| 1900 | 75,0 | 88,0 | 53,0 | 71,8 | 85,3 | 51,6 | 50,1 | 60,9 | 35,8 | 51,7 | 58,0 | 39,9 | 49,6 | 56,5 | 38,1 | 34,4 | 40,4 | 26,8 |
| 1896/1900 | 79,5 | 102,5 | 51,9 | 76,4 | 99,6 | 49,7 | 53,6 | 71,7 | 32,4 | 55,1 | 68,1 | 38,5 | 53,6 | 64,7 | 36,3 | 36,1 | 47,1 | 24,1 |
| 1901 | 79,8 | 95,9 | 60,3 | 76,6 | 92,0 | 58,1 | 55,8 | 67,3 | 40,8 | 53,0 | 59,4 | 43,7 | 51,0 | 57,1 | 41,0 | 37,2 | 41,7 | 29,3 |
| 02 | 82,8 | 103,9 | 53,7 | 79,9 | 100,5 | 51,8 | 59,0 | 75,8 | 36,3 | 56,4 | 63,8 | 39,8 | 54,4 | 61,3 | 38,7 | 40,3 | 46,0 | 26,3 |
| 03 | 75,6 | 90,8 | 52,4 | 72,5 | 87,3 | 50,7 | 52,1 | 61,5 | 35,7 | 52,3 | 60,5 | 38,5 | 50,2 | 58,9 | 37,1 | 36,1 | 42,3 | 26,1 |

[1]) Das sind die „anderen täglich fälligen Verbindlichkeiten“. Tab. 3 (Passiva) Spalte 6.
[2]) Metallvorräte (Tab. 5g klein a u. b), ferner Reichskassenscheine und Noten anderer Banken.
[3]) Tab. 5g klein a u. b.
[4]) Tab. 5g klein a.

## 5 g. Die Metallvorräte der Reichsbank.

| Zeitabschnitte und Jahre | Metallvorrat überhaupt, Millionen Mark | Durchschnittliche Zusammensetzung der Metallvorräte: a. Goldbestände (Millionen Mark): Reichsgoldmünzen | % des Metallvorrats | Barren und Sorten | % des Metallvorrats | Zusammen a. | % des Metallvorrats | b. Taler und Scheidemünzen (Millionen Mark): Taler | % des Metallvorrats | Reichssilbermünzen | % des Metallvorrats | Nickel- und Kupfermünzen | % des Metallvorrats | Zusammen b. | % des Metallvorrats |
|---|---|---|---|---|---|---|---|---|---|---|---|---|---|---|---|
| 1881/85 | 577,4 | 165,1 | 28,7 | 84,6 | 14,4 | 251,0 | 43,3 | 266,6 | 46,1 | 58,7 | 10,4 | 0,7 | 0,1 | 326,0 | 56,7 |
| 1886 | 693,1 | 161,8 | 23,3 | 224,7 | 32,2 | 385,0 | 55,5 | 231,3 | 33,4 | 76,2 | 11,0 | 0,8 | 0,1 | 308,1 | 44,5 |
| 87 | 772,4 | 159,5 | 20,6 | 311,6 | 40,4 | 471,1 | 61,0 | 222,5 | 28,8 | 78,2 | 10,1 | 0,6 | 0,1 | 301,3 | 39,0 |
| 88 | 903,4 | 181,1 | 20,0 | 427,2 | 47,3 | 608,3 | 67,3 | 219,1 | 24,3 | 75,1 | 8,3 | 0,8 | 0,1 | 295,1 | 32,7 |
| 89 | 871,8 | 254,9 | 29,2 | 329,5 | 37,8 | 584,4 | 67,1 | 214,8 | 24,6 | 71,8 | 8,2 | 0,8 | 0,1 | 287,2 | 32,9 |
| 90 | 801,0 | 271,8 | 33,9 | 247,8 | 30,9 | 519,1 | 64,8 | 211,1 | 26,4 | 69,1 | 8,7 | 0,8 | 0,1 | 281,0 | 35,2 |
| 1886/90 | 808,1 | 205,8 | 25,5 | 307,1 | 38,0 | 513,6 | 63,6 | 210,6 | 27,1 | 74,0 | 9,1 | 0,7 | 0,1 | 294,7 | 36,4 |
| 1891 | 893,8 | 301,6 | 34,0 | 288,2 | 32,0 | 589,8 | 66,0 | 226,0 | 25,3 | 77,1 | 8,8 | 0,9 | 0,1 | 304,0 | 34,0 |
| 92 | 942,1 | 306,4 | 32,5 | 309,6 | 32,9 | 616,0 | 65,1 | 233,7 | 24,8 | 91,3 | 9,7 | 1,1 | 0,1 | 326,1 | 34,8 |
| 93 | 841,7 | 229,1 | 27,2 | 297,4 | 35,4 | 526,5 | 62,6 | 226,1 | 26,9 | 87,8 | 10,4 | 1,8 | 0,1 | 315,2 | 37,4 |
| 94 | 934,3 | 247,9 | 26,5 | 371,2 | 39,8 | 619,6 | 66,3 | 221,5 | 23,7 | 91,8 | 9,8 | 1,6 | 0,2 | 314,7 | 33,7 |
| 95 | 1011,8 | 319,1 | 31,6 | 385,7 | 38,0 | 704,6 | 69,6 | 217,1 | 21,5 | 88,8 | 8,8 | 1,9 | 0,1 | 307,2 | 30,4 |
| 1891/95 | 924,7 | 281,1 | 30,4 | 334,6 | 36,2 | 611,1 | 66,1 | 224,9 | 24,3 | 87,3 | 9,3 | 1,5 | 0,1 | 313,0 | 33,9 |
| 1896 | 892,0 | 290,2 | 32,5 | 312,8 | 35,3 | 602,0 | 67,5 | 204,1 | 22,9 | 84,9 | 9,5 | 1,0 | 0,1 | 290,0 | 32,4 |
| 97 | 871,5 | 292,1 | 33,6 | 299,3 | 34,4 | 591,4 | 67,9 | 198,9 | 22,8 | 80,4 | 9,2 | 0,9 | 0,1 | 279,9 | 32,1 |
| 98 | 850,9 | 337,3 | 39,6 | 246,0 | 28,9 | 583,3 | 68,5 | 189,1 | 22,2 | 77,1 | 9,1 | 1,1 | 0,2 | 267,4 | 31,5 |
| 99 | 825,3 | 368,6 | 44,7 | 204,4 | 24,7 | 572,8 | 69,4 | 174,4 | 21,1 | 77,1 | 9,3 | 1,2 | 0,2 | 252,7 | 30,6 |
| 1900 | 817,1 | 438,3 | 53,6 | 132,1 | 16,2 | 570,2 | 69,8 | 164,1 | 20,2 | 77,0 | 9,5 | 4,1 | 0,6 | 246,4 | 30,2 |
| 1896/1900 | 847,4 | 341,4 | 40,6 | 243,4 | 28,6 | 584,1 | 68,8 | 186,1 | 22,6 | 79,4 | 9,3 | 1,7 | 0,2 | 267,3 | 31,4 |
| 1901 | 911,1 | 485,4 | 53,3 | 175,6 | 19,6 | 661,0 | 72,9 | 149,0 | 16,4 | 92,3 | 10,1 | 5,0 | 0,6 | 247,4 | 27,1 |
| 02 | 982,7 | 552,4 | 56,3 | 173,1 | 17,6 | 725,5 | 73,9 | 130,3 | 13,6 | 121,0 | 12,3 | 4,4 | 0,4 | 256,7 | 26,1 |
| 03 | 904,0 | 517,2 | 57,2 | 133,1 | 14,7 | 650,3 | 71,9 | 166,8 | 18,4 | 81,8 | 9,3 | 3,4 | 0,4 | 254,1 | 28,1 |

## 6. Wechselkurse[1]) an der Berliner Börse auf 6 auswärtige Plätze und deren Bankzinsfuß.

(Deutscher Reichs-Anzeiger, Jahresberichte der Österr.-Ung. Bank, der Niederländ. Bank, der Bank von Frankreich: für Wien, Amsterdam, Paris; für St. Petersburg bis 1896 nach dem Bulletin de Statistique, von 1897 nach dem amtlichen Kursblatt der Berliner Börse; im übrigen The Economist.)

### a. Für die Jahre 1894 bis 1903.

| Im Durchschnitt des Jahres | Wien (100 K acht Tage) Wechselkurs *M* | Wien Bankzinsfuß | St. Petersburg (100 R. acht Tage) Wechselkurs *M* | St. Petersburg Bankzinsfuß | Amsterdam (100 fl. acht Tage) Wechselkurs *M* | Amsterdam Bankzinsfuß | Paris (100 frs. acht Tage) Wechselkurs *M* | Paris Bankzinsfuß | London (1 £ acht Tage) Wechselkurs *M* | London Bankzinsfuß | New-York (100 $ vista) Wechselkurs *M* | New-York Bankzinsfuß[2]) |
|---|---|---|---|---|---|---|---|---|---|---|---|---|
| 1894 | 81,75 | 4,08 | 218,10 | 4,50 | 168,82 | 2,58 | 81,05 | 2,58 | 20,39 | 2,11 | 418,08 | 3,40 |
| 95 | 81,60 | 4,30 | 219,14 | 5,00 | 168,47 | 2,50 | 81,07 | 2,10 | 20,44 | 2,00 | 417,53 | 3,83 |
| 96 | 81,87 | 4,09 | 216,21 | 6,04 | 168,44 | 3,05 | 80,98 | 2,00 | 20,40 | 2,48 | 418,12 | 5,88 |
| 97 | 85,01 | 4,00 | 216,06 | 5,85 | 168,60 | 3,14 | 80,98 | 2,00 | 20,37 | 2,67 | 418,56 | 3,67 |
| 98 | 81,86 | 4,16 | 216,08 | 5,— | 169,08 | 2,83 | 80,85 | 2,20 | 20,45 | 3,24 | 420,01 | 4,28 |
| 1899 | 84,63 | 5,04 | 215,— | 5,33 | 168,74 | 3,58 | 81,08 | 3,06 | 20,44 | 3,74 | 419,63 | 4,33 |
| 1900 | 84,48 | 4,58 | 215,88 | 5,58 | 169,11 | 3,81 | 81,34 | 3,25 | 20,48 | 3,97 | 420,13 | 4,76 |
| 01 | 85,09 | 4,08 | 215,51 | 5,20 | 168,80 | 3,23 | 81,12 | 3,00 | 20,47 | 3,72 | 418,53 | 4,48 |
| 02 | 85,26 | 3,55 | 215,72 | 4,57 | 168,57 | 3,00 | 81,2[illegible] | 3,00 | 20,45 | 3,33 | 419,37 | 5,01 |
| 03 | 85,28 | 3,50 | 215,69 | 4,50 | 168,91 | 3,40 | 81,21 | 3,00 | 20,43 | 3,75 | 419,65 | 5,34 |

### b. Wechselkurse[1]) für die einzelnen Monate 1903.

| 1903 im Monat | Wien (100 K acht Tage) höchster[3]) | Wien niedrigster[3]) | Wien im Durchschnitt | St. Petersburg (100 R. acht Tage) höchster[3]) | St. Petersburg niedrigster[3]) | St. Petersburg im Durchschnitt | Amsterdam (100 fl. acht Tage) höchster[3]) | Amsterdam niedrigster[3]) | Amsterdam im Durchschnitt |
|---|---|---|---|---|---|---|---|---|---|
| | **Wechselkurs in *M* auf** | | | | | | | | |
| Januar | 85,35 | 85,25 | 85,29 | 215,75 | 215,60 | 215,66 | 168,80 | 168,60 | 168,70 |
| Februar | 85,40 | 85,25 | 85,32 | ([illegible])216,10 | 215,60 | 215,81 | 168,95 | 168,75 | 168,80 |
| März | 85,35 | 85,15 | 85,29 | 215,95 | 215,65 | 215,82 | 168,95 | 168,75 | 168,83 |
| April | ([illegible])85,45 | 85,35 | 85,39 | 215,75 | 215,65 | 215,72 | 169,10 | 168,80 | 168,99 |
| Mai | 85,40 | 85,20 | 85,30 | 215,80 | 215,60 | 215,70 | 169,15 | 168,50 | 168,87 |
| Juni | 85,25 | 85,10 | 85,16 | 215,60 | 215,55 | 215,58 | 168,70 | ([illegible])168,45 | 168,58 |
| Juli | 85,15 | ([illegible])85,05 | 85,11 | 215,80 | 215,65 | 215,63 | 168,95 | 168,70 | 168,89 |
| August | 85,20 | 85,05 | 85,18 | 215,75 | 215,55 | 215,65 | 168,85 | 168,65 | 168,76 |
| September | 85,15 | 85,06 | 85,12 | 215,90 | ([illegible])215,10 | 215,60 | 168,75 | 168,50 | 168,63 |
| Oktober | 85,25 | 85,15 | 85,19 | 215,90 | 215,50 | 215,71 | 169,10 | 168,85 | 169,13 |
| November | 85,30 | 85,25 | 85,26 | 215,75 | 215,60 | 215,71 | ([illegible])169,65 | 169,35 | 169,11 |
| Dezember | 85,30 | 85,15 | 85,28 | 215,90 | 215,50 | 215,37 | 169,50 | 169,15 | 169,37 |

| 1903 im Monat | Paris (100 frs. acht Tage) höchster[3]) | Paris niedrigster[3]) | Paris im Durchschnitt | London (1 £ acht Tage) höchster[3]) | London niedrigster[3]) | London im Durchschnitt | New-York (100 $ vista) höchster[3]) | New-York niedrigster[3]) | New-York im Durchschnitt |
|---|---|---|---|---|---|---|---|---|---|
| | **Wechselkurs in *M* auf** | | | | | | | | |
| Januar | ([illegible])81,50 | 81,30 | 81,39 | 20,47[4] | 20,42[4] | 20,46 | 420,25 | 419,25 | 419,71 |
| Februar | 81,50 | 81,40 | 81,45 | 20,49 | 20,46[4] | 20,47 | 420,25 | 419,75 | 419,90 |
| März | 81,50 | 81,40 | 81,46 | ([illegible])20,49[4] | 20,47[4] | 20,48 | 420,75 | 419,75 | 420,20 |
| April | 81,45 | 81,10 | 81,44 | 20,49 | 20,47 | 20,48 | 420,75 | 419,50 | 420,12 |
| Mai | 81,40 | 81,30 | 81,37 | 20,47 | 20,43 | 20,45 | 419,25 | 418,25 | 418,87 |
| Juni | 81,20 | 81,10 | 81,16 | 20,43 | 20,36 | 20,40 | 419,00 | ([illegible])417,50 | 418,15 |
| Juli | 81,15 | 81,05 | 81,09 | 20,38 | 20,35[4] | 20,37 | 419,00 | 417,50 | 418,23 |
| August | 81,05 | 80,95 | 80,98 | 20,37 | 20,35[4] | 20,36 | 419,50 | 418,75 | 419,04 |
| September | 81,05 | ([illegible])80,80 | 80,87 | 20,36 | ([illegible])20,35 | 20,36 | 418,75 | 418,00 | 418,38 |
| Oktober | 81,20 | 81,00 | 81,10 | 20,40[4] | 20,37 | 20,39 | 420,50 | 418,75 | 419,75 |
| November | 81,20 | 81,15 | 81,18 | 20,43[4] | 20,40[4] | 20,42 | 422,25 | 420,75 | 421,58 |
| Dezember | 81,20 | 81,10 | 81,17 | 20,44 | 20,39 | 20,42 | ([illegible])423,00 | 420,00 | 421,55 |

[1]) Es sind sämtliche Tageszeichnungen, auch die der Brief- und Geldkurse, berücksichtigt.

[2]) Durchschnitt der Zeichnungen für »endorsed bills«.

[3]) Bei den höchsten und niedrigsten Zeichnungen, die im Laufe des ganzen Jahres vorgekommen sind, ist der betreffende Tag in Klammern angegeben.

[4]) Der Kursstand an den mit * bezeichneten Tagen hat sich wiederholt.

## 7. Der Marktzinsfuß (Privatdiskont) an der Berliner Börse im Jahre 1903.[1]

(Herrlich'scher Kursbericht.)

| Marktzinsfuß in % | Januar | Februar | März | April | Mai | Juni | Juli | August | September | Oktober | November | Dezember | im Jahr 1903 |
|---|---|---|---|---|---|---|---|---|---|---|---|---|---|
| höchster | 2,75 | 2,00 | 3,00 | 3,00 | 3,25 | 3,63 | 3,13 | 3,50 | 3,88 | 3,50 | 3,50 | 3,75 | 3,88 |
| (Tag) | 3 | 25* | 17* | 20 | 18* | 24 | 1* | 17* | 14* | 1* | 4* | 16* | |
| niedrigster | 2,00 | 1,00 | 2,00 | 2,25 | 2,50 | 3,00 | 2,75 | 3,13 | 3,50 | 3,00 | 3,50 | 3,13 | 1,00 |
| (Tag) | 24* | 2* | 3 | 9* | 1* | 3* | 8* | 1* | 1 | 8* | 2* | 31 | |
| im Durchschnitt | | | | | | | | | | | | | |
| 1903 | 2,88 | 1,90 | 2,88 | 2,61 | 3,40 | 3,19 | 2,98 | 3,30 | 3,58 | 3,82 | 3,46 | 3,64 | 3,01 |
| 02 | 2,11 | 1,85 | 1,70 | 1,85 | 1,96 | 2,17 | 1,60 | 1,78 | 2,14 | 2,78 | 3,11 | 3,88 | 2,19 |
| 01 | 3,57 | 3,33 | 3,70 | 3,27 | 3,19 | 3,70 | 2,81 | 2,88 | 2,88 | 2,98 | 2,94 | 2,98 | 3,06 |
| 00 | 4,49 | 4,21 | 5,21 | 4,49 | 4,55 | 4,86 | 4,08 | 4,08 | 4,41 | 4,03 | 4,16 | 4,49 | 4,41 |
| 1899 | 4,33 | 3,78 | 4,23 | 3,73 | 3,83 | 3,96 | 3,74 | 4,42 | 4,86 | 5,46 | 5,86 | 5,97 | 4,46 |

[1] Der Zinsfuß an den mit * bezeichneten Tagen hat sich im demselben Monat wiederholt.

## 8. Kurse der deutschen Reichsanleihen[1] an der Berliner Börse.[2]

(Berechnet nach den Kursangaben in der Börsenbeilage zum Deutschen Reichs-Anzeiger.)

| Jahr / Kurs in M | 1899 | | 1900 | | 1901 | | 1902 | | 1903 | |
|---|---|---|---|---|---|---|---|---|---|---|
| | Schuldverschreibungen des deutschen Reichs zu | | | | | | | | | |
| | 3½% | 3% | 3½% | 3% | 3½% | 3% | 3½% | 3% | 3½% | 3% |
| höchster | 102,90 | 94,30 | 99,10 | 90,20 | 101,75 | 92,40 | 102,50 | 93,00 | 103,00 | 93,40 |
| (Tag) | 6. Febr.* | 2. Jan. | 24. Jan. | 17. Jan.* | 20. Juni | 3. Aug. | 4. Aug. | 25. Juli* | 26. Febr. | 27. Febr. |
| niedrigster | 97,85 | 87,50 | 92,74 | 84,80 | 95,80 | 86,20 | 101,35 | 90,20 | 101,60 | 89,90 |
| (Tag) | 20. Dez. | 19. Dez. | 26. Sept. | 1. Okt. | 8. Jan. | 5. Jan.* | 4. Jan. | 8. Jan. | 14. Sept.* | 15. Sept.* |
| im Durchschnitt | 99,22 | 90,71 | 95,89 | 86,74 | 99,54 | 89,23 | 102,48 | 92,18 | 102,44 | 91,40 |

[1] [illegible]

[2] Der Schlußkurs an den mit * bezeichneten Tagen hat sich wiederholt.

[3] [illegible]

## 9. Die bei den deutschen Börsen zum Börsenhandel zugelassenen Wertpapiere.

(Vierteljahrshefte zur Statistik des Deutschen Reichs 1900, 1; 1901, 1; 1902, 1; 1903, 1; 1904, 1.)

| Gattung der Wertpapiere | 1899 deutsche | 1899 ausländische[1] | 1900 deutsche | 1900 ausländische[1] | 1901 deutsche | 1901 ausländische[1] | 1902 deutsche | 1902 ausländische[1] | 1903 deutsche | 1903 ausländische[1] |
|---|---|---|---|---|---|---|---|---|---|---|
| | Nennwerte, Millionen Mark | | | | | | | | | |
| Staatsanleihen | 455 | 1 709 | 306 | 271 | 337 | 296 | 478 | 2 069 | 508 | 3 918 |
| Anleihen von Provinzen, Städten usw. | 254 | 2 | 257 | 11 | 441 | 72 | 234 | 245 | 466 | 49 |
| Pfand- (Landschaftliche[2]) u. dgl. | — | — | 172 | — | 411 | — | 137 | 63 | 127 | 121 |
| briefe von Hypothekenbanken | 573 | 35 | 913 | 13 | 314 | 137 | 363 | — | 722 | 19 |
| Bankaktien | 171 | 24 | 115 | 27 | 73 | 24 | 223 | — | 82 | — |
| Bankobligationen | 71 | — | 10 | — | — | — | 28 | — | — | — |
| Eisenbahnaktien[3] | 71 | 1 | 59 | 74 | 31 | — | 68 | 3 | 13 | 32 |
| Eisenbahnobligationen[3] | 22 | 372 | 37 | 33 | 39 | 215 | 54 | 214 | 8 | 201 |
| Industrieaktien[4] | 500 | 11 | 382 | — | 149 | 25 | 214 | 3 | 156 | — |
| Industrieobligationen[4] | 95 | — | 173 | 14 | 234 | 6 | 172 | — | 82 | 6 |
| Im ganzen | 2 219 | 1 505 | 2 123 | 446 | 2 210 | 778 | 2 745 | 2 632 | 2 198 | 4 388 |
| Darunter Umwandlungen | 126 | 641 | 127 | 8 | 25 | 13 | 845 | 1 171 | 129 | 3 945 |

[1] Der große Betrag dieser Wertpapiere wurde gleichzeitig an ausländischen Plätzen zugelassen.

[2] [illegible]

[3] [illegible]

[4] [illegible]

## 10. Sparkassen.

| Staaten und Landesteile | Zahl der Sparkassen | Zahl der Sparkassen-Filialen | Zahl der Sparkassenbücher (Nummern) | Gesamtguthaben der Einleger | Aktivvermögen (ohne Reservefonds)¹) | Reservefonds | Das Einlegerguthaben hat zugenommen durch neue Einlagen | Das Einlegerguthaben hat zugenommen durch Zuschlag von Zinsen | Das Einlegerguthaben hat abgenommen durch Rückzahlungen | Überweisungen für gemeinnützige und andere Zwecke | Verwaltungskosten |
|---|---|---|---|---|---|---|---|---|---|---|---|
| | | | | 1 000 ℳ | | | | | | | |
| | am Schlusse des Jahrs 1901 | | | | | | im Jahre 1901 | | | | |
| Ostpreußen | 44 | 162 | 225 376 | 112 640 | 114 218 | 7 853 | 48 251 | 3 205 | 40 586 | 377 | 302 |
| Westpreußen | 45 | 165 | 214 896 | 116 837 | 119 796 | 9 492 | 47 400 | 3 183 | 39 047 | 272 | 321 |
| Berlin | 2 | 92 | 728 778 | 280 076 | 287 640 | 19 235 | 57 290 | 7 649 | 50 506 | — | 504 |
| Brandenburg | 108 | 268 | 1 013 682 | 608 651 | 509 997 | 32 734 | 125 846 | 14 411 | 94 362 | 390 | 1 025 |
| Pommern | 78 | 90 | 431 740 | 298 993 | 298 020 | 23 998 | 62 387 | 8 107 | 67 786 | 692 | 554 |
| Posen | 79 | 183 | 202 994 | 114 198 | 114 601 | 7 567 | 35 022 | 3 668 | 29 155 | 148 | 383 |
| Schlesien | 167 | 417 | 1 180 599 | 643 997 | 645 148 | 46 020 | 130 056 | 14 148 | 106 319 | 1 054 | 1 110 |
| Sachsen | 137 | 478 | 1 180 615 | 647 678 | 660 005 | 48 184 | 158 547 | 17 826 | 137 521 | 2 030 | 969 |
| Schleswig-Holstein | 192 | 75 | 485 351 | 482 017 | 481 741 | 26 137 | 99 311 | 12 834 | 90 292 | 716 | 739 |
| Hannover | 178 | 206 | 915 637 | 763 983 | 768 583 | 40 111 | 196 798 | 22 231 | 159 935 | 1 846 | 1 214 |
| Westfalen | 179 | 84 | 738 644 | 1 000 082 | 985 552 | 68 758 | 210 437 | 29 692 | 172 409 | 3 109 | 1 354 |
| Hessen-Nassau | 63 | 141 | 412 791 | 302 721 | 301 249 | 19 861 | 77 625 | 7 885 | 61 978 | 275 | 686 |
| Rheinland | 217 | 644 | 1 300 299 | 1 046 304 | 1 038 649 | 69 393 | 379 585 | 30 809 | 284 806 | 2 581 | 1 774 |
| Hohenzollern | 1 | 28 | 23 530 | 16 282 | 16 134 | 1 378 | 3 736 | 436 | 2 508 | 31 | 57 |
| **Preußen** | 1 508 | 2 923 | 9 034 937 | 6 236 459 | 6 219 333 | ²)419 711 | 1 651 218 | 175 861 | 1 337 548 | 13 320 | 11 012 |
| Bayern r. d. Rh. | 286 | 300 | 755 636 | 298 823 | 302 748 | 26 749 | 64 968 | 6 014 | 53 862 | 961 | 567 |
| Bayern l. d. Rh. | 58 | 112 | 68 269 | 42 374 | 42 905 | 1 872 | 10 393 | 1 281 | 7 343 | 65 | 119 |
| **Bayern** | 344 | 412 | 823 905 | 341 197 | 345 653 | 27 621 | 75 363 | 7 295 | 61 205 | 1 026 | 686 |
| Sachsen | 296 | 76 | 2 424 317 | 907 833 | 1 016 682 | 51 569 | 221 923 | 30 021 | 179 311 | 6 162 | 1 837 |
| Württemberg | 62 | 1 687 | 513 289 | 262 172 | ³)276 037 | 11 472 | 56 397 | 8 272 | 42 296 | 172 | 523 |
| Baden | 154 | — | 456 800 | 464 263 | 470 861 | 23 737 | 95 356 | 14 130 | 72 569 | 916 | 830 |
| Hessen | ⁴)41 | 15⁵) | 248 637 | 217 406 | ⁶)219 378 | 16 729 | 45 913⁶) | 5 733 | 30 925 | 458 | 360 |
| Meckl.-Schw. | 39 | — | 129 140⁷) | 52 539 | 51 651 | 2 164 | 7 829 | 1 522 | 7 165 | 103 | 141 |
| Sachs.-Weimar | 24 | — | 144 081 | 58 804 | 59 657 | 4 943 | 14 428 | 1 785 | 12 562 | 115 | 158 |
| Meckl.-Strelitz | 7 | — | 25 052 | 14 301 | 14 344 | 1 400 | 2 149 | 439 | 1 825 | 10 | 33 |
| Oldenburg | 4 | 2 | 72 312 | 32 370 | 32 412 | 2 033 | 6 498 | 627 | 5 470 | 215 | 58 |
| Braunschweig⁹) | . | . | . | . | . | . | . | . | . | . | . |
| Sachs.-Mein. | 23 | 66 | 71 557 | 53 952 | ¹⁰)52 080 | 2 244 | 13 336 | 1 260 | 9 995 | 175 | 80 |
| Sachs.-Altenb. | 19 | … | 105 608 | 42 064 | 43 237 | 2 043 | 9 226 | 1 333 | 8 255 | 108 | 76 |
| Sachs.-Cob.-G. | 6 | 24 | 107 884 | 49 415 | 49 815 | 3 010 | 10 487 | 1 738 | 8 521 | 123 | 103 |
| Anhalt | 13 | 28 | 131 609 | 58 797 | 61 545 | 3 280 | 16 301 | 1 544 | 14 083 | 244 | 99 |
| Schwarzb.-Sond.¹¹) | 5 | 1 | 20 588 | 6 773 | 6 912 | 81 | 2 106 | 188 | 1 941 | 44 | 9 |
| Schwarzb.-Rud. | 11 | — | 38 600 | 16 987 | 17 609 | 875 | 3 519 | 498 | 3 274 | 82 | 22 |
| Waldeck | 5 | 4 | 25 228 | 23 220 | 27 635 | 1 322¹²) | 3 624 | . | 2 016 | 23 | 40 |
| Reuß älterer L. | 4 | — | 30 941 | 16 810 | 10 926 | 543 | 3 201 | 517 | 2 860 | 72 | 27 |
| Reuß jüng. L. | 3 | 2 | 93 480 | 84 478¹³) | 85 271 | 6 710 | 16 532 | 2 730 | 14 014¹⁴) | 195 | 80 |
| Schaumb.-L. | 7 | — | 20 929 | 19 470 | 19 493 | 013 | 2 634 | 634 | 1 849 | 20 | 29 |
| Lippe | 9 | 16 | 65 783 | 69 915 | 71 075 | 502 | 15 171 | 1 692 | 11 848 | 207 | 76 |
| Lübeck | 3 | 1 | 47 347 | 17 296 | 18 867¹⁵) | 873 | 7 803 | 505 | 7 711 | 37 | 62 |
| Bremen | 5 | 10 | 178 027 | 102 809 | 109 296 | 5 082 | 47 090 | 3 354 | 41 519 | 103 | 232 |
| Hamburg | 5 | 72 | 277 150 | 190 221 | ¹⁶)190 516 | 5 747 | 41 304 | 6 141 | 36 012 | 13 | 358 |
| Elsaß-Lothr. | ¹⁷)124 | 21 | 346 021 | 121 891 | 125 854¹⁸) | 3 063 | 30 335 | 3 405 | 20 663 | 1 | 250 |
| **Deutsches Reich** | 2 716 | 5 358 | 15 432 811 | 9 882 127 | 9 601 246 | 599 406 | 2 399 892 | 271 593 | 1 981 131 | 24 344 | 17 201 |

¹) Das »Aktivvermögen« bedeutet sowohl das eigene Vermögen (insbesondere Grundstücke, Inventar) als auch das werbende Vermögen, d. h. die »Anlagen« (ausgeliehene Kapitalien), welche den Gegenwert der Einlagen bilden und die Zinsen der Anlagen bis zum 31. Dezember 1901 (Wertpapiere also nach dem Kurswert, Mobilien und Immobilien nach dem Buchwert) sowie den Kassenbestand. — ²) Herzu der Spar- und Erneuerungsfonds mit 10 919 976 ℳ. — ³) [illegible] — ⁴) 131 Erhebungsstellen für Pfennigsparkassen sind nicht eingerechnet. — ⁵) Von zwei Sparkassen fehlen die Angaben für Spalte 4. — ⁶) Eine Sparkasse konnte für Spalte 6, 7, 11 u. 12 keine Angaben liefern, [illegible]. — ⁷) Für sieben Sparkassen fehlen die Angaben. — ⁸) Gegen das Vorjahr um 13 711 ℳ zu [illegible], weil zwei Sparkassen für das Vorjahr die entsprechende Zahl zu niedrig angegeben hatten. — ⁹) Braunschweig kann die Daten nicht liefern wegen der eigenartigen Einrichtung seines Sparkassenwesens. — ¹⁰) Spalte 6, 7 u. 12 ausschließlich der mit der Herzoglichen Landeskreditanstalt verbundenen Landessparkasse. — ¹¹) Für das Geschäftsjahr 1901/2. — ¹²) Die Zunahme des Einlegerguthabens durch »neue Einlagen« und durch »Zuschlag von Zinsen« konnte von der [illegible] nicht getrennt angegeben werden, es ist die beide Posten enthaltende Zahl in Spalte »neue Einlagen« eingesetzt. — ¹³) Das eigene Vermögen der Sparkassen bildet den Reservefonds. — ¹⁴) Einschließlich jährlicher Abgabe an die Staatskasse. — ¹⁵) Zwei Kassen [illegible], welche beide den Betrag von 713 700 ℳ und 23 073 ℳ als Reservefonds überwiesen haben. — ¹⁶) Der Unterschied zwischen dem Betrag des Einlegerguthabens und der [illegible] Kapitalien erscheint im Reservefonds. — ¹⁷) Darunter [illegible] (§ 18 des Gesetzes vom 14. Juli 1895) 2054 Sparkassenbücher (Sp. 3) und 2 184 979 ℳ entsprechendes Gesamtguthaben der Einleger (Sp. 4). — ¹⁸) In Elsaß-Lothringen besteht nur ein »Sicherheitsfonds«. Derselbe ist gleichzeitig das eigene Vermögen der Kassen und in dem Aktivvermögen (Sp. 6) enthalten.

| Aktien-kapital | Hypotheken-darlehen | Pfandbrief-umlauf | Kommunal-darlehen | Kommunal-obligationen | 5 % | 4½ % | 4 % | 3¾ % | 3½ % |
|---|---|---|---|---|---|---|---|---|---|
| | | | | | Millionen Mark | | | | |
| 19,4 | 8,0 | 4,0 | — | — | — | — | 4,0 | — | — |
| 53,1 | 79,8 | 34,7 | — | — | — | 3,2 | 31,5 | — | — |
| 55,0 | 109,8 | 65,7 | — | — | — | 8,2 | 57,5 | — | — |
| 55,0 | 114,1 | 71,6 | — | — | — | 9,6 | 62,0 | — | — |
| 56,0 | 123,6 | 83,2 | — | — | — | 10,9 | 72,3 | — | — |
| 57,0 | 135,0 | 94,4 | — | — | 5,7 | 11,2 | 76,2 | — | — |
| 59,8 | 157,0 | 114,7 | — | — | 25,1 | 9,4 | 77,7 | — | — |
| 77,5 | 174,8 | 130,4 | 1,6 | — | 38,5 | 10,0 | 77,7 | — | — |
| 114,8 | 258,4 | 236,7 | 3,4 | — | 109,0 | 9,0 | 110,0 | — | — |
| 169,6 | 489,0 | 386,7 | 6,8 | — | 172,3 | 69,0 | 133,9 | — | — |
| 218,7 | 676,8 | 541,4 | 9,1 | — | 255,3 | 107,0 | 163,6 | — | — |
| 222,3 | 884,8 | 744,8 | 6,5 | — | 364,6 | 172,4 | 202,3 | — | — |
| 226,8 | 1 098,3 | 933,1 | 5,2 | — | 447,5 | 244,4 | 234,8 | — | — |
| 232,8 | 1 187,4 | 1 061,0 | 5,3 | — | 511,6 | 277,4 | 265,1 | — | — |
| 233,0 | 1 308,5 | 1 195,8 | 6,1 | — | 565,8 | 327,2 | 293,0 | — | — |
| 255,0 | 1 377,5 | 1 273,9 | 6,8 | 1,7 | 583,0 | 366,4 | 315,0 | — | — |
| 261,1 | 1 453,1 | 1 363,4 | 9,3 | 3,7 | 526,9 | 1,3<br>482,5 | 339,8 | — | — |
| 264,7 | 1 547,7 | 1 452,1 | 12,4 | 7,7 | 404,3 | 1,0<br>604,0 | 433,6 | — | — |
| 273,5 | 1 657,7 | 1 551,1 | 15,1 | 11,7 | 358,5 | 1,6<br>579,7 | 4,0<br>601,9 | — | 1,1 |
| 275,8 | 1 721,7 | 1 611,9 | 14,8 | 11,5 | 328,6 | 1,[illegible]<br>535,2 | 8,1<br>738,5 | — | 1,2 |
| 278,0 | 1 814,5 | 1 700,4 | 14,9 | 13,1 | 277,5 | 1,4<br>467,1 | 8,4<br>946,1 | — | 1,3 |
| 280,4 | 1 923,8 | 1 782,1 | 16,4 | 13,7 | 221,3 | 1,[illegible]<br>353,0 | 10,6<br>1 207,5 | — | 2,3 |
| 283,8 | 2 002,4 | 1 884,0 | 17,5 | 14,7 | 98,3 | 1,[illegible]<br>254,7 | 10,6<br>1 437,0 | — | 94,2 |
| 291,0 | 2 177,2 | 2 030,0 | 19,6 | 15,8 | 48,1 | 1,1<br>103,5 | 11,1<br>1 428,7 | — | 455,7 |
| 295,0 | 2 349,7 | 2 202,0 | 21,3 | 18,7 | 30,1 | 1,[illegible]<br>84,6 | 12,6<br>1 548,3 | — | 538,9 |
| 297,1 | 2 616,5 | 2 464,4 | 25,8 | 22,6 | 25,5 | 1,5<br>59,0 | 12,9<br>1 655,1 | — | 3,0<br>724,0 |
| 314,3 | 2 912,6 | 2 714,4 | 32,2 | 25,3 | 21,3 | 41,7 | 9,3<br>1 606,9 | — | 12,3<br>1 041,7 |
| 329,8 | 3 116,5 | 2 927,1 | 37,4 | 34,4 | 13,5 | 38,6 | 1,6<br>1 711,8 | — | 24,1<br>1 163,5 |
| 345,0 | 3 371,1 | 3 198,6 | 41,7 | 38,4 | 12,8 | 37,6 | 1,0<br>2 002,0 | — | 33,0<br>1 145,6 |
| 360,8 | 3 735,8 | 3 558,5 | 46,5 | 41,7 | 11,0 | 35,8 | 1,8<br>2 357,4 | — | 36,4<br>1 151,7 |
| 389,4 | 4 080,3 | 3 839,5 | 54,7 | 45,1 | 11,5 | 34,1 | 2,[illegible]<br>2 502,5 | — | 39,6<br>1 192,3 |
| 398,8 | 4 466,3 | 4 274,7 | 61,2 | 53,7 | 10,4 | 30,2 | 3,1<br>2 710,5 | — | 41,9<br>1 521,6 |
| 452,4 | 5 051,4 | 4 722,8 | 68,5 | 61,6 | 9,9 | 21,7 | 4,[illegible]<br>2 219,3 | — | 49,4<br>2 471,9 |
| 492,8 | 5 454,8 | 5 104,4 | 73,1 | 64,4 | 7,0 | 13,9 | 4,1<br>1 894,8 | 1,6 | 47,7<br>3 219,7 |
| 527,0 | 5 900,8 | 5 570,0 | 79,6 | 65,9 | 3,0 | 11,7 | 2,[illegible]<br>1 748,6 | 3,0 | 61,5<br>3 794,3 |
| 547,5 | 6 207,9 | 5 865,0 | 79,1 | 67,4 | 2,7 | 9,7 | 1,6<br>1 790,4 | 3,0 | 64,0<br>4 040,3 |
| 587,8 | 6 574,4 | 6 211,5 | 79,2 | 67,0 | 2,3 | 7,7 | 1,8<br>2 126,0 | 4,0 | 65,1<br>4 092,1 |

| Roggen 1 000 kg | | | | Weizen 1 000 kg | | | | Hafer 1 000 kg | | |
|---|---|---|---|---|---|---|---|---|---|---|
| [illegible] | 714 g das l, [illegible] | [illegible] | [illegible] gut mittel | [illegible] 755 g das l | [illegible] | [illegible] | [illegible] gut mittel | Mittelware | [illegible] | [illegible] gut mittel |
| Berlin | Danzig[1]) | Mannheim[2]) | München | Berlin | Danzig[1]) | Mannheim[2]) | München | Breslau | Mannheim[2]) | München |

| Jahr | Schmalz 1 dz, raff. amerik., Bremen | Rohtabak 1 dz, Bremen | Rohtabak, Bremen | Rohtabak, Hamburg | Rohtabak, Hamburg | Rohtabak, Pfälzer, Mannheim | Rohtabak, Pfälzer, Mannheim | Wolle 1 dz, Berlin | Wolle, Bremen | Baumwolle 1 dz, Bremen | Baumwolle, Bremen | Baumwolle, Hamburg | Hanf 1 dz, Lübeck |
|---|---|---|---|---|---|---|---|---|---|---|---|---|---|
| | | [illegible] | Brasil, 11 | Domingo | Brasil | Umblatt | Sandblatt und Einlage | [illegible] | [illegible] | Middling Upland | [illegible] | [illegible] | [illegible] |
| 1894 | 79,1 | 32,1 | 65,7 | 62,8 | 88,3 | 107,1 | 91,9 | 215,9 | 202,8 | 72,4 | 60,0 | 72,8 | 57,3 |
| 95 | 68,6 | 44,4 | 61,6 | 60,6 | 82,9 | 113,1 | 99,7 | 223,1 | 274,0 | 72,9 | 59,4 | 73,1 | 57,6 |
| 96 | 51,1 | 39,3 | 81,0 | 81,0 | 117,1 | 104,4 | 90,8 | 234,9 | 295,3 | 81,8 | 67,3 | 82,3 | 56,7 |
| 97 | 46,6 | 38,4 | 98,7 | 85,0 | 125,8 | 111,0 | 95,6 | 220,8 | 288,7 | 75,1 | 63,6 | 75,8 | 54,5 |
| 98 | 58,0 | 47,0 | 110,3 | 82,1 | 130,0 | 111,4 | 89,9 | 234,4 | 313,7 | 62,6 | 53,3 | 63,4 | 57,6 |
| 99 | 57,4 | 47,5 | 125,4 | 75,6 | 136,7 | 108,6 | 88,6 | 302,9 | 423,0 | 67,3 | 54,6 | 68,1 | 58,4 |
| 1900 | 73,3 | 55,3 | 114,9 | 69,0 | 142,1 | 111,7 | 92,6 | 280,8 | 381,7 | 103,0 | 83,1 | 103,3 | 65,1 |
| 01 | 88,5 | 60,7 | 91,4 | 63,4 | 107,1 | 122,2 | 107,4 | 231,3 | 302,8 | 88,3 | 68,5 | 89,3 | 70,5 |
| 02 | 106,1 | 63,2 | 72,4 | 53,3 | 80,6 | 120,8 | 108,0 | 255,8 | 330,9 | 91,0 | 70,8 | 91,6 | 67,3 |
| 03 | 88,4 | 65,3 | 77,0 | 51,0 | 88,4 | 98,0 | 86,1 | 290,7 | 396,4 | 114,6 | 78,5 | 115,5 | 63,6 |

| Jahr | Rohseide 1 kg, Krefeld | Rohseide, Krefeld | Rohseide, Krefeld | Roheisen 1000 kg, deutsches, Breslau | Roheisen, deutsches, Düsseldorf | Roheisen, englisches, Hamburg | Roheisen, englisches, Hamburg | Blei 1 dz, Berlin | Blei, Frankfurt M. | Blei, Halberstadt | Kupfer 1 dz, Berlin | Kupfer, Frankfurt a. M. | Kupfer, Hamburg |
|---|---|---|---|---|---|---|---|---|---|---|---|---|---|
| | [illegible] | italienische [illegible] | [illegible] | ab Werk | ab Werk | Nr. 1 | Middlesbrough Nr. 3 | [illegible] | [illegible] | raff. | Mansfelder | [illegible] | [illegible] |
| 1894 | 39,3 | 37,1 | 35,5 | 50,2 | 62,8 | 72,3 | 56,7 | 20,6 | 19,2 | 19,1 | 90,3 | 85,6 | 88,5 |
| 95 | 44,3 | 40,6 | 39,3 | 49,2 | 63,7 | 70,0 | 56,3 | 22,3 | 21,1 | 20,4 | 98,8 | 93,3 | 95,1 |
| 96 | 42,3 | 36,5 | 36,3 | 57,3 | 65,3 | 69,6 | 57,9 | 24,4 | 22,6 | 22,0 | 105,8 | 100,8 | 100,2 |
| 97 | 40,4 | 35,3 | 35,6 | 61,7 | 67,0 | 69,[illegible] | 62,0 | 26,4 | 25,7 | 24,1 | 107,1 | 103,1 | 105,3 |
| 98 | 41,1 | 37,4 | 37,8 | 61,8 | 67,3 | 71,4 | 62,8 | 27,5 | 26,1 | 26,0 | 114,0 | 110,3 | 111,1 |
| 99 | 50,2 | 47,3 | 47,0 | 75,5 | 81,8 | 92,6 | 81,8 | 32,1 | 30,6 | 29,9 | 160,4 | 155,3 | 155,9 |
| 1900 | 47,8 | 44,6 | 43,5 | 90,7 | 101,5 | 105,1 | 90,6 | 37,1 | 34,9 | 34,6 | 160,1 | 153,5 | 156,9 |
| 01 | 42,0 | 39,0 | 38,8 | 66,5 | 76,9 | 87,1 | 65,7 | 27,6 | 25,9 | 25,8 | 134,9 | 146,7 | 147,3 |
| 02 | 46,0 | 43,0 | 41,8 | 61,2 | 65,2 | 85,9 | 69,4 | 23,5 | 22,6 | 22,3 | 115,4 | 111,6 | 113,9 |
| 03 | 50,3 | 47,2 | 45,3 | 60,5 | 66,7 | 81,4 | 65,3 | 24,2 | 24,0 | 23,1 | 130,5 | 123,7 | 125,1 |

| Jahr | Zink 1 dz, Breslau | Zink, Frankfurt M. | Zink, Halberstadt | Zinn 1 dz, Frankfurt M. | Zinn, Hamburg | Steinkohlen 1000 kg, deutsche, Breslau | Steinkohlen, deutsche, Breslau | Steinkohlen, deutsche, Dortmund | Steinkohlen, deutsche, Dortmund | Steinkohlen, deutsche, Saarbrücken | Steinkohlen, deutsche, Saarbrücken | Steinkohlen, englische, Hamburg | Steinkohlen, englische, Hamburg | Petroleum 1 dz m. Faß, Hamburg | Petroleum, Mannheim | Petroleum, Breslau |
|---|---|---|---|---|---|---|---|---|---|---|---|---|---|---|---|---|
| | [illegible] | raff. | [illegible] | Banka | [illegible] | [illegible] | [illegible] | [illegible] | [illegible] | [illegible] | [illegible] | [illegible] | [illegible] | [illegible] | [illegible] | [illegible] |
| 1894 | 29,9 | 30,8 | 30,9 | 144,4 | 154,3 | 12,8 | 9,0 | 9,0 | 6,9 | 9,7 | 8,2 | 15,1 | 14,0 | 10,0 | 17,6 | 18,3 |
| 95 | 28,3 | 29,7 | 29,3 | 132,3 | 137,5 | 12,6 | 9,0 | 9,0 | 7,4 | 9,8 | 8,3 | 13,1 | 13,9 | 13,8 | 21,6 | 21,3 |
| 96 | 31,6 | 31,2 | 32,3 | 124,8 | 128,7 | 12,8 | 8,9 | 9,0 | 7,9 | 9,4 | 8,4 | 12,7 | 13,3 | 12,5 | 20,6 | 19,9 |
| 97 | 33,0 | 35,5 | 34,7 | 126,8 | 130,0 | 12,8 | 8,7 | 9,4 | 8,5 | 9,7 | 8,8 | 13,1 | 13,7 | 10,5 | 19,7 | 18,7 |
| 98 | 30,5 | 41,7 | 41,4 | 146,9 | 150,1 | 13,1 | 9,1 | 9,7 | 8,7 | 9,6 | 9,0 | 14,8 | 14,4 | 11,8 | 20,6 | 19,3 |
| 99 | 48,1 | 50,5 | 50,0 | 251,8 | 254,7 | 13,7 | 9,8 | 10,0 | 9,0 | 10,5 | 9,7 | 15,0 | 15,6 | 14,3 | 22,1 | 20,5 |
| 1900 | 39,4 | 41,3 | 41,1 | 271,0 | 278,7 | 17,1 | 11,0 | 13,6 | 9,8 | 11,9 | 11,4 | 22,4 | 22,7 | 14,6 | 22,7 | 21,6 |
| 01 | 33,0 | 34,4 | 35,1 | 244,0 | 248,3 | 17,6 | 11,8 | 14,0 | 10,0 | 12,6 | 12,4 | 17,4 | 18,6 | 13,9 | 21,6 | 19,1 |
| 02 | 35,6 | 37,2 | 37,9 | 215,3 | 252,8 | 16,3 | 11,7 | 13,3 | 9,3 | 12,0 | 11,5 | 16,7 | 18,3 | 13,4 | 21,3 | 18,7 |
| 03 | 40,4 | 42,2 | 42,8 | 257,9 | 266,8 | 15,0 | 11,5 | 12,1 | 9,0 | 11,8 | 11,0 | 16,0 | 17,2 | 14,8 | 23,1 | 20,0 |

[illegible] — Mehl: [illegible] Januar 1897 bis März 1901 [illegible]. [illegible] — Zucker: [illegible] im Jahre 1896 [illegible] Im Jahre 1903 [illegible] 1. September [illegible] 6 Januar 1903 [illegible].

1) [illegible] — 2) [illegible] — 3) [illegible]

| | 1894 | 1895 | 1896 | 1897 | 1898 | 1899 | 1900 | 1901 | 1902 | 1903 |
|---|---|---|---|---|---|---|---|---|---|---|
| ungarische, [illegible] | 189,[illegible] | 201,[illegible] | 199,1 | 217,[illegible] | 214,[illegible] | 197,[illegible] | 194,1 | 203,[illegible] | 191,[illegible] | 192,1 |
| bayerische, [illegible] | 170,[illegible] | 174,[illegible] | 185,[illegible] | 191,[illegible] | 207,[illegible] | 193,[illegible] | 185,[illegible] | 189,[illegible] | 183,[illegible] | 170,[illegible] |

— 4) [illegible]

## 2. Marktpreise von Nahrungsmitteln.[1])

| Jahr | Danzig | Breslau | Stettin | Berlin | Magdeburg | Dresden | Hannover | Kiel | Aachen | Nürnberg | München | Mannheim | Karlsruhe | Stuttgart | Straßburg i. E. |
|---|---|---|---|---|---|---|---|---|---|---|---|---|---|---|---|
| | | | | | | | | **a. Kartoffeln — Preise für 1 dz in Mark.** | | | | | | | |
| 1894 | 4,13 | 3,67 | 3,78 | 4,79 | 5,13 | 4,88 | 4,62 | 5,83 | 6,74 | 5,02 | 5,88 | 7,37 | 5,28 | 6,27 | 4,85 |
| 95 | 4,07 | 4,16 | 4,81 | 4,97 | 4,98 | 5,20 | 5,52 | 5,71 | 7,06 | 6,04 | 6,98 | 7,45 | 4,84 | 7,36 | 4,88 |
| 96 | 3,66 | 3,87 | 4,58 | 4,01 | 4,16 | 5,03 | 4,81 | 4,08 | 6,13 | 5,86 | 6,40 | 7,08 | 4,87 | 7,04 | 5,08 |
| 97 | 4,03 | 4,33 | 5,31 | 4,94 | 5,44 | 6,27 | 4,70 | 4,06 | 6,52 | 5,84 | 6,86 | 7,16 | 5,26 | 7,12 | 4,88 |
| 98 | 4,81 | 4,07 | 6,07 | 4,70 | 5,24 | 5,90 | 5,81 | 5,58 | 6,46 | 5,88 | 6,70 | 8,66 | 6,81 | 8,02 | 6,33 |
| 99 | 5,22 | 4,64 | 4,47 | 4,41 | 5,18 | 5,87 | 4,91 | 5,26 | 5,73 | 5,72 | 6,52 | 8,33 | 5,72 | 7,90 | 5,64 |
| 1900 | 5,24 | 4,70 | 5,12 | 4,04 | 5,04 | 5,81 | 4,77 | 5,40 | 5,77 | 5,78 | 6,08 | 6,98 | 4,43 | 6,86 | 4,35 |
| 01 | 4,78 | 4,43 | 4,84 | 5,14 | 5,80 | 5,88 | 5,88 | 5,46 | 6,58 | 5,40 | 5,83 | 7,12 | 4,43 | 7,02 | 4,86 |
| 02 | 4,19 | 3,43 | 4,88 | 4,20 | 5,12 | 4,78 | 4,70 | 5,18 | 6,21 | 4,08 | 5,44 | 7,00 | 4,61 | 7,18 | 6,27 |
| 03 | 4,81 | 4,40 | 4,78 | 4,02 | 5,74 | 5,08 | 5,83 | 5,68 | 8,10 | 5,02 | 6,04 | 7,70 | 5,30 | 7,22 | 7,82 |
| | | | | | | | | **b. Butter — Preise für 1 kg in Pfennigen.** | | | | | | | |
| 1894 | 228 | 223 | 223 | 235 | 239 | 253 | 228 | 216 | 230 | 204 | 210 | 228 | 233 | 250 | 217 |
| 95 | 230 | 223 | 218 | 229 | 224 | 241 | 207 | 206 | 219 | 198 | 204 | 221 | 218 | 230 | 187 |
| 96 | 223 | 225 | 223 | 230 | 222 | 247 | 220 | 213 | 220 | 198 | 224 | 240 | 220 | 230 | 192 |
| 97 | 217 | 227 | 225 | 228 | 227 | 245 | 213 | 210 | 227 | 206 | 214 | 240 | 223 | 230 | 194 |
| 98 | 220 | 222 | 224 | 224 | 227 | 243 | 210 | 212 | 225 | 214 | 204 | 240 | 231 | 230 | 200 |
| 99 | 222 | 222 | 221 | 230 | 230 | 249 | 222 | 226 | 234 | 194 | 222 | 240 | 230 | 230 | 202 |
| 1900 | 224 | 231 | 229 | 233 | 231 | 254 | 217 | 231 | 238 | 192 | 218 | 257 | 225 | 230 | 208 |
| 01 | 233 | 229 | 232 | 233 | 231 | 255 | 224 | 236 | 242 | 190 | 198 | 240 | 224 | 230 | 209 |
| 02 | 226 | 234 | 228 | 230 | 229 | 254 | 227 | 233 | 240 | 192 | 214 | 240 | 225 | 234 | 209 |
| 03 | 224 | 234 | 225 | 231 | 240 | 264 | 232 | 241 | 243 | 192 | 214 | 240 | 220 | 234 | 205 |
| | | | | | | | | **c. Rindfleisch[2]) — Preise für 1 kg in Pfennigen.** | | | | | | | |
| 1894 | 121 | 137 | 120 | 125 | 131 | 145 | 124 | 137 | 143 | 138 | 140 | 152 | 145 | 152 | 138 |
| 95 | 121 | 135 | 119 | 123 | 125 | 144 | 135 | 129 | 152 | 142 | 148 | 152 | 144 | 152 | 131 |
| 96 | 113 | 132 | 117 | 122 | 125 | 143 | 126 | 125 | 135 | 140 | 148 | 150 | 139 | 147 | 125 |
| 97 | 113 | 140 | 120 | 124 | 128 | 144 | 125 | 115 | 131 | 140 | 142 | 150 | 137 | 148 | 131 |
| 98 | 116 | 142 | 122 | 125 | 135 | 147 | 127 | 119 | 120 | 140 | 144 | 150 | 144 | 148 | 130 |
| 99 | 121 | 128 | 121 | 125 | 135 | 148 | 129 | 121 | 129 | 140 | 140 | 150 | 144 | 148 | 126 |
| 1900 | 121 | 120 | 122 | 126 | 135 | 148 | 129 | 129 | 126 | 140 | 140 | 150 | 144 | 148 | 129 |
| 01 | 123 | 143 | 123 | 129 | 135 | 148 | 129 | 127 | 130 | 140 | 140 | 150 | 136 | 148 | 130 |
| 02 | 124 | 143 | 125 | 134 | 138 | 151 | 132 | 127 | 135 | 144 | 144 | 150 | 139 | 148 | 134 |
| 03 | 133 | 143 | 128 | 137 | 138 | 147 | 138 | 132 | 140 | 146 | 144 | 150 | 143 | 148 | 139 |
| | | | | | | | | **d. Schweinefleisch — Preise für 1 kg in Pfennigen.** | | | | | | | |
| 1894 | 119 | 136 | 128 | 129 | 130 | 147 | 122 | 130 | 178 | 138 | 156 | 142 | 146 | 143 | 143 |
| 95 | 116 | 131 | 133 | 125 | 128 | 147 | 120 | 128 | 180 | 138 | 152 | 136 | 138 | 129 | 132 |
| 96 | 110 | 125 | 124 | 120 | 113 | 141 | 110 | 129 | 163 | 134 | 156 | 134 | 132 | 127 | 126 |
| 97 | 117 | 129 | 139 | 130 | 120 | 148 | 123 | 137 | 175 | 146 | 154 | 144 | 141 | 144 | 139 |
| 98 | 128 | 139 | 151 | 140 | 132 | 158 | 130 | 141 | 180 | 154 | 160 | 151 | 150 | 151 | 152 |
| 99 | 123 | 132 | 147 | 130 | 130 | 154 | 130 | 132 | 171 | 142 | 152 | 144 | 146 | 142 | 149 |
| 1900 | 118 | 127 | 144 | 134 | 130 | 152 | 123 | 130 | 168 | 140 | 150 | 144 | 144 | 136 | 138 |
| 01 | 129 | 145 | 150 | 142 | 130 | 158 | 130 | 136 | 180 | 144 | 154 | 153 | 148 | 147 | 149 |
| 02 | 135 | 150 | 156 | 150 | 147 | 170 | 138 | 151 | 185 | 152 | 160 | 161 | 154 | 154 | 161 |
| 03 | 120 | 138 | 146 | 142 | 140 | 158 | 130 | 133 | 173 | 144 | 146 | 147 | 142 | 141 | 154 |
| | | | | | | | | **e. Weizenmehl[3]) — Preise für 1 kg in Pfennigen.** | | | | | | | |
| 1894 | 22 | 24 | . | 32 | 24 | 32 | 22 | 24 | 25 | 28 | 38 | 29 | 35 | 33 | 43 |
| 95 | 23 | 26 | . | 32 | 25 | 33 | 24 | 27 | 25 | 28 | 34 | 28 | 32 | 33 | 43 |
| 96 | 24 | 28 | 27 | 33 | 28 | 33 | 25 | 26 | 27 | 28 | 36 | . | 33 | 34 | 42 |
| 97 | 28 | 30 | 31 | 35 | 31 | 37 | 29 | 31 | 31 | 30 | 38 | . | 40 | 35 | 45 |
| 98 | 28 | 35 | 35 | 40 | 35 | 42 | 33 | 33 | 34 | 32 | 42 | 39 | 42 | 40 | 46 |
| 99 | 24 | 28 | 32 | 36 | 31 | 37 | 27 | 29 | 31 | 30 | 38 | 40 | 39 | 36 | 39 |
| 1900 | 24 | 27 | 28 | 35 | 29 | 35 | 27 | 28 | 33 | 28 | 38 | 40 | 37 | 36 | 38 |
| 01 | 27 | 29 | 28 | 35 | 29 | 35 | 28 | 28 | 35 | 30 | 38 | 39 | 40 | 36 | 36 |
| 02 | 28 | 28 | 30 | 35 | 31 | 35 | 28 | 28 | 31 | 30 | 38 | 40 | 40 | 34 | 36 |
| 03 | 26 | 28 | 30 | 35 | 29 | 34 | 28 | 28 | 29 | 30 | 36 | 40 | 40 | 33 | 36 |

[1]) Nach amtlichen Quellen Preise für Durchschnittsware (mit Ausschluß feinster und schlechter Sorten).

[2]) Preußische Städte und Straßburg: Mittel der Preise für Keule und Bauch; Dresden 1894 bis 1902: Mittel aus den Angaben für Keule und Braten, 1903 desgl. für Rind-, Bauch- und Schenkelfleisch(?); Nürnberg, München, Mannheim, Karlsruhe, Stuttgart: Preise für Ochsenfleisch. Die hohen Fleischpreise (c und d) einiger Städte sind teilweise durch staatliche (Bayern) oder örtliche Abgaben mitbeeinflußt.

[3]) Preußische Städte und Straßburg: Mehl zur Brotbereitung, Dresden: feinster Auszug; Nürnberg: Mehl geringerer Güte; München: gewöhnliches Mehl; badische Städte: Mehl Nr. 1; Stuttgart: Mehl Nr. 1 aus Weizen und Kernen.

# X. Verbrauchsberechnungen.

## 1. Verbrauch der wichtigsten Getreidearten und der Kartoffeln.[1])

(Vierteljahrshefte zur Statistik des Deutschen Reichs 1904, I.)

| Durchschnittlich jährlich in dem Zeitraum 1. Juli bis 30. Juni | Verfügbar zum Verbrauch im Deutschen Reich für menschliche und tierische Ernährung und gewerbliche Zwecke[2]) | | | | | | | | | |
|---|---|---|---|---|---|---|---|---|---|---|
| | im ganzen Tonnen | auf den Kopf kg | im ganzen Tonnen | auf den Kopf kg | im ganzen Tonnen | auf den Kopf kg | im ganzen Tonnen | auf den Kopf kg | im ganzen Tonnen | auf den Kopf kg |
| | Roggen | | Weizen und Spelz | | Gerste | | Hafer | | Kartoffeln | |
| 1.7.1893 bis 30.6.1903 | 8 144 449 | 140,7 | 4 870 672 | 89,5 | 3 777 773 | 69,4 | 6 088 880 | 111,9 | 32 397 883 | 595,4 |
| Im Jahre | | | | | | | | | | |
| 1893/94 | 8 060 744 | 158,0 | 4 241 828 | 83,3 | 3 259 853 | 63,8 | 3 944 869 | 77,3 | 34 748 300 | 681,1 |
| 94/95 | 7 905 343 | 153,0 | 4 644 014 | 89,9 | 3 803 788 | 73,8 | 6 237 644 | 120,7 | 27 524 741 | 532,6 |
| 95/96 | 7 550 069 | 144,3 | 4 712 620 | 90,1 | 3 501 811 | 66,9 | 5 796 828 | 110,8 | 31 791 037 | 607,6 |
| 96/97 | 8 270 444 | 155,8 | 4 799 248 | 90,3 | 3 737 910 | 70,4 | 5 917 084 | 111,4 | 26 390 495 | 496,8 |
| 97/98 | 7 746 406 | 143,7 | 4 354 993 | 80,6 | 3 531 585 | 65,3 | 5 583 916 | 103,3 | 27 584 370 | 511,0 |
| 98/99 | 8 454 077 | 154,4 | 5 145 581 | 94,0 | 3 906 689 | 71,4 | 6 380 439 | 116,5 | 30 635 080 | 559,7 |
| 99/1900 | 8 027 163 | 144,8 | 4 980 219 | 89,8 | 3 856 310 | 69,5 | 6 489 530 | 116,9 | 32 252 913 | 581,1 |
| 1900/01 | 8 323 420 | 147,8 | 5 133 083 | 91,0 | 3 715 215 | 65,9 | 6 829 748 | 121,1 | 34 100 053 | 604,8 |
| 01/02 | 7 889 050 | 137,7 | 4 868 665 | 85,0 | 4 130 688 | 72,1 | 6 462 025 | 112,8 | 41 859 429 | 732,4 |
| 02/03 | 9 211 087 | 158,3 | 5 823 453 | 100,1 | 4 333 882 | 74,5 | 7 246 528 | 124,6 | 37 002 415 | 636,1 |

[1]) Über die Berechnungsart vgl. Vierteljahrshefte z. St. d. D. R. 1900, II. S. 179 u. 1904, I. S. 277 fg.

[2]) Unter Abzug der Aussaat und der Ausfuhr und unter Zusatz der Einfuhr und der Mühlenlagerverzollung, sowie unter Mitberücksichtigung der auf Getreide umgerechneten Mengen von Mehl und Malz.

## 2. Branntweinverbrauch im Branntweinsteuergebiet.

(Vierteljahrshefte zur Statistik des Deutschen Reichs 1904, I.)

Vgl. im Abschnitt V Branntweinerzeugung, im Abschnitt VII Ein- und Ausfuhr von Branntwein und im Abschnitt XV Steuer- und Zolleinnahmen vom Branntwein.

| Betriebsjahr (1. Oktober beginnend) | An Alkohol wurden [illegible] | | | | | | Überhaupt Branntweinverbrauch | |
|---|---|---|---|---|---|---|---|---|
| | 1. gegen Entrichtung der Verbrauchsabgabe oder des Eingangszolls in den freien Verkehr gesetzt | | | | 2. zu gewerblichen usw. Zwecken steuerfrei verabfolgt | | | |
| | inländischer Branntwein[1]) | ausländischer Branntwein | zusammen | auf den Kopf der Bevölkerung | zusammen | auf den Kopf der Bevölkerung | Summe 1 und 2 | auf den Kopf der Bevölkerung |
| | 1000 hl | | | l | 1000 hl | l | 1000 hl | l |
| 1888/89 | 2 173,8 | 21,4 | 2 195,3 | 4,5 | 431,3 | 0,9 | 2 626,6 | 5,4 |
| 89/90 | 2 260,6 | 30,7 | 2 291,3 | 4,7 | 531,4 | 1,1 | 2 822,7 | 5,8 |
| 90/91 | 2 156,4 | 40,8 | 2 197,2 | 4,4 | 519,1 | 1,0 | 2 716,3 | 5,5 |
| 91/92 | 2 159,8 | 30,8 | 2 189,6 | 4,4 | 551,8 | 1,1 | 2 741,4 | 5,5 |
| 92/93 | 2 212,3 | 40,7 | 2 252,5 | 4,6 | 606,7 | 1,2 | 2 859,2 | 5,8 |
| 1893/94 | 2 223,5 | 37,0 | 2 260,5 | 4,6 | 684,1 | 1,3 | 2 944,6 | 5,9 |
| 94/95 | 2 182,0 | 37,8 | 2 219,9 | 4,3 | 748,8 | 1,4 | 2 968,8 | 5,8 |
| 95/96 | 2 248,4 | 38,0 | 2 286,4 | 4,6 | 808,4 | 1,5 | 3 094,7 | 5,9 |
| 96/97 | 2 244,3 | 36,3 | 2 280,6 | 4,3 | 867,4 | 1,6 | 3 148,0 | 5,9 |
| 97/98 | 2 258,8 | 35,9 | 2 294,7 | 4,2 | 880,4 | 1,6 | 3 164,1 | 5,8 |
| 1898/99 | [2]) 2 409,0 | 37,0 | 2 446,0 | 4,5 | 989,0 | 1,8 | 3 435,4 | 6,2 |
| 99/1900 | 2 374,4 | [3]) 75,2 | 2 449,6 | 4,4 | 1 043,1 | 1,9 | 3 492,7 | 6,3 |
| 1900/01 | 2 402,8 | 14,8 | 2 417,4 | 4,3 | 1 155,0 | 2,0 | 3 572,4 | 6,3 |
| 01/02 | 2 375,8 | 23,4 | 2 399,2 | 4,2 | 1 110,4 | 1,9 | 3 509,1 | 6,1 |
| 02/03 | 2 326,6 | 25,4 | 2 352,0 | 4,0 | 1 298,7 | 2,2 | 3 651,4 | 6,2 |

[1]) Zuzüglich der gegen Vergütung der Verbrauchsabgabe ausgeführten [illegible] und Branntweinfabrikate.

[2]) Vor Schluß des Betriebsjahrs sind aus Furcht vor Preiserhöhung größere Mengen als sonst in den freien Verkehr gesetzt worden.

[3]) Wegen Erhöhung des Eingangszolls vom 1. VII. 1900 ab sind vor diesem Zeitpunkt ausnahmsweise große Branntweinmengen eingeführt worden.

## 3. Bierverbrauch in den deutschen Steuergebieten.

(Vierteljahrshefte zur Statistik des Deutschen Reichs 1903, IV.)

Vgl. im Abschnitt V Biergewinnung, Abschnitt VII Ein- und Ausfuhr von Bier und Abschnitt XV Steuer- und Zolleinnahmen vom Bier.

| Rechnungsjahre¹) | Berechneter Verbrauch überhaupt (1 000 Hektoliter): Brausteuergebiet | Bayern | Württemberg | Baden | Elsaß-Lothringen | Deutsches Zollgebiet (einschl. Luxemburg) | Berechneter Verbrauch auf den Kopf (Liter): Brausteuergebiet | Bayern | Württemberg | Baden | Elsaß-Lothringen | Deutsches Zollgebiet (einschl. Luxemburg) |
|---|---|---|---|---|---|---|---|---|---|---|---|---|
| Durchschnitt: 1874-78 | 20 905 | 12 181 | 3 938 | 1 168 | 608 | 38 727 | 65 | 241 | 196 | 77 | 39 | 91 |
| 1879-83 | 21 681 | 11 300 | 3 153 | 1 272 | 761 | 38 169 | 63 | 213 | 160 | 77 | 49 | 85 |
| 1884-88 | 26 787 | 11 615 | 3 186 | 1 378 | 797 | 43 846 | 75 | 213 | 159 | 88 | 51 | 94 |
| 1889-93 | 34 545 | 12 506 | 3 544 | 1 685 | 1 054 | 53 447 | 89 | 222 | 173 | 102 | 66 | 107 |
| 1894-98 | 40 816 | 13 007 | 3 898 | 2 294 | 1 258 | 62 318 | 98 | 237 | 186 | 132 | 76 | 117 |
| 1899 | 45 505 | 15 042 | 4 139 | 3 091 | 1 450 | 69 449 | 104 | 248 | 193 | 170 | 85 | 125 |
| 1900 | 46 947 | 15 134 | 3 885 | 2 988 | 1 425 | 70 619 | 106 | 246 | 180 | 161 | 83 | 125 |
| 01 | 47 092 | 15 240 | 4 026 | 2 986 | 1 433 | 70 995 | 105 | 245 | 184 | 158 | 83 | 124 |
| 02 | 44 192 | 14 816 | 3 810 | 2 989 | 1 460 | 67 486 | 97 | 235 | 172 | 156 | 83 | 116 |

¹) Für das Brausteuergebiet und Elsaß-Lothringen 1874-78 Kalenderjahre, von 1877 ab Rechnungsjahre; für Bayern Kalenderjahre; für Württemberg 1874/77 Finanzjahre (1. VII. bis 30. VI.), dann Rechnungsjahre; für Baden bis einschl. 1895 Steuerjahre (1. XII. bis 30. XI.), 1896 bis 13 Monate 1. XII. 1895 bis 31. XII. 1896, von 1897 ab Kalenderjahre.

## 4. Tabakverbrauch im Zollgebiet.

(Vierteljahrshefte zur Statistik des Deutschen Reichs 1903, IV.)

Vgl. im Abschnitt III Tabakbau und im Abschnitt XV Zoll- und Steuereinnahmen vom Tabak.

| Bis 1870 Kalenderjahre, dann Erntejahre (1. Juli beginnend) | Rohtabak in fabrikationsreifem Zustande: Erzeugung im Zollgebiet (Tonnen) | Einfuhr in den freien Verkehr | Zusammen | Ausfuhr aus dem freien Verkehr | Nach Abzug der Ausfuhr bleiben zur Verarbeitung | Tabakfabrikate, Unterschied zwischen Einfuhr u. Ausfuhr (—: Mehrausfuhr, +: Mehreinfuhr): Zigarren und Zigaretten | Schnupftabak | Andere Tabakfabrikate | Zusammen Tabakfabrikate | Dieses — oder + entspricht einer Rohmaterialmenge von | Also berechneter Verbrauch von fabrikationsreifem Rohtabak im Zollgebiet: überhaupt (Tonnen) | auf den Kopf (kg) |
|---|---|---|---|---|---|---|---|---|---|---|---|---|
| Durchschnitt: 1861-65 | 23 319 | 29 840 | 53 159 | 6 145 | 47 014 | — 1 | —252 | — 194 | — 447 | 465 | 46 549 | 1,3 |
| 1866-70 | 21 250 | 36 470 | 57 720 | 6 216 | 51 504 | — 410 | —262 | — 737 | —1 409 | 1 466 | 50 038 | 1,3 |
| 1871-75 | 34 431 | 49 847 | 84 278 | 6 297 | 77 981 | — 493 | —178 | —1 338 | —2 007 | 2 088 | 75 893 | 1,8 |
| 1876-80 | 27 530 | 50 715 | 78 245 | 2 642 | 75 603 | + 12 | —100 | — 886 | — 974 | 1 013 | 74 590 | 1,7 |
| 1881-85 | 36 008 | 31 877 | 67 885 | 3 450 | 64 435 | + 26 | — 30 | — 689 | — 693 | 721 | 63 714 | 1,4 |
| 1886-90 | 29 951 | 44 988 | 74 939 | 1 511 | 73 428 | + 157 | — 13 | — 631 | — 487 | 507 | 72 921 | 1,5 |
| 1891-95 | 29 451 | 50 952 | 80 403 | 905 | 79 498 | — 11 | — 37 | — 176 | — 224 | 233 | 79 265 | 1,5 |
| 1896 | 37 013 | 57 580 | 94 593 | 725 | 93 868 | — 107 | — 2 | + 20 | — 89 | 93 | 93 775 | 1,8 |
| 97 | 36 273 | 59 451 | 95 724 | 283 | 95 441 | + 43 | + 5 | — 216 | — 168 | 175 | 95 266 | 1,8 |
| 98 | 26 047 | 60 799 | 86 846 | 1 476 | 85 370 | + 82 | + 6 | — 352 | — 264 | 275 | 85 095 | 1,6 |
| 99 | 24 060 | 59 955 | 84 015 | 1 123 | 82 892 | + 186 | + 8 | + 8 | + 202 | 210 | 83 102 | 1,5 (Durchschnitt 1897–1902: 1,6) |
| 1900 | 27 832 | 60 768 | 88 600 | 253 | 88 347 | + 170 | + 7 | — 24 | + 153 | 159 | 88 506 | 1,6 |
| 01 | 32 010 | 60 430 | 92 440 | 281 | 92 159 | + 287 | + 1 | + 312 | + 600 | 623 | 92 782 | 1,6 |
| 02 | 30 158 | 61 093 | 91 251 | 289 | 90 962 | + 381 | + 5 | + 400 | + 786 | 818 | 91 780 | 1,6 |

## 5. Salzverbrauch im Zollgebiet.

(Vierteljahrshefte zur Statistik des Deutschen Reichs 1903, IV.)

Vgl. im Abschnitt V Gewinnung von Kochsalz und Abschnitt XV Salzabgaben.

| Rechnungsjahre (von 1872—1896 fünfjährige Durchschnitte) | Absatz der deutschen Salzwerke im Zollgebiet | nach dem Auslande | zusammen | Einfuhr von fremdem Salz in das Zollgebiet | Salzverbrauch im Zollgebiet (nach der Zoll- oder Steuerabfertigung in den freien Verkehr gesetzte Mengen) zu Speisezwecken überhaupt | auf den Kopf | zu anderen Zwecken (steuerfrei) | zusammen zu Speise- u. anderen Zwecken überhaupt | auf den Kopf |
|---|---|---|---|---|---|---|---|---|---|
| | Tonnen | | | | | kg | Tonnen | | kg |
| 1872—76 | 481 849 | 62 174 | 544 023 | 52 407 | 325 565 | 7,8 | 193 179 | 518 744 | 12,4 |
| 77—81 | 558 656 | 110 126 | 668 782 | 39 590 | 339 746 | 7,7 | 245 030 | 584 776 | 13,8 |
| 82—86 | 690 073 | 134 387 | 824 460 | 32 197 | 354 501 | 7,7 | 340 212 | 694 713 | 15,1 |
| 87—91 | 811 360 | 132 153 | 943 513 | 26 684 | 372 889 | 7,6 | 380 211 | 753 100 | 15,4 |
| 92—96 | 856 928 | 191 144 | 1 048 072 | 23 657 | 399 444 | 7,7 | 443 479 | 842 923 | 16,3 |
| 1897 | 983 629 | 209 357 | 1 192 986 | 22 365 | 419 999 | 7,6 | 509 743 | 929 742 | 17,3 |
| 98 | 996 662 | 217 458 | 1 214 120 | 21 994 | 422 538 | 7,7 | 538 206 | 960 744 | 17,6 |
| 99 | 1 032 426 | 228 450 | 1 260 876 | 22 088 | 436 401 | 7,8 | 561 108 | 997 509 | 18,0 |
| 1900 | 1 008 507 | 217 325 | 1 225 832 | 22 013 | 434 260 | 7,7 | 585 517 | 909 777 | 17,7 |
| 01 | 992 461 | 293 227 | 1 285 688 | 24 417 | 436 333 | 7,6 | 604 157 | 1 040 490 | 18,3 |
| 02 | 1 060 809 | 351 132 | 1 411 941 | 25 312 | 452 243 | 7,8 | 618 809 | 1 071 052 | 18,4 |

## 6. Zuckerverbrauch im Zollgebiet.

(Vierteljahrshefte zur Statistik des Deutschen Reichs 1903, IV.)

Vgl. im Abschnitt V Zuckergewinnung, Abschnitt XV Einnahmen aus Zuckerzöllen und -steuern.

| Betriebsjahre[1]) (fünfjährige Durchschnitte) | Verbrauchszucker[2]) | auf den Kopf | Betriebsjahre 1. August — 31. Juli | Verbrauchszucker | auf den Kopf | Betriebsjahre 1. August — 31. Juli | Verbrauchszucker | auf den Kopf |
|---|---|---|---|---|---|---|---|---|
| | Tonnen | kg | | Tonnen | kg | | Tonnen | kg |
| 1871—76 | 249 895 | 6,0 | ([3]1896/97 | 505 078 | 9,4 | 1901/02 | 669 261 | 11,6 |
| 76—81 | 249 637 | 5,8 | 97/98 | 636 399 | 11,8 | ([4] 1902/03 | 725 610 | 12,8 |
| 81—86 | 319 451 | 7,0 | 98/99 | 680 331 | 12,4 | | | |
| 86—91 | 406 924 | 8,4 | 1899/1900 | 764 045 | 13,7 | | | |
| 91—96 | 543 154 | 10,8 | 1900/01 | 696 566 | 12,3 | | | |

[1]) Für 1871—80: 1. September — 31. August, 1880/81: 1. September — 31. Juli, für 1881/82 und weiter: 1. August — 31. Juli.

[2]) Der Zuckerverbrauch ist für die Jahre 1871/72 bis 1885/86 derart berechnet, daß zu der Erzeugung die Einfuhr zugerechnet und von der Summe die Ausfuhr abgerechnet worden ist. Für die Jahre 1886/87 und 87/88 sind daneben auch die am Anfang und Schluß der Betriebsjahre vorhandenen Zuckerbestände in Rechnung gezogen, die vordem nicht bekannt waren. Von 1888/89 an sind die seit der Einführung der Verbrauchsabgabe steueramtlich festzustellenden in den freien Verkehr gesetzten Zuckermengen als Verbrauch eingesetzt, zuzüglich des in den freien Verkehr gesetzten ausländischen Zuckers.

Hierbei wurde der Rohzucker allgemein im Verhältnis von 100:90 auf Verbrauchszucker umgerechnet.

[3]) Vor dem 1. August 1896, an welchem Tage das Zuckersteuergesetz vom 27. Mai 1896 in Kraft trat, sind große Zuckermengen in den freien Verkehr gesetzt worden, die erst später verbraucht wurden. Bei der Berechnung des Verbrauchs für die Betriebsjahre 1895/96 und 1896/97 zusammen ergibt sich auf den Kopf 11,1 kg.

[4]) Das Betriebsjahr 1902/03 umfaßt infolge Abänderung der Zuckergesetzgebung durch das Gesetz vom 6. I. 1903 (R. G. Bl. S. 1) die Zeit vom 1. VIII. 1902 bis 31. VIII. 1903.

## 7. Verbrauch von Kohlen (Stein- und Braunkohlen) im Zollgebiet.

| Jahre (fünfjährige Durchschnitte u. 12 Einzeljahre) | Erzeugung | Einfuhr | Ausfuhr | Berechneter Verbrauch im ganzen | Berechneter Verbrauch auf den Kopf |
|---|---|---|---|---|---|
| | Tonnen (zu 1000 kg) | | | | kg |
| 1876—80 | 52 177 799 | 4 689 242 | 5 886 054 | 50 980 987 | 1 170 |
| 81—85 | 68 630 138 | 5 483 315 | 8 349 079 | 65 764 402 | 1 445 |
| 86—90 | 81 227 870 | 8 817 233 | 8 994 311 | 80 850 792 | 1 666 |
| 1891 | 94 252 278 | 11 838 412 | 9 553 659 | 96 537 031 | 1 932 |
| 92 | 92 544 050 | 11 138 292 | 8 989 637 | 94 692 705 | 1 876 |
| 93 | 95 420 153 | 11 369 720 | 9 700 061 | 97 085 812 | 1 905 |
| 94 | 98 805 702 | 11 674 133 | 9 759 479 | 100 720 356 | 1 954 |
| 95 | 103 957 639 | 12 298 406 | 10 379 652 | 105 876 393 | 2 028 |
| 1896 | 112 471 106 | 13 114 258 | 11 614 460 | 113 970 902 | 2 152 |
| 97 | 120 474 485 | 14 183 105 | 12 409 019 | 122 248 571 | 2 273 |
| 98 | 127 958 550 | 14 270 482 | 14 011 377 | 128 217 655 | 2 347 |
| 99 | 135 844 419 | 14 837 240 | 13 964 099 | 136 717 560 | 2 405 |
| 1900 | 149 788 256 | 15 344 302 | 15 328 600 | 149 804 018 | 2 662 |
| 1901 | 153 019 414 | 14 406 332 | 15 287 985 | 152 137 761 | 2 605 |
| 02 | 150 600 214 | 14 307 008 | 16 122 907 | 148 784 975 | 2 567 |

## 8. Verbrauch von Roheisen[1]) im Zollgebiet.

| Jahre | Erzeugung | Einfuhr | Ausfuhr | Verbrauch im ganzen | auf den Kopf kg |
|---|---|---|---|---|---|
| 1876—80 | 2 165 911 | 447 395 | 362 514 | 2 250 792 | 51,6 |
| 81—85 | 3 304 718 | 264 041 | 290 492 | 3 278 267 | 74,3 |
| 86—90 | 4 201 362 | 263 058 | 219 166 | 4 245 254 | 88,6 |
| 1891 | 4 630 982 | 250 016 | 170 250 | 4 710 748 | 94,5 |
| 92 | 4 927 713 | 215 725 | 177 708 | 4 965 670 | 98,4 |
| 93 | 4 976 368 | 227 176 | 171 629 | 5 031 915 | 98,7 |
| 94 | 5 370 031 | 211 848 | 232 370 | 5 349 509 | 103,6 |
| 95 | 5 454 724 | 199 558 | 220 103 | 5 434 177 | 104,1 |
| 1896 | 6 362 545 | 337 181 | 192 916 | 6 506 810 | 122,8 |
| 97 | 6 850 123 | 481 083 | 128 987 | 7 202 219 | 133,0 |
| 98 | 7 300 735 | 407 889 | 272 471 | 7 436 153 | 136,1 |
| 99 | 8 130 658 | 675 793 | 235 194 | 8 571 255 | 154,5 |
| 1900 | 8 506 590 | 827 095 | 190 505 | 9 143 180 | 162,5 |
| 1901 | 7 867 326 | 293 860 | 303 847 | 7 857 345 | 137,6 |
| 02 | 8 517 872 | 174 990 | 518 165 | 8 176 797 | 141,1 |

¹) Die Erzeugung umfaßt Roheisen und Gußwaren erster Schmelzung, die Ein- und Ausfuhr auch altes Brucheisen und bis 1879 schmiedeeiserne [illegible].

## 9. Verbrauch von Gold zu gewerblichen Zwecken.

(Vierteljahrshefte zur Statistik des Deutschen Reichs 1899, I.)

| Im Deutschen Reich werden nach den Angaben für 1896 und 97 zu gewerblichen Zwecken durchschnittlich jährlich verbraucht: Goldmünzen deutsche | Goldmünzen fremde | anderes Gold¹) | Gold überhaupt | Unter den hieraus hergestellten Erzeugnissen war sogenanntes Verlustgold²) |
|---|---|---|---|---|
| im Werte von Millionen Mark | | | | |
| 20 | 5 | 20 | 45 | 13,6 |
| etwa entsprechend einer Feingoldmenge von Kilogramm | | | | |
| 7 100 | 1 800 | 7 100 | 16 000 | 4 900 |

¹) Das hier nachgewiesene Gold ist den inländischen Gewerbetreibenden außer einem verhältnismäßig kleinen Teil, den ihnen die Reichsbank verkauft hat, von den deutschen Scheideanstalten geliefert worden. Diese haben in den beiden Jahren durchschnittlich für etwa 15 Millionen Mark jährlich (etwa 5 300 kg) Gold aus inländischem Altmaterial gewonnen, d. h. aus alten Schmucksachen und Geräten, sowie aus Abfällen, die bei der Herstellung von Goldwaren sich ergaben. — ²) Darunter versteht man die Verwendung, die eine Wiedergewinnung des verwandten Goldes in der Regel ausschließt, wie die Herstellung von Blattgold und Doublewaren, die Galvanisierung, Vergoldung usw.

## 10. Verbrauch von einigen im Auslande erzeugten Waren im Zollgebiet.

| Durchschnittlich jährlich | Jahresverbrauch im deutschen Zollgebiet | | | | | | | | | |
|---|---|---|---|---|---|---|---|---|---|---|
| | im ganzen Tonnen | auf den Kopf kg | im ganzen Tonnen | auf den Kopf kg | im ganzen Faß | auf den Kopf kg | im ganzen Tonnen | auf den Kopf kg | im ganzen Tonnen | auf den Kopf kg |
| | Baumwolle, rohe. | | Gewürze, ausländische. | | Heringe, gesalzene. | | Kaffee, roher. | | Kakao in Bohnen. | |
| 1836/40 | 8 017 | 0,44 | 1 401 | 0,05 | 192 787 | 1,10 | 26 600 | 1,01 | 371 | 0,01 |
| 41/45 | 13 246 | 0,47 | 2 118 | 0,07 | 258 961 | 1,37 | 35 973 | 1,26 | 411 | 0,01 |
| 46/50 | 15 782 | 0,63 | 2 118 | 0,07 | 269 489 | 1,44 | 39 810 | 1,24 | 535 | 0,02 |
| 51/55 | 28 441 | 0,65 | 2 158 | 0,07 | 293 119 | 1,41 | 48 054 | 1,57 | 727 | 0,02 |
| 56/60 | 46 529 | 1,39 | 2 520 | 0,08 | 302 466 | 1,44 | 59 770 | 1,70 | 780 | 0,02 |
| 61/65 | 40 831 | 1,28 | 3 097 | 0,09 | 414 281 | 1,76 | 65 924 | 1,67 | 960 | 0,02 |
| 66/70 | 88 281 | 1,61 | 3 512 | 0,09 | 506 070 | 2,02 | 82 827 | 2,30 | 1 259 | 0,03 |
| 71/75 | 116 390 | 2,84 | 4 128 | 0,10 | 684 288 | 2,60 | 93 249 | 2,37 | 1 941 | 0,05 |
| 76/80 | 124 549 | 2,65 | 5 055 | 0,12 | 691 600 | 2,39 | 101 366 | 2,38 | 2 019 | 0,05 |
| 81/85 | 152 329 | 3,04 | 5 533 | 0,12 | 914 899 | 3,01 | 110 907 | 2,44 | 2 806 | 0,06 |
| 86/90 | 201 046 | 4,10 | 6 761 | 0,14 | 1 139 496 | 3,57 | 114 263 | 2,38 | 4 854 | 0,10 |
| 91/95 | 252 381 | 4,96 | 7 893 | 0,15 | 1 271 913 | 3,74 | 122 897 | 2,41 | 8 148 | 0,16 |
| 96/1900 | 302 316 | 5,54 | 8 864 | 0,16 | 1 200 029 | 3,30 | 146 851 | 2,69 | 15 286 | 0,28 |
| 1901 | 328 576 | 5,78 | 8 090 | 0,16 | 1 364 134 | 3,39 | 171 479 | 3,01 | 17 382 | 0,30 |
| 02 | 335 637 | 5,79 | 8 868 | 0,15 | 1 569 222 | 4,06 | 170 786 | 2,94 | 19 605 | 0,34 |
| 03 | 369 738 | 6,26 | 8 937 | 0,15 | 1 447 407 | 3,69 | 181 058 | 3,08 | 20 519 | 0,35 |

| Durchschnittlich jährlich | Reis. | | Südfrüchte. | | Tee.[1] Tonnen | | Jute. | | Petroleum (Erdöl)[2] | |
|---|---|---|---|---|---|---|---|---|---|---|
| 1836/40 | 4 069 | 0,13 | 1 524 | 0,06 | 122 | 0,004 | . | . | . | . |
| 41/45 | 9 481 | 0,33 | 1 853 | 0,07 | 137 | 0,004 | . | . | . | . |
| 46/50 | 12 718 | 0,40 | 1 749 | 0,05 | 172 | 0,01 | . | . | . | . |
| 51/55 | 27 237 | 0,67 | 2 029 | 0,06 | 621 | 0,02 | . | . | . | . |
| 56/60 | 32 996 | 0,90 | 2 461 | 0,07 | 640 | 0,02 | . | . | . | . |
| 61/65 | 30 043 | 0,85 | 3 230 | 0,09 | 637 | 0,02 | . | . | . | . |
| 66/70 | 41 748 | 1,11 | 15 287 | 0,41 | 748 | 0,02 | 2 126 | 0,06 | 70 436 | 1,87 |
| 71/75 | 63 817 | 1,55 | 23 417 | 0,57 | 1 018 | 0,02 | 6 238 | 0,15 | 154 504 | 3,75 |
| 76/80 | 72 300 | 1,66 | 26 279 | 0,61 | 1 381 | 0,03 | 14 052 | 0,32 | 235 290 | 5,40 |
| 81/85 | 82 611 | 1,81 | 34 111 | 0,75 | 1 564 | 0,03 | 29 873 | 0,66 | 389 335 | 8,54 |
| 86/90 | 84 375 | 1,76 | 49 076 | 1,04 | 1 912 | 0,04 | 58 168 | 1,21 | 556 097 | 11,61 |
| 91/95 | 120 967 | 2,40 | 70 990 | 1,39 | 2 614 | 0,05 | 79 375 | 1,50 | 755 915 | 14,62 |
| 96/1900 | 130 443 | 2,38 | 107 881 | 1,90 | 2 833 | 0,05 | 93 203 | 1,71 | 926 148 | 16,97 |
| 1901 | 121 451 | 2,16 | 122 398 | 2,11 | 3 291 | 0,06 | 110 554 | 1,94 | 963 130 | 16,89 |
| 02 | 129 385 | 2,23 | 145 190 | 2,51 | 3 394 | 0,06 | 133 928 | 2,31 | 1 077 438 | 16,67 |
| 03 | 132 598 | 2,25 | 158 140 | 2,69 | 3 079 | 0,05 | 101 630 | 1,79 | 1 022 124 | 17,37 |

[1] Mit Einschluß des zur Herstellung von Tein verwendeten (1901: 413; 1902: 301; 1903: 199 Tonnen).

[2] Verzollte Mengen von rohem und gereinigtem Erdöl und anderen Erdölerzeugnissen mit Ausnahme von mineralischem Schmieröl. Auf die inländische Erdölgewinnung ist hier keine Rücksicht genommen; sie betrug an Rohöl

1880 — 1 309 t
1881/85 — 5 665 t im Jahresdurchschnitt
1886/90 — 11 513 t " "
1891/95 — 15 020 t " "
1896/1900 — 29 418 t " "
1901 — 44 095 t
1902 — 49 725 t
1903 — 62 680 t.

# XI. Volksschulen.

| Staaten und Landesteile | Schul-, Rechnungs- oder Kalenderjahr | Zahl der öffentlichen Volksschulen | Zahl der vollbeschäftigten Lehrkräfte: Lehrer | Zahl der vollbeschäftigten Lehrkräfte: Lehrerinnen | Schüler der öffentlichen Volksschulen | Aufwendungen für die öffentlichen Volksschulen: überhaupt 1 000 M | davon aus Staatsmitteln 1 000 M | Es entfielen bei den öffentlichen Volksschulen: auf 1 Lehrkraft Schüler | auf 1 Schüler der Gesamtkosten M | Privatschulen mit Volksschulziel: Zahl der Schulen | Zahl der Schüler |
|---|---|---|---|---|---|---|---|---|---|---|---|
| Ostpreußen | 1901 | 8 133 | 5 149 | 382 | 343 047 | 13 376 | 6 616 | 62 | 39 | 19 | 704 |
| Westpreußen | " | 2 232 | 3 892 | 278 | 275 381 | 10 388 | 4 554 | 66 | 38 | 31 | 1 511 |
| Berlin | " | 249 | 2 836 | 1 642 | 211 686 | 20 076 | 802 | 47 | 95 | 6 | 1 055 |
| Brandenburg | " | 3 073 | 7 076 | 753 | 466 896 | 23 297 | 5 778 | 60 | 50 | 26 | 1 442 |
| Pommern | " | 2 600 | 4 377 | 372 | 275 506 | 11 768 | 5 132 | 58 | 43 | 12 | 369 |
| Posen | " | 2 695 | 4 441 | 213 | 346 629 | 12 139 | 8 339 | 74 | 35 | 5 | 214 |
| Schlesien | " | 4 617 | 10 499 | 926 | 805 152 | 31 488 | 9 741 | 70 | 39 | 26 | 1 249 |
| Sachsen | " | 2 776 | 6 765 | 630 | 466 366 | 20 102 | 5 561 | 63 | 44 | 40 | 2 066 |
| Schleswig-Holstein | " | 1 687 | 3 698 | 605 | 226 816 | 12 778 | 3 316 | 53 | 56 | 17 | 417 |
| Hannover | " | 3 609 | 6 533 | 549 | 423 622 | 20 680 | 6 153 | 60 | 49 | 43 | 1 297 |
| Westfalen | " | 2 597 | 5 847 | 2 390 | 575 610 | 26 927 | 5 139 | 70 | 47 | 52 | 1 108 |
| Hessen-Nassau | " | 2 242 | 4 366 | 525 | 290 990 | 17 538 | 4 188 | 59 | 60 | 9 | 959 |
| Rheinland | " | 4 930 | 10 868 | 4 695 | 984 024 | 48 774 | 9 726 | 63 | 51 | 22 | 598 |
| Hohenzollern | " | 117 | 195 | 3 | 10 884 | 621 | 252 | 54 | 58 | 4 | 96 |
| Preußen | 1901 | 36 756 | 78 342 | 13 866 | 5 670 870 | 269 917 | 73 066 | 63 | 48 | 315 | 12 964 |
| Bayern rechts des Rheins | | 6 299 | 10 087 | 2 538 | 748 858 | 33 181 | 12 479 | 59 | 44 | 22 | 1 784 |
| Bayern links des Rheins | | 981 | 2 097 | 177 | 124 541 | 6 585 | 1 727 | 55 | 53 | 3 | 202 |
| Bayern | 1900/01 | 7 280 | 12 184 | 2 715 | 873 399 | (1 39 766 | (1 14 206 | 59 | 46 | 25 | 1 986 |
| Sachsen | 1899 | (2 2 273 | 10 003 | 401 | (3 685 771 | 34 323 | 4 773 | 66 | 50 | (4 58 | (4 4 775 |
| Württemberg | 1901 | 2 353 | 4 615 | (5 494 | 295 325 | 12 265 | 3 748 | 58 | 42 | 3 | 42 |
| Baden | 1900 | 1 677 | 3 631 | 418 | 273 149 | 10 899 | 2 396 | 67 | 40 | 5 | 775 |
| Hessen | 1900/01 | 981 | 2 525 | 222 | 165 707 | 7 875 | 2 506 | 60 | 48 | — | — |
| Mecklenb.-Schwerin | 1903 | 1 185 | 1 685 | 170 | 94 755 | 3 827 | 252 | 46 | 40 | 29 | 1 520 |
| Sachsen-Weimar | 1901 | 629 | 979 | 15 | 59 528 | 2 567 | 977 | 60 | 43 | 13 | 465 |
| Mecklenburg-Strelitz | 1901 | 233 | 348 | 34 | 16 057 | 536 | 372 | 42 | 33 | 2 | 25 |
| Oldenburg | 1901 | 614 | 1 101 | 120 | 66 721 | (6 2 935 | (6 990 | 55 | 44 | 6 | 215 |
| Braunschweig | 1901/02 | 453 | 1 142 | 151 | 81 396 | (7 3 621 | (7 754 | 63 | 44 | — | — |
| Sachsen-Meiningen | 1901 | 318 | 656 | 54 | 44 011 | 1 973 | 582 | 62 | 45 | — | — |
| Sachsen-Altenburg | 1901 | 167 | 495 | 23 | 34 448 | 1 373 | 269 | 67 | 40 | — | — |
| Sachs.-Coburg-Gotha | 1901/02 | 244 | 625 | 79 | 39 422 | 1 765 | 494 | 56 | 45 | 0 | 168 |
| Anhalt | 1901/02 | 253 | 814 | 154 | 52 894 | 2 683 | 2 312 | 54 | 51 | 9 | 980 |
| Schwarzb.-Sondersh. | 1901 | 94 | 211 | 7 | 13 918 | 579 | 201 | 64 | 42 | 2 | 58 |
| Schwarzb.-Rudolstadt | 1901 | 138 | 263 | 2 | 16 222 | 532 | 155 | 61 | 33 | — | — |
| Waldeck | 1901 | 124 | 166 | 6 | 10 294 | 359 | 107 | 60 | 35 | — | — |
| Reuß älterer Linie | 1901 | 60 | 162 | 19 | 13 206 | 392 | 37 | 73 | 30 | — | — |
| Reuß jüngerer Linie | 1901 | 117 | 317 | 20 | 21 702 | 818 | 284 | 64 | 38 | — | — |
| Schaumburg-Lippe | 1901 | 44 | 72 | 5 | 7 648 | 213 | 34 | 99 | 28 | 3 | 99 |
| Lippe | 1900 | 125 | 261 | — | 23 695 | 608 | 306 | 92 | 25 | 9 | 606 |
| Lübeck | 1902/03 | 52 | 184 | 162 | 12 109 | 839 | 712 | 35 | 69 | — | — |
| Bremen | 1901 | (8 57 | 498 | 97 | 27 800 | 2 147 | 1 597 | 47 | 77 | 1 | 30 |
| Hamburg | 9) | 182 | 1 653 | 95 | 98 610 | 7 321 | 6 808 | 38 | 74 | 80 | 13 207 |
| Elsaß-Lothringen | 1901 | 2 903 | 2 895 | 2 328 | 226 109 | 8 809 | 2 630 | 43 | 39 | 77 | 3 395 |
| Deutsches Reich | | 59 348 | 124 027 | 22 513 | 8 924 779 | 419 092 | 120 472 | 61 | 47 | 843 | 41 328 |

1) Nach dem neuen Schulbedarfsgesetz vom 28. Juli 1902 und den landtagsbewilligungen für die XXVI. Finanzperiode (1902/03) ist der Gesamtaufwand für die bayerischen Volksschulen erheblich gestiegen.
2) Ohne 19 Seminarübungsschulen.
3) Ohne 2 396 Seminarübungsschüler.
4) Ohne 4 Vereins- und Stiftungsschulen mit 316 Schülern.
5) Darunter 157 vollbeschäftigte Arbeitslehrerinnen.
6) Die Gesamtaufwendungen beziehen sich auf das Jahr 1900.
7) Für die 380 Schulanstalten der Landgemeinden waren die Aufwendungen für die jährliche Verzinsung und Abtragung der zu Schul-, Neu- oder Erleuchtung angeliehenen Kapitalien nicht festzustellen.
8) Darunter 2 öffentliche Waisenhausschulen mit Volksschulziel, aus eigenem Vermögen und aus öffentlichen Geldmitteln unterhalten.
9) Die Angaben über die öffentlichen Volksschulen beziehen sich auf den Stand vom 31. März 1903, die über die Privatschulen auf den 1. Februar 1903, während die Aufwendungen nach dem Budget für 1902 eingesetzt sind.

# XII. Justizwesen.

## 1. Beschäftigung der ordentlichen Gerichte.

(Mitteilung des Reichs-Justizamts; Vierteljahrshefte zur Statistik des Deutschen Reichs 1903, IV.)

### a. Zivilsachen in erster Instanz.

| Oberlandesgerichtsbezirke | Mahnsachen (bei den Amtsgerichten) | Zahl der im Jahre 1902 in erster Instanz anhängig gewordenen ordentlichen Prozesse bei den Amtsgerichten | ordentlichen Prozesse bei den Landgerichten | Wechselprozesse bei den Amtsgerichten | Wechselprozesse bei den Landgerichten | anderen Urkundenprozesse bei den Amtsgerichten | anderen Urkundenprozesse bei den Landgerichten | ordentlichen, Wechsel- und anderen Urkundenprozesse (Summe) | Arreste und einstweilige Verfügungen bei den Amtsgerichten | Arreste und einstweilige Verfügungen bei den Landgerichten | Prozesse in Ehe- und Entmündigungssachen (bei den Landgerichten) |
|---|---|---|---|---|---|---|---|---|---|---|---|
| Augsburg | 28 088 | 15 244 | 2 269 | 1 373 | 432 | 16 | 16 | 19 350 | 690 | 163 | 117 |
| Bamberg | 40 601 | 21 651 | 3 189 | 2 269 | 519 | 13 | 24 | 27 665 | 681 | 232 | 10[illegible] |
| Berlin | 143 503 | 282 696 | 31 433 | 37 804 | 14 244 | 105 | 207 | 366 489 | 5 434 | 4 068 | 3 052 |
| Braunschweig | 16 342 | 18 048 | 1 945 | 1 799 | 541 | 11 | 27 | 22 371 | 364 | 164 | 144 |
| Breslau | 174 360 | 136 760 | 13 247 | 16 591 | 4 589 | 45 | 58 | 171 290 | 2 549 | 1 211 | 1 0[illegible] |
| Celle | 107 149 | 75 228 | 8 034 | 10 050 | 2 643 | 59 | 47 | 96 061 | 2 107 | 480 | 561 |
| Colmar | 70 738 | 34 781 | 5 101 | 3 112 | 926 | 335 | 261 | 44 516 | 2 430 | 537 | 303 |
| Darmstadt | 70 171 | 33 815 | 4 663 | 3 368 | 1 009 | 46 | 42 | 42 943 | 730 | 312 | 269 |
| Dresden | 92 946 | 168 630 | 18 615 | 25 830 | 8 880 | 475 | 428 | 221 858 | 3 442 | 2 456 | 2 30[illegible] |
| Frankfurt a. M. | 60 274 | 52 322 | 6 855 | 6 431 | 1 891 | 79 | 72 | 67 650 | 1 006 | 384 | 405 |
| Hamburg | 34 291 | 62 943 | 9 944 | 5 830 | 2 615 | 389 | 112 | 81 833 | 1 412 | 987 | 1 09[illegible] |
| Hamm | 196 395 | 130 394 | 16 499 | 25 949 | 5 067 | 43 | 41 | 177 993 | 3 940 | 910 | 824 |
| Jena | 55 691 | 38 628 | 4 109 | 7 302 | 1 487 | 67 | 52 | 51 645 | 982 | 297 | 445 |
| Karlsruhe [1] | 72 658 | 53 482 | 9 638 | 5 913 | 2 078 | 568 | 64 | 71 743 | 1 728 | 777 | 468 |
| Kassel | 54 661 | 26 462 | 2 544 | 2 665 | 671 | 20 | 15 | 32 377 | 514 | 73 | 124 |
| Kiel | 45 637 | 40 928 | 4 501 | 6 124 | 1 690 | 21 | 46 | 53 310 | 959 | 277 | 56[illegible] |
| Köln | 160 62[illegible] | 152 025 | 22 771 | 28 425 | 6 514 | 296 | 297 | 210 328 | 6 731 | 1 432 | 1 031 |
| Königsberg | 74 488 | 63 162 | 5 903 | 7 925 | 2 255 | 18 | 10 | 79 2[illegible] | 1 520 | 769 | 527 |
| Marienwerder | 51 242 | 46 558 | 5 104 | 5 215 | 1 767 | 16 | 19 | 58 679 | 1 131 | 472 | 368 |
| München | 50 385 | 50 376 | 8 774 | 6 921 | 3 219 | 74 | 131 | 69 495 | 1 887 | 1 053 | 559 |
| Naumburg | 106 828 | 90 925 | 10 132 | 11 125 | 3 212 | 81 | 63 | 115 538 | 1 853 | 795 | 1 14[illegible] |
| Nürnberg | 37 430 | 30 968 | 4 415 | 2 966 | 778 | 15 | 17 | 39 157 | 839 | 350 | 262 |
| Oldenburg | 12 405 | 12 258 | 828 | 1 135 | 187 | 90 | 12 | 14 510 | 405 | 35 | 69 |
| Posen | 84 020 | 60 972 | 5 898 | 7 644 | 2 214 | 23 | 20 | 76 771 | 950 | 510 | 277 |
| Rostock | 14 222 | 16 207 | 1 406 | 2 098 | 558 | 58 | 46 | 20 373 | 436 | 95 | 164 |
| Stettin | 47 589 | 41 581 | 4 563 | 4 681 | 1 254 | 17 | 13 | 52 109 | 1 149 | 312 | 470 |
| Stuttgart [1] | 80 519 | 35 789 | 5 924 | 4 106 | 1 158 | 40 | 124 | 47 141 | 1 170 | 241 | 469 |
| Zweibrücken | 37 716 | 25 632 | 3 203 | 2 177 | 467 | 179 | 8 | 31 666 | 738 | 368 | 195 |
| **Deutsches Reich 1902** | **2 021 984** | **1 818 373** | **221 807** | **247 918** | **72 865** | **3 206** | **2 271** | **2 366 142** | **47 870** | **19 751** | **17 845** |
| Dagegen im Jahre 1901 | 2 174 050 | 1 766 994 | 221 402 | 241 420 | 88 003 | 3 323 | 2 458 | 2 326 501 | 48 327 | 18 693 | 19 633 |
| Dagegen im Jahre 1900 | 2 012 810 | 1 581 164 | 197 772 | 205 097 | 77 669 | 2 974 | 2 125 | 2 066 901 | 42 852 | 16 973 | 14 436 |
| Dagegen im Jahre 1899 | 1 965 772 | 1 573 208 | 176 015 | 187 676 | 63 542 | 3 413 | 1 783 | 2 006 537 | 48 017 | 17 375 | 14 514 |
| Dagegen im Jahre 98 | 1 883 757 | 1 516 429 | 166 838 | 176 916 | 56 483 | 3 614 | 1 806 | 1 921 291 | 50 163 | 17 478 | 14 060 |
| Dagegen im Jahre 97 | 1 915 307 | 1 454 293 | 155 387 | 169 394 | 51 326 | 3 429 | 1 875 | 1 835 707 | 51 015 | 16 217 | 13 344 |
| Im Durchschnitt der Jahre 1896—1900 | *1 918 102* | *1 504 622* | *168 670* | *179 620* | *59 135* | *3 272* | *1 892* | *1 917 21[illegible]* | *49 081* | *16 749* | *13 924* |
| Im Durchschnitt der Jahre 91—1895 | *2 055 151* | *1 344 101* | *145 779* | *170 985* | *54 420* | *3 474* | *2 414* | *1 721 173* | *56 571* | *14 417* | *11 416* |
| Im Durchschnitt der Jahre 86—90 | *1 957 412* | *1 052 692* | *113 505* | *114 047* | *35 099* | *4 123* | *2 469* | *1 321 935* | *55 381* | *11 155* | *10 013* |
| Im Durchschnitt der Jahre 81—85 | *2 031 676* | *957 736* | *109 874* | *93 973* | *30 386* | *7 613* | *4 224* | *1 203 806* | *78 166* | *11 101* | *8 857* |

[1] In den Oberlandesgerichtsbezirken Karlsruhe und Stuttgart ist ein erheblicher Teil der sonst zur Zuständigkeit der Amtsgerichte gehörenden Geschäfte auf Grund des § 14 Nr. 3 des Gerichtsverfassungsgesetzes Gemeindegerichten zugewiesen.

## 1 b. Strafsachen in erster Instanz.

| Oberlandesgerichtsbezirke | Zahl der im Jahre 1902 in erster Instanz anhängig gewordenen | | | | | | |
|---|---|---|---|---|---|---|---|
| | Anträge auf Erlaß eines amtsrichterlichen Strafbefehls | Privatklagesachen | Anklagesachen wegen | | | | |
| | | | Übertretungen | Vergehen | | Verbrechen | |
| | (bei den Schöffen- [Amts-] gerichten) | | | bei den Schöffen- (Amts-) gerichten | bei den Strafkammern | bei den Strafkammern | bei den Schwurgerichten |
| Augsburg | 30 226 | 2 142 | 2 168 | 6 871 | 873 | 1 228 | 135 |
| Bamberg | 35 152 | 2 303 | 1 831 | 8 063 | 954 | 1 129 | 125 |
| Berlin | 21 062 | 11 902 | 34 674 | 37 265 | 5 866 | 5 105 | 285 |
| Braunschweig | 9 348 | 1 129 | 1 618 | 2 095 | 413 | 430 | 45 |
| Breslau | 19 329 | 11 070 | 23 900 | 37 376 | 4 729 | 4 453 | 476 |
| Celle | 8 964 | 4 220 | 12 211 | 13 821 | 2 509 | 1 837 | 223 |
| Colmar | 37 747 | 2 811 | 2 394 | 7 895 | 783 | 694 | 55 |
| Darmstadt | 37 797 | 2 119 | 2 601 | 6 033 | 883 | 796 | 65 |
| Dresden | 9 168 | 9 403 | 8 170 | 18 509 | 2 469 | 3 510 | 316 |
| Frankfurt a. M. | 7 559 | 2 433 | 11 096 | 7 402 | 1 374 | 971 | 106 |
| Hamburg | 6 290 | 2 377 | 10 485 | 8 106 | 1 394 | 1 520 | 88 |
| Hamm | 10 345 | 6 490 | 16 134 | 22 894 | 4 763 | 3 074 | 405 |
| Jena | 8 945 | 3 535 | 3 623 | 6 195 | 693 | 1 090 | 100 |
| Karlsruhe | 2 057 | 4 167 | 2 184 | 11 034 | 742 | 1 521 | 141 |
| Kassel | 5 246 | 1 606 | 2 331 | 3 604 | 601 | 435 | 65 |
| Kiel | 8 706 | 2 071 | 3 861 | 6 840 | 1 230 | 1 093 | 107 |
| Köln | 20 044 | 6 681 | 24 643 | 30 202 | 6 496 | 3 778 | 304 |
| Königsberg | 4 777 | 6 009 | 8 841 | 16 543 | 1 581 | 1 455 | 256 |
| Marienwerder | 4 063 | 3 432 | 7 371 | 12 743 | 1 486 | 1 066 | 185 |
| München | 76 035 | 4 212 | 2 482 | 17 821 | 2 099 | 2 435 | 234 |
| Naumburg | 8 816 | 6 414 | 13 711 | 17 703 | 2 258 | 2 529 | 240 |
| Nürnberg | 13 049 | 2 096 | 3 169 | 10 735 | 1 332 | 1 251 | 218 |
| Oldenburg | 3 435 | 520 | 1 070 | 1 733 | 318 | 218 | 30 |
| Posen | 6 291 | 4 739 | 9 157 | 15 954 | 1 838 | 1 532 | 168 |
| Rostock | 6 366 | 1 043 | 2 534 | 3 347 | 335 | 468 | 80 |
| Stettin | 4 829 | 3 169 | 6 140 | 11 090 | 1 294 | 1 083 | 142 |
| Stuttgart | 4 335 | 4 958 | 3 208 | 12 715 | 1 651 | 1 082 | 238 |
| Zweibrücken | 53 454 | 1 611 | 2 052 | 8 271 | 565 | 680 | 34 |
| Deutsches Reich 1902 | 496 533 | 116 361 | 243 000 | 368 610 | 52 449 | 47 078 | 4 907 |
| Dagegen im Jahre 1901 | 494 942 | 113 864 | 231 185 | 365 567 | 50 933 | 45 441 | 5 097 |
| 1900 | 481 893 | 107 669 | 203 545 | 350 380 | 47 960 | 41 545 | 4 756 |
| 1899 | 481 072 | 109 662 | 208 982 | 344 712 | 47 953 | 40 268 | 4 982 |
| 98 | 488 173 | 110 478 | 216 836 | 349 170 | 47 577 | 41 575 | 5 199 |
| 97 | 489 542 | 108 341 | 231 582 | 341 549 | 46 420 | 39 032 | 5 021 |
| Im Durchschnitt der Jahre 1896—1900 | *486 671* | *108 413* | *221 693* | *311 513* | *47 185* | *40 220* | *5 071* |
| 91—1895 | *475 709* | *95 395* | *240 270* | *314 176* | *44 708* | *37 001* | *5 170* |
| 86— 90 | *413 760* | *88 140* | *217 153* | *269 825* | *37 164* | *30 185* | *4 902* |
| 81— 85 | *523 276* | *82 916* | *276 812* | *267 163* | *35 839* | *30 811* | *5 639* |

## 1c. Zivil- und Strafsachen in den Rechtsmittelinstanzen.

| Oberlandesgerichtsbezirke | Zivilsachen: Berufungseinlegungen, im Jahre 1902 anhängig gewordene Berufungen bei den Landgerichten | Oberlandesgerichten in [illegible] | [illegible] | Revisionen, im Jahre 1902 anhängig gewordene [illegible] | [illegible] | Auf je 1000 im Jahre 1902 [illegible]: Landgerichten | Oberlandesgerichten | [illegible] | Strafsachen: Verhandlungen [illegible] im Jahre 1902 | Revisionen: [illegible] im Jahre 1902 | [illegible] | [illegible] | Auf je 1000 [illegible]: [illegible] | [illegible] | [illegible] |
|---|---|---|---|---|---|---|---|---|---|---|---|---|---|---|---|
| Augsburg | 507 | 236 | 11 | 24 | 1 | 262 | 421 | 180 | 1 075 | . | 63 | 2 | 93 | 25 | . |
| Bamberg | 676 | 298 | 17 | 42 | 3 | 246 | 415 | 221 | 1 149 | . | 53 | 1 | 96 | 27 | . |
| Berlin | 8 814 | 5 263 | 356 | 717 | 48 | 270 | 449 | 200 | 7 959 | 1 395 | 947 | 17 | 80 | 84 | 175 |
| Braunschweig | 546 | 181 | 13 | 31 | 2 | 337 | 376 | 103 | 364 | 57 | 42 | — | 74 | 61 | 96 |
| Breslau | 4 037 | 1 800 | 104 | 163 | 10 | 218 | 429 | 175 | 7 538 | 448 | 535 | 24 | 117 | 37 | 50 |
| Celle | 2 504 | 1 104 | 68 | 114 | 5 | 229 | 455 | 203 | 2 060 | 149 | 218 | 14 | 97 | 51 | 56 |
| Colmar | 1 742 | 658 | 36 | 65 | 1 | 306 | 367 | 146 | 976 | 45 | 52 | — | 70 | 35 | 48 |
| Darmstadt | 817 | 340 | 26 | 27 | 1 | 262 | 347 | 100 | 782 | 57 | 85 | 3 | 72 | 54 | 78 |
| Dresden | 3 362 | 1 858 | 200 | 144 | 15 | 246 | 392 | 122 | 2 403 | 132 | 161 | 9 | 80 | 28 | 55 |
| Frankfurt a. M. | 1 465 | 877 | 44 | 77 | 5 | 263 | 438 | 130 | 1 655 | 50 | 114 | 5 | 60 | 50 | 54 |
| Hamburg | 2 186 | 1 749 | 116 | 315 | 15 | 272 | 457 | 181 | 1 646 | 67 | 133 | 8 | 88 | 46 | 50 |
| Hamm | 4 167 | 2 741 | 76 | 242 | 24 | 234 | 425 | 167 | 4 637 | 336 | 412 | 18 | 122 | 52 | 51 |
| Jena | 987 | 431 | 35 | 66 | 5 | 236 | 447 | 220 | 1 082 | 89 | 95 | 7 | 87 | 52 | 81 |
| Karlsruhe | 1 363 | 884 | 36 | 87 | 4 | 210 | 406 | 152 | 1 257 | 30 | 45 | 6 | 80 | 30 | 47 |
| Kassel | 963 | 330 | 11 | 29 | 3 | 231 | 402 | 153 | 784 | 72 | 85 | 4 | 112 | 77 | 84 |
| Kiel | 1 547 | 823 | 42 | 102 | — | 224 | 380 | 200 | 1 361 | 82 | 134 | 6 | 120 | 30 | 61 |
| Köln | 4 423 | 2 140 | 74 | 266 | 8 | 207 | 374 | 104 | 4 591 | 212 | 463 | 14 | 90 | 45 | 43 |
| Königsberg | 2 659 | 738 | 48 | 79 | 6 | 231 | 404 | 131 | 2 195 | 63 | 150 | 10 | 116 | 40 | 28 |
| Marienwerder | 1 026 | 457 | 24 | 58 | 1 | 241 | 410 | 135 | 2 442 | 116 | 127 | 6 | 117 | 49 | 47 |
| München | 1 348 | 840 | 49 | 96 | 4 | 274 | 367 | 192 | 2 354 | . | 223 | 10 | 69 | 42 | . |
| Naumburg | 2 822 | 1 358 | 102 | 177 | 15 | 226 | 425 | 188 | 3 437 | 154 | 335 | 22 | 109 | 42 | 43 |
| Nürnberg | 641 | 271 | 20 | 36 | 4 | 226 | 367 | 175 | 1 651 | . | 65 | 3 | 87 | 25 | . |
| Oldenburg | 238 | 85 | 4 | 11 | 1 | 176 | 405 | 150 | 367 | 18 | 18 | 3 | 67 | 35 | 87 |
| Posen | 1 336 | 885 | 27 | 110 | 4 | 231 | 440 | 154 | 3 038 | 162 | 181 | 10 | 114 | 34 | 84 |
| Rostock | 508 | 240 | 11 | 26 | 1 | 212 | 436 | 182 | 796 | 76 | 40 | 3 | 131 | 54 | 90 |
| Stettin | 1 975 | 724 | 36 | 95 | 6 | 261 | 442 | 167 | 2 309 | 132 | 188 | 10 | 135 | 81 | 66 |
| Stuttgart | 1 143 | 546 | 49 | 53 | 3 | 216 | 428 | 155 | 1 156 | 30 | 67 | 5 | 71 | 20 | 43 |
| Zweibrücken | 403 | 357 | 21 | 35 | 1 | 238 | 387 | 142 | 1 006 | . | 19 | — | 85 | 15 | . |
| Deutsches Reich 1902 | 57 031 | 28 861 | 1 661 | 3 228 | 174 | 237 | 416 | 173 | 63 408 | 4 018 | 5 064 | 221 | 89 | 81 | 67 |
| Dagegen im Jahre 1901 | [illegible] | [illegible] | [illegible] | [illegible] | [illegible] | [illegible] | [illegible] | 175 | [illegible] | [illegible] | [illegible] | [illegible] | 93 | 47 | [illegible] |
| 1900 | [illegible] | [illegible] | [illegible] | [illegible] | [illegible] | [illegible] | [illegible] | [illegible] | [illegible] | [illegible] | [illegible] | [illegible] | [illegible] | [illegible] | [illegible] |
| 1899 | [illegible] | [illegible] | [illegible] | [illegible] | [illegible] | [illegible] | [illegible] | [illegible] | [illegible] | [illegible] | [illegible] | [illegible] | 97 | [illegible] | [illegible] |
| 98 | [illegible] | [illegible] | [illegible] | [illegible] | [illegible] | [illegible] | [illegible] | [illegible] | [illegible] | [illegible] | [illegible] | [illegible] | 97 | [illegible] | [illegible] |
| 97 | [illegible] | [illegible] | [illegible] | [illegible] | [illegible] | [illegible] | [illegible] | [illegible] | [illegible] | [illegible] | [illegible] | [illegible] | [illegible] | [illegible] | [illegible] |
| Im Durchschnitt der Jahre 1896—1900 | [illegible] | [illegible] | [illegible] | [illegible] | [illegible] | [illegible] | [illegible] | [illegible] | [illegible] | [illegible] | [illegible] | [illegible] | [illegible] | [illegible] | [illegible] |
| 91—1895 | [illegible] | [illegible] | [illegible] | [illegible] | [illegible] | [illegible] | [illegible] | [illegible] | [illegible] | [illegible] | [illegible] | [illegible] | [illegible] | [illegible] | [illegible] |
| 86—90 | [illegible] | [illegible] | [illegible] | [illegible] | [illegible] | [illegible] | [illegible] | [illegible] | [illegible] | [illegible] | [illegible] | [illegible] | [illegible] | [illegible] | [illegible] |
| 81—85 | [illegible] | [illegible] | [illegible] | [illegible] | [illegible] | [illegible] | [illegible] | [illegible] | [illegible] | [illegible] | [illegible] | [illegible] | [illegible] | [illegible] | [illegible] |

## 2. Kriminalstatistik.

### a. Die im Jahre 1902 abgeurteilten Personen und Handlungen.

| Verbrechen und Vergehen gegen Reichsgesetze (§§ des Strafgesetzbuchs) | Rechtskräftiger Entscheidungen im Jahre 1902: Angeklagte | Verurteilungen: Personen | Verurteilungen: Handlungen | Von den im Jahre 1902 Verurteilten waren: männlich | weiblich | 12 bis unter 18 Jahre alt | vorbestraft |
|---|---|---|---|---|---|---|---|
| Verbr. u. Vergehen geg. Reichsgesetze überhaupt | 650 210 | 512 329 | 609 720 | 431 257 | 81 072 | 51 046 | 218 879 |
| Davon¹) a) geg. Staat, öffentl. Ordnung, Religion | 99 120 | 86 069 | 95 135 | 75 868 | 10 201 | 2 285 | 33 968 |
| b) gegen die Person | 278 033 | 216 035 | 228 991 | 186 095 | 29 940 | 12 013 | 86 294 |
| c) gegen das Vermögen | 271 417 | 208 884 | 273 222 | 168 034 | 40 850 | 35 881 | 98 330 |
| d) Verbrechen und Vergehen im Amte | 1 640 | 1 341 | 2 420 | 1 260 | 81 | 15 | 287 |
| Insbesondere (durch Namen oder Zahl hervorgehoben): | | | | | | | |
| 1. Gewalt und Drohungen gegen Beamte (113, 114, 117—119) | 18 386 | 17 098 | 18 826 | 16 139 | 959 | 374 | 11 197 |
| 2. Hausfriedensbruch (123) | 29 309 | 23 488 | 31 959 | 21 114 | 2 374 | 1 164 | 11 062 |
| 3. Arrestbruch (137) | 2 603 | 1 756 | 1 610 | 1 336 | 420 | 26 | 827 |
| 4. Verletzungen der Eidespflicht (153 bis 155, 156, 159, 160, 162, 163) | 2 302 | 1 292 | 1 373 | 947 | 345 | 57 | 501 |
| 5. Unzucht, Notzucht (174, 176—178) | 6 323 | 5 157 | 7 959 | 5 122 | 35 | 1 036 | 2 277 |
| 6. Beleidigung (185—187, 189) | 78 340 | 58 125 | 83 077 | 42 884 | 15 241 | 1 449 | 18 277 |
| 7. Mord und Totschlag (211, 212—215) | 331 | 282 | 283 | 232 | 50 | 30 | 129 |
| 8. Leichte Körperverletzung (223) | 34 673 | 27 314 | 30 984 | 24 583 | 2 731 | 1 217 | 11 774 |
| 9. Gefährliche Körperverletzung (223a)²) | 122 072 | 97 376 | 79 523 | 90 200 | 7 176 | 7 735 | 40 497 |
| 10. Nötigung u. Bedrohung (240, 241) | 15 649 | 12 249 | 21 506 | 11 543 | 706 | 396 | 6 881 |
| 11. Diebstahl (242—244) | 128 130 | 103 875 | 124 652 | 78 965 | 24 910 | 24 506 | 48 999 |
| 12. Unterschlagung (246) | 28 392 | 22 185 | 23 395 | 18 365 | 3 820 | 2 253 | 11 147 |
| 13. Raub u. Räub. Erpressung (249-252, 255) | 689 | 597 | 509 | 582 | 15 | 149 | 384 |
| 14. Hehlerei (258—261) | 13 329 | 8 196 | 10 377 | 5 572 | 2 624 | 1 342 | 3 388 |
| 15. Betrug (263—265) | 36 867 | 26 634 | 40 932 | 21 976 | 4 658 | 1 963 | 15 490 |
| 16. Fälschung öff. usw. Urkunden (267-273) | 6 713 | 5 817 | 9 685 | 4 883 | 934 | 672 | 2 730 |
| 17. Sachbeschädigung (303—305) | 26 623 | 19 721 | 22 423 | 18 673 | 1 048 | 3 407 | 8 506 |
| 18. Brandstiftung (306—308 [311]) | 632 | 437 | 523 | 343 | 94 | 167 | 170 |
| | Von je 100 der oben genannten Gattungen kommen auf nebenstehende Verbrechen u. Vergehen: | | | Von je 100 Verurteilten entfallen auf die oben genannten Gattungen: | | | |
| Verbr. u. Vergehen geg. Reichsgesetze überhaupt | 100,0 | 100,0 | 100,0 | 84,2 | 15,8 | 10,0 | 42,7 |
| a) geg. Staat, öffentl. Ordnung, Religion | 15,2 | 16,8 | 15,6 | 88,1 | 11,9 | 2,7 | 39,2 |
| b) gegen die Person | 42,8 | 42,2 | 39,2 | 86,1 | 13,9 | 6,0 | 39,9 |
| c) gegen das Vermögen | 41,7 | 40,8 | 44,8 | 80,4 | 19,6 | 17,2 | 47,1 |
| d) Verbrechen und Vergehen im Amte | 0,2 | 0,3 | 0,4 | 94,0 | 6,0 | 1,1 | 21,4 |
| 1. Gewalt und Drohungen gegen Beamte | 2,8 | 3,3 | 3,1 | 94,4 | 5,6 | 2,2 | 65,5 |
| 2. Hausfriedensbruch | 4,5 | 4,6 | 5,2 | 89,9 | 10,1 | 5,0 | 47,1 |
| 3. Arrestbruch | 0,4 | 0,3 | 0,3 | 76,1 | 23,9 | 1,6 | 47,1 |
| 4. Verletzungen der Eidespflicht | 0,4 | 0,3 | 0,2 | 73,3 | 26,7 | 4,4 | 43,7 |
| 5. Unzucht, Notzucht | 1,0 | 1,0 | 1,3 | 99,3 | 0,7 | 20,1 | 44,2 |
| 6. Beleidigung | 12,0 | 11,3 | 13,6 | 73,8 | 26,2 | 2,5 | 31,4 |
| 7. Mord und Totschlag | 0,05 | 0,06 | 0,05 | 82,3 | 17,7 | 10,6 | 45,7 |
| 8. Leichte Körperverletzung | 5,3 | 5,3 | 5,1 | 90,0 | 10,0 | 4,5 | 43,1 |
| 9. Gefährliche Körperverletzung | 18,9 | 19,0 | 13,0 | 92,6 | 7,4 | 7,9 | 41,6 |
| 10. Nötigung und Bedrohung | 2,4 | 2,4 | 3,5 | 94,2 | 5,8 | 3,2 | 56,2 |
| 11. Diebstahl | 19,7 | 20,3 | 20,4 | 76,0 | 24,0 | 23,6 | 47,2 |
| 12. Unterschlagung | 4,4 | 4,3 | 5,5 | 82,8 | 17,2 | 10,2 | 50,2 |
| 13. Raub und Räuberische Erpressung | 0,1 | 0,1 | 0,08 | 97,5 | 2,5 | 25,0 | 64,3 |
| 14. Hehlerei | 2,0 | 1,6 | 1,7 | 68,0 | 32,0 | 16,4 | 41,3 |
| 15. Betrug | 5,7 | 5,2 | 6,8 | 82,5 | 17,5 | 7,4 | 58,2 |
| 16. Fälschung öffentlicher usw. Urkunden | 1,0 | 1,1 | 1,6 | 84,0 | 16,0 | 11,6 | 47,2 |
| 17. Sachbeschädigung | 4,1 | 3,8 | 3,7 | 94,7 | 5,3 | 17,2 | 43,1 |
| 18. Brandstiftung | 0,1 | 0,09 | 0,09 | 78,5 | 21,5 | 38,2 | 38,9 |

¹) a umfaßt die §§ 49a, 80—168, b die §§ 169—241, c die §§ 242—330, d die §§ 331—359 des Strafgesetzbuchs. Verbrechen und Vergehen gegen andere Reichsgesetze sind nach ihrer Natur auf diese 4 Gruppen verteilt. Die von Militärgerichten erledigten Strafsachen, sowie die Zuwiderhandlungen gegen die Vorschriften über die Erhebung öffentlicher Abgaben und Gefälle sind hier ausgeschlossen. — Versuch, Anstiftung und Beihilfe werden bei den bezüglichen Verbrechen und Vergehen mitberücksichtigt. — ²) Wegen schwerer Körperverletzung, §§ 224—226 St.-G.-B's., wurden 585 Personen verurteilt.

## 2 b. Die im Jahre 1902 verurteilten Personen nach

| Staaten (Ort der Tat) | Die im Jahre 1902: Verbrechen und Vergehen gegen Reichsgesetze überhaupt | Gewalt und Drohungen gegen Beamte | Hausfriedensbruch | Arrestbruch | Verletzungen der Eidespflicht | Unzucht, Notzucht | Beleidigung | Mord | Totschlag | leichte Körperverletzung |
|---|---|---|---|---|---|---|---|---|---|---|
| Prov. Ostpreußen | 22 366 | 553 | 1 309 | 117 | 74 | 130 | 2 821 | 5 | 5 | 1 329 |
| „ Westpreußen | 18 126 | 516 | 928 | 78 | 35 | 108 | 1 761 | 7 | 5 | 987 |
| Stadt Berlin | 33 619 | 501 | 833 | 55 | 33 | 170 | 2 934 | — | — | 1 139 |
| Prov. Brandenburg | 26 928 | 770 | 1 288 | 78 | 40 | 273 | 3 466 | 5 | 7 | 2 077 |
| „ Pommern | 14 455 | 438 | 819 | 41 | 35 | 83 | 1 925 | 3 | 4 | 1 742 |
| „ Posen | 22 077 | 517 | 873 | 96 | 56 | 96 | 2 407 | — | 2 | 1 544 |
| „ Schlesien | 49 853 | 1 717 | 2 752 | 161 | 142 | 378 | 6 287 | 13 | 13 | 3 427 |
| „ Sachsen | 23 074 | 681 | 1 053 | 66 | 53 | 248 | 3 653 | 12 | 8 | 1 618 |
| „ Schleswig-Holstein | 9 282 | 428 | 519 | 15 | 11 | 97 | 1 114 | 1 | 4 | 678 |
| „ Hannover | 18 787 | 488 | 1 274 | 54 | 58 | 208 | 2 585 | 9 | 7 | 1 461 |
| „ Westfalen | 23 925 | 781 | 1 311 | 78 | 50 | 305 | 2 484 | 5 | 9 | 1 858 |
| „ Hessen-Nassau | 13 077 | 508 | 600 | 37 | 33 | 119 | 1 906 | 2 | 6 | 748 |
| „ Rheinland | 41 879 | 2 231 | 2 067 | 212 | 94 | 596 | 5 884 | 2 | 21 | 3 237 |
| Hohenzollern | 301 | 5 | 9 | — | — | 2 | 98 | — | — | 9 |
| Preußen | [1]316 970 | 10 114 | 15 722 | 1 109 | 714 | 2 806 | 38 205 | 63 | 91 | 20 787 |
| Bayern rechts des Rheins | 56 638 | 1 333 | 2 003 | 243 | 238 | 634 | 5 002 | 14 | 20 | 2 298 |
| Bayern l. d. Rh. (Rhn. Pfalz) | 10 997 | 199 | 286 | 32 | 27 | 92 | 1 321 | — | 5 | 644 |
| Bayern | [1] 67 636 | 1 522 | 2 289 | 275 | 265 | 726 | 6 323 | 14 | 25 | 2 942 |
| Sachsen | 30 067 | 1 805 | 1 362 | 78 | 73 | 464 | 3 339 | 4 | 17 | 433 |
| Württemberg | 18 436 | 509 | 465 | 64 | 38 | 229 | 2 902 | 1 | 14 | 505 |
| Baden | 18 456 | 421 | 665 | 46 | 33 | 215 | 1 432 | 2 | 11 | 272 |
| Hessen | 8 550 | 243 | 289 | 25 | 24 | 130 | 957 | — | 3 | 436 |
| Mecklenburg-Schwerin | 4 543 | 117 | 313 | 10 | 12 | 54 | 250 | 6 | 1 | 73 |
| Sachsen-Weimar | 2 852 | 98 | 121 | 11 | 5 | 27 | 365 | — | 2 | 72 |
| Mecklenburg-Strelitz | 630 | 16 | 27 | 2 | — | 5 | 48 | — | 1 | 27 |
| Oldenburg | 3 084 | 42 | 167 | 13 | 2 | 21 | 313 | 1 | 1 | 175 |
| Braunschweig | 4 437 | 80 | 288 | 6 | 20 | 80 | 429 | 1 | 2 | 133 |
| Sachsen-Meiningen | 2 418 | 65 | 110 | 8 | 6 | 24 | 423 | — | — | 167 |
| Sachsen-Altenburg | 1 151 | 28 | 47 | 1 | 1 | 15 | 185 | 4 | — | 56 |
| Sachsen-Coburg-Gotha | 1 373 | 36 | 63 | 3 | 3 | 15 | 183 | — | — | 90 |
| Anhalt | 3 064 | 97 | 161 | 7 | 13 | 32 | 459 | — | 1 | 157 |
| Schwarzburg-Sondersh. | 724 | 11 | 44 | 2 | 4 | 9 | 111 | — | 1 | 98 |
| Schwarzburg-Rudolstadt | 817 | 19 | 33 | — | 2 | 7 | 117 | — | — | 48 |
| Waldeck | 307 | 10 | 7 | 1 | — | — | 36 | — | — | 11 |
| Reuß älterer Linie | 345 | 16 | 17 | — | 1 | 10 | 18 | — | — | 6 |
| Reuß jüngerer Linie | 1 065 | 25 | 50 | — | 8 | 17 | 109 | — | 1 | 36 |
| Schaumburg-Lippe | 134 | 4 | 5 | 1 | 2 | 1 | 10 | — | 1 | 2 |
| Lippe | 581 | 8 | 26 | 3 | 3 | 4 | 47 | — | — | 24 |
| Lübeck | 794 | 35 | 38 | 1 | 7 | 14 | 87 | — | — | 25 |
| Bremen | 3 316 | 194 | 351 | 1 | 6 | 15 | 270 | — | 1 | 68 |
| Hamburg | 9 496 | 827 | 311 | 18 | 27 | 93 | 589 | 4 | 1 | 208 |
| Elsaß-Lothringen | 12 853 | 334 | 575 | 60 | 23 | 150 | 1 552 | 3 | 5 | 490 |
| Deutsches Reich | [2]511 748 | 17 097 | 23 488 | 1 765 | 1 292 | 5 154 | 58 119 | 103 | 179 | 27 312 |
| Ausland | 581 | 1 | — | 1 | — | 3 | 6 | — | — | 2 |
| Zusammen 1902 | 512 329 | 17 098 | 23 488 | 1 766 | 1 292 | 5 157 | 58 125 | 103 | 179 | 27 314 |
| Auf 100 000 strafmündige Personen der Zivilbevölkerung kommen | 1 273 | 42 | 58 | 4 | 3 | 13 | 144 | 0,3 | 0,4 | 68 |
| Dagegen Verurteilte im Jahre 1901 | 497 310 | 17 030 | 22 822 | 1 731 | 1 378 | 5 188 | 55 752 | 84 | 158 | 27 193 |
| 1900 | 469 819 | 16 120 | 22 218 | 1 596 | 1 198 | 4 812 | 52 883 | 89 | 182 | 26 182 |
| 1899 | 478 139 | 17 148 | 22 601 | 1 788 | 1 318 | 4 850 | 55 514 | 79 | 171 | 26 615 |
| 98 | 477 807 | 16 083 | 22 207 | 1 966 | 1 478 | 4 568 | 55 988 | 106 | 183 | 26 687 |
| 97 | 463 585 | 16 547 | 21 636 | 1 992 | 1 450 | 4 222 | 54 143 | 101 | 174 | 26 600 |
| 96 | 454 999 | 16 578 | 20 596 | 1 916 | 1 523 | 4 539 | 53 968 | 108 | 163 | 27 229 |

[1] Darunter 1 Person ohne Angabe des Verwaltungsbezirks. — [2] Darunter 1 Person ohne Angabe des Staates.

Staaten und Landesteilen gezählt am Ort der Tat.

| Verurteilten | | | | | | | | | | | |
|---|---|---|---|---|---|---|---|---|---|---|---|
| Gefährliche Körperverletzung | Nötigung und Bedrohung | Einfacher Diebstahl [4] | Schwerer Diebstahl [4] | Unterschlagung | Raub und räuberische Erpressung [4] | Erpressung | Hehlerei [4] | Betrug [4] | Fälschung öffentlicher usw. Urkunden | Sachbeschädigung | Brandstiftung |
| 4 699 | 421 | 4 296 | 496 | 697 | 19 | 17 | 485 | 652 | 165 | 927 | 37 |
| 3 660 | 453 | 3 650 | 416 | 453 | 39 | 18 | 353 | 449 | 154 | 753 | 16 |
| 1 810 | 234 | 4 658 | 653 | 2 059 | 10 | 56 | 502 | 1 212 | 456 | 391 | — |
| 4 318 | 684 | 5 246 | 919 | 1 172 | 16 | 65 | 408 | 1 085 | 232 | 1 086 | 35 |
| 2 838 | 281 | 2 413 | 430 | 432 | 17 | 15 | 190 | 449 | 109 | 671 | 23 |
| 4 511 | 754 | 4 390 | 543 | 563 | 15 | 23 | 408 | 494 | 162 | 767 | 10 |
| 9 395 | 1 544 | 9 041 | 1 333 | 2 039 | 88 | 53 | 891 | 2 303 | 496 | 1 805 | 39 |
| 3 535 | 470 | 4 649 | 715 | 1 002 | 28 | 20 | 376 | 1 042 | 284 | 878 | 12 |
| 1 172 | 96 | 1 677 | 336 | 411 | 19 | 8 | 133 | 430 | 93 | 883 | 13 |
| 2 946 | 863 | 2 220 | 511 | 760 | 20 | 23 | 289 | 1 030 | 219 | 945 | 22 |
| 6 084 | 683 | 3 790 | 734 | 894 | 50 | 36 | 398 | 1 024 | 268 | 1 227 | 14 |
| 2 863 | 382 | 1 978 | 347 | 639 | 18 | 26 | 136 | 701 | 199 | 634 | 4 |
| 10 690 | 1 293 | 7 887 | 1 478 | 2 139 | 76 | 80 | 959 | 3 227 | 613 | 2 087 | 21 |
| 61 | 5 | 33 | 5 | 9 | — | 6 | 3 | 17 | 5 | 13 | — |
| 56 762 | 7 062 | 50 927 | 9 105 | 13 270 | 414 | 408 | 5 483 | 13 095 | 3 443 | 12 459 | 225 |
| 16 173 | 1 709 | 9 287 | 1 500 | 2 283 | 69 | 103 | 724 | 5 067 | 596 | 2 079 | 66 |
| 2 503 | 292 | 1 274 | 201 | 445 | 3 | 2 | 103 | 424 | 93 | 485 | 5 |
| 18 676 | 2 001 | 10 561 | 1 701 | 2 728 | 72 | 105 | 827 | 5 491 | 689 | 2 564 | 71 |
| 2 582 | 336 | 6 544 | 1 054 | 1 767 | 27 | 74 | 483 | 2 230 | 547 | 827 | 58 |
| 3 977 | 689 | 2 564 | 318 | 594 | 22 | 39 | 242 | 1 215 | 198 | 589 | 22 |
| 4 747 | 395 | 2 470 | 396 | 774 | 10 | 33 | 233 | 1 065 | 227 | 730 | 11 |
| 2 245 | 304 | 1 139 | 272 | 410 | 5 | 13 | 91 | 528 | 84 | 422 | 6 |
| 838 | 73 | 857 | 128 | 202 | 5 | 8 | 108 | 257 | 46 | 165 | 11 |
| 259 | 57 | 638 | 117 | 184 | 1 | 5 | 35 | 245 | 47 | 108 | 1 |
| 133 | 11 | 145 | 22 | 18 | — | — | 6 | 28 | 3 | 58 | 4 |
| 507 | 45 | 400 | 47 | 138 | — | 5 | 20 | 195 | 21 | 174 | 4 |
| 605 | 62 | 829 | 134 | 163 | 4 | 5 | 86 | 285 | 35 | 205 | 3 |
| 434 | 86 | 374 | 47 | 78 | — | 2 | 29 | 127 | 28 | 97 | 4 |
| 127 | 5 | 328 | 51 | 54 | 2 | 1 | 20 | 68 | 15 | 58 | 2 |
| 238 | 30 | 232 | 56 | 58 | — | — | 19 | 67 | 31 | 71 | 3 |
| 485 | 60 | 536 | 102 | 141 | 6 | 12 | 59 | 138 | 30 | 168 | 1 |
| 88 | 13 | 124 | 14 | 38 | — | — | 12 | 48 | 8 | 34 | 2 |
| 100 | 18 | 180 | 15 | 38 | — | — | 24 | 51 | 2 | 37 | — |
| 42 | — | 39 | 4 | 7 | — | — | 1 | 11 | 1 | 3 | 1 |
| 30 | 7 | 91 | 11 | 28 | — | 5 | 5 | 29 | 7 | 17 | — |
| 124 | 17 | 208 | 40 | 49 | — | 3 | 10 | 104 | 19 | 57 | 1 |
| 21 | 8 | 34 | 4 | 8 | — | — | 1 | 9 | 5 | 5 | — |
| 98 | 20 | 113 | 10 | 30 | 1 | 1 | 9 | 58 | 5 | 28 | 2 |
| 57 | 12 | 180 | 37 | 32 | 3 | 1 | 32 | 50 | 11 | 30 | — |
| 490 | 48 | 347 | 149 | 165 | — | 7 | 41 | 182 | 50 | 124 | — |
| 544 | 45 | 1 699 | 364 | 795 | 6 | 19 | 171 | 529 | 165 | 162 | 1 |
| 3 174 | 248 | 1 490 | 222 | 406 | 10 | 13 | 133 | 510 | 93 | 520 | 4 |
| 97 361 | 12 246 | 88 449 | 14 376 | 22 149 | 596 | 755 | 8 189 | 26 613 | 5 808 | 19 721 | 437 |
| 15 | 3 | 35 | 15 | 18 | 1 | 2 | 7 | 21 | 9 | — | — |
| 97 376 | 12 249 | 88 484 | 14 391 | 22 166 | 597 | 757 | 8 196 | 26 634 | 5 817 | 19 721 | 437 |
| 242 | 30 | 222 | 38 | 55 | 1 | 2 | 20 | 68 | 14 | 49 | 1 |
| 98 110 | 12 381 | 88 324 | 13 234 | 20 866 | 521 | 597 | 7 688 | 25 255 | 5 386 | 19 077 | 483 |
| 93 079 | 12 136 | 82 979 | 11 822 | 20 030 | 446 | 663 | 7 333 | 23 374 | 4 863 | 18 201 | 472 |
| 94 657 | 12 379 | 81 104 | 11 854 | 20 201 | 505 | 609 | 7 384 | 24 169 | 5 169 | 18 558 | 519 |
| 90 826 | 11 910 | 84 758 | 12 448 | 19 776 | 485 | 629 | 7 711 | 24 198 | 4 911 | 18 213 | 501 |
| 88 824 | 11 450 | 82 036 | 11 394 | 19 162 | 368 | 427 | 7 050 | 23 078 | 4 826 | 17 466 | 468 |
| 85 032 | 11 345 | 79 407 | 11 740 | 18 398 | 442 | 406 | 7 400 | 21 778 | 4 550 | 17 455 | 479 |

— [3]) Strafmündige d. i. 12 Jahr und darüber alte Personen. — [4]) Auch im wiederholten Rückfalle

1. Rechtsprechung: Zahl der Rechtsstreitig-

| Staaten¹) und Landesteile²) (Sitz der Gewerbegerichte) | Zahl der Gewerbegerichte | welche anhängig wurden³) überhaupt | zwischen Arbeitern und Arbeitgebern auf Klage der Arbeiter | zwischen Arbeitern und Arbeitgebern auf Klage der Arbeitgeber | zwischen Arbeitern desselben Arbeitgebers | welche erledigt wurden durch Vergleich | Verzicht auf Grund des § 306 der Zivilprozeßordnung | Anerkenntnis | Versäumnisurteil | andere Endurteile überhaupt | nach einer Dauer bei weniger als 1 Woche | 1 Woche bis (ausschl.) 2 Wochen | 2 Wochen bis (ausschl.) 1 Monat |
|---|---|---|---|---|---|---|---|---|---|---|---|---|---|
| Preußen | 224 | 54 171 | 50 579 | 3 328 | 264 | 23 432 | 3 820 | 998 | 5 321 | 10 714 | 2 724 | 3 563 | 2 846 |
| Bayern | 34 | 6 503 | 6 312 | 242 | 39 | 3 312 | 122 | 294 | 805 | 1 001 | 474 | 265 | 191 |
| Sachsen | (³ 25 | 10 9[illegible] | 9 856 | 978 | 68 | 5 817 | 315 | 12[illegible] | 955 | 710 | 312 | 224 | 108 |
| Württemberg | 22 | 2 197 | 2 008 | 178 | 11 | 1 147 | 42 | 97 | 164 | 331 | 101 | 98 | 28 |
| Baden | 11 | 3 262 | 2 991 | 269 | 2 | 1 119 | 9 | 42 | 330 (⁴ | 1 007 | 307 | 391 | 104 |
| Hessen | 10 | 1 807 | 1 638 | 169 | — | 902 | 66 | 10 | 141 | 271 | 110 | 115 | 41 |
| Mecklenburg-Schwerin | 3 | 89 | 86 | 3 | — | 28 | — | 1 | 13 | 34 | 22 | 8 | 2 |
| Sachsen-Weimar | 5 | 443 | 367 | 75 | 1 | 178 | 40 | 6 | 31 | 115 | 60 | 29 | 18 |
| Oldenburg | 2 | 109 | 103 | 6 | — | 61 | 5 | 9 | 3 | 20 | 14 | 2 | 2 |
| Braunschweig | 6 | 602 | 572 | 18 | 12 | 342 | 23 | 4 | 38 | 64 | 50 | 7 | 5 |
| Sachsen-Meiningen | 2 | 119 | 92 | 25 | 2 | 69 | 24 | 3 | 6 | 8 | 4 | 2 | 2 |
| Sachsen-Altenburg | 3 | 149 | 141 | 8 | — | 67 | 5 | 3 | 16 | 19 | 12 | 7 | — |
| Sachsen-Coburg-Gotha | 4 | 192 | 175 | 17 | — | 98 | 21 | 4 | 22 | 23 | 14 | 5 | 2 |
| Anhalt | 6 | 400 | 378 | 20 | 2 | 180 | 45 | 23 | 21 | 72 | 42 | 23 | 5 |
| Schwarzb.-Rudolstadt | 1 | 39 | 36 | 3 | — | 17 | — | — | 3 | 7 | 3 | 4 | — |
| Reuß älterer Linie | 2 | 96 | 88 | 8 | — | 39 | 29 | 6 | 9 | 13 | 12 | — | 1 |
| Reuß jüngerer Linie | 1 | 203 | 198 | 5 | — | 81 | — | 2 | 10 | 57 | 23 | 21 | 8 |
| Lippe | 1 | 11 | 11 | — | — | 3 |  | — |  | 3 | 1 | 2 | — |
| Lübeck | 1 | 182 | 175 | 7 | — | 62 | — | 17 | — | 41 | 27 | 12 | 4 |
| Bremen | 2 | 673 | 658 | 10 | 5 | 278 | — | 2 | 73 | 92 | 27 | 25 | 33 |
| Hamburg | 2 | 2 547 | 2 459 | 84 | 4 | 1 231 | 115 | 13 | 271 | 594 | 180 | 161 | 170 |
| Elsaß-Lothringen | 6 | 1 131 | 1 120 | 8 | 3 | 395 | — | 3 | 69 (⁴ | 167 | 33 | 60 | 57 |
| **Deutsches Reich** | (⁵ 373 | 85 915 | 80 043 | 5 461 | 411 | 38 688 | 4 161 | 1 600 | 8 200 (⁶ | 15 369 | 4 728 | 5 033 | 3 707 |
| | | | | | | | | | | | | | |
| Darunter: a) Berg- | | | | | | | | | | | | | |
| Preußen | 5 | 1 112 | 1 109 | 3 | — | 200 | 174 | 82 | 61 | 493 | 79 | 110 | 174 |
| Bayern | 1 | 3 | 2 | 1 | — | 2 | — | — | 1 | — | — | — | — |
| Braunschweig | 1 | 2 | 2 | — | — | — | — | — | — | 2 | — | — | 1 |
| Zusammen | 7 | 1 117 | 1 113 | 4 | — | 202 | 174 | 82 | 62 | 495 | 79 | 110 | 175 |
| | | | | | | | | | | | | | |
| b) Auf Grund der Landesgesetze zur Entscheidung gewerblicher Streitig- | | | | | | | | | | | | | |
| Preußen | 10 | 11 261 | 10 443 | 779 | 39 | 6 353 | 809 | 82 | 677 | 1 667 | 347 | 769 | 405 |
| Lübeck⁴) | 1 | 182 | 175 | 7 | — | 62 | — | 17 |  | 41 | 27 | 12 | 4 |
| Bremen | 1 | 615 | 600 | 10 | 5 | 255 | — | 2 | 71 | 72 | 16 | 18 | 29 |
| Hamburg | 1 | 2 507 | 2 424 | 79 | 4 | 1 217 | 115 | 12 | 268 | 581 | 171 | 157 | 170 |
| Elsaß-Lothringen⁴) | 6 | 1 131 | 1 120 | 8 | 3 | 395 | — | 3 | 69 (⁴ | 167 | 33 | 60 | 57 |
| Zusammen | 10 | 15 696 | 14 762 | 883 | 51 | 8 282 | 924 | 116 | 1 085 (⁴ | 2 531 | 594 | 1 025 | 665 |

¹) In Mecklenburg-Strelitz, Schwarzburg-Sondershausen, Waldeck und Schaumburg-Lippe bestand 1902
in Lübeck erfolgen endgültig; eine Anfechtung derselben ist nicht statthaft. — ⁴) Eine Tätigkeit als Einigungsamt
in diesen beiden Abschnitten eingetragenen Zahlen erklären sich dadurch, daß nicht bei allen gewerblichen Streitig-
7 bereits in den Vorjahren anhängig gewordene Rechtsstreitigkeiten. — ¹⁰) Gemäß § 75 des Gewerbegerichtsgesetzes.

# Gewerbegerichte 1902.

I. Jahrgang 1903 Nr. 8.)

| [illegible]teiten | | | | | | | 2. Tätigkeit als Einigungsamt: Zahl der | | | | | | | | | 3. Zahl der | |
|---|---|---|---|---|---|---|---|---|---|---|---|---|---|---|---|---|---|
| Berufungen von [illegible] | | in denen der Wert des Streitgegenstandes betrug ³) | | | | in denen ein [illegible] | Anrufungen | | [illegible] | Schiedssprüche | [illegible] | [illegible] nach [illegible] | | | [illegible] | [illegible] | [illegible] |
| [illegible] | [illegible] und mehr | bis 20 M. | über 20 bis 50 M. | über 50 bis 100 M. | über 100 M. | | überhaupt | von beiden Teilen | | | | des Arbeitgebers | der Arbeiter | beider Teile | | | |
| 1 474 | 106 | 24 455 | 18 [illegible] | 7 100 | 3 485 | 268 | 80 | 59 | 16 | 6 | 4 | 7 | — | 2 | 23 | 15 | 13 |
| 44 | 17 | 3 164 | 2 332 | 823 | 298 | 20 | 18 | 17 | 6 | — | — | — | — | — | 5 | 3 | — |
| 27 | 5 | 6 326 | 3 218 | 527 | 424 | 12 | 12 | 10 | 2 | 1 | — | 2 | — | — | 1 | — | — |
| 14 | 2 | 1 180 | 693 | 182 | 102 | 12 | 5 | 9 | 8 | — | — | — | — | — | 4 | 3 | — |
| 50 | 5 | 1 578 | 1 085 | 402 | 103 | 14 | 14 | 11 | 2 | — | — | 1 | — | — | 4 | — | 2 |
| 5 | — | 370 | 668 | 154 | 114 | 10 | — | 2 | — | | — | — | — | — | — | 2 | — |
| 2 | — | 42 | 20 | 19 | 9 | 3 | 2 | 12 | — | — | — | — | — | — | — | — | — |
| 8 | — | 225 | 143 | 36 | 24 | 8 | — | — | — | | — | — | — | — | — | — | — |
| 2 | — | 55 | 32 | 11 | 7 | 1 | — | — | — | — | — | — | — | | — | — | — |
| 2 | — | 325 | 202 | 46 | 29 | 2 | — | — | — | — | — | — | — | — | — | — | — |
| — | — | 30 | 30 | 7 | 5 | — | 3 | 2 | 1 | 1 | — | 1 | — | — | — | — | — |
| — | — | 73 | 65 | 11 | 10 | — | — | 1 | — | — | — | — | — | — | — | — | — |
| 2 | — | 107 | 81 | 15 | 9 | — | 1 | 1 | — | — | — | — | — | — | 1 | — | — |
| 2 | — | 206 | 144 | 30 | 30 | — | 1 | 2 | — | — | — | — | — | — | 2 | — | — |
| — | — | 9 | 20 | 4 | 6 | — | — | — | — | — | — | — | — | — | — | — | — |
| — | — | 54 | 31 | 8 | 3 | — | 4 | 1 | 2 | 2 | — | 1 | 1 | — | — | — | — |
| 1 | 1 | 91 | 84 | 12 | 16 | 3 | — | — | — | — | — | — | — | — | — | — | — |
| — | — | 4 | 4 | 7 | 2 | — | — | — | — | — | — | — | — | — | — | — | — |
| 1 | — | 82 | 44 | 19 | 13 | — | — | — | — | — | — | — | — | — | — | — | — |
| 10 | 1 | 254 | 272 | 86 | 48 | 7 | 1 | — | 1 | — | — | — | — | — | — | — | — |
| 73 | 10 | 1 029 | 886 | 415 | 218 | 29 | 3 | 2 | 1 | — | — | — | — | — | — | — | 1 |
| 8 | — | 555 | 430 | 103 | 70 | 4 | — | — | — | — | — | — | — | — | — | — | — |
| 1 748 | 156 | 39 440 | 29 353 | 10 474 | 5 106 | 384 | 144 | 119 | 35 | 10 | 4 | 12 | 1 | 2 | 40 | 23 | 16 |
| **Gewerbegerichte.** | | | | | | | | | | | | | | | | | |
| 120 | 10 | 465 | 458 | 133 | 55 | 10 | — | — | — | | — | — | | — | — | — | — |
| — | — | 3 | — | — | — | — | — | — | — | | | — | — | — | | — | — |
| 1 | — | — | 1 | — | 1 | — | — | — | — | — | — | — | — | — | — | — | — |
| 121 | 10 | 468 | 457 | 133 | 56 | 10 | — | — | — | — | — | — | — | — | — | — | — |
| **[illegible]teilen berufene Gewerbegerichte (§ 85 des Gewerbegerichtsgesetzes).** | | | | | | | | | | | | | | | | | |
| 132 | 14 | 4 359 | 4 458 | 1 566 | 678 | 31 | 9 | 8 | 2 | | | 1 | | — | 4 | 2 | |
| 1 | — | 82 | 41 | 19 | 15 | — | — | — | — | — | — | — | — | — | — | | — |
| 8 | 1 | 299 | 253 | 80 | 48 | 7 | 1 | — | 1 | — | — | — | — | — | — | — | — |
| 73 | 10 | 1 011 | 870 | 411 | 218 | 28 | 3 | 2 | 1 | — | — | — | — | — | — | — | 1 |
| 8 | — | 555 | 430 | 103 | 70 | 4 | — | — | — | — | — | — | — | — | — | — | — |
| 222 | 25 | 6 445 | 6 055 | 2 178 | 1 022 | 70 | 13 | 10 | 4 | — | — | 1 | — | — | 4 | 2 | 1 |

[illegible] kein Gewerbegericht. — ²) Außerdem in Sachsen 5 Bergschiedsgerichte. — ³) Die Entscheidungen des Gewerbegerichts [illegible] kommt für die elsaß-lothringischen Gewerbegerichte nicht in Frage. — ⁴) Differenzen zwischen den Summen der [illegible]teiten ein Streitwert festgesetzt wird. — ⁵) Darunter 27 — ⁶) Darunter 7 — ⁷) Darunter 34 — ⁸) Darunter

## 4. Konkursstatistik.

(Vierteljahrshefte zur Statistik des Deutschen Reichs 1903, IV.)

### a. Die neuen Konkurse und die beendeten Konkursverfahren nach dem Wohnsitz der Gemeinschuldner.

| Staaten und Landesteile (Wohnsitz [Sitz] der Gemeinschuldner) | Jahr 1902: Neue Konkurse: im ganzen | wegen Massemangel abgewiesene Anträge auf Konkurseröffnung | und zwar eröffnete Konkursverfahren: überhaupt | bei welchen die Konkurseröffnung ausschließlich vom Gemeinschuldner beantragt war | Beendete Konkursverfahren: im ganzen | Summe der bei diesen beteiligten bevorrechtigten Konkursforderungen¹) (1 000 M) | nicht bevorrechtigten Konkursforderungen¹) (1 000 M) | Konkursgläubiger | vorhandenen Teilungsmasse¹) (1 000 M) | ausgefallenen Beträge der nicht bevorrechtigten Konkursforderungen¹) (1 000 M) |
|---|---|---|---|---|---|---|---|---|---|---|
| Prov. Ostpreußen | 252 | 19 | 233 | 172 | 212 | 150,8 | 5 496,9 | 11 866 | 1 694,8 | 4 091,5 |
| „ Westpreußen | 205 | 31 | 174 | 148 | 210 | 84,6 | 7 876,1 | 11 739 | 1 971,0 | 6 310,9 |
| Stadt Berlin | 455 | 202 | 253 | 159 | 255 | 124,1 | 116 433,0 | 12 044 | 43 134,7 | 75 118,0 |
| Prov. Brandenburg | 457 | 55 | 402 | 270 | 386 | 172,9 | 17 610,7 | 15 586 | 4 765,2 | 15 269,4 |
| „ Pommern | 227 | 39 | 188 | 132 | 191 | 215,3 | 5 385,4 | 9 146 | 1 914,8 | 4 043,1 |
| „ Posen | 245 | 12 | 233 | 158 | 245 | 63,9 | 4 659,6 | 10 387 | 1 436,0 | 3 427,3 |
| „ Schlesien | 684 | 95 | 589 | 380 | 565 | 228,5 | 17 878,3 | 26 177 | 4 599,5 | 14 448,3 |
| „ Sachsen | 403 | 46 | 357 | 228 | 372 | 153,7 | 14 531,8 | 18 472 | 4 285,2 | 11 579,4 |
| „ Schleswig-Holstein | 288 | 19 | 269 | 188 | 262 | 67,1 | 8 303,7 | 10 814 | 1 906,7 | 7 132,0 |
| „ Hannover | 367 | 47 | 320 | 203 | 310 | 198,8 | 10 464,1 | 14 908 | 2 537,0 | 8 560,5 |
| „ Westfalen | 502 | 75 | 427 | 283 | 344 | 201,0 | 9 515,6 | 18 372 | 2 768,7 | 7 461,8 |
| „ Hessen-Nassau | 236 | 29 | 207 | 126 | 195 | 123,0 | 7 757,6 | 10 310 | 8 720,9 | 5 309,9 |
| „ Rheinland | 804 | 110 | 694 | 404 | 758 | 492,9 | 31 908,9 | 34 406 | 7 743,7 | 26 593,5 |
| Hohenzollern | 5 | — | 5 | 3 | 4 | 1,1 | 522,1 | 302 | 63,8 | 324,9 |
| **Preußen** | 5 130 | 779 | 4 351 | 2 854 | 4 300 | 2 274,6 | 258 413,0 | 204 497 | 87 543,2 | 190 660,9 |
| Bayern rechts d. Rheins | 763 | 89 | 674 | 477 | 644 | 380,4 | 20 630,9 | 26 344 | 4 028,7 | 17 434,0 |
| Bayern l. d. Rh. (Rheinpfalz) | 204 | 16 | 188 | 72 | 169 | 112,7 | 5 828,0 | 7 562 | 1 310,3 | 4 878,4 |
| **Bayern** | 967 | 105 | 862 | 549 | 813 | 493,1 | 26 458,9 | 33 910 | 5 339,0 | 22 312,4 |
| Sachsen | 1 307 | 201 | 1 106 | 790 | 1 347 | 775,8 | 47 112,4 | 58 513 | 11 049,0 | 39 391,2 |
| Württemberg | 516 | 65 | 451 | 236 | 511 | 222,8 | 9 979,9 | 18 742 | 3 108,7 | 7 650,1 |
| Baden | 413 | 27 | 386 | 229 | 363 | 130,6 | 7 012,4 | 14 272 | 1 916,8 | 6 468,4 |
| Hessen | 193 | 31 | 162 | 101 | 150 | 401,5 | 3 893,0 | 6 094 | 1 788,3 | 2 529,9 |
| Mecklenburg-Schwerin | 105 | 18 | 87 | 50 | 82 | 131,3 | 1 636,7 | 3 228 | 505,6 | 1 319,9 |
| Sachsen-Weimar | 102 | 11 | 91 | 46 | 78 | 33,7 | 3 118,6 | 3 251 | 611,2 | 2 457,8 |
| Mecklenburg-Strelitz | 14 | 1 | 13 | 10 | 15 | 5,2 | 429,4 | 584 | 108,6 | 353,3 |
| Oldenburg | 81 | 5 | 76 | 49 | 92 | 22,8 | 2 168,7 | 4 380 | 478,6 | 1 817,8 |
| Braunschweig | 93 | 6 | 87 | 62 | 69 | 41,3 | 2 018,4 | 2 869 | 459,9 | 1 696,7 |
| Sachsen-Meiningen | 37 | 1 | 36 | 22 | 33 | 87,8 | 747,1 | 1 803 | 280,6 | 571,9 |
| Sachsen-Altenburg | 47 | 13 | 34 | 25 | 52 | 18,1 | 1 730,2 | 2 525 | 410,8 | 1 468,6 |
| Sachsen-Coburg-Gotha | 36 | 4 | 32 | 21 | 24 | 6,2 | 710,6 | 1 074 | 149,4 | 594,8 |
| Anhalt | 77 | 19 | 58 | 35 | 58 | 11,5 | 993,1 | 2 504 | 335,7 | 718,8 |
| Schwarzbg.-Sondersh. | 22 | 1 | 21 | 7 | 15 | 3,6 | 86,7 | 407 | 28,8 | 68,8 |
| Schwarzburg-Rudolst. | 16 | 3 | 13 | 5 | 7 | 11,7 | 160,4 | 333 | 38,7 | 140,7 |
| Waldeck | 6 | 2 | 4 | 3 | 7 | 1,8 | 135,1 | 264 | 44,5 | 111,7 |
| Reuß ältere Linie | 22 | 6 | 16 | 11 | 21 | 4,0 | 415,8 | 552 | 110,8 | 314,3 |
| Reuß jüngerer Linie | 40 | 9 | 31 | 24 | 28 | 2,4 | 431,2 | 1 110 | 97,0 | 335,8 |
| Schaumburg-Lippe | 1 | . | 1 | 1 | 4 | 0,8 | 400,4 | 304 | 111,7 | 301,1 |
| Lippe | 6 | 1 | 5 | 5 | 12 | 5,0 | 165,2 | 712 | 69,8 | 113,8 |
| Lübeck | 16 | 2 | 14 | 10 | 21 | 3,8 | 367,1 | 1 163 | 74,7 | 311,0 |
| Bremen | 58 | 5 | 53 | 39 | 58 | 62,7 | 2 121,0 | 3 101 | 584,3 | 1 720,8 |
| Hamburg | 184 | 44 | 140 | 103 | 129 | 51,0 | 8 364,8 | 6 485 | 1 464,5 | 7 181,8 |
| Elsaß-Lothringen | 331 | 29 | 302 | 103 | 270 | 150,5 | 7 421,7 | 8 574 | 1 744,0 | 6 239,8 |
| **Deutsches Reich** | 9 826 | 1 388 | 8 438 | 5 390 | 8 572 | 4 968,0 | 387 387,8 | 382 137 | 118 546,2 | 290 854,6 |
| Dagegen im Jahre 1901 | 10 569 | 1 150 | 9 419 | 5 976 | 7 492 | 3 850,4 | 220 649,3 | 342 856 | 59 458,3 | 175 689,1 |
| „ „ „ 1900 | 8 558 | 846 | 7 712 | 4 845 | 6 202 | 3 154,6 | 184 719,1 | 271 470 | 52 695,3 | 146 364,6 |
| „ „ „ 1899 | 7 741 | 685 | 7 056 | 4 462 | 6 555 | 3 837,3 | 208 321,9 | 283 118 | 56 735,8 | 165 537,4 |
| „ „ „ 98 | 7 364 | 647 | 6 717 | 4 384 | 6 145 | 3 844,3 | 191 880,3 | 259 248 | 53 506,3 | 153 143,3 |

¹) Die Konkursforderungen waren bei 47 von den 8 572 beendeten Konkursverfahren, die Teilungsmasse und der Betrag der ausgefallenen Forderungen in 17 Fällen nicht angegeben.

## 4b. Die neuen Konkurse und die beendeten Konkursverfahren nach dem Beruf der Gemeinschuldner.

| Berufsgruppen | Jahr [illegible]: Neue Konkurse: insgesamt | Neue Konkurse: [illegible] | Neue Konkurse: [illegible] | Neue Konkurse: [illegible] | Beendete Konkursverfahren: insgesamt | Beendete Konkursverfahren: [illegible] | Beendete Konkursverfahren: Zwangsvergleich | Beendete Konkursverfahren: [illegible] | Beendete Konkursverfahren: [illegible] |
|---|---|---|---|---|---|---|---|---|---|
| ...und Forstwirtschaft | 379 | 82 | 297 | [illegible] | 316 | [illegible] | 40 | [illegible] | 50 |
| ...und Handelsgärtnerei | 84 | 33 | 51 | 34 | 38 | 25 | 3 | 1 | 7 |
| ...ht und Fischerei | 4 | 1 | 3 | 3 | 3 | 2 | | — | 1 |
| ...au, Hütten- und Salinenwesen | 21 | 7 | 14 | 6 | 12 | 6 | 4 | 2 | 1 |
| ...ung der Steine und Erden | 184 | 20 | 164 | 95 | 149 | 101 | 35 | 2 | 11 |
| ...verarbeitung | 306 | 40 | 266 | 185 | 288 | 182 | 81 | 8 | 17 |
| ...er Maschinen, Instrum. u. Apparate | 329 | 33 | 296 | 204 | 273 | 164 | 82 | 12 | 15 |
| ...sche Industrie | 34 | 6 | 28 | 14 | 27 | 20 | 1 | 3 | 3 |
| ...stofftechn. Nebenprodukte, Fette usw. | 13 | 1 | 12 | 11 | 8 | 6 | 2 | — | — |
| ...industrie | 142 | 18 | 124 | 60 | 108 | 82 | 22 | 6 | 18 |
| ...industrie | 62 | 11 | 52 | 36 | 66 | 43 | 12 | 1 | 8 |
| ...industrie | 175 | 17 | 158 | 143 | 151 | 91 | 44 | 4 | 12 |
| ...rie der Holz- und Schnitzstoffe | 428 | 50 | 378 | 262 | 372 | 246 | 85 | 7 | 51 |
| ...rie der Nahrungs- und Genußmittel | 739 | 94 | 645 | 436 | 628 | 488 | 103 | 33 | 54 |
| ...ungs- und Reinigungsgewerbe | 949 | 137 | 812 | 554 | 806 | 521 | 235 | 14 | 36 |
| ...gewerbe | 513 | 67 | 446 | 352 | 454 | 296 | 106 | 10 | 42 |
| ...graphische Gewerbe | 63 | 9 | 54 | 41 | 41 | 25 | 11 | — | 5 |
| ...nische Gewerbe | 8 | 2 | 6 | 3 | 5 | 2 | 2 | 1 | 1 |
| ...andere Gewerbe [illegible] | 21 | 3 | 15 | 4 | 5 | 3 | 1 | — | — |

## 4 c. Die Dauer der beendeten Konkursverfahren.

Deutsches Reich. Jahr 1902.

| Es wurden Konkursverfahren beendet und zwar nach einer Dauer von: überhaupt | unter 1 Jahr | 1 bis unter 2 Jahren | 2 bis unter 3 Jahren | 3 bis unter 4 Jahren | 4 bis unter 5 Jahren | 5 bis unter 10 Jahren | 10 und mehr Jahren | Von je 100 beendeten Konkursverfahren wurden beendet nach einer Dauer von: unter 1 Jahr | 1 bis unter 2 Jahren | 2 bis unter 3 Jahren | 3 bis unter 4 Jahren | 4 bis unter 5 Jahren | 5 bis unter 10 Jahren | 10 und mehr Jahren |
|---|---|---|---|---|---|---|---|---|---|---|---|---|---|---|
| 8 572 | 5 474 | 2 060 | 641 | 206 | 82 | 99 | 11 | 63,9 | 24,0 | 7,5 | 2,4 | 1,0 | 1,1 | 0,1 |
| darunter: a) durch Schlußverteilung beendete Konkursverfahren | | | | | | | | | | | | | | |
| 5 738 | 3 189 | 1 683 | 533 | 173 | 64 | 83 | 11 | 55,6 | 29,3 | 9,3 | 3,0 | 1,1 | 1,4 | 0,2 |
| b) durch Zwangsvergleich beendete Konkursverfahren | | | | | | | | | | | | | | |
| 2 059 | 1 663 | 278 | 78 | 16 | 12 | 12 | — | 80,8 | 13,5 | 3,8 | 0,8 | 0,6 | 0,6 | — |

## 4 d. Die beendeten Konkursverfahren nach der Höhe der Schuldenmasse.

Deutsches Reich. Jahr 1902.

| Zahl der beendeten Konkursverfahren mit einer Schuldenmasse in Höhe von … 1000 ℳ: unter 5 | 5 bis unter 10 | 10 bis unter 20 | 20 bis unter 50 | 50 bis unter 100 | 100 bis unter 500 | 500 bis unter 1000 | 1000 und darüber | Von je 100 beendeten Konkursverfahren entfielen nach der Höhe der Schuldenmasse auf die Größenklasse von … 1000 ℳ: unter 5 | 5 bis unter 10 | 10 bis unter 20 | 20 bis unter 50 | 50 bis unter 100 | 100 bis unter 500 | 500 bis unter 1000 | 1000 und darüber |
|---|---|---|---|---|---|---|---|---|---|---|---|---|---|---|---|
| 1 881 | 1 704 | 1 853 | 1 727 | 727 | 491 | 44 | 18 | 22,0 | 20,0 | 21,7 | 20,3 | 8,6 | 5,8 | 0,5 | 0,2 |
| darunter: a) durch Schlußverteilung beendete Konkursverfahren | | | | | | | | | | | | | | | |
| 1 462 | 1 225 | 1 235 | 1 067 | 440 | 205 | 28 | 13 | 25,5 | 21,4 | 21,5 | 18,6 | 7,7 | 4,1 | 0,5 | 0,2 |
| b) durch Zwangsvergleich beendete Konkursverfahren | | | | | | | | | | | | | | | |
| 210 | 354 | 501 | 543 | 241 | 183 | 13 | 5 | 10,2 | 17,2 | 24,3 | 26,4 | 11,7 | 8,9 | 0,6 | 0,2 |

## 4 e. Das finanzielle Ergebnis der beendeten Konkursverfahren.

Von den 8 572 im Jahr 1902 im Deutschen Reich beendeten Konkursverfahren war das Ergebnis der Verteilung in 8 555 Fällen nachgewiesen; Masseschulden waren in 2 609, bevorrechtigte Forderungen in 1 068 Fällen nicht vorhanden. Die Masseschulden wurden in 5 684 (99,2 %) Fällen mit 100 %, in 18 (0,3 %) mit unter 100 bis über 50 %, in 44 (0,8 %) mit 50 und darunter % gedeckt. Die Massekosten wurden in 8 186 (95,8 %) Fällen mit 100 %, in 99 (1,2 %) mit unter 100 bis über 50, in 287 (3,3 %) mit 50 und darunter % gedeckt. Auf die bevorrechtigten Forderungen entfielen in 6 827 (91,2 %) Fällen 100 %, in 133 (1,8 %) unter 100 bis über 50 % und in 527 (7,0 %) 50 und darunter %.

Die nicht bevorrechtigten Forderungen

| wurden gedeckt mit … %: 100 | unter 100 bis über 50 | 50 bis über 40 | 40 bis über 30 | 30 bis über 20 | 20 bis über 10 | 10 bis über 0 | 0 | Von je 100 beendeten Konkursverfahren schlossen ab mit … %: 100 | unter 100 bis über 50 | 50 bis über 40 | 40 bis über 30 | 30 bis über 20 | 20 bis über 10 | 10 bis über 0 | 0 |
|---|---|---|---|---|---|---|---|---|---|---|---|---|---|---|---|
| 136 | 499 | 470 | 895 | 1 518 | 2 041 | 2 096 | 901 | 1,6 | 5,9 | 5,5 | 10,5 | 17,7 | 23,8 | 24,5 | 10,5 |
| darunter: a) durch Schlußverteilung beendete Konkursverfahren | | | | | | | | | | | | | | | |
| 84 | 344 | 230 | 479 | 853 | 1 476 | 1 944 | 325 | 1,5 | 5,9 | 4,0 | 8,4 | 14,9 | 25,7 | 33,9 | 5,7 |
| b) durch Zwangsvergleich beendete Konkursverfahren | | | | | | | | | | | | | | | |
| 6 | 125 | 223 | 406 | 839 | 547 | 113 | — | 0,3 | 6,1 | 10,8 | 19,7 | 40,7 | 26,6 | 5,4 | — |

# XIII. Reichstagswahlen.

(Vierteljahrshefte zur Statistik d. D. R. 1903, IV und 1904, I. — Ergänzungshefte.)

| Wahlbeteiligung und Parteistellung der Gewählten | Ergebnisse der Reichstagswahlen 1878 | 1881 | 1884 | 1887 | 1890 | 1893 | 1898 | 1903 |
|---|---|---|---|---|---|---|---|---|
| **Gesamtzahl der Bevölkerung und der Wahlberechtigten in Tausenden.** | | | | | | | | |
| Bevölkerung[1] | 42 727,4 | 45 234,1 | | 46 855,7 | | 49 428,5 | 52 279,9 | 56 367,2 |
| Wahlberechtigte | 9 123,5 | 9 088,0 | 9 383,1 | 9 769,8 | 10 145,9 | 10 628,3 | 11 441,1 | 12 531,2 |
| **Bei den ersten ordentlichen Wahlen abgegebene Stimmen in Tausenden.** | | | | | | | | |
| Abgegebene Stimmen { gültige | 5 760,9 | 5 097,8 | 5 663,0 | 7 540,9 | 7 228,5 | 7 674,0 | 7 752,7 | 9 495,8 |
| Abgegebene Stimmen { ungültige | 20,0 | 20,6 | 18,7 | 29,8 | 33,1 | 28,8 | 34,0 | 38,2 |
| **Von den gültigen Stimmen kamen — in Tausenden — auf Angehörige folgender Parteistellung:** | | | | | | | | |
| (Deutsch-) Konservativ | 749,5 | 830,8 | 861,1 | 1 147,2 | 895,1 | 1 038,3 | 859,2 | 948,5 |
| Deutsche Reichspartei (freikons.) | 785,8 | 379,3 | 387,7 | 736,4 | 482,3 | 438,4 | 343,6 | 333,4 |
| Nationalliberal | 1 330,7 | 746,6 | 997,0 | 1 678,0 | 1 177,8 | 997,0 | 971,3 | 1 317,4 |
| Lib. e. ausg. Ver. } Dtsch.-Freis. } Freis. Vereinig. | 150,1 | — | | | | 258,5 | 195,7 | 243,2 |
| Liber. Vereinig. } Dtsch.-Freis. } Freis. Volksp. | .. | 429,2 | 997,0 | 973,1 | 1 159,9 | 666,4 | 558,3 | 538,2 |
| Fortschrittsp. | 385,1 | 649,3 | | | | | | |
| Deutsche Volkspartei | 66,1 | 103,4 | 95,8 | 88,8 | 147,6 | 166,6 | 108,5 | 91,2 |
| Zentrum | 1 328,1 | 1 182,8 | 1 282,0 | 1 516,2 | 1 342,1 | 1 468,5 | 1 455,1 | 1 875,3 |
| Polen | 210,1 | 194,9 | 203,3 | 220,0 | 246,8 | 229,5 | 244,1 | 347,8 |
| Sozialdemokraten | 437,1 | 312,0 | 550,0 | 763,1 | 1 427,3 | 1 786,7 | 2 107,1 | 3 010,8 |
| Antisemit. (Dtsch. Refp., christl.-soz.) | — | — | — | 11,6 | 47,5 | 263,9 | 284,3 | 244,5 |
| Welfen | 100,3 | 86,7 | 96,4 | 112,8 | 112,7 | 101,8 | 105,2 | 94,3 |
| Elsässer | 178,9 | 153,0 | 165,6 | 233,7 | 101,1 | 114,7 | 107,4 | 101,9 |
| Dänen | 16,1 | 14,4 | 14,4 | 12,4 | 13,7 | 14,4 | 15,4 | 14,8 |
| Andere Parteien | 2,9 | — | — | — | — | ([2] 70,4 | ([3] 291,0 | ([4] 257,1 |
| Unbestimmt und zersplittert | 14,7 | 15,3 | 12,7 | 47,6 | 74,6 | 58,7 | 106,5 | 67,8 |
| **Zusammensetzung des Reichstags bei Beginn der Legislaturperioden. Die Abgeordneten nach ihrer Parteistellung:** | | | | | | | | Am 3.3.1904[5] |
| (Deutsch-) Konservativ | 59 | 50 | 78 | 80 | 73 | 72 | 56 | ([6] 52 |
| Deutsche Reichspartei (freik.) | 57 | 28 | 28 | 41 | 20 | 28 | 23 | ([7] 20 |
| Nationalliberal | 99 | 47 | 51 | 99 | 42 | 53 | 46 | ([8] 50 |
| Lib. e. ausg. Ver. } Dtsch.-Freis. } Freis. Vereinig. | 10 | — | | | | 13 | 12 | ([9] 10 |
| Liber. Vereinig. } Dtsch.-Freis. } Freis. Volksp. | — | 46 | 67 | 32 | 66 | 24 | 29 | 20 |
| Fortschrittsp. | 26 | 60 | | | | | | |
| Deutsche Volkspartei | 3 | 9 | 7 | — | 10 | 11 | 8 | ([10] 6 |
| Zentrum | 94 | 100 | 99 | 98 | 106 | 96 | 102 | ([11] 100 |
| Polen | 14 | 18 | 16 | 13 | 16 | 19 | 14 | 15 |
| Sozialdemokraten | 9 | 12 | 24 | 11 | 35 | 44 | 56 | 80 |
| Antisemit. (Dtsch. Refp., christl.-soz.) | — | — | — | 1 | 5 | 16 | 13 | 6 |
| Welfen | 10 | 10 | 11 | 4 | 11 | 7 | 9 | ([12] 5 |
| Dänen | 1 | 2 | 1 | 1 | 1 | 1 | 1 | 1 |
| Elsässer | 15 | 15 | 15 | 15 | 10 | 8 | 10 | ([13] 10 |
| Andere und unbestimmte Parteistellung | — | — | — | 2 | 2 | ([14] 5 | ([15] 18 | ([16] 19 |

[1]) Nach der jedesmaligen letzten Volkszählung. — [2]) Darunter Bayerischer Bauernbund 66,8. — [3]) Darunter Bayerischer Bauernbund 140,3, Bund der Landwirte 110,4, Nationalsoziale 27,2. — [4]) Darunter Bauernbund 111,4, Bund der Landwirte 118,9, Nationalsoziale 30,3. — [5]) Hier nach der Fraktionsliste vom 3. März 1904. 3 Mandate waren zu dieser Zeit erledigt. — [6]) Einschließlich 2 Hospitanten der Fraktion. — [7]) Desgleichen 2 Hospitanten. — [8]) Desgleichen 3 Hospitanten. — [9]) Desgleichen 2 Hospitanten. — [10]) Desgleichen 1 Hospitant. — [11]) Hiervon gehört 1 nicht zur Fraktion. 3 Hospitanten sind bei der Partei der Welfen nachgewiesen. — [12]) Hiervon gehören 2 keiner Fraktion an, vgl. auch Anm. 11. — [13]) Gehören keiner Fraktion an. — [14]) Darunter 4 Angehörige des Bayerischen Bauernbundes. — [15]) Darunter 5 Angehörige des Bayerischen Bauernbundes, 6 des Bundes der Landwirte. — [16]) Darunter 13 Fraktionsmitglieder der Wirtschaftlichen Vereinigung (6 Antisemiten, 4 Bauernbund, 3 Bund der Landwirte).

# XIV. Kriegswesen.

## 1. Etatsstärke des deutschen Heeres.

(Anl. V, S. 195 ff. d. Entw. eines Ges. u. Bes., betr. die Feststellung des Reichshaushalts-Etats f. d. Rechnungsj. 1904.)

| Dienstliche Stellung | Etatsstärke im Rechnungsjahr 1904 | | | | | | | |
|---|---|---|---|---|---|---|---|---|
| | Infanterie | | | | | | Artillerie | |
| | Infanterie im engeren Sinne 1) | Jäger 2) | Maschinengewehrabteilungen 3) | Bezirkskommandos 4) | Summe | Kavallerie 5) | Feldartillerie 6) | Fußartillerie 7) |
| Offiziere | 12 073 | 388 | 64 | 861 | 13 386 | 2 437 | 3 062 | 903 |
| Unteroffiziere: | | | | | | | | |
| Zahlmeisteraspiranten | 521 | 18 | — | 45 | 584 | 97 | 354 | 42 |
| Spielleute | 2 926 | 234 | 16 | — | 3 176 | 1 513 | 1 282 | 216 |
| Sanitätsunteroffiziere | 1 235 | 36 | 5 | 2 | 1 282 | 243 | 292 | 89 |
| Sonstige | 39 223 | 1 143 | 182 | 3 128 | 43 686 | 7 815 | 10 132 | 3 614 |
| Überhaupt Unteroffiziere | 44 005 | 1 431 | 217 | 3 175 | 48 828 | 9 670 | 11 909 | 3 968 |
| Gemeine: | | | | | | | | |
| Spielleute | 16 475 | — | — | — | 16 475 | — | — | 384 |
| Sanitätsgefreite | 1 222 | 38 | 7 | — | 1 275 | 240 | 291 | 87 |
| Ökonomiehandwerker | 1 777 | 66 | 16 | — | 1 859 | 714 | 613 | 173 |
| Kapitul., einschl. Gefr. u. Gem. | 304 025 | 9 685 | 1 147 | 2 760 | 317 617 | 56 273 | 52 371 | 20 227 |
| Überhaupt Gemeine | 323 500 | 9 787 | 1 165 | 2 760 | 337 228 | 57 227 | 53 277 | 20 821 |
| Militärärzte | 1 229 | 36 | — | 51 | 1 285 | 310 | 325 | 83 |
| Zahlmeister, Musikdirigenten usw. | 610 | 18 | — | 5 | 633 | 95 | 272 | 30 |
| Veterinäre | — | — | 1 | — | 1 | 323 | 383 | — |
| Büchsenmacher, Waffenmeister und Sattler | 621 | 18 | — | — | 639 | 180 | 202 | 38 |
| Gesamtkopfzahl | 382 051 | 11 848 | 1 447 | 6 852 | 401 998 | 70 148 | 69 244 | 25 918 |
| Dienstpferde | — | — | 844 | — | 864 | 65 922 | 36 494 | 791 |

| Dienstliche Stellung | Artillerie Summe | Pioniere 8) | Verkehrstruppen 9) | Train 10) | Militär-Bildungs-anstalten 11) | [illegible] Offiziere usw. 12) | Generalsumme |
|---|---|---|---|---|---|---|---|
| Offiziere | 4 023 | 598 | 252 | 628 | 573 | 2 780 | 24 374 |
| Unteroffiziere: | | | | | | | |
| Zahlmeisteraspiranten | 244 | 36 | 17 | 46 | 32 | 24 | 1 180 |
| Spielleute | 1 528 | 331 | 81 | 23 | … | … | 6 040 |
| Sanitätsunteroffiziere | 381 | 50 | 22 | 43 | 12 | 87 | 2 100 |
| Sonstige | 13 747 | 1 987 | 897 | 1 666 | 1 435 | 836 | 72 018 |
| Überhaupt Unteroffiziere | 15 899 | 2 404 | 956 | 1 757 | 1 496 | 947 | 81 958 |
| Gemeine: | | | | | | | |
| Spielleute | 384 | — | 188 | — | 32 | — | 17 093 |
| Sanitätsgefreite | 378 | 52 | 21 | 36 | 5 | 2 | 2 008 |
| Ökonomiehandwerker | 786 | 108 | 99 | 38 | 2 298 | — | 5 877 |
| Kapitul., einschl. Gefr. u. Gem. | 72 598 | 12 869 | 5 244 | 5 966 | 76 | — | 470 591 |
| Überhaupt Gemeine | 74 098 | 13 029 | 5 472 | 6 040 | 2 411 | 2 | [13]) 495 500 |
| Militärärzte | 635 | 82 | 22 | 36 | 37 | 195 | 2 398 |
| Zahlmeister, Musikdirigenten usw. | 301 | 36 | 17 | 22 | 12 | 2 | 1 055 |
| Veterinäre | 265 | — | — | 23 | 15 | 58 | 670 |
| Büchsenmacher, Waffenmeister und Sattler | 240 | 30 | 12 | — | 1 | — | 1 104 |
| Gesamtkopfzahl | 95 156 | 16 135 | 6 739 | 8 194 | 4 558 | 3 963 | 606 872 |
| Dienstpferde | 94 417 | — | 58 | 4 024 | — | — | 105 885 |

1) 216 Regimenter, [illegible] — 2) 18 Bataillone. — [illegible]

[illegible]

## 2. Etatsstärke der Kaiserlichen Marine.

(Zu 2 und 3: Anlage VI des Entwurfs eines Gesetzes und Gesetz, betreffend die Feststellung des Reichshaushalts-Etats für das Rechnungsjahr 1904, Handbuch für das Deutsche Reich auf das Jahr 1904 und Mitteilung des Reichs-Marine-Amts.)

### Etatsstärke im Rechnungsjahr 1904.

**a. Offiziere, Marineärzte und Marinezahlmeister.**

| | | | | | |
|---|---|---|---|---|---|
| Staatssekretär des Reichs-Marine-Amts | 1 | Marineingenieur-Personal | 223 | Marinezahlmeister | 164 |
| Admirale | 20 | Marineärzte | 197 | Pensionierte Offiziere | 39 |
| Seeoffizierkorps | 1 250 | Feuerwerks- und Zeugoffiziere | 66 | Summe zu a. | 2 064 |
| Offizierkorps der Marine-infanterie | 48 | Torpedooffiziere und Torpedoingenieure | 56 | | |
| | | Im ganzen Offiziere und Ärzte | 1 861 | | |

**b. Seeoffizieraspiranten.**

| | | | | | |
|---|---|---|---|---|---|
| Fähnrichs zur See | 378 | Seekadetten | 150 | Summe zu b. | 528 |

**c. Deckoffiziere, Unteroffiziere, Mannschaften, Schiffsjungen usw.**

| Dienstliche Stellung | 2 Matrosendivisionen zu je 2 Abteilungen und 1 Schiffsjungenabteilung | 2 Werftdivisionen zu je 2 Abteilungen und je 1 Handwerkerabteilung | 2 Torpedoabteilungen | 4 Matrosenartillerieabteilungen | 2 Seebataillone zu je 4 Kompagnien | Militärisches Personal: bei der Artillerieverwaltung | bei Torpedowesen | bei Minenwesen | bei Vermessungswesen | bei Bekleidungswesen | Summe |
|---|---|---|---|---|---|---|---|---|---|---|---|
| Deckoffiziere | 253 | 829 | 241 | 29 | — | [1] 88 | 93 | 28 | 28 | — | 1 587 |
| Unteroffiziere | 2 336 | 3 157 | 1 004 | 249 | 171 | 50 | 46 | 39 | 35 | 24 | 7 111 |
| Gefreite und Gemeine | 11 603 | 6 903 | 3 020 | 2 131 | 1 003 | — | — | — | 160 | — | 24 820 |
| Stabshoboisten | 8 | — | — | 3 | 2 | — | — | — | — | — | 13 |
| Hoboisten (Unteroffiziere, Gefreite und Gemeine) | 276 | — | — | 39 | 53 | — | — | — | — | — | 368 |
| Ökonomiehandwerker | — | — | — | — | — | — | — | — | — | 200 | 200 |
| Sanitätsmannschaften und Marinekrankenwärter | — | 310 | — | — | — | — | — | — | — | — | 310 |
| Zahlmeisteraspiranten und -applikanten, Verwaltungsschreiber | | 292 | — | — | — | — | — | — | — | — | 292 |
| Büchsenmacher | | — | | — | — | 13 | — | — | — | — | 13 |
| Schiffsjungenunteroffiziere und Schiffsjungen | 1 100 | — | — | — | — | — | — | — | — | — | 1 100 |
| Summe zu c. | 15 576 | 11 491 | 4 265 | 2 451 | 1 229 | 151 | 139 | 66 | 223 | 224 | 35 814 |
| | | | | | | Gesamtkopfzahl (Summe a bis c) | | | | | 38 406 |

[1]) Depotvizefeldwebel.

## 3. Die Kriegsschiffe der Kaiserlichen Marine.

| Gattung der Schiffe | Anzahl am 1. 4. 1904 | Deplacement in Tonnen | Indizierte Pferdestärken |
|---|---|---|---|
| | | **a. Fertig.** | |
| Linienschiffe | 18 | 177 903 | 185 500 |
| Küstenpanzerschiffe | 8 | 30 558 | 39 200 |
| Panzerkanonenboote | 12 | 13 015 | 9 200 |
| Große Kreuzer | 13 | 97 471 | 146 800 |
| Kleine Kreuzer | 32 | 69 992 | 170 250 |
| Kanonenboote | 6 | 5 441 | 7 100 |
| Schulschiffe | 15 | 29 688 | 26 000 |
| Spezialschiffe | 8 | 11 239 | 17 020 |
| Hafenschiffe | 3 | 19 613 | 14 300 |
| Summe | 115 | 454 920 | 615 470 |
| | | **b. Im Bau.** | |
| Linienschiffe | 9 | 117 550 | 142 000 |
| Große Kreuzer | 3 | 30 330 | 64 000 |
| Kleine Kreuzer | 7 | 22 840 | 40 000 |
| Kanonenboote | — | — | — |
| Summe | 19 | 170 720 | 246 000 |

## 4. Ergebnisse des Heeres-Ergänzungsgeschäfts.

(Vierteljahrshefte zur Statistik des Deutschen Reichs 1903, IV.)

| Jahr | Jahresklasse | Endgültige Entscheidungen der Ersatzbehörden | | | | | | Außerdem freiwillig eingetreten | | Gesamtzahl der Ausgehobenen und freiwillig Eingetretenen | Endgültig Abgefertigte |
|---|---|---|---|---|---|---|---|---|---|---|---|
| | | Ausgeschlossen¹) (Unwürdige) | Ausgemustert²) (Untaugliche) | Dem Landsturm 1. Aufgebots überwiesen³) (minder Taugliche) | Der Ersatzreserve oder der Marine-Ersatzreserve überwiesen³) (Bedingt Taugliche) | Ausgehoben: für das Heer | Ausgehoben: für die Marine | Militärpflichtige | vor Beginn des militärpflichtigen Alters | | |
| 1893 | Summe | 1 431 | 30 496 | 90 217 | 84 728 | 230 584 | 4 101 | 16 588 | 16 000 | 268 173 | 475 045 |
| 94 | " | 1 395 | 33 303 | 97 028 | 81 068 | 230 775 | 4 874 | 18 161 | 19 345 | 273 155 | 485 949 |
| 95 | " | 1 285 | 36 574 | 103 271 | 81 548 | 222 484 | 4 728 | 19 110 | 20 387 | 266 709 | 489 388 |
| 96 | " | 1 267 | 38 191 | 104 956 | 83 520 | 218 988 | 4 681 | 21 232 | 21 725 | 266 625 | 494 563 |
| 97 | " | 1 210 | 40 431 | 108 167 | 84 487 | 219 128 | 5 710 | 21 975 | 22 307 | 269 120 | 503 415 |
| 98 | " | 1 212 | 41 639 | 109 953 | 87 764 | 215 925 | 6 749 | 23 306 | 22 939 | 267 916 | 508 484 |
| 99 | " | 1 245 | 43 196 | 112 839 | 83 809 | 221 471 | 5 486 | 24 488 | 22 668 | 274 113 | 515 203 |
| 1900 | " | 1 171 | 39 345 | 102 723 | 82 116 | 227 275 | 6 184 | 26 384 | 22 738 | 282 581 | 507 936 |
| 1901 | 20 jährige | 166 | 18 490 | 16 135 | 4 690 | 99 310 | | 16 807 | . | . | . |
| | 21 " | 214 | 6 099 | 11 845 | 3 250 | 54 615 | | 5 448 | . | . | . |
| | 22 " | 307 | 14 700 | 66 751 | 73 463 | 71 993 | | 2 979 | . | . | . |
| | Ältere | 523 | 2 243 | 5 340 | 3 501 | 2 488 | | 3 619 | . | . | . |
| | Summe 1901 | 1 210 | 41 332 | 100 071 | 84 854 | ⁴)220 180 | ⁵)8 226 | 28 850 | 23 265 | 280 521 | 507 988 |
| 1902 | 20 jährige | 330 | 18 410 | 15 171 | 4 804 | 100 560 | | 18 390 | . | . | . |
| | 21 " | 216 | 5 765 | 11 073 | 3 546 | 55 054 | | 6 457 | . | . | . |
| | 22 " | 257 | 14 682 | 66 961 | 70 933 | 62 560 | | 3 111 | . | . | . |
| | Ältere | 534 | 2 358 | 5 445 | 3 450 | 2 384 | | 3 695 | . | . | . |
| | Summe 1902 | 1 337 | 41 245 | 98 651 | 82 773 | ⁴)213 614 | ⁵)6 944 | 33 693 | 23 297 | 277 548 | 501 554 |
| | **Für das Jahr 1902 nach Armeekorpsbezirken.** | | | | | | | | | | |
| | Bezirke | | | | | | | | | | |
| | I. Armeekorps | 34 | 1 119 | 1 594 | 1 544 | 7 105 | 477 | 824 | 1 136 | 9 542 | 13 833 |
| | II. " | 51 | 1 273 | 2 310 | 3 309 | 7 250 | 331 | 999 | 1 167 | 9 847 | 16 790 |
| | III. " | 139 | 3 669 | 13 777 | 4 744 | 14 496 | 250 | 2 663 | 2 676 | 20 085 | 42 270 |
| | IV. " | 50 | 1 685 | 4 118 | 4 331 | 10 047 | 138 | 1 932 | 2 513 | 14 630 | 24 814 |
| | V. " | 42 | 1 358 | 2 370 | 2 414 | 7 396 | 78 | 1 042 | 1 146 | 9 662 | 16 052 |
| | VI. " | 131 | 2 364 | 7 157 | 4 084 | 10 063 | 118 | 1 346 | 1 496 | 13 023 | 26 759 |
| | VII. " | 144 | 3 943 | 10 614 | 8 860 | 26 566 | 357 | 4 619 | 2 345 | 33 887 | 57 448 |
| | VIII. " | 52 | 2 961 | 6 142 | 6 892 | 15 956 | 265 | 1 983 | 1 179 | 19 383 | 35 430 |
| | IX. " | 77 | 2 050 | 8 958 | 4 418 | 10 914 | 1 946 | 2 663 | 2 042 | 17 565 | 33 068 |
| | X. " | 57 | 2 630 | 5 490 | 4 485 | 9 507 | 406 | 2 967 | 2 094 | 14 974 | 27 636 |
| | XI. " | 54 | 2 108 | 3 185 | 3 966 | 7 552 | 215 | 1 811 | 1 301 | 10 879 | 20 186 |
| | XII. (1. K. Sächs.) Armeek. | 37 | 904 | 3 713 | 1 940 | 6 087 | 20 | 548 | 524 | 7 179 | 13 773 |
| | XIII. (K. Württemb.) " | 35 | 2 330 | 3 053 | 3 454 | 9 716 | 8 | 780 | 393 | 10 905 | 19 777 |
| | XIV. " | 27 | 2 079 | 3 624 | 4 347 | 9 962 | 736 | 1 710 | 687 | 13 115 | 23 182 |
| | XV. " | 12 | 462 | 617 | 1 136 | 2 992 | 508 | 842 | 410 | 4 752 | 6 979 |
| | XVI. " | 4 | 184 | 419 | 613 | 1 472 | 216 | 239 | 179 | 2 106 | 3 326 |
| | XVII. " | 51 | 1 066 | 2 050 | 2 197 | 7 433 | 424 | 400 | 774 | 9 031 | 14 395 |
| | XVIII. " | 46 | 1 158 | 2 169 | 3 447 | 7 673 | 261 | 1 147 | 430 | 9 511 | 16 331 |
| | Großh. Hess. (25.) Division | 34 | 1 004 | 1 950 | 1 583 | 4 674 | 139 | 999 | 454 | 6 266 | 10 837 |
| | XIX. (2. K. Sächs.) Armeek. | 60 | 1 873 | 3 920 | 2 948 | 9 719 | 12 | 993 | 743 | 11 467 | 20 268 |
| | I. K. Bayerisches " | 60 | 1 652 | 3 908 | 3 482 | 9 193 | 2 | 469 | 396 | 10 060 | 19 162 |
| | II. " " " | 31 | 1 246 | 3 268 | 4 144 | 8 179 | 1 | 443 | 511 | 9 134 | 16 073 |
| | III. " " " | 79 | 1 500 | 3 330 | 4 510 | 9 352 | 4 | 467 | 704 | 10 535 | 19 863 |

¹) Zur Zuchthausstrafe Verurteilte usw. (Wehrordnung § 37). — ²) Wegen körperlicher oder geistiger Gebrechen dauernd Untaugliche (W.-O. § 38). — ³) Bedingt Taugliche, Überzählige nach dem dritten Konkurrenzjahre usw. (W.-O. §§ 39—41). — ⁴) Davon zum Dienst mit der Waffe 1901: 215 479, 1902: 209 201, zum Dienst ohne Waffe 1901: 4 701, 1902: 4 413. — ⁵) Davon aus der Landbevölkerung 1901: 4 968, 1902: 3 756, aus der seemännischen und halbseemännischen Bevölkerung 1901: 3 258, 1902: 3 188.

## 4. Ergebnisse des Heeres-Ergänzungsgeschäfts. Verhältnisberechnungen.

| Deutsches Reich: Nr. des Armeekorps | Aushebungsbezirk | Von je 100 endgültig Abgefertigten waren: tauglich[1]) 1902 | tauglich[1]) 1901 | künftig tauglich 1902 | künftig tauglich 1901 | minder tauglich 1902 | minder tauglich 1901 | untauglich 1902 | untauglich 1901 | unwürdig 1902 | unwürdig 1901 |
|---|---|---|---|---|---|---|---|---|---|---|---|
| Deutsches Reich | | 55,9 | 55,7 | 16,5 | 16,7 | 19,7 | 19,7 | 8,2 | 8,1 | 0,3 | 0,3 |
| I. | Ostpreußen | 69,0 | 68,6 | 11,2 | 11,3 | 11,5 | 13,8 | 8,1 | 6,6 | 0,2 | 0,3 |
| II. | Pommern | 58,6 | 60,1 | 19,7 | 19,3 | 13,9 | 13,5 | 7,8 | 6,6 | 0,3 | 0,3 |
| III. | Brandenburg | 47,3 | 47,6 | 11,2 | 11,4 | 32,8 | 33,7 | 8,4 | 7,0 | 0,3 | 0,3 |
| IV. | Provinz Sachsen | 59,0 | 58,1 | 17,1 | 16,7 | 16,3 | 18,3 | 8,3 | 6,7 | 0,2 | 0,3 |
| V. | Posen | 61,4 | 59,0 | 15,0 | 15,9 | 14,8 | 15,6 | 8,5 | 8,4 | 0,3 | 0,3 |
| VI. | Schlesien | 48,7 | 49,8 | 15,5 | 15,9 | 26,7 | 24,7 | 8,5 | 10,1 | 0,5 | 0,4 |
| VII. | Westfalen | 59,6 | 59,1 | 15,4 | 16,1 | 18,5 | 17,6 | 6,0 | 6,7 | 0,2 | 0,3 |
| VIII. | Rheinland | 54,7 | 52,6 | 19,6 | 20,3 | 17,8 | 17,4 | 8,4 | 9,1 | 0,1 | 0,1 |
| IX. | Schleswig-Holstein | 52,8 | 53,5 | 13,1 | 12,9 | 26,6 | 25,4 | 7,8 | 8,0 | 0,3 | 0,3 |
| X. | Hannover | 54,3 | 53,7 | 16,8 | 17,6 | 19,9 | 18,8 | 9,5 | 10,3 | 0,3 | 0,3 |
| XI. | Hessen-Nassau | 53,9 | 55,4 | 19,8 | 21,0 | 15,9 | 14,7 | 10,4 | 8,6 | 0,8 | 0,8 |
| XII (1. K. Sächs.) | Königreich Sachsen | 52,1 | 54,6 | 11,1 | 13,5 | 26,9 | 24,5 | 6,6 | 6,9 | 0,3 | 0,3 |
| XIII (K. Württ.) | „ Württemberg | 55,1 | 54,5 | 17,5 | 20,9 | 15,4 | 14,5 | 11,8 | 10,5 | 0,3 | 0,3 |
| XIV. | Großherzgt. Baden | 56,6 | 55,5 | 18,7 | 18,1 | 15,5 | 16,9 | 9,0 | 9,3 | 0,1 | 0,2 |
| XV. | Elsaß | 68,9 | 67,8 | 17,0 | 14,1 | 9,1 | 11,7 | 6,8 | 6,5 | 0,2 | 0,1 |
| XVI. | Lothringen | 63,8 | 62,3 | 18,5 | 16,2 | 12,8 | 13,6 | 5,4 | 7,8 | 0,1 | 0,1 |
| XVII. | Westpreußen | 63,0 | 63,1 | 15,3 | 13,7 | 14,3 | 14,0 | 7,0 | 6,9 | 0,4 | 0,3 |
| XVIII. | Hessen-Nassau | 58,2 | 53,9 | 21,1 | 20,8 | 13,3 | 16,1 | 7,1 | 9,0 | 0,3 | 0,2 |
| Großh. Hess. (25.) Division | Großherzgt. Hessen | 58,3 | 59,3 | 14,5 | 15,8 | 17,8 | 15,4 | 9,3 | 9,4 | 0,3 | 0,1 |
| XIX (2. K. Sächs.) | Königreich Sachsen | 54,5 | 50,8 | 13,3 | 13,8 | 28,6 | 28,4 | 8,4 | 7,0 | 0,3 | 0,3 |
| I (K. Bayer.) | Königreich Bayern | 52,7 | 54,0 | 17,7 | 16,4 | 20,1 | 19,7 | 9,6 | 9,0 | 0,6 | 0,4 |
| II ( „ „ ) | „ „ | 53,0 | 53,5 | 24,4 | 24,0 | 13,4 | 14,6 | 8,8 | 7,6 | 0,2 | 0,3 |
| III ( „ „ ) | „ „ | 53,0 | 52,3 | 22,7 | 21,6 | 16,5 | 16,0 | 7,0 | 9,0 | 0,4 | 0,4 |

¹) Unter den endgültig abgefertigten Tauglichen sind sowohl die Ausgehobenen als auch die freiwillig Eingetretenen zu verstehen.

## 5. Die Herkunft¹) und Schulbildung der im Ersatzjahr 1902 eingestellten Rekruten.²)

(Vierteljahrshefte zur Statistik des Deutschen Reichs 1903, IV.)

| Staaten und Landesteile | Eingestellte Mannschaften überhaupt | darunter ohne Schulbildung absolut | in % der Gesamtzahl | Staaten | Eingestellte Mannschaften überhaupt | darunter ohne Schulbildung absolut | in % der Gesamtzahl | Staaten | Eingestellte Mannschaften überhaupt | darunter ohne Schulbildung absolut | in % der Gesamtzahl |
|---|---|---|---|---|---|---|---|---|---|---|---|
| Ostpreußen | 11 878 | 19 | 0,16 | Bayern | 28 569 | 2 | 0,01 | Schwarzb.-Sondersh. | 384 | — | — |
| Westpreußen | (³8 930 | 18 | 0,20 | Sachsen | 15 963 | 1 | 0,01 | Schwarzb.-Rudolstadt | 421 | — | — |
| Brandenburg u. Berlin | 17 360 | 4 | 0,02 | Württemberg | 11 259 | 1 | 0,01 | Waldeck | 291 | — | — |
| Pommern | 8 018 | 2 | 0,02 | Baden | 9 715 | 2 | 0,02 | Reuß ält. L. | 266 | — | — |
| Posen | (⁴10 351 | 18 | 0,17 | Hessen | 5 593 | 2 | 0,04 | Reuß jüng. L. | 603 | 1 | 0,17 |
| Schlesien | 19 912 | 11 | 0,06 | Mecklenburg-Schwerin | 2 684 | — | — | Schaumb.-L. | 265 | — | — |
| Sachsen | 14 280 | 1 | 0,01 | Sachs.-Weim. | 1 430 | — | — | Lippe | 898 | — | — |
| Schleswig-Holstein | 6 052 | — | — | Mecklenburg-Strelitz | 475 | — | — | Lübeck | 287 | — | — |
| Hannover | 11 784 | — | — | Oldenburg | 1 822 | — | — | Bremen | 1 108 | — | — |
| Westfalen | 15 988 | 1 | 0,01 | Braunschweig | 1 883 | — | — | Hamburg | 2 102 | — | — |
| Hessen-Nassau | 8 678 | 1 | 0,01 | Sachs.-Mein. | 1 148 | — | — | Elsaß-Lothr. | (⁵8 337 | 10 | 0,12 |
| Rheinland | 26 613 | 2 | 0,01 | Sachs.-Altenb. | 1 002 | — | — | Deutsch. Reich⁶) | 259 209 | 99 | 0,04 |
| Hohenzollern | 350 | — | — | Sachsen-Coburg-Gotha | 1 019 | — | — | 1892⁷) | 184 804 | 715 | 0,39 |
| Preußen | 160 220 | 77 | 0,05 | Anhalt | 1 152 | — | — | 1882⁸) | 140 521 | 1 902 | 1,35 |

¹) Unter dem Ort der Herkunft ist hier [illegible] — ²) [illegible] — ³) Darunter 10. — ⁴) 83. — ⁵) 21 mit Schulbildung in fremder Sprache; auf das übrige Gebiet des Reichs entfallen 23 hiervon. — ⁶) Außerdem 121. — ⁷) 34. — ⁸) 11 aus dem Auslande, darunter ohne Schulbildung 1902: 5, 1892: 3, 1882: 1.

# XV. Finanzwesen.

## 1. Ausgaben und Einnahmen des Deutschen Reichs.

(Übersichten der Reichs-Ausgaben und -Einnahmen — Reichstagsdrucksachen —, sowie Reichs-Gesetzblatt 1903 und 1904.)

### Vorbemerkung.

Für die Rechnungsjahre 1900 bis 1902 sind die reinen Ist-Ausgaben und Ist-Einnahmen auf Grund der Übersichten über die Reichs-Ausgaben und -Einnahmen, für 1903 und 1904 dagegen die Soll-Ausgaben und Soll-Einnahmen nach den Reichshaushalts-Etats (und Nachträgen) eingestellt.

Die Bestände, Überschüsse, Fehlbeträge aus Vorjahren, die Ausgabe- und Einnahmereste, sowie die sich in Ausgabe und Einnahme ausgleichenden Zuschüsse und sonstigen rechnungsmäßigen Übertragungen sind nicht mit aufgenommen.

Die rechnungsmäßigen Überschüsse und Fehlbeträge des Reichshaushalts sind im Anhang unter a besonders dargestellt.

| Kapitel | Bezeichnung der Etatsposten | Ausgaben in 1 000 M. 1900 | 1901 | 1902 | 1903 | 1904 |
|---|---|---|---|---|---|---|
| | **Fortdauernde Ausgaben.** | | | | | |
| 1 | I. Bundesrat.[1] | | | | | |
| 2 | II. Reichstag | 791,0 | 743,8 | 858,8 | 757,3 | 759,6 |
| 3 | III. Reichskanzler und Reichskanzlei | 224,0 | 228,1 | 238,4 | 241,8 | 241,6 |
| | IV. Auswärtiges Amt. | | | | | |
| 4 | Auswärtiges Amt | 2 562,4 | 2 528,7 | 2 500,1 | 2 552,6 | 2 588,5 |
| 5 | Gesandtschaften und Konsulate | 8 589,7 | 9 313,3 | 9 419,7 | 9 389,6 | 9 834,3 |
| 6 | Allgemeine Fonds | 1 624,3 | 2 127,4 | 2 039,2 | 2 044,0 | 2 179,2 |
| 6a | Kolonialverwaltung | 613,0 | 684,5 | 709,4 | 831,8 | 864,7 |
| | Summe IV | 13 389,3 | 14 651,8 | 14 668,6 | 14 917,7 | 15 476,8 |
| | V. Reichsamt des Innern. | | | | | |
| 7 | Reichsamt des Innern | 1 388,3 | 1 344,4 | 1 355,0 | 1 384,7 | 1 430,9 |
| 7a | Allgemeine Fonds | 40 132,8 | 44 062,4 | 48 085,2 | 51 067,7 | 56 052,5 |
| 7b | Reichskommissariate | 51,4 | 70,1 | 50,8 | 62,8 | 62,3 |
| 7c | Bundesamt für das Heimatwesen | 30,7 | 30,7 | 30,6 | 30,4 | 30,4 |
| 7d | Schiffsvermessungsamt | 50,8 | 58,0 | 65,0 | 64,7 | 69,4 |
| 8 | Entscheidende Disziplinarbehörden | 5,8 | 6,3 | 6,6 | 6,0 | 6,0 |
| 9 | Behörden f. d. Untersuchung v. Seeunfällen | 29,6 | 31,9 | 32,5 | 34,5 | 34,5 |
| 10 | Statistisches Amt | 1 117,8 | 1 173,9 | 1 316,7 | 1 313,8 | 1 416,9 |
| 11 | Normal-Eichungskommission | 194,7 | 199,5 | 204,1 | 218,6 | 216,1 |
| 12 | Gesundheitsamt | 534,9 | 567,3 | 619,8 | 636,1 | 664,5 |
| 13 | Patentamt | 2 485,0 | 2 769,1 | 3 068,9 | 3 445,9 | 3 846,8 |
| 13a | Reichsversicherungsamt | 1 698,0 | 1 677,7 | 1 720,0 | 1 888,3 | 1 923,8 |
| 13b | Physikalisch-Technische Reichsanstalt | 340,7 | 371,9 | 373,8 | 375,2 | 388,9 |
| 13c | Kanalamt | 2 499,7 | 2 471,3 | 2 507,4 | 2 481,9 | 2 525,7 |
| 13d | Aufsichtsamt für Privatversicherung | — | [2] 150,0 | 254,7 | 328,1 | 388,8 |
| | Summe V | 50 547,6 | 54 900,6 | 59 690,2 | 63 308,5 | 68 995,8 |

[1]) Die Ausgaben werden aus den unter Kapitel 7 ausgesetzten Fonds mitbestritten.

[2]) Für die Zeit vom 1. Juli 1901 ab

| Kapitel | Bezeichnung der Etatsposten | Ausgaben in 1 000 ℳ 1900 | 1901 | 1902 | 1903 |
|---|---|---|---|---|---|
| | **VI. Verwaltung des Reichsheeres.** | | | | |
| 14 | Kriegsministerium | 2 946,3 | 3 067,9 | 3 103,0 | 3 130,7 |
| 15 | Militärkassenwesen | 433,6 | 441,2 | 445,4 | 447,6 |
| 16 | Militärintendanturen | 2 929,1 | 2 902,4 | 3 077,7 | 3 119,2 |
| 17 | Militärgeistlichkeit | 1 005,7 | 1 022,6 | 1 033,8 | 1 061,7 |
| 18 | Militärjustizverwaltung | 1 065,0 | 1 348,2 | 1 446,3 | 1 523,0 |
| 19 | Höhere Truppenbefehlshaber | 3 496,9 | 3 517,2 | 3 535,6 | 3 527,5 |
| 20 | Gouverneure, Kommandanten usw. | 672,9 | 653,3 | 657,8 | 662,0 |
| 21 | Adjutanturoffiziere u. Off. in bes. Stell. | 1 212,5 | 1 220,6 | 1 219,4 | 1 227,0 |
| 22 | Generalstab u. Landesvermessungswesen | 2 969,8 | 2 991,2 | 3 545,7 | 3 549,9 |
| 23 | Ingenieur- und Pionieroffiziere | 2 275,4 | 2 241,0 | 2 468,4 | 2 497,4 |
| 24 | Geldverpflegung der Truppen | 127 916,0 | 129 341,1 | 131 340,8 | 132 353,2 |
| 25 | Naturalverpflegung | 133 586,8 | 142 468,6 | 147 696,3 | 143 178,8 |
| 26 | Bekleidung und Ausrüstung der Truppen | 31 109,1 | 30 632,0 | 31 412,1 | 32 128,0 |
| 27 | Garnisonverwaltungs- und Serviswesen | 56 929,2 | 60 739,4 | 60 676,1 | 62 286,8 |
| 28 | Garnisonbauwesen | 1 604,7 | 1 754,1 | 1 819,0 | 1 887,2 |
| 29 | Militärmedizinalwesen | 10 044,8 | 10 383,5 | 10 836,3 | 10 439,8 |
| 30 | Verwaltung der Traindepots usw. | 1 185,7 | 2 106,4 | 1 624,0 | 1 748,9 |
| 31 | Ersatz- und Reservemannschaften usw. | 3 133,7 | 3 106,3 | 3 163,0 | 3 400,0 |
| 32 | Pferdebeschaffung | 11 431,0 | 12 371,6 | 12 895,6 | 12 516,3 |
| 33 | Verwaltung der Remontedepots | 3 165,5 | 3 307,3 | 3 408,1 | 3 448,9 |
| 34 | Reisekosten, Tagegeld., Vorspannkosten usw. | 9 917,8 | 10 283,3 | 10 447,3 | 9 424,8 |
| 35 | Militärerziehungs- und Bildungswesen | 7 697,2 | 7 733,1 | 7 870,1 | 8 162,4 |
| 36 | Militärgefängniswesen | 828,7 | 887,1 | 831,7 | 845,2 |
| 37 | Artillerie- und Waffenwesen | 37 137,8 | 44 535,7 | 44 150,7 | 45 747,4 |
| 38 | Technische Institute der Artillerie | 1 163,1 | 1 196,9 | 1 278,2 | 1 313,5 |
| 39 | Festungen, Ingenieurwesen usw. | 2 933,8 | 3 230,8 | 2 926,2 | 3 139,8 |
| 40 | Wohnungsgeldzuschüsse | 10 670,2 | 10 869,0 | 11 072,5 | 11 227,7 |
| 41 | Unterstützungen | 815,2 | 1 348,6 | 1 347,8 | 1 348,0 |
| 42 | Zuschuß zur Militärwitwenkasse | 3 018,3 | 3 098,0 | 3 093,8 | 3 198,0 |
| 43 | Verschiedene Ausgaben | 1 378,9 | 1 744,0 | 1 963,2 | 2 075,6 |
| | Summe | 470 592,3 | 500 693,7 | 510 340,3 | 511 230,0 |
| | Dazu: | | | | |
| 44 | Militärverwaltung von Bayern | 60 280,1 | 62 468,9 | 63 612,8 | 64 023,7 |
| | Summe VI | 530 872,5 | 563 161,9 | 573 952,9 | 575 253,9 |
| 44a | **VIa. Reichsmilitärgericht** | 251,4 | 483,0 | 498,4 | 518,1 |
| | An Bayern | 18,2 | 23,6 | 25,0 | 26,2 |
| | Summe VIa | 269,6 | 507,2 | 524,4 | 544,3 |
| | **VII. Verwaltung der Kaiserl. Marine.** | | | | |
| 45 | Reichs-Marine-Amt und Marinekabinett | 1 215,8 | 1 390,7 | 1 468,3 | **1 570,4** |
| 46 | Admiralstab der Marine | 109,6 | 125,8 | 192,1 | **190,4** |
| 47 | Seewarte und Observatorien | 313,3 | 326,8 | 347,2 | **339,1** |
| 48 | Stationsintendanturen | 330,0 | 382,5 | 397,2 | **412,0** |
| 49 | Rechtspflege | 57,6 | 97,4 | 112,3 | **104,9** |
| 50 | Seelsorge und Garnisonschulwesen | 81,7 | 85,0 | 102,8 | **104,7** |
| 51 | Geldverpflegung der Marineteile | 16 017,7 | 17 933,0 | 19 243,2 | **20 903,3** |
| 52 | Indiensthaltungen | 16 916,8 | 19 476,2 | 22 777,6 | **23 951,0** |
| 53 | Naturalverpflegung | 1 115,2 | 1 351,1 | 1 558,0 | **1 499,6** |
| 54 | Bekleidung | 350,1 | 320,0 | 355,9 | **357,7** |
| 55 | Garnisonbauwesen u. Garnisonverwaltung | 3 608,0 (55 u. 56) | 3 867,8 (55 u. 56) | 1 240,4 | **1 204,9** |
| 56 | Servis und Wohnungsgeldzuschuß | | | 2 935,2 | **3 213,1** |
| 57 | Sanitätswesen | 1 166,4 | 1 318,7 | 1 526,6 | **1 525,7** |
| 58 | Reise-, Marsch- und Frachtkosten | 2 300,6 | 3 675,3 | 3 815,2 | **2 870,8** |
| 59 | Bildungswesen | 298,2 | 327,1 | 329,9 | **346,0** |
| 60 | Instandhaltung der Flotte u. der Werften | 20 339,8 | 21 388,6 | 21 898,7 | **24 087,8** |
| 61 | Waffenwesen und Befestigungen | 6 424,8 | 7 378,4 | 7 697,1 | **8 107,1** |
| 62 | Kassen- und Rechnungswesen | 480,4 | 516,2 | 561,5 | **656,1** |
| 63 | Küsten- und Vermessungswesen | 555,6 | 531,3 | 536,5 | **588,7** |
| 64 | Verschiedene Ausgaben | 864,1 | 995,1 | 1 156,4 | **1 182,0** |
| 64a | Zentralverw. f. d. Schutzgebiet Kiautschou | 39,3 | 51,1 | 56,0 | **71,8** |
| | Summe VII | 73 601,8 | 81 508,2 | 86 706,4 | **93 269,8** |

| | | | | |
|---|---|---|---|---|
| Reichsschatzamt | 603,2 | 645,9 | 682,3 | 686,0 |
| Allgemeiner Fonds[4] | 2 772,5 | 5 286,0 | 5 916,8 | 5 416,4 |
| Überweisungen an die Bundesstaaten | 508 375,4 | 555 707,4 | 558 235,3 | 542 002,0 |
| [illegible][5] | 11 492,4 | — | 8 414,8 | — |
| [illegible][6] | 472,5 | 492,4 | 533,4 | 324,3 |
| Summe IX | 529 022,8 | 562 171,8 | 574 770,9 | 548 718,8 |
| **X. Reichs-Eisenbahnamt** | 380,5 | 383,4 | 392,5 | 401,1 |
| **XI. Reichsschuld.** | | | | |
| Verwaltung | 456,3 | 340,8 | 438,0 | 515,8 |
| Verzinsung | 78 668,0 | 88 717,3 | 95 598,9 | 99 258,3 |
| Summe XI | 79 124,3 | 89 058,1 | 96 036,9 | 99 774,1 |
| **XII. Rechnungshof** | 895,3 | 940,8 | 931,2 | 908,1 |
| **XIII. Allgemeiner Pensionsfonds.** | | | | |
| Verwaltung des Reichsheeres | 62 177,1 | 64 138,2 | 66 031,6 | 70 275,3 |
| Reichsmilitärgericht | — | 1,2 | 4,1 | 4,8 |
| Verwaltung der Kaiserlichen Marine | 3 642,0 | 4 066,2 | 4 309,3 | 4 515,4 |
| Zivilverwaltung | 1 642,7 | 1 835,8 | 1 929,3 | 2 056,0 |
| Sonstige Bewilligungen | — | — | 101,6 | 301,6 |
| Summe XIII | 67 464,4 | 70 041,2 | 72 466,1 | 77 160,4 |
| **XIV. Reichs-Invalidenfonds.** | | | | |
| Verwaltung d. Reichs-Invalidenfonds | 77,1 | 77,0 | 77,8 | 76,0 |
| Zuschuß zu den Kosten der Verwaltung des Reichsheeres | 58,1 | 65,1 | 67,4 | 68,0 |
| Invalidenpensionen usw. infolge des Krieges von 1870/71 | 13 660,8 | 31 184,7 | 33 120,3 | 31 461,0 |
| Desgl. infolge der Kriege vor 1870 | 3 784,8 | 6 851,3 | 7 003,2 | 6 610,8 |
| Ehrenzulage an die Inhaber des eisernen Kreuzes von 1870/71 | 27,9 | 25,6 | 23,6 | 24,0 |
| Beihilfen f. ehem. Franz. Militärpers. | 130,8 | 112,6 | 101,5 | 78,6 |
| Beihilfe zum Dispositionsfonds des Kaisers zu Gnadenbewilligungen, Pensionszuschüssen u. Unterstützungen | 6 150,8 | 6 831,4 | 8 578,0 | 10 224,3 |
| Invalideninstitute | 331,4 | 337,8 | 345,9 | 263,2 |
| Summe XIV | 23 920,1 | 45 486,0 | 49 327,6 | 49 009,1 |
| **XV. Post- u. Telegraphenverw.** | 266 270,6 | 374 011,3 | 393 417,6 | 399 752,6 |
| **XVI. Reichsdruckerei** | 5 756,3 | 6 081,0 | 5 742,0 | 5 556,1 |
| **XVII. Eisenbahnverwaltung** | 63 045,0 | 93 454,0 | 98 625,8 | 98 918,3 |
| **Wiederholung.** | | | | |
| Bundesrat (siehe Anm. 1 auf S. 216) | — | — | — | — |
| Reichstag | 731,0 | 746,8 | 698,9 | 757,4 |
| Reichskanzler und Reichskanzlei | 234,0 | 234,1 | 236,6 | 341,8 |
| Auswärtiges Amt | 13 296,3 | 14 863,8 | 14 906,5 | 14 817,7 |
| Reichsamt des Innern | 56 547,3 | 74 106,8 | 59 093,2 | 63 406,1 |
| Verwaltung des Reichsheeres | 336 672,0 | 368 101,8 | 379 852,3 | 375 936,3 |
| Reichsmilitärgericht | 290,9 | 502,7 | 524,8 | 544,6 |
| Verwaltung der Kaiserlichen Marine | 73 541,6 | 81 508,3 | 85 794,4 | 92 298,8 |
| Reichs-Justizverwaltung | 2 136,0 | 2 124,8 | 2 173,4 | 2 145,3 |
| Reichsschatzamt | 529 022,8 | 562 171,8 | 574 770,9 | 548 718,8 |
| Reichs-Eisenbahnamt | 380,5 | 383,6 | 392,6 | 401,1 |
| Reichsschuld | 79 124,3 | 89 058,1 | 96 036,9 | 99 774,1 |
| Rechnungshof | 895,7 | 940,8 | 931,2 | 908,1 |
| Allgemeiner Pensionsfonds | 67 464,4 | 70 041,2 | 72 466,1 | 77 160,4 |
| Reichs-Invalidenfonds | 23 920,1 | 45 486,0 | 49 327,6 | 49 009,1 |
| Post- und Telegraphenverwaltung | 266 270,8 | 374 011,3 | 393 417,6 | 399 752,6 |
| Reichsdruckerei | 5 756,4 | 6 081,5 | 5 742,6 | 5 556,7 |
| Eisenbahnverwaltung | 63 045,0 | 93 454,0 | 98 625,8 | 98 918,3 |
| Summe der fortdauernden Ausgaben | 1 522 155,8 | 1 792 408,2 | 1 966 515,1 | 1 997 224,6 |

| Kapitel | Bezeichnung der Etatsposten | Ausgaben in 1 000 ℳ. 1900 | 1901 | 1902 | 1903 | 1904 |
|---|---|---|---|---|---|---|
| | **Einmalige Ausgaben.** | | | | | |
| | a. Ordentlicher Etat. | | | | | |
| 1 | I Reichstag | | — | — | — | |
| . | . Reichskanzler u. Reichskanzlei | — | 104,8[1] | — | — | — |
| 2 | II Auswärtiges Amt | 591,0 | 894,5 | 501,8 | 847,0 | 363,0 |
| 2a | » Kolonialverwaltung | 18 884,7 | 17 771,4 | 20 089,9 | 19 375,8 | 21 680,0 |
| 3 | III Reichsamt des Innern | 5 052,0 | 4 841,3 | 3 245,1 | 11 122,0 | 9 406,0 |
| 4 | IV Post- und Telegraphenverwaltung | 13 489,8 | 19 385,5 | 12 143,0 | 13 424,9 | 13 271,0 |
| 4a | IVa Reichsdruckerei | 1 072,0 | 492,7 | 705,6 | 313,1 | 283,0 |
| 5 | V Verwaltung des Reichsheeres | 89 912,8 | 87 505,2 | 59 750,2 | 43 388,1 | 38 200,8 |
| 5a | Va Reichsmilitärgericht | 30,0 | 18,0 | — | — | 16,0 |
| 6 u. 6a | VI Verwaltung der Kaiserlichen Marine und Zuschuß zur Bestreitung der Verwaltungsausgaben im Schutzgebiete Kiautschou[1] | 54 215,8 | 70 822,9 | 75 302,0 | 81 400,0 | 83 154,0 |
| 7 | VII Reichs-Justizverwaltung | — | — | — | — | 55,0 |
| 7a | VIIa Reichsschatzamt | 23,4 | 102,9 | 23,6 | 1,8 | 0,9 |
| 8 | VIII Reichsschuld | 9,3 | 0,7 | 0,1 | — | |
| 8a | VIIIa Rechnungshof | — | — | — | 100,0 | |
| 8b | VIIIb Eisenbahnverwaltung | 9 894,5 | 5 745,7 | 4 541,1 | 3 105,0 | 6 851,5 |
| 8c | VIIIc Reichs-Eisenbahnamt | 2,6 | — | — | — | 4,0 |
| 9 | IX Aus Anlaß d. Exped. i. d. Südwestafrikanische Schutzgebiet | | | | | 513,0 |
| | Zuschuß z. Bestreitung d. Verwaltungsausgaben i. Südwestafrikan. Schutzgebiet | | | | 1 727,0 | — |
| | Verwaltung d. Kais. Marine | | | | 1 300,0 | — |
| | Reichs-Post- u. Telegraphenverwaltung | | | | 65,0 | — |
| | Zur Verminderung der Reichsschuld | [2] — | [2] — | — | | — |
| | Summe a. Ordentlicher Etat | 194 087,1 | 207 745,6 | 176 401,7 | 176 220,0 | 171 861,8 |
| | b. Außerordentlicher Etat. | | | | | |
| 10 | I Reichsamt des Innern | 398,9 | 290,0 | [3] 3 073,8 | [4] 4 000,0 | [5] 5 000,0 |
| 10a | Ia Reichsschatzamt | — | — | — | — | 15,0 |
| 11 | II Post- und Telegraphenverwaltung | 1 349,1 | 517,1 | 15 892,0 | 22 095,0 | 22 095,0 |
| 12 | III Verwaltung des Reichsheeres | 29 255,8 | 27 264,6 | 35 477,3 | 29 733,8 | 31 813,8 |
| 13 | IV Verwaltung der Kaiserlichen Marine | 39 427,7 | 53 311,4 | 53 301,5 | 47 175,0 | 46 115,0 |
| 14 | V Eisenbahnverwaltung | 10 664,5 | 8 931,1 | 10 368,6 | 12 410,0 | 13 041,6 |
| 15 | VI Expedition nach Ostasien | 100 101,9 | [6] 94 379,9 | [7] 39 530,0 | 12 332,8 | 12 764,0 |
| 18 | IX Auswärtiges Amt | | | | | 3 000,0 |
| | Summe b. Außerordentlicher Etat | 181 257,8 | 184 697,4 | 157 652,5 | 127 746,1 | 133 844,2 |
| | Summe a. Ordentlicher Etat | 194 087,1 | 207 745,6 | 176 401,7 | 176 220,0 | 171 861,8 |
| | Summe der einmaligen Ausgaben | 375 345,0 | 392 443,0 | 334 054,2 | 303 975,1 | 305 706,0 |
| | Summe der fortdauernden Ausgaben | 1 822 005,0 | 1 932 018,7 | 1 986 515,1 | 1 997 229,6 | 1 695 161,7 |
| | Summe der Ausgabe | 2 197 350,0 | 2 324 461,7 | 2 320 569,3 | 2 301 204,0 | 2 001 867,7 |

[1]) Für Kiautschou (1900) 9 780,0; (1901) 10 750,0; (1902) 12 044,0; (1903) 12 353,1; (1904) 12 580,0 (1 000 ℳ).

[2]) Die zur Verminderung der Reichsschuld für 1900 und 1901 angesetzten Beträge von 2 291,8 und 9 535,1 (1 000 ℳ) sind hier bei der Ausgabe und unter XII bei den außerordentlichen Deckungsmitteln in der Einnahme abgesetzt. Vgl. Vorbemerkung.

[3]) Zur Förderung der Herstellung von Kleinwohnungen (Darlehen an Baugenossenschaften usw. 2 958,1; [4]) desgl. 4 000,0; [5]) desgl. 5 000,0 (1 000 ℳ).

[6]) Darunter Reste aus 1900: 40 470,3 (1 000 ℳ). — [7]) Desgl. aus 1900 und 1901: 17 294,2

| Kapitel | Bezeichnung der Etatsposten | Einnahmen in 1 000 M. 1900 | 1901 | 1902 | 1903 | 1904 |
|---|---|---|---|---|---|---|
| | **Einnahmen.** | | | | | |
| 1 | I. Zölle und Verbrauchssteuern. | | | | | |
| | Aus dem Zollgebiete.[1]) | | | | | |
| | a 1 Zölle | 465 797,6 | 494 387,8 | 497 588,8 | 472 583,0 | 510 809,0 |
| | a 2 Tabaksteuer | 12 007,2 | 12 296,2 | 12 027,4 | 12 312,0 | 11 855,0 |
| | a 3 Zuckersteuer | 123 451,0 | 106 180,3 | 98 166,8 | 113 629,0 | 115 322,0 |
| | a 4 Salzsteuer | 49 593,3 | 49 102,5 | 49 356,1 | 49 073,0 | 50 306,0 |
| | a 5 Branntweinsteuer: | | | | | |
| | Maischbottich- [und Material-[2])] steuer | 17 998,2 | 17 878,4 | 15 846,4 | 18 550,0 | 14 775,0 |
| | Verbrauchsabgabe u. Zuschlag dazu | 107 025,5 | 108 922,0 | 107 339,4 | 108 867,0 | 100 400,0 |
| | [Brennsteuer [2])] | — 785,6 | — 2 884,9 | 4 817,6 | — | — |
| | a 6 Schaumweinsteuer[3]) | | | 2 750,3 | 4 531,0 | 4 531,0 |
| | b 7 Brausteuer und Übergangsabgabe von Bier | 31 477,8 | 31 021,5 | 29 115,9 | 30 848,0 | 29 550,0 |
| | Von den außerhalb d. Zollgrenze liegenden Bundesgebieten. | | | | | |
| | Aversa für: | | | | | |
| | a 8 Zölle und Tabaksteuer | 55,0 | 55,5 | 55,4 | 53,0 | 57,0 |
| | a 9 Zucker- und Salzsteuer, Maischbottich- und [Material-[2])] steuer und Schaumweinsteuer | 22,0 | 19,4 | 18,1 | 18,8 | 20,0 |
| | b 10 Brausteuer usw. | 1,7 | 1,8 | 1,5 | 1,8 | 1,5 |
| | Außerdem: Nachträgliche Einnahmen bzw. Rückzahlungen | — 117,0 | — 618,2 | — | — | — |
| | Summe I | 808 514,1 | 816 368,2 | 817 183,2 | 810 252,8 | 843 686,5 |
| 2 | II. Reichsstempelabgaben. | | | | | |
| | 1 Spielkartenstempel | 1 534,4 | 1 527,5 | 1 603,6 | 1 565,0 | 1 586,0 |
| | 2 Wechselstempelsteuer | 12 407,8 | 11 825,8 | 11 498,0 | 11 940,0 | 11 468,0 |
| | 3 Stempelabgabe für Wertpapiere, Kaufgeschäfte usw., Lotterielose u. ([4] Schiffsfrachturkunden | 65 390,0 | 70 642,2 | 77 629,0 | 78 497,0 | 74 752,0 |
| | 4 Statistische Gebühr | 1 030,1 | 1 009,8 | 1 045,6 | 1 028,0 | 1 050,0 |
| | Summe II | 80 362,6 | 85 005,4 | 91 776,0 | 93 028,0 | 88 856,0 |
| 3 | III. Post- u. Telegraphenverwaltung | 394 542,4 | 413 648,0 | 437 027,3 | 458 220,1 | 480 144,1 |
| 3a | IV. Reichsdruckerei | 7 960,1 | 8 043,0 | 8 498,4 | 7 906,0 | 8 315,0 |
| 4 | V. Eisenbahnverwaltung | 89 743,7 | 84 137,0 | 90 109,0 | 87 879,4 | 96 305,7 |
| 5 | VI. Bankwesen | 25 947,0 | 12 785,3 | 9 338,0 | 15 860,3 | 11 048,5 |
| 6-17 | VII. Verschiedene Verwaltungseinnahmen | 24 436,9 | 25 424,7 | ([5] 38 052,8 | ([5] 41 658,8 | ([5] 37 327,0 |
| 18 | VIII. Aus dem Reichs-Invalidenfonds | 29 428,6 | 45 466,0 | 48 385,8 | 48 003,8 | 42 562,0 |
| 19 | (aus IX.) Einnahmen usw aus Prüfung der Rechnungen | ([6] . | ([6] . | ([6] . | ([6] | 113,0 |

[1]) Neben a Einnahmen, an denen sämtliche Bundesstaaten teilnehmen, neben b Einnahmen an denen Bayern, Württemberg, Baden und Elsaß-Lothringen keinen Teil haben.

[2]) Materialsteuer seit 1. X. 1900 nicht mehr erhoben, Brennsteuer: Vgl. Gesetze v. 16. VI. 1895 u. 7. VII. 1902 (R. G. Bl. S. 265 bzw. S. 243)

[3]) Auf Grund des Gesetzes vom 9. V. 1902 (R. G. Bl. S. 155) seit 1. VII. 1902 zur Erhebung gelangt.

[4]) Infolge Reichsstempelgesetzes vom 14. Juni 1900 (R. G. Bl. S. 275) Tarif-Nr. 6.

[5]) Darunter aus Anlaß der Expedition nach Ostasien, Entschädigung von China, Zinsraten (1902)

| Kapitel | Bezeichnung der Etatsposten und Abschluß | Einnahmen in 1 000 ℳ 1900 | 1901 | 1902 | 1903 | 1904 |
|---|---|---|---|---|---|---|
| . | Aus der Veräußerung von ehemaligen Festungsgrundstücken [5]) | 221,4 | 403,7 | | | |
| 20 | X. Zum Ausgleiche für die nicht allen Bundesstaaten gemeinsamen Einnahmen | 11 261,1 | 13 121,0 | 15 786,7 | 17 406,8 | 18 191,5 |
| 21 | XI. Matrikularbeiträge [2]) | 527 662,4 | 570 932,0 | 580 639,8 | 565 856,2 | ([2]236 437,1 |
| | XII. Außerordentliche Deckungsmittel. | | | | | |
| . | Aus dem Reichstagsgebäudefonds | 85,6 | 16,8 | 21,0 | — | — |
| 22 | Aus Anleihen | 94 413,8 | 332 803,3 | 32 738,0 | 190 232,8 | 166 065,3 |
| 23 | Aus Anlaß d. Expedit. n. Ostasien [3]) | | ([3] 4 267,1 | ([3] 2 592,8 | ([3] 535,0 | ([3] 556,1 |
| 24 | Aus dem Verkauf von Festungsgrundstücken und -baulichkeiten [5]) | — | — | 4 317,8 | 4 566,0 | 4 821,8 |
| 25 | Rückzahlungen u. Tilgungsraten a. d. Verwdg. d. Fonds z. Förderung d. Herstllg. v. Kleinwohnungen: a) für die Gesamtheit aller Bundesstaaten [6]) | | | 14,0 | 42,0 | 40,0 |
| | b) für die Bundesstaat. m. Ausschluß v. Bayern u. Württbg. | | | 9,3 | 28,0 | 30,0 |
| 26 | Rückerstattungen auf Vorschüsse aus dem Reichsfestungsbaufonds [6]) | ([6] 500,0 | ([6] 500,0 | ([6] 353,4 | ([6] 13,1 | 70,0 |
| 27 | Kaufpreis für an Bremen verkaufte Batterie Brinkamahof I, 1. Rate [7]) | | | | | 500,0 |
| 28 | Zur Tilgung der Zuschußanleihe für 1903 aus dem Ertrage der Zölle u. Tabaksteuer 1902 [8]) | | | | | 3 404,8 |
| . | Sonst. außerordentl. Deckungsmittel [9]) | ([9] 4 138,2 | ([9] 3 276,7 | ([9] 29,8 | — | — |
| | Summe XII | 99 138,2 | 340 866,1 | 40 077,1 | 204 436,8 | 169 488,0 |
| Kapitel | **Wiederholung der Einnahmen.** | | | | | |
| I | Zölle und Verbrauchssteuern | 806 514,1 | 810 363,2 | 817 183,8 | 810 252,9 | 843 666,5 |
| II | Reichsstempelabgaben | 80 362,4 | 85 016,4 | 91 776,0 | 93 028,0 | 88 856,9 |
| III | Post- und Telegraphenverwaltung | 394 542,4 | 413 618,0 | 437 027,8 | 456 220,1 | 480 144,1 |
| IV | Reichsdruckerei | 7 966,1 | 8 043,0 | 8 498,4 | 7 908,0 | 8 315,9 |
| V | Eisenbahnverwaltung | 89 743,2 | 84 137,0 | 90 109,0 | 87 879,8 | 96 305,7 |
| VI | Bankwesen | 25 947,0 | 12 785,2 | 9 330,0 | 15 866,2 | 11 048,8 |
| VII | Verschied. Verwaltungseinnahmen | 24 436,8 | 25 424,7 | 38 052,6 | 41 658,8 | 37 327,3 |
| VIII | Aus dem Reichs-Invalidenfonds | 29 423,8 | 45 486,0 | 48 385,6 | 49 003,8 | 42 562,3 |
| Tit. IX | Einnahmen a. d. Prüfg. d. Rechnung | | | | | 113,0 |
| . | Aus der Veräußerung von ehemaligen Festungsgrundstücken | 221,4 | 403,7 | | | |
| X | Ausgleichungsbeträge | 11 261,7 | 13 121,0 | 15 786,7 | 17 406,8 | 18 191,8 |
| XI | Matrikularbeiträge | 527 662,4 | 570 933,0 | 580 639,8 | 565 856,2 | 236 437,1 |
| | Zusammen: Ordentliche Einnahmen | 1 998 087,4 | 2 075 355,2 | 2 136 795,7 | 2 145 077,7 | 1 862 988,3 |
| XII | Außerordentliche Deckungsmittel | 99 138,2 | 340 866,1 | 40 077,1 | 204 436,8 | 169 488,0 |
| | **Summe der Einnahme** | **2 097 225,3** | **2 416 221,3** | **2 176 872,8** | **2 349 514,5** | **2 032 476,3** |
| | **Die Ausgabe beträgt** | **2 197 350,0** | **2 324 461,7** | **2 320 569,3** | **2 301 204,0** | **2 001 867,7** |
| | **Mehr-Einnahme** | — | **91 759,6** | — | **48 309,6** | **30 608,6** |
| | **Mehr-Ausgabe** | **100 125,6** | — | **143 696,5** | — | — |
| | Abschluß: [9]) | | | | | |
| | Überschüsse u. Bestand a. d. Vorjahre | 117 974,8 | 17 858,5 | 109 821,6 | ([9]–48 422,8 | ([10]–30 608,8 |
| | Dazu: Einnahmen infolge Prüfung der Rechnungen | 9,6 | 203,3 | 128,4 | 113,2 | ([11] |
| | Bleiben an Überschüssen und Bestand zu übertragen [12]) | 17 858,8 | 109 821,6 | –33 746,8 | — | — |

[1]) Seit 1903 hier nicht mehr geführt. Vgl. Jahrgang 24 S. 219 Anm. 1. — [2]) Infolge des Gesetzes, betr. Änderungen im Finanzwesen vom 14. V. 1904 (R. G. Bl. S. 169) gekürzt [illegible] [illegible] vgl. S. 222 unter b. — [3]) [illegible] 1903 auch Entschädigung von China, erste Tilgungsrate [illegible]; [4]) desgl. u. zweite Tilgungsrate von China [illegible]. [5]) Desgl. u. dritte Rate [illegible] (1 000 ℳ). — [6]) Diese Beträge waren bis 1903 unter den sonstigen außerordentlichen Deckungsmitteln enthalten. — [7]) [illegible] Preußens für den Kaiser Wilhelm-Kanal, und 1900 u. 1901 Überschüsse aus dem [illegible] — [8]) [illegible] und [illegible] vgl. [illegible] — [9]) [illegible] Fehlbeträge der Rechnungsjahre 1903 u. 1902. — [10]) Vgl. Kap. 13. — [11]) An [illegible] Beständen ([illegible]) befinden: bei der Reichshauptkasse 54 [illegible], bei den Regierungskassen [illegible], bei der Verwaltung des Reichsheeres 301,[illegible], bei der Post- und Telegraphenverwaltung 5 [illegible], bei der Reichsdruckerei [illegible], zusammen 61 [illegible] (1 000 ℳ). — [12]) Diese Einnahmen werden zur [illegible] der Anleihe verwendet.

# Anhang zur Nachweisung über die Ausgaben und Einnahmen des Reichs.

## a. Die Überweisungen¹) an die einzelnen Bundesstaaten.

| Bundesstaaten | 1 000 ℳ | | | | |
|---|---|---|---|---|---|
| | 1900 | 1901 | 1902 | 1903 | 1904 |
| Preußen | 309 824,1 | 339 857,3 | 340 178,5 | 331 529,1 | 119 825,1 |
| Bayern | 56 592,6 | 60 888,5 | 60 947,4 | 59 397,6 | 21 469,2 |
| Sachsen | 36 840,0 | 41 430,3 | 41 468,6 | 40 414,5 | 14 607,7 |
| Württemberg | 20 241,5 | 21 388,0 | 21 409,1 | 20 864,6 | 7 541,5 |
| Baden | 16 774,5 | 18 408,7 | 18 426,2 | 17 957,4 | 6 495,1 |
| Hessen | 10 105,8 | 11 041,0 | 11 051,5 | 10 770,5 | 3 893,0 |
| Mecklenburg-Schwerin | 5 810,8 | 5 901,6 | 5 907,7 | 5 845,3 | 2 112,7 |
| Sachsen-Weimar | 3 299,3 | 3 577,5 | 3 581,0 | 3 489,9 | 1 261,4 |
| Mecklenburg-Strelitz | 987,6 | 1 011,5 | 1 012,4 | 986,6 | 356,7 |
| Oldenburg | 3 635,1 | 3 935,4 | 3 939,3 | 3 839,1 | 1 387,6 |
| Braunschweig | 4 223,3 | 4 577,6 | 4 582,2 | 4 465,7 | 1 614,1 |
| Sachsen-Meiningen | 2 276,0 | 2 471,8 | 2 474,3 | 2 411,4 | 871,6 |
| Sachsen-Altenburg | 1 753,8 | 1 921,7 | 1 921,5 | 1 874,6 | 677,8 |
| Sachsen-Coburg-Gotha | 2 108,7 | 2 263,1 | 2 265,3 | 2 207,7 | 798,0 |
| Anhalt | 2 852,7 | 3 116,6 | 3 119,7 | 3 039,9 | 1 098,8 |
| Schwarzburg-Sondershausen | 750,6 | 707,5 | 708,6 | 778,0 | 281,3 |
| Schwarzburg-Rudolstadt | 862,6 | 917,4 | 918,3 | 895,0 | 324,3 |
| Waldeck | 561,6 | 571,0 | 571,6 | 557,0 | 201,4 |
| Reuß älterer Linie | 656,2 | 674,3 | 675,0 | 657,6 | 237,6 |
| Reuß jüngerer Linie | 1 285,1 | 1 372,4 | 1 373,6 | 1 338,8 | 483,9 |
| Schaumburg-Lippe | 401,0 | 425,3 | 425,6 | 414,6 | 149,9 |
| Lippe | 1 311,6 | 1 369,4 | 1 371,3 | 1 336,3 | 483,0 |
| Lübeck | 810,4 | 954,3 | 955,0 | 930,7 | 336,4 |
| Bremen | 1 910,6 | 2 217,3 | 2 219,3 | 2 162,6 | 781,7 |
| Hamburg | 6 629,7 | 7 575,5 | 7 582,6 | 7 389,5 | 2 670,9 |
| Elsaß-Lothringen | 15 960,8 | 16 951,7 | 16 968,4 | 16 536,9 | 5 977,2 |
| Zusammen | 508 472,8 | 555 707,4 | 556 236,0 | 542 092,0 | (²)195 927,0 |

¹) Titel IX Kapitel 61a des Ausgabe-Etats. — ²) Vgl. Anm. 2 S. 218.

## b. Die Matrikularbeiträge¹) der einzelnen Bundesstaaten.

| Bundesstaaten | 1 000 ℳ | | | | |
|---|---|---|---|---|---|
| | 1900 | 1901 | 1902 | 1903 | 1904 |
| Preußen | 320 855,3 | 349 735,2 | 355 497,4 | 346 825,9 | 145 470,9 |
| Bayern | 59 193,0 | 61 034,9 | 63 144,9 | 60 901,4 | 24 807,0 |
| Sachsen | 38 144,5 | 42 872,1 | 43 326,3 | 42 286,3 | 17 726,5 |
| Württemberg | 21 304,3 | 21 850,5 | 22 279,4 | 21 707,8 | 8 991,0 |
| Baden | 17 458,9 | 18 943,8 | 19 261,2 | 18 802,6 | 7 882,5 |
| Hessen | 10 485,4 | 11 308,0 | 11 549,0 | 11 258,3 | 4 725,8 |
| Mecklenburg-Schwerin | 6 017,6 | 6 145,9 | 6 268,6 | 6 112,2 | 2 564,7 |
| Sachsen-Weimar | 3 416,7 | 3 670,9 | 3 742,2 | 3 658,0 | 1 531,3 |
| Mecklenburg-Strelitz | 1 022,1 | 1 037,3 | 1 058,3 | 1 031,7 | 433,0 |
| Oldenburg | 3 764,8 | 4 040,6 | 4 116,5 | 4 022,3 | 1 684,5 |
| Braunschweig | 4 373,5 | 4 708,0 | 4 788,8 | 4 671,2 | 1 959,5 |
| Sachsen-Meiningen | 2 357,0 | 2 542,5 | 2 585,7 | 2 522,4 | 1 058,1 |
| Sachsen-Altenburg | 1 810,2 | 1 971,0 | 2 010,1 | 1 967,3 | 822,8 |
| Sachsen-Coburg-Gotha | 2 181,1 | 2 326,9 | 2 367,6 | 2 308,6 | 968,7 |
| Anhalt | 2 954,2 | 3 206,3 | 3 250,6 | 3 179,6 | 1 333,6 |
| Schwarzburg-Sondershausen | 786,1 | 816,6 | 831,3 | 818,0 | 341,4 |
| Schwarzburg-Rudolstadt | 893,6 | 938,4 | 959,7 | 940,3 | 392,7 |
| Waldeck | 581,6 | 586,0 | 597,4 | 582,6 | 244,4 |
| Reuß älterer Linie | 679,4 | 690,3 | 705,5 | 699,5 | 288,6 |
| Reuß jüngerer Linie | 1 330,9 | 1 408,2 | 1 435,7 | 1 402,6 | 587,4 |
| Schaumburg-Lippe | 415,2 | 436,9 | 444,6 | 431,6 | 182,0 |
| Lippe | 1 358,4 | 1 409,1 | 1 433,1 | 1 394,5 | 586,4 |
| Lübeck | 879,3 | 965,9 | 997,8 | 973,1 | 408,4 |
| Bremen | 1 978,2 | 2 287,3 | 2 318,8 | 2 261,9 | 949,0 |
| Hamburg | 6 865,8 | 7 815,3 | 7 922,9 | 7 728,2 | 3 242,5 |
| Elsaß-Lothringen | 16 608,5 | 17 406,8 | 17 732,8 | 17 315,9 | 7 254,7 |
| Zusammen | 527 662,5 | 570 033,0 | 580 639,5 | 566 056,2 | (²)236 437,1 |

¹) Titel XI Kapitel 21 des Einnahme-Etats. — ²) Vgl. Anm. 2 S. 221.

### c. Die rechnungsmäßigen Überschüsse und Fehlbeträge im Reichshaushalt 1871—1902.

(Übersichten der Ausgaben und Einnahmen des Deutschen Reichs. Reichstagsdrucksache Nr. 14, 11 Legislaturperiode, I. Session 1903/04.)

| Jahr | Überschuß + Fehlbetrag — 1000 ℳ | Rechnungsjahr | Überschuß + Fehlbetrag — 1000 ℳ | Rechnungsjahr | Überschuß + Fehlbetrag — 1000 ℳ | Rechnungsjahr | Überschuß + Fehlbetrag — 1000 ℳ |
|---|---|---|---|---|---|---|---|
| 1871 | + 13 642,3 | 1881 | + 25 077,1 | 1891 | + 3 951,9 | 1901 | — 48 422,5 |
| 72 | + 43 728,5 | 82 | + 15 743,4 | 92 | + 1 140,0 | [4] 02 | — 30 722,5 |
| 73 | + 37 350,0 | 83 | — 1 986,3 | 93 | + 14 294,0 | | |
| 74 | + 48 903,4 | 84 | — 5 735,3 | 94 | + 7 172,2 | | |
| 75 | + 16 144,4 | 85 | — 17 418,4 | 95 | + 11 808,7 | | |
| [1] 1876 | + 34,7 | 1886 | — 22 352,3 | 1896 | + 28 487,1 | | |
| [2] 77 | [3] — | 87 | — 22 898,8 | 97 | + 25 257,4 | | |
| 78 | — 6 257,8 | 88 | — 20 283,7 | 98 | + 30 576,9 | | |
| 79 | + 22 898,0 | 89 | + 2 347,7 | 99 | + 32 487,1 | | |
| 80 | — 12 362,5 | 90 | + 15 148,2 | 1900 | — 1 932,6 | | |

[1] 1. I. 76 bis 31. III. 77. — [2] Rechnungsjahr 1. IV. beginnend. — [3] Balanciert. — [4] Darauf [illegible] die Einnahmen aus der Prägung der Reichsmünzen für 1902 im Betrage von 113,9 (1000 ℳ).

### d. Reichsschulden.

(Berichte der Reichsschuldenkommission über die Verwaltung des Schuldenwesens und Denkschriften über die Ausführung der seit dem Jahr 1875 erlassenen Anleihegesetze.)

| Stand am | Schuldverschreibungen (verzinsliche) der Bundesanleihe [1]) | Schuldverschreibungen (verzinsliche) der Reichsanleihen [2]) | Schatzanweisungen verzinsliche [3]) | Darlehnskassenscheine (unverzinsliche) | Reichskassenscheine (unverzinsliche) | Summe | Dazu Zinsrückstände |
|---|---|---|---|---|---|---|---|
| | Nennwert in 1000 ℳ | | | | | | |
| Ende 1868 | — | — | 10 800,0 | — | | 10 800,0 | 160,7 |
| 70 | 267 069,9 | — | 129 578,4 | 88 953,0 | — | 485 601,3 | 1 574,3 |
| 75 | 45,0 | — | 15,3 | 63,7 | 120 199,5 | 120 323,5 | 6,3 |
| 31. III. 1885 | 24,4 | 410 000,0 | | — | 141 185,3 | 551 209,7 | 250,4 |
| 95 | 18,0 | 2 081 219,9 | | — | 120 000,0 | 2 201 237,9 | 3 214,8 |
| 1900 | 17,7 | 2 298 500,0 | — | — | 120 000,0 | 2 418 517,7 | 2 581,7 |
| 01 | 17,7 | 2 315 650,0 | 80 000,0 | — | 120 000,0 | 2 515 667,7 | 2 548,5 |
| 02 | 17,7 | 2 733 500,0 | 80 000,0 | | 120 000,0 | 2 933 517,7 | 2 824,6 |
| 03 | — | 2 733 500,0 | [4] 80 000,0 | — | [5] 120 000,0 | 2 933 500,0 | 2 743,3 |

[1] Die Schulden des [illegible] Norddeutschen Bundes sind Ende 1904 [illegible].

[2] [illegible] Teil der für die Reichseisenbahnverwaltung aufgenommenen Anleihen [illegible] Bayern nicht, [illegible] Sachsen und Württemberg nicht durch Anleihen für die Post- und Telegraphenverwaltung [illegible]. [illegible] entfallen von dem [illegible]

A. auf die [illegible] Deutschen Reichsanleihen [illegible] zu 3½ % 1 095 990,1, zu 3 % 1 465 092,6

B. „ „ „ „ der Bundesstaaten ohne Bayern [illegible] zu 3½ % 107 000,1, zu 3 % 16 146,1

C. „ „ „ „ „ ohne Bayern und Württemberg zu 3½ % 67 971,5, zu 3 % 12 290,1

im ganzen zu 3½ % 1 270 961,6, zu 3 % 1 493 528,8

[3] Außer den [illegible] Schatzanweisungen (Ges. v. 30. III. u. 1. VI. 1900, R. G. Bl. S. 129, 241, 265) [illegible] zur [illegible] Verstärkung des ordentlichen Betriebsfonds der Reichshauptkasse Ende März 1903 in Umlauf 150 000 (1000 ℳ).

[5] Davon 4 000 000 Abschnitte zu 5 ℳ, 1 500 000 Abschnitte zu 20 ℳ, 1 100 000 Abschnitte zu 50 ℳ.

### e. Der Reichs-Invalidenfonds.

(Reichstagsdrucksachen und Berichte der Reichsschuldenkommission.)

Nach § 1 des Gesetzes vom 23. Mai 1873 (R. G. Bl. S. 117) betrug die ursprüngliche Ausstattung 561 000 000 ℳ. Der Fonds ist in Schuldverschreibungen und Eisenbahnprioritätsobligationen angelegt.

| Rechnungsjahr: | 1898 | 1899 | 1900 | 1901 | 1902 |
|---|---|---|---|---|---|
| | 1000 ℳ | | | | |
| Zuschüsse aus dem Kapitalbestand (bis Ende März 1898: 161 725,0 (1000 ℳ)) | 13 239,1 | 15 497,4 | 15 395,3 | 32 306,4 | 32 868,0 |
| Zinsen — aufgekommen und verausgabt (bis Ende März 1898: 894 464,8 (1000 ℳ)) | 15 065,1 | 14 170,4 | 11 033,3 | 13 179,6 | 15 517,8 |
| Kapitalbestand (Nennwert) am Schluß des Rechnungsjahrs | 399 001,8 | 383 106,4 | 367 442,9 | 335 253,0 | 302 777,5 |

## 2. Zollerträge für das Zollgebiet.

### Vorbemerkungen zu XV. 2 bis 9.

Der Ertrag der Zölle und Verbrauchssteuern fließt nach Abzug der Steuervergütungen, Ermäßigungen und Erstattungen sowie der Erhebungs- und Verwaltungskosten in die Reichskasse, nur die Einnahmen aus der Besteuerung des inländischen Biers in Bayern, Württemberg, Baden und Elsaß-Lothringen fließen den Landeskassen zu, wofür entsprechende Ausgleichungsbeiträge in die Reichskasse abzuführen sind. Der Ertrag der Zölle und der Tabaksteuer, welcher die Summe von 130 Millionen Mark in einem Jahre übersteigt, wird seit dem 1. IV. 1880, und der Ertrag der Branntweinverbrauchsabgabe seit dem 1. X. 1887 den einzelnen Bundesstaaten nach Maßgabe ihrer Bevölkerung überwiesen. Die Überweisungen aus dem Ertrage der Zölle und der Tabaksteuer sind in den Rechnungsjahren 1895 bis 1898 auf Grund besonderer Reichsgesetze zur Verminderung der Reichsschulden um im ganzen 142,0 Millionen Mark gekürzt worden.

Das Zollgebiet hat sich seit Gründung des Deutschen Zollvereins wesentlich erweitert. Der letzte bedeutende Zuwachs erfolgte am 15. X. 1888 durch den Zollanschluß der Hansestädte Hamburg und Bremen und anderer Gebietsteile, der letzte Zuwachs durch den Zollanschluß der österreichischen Gemeinde Mittelberg am 1. Mai 1891. Auch die Zoll- und Steuergesetzgebung hat manche Wandlung erfahren; was insbesondere die Zölle anbelangt, sind die letzten größeren Änderungen durch das Zolltarifgesetz vom 15. VII. 1879 und die Handelsverträge von 1892 und 1894 erfolgt. — Die unter 2a und 5 bis 9 nachgewiesenen Einnahmen stimmen mit 1 (S. 220) nicht überein, weil nachstehend die Kredite und die Erhebungs- und Verwaltungskosten einbegriffen sind.

### a. Ertrag der Zölle seit 1834.

Für 1890 bis 1902 nach den vorläufigen, sonst nach den schließlichen Zollabrechnungen.

| Im Durchschnitt bzw. im Rechnungsjahr | Deutsches Zollgebiet: Rohertrag der Zölle[1]) (Ein-, Aus- und Durchgangszölle) 1000 ℳ | Deutsches Zollgebiet: Auf den Kopf der Bevölkerung ℳ |
|---|---|---|
| 1834—35 | 47 544 | 2,01 |
| 36—40 | 59 613 | 2,27 |
| 41—45 | 75 677 | 2,47 |
| 46—50 | 74 053 | 2,40 |
| 51—55 | 71 508 | 2,25 |
| 1856—60 | 76 766 | 2,30 |
| 61—65 | 74 591 | 2,11 |
| 66—70 | 76 708 | 2,08 |
| 71—75 | 117 850 | 2,87 |
| ([2]) 76—80 | 140 016 | 3,20 |
| 1881 | 196 926 | 4,39 |
| 82 | 209 230 | 4,62 |
| 83 | 208 257 | 4,57 |
| 84 | 231 298 | 5,04 |
| 85 | 235 092 | 5,01 |
| 1886 | 253 707 | 5,14 |
| 87 | 270 304 | 5,78 |
| 88 | 312 409 | 6,49 |
| 89 | 370 605 | 7,74 |
| 90 | 389 420 | 7,96 |
| 1891 | 406 445 | 8,13 |
| 92 | 377 916 | 7,47 |
| 93 | 364 430 | 7,12 |
| 94 | 387 654 | 7,40 |
| 95 | 415 304 | 7,94 |
| 1896 | 463 799 | 8,75 |
| 97 | 472 016 | 8,76 |
| 98 | 505 440 | 9,26 |
| 99 | 494 005 | 8,69 |
| 1900 | 492 910 | 8,74 |
| 1901 | 523 693 | 9,15 |
| 02 | 506 752 | 9,33 |

[1]) Die Durchgangszölle sind am 1. März 1861, die Ausfuhrzölle (vom 1. Juli 1865 an nur noch auf Lumpen) am 1. Oktober 1873 aufgehoben worden.

[2]) Das Rechnungsjahr 1876 umfaßt die Zeit vom 1. Januar 1876 bis 31. März 1877.

### b. Zollerträge im Rechnungsjahr 1902.

Berechnet nach den nachgewiesenen Einfuhrmengen. — Die berechneten Beträge stimmen mit den Einnahmen nicht genau überein, weil nur abgerundete Mengen nachgewiesen werden.

| Nr. | Warengruppen des Zolltarifs | 1000 ℳ |
|---|---|---|
| 25 | Material- usw Waren | 216 605 |
| 9 | Getreide u. andere Landbauerzeugnisse | 169 562 |
| 29 | Petroleum | 73 481 |
| 13 | Holz u. andere Pflanzenschnitzstoffe | 19 571 |
| 26 | Öle und Fette | 18 855 |
| 2 | Baumwolle und Baumwollenwaren | 8 735 |
| 39 | Vieh | 6 395 |
| 6 | Eisen und Eisenwaren | 6 043 |
| 41 | Wolle und Wollenwaren | 4 649 |
| 30 | Seide und Seidenwaren | 4 059 |
| 37 | Tiere und tierische Erzeugnisse | 3 032 |
| 21 | Leder und Lederwaren | 2 174 |
| 15 | Instrumente, Maschinen usw | 2 103 |
| 20 | Kurze Waren usw | 1 959 |
| 18 | Kleider, Leibwäsche, Putzwaren | 1 653 |
| 22 | Leinengarn, Leinwand usw | 1 603 |
| 10 | Glas und Glaswaren | 1 363 |
| 27 | Papier und Pappwaren | 1 064 |
| 17 | Kautschuk und Guttapercha | 818 |
| 5 | Drogerie- usw Waren | 793 |
| 35 | Stroh- und Bastwaren | 689 |
| 38 | Tonwaren | 653 |
| 19 | Kupfer usw und Waren daraus | 648 |
| 33 | Steine und Steinwaren | 449 |
| 31 | Seife und Parfümerien | 445 |
| 14 | Hopfen | 378 |
| 11 | Haare, Federn, Borsten | 161 |
| 40 | Wachstuch, Wachsmusselin usw | 122 |
| 28 | Pelzwerk (Kürschnerarbeiten) | 105 |
| 4 | Bürstenbinder- usw Waren | 60 |
| 7 | Erden, Erze, edle Metalle, Asbestwaren | 47 |
| 23 | Lichte | 38 |
| 42 | Zink und Zinkwaren | 30 |
| 43 | Zinn und Zinnwaren | 28 |
| 3 | Blei und Bleiwaren | 10 |
| 32 | Spielkarten | 2 |

## 3. Zollerträge einzelner wichtiger Waren.

Geordnet nach der Höhe des Zollertrags im letzten Jahre. (Die Einnahmen aus den einer Verbrauchssteuer unterliegenden Waren: Branntwein, Bier, Tabak, Salz, Schaumwein, Zucker — s. S. 230 (g).)

| Kalenderjahr | Wert der verzollten Einfuhr 1000 ℳ | Zollertrag 1000 ℳ | Der Zoll beträgt % des Wertes | % vom gesamten Zollertrag | auf den Kopf ₰ | Wert der verzollten Einfuhr 1000 ℳ | Zollertrag 1000 ℳ | Der Zoll beträgt % des Wertes | % vom gesamten Zollertrag | auf den Kopf ₰ | Wert der verzollten Einfuhr 1000 ℳ | Zollertrag 1000 ℳ | Der Zoll beträgt % des Wertes | % vom gesamten Zollertrag | auf den Kopf ₰ |
|---|---|---|---|---|---|---|---|---|---|---|---|---|---|---|---|
| | Getreide und Hülsenfrüchte, Malz. | | | | | Petroleum. (Leucht- und Schmieröl). | | | | | Kaffee, roh, gebrannt und Kaffeeersatzstoffe. | | | | |
| 1896 | 535 218 | 146 021 | 27 | 31,6 | 276 | 73 499 | 59 263 | 81 | 12,5 | 112 | 189 064 | 52 080 | 27 | 11,3 | 98 |
| 97 | 507 512 | 134 861 | 24 | 28,1 | 251 | 61 424 | 63 809 | 104 | 13,1 | 119 | 160 276 | 54 507 | 34 | 11,5 | 101 |
| 98 | 683 215 | 148 170 | 22 | 28,8 | 271 | 70 948 | 60 192 | 83 | 12,0 | 121 | 137 060 | 61 270 | 45 | 11,9 | 112 |
| 99 | 578 739 | 128 430 | 22 | 25,6 | 232 | 96 701 | 67 665 | 70 | 13,6 | 122 | 128 363 | 62 564 | 49 | 12,4 | 113 |
| 1900 | 576 024 | 131 557 | 23 | 25,2 | 234 | 107 167 | 70 913 | 66 | 13,6 | 126 | 156 375 | 64 503 | 41 | 12,1 | 115 |
| 01 | 689 834 | 150 268 | 23 | 29,8 | 270 | 91 309 | 69 932 | 77 | 13,1 | 123 | 148 271 | 69 016 | 47 | 12,9 | 121 |
| 02 | 685 068 | 150 046 | 21 | 29,5 | 275 | 92 269 | 71 427 | 77 | 13,2 | 123 | 143 652 | 68 783 | 48 | 12,8 | 119 |
| 03 | 690 130 | 162 003 | 24 | 29,1 | 277 | 108 485 | 76 388 | 70 | 13,7 | 130 | 145 601 | 72 855 | 50 | 13,1 | 124 |
| | Bau- und Nutzholz. | | | | | Wein aller Art. | | | | | Schmalz. | | | | |
| 1896 | 184 003 | 12 580 | 7 | 2,7 | 24 | 41 127 | 15 187 | 37 | 3,3 | 29 | 45 378 | 9 170 | 20 | 2,0 | 17 |
| 97 | 238 729 | 15 568 | 7 | 3,2 | 29 | 41 791 | 15 251 | 36 | 3,2 | 28 | 55 435 | 11 769 | 21 | 2,5 | 22 |
| 98 | 294 115 | 17 910 | 6 | 3,5 | 33 | 42 638 | 15 627 | 37 | 3,0 | 29 | 83 150 | 14 205 | 17 | 2,8 | 26 |
| 99 | 270 940 | 18 884 | 7 | 3,7 | 34 | 44 548 | 16 095 | 36 | 3,2 | 29 | 80 645 | 13 324 | 17 | 2,6 | 24 |
| 1900 | 230 096 | 19 833 | 9 | 3,9 | 35 | 48 881 | 17 607 | 36 | 3,4 | 32 | 88 818 | 12 540 | 14 | 2,4 | 22 |
| 01 | 176 183 | 16 897 | 10 | 3,3 | 30 | 40 623 | 16 561 | 41 | 3,1 | 29 | 106 756 | 12 464 | 12 | 2,3 | 22 |
| 02 | 177 917 | 16 413 | 9 | 3,0 | 28 | 41 081 | 16 451 | 40 | 3,0 | 28 | 109 706 | 10 588 | 10 | 2,0 | 18 |
| 03 | 210 338 | 19 760 | 9 | 3,5 | 34 | 42 273 | 16 522 | 39 | 3,0 | 28 | 94 188 | 11 026 | 12 | 2,0 | 19 |
| | Südfrüchte, frische und getrocknete. | | | | | Kakao, roh. | | | | | Reis. | | | | |
| 1896 | 34 214 | 7 723 | 23 | 1,7 | 15 | 12 132 | 4 273 | 35 | 0,9 | 8 | 17 692 | 4 761 | 27 | 1,0 | 9 |
| 97 | 39 314 | 7 851 | 20 | 1,7 | 15 | 17 777 | 5 142 | 29 | 1,1 | 10 | 18 392 | 4 595 | 25 | 1,0 | 9 |
| 98 | 41 332 | 6 994 | 17 | 1,4 | 13 | 22 625 | 5 413 | 24 | 1,1 | 10 | 23 060 | 5 235 | 23 | 1,0 | 10 |
| 99 | 43 122 | 7 826 | 18 | 1,5 | 14 | 24 206 | 6 207 | 26 | 1,2 | 11 | 24 774 | 5 388 | 22 | 1,1 | 10 |
| 1900 | 42 170 | 7 140 | 17 | 1,4 | 13 | 27 971 | 6 572 | 23 | 1,3 | 12 | 24 536 | 5 365 | 22 | 1,0 | 10 |
| 01 | 42 909 | 7 750 | 18 | 1,5 | 14 | 24 100 | 6 340 | 26 | 1,2 | 11 | 20 511 | 4 891 | 24 | 0,9 | 9 |
| 02 | 41 745 | 8 698 | 21 | 1,8 | 15 | 25 581 | 7 075 | 28 | 1,3 | 12 | 22 253 | 5 225 | 23 | 1,0 | 9 |
| 03 | 41 707 | 9 620 | 23 | 1,7 | 16 | 25 494 | 7 426 | 29 | 1,3 | 13 | 23 510 | 5 340 | 23 | 1,0 | 9 |
| | Fleisch (aller Art) und Fleischextrakt. | | | | | Baumwollengarn. | | | | | Ölfrüchte. | | | | |
| 1896 | 30 368 | 4 756 | 16 | 1,0 | 9 | 56 818 | 5 453 | 10 | 1,2 | 10 | 29 723 | 2 148 | 10 | 0,5 | 6 |
| 97 | 46 038 | 8 413 | 18 | 1,8 | 16 | 56 861 | 5 901 | 10 | 1,2 | 11 | 35 498 | 3 155 | 9 | 0,7 | 6 |
| 98 | 79 300 | 14 508 | 18 | 2,8 | 27 | 52 093 | 5 529 | 11 | 1,1 | 10 | 39 821 | 3 752 | 9 | 0,7 | 7 |
| 99 | 70 004 | 12 519 | 18 | 2,5 | 23 | 53 737 | 5 181 | 10 | 1,0 | 9 | 44 361 | 4 097 | 9 | 0,8 | 7 |
| 1900 | 54 298 | 8 459 | 16 | 1,6 | 15 | 60 937 | 5 037 | 8 | 1,0 | 9 | 45 612 | 3 640 | 8 | 0,7 | 6 |
| 01 | 58 049 | 8 587 | 15 | 1,6 | 15 | 46 927 | 4 150 | 9 | 0,8 | 7 | 51 012 | 4 441 | 9 | 0,8 | 8 |
| 02 | 57 455 | 8 687 | 15 | 1,6 | 15 | 49 371 | 4 474 | 9 | 0,8 | 8 | 59 018 | 5 218 | 9 | 1,0 | 9 |
| 03 | 34 062 | 5 087 | 15 | 0,9 | 9 | 57 907 | 4 844 | 8 | 0,9 | 8 | 48 696 | 4 710 | 10 | 0,8 | 8 |
| | Eisenwaren (ohne Roh- und Bruchеisen). | | | | | Gewürze. | | | | | Rind- und Schafvieh. | | | | |
| 1896 | 30 514 | 4 134 | 14 | 0,9 | 8 | 9 219 | 4 040 | 44 | 0,9 | 8 | 59 297 | 2 475 | 4 | 0,5 | 5 |
| 97 | 42 603 | 4 905 | 12 | 1,0 | 9 | 10 698 | 4 011 | 37 | 0,8 | 7 | 59 188 | 2 415 | 4 | 0,5 | 4 |
| 98 | 45 779 | 5 013 | 12 | 1,1 | 10 | 12 089 | 3 755 | 31 | 0,7 | 7 | 52 856 | 2 136 | 4 | 0,4 | 4 |
| 99 | 59 612 | 7 321 | 12 | 1,4 | 13 | 13 302 | 3 993 | 30 | 0,8 | 7 | 58 264 | 2 497 | 4 | 0,5 | 5 |
| 1900 | 67 621 | 7 254 | 11 | 1,4 | 13 | 14 275 | 4 165 | 29 | 0,8 | 7 | 62 931 | 2 666 | 4 | 0,6 | 5 |
| 01 | 43 149 | 4 925 | 11 | 0,9 | 9 | 13 218 | 4 173 | 32 | 0,8 | 7 | 68 012 | 2 701 | 4 | 0,5 | 5 |
| 02 | 38 617 | 4 518 | 12 | 0,8 | 8 | 13 158 | 4 099 | 31 | 0,8 | 7 | 100 389 | 3 571 | 4 | 0,7 | 6 |
| 03 | 40 608 | 4 890 | 12 | 0,8 | 8 | 12 917 | 4 162 | 32 | 0,7 | 7 | 119 248 | 4 005 | 3 | 0,7 | 7 |

| Kalenderjahr | Wert der verzollten Einfuhr 1000 M | Zollertrag 1000 M | Der Zoll beträgt % des Werts | % vom gesamten Zollertrag | auf den Kopf Pf | Wert der verzollten Einfuhr 1000 M | Zollertrag 1000 M | Der Zoll beträgt % des Werts | % vom gesamten Zollertrag | auf den Kopf Pf | Wert der verzollten Einfuhr 1000 M | Zollertrag 1000 M | Der Zoll beträgt % des Werts | % vom gesamten Zollertrag | auf den Kopf Pf |
|---|---|---|---|---|---|---|---|---|---|---|---|---|---|---|---|
| | **Baumwollenwaren.** | | | | | **Butter und Margarine.** | | | | | **Seidenwaren und Seidenzwirn.** | | | | |
| 1896 | 18 537 | 3 106 | 17 | 0,7 | 6 | 10 704 | 1 169 | 11 | 0,3 | 2 | 30 789 | 3 678 | 12 | 0,8 | 7 |
| 97 | 24 411 | 3 557 | 15 | 0,7 | 7 | 14 661 | 1 548 | 11 | 0,3 | 3 | 31 492 | 3 725 | 12 | 0,8 | 7 |
| 98 | 22 139 | 3 593 | 16 | 0,7 | 7 | 14 285 | 1 622 | 11 | 0,3 | 3 | 33 848 | 3 988 | 12 | 0,8 | 7 |
| 99 | 23 136 | 3 755 | 16 | 0,7 | 7 | 10 062 | 1 938 | 10 | 0,4 | 3 | 34 669 | 4 274 | 11 | 0,8 | 8 |
| 1900 | 24 474 | 3 767 | 15 | 0,7 | 7 | 21 756 | 2 608 | 11 | 0,5 | 5 | 36 700 | 3 908 | 11 | 0,7 | 7 |
| 01 | 22 198 | 3 520 | 16 | 0,7 | 6 | 27 899 | 2 801 | 10 | 0,5 | 5 | 38 759 | 3 829 | 10 | 0,7 | 7 |
| 02 | 24 332 | 4 034 | 17 | 0,7 | 7 | 27 226 | 2 580 | 9 | 0,5 | 4 | 43 329 | 4 220 | 10 | 0,8 | 7 |
| 03 | 25 432 | 3 992 | 16 | 0,7 | 7 | 42 301 | 3 802 | 9 | 0,7 | 6 | 41 739 | 3 798 | 9 | 0,7 | 6 |
| | **Heringe, gesalzene.** | | | | | **Obst, Sämereien, Beeren usw., getr.; Südfruchtschalen usw.** | | | | | **Eier von Geflügel.** | | | | |
| 1896 | 20 784 | 3 411 | 14 | 0,7 | 6 | 21 421 | 2 422 | 11 | 0,5 | 5 | 76 503 | 2 102 | 3 | 0,5 | 4 |
| 97 | 28 486 | 3 344 | 12 | 0,7 | 6 | 28 704 | 2 829 | 10 | 0,6 | 5 | 67 167 | 2 353 | 4 | 0,5 | 4 |
| 98 | 29 212 | 3 781 | 13 | 0,7 | 7 | 30 714 | 3 105 | 10 | 0,6 | 6 | 85 167 | 2 501 | 3 | 0,5 | 5 |
| 99 | 33 148 | 3 079 | 9 | 0,6 | 6 | 30 858 | 3 060 | 10 | 0,6 | 6 | 96 307 | 2 656 | 3 | 0,5 | 5 |
| 1900 | 33 422 | 3 045 | 9 | 0,6 | 5 | 35 938 | 3 350 | 9 | 0,6 | 6 | 103 227 | 2 793 | 3 | 0,5 | 5 |
| 01 | 35 840 | 3 606 | 10 | 0,7 | 6 | 29 004 | 2 769 | 10 | 0,6 | 5 | 104 773 | 2 848 | 3 | 0,6 | 5 |
| 02 | 44 520 | 4 245 | 10 | 0,8 | 7 | 36 356 | 3 267 | 9 | 0,6 | 6 | 115 071 | 3 138 | 3 | 0,6 | 5 |
| 03 | 31 153 | 3 763 | 12 | 0,7 | 6 | 40 109 | 3 435 | 9 | 0,6 | 6 | 108 376 | 3 134 | 3 | 0,6 | 5 |
| | **Wollenwaren.** | | | | | **Käse.** | | | | | **Mühlenfabrikate und gewöhnliches Backwerk.** | | | | |
| 1896 | 14 889 | 3 224 | 22 | 0,7 | 6 | 12 995 | 1 837 | 14 | 0,4 | 3 | 9 625 | 3 925 | 41 | 0,8 | 7 |
| 97 | 10 047 | 2 224 | 22 | 0,5 | 4 | 15 078 | 2 158 | 14 | 0,5 | 4 | 9 242 | 3 288 | 36 | 0,7 | 6 |
| 98 | 13 832 | 2 761 | 20 | 0,6 | 5 | 17 465 | 2 550 | 15 | 0,5 | 5 | 8 611 | 2 852 | 33 | 0,6 | 5 |
| 99 | 16 326 | 2 909 | 18 | 0,6 | 5 | 18 889 | 2 774 | 15 | 0,5 | 5 | 10 835 | 3 932 | 36 | 0,8 | 7 |
| 1900 | 19 207 | 3 340 | 17 | 0,6 | 6 | 21 351 | 2 991 | 14 | 0,6 | 5 | 8 963 | 3 197 | 36 | 0,6 | 6 |
| 01 | 14 428 | 2 802 | 19 | 0,6 | 5 | 22 122 | 3 016 | 14 | 0,6 | 5 | 9 533 | 3 472 | 36 | 0,7 | 6 |
| 02 | 15 746 | 3 015 | 19 | 0,6 | 5 | 22 123 | 2 924 | 13 | 0,5 | 5 | 7 855 | 2 843 | 36 | 0,5 | 5 |
| 03 | 16 963 | 3 031 | 18 | 0,5 | 5 | 21 954 | 3 003 | 14 | 0,5 | 5 | 7 980 | 2 898 | 36 | 0,5 | 5 |
| | **Tee.** | | | | | **Waren aus Holz u. anderen pflanzl. u. tier. Schnitzstoffen.** | | | | | **Weinbeeren, frische.** | | | | |
| 1896 | 4 199 | 2 470 | 59 | 0,6 | 5 | 26 772 | 2 231 | 8 | 0,6 | 4 | 4 056 | 794 | 20 | 0,2 | 1 |
| 97 | 3 946 | 2 551 | 65 | 0,5 | 5 | 29 228 | 2 336 | 8 | 0,5 | 4 | 5 059 | 959 | 19 | 0,2 | 2 |
| 98 | 4 309 | 2 691 | 62 | 0,5 | 5 | 32 660 | 2 615 | 8 | 0,6 | 5 | 8 774 | 1 611 | 18 | 0,3 | 3 |
| 99 | 4 530 | 2 744 | 61 | 0,5 | 5 | 33 315 | 2 693 | 8 | 0,5 | 5 | 10 648 | 1 854 | 17 | 0,3 | 3 |
| 1900 | 4 499 | 2 856 | 63 | 0,5 | 5 | 38 013 | 2 938 | 8 | 0,6 | 5 | 7 238 | 1 283 | 18 | 0,2 | 2 |
| 01 | 4 820 | 2 886 | 60 | 0,5 | 5 | 32 138 | 2 567 | 8 | 0,5 | 5 | 8 796 | 1 655 | 19 | 0,3 | 3 |
| 02 | 5 153 | 3 102 | 60 | 0,6 | 5 | 34 374 | 2 592 | 8 | 0,6 | 4 | 12 725 | 2 335 | 18 | 0,4 | 4 |
| 03 | 5 080 | 2 888 | 57 | 0,5 | 5 | 33 506 | 2 703 | 8 | 0,6 | 5 | 14 549 | 2 482 | 17 | 0,4 | 4 |
| | **Pferde.** | | | | | **Speiseöle.** | | | | | **Fette Öle (außer Speiseölen).** | | | | |
| 1896 | 73 272 | 1 937 | 3 | 0,4 | 4 | 8 719 | 1 385 | 16 | 0,3 | 3 | 21 043 | 2 217 | 11 | 0,4 | 4 |
| 97 | 84 203 | 2 206 | 3 | 0,5 | 4 | 9 105 | 1 872 | 21 | 0,4 | 3 | 17 759 | 2 137 | 12 | 0,4 | 4 |
| 98 | 91 564 | 2 279 | 2 | 0,4 | 4 | 9 490 | 2 090 | 22 | 0,4 | 4 | 19 100 | 2 218 | 12 | 0,4 | 4 |
| 99 | 89 611 | 2 233 | 3 | 0,4 | 4 | 12 208 | 2 263 | 19 | 0,4 | 4 | 18 968 | 2 097 | 11 | 0,4 | 4 |
| 1900 | 77 492 | 2 106 | 3 | 0,4 | 4 | 13 318 | 2 382 | 18 | 0,5 | 4 | 25 492 | 2 190 | 9 | 0,4 | 4 |
| 01 | 78 570 | 1 891 | 2 | 0,4 | 3 | 16 751 | 2 908 | 17 | 0,5 | 5 | 27 236 | 2 289 | 8 | 0,4 | 4 |
| 02 | 92 378 | 2 038 | 2 | 0,4 | 4 | 18 826 | 3 471 | 18 | 0,6 | 6 | 29 005 | 2 218 | 8 | 0,4 | 4 |
| 03 | 92 497 | 2 318 | 3 | 0,4 | 4 | 12 440 | 2 338 | 19 | 0,4 | 4 | 26 368 | 2 240 | 8 | 0,4 | 4 |
| | **Leder und Lederwaren.** | | | | | **Maschinen und Fahrzeuge.** | | | | | **Ton- und Glaswaren.** | | | | |
| 1896 | 52 047 | 2 387 | 5 | 0,4 | 5 | 36 980 | 2 213 | 6 | 0,5 | 4 | 15 899 | 2 183 | 14 | 0,6 | 4 |
| 97 | 53 673 | 2 527 | 5 | 0,6 | 5 | 42 864 | 2 573 | 6 | 0,5 | 5 | 16 352 | 2 210 | 14 | 0,5 | 4 |
| 98 | 59 236 | 2 757 | 5 | 0,5 | 5 | 53 625 | 3 188 | 6 | 0,6 | 6 | 15 974 | 2 251 | 14 | 0,4 | 4 |
| 99 | 58 543 | 2 550 | 4 | 0,5 | 5 | 61 951 | 3 380 | 5 | 0,7 | 6 | 17 088 | 2 456 | 14 | 0,4 | 4 |
| 1900 | 52 451 | 2 480 | 5 | 0,5 | 4 | 94 439 | 3 716 | 4 | 0,7 | 7 | 17 094 | 2 281 | 13 | 0,4 | 4 |
| 01 | 54 586 | 2 237 | 4 | 0,4 | 4 | 58 055 | 2 525 | 4 | 0,6 | 4 | 14 780 | 1 785 | 12 | 0,3 | 3 |
| 02 | 62 534 | 2 180 | 3 | 0,4 | 4 | 43 343 | 1 875 | 4 | 0,3 | 3 | 13 902 | 1 882 | 14 | 0,3 | 3 |
| 03 | 67 234 | 2 211 | 3 | 0,4 | 4 | 50 432 | 2 183 | 4 | 0,4 | 4 | 14 310 | 2 181 | 15 | 0,4 | 4 |

| Kalenderjahr | Wert der verzollten Einfuhr (1000 ℳ) | Zollertrag (1000 ℳ) | Der Zoll betrug % des Werts | % vom gesamten Zollertrag | auf den Kopf ₰ | Wert der verzollten Einfuhr (1000 ℳ) | Zollertrag (1000 ℳ) | Der Zoll betrug % des Werts | % vom gesamten Zollertrag | auf den Kopf ₰ | Wert der verzollten Einfuhr (1000 ℳ) | Zollertrag (1000 ℳ) | Der Zoll betrug % des Werts | % vom gesamten Zollertrag | auf den Kopf ₰ |
|---|---|---|---|---|---|---|---|---|---|---|---|---|---|---|---|
| | Leinen- (Flachs-, Jute- usw.) Garn und Waren daraus. | | | | | Roheisen (u. Brucheisen). | | | | | Kakao, Schokolade und Konditorwaren. | | | | |
| 1896 | 24 993 | 1 977 | 8 | 0,4 | 4 | 16 620 | 3 380 | 20 | 0,7 | 0 | 3 639 | 1 022 | 28 | 0,2 | 2 |
| 97 | 26 448 | 2 117 | 8 | 0,4 | 4 | 19 870 | 3 910 | 20 | 0,8 | 7 | 3 481 | 1 003 | 29 | 0,2 | 2 |
| 98 | 29 719 | 2 417 | 8 | 0,5 | 4 | 18 056 | 3 525 | 20 | 0,7 | 6 | 4 012 | 1 135 | 28 | 0,2 | 2 |
| 99 | 29 264 | 2 255 | 8 | 0,4 | 4 | 37 275 | 5 693 | 15 | 1,1 | 10 | 4 327 | 1 216 | 28 | 0,2 | 2 |
| 1900 | 30 765 | 2 056 | 7 | 0,4 | 4 | 60 026 | 7 408 | 12 | 1,4 | 13 | 4 783 | 1 301 | 27 | 0,2 | 2 |
| 01 | 28 088 | 1 723 | 6 | 0,3 | 3 | 16 470 | 2 576 | 16 | 0,5 | 5 | 4 324 | 1 278 | 30 | 0,2 | 2 |
| 02 | 23 465 | 1 576 | 7 | 0,3 | 3 | 7 831 | 1 324 | 17 | 0,2 | 2 | 4 534 | 1 339 | 30 | 0,2 | 2 |
| 03 | 28 144 | 1 800 | 6 | 0,3 | 3 | 9 132 | 1 601 | 18 | 0,3 | 3 | 4 862 | 1 444 | 30 | 0,3 | 2 |
| | Wollengarn. | | | | | Honig. | | | | | Drogen und Farben. | | | | |
| 1896 | 114 733 | 1 722 | 2 | 0,4 | 3 | 645 | 529 | 82 | 0,1 | 1 | 17 025 | 878 | 5 | 0,2 | 2 |
| 97 | 99 062 | 1 611 | 2 | 0,3 | 3 | 888 | 754 | 85 | 0,2 | 1 | 17 501 | 807 | 5 | 0,2 | 2 |
| 98 | 92 503 | 1 658 | 2 | 0,3 | 3 | 1 147 | 923 | 80 | 0,2 | 2 | 16 451 | 883 | 5 | 0,2 | 2 |
| 99 | 113 507 | 1 672 | 1 | 0,3 | 3 | 1 030 | 842 | 82 | 0,2 | 2 | 15 952 | 853 | 5 | 0,2 | 2 |
| 1900 | 110 738 | 1 503 | 1 | 0,3 | 3 | 994 | 765 | 77 | 0,1 | 1 | 16 420 | 1 025 | 6 | 0,2 | 2 |
| 01 | 83 017 | 1 160 | 1 | 0,2 | 2 | 921 | 831 | 90 | 0,2 | 1 | 14 002 | 798 | 6 | 0,1 | 1 |
| 02 | 86 945 | 1 265 | 1 | 0,2 | 2 | 1 363 | 1 239 | 91 | 0,2 | 2 | 15 046 | 772 | 5 | 0,1 | 1 |
| 03 | 91 390 | 1 369 | 1 | 0,2 | 2 | 1 384 | 1 212 | 88 | 0,2 | 2 | 19 441 | 910 | 5 | 0,2 | 2 |
| | Austern u. andere Muschel- oder Schaltiere aus der See. | | | | | Schweine und Spanferkel. | | | | | Hopfen. | | | | |
| 1896 | 2 477 | 757 | 31 | 0,2 | 1 | 6 985 | 542 | 8 | 0,1 | 1 | 7 745 | 434 | 6 | 0,1 | 1 |
| 97 | 2 681 | 799 | 30 | 0,2 | 1 | 7 208 | 451 | 6 | 0,1 | 1 | 8 186 | 379 | 5 | 0,1 | 1 |
| 98 | 2 521 | 679 | 27 | 0,1 | 1 | 5 968 | 369 | 6 | 0,1 | 1 | 9 318 | 341 | 4 | 0,1 | 1 |
| 99 | 2 319 | 668 | 29 | 0,1 | 1 | 4 932 | 351 | 7 | 0,1 | 1 | 8 631 | 442 | 5 | 0,1 | 1 |
| 1900 | 2 645 | 712 | 27 | 0,1 | 1 | 5 083 | 343 | 7 | 0,1 | 1 | 7 019 | 389 | 6 | 0,1 | 1 |
| 01 | 2 489 | 756 | 30 | 0,1 | 1 | 7 774 | 385 | 5 | 0,1 | 1 | 12 915 | 1 036 | 8 | 0,2 | 2 |
| 02 | 2 580 | 769 | 30 | 0,1 | 1 | 9 459 | 352 | 4 | 0,1 | 1 | 6 332 | 403 | 6 | 0,1 | 1 |
| 03 | 2 680 | 782 | 28 | 0,1 | 1 | 8 361 | 393 | 5 | 0,1 | 1 | 4 916 | 198 | 4 | 0,04 | [illegible] |

## 4. Zollerträge im Verhältnis zum Wert der Waren.

| Kalenderjahr | Wert der Einfuhr*) im Spezialhandel (1000 ℳ) | Wert der verzollten Waren (1000 ℳ) | Der Wert der verzollten Waren betrug vom Wert der Einfuhr % | Zollertrag (1000 ℳ) | Der Zoll betrug vom Wert der Einfuhr % | Der Zoll betrug vom Wert der verzollten Waren % | Wert der Einfuhr*) im Spezialhandel (1000 ℳ) | Wert der verzollten Waren (1000 ℳ) | Der Wert der verzollten Waren betrug vom Wert der Einfuhr % | Zollertrag (1000 ℳ) | Der Zoll betrug vom Wert der Einfuhr % | Der Zoll betrug vom Wert der verzollten Waren % |
|---|---|---|---|---|---|---|---|---|---|---|---|---|
| | Überhaupt. | | | | | | Rohstoffe für Industriezwecke. | | | | | |
| 1896 | 4 307 161 | 2 318 377 | 54 | 462 065 | 11 | 20 | 1 885 968 | 302 310 | 16 | 22 946 | 1 | 8 |
| 97 | 4 680 697 | 2 441 529 | 52 | 474 890 | 10 | 19 | 2 100 137 | 369 221 | 18 | 27 392 | 1 | 7 |
| 98 | 5 080 346 | 2 767 430 | 55 | 515 326 | 10 | 19 | 2 246 481 | 417 186 | 20 | 29 862 | 1 | 7 |
| 99 | 5 483 096 | 2 799 082 | 51 | 506 126 | 9 | 18 | 2 607 014 | 491 501 | 19 | 34 081 | 1 | 7 |
| 1900 | 5 765 814 | 2 870 649 | 50 | 521 113 | 9 | 18 | 2 803 667 | 451 595 | 16 | 30 316 | 1 | 8 |
| 01 | 5 421 235 | 2 761 447 | 51 | 533 600 | 10 | 19 | 2 158 769 | 310 807 | 14 | 28 516 | 1 | 8 |

## 5. Steuer- und Zolleinnahmen vom Branntwein.

Vgl. im Abschnitt V Branntweingewinnung und im Abschnitt X Branntweinverbrauch.

### In den Rechnungsjahren 1870 bis 1886.

| Rechnungsjahre[1]) (bis 1877 mit dem 1. April beginnend) | Branntweinsteuer[2]) | Übergangsabgaben[2]) | Ausgleichungsabgabe[2]) | Eingangszölle von ausländischem Branntwein[2]) | Gesamtbetrag der Steuer und des Zolls | Ab: Steuervergütungen für ausgeführten und zu technischen Zwecken verwendeten Branntwein[3]) | Bleibt: Ertrag der Steuer und des Zolls im Branntweinsteuergebiet im ganzen | auf den Kopf |
|---|---|---|---|---|---|---|---|---|
| | 1000 ℳ | | | | | | | ℳ |
| 1870 | 45 564,3 | 76,8 | . | 1 085,7 | 46 726,8 | 9 851,5 | 36 875,3 | 1,20 |
| 1871/75 durchschnittlich | 49 788,6 | 71,7 | . | 1 546,8 | 51 407,1 | 7 076,9 | 44 330,2 | 1,08 |
| 1876 | 53 408,4 | 129,1 | 3,1 | 1 931,9 | 55 472,3 | 6 402,3 | 49 069,9 | 1,15 |
| 77 | 52 529,9 | 110,0 | 2,9 | 1 621,3 | 54 264,8 | 9 061,8 | 45 203,0 | 1,21 |
| 78 | 54 616,7 | 111,3 | 2,9 | 1 642,8 | 56 373,8 | 8 963,8 | 47 410,0 | 1,28 |
| 79 | 51 398,8 | 133,6 | 2,1 | 2 085,3 | 53 620,3 | 9 872,6 | 43 747,7 | 1,20 |
| 80 | 57 271,6 | 121,0 | 2,3 | 1 781,8 | 59 176,8 | 12 077,8 | 47 098,8 | 1,27 |
| 81 | 64 002,7 | 120,5 | 2,8 | 1 917,9 | 66 043,7 | 17 533,6 | 48 510,1 | 1,35 |
| 1882 | 58 824,0 | 119,5 | 2,3 | 1 974,7 | 60 921,6 | 14 955,7 | 45 966,4 | 1,27 |
| 83 | 61 170,6 | 114,8 | 2,8 | 2 101,8 | 63 395,4 | 14 484,0 | 48 911,4 | 1,34 |
| 84 | 62 435,8 | 129,8 | 2,8 | 4 824,4 | 67 392,2 | 14 310,0 | 53 082,2 | 1,16 |
| 85 | 65 852,2 | 105,1 | 2,5 | 1 987,8 | 67 947,8 | 17 855,9 | 50 092,0 | 1,38 |
| 86 | 57 188,8 | 100,0 | 2,5 | 3 609,3 | 60 900,4 | 14 895,1 | 46 005,3 | 1,23 |

### In den Betriebsjahren 1887/88 bis 1902/03.

(Vierteljahrshefte zur Statistik des Deutschen Reichs 1904, I.)

| Betriebsjahre (1. Oktober beginnend) | Maischbottich- und Materialsteuer[4]) überhaupt | Ab Vergütungen für ausgeführten und zu gewerblichen Zwecken verwendeten Branntwein | Bleiben | Verbrauchsabgabe und Zuschlag zur Verbrauchsabgabe[5]) | Überschuß an Brennsteuer[6]) | Ausgleichungs- und Übergangsabgabe für Branntwein aus Luxemburg[4]) | Eingangszoll von ausländischem Branntwein[2]) | Abgaben von inländischem und fremdem Branntwein im ganzen | auf den Kopf |
|---|---|---|---|---|---|---|---|---|---|
| | 1000 ℳ | | | | | | | | ℳ |
| 1887/88 | 34 635,0 | 9 762,0 | 24 873,0 | 91 618,9 | — | 6,9 | 2 114,6 | 118 612,8 | 2,52 |
| 88/89 | 29 214,2 | 5 905,3 | 23 308,9 | 115 828,9 | | 6,3 | 3 976,9 | 143 120,9 | 2,98 |
| 89/90 | 34 707,5 | 11 988,6 | 22 718,9 | 124 584,0 | | 6,2 | 5 557,8 | 152 867,2 | 3,12 |
| 90/91 | 32 516,8 | 10 061,9 | 22 454,8 | 123 269,4 | | 8,8 | 8 231,0 | 153 966,1 | 3,10 |
| 91/92 | 32 707,7 | 8 541,8 | 21 165,9 | 110 012,7 | | 4,1 | 5 462,0 | 139 647,0 | 2,79 |
| 92/93 | 31 995,9 | 9 732,3 | 22 263,8 | 119 165,3 | | 4,1 | 7 182,0 | 148 617,2 | 2,94 |
| 1893/94 | 35 200,4 | 9 891,2 | 25 309,3 | 119 123,1 | . | 6,9 | 6 659,6 | 151 098,8 | 2,98 |
| 94/95 | 31 420,6 | 9 462,3 | 21 967,3 | 113 510,0 | . | 14,4 | 6 652,0 | 142 113,8 | 2,71 |
| 95/96 | 33 710,8 | 12 046,0 | 21 670,8 | 119 040,0 | 1 754,3 | 5,7 | 6 645,0 | 149 116,3 | 2,84 |
| 96/97 | 31 655,4 | 10 532,8 | 21 122,3 | 119 968,7 | 1 417,1 | 0,8 | 6 339,6 | 148 849,4 | 2,78 |
| 97/98 | 33 586,8 | 11 136,3 | 22 454,1 | 120 414,1 | 773,2 | 0,1 | 6 391,0 | 150 033,1 | 2,71 |
| 98/99 | 38 304,3 | 13 196,4 | 24 807,9 | 130 585,1 | 160,3 | 4,3 | 6 510,3 | 162 077,3 | 2,95 |
| 99/1900 | 36 456,0 | 13 777,7 | 22 680,1 | 129 182,7 | 411,7 | 0,1 | 13 105,0 | 164 828,7 | 2,94 |
| 1900/01 | 39 909,4 | 17 182,5 | 22 517,3 | 130 558,6 | −1 311,8 | 3,7 | 3 933,0 | 155 671,0 | 2,74 |
| 01/02 | 43 896,1 | 16 611,1 | 27 085,0 | 128 877,1 | −2 030,2 | 0,1 | 5 227,[illegible] | 159 129,0 | 2,71 |
| 02/03 | 32 521,2 | 22 179,1 | 10 342,1 | 126 738,9 | 4 010,0 | 0,0 | 5 870,6 | 146 960,0 | 2,49 |

[1]) Von 1874 an einschl. Elsaß-Lothringen. Vierteljahr 1. I. bis 31. III. 1877 ist weggeblieben. — [2]) Die Branntweinsteuer wurde bis 1. X. 1887 nach Ges. vom 8. VII. 1868 (B. G. Bl. S. 384) und 19. VII. 1879 (R. G. Bl. S. 259) erhoben; in Hohenzollern nach Ges. vom 4. V. 1868 (G. S. Bl. S. 151) und 15. XI. 1874 (R. G. Bl. S. 183). Übergangssteuer vgl. Bekanntmachung vom 18. VII. 1872 (R. G. Bl. S. 293); Ausgleichungsabgabe s. Bekanntm. des R. K. A. vom 22. XII. 1875 (Zentr.-Bl. f. d. D. R. S. 812). Der Zollsatz für ausl. Branntwein (25 b des Zolltarifs) wurde am 7. VII. 1879 (R. G. Bl. S. 161), sodann am 20. V. 1885 (R. G. Bl. S. 15) und am 24. VI. 1887 (R. G. Bl. S. 253) erhöht. — [3]) Ges. v. 24. VI. 1887 (R. G. Bl. S. 253), 8. VI. 1891 (das. S. 318), 16. VI. 1895 (das. S. 265), 14. VI. 1900 (das. S. 259) und B. R. B. vom 28. VI. 1900 (Zentr.-Bl. f. d. D. R. S. 473), wonach die Materialsteuer vom 1. X. 1900 ab nur noch als Zuschlag zur Verbrauchsabgabe erhoben wird. — [4]) Vert. der Preuß. F. M. v. 29. IX. 1887 (Pr. Zentr.-Bl. S. 413) und Abkommen mit Luxemburg vom 22. V. 1896 (R. G. Bl. S. 676). — [5]) Gesetz vom 16. VI. 1895 (R. G. Bl. S. 265) und Gesetz vom 7. VII. 1902 (R. G. Bl. S. 243).

## 6. Steuer- und Zolleinnahmen vom Bier.

(Zoll- und Steuererträge, abzüglich Steuervergütungen, zuzüglich Übergangsabgaben.)

| Rechnungsjahre | Überhaupt 1000 ℳ | auf den Kopf ℳ | Steuer auf 1 hl ℳ | Überhaupt 1000 ℳ | auf den Kopf ℳ | Steuer auf 1 hl ℳ | Überhaupt 1000 ℳ | auf den Kopf ℳ | Steuer auf 1 hl ℳ |
|---|---|---|---|---|---|---|---|---|---|
| | Brausteuergebiet [1]) | | | Bayern [2]) | | | Württemberg [3]) | | |
| Durchschnitt 1879-83 | 19 195 | 0,56 | 0,88 | 27 701 | 5,22 | 2,45 | 6 587 | 3,84 | 2,08 |
| Durchschnitt 1884-88 | 23 843 | 0,66 | 0,88 | 30 932 | 5,80 | 2,65 | 7 813 | 3,90 | 2,43 |
| Durchschnitt 1889-93 | 30 843 | 0,70 | 0,70 | 31 789 | 5,66 | 2,67 | 8 616 | 4,23 | 2,40 |
| 1894 | 31 979 | 0,79 | 0,70 | 31 939 | 5,57 | 2,63 | 8 281 | 4,01 | 2,33 |
| 95 | 34 833 | 0,68 | 0,76 | 33 794 | 5,63 | 2,61 | 9 180 | 4,41 | 2,30 |
| 96 | 35 376 | 0,65 | 0,78 | 34 018 | 5,80 | 2,61 | 8 864 | 4,22 | 2,36 |
| 97 | 37 393 | 0,69 | 0,75 | 35 630 | 6,01 | 2,60 | 9 351 | 4,42 | 2,26 |
| 98 | 37 929 | 0,66 | 0,75 | 36 136 | 6,03 | 2,47 | 9 109 | 4,37 | 2,20 |
| 99 | 39 009 | 0,69 | 0,75 | 38 024 | 5,93 | 2,44 | 9 112 | 4,35 | 2,17 |
| 1900 | 40 274 | 0,91 | 0,74 | 38 088 | 5,67 | 2,41 | 8 407 | 3,91 | 2,13 |
| 01 | 40 414 | 0,90 | 0,73 | 35 906 | 5,77 | 2,42 | 8 690 | 3,96 | 2,05 |
| 02 | 38 008 | 0,83 | 0,72 | 34 521 | 5,47 | 2,08 | 8 733 | 3,95 | 2,16 |
| | Baden [4]) | | | Elsaß-Lothringen [5]) | | | Deutsches Zollgebiet (einschl. Luxemburg) | | |
| Durchschnitt 1879-83 | 3 518 | 2,23 | . | 1 683 | 1,07 | 2,21 | 58 756 | 1,31 | . |
| Durchschnitt 1884-88 | 4 481 | 2,78 | | 1 777 | 1,13 | 2,21 | 69 0[illegible] | 1,40 | . |
| Durchschnitt 1889-93 | 5 520 | 3,32 | . | 2 566 | 1,60 | 2,26 | 79 183 | 1,50 | . |
| 1894 | 5 097 | 3,24 | . | 2 740 | 1,66 | 2,27 | 80 757 | 1,56 | . |
| 95 | 6 241 | 3,63 | . | 3 193 | 1,95 | 2,27 | 87 181 | 1,68 | . |
| 96 | 7 171 | 4,12 | . | 3 060 | 1,86 | 2,27 | 88 620 | 1,67 | . |
| 97 | 6 522 | 3,71 | 2,84 | 3 145 | 1,89 | 2,27 | 92 198 | 1,71 | 1,36 |
| 98 | 7 759 | 4,35 | 2,61 | 3 478 | 2,06 | 2,27 | 94 549 | 1,70 | 1,39 |
| 99 | 8 212 | 4,60 | 2,61 | 3 584 | 2,11 | 2,27 | 96 100 | 1,73 | 1,37 |
| 1900 | 8 030 | 4,35 | 2,64 | 3 548 | 2,07 | 2,27 | 96 631 | 1,71 | 1,35 |
| 01 | 7 676 | 4,07 | 2,51 | 3 584 | 2,07 | 2,27 | 96 501 | 1,68 | 1,33 |
| 02 | 7 813 | 4,06 | 2,55 | 3 637 | 2,10 | 2,27 | 92 938 | 1,60 | 1,34 |

[1]) Gesetz wegen Erhebung der Brausteuer. Vom 31. V. 1872 (R. G. Bl. S. 153).

[2]) Kalenderjahre. — Am 1. XI. 1879 Braumalzaufschlag von 4 auf 6 ℳ für 1 hl ungebrochenen Malzes erhöht. Seit 1. 1. 1890 zahlen die größeren Brauereien zu dem Aufschlag von 6 ℳ noch einen Zuschlag von 25 und 50 Pf., bestimmte kleinere Brauereien nur 5 ℳ Malzaufschlag.

[3]) Seit 1881 ist die Malzsteuer von 7,20 ℳ auf 10 ℳ für 1 dz erhöht worden. Vom 1. IV. 1893 ab ist für Brauereien, die nicht mehr als 100 000 kg Malz für ihre Rechnung zur Bierbereitung verwenden, eine Ermäßigung festgesetzt worden. Vom 15. VII. 1895 ab ist für Haustrunkbrauereien eine weitere Ermäßigung eingetreten; dagegen hatten Bierbrauer, die im Jahre mehr als 500 000 kg Malz für ihre Rechnung zur Bierbereitung verwenden, Zuschläge zu entrichten. Vom 1. X. 1900 ab ist die Verwendung von Surrogaten verboten, die Übergangsabgabe erhöht und die Steuer nach der Höhe des Malzverbrauchs in den einzelnen Betrieben anders abgestuft worden.

[4]) Bis 1896 Steuerjahre (1. XII. bis 30. XI.), von 1897 ab Kalenderjahre. Für das Steuerjahr 1896 sind 13 Monate (1. XII. 1895 bis 31. XII. 1896) nachgewiesen, da am 1. 1. 1897 durch Gesetz vom 30. VI. 1896 an Stelle der Kesselsteuer (bis 22. III. 1880: 20 Pf. für 15 l Raumgehalt des Braugefäßes, von da ab 2 Pf. für 1 l Raumgehalt) die Braumalzsteuer (je nach der in einem Brauereigeschäft verwendeten Menge 8, 10, 11 oder 12 ℳ für 1 dz Malz) eingeführt worden ist.

[5]) Die Biersteuer wird erhoben a) vom Dünnbier zum Satze von 0,55 ℳ für 1 hl, b) von anderem Biere zum Satze von 2,90 ℳ für 1 hl.

## 8. Steuer- und Zolleinnahmen vom Tabak.

(Vierteljahrshefte zur Statistik des Deutschen Reichs 1903, IV.)

Vgl. im Abschnitt III Tabakbau und im Abschnitt X Tabakverbrauch.

| Zollgebiet<br>Erntejahre<br>(1. Juli beginnend) | Tabaksteuer nach Abzug der Erlasse ¹) | Abgabe von Surrogaten | Eingangszoll von Tabak | Zusammen Steuer und Zoll | Ab: Ausfuhrvergütungen | | | Reine Tabakabgaben | |
|---|---|---|---|---|---|---|---|---|---|
| | | | | | Rückvergütete Steuer | Rückvergüteter Zoll | zusammen | im ganzen | auf den Kopf |
| | 1000 ℳ | | | | | | | | ℳ |
| Durchschnitt 1869—1870 | 1 035,0 | … | 8 396,4 | 9 431,4 | 83,6 | . | 83,6 | 9 347,8 | 0,23 |
| Durchschnitt 1871—1875 | 1 687,0 | … | 13 166,4 | 14 853,4 | 317,8 | 62,2 | 380,0 | 14 473,4 | 0,35 |
| Durchschnitt 1876—1880 | 2 410,7 | 3,1 | 16 196,4 | 18 610,2 | 161,9 | 24,1 | 186,0 | 18 424,2 | 0,42 |
| Durchschnitt 1881—1885 | 9 909,5 | 20,0 | 29 058,8 | 38 988,3 | 237,7 | 247,9 | 485,6 | 38 502,7 | 0,84 |
| 1886 | 11 007,0 | 25,7 | 36 802,3 | 48 085,0 | 274,0 | 276,5 | 550,5 | 47 534,5 | 1,02 |
| 87 | 11 049,5 | 27,0 | 37 071,2 | 48 147,8 | 117,8 | 272,9 | 390,7 | 47 757,1 | 1,01 |
| 88 | 10 964,5 | 25,8 | 38 741,9 | 49 732,0 | 131,9 | 289,0 | 420,9 | 49 311,1 | 1,03 |
| 89 | 11 830,4 | 26,9 | 41 473,0 | 53 330,3 | 152,4 | 326,0 | 478,4 | 52 851,9 | 1,08 |
| 90 | 12 001,0 | 27,1 | 43 242,1 | 55 270,2 | 145,0 | 320,6 | 465,6 | 54 804,6 | 1,10 |
| 1891 | 11 568,2 | 28,3 | 43 256,6 | 54 851,1 | 128,4 | 282,8 | 411,2 | 54 439,9 | 1,08 |
| 92 | 12 061,8 | 28,2 | 44 575,3 | 56 665,3 | 133,1 | 261,7 | 394,8 | 56 270,5 | 1,11 |
| 93 | 11 918,3 | 29,9 | 44 465,6 | 56 413,8 | 124,5 | 258,7 | 383,2 | 56 030,6 | 1,09 |
| 94 | 11 699,7 | 31,0 | 46 308,9 | 58 039,6 | 96,8 | 455,9 | 552,1 | 57 486,9 | 1,11 |
| 95 | 12 410,7 | 32,0 | 48 091,9 | 60 534,6 | 133,9 | 513,7 | 647,6 | 59 887,0 | 1,14 |
| 1896 | 12 402,2 | 36,9 | 51 394,8 | 63 833,9 | 129,5 | 409,7 | 539,2 | 63 294,7 | 1,19 |
| 97 | 12 858,8 | 40,5 | 52 087,8 | 64 987,1 | 115,3 | 289,0 | 404,3 | 64 582,8 | 1,19 |
| 98 | 12 875,6 | 47,1 | 53 072,2 | 66 095,9 | 151,2 | 184,3 | 335,5 | 65 759,7 | 1,20 |
| 99 | 12 629,0 | 55,2 | 53 020,9 | 65 704,6 | 113,8 | 207,6 | 321,4 | 65 383,0 | 1,17 |
| 1900 | 12 927,2 | 55,3 | 53 796,3 | 66 778,8 | 143,1 | 274,6 | 417,7 | 66 361,1 | 1,17 |
| 01 | 13 034,9 | 60,6 | 53 868,1 | 66 963,5 | 113,4 | 221,2 | 334,6 | 66 628,9 | 1,16 |
| 02 | 12 287,0 | 67,9 | 55 435,8 | 67 790,7 | 91,8 | 205,7 | 300,3 | 67 490,4 | 1,16 |

¹) Bis 1. IV. 1880 galt das Gesetz vom 26. V. 1868 (B. G. Bl. S. 139), wonach die Steuer lediglich nach der Größe der jährlich mit Tabak bepflanzten Grundstücke sich richtete; seither bildet nach Gesetz vom 16. VII. 1879 (R. G. Bl. S. 245) die Besteuerung nach dem Gewichte des Tabaks (im getrockneten fabrikationsreifen Zustande) die Regel.

## 9. Steuer- und Zolleinnahmen vom Salz.

(Vierteljahrshefte zur Statistik des Deutschen Reichs 1903, IV.)

Vgl. im Abschnitt V Salzgewinnung und im Abschnitt X Salzverbrauch.

| Zollgebiet<br>Rechnungsjahre<br>(1. April beginnend) | Ertrag der Abgaben ¹) (einschl. der Zuschreibungen auf private, ausschl. der Vergütungen auf gemeinschaftliche Rechnung) | | | | Abgabenfreie Verwendung von Salz | | | |
|---|---|---|---|---|---|---|---|---|
| | | | | | in der Landwirtschaft | | in der Industrie | |
| | an Salzsteuer | an Salzzoll | zusammen | auf den Kopf | zur Viehfütterung | zur Düngung | in Soda- u. Glaubersalzfabriken | in anderen Industriezweigen |
| | 1000 ℳ | | | ℳ | Tonnen | | | |
| 1893 | 44 368,5 | 2 140,6 | 46 516,1 | 0,91 | 114 156 | 3 488 | 205 845 | 105 115 |
| 94 | 45 414,9 | 2 095,1 | 47 510,0 | 0,92 | 110 435 | 3 402 | 213 949 | 106 591 |
| 95 | 46 585,9 | 2 231,6 | 48 817,5 | 0,93 | 108 600 | 3 722 | 205 490 | 125 502 |
| 96 | 47 400,8 | 2 057,9 | 49 458,7 | 0,93 | 113 851 | 3 195 | 233 736 | 143 192 |
| 97 | 48 009,7 | 2 079,6 | 50 089,3 | 0,93 | 114 236 | 3 652 | 222 045 | 169 810 |
| 1898 | 48 348,6 | 2 060,1 | 50 408,7 | 0,93 | 113 076 | 3 389 | 234 773 | 186 958 |
| 99 | 49 988,5 | 2 074,4 | 52 062,9 | 0,94 | 119 183 | 3 492 | 241 423 | 197 120 |
| 1900 | 49 695,3 | 2 156,6 | 51 851,9 | 0,92 | 109 949 | 3 441 | 254 433 | 197 694 |
| 01 | 49 662,4 | 2 349,0 | 52 011,4 | 0,91 | 101 695 | 3 795 | 279 063 | 219 604 |
| 02 | 51 463,4 | 2 361,1 | 53 824,5 | 0,93 | 105 024 | 6 577 | 259 896 | 217 312 |

¹) Übereinkunft vom 8. V. 1867 (B. G. Bl. S. 49).

## 10. Steuer- und Zolleinnahmen vom Zucker.

(Vierteljahrshefte zur Statistik des Deutschen Reichs 1903, IV.)
Vgl. im Abschnitt V Zuckergewinnung und im Abschnitt X Zuckerverbrauch.

| Zollgebiet / Zeitabschnitt [1]) | Menge der verarbeiteten Rüben [2]) | Steuerertrag (Rübensteuer, Zuckersteuer und Zuschlag) [2]) | Eingangszölle [3]) a. von raffiniertem Zucker | b. von Rohzucker | c. von Sirup | zusammen | Ertrag der Steuer und des Zolls | Ab: Vergütungen (Zuschüsse) für ausgeführten Zucker [4]) | Bleiben Steuer und Zoll überhaupt | auf den Kopf |
|---|---|---|---|---|---|---|---|---|---|---|
| | Tonnen | 1 000 M | | | | | | | | M |
| Im Durchschnitt | | | | | | | | | | |
| 1844—50 | 358 793 | 1 076,4 | 46,9 | 19 317,5 | 17,0 | 19 381,4 | 20 457,8 | 2 578,4 | 17 879,4 | 0,61 |
| 50—55 | 985 591 | 8 740,8 | 48,0 | 12 037,7 | 293,4 | 12 378,8 | 21 119,6 | 2 212,9 | 18 906,7 | 0,57 |
| 56—60 | 4 519 131 | 21 266,0 | 15,4 | 5 660,1 | 432,8 | 6 108,3 | 27 374,3 | 1 368,9 | 26 005,4 | 0,76 |
| 61—65 | 1 868 165 | 28 022,5 | 51,0 | 3 906,4 | 728,9 | 4 686,3 | 32 708,8 | 864,2 | 31 844,6 | 0,90 |
| 66—70 | 2 437 176 | 37 404,7 | 115,5 | 1 168,8 | 848,5 | 2 132,7 | 39 537,4 | 4 108,3 | 35 398,8 | 0,94 |
| 71—76 | 3 175 852 | 50 813,6 | 4 199,5 | 2 933,7 | 925,6 | 8 058,8 | 58 872,4 | 7 158,6 | 51 713,8 | 1,31 |
| 76—81 | 4 679 114 | 71 871,1 | 4 306,0 | 319,2 | 584,9 | 5 210,1 | 77 081,2 | 27 231,1 | 49 850,1 | 1,16 |
| 81—86 | 8 282 047 | 132 512,8 | 591,3 | 500,9 | 400,2 | 1 492,4 | 134 005,2 | 86 842,5 | 47 162,7 | 1,04 |
| Im Betriebsjahr | | | | | | | | | | |
| 1886/87 | 8 306 671 | 141 213,4 | 121,2 | 993,6 | 117,0 | 1 231,8 | 142 445,2 | 108 821,5 | 33 623,7 | 0,72 |
| 87/88 | 6 963 961 | 118 387,6 | 389,4 | 1 053,2 | 404,6 | 1 857,7 | 120 245,3 | 108 568,0 | 11 677,3 | 0,31 |
| 88/89 | 7 896 183 | 108 693,6 | 572,1 | 581,4 | 323,9 | 1 477,6 | 110 171,1 | 80 076,1 | 30 095,0 | 0,63 |
| 89/90 | 9 822 635 | 110 965,1 | 460,7 | 652,5 | 386,8 | 1 509,9 | 112 475,0 | 61 915,6 | 50 559,4 | 1,04 |
| 90/91 | 10 623 319 | 151 859,2 | 828,2 | 1 101,8 | 321,5 | 2 256,5 | 154 115,7 | 78 355,7 | 75 759,6 | 1,53 |
| 1891/92 | 9 488 002 | 143 514,5 | 1 053,9 | 1 261,3 | 823,2 | 3 138,4 | 146 652,9 | 74 611,2 | 72 041,7 | 1,45 |
| 92/93 | 9 811 940 | 85 971,1 | 320,4 | 285,5 | 89,0 | 694,9 | 86 665,9 | 34 450,6 | 52 215,3 | 1,03 |
| 93/94 | 10 644 352 | 93 216,2 | 164,4 | 207,1 | 43,5 | 415,0 | 93 631,2 | 11 400,6 | 82 230,9 | 1,60 |
| 94/95 | 14 521 029 | 100 228,6 | 161,4 | 264,0 | 96,8 | 523,2 | 100 752,8 | 15 038,4 | 85 714,1 | 1,64 |
| 95/96 | 11 672 816 | 121 558,0 | 177,6 | 275,4 | 97,1 | 549,6 | 122 107,6 | 18 407,3 | 103 700,2 | 1,97 |
| 1896/97 | 13 721 601 | 111 946,2 | 185,8 | 278,3 | 45,8 | 510,0 | 112 456,2 | 25 562,1 | 86 894,1 | 1,63 |
| 97/98 | 13 697 892 | 137 084,2 | 198,2 | 199,0 | 47,9 | 445,4 | 137 530,6 | 36 658,5 | 100 871,1 | 1,88 |
| 98/99 | 12 150 612 | 143 644,1 | 207,6 | 151,2 | 56,6 | 415,4 | 144 059,5 | 34 827,4 | 109 232,1 | 1,99 |
| 99/1900 | 12 439 301 | 159 565,4 | 215,2 | 158,3 | 55,5 | 429,0 | 159 994,4 | 33 270,0 | 126 724,4 | 2,27 |
| 1900/01 | 13 253 988 | 146 685,5 | 228,1 | 179,3 | 47,6 | 455,0 | 147 141,1 | 31 449,8 | 115 691,3 | 2,06 |
| 01/02 | 16 012 867 | 113 617,9 | 458,3 | 205,6 | 52,2 | 711,4 | 114 329,3 | 10 735,0 | 103 593,3 | 1,80 |
| 02/03 | 11 270 978 | 154 163,6 | [5]) 324,0 | 397,3 | [5]) 54,1 | 775,4 | 154 938,4 | 37 345,4 | 117 593,3 | 2,00 |

[1]) Durchschnittlich jährlich für die Zeitabschnitte: a. 1. IX. 1844 bis 31. VIII. 50 (6 Jahre), b. 1. IX. 50 bis 31. XII. 55 (5⅓ Jahre), c. 1. I. 56 bis 31. XII. 60, d. 1. I. 61 bis 31. XII. 65, e. 1. I. 66 bis 31. XII. 70, f. 1. IX. 71 bis 31. VIII. 76, g. 1. IX. 76 bis 31. VII. 81, h. 1. VIII. 81 bis 31. VII. 86. Die Zeit vom 1. I. bis 31. VIII. 71 ist unberücksichtigt geblieben. Von 1886/87 bis 1901/02 einzelne Betriebsjahre (1. VIII. bis 31. VII.). Das Betriebsjahr 1902/03 umfaßt die Zeit vom 1. VIII. 1902 bis 31. VIII. 1903 (infolge Abänderung der Zuckergesetzgebung durch das Ges. v. 6. I. 1903, R. G. Bl. S. 1).

[2]) Steuersätze für 1 dz rohe Rüben: vom 1. IX. 1844 an 0,30 M, vom 1. IX. 1850 an 0,60 M, vom 1. IX. 1853 an 1,20 M, vom 1. IX. 1858 an 1,60 M, vom 1. IX. 1869 an 1,60 M, vom 1. VIII. 1886 bis 1. VIII. 1888 1,70 M, für 1888/89 bis 1891/92 0,80 M. Für die Jahre 1888/89 bis 1891/92 ist neben der Rübensteuer eine Verbrauchsabgabe (Ges. v. 9. VII. 1887, R. G. Bl. S. 308) erhoben worden. Über die seither bestehende Zuckersteuer und den Zuschlag dazu vgl. Ges. v. 31. V. 1891 (R. G. Bl. S. 295) und Ges. v. 27. V. 1896 (R. G. Bl. S. 100).

[3]) Die am 1. IX. 1844 gültigen Zollsätze blieben mit Ausnahme desjenigen auf Sirup unverändert bis zum 1. IX. 1861, mit welchem Tage sie wesentlich herabgesetzt wurden. Über die weitere Änderung der Zollsätze vgl. Ges. vom 26. VI. 1869 (B. G. Bl. S. 282), Ges. vom 9. VII. 1887, Ges. vom 31. V. 1891 und Ges. vom 27. V. 1896.

[4]) Bis 1. IX. 1861 wurde nur bei der Ausfuhr des im Inlande gereinigten indischen Zuckers Steuervergütung gewährt und erst von da ab auch für ausgeführten Rübenzucker. Die Vergütungssätze wurden am 1. IX. 1866, am 1. IX. 1869, am 1. VIII. und 1. IX. 1883, und am 1. X. und 1. XI. 1887, ferner am 1. VIII. und 1. X. 1888 (Materialsteuervergütung) geändert. Durch die Aufhebung der Rübensteuer sind die Vergütungen in Wegfall gekommen, dagegen wurden vom 1. VIII. 1892 bis 31. VIII. 1903 Ausfuhrzuschüsse gewährt. In obiger Übersicht sind die in den betr. Jahren wirklich bezahlten, nicht etwa die Beträge verzeichnet, die den ausgeführten Mengen entsprechen.

[5]) Einschließlich 21,8 (1 000 M) Zoll für Stärkezucker und 21,4 (1 000 M) für Stärkezuckersirup.

## 11. Einnahmen aus den Stempelabgaben.

Die Erhebungs- und Verwaltungskosten sind bei den nachstehenden Aufstellungen nicht in Abzug gebracht

### a. Reichsstempelabgabe für Wertpapiere, Schlußnoten, Rechnungen und Lotterielose.[1]

(Zusammenstellungen des Reichsschatzamts.)

| Im Durchschnitt bzw. im Rechnungsjahr, 1. April 18.. | Für Wertpapiere | Für Schlußnoten und Rechnungen, Kauf- und Geschäfte | Für Lotterielose | Gesamteinnahme Summe | Gesamteinnahme auf den Kopf | Im Rechnungsjahr | Für Wertpapiere | Für Schlußnoten und Rechnungen, Kauf- und Geschäfte, Schiffsfrachturkunden[2] | Für Lotterielose | Gesamteinnahme Summe | Gesamteinnahme auf den Kopf |
|---|---|---|---|---|---|---|---|---|---|---|---|
| | 1000 M | | | | Pf | | 1000 M | | | | Pf |
| 82—86 | 4 481,1 | 4 010,7 | 6 190,0 | 14 682,1 | 32 | 1897 | 14 968,7 | 13 728,6 | 19 175,0 | 47 872,3 | 89 |
| 87—91 | 6 428,9 | 11 895,1 | 8 027,4 | 26 351,4 | 54 | 98 | 18 490,3 | 13 545,1 | 21 258,2 | 53 293,6 | 98 |
| 92 | 3 650,9 | 9 320,8 | 9 091,8 | 22 062,5 | 44 | 99 | 17 889,6 | 14 987,0 | 21 916,7 | 54 803,3 | 99 |
| 93 | 4 166,2 | 8 164,5 | 9 336,0 | 21 667,0 | 43 | 1900 | 21 132,1 | 14 917,4 | 30 147,6 | 66 197,3 | 118 |
| 94 | 9 038,0 | 16 406,9 | 14 315,6 | 39 760,5 | 77 | 01 | 14 491,4 | 14 094,1 | 42 730,7 | 71 316,2 | 125 |
| 95 | 15 522,5 | 19 888,6 | 19 624,6 | 55 035,7 | 105 | 02 | 21 280,0 | 14 335,1 | 42 823,3 | 78 438,6 | 135 |
| 96 | 15 080,7 | 13 226,8 | 20 034,2 | 48 350,7 | 91 | | | | | | |

[1]) Reichsgesetz v. 1. VII. 1881 (R. G. Bl. S. 185) u. Abänd. Gesetze v. 29. V. 1885 (R. G. Bl. S. 171) u. v. 27. IV. 1894 (R. G. Bl. S. 369) u. v. 14. VI. 1900 (R. G. Bl. S. 200).

[2]) Für Schiffsfrachturkunden seit 1. VII. 1900.

### b. Spielkartenstempel.[1]

(Vierteljahrshefte zur Statistik d. D. R. 1903, III.)

| Im Durchschnitt bzw. im Rechnungsjahr, 1. April 18.. | Anzahl der Karten-fabriken | Absatz der Fabriken 1000 Spiele | | [illegible] | | [illegible] | | Gesamteinnahme Summe | auf den Kopf | Im Rechnungsjahr | Anzahl der Karten-fabriken | Absatz der Fabriken 1000 Spiele | | [illegible] | | [illegible] | | Gesamteinnahme Summe | auf den Kopf |
|---|---|---|---|---|---|---|---|---|---|---|---|---|---|---|---|---|---|---|---|
| 82—86 | 29 | 2 462 | 1 100 | 17 | 7 | 3 308 | [illegible] | [illegible] | [illegible] | 1897 | 33 | [illegible] | [illegible] | 27 | 14 | [illegible] | [illegible] | [illegible] | [illegible] |
| 87—91 | 32 | 4 334 | 914 | 18 | 8 | 3 919 | [illegible] | [illegible] | [illegible] | 98 | 34 | [illegible] | [illegible] | [illegible] | 14 | [illegible] | [illegible] | [illegible] | [illegible] |
| 92 | 46 | 5 122 | 971 | 19 | 7 | [illegible] | 174 | [illegible] | [illegible] | 99 | [illegible] | [illegible] | [illegible] | 24 | [illegible] | [illegible] | [illegible] | [illegible] | [illegible] |
| 93 | 29 | 5 018 | 1 010 | 22 | 11 | [illegible] | [illegible] | [illegible] | [illegible] | 1900 | [illegible] | [illegible] | [illegible] | 27 | [illegible] | [illegible] | [illegible] | [illegible] | [illegible] |
| 94 | 26 | [illegible] | 945 | 23 | 11 | [illegible] | [illegible] | [illegible] | [illegible] | 01 | [illegible] | [illegible] | [illegible] | [illegible] | [illegible] | [illegible] | [illegible] | [illegible] | [illegible] |
| 95 | 26 | 4 901 | 1 068 | 23 | 13 | 4 307 | 179 | [illegible] | [illegible] | 02 | [illegible] | [illegible] | [illegible] | [illegible] | [illegible] | [illegible] | [illegible] | [illegible] | [illegible] |
| 96 | 24 | 5 119 | 944 | 23 | 10 | 4 712 | 184 | [illegible] | [illegible] | | | | | | | | | | |

[1]) Reichsgesetz v. 3. VII. 1878 (R. G. Bl. S. 133).

### c. Wechselstempelsteuer.[1]

(Zentral-Blatt für das Deutsche Reich 1903 S. 176.)

| Im Durchschnitt der | Einnahme 1000 M | Auf den Kopf Pf | Im Rechnungsjahr | Einnahme 1000 M | Auf den Kopf Pf | Im Rechnungsjahr | Einnahme 1000 M | Auf den Kopf Pf |
|---|---|---|---|---|---|---|---|---|
| Kalenderjahre 1873—76 | 7 241,4 | 17,2 | 1894 | 8 147,8 | 15,6 | 1899 | 12 015,1 | 21,5 |
| Rechnungsjahre | | | 95 | 8 734,1 | 16,7 | 1900 | 13 025,8 | 23,1 |
| ([2])77—83 | 6 583,4 | 14,6 | 96 | 9 187,0 | 17,4 | 01 | 12 420,3 | 21,6 |
| 84—88 | 6 721,6 | 14,2 | 97 | 9 947,0 | 18,5 | 02 | 12 072,6 | 21,0 |
| 89—1893 | 7 915,1 | 15,8 | 98 | 10 989,4 | 20,2 | | | |

[1]) Die Besteuerung der Wechsel für Rechnung des Norddeutschen Bundes erfolgte durch Bundesgesetz vom 10. VI. 1869 (B. G. Bl. S. 193), welches durch Art. 80 der Verfassung des Deutschen Bundes und durch die Verträge vom 15. und 25. XI. 1870 (B. G. Bl. S. 648, 650 u. 654) am 1. I. 1871 in Württemberg, Baden, dem südlichen Teile des Großherzogtums Hessen und Hohenzollern, ferner am 1. VII. 1871 in Bayern (Ges. vom 22. IV. 1871, R. G. Bl. S. 87) und am 15. VIII. 1871 in Elsaß-Lothringen (Ges. vom 14. VII. 1871, G. Bl. f. E. L. S. 175) eingeführt wurde.

[2]) Rechnungsjahre mit 1. IV beginnend. Das Vierteljahr 1. I. bis 31. III. 1877 ist unberücksichtigt geblieben.

## 12. Die Finanzen des Reichs und der Bundesstaaten.

Vorbemerkung: Die Angaben für die Bundesstaaten sind im wesentlichen von den statistischen Landeszentralstellen geliefert, diejenigen für das Reich aus dem Reichshaushalts-Voranschlag entnommen oder berechnet.

Eine Zusammenrechnung ist weder für die Nachweise der verschiedenen Bundesstaaten noch für diejenigen der Bundesstaaten und des Reichs angängig, weil die gegenseitigen Zahlungen nicht ausgeglichen sind.

Bei mehrjährigen Finanzperioden ist der anteilige Betrag eines Rechnungsjahrs eingestellt.

### a. Die Ausgaben und Einnahmen nach den Voranschlägen.

| Staaten | Rechnungsjahr 1903 beginnend mit | Ausgaben, Brutto (Staatsbedarf) | | | Einnahmen, Brutto | | |
|---|---|---|---|---|---|---|---|
| | | ordentliche | | außerordentliche | ordentliche | | außerordentliche |
| | | im ganzen | darunter Matrikularbeiträge, Ausgleichungsbeiträge, auch Zinsen | | im ganzen | darunter Überweisungen aus der Reichskasse | |
| | | 1 000 ℳ | | | | | |
| Deutsches Reich | 1. IV. | [1] 2 358 584,4 | — | 127 746,4 | [2] 2 281 990,6 | — | 204 436,8 |
| Preußen | 1. IV. | 2 688 302,9 | 346 928,8 | — | 2 617 325,8 | 337 406,8 | 70 977,0 |
| Bayern | 1. I. | 465 911,3 | 74 056,7 | [3] . | 465 911,8 | 63 144,9 | [3] . |
| Sachsen | 1. I. | 346 720,9 | 42 672,1 | 32 085,4 | 347 536,8 | 41 172,1 | 32 085,4 |
| Württemberg | 1. IV. | 169 635,8 | 25 202,1 | 17 119,7 | 167 478,8 | 20 863,8 | 19 277,0 |
| Baden | 1. I. | 171 083,2 | 20 639,8 | 26 109,8 | 169 188,8 | 18 426,0 | 28 441,0 |
| Hessen | 1. IV. | 76 542,0 | 11 606,0 | 9 654,4 | 76 959,2 | 11 100,0 | 8 286,4 |
| Mecklenburg-Schwerin | 1. VII. | 37 173,7 | 6 112,4 | 3 506,4 | 36 977,5 | 5 845,2 | 3 907,8 |
| Sachsen-Weimar | 1. I. | 14 123,0 | 3 888,0 | — | 13 493,3 | 3 888,0 | 310,8 |
| Mecklenburg-Strelitz | 1. VII. | 4 097,4 | 1 058,3 | — | 4 783,8 | 1 012,0 | 44,1 |
| Oldenburg | 1. I. | 24 800,5 | 4 150,0 | 4 066,3 | 28 249,7 | 3 970,8 | 2 436,8 |
| Braunschweig | 1. IV. | 28 606,7 | 4 880,0 | 649,0 | 28 058,6 | 4 484,9 | 1 197,7 |
| Sachsen-Meiningen | 1. I. | 10 340,7 | 2 585,7 | — | 10 340,7 | 2 174,3 | — |
| Sachsen-Altenburg | 1. I. | 5 711,8 | 1 932,3 | 389,3 | 5 823,3 | 1 932,3 | 389,3 |
| Sachsen-Coburg-Gotha | 1. VII. | 8 669,6 | 2 308,4 | — | 8 669,6 | 2 208,0 | — |
| Anhalt | 1. VII. | 15 302,0 | 3 179,8 | 508,3 | 15 277,0 | 3 080,4 | 593,3 |
| Schwarzburg-Sondershausen | 1. I. | 3 381,6 | 728,4 | 41,7 | 3 381,6 | 728,9 | 41,7 |
| Schwarzburg-Rudolstadt | 1. I. | 3 347,8 | 900,0 | — | 3 347,6 | 900,0 | — |
| Waldeck | 1. I. | 1 671,3 | 585,0 | 2,4 | 1 671,3 | 580,5 | 2,4 |
| Reuß älterer Linie | 1. I. | 1 568,2 | 741,2 | — | 1 568,3 | 704,0 | — |
| Reuß jüngerer Linie | 1. I. | 3 078,6 | 1 400,1 | — | 3 078,6 | 1 301,3 | — |
| Schaumburg-Lippe | 1. IV. | 1 145,3 | 518,8 | 24,4 | 1 080,3 | 414,8 | 89,5 |
| Lippe | 1. IV. | 3 834,8 | 1 394,1 | — | 3 920,1 | 1 330,9 | — |
| Lübeck (Staat u. Stadt) | 1. IV. | 9 863,8 | 973,4 | [4] . | 9 863,6 | 164,4 | [4] . |
| Darunter Stadtgemeinde | | 3 404,1 | | | 3 404,1 | | |
| Bremen (Staat u. Stadt) | 1. IV. | 39 929,5 | 2 270,0 | [5] 26 507,7 | 32 637,5 | 2 163,1 | [6] 133,8 |
| Hamburg (Staat u. Stadt) | 1. I. | 105 649,9 | 7 778,4 | [5] 33 103,6 | 105 649,8 | 7 398,5 | [7] 33 103,5 |
| Elsaß-Lothringen | 1. IV. | 65 784,0 | 18 509,1 | 5 518,9 | 64 650,4 | 16 536,9 | 6 611,8 |

[1] Einschließlich der Überweisungen.

[2] Einschließlich der Matrikularbeiträge.

[3] Diese Angaben können für Bayern den Voranschlägen nicht entnommen werden.

[4] Der außerordentliche Staatsbedarf wird nicht im voraus veranschlagt, sondern im Laufe des Jahres von Fall zu Fall bewilligt.

[5] Die außerordentlichen Aufwendungen bei den freien und Hansestädten Bremen und Hamburg können mit denen bei den anderen Bundesstaaten nicht verglichen werden, weil sie auch für kommunale Zwecke erfolgen und die im Verhältnis zu den Gesamtausgaben außerordentlich hohen Ausgaben für Wasser- und Hafenbauten enthalten. Bei Bremen bilden sie größtenteils keine dauernde Belastung des Staatshaushalts, da sie auf besonderen Einnahmequellen fußen.

[6] Aus Mitteln des Grundstocks. Weitere Deckungsmittel des außerordentlichen Staatsbedarfs werden durch Anleihen beschafft.

[7] Darunter 84,5 (1 000 ℳ) aus Mitteln des Grundstocks.

## 12b. Die wichtigeren Einnahmequellen nach den Voranschlägen.

| Staaten | Rechnungsjahr 1903, beginnend mit: | Erwerbseinkünfte: Staats- (Reichs-) Eisenbahnen brutto | Erwerbseinkünfte: Staats- (Reichs-) Eisenbahnen (* netto | Erwerbseinkünfte: andere Erwerbseinkünfte brutto | Erwerbseinkünfte: andere Erwerbseinkünfte (** netto | (*** Steuern (Bruttobeträge): direkte | (*** Steuern (Bruttobeträge): Aufwands-, Verkehrs-, Erbschafts- und Schenkungssteuern |
|---|---|---|---|---|---|---|---|
| | | 1000 ℳ | | | | | |
| Deutsches Reich | 1. IV. | 87 879,6 | 17 956,8 | 487 338,2 | 69 105,6 | — | (1 1 044 401,8 |
| Preußen | 1. IV. | 1 386 727,2 | 100 220,3 | 408 440,3 | 94 430,8 | 212 967,8 | 45 430,8 |
| Bayern | 1. I. | 173 362,0 | 45 536,7 | 91 339,0 | 24 163,0 | 38 387,0 | (2 48 348,0 |
| Sachsen | 1. I. | 132 946,3 | 30 223,7 | 91 076,0 | 13 727,5 | 47 918,3 | 9 569,6 |
| Württemberg | 1. IV. | 59 650,0 | 16 300,0 | 42 036,3 | 14 445,8 | 20 776,4 | 15 120,0 |
| Baden | 1. I. | 74 501,4 | 13 606,0 | 11 733,9 | 4 286,9 | 10 664,6 | 17 308,2 |
| Hessen | 1. IV. | (3 10 100,0 | 9 810,4 | 22 325,1 | 3 487,6 | 11 796,1 | 3 920,0 |
| Mecklenburg-Schwerin | 1. VII. | 12 998,9 | 8 080,3 | 9 054,6 | 4 493,7 | 3 218,7 | 526,3 |
| Sachsen-Weimar | 1. I. | 28,3 | 28,3 | 3 286,5 | 2 721,8 | 2 928,0 | 240,7 |
| Mecklenburg-Strelitz | 1. VII. | — | — | 2 413,9 | 1 553,8 | 474,0 | 5,3 |
| Oldenburg | 1. I. | 13 305,1 | 3 368,0 | 1 433,8 | 735,6 | 3 958,4 | 422,0 |
| Braunschweig | 1. IV. | (4 2 625,0 | 2 625,0 | 12 573,8 | 3 706,0 | 2 553,0 | 516,5 |
| Sachsen-Meiningen | 1. I. | (5 243,3 | 243,8 | 4 290,8 | 1 825,7 | 1 765,2 | 39,6 |
| Sachsen-Altenburg | 1. I. | — | — | 543,0 | 385,0 | 1 409,0 | 266,9 |
| Sachsen-Coburg-Gotha | 1. VII. | — | — | 2 642,8 | 1 610,6 | 1 966,6 | 228,4 |
| Anhalt | 1. VII. | — | — | 7 270,1 | 4 708,9 | 2 537,5 | 335,2 |
| Schwarzburg-Sondersh. | 1. I. | — | — | 1 539,8 | 839,3 | 573,3 | 31,4 |
| Schwarzburg-Rudolstadt | 1. I. | — | — | 1 385,0 | 985,9 | 614,5 | 25,5 |
| Waldeck | 1. I. | — | — | 15,8 | 13,1 | 363,8 | 10,5 |
| Reuß älterer Linie | 1. I. | — | — | — | — | 456,2 | 34,4 |
| Reuß jüngerer Linie | 1. I. | — | — | 7,6 | 7,6 | 900,0 | 37,2 |
| Schaumburg-Lippe | 1. IV. | — | — | 20,0 | 20,0 | 250,0 | 25,8 |
| Lippe | 1. IV. | — | — | 115,3 | 99,4 | 880,1 | 42,0 |
| Lübeck (Staat u. Stadt) | 1. IV. | — | — | 2 632,0 | 1 280,4 | 2 832,2 | 758,0 |
| Darunter Stadtgemeinde | | — | — | 1 670,3 | 650,0 | 603,1 | 51,0 |
| Bremen (Staat u. Stadt) | 1. IV. | (6 370,0 | (6 74,0 | (7 5 309,0 | (7 2 031,1 | 11 388,8 | 1 742,0 |
| Hamburg (Staat u. Stadt) | 1. I. | (5 125,4 | (6 125,4 | 10 014,3 | 6 169,0 | 41 234,0 | 6 757,7 |
| Elsaß-Lothringen | 1. IV. | — | — | 9 265,9 | 3 470,6 | 13 005,8 | 16 682,7 |

*) Zinsen für die Eisenbahnschuld sowie Pensionslasten für das Eisenbahnpersonal sind hier nicht in Abzug gebracht.

**) Die Abrechnungen der Verkehrsanstalten untereinander können nicht berücksichtigt werden.

***) Die Erhebungs- und Verwaltungskosten der Steuern können hier nicht in Betracht gezogen werden.

1) Für das Reich: Zölle und Steuern einschließlich der daraus zu zahlenden Erhebungs- und Verwaltungskosten und der Ausfuhrvergütungen, auch Banknotensteuer. Über die Nettobeträge vgl. Tab. 1 S. 220.

2) Ohne die bei den Gerichtsgebühren einbegriffene Umsatzsteuer.

3) Für Hessen nur Anteil an den Einnahmen der Preußisch-Hessischen Eisenbahngemeinschaft.

4) Braunschweig bezieht von Preußen für die verkauften Staatseisenbahnen eine Annuität von 2 625,0 ℳ (1 000 ℳ).

5) Von verpachteten oder verkauften Eisenbahnen.

6) Pacht für die Oldenburger Bahn. Für die Bahnanlagen in den Häfen können Netto-Ertragsberechnungen nicht aufgestellt werden.

7) Bei den Erwerbseinkünften sind die für Bremen wichtigen Einnahmen an Hafengeldern, Schiffahrtsabgaben, Tonnen- und Bakengeldern hier nicht einbegriffen.

## 12c. Die Reichs- und Staatsschulden. Durchschnittsberechnungen.

| Staaten | Stand der Staatsschuld (Reichsschuld) am | Betrag 1000 M. | Ausgaben für die Staatsschuld nach den Voranschlägen: Rechnungsjahr, beginnend mit | Jahresbetrag der Verzinsung 1000 M. | Tilgung Betrag 1000 M. | Tilgung in % der Schuld | Auf den Kopf der Bevölkerung[1]: Verzinsung der Staatsschuld (Reichsschuld) M. | [illegible] M. | [illegible] M. | [illegible] M. | Betrag der Staatsschuld M. |
|---|---|---|---|---|---|---|---|---|---|---|---|
| Deutsches Reich | 1. IV. 1903 | [2] 2 813 [illegible] | 1. IV. 1903 | 96 208,[illegible] | — | ... | 1,44 | ... | 16,86 | [illegible] | [illegible] |
| Preußen | 1. IV. 1903 | 7 026 710,[illegible] | 1. IV. 1903 | 249 [illegible] | 42 160,[illegible] | 0,[illegible] | 14,[illegible] | 6,1[illegible] | 1,38 | [illegible] | 202,[illegible] |
| Bayern | 1. VIII. 1901 | 1 466 231,9 | 1. 1. 1902 | 47 169,[illegible] | 2 163,[illegible] | 0,1[illegible] | 11,[illegible] | 6,2[illegible] | 7,4[illegible] | 7,[illegible] | 236,[illegible] |
| Sachsen | 1. 1. 1902 | [illegible] | 1. 1. 1902 | 39 318,[illegible] | 9 201,[illegible] | 0,[illegible] | 16,44 | 11,10 | 8,[illegible] | 7,[illegible] | 253,[illegible] |
| Württemberg | 1. IV. 1903 | 530 160,[illegible] | 1. IV. 1903 | 18 181,[illegible] | 3 121,[illegible] | 0,[illegible] | 14,19 | 8,[illegible] | 8,[illegible] | 8,[illegible] | 236,[illegible] |
| Baden | 1. 1. 1903 | 425 079,[illegible] | 1. 1. 1903 | 17 540,[illegible] | 10 088,[illegible] | 2,[illegible] | 8,[illegible] | 8,[illegible] | 9,[illegible] | 9,[illegible] | 227,[illegible] |
| Hessen | 1. IV. 1903 | 332 865,[illegible] | 1. IV. 1903 | 11 321,[illegible] | 92,[illegible] | 0,0[illegible] | 11,[illegible] | 10,[illegible] | [illegible] | 10,[illegible] | 297,[illegible] |
| Mecklenburg-Schwerin | 1. VII. 1901 | 131 763,[illegible] | 1. VII. 1901 | 4 642,[illegible] | 943,[illegible] | 0,7[illegible] | 12,[illegible] | [illegible] | [illegible] | 7,[illegible] | 216,[illegible] |
| Sachsen-Weimar | 1. 1. 1903 | [illegible] | 1. 1. 1902 | [illegible] | 15,[illegible] | 0,[illegible] | 7,[illegible] | [illegible] | [illegible] | [illegible] | [illegible] |
| Mecklenburg-Strelitz | 1. VII. 1902 | 1 418,[illegible] | 1. VII. 1902 | 50,[illegible] | 17,[illegible] | 2,[illegible] | 15,[illegible] | 4,[illegible] | [illegible] | [illegible] | 13,[illegible] |
| Oldenburg | 1. 1. 1903 | 56 [illegible] | 1. 1. 1903 | 1 [illegible] | 297,[illegible] | 0,1[illegible] | [illegible] | [illegible] | [illegible] | 5,[illegible] | 142,[illegible] |
| Braunschweig | 1. IV. 1903 | 57 327,[illegible] | 1. IV. 1903 | [illegible] | 1 025,[illegible] | 3,[illegible] | 13,[illegible] | 6,[illegible] | [illegible] | [illegible] | 1[illegible] |
| Sachsen-Meiningen | 1. 1. 1903 | [illegible] | 1. 1. 1903 | 222,[illegible] | 233,[illegible] | [illegible] | [illegible] | 7,[illegible] | [illegible] | [illegible] | [illegible] |
| Sachsen-Altenburg | 1. 1. 1903 | 332,[illegible] | 1. 1. 1903 | 31,[illegible] | — | — | 1,[illegible] | 7,[illegible] | [illegible] | [illegible] | [illegible] |
| Sachsen-Coburg-Gotha | 1. VII. 1902 | 5 931,[illegible] | 1. VII. 1902 | 220,[illegible] | 100,[illegible] | 1,7[illegible] | 7,[illegible] | 8,[illegible] | [illegible] | [illegible] | [illegible] |
| Anhalt | 1. VII. 1903 | 4 237,[illegible] | 1. VII. 1902 | 110,[illegible] | 10[illegible] | 2,[illegible] | [illegible] | 8,[illegible] | [illegible] | [illegible] | 1[illegible] |
| Schwarzburg-Sondershausen | 1. 1. 1902 | 1 [illegible] | 1. 1. 1902 | 5[illegible] | 9,[illegible] | [illegible] | [illegible] | 7,[illegible] | [illegible] | [illegible] | 1[illegible] |
| Schwarzburg-Rudolstadt | 1. 1. 1902 | 4 [illegible] | 1. 1. 1902 | 101,[illegible] | 2[illegible] | 0,[illegible] | [illegible] | [illegible] | [illegible] | [illegible] | 4[illegible] |
| Waldeck | 1. 1. 1903 | 1 [illegible] | 1. 1. 1903 | 6[illegible] | 3[illegible] | [illegible] | [illegible] | [illegible] | [illegible] | [illegible] | 3[illegible] |
| Reuß älterer L. | 1. 1. 1903 | — | 1. 1. 1903 | — | — | — | — | [illegible] | [illegible] | — | — |
| Reuß jüngerer L. | 1. 1. 1903 | 1 030,[illegible] | 1. 1. 1903 | 41,[illegible] | — | — | 0,[illegible] | [illegible] | [illegible] | [illegible] | 7,[illegible] |
| Schaumburg-Lippe | 1. IV. 1903 | 4[illegible] | 1. IV. 1903 | 16,[illegible] | 2[illegible] | [illegible] | 0,[illegible] | [illegible] | [illegible] | [illegible] | 11,[illegible] |
| Lippe | 1. IV. 1903 | 815,[illegible] | 1. IV. 1903 | 33,[illegible] | [illegible] | 0,4[illegible] | 0,[illegible] | [illegible] | [illegible] | [illegible] | 5,[illegible] |
| Lübeck (Staat und Stadt) | 1. IV. 1903 | [6] 37 [illegible] | 1. IV. 1903 | 1 [illegible] | [illegible] | 1,[illegible] | 13,[illegible] | 2[illegible] | 7,[illegible] | 13,[illegible] | 3[illegible] |
| [illegible] |  | [illegible] |  | [illegible] | [illegible] | [illegible] | — | — | — | — | — |
| Bremen (Staat und Stadt) | 1. IV. 1903 | [6] 1[illegible] 507,[illegible] | 1. IV. 1903 | [illegible] | 285,[illegible] | 0,[illegible] | [illegible] | 5[illegible] | 7,[illegible] | 2[illegible] | [illegible] |
| Hamburg (Staat und Stadt) | 1. 1. 1903 | [6] [illegible] | 1. 1. 1903 | [illegible] | 2 [illegible] | [illegible] | 8,[illegible] | 5[illegible] | [illegible] | 2[illegible] | 6[illegible] |
| Elsaß-Lothringen | 1. IV. 1903 | 2[illegible] | 1. IV. 1903 | [illegible] | [illegible] | [illegible] | [illegible] | 7,[illegible] | [illegible] | 6,[illegible] | 1[illegible] |

[1] Den Berechnungen ist das Ergebnis der Zählung vom 1. Dezember 1900 zugrunde gelegt.

[2] Reichsanleihen einschl. [illegible] (1000 M.) [illegible] [illegible] (1000 M.) [illegible] Über die Beteiligung der Bundesstaaten an der Reichsschuld vgl. [illegible] S. 233.

[3] [illegible] 7 337,[illegible] (1000 M.), [illegible] auf den Kopf der Bevölkerung [illegible] M.

[4] Die Schulden der freien und Hansestädte Bremen und Hamburg sind aus den bei Anmerkung 5 S. 233 angeführten Gründen mit den Schulden der Bundesstaaten nicht vergleichbar.

[5] Vgl. Anmerkung 7 S. 234.

[6] Vgl. die entsprechenden Anmerkungen auf Seite 234.

[7] Bei Teilung der Schulden nach dem Verhältnis der bestehenden Finanzgemeinschaften berechnen sich diese Angaben für Bayern auf *1,89* M. bezw. [illegible] M., für Württemberg auf *1,05* M. bzw. *48,70* M., für die

# XVI. Versiche

## 1. Kranken

### a. Die Krankenkassen¹) nach

| Staaten und Landesteile (Sitz der Kassen) | Gemeinde-krankenversicherung | | Orts-krankenkassen | | Betriebs-(Fabrik-)krankenkassen | | Bau-krankenkassen | |
|---|---|---|---|---|---|---|---|---|
| | Im Jahre 1902 | | | | | | | |
| | Kassen | Mitglieder im Durchschnitt des Jahres | Kassen | Mitglieder im Durchschnitt des Jahres | Kassen | Mitglieder im Durchschnitt des Jahres | Kassen | Mitglieder im Durchschnitt des Jahres |
| Prov. Ostpreußen | 28 | 48 523 | 72 | 67 708 | 92 | 25 044 | 5 | 524 |
| „ Westpreußen | 197 | 25 017 | 72 | 45 600 | 113 | 84 243 | 6 | 605 |
| Stadt Berlin | 1 | 54 | 55 | 398 165 | 49 | 103 807 | — | — |
| Prov. Brandenburg | 609 | 46 598 | 353 | 328 869 | 320 | 75 551 | 2 | 929 |
| „ Pommern | 84 | 28 360 | 146 | 98 726 | 113 | 86 520 | 2 | 734 |
| „ Posen | 4 | 810 | 156 | 78 909 | 86 | 31 748 | — | — |
| „ Schlesien | 18 | 21 612 | 343 | 355 167 | 695 | 237 995 | 6 | 1 282 |
| „ Sachsen | 98 | 155 069 | 402 | 263 849 | 503 | 145 452 | — | — |
| „ Schleswig-Holstein | 130 | 11 347 | 152 | 120 792 | 63 | 40 371 | 2 | 130 |
| „ Hannover | 322 | 59 118 | 379 | 166 423 | 383 | 100 698 | 3 | 388 |
| „ Westfalen | 66 | 8 100 | 363 | 241 133 | 635 | 160 848 | 2 | 326 |
| „ Hessen-Nassau | 10 | 11 590 | 137 | 198 207 | 160 | 75 787 | — | — |
| „ Rheinland | 277 | 33 198 | 502 | 611 072 | 1 145 | 385 105 | 6 | 1 542 |
| Hohenzollern | — | — | 8 | 8 531 | 11 | 1 203 | — | — |
| **Preußen** | 1 839 | 147 455 | 3 130 | 2 914 151 | 4 368 | 1 454 465 | 34 | 6 360 |
| Bayern rechts des Rheins | 3 450 | 459 146 | 49 | 133 428 | 456 | 153 870 | 3 | 6 228 |
| Bayern l. d. Rh. (Rh. Pfalz) | 607 | 61 435 | 19 | 24 416 | 166 | 48 626 | 1 | 280 |
| **Bayern** | 4 057 | 520 581 | 68 | 157 844 | 622 | 202 196 | 4 | 6 508 |
| Sachsen | 679 | 147 535 | 621 | 647 154 | 901 | 272 204 | 3 | 364 |
| Württemberg | 151 | 16 160 | 115 | 202 034 | 278 | 84 841 | 2 | 1 245 |
| Baden | 360 | 144 640 | 115 | 164 327 | 414 | 121 513 | 2 | 94 |
| Hessen | 693 | 61 497 | 89 | 92 226 | 95 | 37 001 | 1 | 8 |
| Mecklenburg-Schwerin | 177 | 14 806 | 49 | 28 500 | 33 | 6 735 | — | — |
| Sachsen-Weimar | 8 | 4 951 | 54 | 55 618 | 45 | 10 348 | — | — |
| Mecklenburg-Strelitz | 11 | 5 120 | 5 | 3 658 | 2 | 231 | — | — |
| Oldenburg | 65 | 13 076 | 19 | 13 256 | 29 | 9 959 | — | — |
| Braunschweig | 216 | 32 731 | 131 | 52 855 | 155 | 49 704 | 1 | 49 |
| Sachsen-Meiningen | 5 | 8 492 | 43 | 27 025 | 54 | 14 413 | — | — |
| Sachsen-Altenburg | 113 | 19 800 | 19 | 19 497 | 34 | 6 691 | — | — |
| Sachsen-Koburg-Gotha | 1 | 141 | 37 | 30 523 | 41 | 6 758 | — | — |
| Anhalt | 33 | 23 773 | 31 | 23 291 | 60 | 14 316 | — | — |
| Schwarzburg-Sondersh. | 2 | 3 831 | 3 | 11 300 | 14 | 2 342 | 1 | 147 |
| Schwarzburg-Rudolstadt | 54 | 2 473 | 11 | 9 860 | 41 | 5 261 | — | — |
| Waldeck | 4 | 4 293 | — | — | 1 | 19 | — | — |
| Reuß älterer Linie | 43 | 1 468 | 12 | 14 148 | 12 | 4 596 | — | — |
| Reuß jüngerer Linie | 79 | 3 826 | 5 | 19 932 | 9 | 12 193 | — | — |
| Schaumburg-Lippe | — | — | 6 | 2 539 | 6 | 966 | — | — |
| Lippe | 4 | 806 | 20 | 7 223 | 7 | 1 885 | — | — |
| Lübeck | 43 | 2 403 | 1 | 10 146 | 4 | 2 018 | — | — |
| Bremen | 2 | 700 | 3 | 16 543 | 20 | 13 153 | 1 | 317 |
| Hamburg | 25 | 7 277 | 20 | 54 051 | 38 | 26 868 | 1 | 248 |
| Elsaß-Lothringen | | — | 50 | 110 577 | 344 | 160 007 | 2 | 396 |
| **Deutsches Reich** | 8 528 | 1 487 805 | 4 699 | 4 697 298 | 7 626 | 2 491 756 | 62 | 15 720 |
| 1901 | 8 447 | 1 465 144 | 4 677 | 4 552 435 | 7 461 | 2 406 741 | 64 | 15 791 |

¹) Soweit sie auf dem Krankenversicherungsgesetz vom 15. Juni 1883 (Novelle vom 10. April Mitglieder besitzen (namentlich bei Eingeschriebenen Hilfskassen häufig), sind nicht als besondere Kassen gezählt. Sitz hat. — ²) welche dem § 75 des Krankenversicherungsgesetzes entsprechen. — ³) d. h. die Zahl, welche sich überhaupt tätigen, nämlich die das ganze Jahr oder auch nur einen Teil des Jahres tätigen Kassen

## rungswesen.

### versicherung.[1])

### Staaten und Landesteilen.

| Innungs-krankenkassen | | Eingeschriebene Hilfskassen [1]) | | Landesrechtliche Hilfskassen [2]) | | Sämtliche Krankenkassen | | | | Staaten und Landesteile |
|---|---|---|---|---|---|---|---|---|---|---|
| Im Jahre 1902 | | | | | | | | | | |
| | | | | | | | Durchschnittszahl | | | |
| Kassen | Mitglieder im Durchschnitt des Jahres | Kassen | Mitglieder im Durchschnitt des Jahres | Kassen | Mitglieder im Durchschnitt des Jahres | Kassen überhaupt | der Kassen[4]) | der Mitglieder[5]) | Auf 1 Kasse trafen Mitglieder | (Sitz der Kassen) |
| — | — | 5 | 1 026 | | — | 202 | 199 | 140 819 | 707,6 | Prov. Ostpreußen |
| 10 | 2 415 | 21 | 10 359 | — | — | 419 | 403 | 118 100 | 293,1 | „ Westpreußen |
| 20 | 80 485 | 33 | 33 490 | 1 | 307 | 169 | 168 | 596 308 | 3 774,1 | Stadt Berlin |
| 46 | 6 936 | 79 | 29 876 | 8 | 1 599 | 1 147 | 1 140 | 400 355 | 351,2 | Prov. Brandenburg |
| 22 | 3 621 | 12 | 1 264 | — | | 379 | 374 | 170 237 | 455,2 | „ Pommern |
| 2 | 350 | 4 | 1 188 | — | | 202 | 199 | 113 305 | 569,4 | „ Posen |
| 23 | 7 179 | 24 | 11 837 | 3 | 6 915 | 1 152 | 1 139 | 642 020 | 563,7 | „ Schlesien |
| 43 | 7 583 | 66 | 38 378 | 6 | 1 539 | 1 112 | 1 106 | 611 532 | 553,1 | „ Sachsen |
| 13 | 1 006 | 94 | 105 081 | — | — | 454 | 451 | 278 727 | 618,0 | „ Schleswig-Holstein |
| 53 | 6 898 | 93 | 31 968 | 8 | 863 | 1 241 | 1 221 | 368 256 | 301,6 | „ Hannover |
| 82 | 17 074 | 37 | 6 909 | — | — | 1 185 | 1 176 | 424 390 | 360,9 | „ Westfalen |
| 30 | 12 303 | 162 | 36 809 | 1 | 250 | 470 | 463 | 334 953 | 723,4 | „ Hessen-Nassau |
| 56 | 23 348 | 79 | 16 416 | 14 | 3 149 | 2 079 | 2 060 | 1 006 220 | 488,5 | „ Rheinland |
| — | — | | — | — | — | 19 | 19 | 9 734 | 512,3 | Hohenzollern |
| 400 | 151 181 | 708 | 326 787 | 41 | 14 928 | 10 520 | 10 364 | 5 315 327 | 512,9 | Preußen |
| 12 | 4 847 | 16 | 6 283 | 3 | 354 | 3 889 | 3 756 | 763 156 | 203,2 | Bayern rechts des Rheins |
| 3 | 886 | 1 | 52 | 5 | 1 058 | 802 | 787 | 136 753 | 173,8 | Bayern l. d. Rh. (Rhe. Pfalz) |
| 15 | 5 733 | 17 | 6 335 | 8 | 1 412 | 4 791 | 4 543 | 899 909 | 198,1 | Bayern |
| 107 | 36 503 | 122 | 88 816 | — | | 2 433 | 2 412 | 1 193 084 | 494,6 | Sachsen |
| 5 | 1 254 | 53 | 21 312 | — | — | 468 | 467 | 326 876 | 700,0 | Württemberg |
| 7 | 3 761 | 44 | 11 129 | 4 | 1 233 | 946 | 942 | 446 688 | 474,2 | Baden |
| 4 | 1 259 | 112 | 43 533 | 11 | 3 444 | 1 005 | 1 000 | 238 968 | 239,0 | Hessen |
| 34 | 1 076 | 12 | 11 459 | 1 | 52 | 335 | 327 | 63 425 | 194,0 | Mecklenburg-Schwerin |
| 4 | 532 | 25 | 5 840 | — | — | 136 | 132 | 77 319 | 585,7 | Sachsen-Weimar |
| — | — | — | — | — | — | 18 | 18 | 9 012 | 500,7 | Mecklenburg-Strelitz |
| 3 | 534 | 29 | 4 492 | — | — | 144 | 143 | 41 318 | 288,9 | Oldenburg |
| 14 | 3 794 | 32 | 36 075 | 1 | 322 | 553 | 547 | 145 620 | 266,2 | Braunschweig |
| | | 8 | 1 361 | | — | 110 | 110 | 51 311 | 466,5 | Sachsen-Meiningen |
| 1 | 173 | 23 | 9 510 | — | — | 190 | 190 | 54 731 | 288,1 | Sachsen-Altenburg |
| 3 | 351 | 11 | 21 883 | — | — | 93 | 93 | 71 656 | 770,5 | Sachsen-Koburg-Gotha |
| 8 | 1 440 | 18 | 3 067 | — | — | 150 | 148 | 65 863 | 445,0 | Anhalt |
| — | — | 4 | 611 | | — | 24 | 24 | 18 231 | 759,6 | Schwarzburg-Sondersh. |
| 4 | 440 | 14 | 1 948 | — | — | 157 | 156 | 19 996 | 128,2 | Schwarzburg-Rudolstadt |
| — | — | 7 | 807 | — | — | 12 | 12 | 5 119 | 426,6 | Waldeck |
| 2 | 212 | — | — | 1 | 125 | 70 | 68 | 20 540 | 302,1 | Reuß älterer Linie |
| 1 | 405 | 8 | 2 381 | — | — | 102 | 102 | 38 737 | 379,8 | Reuß jüngerer Linie |
| — | — | — | — | — | — | 12 | 12 | 3 505 | 292,1 | Schaumburg-Lippe |
| 1 | 73 | 37 | 29 017 | | — | 69 | 68 | 39 006 | 573,6 | Lippe |
| 5 | 599 | 12 | 6 107 | — | | 65 | 65 | 21 270 | 327,2 | Lübeck |
| 14 | 2 812 | 43 | 20 155 | — | — | 83 | 82 | 53 683 | 654,7 | Bremen |
| 5 | 4 281 | 54 | 246 618 | 8 | 2 351 | 151 | 150 | 341 792 | 2 278,6 | Hamburg |
| 4 | 611 | 21 | 2 791 | 147 | 20 596 | 577 | 572 | 295 058 | 515,8 | Elsaß-Lothringen |
| **839** | **217 833** | **1 446** | **903 098** | **225** | **44 463** | **23 214** | **22 747** | **9 858 086** | **433,4** | **Deutsches Reich** |
| 616 | [illegible] | 1 4[illegible] | [illegible] | 228 | 45 064 | 23 064 | 22 584 | 9 641 [illegible] | 426,9 | 1901 |

1892) beruht. — [4]) Die örtlichen Verwaltungsstellen, welche für die außerhalb des Kassensitzes vorhandenen ... ihre Mitgliederzahlen sind in der Provinz oder dem Staate mitnachgewiesen, wo die Hauptkasse ihren ... bei Berücksichtigung der Tätigkeitsdauer der Kassen ergibt, während in den vorhergehenden Spalten die ... angegeben sind. — [5]) Außerdem waren versichert in den Knappschaftskassen 671 [illegible] Personen.

## 1b. Die Krankenkassen nach ihren Leistungen.

| Zahl oder Betrag | Jahr | Gemeindekrankenversicherung | Ortskrankenkassen | Betriebs-(Fabrik-)krankenkassen | Baukrankenkassen | Innungskrankenkassen | Eingeschriebene Hilfskassen | Landesrechtliche Hilfskassen | Krankenkassen überhaupt |
|---|---|---|---|---|---|---|---|---|---|
| Mitglieder im Durchschnitt des Jahres | 1898 | 1 409 730 | 4 079 958 | 2 280 651 | 18 100 | 159 154 | 765 900 | 57 474 | 8 770 057 |
| | 99 | 1 431 438 | 4 283 370 | 2 398 659 | 19 726 | 160 328 | 805 354 | 44 709 | 9 155 582 |
| | 1900 | 1 441 614 | 4 474 765 | 2 503 197 | 20 397 | 189 063 | 846 110 | 45 587 | 9 520 763 |
| | 01 | 1 465 124 | 4 550 235 | 2 496 743 | 15 791 | 203 809 | 864 978 | 45 062 | 9 641 742 |
| | 02 | 1 487 895 | 4 697 298 | 2 491 756 | 15 726 | 217 833 | 903 095 | 44 463 | 9 858 066 |
| Erkrankungsfälle mit Erwerbsunfähigkeit | 1898 | 346 123 | 1 384 511 | 942 554 | 9 782 | 50 373 | 262 830 | 16 417 | 3 012 593 |
| | 99 | 369 841 | 1 606 587 | 1 106 014 | 11 334 | 59 125 | 309 854 | 13 312 | 3 476 067 |
| | 1900 | 376 683 | 1 706 989 | 1 176 498 | 11 627 | 66 559 | 326 151 | 14 478 | 3 679 285 |
| | 01 | 365 885 | 1 716 701 | 1 119 690 | 9 554 | 72 550 | 328 002 | 13 568 | 3 617 022 |
| | 02 | 372 030 | 1 734 555 | 1 045 840 | 11 216 | 73 613 | 328 474 | 12 682 | 3 578 410 |
| Krankheitstage im Sinne des K.-V.-G. | 1898 | 5 700 420 | 25 637 780 | 15 491 370 | 154 492 | 823 037 | 4 954 155 | 310 913 | 53 201 173 |
| | 99 | 6 342 310 | 29 249 934 | 17 751 308 | 160 030 | 957 411 | 5 670 446 | 275 238 | 60 406 683 |
| | 1900 | 6 538 400 | 31 338 405 | 19 398 434 | 162 029 | 1 110 552 | 6 076 668 | 292 339 | 64 916 827 |
| | 01 | 6 508 105 | 32 808 307 | 19 228 341 | 146 052 | 1 300 927 | 6 248 981 | 285 775 | 66 652 488 |
| | 02 | 6 094 535 | 33 688 982 | 18 751 761 | 177 806 | 1 418 139 | 6 387 630 | 258 204 | 67 377 057 |
| | | M. | M. | M. | M. | M. | M. | M. | M. |
| Ordentliche Einnahmen[1]) | 1898 | 11 858 630 | 72 793 108 | 50 552 666 | 457 685 | 2 777 031 | 15 180 696 | 1 041 015 | 154 069 821 |
| | 99 | 12 227 806 | 78 104 214 | 54 708 701 | 481 510 | 2 907 209 | 16 100 412 | 785 296 | 165 245 151 |
| | 1900 | 12 392 329 | 84 124 189 | 59 256 028 | 526 808 | 3 502 532 | 17 139 580 | 821 893 | 177 766 351 |
| | 01 | 13 087 859 | 87 754 061 | 60 068 581 | 369 058 | 3 778 833 | 17 849 075 | 781 161 | 183 688 628 |
| | 02 | 14 055 932 | 93 811 642 | 61 310 517 | 385 831 | 4 158 090 | 18 907 619 | 768 036 | 193 417 667 |
| Beiträge (einschl. Zuschüsse und Eintrittsgelder) | 1898 | 11 292 748 | 69 202 902 | 46 356 457 | 428 967 | 2 678 139 | 14 359 286 | 922 108 | 145 240 607 |
| | 99 | 11 568 145 | 73 052 941 | 49 961 580 | 457 903 | 2 810 176 | 15 297 036 | 663 617 | 154 711 407 |
| | 1900 | 11 702 105 | 79 591 757 | 53 958 783 | 502 487 | 3 336 545 | 16 285 851 | 688 407 | 166 045 995 |
| | 01 | 12 397 106 | 82 570 111 | 54 800 611 | 349 211 | 3 580 859 | 16 972 669 | 672 703 | 171 353 270 |
| | 02 | 13 414 022 | 88 446 668 | 55 909 064 | 370 897 | 3 985 557 | 17 972 544 | 683 026 | 180 782 378 |
| Ordentliche Ausgaben[2]) | 1898 | 11 583 795 | 64 694 012 | 45 385 722 | 430 658 | 2 321 524 | 13 971 775 | 1 058 608 | 139 444 69[illegible] |
| | 99 | 12 020 380 | 73 657 019 | 51 934 843 | 421 995 | 2 735 521 | 15 867 080 | 736 541 | 157 953 979 |
| | 1900 | 12 982 780 | 80 370 344 | 56 543 886 | 475 602 | 3 278 727 | 17 122 675 | 810 149 | 171 584 173 |
| | 01 | 13 532 983 | 85 240 403 | 56 756 644 | 384 052 | 3 730 655 | 17 600 158 | 794 300 | 178 039 19[illegible] |
| | 02 | 14 167 931 | 89 815 588 | 56 900 715 | 398 280 | 4 054 167 | 18 195 538 | 793 620 | 183 328 86[illegible] |
| Überschuß der Aktiva über die Passiva | 1898 | 961 167 | 61 380 428 | 64 619 171 | 297 737 | 2 417 692 | 15 918 727 | 2 180 732 | 147 775 85[illegible] |
| | 99 | 625 270 | 64 557 081 | 66 053 562 | 310 688 | 2 562 207 | 16 357 164 | 1 800 852 | 152 356 627 |
| | 1900 | 100 103 | 67 090 755 | 67 898 010 | 324 981 | 2 780 823 | 16 295 121 | 1 898 540 | 156 388 09[illegible] |
| | 01 | 7 068 | 70 517 582 | 71 047 355 | 285 932 | 2 847 154 | 16 528 105 | 1 896 101 | 163 013 16[illegible] |
| | 02 | 227 043 | 74 552 101 | 70 379 705 | 223 320 | 2 915 343 | 17 213 152 | 1 911 865 | 173 412 529 |
| Im Jahre 1902 kamen von den Krankheitskosten auf: | | | | | | | | | |
| Arzt . . . . . . . . M. | | 3 805 899 | 16 600 470 | 13 287 215 | 82 942 | 712 323 | 2 775 320 | 135 142 | 37 499 311 |
| Arznei usw. . . . . „ | | 2 392 274 | 12 627 034 | 9 225 700 | 30 535 | 464 959 | 1 720 005 | 113 407 | 26 576 604 |
| Krankengelder . . . „ | | 4 341 110 | 33 764 038 | 24 491 767 | 173 138 | 1 446 780 | 9 834 909 | 331 761 | 74 380 502 |
| Anstaltsverpfl. usw. „ | | 3 106 027 | 14 998 510 | 8 410 423 | 95 127 | 874 711 | 1 760 305 | 95 896 | 29 341 959 |
| zusammen 1902 . . . M. | | 13 746 210 | 77 990 052 | 55 414 705 | 384 742 | 3 498 773 | 16 090 598 | 676 206 | 167 801 370 |
| 1901 . . „ | | 13 117 423 | 74 670 289 | 55 589 468 | 355 705 | 3 234 941 | 15 678 201 | 709 562 | 163 355 589 |
| Verwaltungskosten, abzügl. d. für die Invalidenversicherung | 1902 | . | 8 161 788 | 383 957 | 4 640 | 457 172 | 1 865 218 | 57 947 | 10 930 722 |
| | 1901 | . | 7 702 710 | 363 229 | 5 834 | 423 610 | 1 731 276 | 54 914 | 10 281 573 |

Es kamen auf 1 Mitglied im Durchschnitt des Jahres:

| | Gem.krv. 1902 | Gem.krv. 1901 | Ortskk. 1902 | Ortskk. 1901 | Betriebskk. 1902 | Betriebskk. 1901 | Baukk. 1902 | Baukk. 1901 | Innungskk. 1902 | Innungskk. 1901 | Eingeschr. Hilfsk. 1902 | Eingeschr. Hilfsk. 1901 | Landr. Hilfsk. 1902 | Landr. Hilfsk. 1901 | Kk. überh. 1902 | Kk. überh. 1901 |
|---|---|---|---|---|---|---|---|---|---|---|---|---|---|---|---|---|
| Erkrankungsfälle . . | 0,25 | 0,25 | 0,37 | 0,38 | 0,[illegible] | 0,[illegible] | 0,71 | 0,[illegible] | 0,34 | 0,35 | 0,36 | 0,[illegible] | 0,29 | 0,30 | 0,[illegible] | 0,[illegible] |
| Krankheitstage . . . . | 4,[illegible] | 4,[illegible] | 7,[illegible] | 7,[illegible] | 7,[illegible] | 7,[illegible] | 11,[illegible] | 9,[illegible] | 6,[illegible] | 6,[illegible] | 7,[illegible] | 7,[illegible] | 5,[illegible] | 6,[illegible] | 6,83 | 6,[illegible] |
| Krankheitskosten . M. | 9,[illegible] | 8,[illegible] | 16,60 | 16,[illegible] | [illegible] | [illegible] | [illegible] | [illegible] | 16,[illegible] | 15,[illegible] | 17,[illegible] | 18,[illegible] | 15,[illegible] | 15,[illegible] | 17,[illegible] | 16,[illegible] |
| Verwaltungskosten „ | . | . | 1,[illegible] | 1,[illegible] | 0,[illegible] | 0,[illegible] | 0,[illegible] | 0,[illegible] | [illegible] | [illegible] | [illegible] | [illegible] | 1,[illegible] | 1,[illegible] | 1,[illegible] | 1,[illegible] |

[1]) Zinsen, Eintrittsgelder, Beiträge, Zuschüsse, Ersatzleistungen, sonstige Einnahmen abzüglich derer für die Invalidenversicherung.
[2]) Krankheitskosten, Ersatzleistungen, zurückgezahlte Beiträge und Eintrittsgelder, Verwaltungsausgaben abzüglich derer für die Invalidenversicherung, sonstige Ausgaben.

## 1c. Die Krankenversicherung in den Knappschaftskassen und -vereinen 1902.
(Vierteljahrshefte zur Statistik des Deutschen Reichs 1904 I. S. 120.)

| Staaten und Landesteile | Anzahl der Kassen (Vereine) | Durchschnittliche Belegschaft, aktive Mitglieder | Der aktiven Mitglieder Erkrankungsfälle mit Krankengeldbezug oder Krankenhauspflege | Der aktiven Mitglieder Krankheitstage mit Krankengeldbezug oder Krankenhauspflege | Einnahmen: Beiträge, Eintrittsgelder, Strafen usw. der Mitglieder 1000 ℳ | Einnahmen: Beiträge und Zuschüsse der Werkseigentümer 1000 ℳ | Einnahmen: Zinsen und sonstige Einnahmen 1000 ℳ | Summe der Einnahmen 1000 ℳ |
|---|---|---|---|---|---|---|---|---|
| Ober-Bergamts-Bez. Breslau | 3 | 133 765 | 43 224 | 867 293 | 1 301,8 | 1 056,4 | 168,1 | 2 526,3 |
| " " " Halle | 13 | 75 580 | 37 437 | 550 016 | 903,1 | 875,2 | 189,0 | 1 967,3 |
| " " " Clausthal | 4 | 19 818 | 9 499 | 156 986 | 302,9 | 268,8 | 59,6 | 631,3 |
| " " " Dortmund | 10 | 252 383 | 154 695 | 2 543 097 | 5 249,5 | 3 919,9 | 769,5 | 9 938,9 |
| " " " Bonn | 43 | 130 221 | 73 775 | 1 157 406 | 1 719,3 | 1 292,1 | 744,2 | 3 755,6 |
| Königr. Preußen | 73 | 611 767 | 318 630 | 5 274 797 | 9 476,8 | 7 412,1 | 1 930,5 | 18 819,4 |
| Königr. Bayern | 30 | 10 158 | 6 430 | 81 915 | 187,6 | 122,1 | 28,8 | 338,5 |
| " Sachsen | 56 | 32 632 | 17 966 | 272 187 | 542,0 | 331,7 | 95,9 | 969,6 |
| " Württemberg | 3 | 2 212 | 1 781 | 17 174 | 33,3 | 18,8 | 5,0 | 57,1 |
| Großherzogtum Hessen | 14 | 1 951 | 842 | 14 887 | 21,1 | 10,2 | 6,7 | 38,0 |
| Herzogtum Braunschweig | 3 | 3 767 | 1 646 | 23 333 | 45,7 | 44,1 | 3,9 | 93,7 |
| " Sachsen-Meiningen | 1 | 75 | 48 | 278 | 0,3 | 0,2 | 0,5 | 1,0 |
| " Sachsen-Altenburg | 1 | 2 922 | 2 588 | 29 586 | 40,4 | 41,0 | 4,6 | 86,0 |
| " Anhalt | 1 | 5 309 | 2 139 | 31 087 | 65,8 | 64,0 | 11,7 | 142,2 |
| Fürstent. Schwarzb.-Rudolstadt | 2 | 71 | 40 | 573 | 0,9 | 0,9 | 0,9 | 2,7 |
| " Waldeck | 2 | 230 | 99 | 1 655 | 1,9 | 1,0 | 0,4 | 3,3 |
| Zusammen 1902 | 186 | 671 894 | 352 229 | 6 747 472 | 10 416,9 | 8 047,6 | 2 088,6 | 20 552,1 |
| Dagegen 1901 | 186 | 677 822 | 366 876 | 6 793 668 | 10 337,8 | 7 946,3 | 2 020,5 | 20 304,7 |
| " 1900 | 189 | 638 392 | 344 136 | 6 230 164 | 9 549,1 | 7 342,6 | 1 783,7 | 18 675,4 |
| " 1899 | 189 | 580 677 | 304 744 | 4 781 788 | 8 379,3 | 6 442,0 | 1 407,2 | 16 228,7 |

| Staaten und Landesteile | Ausgaben: Krankheitskosten überhaupt 1000 ℳ | davon Arzt 1000 ℳ | davon Arznei und Heilmittel 1000 ℳ | davon Krankengeld an Mitglieder und Angehörige 1000 ℳ | Verwaltungskosten 1000 ℳ | Sonstige Ausgaben 1000 ℳ | Summe der Ausgaben 1000 ℳ | Vermögen Ende 1902 1000 ℳ |
|---|---|---|---|---|---|---|---|---|
| Ober-Bergamts-Bez. Breslau | 2 390,1 | 232,1 | 286,3 | 748,0 | 118,6 | 39,9 | 2 548,5 | 9 885,9 |
| " " " Halle | 1 892,3 | 385,6 | 396,7 | 773,9 | 42,3 | 6,9 | 1 941,4 | 1 786,1 |
| " " " Clausthal | 562,9 | 135,0 | 186,1 | 213,1 | 14,8 | 48,8 | 616,5 | 577,1 |
| " " " Dortmund | 8 917,4 | 942,3 | 1 168,7 | 5 703,2 | 433,2 | 212,7 | 9 563,3 | 9 431,8 |
| " " " Bonn | 2 986,4 | 440,1 | 450,5 | 1 536,8 | 87,6 | 93,4 | 3 137,6 | 1 887,7 |
| Königr. Preußen | 16 709,0 | 2 115,4 | 2 477,8 | 8 972,8 | 687,4 | 401,3 | 17 708,1 | 23 567,1 |
| Königr. Bayern | 299,6 | 67,0 | 64,3 | 115,2 | 11,5 | 4,1 | 315,7 | 185,4 |
| " Sachsen | 841,0 | 182,1 | 146,6 | 406,8 | 38,3 | 10,8 | 890,1 | 1 814,4 |
| " Württemberg | 45,9 | 12,0 | 7,2 | 24,8 | 1,7 | 1,5 | 49,1 | 64,4 |
| Großherzogtum Hessen | 36,9 | 10,4 | 8,0 | 14,8 | 2,0 | 0,7 | 39,6 | 56,2 |
| Herzogtum Braunschweig | 83,7 | 22,0 | 16,5 | 34,8 | 4,9 | 1,1 | 89,7 | 71,5 |
| " Sachsen-Meiningen | 0,9 | 0,2 | 0,3 | 0,4 | 0,1 | 0,0 | 1,0 | 1,2 |
| " Sachsen-Altenburg | 81,8 | 15,1 | 11,4 | 46,0 | 4,5 | — | 86,0 | 72,9 |
| " Anhalt | 136,2 | 38,8 | 32,2 | 53,7 | 5,0 | 2,7 | 144,0 | 134,6 |
| Fürstent. Schwarzb.-Rudolstadt | 2,5 | 0,6 | 0,7 | 0,7 | 0,2 | — | 2,7 | 3,0 |
| " Waldeck | 3,4 | 0,7 | 0,5 | 1,8 | 0,1 | 0,0 | 3,5 | 5,9 |
| Zusammen 1902 | 18 241,0 | 2 462,7 | 2 765,9 | 9 671,8 | 756,8 | 422,9 | 19 420,4 | 26 976,3 |
| Dagegen 1901 | 19 012,5 | 2 353,0 | 2 678,3 | 10 593,6 | 684,3 | 304,7 | 20 011,0 | 23 832,0 |
| " 1900 | 16 146,8 | 2 118,0 | 2 420,0 | 8 821,4 | 538,1 | 320,0 | 17 013,0 | 20 205,8 |
| " 1899 | 14 140,6 | 1 928,8 | 2 103,0 | 7 527,4 | 439,0 | 325,0 | 14 910,3 | 17 729,7 |

## 2. Unfallversicherung.[1]

(Amtliche Nachrichten des Reichs-Versicherungsamts 1904, Nr. 1.)

### a. Betriebe, Versicherte und Verletzte.

| Unfallversicherung 1902 — Berufsgenossenschaften: Nr. | Name | Versicherungspflichtige Betriebe im Jahre 1902 | Versicherte Personen[2] im Jahre 1902 | Verletzte in versicherungspflichtigen Betrieben bei entschädigungspflichtigen Unfällen[3]: Bestand aus den Jahren vor 1902 | erstmalig Entschädigte | Folge davon: dauernde völlige Erwerbsunfähigkeit | Tod | Hinterbliebene der Getöteten | Zahl aller Verletzten, für welche Unfälle angemeldet wurden[4] |
|---|---|---|---|---|---|---|---|---|---|
| | **I. Gewerbl. B.-Genossenschaften.** | | | | | | | | |
| 1 | Knappschafts- | 1 835 | 624 132 | 42 080 | 8 132 | 84 | 1 662 | 2 923 | 67 786 |
| 2 | Steinbruchs- | 13 105 | 378 833 | 11 322 | 2 298 | 18 | 228 | 560 | 9 074 |
| 3 | der Feinmechanik | 4 559 | 137 396 | 4 133 | 901 | 6 | 37 | 73 | 5 246 |
| 4 | Süddeutsche Eisen- und Stahl- | 10 862 | 165 685 | 8 610 | 1 475 | 10 | 64 | 116 | 8 512 |
| 5 | Südwestdeutsche Eisen- | 631 | 57 503 | 2 549 | 536 | 2 | 75 | 151 | 3 868 |
| 6 | Rheinisch-Westfälische Hütten- und Walzwerks- | 230 | 190 488 | 9 071 | 1 737 | 53 | 138 | 283 | 23 187 |
| 7 | Maschinenbau- und Kleineisenindustrie- | 7 022 | 180 040 | 7 638 | 1 361 | 16 | 64 | 122 | 10 044 |
| 8 | Sächs.-Thüring. Eisen- u. Stahl- | 5 103 | 111 337 | 5 543 | 1 138 | 2 | 28 | 54 | 7 556 |
| 9 | Nordöstliche Eisen- und Stahl- | 4 192 | 88 621 | 5 454 | 1 016 | 12 | 48 | 98 | 7 320 |
| 10 | Schlesische Eisen- und Stahl- | 1 951 | 94 185 | 6 614 | 1 300 | 3 | 74 | 105 | 7 408 |
| 11 | Nordwestliche Eisen- und Stahl- | 5 268 | 125 534 | 7 180 | 1 457 | 14 | 74 | 197 | 9 751 |
| 12 | Süddeutsche Edel- u. Unedelmetall- | 2 118 | 58 250 | 1 495 | 257 | .. | 7 | 19 | 1 285 |
| 13 | Rheinisch-Westfälische Metall- | 2 911 | 108 102 | 2 702 | 610 | 12 | 15 | 41 | 3 577 |
| 14 | der musikalischen Instrumenten-Industrie | 1 071 | 37 078 | 221 | 135 | 1 | 1 | 1 | 696 |
| 15 | Glas- | 858 | 75 806 | 1 201 | 297 | 4 | 12 | 28 | 1 536 |
| 16 | Töpferei- | 1 051 | 75 661 | 1 104 | 231 | 2 | 19 | 29 | 1 155 |
| 17 | Ziegelei- | 11 954 | 264 352 | 7 088 | 1 514 | 4 | 134 | 319 | 5 328 |
| 18 | der chemischen Industrie | 7 539 | 185 893 | 7 721 | 1 202 | 15 | 90 | 266 | 6 466 |
| 19 | der Gas- und Wasserwerke | 1 820 | 32 081 | 1 610 | 303 | 3 | 26 | 44 | 3 288 |
| 20 | Leinen- | 481 | 50 283 | 1 204 | 234 | 1 | 7 | 24 | 748 |
| 21 | Norddeutsche Textil- | 2 028 | 119 320 | 2 446 | 444 | 2 | 18 | 43 | 2 064 |
| 22 | Süddeutsche Textil- | 1 063 | 108 780 | 3 243 | 361 | 5 | 9 | 25 | 1 282 |
| 23 | Schlesische Textil- | 173 | 34 801 | 1 283 | 174 | 3 | 8 | 18 | 344 |
| 24 | Textil-B.-G. von Elsaß-Lothr. | 436 | 68 564 | 1 068 | 208 | 1 | 11 | 28 | 857 |
| 25 | Rheinisch-Westfälische Textil- | 2 450 | 128 844 | 2 257 | 358 | 6 | 10 | 30 | 2 188 |
| 26 | Sächsische Textil- | 4 279 | 292 473 | 4 017 | 577 | 10 | 19 | 72 | 2 221 |
| 27 | Seiden- | 2 229 | 65 543 | 408 | 87 | — | | ... | 418 |
| 28 | Papiermacher- | 1 253 | 71 879 | 5 178 | 706 | 10 | 53 | 155 | 2 590 |
| 29 | Papierverarbeitungs- | 3 137 | 101 391 | 2 088 | 326 | 1 | 9 | 21 | 2 346 |
| 30 | Lederindustrie- | 3 564 | 64 502 | 2 306 | 366 | 5 | 21 | 61 | 1 469 |
| 31 | Nordöstliche Holz- | 3 260 | 63 445 | 2 138 | 268 | 3 | 9 | 15 | 1 115 |
| 32 | Süddeutsche Holz- | 33 142 | 231 305 | 14 686 | 2 356 | 1 | 106 | 262 | 9 923 |
| 33 | Bayerische Holzindustrie- | 6 159 | 40 154 | 1 781 | 408 | 1 | 14 | 25 | 1 680 |
| 34 | Sächsisch-Thüringische Holz- | 8 615 | 48 809 | 2 168 | 462 | 1 | 10 | 28 | 1 402 |
| 35 | Müllerei- | 32 678 | 87 527 | 7 459 | 1 068 | 1 | 93 | 157 | 3 095 |
| 36 | Nahrungsmittel-Industrie- | 5 588 | 80 960 | 2 456 | 446 | 3 | 17 | 32 | 1 955 |
| 37 | Zucker- | 445 | 107 133 | 4 801 | 344 | | 43 | 89 | 3 706 |
| 38 | der Molkerei-, Brennerei- und Stärke-Industrie | 6 185 | 40 082 | 1 082 | 337 | 5 | 36 | 65 | 1 478 |
| 39 | Brauerei- und Mälzerei- | 9 485 | 108 474 | 8 865 | 1 416 | 37 | 112 | 287 | 11 535 |
| 40 | Tabak- | 6 528 | 144 996 | 535 | 86 | 1 | 2 | 5 | 358 |
| 41 | Bekleidungsindustrie- | 5 190 | 217 107 | 2 842 | 497 | | 13 | 24 | 1 741 |
| 42 | d. Schornsteinfegermstr. d. D. R. | 3 626 | 3 465 | 190 | 99 | 1 | 9 | 16 | 145 |
| 43 | Hamburgische Baugewerks- | 9 690 | 66 298 | 3 325 | 415 | 6 | 39 | 123 | 2 484 |

[1]) Soweit sie auf den Reichsgesetzen v. 6. Juli 1884, 28. Mai 1885, 5. Mai 1886, 11. u. 13. Juli 1887, 30. Juni 1900 beruht. — [2]) D. i. »die Zahl der Personen, welche die Betriebe bei voller oder laufender Tätigkeit im Rechnungsjahr in der Regel beschäftigt haben«. (Amtliche Nachrichten des Reichs-Versicherungsamts 1895, S. 175.) — [3]) Für welche im Jahre 1902 Entschädigungen festgestellt sind. Verhältniszahlen s. Übersicht 2b. — [4]) Die Anzahl dieser gemeldeten Unfälle kann nur als annähernd zutreffend erachtet werden. Es ist anzunehmen, daß die Zahlen in Wirklichkeit etwas höher sind. Das Anwachsen dieser Zahlen von Jahr zu Jahr ist besonders auf eine zunehmend bessere Erfüllung der Anzeigepflicht zurückzuführen. Für die Beurteilung der Zu- und Abnahme der Unfälle sind nicht diese Zahlen, sondern allein die Zahlen der entschädigten Unfälle maßgebend.

| Nr. | Unfallversicherung 1902 — Berufsgenossenschaften — Name | Versicherungspflichtige Betriebe (im Jahre 1902) | Versicherte Personen¹) (im Jahre 1902) | Verletzte im entschädigungspflichtigen …: bei entschädigungspflichtigen Unfällen — Bestand aus den Jahren vor 1902 | Im Laufe des Jahres 1902 hinzugekommen: Verletzte überhaupt | davon: dauernd völlig Erwerbsunfähige | Getötete | Hinterbliebene der Getöteten |
|---|---|---|---|---|---|---|---|---|
| 44 | Nordöstliche Baugewerks- | 19 315 | 190 148 | 10 026 | 1 933 | 43 | 146 | 348 |
| 45 | Schlesisch-Posensche Baugewerks- | 7 907 | 101 614 | 5 048 | 926 | 8 | 69 | 218 |
| 46 | Hannoversche Baugewerks- | 14 348 | 85 601 | 3 127 | 598 | 6 | 62 | 69 |
| 47 | Magdeburgische Baugewerks- | 6 312 | 44 714 | 1 620 | 335 | 10 | 31 | 34 |
| 48 | Sächsische Baugewerks- | 12 063 | 134 193 | 4 100 | 1 047 | 8 | 66 | 154 |
| 49 | Thüringische Baugewerks- | 5 783 | 30 443 | 1 629 | 337 | — | 22 | 47 |
| 50 | Hessen-Nassauische Baugewerks- | 14 080 | 83 502 | 3 054 | 572 | 5 | 45 | 78 |
| 51 | Rhein.-Westfäl. Baugewerks- | 23 131 | 185 102 | 8 144 | 1 305 | 9 | 147 | 178 |
| 52 | Württemberg. Baugewerks- | 9 224 | 45 061 | 2 344 | 522 | 2 | 39 | 63 |
| 53 | Bayerische Baugewerks- | 13 545 | 80 641 | 7 324 | 1 301 | 27 | 29 | 167 |
| 54 | Südwestliche Baugewerks- | 10 805 | 122 126 | 2 806 | 635 | 8 | 52 | 111 |
| 55 | Deutsche Buchdrucker- | 5 165 | 122 271 | 1 716 | 325 | — | 5 | 8 |
| 56 | Privatbahn- | 165 | 26 706 | 900 | 197 | 5 | 11 | 64 |
| 57 | Straßen- und Kleinbahnen- | 381 | 40 758 | 1 246 | 417 | 13 | 17 | 62 |
| 58 | Lagerei- | 33 490 | 465 534 | 9 203 | 2 278 | 24 | 108 | 402 |
| 59 | Fuhrwerks- | 24 167 | 87 261 | 7 798 | 1 612 | 14 | 108 | 85 |
| 60 | Westdeutsche Binnenschiffahrts- | 4 185 | 19 702 | 1 016 | 230 | — | 54 | 51 |
| 61 | Elbschiffahrts- | 2 025 | 19 903 | 1 298 | 274 | 1 | 50 | 105 |
| 62 | Ostdeutsche Binnenschiffahrts- | 8 183 | 21 138 | 801 | 170 | — | 30 | 43 |
| 63 | See- | 1 384 | 62 106 | 2 824 | 465 | 1 | 122 | 293 |
| 64 | Tiefbau- | 12 702 | 203 704 | 8 562 | 1 955 | 12 | 128 | 327 |
| 65 | Fleischerei- | 15 186 | 85 517 | 2 257 | 836 | — | 16 | 6 |
| 66 | Schornsteinfeger- | 55 089 | 131 077 | 200 | 467 | 2 | 0 | 11 |
| | I. Gewerbliche B.-G. zusammen | 616 554 | 7 100 837 | 263 801 | 67 246 | 605 | 4 619 | 10 438 |
| | II. 48 landwirtschaftliche B.-G. | 4 636 487 | 11 189 071 | 244 456 | 57 836 | 341 | 3 870 | 4 774 |
| | Dazu: | | | | | | | |
| 109 Staatliche Ausführungsbehörden | a. Marine-Verwaltung | . | 50 169 | 883 | 185 | 7 | 14 | 51 |
| | b. Heeres- " | . | 36 784 | 1 708 | 385 | 6 | 4 | 12 |
| | c. Post- u. Telegr.- " | . | 14 168 | 466 | 48 | 9 | 37 | 25 |
| | d. Eisenbahn- " | . | 551 358 | 10 884 | 2 728 | 193 | 407 | 1 620 |
| | e. [illegible] | . | 5 001 | 258 | 60 | — | 6 | 7 |
| | f. Bau- u. sonstige Verw. | . | 229 207 | 5 972 | 801 | 21 | 21 | 175 |
| | g. [illegible] | . | 48 713 | 1 509 | 255 | 7 | 30 | 78 |
| | h. [illegible] | | 584 | 12 | 7 | — | 4 | 2 |
| | a—h zusammen | . | 718 424 | 30 897 | 4 415 | 242 | 523 | 1 946 |
| | 292 Provinzial- und Kommunal-Ausführungsbehörden | . | 76 229 | 1 836 | 310 | 7 | 18 | 44 |
| | Vers.-Anst. d. Baugew.- usw. B.-G. | .. | . | 7 357 | 1 383 | 30 | 133 | 333 |
| | 1902 Gesamtsumme | . | 19 082 758 | 590 946 | 121 284 | 1 436 | 7 976 | 18 924 |
| | 1901 | . | [illegible] | [illegible] | [illegible] | [illegible] | [illegible] | [illegible] |
| | 1900 | . | [illegible] | [illegible] | [illegible] | [illegible] | [illegible] | [illegible] |
| | 1899 | . | [illegible] | [illegible] | [illegible] | [illegible] | [illegible] | [illegible] |
| | 98 | . | [illegible] | [illegible] | [illegible] | [illegible] | [illegible] | [illegible] |
| | 97 | . | [illegible] | [illegible] | [illegible] | [illegible] | [illegible] | [illegible] |
| | 96 | . | [illegible] | [illegible] | [illegible] | [illegible] | [illegible] | [illegible] |
| | 95 | . | [illegible] | [illegible] | [illegible] | [illegible] | [illegible] | [illegible] |
| | 94 | . | [illegible] | [illegible] | [illegible] | [illegible] | [illegible] | [illegible] |
| | 93 | . | [illegible] | [illegible] | [illegible] | [illegible] | [illegible] | [illegible] |
| | 92 | .. | [illegible] | [illegible] | [illegible] | [illegible] | [illegible] | [illegible] |
| | 91 | . | [illegible] | [illegible] | [illegible] | [illegible] | [illegible] | [illegible] |
| | 90 | . | [illegible] | [illegible] | [illegible] | [illegible] | [illegible] | [illegible] |

## 2 b. Lohnbeträge, Ausgaben und Reservefonds bei der Unfallversicherung.

| Nr. der Berufsgenossenschaft (vgl. Übersicht 2a) | In Anrechnung zu bringende Lohnbeträge der versicherten Personen¹) | Ausgaben für die Unfallversicherung i. J. 1902: überhaupt | und zwar: Entschädigungsbeträge | Kosten für Unfalluntersuchungen usw.²) | Kosten für Schiedsgerichte | Kosten für Rechtsstreitverfahren³) | Kosten für allgemeine Verwaltung⁴) | Einlagen in den Reservefonds | Bestand des Reservefonds am Schlusse des Rechnungsjahres 1902⁵) | 1902: Unfallanzeigen erstattet wurden | 1902: Entschädigungen im Rechn.-J. festgestellt worden sind | 1901: Unfallanzeigen erstattet wurden | 1901: Entschädigungen im Rechn.-J. festgestellt worden sind |
|---|---|---|---|---|---|---|---|---|---|---|---|---|---|
| | 1000 Mark | | | | | | | | | Im Jahre … kamen auf 1000 Versicherte Verletzte, für welche | | | |
| 1 | | | | | | | | | | | | | |
| 1 | 685 561,4 | 17 304,8 | 13 410,2 | 168,3 | 108,4 | 172,3 | 511,7 | 2 935,6 | 32 202,0 | 114,4 | 13,3 | 111,4 | 13,1 |
| 2 | 130 177,8 | 3 502,4 | 2 635,1 | 85,6 | 45,6 | 82,7 | 271,5 | 472,2 | 6 250,8 | 22,7 | 6,0 | 20,3 | 5,7 |
| 3 | 148 427,1 | 1 133,1 | 881,3 | 25,3 | 10,1 | 13,7 | 108,4 | 85,9 | 1 237,3 | 18,3 | 5,9 | 40,1 | 6,1 |
| 4 | 151 722,1 | 2 419,2 | 1 849,4 | 58,8 | 18,3 | 24,8 | 145,1 | 322,6 | 3 548,7 | 51,4 | 8,0 | 50,6 | 8,4 |
| 5 | 50 743,6 | 1 109,4 | 816,1 | 12,8 | 10,3 | 11,1 | 56,6 | 263,3 | 1 458,9 | 101,8 | 9,6 | 97,0 | 8,6 |
| 6 | 164 083,8 | 2 462,1 | 2 002,2 | 55,2 | 22,5 | 18,2 | 110,4 | 563,8 | 6 199,3 | 183,4 | 11,9 | 171,8 | 11,0 |
| 7 | 173 516,8 | 2 399,1 | 1 709,0 | 33,9 | 31,3 | 26,3 | 178,0 | 307,7 | 3 438,0 | 64,4 | 9,8 | 61,8 | 10,0 |
| 8 | 109 527,4 | 1 534,4 | 1 112,0 | 66,5 | 24,9 | 14,9 | 109,3 | 207,6 | 2 277,2 | 67,4 | 10,1 | 66,5 | 13,1 |
| 9 | 69 565,2 | 1 713,0 | 1 314,2 | 30,7 | 24,6 | 22,1 | 118,7 | 204,2 | 2 251,8 | 80,3 | 11,0 | 83,0 | 11,3 |
| 10 | 73 729,7 | 1 690,3 | 1 316,7 | 38,9 | 14,3 | 9,5 | 94,3 | 225,7 | 2 183,0 | 78,8 | 13,8 | 76,0 | 13,8 |
| 11 | 123 555,8 | 2 432,7 | 1 889,2 | 58,9 | 30,0 | 19,6 | 132,8 | 302,5 | 3 327,8 | 77,6 | 11,4 | 78,1 | 10,4 |
| 12 | 49 745,7 | 328,9 | 247,1 | 6,7 | 0,8 | 2,6 | 26,8 | 44,7 | 491,3 | 21,0 | 4,5 | 61,1 | 4,0 |
| 13 | 91 842,8 | 793,3 | 592,8 | 14,8 | 15,1 | 13,9 | 65,1 | 93,4 | 1 029,0 | 33,7 | 5,0 | 34,7 | 5,1 |
| 14 | 27 714,8 | 219,7 | 151,1 | 7,0 | 4,1 | 1,8 | 27,9 | 27,8 | 311,8 | 16,2 | 3,5 | 16,1 | 3,5 |
| 15 | 60 695,0 | 490,4 | 351,0 | 11,0 | 5,8 | 5,1 | 43,7 | 74,8 | 822,5 | 24,0 | 4,0 | 22,5 | 4,0 |
| 16 | 60 718,8 | 382,9 | 281,7 | 7,0 | 3,8 | 0,6 | 37,8 | 53,2 | 585,6 | 15,3 | 3,1 | 15,0 | 3,0 |
| 17 | 147 202,4 | 2 242,6 | 1 578,5 | 62,3 | 27,9 | 34,1 | 228,7 | 311,8 | 3 376,0 | 20,5 | 5,7 | 18,9 | 5,1 |
| 18 | 159 655,0 | 2 826,3 | 1 984,8 | 62,4 | 23,3 | 86,6 | 273,0 | 396,4 | 4 475,8 | 30,4 | 7,0 | 32,0 | 6,8 |
| 19 | 54 166,5 | 717,8 | 500,5 | 18,5 | 7,6 | 5,9 | 84,5 | 100,8 | 1 103,0 | 63,6 | 5,9 | 63,6 | 6,1 |
| 20 | 35 114,1 | 361,2 | 261,8 | 6,7 | 2,9 | 9,7 | 29,6 | 31,0 | 561,8 | 15,6 | 4,7 | 15,5 | 4,1 |
| 21 | 85 029,2 | 803,4 | 343,4 | 16,3 | 9,0 | 11,3 | 74,6 | 149,8 | 1 509,8 | 13,4 | 3,7 | 16,0 | 3,7 |
| 22 | 68 389,2 | 507,8 | 362,8 | 5,4 | 2,9 | 7,2 | 47,8 | 78,0 | 1 086,8 | 12,6 | 2,1 | 11,9 | 2,6 |
| 23 | 27 752,8 | 252,2 | 173,8 | 6,4 | 2,6 | 4,3 | 27,5 | 37,6 | 426,4 | 10,8 | 3,2 | 10,6 | 3,7 |
| 24 | 45 066,0 | 380,6 | 288,8 | 3,7 | 1,6 | 5,1 | 21,7 | 59,8 | 710,1 | 12,8 | 3,2 | 12,3 | 2,4 |
| 25 | 100 704,2 | 778,7 | 554,1 | 13,1 | 5,6 | 14,0 | 63,8 | 128,2 | 1 411,5 | 15,6 | 3,1 | 15,0 | 3,0 |
| 26 | 132 611,4 | 858,8 | 627,7 | 25,1 | 11,2 | 8,0 | 60,4 | 126,9 | 1 388,0 | 11,0 | 4,9 | 11,0 | 3,3 |
| 27 | 51 922,3 | 134,8 | 85,8 | 4,0 | 2,1 | 3,5 | 16,5 | 22,4 | 214,6 | 6,5 | 1,5 | 6,0 | 1,7 |
| 28 | 50 659,1 | 1 341,9 | 961,5 | 30,1 | 10,8 | 15,8 | 109,3 | 214,1 | 2 354,6 | 36,0 | 9,3 | 37,0 | 10,6 |
| 29 | 85 886,4 | 507,7 | 341,4 | 8,8 | 6,6 | 25,1 | 67,1 | 58,7 | 646,2 | 23,1 | 3,2 | 22,1 | 3,6 |
| 30 | 60 105,6 | 735,2 | 542,8 | 15,9 | 5,6 | 6,9 | 70,4 | 94,4 | 1 057,8 | 22,8 | 6,0 | 23,0 | 6,3 |
| 31 | 28 368,3 | 451,8 | 340,2 | 12,7 | 4,5 | 2,7 | 31,5 | 60,9 | 662,2 | 33,3 | 9,2 | 35,3 | 12,7 |
| 32 | 180 964,7 | 3 610,4 | 2 654,3 | 92,0 | 57,3 | 54,1 | 259,1 | 492,9 | 5 422,0 | 44,9 | 11,0 | 49,1 | 12,0 |
| 33 | 21 045,3 | 713,1 | 501,8 | 9,0 | 4,8 | 8,5 | 35,6 | 95,4 | 1 049,6 | 39,9 | 10,1 | 39,8 | 11,1 |
| 34 | 23 409,5 | 612,9 | 421,3 | 18,8 | 7,3 | 11,9 | 57,5 | 96,3 | 709,8 | 32,8 | 11,1 | 32,5 | 11,6 |
| 35 | 53 935,5 | 2 085,6 | 1 419,6 | 37,9 | 22,3 | 6,8 | 225,3 | 373,7 | 4 111,8 | 44,9 | 14,9 | 43,8 | 14,8 |
| 36 | 57 382,9 | 588,8 | 407,6 | 17,8 | 0,6 | 27,1 | 64,3 | 72,1 | 709,5 | 32,1 | 7,4 | 33,1 | 7,5 |
| 37 | 47 655,4 | 1 202,8 | 852,8 | 25,9 | 10,6 | 8,7 | 76,4 | 228,1 | 2 509,3 | 17,9 | 5,6 | 18,7 | 5,1 |
| 38 | 33 845,9 | 642,9 | 429,6 | 13,3 | 7,3 | 1,1 | 102,3 | 89,5 | 1 144,4 | 37,0 | 8,0 | 33,4 | 8,8 |
| 39 | 116 577,1 | 3 549,3 | 2 437,1 | 69,9 | 38,4 | 150,7 | 252,6 | 600,7 | 7 281,7 | 108,1 | 13,1 | 118,6 | 13,1 |
| 40 | 75 220,9 | 148,6 | 91,7 | 3,0 | 1,8 | 1,3 | 28,7 | 22,0 | 241,9 | 3,8 | 0,5 | 4,0 | 0,5 |
| 41 | 139 702,4 | 587,8 | 458,5 | 13,5 | 10,8 | 3,3 | 54,4 | 36,9 | 636,2 | 8,1 | 2,4 | 8,1 | 2,5 |
| 42 | 4 602,5 | 78,4 | 40,3 | 0,7 | 0,5 | 0,3 | 24,3 | 12,8 | 135,4 | 26,4 | 5,1 | 21,5 | 4,3 |

¹) Die anrechnungsfähigen Löhne decken sich … [illegible]

| Unfallversicherung 1902: Nr. der Berufsgenossenschaft (vgl. Übersicht 1a) | Unfallversicherung 1902: In Anrechnung zu bringende Lohnbeträge der versicherten Personen ¹) | Ausgaben für die Unfallversicherung im Jahre 1902: überhaupt | und zwar: Entschädigungsbeträge | Kosten für Unfalluntersuchungen ²) | Kosten für Schiedsgerichte | Kosten für Unfallverhütung ³) | Kosten für allgemeine Verwaltung ⁴) | Einlagen in den Reservefonds | Betrag des Reservefonds am Schlusse des Rechnungsjahrs 1902 ⁵) | Im Jahre 1902 kamen auf 1000 Versicherte: Verletzte, für welche Unfallanzeigen erstattet sind | 1902: Entschädigungen im R.-J. erstmalig gezahlt worden sind | 1901: Unfallanzeigen erstattet sind | 1901: Entschädigungen im R.-J. erstmalig gezahlt worden sind |
|---|---|---|---|---|---|---|---|---|---|---|---|---|---|
| | | 1000 Mark | | | | | | | | | | | |
| 1 | | | | | | | | | | | | | |
| 43 | 51 384,1 | 1 063,0 | 695,0 | 20,4 | 8,0 | 15,7 | 105,1 | 215,7 | 2 402,0 | 40,4 | 6,6 | 39,5 | 7,0 |
| 44 | 151 987,2 | 4 077,8 | 2 746,6 | 75,2 | 61,7 | 45,0 | 324,4 | 824,5 | 6 637,5 | 46,5 | 10,1 | 44,7 | 9,5 |
| 45 | 57 423,8 | 1 217,6 | 930,4 | 28,6 | 14,2 | 8,3 | 110,0 | 117,2 | 1 971,2 | 37,1 | 9,1 | 36,4 | 8,3 |
| 46 | 60 483,1 | 1 122,3 | 786,6 | 29,3 | 14,9 | 14,3 | 117,3 | 160,2 | 1 762,2 | 47,0 | 6,4 | 47,6 | 6,1 |
| 47 | 32 795,9 | 548,0 | 457,5 | 13,3 | 9,4 | 3,7 | 64,6 | — | 1 281,9 | 39,1 | 7,9 | 34,8 | 5,7 |
| 48 | 88 343,7 | 1 512,4 | 1 202,0 | 52,1 | 20,7 | 21,8 | 152,0 | 62,0 | 2 598,8 | 35,4 | 8,6 | 31,6 | 7,4 |
| 49 | 24 793,3 | 442,7 | 332,0 | 10,4 | 5,1 | 5,7 | 47,2 | 40,0 | 696,6 | 31,0 | 8,3 | 31,0 | 7,9 |
| 50 | 63 209,9 | 1 056,6 | 752,4 | 26,8 | 10,3 | 17,6 | 99,0 | 149,7 | 1 614,1 | 37,0 | 6,9 | 35,6 | 7,8 |
| 51 | 141 721,0 | 2 402,3 | 1 813,8 | 50,5 | 26,5 | 25,6 | 173,6 | 401,9 | 3 575,1 | 30,2 | 7,0 | 29,9 | 7,4 |
| 52 | 27 905,0 | 590,6 | 438,0 | 11,6 | 8,4 | 15,8 | 48,1 | 67,8 | 1 059,1 | 50,1 | 10,9 | 40,8 | 10,1 |
| 53 | 61 661,2 | 2 188,4 | 1 874,6 | 47,4 | 24,5 | 21,9 | 115,9 | 104,1 | 2 767,7 | 51,7 | 14,4 | 51,0 | 14,1 |
| 54 | 47 108,0 | 996,8 | 743,8 | 21,5 | 7,0 | 18,3 | 62,8 | 143,0 | 1 572,4 | 48,6 | 10,1 | 58,4 | 9,5 |
| 55 | 115 419,8 | 487,5 | 352,9 | 9,1 | 4,8 | 8,3 | 69,9 | 62,4 | 696,1 | 11,8 | 2,0 | 11,7 | 2,6 |
| 56 | 29 750,2 | 479,5 | 368,7 | 6,1 | 2,6 | 5,2 | 16,3 | 80,5 | 870,7 | 76,4 | 6,7 | 72,5 | 5,7 |
| 57 | 57 493,2 | 610,5 | 183,1 | 18,3 | 8,2 | 0,4 | 52,6 | 56,7 | 562,7 | 70,4 | 5,0 | 78,4 | 8,5 |
| 58 | 170 587,8 | 3 571,0 | 2 690,4 | 69,2 | 59,4 | 16,7 | 379,1 | 397,0 | 4 292,4 | 70,0 | 11,9 | 71,4 | 14,5 |
| 59 | 61 226,1 | 2 409,0 | 1 934,8 | 51,7 | 28,6 | 0,0 | 305,6 | 78,3 | 3 302,3 | 67,3 | 19,4 | 67,0 | 20,5 |
| 60 | 15 711,0 | 447,0 | 333,6 | 5,6 | 4,4 | 0,3 | 46,1 | 56,6 | 742,6 | 41,1 | 11,5 | 37,3 | 9,8 |
| 61 | 16 946,2 | 518,7 | 377,1 | 12,5 | 4,5 | 1,9 | 46,6 | 76,1 | 849,2 | 55,4 | 11,7 | 58,6 | 15,1 |
| 62 | 10 694,1 | 284,6 | 206,4 | 3,7 | 2,6 | 0,1 | 31,4 | 40,2 | 441,9 | 30,6 | 6,3 | 31,7 | 8,1 |
| 63 | 47 582,0 | 1 182,7 | 712,2 | 20,0 | 7,1 | 69,8 | 171,6 | 172,0 | 1 691,7 | 50,6 | 7,1 | 54,7 | 7,1 |
| 64 | 114 446,6 | 2 514,9 | 2 007,8 | 81,0 | 38,6 | 73,2 | 224,3 | — | 1 438,1 | 45,7 | 9,6 | 37,9 | 8,0 |
| 65 | 59 207,9 | 631,1 | 426,0 | 24,4 | 8,1 | 9,3 | 139,0 | 24,2 | 484,2 | 34,0 | 11,4 | 44,2 | 12,1 |
| 66 | 103 713,7 | 332,5 | 82,0 | 8,5 | 1,0 | 0,3 | 165,5 | 75,0 | 80,7 | 14,1 | 3,6 | — | — |
| Sa. I | 5 710 468,0 | 98 543,0 | 73 094,0 | 1 994,0 | 1061,5 | 1 367,1 | 7 495,3 | 18 539,4 | 156 478,1 | 40,0 | 8,1 | 40,4 | 8,1 |
| II | (⁶ . | 29 480,6 | 24 118,1 | 1 212,7 | 606,9 | 137,4 | 2 632,5 | 622,8 | 8 209,0 | 11,0 | 5,2 | 10,4 | 5,0 |
| Davon: Staatliche Ausführungsbehörden a | | 261,3 | 257,1 | 1,7 | 1,3 | 0,6 | 0,8 | — | — | 71,4 | 9,7 | 78,0 | 9,1 |
| b | | 467,5 | 456,5 | 4,5 | 2,5 | 3,2 | 0,8 | — | — | 46,8 | 5,0 | 49,5 | 3,9 |
| c | | 125,6 | 122,7 | 1,3 | 1,2 | 0,1 | — | — | — | 29,8 | 4,8 | 30,2 | 3,4 |
| d | | 6 394,0 | 6 356,0 | 13,8 | 19,2 | 4,9 | — | — | — | 76,3 | 8,1 | 79,4 | 8,0 |
| e | | 120,0 | 116,5 | 2,4 | 0,0 | 0,1 | 0,1 | — | — | 104,1 | 13,1 | 113,5 | 13,9 |
| f | | 846,7 | 743,0 | 18,8 | 10,0 | 58,7 | 6,3 | — | — | 18,1 | 3,8 | 19,1 | 3,7 |
| g | | 382,0 | 307,0 | 7,0 | 2,9 | 0,3 | 3,9 | — | — | 57,0 | 4,7 | 56,1 | 4,7 |
| h | | 10,9 | 10,8 | 0,1 | 0,0 | — | — | — | — | 67,4 | 10,1 | 44,6 | 9,6 |
| a–h zusammen | | 8 598,0 | 8 429,8 | 50,5 | 38,1 | 68,2 | 11,6 | — | — | 48,8 | 6,2 | 50,1 | 6,0 |
| Prov.- u. Kommun.-Ausführungsbeh. | | 301,0 | 284,7 | 7,0 | 2,6 | 0,8 | 6,5 | — | — | 20,3 | 4,1 | 18,0 | 4,0 |
| Vers.-Anst. d. Baugew.-BG. (s. B.-G. ⁸) | | 2 048,7 | (⁷1616,0 | 47,6 | 13,9 | 13,9 | (⁸435,9 | 13,4 | 1 140,0 | — | — | — | — |
| 1902 Gesamtsumme | | 130 972,3 | 107 443,5 | 3 312,6 | 1672,3 | 1 568,9 | 10 761,8 | 14 175,8 | 165 824,9 | . | . | . | . |
| 1901 | | 125 817,0 | 98 555,9 | 3 007,4 | 1 587,1 | 1 505,1 | 9 735,1 | 11 126,4 | 151 849,4 | . | . | . | . |
| 1900 | | 101 158,1 | 86 649,1 | 2 754,1 | 1 111,7 | 1 358,7 | 9 004,6 | 681,4 | 141 179,7 | . | . | . | . |
| 1899 | | 92 473,1 | 78 690,1 | 2 511,7 | 1 034,8 | 1 101,1 | 8 647,9 | 399,4 | 130 098,4 | . | . | . | . |

## 2c. Zahl und Folgen der Verletzungen in den Jahren 1886 bis 1902.

| Unfallversicherung 1886 bis 1902 — Versicherungsverbände [1]) | Rechnungsjahr | Verletzte in versicherungspflichtigen Betrieben, für welche bei entschädigungspflichtigen Unfällen im Rechnungsjahr erstmalig Entschädigungen festgestellt sind: überhaupt | und zwar Getötete | dauernd völlig Erwerbsunfähige | dauernd teilweise Erwerbsunfähige | vorübergehend [2]) | auf 1000 Versicherte [4]): überhaupt | und zwar Getötete | dauernd völlig Erwerbsunfähige | dauernd teilweise Erwerbsunfähige | vorübergehend |
|---|---|---|---|---|---|---|---|---|---|---|---|
| Gewerbliche und landwirtschaftliche Berufsgenossenschaften, staatliche und kommunale Ausführungsbehörden [1]) | 1886 | 10 540 | 2 716 | 1 778 | 3 961 | 2 085 | 2,88 | 0,73 | 0,48 | 1,08 | 0,56 |
| | 87 | 17 102 | 3 270 | 3 106 | 8 462 | 2 264 | 4,16 | 0,79 | 0,77 | 2,06 | 0,54 |
| | 88 | 21 057 | 3 645 | 2 203 | 11 021 | 4 186 | 2,04 | 0,35 | 0,21 | 1,07 | 0,41 |
| | 89 | 31 019 | 5 185 | 2 882 | 16 337 | 6 615 | 2,32 | 0,39 | 0,22 | 1,22 | 0,49 |
| | 90 | 41 420 | 5 958 | 2 681 | 22 615 | 10 166 | 3,06 | 0,44 | 0,20 | 1,66 | 0,74 |
| | 91 | 50 507 | 6 316 | 2 591 | 27 788 | 13 812 | 2,80 | 0,35 | 0,14 | 1,54 | 0,77 |
| | 92 | 54 827 | 5 811 | 2 610 | 30 569 | 15 837 | 3,04 | 0,32 | 0,14 | 1,69 | 0,88 |
| | 93 | 61 874 | 6 245 | 2 487 | 36 236 | 16 906 | 3,41 | 0,34 | 0,14 | 2,00 | 0,93 |
| | 94 | 68 677 | 6 250 | 1 752 | 38 952 | 21 723 | 3,76 | 0,34 | 0,10 | 2,14 | 1,20 |
| | 95 | 74 467 | 6 335 | 1 668 | 40 527 | 25 937 | 4,02 | 0,34 | 0,09 | 2,19 | 1,40 |
| | 96 | 85 272 | 6 989 | 1 524 | 44 573 | 32 186 | 4,84 | 0,40 | 0,09 | 2,53 | 1,82 |
| | 97 | 91 171 | 7 287 | 1 452 | 46 489 | 35 943 | 5,08 | 0,41 | 0,08 | 2,59 | 2,00 |
| | 98 | 96 774 | 7 846 | 1 109 | 47 764 | 40 055 | 5,30 | 0,43 | 0,06 | 2,62 | 2,19 |
| | 99 | 104 811 | 7 909 | 1 297 | 51 240 | 44 275 | 5,63 | 0,43 | 0,07 | 2,75 | 2,38 |
| | 1900 | 106 447 | 8 449 | 1 366 | 51 111 | 45 521 | 5,65 | 0,45 | 0,07 | 2,70 | 2,41 |
| | 1901 | 116 089 | 8 359 | 1 416 | 54 340 | 51 974 | 6,14 | 0,44 | 0,08 | 2,88 | 2,75 |
| | **1886/1901** | **1 032 054** | **95 692** | **31 982** | **531 787** | **369 593** | **4,10** | **0,40** | **0,13** | **2,16** | **1,50** |
| | 1902 | 119 901 | 7 842 | 1 396 | 55 261 | 55 402 | 6,30 | 0,41 | 0,07 | 2,90 | 2,90 |
| Darunter: Gewerbliche Berufsgenossenschaften [1]) | 1886 | 9 723 | 2 422 | 1 548 | 3 780 | 1 973 | 2,80 | 0,70 | 0,45 | 1,09 | 0,57 |
| | 87 | 15 970 | 2 956 | 2 827 | 8 126 | 2 061 | 4,11 | 0,77 | 0,73 | 2,11 | 0,53 |
| | 88 | 18 779 | 2 913 | 1 886 | 10 270 | 3 710 | 4,35 | 0,68 | 0,44 | 2,38 | 0,86 |
| | 89 | 22 340 | 3 382 | 2 331 | 12 788 | 3 839 | 4,71 | 0,71 | 0,49 | 2,70 | 0,81 |
| | 90 | 26 403 | 3 597 | 1 869 | 16 109 | 4 828 | 5,26 | 0,72 | 0,37 | 3,21 | 0,96 |
| | 91 | 28 286 | 3 631 | 1 570 | 17 481 | 5 604 | 5,55 | 0,71 | 0,31 | 3,43 | 1,10 |
| | 92 | 28 619 | 3 282 | 1 507 | 18 049 | 5 781 | 5,64 | 0,65 | 0,30 | 3,56 | 1,14 |
| | 93 | 31 171 | 3 589 | 1 377 | 19 740 | 6 465 | 6,03 | 0,69 | 0,27 | 3,82 | 1,25 |
| | 94 | 32 797 | 3 438 | 855 | 20 025 | 8 479 | 6,25 | 0,65 | 0,16 | 3,82 | 1,62 |
| | 95 | 33 728 | 3 614 | 780 | 19 342 | 9 992 | 6,24 | 0,67 | 0,14 | 3,57 | 1,85 |
| | 96 | 38 508 | 4 010 | 595 | 20 251 | 13 652 | 6,72 | 0,71 | 0,10 | 3,53 | 2,38 |
| | 97 | 41 746 | 4 252 | 625 | 21 247 | 15 622 | 6,91 | 0,70 | 0,10 | 3,52 | 2,59 |
| | 98 | 44 881 | 4 613 | 538 | 22 348 | 17 382 | 7,10 | 0,73 | 0,08 | 3,54 | 2,75 |
| | 99 | 49 175 | 4 772 | 581 | 23 837 | 19 985 | 7,39 | 0,72 | 0,09 | 3,58 | 3,00 |
| | 1900 | 51 697 | 5 108 | 592 | 24 790 | 21 207 | 7,48 | 0,74 | 0,08 | 3,58 | 3,06 |
| | 1901 | 55 525 | 4 979 | 595 | 26 158 | 23 793 | 8,01 | 0,72 | 0,09 | 3,77 | 3,43 |
| | **1886/1901** | **529 411** | **60 651** | **20 076** | **284 311** | **164 373** | **5,16** | **0,71** | **0,23** | **3,30** | **1,91** |
| | 1902 | 57 244 | 4 572 | 605 | 26 680 | 25 387 | 8,06 | 0,64 | 0,08 | 3,76 | 3,58 |
| Landwirtschaftliche Berufsgenossenschaften [5]) | 1888 | 805 | 351 | 43 | 180 | 231 | 0,14 | 0,06 | 0,01 | 0,03 | 0,04 |
| | 89 | 6 031 | 1 368 | 260 | 2 063 | 2 340 | 0,82 | 0,17 | 0,03 | 0,33 | 0,29 |
| | 90 | 12 573 | 1 877 | 438 | 5 401 | 4 857 | 1,55 | 0,23 | 0,05 | 0,67 | 0,60 |
| | 91 | 19 359 | 2 153 | 644 | 8 873 | 7 689 | 1,58 | 0,18 | 0,05 | 0,72 | 0,63 |
| | 92 | 23 231 | 2 026 | 785 | 11 012 | 9 408 | 1,90 | 0,16 | 0,06 | 0,90 | 0,77 |
| | 93 | 27 553 | 2 112 | 770 | 14 899 | 9 772 | 2,24 | 0,18 | 0,06 | 1,21 | 0,79 |
| | 94 | 32 491 | 2 261 | 580 | 17 165 | 12 485 | 2,64 | 0,18 | 0,04 | 1,40 | 1,02 |
| | 95 | 37 383 | 2 213 | 571 | 19 529 | 15 070 | 3,01 | 0,18 | 0,05 | 1,58 | 1,22 |
| | 96 | 42 934 | 2 363 | 623 | 22 222 | 17 726 | 3,81 | 0,21 | 0,06 | 1,98 | 1,58 |
| | 97 | 45 438 | 2 474 | 514 | 23 290 | 19 160 | 4,08 | 0,22 | 0,05 | 2,09 | 1,72 |
| | 98 | 47 683 | 2 508 | 332 | 23 456 | 21 387 | 4,26 | 0,22 | 0,03 | 2,09 | 1,91 |
| | 99 | 51 287 | 2 608 | 440 | 25 313 | 22 926 | 4,58 | 0,23 | 0,04 | 2,26 | 2,05 |
| | 1900 | 50 311 | 2 662 | 511 | 24 181 | 22 957 | 4,50 | 0,24 | 0,05 | 2,16 | 2,05 |
| | 1901 | 55 983 | 2 751 | 568 | 25 954 | 26 710 | 5,00 | 0,24 | 0,05 | 2,32 | 2,39 |
| | **1888/1901** | [illegible] | [illegible] | [illegible] | [illegible] | [illegible] | **3,02** | **0,20** | **0,05** | **1,49** | **1,30** |
| | 1902 | 57 934 | 2 672 | 541 | 26 409 | 28 313 | 5,14 | 0,24 | 0,05 | 2,35 | 2,53 |

[1]) Ohne die Versicherungsanstalten der Baugewerks-Berufsgenossenschaften, der [illegible] ... [illegible] — [2]) [illegible] ... — [3]) Bei welchen eine vollständige Wiederherstellung der Erwerbsfähigkeit bis zur Aufstellung der Rechnungsergebnisse (31. Dezember) eintrat, oder doch mit annähernder Wahrscheinlichkeit im weiteren Verlaufe zu erwarten war. — [4]) [illegible] ... der Jahre 1888 bis 1890, 1891 bis 1895 und 1896 bis 1902 [illegible] ... zu berücksichtigen ist.

## 2d. Die Unfallhäufigkeit.[1])

| Unfallhäufigkeit — Gruppen — Berufsgenossenschaften | 1902 Voll-arbeiter | 1902 Unfälle[2]) | Auf 1000 Vollarbeiter kommen Unfälle 1902 | 1901 |
|---|---|---|---|---|
| I. Bergbau | 601 132 | 8 132 | 13,5 | 13,1 |
| II. Steinbrüche | 149 274 | 2 289 | 15,3 | 14,8 |
| Glas- | 69 383 | 297 | 4,3 | 4,6 |
| Töpferei- | 75 441 | 231 | 3,1 | 3,0 |
| Ziegelei- | 173 199 | 1 514 | 8,7 | 8,8 |
| III. Glas, Töpferei usw. | 318 023 | 2 042 | 6,4 | 6,3 |
| Südd. Eisen- u. Stahl- | 151 608 | 1 479 | 9,8 | 9,5 |
| Südwestd. Eisen- | 56 027 | 558 | 9,6 | 8,5 |
| Rh.-Westf. Hütt.- usw. | 128 939 | 1 757 | 13,6 | 12,7 |
| Maschinenbau- und Kleineisenindustrie- | 160 998 | 1 581 | 9,8 | 10,0 |
| Sächs.-Thür. (Eisen- und Stahl-) | 111 317 | 1 138 | 10,2 | 13,3 |
| Nordöstliche | 88 271 | 1 013 | 11,5 | 11,4 |
| Schlesische | 90 081 | 1 309 | 14,6 | 14,1 |
| Nordwestliche | 110 083 | 1 457 | 13,2 | 11,5 |
| Schmiede- | 130 323 | 467 | 3,6 | — |
| IV. Eisen und Stahl | 1026 635 | 10 744 | 10,5 | 11,1 |
| Südd. Edel- und Unedelmetall | 58 208 | 252 | 4,3 | 4,0 |
| Norddeutsche Metall- | 93 348 | 610 | 6,5 | 5,8 |
| d. Feinmechanik | 137 326 | 808 | 5,9 | 6,8 |
| d. Musikinstr.-Ind. | 24 930 | 133 | 5,3 | 5,3 |
| V. Metall, Feinmech. usw. | 313 812 | 1 804 | 5,8 | 5,8 |
| VI. Chemie | 166 841 | 1 262 | 7,6 | 9,0 |
| VII. Gas- u. Wasserwerke | 52 020 | 308 | 5,9 | 6,1 |
| Leinen- | 50 283 | 234 | 4,7 | 4,5 |
| Norddeutsche (Textil-) | 123 116 | 444 | 3,6 | 3,9 |
| Süddeutsche | 100 367 | 261 | 2,6 | 2,6 |
| Schlesische | 56 459 | 172 | 3,1 | 3,8 |
| Elsaß-Lothr. | 66 238 | 209 | 3,2 | 2,9 |
| Rh.-Westf. | 128 844 | 398 | 3,1 | 3,2 |
| Sächsische | 189 341 | 577 | 3,0 | 3,6 |
| Seiden- | 66 477 | 87 | 1,3 | 1,7 |
| VIII. Textilindustrie | 791 096 | 2 382 | 3,0 | 3,3 |
| Papiermacher- | 71 845 | 708 | 9,9 | 10,7 |
| Papierverarbeitgs.- | 101 390 | 324 | 3,2 | 3,5 |
| Deutsche Buchdrucker | 114 577 | 325 | 2,8 | 2,5 |
| IX. Papier, Buchdruck | 287 812 | 1 361 | 4,7 | 4,9 |
| Lederindustrie- | 63 083 | 388 | 6,2 | 6,8 |
| Bekleidungsind.- | 182 815 | 497 | 2,7 | 3,2 |
| X. Leder, Bekleidung | 245 898 | 888 | 3,6 | 4,1 |
| Sächsische Holz- | 31 636 | 308 | 9,7 | 13,0 |
| Norddeutsche Holz- | 212 888 | 2 558 | 12,0 | 13,1 |
| Bayer. Holzindustrie- | 36 674 | 408 | 11,1 | 12,4 |
| Südwestd. Holz- | 39 262 | 562 | 14,3 | 14,2 |
| XI. Holz | 310 460 | 3 834 | 12,4 | 13,4 |
| Nahrungsmitt.-Ind.- | 71 577 | 453 | 6,3 | 6,4 |
| Tabak | 144 939 | 89 | 0,6 | 0,6 |
| Fleischerei- | 104 046 | 954 | 9,2 | 10,1 |
| XII. Nahrungsmittel usw. | 320 563 | 1 496 | 4,7 | 4,1 |

| Unfallhäufigkeit — Gruppen — Berufsgenossenschaften | 1902 Voll-arbeiter | 1902 Unfälle[2]) | Auf 1000 Vollarbeiter kommen Unfälle 1902 | 1901 |
|---|---|---|---|---|
| Müllerei- | 67 088 | 1 003 | 15,0 | 14,3 |
| Zucker- | 58 922 | 544 | 9,2 | 8,0 |
| Molkerei-, Brennerei- u. Stärkeind.- | 40 324 | 337 | 8,4 | 8,2 |
| Brauer.- u. Mälzerei- | 119 319 | 1 418 | 11,9 | 11,9 |
| XIII. Müllerei, Zucker usw. | 285 603 | 3 302 | 11,6 | 11,0 |
| Schornsteinfegermeister- | 5 503 | 26 | 5,2 | 4,4 |
| Hamburgische (Baugewerks-) | 45 116 | 415 | 9,2 | 9,1 |
| Nordöstliche | 137 512 | 1 921 | 14,0 | 13,1 |
| Schles.-Posensche | 74 400 | 926 | 12,6 | 11,9 |
| Hannoversche | 65 194 | 569 | 8,7 | 8,6 |
| Magdeburgische | 32 865 | 335 | 10,2 | 7,8 |
| Sächsische | 88 309 | 1 007 | 11,4 | 10,1 |
| Thüringische | 28 924 | 327 | 11,3 | 10,8 |
| Hess.-Nassauische | 61 379 | 572 | 9,3 | 9,4 |
| Rhein.-Westf. | 135 595 | 1 268 | 9,2 | 9,8 |
| Württembergische | 29 545 | 522 | 17,6 | 16,8 |
| Bayerische | 66 470 | 1 301 | 19,6 | 17,0 |
| Südwestliche | 46 470 | 632 | 13,4 | 12,9 |
| Tiefbau- | 117 896 | 1 955 | 16,6 | 13,8 |
| XIV. Bauwesen ohne V.-A. | 935 575 | 11 861 | 12,7 | 11,7 |
| Privatbahn- | 28 740 | 188 | 6,5 | 5,4 |
| Straßen- u. Kleinb.- | 49 891 | 417 | 8,4 | 8,6 |
| XV. Private Bahnbetr. | 78 631 | 597 | 7,6 | 7,1 |
| Lagerei- | 163 491 | 2 272 | 13,9 | 14,5 |
| Fuhrwerks- | 79 754 | 1 613 | 20,2 | 20,1 |
| XVI. Spedit. usw., Fuhrw. | 243 245 | 3 885 | 16,0 | 16,9 |
| Westd. Binnenschiff. | 17 537 | 226 | 12,9 | 11,4 |
| Elbschiffahrts- | 16 687 | 274 | 16,4 | 18,2 |
| Ostd. Binnenschiff.- | 14 334 | 130 | 9,1 | 11,8 |
| XVII. Binnenschiffahrt | 48 558 | 630 | 13,0 | 13,8 |
| XVIII. Seeschiffahrt[3]) | 57 330 | 440 | 7,7 | 7,3 |
| Gew. Berufsgenossensch. | 6 226 684 | 57 244 | 9,2 | 9,3 |
| Versich.-Anstalten der Baugewerks- usw. B.-G.[3]) | 80 373 | 1 253 | 15,6 | 15,3 |
| Marine-Verwaltung | 18 903 | 195 | 10,3 | 9,6 |
| Heeres- " | 34 285 | 185 | 5,4 | 4,2 |
| Post- u. Telegr.- " | 19 972 | 88 | 4,6 | 5,5 |
| Eisenbahn- " | 355 083 | 2 728 | 7,7 | 7,8 |
| Baggerei- usw. Betr. | 3 061 | 66 | 13,6 | 14,2 |
| Staatliche Bauverw. | 28 907 | 235 | 8,1 | 8,4 |
| Seeschiff.- usw. Betr. | 574 | 7 | 12,2 | 11,9 |
| Provinz- u. Kommunal-Bauverw. | 53 320 | 316 | 5,8 | 6,0 |
| Staatl. usw. Ausführungsbehörden | 518 245 | 3 824 | 7,4 | 7,2 |
| Gewerbl. Unfallversicher. insgesamt[3]) | 6 823 202 | 62 321 | 9,1 | 9,2 |
| 1901 | 6 587 373 | 60 570 | | |

[1]) Berechnet auf Vollarbeiter. Diese Berechnungen berücksichtigen die Arbeitszeit, während welcher die Versicherten der Unfallgefahr ausgesetzt waren. Auf 1 Vollarbeiter sind 300 Arbeitstage gerechnet. Es ist die Zahl der Unfälle zu je 1000 Vollarbeitern mit je 300 Arbeitstagen, also zu je 300 000 Arbeitstagen in Beziehung gesetzt, gleichgültig, von wie vielen verschiedenen Arbeitern diese Arbeitstage geleistet sind.

[2]) Unfälle, für welche zum ersten Male eine Entschädigung festgestellt worden ist.

[3]) Ohne die Versicherungsanstalt der See-Berufsgenossenschaft, für welche Vollarbeiter nicht angegeben werden können.

# 3. Invalidenversicherung

nach dem Reichsgesetz vom 13. Juli 1899.

## a. Geschäfts- und Rechnungsergebnisse der auf Grund des Invalidenversicherungsgesetzes errichteten Versicherungsanstalten und zugelassenen Kasseneinrichtungen.

| Es waren vorhanden 1902: | bei den 31 Versicherungsanstalten | bei den 9 Kasseneinrichtungen | bei allen 40 Versicherungsträgern |
|---|---|---|---|
| Mitglieder der Vorstände | 174 | 97 | 271 |
| Hilfsarbeiter der Vorstände | 50 | 7 | 57 |
| Kassen-, Bureau- und Kanzleibeamte | 2 115 | 86 | 2 201 |
| Unterbeamte | 204 | 4 | 208 |
| Kontrollbeamte | 358 | — | 358 |
| Mitglieder der Ausschüsse | 616 | — | 616 |
| Vorsitzende der Rentenstellen | 1 | — | 1 |
| Beisitzer bei den unteren Verwaltungsbehörden | 12 484 | — | 12 484 |
| In Heilstätten beschäftigte Personen | 485 | 43 | 528 |
| Schiedsgerichte | 89 | 34 | 123 |
| Schiedsgerichtsbeisitzer | 6 842 | 806 | 7 648 |
| Markenverkaufsstellen | 4 827 | — | 4 827 |
| Mit der Einziehung der Beiträge beauftragte Stellen | 7 393 | — | 7 393 |

An Entschädigungsleistungen sind einschließlich der auf das Reich entfallenden Belastung (37 819 694 M) von den 40 Versicherungsträgern im Jahre 1902 gezahlt worden:

| | | in 1 000 M |
|---|---|---|
| a. | Invalidenrenten | 78 566,0 |
| b. | Krankenrenten | 1 811,0 |
| c. | Altersrenten | 23 567,3 |
| d. | Beitragserstattungen bei Heiratsfällen | 5 203,1 |
| e. | " " Unfällen | 33,1 |
| f. | " " Todesfällen | 1 897,6 |
| g. | Heilverfahren | 9 050,6 |
| h. | Invalidenhauspflege | 73,0 |
| i. | Außerordentliche Leistungen | 272,3 |
| | zusammen | 120 414,1 |

### Geschäftsergebnisse im allgemeinen.

Bei den 31 Versicherungsanstalten und den 9 besonderen Kassen wurden vom 1. Januar 1891 bis zum Schluß des Jahres 1903 insgesamt anerkannt Ansprüche auf Invalidenrente 1 029 872, auf Krankenrente 32 258, auf Altersrente 415 284, zusammen 1 477 414. Von diesen Renten liefen am 1. Januar 1904 (vorbehaltlich Veränderungen durch erst nachträglich bekannt werdende Wegfälle) 833 944, und zwar: 663 140 Invalidenrenten, 14 186 Krankenrenten und 156 618 Altersrenten.

Von den Ansprüchen auf Beitragserstattung wurden seit Anwendung der Bestimmungen hierüber (Mitte 1895) bis zum Schluß des Jahres 1903 anerkannt in Fällen der Verheiratung 1 050 618, bei Unfällen 1 941, bei Todesfällen 228 889, zusammen 1 281 448.

Im Jahre 1903 sind insgesamt etwa 126,2 Millionen Mark gezahlt worden, und zwar: etwa 94,5 Millionen Mark Invalidenrenten, 2,3 Millionen Mark Krankenrenten, 22,0 Millionen Mark Altersrenten und 7,4 Millionen Mark Beitragserstattungen.

Die Durchschnittshöhe der in den Jahren 1891 bis 1902 bewilligten Invalidenrenten beträgt: 113,3; 114,7; 118,0; 121,3; 124,1; 126,7; 128,7; 130,8; 131,6; 142,04; 146,32 und 149,74 M; die der Altersrenten: 124,0; 127,8; 129,1; 125,6; 131,8; 133,4; 135,8; 138,0; 141,4; 145,64; 150,43 und 152,07 M; die der Krankenrenten in den Jahren 1900 bis 1902: 147,73; 151,73 und 154,13 M.

Im ganzen wurden seit Einführung der Invalidenversicherung bis zum Schluß des Jahres 1902 für Zwecke der Heilbehandlung 72,0 Millionen Mark aufgewendet, wovon 9,1 Millionen Mark, hierunter für Behandlung von Lungentuberkulösen allein 5,8 Millionen Mark, auf das Jahr 1902 fielen. Im Besitz eigener Heilanstalten bezw. Krankenhäuser sind die Versicherungsanstalten Berlin, Brandenburg, Posen, Schlesien, Hannover, Oberbayern, Württemberg, Baden, Großhzgl. Hessen, Thüringen, Oldenburg, Braunschweig, Hansestädte und Elsaß-Lothringen, sowie die Kasseneinrichtungen Pensionskasse für die Arbeiter der Preuß.-Hess. Eisenb.-Gemeinschaft, Nordd. Knappschafts-Pensionskasse, Arbeiter-Pensionskasse der Kgl. Sächs. Staatseisenbahnen, Pensionskasse für die Arbeiter der Reichseisenbahnverwaltung und Allgem. Knappschaftsverein zu Bochum.

Der Vermögensbestand der 40 Versicherungsträger belief sich am Schlusse des Jahres 1902 ausschl. des Werts der Inventarien (3 405 927,64 M) auf ............ 1 007 477 330,60 M, davon entfielen auf

| | 1 000 M | | 1 000 M |
|---|---|---|---|
| Reichsanleihen | 32 015,2 | Hypotheken und Grundschuldbriefe usw | 195 685,1 |
| Andere Wertpapiere | 435 971,4 | Grundstücke | 38 331,8 |
| Darlehen an Gemeinden usw | 288 475,2 | Kassenbestand, Bankguthaben, Sparkasseneinlagen | 17 019,0 |

d. h. von 1 000 M Vermögen waren angelegt 32 M in Reichsanleihen, 433 M in anderen Wertpapieren, 286 M in Darlehen an Gemeinden usw, 194 M in Hypotheken usw, 38 M in Grundstücken, im Kassenbestand usw waren 17 M.

## 3b. Zugang an Renten und Festsetzung an Beitragserstattungen.

| Invalidenversicherung 1902 — Versicherungsanstalten und zugelassene Kasseneinrichtungen | Im Jahre 1902 sind bei den nebenbezeichneten Versicherungsanstalten usw in Zugang gekommen: Invalidenrenten | Krankenrenten | Altersrenten | überhaupt | Beitragserstattungen festgesetzt: bei Heiratsfällen | Unfällen | Todesfällen | überhaupt |
|---|---|---|---|---|---|---|---|---|
| | (Jahresbetrag) | | | | | | | |
| | 1000 Mark | | | | | | | |
| **Versicherungsanstalten.** | | | | | | | | |
| 1 Ostpreußen | 842,7 | 26,7 | 52,6 | 922,8 | 138,6 | 0,8 | 52,6 | 191,6 |
| 2 Westpreußen | 466,4 | 14,0 | 30,6 | 511,0 | 100,7 | 0,6 | 35,4 | 136,8 |
| 3 Berlin | 736,6 | 107,4 | 47,9 | 892,0 | 365,4 | 2,2 | 93,4 | 460,9 |
| 4 Brandenburg | 1 194,9 | 70,8 | 122,0 | 1 387,7 | 277,0 | 1,1 | 99,4 | 377,5 |
| 5 Pommern | 549,1 | 28,2 | 63,2 | 640,5 | 115,2 | 0,8 | 43,0 | 158,6 |
| 6 Posen | 610,7 | 14,3 | 44,4 | 669,4 | 133,7 | 0,3 | 49,0 | 182,9 |
| 7 Schlesien | 2 295,6 | 70,0 | 153,9 | 2 519,4 | 394,1 | 1,9 | 206,4 | 602,4 |
| 8 Sachsen-Anhalt | 1 182,1 | 15,2 | 156,3 | 1 353,6 | 264,5 | 1,4 | 102,5 | 368,4 |
| 9 Schleswig-Holstein | 567,2 | 35,4 | 81,2 | 683,8 | 138,1 | 0,8 | 39,9 | 178,8 |
| 10 Hannover | 1 158,0 | 35,3 | 81,3 | 1 272,6 | 188,6 | 2,0 | 75,6 | 267,2 |
| 11 Westfalen | 737,8 | 51,3 | 56,5 | 845,8 | 286,1 | 0,9 | 83,5 | 370,5 |
| 12 Hessen-Nassau | 588,2 | 52,2 | 41,3 | 681,9 | 199,4 | 0,6 | 51,4 | 251,6 |
| 13 Rheinprovinz | 2 175,1 | 113,5 | 138,0 | 2 426,6 | 548,0 | 4,0 | 162,7 | 714,7 |
| 14 Oberbayern | 434,7 | 30,0 | 32,1 | 497,1 | 117,5 | 0,5 | 30,9 | 148,9 |
| 15 Niederbayern | 235,6 | 7,4 | 10,6 | 254,0 | 34,2 | 0,1 | 6,2 | 40,5 |
| 16 Pfalz | 233,0 | 22,9 | 17,9 | 273,8 | 56,0 | 0,4 | 21,7 | 78,1 |
| 17 Oberpfalz | 157,2 | 14,0 | 10,1 | 181,3 | 30,8 | 0,0 | 6,6 | 37,4 |
| 18 Oberfranken | 264,3 | 10,0 | 13,0 | 287,3 | 44,6 | 0,3 | 11,1 | 56,0 |
| 19 Mittelfranken | 275,6 | 19,8 | 21,3 | 316,4 | 99,7 | 0,4 | 23,7 | 123,8 |
| 20 Unterfranken | 214,8 | 12,1 | 13,7 | 240,6 | 37,3 | 0,2 | 8,7 | 46,2 |
| 21 Schwaben | 192,3 | 28,9 | 15,5 | 236,7 | 40,7 | — | 13,0 | 53,7 |
| 22 Kgr. Sachsen | 1 303,4 | 142,9 | 220,1 | 1 666,0 | 606,4 | 1,4 | 186,1 | 793,9 |
| 23 Württemberg | 669,1 | 81,6 | 53,0 | 803,6 | 184,8 | 0,7 | 42,4 | 227,6 |
| 24 Baden | 667,2 | 29,6 | 56,2 | 753,0 | 158,1 | 0,6 | 39,8 | 197,7 |
| 25 Grhzb. Hessen | 362,1 | 30,5 | 38,3 | 430,8 | 113,1 | 0,5 | 28,2 | 141,6 |
| 26 Mecklenburg | 268,4 | 17,7 | 71,4 | 357,6 | 59,3 | 0,0 | 24,6 | 83,6 |
| 27 Thüringen | 441,4 | 39,6 | 68,7 | 549,2 | 112,1 | 0,9 | 44,1 | 157,1 |
| 28 Oldenburg | 66,6 | 8,6 | 11,5 | 86,9 | 25,6 | 0,2 | 8,1 | 33,9 |
| 29 Braunschweig | 167,1 | 15,8 | 25,8 | 208,7 | 42,4 | 0,4 | 19,8 | 62,8 |
| 30 Hansestädte | 396,6 | 40,1 | 43,6 | 480,8 | 196,1 | 1,0 | 55,1 | 252,2 |
| 31 Elsaß-Lothringen | 412,2 | 18,0 | 65,2 | 495,4 | 118,7 | 1,8 | 48,0 | 168,0 |
| **Versich.-Anst. zusammen** | **19 833,5** | **1 203,0** | **1 856,9** | **22 894,2** | **5 227,8** | **24,7** | **1 712,6** | **6 965,1** |
| **Kasseneinrichtungen.** | | | | | | | | |
| 32 Pens.-K. f. d. Arb. d. Pr.-Hess. Eisenb.-Gem. | 373,6 | 43,1 | 62,9 | 479,8 | 0,4 | 4,9 | 77,3 | 82,6 |
| 33 Nbd. Knappsch.-Pens.-K. | 203,3 | 12,8 | 7,3 | 223,4 | 0,8 | 1,6 | 27,9 | 30,6 |
| 34 Saarbr. Knappsch.-Ver. | 105,3 | 4,8 | 0,8 | 110,8 | — | — | — | — |
| 35 Arb.-Pens.-K. d. Bayer. Staatseisenb.-Verw. | 35,0 | 3,0 | 6,6 | 44,6 | 0,1 | 0,6 | 6,6 | 7,3 |
| 36 Arb.-Pens.-K. d. Sächs. Staatseisenbahnen | 36,8 | 6,5 | 6,8 | 49,6 | 0,3 | 0,1 | 8,6 | 8,6 |
| 37 Allg. Knappsch.-P.-K. f. d. Königr. Sachsen | 96,3 | 1,7 | 2,0 | 100,0 | 0,9 | — | 7,4 | 8,3 |
| 38 Arb.-Pens.-K. f. d. Bad. Staatseisenb. usw. | 20,9 | 3,8 | 4,4 | 28,9 | — | 0,2 | 4,8 | 5,0 |
| 39 Pens.-K. f. d. Arb. d. Reichseisenb.-Verw. | 16,6 | 2,7 | 2,0 | 21,3 | — | 0,7 | 2,8 | 3,5 |
| 40 Allgem. Knappsch.-Ver. | 461,6 | 58,4 | 11,0 | 531,1 | — | 0,3 | 59,8 | 60,1 |
| **1902 Gesamtsumme** | **21 185,3** | **1 340,5** | **1 960,1** | **24 486,0** | **5 230,1** | **33,3** | **1 907,7** | **7 171,1** |
| 1901 | 18 909,5 | 1 181,4 | 2 110,[illegible] | 22 250,[illegible] | 5 109,[illegible] | 19,[illegible] | 1 758,1 | 6 986,4 |

## 3 c. Ausgaben der Versicherungsanstalten und zugelassenen Kasseneinrichtungen.

| Invalidenversicherung 1902<br>Versicherungsanstalten und zugelassene Kasseneinrichtungen | Ausgaben der Versicherungsanstalten und zugelassenen Kasseneinrichtungen im Jahre 1902 | | | | | | | | | |
|---|---|---|---|---|---|---|---|---|---|---|
| | | Entschädigungsleistungen | | | | | | Kosten für | | |
| | überhaupt | Renten | Beitragserstattungen | Heilverfahren | Invalidenhauspflege | Außerordentliche Leistungen | zusammen | allgemeine Verwaltung | Beitragserhebung und Kontrolle | Sonstiges [1] |
| | 1000 Mark | | | | | | | | | |
| **Versicherungsanstalten.** | | | | | | | | | | |
| 1 Ostpreußen | 2 601,9 | 1 703,9 | 220,0 | 163,8 | | — | 2 087,9 | 263,8 | 148,2 | 103,8 |
| 2 Westpreußen | 1 962,4 | 1 249,3 | 141,4 | 172,4 | — | — | 1 563,1 | 222,6 | 73,0 | 102,7 |
| 3 Berlin | 5 777,7 | 3 692,3 | 443,6 | 1 015,7 | 50,0 | 36,6 | 5 238,4 | 431,0 | 49,8 | 58,1 |
| 4 Brandenburg | 4 715,8 | 3 369,8 | 373,4 | 370,2 | — | 4,3 | 4 117,7 | 457,6 | 48,1 | 92,2 |
| 5 Pommern | 2 079,8 | 1 514,2 | 163,9 | 89,5 | — | 1,8 | 1 769,3 | 184,4 | 71,7 | 54,2 |
| 6 Posen | 2 142,3 | 1 338,5 | 186,0 | 159,4 | — | — | 1 683,9 | 225,8 | 96,8 | 136,0 |
| 7 Schlesien | 7 717,7 | 5 092,0 | 605,0 | 711,9 | 0,9 | 10,0 | 6 419,8 | 737,7 | 147,6 | 412,1 |
| 8 Sachsen-Anhalt | 4 107,6 | 3 193,0 | 376,2 | 96,6 | — | — | 3 666,0 | 286,2 | 97,4 | 58,0 |
| 9 Schleswig-Holstein | 2 314,2 | 1 714,7 | 163,7 | 163,3 | — | 5,1 | 2 046,8 | 179,4 | 60,6 | 27,7 |
| 10 Hannover | 4 292,0 | 2 873,4 | 296,0 | 441,0 | — | 13,2 | 3 633,8 | 355,2 | 205,1 | 98,1 |
| 11 Westfalen | 4 177,4 | 3 051,7 | 312,4 | 371,6 | 4,5 | 10,4 | 3 770,8 | 272,1 | 63,8 | 70,7 |
| 12 Hessen-Nassau | 2 645,5 | 1 961,0 | 257,4 | 147,6 | — | 8,6 | 2 374,6 | 201,0 | 42,0 | 27,6 |
| 13 Rheinprovinz | 8 753,0 | 6 787,2 | 692,1 | 542,9 | | 33,6 | 8 055,8 | 381,4 | 159,8 | 156,1 |
| 14 Oberbayern | 1 907,0 | 1 418,8 | 128,4 | 212,4 | — | 11,1 | 1 800,5 | 82,0 | 13,2 | 10,4 |
| 15 Niederbayern | 649,7 | 508,3 | 46,7 | 6,5 | — | — | 561,5 | 70,7 | 10,1 | 7,4 |
| 16 Pfalz | 863,4 | 688,5 | 69,6 | 17,1 | — | — | 805,2 | 36,2 | 11,8 | 10,2 |
| 17 Oberpfalz | 449,7 | 351,8 | 40,4 | 10,6 | — | — | 401,8 | 26,6 | 10,8 | 8,2 |
| 18 Oberfranken | 608,4 | 466,6 | 56,8 | 20,9 | — | — | 544,5 | 43,5 | 6,8 | 13,8 |
| 19 Mittelfranken | 1 112,3 | 846,7 | 116,8 | 61,5 | — | — | 1 025,0 | 65,6 | 9,5 | 12,8 |
| 20 Unterfranken | 544,8 | 430,6 | 47,5 | 14,3 | — | — | 492,4 | 30,2 | 7,1 | 14,6 |
| 21 Schwaben | 841,1 | 641,2 | 60,1 | 34,1 | — | — | 735,7 | 81,5 | 8,0 | 16,2 |
| 22 Kgr. Sachsen | 8 152,1 | 5 698,0 | 880,7 | 404,8 | 2,1 | 26,1 | 7 021,7 | 404,4 | 616,8 | 109,2 |
| 23 Württemberg | 3 473,0 | 2 244,6 | 229,8 | 477,5 | 0,3 | 4,4 | 2 956,4 | 234,6 | 231,8 | 50,2 |
| 24 Baden | 3 273,6 | 2 153,2 | 199,6 | 535,6 | | 4,7 | 2 893,3 | 163,0 | 165,8 | 51,7 |
| 25 Großh. Hessen | 2 040,1 | 1 199,1 | 140,1 | 440,0 | — | 6,5 | 1 785,7 | 82,3 | 157,1 | 15,8 |
| 26 Mecklenburg | 1 177,3 | 870,8 | 90,2 | 44,7 | | — | 1 005,5 | 101,1 | 40,6 | 30,5 |
| 27 Thüringen | 2 340,0 | 1 490,4 | 164,0 | 319,0 | 10,6 | 6,8 | 1 999,1 | 121,5 | 176,8 | 42,8 |
| 28 Oldenburg | 396,1 | 255,1 | 34,3 | 52,6 | 1,6 | 1,2 | 344,1 | 34,4 | 10,6 | 6,7 |
| 29 Braunschweig | 871,9 | 587,2 | 66,1 | 83,8 | 2,9 | 7,8 | 747,6 | 40,1 | 67,4 | 16,4 |
| 30 Hansestädte | 3 386,0 | 2 072,6 | 299,6 | 491,4 | 0,9 | 13,6 | 2 877,8 | 209,3 | 291,8 | 27,4 |
| 31 Elsaß-Lothringen | 2 344,7 | 1 810,0 | 168,9 | 107,2 | — | 7,5 | 2 093,7 | 137,6 | 68,0 | 45,2 |
| **Versich.-Anst. zusammen** | **87 700,1** | **60 684,2** | **6 942,0** | **8 670,1** | **73,0** | **213,3** | **76 482,6** | **6 165,1** | **3 146,4** | **1 888,0** |
| **Kasseneinrichtungen.** | | | | | | | | | | |
| 32 Pens.-K. f. d. Arb. d. Pr.-Hess. Eisenb.-Gem. | 1 928,4 | 1 460,8 | 78,7 | 199,4 | — | 25,0 | 1 763,0 | 159,1 | — | 5,4 |
| 33 Ndd. Knappsch.-P.-K. | 1 022,0 | 681,4 | 28,8 | 152,7 | — | 21,8 | 884,7 | 54,2 | 56,1 | 27,0 |
| 34 Saarbr. Knappsch.-Ver. | 424,9 | 373,6 | 0,2 | — | — | — | 373,6 | 50,8 | — | 0,2 |
| 35 Arb.-Pens.-K. d. Bayer. Staatseisenb.-Verw. | 220,3 | 181,2 | 6,8 | 11,7 | — | | 199,7 | 20,2 | — | 0,4 |
| 36 Arb.-Pens. K. d. Sächs. Staatseisenbahnen | 232,5 | 182,0 | 8,1 | 9,9 | — | 2,2 | 202,8 | 28,4 | — | 1,6 |
| 37 Allg. Knappsch.-P.-K. f. d. Königr. Sachsen | 318,2 | 290,1 | 8,3 | 2,5 | — | — | 290,9 | 25,6 | — | 1,4 |
| 38 Arb.-Pens.-K. f. d. Bad. Staatseisenb. usw. | 177,1 | 113,0 | 4,6 | 11,6 | 0,0 | 7,1 | 137,5 | 19,3 | — | 0,2 |
| 39 Pens.-K. f. d. Arb. d. Reichseisenb.-Verw. | 119,0 | 88,7 | 3,2 | 14,4 | | 2,1 | 108,5 | 11,0 | — | 0,4 |
| 40 Allgem. Knappsch.-Ver. | 2 368,4 | 1 989,0 | 52,3 | 58,0 | | | 2 100,2 | 263,6 | — | 4,6 |
| **1902 Gesamtsumme** | **94 512,1** | **66 034,9** | **7 133,7** | **9 050,8** | **73,0** | **272,2** | **82 564,4** | **6 797,6** | **3 222,2** | **1 927,6** |
| 1901 | 84 251,1 | [illegible] | 6 021,8 | [illegible] | 45,1 | 193,[illegible] | [illegible] | 6 165,5 | 3 067,1 | 1 645,0 |

## und Vermögensbestand der Versicherungsanstalten und zugelassenen Kasseneinrichtungen.

| Einnahmen der Versicherungsanstalten und zugelassenen Kasseneinrichtungen im Jahre 1902 | | | | | | | | | Vermögensbestand der [illegible] Ende des Jahres 1902 |
|---|---|---|---|---|---|---|---|---|---|
| Beiträge | | | | | | | [illegible] | Summe der Einnahmen | |
| Anzahl in Lohnklasse [1] | | | | | | [illegible] | | | |
| I | II | III | IV | V | Zusammen | | | | |
| 1000 Stück | | | | | | 1000 Mark | | | |
| 6 707 | 5 258 | 1 320 | 220 | 267 | [illegible] | 3 152 | 408 | 3 592 | 11 810 |
| 4 748 | 4 623 | 1 677 | 524 | 591 | [illegible] | 2 342 | 516 | 2 846 | 15 291 |
| 388 | 7 505 | 4 138 | 10 915 | 4 120 | 26 086 | 7 177 | 2 158 | 9 265 | 64 235 |
| 5 868 | 14 036 | 5 943 | 4 335 | 1 361 | 31 578 | 6 062 | 1 547 | 8 366 | 67 536 |
| 4 370 | 7 068 | 1 987 | 801 | 528 | 15 101 | 2 978 | 777 | 3 756 | 21 951 |
| 6 265 | 5 788 | 1 363 | 431 | 424 | 14 278 | 2 612 | 576 | 3 188 | 15 410 |
| 10 516 | 13 036 | 10 411 | 5 949 | 2 194 | [illegible] | 10 376 | 2 289 | 12 669 | 70 257 |
| 7 225 | 9 186 | 8 591 | 3 280 | 1 738 | [illegible] | 6 696 | 1 772 | 8 368 | 53 020 |
| 1 161 | 3 706 | 1 208 | 2 043 | 517 | [illegible] | [illegible] | 668 | [illegible] | 19 861 |
| 3 558 | 10 462 | 6 338 | 5 169 | 1 444 | [illegible] | 5 847 | 1 274 | 7 081 | 27 674 |
| 2 153 | 7 276 | 5 741 | 5 064 | 3 126 | [illegible] | 6 481 | 1 654 | 8 141 | 40 152 |
| 1 161 | 4 346 | 3 700 | 3 404 | 2 323 | 17 364 | [illegible] | [illegible] | 5 474 | 34 132 |
| 1 522 | 14 806 | 38 615 | 12 157 | 8 745 | [illegible] | [illegible] | [illegible] | [illegible] | 107 [illegible] |
| 1 221 | 4 474 | 3 376 | 2 160 | 394 | 12 811 | [illegible] | 737 | [illegible] | [illegible] |
| 313 | 3 084 | 152 | 312 | 72 | [illegible] | 954 | 194 | 1 148 | [illegible] |
| 755 | 1 298 | 1 979 | 1 699 | 812 | [illegible] | 1 364 | 289 | 1 953 | [illegible] |
| 369 | 1 586 | 584 | 337 | 146 | 3 022 | 727 | 126 | [illegible] | [illegible] |
| 750 | 2 166 | 1 159 | 279 | 137 | [illegible] | 948 | 201 | [illegible] | [illegible] |
| 1 085 | 3 393 | 1 651 | 1 168 | 736 | [illegible] | [illegible] | 521 | [illegible] | [illegible] |
| 478 | 1 854 | 1 215 | 245 | 144 | [illegible] | 870 | 196 | [illegible] | [illegible] |
| 401 | 2 126 | [illegible] | 407 | 241 | [illegible] | [illegible] | 346 | [illegible] | [illegible] |
| [illegible] | 17 722 | [illegible] | 8 623 | [illegible] | [illegible] | [illegible] | [illegible] | [illegible] | [illegible] |
| 883 | 6 726 | [illegible] | 2 141 | [illegible] | 18 748 | 4 831 | 1 044 | [illegible] | [illegible] |
| [illegible] | 7 404 | 5 401 | 2 066 | [illegible] | [illegible] | [illegible] | 1 314 | [illegible] | [illegible] |
| 717 | 2 678 | [illegible] | [illegible] | [illegible] | [illegible] | 2 442 | 641 | [illegible] | [illegible] |
| [illegible] | 2 117 | [illegible] | 380 | [illegible] | [illegible] | [illegible] | [illegible] | [illegible] | 11 681 |
| [illegible] | 4 662 | 4 221 | 1 160 | [illegible] | [illegible] | [illegible] | [illegible] | [illegible] | [illegible] |
| 14 | 1 068 | 1 049 | 238 | [illegible] | [illegible] | [illegible] | [illegible] | [illegible] | [illegible] |
| 911 | [illegible] | [illegible] | [illegible] | [illegible] | [illegible] | 1 241 | 324 | 1 565 | [illegible] |
| [illegible] | 3 147 | [illegible] | [illegible] | [illegible] | [illegible] | [illegible] | [illegible] | [illegible] | [illegible] |
| 317 | [illegible] | [illegible] | 2 267 | [illegible] | [illegible] | [illegible] | 961 | [illegible] | [illegible] |
| [illegible] | [illegible] | [illegible] | [illegible] | [illegible] | [illegible] | [illegible] | [illegible] | [illegible] | [illegible] |
| 306 | 1 373 | 5 490 | 3 285 | [illegible] | [illegible] | [illegible] | [illegible] | [illegible] | [illegible] |
| 3 | 185 | 2 325 | 1 719 | [illegible] | [illegible] | [illegible] | [illegible] | [illegible] | [illegible] |
| 2 | 0 | 620 | 251 | [illegible] | [illegible] | [illegible] | [illegible] | [illegible] | [illegible] |
| 78 | 20 | 965 | 387 | [illegible] | [illegible] | 402 | [illegible] | [illegible] | [illegible] |

## 4. Die gesamte Arbeiterversicherung 1885 bis 1902.

| Jahr | Arbeiterversicherung insgesamt Entschädigungen: überhaupt 1000 ℳ | Krankenfürsorge 1000 ℳ | andere Leistungen 1000 ℳ | Krankenversicherung (einschl. Knappschaftskassen) Entschädigungen: überhaupt 1000 ℳ | Krankenfürsorge 1000 ℳ | andere Leistungen 1000 ℳ |
|---|---|---|---|---|---|---|
| 1885 | 54 159,3 | 52 663,6 | 1 495,7 | 54 139,3 | 52 663,6 | 1 475,7 |
| 86 | 61 909,7 | 59 053,2 | 2 856,5 | 59 994,6 | 58 772,1 | 1 222,3 |
| 87 | 68 074,7 | 61 540,6 | 6 531,2 | 62 141,8 | 60 813,8 | 1 328,0 |
| 88 | 78 241,0 | 68 340,5 | 9 900,5 | 68 549,1 | 67 272,2 | 1 276,9 |
| 89 | 92 590,7 | 78 339,8 | 14 250,9 | 78 101,1 | 76 861,9 | 1 239,5 |
| 1890 | 112 702,9 | 93 003,9 | 19 699,0 | 92 351,3 | 90 932,6 | 1 418,9 |
| 91 | 140 391,2 | 99 781,0 | 40 610,2 | 98 620,6 | 97 151,6 | 1 469,0 |
| 92 | 159 624,6 | 106 513,3 | 53 111,3 | 104 823,8 | 103 159,9 | 1 664,0 |
| 93 | 178 934,9 | 115 096,1 | 63 838,8 | 112 635,2 | 111 168,8 | 1 467,0 |
| 94 | 188 099,6 | 113 021,1 | 75 078,5 | 109 682,3 | 108 291,8 | 1 390,7 |
| 1895 | 208 635,8 | 119 279,6 | 89 356,4 | 115 513,0 | 114 001,8 | 1 511,7 |
| 96 | 229 036,5 | 125 290,0 | 103 766,5 | 120 080,7 | 118 719,4 | 1 361,3 |
| 97 | 256 432,4 | 138 126,8 | 118 305,6 | 131 948,0 | 130 442,9 | 1 505,1 |
| 98 | 281 413,6 | 147 398,2 | 134 015,4 | 140 740,2 | 138 680,6 | 2 059,6 |
| 99 | 318 418,0 | 168 413,1 | 150 004,6 | 160 477,1 | 157 957,5 | 2 519,6 |
| 1900 | 355 003,4 | 184 862,0 | 170 141,1 | 174 922,5 | 172 293,2 | 2 629,3 |
| 01 | 387 746,7 | 195 548,0 | 192 198,7 | 183 174,2 | 180 458,3 | 2 715,9 |
| 02 | 415 246,3 | 201 705,7 | 213 540,5 | 186 699,0 | 183 973,9 | 2 725,1 |
| 1885–1902 | 3 667 881,2 | 2 127 978,4 | 1 489 902,8 | 2 054 608,7 | 2 023 827,2 | 30 878,5 |
| **Jahr** | **Unfallversicherung Entschädigungen: überhaupt 1000 ℳ** | **Krankenfürsorge 1000 ℳ** | **andere Leistungen, Renten usw. 1000 ℳ** | **Invalidenversicherung Entschädigungen: überhaupt 1000 ℳ** | **Krankenfürsorge 1000 ℳ** | **andere Leistungen, Renten usw. 1000 ℳ** |
| 1885 | 20,0 | 0,0 | 20,0 | . | . | . |
| 86 | 1 915,8 | 281,1 | 1 634,2 | . | . | . |
| 87 | 5 932,9 | 726,7 | 5 206,2 | . | . | . |
| 88 | 9 691,9 | 1 068,5 | 8 623,4 | . | . | . |
| 89 | 14 489,3 | 1 474,9 | 13 014,4 | . | . | . |
| 1890 | 20 351,6 | 2 071,5 | 18 280,1 | . | . | . |
| 91 | 26 471,1 | 2 629,0 | 23 842,1 | 15 299,5 | 0,4 | 15 299,1 |
| 92 | 32 395,4 | 3 312,1 | 29 083,3 | 22 395,9 | 31,9 | 22 364,0 |
| 93 | 38 278,6 | 3 821,5 | 34 457,1 | 28 021,0 | 108,3 | 27 912,7 |
| 94 | 44 501,5 | 4 364,9 | 40 136,1 | 34 816,0 | 364,6 | 34 451,4 |
| 1895 | 50 442,1 | 4 646,2 | 45 795,6 | 42 680,7 | 631,8 | 42 048,9 |
| 96 | 57 653,7 | 5 395,1 | 52 258,6 | 51 322,1 | 1 175,5 | 50 146,6 |
| 97 | 64 500,6 | 5 708,1 | 58 792,5 | 59 893,8 | 1 885,6 | 58 008,2 |
| 98 | 71 733,0 | 6 088,0 | 65 645,0 | 68 940,4 | 2 629,7 | 66 310,7 |
| 99 | 79 284,8 | 6 439,4 | 72 844,9 | 78 656,6 | 4 016,5 | 74 640,1 |
| 1900 | 87 351,6 | 6 920,0 | 80 431,6 | 92 729,8 | 5 648,7 | 87 080,4 |
| 01 | 99 301,1 | 7 765,6 | 91 535,5 | 105 271,6 | 7 324,1 | 97 947,2 |
| 02 | 108 133,1 | 8 409,0 | 99 724,1 | 120 414,1 | 9 322,8 | 111 091,3 |
| 1885–1902 | 812 536,7 | 71 211,5 | 741 325,4 | 720 440,8 | 33 130,9 | 687 309,9 |

## 5. Lebens-Versicherung.

(Beiträge zur Statistik der deutschen Lebens- und Feuerversicherung im Jahre 1901. Herausgegeben vom Kaiserlichen Aufsichtsamte für Privatversicherung.)

### a. Kapital-Versicherung.

| Laufende Nummer | Policenbewegung, Versicherungssumme und Durchschnittsbetrag der Versicherungen im Jahre 1901 | Kapital-Versicherung überhaupt (57 Gesellschaften)¹) | Im Besondern: Todesfall-Versicherung*) | [illegible]-Versicherung | Kleine Versicherungen | Erlebensfall-(Aussteuer-)Versicherung | Militärdienst-Versicherung |
|---|---|---|---|---|---|---|---|
| | **Policenbewegung.** | 1000 Policen | | | | | |
| 1 | Bestand Anfang 1901 | 5 600 | 1 435 | 416 | 3 171 | 324 | 254 |
| 2 | Neue Aufnahmen | 811 | 121 | 26 | 616 | 37 | 11 |
| 3 | Abgang durch Sterbefälle | 70 | 22 | 8 | 38 | 1 | 1 |
| 4 | Abgang bei Lebzeiten der Versicherten: | | | | | | |
| | a) durch Zahlbarwerden der Versicherungssumme | 21 | 4 | 0,05 | 1 | 9 | 7 |
| | b) durch Aufgabe der Versicherung | 299 | 39 | 9 | 221 | 23 | 7 |
| 5 | Reiner Zuwachs (Abnahme: —) | 421 | 56 | 9 | 356 | 4 | —4 |
| 6 | Bestand Ende 1901 | 6 021 | 1 491 | 425 | 3 527 | 328 | 250 |
| | **Versicherungssumme.** | Millionen Mark | | | | | |
| 7 | Bestand Anfang 1901 | 7 992 | 6 391 | 121 | 570 | 604 | 304 |
| 8 | Neue Aufnahmen | 773 | 568 | 14 | 117 | 60 | 14 |
| 9 | Abgang durch Sterbefälle | 102 | 91 | 2 | 6 | 2 | 1 |
| 10 | Abgang bei Lebzeiten der Versicherten: | | | | | | |
| | a) durch Zahlbarwerden der Versicherungssumme | 46 | 23 | 0,04 | 0,07 | 16 | 7 |
| | b) durch Aufgabe der Versicherung | 267 | 162 | 3 | 51 | 43 | 8 |
| | % des gesamten Versicherungsbestandes Nr. 7 und 8 | 3,04 | 2,33 | 2,30 | 7,40 | 6,40 | 2,17 |
| 11 | Reiner Zuwachs (Abnahme: —) | 358 | 292 | 9 | 60 | — 1 | — 2 |
| 12 | Bestand Ende 1901 | 8 350 | 6 683 | 132 | 630 | 603 | 302 |
| | **Durchschnittsbetrag der Versicherungen nach Personen.**²) | Mark | | | | | |
| 13 | Am Anfang 1901 | 1 427 | 4 457 | 295 | 160 | 1 871 | 1 197 |
| 14 | Bei den neuen Aufnahmen | 954 | 4 698 | 541 | 190 | 1 612 | 1 334 |
| 15 | Bei den Sterbefällen | (³ 1 485 | (⁴ 4 305 | 261 | 169 | 1 862 | 1 264 |
| 16 | Am Ende 1901 | 1 387 | 4 482 | 309 | 179 | 1 842 | 1 209 |

***) Versicherungsarten in der Todesfall-Versicherung.**

(Umfaßt, da vollständige Mitteilungen nicht vorliegen, nur 28 Gesellschaften, statt früher 29 im Jahrgang 1902)

| Jahresbewegung bei 28 Gesellschaften | Versicherungssumme im ganzen 1000 M | 1. Einfache Lebens-Versicherung 1000 M | 2. Abgekürzte Lebens-Versicherung 1000 M | 3. Lebens-Versicherung mit abgekürzter Prämienzahlung 1000 M | 4. Lebens-Versicherung für zwei verbundene Leben 1000 M | 5. Sonstige Lebens-Versicherung 1000 M |
|---|---|---|---|---|---|---|
| 31. XII. 1900 | 5 195 240 | 1 607 026 | 3 255 484 | 207 450 | 16 965 | 108 321 |
| 31. XII. 1901 | 5 411 884 | 1 590 033 | 3 493 664 | 203 638 | 16 225 | 110 324 |
| Zu- bzw. Abnahme | + 216 638 | — 16 993 | + 238 180 | — 3 812 | — 740 | + 2 003 |
| In % | + 4,17 | — 1,06 | + 7,32 | — 1,84 | — 4,36 | + 1,85 |

## 5c. Gewinn- u. Verlustrechnung der in a und b behandelten Lebensversicherungs-Gesellschaften. Jahresbetrieb von 55 Gesellschaften.

(Beiträge zur Statistik der deutschen Lebens- und Feuerversicherung im Jahre 1901. **Herausgegeben vom** Kaiserl. Aufsichtsamte für Privatversicherung.)

| Einnahmen, Ausgaben, Überschuß | 44 vorzugsweise oder ausschließlich Todesfall-Versicherung betreibende Gesellschaften | | 11 vorzugsweise oder ausschließlich andere als Todesfall-Versicherung betreibende Gesellschaften | Zusammen 55 Lebensversicherungs-Gesellschaften |
|---|---|---|---|---|
| | ohne Volks-Versicherung bei 7 dieser Gesellschaften[1] | Volks-Versicherung dieser 7 Gesellschaften | | |
| | 1000 Mark | | | |
| **Einnahmen.** | | | | |
| 1. Prämien: | | | | |
| a) Kapitalversich. auf den Todesfall | 251 799 | — | 1 521 | 253 320 |
| b) „ „ „ Erlebensfall | 32 019 | — | 8 046 | 40 065 |
| c) Rentenversicherung | 13 340 | — | 2 945 | 16 285 |
| d) Sonstige (Volks-, Sterbekassen-, Militärdienst-) Versicherungen | 5 973 | 44 504 | 2 964 | 53 441 |
| Summe | 303 131 | 44 504 | 15 476 | 363 111 |
| 2. Erträgnisse aus den Kapitalanlagen: | | | | |
| a) Zinsen | 92 192 | 4 913 | 6 463 | 103 568 |
| b) Mieten | 1 690 | — | 98 | 1 788 |
| 3. Kursgewinn (durch verkaufte Effekten) | 940 | — | 14 | 954 |
| 4. Vergütung der Rückversicherer | 2 852 | 14 | 5 | 2 871 |
| 5. Sonstige Einnahmen | 19 508 | 65 | 2 922 | 22 495 |
| 6. Ersparte Beträge aus den Schadenreserven | 288 | 1 | 38 | 327 |
| Summe der Einnahmen | 420 601 | 49 497 | 25 016 | 495 114 |
| **Ausgaben.** | | | | |
| 1. Schäden aus dem Rechnungsjahre: | | | | |
| a) aus Sterbefällen (a. Todesfall, ausschl. Volks- usw. Versicherungen [l. d]) | 88 903 | — | 312 | 89 215 |
| b) bei Lebzeiten (Kapitalversi. a. Todesfall) | 19 725 | — | 2 | 19 727 |
| „ „ ( „ „ Erlebensf.) | 13 631 | — | 1 730 | 15 361 |
| c) Renten | 16 569 | — | 5 329 | 21 898 |
| d) aus sonstigen (Volks- usw.) fälligen Versicherungen | 10 191 | 4 299 | 1 310 | 15 800 |
| Summe | 149 019 | 4 299 | 8 703 | 162 021 |
| 2. Rückkäufe und Prämienrückgewähr | 13 230 | 161 | 475 | 13 866 |
| 3. Rückversicherungsprämien | 6 255 | 165 | 88 | 6 508 |
| 4. Agenturprovisionen | 14 646 | 8 529 | 1 206 | 24 381 |
| 5. Verwaltungskosten einschl. Steuern | 20 334 | 2 861 | 1 404 | 24 599 |
| 6. Abschreibungen | 914 | 6 | 148 | 1 068 |
| 7. Kursverlust auf verkaufte Effekten | 11 | — | 2 | 13 |
| 8. Sonstige Ausgaben | 14 599 | 89 | 3 531 | 18 219 |
| Dazu aus dem Jahresbetrieb hervorgehende Erhöhung der Prämienreserve und Prämienüberträge | 132 252 | 24 523 | 7 705 | 164 480 |
| Zugang von, bzw. Abgang zu den „sonstigen“ Reserven | — 437 | 2 | — 183 | — 618 |
| Zunahme der Gewinnanteile der Versicherten | 4 927 | 630 | 269 | 5 826 |
| Summe der Ausgaben | 355 750 | 41 265 | 23 348 | 420 363 |
| Überschuß der Einnahmen über die Ausgaben | 64 851 | 8 232 | 1 668 | 74 751 |

[1] Nur 7 Gesellschaften machen alle Angaben, die für die zweite Zahlenspalte erforderlich sind; noch 7 andere der 44 Gesellschaften und 1 von den 11 in der dritten Zahlenspalte genannten treiben zwar auch die kleine Versicherung (Volksversicherung), geben aber keine so ausführliche Auskunft darüber. Die Versicherungssumme bei den 7 Gesellschaften der zweiten Zahlenspalte umfaßt etwa 91 % der überhaupt bei den 15 Gesellschaften in der Volksversicherung versicherten Summen.

## 5d. Geschäftsergebnisse der vorzugsweise Todesfall-Versicherung betreibenden Lebensversicherungs-Gesellschaften.

(Beiträge zur Statistik der deutschen Lebens- und Feuerversicherung im Jahre 1901. Herausgegeben vom Kaiserl. Aufsichtsamte für Privatversicherung. — Statistisches Jahrbuch 1902, S. 225.)

| Wichtigste Posten der Betriebsrechnung und der Bilanz | 1900 (48 Gesellsch.) | 1901 (44 Gesellsch.) | Zu- oder Abnahme 1901 gegen 1900 | in % |
|---|---|---|---|---|
| **I. Gewinn- und Verlustrechnung.** | | | | |
| 1. Einnahmen. | 1 000 Mark | | | |
| Prämieneinnahme | | | | |
| a) für Todesfall-Versicherung | 238 279 | 251 799 | + 13 520 | + 5,67 |
| b) » Erlebensfall-Versicherung | 22 726 | 32 019 | + 9 293 | + 40,89 |
| c) » Rentenversicherung | 12 556 | 13 340 | + 784 | + 6,24 |
| d) » sonstige (Volks-, Sterbekassen-, Militärdienst-) Versicherungen | 52 287 | 50 477 | — 1 810 | — 3,46 |
| Prämieneinnahmen insgesamt | 325 848 | 347 635 | + 21 787 | + 6,69 |
| Vermögenserträgnisse (Zinsen und Mieten) | 91 029 | 98 795 | + 7 766 | + 8,53 |
| Vergütung durch die Rückversicherer | 2 609 | 2 866 | + 257 | + 9,85 |
| Alle sonstigen Einnahmen | 6 960 | 20 802 | + 13 842 | + 198,88 |
| Summe der Einnahmen | **426 446** | **470 098** | **+ 43 652** | **+ 10,24** |
| 2. Ausgaben. | | | | |
| Schäden im Betriebsjahre | | | | |
| a) aus Sterbefällen (a. Todesfall, ausschl. Volks- usw. Versicherungen [I. d]) | 86 941 | 88 903 | + 1 962 | + 2,26 |
| b) bei Lebzeiten der Versicherten fällige | | | | |
| 1. aus Todesfall-Versicherung | 18 838 | 19 725 | + 887 | + 4,71 |
| 2. » Erlebensfall-Versicherung | 12 828 | 13 631 | + 803 | + 6,26 |
| c) Renten | 13 243 | 16 569 | + 3 326 | + 25,12 |
| d) aus sonstigen (Volks- usw.) Versicherungen | 13 009 | 14 490 | + 1 481 | + 11,38 |
| Fällig gewordene Schäden insgesamt | 144 859 | 153 318 | + 8 459 | + 5,84 |
| Rückkäufe und Prämienrückgewähr | 10 805 | 13 391 | + 2 586 | + 23,93 |
| Rückversicherungsprämien | 6 204 | 6 420 | + 216 | + 3,48 |
| Agenturprovisionen | 22 553 | 23 175 | + 622 | + 2,76 |
| Sonstige Verwaltungskosten und Steuern | 21 902 | 23 195 | + 1 293 | + 5,90 |
| Zuführung zur Prämienreserve | 144 559 | 156 775 | + 12 216 | + 8,45 |
| Alle sonstigen Ausgaben | 9 641 | 20 741 | + 11 100 | + 115,13 |
| Summe der Ausgaben | **360 523** | **397 015** | **+ 36 492** | **+ 10,12** |
| 3. Jahresüberschuß | **65 923** | **73 083** | **+ 7 160** | **+ 10,86** |
| 4. Posten aus der Überschußverteilung. | | | | |
| Dividenden an Versicherte, gewährt durch Gegenseitigkeits- und Aktiengesellschaften | 58 699 | 64 514 | + 5 815 | + 9,91 |
| Dividenden an die Aktionäre | 4 301 | 4 917 | + 616 | + 14,32 |
| **II. Posten aus der Bilanz.** (31. XII. 1900 bzw. 1901.) | | | | |
| Hypotheken | 1 989 084 | 2 142 455 | + 153 371 | + 7,71 |
| Effekten | 76 549 | 77 740 | + 1 191 | + 1,56 |
| Guthaben an Prämienraten der laufenden Versicherungen | 60 540 | 62 999 | + 2 459 | + 4,06 |
| Prämienreserve | 2 018 805 | 2 190 224 | + 171 419 | + 8,49 |
| Gesamtaktiva (Gesamtpassiva) | 2 640 146 | 2 841 213 | + 201 067 | + 7,62 |

## 6. Privat-Feuerversicherung.

(Beiträge zur Statistik der deutschen Lebens- und Feuerversicherung im Jahre 1901. Herausgegeben vom Kaiserlichen Aufsichtsamte für Privatversicherung. — Statistisches Jahrbuch 1902, S. 227.)

| Wichtigste Posten aus Betriebsrechnung und Bilanz | 1900 | 1901 | Zu- oder Abnahme 1901 gegen 1900 | in % |
|---|---|---|---|---|
| **a. Aktien-Gesellschaften (einschl. Glas- und Einbruchsdiebstahl-Versicherung).** 1900: 28, 1901: 29 Gesellschaften. Versicherungsstand Ende 1900: 77,6, Ende 1901: 80,1 Milliarden ℳ | | | | |
| **I. Aus der Gewinn- und Verlustrechnung.** | 1000 Mark | | | |
| 1. Einnahmeposten. | | | | |
| Prämieneinnahme, abzüglich der Rückvergütungen | 165 473 | 165 296 | — 177 | — 0,11 |
| Erträgnisse aus dem Vermögen (Zinsen und Mieten) | 5 035 | 5 081 | + 46 | + 0,91 |
| 2. Ausgabeposten. | | | | |
| Schäden, einschl. Kosten, abzüglich d. Anteils d. Rückversicherer | 58 489 | 57 482 | — 1 007 | — 1,72 |
| Rückversicherungsprämien | 74 902 | 75 670 | + 768 | + 1,03 |
| Rückversicherungsprämien in % der Prämieneinnahme | 45,27 | 45,78 | + 0,51 | + 1,13 |
| Verwaltungskosten einschl. Agenturprovisionen | 25 741 | 25 819 | + 78 | + 0,30 |
| Zunahme der Prämienüberträge | 1 395 | 533 | — 862 | — 61,79 |
| 3. Jahresbetriebsergebnisse. | | | | |
| Gesamteinnahmen | 174 012 | 174 272 | + 260 | + 0,15 |
| Gesamtausgaben | 164 451 | 163 660 | — 791 | — 0,48 |
| Jahresüberschuß | 9 561 | 10 612 | + 1 051 | + 10,99 |
| 4. Aus der Überschußverteilung. | | | | |
| Dividenden an die Aktionäre[1]) | 7 923 | 7 754 | — 169 | — 2,13 |
| **II. Gesamtaktiva am Jahresende** (25 bzw. 26 Gesellschaften)[2]) | 287 045 | 290 310 | + 3 265 | + 1,14 |
| **III. Passivposten.** | | | | |
| Aktienkapital (25 bzw. 26 Gesellschaften)[2]) | 152 791 | 154 579 | + 1 788 | + 1,17 |
| Kapitalreservefonds (25 bzw. 26 Gesellschaften)[2]) | 22 444 | 22 206 | — 238 | — 1,06 |
| Prämienüberträge (25 bzw. 26 Gesellschaften)[2]) | 52 040 | 52 962 | + 922 | + 1,77 |
| **b. 13 Gegenseitigkeits-Gesellschaften.**[3]) Versicherungsstand Ende 1900: 10,4, 1901: 10,6 Milliarden ℳ | | | | |
| **I. Aus der Gewinn- und Verlustrechnung.** | 1000 Mark | | | |
| 1. Einnahmeposten. | | | | |
| Prämieneinnahme, abzüglich der Rückvergütungen | 27 210 | 28 110 | + 900 | + 3,31 |
| Erträgnisse aus dem Vermögen (Zinsen und Mieten) | 1 645 | 1 713 | + 68 | + 4,13 |
| 2. Ausgabeposten. | | | | |
| Schäden, einschl. Kosten, abzüglich d. Anteils d. Rückversicherer | 7 807 | 6 821 | — 986 | — 12,63 |
| Rückversicherungsprämien[4]) | 1 984 | 1 829 | — 155 | — 7,81 |
| Verwaltungskosten einschl. Agenturprovisionen | 3 640 | 3 747 | + 107 | + 2,94 |
| Zunahme der Prämienüberträge | 256 | 582 | + 326 | + 127,34 |
| 3. Dividende an die Versicherten | 13 781 | 15 439 | + 1 658 | + 12,03 |
| **II. Gesamtaktiva** | 51 068 | 53 711 | + 2 643 | + 5,18 |
| **III. Passivposten.** | | | | |
| Reservefonds | 18 017 | 18 205 | + 188 | + 1,04 |

[1]) Von 24 bzw. 25 mit Überschuß arbeitenden Gesellschaften verteilten 21 bzw. 22 Dividende. Von den übrigen 4 Gesellschaften arbeiteten in beiden Jahren je 3 mit Verlust.

[2]) Zwei von den in I behandelten Gesellschaften stellen nur für ihr auch die Lebensversicherung umfassendes Gesamtgeschäft Bilanzen auf, eine dritte macht nicht genügend eingehende Angaben; sie konnten deshalb unter II und III nicht aufgenommen werden.

[3]) Von den 18 vom Kaiserlichen Aufsichtsamte für Privatversicherung behandelten Gegenseitigkeits-Gesellschaften sind nur 13 (dieselben wie im Statistischen Jahrbuch 1902), als die wichtigsten, bearbeitet. Kleinere Gegenseitigkeits-Gesellschaften bestehen aber noch in erheblicher Anzahl.

[4]) Nur 9 von den 13 Gesellschaften nehmen Rückversicherung

## 7. Öffentliche Feuerversicherung.

(Mitteilungen für die öffentlichen Feuerversicherungsanstalten. Herausgegeben vom Bureau des Verbandes derselben. XXXV. Jahrgang Nr. 3.)

| Versicherungsbestand und Verwaltungsergebnisse | 1900 | 1901 | Zu- oder Abnahme 1901 gegen 1900 | in % |
|---|---|---|---|---|
| **I. Versicherungsbestand**[1] (am Ende des Jahres). | 1 000 Mark | | | |
| Immobiliarversicherung | 45 200 839 | 46 848 080 | + 1 647 241 | + 3,64 |
| Mobiliarversicherung | 4 476 282 | 4 714 643 | + 238 361 | + 5,33 |
| zusammen | 49 677 121 | 51 562 723 | + 1 885 602 | + 3,80 |
| davon Rückversicherungen | | | | |
| unter öffentlichen Anstalten selbst | 1 427 424 | 1 601 495 | + 174 071 | + 12,19 |
| bei Privatgesellschaften (geschätzt) | 1 609 740 | 1 643 102 | + 33 362 | + 2,07 |
| zusammen | 3 037 164 | 3 244 597 | + 207 433 | + 6,83 |
| Rückversicherungen in % der Versicherungssumme | 6,11 | 6,29 | + 0,18 | + 2,95 |
| **II. Verwaltungsergebnisse.**[2] Einnahmen. | | | | |
| Beiträge | 64 677 | 69 648 | + 4 971 | + 7,69 |
| auf je 1000 ℳ der mittleren[3] Versicherungssumme | ℳ 1,30 | ℳ 1,35 | ℳ + 0,05 | + 3,75 |
| Sonstige Erhebungen von den Versicherten | 1 373 | 1 408 | + 35 | + 2,55 |
| Anteil der Rückversicherer an den Schäden | 5 665 | 4 961 | — 704 | — 12,27 |
| Zinsen | 4 710 | 4 917 | + 207 | + 4,39 |
| Sonstige Einnahmen | 834 | 1 368 | + 534 | + 64,03 |
| zusammen | 77 249 | 82 302 | + 5 053 | + 6,54 |
| Ausgaben. | | | | |
| Schadenvergütungen | 54 075 | 51 113 | — 2 962 | — 5,48 |
| auf 1000 ℳ der mittleren[3] Versicherungssumme | ℳ 1,11 | ℳ 1,01 | ℳ — 0,10 | — 9,01 |
| auf 100 ℳ der Beiträge | ℳ 83,61 | ℳ 73,39 | ℳ — 10,22 | — 12,22 |
| Schadenerhebungskosten | 369 | 372 | + 3 | + 0,81 |
| Rückversicherungsprämien | 5 958 | 5 929 | — 29 | — 0,49 |
| Feuerlöschwesen | 3 749 | 3 856 | + 107 | + 2,85 |
| Andere öffentliche Zwecke | 344 | 305 | — 39 | — 11,34 |
| Einzelschätzungen und Nachschätzungen | 618 | 601 | — 17 | — 2,75 |
| Verwaltungskosten | 7 758 | 8 143 | + 385 | + 4,96 |
| Verschiedene Ausgaben | 618 | 1 241 | + 623 | + 100,81 |
| zusammen | 73 499 | 71 570 | — 1 929 | — 2,62 |
| Demnach: Überschuß (+) bzw. Mehrausgabe (—) | + 3 750 | + 10 732 | + 6 982 | + 186,19 |
| Reines Vermögen am Jahresschluß | [4] 134 225 | [4] 145 724 | + 11 499 | + 8,57 |

[1] Der Versicherungsbestand [illegible] 57 [illegible] öffentlichen Feuerversicherungsanstalten. — [2] Die Verwaltungsergebnisse beziehen sich nur auf 55 bzw. 56 [illegible] — [3] Die mittlere Versicherungssumme betrug 1900 [illegible] — [4] [illegible]

## 8. Bruttoprämieneinnahme,

welche alle unter Reichsaufsicht stehenden Unternehmungen lediglich aus den in Deutschland abgeschlossenen Versicherungen im Jahre 1901 erzielt haben.

(Erster Geschäftsbericht des Kaiserlichen Aufsichtsamts für Privatversicherung. Reichstagsdrucksache Nr. 13, 11. Legislaturperiode, I. Session 1903/04.)

| Arten der Versicherung | Inländische Versicherungsunternehmungen: Zahl | Inländische: Bruttoprämie 1 000 ℳ | Ausländische Versicherungsunternehmungen: Zahl | Ausländische: Bruttoprämie 1 000 ℳ | Zusammen: Zahl | Zusammen: Bruttoprämie 1 000 ℳ |
|---|---|---|---|---|---|---|
| 1. Lebensversicherung | 330 | 335 458 | 25 | 27 908 | 355 | 363 366 |
| 2. Unfall- u. Haftpflichtversicherung | 38 | 40 015 | 8 | 9 352 | 46 | 49 367 |
| 3. Hagelversicherung | 21 | 23 725 | — | — | 21 | 23 725 |
| 4. Viehversicherung | 307 | 8 690 | — | — | 307 | 8 690 |
| 5. Feuerversicherung, Versicherung gegen Sturmschäden, Wasserschäden u. Diebstahl | 85 | 146 397 | 45 | 18 888 | 130 | 165 285 |
| 6. Sonstige Versicherungszweige | 45 | 4 841 | 4 | 125 | 49 | 4 966 |
| Summe | [1]816 | 550 126 | [1]82 | 56 173 | [1]898 | 615 299 |

[1] In diesen Zahlen sind einzelne Unternehmungen, welche in verschiedenen Gruppen Versicherungsgeschäfte betreiben, mehrmals gezählt; in Wirklichkeit [illegible] inländische und 78 ausländische im Betriebe.

# XVII. Genossenschaftswesen.

(Jahr- und Adreßbuch der Erwerbs- und Wirtschaftsgenossenschaften im Deutschen Reiche 1904. Herausgegeben von der Preußischen Central-Genossenschaftskasse.)

## 1. Die Erwerbs- und Wirtschaftsgenossenschaften am 1. Januar 1904 nach dem Gegenstande des Unternehmens und nach der Haftpflichtart.

| Gegenstand des Unternehmens | Gesamtzahl der Genossenschaften | Gesamtzahl der Mitglieder | Mit unbeschränkter Haftpflicht: Genossenschaften | Mit unbeschränkter Haftpflicht: Mitglieder | Mit unbeschränkter Nachschußpflicht: Genossenschaften | Mit unbeschränkter Nachschußpflicht: Mitglieder | Mit beschränkter Haftpflicht: Genossenschaften | Mit beschränkter Haftpflicht: Mitglieder |
|---|---|---|---|---|---|---|---|---|
| 1. Kreditgenossenschaften | 13 686 | 1 518 629 | 12 184 | 1 488 392 | 51 | 11 267 | 1 451 | 215 833 |
| 2. Rohstoffgenossenschaften, gewerbliche | 187 | 6 584 | 19 | 756 | 3 | 54 | 165 | 5 774 |
| 3. Rohstoffgenossensch., landwirtschaftl. | 2 568 | 123 909 | 913 | 76 740 | 3 | 571 | 587 | 45 646 |
| 4. Wareneinkaufsvereine | 59 | 2 961 | 3 | 58 | — | — | 56 | 2 908 |
| 5. Werkgenossenschaften, gewerbliche | 146 | 16 869 | 35 | 1 633 | 1 | 25 | 110 | 15 210 |
| 6. Werkgenossenschaften, landwirtschaftl. | 225 | 5 567 | 94 | 2 103 | — | — | 131 | 3 464 |
| 7. Genossenschaften zur gemeinschaftlichen Beschaffung von Maschinen u. Geräten | 8 | 302 | — | — | — | — | 8 | 302 |
| 8. Magazingenossenschaften, gewerbliche | 53 | 1 864 | 11 | 394 | 1 | 14 | 41 | 1 456 |
| 9. Magazingenossenschaften, landwirtsch. | 213 | 25 404 | 37 | 3 565 | 1 | 112 | 175 | 21 627 |
| 10. Rohstoff- u. Magazingenoss., gewerbl. | 115 | 3 584 | 4 | 247 | — | — | 111 | 3 473 |
| 11. Rohstoff- und Magazingenoss., landw. | 21 | 2 207 | 3 | 157 | 1 | 54 | 17 | 2 086 |
| 12. Produktivgenossenschaften, gewerbl. | 177 | 21 564 | 21 | 2 045 | 2 | 31 | 154 | 19 488 |
| 13. Produktivgenossenschaften, landwirtschaftliche und zwar: | 2 896 | 264 651 | 1 520 | 120 494 | 91 | 10 471 | 1 476 | 65 072 |
| a) Molkerei- u. Milchverwertungsgenossenschaften | 2 474 | 137 460 | 1 616 | 113 664 | 72 | 10 115 | 849 | 58 281 |
| b) Brennereigenossenschaften | 116 | 2 516 | 16 | 544 | 2 | 18 | 98 | 1 954 |
| c) Winzervereine | 173 | 10 405 | 167 | 9 554 | 2 | 264 | 10 | 596 |
| d) Genossenschaften f. d. Bau u. Betrieb von Zell- u. Gärbrennereien | 78 | 6 645 | 11 | 649 | 2 | 47 | 65 | 5 950 |
| e) Schlachtgenossenschaften | 9 | 816 | 1 | 23 | — | — | 8 | 790 |
| f) Mühlengenossenschaften | 7 | 160 | 1 | 35 | — | — | 6 | 125 |
| g) Viehgenossenschaften | 3 | 26 | — | — | — | — | 3 | 26 |
| 14. Zuchtgenossenschaften | 158 | 11 257 | 17 | 1 065 | — | — | 141 | 10 240 |
| 15. Konsumvereine | 1 741 | 613 715 | 159 | 30 543 | 4 | 905 | 1 578 | 787 567 |
| 16. Wohnungs- u. Baugenossensch., eigentl. | 535 | 166 478 | 10 | 216 | — | — | 525 | 166 262 |
| 17. Wohnungs- und Baugenossenschaften, Vereinshäuser | 51 | 3 173 | — | — | — | — | 51 | 3 173 |
| 18. Sonstige Genossenschaften | 221 | 25 597 | 56 | 1 614 | 4 | 548 | 161 | 21 425 |
| Summe | 22 131 | 3 208 324 | 15 398 | 1 744 368 | 152 | 23 039 | 6 581 | 1 440 917 |

## 2. Die Erwerbs- und Wirtschaftsgenossenschaften im Jahre 1902 nach den Geschäftsanteilen und nach der Haftpflichtart.

| Höhe des Geschäftsanteils | Gesamtzahl der Genossenschaften | Gesamtzahl der Mitglieder | Mit unbeschränkter Haftpflicht: Genossenschaften | Mit unbeschränkter Haftpflicht: Mitglieder | Mit unbeschränkter Nachschußpflicht: Genossenschaften | Mit unbeschränkter Nachschußpflicht: Mitglieder | Mit beschränkter Haftpflicht: Genossenschaften | Mit beschränkter Haftpflicht: Mitglieder |
|---|---|---|---|---|---|---|---|---|
| 0,10 — 2 M. | 955 | 104 198 | 479 | 60 526 | 5 | 640 | 471 | 43 032 |
| 3 — 5 » | 3 283 | 300 580 | 2 490 | 224 988 | 6 | 660 | 781 | 75 492 |
| 6 — 10 » | 4 858 | 488 830 | 4 305 | 370 453 | 28 | 4 227 | 522 | 114 150 |
| 11 — 20 » | 1 144 | 298 161 | 482 | 43 914 | 22 | 2 328 | 640 | 251 919 |
| 21 — 50 » | 2 249 | 503 289 | 1 205 | 101 935 | 17 | 2 926 | 1 027 | 398 428 |
| 51 — 100 » | 3 124 | 319 727 | 2 458 | 228 156 | 21 | 3 592 | 645 | 89 979 |
| 101 — 200 » | 1 295 | 223 395 | 774 | 129 923 | 7 | 1 482 | 514 | 91 990 |
| 201 — 300 » | 869 | 248 208 | 507 | 141 572 | 29 | 3 797 | 333 | 102 839 |
| 301 — 400 » | 79 | 33 280 | 54 | 26 064 | 1 | 671 | 24 | 6 556 |
| 401 — 500 » | 1 229 | 202 675 | 1 050 | 151 148 | 10 | 1 884 | 169 | 49 643 |
| 501 — 600 » | 177 | 91 582 | 136 | 67 092 | 3 | 791 | 38 | 23 703 |
| 601 — 800 » | 28 | 13 132 | 18 | 7 440 | — | — | 10 | 5 692 |
| 801 — 1000 » | 208 | 65 620 | 138 | 52 878 | 1 | 19 | 69 | 12 723 |
| 1001 — 2000 » | 81 | 40 141 | 62 | 37 987 | — | — | 18 | 2 157 |
| 2001 — 3000 » | 45 | 7 610 | 34 | 7 364 | 1 | 37 | 10 | 209 |
| 3001 — 10000 » | 10 | 1 698 | 9 | 1 690 | — | — | 1 | 8 |
| über 10000 » | 2 | 15 | 1 | 7 | — | — | 1 | 8 |
| unbestimmt usw. | 35 | 3 743 | 32 | 3 313 | 2 | 400 | — | — |
| Summe | 19 682 | 2 946 013 | 14 265 | 1 654 033 | 144 | 23 385 | 5 273 | 1 268 595 |

# XVIII. Medizinal- und Veterinärwesen.

## 1. Todesursachen in den deutschen Orten mit 15 000 und mehr Einwohnern.

(Veröffentlichungen des Kaiserlichen Gesundheitsamts, 1903, Nr. 47. Vgl. auch Vierteljahrshefte zur Statistik des Deutschen Reichs, 1903 III.)

Vorbemerkung. Das Gebiet des Deutschen Reichs ist in nachstehender Übersicht in acht Bezirke geteilt. Während in den früheren Jahrgängen, bis zum 18. einschl., nur die »Städte« mit der angegebenen Einwohnerzahl in Betracht gezogen wurden, sind jetzt in engerem Anschluß an die betr. Veröffentlichung des Kais. Gesundheitsamts die »Orte« mit mehr als 15 000 Einwohnern an deren Stelle getreten, wobei zu bemerken, daß die Vororte Berlins mit weniger als 15 000 Einwohnern nicht ausgeschlossen worden sind. Die behandelten Orte sind nachstehend nach der Einwohnerzahl geordnet. Die neu hinzugekommenen Orte sind gesperrt gedruckt.

1. Ostseeküstenland: Stettin, Königsberg, Danzig, Kiel, Lübeck, Rostock, Elbing, Flensburg, Schwerin i. M., Tilsit, Graudenz, Stralsund, Thorn, Insterburg, Neumünster, Stolp, Stargard i. P., Allenstein, Greifswald, Köslin, Wismar, Kolberg, Memel, [illegible], Güstrow, Rendsburg.

2. Oder- und Warthegebiet: Breslau, Posen, Königshütte, Gleiwitz, Liegnitz, Beuthen i. Ob.-Schl., Bromberg, Landsberg a. W., Kattowitz, Oppeln, Ratibor, Zabrze, Schweidnitz, Inowrazlaw, Brieg, Neisse, Glogau, [illegible], [illegible] i. Schl., Alt-Zabrze, Schwientochlowitz, Neustadt i. Ob.-Schl., [illegible], Hirschberg, [illegible], [illegible], Waldenburg, Reichenbach i. Schl., Glatz.

3. Sächs.-Märk. Tiefland: Berlin und Vororte, Leipzig, Magdeburg, Charlottenburg, Halle a. S., Schöneberg, Rixdorf, [illegible], Spandau, Frankfurt a. O., Potsdam, Dessau, Brandenburg, Kottbus, Guben, Forst i. N.-L., Burg b. M., Zeitz, Cöthen, Eberswalde, Stendal, Rathenow, Köpenick, Luckenwalde, Prenzlau, Wittenberg, Merseburg, Neuruppin, Fürstenwalde, Zerbst, Weißenfels, Wittenberge, Schönebeck a. E., Sorau i. N.-L., Eilenburg.

4. Nordseeküstenland: Hamburg, Hannover, Bremen, Altona, Braunschweig, Bielefeld, Münster i. W., Linden b. Hann., Osnabrück, Harburg, Hildesheim, Wandsbek, Kiel, Oldenburg, Herford, Lehe, Lüneburg, Minden, Wilhelmshaven, Goslar, Geestemünde, Bremerhaven, Celle, Göttingen, Wolfenbüttel, Delmenhorst, Emden, Peine, [illegible].

5. Niederrheinische Niederung: Cöln, Düsseldorf, Essen, Elberfeld, Dortmund, Barmen, Aachen, Krefeld, Duisburg, Hagen, Bochum, Remscheid, München-Gladbach, Bonn, Solingen, Koblenz, Mülheim a. Rh., Solingen, Oberhausen, Trier, Mülheim a. d. R., Hamborn, Gelsenkirchen, Ueckendorf, Rheydt, Recklinghausen, Witten, Hamm i. W., Herne, Neuß, Schalke, Iserlohn, Düren, Wanne, Linden, Lüdenscheid, Viersen, Paderborn, Borbeck, Ueckendorf, Bruckhausen i. W., Siegen, Schwelm, Wesel, Kalk, Wattenscheid, Eschweiler, Langendreer, Lennep, Wald, Kettwig, Goch, Gevelsberg, Velbert, Wermelskirchen, Siegburg, Unna, Ohligs.

6. Mitteldeutsches Gebirgsland: Dresden, Chemnitz, Cassel, Erfurt, Plauen i. V., Würzburg, Zwickau, Gera, Halberstadt, Bamberg, Löbtau, Altenburg, Gotha, Bernburg, Mühlhausen i. Thür., Hof, Eisenach, Meißen, Zittau, Nordhausen, Freiberg i. S., Bautzen, Weimar, Nordhausen, Weißenfels, Quedlinburg, Aschersleben, Naumburg, Glauchau, Reichenbach i. V., Eisleben, Werdau, Sangerhausen, Quedlinburg, Aschaffenburg, Crimmitschau, Greiz, Jena, Coburg, Glauchau, Apolda, Meerane, Pirna, Döbeln, Marburg, Fulda, Gießen, Mittweida, Annaberg.

7. Oberrheinische Niederung: Frankfurt a. M., Straßburg i. E., Mannheim, Karlsruhe, Mülhausen i. Els., Wiesbaden, Mainz, Darmstadt, Ludwigshafen a. Rh., Freiburg i. B., Metz, Offenbach, Kaiserslautern, Pforzheim, Worms, Heidelberg, Colmar, Malstatt-Burbach, Pirmasens, Hanau, Neunkirchen, Saarbrücken, St. Johann, Konstanz, Kreuznach, Speyer, Neustadt a. d. Haardt, Hagenau, Frankenthal, Landau, Marburg, Höchst a. M.

8. Süddeutsches Hochland: München, Nürnberg, Stuttgart, Augsburg, Fürth, Regensburg, Ulm, Heilbronn, Eßlingen, Cannstatt, Erlangen, Ingolstadt, Bamberg, Landshut i. B., Reutlingen, Ludwigsburg i. W., Göppingen, Kempten, Gmünd, Straubing, Passau, Ansbach, Baden-Baden.

| Orte mit 15 000 und mehr Einwohnern, insgesamt — Nach Bezirken | | Einwohnerzahl | Gestorbene (ohne Totgeborene) | Gestorbene (ohne Totgeborene) auf 1000 der Bevölkerung | Todesursachen (Forts. s. folg. Seite) | | | | |
|---|---|---|---|---|---|---|---|---|---|
| | | | | | Pocken | Masern und Röteln | Scharlach | Diphtherie und Croup | Unterleibstyphus, gastrisches und Nervenfieber |
| In der Gesamtheit der Orte | | | | | | | | | |
| Durchschnittlich jährlich | 1877/1881 | 7 636 167 | 204 027 | 26,72 | 114 | 2 112 | 4 315 | 7 612 | 3 326 |
| | 1882/1886 | 9 085 187 | 234 670 | 25,85 | 121 | 3 238 | 3 781 | 11 119 | 2 726 |
| | 1887/1891 | 10 918 431 | 255 915 | 23,44 | 40 | 2 077 | 2 290 | 10 840 | 2 222 |
| | 1892/1896 | 13 288 160 | 289 126 | 21,84 | 19 | 3 201 | 2 388 | 11 028 | 1 397 |
| | 1897/1901 | 16 132 417 | 330 004 | 20,46 | 8 | 3 458 | 3 260 | 4 982 | 1 686 |
| | 1902 | 18 204 054 | 331 648 | 18,22 | 4 | 2 876 | 4 512 | 4 626 | 1 125 |
| Im Jahre 1902 nach Bezirken | | | | | | | | | |
| 1. Ostseeküstenland | | 1 412 753 | 28 396 | 20,10 | 4 | 329 | 678 | 513 | 117 |
| 2. Oder- und Warthegebiet | | 1 357 397 | 29 168 | 21,49 | — | 168 | 589 | 425 | 122 |
| 3. Sächsisch-Märkisches Tiefland | | 4 393 243 | 71 224 | 16,21 | — | 751 | 645 | 685 | 179 |
| 4. Nordseeküstenland | | 2 273 443 | 37 358 | 16,43 | — | 315 | 983 | 572 | 123 |
| 5. Niederrheinische Niederung | | 3 207 804 | 59 700 | 18,63 | — | 1 185 | 1 127 | 1 371 | 264 |
| 6. Mitteldeutsches Gebirgsland | | 2 193 567 | 40 158 | 18,31 | — | 383 | 211 | 474 | 140 |
| 7. Oberrheinische Niederung | | 1 860 378 | 33 645 | 18,08 | — | 363 | 128 | 324 | 107 |

| Orte mit 15 000 und mehr Einwohnern, insgesamt. Nach Bezirken | Todesursachen (Fortsetzung) | | | | | | | | | |
|---|---|---|---|---|---|---|---|---|---|---|
| | Fleck-typhus | Kindbett-fieber | Lungen-schwind-sucht | Akute Erkrankungen der Atmungsorgane | Akute Darm-krankheiten ohne Brech-durchfall | Brech-durchfall | Verschiedene nicht genannte Krankheiten | Gewaltsamer Tod: Verun-glückung | Selbst-mord | fremde Hand |
| **In der Gesamtheit der Orte** | | | | | | | | | | |
| Durchschnittlich jährlich 1877/1881 | 200 | 1 093 | 27 287 | 23 574 | 11 256 | 8 928 | 108 911 | 2 772 | 2 373 | 134 |
| 1882/1886 | 55 | 1 040 | 31 435 | (1 27 603 | 11 557 | 11 500 | (1 119 617 | 3 113 | 2 624 | 152 |
| 1887/1891 | 23 | 866 | 33 178 | (2 31 204 | 13 153 | 15 115 | (2 140 210 | 3 619 | 2 780 | 187 |
| 1892/1896 | 22 | 879 | 33 989 | 36 589 | 10 263 | 18 058 | 156 960 | 4 394 | 3 484 | 255 |
| 1897/1901 | 12 | 822 | 35 212 | 41 792 | 22 127 | 24 314 | 182 150 | 5 878 | 3 957 | 316 |
| 1902 | 12 | 974 | 36 441 | 45 025 | 17 520 | 14 403 | 192 078 | 5 952 | 4 786 | 304 |
| **Im Jahre 1902 nach Bezirken** | | | | | | | | | | |
| 1. Ostseeküstenland | 2 | 61 | 2 350 | 4 138 | 1 172 | 1 429 | 16 663 | 552 | 373 | 13 |
| 2. Oder- und Warthegebiet | — | 74 | 3 296 | 4 092 | 1 592 | 908 | 17 115 | 530 | 325 | 22 |
| 3. Sächsisch-Märkisches Tiefland | 2 | 211 | 8 554 | 8 028 | 4 617 | 2 460 | 42 636 | 1 050 | 1 388 | 38 |
| 4. Nordseeküstenland | 3 | 151 | 4 133 | 5 559 | 1 086 | 1 146 | 21 702 | 864 | 668 | 34 |
| 5. Niederrheinische Niederung | 3 | 182 | 5 714 | 10 297 | 3 407 | 2 571 | 31 720 | 1 396 | 450 | 67 |
| 6. Mitteldeutsches Gebirgsland | — | 129 | 4 304 | 4 293 | 1 187 | 2 099 | 25 586 | 559 | 767 | 26 |
| 7. Oberrheinische Niederung | 1 | 99 | 4 346 | 4 735 | 1 763 | 2 240 | 18 362 | 832 | 479 | 63 |
| 8. Süddeutsches Hochland | 1 | 67 | 3 814 | 3 880 | 2 702 | 1 550 | 18 292 | 370 | 350 | 41 |

| | Von 100 000 Einwohnern starben an | | | | | | | | | | | | | | |
|---|---|---|---|---|---|---|---|---|---|---|---|---|---|---|---|
| | Pocken | Masern und Röteln | Scharlach | Diphtherie und Croup | Unterleibstyphus (einschl. gastrischem und Nervenfieber) | Flecktyphus | Kindbettfieber | Lungenschwindsucht | akuten Erkrankungen der Atmungsorgane | akuten Darmkrankheiten ohne Brechdurchfall | Brechdurchfall | verschiedenen nicht genannten Krankheiten | durch gewaltsamen Tod: Verunglückung | Selbstmord | sonstige Arten |
| **In der Gesamtheit der Orte** | | | | | | | | | | | | | | | |
| Im Mittel der Jahresdurchschnitte des Jahrfünfts 1877/1881 | 1,8 | 27,6 | 56,9 | 99,8 | 13,6 | 2,6 | 14,4 | 357,7 | 308,6 | 147,3 | 116,6 | 1 426,7 | 36,8 | 31,0 | 1,6 |
| 1882/1886 | 1,4 | 35,6 | 42,0 | 122,3 | 30,1 | 0,8 | 11,3 | 346,2 | (1 314,5 | 127,7 | 125,4 | (1 1 302,1 | 34,9 | 29,0 | 1,7 |
| 1887/1891 | 0,4 | 27,6 | 21,3 | 99,7 | 20,6 | 0,3 | 8,0 | 304,0 | (2 279,5 | 120,0 | 138,2 | (2 1 260,8 | 33,3 | 25,4 | 1,7 |
| 1892/1896 | 0,2 | 23,9 | 17,6 | 84,1 | 12,1 | 0,1 | 6,6 | 255,6 | 274,1 | 121,8 | 135,0 | 1 177,1 | 32,8 | 26,1 | 1,9 |
| 1897/1901 | 0,04 | 21,8 | 20,0 | 31,1 | 10,1 | 0,06 | 5,1 | 218,7 | 258,6 | 137,1 | 150,7 | 1 129,6 | 36,1 | 24,3 | 2,0 |
| 1902 | 0,02 | 21,2 | 24,7 | 25,3 | 6,2 | 0,07 | 5,3 | 199,2 | 216,1 | 95,8 | 78,7 | 1 049,0 | 32,5 | 26,2 | 1,7 |
| **Im Jahre 1902 nach Bezirken** | | | | | | | | | | | | | | | |
| 1. Ostseeküstenland | 0,3 | 23,2 | 48,0 | 36,3 | 8,3 | 0,1 | 4,3 | 166,8 | 292,9 | 83,0 | 101,2 | 1 179,6 | 39,1 | 26,1 | 0,9 |
| 2. Oder- und Warthegebiet | — | 12,4 | 43,4 | 31,3 | 9,0 | — | 5,5 | 236,2 | 301,5 | 117,3 | 66,9 | 1 260,9 | 39,0 | 23,9 | 1,8 |
| 3. Sächsisch-Märkisches Tiefland | — | 17,1 | 14,7 | 15,6 | 4,1 | 0,05 | 4,8 | 194,7 | 182,7 | 105,1 | 56,0 | 970,4 | 23,8 | 31,1 | 0,9 |
| 4. Nordseeküstenland | — | 13,9 | 43,2 | 25,2 | 5,4 | 0,1 | 6,6 | 182,7 | 244,5 | 47,8 | 50,1 | 954,8 | 38,0 | 29,4 | 1,3 |
| 5. Niederrheinische Niederung | — | 36,9 | 35,1 | 42,7 | 8,2 | 0,09 | 5,7 | 178,4 | 321,0 | 106,2 | 80,1 | 988,6 | 43,6 | 14,2 | 2,1 |
| 6. Mitteldeutsches Gebirgsland | — | 17,6 | 9,8 | 21,8 | 6,4 | — | 5,0 | 196,2 | 195,7 | 54,1 | 95,7 | 1 166,4 | 25,6 | 35,0 | 1,2 |
| 7. Oberrheinische Niederung | — | 19,6 | 6,9 | 17,1 | 5,6 | 0,05 | 5,3 | 233,8 | 254,7 | 91,8 | 120,4 | 987,0 | 34,0 | 25,7 | 3,1 |
| 8. Süddeutsches Hochland | — | 23,9 | 9,2 | 16,4 | 4,8 | 0,06 | 4,2 | 270,1 | 213,7 | 100,1 | 97,2 | 1 116,8 | 23,8 | 21,9 | 2,6 |

1) Durchschnitt aus den 3 Jahren 1882/84. — 2) Durchschnitt aus den 4 Jahren 1888/91.

## 2. Heilanstalten.

(Veröffentlichungen des Kaiserlichen Gesundheitsamts, Jahrgang 1904, Nr. 16.)

| Jahr | Allgemeine Krankenhäuser: Zahl der Anstalten, öff. | priv. | Betten, öff. | priv. | Verpflegte Kranke, öff. | priv. | Irrenanstalten: Zahl der Anstalten, öff. | priv. | Betten, öff. | priv. | Zahl der Verpflegten, öff. | priv. |
|---|---|---|---|---|---|---|---|---|---|---|---|---|
| 1877 | 1 506 | 316 | 62 140 | 10 079 | 358 604 | 59 152 | 121 | 114 | 25 206 | 6 703 | 33 242 | 7 173 |
| 1879 | 1 573 | 372 | 64 084 | 12 317 | 451 483 | 65 405 | 108 | 117 | 27 056 | 7 237 | 37 477 | 8 190 |
| 1882 | 1 630 | 394 | 68 070 | 14 929 | 473 256 | 71 514 | 106 | 120 | 31 [illegible] | 8 [illegible] | 42 708 | 8 875 |
| 1885 | 1 760 | 438 | 75 473 | 18 530 | 561 571 | 92 598 | 110 | 125 | 35 504 | 10 047 | 48 944 | 10 [illegible] |
| 1888 | 1 803 | 565 | 82 [illegible] | 23 723 | 614 886 | 118 692 | 124 | 133 | 40 290 | 12 [illegible] | 55 [illegible] | 12 412 |
| 1891 | 1 871 | 630 | 92 438 | 29 773 | 665 494 | 154 961 | 132 | 140 | 46 758 | 13 [illegible] | 61 [illegible] | 14 560 |
| 1894 | 1 917 | 770 | 100 [illegible] | 35 [illegible] | 727 [illegible] | 180 [illegible] | 108 | 157 | 56 [illegible] | 14 [illegible] | 70 [illegible] | 18 [illegible] |
| 1897 | 1 964 | 921 | 106 115 | 40 961 | 778 203 | 237 062 | 155 | 158 | 63 [illegible] | 14 427 | 88 419 | 18 714 |
| 1900 | 2 059 | 1 117 | 115 534 | 46 712 | 874 025 | 310 608 | 162 | 168 | 68 770 | 18 874 | 94 405 | 21 487 |

| Jahr | Entbindungsanstalten: Zahl der Anstalten, öff. | priv. | Zahl der Betten, öff. | priv. | Augenheilanstalten: Zahl der Anstalten, öff. | priv. | Zahl der Betten, öff. | priv. | Gesamtzahl der Krankheitsfälle in den Augenheilanstalten (Zugang) | |
|---|---|---|---|---|---|---|---|---|---|---|
| 1877 | 61 | 100 | 1 738 | 453 | [illegible] | 56 | 309 | 1 102 | 1877/79 | 56 805 |
| 1879 | 66 | 224 | 1 820 | 337 | 19 | 60 | 737 | 1 214 | 1880/82 | 67 261 |
| 1882 | 62 | 110 | 2 065 | 290 | 29 | 56 | 1 011 | 1 146 | 1883/85 | 75 [illegible] |
| 1885 | 65 | 104 | 1 965 | 262 | 28 | 55 | 1 286 | 1 228 | 1886/88 | 90 274 |
| 1888 | 70 | 101 | 2 074 | 297 | 32 | 82 | 1 415 | 1 301 | 1889/91 | 104 169 |
| 1891 | 75 | 96 | 2 339 | 232 | 37 | 94 | 1 620 | 1 752 | 1892/94 | [illegible] |
| 1894 | 77 | 103 | 2 568 | 200 | 37 | 103 | 1 725 | 2 017 | 1895/97 | [illegible] |
| 1897 | 80 | 101 | 3 019 | 226 | 42 | 145 | 1 622 | 2 174 | 1898/1900 | [illegible] |
| 1900 | 90 | 87 | 2 936 | 265 | 39 | 131 | 1 874 | 2 451 | | |

Gesamtzahl der Krankheitsfälle in den Irrenanstalten (Zugang)

| Krankheitsform | 1877/79 | 1880/82 | 1883/85 | 1886/88 | 1889/91 | 1892/94 | 1895/97 | 1898/1900 | 1877/79 % der Summe | 1898/1900 % der Summe |
|---|---|---|---|---|---|---|---|---|---|---|
| Einfache Seelenstörung | 27 [illegible] | [illegible] | [illegible] | [illegible] | 45 [illegible] | [illegible] | 53 [illegible] | [illegible] | [illegible] | [illegible] |
| Paralytische Seelenstörung | 4 [illegible] | 5 [illegible] | [illegible] | 7 [illegible] | 9 [illegible] | 10 [illegible] | 11 [illegible] | 12 [illegible] | 11,[illegible] | [illegible] |
| Seelenstörung mit Epilepsie | 3 [illegible] | 3 [illegible] | [illegible] | 4 [illegible] | [illegible] | 7 [illegible] | [illegible] | [illegible] | [illegible] | [illegible] |
| Imbecillität, Idiotie, Cretinismus | [illegible] | 3 [illegible] | [illegible] | 4 [illegible] | 4 [illegible] | 7 [illegible] | 7 [illegible] | [illegible] | [illegible] | [illegible] |
| Delirium potatorum | [illegible] | 3 [illegible] | [illegible] | 4 [illegible] | 3 [illegible] | 4 [illegible] | 5 [illegible] | 5 [illegible] | [illegible] | [illegible] |
| Summe aller Krankheitsfälle | [illegible] | [illegible] | [illegible] | [illegible] | [illegible] | [illegible] | [illegible] | [illegible] | 100 | 100 |

Gesamtzahl der Entbundenen und der Neugeborenen in den Entbindungsanstalten

| In den drei Jahren | 1877/79 | 1880/82 | 1883/85 | 1886/88 | 1889/91 | 1892/94 | 1895/97 | 1898/1900 |
|---|---|---|---|---|---|---|---|---|
| Zahl der Entbundenen | [illegible] | [illegible] | [illegible] | [illegible] | [illegible] | [illegible] | [illegible] | [illegible] |
| An Kindbettfieber erkrankt | [illegible] | [illegible] | [illegible] | [illegible] | [illegible] | [illegible] | [illegible] | [illegible] |
| % der Entbundenen | [illegible] | [illegible] | [illegible] | [illegible] | [illegible] | [illegible] | [illegible] | [illegible] |
| Mittels geburtshilflicher Operationen entbunden | [illegible] | [illegible] | [illegible] | [illegible] | [illegible] | [illegible] | [illegible] | [illegible] |
| % der Entbundenen überhaupt | [illegible] | [illegible] | [illegible] | [illegible] | [illegible] | [illegible] | [illegible] | [illegible] |
| Zahl der Neugeborenen | [illegible] | [illegible] | [illegible] | [illegible] | [illegible] | [illegible] | [illegible] | [illegible] |
| Davon tot geboren | [illegible] | [illegible] | [illegible] | [illegible] | [illegible] | [illegible] | [illegible] | [illegible] |
| % der Neugeborenen | [illegible] | [illegible] | [illegible] | [illegible] | [illegible] | [illegible] | [illegible] | [illegible] |

## 3. Zugang der Krankheitsfälle in den allgemeinen Krankenhäusern.

(Veröffentlichungen des Kaiserlichen Gesundheitsamts, Jahrgang 1904, Nr. 16.)

| In den drei Jahren: | 1877/79 | 1880/82 | 1883/85 | 1886/88 | 1889/91 | 1892/94 | 1895/97 | 1898/1900 | 1877/79 ‰ der Summe | 1898/1900 ‰ der Summe |
|---|---|---|---|---|---|---|---|---|---|---|
| Pocken | 1 011 | 3 117 | 1 825 | 611 | 656 | 179 | 119 | 207 | 0,18 | 0,09 |
| Scharlach | 4 398 | 11 317 | 10 495 | 11 016 | 10 737 | 11 945 | 12 517 | 18 199 | 3,30 | 5,43 |
| Masern und Röteln | 2 546 | 4 270 | 5 606 | 6 421 | 6 893 | 8 650 | 8 673 | 12 573 | 1,91 | 3,75 |
| Rose | 10 953 | 12 945 | 16 431 | 15 690 | 15 031 | 20 401 | 11 031 | 18 609 | 8,24 | 5,24 |
| Diphtherie und Krupp | 12 517 | 21 403 | 35 112 | 41 276 | 45 313 | 65 053 | 61 018 | 61 280 | 9,12 | 18,30 |
| Typhus und gastrisches Fieber | 51 122 | 61 044 | 61 811 | 53 911 | 51 390 | 39 290 | 31 326 | 40 091 | 38,47 | 12,03 |
| Flecktyphus | 6 128 | 5 471 | 1 079 | 663 | 167 | 346 | 81 | 114 | 4,61 | 0,03 |
| Epidemische Genickstarre | 90 | 179 | 263 | 627 | 316 | 337 | 412 | 238 | 0,07 | 0,07 |
| Wechselfieber | 11 238 | 13 271 | 8 110 | 6 579 | 4 268 | 3 161 | 2 716 | 2 920 | 10,76 | 0,87 |
| Akuter Gelenkrheumatismus | 18 341 | 23 044 | 24 966 | 31 039 | 33 603 | 43 268 | 37 143 | 41 294 | 13,60 | 12,34 |
| Gicht | 2 795 | 3 905 | 3 515 | 3 693 | 4 179 | 4 187 | 5 109 | 6 397 | 2,10 | 1,91 |
| Influenza (Grippe) | 5 118 | 6 955 | 4 491 | 4 034 | 92 560 | 63 020 | 49 029 | 71 514 | 3,81 | 21,44 |
| Lungenschwindsucht und Lungentuberkulose | 60 511 | 55 943 | 64 095 | 75 240 | 106 371 | 96 829 | 112 462 | 145 279 | 38,01 | 43,57 |
| Kindbettfieber | 1 061 | 1 330 | 1 257 | 1 261 | 1 393 | 1 704 | 1 812 | 2 407 | 0,81 | 0,72 |
| Bösartige Neubildungen | 18 150 | 21 370 | 30 772 | 38 481 | 44 719 | 53 290 | 62 117 | 75 356 | 13,66 | 22,59 |
| Zuckerruhr | 575 | 781 | 985 | 1 008 | 1 474 | 2 228 | 3 108 | 4 916 | 0,43 | 1,47 |
| Chronischer Alkoholismus | 12 863 | 13 346 | 28 339 | 34 767 | 23 055 | 33 736 | 40 793 | 46 959 | 9,68 | 14,45 |
| Gonorrhöe | 23 844 | 28 700 | 30 038 | 32 374 | 41 391 | 50 841 | 53 547 | 61 281 | 17,91 | 18,38 |
| Primäre und konstitutionelle Syphilis | 67 750 | 79 230 | 65 990 | 53 084 | 60 793 | 78 003 | 74 052 | 76 172 | 50,96 | 22,84 |
| Ruhr | 1 833 | 2 780 | 2 670 | 1 107 | 948 | 1 550 | 2 097 | 3 163 | 1,38 | 0,94 |
| Brechdurchfall und Diarrhöe der Kinder | 2 631 | 2 610 | 3 044 | 4 230 | 6 235 | 6 826 | 7 761 | 11 605 | 1,98 | 3,40 |
| Asiatische Cholera | 5 | 1 | — | 2 | — | 5 246 | 1 | — | 0,00 | — |
| Krankheiten des Nervensystems | 58 081 | 70 380 | 83 370 | 98 181 | 115 140 | 134 162 | 161 221 | 200 370 | 41,28 | 60,08 |
| Darunter Geisteskrankheiten | 14 376 | 15 970 | 17 761 | 20 171 | 21 855 | 31 302 | 29 837 | 36 080 | 10,79 | 10,80 |
| Krankheiten der Augen | 28 228 | 28 281 | 36 614 | 42 558 | 50 135 | 58 397 | 65 114 | 80 853 | 21,24 | 24,24 |
| Darunter ansteckende Augenkrankheiten | 1 382 | 1 719 | 1 210 | 1 180 | 2 030 | 3 170 | 6 081 | 17 319 | 1,01 | 5,19 |
| Krankheiten der Atmungsorgane | 164 766 | 188 347 | 227 795 | 254 023 | 300 464 | 307 092 | 325 993 | 407 053 | 123,97 | 122,02 |
| Darunter akuter und chronischer Bronchialkatarrh | 53 110 | 59 181 | 67 637 | 78 709 | 92 847 | 99 649 | 106 193 | 119 781 | 39,96 | 35,90 |
| Darunter Lungen- und Brustfellentzündung | 41 800 | 46 027 | 61 619 | 71 505 | 77 409 | 84 848 | 84 498 | 103 610 | 33,72 | 31,06 |
| Krankheiten der Zirkulationsorgane | 31 043 | 35 786 | 46 910 | 65 074 | 70 000 | 83 121 | 102 540 | 129 991 | 23,36 | 38,97 |
| Darunter Herzkrankheiten | 15 017 | 17 260 | 22 702 | 27 121 | 32 014 | 35 019 | 46 216 | 61 001 | 11,30 | 18,29 |
| Krankheiten der Verdauungsorgane | 133 680 | 150 703 | 187 475 | 215 793 | 240 621 | 279 177 | 300 851 | 355 644 | 100,60 | 106,61 |
| Darunter akuter Magenkatarrh | 46 419 | 51 432 | 60 310 | 67 859 | 71 794 | 73 605 | 71 998 | 76 085 | 34,93 | 22,81 |
| Darunter akuter Darmkatarrh | 15 301 | 19 176 | 22 153 | 23 313 | 24 628 | 31 118 | 28 207 | 32 158 | 11,53 | 9,64 |
| Krankheiten der Harn- und Geschlechtsorgane | 41 430 | 52 783 | 68 716 | 79 028 | 105 092 | 131 478 | 161 276 | 198 008 | 31,18 | 59,35 |
| Krankheiten der äußeren Bedeckungen | 289 671 | 329 787 | 273 861 | 292 238 | 303 198 | 140 741 | 473 630 | 402 611 | 217,97 | 120,68 |
| Darunter Krätze | 160 716 | 178 465 | 111 048 | 81 924 | 98 097 | 189 808 | 173 808 | 128 164 | 120,93 | 38,43 |
| Krankheiten der Knochen und Gelenke | 43 627 | 45 972 | 71 225 | 85 907 | 102 316 | 115 131 | 130 051 | 158 034 | 32,83 | 47,37 |
| Krankheiten der Muskeln und Sehnen | 17 784 | 21 012 | 47 222 | 58 961 | 65 511 | 81 391 | 88 095 | 97 635 | 13,38 | 29,27 |
| Mechanische Verletzungen | 144 113 | 163 114 | 194 920 | 245 037 | 298 877 | 326 616 | 390 566 | 458 177 | 108,44 | 137,34 |
| Darunter Knochenbrüche | 28 884 | 34 099 | 42 243 | 54 744 | 61 578 | 67 681 | 87 195 | 109 107 | 21,74 | 30,71 |
| Darunter Verrenkungen | 4 868 | 5 341 | 6 193 | 7 451 | 8 177 | 9 739 | 12 019 | 14 825 | 3,66 | 4,44 |
| Verschiedene nicht genannte Krankheiten | 68 653 | 66 930 | 50 451 | 61 149 | 60 731 | 102 813 | 120 640 | 151 819 | 50,44 | 45,51 |
| Summe aller Krankheitsfälle | 1 328 988 | 1 656 141 | 1 802 300 | 1 877 337 | 2 243 204 | 2 680 368 | 3 073 837 | 3 335 950 | 1 000 | 1 000 |

## 4. Ärzte, Zahnärzte und Apotheken.

(Für 1903 Börners Reichs-Medizinalkalender auf das Jahr 1904, Teil II; für 1893 nach dem Reichs-Medizinalkalender für 1894.)

| Staaten und Landesteile | Ärzte | Zahnärzte | Apotheken (selbst. Betriebe) | Es kamen auf 1 Arzt □ km 1903 | 1893 | Es kamen auf 1 Apotheke □ km 1903 | 1893 | Es kamen auf 1 Arzt Einwohner¹) 1903 | 1893 | Es kamen auf 1 Apotheke Einwohner¹) 1903 | 1893 |
|---|---|---|---|---|---|---|---|---|---|---|---|
| | im Jahre 1903 | | | | | | | | | | |
| Prov. Ostpreußen | 724 | 40 | 156 | 51,16 | 71,84 | 236,03 | 300,22 | 2 774 | 3 631 | 13 370 | 14 382 |
| „ Westpreußen | 555 | 30 | 114 | 46,61 | 64,40 | 222,13 | 254,09 | 3 002 | 3 640 | 13 406 | 13 336 |
| Stadtk. Berlin | 2 074 | 303 | 167 | 0,03 | 0,03 | 0,38 | 0,40 | 787 | 907 | 11 115 | 10 737 |
| Prov. Brandenburg | 2 055 | 138 | 269 | 19,41 | 27,41 | 148,33 | 162,74 | 1 361 | 2 313 | 12 667 | 12 288 |
| „ Pommern | 675 | 49 | 149 | 44,87 | 57,14 | 203,14 | 205,43 | 2 444 | 2 944 | 11 064 | 11 546 |
| „ Posen | 578 | 38 | 148 | 50,64 | 69,78 | 196,64 | 221,06 | 3 162 | 3 518 | 13 804 | 13 547 |
| „ Schlesien | 1 838 | 131 | 564 | 20,38 | 27,65 | 112,66 | 128,16 | 2 303 | 2 947 | 12 546 | 12 818 |
| „ Sachsen | 1 303 | 97 | 272 | 19,28 | 23,34 | 92,41 | 100,51 | 2 224 | 2 403 | 10 701 | 11 495 |
| „ Schleswig-Holstein | 788 | 36 | 156 | 24,17 | 31,30 | 126,72 | 145,54 | 1 820 | 2 124 | 10 352 | 10 452 |
| „ Hannover | 1 406 | 74 | 341 | 27,38 | 37,65 | 115,35 | 126,98 | 1 813 | 2 316 | 8 136 | 7 651 |
| „ Westfalen | 1 321 | 72 | 351 | 15,21 | 25,40 | 54,57 | 74,96 | 2 800 | 3 648 | 10 016 | 9 416 |
| „ Hessen-Nassau | 1 316 | 87 | 235 | 11,81 | 16,05 | 66,41 | 74,37 | 1 410 | 1 703 | 8 404 | 8 095 |
| „ Rheinland | 2 883 | 156 | 442 | 9,30 | 13,52 | 49,91 | 60,48 | 2 114 | 2 461 | 13 944 | 12 941 |
| Hohenzollern | 20 | — | 11 | 56,30 | 56,60 | 103,86 | 91,08 | 2 321 | 2 129 | 8 140 | 8 712 |
| Preußen | 18 330 | 1 229 | 3 190 | 19,14 | 27,33 | 110,11 | 123,43 | 1 951 | 2 464 | 11 272 | 11 106 |
| Bayern rechts d. Rheins | 2 803 | 114 | 497 | 24,13 | 33,92 | 155,40 | 128,43 | 1 916 | 2 332 | 9 104 | 8 712 |
| Bayern links d. Rheins | 366 | 17 | 82 | 16,70 | 22,64 | 72,20 | 78,64 | 2 440 | 2 847 | 10 801 | 9 444 |
| Bayern | 3 248 | 131 | 589 | 23,36 | 31,81 | 130,14 | 117,70 | 1 900 | 2 512 | 9 280 | 8 801 |
| Sachsen | 2 212 | 130 | 333 | 6,77 | 9,60 | 47,00 | 50,43 | 1 994 | 2 510 | 13 199 | 12 821 |
| Württemberg | 977 | 37 | 282 | 19,99 | 28,95 | 69,00 | 78,43 | 2 281 | 3 131 | 7 732 | 7 789 |
| Baden | 1 164 | 76 | 228 | 12,94 | 17,88 | 66,14 | 74,18 | 1 642 | 1 967 | 8 525 | 8 398 |
| Hessen | 714 | 29 | 117 | 10,82 | 14,21 | 65,83 | 70,68 | 1 572 | 1 881 | 9 957 | 9 377 |
| Mecklenburg-Schwerin | 311 | 23 | 67 | 42,30 | 52,80 | 198,22 | 192,81 | 1 907 | 2 833 | 8 843 | 8 844 |
| Sachsen-Weimar | 221 | 13 | 43 | 16,41 | 23,66 | 84,19 | 80,48 | 1 291 | 1 934 | 8 733 | 8 310 |
| Mecklenburg-Strelitz | 36 | 2 | 14 | 81,39 | 77,67 | 208,35 | 209,84 | 2 803 | ²)2 618 | 7 431 | 7 197 |
| Oldenburg | 155 | 4 | 34 | 41,41 | 47,54 | 191,37 | 186,92 | 2 485 | 2 400 | 7 654 | 7 567 |
| Braunschweig | 232 | 20 | 50 | 16,23 | 18,77 | 68,44 | 72,44 | 1 258 | 1 594 | 8 728 | 8 394 |
| Sachsen-Meiningen | 117 | 8 | 29 | 21,09 | 30,11 | 84,44 | 94,41 | 2 430 | 3 344 | 9 802 | 9 270 |
| Sachsen-Altenburg | 79 | 4 | 16 | 16,77 | 18,01 | 82,13 | 81,25 | 2 580 | 2 848 | 12 655 | 12 582 |
| Sachsen-Coburg-Gotha | 125 | 10 | 29 | 15,38 | 20,46 | 73,44 | 72,46 | 1 884 | 2 326 | 6 472 | 7 891 |
| Anhalt | 136 | 12 | 37 | 16,42 | 22,14 | 62,35 | 60,35 | 2 286 | 2 724 | 5 891 | 8 577 |
| Schwarzburg-Sondershausen | 34 | 3 | 13 | 25,39 | 27,81 | 66,31 | 66,33 | 2 435 | 2 475 | 6 378 | 5 801 |
| Schwarzburg-Rudolstadt | 43 | 3 | 18 | 21,41 | 27,11 | 72,24 | 58,19 | 2 290 | 2 423 | 5 384 | 5 432 |
| Waldeck | 35 | — | 10 | 33,08 | 37,47 | 112,60 | 107,61 | 1 658 | 1 936 | 5 808 | 5 222 |
| Reuß älterer Linie | 19 | 1 | 4 | 16,67 | 17,58 | 79,85 | 80,47 | 3 658 | 4 407 | 17 375 | 21 754 |
| Reuß jüngerer Linie | 62 | 3 | 13 | 13,78 | 19,12 | 63,59 | 63,50 | 2 416 | 2 832 | 11 485 | 9 072 |
| Schaumburg-Lippe | 18 | 1 | 4 | 18,66 | 18,02 | 84,20 | 56,77 | 2 350 | 2 284 | 7 378 | 8 578 |
| Lippe | 34 | 5 | 18 | 33,66 | 24,80 | 67,31 | 81,81 | 3 628 | 3 658 | 7 954 | 8 778 |
| Lübeck | 30 | 5 | 12 | 8,76 | 3,60 | 24,81 | 24,85 | 3 532 | 3 548 | 9 564 | 9 866 |
| Bremen | 138 | 15 | 22 | 1,85 | 2,74 | 12,41 | 12,79 | 1 536 | 1 712 | 11 076 | 9 396 |
| Hamburg | 602 | 75 | 100 | 0,69 | 1,04 | 4,20 | 7,62 | 1 287 | 1 562 | 12 906 | 11 756 |
| Elsaß-Lothringen | 824 | 40 | 241 | 17,69 | 22,04 | 61,59 | 62,42 | 2 136 | 2 567 | 7 165 | 7 148 |
| Deutsches Reich | 29 837 | 1 822 | 6 278 | 18,06 | | 86,88 | | 1 944 | | 10 447 | |
| 1893 | 21 847 | 915 | 4 988 | | 28,03 | | 108,54 | | 2 364 | | 14 176 |

¹) Berechnet nach den für den 1. Juli 1903 bzw. 1893 schätzungsweise ermittelten Bevölkerungsziffern, also nicht, wie in den früheren »Statistischen Jahrbüchern«, nach denen der letzten Volkszählung.
²) Für 1893, nach Abzug von 21 Wundärzten II. Klasse, berechnet auf 28 approbierte Ärzte.

## 5. Viehseuchen.

(Jahresbericht über die Verbreitung von Viehseuchen im Deutschen Reich. Bearbeitet im Kaiserlichen Gesundheitsamt. Siebzehnter Jahrgang. Das Jahr 1902.)

| Jahr 1902 Staaten und Landesteile | Maul- und Klauenseuche | | | | | Milzbrand[1] | | |
|---|---|---|---|---|---|---|---|---|
| | neu betroffene Gehöfte | Stückzahl des gesamten Bestandes in den neu betroffenen Gehöften | | | | neu betroffene Gehöfte | neu erkrankte | |
| | | Rinder | Schafe | Ziegen | Schweine | | Pferde | Rinder |
| Prov. Ostpreußen | 8 | 256 | 198 | 4 | 165 | 58 | 10 | 65 |
| " Westpreußen | 3 | 170 | 920 | 6 | 130 | 63 | 6 | 61 |
| Stadt Berlin | 4 | 54 | — | — | — | 4 | 1 | 3 |
| Prov. Brandenburg | 28 | 1 650 | 2 073 | 1 | 552 | 341 | 10 | 351 |
| " Pommern | 14 | 1 438 | 2 770 | — | 475 | 30 | — | 45 |
| " Posen | 32 | 2 069 | 2 300 | 18 | 913 | 234 | 18 | 333 |
| " Schlesien | 7 | 455 | 150 | — | 84 | 411 | 10 | 434 |
| " Sachsen | 42 | 1 445 | 1 798 | 1 | 470 | 232 | 2 | 288 |
| " Schleswig-Holstein | 1 | 67 | — | — | 8 | 140 | 3 | 176 |
| " Hannover | 6 | 148 | 560 | — | 152 | 147 | 9 | 171 |
| " Westfalen | — | — | — | — | — | 225 | 26 | 238 |
| " Hessen-Nassau | 40 | 314 | — | 24 | 301 | 204 | 16 | 206 |
| " Rheinland | 232 | 1 535 | 478 | 153 | 646 | 379 | 6 | 419 |
| Hohenzollern | 2 | 20 | — | — | 4 | 18 | — | 18 |
| Preußen | 410 | 9 611 | 11 247 | 207 | 3 883 | 2 476 | 118 | 2 787 |
| Bayern rechts des Rheins | 197 | 2 640 | 781 | 39 | 627 | 73 | 2 | 87 |
| Bayern l. d. Rh. (Rhn. Pfalz) | 22 | 110 | — | 3 | 9 | 115 | 5 | 117 |
| Bayern | 219 | 2 750 | 781 | 42 | 636 | 188 | 7 | 204 |
| Sachsen | 4 | 77 | — | 2 | 16 | 360 | 3 | 390 |
| Württemberg | 359 | 3 424 | 1 439 | 39 | 1 594 | 144 | 1 | 152 |
| Baden | 138 | 906 | — | 12 | 19 | 52 | — | 59 |
| Hessen | 60 | 731 | 8 | 16 | 607 | 55 | — | 51 |
| Mecklenburg-Schwerin | 5 | 266 | 911 | — | 125 | 1 | — | 1 |
| Sachsen-Weimar | — | — | — | — | — | 69 | — | 75 |
| Mecklenburg-Strelitz | — | — | — | — | — | — | — | — |
| Oldenburg | 2 | 8 | — | 1 | 10 | 18 | 1 | 27 |
| Braunschweig | 2 | 81 | 325 | 1 | 10 | 62 | 2 | 57 |
| Sachsen-Meiningen | 3 | 73 | 28 | — | — | 5 | — | 6 |
| Sachsen-Altenburg | — | — | — | — | — | 30 | — | 33 |
| Sachsen-Coburg-Gotha | — | — | — | — | — | 5 | — | 5 |
| Anhalt | 1 | 28 | — | — | 30 | 45 | — | 52 |
| Schwarzburg-Sondershausen | — | — | — | — | — | 2 | — | 2 |
| Schwarzburg-Rudolstadt | 1 | 6 | — | 2 | — | 5 | — | 5 |
| Waldeck | — | — | — | — | — | 2 | 1 | 2 |
| Reuß älterer Linie | — | — | — | — | — | 8 | — | 8 |
| Reuß jüngerer Linie | — | — | — | — | — | 20 | — | 20 |
| Schaumburg-Lippe | — | — | — | — | — | — | — | — |
| Lippe | — | — | — | — | — | 11 | — | 11 |
| Lübeck | — | — | — | — | — | 1 | — | 1 |
| Bremen | — | — | — | — | — | 3 | 1 | 2 |
| Hamburg | — | — | — | — | — | 4 | — | 4 |
| Elsaß-Lothringen | 353 | 2 181 | 79 | — | 217 | 43 | — | 49 |
| Deutsches Reich | 1 557 | 20 144 | 14 848 | 322 | 7 147 | 3 609 | 134 | 4 003 |
| 1901 | 6 316 | 80 739 | 74 952 | 1 070 | 26 378 | 3 646 | 134 | 4 263 |
| 1900 | 29 533 | 430 356 | 409 743 | 5 736 | 200 294 | 3 092 | 148 | 3 461 |
| 1899 | 162 657 | 1 885 774 | 1 505 830 | 59 535 | 814 862 | 3 589 | 282 | 3 678 |
| 98 | 41 551 | 462 078 | 263 885 | 5 908 | 121 107 | 4 015 | 133 | 4 435 |
| 97 | 40 269 | 537 969 | 441 547 | 8 117 | 176 337 | 3 518 | 147 | 3 936 |
| 96 | 68 874 | 710 481 | 574 248 | 13 640 | 258 068 | 3 352 | 184 | 3 709 |
| 95 | 16 975 | 195 120 | 207 105 | 3 855 | 58 566 | 2 944 | 169 | 3 185 |
| 94 | 9 049 | 93 919 | 65 236 | 1 051 | 32 405 | 2 764 | 204 | 3 051 |
| 93 | 15 417 | 204 832 | 218 494 | 1 908 | 75 108 | 2 564 | 142 | 3 010 |

[1] Am Milzbrand erkrankten außerdem 620 Schafe, 8 Ziegen und 87 Schweine. — An Wild- und Rinderseuche sind erkrankt und gefallen oder getötet 3 Pferde, 37 Rinder und 6 Schweine.

Viehseuchen (Fortsetzung).

| Jahr 1902 Staaten und Landesteile | Rauschbrand[1]: verseuchte Gehöfte | Rauschbrand[1]: erkrankte Pferde | Rauschbrand[1]: erkrankte Rinder | Lungenseuche[2]: verseuchte Gehöfte | Lungenseuche[2]: erkrankte Rinder | Lungenseuche[2]: gefallene oder getötete Rinder | Räude der Pferde[3]: verseuchte Gehöfte | Räude der Pferde[3]: erkrankte Tiere | Räude der Schafe: verseuchte Gehöfte | Räude der Schafe: Stückzahl der Gesamtbestände in den verseuchten Gehöften |
|---|---|---|---|---|---|---|---|---|---|---|
| Prov. Ostpreußen | 4 | — | 5 | — | — | — | 45 | 121 | — | — |
| „ Westpreußen | 5 | — | 7 | — | — | — | 28 | 41 | — | — |
| Stadt Berlin | — | — | — | — | — | — | 8 | 7 | 1 | 614 |
| Prov. Brandenburg | 1 | — | 1 | — | — | — | 17 | 58 | 10 | 931 |
| „ Pommern | — | — | — | — | — | — | 20 | 48 | — | — |
| „ Posen | 1 | — | 1 | — | — | — | 6 | 12 | — | — |
| „ Schlesien | 6 | 2 | 5 | 1 | 3 | 3 | 10 | 15 | — | — |
| „ Sachsen | 1 | — | 1 | 15 | 81 | 708 | 4 | 7 | 65 | 6 924 |
| „ Schleswig-Holstein | 40 | — | 45 | — | — | — | 1 | 8 | 6 | 805 |
| „ Hannover | 41 | — | 45 | — | — | — | 4 | 9 | 728 | 55 132 |
| „ Westfalen | 145 | — | 178 | — | — | — | 11 | 14 | 52 | 6 250 |
| „ Hessen-Nassau | 56 | — | 67 | — | — | — | 2 | 5 | 118 | 16 868 |
| „ Rheinland | 132 | — | 145 | — | — | — | 16 | 30 | 20 | 2 605 |
| Hohenzollern | 11 | — | 11 | — | — | — | — | — | 2 | 244 |
| **Preußen** | 443 | 2 | 501 | 16 | 84 | 711 | 164 | 373 | 1 002 | 69 873 |
| Bayern rechts des Rheins | 270 | — | 283 | — | — | — | 72 | 127 | 262 | 7 694 |
| Bayern l. d. Rh. (Rhj. Pfalz) | — | — | — | — | — | — | 6 | 7 | — | — |
| **Bayern** | 270 | — | 283 | — | — | — | 78 | 134 | 262 | 7 694 |
| Sachsen | 6 | — | 6 | 1 | 1 | 4 | 2 | 11 | 6 | 125 |
| Württemberg | 41 | — | 41 | — | — | — | 11 | 18 | 55 | 7 888 |
| Baden | 13 | — | 14 | — | — | — | 5 | 5 | 15 | 126 |
| Hessen | 88 | — | 37 | — | — | — | — | — | 12 | 2 069 |
| Mecklenburg-Schwerin | — | — | — | — | — | — | 3 | 3 | 3 | 24 |
| Sachsen-Weimar | — | — | — | — | — | — | — | — | 99 | 2 036 |
| Mecklenburg-Strelitz | — | — | — | — | — | — | — | — | — | — |
| Oldenburg | — | — | — | — | — | — | 1 | 1 | 13 | 480 |
| Braunschweig | 1 | — | 1 | — | — | — | 2 | 3 | 36 | 1 748 |
| Sachsen-Meiningen | 33 | — | 33 | — | — | — | 1 | 1 | 46 | 600 |
| Sachsen-Altenburg | 3 | — | 3 | — | — | — | 1 | 2 | 5 | 197 |
| Sachsen-Coburg-Gotha | — | — | — | — | — | — | — | — | 31 | 2 203 |
| Anhalt | 1 | — | 1 | — | — | — | 1 | 1 | 5 | 173 |
| Schwarzburg-Sondershaus. | — | — | — | — | — | — | — | — | 10 | 584 |
| Schwarzburg-Rudolstadt | — | — | — | — | — | — | — | — | — | — |
| Waldeck | — | — | — | — | — | — | 1 | 6 | 8 | 205 |
| Reuß älterer Linie | — | — | — | — | — | — | — | — | — | — |
| Reuß jüngerer Linie | — | — | — | — | — | — | — | — | 6 | 158 |
| Schaumburg-Lippe | — | — | — | — | — | — | — | — | — | — |
| Lippe | — | — | — | — | — | — | — | — | 2 | 252 |
| Lübeck | — | — | — | — | — | — | — | — | — | — |
| Bremen | 1 | — | 1 | — | — | — | — | — | 1 | 2 |
| Hamburg | — | — | — | — | — | — | 1 | 1 | 2 | 11 |
| Elsaß-Lothringen | 7 | — | 7 | — | — | — | 13 | 36 | 33 | 387 |
| **Deutsches Reich** | 907 | 2 | 928 | 17 | 85 | 715 | 284 | 595 | 1 742 | 96 885 |
| 1901 | 981 | 3 | 1 025 | 55 | 282 | 883 | 348 | 664 | 1 839 | 140 901 |
| 1900 | 1 026 | 11 | 1 081 | 62 | 468 | 1 259 | 249 | 461 | 2 186 | 97 302 |
| 1899 | 1 048 | 7 | 1 092 | 59 | 587 | 2 075 | 247 | 492 | 2 706 | 107 008 |
| 98 | 1 075 | 22 | 1 108 | 88 | 878 | 1 791 | 288 | 539 | 2 226 | 98 544 |
| 97 | 1 078 | 3 | 1 219 | 66 | 810 | 1 628 | 233 | 423 | 2 065 | 86 495 |
| 96 | 1 015 | 5 | 1 108 | 185 | 1 608 | 2 788 | 261 | 236 | 2 177 | 86 471 |
| 95 | 662 | — | 772 | 166 | 940 | 2 194 | 102 | 500 | 2 081 | 79 820 |
| 94 | 703 | 1 | 780 | 93 | 922 | 2 306 | 412 | 861 | 1 825 | 77 964 |
| 93 | 682 | 2 | 798 | 89 | 686 | 1 211 | 273 | 575 | 1 880 | 65 047 |

[1]) An Rauschbrand erkrankten außerdem 55 Schafe und 3 Ziegen. — [2]) Außerdem wurden 18 der Seuche und 20 der Ansteckung verdächtige Stück Rindvieh aus seuchefreien Beständen getötet, bei der Sektion aber frei von Lungenseuche befunden. — [3]) Darunter 1 Esel.

Viehseuchen (Fortsetzung).

| Jahr 1902<br>Staaten und Landesteile | Rotz (Wurm) der Pferde[1]: neu betroffene Gehöfte | neu erkrankte (Tiere) | gefallen oder getötet (Tiere) | Bläschenausschlag: neu betroffene Gehöfte | neu erkrankte Pferde | neu erkrankte Rinder | Tollwut[2]: neu betroffene Gemeinden (Gutsbezirke) | erkrankte und gefallene oder getötete (Hunde) | der Ansteckung verdächtige und polizeilich getötete (Hunde) | außerdem herrenlose wutverdächtige Hunde getötet |
|---|---|---|---|---|---|---|---|---|---|---|
| Prov. Ostpreußen | 15 | 54 | 79 | 34 | 54 | 15 | 161 | 92 | 170 | 87 |
| " Westpreußen | — | — | — | 17 | 6 | 17 | 51 | 44 | 90 | 16 |
| Stadt Berlin | 5 | 16 | 24 | — | — | — | 1 | 1 | — | — |
| Prov. Brandenburg | 6 | 15 | 38 | 162 | 13 | 172 | 1 | — | — | 1 |
| " Pommern | 2 | 6 | 9 | 12 | 6 | 76 | 34 | 29 | 111 | 6 |
| " Posen | 9 | 23 | 43 | 18 | — | 32 | 102 | 98 | 125 | 25 |
| " Schlesien | 22 | 68 | 91 | 133 | 1 | 221 | 181 | 175 | 549 | 40 |
| " Sachsen | 8 | 13 | 19 | 304 | 7 | 419 | 4 | 4 | 7 | — |
| " Schleswig-Holstein | 8 | 19 | 41 | 160 | — | 262 | — | — | — | — |
| " Hannover | 5 | 7 | 10 | [illegible] | 1 | 235 | 1 | — | 1 | 1 |
| " Westfalen | 11 | 35 | 50 | 92 | 43 | 110 | 3 | 2 | — | 1 |
| " Hessen-Nassau | 1 | 3 | 22 | 1 641 | — | 2 595 | — | — | — | — |
| " Rheinland | 10 | 23 | 238 | 518 | 5 | 645 | 1 | — | — | 1 |
| Hohenzollern | — | — | — | 76 | — | 91 | — | — | — | — |
| Preußen | 102 | 281 | 664 | 3 349 | 136 | 4 890 | 540 | 445 | 1 053 | 178 |
| Bayern rechts des Rheins | 20 | 41 | 46 | 643 | 16 | 739 | 16 | 16 | 37 | — |
| Bayern l. d. Rh. (Rhein-Pfalz) | 1 | 9 | 10 | 120 | 5 | 176 | — | — | — | — |
| Bayern | 21 | 50 | 56 | 763 | 21 | 915 | 16 | 16 | 37 | — |
| Sachsen | 6 | 11 | 16 | 38 | 6 | 51 | 25 | 28 | 49 | — |
| Württemberg | 2 | 3 | 4 | 945 | 5 | 1 053 | 1 | — | — | — |
| Baden | — | — | — | 695 | — | 757 | — | — | — | — |
| Hessen | — | — | — | 283 | 1 | 356 | — | — | — | — |
| Mecklenburg-Schwerin | 1 | 4 | 13 | 61 | 8 | 296 | — | — | — | — |
| Sachsen-Weimar | — | — | — | 218 | 5 | 244 | 10 | 7 | 12 | — |
| Mecklenburg-Strelitz | — | — | — | — | — | — | — | — | — | — |
| Oldenburg | — | — | — | 10 | — | 11 | — | — | — | — |
| Braunschweig | — | — | — | 6 | 5 | 2 | — | — | — | — |
| Sachsen-Meiningen | — | — | — | 59 | 2 | 63 | 3 | 3 | 4 | — |
| Sachsen-Altenburg | — | — | — | 21 | — | 23 | 11 | 10 | 29 | 2 |
| Sachsen-Coburg-Gotha | — | — | — | 14 | — | 21 | — | — | — | — |
| Anhalt | — | — | — | — | — | — | — | — | — | — |
| Schwarzburg-Sondershausen | — | — | — | — | — | — | — | — | — | — |
| Schwarzburg-Rudolstadt | — | — | — | 15 | — | 18 | 3 | 6 | — | 1 |
| Waldeck | — | — | — | 36 | — | 57 | — | — | — | — |
| Reuß älterer Linie | — | — | — | — | — | — | — | — | — | — |
| Reuß jüngerer Linie | — | — | — | 10 | — | 15 | 2 | — | 8 | — |
| Schaumburg-Lippe | — | — | — | — | — | — | — | — | — | — |
| Lippe | 1 | 1 | 1 | — | — | — | 1 | 1 | 1 | — |
| Lübeck | — | — | — | — | — | — | — | — | — | — |
| Bremen | 2 | 2 | 2 | 1 | 1 | — | — | — | — | — |
| Hamburg | 1 | 1 | 1 | — | — | — | — | — | — | — |
| Elsaß-Lothringen | 1 | 2 | 2 | 71 | 7 | 147 | — | — | — | — |
| Deutsches Reich | 137 | 361 | 759 | 6 605 | 227 | 8 888 | 612 | 618 | 1 183 | 181 |
| 1901 | 222 | 600 | 964 | 4 941 | 166 | 6 710 | 642 | 460 | 1 411 | 174 |
| 1900 | 221 | 748 | 1 046 | 4 519 | 167 | 6 132 | 895 | 708 | 2 190 | 222 |
| 1899 | 178 | 461 | 563 | 4 771 | 174 | 5 911 | 1 034 | 911 | 1 564 | 220 |
| 98 | 141 | 371 | 473 | 5 240 | 389 | 6 751 | 1 058 | 924 | 2 398 | 304 |
| 97 | 136 | 338 | 431 | 5 477 | 217 | 8 140 | 847 | 770 | 2 186 | 213 |
| 96 | 172 | 505 | 640 | 5 541 | 336 | 9 521 | 854 | 784 | 1 851 | 227 |
| 95 | 204 | 597 | 710 | 4 477 | 320 | 6 232 | 472 | 411 | 1 017 | 125 |
| 94 | 180 | 516 | 700 | 6 190 | 151 | 8 147 | 552 | 471 | 1 201 | 162 |
| 93 | 211 | 564 | 775 | 1 606 | 81 | 5 200 | 541 | 110 | 1 381 | 213 |

¹) Außerdem wurden 115 der Seuche oder der Ansteckung verdächtige Pferde aus seuchefreien Beständen getötet, bei der Sektion aber frei von Rotz befunden.

²) Ferner sind an Tollwut erkrankt, gefallen oder getötet worden: 3 Pferde, 77 Rinder, 2 Schafe, 1 Ziege, 7 Schweine und 6 Katzen; 12 der Ansteckung verdächtige Katzen wurden auf polizeiliche Anordnung getötet.

Viehseuchen (Schluß). [5])

| Jahr 1902<br>Staaten und Landesteile | Rotlauf der Schweine: neu betroffene Gehöfte | neu erkrankte [1]) Tiere | gefallene oder getötete Tiere | Schweineseuche (Schweinepest): neu betroffene Gehöfte | neu erkrankte [2]) Tiere | gefallene oder getötete Tiere | Geflügelcholera [4]): neu betroffene Gehöfte | gefallene oder getötete: Hühner | Gänse | Enten | Tauben | anderes Geflügel |
|---|---|---|---|---|---|---|---|---|---|---|---|---|
| Prov. Ostpreußen | 4 267 | 7 879 | 7 481 | 417 | 3 568 | 2 901 | 346 | 1 819 | 1 417 | 1 281 | 2 | 32 |
| „ Westpreußen | 2 015 | 4 228 | 3 912 | 283 | 6 883 | 4 276 | 215 | 1 609 | 396 | 456 | 9 | 55 |
| Stadt Berlin | 3 | 3 | 3 | 2 | 2 | 2 | 12 | 218 | 30 | 4 | — | — |
| Prov. Brandenburg | 2 571 | 3 881 | 3 295 | 743 | 4 886 | 3 714 | 161 | 1 599 | 1 504 | 357 | 17 | 89 |
| „ Pommern | 1 740 | 3 059 | 2 293 | 572 | 3 499 | 2 517 | 62 | 282 | 555 | 102 | — | 2 |
| „ Posen | 5 192 | 8 493 | 8 047 | 879 | 8 301 | 6 903 | 210 | 3 142 | 739 | 1 438 | 56 | 75 |
| „ Schlesien | 3 848 | 5 462 | 4 427 | 3 041 | 10 719 | 8 468 | 89 | 1 387 | 2 530 | 626 | 50 | 102 |
| „ Sachsen | 2 389 | 3 496 | 2 795 | 293 | 1 871 | 1 617 | 180 | 1 646 | 759 | 172 | 29 | 40 |
| „ Schleswig-Holstein | 456 | 790 | 312 | 64 | 914 | 462 | 6 | 79 | 48 | 2 | 1 | — |
| „ Hannover | 1 859 | 3 120 | 2 099 | 223 | 1 718 | 1 056 | 84 | 1 000 | 28 | 26 | — | 6 |
| „ Westfalen | 1 295 | 1 941 | 1 330 | 109 | 674 | 320 | 50 | 849 | 1 024 | 11 | — | 3 |
| „ Hessen-Nassau | 1 028 | 1 428 | 1 058 | 31 | 107 | 84 | 225 | 1 358 | 15 | 48 | — | 5 |
| „ Rheinland | 614 | 1 040 | 821 | 157 | 930 | 711 | 322 | 7 723 | 90 | 487 | 1 | 13 |
| Hohenzollern | 22 | 43 | 42 | — | — | — | 18 | 111 | — | — | — | — |
| Preußen | 27 407 | 44 963 | 37 917 | 6 853 | 42 670 | 33 137 | 1 897 | 22 893 | 9 154 | 5 024 | 105 | 442 |
| Bayern rechts des Rheins | 498 | 1 160 | 797 | 2 | 15 | 14 | 250 | 2 059 | 953 | 145 | 3 | 65 |
| Bayern l. d. Rh. (Rhn. Pfalz) | 31 | 48 | 38 | 7 | 17 | 8 | 33 | 251 | 2 | 47 | — | — |
| Bayern | 529 | 1 208 | 835 | 9 | 32 | 22 | 283 | 2 310 | 955 | 192 | 3 | 65 |
| Sachsen | 1 082 | 1 832 | 1 766 | 459 | 1 208 | 1 257 | 200 | 1 766 | 9 082 | 125 | 42 | 22 |
| Württemberg | 328 | 464 | 439 | 17 | 27 | 16 | 885 | ([4]) 9 062 | 88 | 98 | 1 | — |
| Baden | 430 | 699 | 559 | 3 | 19 | 19 | 422 | 3 324 | 35 | 41 | — | — |
| Hessen | 439 | 617 | 329 | 33 | 104 | 65 | 22 | 1 250 | 15 | 33 | 1 | 2 |
| Mecklenburg-Schwerin | 243 | 487 | 395 | 37 | 977 | 725 | 4 | 54 | 47 | 2 | — | — |
| Sachsen-Weimar | 110 | 156 | 122 | 11 | 76 | 57 | 21 | 213 | 17 | 6 | 5 | 111 |
| Mecklenburg-Strelitz | 114 | 191 | 154 | 6 | 47 | 29 | 3 | 85 | 18 | 11 | — | — |
| Oldenburg | 70 | 126 | 60 | 3 | 34 | 20 | 11 | 64 | 15 | — | — | — |
| Braunschweig | 291 | 488 | 385 | 25 | 65 | 54 | 12 | 481 | 6 | 2 | 50 | 26 |
| Sachsen-Meiningen | 72 | 113 | 58 | 6 | 40 | 34 | 39 | 116 | 3 | — | — | — |
| Sachsen-Altenburg | 86 | 177 | 82 | 2 | 6 | 4 | 18 | 38 | 10 | — | — | 6 |
| Sachsen-Coburg-Gotha | 63 | 116 | 97 | 7 | 33 | 33 | 22 | 22 | 37 | 7 | — | — |
| Anhalt | 88 | 120 | 105 | 15 | 106 | 100 | 9 | 119 | 9 | 15 | — | — |
| Schwarzburg-Sondershausen | 26 | 52 | 13 | 2 | 3 | 3 | . | . | . | . | . | . |
| Schwarzburg-Rudolstadt | 18 | 22 | 19 | 1 | 5 | 5 | 1 | — | 10 | — | — | — |
| Waldeck | 35 | 54 | 34 | 10 | 100 | 47 | — | — | — | — | — | — |
| Reuß älterer Linie | 6 | 7 | 7 | — | — | — | 2 | 1 | 10 | 2 | — | — |
| Reuß jüngerer Linie | 3 | 12 | 11 | — | — | — | — | — | — | — | — | — |
| Schaumburg-Lippe | 37 | 68 | 67 | — | — | — | . | . | . | . | . | . |
| Lippe | 122 | 168 | 146 | 4 | 5 | 4 | — | — | — | — | — | — |
| Lübeck | 2 | 2 | 1 | 8 | 60 | 60 | . | . | . | . | . | . |
| Bremen | 16 | 23 | 15 | 5 | 7 | 4 | 1 | 12 | — | — | — | — |
| Hamburg | 61 | 85 | 41 | 26 | 44 | 37 | 11 | 171 | 1 | 44 | — | — |
| Elsaß-Lothringen | 80 | 132 | 107 | 1 | 2 | — | 245 | 2 568 | 2 | 61 | — | — |
| Deutsches Reich | 31 793 | 52 382 | 49 757 | 7 572 | 46 780 | 36 733 | 4 108 | 45 167 | 19 514 | 5 883 | 297 | 670 |
| 1901 | 41 137 | 55 100 | 50 611 | 7 495 | 35 661 | 28 494 | 6 742 | 100 777 | 9 314 | 4 180 | 534 | 1 509 |
| 1900 | 43 311 | 45 214 | 40 048 | 4 494 | 18 354 | 15 627 | 1 463 | 17 939 | 5 448 | 3 047 | 160 | 350 |
| 1899 | 15 610 | 43 761 | 41 668 | 2 576 | 12 155 | 10 009 | . | . | . | . | . | . |

Die früheren Jahre sind nicht vergleichbar, da für dieselben nur von einzelnen Staaten Angaben vorliegen.

[1]) Außerdem wurde die Seuche bei 913 Schweinen in Schlachthäusern festgestellt.
[2]) Außerdem wurde die Seuche bei 1 826 Schweinen in Schlachthäusern festgestellt.
[3]) In Schwarzburg-Sondershausen, Schaumburg-Lippe und Lübeck ist die Anzeigepflicht nicht eingeführt.
[4]) Hierbei ist eine größere Anzahl Fälle von Hühnerpest mitgezählt.
[5]) Schafpocken sind im Jahre 1902 nicht aufgetreten. (1901 fielen an dieser Seuche 38, 1900: 2 Schafe.)

# XIX. Meteorologische Nachweise.

(Deutsches Meteorologisches Jahrbuch; Jahresbericht des Zentralbureaus für Meteorologie und Hydrographie im Großherzogtum Baden; Jahrbuch der meteorologischen Beobachtungen der Wetterwarte der Magdeburgischen Zeitung; Mitteilungen meteorologischer Zentralstellen.)

## 1. Lufttemperatur.

| Jahr 1902 Beobachtungs-stationen | Lage m über dem Meere*) | Mittlere Lufttemperatur in Celsiusgraden: Januar | Februar | März | April | Mai | Juni | Juli | August | September | Oktober | November | Dezember | Jahr | Lufttemperatur absolutes Maximum C° | Minimum C° |
|---|---|---|---|---|---|---|---|---|---|---|---|---|---|---|---|---|
| Memel | 11,7 | 1,3 | —4,4 | 0,0 | 3,1 | 8,4 | 14,0 | 14,7 | 15,1 | 11,6 | 5,8 | 0,0 | —8,2 | 5,4 | 26,2 | —20,6 |
| Neufahrwasser | 4,5 | 2,7 | —3,3 | 1,3 | 3,7 | 9,3 | 14,3 | 15,6 | 14,8 | 11,9 | 6,8 | 0,7 | —3,8 | 6,2 | 27,8 | —14,6 |
| Swinemünde | 10,0 | 3,5 | —2,1 | 2,4 | 5,4 | 9,6 | 14,7 | 15,9 | 14,5 | 11,8 | 7,5 | 1,4 | —1,8 | 6,8 | 29,4 | —10,7 |
| Wustrow (Mecklb.) | 7,0 | 3,1 | —2,4 | 1,8 | 5,3 | 8,4 | 14,0 | 15,3 | 13,9 | 11,7 | 7,8 | 1,6 | —1,6 | 6,7 | 27,5 | —13,0 |
| Kiel | 47,2 | 3,2 | —2,5 | 2,4 | 5,6 | 8,3 | 14,8 | 14,8 | 13,4 | 11,6 | 7,4 | 2,4 | 0,0 | 6,7 | 26,1 | — 9,2 |
| Keitum (Sylt) | 13,0 | 3,6 | —1,3 | 2,9 | 6,1 | 8,4 | 15,3 | 14,7 | 13,4 | 12,0 | 8,5 | 3,7 | 0,4 | 7,3 | 28,5 | — 9,1 |
| Hamburg | 26,0 | 3,9 | —1,4 | 3,3 | 7,8 | 8,8 | 16,0 | 15,3 | 14,3 | 12,1 | 7,8 | 2,6 | —0,2 | 7,4 | 27,8 | —10,4 |
| Bremen | 15,8 | 4,1 | —1,4 | 4,2 | 8,0 | 9,5 | 16,7 | 15,8 | 15,0 | 12,4 | 8,2 | 3,1 | —0,1 | 8,0 | 30,0 | —13,2 |
| Wilhelmshaven | 8,5 | 4,3 | —1,6 | 3,8 | 6,0 | 8,7 | 15,3 | 14,8 | 14,0 | 12,1 | 7,8 | 2,0 | 0,1 | 7,4 | 28,2 | — 9,8 |
| Borkum | 10,4 | 4,9 | —0,3 | 4,2 | 7,1 | 8,0 | 15,6 | 15,2 | 14,5 | 13,4 | 9,2 | 3,6 | 0,3 | 8,0 | 28,4 | — 8,4 |
| Marggrabowa | 162,1 | —0,6 | — 6,2 | —0,4 | 2,5 | 8,7 | 14,3 | 13,9 | 13,5 | 9,8 | 4,2 | —2,4 | —8,0 | 4,1 | 27,6 | —26,8 |
| Bromberg | 44,1 | —2,8 | —2,2 | 2,5 | 5,1 | 10,7 | 16,2 | 16,8 | 13,1 | 11,4 | 6,0 | —0,0 | —4,8 | 6,3 | 31,1 | —17,7 |
| Posen | 66,2 | —2,9 | —1,3 | 2,6 | 5,2 | 10,5 | 16,7 | 16,8 | 13,4 | 12,3 | 7,1 | —0,3 | —4,2 | 6,5 | 29,4 | —17,5 |
| Landsberg a. d. W. | 69,0 | —3,6 | —2,3 | 2,5 | 6,0 | 9,4 | 15,0 | 15,1 | 14,3 | 11,8 | 6,7 | —0,2 | —3,8 | 6,0 | 30,3 | —16,8 |
| Berlin | 48,9 | —4,1 | —0,7 | 3,2 | 7,2 | 10,6 | 17,4 | 17,0 | 15,0 | 13,2 | 7,8 | 1,8 | —1,3 | 7,4 | 32,6 | —13,4 |
| Magdeburg | 54,0 | 4,1 | —1,8 | 4,2 | 8,1 | 10,1 | 17,1 | 16,6 | 15,5 | 12,6 | 7,7 | 1,2 | —2,2 | 7,9 | 32,3 | —18,1 |
| Celle | 39,6 | —3,8 | —2,0 | 3,2 | 7,5 | 8,1 | 16,4 | 15,3 | 14,2 | 11,2 | 6,9 | 1,7 | —1,1 | 6,5 | 32,0 | —14,6 |
| Münster i. W. | 60,4 | —3,9 | —0,8 | 4,7 | 8,7 | 9,1 | 16,3 | 15,6 | 14,8 | 12,5 | 7,6 | 3,4 | —0,5 | 7,3 | 32,1 | —14,3 |
| Ratibor | 190,4 | —2,8 | —1,5 | 2,2 | 7,0 | 10,0 | 15,2 | 16,4 | 15,8 | 12,3 | 7,0 | 0,1 | —4,6 | 6,5 | 31,4 | —20,1 |
| Breslau | 147,0 | —3,5 | —0,4 | 3,3 | 7,1 | 10,9 | 16,6 | 17,2 | 16,8 | 13,2 | 7,4 | 0,3 | —3,8 | 7,4 | 30,8 | —19,4 |
| Bautzen | 212,7 | 3,5 | —0,8 | 3,9 | 7,1 | 9,4 | 16,2 | 16,8 | 15,3 | 12,7 | 7,6 | 1,1 | —3,9 | 7,5 | 28,6 | —22,0 |
| Leipzig | 119,2 | 4,3 | —0,6 | 4,3 | 8,2 | 10,2 | 17,2 | 17,0 | 15,7 | 12,7 | 7,1 | 1,7 | —2,8 | 8,0 | 30,1 | —19,8 |
| Nordhausen | 219,2 | —4,0 | —1,8 | 5,4 | 7,9 | 9,8 | 16,7 | 15,9 | 14,8 | 12,0 | 6,7 | 1,0 | —3,0 | 6,4 | 29,2 | —17,8 |
| Kassel | 204,2 | —3,4 | —0,7 | 4,6 | 9,1 | 8,9 | 15,6 | 15,9 | 14,7 | 12,5 | 7,3 | 2,3 | —2,1 | 7,3 | 31,0 | —15,1 |
| Neuwied | 67,8 | —1,7 | 0,3 | 5,7 | 10,1 | 9,4 | 16,2 | 17,3 | 15,9 | 13,8 | 8,3 | 3,1 | —0,2 | 8,0 | 29,9 | —11,8 |
| Aachen | 204,8 | —3,9 | 0,4 | 5,8 | 9,1 | 8,5 | 15,8 | 16,0 | 15,3 | 13,1 | 8,3 | 4,5 | 1,2 | 7,8 | 30,6 | —12,8 |
| Elster | 501,1 | 1,0 | —2,6 | 1,8 | 6,2 | 7,6 | 14,3 | 14,8 | 13,7 | 10,4 | 5,8 | 0,6 | —4,2 | 5,7 | 27,7 | —22,3 |
| Kissingen | 209,8 | 3,2 | 0,3 | 3,2 | 9,3 | 9,1 | 16,1 | 16,8 | 15,4 | 12,4 | 7,1 | 1,3 | —2,8 | 7,6 | 33,0 | —19,5 |
| Nürnberg | 309,1 | 2,8 | 0,7 | 4,3 | 9,5 | 9,6 | 16,5 | 17,7 | 16,4 | 13,2 | 7,4 | 1,9 | —1,7 | 8,1 | 30,5 | —18,3 |
| Mannheim | 96,6 | 4,6 | 1,4 | 6,4 | 11,5 | 10,7 | 16,6 | 18,4 | 17,4 | 14,5 | 8,3 | 2,8 | —0,8 | 9,3 | 32,6 | —14,5 |
| Metz | 176,4 | 3,5 | 1,8 | 6,0 | 10,8 | 9,7 | 15,6 | 17,7 | 16,8 | 14,9 | 8,4 | 3,8 | 0,6 | 9,0 | 32,3 | —11,4 |
| Passau | 309,4 | 1,8 | 1,4 | 4,3 | 9,3 | 9,9 | 15,5 | 17,2 | 16,5 | 13,2 | 8,8 | 2,0 | —2,2 | 8,1 | 30,0 | —14,6 |
| München (Zentralst.) | 523,3 | 2,0 | —0,3 | 3,7 | 9,8 | 8,9 | 15,4 | 17,8 | 16,6 | 13,1 | 7,8 | 1,2 | —2,1 | 7,8 | 30,2 | —14,3 |
| Stuttgart | 269,0 | 4,7 | 1,8 | 6,4 | 11,2 | 10,8 | 16,2 | 19,1 | 17,7 | 14,3 | 9,2 | 3,6 | 0,1 | 9,9 | 31,6 | —13,6 |
| Straßburg (Univ.) | 143,0 | 3,1 | 1,4 | 6,3 | 11,3 | 10,2 | 16,1 | 18,8 | 17,0 | 14,3 | 8,1 | 2,5 | —0,0 | 9,1 | 31,2 | —14,0 |
| Meersburg | 439,6 | 1,5 | 0,1 | 4,6 | 10,7 | 8,7 | 15,6 | 17,9 | 17,0 | 13,9 | 8,3 | 2,7 | —0,7 | 8,3 | 29,4 | —11,2 |
| Mülhausen i. E. | 241,6 | 2,5 | 1,6 | 6,2 | 11,7 | 10,4 | 16,6 | 19,2 | 17,3 | 14,4 | 9,0 | 3,2 | —0,2 | 9,3 | 33,0 | —12,8 |
| Im Durchschnitt der 37 Stationen | | +0,9 | —1,6 | 3,7 | 7,7 | 9,4 | 15,8 | 16,4 | 15,3 | 12,6 | 7,5 | 1,6 | —1,8 | 7,4 | — | — |
| 1901 | | —3,5 | —3,5 | 2,5 | 8,4 | 13,4 | 16,4 | 19,4 | 17,3 | 13,5 | 9,2 | 3,3 | 1,6 | 8,6 | — | — |
| 1900 | | 0,8 | 1,2 | 1,8 | 7,5 | 11,3 | 16,5 | 19,1 | 17,2 | 14,3 | 9,1 | 5,1 | 3,1 | 8,8 | — | — |
| 1899 | | 2,8 | 2,7 | 3,6 | 7,8 | 11,8 | 15,8 | 18,3 | 17,8 | 13,8 | 8,1 | 6,3 | —2,8 | 8,8 | — | — |
| 98 | | 2,6 | 1,8 | 3,4 | 7,4 | 11,4 | 15,5 | 15,8 | 18,6 | 14,8 | 9,7 | 5,1 | 3,6 | 9,0 | — | — |
| 97 | | —2,3 | 1,6 | 5,8 | 7,6 | 11,2 | 17,2 | 17,6 | 18,0 | 13,0 | 7,6 | 3,4 | 1,6 | 8,4 | — | — |
| 96 | | —0,4 | 0,3 | 5,6 | 6,0 | 11,4 | 17,2 | 18,2 | 15,5 | 14,5 | 9,4 | 1,8 | —4,3 | 8,2 | — | — |
| 95 | | —3,4 | —5,8 | 1,5 | 8,9 | 13,0 | 16,3 | 18,3 | 17,3 | 15,5 | 7,8 | 5,0 | [illegible] | 7,6 | — | — |
| 94 | | —1,7 | 2,4 | 5,4 | 10,3 | 13,2 | 14,4 | 18,6 | 16,1 | 11,6 | 8,4 | 5,4 | 1,1 | 8,7 | — | — |
| 93 | | —7,3 | 1,5 | 4,4 | 8,7 | 12,4 | 16,4 | 18,3 | 17,4 | 13,1 | 10,4 | 2,9 | [illegible] | 8,1 | — | — |

*) Nordhausen seit Januar des Jahres 1902.

## 2. Feuchtigkeit, Bewölkung und Niederschlagsmengen.

| Jahr 1902 — Beobachtungs-stationen | Feuchtigkeit absolute (Jahresmittel, mm) | Feuchtigkeit relative (Jahresmittel, %) | Bewölkung (0 = heiter, 10 = ganz bedeckt) | Niederschlag, Summe mm: Januar | Februar | März | April | Mai | Juni | Juli | August | September | Oktober | November | Dezember | Jahr |
|---|---|---|---|---|---|---|---|---|---|---|---|---|---|---|---|---|
| Memel | 6,2 | 83 | 6,7 | 99,1 | 27,6 | 22,7 | 10,0 | 54,1 | 51,8 | 56,1 | 67,3 | 109,8 | 65,6 | 11,3 | 65,7 | 620,9 |
| Neufahrwasser | 6,2 | 79 | 6,1 | 31,3 | 26,4 | 61,5 | 14,4 | 55,7 | 71,5 | 91,1 | 96,8 | 60,8 | 24,1 | 5,8 | 42,6 | 582,8 |
| Swinemünde | 6,5 | 80 | 6,6 | 44,9 | 14,1 | 30,5 | 19,3 | 40,6 | 26,3 | 60,2 | 47,8 | 35,9 | 16,9 | 2,4 | 46,3 | 433,4 |
| Wustrow (Meckl.) | 6,5 | 84 | 6,4 | 36,8 | 2,5 | 53,4 | 13,4 | 49,1 | 25,8 | 30,1 | 77,1 | 45,1 | 20,0 | 5,7 | 34,3 | 410,6 |
| Kiel | 6,8 | 85 | 6,6 | 100,5 | 8,5 | 81,2 | 40,4 | 69,7 | 72,5 | 63,3 | 143,7 | 51,3 | 48,4 | 11,6 | 43,8 | 736,1 |
| Keitum (Sylt) | 7,6 | 90 | 7,4 | 31,6 | 7,6 | 54,9 | 22,3 | 64,7 | 30,8 | 34,1 | 98,3 | 29,1 | 23,3 | 21,1 | 24,9 | 441,5 |
| Hamburg | 7,1 | 83 | 6,7 | 59,1 | 12,6 | 85,6 | 39,2 | 81,5 | 73,0 | 70,5 | 99,2 | 65,3 | 48,0 | 3,4 | 38,6 | 676,0 |
| Bremen | 6,6 | 80 | 6,8 | 55,2 | 19,7 | 56,4 | 72,1 | 98,6 | 33,4 | 32,6 | 79,4 | 52,1 | 48,0 | 5,7 | 37,6 | 642,6 |
| Wilhelmshaven | 7,2 | 84 | 6,1 | 45,1 | 7,0 | 40,2 | 46,5 | 80,8 | 39,8 | 80,4 | 102,2 | 44,8 | 46,1 | 7,7 | 30,5 | 581,4 |
| Borkum | 7,2 | 83 | 6,4 | 46,2 | 12,1 | 45,5 | 51,9 | 58,8 | 16,0 | 68,4 | 176,4 | 37,5 | 43,0 | 15,3 | 52,4 | 625,6 |
| Marggrabowa | 5,8 | 84 | 6,6 | 108,6 | 13,6 | 29,0 | 28,7 | 49,0 | 76,3 | 70,1 | 64,4 | 46,8 | 26,8 | 3,8 | 33,6 | 555,7 |
| Bromberg | 6,3 | 79 | 6,6 | 51,6 | 10,3 | 83,6 | 16,9 | 44,0 | 45,4 | 86,8 | 48,9 | 35,8 | 21,6 | 6,3 | 42,5 | 508,2 |
| Posen | 6,5 | 81 | 6,1 | 39,7 | 10,8 | 50,6 | 33,5 | 43,9 | 68,3 | 89,8 | 74,3 | 55,6 | 24,2 | 3,4 | 37,8 | 530,6 |
| Landsberg a. d. W. | 6,5 | 83 | 6,4 | 46,5 | 19,4 | 68,3 | 13,1 | 43,7 | 35,7 | 93,4 | 89,1 | 50,6 | 30,4 | 4,8 | 36,6 | 536,0 |
| Berlin | 6,5 | 76 | 6,8 | 49,3 | 18,6 | 75,3 | 105,8 | 61,1 | 59,8 | 39,7 | 78,0 | 56,7 | 30,2 | 0,8 | 41,1 | 625,6 |
| Magdeburg | 6,4 | 76 | 6,3 | 27,7 | 20,8 | 55,7 | 27,0 | 42,3 | 57,4 | 53,8 | 62,8 | 35,4 | 44,7 | 9,8 | 41,7 | 474,5 |
| Essen | 6,6 | 83 | 6,5 | 75,2 | 23,4 | 77,3 | 35,7 | 113,3 | 83,3 | 86,8 | 88,0 | 45,2 | 40,3 | 6,5 | 69,3 | 740,8 |
| Münster i. W. | [1]7,3 | [1]85 | 6,7 | 75,7 | 25,6 | 67,6 | 44,3 | 105,4 | 59,8 | 14,9 | 83,6 | 50,9 | 86,3 | 11,9 | 80,8 | 700,4 |
| Ratibor | [2]6,9 | [2]82 | 6,7 | 29,8 | 31,8 | 35,7 | 11,1 | 48,9 | 220,6 | 117,3 | 65,3 | 33,4 | 119,1 | 1,1 | 30,5 | 745,6 |
| Breslau | 6,3 | 73 | 7,8 | 43,1 | 10,8 | 44,1 | 30,5 | 44,8 | 91,4 | 81,0 | 46,9 | 19,8 | 45,7 | 3,9 | 57,6 | 497,6 |
| Bautzen | 5,8 | 69 | 6,4 | 64,8 | 18,5 | 69,6 | 46,1 | 62,3 | 86,4 | 59,2 | 75,8 | 90,1 | 37,9 | 4,9 | 10,6 | 690,9 |
| Leipzig | 7,6 | 83 | 6,6 | 35,3 | 25,9 | 51,1 | 22,6 | 45,8 | 102,4 | 105,4 | 60,1 | 37,8 | 40,2 | 4,1 | 40,5 | 588,4 |
| Nordhausen | 6,4 | 79 | 6,7 | 45,4 | 21,3 | 42,8 | 41,5 | 63,3 | 49,2 | 69,3 | 67,4 | 76,8 | 38,1 | 5,9 | 54,9 | 598,8 |
| Kassel | 6,8 | 81 | 6,2 | 50,3 | 28,8 | 32,7 | 12,0 | 67,6 | 50,8 | 50,8 | 77,4 | 66,8 | 61,2 | 5,9 | 97,1 | 622,7 |
| Neuwied | 7,1 | 78 | [3]6,4 | 31,6 | 31,7 | 37,8 | 22,5 | 45,7 | 64,4 | 49,2 | 61,1 | 48,6 | 58,0 | 11,3 | 100,1 | 563,8 |
| Aachen | 6,9 | 78 | 6,8 | 48,7 | 34,9 | 61,8 | 33,8 | 116,1 | 53,4 | 52,3 | 82,5 | 60,0 | 63,2 | 27,9 | 113,3 | 758,4 |
| Elster | 6,2 | 80 | 5,6 | 100,8 | 29,8 | 79,7 | 56,8 | 106,2 | 96,8 | 50,1 | 120,4 | 42,8 | 54,6 | 9,6 | 97,9 | 843,9 |
| Kissingen | 6,4 | 81 | 6,6 | 69,6 | 59,1 | 91,5 | 21,4 | 88,1 | 42,6 | 27,6 | 78,5 | 45,2 | 42,8 | 14,6 | 133,7 | 714,7 |
| Nürnberg | 6,3 | 74 | 6,6 | 42,4 | 17,4 | 47,8 | 18,6 | 55,5 | 42,3 | 62,0 | 50,9 | 23,5 | 39,7 | 5,7 | 84,2 | 490,8 |
| Mannheim | 7,1 | 77 | 6,6 | 39,4 | 21,8 | 35,6 | 13,4 | 44,1 | 92,9 | 34,0 | 31,4 | 43,0 | 30,3 | 23,6 | 34,4 | 440,3 |
| Metz | 7,6 | 85 | 6,7 | 48,2 | 51,3 | 43,7 | 30,8 | 57,3 | 50,1 | 27,3 | 46,2 | 48,5 | 36,5 | 53,1 | 56,1 | 553,6 |
| Passau | 6,8 | 79 | 6,2 | 90,8 | 19,8 | 90,7 | 33,9 | 101,4 | 159,1 | 100,0 | 92,1 | 27,6 | 32,7 | 4,3 | 94,2 | 875,8 |
| München (Zentralst.) | 6,3 | 75 | 6,4 | 45,9 | 27,6 | 54,5 | 26,7 | 125,0 | 93,4 | 86,1 | 103,5 | 63,6 | 72,8 | 5,7 | 60,2 | 782,9 |
| Stuttgart | 7,2 | 77 | 7,6 | 40,5 | 27,7 | 62,0 | 35,3 | 63,6 | 62,3 | 92,4 | 98,3 | 20,0 | 65,3 | 13,8 | 55,6 | 645,8 |
| Straßburg (Univ.) | 7,4 | 81 | 6,7 | 38,7 | 34,8 | 44,8 | 55,8 | 92,5 | 35,0 | 48,2 | 71,6 | 20,5 | 54,9 | 24,3 | 38,4 | 558,1 |
| Meersburg | 6,8 | 79 | 6,6 | 21,5 | 46,9 | 25,7 | 16,2 | 83,5 | 61,8 | 98,1 | 107,8 | 87,7 | 96,8 | 11,4 | 60,5 | 727,8 |
| Mülhausen i. E. | 7,4 | 80 | 6,6 | 45,3 | 70,5 | 51,9 | 34,9 | 78,8 | 30,6 | 122,9 | 112,3 | 37,5 | 60,7 | 33,5 | 71,4 | 748,8 |
| Im Durchschnitt der 37 Stationen | 6,8 | 80 | 6,6 | 52,3 | 24,3 | 57,4 | 33,1 | 68,9 | 65,3 | 68,6 | 82,1 | 50,9 | 47,8 | 10,9 | 58,8 | 620,3 |
| 1901 | 7,0 | 79 | 6,5 | [illegible] | [illegible] | [illegible] | [illegible] | [illegible] | [illegible] | [illegible] | [illegible] | [illegible] | [illegible] | [illegible] | [illegible] | [illegible] |
| 00 | 7,1 | 80 | 6,5 | [illegible] | [illegible] | [illegible] | [illegible] | [illegible] | [illegible] | [illegible] | [illegible] | [illegible] | [illegible] | [illegible] | [illegible] | [illegible] |
| 1899 | 7,2 | 79 | 6,5 | [illegible] | [illegible] | [illegible] | [illegible] | [illegible] | [illegible] | [illegible] | [illegible] | [illegible] | [illegible] | [illegible] | [illegible] | [illegible] |
| 98 | 7,5 | 81 | 6,3 | [illegible] | [illegible] | [illegible] | [illegible] | [illegible] | [illegible] | [illegible] | [illegible] | [illegible] | [illegible] | [illegible] | [illegible] | [illegible] |
| 97 | [4]7,4 | [4]81 | 6,7 | [illegible] | [illegible] | [illegible] | [illegible] | [illegible] | [illegible] | [illegible] | [illegible] | [illegible] | [illegible] | [illegible] | [illegible] | [illegible] |
| 96 | 7,0 | 81 | 6,3 | [illegible] | [illegible] | [illegible] | [illegible] | [illegible] | [illegible] | [illegible] | [illegible] | [illegible] | [illegible] | [illegible] | [illegible] | [illegible] |
| 95 | 7,0 | 80 | 6,4 | [illegible] | [illegible] | [illegible] | [illegible] | [illegible] | [illegible] | [illegible] | [illegible] | [illegible] | [illegible] | [illegible] | [illegible] | [illegible] |
| 94 | 7,0 | 80 | 6,6 | [illegible] | [illegible] | [illegible] | [illegible] | [illegible] | [illegible] | [illegible] | [illegible] | [illegible] | [illegible] | [illegible] | [illegible] | [illegible] |
| 93 | [4]6,8 | [4]76 | 6,0 | [illegible] | [illegible] | [illegible] | [illegible] | [illegible] | [illegible] | [illegible] | [illegible] | [illegible] | [illegible] | [illegible] | [illegible] | [illegible] |

Mittel ohne [1] Mai, Juli, Dezember; [2] März; [3] August. — [4] Ohne Münster i. W.

# XX. Die Schutzgebiete.

## 1. Allgemeine Nachweise.

(Reichs-Gesetzbl., Deutsches Kolonialbl., Deutsche Kolonialztg., Haushalts-Etat nebst Denkschriften u. Nachweisungen.)

| Angaben über | Ostafrika | Kamerun | Togo | Südwestafrika | Neu-Guinea | Ostkarolinen, Palauinseln u. Marianen | Marschall-Inseln | Samoa | Kiautschou |
|---|---|---|---|---|---|---|---|---|---|
| Flächeninhalt (1000 qkm) | 941 | 494 | 87,2 | 835,1 | 240 | 2,076 | 0,405 | 2,588 | 0,501 |
| Bevölkerung (1000) | 6 847 | 3 500 | 2 500 | 200 | 380 | 36 | 15 | 33 | 32 |
| Ansässige Weiße | 1 275 | 670 | 168 | 4 682 | 306 | 177 | 77 | 381 | 3 735 |
| darunter Deutsche | 1 014 | 561 | 155 | 2 998 | 284 | 42 | 51 | 192 | (6 — |
| Schutztruppe (Etatsstärke 1905) Deutsche | 221 | 101 | (3 9 | (4 606 | (5 4 | (5 3 | — | (5 2 | 2 773 |
| Schutztruppe (Etatsstärke 1905) Farbige | (1 1 526 | (2 775 | (3 150 | 140 | (5 210 | (5 75 | (5 13 | (5 40 | 84 |
| Eisenbahnen (km) | 84, im Bau 44 | — | —, im Bau 15 | 382 | — | — | — | — | (6 430 |
| Postanstalten | 27 | 5 | 2 | 32 | 5 | 3 | 1 | 1 | 3 |
| Telegraphenanstalten | 15 | 2 | 2 | 4 | — | — | — | — | 1 |
| Sitz der Regierung | Daressalam | Buea | Lome | Windhuk | Herbertshöhe | Ponape, Jap, Saipan | Jaluit | Apia | Tsingtau |
| Wichtige Hafenplätze | Tanga, Pangani, Saadani, Bagamoyo, Daressalam, Kilwa, Lindi, Mikindani | Duala, Victoria, Kribi, Rio del Rey | Lome, Klein-Popo | Swakopmund, Lüderitzbucht, Kap Croß | Herbertshöhe, Friedrich-Wilhelmshafen, Matupi, Nusa | Ponape, Jap, Saipan, Truk, Kuiale | Jaluit, Nauru | Apia | Tsingtau |

**Ausgaben der deutschen Schutzgebiete seit 1892 in 1 000 ℳ.**

Aufwand.[7]

| Rechnungsjahr | Zusammen | Ostafrika | Kamerun | Togo | Südwestafrika | Neu-Guinea | Ostkarolinen, Palauinseln u. Marianen | Marschall-Inseln | Samoa | Kiautschou |
|---|---|---|---|---|---|---|---|---|---|---|
| 1892 | 5 407 | (8 2 970 | 1 341 | 328 | 832 | (10 21 | — | (11 5 | — | — |
| 1893 | 7 605 | (8 5 296 | 1 097 | 284 | 1 003 | 14 | — | 1 | — | — |
| 1894 | 10 179 | 5 684 | 1 545 | 420 | 2 491 | 14 | — | 35 | — | — |
| 1895 | 9 317 | 5 403 | 1 478 | 395 | 2 021 | 12 | — | 8 | — | — |
| 1896 | 13 571 | 6 329 | 1 639 | 398 | 5 191 | 10 | — | 4 | — | — |
| 1897 | 15 129 | 6 967 | 1 651 | 502 | 5 961 | 9 | — | 4 | — | — |
| 1898 | 17 568 | 7 663 | 1 861 | 693 | 7 320 | 17 | — | 8 | — | Haushalts-Etat |
| 1899 | 23 162 | 9 388 | 2 649 | 915 | 9 310 | 637 | 250 | 4 | — | |
| 1900 | 37 285 | 10 523 | 3 357 | 1 157 | 10 885 | 806 | 212 | 10 | 252 | 9 993 |
| 1901 | 39 484 | 8 019 | 4 458 | 1 222 | 12 624 | 861 | 319 | 12 | 319 | 11 050 |
| 1902 | 37 097 | (9 7 126 | (9 5 585 | (9 1 027 | (9 9 315 | (9 853 | (9 234 | 8 | (9 545 | 12 404 |
| | | | | | Haushalts-Etat. | | | | | |
| 1903 | 41 021 | 8 402 | 3 606 | 1 096 | 13 019 | 990 | 429 | (12 10 | 541 | 12 808 |
| 1904 | 42 878 | 9 617 | 4 086 | 1 606 | (4 12 529 | 1 010 | 329 | . | 586 | 13 088 |

**Art der Einnahmen und Ausgaben im Rechnungsjahre 1904 (1 000 ℳ).**

| | Ostafrika | Kamerun | Togo | Südwestafrika | Neu-Guinea | Ostkarolinen, Palauinseln u. Marianen | Marschall-Inseln | Samoa | Kiautschou |
|---|---|---|---|---|---|---|---|---|---|
| Eigene Einnahmen | 3 456 | 2 681 | 1 606 | 2 720 | 109 | 100 | — | 351 | 505 |
| darunter: | | | | | | | | | |
| Steuern | 781 | 164 | 50 | 74 | 16 | 21 | — | 79 | 81 |
| Zölle | 1 388 | 2 300 | 1 000 | 1 100 | 45 | — | — | 232 | — |
| Einnahmen aus Verkehrseinrichtungen | 213 | — | 58 | 1 226 | — | — | — | — | — |
| Ersparnisse aus früheren Rechnungsjahren | 200 | — | — | — | — | 100 | — | — | — |
| Sonstige Verwaltungseinnahmen | 873 | 217 | 48 | 320 | 48 | 39 | — | 40 | 424 |
| Reichszuschuß | 6 161 | 1 405 | | 9 810 | 907 | 229 | — | 235 | 12 583 |
| Ausgaben, und zwar: | | | | | | | | | |
| fortdauernde | 7 184 | 3 965 | 983 | 7 357 | 952 | 285 | — | 418 | 5 362 |
| einmalige | 2 439 | 110 | 616 | 5 159 | 59 | 43 | — | 159 | 7 697 |
| Reservefonds[8] | 14 | 11 | 7 | 14 | 5 | 1 | . | 9 | 29 |

[1] [illegible] Unteroffizieren und [illegible] farbigen Mannschaften. — [2] Ohne [illegible] der 475 farbigen Mannschaften unter deutschen Polizeimeistern. — [3] Polizeitruppe. — [4] Ohne [illegible] von 84 Deutschen und einer nicht bestimmbaren Zahl [illegible] Mannschaften. — [5] Zahl unbekannt. — [6] 1. Juli 1904, einschl. [illegible] der Bahnen im Hinterland [illegible]. [illegible] — [7] [illegible] die Aufwendungen der Schutzgebiete aus eigenen Mitteln und die Aufwendungen des Reichs für die einzelnen Schutzgebiete [illegible] Etat des Auswärtigen Amts, mit Ausnahme der Aufwendungen aus dem [illegible]. — [8] Aus Reichsmitteln zur Unterstützung des [illegible] usw. [illegible] eines gesonderten Etats. — [9] Vorläufiger Abschluß. — [10] Bei dem 1. April 1899, mit welchem Tage das Reich die Verwaltung von Neu-Guinea endgültig übernahm, sind die allgemeinen Verwaltungskosten von der Neu-Guinea-Compagnie [illegible] werden, die vor dieser Zeit [illegible] Zahlen sind Aufwendungen des Reichs. — [11] Die allgemeinen Verwaltungskosten [illegible] die [illegible] Zahlen sind Aufwendungen des Reichs. — [12] Tatsächlicher Aufwand. — [13] Reservefonds [illegible] dem Reservefonds zur Deckung [illegible] Ausgaben und [illegible]. — [14] Aufwand erhöht sich.

## 2. Handel der Schutzgebiete[1] von 1897—1902.

| Länder | Einfuhr 1000 Mark 1897 | 1898 | 1899 | 1900 | 1901 | 1902 | Ausfuhr 1000 Mark 1897 | 1898 | 1899 | 1900 | 1901 | 1902 |
|---|---|---|---|---|---|---|---|---|---|---|---|---|
| Ostafrika | 8 942 | 11 653 | 10 823 | 12 031 | 9 511 | 8 858 | 4 939 | 4 333 | 3 937 | 4 291 | 4 623 | 5 293 |
| Kamerun | 6 327 | 9 297 | 11 133 | 14 215 | 9 397 | 13 392 | 3 385 | 4 602 | 4 841 | 5 886 | 6 264 | 6 652 |
| Togo | 1 976 | 2 491 | 3 280 | 3 517 | 4 723 | 6 206 | 771 | 1 470 | 2 583 | 3 059 | 3 091 | 4 191 |
| Südwestafrika | 4 887 | 5 808 | 8 941 | 6 958 | 10 075 | 8 568 | 1 247 | 916 | 1 399 | 908 | 1 242 | 2 213 |
| I. Afrika zusammen | 22 132 | 29 349 | 34 177 | 36 781 | 33 706 | 37 024 | 10 342 | 11 321 | 12 760 | 14 147 | 15 820 | 18 342 |
| Neu-Guinea | — | 1 060 | 1 619 | 1 616 | 1 656 | 2 211 | — | 939 | 947 | 797 | 1 403 | 1 121 |
| Karolinen, Marianen | — | | — | 459 | 580 | 500 | — | — | — | 264 | 483 | 458 |
| Marshall-Inseln | 561 | 466 | 454 | 597 | 634 | 488 | 869 | 546 | 509 | 556 | 670 | 505 |
| Samoa | 1 328 | 1 555 | 1 954 | 2 106 | 1 571 | 2 603 | 812 | 1 199 | 1 465 | 1 266 | 1 006 | 1 092 |
| II. Südsee zusammen | 1 889 | 3 081 | 4 027 | 4 778 | 4 459 | 5 802 | 1 681 | 2 681 | 2 901 | 2 883 | 3 568 | 3 776 |

| Länder | Gesamthandel 1000 Mark 1897 | 1898 | 1899 | 1900 | 1901 | 1902 |
|---|---|---|---|---|---|---|
| I. Afrikan. Schutzgebiete | 32 474 | 40 670 | 46 937 | 50 928 | 49 526 | 55 366 |
| II. Südseeschutzgebiete | 3 580 | 5 765 | 6 928 | 7 661 | 8 018 | 9 578 |
| Zusammen | 36 054 | 46 395 | 53 865 | 58 589 | 57 544 | 64 944 |

[1] Für das Schutzgebiet Kiautschou gibt es noch keine Handelsstatistik. Im [illegible] ist ein [illegible], welcher nur die [illegible] nachweist.

## 3. Auswärtiger Handel der Schutzgebiete im Jahre 1902.

**a. Ostafrika.**

| Einfuhr: Warengattung | dz | 1000 ℳ | Ausfuhr: Warengattung | dz | 1000 ℳ |
|---|---|---|---|---|---|
| Baumwollenwaren | 18 182 | 4 411 | Roher Kautschuk | 2 554 | 1 210 |
| Reis | 40 838 | 825 | Kopra | 31 410 | 766 |
| Verzehrungsgegenstände | 18 591 | 626 | Rohes Elfenbein | 357 | 627 |
| Eisen, Eisenwaren | 5 882 | 413 | Kaffee | 9 534 | 483 |
| Bier, Wein, Mineralwasser | 4 502 | 364 | Lebende Tiere (Rinder) | 15 104 | 270 |
| Glas-, Porzellan-, Tonwaren | 1 961 | 181 | Roher Kopal | 2 273 | 262 |
| Pflanzenöle, Fette, Wachs | 2 539 | 176 | Sesam | 13 438 | 247 |
| Unedle Metalle und Waren daraus | 1 270 | 154 | Felle, Häute, Federn, Haare | 2 587 | 239 |
| Erdöl | 9 102 | 154 | Pflanzenspinnstoffe (außer Baumwolle) und Waren daraus | 10 812 | 222 |
| Tabak, Tabakerzeugnisse | 432 | 152 | Getreide, Hülsenfrüchte | 31 913 | 213 |
| Branntwein | 1 277 | 130 | Zuckerrohr, Zucker, Sirup, Melasse | 8 730 | 116 |
| Erden, Erze, Steinwaren | 20 863 | 139 | Pflanzenöle, Fette, Wachs | 522 | 93 |
| Holz, Holzwaren | 6 945 | 113 | Verzehrungsgegenstände | 6 470 | 93 |
| Zucker, Sirup, Melasse | 3 630 | 110 | Bau-, Nutz- und Edelhölzer | 19 370 | 86 |
| Papier, Papierwaren | 665 | 98 | Tierische Schalen u. Waren daraus | 8 252 | 56 |
| Chemische Erzeugnisse, Farben, Arzneien | 390 | 67 | Rohes Gehörne | 181 | 49 |
| Gewürze | 891 | 68 | Branntwein | 207 | 46 |
| Pflanzenspinnstoffe (außer Baumwolle) und Waren daraus | 1 320 | 60 | Rohtabak | 845 | 43 |
| Leder-, Bürsten-, Siebmacherwaren | 108 | 57 | Flußpferdzähne | 139 | 38 |
| Getreide, Hülsenfrüchte | 2 973 | 55 | Erdnüsse | 2 231 | 31 |
| Wollenwaren | 74 | 48 | Gewürze | 175 | 49 |
| Übrige Waren | . | 394 | Übrige Waren | . | 68 |
| Wert zusammen 1902 | | 8 858 | Wert zusammen 1902 | | 5 293 |
| 1901 | | 9 511 | 1901 | | 4 623 |
| 1900 | | 12 031 | 1900 | | 4 291 |
| 1899 | | 10 823 | 1899 | | 3 937 |
| 1898 | | 11 653 | 1898 | | 4 333 |

| Vom Gesamtwert entfallen in Tausend Mark auf: | Deutschland | Großbritannien | Sansibar | Indien | andere Länder |
|---|---|---|---|---|---|
| 1902 Einfuhr | 2 [illegible] | 90 | 5 461 | 1 228 | 866 |
| 1902 Ausfuhr | 1 [illegible] | 45 | 3 5[illegible] | 24 | 142 |

| Einfuhr: Warengattung | dz | 1000 M | Ausfuhr: Warengattung | dz | 1000 M |
|---|---|---|---|---|---|
| **b. Kamerun.**[1] | | | | | |
| Gewebe | 5 806 | 2 847 | Palmkerne | 106 534 | 2 267 |
| Material- und Spezereiwaren | 15 984 | 1 560 | Kautschuk | 4 885 | 1 625 |
| Branntwein (hl) | 16 291 | 1 099 | Palmöl | 31 047 | 1 053 |
| Eisenwaren | 26 770 | 965 | Elfenbein | 710 | 840 |
| Bau- und Nutzholz | 15 397 | 872 | Kakao | 6 483 | 693 |
| Tabak | 3 608 | 627 | Bau- und Nutzholz | 11 570 | 161 |
| Reis | 25 819 | 586 | Tabak 1902 | — | — |
| Salz | 46 111 | 517 | Tabak 1901 | 149 | 63 |
| Leibwäsche, Kleider, Putzwaren | 1 472 | 509 | Rinden | 318 | 8 |
| Feuerwaffen (Stück) | 28 493 | 375 | Kopal | 40 | 1 |
| Zement, Kalk, Kreide, Erden, Steine | 32 544 | 341 | Kolanüsse | 60 | 2 |
| Schießpulver, Zündhütchen | 3 400 | 341 | | | |
| Bier (hl) | 3 055 | 243 | | | |
| Tierische Erzeugnisse | 2 717 | 240 | | | |
| Waren aus unedlen Metallen außer Eisen | 1 808 | 223 | | | |
| Stein-, Braun-, Preßkohlen | 22 249 | 180 | | | |
| Glaswaren | 1 362 | 178 | | | |
| Wein (hl) | 760 | 158 | | | |
| Seilerwaren, leere Säcke | 2 860 | 149 | | | |
| Seife und Parfümerien | 2 321 | 119 | | | |
| Holzwaren | 731 | 119 | | | |
| Instrumente, Maschinen | 1 440 | 100 | | | |
| Übrige Waren | . | 1 014 | | | |
| Wert zusammen 1902 | . | 13 362 | Wert zusammen 1902 | | 6 662 |
| 1901 | | 9 397 | 1901 | | 6 264 |
| 1900 | | 14 845 | 1900 | | 5 886 |
| 1899 | | 11 133 | 1899 | | 4 841 |
| 1898 | | 9 297 | 1898 | | 4 602 |
| **c. Südwestafrika.** | | | | | |
| Fleischwaren und tierische Erzeugnisse | 13 353 | 1 165 | Guano | 86 255 | 854 |
| Gewebe, Kleider, Leibwäsche | 2 627 | 1 057 | Rindvieh (Stück) | 5 199 | 766 |
| Reis und Mühlenerzeugnisse | 33 863 | 866 | Kleinvieh (Stück) | 17 333 | 213 |
| Wellblech, Eisenwaren | 15 851 | 693 | Straußenfedern | 18 | 91 |
| Bier | 15 058 | 625 | Tierhörner | 208 | 55 |
| Kaffee und Kaffeeersatzstoffe | 2 545 | 280 | Wildhäute | 55 | 53 |
| Holzwaren | 2 700 | 241 | Robbenfelle (Stück) | 2 536 | 51 |
| Kohlen, Teer, Pech | 40 254 | 240 | Haustiere, nicht bes. gen. (Stück) | 250 | 44 |
| Körner- und Hülsenfrüchte | 9 004 | 223 | Rinds-, Ziegen-, Schafhäute | 394 | 31 |
| Branntwein (hl) | 1 162 | 194 | Gummi arabikum | 255 | 16 |
| Schuhwaren (Paar) | 29 543 | 183 | Wolle | 62 | 5 |
| Dynamit und andere Sprengstoffe | 688 | 181 | Gesalzene und getrocknete Fische | 57 | 2 |
| Zement, Kalk, Steine | 23 381 | 178 | Elfenbein | 1 | 1 |
| Bau- und Nutzholz | 9 086 | 174 | Übrige Waren | . | 29 |
| Tabakerzeugnisse | 199 | 172 | Wert zusammen 1902 | . | 2 213 |
| Waren aus unedlen Metallen | 1 629 | 163 | 1901 | . | 1 848 |
| Zucker | 3 647 | 157 | 1900 | . | 908 |
| Rindvieh, Kleinvieh, Schweine (Stück) | 3 307 | 125 | 1899 | . | 1 399 |
| Pferde (Stück) | 199 | 112 | 1898 | . | 916 |
| Lederwaren | 219 | 106 | | | |
| Plattentabak | 438 | 103 | | | |
| Übrige Waren | . | 2 310 | Vom Gesamtwert entfallen 1902 in 1 000 M bei der | Einfuhr | Ausfuhr |
| Wert zusammen 1902 | . | 8 668 | | | |
| 1901 | . | 10 075 | auf Deutschland | 7 229 | 353 |
| 1900 | . | 6 068 | „ Kapland | 1 186 | 1 151 |
| 1899 | . | 8 941 | „ Großbritannien | 180 | 708 |
| 1898 | . | 5 868 | „ andere Länder | 73 | 1 |

## d. Togo.

| Einfuhr Warengattung | dz | 1000 ℳ | Ausfuhr Warengattung | dz | 1000 ℳ |
|---|---|---|---|---|---|
| Baumwollwaren | 6 409 | 1 769 | Palmkerne | 94 434 | 1 721 |
| Branntwein (hl) | 11 759 | 1 179 | Palmöl | 29 732 | 1 031 |
| Eisenwaren | 13 707 | 439 | Silbermünzen | . | 375 |
| Tabak | 1 938 | 356 | Kautschuk | 719 | 367 |
| Holzwaren | 10 708 | 250 | Kakao | 14 462 | 296 |
| Schießpulver, Zündhölzchen | 1 434 | 238 | Goldmünzen | . | 170 |
| Salz | 22 262 | 175 | Rohe Baumwolle u. Baumwollsamen | 154 | 63 |
| Feuerwaffen (Stück) | 13 680 | 136 | Schibutter | 407 | 43 |
| Kleider, Leibwäsche, Putzwaren | 248 | 127 | Mais | 6 078 | 37 |
| Fleischwaren | 1 354 | 121 | Rindvieh (Stück) | 314 | 23 |
| Zucker | 2 747 | 108 | Yams | 2 209 | 16 |
| Stiller Wein | 1 408 | 107 | Kanus (Stück) | 143 | 11 |
| Übrige Waren | . | 1 181 | Übrige Waren | . | 39 |
| Wert zusammen 1902 | | 6 208 | Wert zusammen 1902 | | 4 194 |
| 1901 | | 4 723 | 1901 | | 3 691 |
| 1900 | | 3 917 | 1900 | | 3 039 |
| 1899 | | 3 280 | 1899 | | 2 583 |
| 1898 | | 2 491 | 1898 | | 1 470 |

## e. Neu-Guinea.

### a. Bismarck-Archipel.[1])

| Einfuhr Warengattung | 1902 (1000 ℳ) | 1901 (1000 ℳ) | Ausfuhr Warengattung | dz | 1000 ℳ |
|---|---|---|---|---|---|
| Fleisch, Fische, tierische Erzeugnisse | 223 | 252 | Kopra | 23 668 | 708 |
| Garne, Gewebe | 205 | 179 | Perlschalen | 2 910 | 136 |
| Tabak, Tabakerzeugnisse | 175 | 156 | Trepang | 674 | 39 |
| Metalle, Metallwaren | 147 | 159 | Kapok | 88 | 10 |
| Weingeisthaltige Getränke | 146 | 119 | Schildpatt | 3 | 6 |
| Pflanzliche Speisestoffe | 143 | — | Baumwolle | 27 | 3 |
| Kohlen | 94 | 100 | Kaffee | 16 | 2 |
| Holz | 78 | 70 | Nüsse als Schnitzstoff | 91 | 2 |
| Vieh | 62 | 9 | Übrige Waren | . | 13 |
| Kleider, Putzwaren | 49 | 44 (zus. mit Leder- und Kürschnerwaren) | | | |
| Leder- und Kürschnerwaren | 30 | | | | |
| Instrumente, Maschinen, Fahrzeuge | 45 | — | | | |
| Teer, Pech, Asphalt, Zement | 7 | 56 | | | |
| Boote | — | 77 | | | |
| Übrige Waren | 235 | 109 | | | |
| Wert zusammen 1902 / 1901 | 1 638 | 1 338 | Wert zusammen 1902 | | 918 |
| 1900 | 1 291 | | 1901 | | 1 191 |
| 1899 | 1 241 | | 1900 | | 797 |
| 1898 | 1 060 | | 1899 | | 907 |
| | | | 1898 | | 939 |

Vom Gesamtwert entfallen 1902 in 1000 ℳ bei der

| | Einfuhr | Ausfuhr |
|---|---|---|
| auf Deutschland | 393 | 209 |
| „ Großbritannien | 116 | 265 |
| „ Australien und Südseeinseln | 627 | 172 |
| „ Asien | 230 | 208 |
| „ Amerika | 38 | — |
| „ übrige Länder | 14 | 5 |

## c. ε. Kaiser Wilhelmsland.¹)

| Einfuhr: Warengattung | 1000 M 1902 überhaupt | 1000 M 1902 aus Deutschl. | Ausfuhr: Warengattung | dz | 1000 M |
|---|---|---|---|---|---|
| Instrumente, Maschinen, Fahrzeuge | 167 | 165 | Kopra | 3 947 | 109 |
| Fleisch, Fische, tierische Erzeugnisse | 57 | 56 | Tabak | 430 | 59 |
| Kleider, Putzwaren | 48 | 37 | Holz (Ebenh) | 70 | 16 |
| Pflanzliche Speisestoffe | 44 | 17 | Kapok | 100 | 11 |
| Weingeisthaltige Getränke | 43 | 39 | Kautschuk | 5 | 4 |
| Metalle, Metallwaren | 35 | 25 | Baumwolle | 7 | 1 |
| Tabak, Tabakerzeugnisse | 29 | 3 | Übrige Waren | . | 2 |
| Garne, Gewebe | 24 | 19 | | | |
| Stein-, Glas-, Tonwaren | 18 | 16 | | | |
| Holzwaren | 18 | 1 | | | |
| Chem. Erzeugnisse, Drogen, Farben | 16 | 13 | | | |
| Schießbedarf, Sprengstoffe | 13 | 13 | | | |
| Übrige Waren | 63 | 55 | | | |
| Wert zusammen 1902 | 573 | 419 | Wert zusammen 1902 | | 202 |
| 1901 | 326 | | 1901 | | 212 |
| 1900 | 315 | | 1900 | (⁶ | . |
| 1899 | 175 | | 1899 | | 212 |

Vom Gesamtwert entfallen 1902 in 1000 M bei der

| | Einfuhr | Ausfuhr |
|---|---|---|
| auf Deutschland | 419 | 91 |
| „ Asien | 91 | 110 |
| „ Australien | 38 | — |
| „ übrige Länder | 25 | 1 |

## c. γ. Ostkarolinen.²)

| Einfuhr: Warengattung | 1000 M 1902 überhaupt | 1000 M 1902 aus Deutschl. | Ausfuhr: Warengattung | dz | 1000 M |
|---|---|---|---|---|---|
| Eisenwaren, Holz, Baustoffe | 98 | 51 | Kopra | 8 517 | 152 |
| Verbrauchsgegenstände | 62 | 16 | Steinnüsse | 369 | 5 |
| Zeugwaren | 59 | 19 | Schildpatt | 1 | 3 |
| Tabak, Tabakerzeugnisse | 27 | 2 | Übrige Waren | . | 6 |
| Weingeisthaltige Getränke | 21 | 20 | | | |
| Übrige Waren | 54 | 29 | | | |
| Wert zusammen 1902 | 321 | 137 | Wert zusammen 1902 | . | (* 166 |
| 1901 | 362 | . | 1901 | . | 366 |
| 1900 | 401 | . | 1900 | . | 187 |

*) Darunter nach Deutschland 152 (1000) M.

## c. δ. Westkarolinen.³)

| Einfuhr: Warengattung | 1000 M 1902 überhaupt | 1000 M 1902 aus Deutschl. | Ausfuhr: Warengattung | dz | 1000 M |
|---|---|---|---|---|---|
| Verzehrungsgegenstände | 26 | 1 | Kopra | 5 301 | 96 |
| Eisenwaren, Holz, Baustoffe | 24 | 5 | Trepang | 167 | 10 |
| Zeugwaren | 18 | 1 | Perlschalen u. andere Muscheln | 130 | 6 |
| Tabak, Tabakerzeugnisse | 9 | — | Schildpatt | 2 | 3 |
| Weingeisthaltige Getränke | 5 | 2 | Übrige Waren | . | 1 |
| Übrige Waren | 39 | 4 | | | |
| Wert zusammen 1902 | 121 | 13 | Wert zusammen 1902 | . | (** 116 |
| 1901 | 136 | . | 1901 | . | 34 |

| | | |
|---|---|---|
| **) Darunter nach Japan | . | 60 |
| „ China | . | 52 |
| „ Großbritannien | . | 4 |

| Einfuhr | | | Ausfuhr | | |
|---|---|---|---|---|---|
| Warengattung | dz | 1 000 ℳ | Warengattung | dz | 1 000 ℳ |
| **e. 2. Marianen.**[1]) | | | | | |
| | 1902 | 1901 | | 1902 | 1901 |
| | 1 000 ℳ | | | 1 000 ℳ | |
| Lebensmittel | 19 | 16 | Kopra | 174 | 84 |
| Gewebe | 14 | 9 | Tabak | 2 | 1 |
| Baustoffe | 4 | 14 | | | |
| Weingeisthaltige Getränke | 4 | 5 | | | |
| Galanteriewaren | 2 | 4 | | | |
| Boote, Schiffsausrüstung | 1 | 4 | | | |
| Übrige Waren | 14 | 37 | | | |
| Wert zusammen 1902 / 1901 | 58 | 89 | Wert der Ausfuhr | 176 | 85 |
| 1900 | . | 58 | Ein- und Ausfuhrhandel findet | | |
| 1899 | . | 18 | fast ausschließlich mit Japan statt. | | |
| **f. Marshall-Inseln.**[2]) | | | | | |
| | 1902 | | | dz | 1 000 ℳ |
| | überhaupt | aus Deutschl. | | | |
| | 1 000 ℳ | | | | |
| Verzehrungsgegenstände | 133 | 60 | Kopra | (* 25 030 | 501 |
| Zeugwaren | 94 | 34 | Haifischflossen | 21 | 4 |
| Weingeisthaltige Getränke | 69 | 68 | | | |
| Eisenwaren, Holz, Baustoffe | 55 | 16 | | | |
| Tabak und Tabakerzeugnisse | 46 | 5 | | | |
| Übrige Waren | 91 | 60 | | | |
| Wert zusammen 1902 | 488 | 243 | Wert zusammen 1902 | . | 505 |
| 1901 | 634 | . | 1901 | . | 676 |
| 1900 | 597 | . | 1900 | . | 556 |
| 1899 | 454 | . | 1899 | . | 509 |
| 1898 | 466 | . | 1898 | . | 546 |
| | | | *) Davon nach Deutschland | 11 560 | |
| | | | „ Chile | 8 220 | |
| | | | „ Frankreich | 5 250 | |
| **g. Samoa.** | | | | | |
| | 1903 | | | 1903 | 1902 |
| | überhaupt | aus Deutschl. | | | |
| | 1 000 ℳ | | | 1 000 ℳ | |
| Zeugwaren | 588 | 195 | Kopra | 1 371 | 1 669 |
| Silbermünzen | 170 | 170 | Kakao | 6 | 10 |
| Goldmünzen | 20 | | Kawawurzeln | 4 | 8 |
| Bier | 66 | 61 | Kokosnüsse | 1 | 2 |
| Holz, Baustoffe | 299 | 54 | Tabak | 1 | 2 |
| Verzehrungsgegenstände | 772 | 41 | Übrige Waren | 2 | 1 |
| Maschinen, Fahrzeuge | 137 | 36 | | | |
| Metallwaren | 97 | 22 | | | |
| Branntwein | 24 | 9 | | | |
| Zigarren, Zigaretten | 13 | 9 | | | |
| Wein | 22 | 8 | | | |
| Übrige Waren | 473 | 155 | | | |
| Wert zusammen 1903 | 2 681 | 760 | Wert der Ausfuhr | 1 385 | 1 692 |
| 1902 | 2 603 | | 1901 | . | 1 206 |
| 1901 | 1 572 | . | 1900 | . | 1 266 |
| 1900 | 2 106 | . | 1899 | . | 1 485 |
| 1899 | 1 954 | . | | | |

[1]) 1902 Kalenderjahr, bis dahin Rechnungsjahr.

des deutschen Zollgebiets mit den Schutzgebieten.

| 1902 dz | 1902 1 000 Mark | Warengattung | 1903 dz | 1903 1 000 Mark | 1902 dz | 1902 1 000 Mark |
|---|---|---|---|---|---|---|
| | | **2. Südwestafrika.** | | | | |
| 14 398 | 1 636 | A. Einfuhr von dort in das Zollgebiet. | 16 257 | 306 | 16 884 | |
| | | Darunter: | | | | |
| | | Guano, natürlicher | 14 028 | 149 | 16 452 | |
| 164 | 10 | Straußfedern, rohe | 2 | 13 | 6 | |
| 410 | 22 | Kautschuk, roher | 45 | 25 | 80 | |
| 725 | 18 | | | | | |
| 975 | 27 | B. Ausfuhr dorthin aus dem Zollgebiet. | 199 005 | 4 496 | 123 025 | 4 |
| 173 | 6 | | | | | |
| 22 | 12 | Darunter: | | | | |
| 11 | 16 | Baumwollgewebe, dichte, | | | | |
| 2 759 | 33 | gefärbt usw. | 426 | 162 | 414 | |
| 1 434 | 14 | baumwoll. Strumpfwaren | 104 | 65 | 73 | |
| 1 258 | 825 | Maler- u. Waschfarben usw. | 111 | 6 | 155 | |
| 3 297 | 426 | Sprengstoffe | — | — | 519 | |
| 309 | 1 | Mineralwasser | 530 | 10 | 1 340 | |
| 241 | 66 | Eisenbahnlaschen, eiserne Schwellen, Unterlagsplatten | 21 806 | 218 | 3 874 | |
| 65 549 | 2 629 | Eisenbahnschienen | 48 032 | 456 | 2 241 | |
| | | Brücken und Brückenbestandteile aus Eisen | 1 215 | 28 | 401 | |
| | | grobe Eisenwaren | 3 548 | 480 | 3 968 | |
| 88 | 32 | feine Eisenwaren | 510 | 144 | 720 | |
| 29 | 17 | Kriegsgewehre | 13 | 20 | 18 | |
| 290 | 31 | Jagd- usw. Gewehre | 6 | 14 | 7 | |
| 1 001 | 19 | Roman-Zement usw. | 4 111 | 10 | 4 700 | |
| | | Gold, gemünzt | 0,18 | 80 | 0,41 | |
| 1 079 | 12 | Silber, gemünzt | 2,46 | 44 | 2,78 | |
| 3 586 | 167 | Hafer | 2 916 | 34 | 7 633 | |
| 566 | 157 | Bau- u. Nutzholz, gesägt | 3 341 | 35 | 6 031 | |
| 80 | 120 | Tischler- usw. Arbeiten, grobe | 2 181 | 78 | 2 341 | |
| 5 875 | 18 | Möbel | 251 | 57 | 662 | |
| 0,11 | 28 | Instrumente, astronomische, | | | | |
| 17,07 | 208 | usw. | 6 | 30 | 3 | |
| 1 461 | 10 | Lokomotiven, Lokomobilen | 141 | 13 | 44 | |
| 668 | 13 | | Stück | | Stück | |

## 3. Westafrika.

(Kamerun, Togo.)

| | | | | |
|---|---|---|---|---|
| **A. Einfuhr von dort** in das Zollgebiet. | 60 917 | 4 408 | 96 023 | 4 676 |
| Darunter: | | | | |
| [illegible]rzeugnisse, rohe, zum Gewerbe- oder Heilgebrauche | 318 | 22 | 260 | 19 |
| [illegible]ilber, gemünzt | 0,55 | 4 | 3,16 | 20 |
| [illegible]almkerne | 38 509 | 963 | 70 910 | 1 844 |
| [illegible]lfenbein | 111 | 200 | 92 | 156 |
| [illegible]benholz usw., roh | 4 304 | 65 | 2 250 | 36 |
| [illegible]autschuk, roher | 4 046 | 2 225 | 3 201 | 1 440 |
| [illegible]affee, roher | 82 | 4 | 187 | 10 |
| [illegible]akaobohnen, roh | 4 738 | 531 | 3 190 | 396 |
| [illegible]alm- u. Kokosnußöl | 7 027 | 387 | 13 670 | 574 |
| **B. Ausfuhr dorthin** aus dem Zollgebiet. | 170 836 | 5 649 | 177 162 | 6 528 |
| Darunter: | | | | |
| [illegible]aumwollengarn, gebleicht oder gefärbt, über Nr. 17 bis 45 | 170 | 51 | 335 | 97 |
| [illegible]aumwollengarn, drei- und mehrdrähtiges | 36 | 16 | 60 | 21 |
| [illegible]aumwollene Gewebe, dichte, gefärbt, bedruckt usw. | 1 183 | 450 | 1 604 | 577 |
| [illegible]aumw. Strumpfwaren | 80 | 50 | 127 | 76 |
| [illegible]aumw. Gewebe, undichte, gebleicht usw. | 72 | 61 | 88 | 54 |
| [illegible]aler- u. Waschfarben usw. | 196 | [illegible] | 236 | 45 |
| [illegible]ineralwasser | 1 039 | 37 | 1 869 | 56 |
| [illegible]chießpulver | 4 932 | 301 | 2 880 | 182 |
| [illegible]isenbahnlaschen, Eisenschwellen | 215 | 4 | 3 309 | 15 |
| [illegible]isenbahnschienen | 1 160 | 11 | 5 558 | 56 |
| [illegible]isenwaren, grobe | 3 008 | 295 | 4 531 | 360 |
| [illegible]isenwaren, feine | 2 565 | 242 | 2 021 | 207 |
| [illegible]ement-Zement usw. | 38 671 | 97 | 42 814 | 118 |
| [illegible]old, gemünzt | 0,34 | 85 | 1,07 | 269 |
| [illegible]ilber, gemünzt | 12,18 | 219 | 10,01 | 344 |
| [illegible]lasperlen usw. | 280 | 40 | 143 | 9 |
| [illegible]las- u. Emailwaren | 84 | 15 | 72 | 9 |
| [illegible]au- u. Nutzholz, gesägt | 11 214 | 82 | 12 701 | 85 |
| [illegible]ischlerarbeiten, grobe | 4 531 | 149 | 4 222 | 198 |
| [illegible]ttcherwar., gebeizt usw. | 1 492 | 61 | 3 796 | 160 |
| [illegible]öbel | 189 | 43 | 309 | 81 |
| [illegible]olzwaren, feine | 56 | 15 | 148 | 32 |
| | Stück | | Stück | |
| [illegible]uftschiffe usw. von Holz | 37 | 40 | 43 | 24 |
| [illegible]leider u. Putzwaren aus Baumwolle usw., ausschl. Seiden | dz 187 | 209 | dz 197 | 249 |
| [illegible]eibwäsche, baumwollene usw. | 99 | 69 | 116 | 74 |
| | Stück | | Stück | |
| [illegible]ilzhüte und Mützen | 20 680 | 31 | 17 613 | 32 |

| | | |
|---|---|---|
| Bücher, Karten, Musikalien | 94 | |
| Farbendruckbilder usw. | 14 | |
| Bier in Flaschen | 6 851 | [illegible] |
| Spiritus in Fässern | 936 | |
| Branntwein in Fässern | 1 219 | |
| Branntwein in Flaschen | 4 673 | [illegible] |
| Schaumwein | 240 | |
| Wein, stiller, in Flaschen | 1 073 | [illegible] |
| Milchbutter, gesalzen | 100 | |
| Schweineschinken, geräuchert usw. | 145 | |
| Würste | 99 | |
| Gegenstände des feineren Tafelgenusses: Küchengewächse | 474 | |
| —: andere | 612 | |
| Backwerk, gewöhnliches | 1 231 | |
| Reis, geschälter | 4 930 | |
| Salz | 27 502 | |
| Tabakblätter, unbearbeitete | 720 | [illegible] |
| Zigarren | 52 | |
| Zucker in Broten usw. | 1 852 | |
| Seife, feste, unparfümierte usw. | 642 | |
| Parfümerien, alkoholhaltige usw. | 204 | |
| Parfümerien, nicht alkoholhaltige | 290 | |
| Steinkohlen | 20 865 | |
| Tonwaren, nicht farbig usw. | 340 | |
| wollene Tuche usw., unbedruckt | 100 | |

## 4. Kiautschou.

| | | |
|---|---|---|
| **A. Einfuhr von dort** in das Zollgebiet. | 93 | |
| Darunter: | | |
| Strohbänder | 24 | |
| **B. Ausfuhr dorthin** aus dem Zollgebiet. | 587 806 | 10 [illegible] |
| Darunter: | | |
| Baumwoll. Gewebe, dichte, gefärbt, bedruckt usw. | 119 | [illegible] |
| Maler- u. Waschfarben | 300 | |
| Eck- und Winkeleisen | 11 497 | [illegible] |
| Eisenbahnlaschen, Eisenschwellen | 82 030 | [illegible] |
| Eisenbahnschienen | 84 238 | [illegible] |
| ganz grobe Waren aus Eisenguß | 6 044 | [illegible] |
| Ambosse, Brecheisen, Hackennägel usw. | 5 316 | [illegible] |
| Brücken und Brückenbestandteile aus Eisen | 21 329 | [illegible] |
| Eisenbahn-Achsen, -Radeisen, -Räder, Puffer | 5 380 | [illegible] |
| grobe Eisenwaren: nicht abgeschliffen usw. | 21 611 | 1 [illegible] |
| —: abgeschliffen usw. | 2 451 | [illegible] |
| feine Waren aus Eisenguß | 210 | [illegible] |

| Warengattung | 1903 dz | 1903 1 000 Mark | 1902 dz | 1902 1 000 Mark |
|---|---|---|---|---|
| feine Schmiedeeisenwaren | 492 | 211 | 262 | 61 |
| Roman-Zement usw. | 118 980 | 297 | 42 374 | 127 |
| Tischler- usw. Arbeiten, grobe | 219 | 10 | 635 | 30 |
| Lokomotiven, Lokomobilen | 528 | 62 | 4 030 | 504 |
| elektrische Maschinen | 111 | 18 | 285 | 46 |
| Dampfmaschinen | 163 | 11 | 895 | 75 |
| Werkzeugmaschinen | 40 | 5 | 1 298 | 90 |
| Pumpen | 327 | 30 | 698 | 63 |
| Hebemaschinen | 36 542 | 1 416 | 489 | 42 |
| Maschinen zu industriellen Zwecken, nicht bes. gen. | 504 | 35 | 223 | 16 |
| Eisenbahnfahrzeuge | Stück 412 | 925 | Stück 188 | 204 |
| Kabel, elektrische | dz 1 132 | 108 | dz 7 | 1 |
| Patronen, Zündhütchen | 186 | 112 | 125 | 42 |
| grobe Waren aus gemeiner [illegible] | 70 | 22 | 16 | 5 |
| Bücher, Karten, Musikalien | 70 | 39 | 41 | 25 |
| Bier in Fässern | 2 920 | 39 | 980 | 14 |
| Bier in Flaschen | 13 277 | 418 | 8 234 | 272 |
| Wein, stiller, in Flaschen | 414 | 47 | 246 | 29 |
| Milchbutter, gesalzen | 831 | 208 | 625 | 156 |
| Gegenstände des feinen Tafelgenusses: Küchengewächse | 203 | 30 | 211 | 21 |
| —: andere | 298 | 41 | 165 | 24 |
| Zigarren | 111 | 81 | 67 | 50 |
| Dachpappe, Asphalt- und Teerpappe | 1 180 | 13 | 1 675 | 22 |
| Steinkohlen | 95 855 | 115 | 175 610 | 274 |
| wollene Tuch- und Zeugwaren, unbedruckt | 27 | 19 | 33 | 21 |

**5. Neu-Guinea, Marshall-Inseln, Karolinen, Palau und Marianen (ohne Guam).**

| Warengattung | 1903 dz | 1903 1 000 Mark | 1902 dz | 1902 1 000 Mark |
|---|---|---|---|---|
| A. Einfuhr von dort in das Zollgebiet | 1 018 | 100 | 6 251 | 195 |
| Darunter: | | | | |
| Kopra | 2 | 0 | 1 550 | 56 |
| Tabakblätter, unbearbeitet | 434 | 66 | 270 | 43 |
| B. Ausfuhr dorthin aus dem Zollgebiet | 5 432 | 879 | 6 196 | 674 |
| Darunter: | | | | |
| baumwoll. Gewebe, dichte, gefärbt, bedruckt usw. | 62 | 24 | 50 | 18 |
| grobe Eisenwaren | 316 | 24 | 443 | 37 |
| Gold, gemünzt | 0,10 | 33 | 0,08 | 8 |
| Silber, gemünzt | 10,30 | 185 | 2,80 | 50 |
| Kleider u. Putzwaren aus Baumwolle usw.; wollene [illegible] | 23 | 24 | 38 | 50 |
| Bücher, Karten usw. | 28 | 16 | 50 | 30 |
| Bier in Flaschen | 1 946 | 63 | 2 078 | 67 |
| Wein, stiller, in Flaschen | 157 | 19 | 87 | 10 |
| Gegenstände des feinen Tafelgenusses: Küchengewächse | 62 | 3 | 91 | 9 |
| —: andere | 198 | 27 | 154 | 23 |
| Kautabak | 411 | 136 | 242 | 80 |

**6. Samoa-Inseln (hauptsächlich die deutschen Inseln Upolu und Sawaii).**

| Warengattung | 1903 dz | 1903 1 000 Mark | 1902 dz | 1902 1 000 Mark |
|---|---|---|---|---|
| A. Einfuhr von dort in das Zollgebiet | 14 100 | 440 | 12 897 | 444 |
| Darunter: | | | | |
| Kopra | 14 070 | 436 | 12 012 | 433 |
| Kakaobohnen, roh | 28 | 4 | 40 | 7 |
| B. Ausfuhr dorthin aus dem Zollgebiet | 1 809 | 457 | 2 033 | 520 |
| Darunter: | | | | |
| grobe Eisenwaren | 251 | 21 | 115 | 9 |
| Silber, gemünzt | 9,47 | 171 | 11,10 | 200 |
| Instrumente, astronomische, optische usw. | — | — | 20 | 98 |
| Schirme | 43 | 26 | 33 | 26 |
| Bier in Flaschen | 1 149 | 38 | 702 | 23 |

| | 1903 | 1902 |
|---|---|---|
| Wert der Einfuhr aus den Schutzgebieten (1 000 ℳ) | 7 535 | 7 196 |
| Wert der Ausfuhr nach den Schutzgebieten (1 000 ℳ) | 24 486 | 22 006 |
| Zusammen (1 000 ℳ) | 32 021 | 29 202 |

# Anhang

## Internationale Übersichten

## 1. Fläche, Bevölkerung und Bevölkerungswachstum.

| Staaten | Zählungstag und Jahr | Fläche in qkm | Ortsanwesende Bevölkerung überhaupt | männliche | weibliche | Zunahme während der letzten Volkszählungsperiode durchschnittlich jährlich absolut | in % der mittleren Bevölkerung | Auf 1 qkm kommen Einwohner |
|---|---|---|---|---|---|---|---|---|
| Deutsches Reich | 1. XII. 1900 | 540 743 | 56 367 178 | 27 737 247 | 28 629 931 | 817 455 | 1,50 | 104,24 |
| Österreich-Ungarn: Österreich | 31. XII. 1900 | 300 011 | 26 150 708 | 12 852 693 | 13 298 015 | 225 529 | 0,90 | 87,17 |
| Österreich-Ungarn: Ungarn | 31. XII. 1900 | 324 851 | 19 254 559 | 9 582 152 | 9 672 407 | 179 077 | 0,94 | 59,37 |
| Österreich-Ungarn: Österr.-Ung. zusammen | 31. XII. 1900 | 624 862 | 45 405 267 | 22 434 845 | 22 970 422 | 404 606 | 0,92 | 72,66 |
| Rußland: Europ. Rußland | 8. II. 1897 | 4 808 817 | 93 467 736 | 45 758 348 | 47 709 388 | 978 546 | 1,12 | 19,44 |
| Rußland: Königreich Polen | 8. II. 1897 | 126 956 | 9 401 097 | 4 711 187 | 4 689 910 | 120 068 | 1,38 | 74,06 |
| Rußland: Kaukasien | 8. II. 1897 | 469 581 | 9 291 090 | 4 886 230 | 4 404 860 | 167 212 | 2,02 | 19,79 |
| Rußland: Sibirien | 8. II. 1897 | 12 460 972 | 5 726 719 | 2 947 815 | 2 778 904 | 117 753 | 2,33 | 0,46 |
| Rußland: Mittelasien | 8. II. 1897 | 3 433 110 | 7 740 394 | 4 160 628 | 3 579 766 | 201 108 | 3,03 | 2,26 |
| Rußland: Rußl. zusammen (ohne Finland) | 8. II. 1897 | 21 299 456 | 125 627 038 | 62 464 208 | 63 162 828 | 1 584 685 | 1,36 | 5,90 |
| Finland [1] | 31. XII. 1900 | 373 604 | 2 712 562 | 1 342 082 | 1 370 480 | 33 212 | 1,31 | 7,26 |
| Serbien | 31. XII. 1900 | 48 303 | 2 492 882 | 1 281 278 | 1 211 604 | 36 080 | 1,50 | 51,61 |
| Rumänien [2] | 1. XII. 1899 | 131 353 | ([3] 5 912 520 | ([3] 2 994 896 | ([3] 2 917 624 | 101 254 | 1,79 | 45,01 |
| Bulgarien | 1. 1. 1893 | 95 700 | 3 310 713 | 1 690 626 | 1 620 087 | 31 268 | 0,97 | 34,60 |
| Griechenland | 17./18. I. 1896 | 64 079 | 2 433 806 | 1 266 816 | 1 166 990 | 35 228 | 1,58 | 37,63 |
| Italien | 10. II. 1901 | 286 648 | 32 475 253 | 16 155 130 | 16 320 123 | 211 349 | 0,66 | 113,20 |
| Spanien (einschl. Besitzungen im Norden Afrikas) | 31. XII. 1900 | 504 552 | 18 618 086 | 9 087 821 | 9 530 265 | 161 870 | 0,88 | 36,90 |
| Portugal | 1. XII. 1900 | 92 158 | ([3] 5 428 659 | ([3] 2 597 270 | ([3] 2 831 389 | 37 893 | 0,73 | 58,91 |
| Schweiz | 1. XII. 1900 | 41 469 | 3 325 023 | . | . | 32 641 | 1,04 | 80,18 |
| Frankreich | 24. III. 1901 | 536 464 | ([3] 38 595 500 | . | . | 65 298 | 0,17 | 71,96 |
| Luxemburg | 1. XII. 1900 | 2 586 | 235 954 | 121 593 | 114 361 | 3 674 | 1,62 | 91,24 |
| Belgien | 31. XII. 1900 | 20 455 | 6 694 270 | 3 326 693 | 3 367 577 | 64 226 | 1,01 | 327,27 |
| Niederlande [2] | 31. XII. 1899 | 33 079 | 5 104 137 | 2 520 602 | 2 583 535 | 59 272 | 1,32 | 154,30 |
| Dänemark | 1. II. 1901 | 38 455 | 2 449 540 | 1 193 448 | 1 256 092 | 25 196 | 1,09 | 63,70 |
| Schweden [1] | 31. XII. 1900 | 447 862 | 5 136 441 | 2 506 438 | 2 630 003 | 35 146 | 0,71 | 11,47 |
| Norwegen | 3. XII. 1900 | 321 477 | 2 221 477 | 1 066 693 | 1 154 784 | 23 280 | 1,11 | 6,91 |
| Großbrit. und Irland: Engl. u. Wales | 1. IV. 1901 | 151 056 | 32 527 843 | 15 728 613 | 16 799 230 | 352 532 | 1,18 | 215,36 |
| Großbrit. und Irland: Schottland | 31. III. 1901 | 78 778 | 4 472 103 | 2 173 755 | 2 298 348 | 44 646 | 1,05 | 56,77 |
| Großbrit. und Irland: Irland | 31. III. 1901 | 84 306 | 4 458 775 | 2 200 040 | 2 258 735 | — 24 598 | 0,56 | 52,89 |
| Großbrit. und Irland: Großbritann. u. Irland zus. | | 314 140 | 41 458 721 | 20 102 408 | 21 356 313 | 372 580 | 0,94 | 131,98 |
| Canada | 31. III. 1901 | 9 463 506 | 5 371 315 | 2 751 706 | 2 619 609 | 53 808 | 1,03 | 0,57 |
| Verein. Staaten v. Amerika: Nordatl. Staaten | 1. VI. 1900 | 438 697 | 21 046 695 | 10 524 877 | 10 521 818 | 393 072 | 1,89 | 47,98 |
| Verein. Staaten v. Amerika: Südatl. Staaten | 1. VI. 1900 | 731 749 | 10 443 480 | 5 222 595 | 5 220 885 | 158 556 | 1,64 | 14,27 |
| Verein. Staaten v. Amerika: Nördl. Zentralst. | 1. VI. 1900 | 1 983 520 | 26 333 004 | 13 589 322 | 12 743 682 | 392 259 | 1,61 | 13,26 |
| Verein. Staaten v. Amerika: Südl. Zentralst. | 1. VI. 1900 | 1 606 515 | 14 080 047 | 7 181 922 | 6 898 125 | 280 091 | 2,00 | 8,76 |
| Verein. Staaten v. Amerika: Westl. Staaten | 1. VI. 1900 | 3 075 646 | 4 091 349 | 2 297 732 | 1 793 617 | 98 908 | 2,75 | 1,33 |
| Verein. Staaten v. Amerika: Alaska | 1. VI. 1900 | 1 530 355 | 63 592 | 45 872 | 17 720 | 3 154 | 6,60 | 0,04 |
| Verein. Staaten v. Amerika: Hawaii | 1. VI. 1900 | 16 702 | 154 001 | 106 369 | 47 632 | 6 401 | 5,75 | 9,22 |
| Verein. Staaten v. Amerika: Verein. Staaten v. Amerika zus. | 1. VI. 1900 | 9 383 184 | 76 212 168 | 38 968 689 | 37 243 479 | 1 314 241 | 1,99 | 8,12 |
| Mexiko | 28. X. 1900 | 1 987 201 | ([3] 13 545 462 | ([3] 6 716 007 | ([3] 6 829 455 | 182 607 | 1,40 | 6,83 |

[1]) Rechtliche Bevölkerung. — [2]) Wohnbevölkerung. — [3]) Vorläufige Ergebnisse.

| Staaten | | Zählungstag und Jahr | Fläche in qkm | Ortsanwesende Bevölkerung überhaupt | männliche | weibliche | Zunahme während der letzten Volkszählungsperiode durchschnittlich jährlich absolut | in % der mittleren Bevölkerung | Auf 1 qkm kommen Einwohner |
|---|---|---|---|---|---|---|---|---|---|
| Britisch Indien | Bengalen | 15. III. 1901 | 391 560 | 74 744 866 | 37 376 782 | 37 368 084 | 339 781 | 0,47 | 190,89 |
| | Nordwestl. Provinz mit Oudh | | 277 548 | 47 691 782 | 24 616 942 | 23 074 840 | 78 699 | 0,17 | 171,83 |
| | Madras | | 367 062 | 38 209 436 | 18 841 284 | 19 368 152 | 257 900 | 0,70 | 104,10 |
| | Bombay | | 318 729 | 18 559 561 | 9 583 409 | 8 976 152 | — 31 675 | —0,17 | 58,23 |
| | Punjab | | 251 768 | 20 330 339 | 10 942 705 | 9 387 634 | . | . | 80,75 |
| | Übriges brit. Gebiet | | 1 209 246 | 32 363 523 | 16 443 820 | 15 919 703 | . | . | 26,76 |
| | Einheimische Staaten | | 1 759 588 | 62 461 549 | 32 146 882 | 30 314 667 | —361 301 | —0,56 | 35,50 |
| | Brit. Indien zusammen | | 4 575 499 | 294 361 056 | 149 951 824 | 144 409 232 | 701 912 | 0,24 | 64,33 |
| China | Prov. Petschili | Nach den letzten Schätzungen; vgl. The Statesman's Year-Book 1903 | 300 000 | 20 937 000 | . | . | . | . | 69,79 |
| | " Schantung | | 145 000 | 38 247 900 | . | . | . | . | 263,78 |
| | " Schansi | | 212 000 | 12 200 456 | . | . | . | . | 57,55 |
| | " Honan | | 176 ••• | 35 316 800 | . | . | . | . | 200,66 |
| | " Kiangsu | | 100 ••• | 13 980 235 | . | . | . | . | 139,80 |
| | " Anhui | | 142 ••• | 23 672 314 | . | . | . | . | 166,71 |
| | " Kiangsi | | 180 000 | 26 532 125 | . | . | . | . | 147,40 |
| | " Tschekiang | | 95 000 | 11 580 692 | . | . | . | . | 121,90 |
| | " Fukien | | 120 000 | 22 876 540 | . | . | . | . | 190,64 |
| | " Hupeh | | 185 ••• | 35 280 685 | . | . | . | . | 190,71 |
| | " Hunan | | 216 ••• | 22 169 673 | . | . | . | . | 102,64 |
| | " Kansu | | 325 000 | 10 385 376 | . | . | . | . | 31,96 |
| | " Schensi | | 195 000 | 8 450 182 | . | . | . | . | 43,33 |
| | " Szetschuan | | 566 000 | 68 724 890 | . | . | . | . | 121,42 |
| | " Kuantung | | 259 000 | 31 865 251 | . | . | . | . | 123,08 |
| | " Kuangsi | | 200 000 | 5 142 330 | . | . | . | . | 25,71 |
| | " Kweitschou | | 174 ••• | 7 650 282 | . | . | . | . | 43,97 |
| | " Jünnan | | 380 000 | 12 324 574 | . | . | . | . | 32,43 |
| | 18 Provinzen zus. | | 3 970 000 | 407 337 305 | . | . | . | . | 102,60 |
| | Mandschurei | | 942 ••• | 8 500 000 | . | . | . | . | 9,02 |
| | Mongolei | | 3 542 000 | 2 580 000 | . | . | . | . | 0,73 |
| | Tibet | | 1 200 000 | 6 430 020 | . | . | . | . | 5,36 |
| | Turkestan | | 1 426 000 | 1 200 000 | . | . | . | . | 0,84 |
| | Zusammen | | 11 080 000 | 426 047 325 | . | . | . | . | 38,45 |
| Japan[1] | | 31. XII 1898 | 382 416 | 43 763 855 | 22 074 242 | 21 689 613 | . | . | 114,44 |
| Australien | Victoria | 31. III. 1901 | 227 614 | 1 201 070 [2] | 603 720 | 597 350 | 6 067 | 0,51 | 5,28 [2] |
| | Neu-Südwales | | 804 095 | 1 354 846 [2] | 710 005 | 644 841 | 22 261 | 1,79 | 1,69 [2] |
| | Queensland | | 1 731 368 | 496 596 [2] | 276 230 | 220 366 | 10 288 | 2,31 | 0,29 [2] |
| | Südaustralien | | 2 340 504 | 362 604 [2] | 184 422 | 178 182 | 4 217 | 1,23 | 0,16 [2] |
| | Westaustralien | | 2 527 576 | 184 124 [2] | 112 875 | 71 249 | 13 434 | 11,40 | 0,07 [2] |
| | Tasmanien | | 67 805 | 172 475 [2] | 89 624 | 82 851 | 2 581 | 1,61 | 2,54 [2] |
| | Neu-Seeland | | 270 574 | 772 719 [2] | 405 992 | 366 727 | 14 606 | 2,08 | 2,86 [2] |
| | Australien zusammen | | 7 970 226 | 4 544 431 | 2 382 868 | 2 161 563 | 73 454 | 1,76 | 0,57 |
| Ägypten | | 1. VI 1897 | 33 607 | 9 734 405 | 4 947 850 | 4 786 555 | 194 699 | 2,25 | 289,65 |
| Kap der guten Hoffnung | | 5. IV. 1891 | 573 163 | 1 527 224 | 767 327 | 759 897 | . | . | 2,66 |

[1]) Rechtliche Bevölkerung. — [2]) Ohne die Ureinwohner.

## 2. Die erwachsene Bevölkerung nach dem Familienstande.

| Staaten | Zählungsjahr | 15 Jahre alte und ältere: männliche Bevölkerung: Ledige | Verheiratete | a. Verwitwete b. Geschiedene[1] | Überhaupt | weibliche Bevölkerung: Ledige | Verheiratete | a. Verwitwete b. Geschiedene[1] | Überhaupt |
|---|---|---|---|---|---|---|---|---|---|
| Deutsches Reich | 1900 | 7 288 058 | 9 797 424 | a. 808 238<br>b. 31 279 | 17 006 597 | 6 637 145 | 9 794 955 | a. 2 352 921<br>b. 60 738 | 18 845 750 |
| Österreich | 1900 | 3 503 150 | 4 476 735 | a. 373 286<br>b. . | 8 353 177 | 3 224 867 | 4 490 638 | a. 1 083 867<br>b. . | 8 799 370 |
| Serbien | 1900 | 190 841 | 508 623 | a. 48 742<br>b. 2 159 | 750 365 | 105 257 | 506 610 | a. 82 935<br>b. 2 227 | 697 029 |
| Italien | 1901 | 4 090 913 | 5 748 946 | a. 642 349<br>b. . | 10 482 208 | 3 442 083 | 5 937 265 | a. 1 454 897<br>b. . | 10 834 845 |
| Schweiz | 1888 | 427 121 | 466 761 | a. 57 654<br>b. 4 117 | 955 653 | 425 285 | 471 546 | a. 131 943<br>b. 7 638 | 1 036 412 |
| Frankreich | 1896 | 5 220 663 | 7 680 097 | a. 1 011 313<br>b. 25 553 | 13 947 526 | 4 501 076 | 7 728 854 | a. 2 118 394<br>b. 33 238 | 14 382 462 |
| Luxemburg | 1900 | 40 180 | 39 316 | a. 5 113<br>b. 46 | 84 655 | 30 875 | 37 376 | a. 9 176<br>b. 71 | 77 498 |
| Belgien | 1900 | 982 112 | 1 148 768 | a. 127 014<br>b. 3 439 | 2 259 333 | 911 394 | 1 143 470 | a. 252 202<br>b. 4 646 | 2 311 712 |
| Niederlande | 1899 | 695 018 | 838 867 | a. 89 335<br>b. 2 129 | ([2] 1 625 368 | 679 097 | 839 935 | a. 178 436<br>b. 3 735 | ([3] 1 701 211 |
| Dänemark | 1901 | 306 381 | 423 521 | a. 43 950<br>b. 1 357 | 775 209 | 317 136 | 424 887 | a. 100 527<br>b. 2 431 | 844 981 |
| Schweden | 1900 | 720 919 | 838 999 | a. 98 647<br>b. 1 922 | 1 660 487 | 746 307 | 847 252 | a. 212 461<br>b. 3 624 | 1 809 644 |
| England und Wales | 1901 | 4 301 578 | 5 611 381 | a. 550 330<br>b. . | 10 463 289 | 4 554 871 | 5 717 537 | a. 1 246 407<br>b. . | 11 518 815 |
| Schottland | 1901 | 667 674 | 677 378 | a. 72 741<br>b. . | 1 417 793 | 693 424 | 690 379 | a. 175 405<br>b. . | 1 559 208 |
| Irland | 1901 | 846 023 | 578 491 | a. 88 034<br>b. . | 1 512 548 | 791 087 | 590 907 | a. 211 031<br>b. . | 1 593 025 |
| Queensland | 1901 | 106 508 | 72 802 | a. 6 870<br>b. 101 | ([4] 186 756 | 49 291 | 72 279 | a. 10 309<br>b. 44 | ([5] 132 024 |
| Neu-Seeland | 1901 | 144 871 | 118 536 | a. 10 666<br>b. 255 | ([6] 275 254 | 103 340 | 117 639 | a. 17 902<br>b. 149 | ([7] 239 698 |
| Kap d. guten Hoffnung | 1891 | 202 192 | 218 049 | a. 13 173<br>b. . | ([8] 435 188 | 133 470 | 215 554 | a. 51 559<br>b. . | ([9] 431 935 |

| Staaten | Zählungsjahr | Es sind von 1000 15 Jahre und darüber alten Einwohnern: männlichen Geschlechts: ledig | verheiratet | verwitwet | geschieden | weiblichen Geschlechts: ledig | verheiratet | verwitwet | geschieden | überhaupt: ledig | verheiratet | verwitwet | geschieden |
|---|---|---|---|---|---|---|---|---|---|---|---|---|---|
| Deutsches Reich | 1900 | 406,9 | 547,1 | 45,2 | 1,8 | 352,2 | 519,7 | 124,8 | 3,2 | 378,4 | 533,1 | 86,0 | 2,5 |
| Österreich | 1900 | 419,4 | 535,9 | 44,7 | . | 369,5 | 510,3 | 123,2 | . | 384,1 | 520,5 | 86,1 | . |
| Serbien | 1900 | 254,3 | 677,8 | 65,0 | 2,9 | 151,0 | 726,8 | 119,0 | 3,2 | 201,8 | 701,4 | 91,0 | 3,0 |
| Italien | 1901 | 390,3 | 548,4 | 61,3 | . | 317,7 | 548,0 | 134,3 | . | 353,4 | 548,2 | 98,4 | . |
| Schweiz | 1888 | 447,0 | 488,4 | 60,3 | 4,3 | 410,3 | 455,0 | 127,3 | 7,4 | 427,2 | 471,0 | 95,2 | 5,9 |
| Frankreich | 1896 | 374,3 | 551,4 | 72,5 | 1,8 | 313,0 | 537,4 | 147,3 | 2,3 | 343,2 | 544,2 | 110,5 | 2,1 |
| Luxemburg | 1900 | 474,6 | 464,4 | 60,4 | 0,6 | 398,4 | 482,3 | 118,4 | 0,9 | 438,2 | 473,0 | 88,1 | 0,7 |
| Belgien | 1900 | 434,7 | 507,8 | 56,2 | 1,5 | 394,3 | 494,6 | 109,1 | 2,0 | 414,2 | 501,0 | 83,0 | 1,8 |
| Niederlande | 1899 | 427,6 | 516,1 | 55,0 | 1,3 | 399,2 | 493,7 | 104,9 | 2,2 | 413,1 | 504,7 | 80,5 | 1,7 |
| Dänemark | 1901 | 395,2 | 546,2 | 56,7 | 1,8 | 375,6 | 502,8 | 119,0 | 2,9 | 384,9 | 523,7 | 89,2 | 2,3 |
| Schweden | 1900 | 434,2 | 505,3 | 59,4 | 1,1 | 412,4 | 468,2 | 117,4 | 2,0 | 422,5 | 485,9 | 89,7 | 1,6 |
| England u. Wales | 1901 | 411,1 | 536,3 | 52,6 | . | 395,4 | 496,4 | 108,2 | . | 402,9 | 515,4 | 81,7 | . |
| Schottland | 1901 | 470,9 | 477,8 | 51,3 | . | 444,7 | 442,8 | 112,5 | . | 457,2 | 459,4 | 83,4 | . |
| Irland | 1901 | 559,5 | 382,5 | 58,2 | . | 496,6 | 370,9 | 132,5 | . | 527,3 | 376,5 | 96,2 | . |
| Queensland | 1901 | 571,7 | 390,5 | 36,9 | 0,6 | 373,6 | 547,9 | 78,2 | 0,3 | 489,4 | 455,9 | 54,0 | 0,5 |
| Neu-Seeland | 1901 | 528,1 | 432,1 | 38,9 | 0,9 | 432,0 | 492,8 | 74,6 | 0,6 | 483,1 | 460,3 | 55,8 | 0,8 |
| Kap d. g. Hoffnung | 1891 | 466,5 | 503,1 | 30,4 | . | 310,0 | 570,3 | 119,7 | . | 388,5 | 536,6 | 74,9 | . |

[1] Punkte in diesen Spalten bedeuten, daß die Geschiedenen nicht [illegible] — [2] [illegible] 15 [3] 8 [4] 605 [5] 111 [6] 928 [7] 883 [8] 1771 [9] 1302 Personen unbekannten Familienstandes.

## 3. Wichtige Todesursachen

(Zusammenstellung des

| Staaten usw. | Jahr | Einwohnerzahl in Tausend | Pocken | Fleckfieber | Typhus | Diphtherie einschl. Krupp |
|---|---|---|---|---|---|---|
| Deutsches Reich (21 Staaten) | 1901 | 55 533 | 58 | 13 | 5 914 | 21 741 |
| Österreich (die im Reichsrat vertretenen Königreiche und Länder) | 1900 | 26 151 | 269 | 495 | 5 734 | 13 723 |
| Schweiz | 1901 | 3 326 | 37 | . | 240 | 1 062 |
| Italien | 1901 | 32 575 | 3 396 | 17 | 11 745 | 5 411 |
| England und Wales | 1901 | 32 621 | 356 | 37 | 5 071 | 9 729 |
| Belgien | 1900 | 6 694 | 183 | . | 1 702 | 1 838 |
| Niederlande | 1901 | 5 221 | 7 | 16 | 474 | 935 |
| Norwegen | 1901 | 2 224 | — | 3 | 174 | 156 |
| Rußland | 1900 | [8] 73 115 | 39 542 | 4 186 | [9] 17 004 | 58 200 |
| Die 296 größten Orte des Deutschen Reichs | 1901 | 17 510 | 11 | 13 | 1 915 | 4 710 |
| Die 18 größeren städtischen Gemeinden der Schweiz | 1901 | 752 | 1 | . | 55 | 260 |
| Die 71 Städte Frankreichs mit 30 000 u. mehr Einw. | 1901 | 8 060 | 729 | 4 | 1 806 | 1 542 |
| Die 75 Städte Dänemarks | 1901 | 907 | 6 | — | 131 | 175 |
| Die 92 Städte Schwedens | 1899 | 1 022 | — | — | 97 | 443 |
| 49 Städte Spaniens | 1901 | 3 088 | 1 898 | 73 | 1 840 | 785 |
| 12 Städte Griechenlands mit mehr als 10 000 Einw. | 1902 | 374 | — | — | 266 | 81 |

Von 100 000 Einwohnern starben an

| Staaten usw. | Pocken | Fleckfieber | Typhus | Diphtherie einschl. Krupp |
|---|---|---|---|---|
| Deutsches Reich (21 Staaten) | 0,1 | 0,03 | 10,6 | 39,1 |
| Österreich (die im Reichsrat vertretenen Königreiche und Länder) | 1,0 | 1,9 | 21,9 | 52,6 |
| Schweiz | 1,1 | . | 7,3 | 31,9 |
| Italien | 10,4 | 0,05 | 36,1 | 16,7 |
| England und Wales | 1,1 | 0,1 | 15,6 | 29,8 |
| Belgien | 2,9 | | 25,4 | 27,3 |
| Niederlande | 0,1 | 0,3 | 9,1 | 17,8 |
| Norwegen | - | 0,1 | 7,8 | 7,0 |
| Rußland | 53,6 | 5,5 | 22,3 | 73,6 |
| Die 296 größten Orte des Deutschen Reichs | 0,06 | 0,07 | 10,9 | 26,9 |
| Die 18 größeren städtischen Gemeinden der Schweiz | 0,1 | . | 7,4 | 30,6 |
| Die 71 Städte Frankreichs mit 30 000 und mehr Einwohnern | 8,6 | 0,05 | 22,4 | 19,1 |
| Die 75 Städte Dänemarks | 0,61 | — | 14,0 | 18,7 |
| Die 92 Städte Schwedens | — | — | 9,4 | 43,1 |
| 49 Städte Spaniens | 55,1 | 2,4 | 59,4 | 25,3 |
| 12 Städte Griechenlands mit mehr als 10 000 Einwohnern | — | | 70,1 | 21,6 |

[3] Sonstige entzündliche Krankheiten der Atmungsorgane. — [4] Einheimischer Brechdurchfall. — — [6] Phthisis. — [7] Akute und chronische Krankheiten der Atmungsorgane, ausgenommen Schwindsucht Gouvernements und Provinzen am 1. 1. 1901 betrug angeblich 115 939 000. — [9] Außerdem starben bereits gezählt sind. — [10] Enteritis der Kinder. — [11] Akute Erkrankungen der Atmungsorgane ohne des 1. Lebensjahres. — [12] Diarrhée et entérite au dessous de 2 ans. Choléra nostras, Affection latarrh. — [13] Lungen- und Brustfellentzündung. — [14] Einheimische Cholera, Magen- und Darmentzündung. — mensuel de dos ans.

## in Städten und Staaten.

Kaiserlichen Gesundheitsamts.)

| Masern | Scharlach | Keuchhusten | Lungentuberkulose | Tuberkulose anderer Organe | Lungenentzündung | Sonstige Krankheiten der Atmungsorgane | Lungentuberkulose und Krankheiten der Atmungsorgane | Influenza | Brechdurchfall, Magen- und Darmkatarrh | Ruhr |
|---|---|---|---|---|---|---|---|---|---|---|
| 16 732 | 13 656 | 20 189 | 106 941 | 10 655 | 73 373 | ([5] 71 188 | 251 502 | | 108 531 | 925 |
| 5 731 | 10 422 | 13 452 | 92 196 | | 61 231 | . | . | . | ([3] 10 779 | 3 291 |
| 829 | 71 | 846 | 6 241 | 2 803 | ([4] (5 774) | | 12 015 | . | ([4] (3 767) | . |
| 5 562 | 1 185 | 6 916 | 30 212 | 19 193 | ([6] 74 535 | 71 368 | 182 115 | 4 079 | 98 551 | 66 |
| 9 077 | 4 339 | 10 205 | 41 224 | 17 706 | 37 413 | 53 965 | 132 002 | 5 660 | 29 810 | 311 |
| 2 610 | 1 360 | 3 459 | ([6] 9 117 | . | ([7] 30 225 | | 39 315 | . | 9 378 | 397 |
| 2 741 | 101 | 1 211 | 7 171 | 2 948 | 4 949 | 4 200 | 16 320 | 477 | 9 245 | 61 |
| 163 | 118 | 338 | 4 337 | 1 338 | 1 880 | 1 884 | 8 101 | 201 | 2 279 | 32 |
| 108 985 | 112 095 | 65 922 | . | . | . | | . | . | ([10] (231 460) | 20 461 |
| 4 338 | 4 121 | 1 755 | 35 009 | . | ([11] (41 051) | | (77 050) | 1 163 | ([12] (48 148) | 78 |
| 165 | 23 | 114 | 1 836 | 772 | ([13] (1 139) | | (2 075) | . | ([11] (891) | . |
| 1 372 | 315 | 886 | 25 656 | 4 600 | 8 501 | 18 334 | 52 491 | 1 377 | ([14] (11 384) | . |
| 260 | 102 | 324 | 1 409 | 358 | ([15] 442 | 1 612 | 3 483 | 190 | ([17] (4 339) | — |
| 87 | 95 | 247 | 2 291 | 754 | ([18] (1 719) | 1 026 | 5 036 | 35 | ([19] (1 012) | . |
| 3 244 | 209 | 311 | 7 880 | 3 621 | 7 329 | 11 606 | 26 845 | 1 801 | ([20] 10 201 | . |
| 105 | 29 | 21 | 1 074 | 452 | 1 058 | 366 | 2 498 | 183 | 743 | . |

den oben bezeichneten Krankheiten:

| Masern | Scharlach | Keuchhusten | Lungentuberkulose | Tuberkulose anderer Organe | Lungenentzündung | Sonstige Krankheiten der Atmungsorgane | Lungentuberkulose und Krankheiten der Atmungsorgane | Influenza | Brechdurchfall, Magen- und Darmkatarrh | Ruhr |
|---|---|---|---|---|---|---|---|---|---|---|
| 30,1 | 24,6 | 36,4 | 192,6 | 19,2 | 132,1 | 128,8 | 452,8 | | 299,0 | 1,7 |
| 21,9 | 39,9 | 51,4 | 352,6 | | 234,1 | . | . | . | 41,3 | 12,6 |
| 24,0 | 2,1 | 25,4 | 187,8 | 78,9 | 173,4 | | 360,9 | . | 113,8 | . |
| 17,1 | 3,6 | 21,2 | 111,3 | 56,0 | 228,8 | 219,1 | 559,1 | 12,5 | 325,1 | 0,9 |
| 27,8 | 13,3 | 31,3 | 126,4 | 54,3 | 114,7 | 165,4 | 400,6 | 17,4 | 91,4 | 1,0 |
| 39,0 | 20,3 | 51,7 | 138,1 | . | 151,6 | | 587,8 | . | 140,1 | 5,9 |
| 52,5 | 1,9 | 23,2 | 137,3 | 56,3 | 94,8 | 80,4 | 312,6 | 9,1 | 177,1 | 1,2 |
| 4,6 | 5,3 | 15,3 | 194,7 | 60,1 | 84,4 | 84,0 | 363,6 | 9,0 | 102,5 | 1,1 |
| 137,9 | 141,6 | 83,8 | . | | | | . | . | 292,3 | 25,9 |
| 24,0 | 23,5 | 10,0 | 205,6 | . | 214,4 | | 439,0 | 6,6 | 274,9 | 0,4 |
| 21,9 | 3,1 | 15,8 | 244,0 | 102,6 | 151,4 | | 393,4 | . | 118,4 | |
| 17,0 | 3,9 | 11,0 | 318,0 | 57,0 | 105,6 | 227,2 | 630,6 | 17,1 | 141,1 | |
| 27,8 | 10,9 | 34,6 | 150,4 | 59,8 | 47,2 | 172,1 | 369,8 | 20,3 | 143,0 | |
| 8,5 | 9,8 | 24,1 | 223,1 | 73,4 | 167,4 | 99,0 | 490,4 | 3,4 | 98,0 | |
| 108,7 | 0,9 | 11,8 | 250,3 | 119,1 | 241,3 | 381,0 | 883,3 | 62,2 | 335,7 | |
| 28,4 | 7,8 | 5,7 | 288,8 | 122,3 | 286,2 | 99,0 | 675,9 | 49,5 | 201,0 | |

[2]) Akute Krankheiten der Atmungsorgane. — [4]) Enteritis der kleinen Kinder. — [5]) Akute Lungenentzündung. (phthisis). — [6]) D. i. die Bevölkerung, auf welche die Angaben sich beziehen; die Gesamtbevölkerung der betr. 52 222 = 66 : 100 000 Lebenden an „nicht näher bezeichneten Fiebern", die aber den epidemischen Krank- Influenza. — [10]) Akute Darmkrankheiten. — [12]) Akute Erkrankungen der Atmungsorgane. — [14]) Enteritis de l'estomac (cancer, excepté). — [16]) Kruppöse Lungenentzündung. — [17]) Brechdurchfall und akuter Darm- [20]) Cholera nostras. — Afecciones del estómago (menos cancer). — Diarrea y enteritis. — Diarrea en

## 4. Wichtigere Todes-

(Zusammenstellung der

| Städte | Jahr | Einwohnerzahl | Pocken | Fleckfieber | Typhus | Diphtherie und Croup | Masern | Scharlach | Keuchhusten | Lungenschwindsucht | [illegible] | [illegible] | [illegible] | [illegible] |
|---|---|---|---|---|---|---|---|---|---|---|---|---|---|---|
| | | | Absolute Zahlen | | | | | | | | | | | |
| Berlin | 1902 | 1 903 [illegible] | — | — | 52 | 226 | 373 | 272 | 511 | 4 142 | 236 | 2 326 | 1 858 | 8 378 |
| Breslau | 1902 | 431 912 | — | — | 34 | 87 | 31 | 53 | 94 | 1 345 | . | 816 | [1] 282 | 2 511 |
| München | 1902 | 500 000 | — | — | 15 | 68 | 120 | 10 | 165 | 1 367 | . | 137 | 1 095 | 2 629 |
| Dresden | 1902 | 405 000 | — | — | 18 | 61 | 72 | 22 | 70 | 606 | . | 527 | 331 | 1 744 |
| Leipzig | 1902 | 473 007 | — | — | 14 | 128 | 87 | 84 | — | 943 | . | | [8] 852 | 1 793 |
| Stuttgart | 1902 | 187 200 | — | — | 6 | 21 | 72 | 9 | 49 | 338 | 175 | [7] 315 | [8] 62 | 715 |
| Hamburg | 1902 | 732 280 | — | — | 60 | 150 | 138 | 403 | 273 | 1 337 | 234 | 841 | 697 | 3 086 |
| Straßburg | 1902 | 155 950 | — | — | 16 | 22 | 25 | 4 | 67 | 345 | 10 | 8 | 450 | 916 |
| Wien | 1902 | 1 721 664 | — | — | 31 | 435 | 769 | 277 | 294 | 5 930 | 1 701 | 3 679 | 1 407 | 11 092 |
| Prag | 1902 | 228 301 | — | — | 82 | 78 | 66 | 142 | 17 | (1 577) | | 448 | . | . |
| Rom | 1900 | 467 840 | 3 | — | 158 | 56 | 15 | 2 | 24 | (1 212) | | 1 187 | 491 | . |
| Mailand | 1902 | 545 134 | 12 | — | 256 | 122 | 75 | 5 | 35 | 1 059 | 413 | 1 154 | 540 | 2 583 |
| Zürich | 1901 | 153 601 | — | — | 1 | 17 | 4 | 3 | 24 | 324 | 137 | . | 200 | 530 |
| Paris | 1901 | 2 714 068 | 416 | — | 363 | 530 | 545 | 115 | 377 | 10 955 | 734 | 1 856 | 6 424 | 19 058 |
| Marseille | 1901 | 491 161 | 33 | 3 | 217 | 74 | 122 | 8 | 43 | 1 155 | 102 | 1 016 | 1 681 | 3 314 |
| Lyon | 1901 | 459 099 | 2 | — | 76 | 67 | 9 | 16 | 23 | 1 264 | 226 | 188 | 774 | 3 052 |
| London | 1902 | 4 579 110 | 1 314 | — | 583 | 1 212 | 2 261 | 561 | 1 880 | 7 621 | 2 718 | 6 788 | 9 382 | 23 701 |
| Edinburg | 1902 | 322 000 | — | 1 | 27 | 36 | 115 | 30 | 97 | 477 | 215 | 388 | 304 | 1 410 |
| Brüssel | 1901 | 183 185 | 2 | — | 31 | 14 | 39 | 4 | 55 | 446 | 10 | 172 | 646 | 1 262 |
| Antwerpen | 1902 | 288 408 | 72 | — | 34 | 40 | 154 | 9 | 41 | 455 | [24] 50 | 306 | 383 | 1 291 |
| Haag | 1902 | 218 428 | — | — | 7 | 13 | 46 | 3 | 42 | 273 | 103 | 200 | 155 | 606 |
| Amsterdam | 1902 | 539 73[illegible] | — | — | 45 | 92 | 474 | 2 | 122 | 763 | 324 | 579 | 119 | 1 564 |
| Kopenhagen | 1902 | 477 000 | — | — | 17 | 58 | 88 | 19 | 125 | 460 | 217 | 162 | 716 | 1 367 |
| Stockholm | 1902 | 303 405 | — | — | 6 | 58 | 25 | 11 | 56 | 701 | 213 | 474 | 240 | 1 424 |
| Christiania | 1902 | 223 300 | — | — | 7 | 20 | 100 | 8 | 108 | 480 | 170 | 206 | 351 | 1 020 |
| Moskau | 1902 | 1 092 264 | 116 | 140 | 142 | 632 | 580 | 423 | 222 | 2 687 | 560 | 731 | 4 558 | 8 116 |
| Warschau | 1902 | 730 036 | 65 | 32 | 100 | 309 | 158 | 284 | 94 | 1 751 | . | 1 975 | 603 | 4 320 |
| Bukarest | 1902 | 289 105 | — | — | 59 | 154 | 54 | 29 | 120 | 1 053 | . | 1 132 | . | . |
| Athen | 1902 | 123 052 | — | — | 114 | 21 | 40 | 2 | 10 | 467 | 187 | 332 | 144 | 943 |
| Madrid | 1901 | 537 027 | 283 | 1 | 234 | 81 | 828 | 49 | 56 | 1 282 | 812 | 1 557 | 2 382 | 5 222 |

[1]) Akute Krankheiten der Atmungsorgane. — [2]) Brechdurchfall, Magen- u. Darmkatarrh bei Kindern. — dauungsapparates; darunter 282 Brechdurchfall u. Magen- u. Darmkatarrh. — [5]) Akute Erkrankungen der Atmungs- Erkrankungen der Atmungsorgane. — [9]) Brechdurchfall, Magendarmkatarrh. — [10]) Einschl. Influenza. — [11]) Durch Influenza). — [12]) Magen- u. Darmkatarrh u. Atrophie der Kinder. — [14]) Lungen- u. Lungenrippenfellentzündung. — [15]) Diarrea infantile, gastro enterite. — [16]) Enteritis, diarrea, colera indigeno, tiflite, proctite. — [19]) Akute 2 ans, Choléra nostras. Affections de l'estomac (cancer excepté). — [20]) Epid. Diarrhoea, Infective Enteritis — Catarrh — Enteritis (not. Epid.), Gastro-Enteritis. — [21]) Diarrhée et entérite. — [22]) Lungen- u. Brust- enteritis (bei Kindern unter 2 Jahren). — [23]) Kruppöse Lungenentzündung. — [24]) Cholérine et Catarrh. intestinal- Lungenentzündung. — [25]) Diarrhée et entérite. — [26]) Diarrhée. — [27]) Gastro-entérite. — [28]) Magendarm- [29]) Cholera nostras. — Afecciones del estómago (menos cancer). — Diarrea y enteritis — Diarrea en

**ursachen in Großstädten.**

**Kaiserlichen Gesundheitsamts.)**

| Influenza | Brechdurchfall, Magen- u. Darmkatarrh | Ruhr | Pocken | Fleckfieber | Typhus | Diphtherie einschl. Croup | Masern | Scharlach | Keuchhusten | Lungentuberkulose | Tuberkulose anderer Organe | Lungenentzündung | Sonstige Krankheiten der Atmungsorgane | Lungentuberkulose u. Krankheiten der Atmungsorgane | Influenza | Brechdurchfall, Magen- und Darmkatarrh | Ruhr |
|---|---|---|---|---|---|---|---|---|---|---|---|---|---|---|---|---|---|
| | | | Verhältniszahlen (berechnet auf 100 000 Einwohner) | | | | | | | | | | | | | | |
| 194 | 1 070 | 7 | — | — | 2,7 | 11,9 | 19,6 | 14,3 | 26,8 | 217,6 | 11,0 | 121,9 | 97,3 | 436,9 | 10,3 | 87,7 | 0,4 |
| 24 | (3 1 080 | . | — | — | 7,9 | 20,1 | 7,2 | 12,3 | 22,3 | 310,9 | . | 195,9 | 74,6 | 581,4 | 5,6 | 251,4 | . |
| — | (5 3 314 | . | — | — | 2,9 | 13,4 | 23,8 | 2,0 | 32,4 | 272,5 | . | 20,9 | 213,0 | 515,9 | — | 651,1 | . |
| 40 | (4 825 | . | — | — | 4,4 | 15,0 | 17,8 | 5,4 | 18,7 | 223,4 | . | 129,9 | 81,6 | 434,9 | 9,9 | 203,4 | . |
| 38 | (8 1 042 | . | — | — | 3,0 | 26,0 | 18,4 | 17,7 | — | 199,1 | . | . | 179,9 | 379,0 | 6,0 | 220,0 | . |
| 49 | (9 537 | . | — | — | 3,3 | 13,3 | 41,5 | 1,6 | 25,6 | 178,4 | 93,2 | 167,8 | 33,0 | 379,3 | 26,1 | 286,0 | . |
| . | (11 1 100 | 3 | — | — | 5,8 | 25,0 | 16,8 | 63,3 | 37,8 | 182,6 | 38,8 | 116,1 | 122,4 | 421,0 | . | 150,1 | 0,4 |
| . | (12 492 | — | — | — | 10,3 | 20,8 | 16,0 | 2,6 | 43,0 | 221,3 | 37,8 | 5,6 | 204,4 | 521,4 | . | 315,8 | — |
| 7 | (13 2 814 | 4 | — | — | 3,0 | 25,4 | 44,3 | 16,0 | 11,8 | 344,0 | 98,5 | 213,1 | 81,8 | 638,5 | 0,4 | 162,0 | 0,3 |
| . | (15 262 | 22 | — | — | 35,0 | 83,3 | 28,9 | 62,3 | 7,4 | 690,6 | | 194,0 | . | . | . | 114,7 | 9,8 |
| . | (17 880 | . | 0,8 | — | 41,7 | 10,7 | 2,9 | 0,4 | 8,1 | 259,1 | | 279,4 | 103,6 | . | . | 145,3 | . |
| 17 | (19 844 | — | 2,4 | — | 58,8 | 24,2 | 14,6 | 1,0 | 6,9 | 209,6 | 93,6 | 268,9 | 107,8 | 586,0 | 3,6 | 167,1 | — |
| . | (20 206 | . | — | — | 5,3 | 11,1 | 2,9 | 2,0 | 15,6 | 210,9 | 69,3 | . | 134,1 | 345,0 | . | 134,1 | . |
| 209 | (21 2 485 | . | 15,1 | — | 13,4 | 27,1 | 20,1 | 4,2 | 13,9 | 390,7 | 63,9 | 71,6 | 236,7 | 702,3 | 11,0 | 90,8 | . |
| 225 | (21 828 | . | 6,7 | 0,6 | 43,4 | 15,1 | 24,8 | 1,6 | 8,6 | 228,6 | 20,8 | 206,6 | 342,3 | 770,5 | 45,6 | 168,2 | . |
| 93 | (22 424 | . | 0,1 | — | 16,6 | 19,0 | 1,5 | 2,2 | 5,0 | 275,8 | 71,0 | 217,6 | 108,6 | 661,6 | 20,9 | 92,4 | . |
| 1 073 | (23 3 428 | . | 28,7 | — | 12,6 | 28,8 | 51,6 | 12,8 | 41,1 | 166,4 | 59,3 | 148,3 | 204,9 | 518,6 | 23,4 | 74,9 | . |
| 62 | (25 109 | . | — | 0,8 | 6,4 | 11,1 | 35,6 | 9,6 | 30,0 | 147,7 | 66,8 | 176,2 | 112,7 | 436,8 | 18,3 | 33,7 | . |
| — | (24 405 | — | 1,1 | — | 27,8 | 18,3 | 20,8 | 1,6 | 27,3 | 238,8 | 31,5 | 92,4 | 344,1 | 674,9 | — | 216,4 | — |
| 1 | (26 592 | 2 | 25,0 | — | 11,6 | 17,0 | 52,3 | 3,1 | 14,9 | 157,0 | 17,3 | 175,4 | 115,1 | 447,6 | 0,8 | 205,2 | 0,7 |
| 41 | (27 246 | — | — | — | 3,2 | 6,9 | 21,1 | 1,4 | 19,8 | 125,2 | 47,3 | 91,7 | 61,9 | 278,9 | 18,6 | 112,9 | — |
| 51 | (27 443 | 3 | — | — | 8,1 | 12,4 | 89,6 | 0,4 | 23,0 | 143,8 | 61,0 | 109,1 | 41,8 | 294,1 | 9,6 | 83,6 | 0,6 |
| 44 | (29 278 | 1 | — | — | 4,1 | 14,1 | 21,4 | 3,2 | 30,4 | 119,0 | 52,6 | 39,4 | 174,3 | 332,6 | 10,7 | 67,6 | 0,7 |
| 19 | (30 162 | . | — | — | 2,0 | 16,5 | 8,2 | 3,6 | 18,1 | 231,0 | 70,3 | 156,8 | 82,1 | 469,3 | 8,3 | 53,4 | . |
| 1 | (32 110 | . | — | — | 3,1 | 10,3 | 72,2 | 3,5 | 44,7 | 203,6 | 75,3 | 92,8 | 155,5 | 451,9 | 0,4 | 51,1 | . |
| 379 | (33 4 919 | 318 | 10,8 | 12,6 | 13,0 | 48,8 | 53,9 | 43,3 | 20,3 | 264,3 | 50,9 | 66,9 | 417,8 | 748,6 | 34,7 | 450,8 | 29,1 |
| 6 | (34 1 618 | 48 | 11,5 | 4,5 | 13,6 | 41,0 | 21,4 | 52,1 | 12,0 | 237,7 | . | 268,1 | 81,9 | 587,7 | 0,5 | 219,7 | 6,5 |
| . | (35 541 | . | — | — | 20,5 | 46,8 | 18,9 | 13,6 | 45,1 | 36,6 | . | 395,7 | . | . | . | 189,1 | . |
| 65 | (36 196 | . | — | — | 96,7 | 17,3 | 37,7 | 1,8 | 8,2 | 382,6 | 153,2 | 272,0 | 118,0 | 772,6 | 53,8 | 160,5 | . |
| 578 | (37 1 364 | — | 53,7 | 0,3 | 45,1 | 15,9 | 176,3 | 9,3 | 10,4 | 243,5 | 157,9 | 295,1 | 452,0 | 990,6 | 109,7 | 258,6 | — |

[3]) Brechdurchfall, Lebensschwäche, Skrof., Abzehrung u. akut. Magen- u. Darmkatarrh. — [5]) Krankheiten des Verdauungsorgane. — [6]) Akute Darmkrankheiten u. Brechdurchfall. — [7]) Einschl. Brustfellentzündung. — [8]) Sonstige akute ...fall, Brechdurchfall, Atrophie der Kinder. — [10]) Sonstige entzündl. Krankheiten der Atmungsorgane (einschl. [15]) Durchfall u. Darmkatarrh der Kinder bis zu 2 Jahren. — [16]) Cholera infant. u. Cholera nostras. — Krankheiten der Atmungsorgane. — [20]) Enteritis im 1. Lebensjahre. — [21]) Diarrhée et entérite au dessous de Diarrhoea Dysentery-Enteritis (not. Epid.) — Gastro-Enteritis. — [22]) Diarrhoea and Dysentery. — Gastric ...entzündung. — [25]) Diarrhée, lienterie, athrepsie — Entérite — Gastrite. — [27]) Cholera nostras — Gastro-acut. — [30]) Cholera nostras, Infantum. — Gastritis, enteritis et colitis (acuta et chronica). — [31]) Atrophie ...katarrh. — [33]) Gastro entérite aiguë (choléra nostras) — Catarrhe intestinal — Cat. dysentérique (colite). — menores de dos años.

## 5. Säuglingssterblichkeit.

(Zusammenstellung des Kaiserlichen Gesundheitsamts.)

| Staaten usw. | Jahr | Lebendgeborene | Im 1. Jahr Gestorbene | | Staaten usw. | Jahr | Lebendgeborene | Im 1. Jahr Gestorbene | |
|---|---|---|---|---|---|---|---|---|---|
| | | | absolut | auf 100 Lebendgeborene | | | | absolut | auf 100 Lebendgeborene |
| Deutsches Reich: | | | | | Berlin | 1902 | 49 356 | 8 927 | 18,1 |
| A. 22 Staaten | 1901 | 2 069 072 | 415 412 | 20,1 | Breslau | 1902 | 14 424 | 3 100 | 21,5 |
| B. 286 Orte mit 15 000 u. mehr Einwohnern | 1901 | 593 978 | 126 621 | 21,3 | München | 1902 | 17 861 | 4 292 | 24,0 |
| Preußen | 1901 | 1 260 379 | 251 695 | 20,0 | Dresden | 1902 | 12 712 | 2 101 | 16,5 |
| Bayern | 1901 | 231 474 | 55 403 | 23,9 | Leipzig | 1902 | 14 921 | 2 811 | 18,8 |
| Sachsen | 1901 | 156 877 | 40 328 | 25,7 | Stuttgart | 1902 | 5 502 | 1 148 | 20,9 |
| Württemberg | 1901 | 76 230 | 16 927 | 22,2 | Hamburg | 1902 | 19 878 | 3 023 | 15,2 |
| Baden | 1901 | 66 213 | 13 598 | 20,5 | Straßburg | 1902 | 4 685 | 1 003 | 21,4 |
| Hessen | 1901 | 37 644 | 5 604 | 14,9 | Wien | 1902 | 52 077 | 9 635 | 18,5 |
| Meckl.-Schwerin | 1901 | 17 631 | 3 424 | 19,4 | Prag | 1902 | 6 794 | 1 225 | 18,0 |
| Hamburg | 1901 | 21 989 | 4 353 | 19,8 | Rom | 1901 | 11 530 | 1 330 | 11,5 |
| Elsaß-Lothringen | 1901 | 53 381 | 9 204 | 17,2 | Mailand | 1902 | 13 271 | 1 958 | 14,8 |
| Österreich | 1900 | 967 909 | 223 150 | 23,1 | Zürich | 1901 | 5 260 | 655 | 12,5 |
| " 58 Gemeinden | 1901 | 118 662 | 22 758 | 19,2 | Paris | 1901 | 56 309 | 6 409 | 11,4 |
| Italien | 1901 | 1 057 763 | 175 835 | 16,6 | Marseille | 1901 | 11 585 | 2 065 | 17,8 |
| Schweiz | 1901 | 97 028 | 13 312 | 13,7 | Lyon | 1901 | 8 836 | 1 164 | 13,2 |
| " 18 Städte | 1901 | 21 979 | 2 892 | 13,2 | London | 1902 | 132 810 | 18 722 | 14,1 |
| Frankreich, 71 Städte mit mehr als 30 000 Einwohnern | 1901 | 175 925 | 24 828 | 14,1 | Edinburg | 1902 | 7 900 | 944 | 11,9 |
| England u. Wales | 1901 | 929 807 | 140 648 | 15,1 | Brüssel | 1901 | 4 621 | 870 | 18,8 |
| " 33 Städte | 1901 | 330 712 | 56 508 | 16,8 | Antwerpen | 1902 | 7 684 | 1 250 | 16,3 |
| Irland | 1902 | 101 863 | 10 161 | 10,0 | Haag | 1902 | 6 144 | 776 | 12,6 |
| Belgien | 1900 | 193 789 | 33 247 | 17,2 | Amsterdam | 1902 | 15 250 | 1 898 | 12,4 |
| " 72 Städte und 8 Vororte von Brüssel | 1901 | 67 052 | 10 570 | 15,8 | Kopenhagen | 1902 | 12 041 | 1 653 | 13,7 |
| Niederlande | 1901 | 168 380 | 25 138 | 14,9 | Stockholm | 1902 | 7 407 | 743 | 10,0 |
| Dänemark, 75 Städte | 1901 | 28 140 | 4 690 | 16,7 | Christiania | 1902 | 7 225 | 738 | 10,2 |
| Norwegen | 1901 | 66 207 | 6 117 | 9,2 | Moskau | 1902 | 35 202 | 12 472 | 35,4 |
| Rumänien, 32 Städte | 1902 | 29 071 | 6 640 | 22,8 | Warschau | 1902 | 25 873 | 4 270 | 16,5 |
| | | | | | Bukarest | 1902 | 8 091 | 1 671 | 20,7 |

## 6. Eheschließungen, Geburten und Sterbefälle im Jahre 1902.

(Vierteljahrshefte zur Statistik des Deutschen Reichs 1904. I.)

| Staaten | Eheschließungen absolut | Eheschließungen auf 1000 Einwohner | Geborene ohne Totgeborene absolut | Geborene ohne Totgeborene auf 1000 Einwohner | Gestorbene ohne Totgeborene absolut | Gestorbene ohne Totgeborene auf 1000 Einwohner | Geburtenüberschuß absolut | Geburtenüberschuß auf 1000 Einwohner |
|---|---|---|---|---|---|---|---|---|
| Deutsches Reich | 457 208 | 7,9 | 2 024 735 | 35,1 | 1 122 492 | 19,4 | 902 243 | 15,6 |
| Österreich [1] | 214 228 | 8,1 | 963 140 | 36,8 | 632 107 | 24,5 | 331 033 | 12,6 |
| Ungarn [1] | 170 316 | 8,8 | 731 721 | 37,0 | 491 804 | 25,3 | 239 917 | 12,1 |
| Europäisches Rußland [2] (außer Finland und Polen) | 857 371 | 9,1 | 4 792 621 | 49,5 | 3 076 453 | 31,4 | 1 716 168 | 18,1 |
| Finland [1] | 18 535 | 6,8 | 88 637 | 32,4 | 56 223 | 20,6 | 32 414 | 11,8 |
| Italien [1] | 234 810 | 7,2 | 1 057 763 | 32,5 | 715 036 | 22,0 | 342 727 | 10,5 |
| Schweiz | 25 128 | 7,5 | 96 481 | 28,7 | 57 702 | 17,2 | 38 779 | 11,5 |
| Frankreich | 294 786 | 7,5 | 845 378 | 21,7 | 761 434 | 19,5 | 83 944 | 2,2 |
| Belgien [1] | 57 131 | 8,5 | 200 077 | 29,7 | 116 077 | 17,2 | 84 000 | 12,5 |
| Niederlande | [4] 40 071 | 7,4 | 168 728 | 31,8 | 86 248 | 16,3 | 82 480 | 15,6 |
| Dänemark | 17 649 | 7,1 | 72 795 | 29,3 | 36 408 | 14,6 | 36 387 | 14,6 |
| Schweden | 30 850 | 5,9 | 137 000 | 26,4 | 80 000 | 15,4 | 57 000 | 11,0 |
| Norwegen [3] | 15 222 | 6,9 | 66 149 | 30,0 | 34 932 | 15,8 | 31 217 | 14,2 |
| Großbritannien | 293 247 | 7,8 | 1 075 069 | 28,6 | 615 026 | 16,4 | 460 043 | 12,2 |
| Irland | 22 949 | 5,2 | 101 863 | 23,0 | 77 676 | 17,5 | 24 187 | 5,5 |

1) Ergebnisse für das Jahr 1901. — 2) Desgl. 1897. — 3) Desgl. 1900. — 4) In den Niederlanden werden für das Jahr 1902 nicht sämtliche daselbst vollzogenen Eheschließungen nachgewiesen; 40 071 ist vielmehr nur die Zahl heiratender einheimischer Frauen, die in den Niederlanden wirklichen Wohnsitz hatten; die entsprechende Anzahl Männer betrug 39 818 oder 7,4 ‰ der mittleren Bevölkerung.

## 7. Die Erwerbstätigen [1]) unter der Bevölkerung.

| Staaten | Zählungsjahr | Gesamtbevölkerung männlich | Gesamtbevölkerung weiblich | Gesamtbevölkerung überhaupt | Erwerbstätige männlich | Erwerbstätige weiblich | Erwerbstätige überhaupt | Erwerbstätige in % der männlichen Bevölkerung | Erwerbstätige in % der weiblichen Bevölkerung | Erwerbstätige in % der Gesamt-Bevölkerung |
|---|---|---|---|---|---|---|---|---|---|---|
| Deutsches Reich | 1895 | 25 409 161 | 26 361 123 | 51 770 284 | 15 531 841 | 6 578 350 | 22 110 191 | 61,1 | 25,0 | 42,7 |
| Österreich | 1900 | 12 852 663 | 13 298 045 | 26 150 708 | 8 257 254 | 5 850 158 | 14 107 412 | 64,2 | 44,0 | 53,9 |
| Ungarn | 1890 | 8 668 175 | 8 795 616 | 17 463 791 | 5 446 894 | 2 189 928 | 7 636 822 | 62,8 | 24,9 | 43,7 |
| Italien | 1901 | 16 153 130 | 16 322 123 | 32 475 253 | 10 988 465 | 5 284 064 | 16 272 529 | 68,0 | 32,4 | 50,1 |
| Schweiz | 1888 | 1 417 574 | 1 500 180 | 2 917 754 | 870 450 | 435 110 | 1 305 560 | 61,4 | 29,0 | 44,7 |
| Frankreich | 1896 | 18 922 645 | 19 346 366 | 38 269 011 | 12 001 121 | 6 380 658 | [2] 18 381 779 | 63,4 | 33,0 | 48,0 |
| Belgien | 1900 | 3 324 834 | 3 368 714 | 6 693 548 | 2 122 072 | 948 930 | 3 071 002 | 63,8 | 28,2 | 45,9 |
| Niederlande | 1899 | 2 550 603 | 2 553 534 | 5 104 137 | 1 497 159 | 433 548 | 1 930 707 | 58,7 | 17,0 | 37,8 |
| Dänemark | 1901 | 1 193 448 | 1 256 092 | 2 449 540 | 752 550 | 353 780 | 1 106 330 | 63,1 | 28,2 | 45,2 |
| Schweden | 1900 | 2 506 436 | 2 630 005 | 5 136 441 | 1 422 970 | 551 021 | 1 973 991 | 56,8 | 21,0 | 38,4 |
| Norwegen | 1891 | 941 290 | 1 047 384 | 1 988 674 | 530 725 | 244 747 | 775 472 | 56,4 | 23,4 | 39,0 |
| England u. Wales | 1901 | 15 728 613 | 16 799 230 | 32 527 843 | 10 156 976 | 4 171 751 | 14 328 727 | 64,6 | 24,8 | 44,1 |
| Schottland | 1901 | 2 173 755 | 2 298 348 | 4 472 103 | 1 391 188 | 594 624 | 1 985 812 | 64,0 | 25,9 | 44,4 |
| Irland | 1901 | 2 200 040 | 2 258 735 | 4 458 775 | 1 413 843 | 549 974 | 1 963 817 | 64,3 | 24,3 | 44,0 |
| Großbritannien und Irland | 1901 | 20 102 408 | 21 356 313 | 41 458 721 | 12 962 007 | 5 316 349 | 18 278 356 | 64,5 | 24,9 | 44,1 |
| Ver. St. v. Amerika [3] | 1900 | 39 059 242 | 37 244 145 | 76 303 387 | 23 956 115 | 5 329 807 | 29 285 922 | 61,3 | 14,3 | 38,4 |

1) Hierunter sind Personen verstanden, welche bei der Aufnahme sich als in einem Hauptberuf tätig bezeichnet haben, einschließlich der Dienstboten für persönliche (häusliche) Dienste. Nicht zu den Erwerbstätigen sind also, außer den noch nicht oder nicht mehr zum Erwerbe befähigten Personen und den wegen Geisteskrankheit usw. Anstaltsinsassen, auch gerechnet die Angehörigen, welche keinen eigenen Beruf ausüben, sowie die von Vermögen, Renten, Pensionen Lebenden. — 2) 18 181 773 und 200 006 Personen der population comptée à part. — 3) Diese Zahlen enthalten 91 219 Personen des Heeres und der Marine, die am Tage der Zählung außerhalb des Landes waren.

## 8. Die Erwerbstätigen nach Berufsabteilungen.

| Staaten | Land- und Forstwirtschaft, Fischerei | Industrie und Bergbau | Handel und Verkehr (Gast- und Schankwirtschaft) | Armee und Marine | Sonstiger öffentlicher Dienst und freie Berufe | Häusliche (persönliche) Dienstboten | Sonstige Erwerbstätige |
|---|---|---|---|---|---|---|---|
| Deutsches Reich | 8 292 692 | 8 281 220 | 2 338 511 | 630 978 | 794 983 | 1 339 318 | 432 491 |
| Österreich | [1] 8 205 331 | [4] 3 138 731 | [2] 1 035 451 | | | 1 727 939 | |
| Ungarn | [1] 4 474 653 | [4] 961 422 | 249 051 | [5] 114 393 | 165 069 | 378 270 | [6] 1 285 944 |
| Italien | 9 666 467 | 3 989 816 | 1 196 744 | 204 012 | 640 632 | 482 080 | 92 775 |
| Schweiz | 488 534 | 531 005 | 140 289 | 816 | 49 637 | 80 304 | 14 865 |
| Frankreich | 8 421 319 | 6 373 239 | 1 790 908 | 498 000 | 907 382 | 803 321 | [7] 139 550 |
| Belgien [9]) | 697 372 | 1 372 251 | 385 236 | 33 400 | | 811 889 | |
| Niederlande | 592 774 | 650 574 | 332 225 | 19 622 | 104 655 | 197 511 | 33 346 |
| Dänemark | 531 165 | 275 743 | 130 634 | — | 51 092 | 92 356 | 22 549 |
| Schweden | 982 986 | 413 023 | 148 439 | 38 847 | 56 891 | 212 753 | 121 061 |
| Norwegen | 384 426 | 177 511 | 91 257 | 3 902 | 22 989 | 81 380 | 13 947 |
| England und Wales | 1 152 495 | [3] 8 350 176 | 1 858 454 | 168 238 | 804 447 | 1 994 917 | . |
| Schottland | 237 311 | [3] 1 197 495 | 245 715 | 8 057 | 93 004 | 201 230 | . |
| Irland | 876 062 | [3] 639 413 | 97 889 | 32 468 | 98 567 | 219 418 | . |
| Großbrit. und Irland | 2 265 868 | [3] 10 187 084 | 2 202 058 | 208 763 | 996 018 | 2 415 565 | . |
| Ver. Staat. v. Amerika | 10 512 029 | 7 039 177 | 4 778 233 | 128 744 | 1 264 737 | [8] 5 585 002 | . |
| **Von 100 Erwerbstätigen gehören zu jeder Berufsabteilung:** | | | | | | | |
| Deutsches Reich | 37,5 | 37,4 | 10,6 | 2,8 | 3,6 | 6,1 | 2,0 |
| Österreich | [1] 58,2 | [4] 22,2 | [2] 7,3 | | | 12,2 | |
| Ungarn | [1] 58,6 | [4] 12,6 | 3,3 | [5] 1,5 | 2,1 | 4,9 | [6] 17,0 |
| Italien | 59,4 | 24,5 | 7,4 | 1,8 | 3,9 | 3,0 | 0,6 |
| Schweiz | 37,4 | 40,7 | 10,7 | 0,1 | 3,8 | 6,2 | 1,1 |
| Frankreich | 44,3 | 33,6 | 9,4 | 2,6 | 4,8 | 4,6 | [7] 0,7 |
| Belgien [9]) | 21,1 | 41,6 | 11,7 | 1,0 | | 24,6 | |
| Niederlande | 30,7 | 33,7 | 17,2 | 1,0 | 5,4 | 10,8 | 1,7 |
| Dänemark | 48,0 | 24,9 | 11,6 | — | 4,6 | 8,4 | 2,0 |
| Schweden | 49,9 | 20,9 | 7,5 | 2,0 | 2,9 | 10,6 | 6,1 |
| Norwegen | 49,6 | 22,9 | 11,7 | 0,5 | 3,0 | 10,5 | 1,8 |
| England und Wales | 8,0 | [3] 58,8 | 13,0 | 1,2 | 5,6 | 13,9 | . |
| Schottland | 12,0 | [3] 60,4 | 12,4 | 0,4 | 4,7 | 10,1 | . |
| Irland | 44,6 | [3] 32,6 | 5,0 | 1,6 | 5,0 | 11,2 | . |
| Großbrit. und Irland | 12,4 | [3] 55,7 | 12,1 | 1,1 | 5,5 | 13,2 | . |
| Ver. Staat. v. Amerika | 35,9 | 24,1 | 16,0 | 0,4 | 4,3 | [8] 19,0 | . |

[1]) Einschließlich der Torfgräberei und der Gewinnung forstwirtschaftlicher Nebenerzeugnisse. — [2]) Darunter Gast- und Schankwirtschaft. — [3]) Einschließlich der Lohnarbeiter wechselnder Art. — [4]) Auch die Kohlenbrennerei, soweit sie nicht in Verbindung mit einem gewerblichen Betriebe steht. — [5]) Einschließlich Gendarmerie. — [6]) Hauptsächlich Tagelöhner ohne nähere Angabe, unbekannte Berufe usw. — [7]) Im Dienste von Rentnern tätige Angestellte und Arbeiter. — [8]) Außer den häuslichen Dienstboten sind hier Erwerbstätige der Gast- und Schankwirtschaft, der Wäscherei usw nachgewiesen; außerdem Barbiere, Friseure und Arbeiter ohne nähere Angabe. — [9]) Die Zahlen beziehen sich auf Berufsfälle, nicht auf erwerbstätige Personen.

## 9. Anbaufläche der 4 Hauptgetreidearten und der Kartoffeln.

| Länder | Jahr | Weizen | Roggen | Gerste | Hafer | Kartoffeln |
|---|---|---|---|---|---|---|
| | | 1 000 ha | | | | |
| Deutsches Reich | 1900 | 2 051,7 | 5 981,0 | 1 706,6 | 4 104,8 | 3 241,8 |
| Österreich | 1900 | 1 065,3 | 1 701,7 | 1 234,1 | 1 899,3 | 1 168,4 |
| Ungarn [1]) | 1900 | 3 382,3 | 1 064,5 | 1 030,6 | 1 000,3 | 513,8 |
| Rußland [2]) | 1900 | 16 706,8 | 28 594,1 | 7 566,7 | 16 186,7 | 3 602,0 |
| Serbien | 1900 | 310,0 | 35,8 | 74,8 | 85,3 | 7,8 |
| Rumänien | 1900 | 1 589,4 | 164,3 | 438,8 | 255,3 | 11,8 |
| Bulgarien | 1899 | 825,7 | 148,0 | 213,7 | 136,8 | 1,8 |
| Italien | 1895 | 4 583,0 | 137,0 | 297,0 | 474,0 | 209,0 |
| Spanien | 1890 | 3 063,1 | 748,9 | 1 402,8 | 377,3 | — |
| Frankreich | 1900 | 6 864,1 | 1 419,8 | 757,2 | 3 941,4 | 1 509,8 |
| Belgien | 1900 | 168,9 | 245,2 | 38,4 | 253,3 | 141,0 |
| Niederlande | 1900 | 63,8 | 214,0 | 38,3 | 131,4 | 156,3 |
| Dänemark | 1901 | 13,0 | 273,0 | 182,0 | 334,0 | 54,0 |
| Schweden | 1900 | 77,8 | 411,1 | 217,6 | 824,8 | 154,6 |
| Norwegen | 1900 | 5,0 | 13,1 | 30,8 | 97,4 | 38,7 |
| Großbritannien und Irland [3]) | 1900 | 769,3 | 26,3 | 879,0 | 1 677,7 | 498,8 |
| Vereinigte Staaten von Amerika | 1900 | 17 196,8 | 844,0 | 1 171,3 | 11 073,7 | 1 056,8 |

1) Ohne Fiume, Kroatien, Slavonien und Kroatisch-Slawonisches Grenzgebiet. — 2) 50 Gouvernements des europäischen Rußlands. — 3) Einschließlich Insel Man und Kanalinseln.

## 10. Viehstand.

| Staaten | Zählungsjahr | Pferde | Maultiere, Maulesel und Esel | Rindvieh | Schafe | Schweine | Ziegen |
|---|---|---|---|---|---|---|---|
| | | Stück | Stück | Stück | Stück | Stück | Stück |
| Deutsches Reich | 1900 | 4 195 361 | 7 848 | 18 939 692 | 9 692 501 | 16 807 014 | 3 266 997 |
| Österreich | 1900 | 1 716 077 | 66 047 | 9 507 626 | 2 621 026 | 4 682 654 | 1 015 882 |
| Ungarn [1]) | 1895 | 1 972 930 | 22 278 | 5 829 483 | 7 526 783 | 6 447 134 | 286 302 |
| Europ. Rußl. m. Pol. | 1899 | 21 075 677 | . | 35 918 857 | ([2] 52 191 491 | 12 620 512 | . |
| Finnland | 1899 | 308 486 | . | 1 457 423 | 1 031 185 | 214 206 | 9 083 |
| Serbien | 1900 | 180 871 | 1 626 ([3] | 942 097 | 3 013 644 | 940 609 | 425 565 |
| Rumänien | 1900 | 864 746 | 7 161 | 2 589 040 | 5 644 210 | 1 709 900 | 232 623 |
| Italien | 1902 | ([4] 741 739 | ([3] 1 300 000 | ([3] 5 000 000 | ([3] 6 900 000 | ([3] 1 800 000 | [5]) 1 800 000 |
| Schweiz | 1901 | 124 896 | 4 966 | 1 340 375 | 219 438 | 555 261 | 354 634 |
| Frankreich [6]) | 1901 | 2 926 352 | 554 052 | 14 673 810 | 19 669 682 | 6 758 198 | 1 529 280 |
| Luxemburg | 1901 | 19 777 | 10 | 92 381 | 16 611 | 91 799 | 14 203 |
| Belgien | 1895 | 271 527 | 6 815 | 1 420 976 | 235 722 | 1 163 133 | 241 045 |
| Niederlande | 1900 | 295 000 | . | 1 655 600 | 770 700 | 746 600 | 179 500 |
| Dänemark [7]) | 1898 | 450 035 | 139 | 1 749 313 | 1 180 878 | 1 168 496 | 31 922 |
| Schweden | 1900 | 533 050 | | 2 582 555 | 1 261 493 | 805 806 | 79 826 |
| Norwegen | 1900 | 172 999 | . | 950 201 | 998 819 | 165 348 | 214 594 |
| Großbrit. u. Irland | 1901 | ([8] 2 011 701 | . | 11 477 824 | 30 829 889 | 3 411 129 | . |
| Canada [9]) | 1891 | 1 470 572 | . | 4 120 586 | 2 563 781 | 1 733 850 | . |
| V. St. v. Amerika [10]) | 1902 | 16 531 224 | 2 757 017 | 61 424 599 | 62 039 091 | 48 698 890 | . |
| Uruguay | 1900 | 561 408 | 22 892 | 6 827 428 | 18 608 717 | 93 923 | 20 428 |
| Britisch Indien | 1900/1901 | 1 339 889 | 1 270 690 | ([11] 87 186 923 | 17 859 745 | . | 19 617 332 |
| Japan | 1900 | 1 542 018 | . | ([11] 1 490 833 | 2 400 | 308 752 | 157 055 |
| Australien | 1900 | 1 915 187 | . | 10 128 496 | 92 086 378 | 1 188 198 | . |
| Algier | 1899/1900 | 202 311 | 412 600 | 992 551 | 6 723 952 | 81 881 | 3 563 097 |
| Kap der guten Hoffnung | 1899 | 387 824 | | 1 077 011 | ([12] 12 639 992 | 245 947 | . |

1) Ohne Kroatien, Slavonien und Fiume. — 2) Einschließlich Ziegen. — 3) [illegible] — 4) Ohne Militärpferde. — 5) Jahr 1890. — 6) Non compris [illegible] — 7) Mit Ausschluß der Färöer-Inseln. — 8) Ohne Militärpferde und [illegible] — 9) Neuere Zahlen liegen nur für Ontario und Manitoba vor. — 10) Nur [illegible] — 11) Einschließlich Büffel. — 12) Jahr 189[illegible]

## 11. Kohlengewinnung in den

Erzeugungsmenge in

| Jahr | Europäische Kohlenlager: Deutsches Reich, Stein-kohlen | Deutsches Reich, Braun-kohlen | Österreich und Ungarn, Stein-kohlen | Österreich und Ungarn, Braun-kohlen | Bosnien und Herzegowina, Braun-kohlen | Rußland (einschl. russisches Polen), Stein- und Braun-kohlen | Italien, Stein- und Braun-kohlen | Spanien, Stein-kohlen | Spanien, Braun-kohlen | Frankreich, Stein-kohlen | Frankreich, Braun-kohlen | Belgien, Stein-kohlen | Niederlande, Stein-kohlen | Schweden, Stein-kohlen | Großbritannien und Irland, Stein- und Braun-kohlen |
|---|---|---|---|---|---|---|---|---|---|---|---|---|---|---|---|
| 1891 | 73 716 | 20 537 | 10 212 | 18 611 | 77 | 6 233 | 289 | 1 203 | 37 | 25 502 | 523 | 19 676 | 100 | 198 | 188 456 |
| 92 | 71 372 | 21 172 | 10 293 | 18 744 | 85 | 6 946 | 296 | 1 392 | 34 | 25 697 | 481 | 19 583 | 96 | 199 | 184 704 |
| 93 | 73 852 | 21 574 | 10 715 | 10 734 | 122 | 7 614 | 317 | 1 485 | 35 | 25 173 | 478 | 19 411 | 101 | 200 | 166 963 |
| 94 | 76 741 | 22 065 | 10 610 | 20 508 | 167 | 8 763 | 271 | 1 659 | 48 | 26 964 | 453 | 20 535 | 109 | 198 | 191 209 |
| 95 | 79 169 | 24 788 | 10 791 | 21 864 | 199 | 9 099 | 305 | 1 739 | 45 | 27 583 | 437 | 20 458 | 127 | 224 | 192 705 |
| 96 | 85 690 | 26 781 | 11 032 | 22 645 | 223 | 9 378 | 276 | 1 868 | 55 | 28 750 | 439 | 21 252 | 138 | 226 | 198 496 |
| 97 | 91 055 | 29 420 | 11 611 | 24 329 | 230 | 11 203 | 314 | 2 010 | 54 | 30 337 | 460 | 21 492 | 150 | 224 | 205 374 |
| 98 | 96 310 | 31 649 | 12 187 | 25 290 | 271 | 12 308 | 341 | 2 434 | 60 | 31 826 | 530 | 22 088 | 150 | 236 | 205 207 |
| 99 | 101 640 | 34 205 | 12 694 | 26 044 | 303 | 13 975 | 389 | 2 600 | 71 | 32 256 | 607 | 22 072 | 213 | 239 | 223 627 |
| 1900 | 109 290 | 40 498 | 12 440 | 26 868 | 395 | 16 157 | 480 | 2 583 | 91 | 32 722 | 683 | 23 463 | 320 | 252 | 228 795 |
| 01 | 108 539 | 44 480 | 13 104 | 27 653 | 445 | [2]16 316 | 426 | 2 652 | 96 | 31 634 | 692 | 22 213 | 313 | 272 | 222 562 |
| 02 | 107 474 | 43 126 | 12 208 | 27 272 | 425 | [2]15 531 | 414 | 2 723 | 84 | 29 365 | 632 | 22 877 | 375 | 305 | 230 739 |
| 03 | 116 638 | 45 674 | . | . | 468 | . | | 2 791 | 97 | 34 318 | . | . | . | . | 234 016 |

[1]) Die Zahlen in cursiven Ziffern bedeuten vorläufige Ermittelungen aus zum Teil nichtamtlichen (2 000 lbs) zu 907,1852 kg, 1 pud zu 16,3806 kg und 1 kwan = 3,7565 kg angenommen. — [2]) Ohne

## 12. Roheisengewinnung in den

Erzeugungsmenge in

| Jahr | Deutsches Reich mit Luxemburg | Österreich-Ungarn[1]): Zusammen | davon in den im Reichsrate vertretenen Königreichen und Ländern | davon in den Ländern der ungarischen Krone | in Bosnien und Herzegowina | Rußland | Italien |
|---|---|---|---|---|---|---|---|
| 1891 | 4 641 | 922 | 617 | 305 | . | 1 005 | 12 |
| 92 | 4 937 | 944 | 631 | 310 | 3 | 1 072 | 13 |
| 93 | 4 986 | 966 | 663 | 310 | 4 | 1 140 | 8 |
| 94 | 5 380 | 1 076 | 742 | 330 | 4 | 1 333 | 10 |
| 95 | 5 465 | 1 131 | 778 | 340 | 4 | 1 452 | 9 |
| 96 | 6 373 | 1 228 | 817 | 401 | 10 | 1 621 | 7 |
| 97 | 6 881 | 1 324 | 888 | 420 | 10 | 1 880 | 8 |
| 98 | 7 313 | 1 443 | 958 | 470 | 15 | 2 241 | 12 |
| 99 | 8 143 | 1 481 | 996 | 471 | 14 | 2 709 | 19 |
| 1900 | 8 521 | 1 495 | 1 000 | 456 | 39 | 2 904 | 24 |
| 01 | 7 880 | 1 521 | 1 030 | 452 | 39 | 2 830 | 16 |
| 02 | 8 530 | 1 471 | 992 | 435 | 44 | 2 564 | 31 |

wichtigsten Erzeugungsländern.[1])

1 000 metrischen Tonnen.[2])

| Amerikanische Kohlenlager | | Asiatische Kohlenlager | | | | | Afrikanische Kohlenlager | | | Australische Kohlenlager | | | | | Jahr |
|---|---|---|---|---|---|---|---|---|---|---|---|---|---|---|---|
| Canada | Verein. Staaten von Nordamerika | Britisch Indien | Niederländisch Ostindien (Java, Sumatra, Borneo) | Indochina (Annam und Tonkin) | Japan | Britisch Borneo | Transvaal | Natal | Kapkolonie | Viktoria, Süd- und Westaustralien | Neu-Süd-wales | Queensland | Tasmanien | Neu-Seeland | |
| Steinkohlen | Stein- und Braunkohlen | Steinkohlen | Steinkohlen | Steinkohlen | Steinkohlen | Steinkohlen | Steinkohlen | Steinkohlen | Steinkohlen | Stein- und Braunkohlen | Steinkohlen | Steinkohlen | Steinkohlen | Steinkohlen | |
| 3 216 | 152 921 | 2 306 | 8 | — | 3 169 | . | — | 89 | 25 | 23 | 4 106 | 276 | 46 | 680 | 1891 |
| 2 983 | 162 685 | 2 578 | 72 | 90 | 3 177 | . | — | 144 | 38 | 24 | 3 842 | 269 | 36 | 694 | 92 |
| 3 432 | 165 428 | 2 603 | 68 | 108 | 3 317 | . | 498 | 132 | 54 | 93 | 3 331 | 209 | 35 | 703 | 93 |
| 3 190 | 154 891 | 2 868 | 95 | 114 | 4 261 | . | 718 | 143 | 63 | 171 | 3 731 | 275 | 31 | 731 | 94 |
| 3 156 | 175 193 | 3 595 | 131 | 113 | 4 767 | 41 | 1 028 | 161 | 79 | 199 | 3 799 | 328 | 34 | 739 | 95 |
| 3 398 | 174 167 | 3 926 | 141 | 137 | 5 020 | 47 | 1 304 | 220 | 96 | 233 | 3 972 | 377 | 41 | 806 | 96 |
| 3 435 | 181 638 | 4 131 | 166 | 201 | 5 888 | 42 | 1 452 | 218 | 116 | 241 | 4 454 | 364 | 43 | 854 | 97 |
| 3 785 | 199 558 | 4 682 | 168 | 217 | 6 696 | 98 | 1 730 | 394 | 171 | 250 | 4 782 | 414 | 50 | 922 | 98 |
| 4 468 | 230 189 | 5 175 | 189 | 200 | 6 722 | 97 | 1 574 | 334 | 189 | 322 | 4 671 | 502 | 41 | 901 | 99 |
| 5 088 | 241 652 | 6 217 | 206 | 194 | 7 429 | 51 | 450 | 245 | 180 | 315 | 5 596 | 505 | 52 | 1 112 | 1900 |
| 5 649 | 266 076 | 6 742 | 208 | 249 | 8 956 | 37 | 723 | 578 | 187 | 332 | 6 064 | 548 | 46 | 1 247 | 01 |
| 6 439 | 271 315 | 7 514 | 191 | | | 51 | 1 616 | 603 | 168 | 372 | 6 037 | 519 | 50 | 1 385 | 02 |
| | 319 695 | . | . | | | | | 725 | . | . | 6 45[illegible] | . | . | | 03 |

Quellen. — [1]) Bei Umrechnungen in metrische Tonnen und 1 longton (2 240 lbs) zu 1 016,047 kg, 1 short ton amtliche Schätzungen. [2]) Nur Steinkohlen.

wichtigsten Erzeugungsländern.[1])

1 000 metrischen Tonnen [1])

| Spanien | Frankreich | Belgien | Schweden | Großbritannien und Irland | Canada | Vereinigte Staaten | Japan | Jahr |
|---|---|---|---|---|---|---|---|---|
| 149 | 1 897 | 084 | 491 | 7 525 | 22 | 8 412 | 17 | 1891 |
| 134 | 2 057 | 753 | 486 | 6 817 | 39 | 9 304 | 19 | 92 |
| 135 | 2 003 | 745 | 453 | 7 089 | 51 | 7 270 | 17 | 93 |
| 124 | 2 070 | 819 | 463 | 7 547 | 45 | 6 764 | 10 | 94 |
| 180 | 2 004 | 829 | 463 | 7 827 | 48 | 9 598 | 26 | 95 |
| 101 | 2 340 | 959 | 494 | 8 790 | 61 | 8 762 | 27 | 96 |
| 147 | 2 484 | 1 035 | 538 | 8 978 | 53 | 9 808 | 28 | 97 |
| 113 | 2 525 | 980 | 532 | 8 748 | 70 | 11 963 | 24 | 98 |
| 113 | 2 578 | 1 025 | 498 | 9 573 | 93 | 13 839 | 21 | 99 |
| 91 | 2 714 | 1 019 | 527 | 9 103 | 88 | 14 011 | 25 | 1900 |
| 136 | 2 389 | 764 | 528 | 8 056 | 249 | 16 133 | 70 | 01 |
| 259 | 2 405 | 1 069 | 538 | 8 819 | 315 | 18 107 | . | 02 |
| . | 2 848 | 1 217 | 490 | 8 952 | 270 | 18 298 | . | 03 |

und der Herzegowina; bis dahin nur Österreich und Ungarn.

## 13. Post-, Telegraphen- und Fernsprech-

a.

(Statistik des Weltpostvereins: »Statistique

| Länder | Einwohnerzahl in Tausenden | Postanstalten | Personal | Briefsendungen im ganzen 1000 Stück | darunter Briefe 1000 Stück | darunter Postkarten 1000 Stück |
|---|---|---|---|---|---|---|
| Deutschland | 56 367 | 45 623 | 233 170 | 3 735 287 | 1 617 743 | 1 032 483 |
| Österreich | 26 151 | 7 628 | 48 176 | 988 189 | 529 798 | 306 136 |
| Ungarn | 19 254 | 4 906 | 22 346 | 335 834 | 140 890 | 104 501 |
| Bosnien-Herzegowina | 1 508 | 88 | 623 | 10 586 | 4 062 | 1 891 |
| Rußland | 131 570 | 6 288 | 57 534 | 594 509 | 309 049 | 100 682 |
| Rumänien | 5 913 | 3 350 | 6 929 | 58 795 | 14 801 | 13 291 |
| Türkei | 24 029 | 1 297 | 1 976 | 25 015 | 14 976 | 392 |
| Bulgarien | 3 733 | 2 027 | ([1] 1 731 | 23 052 | 5 280 | 5 342 |
| Italien | 32 066 | 8 251 | ([2] 38 331 | 805 465 | 217 498 | 85 656 |
| Spanien | 18 090 | 3 241 | 4 260 | 302 153 | 124 146 | 13 242 |
| Portugal | 5 050 | 3 005 | 6 324 | 63 639 | 24 973 | 9 218 |
| Schweiz | 3 313 | 3 760 | 12 028 | 244 879 | 116 764 | 55 074 |
| Frankreich (ohne Algier) | 38 962 | 11 044 | 77 581 | 2 089 961 | 800 611 | 63 527 |
| Algier | 4 739 | 554 | 2 340 | 31 447 | 13 193 | 594 |
| Luxemburg | 237 | 91 | 613 | 8 437 | 3 008 | 1 894 |
| Belgien | 6 800 | 1 196 | 7 169 | 468 087 | 119 703 | 62 403 |
| Niederlande | 5 263 | 1 330 | 7 935 | 321 485 | 92 237 | 55 463 |
| Dänemark | 2 450 | 1 174 | 6 776 | 91 662 | 79 042 | 5 704 |
| Schweden | 5 175 | 3 310 | 7 857 | 125 870 | 86 750 | 19 457 |
| Norwegen | 2 253 | 2 528 | 4 030 | 45 163 | 38 711 | 4 617 |
| Großbritannien | 41 639 | 22 400 | 179 202 | 3 832 400 | 2 451 500 | 444 000 |
| Ver. Staaten v. Amerika | 76 151 | 78 262 | 228 825 | 7 536 996 | 3 665 310 | 663 199 |
| Mexiko | 13 545 | 2 207 | 10 384 | 144 783 | 40 936 | 1 168 |
| Argentinien | 4 330 | 2 018 | 5 935 | ([3] 295 930 | ([3] 166 203 | ([3] 2 066 |
| Uruguay | 931 | 709 | 1 496 | 22 582 | 4 068 | 232 |
| Chile | 3 721 | 780 | 2 165 | 65 358 | 26 745 | 561 |
| Bolivien | 2 744 | 330 | 834 | 1 666 | 957 | 32 |
| Britisch Indien | 287 223 | 13 615 | 57 189 | 542 693 | 248 228 | 218 351 |
| Japan | 44 206 | 4 447 | 56 017 | 807 547 | 191 587 | 436 681 |
| Korea | 5 700 | 304 | 1 104 | 1 630 | 937 | 31 |
| Siam | 6 000 | 154 | 705 | 1 157 | 665 | 73 |
| Ägypten | 9 734 | 1 068 | 1 525 | 29 220 | 14 292 | 670 |
| Tunis | 1 100 | 335 | 593 | 14 023 | 7 267 | 331 |
| Kongostaat | 40 000 | 45 | 90 | 382 | 227 | 32 |

[1]) Ohne die 1900 [illegible] ländlichen Briefträger. — [2]) Für 1900 wurde die Zahl 24 [illegible], statt 14 966 [illegible] (Druckfehler in der Zahl und Wert der Briefe mit Wertangabe.

## 13b. Fernsprech-

(Statistik des Weltpostvereins: »Statistique

| Länder | Städtische Fernsprechanlagen: Zahl | Länge der Linien km | Länge der Drähte: ober der Erde km | Länge der Drähte: unter der Erde km | Verbindungsanlagen für den Fernverkehr: Zahl | Länge der Linien km | Länge der Drähte km | Sprechstellen | Zahl der Gespräche: im Innern in 1000 St. | Zahl der Gespräche: [illegible] in 1000 St. |
|---|---|---|---|---|---|---|---|---|---|---|
| Deutschland | 3 295 | 38 903 | 436 062 | 477 063 | 6 705 | 103 840 | 177 574 | 318 213 | 664 606 | 161 620 |
| Österreich | 278 | 9 686 | 41 404 | 130 078 | 108 | 9 224 | 18 456 | 35 478 | 102 804 | 1 911 |
| Ungarn | 57 | 2 282 | 34 110 | 26 110 | 97 | 10 047 | 36 084 | 17 082 | 42 326 | 340 |
| Bosnien-Herzegowina | 1 | 17 | 146 | — | — | — | — | 204 | 52 | — |
| Rußland | 102 | 7 565 | 60 167 | 2 607 | 24 | 146 | 2 216 | 80 497 | 101 701 | 1 102 |
| Rumänien | 8 | 484 | 3 341 | 400 | 2 110 | 14 131 | 17 939 | 4 569 | 3 757 | 278 |
| Bulgarien | 8 | 170 | 846 | 21 | 4 | 732 | 1 478 | 421 | — | 80 |
| Griechenland | 3 | 152 | 1 049 | — | 13 | 99 | 267 | 256 | — | — |
| Spanien | 61 | 3 067 | 40 856 | — | 15 | 2 000 | 6 315 | 18 121 | — | — |
| Schweiz | 324 | 14 781 | 43 204 | 100 502 | 648 | — | 18 711 | 44 527 | 22 173 | 4 778 |
| Frankreich | 1 558 | 19 197 | 66 947 | 255 931 | 2 267 | 35 058 | 131 057 | 83 463 | 170 886 | 7 408 |
| Luxemburg | 88 | 50 | 1 094 | — | 162 | 1 023 | 2 557 | 2 154 | 1 662 | 1 210 |

einrichtungen im Jahre 1901.

Post.

générale du service postal. — Bern 1901.)

| Pakete ohne Wertangabe 1 000 Stück | Eingegangene Briefe, Kästchen und Pakete mit Wertangabe: Zahl 1 000 Stück | Eingegangene Briefe, Kästchen und Pakete mit Wertangabe: Betrag in 1 000 fr. | Eingegangene Postanweisungen: Zahl 1 000 Stück | Eingegangene Postanweisungen: Betrag in 1 000 fr. | Nachnahmesendungen: Zahl 1 000 Stück | Nachnahmesendungen: Betrag in 1 000 fr. |
|---|---|---|---|---|---|---|
| 182 383 | 12 403 | 21 422 652 | 153 869 | 11 736 346 | 35 679 | 762 869 |
| 30 507 | 12 001 | 6 875 741 | 30 350 | 1 476 667 | 5 254 | 5 202 |
| 14 867 | 2 942 | 4 284 347 | 17 777 | 900 295 | 4 474 | 65 244 |
| 305 | 152 | 154 100 | 366 | 33 785 | 140 | 2 021 |
| 2 882 | 17 798 | 14 826 557 | 13 574 | 1 683 318 | 1 959 | 66 600 |
| 514 | 591 | — | 832 | 31 317 | 229 | 5 341 |
| 13 | ([4] 20 | ([4] 27 319 | 114 | 12 001 | — | — |
| 152 | 46 | 157 228 | 234 | 24 258 | 11 | 195 |
| 9 780 | 2 687 | 623 218 | 15 755 | 1 009 385 | 1 538 | 28 733 |
| 449 | 353 | 612 437 | — | — | — | — |
| 312 | 43 | 22 696 | 281 | 17 170 | 37 | 374 |
| 19 455 | 1 767 | 2 056 581 | 6 638 | 657 000 | 8 596 | 62 844 |
| 46 130 | 13 041 | 5 313 613 | 43 550 | 1 540 842 | 3 106 | 96 821 |
| 401 | 229 | 111 358 | 1 070 | 131 965 | 75 | 2 367 |
| 466 | 27 | 36 921 | 227 | 25 683 | 84 | 2 948 |
| 4 542 | 584 | 450 608 | 3 361 | 241 285 | 308 | 4 672 |
| 5 103 | 475 | 354 177 | 4 314 | 133 741 | 285 | 4 019 |
| 2 978 | 989 | 609 154 | 2 698 | 87 960 | 1 880 | 19 061 |
| 1 175 | 1 833 | 1 732 056 | 3 082 | 126 039 | 932 | 12 270 |
| 572 | 2 757 | 590 539 | 418 | 34 196 | 143 | 2 392 |
| 84 399 | 1 306 | — | 104 320 | 1 848 605 | — | — |
| — | — | — | 36 079 | 1 463 826 | — | — |
| 407 | — | — | 835 | 174 266 | — | — |
| — | 52 | 22 055 | — | 10 180 | — | — |
| 19 | — | — | 33 | 18 795 | — | — |
| 711 | 1 | 383 | 284 | 17 699 | . | 1 |
| 18 | — | — | — | — | — | — |
| 1 532 | 342 | 220 676 | 13 175 | 441 372 | 2 609 | 54 744 |
| 9 275 | 1 164 | 118 618 | 8 045 | 225 438 | 511 | 9 789 |
| — | — | — | — | — | — | — |
| 5 | — | — | 1 | 115 | — | — |
| 342 | 24 | 10 575 | 468 | 57 850 | 40 | 1 575 |
| 190 | 44 | 11 762 | 203 | 18 240 | 19 | 610 |
| 5 | — | — | 1 | 118 | — | — |

der Weltpostvereinsstatistik). — [3]) Für 1900 fehlten namentlich die Angaben für den inneren Verkehr. — [4]) Für 1900 fehlten die Angaben

## 13c. Telegraphen.

(Statistik des Weltpostvereins: »Statistique générale de la télégraphie« — Bern 1901).

| Länder | Telegraphenanstalten | Telegraphennetz: Länge der Linien in km | Telegraphennetz: Länge der Drähte in km | Apparate | Telegramme: im ganzen 1 000 St. | davon: inländische 1 000 St. | davon: internationale 1 000 St. | Diensttelegramme 1 000 St. |
|---|---|---|---|---|---|---|---|---|
| Deutschland | ([1] 25 600 | ([2] 131 011 | ([3] 483 542 | 37 752 | 45 346 | 31 423 | 12 582 | 1 341 |
| Österreich | 5 599 | 34 104 | 109 067 | 5 344 | 15 380 | 7 153 | 6 497 | 1 730 |
| Ungarn | 3 364 | 22 948 | 117 181 | 5 391 | 7 789 | 4 236 | 2 011 | 642 |
| Rußland | 6 508 | 171 768 | 520 085 | 5 962 | 19 703 | 15 538 | 2 809 | 1 356 |
| Rumänien | ([4] 1 844 | 6 995 | 18 110 | 1 353 | 2 331 | 1 569 | 670 | 92 |
| Bulgarien | 230 | 5 192 | 10 888 | 471 | 1 206 | 948 | 216 | 44 |
| Türkei | 907 | 40 405 | 63 939 | 1 957 | 4 978 | 3 285 | 1 376 | 315 |
| Griechenland | 241 | 6 174 | 8 998 | 330 | 1 205 | 965 | 221 | 19 |
| Italien | 6 078 | 42 705 | 131 624 | 10 445 | 12 269 | 9 425 | 2 348 | 495 |
| Spanien | 1 534 | 32 475 | 78 440 | 2 791 | 4 628 | 3 285 | 1 175 | 108 |
| Portugal | 456 | 8 447 | 18 645 | 699 | 2 266 | 807 | 1 263 | 106 |
| Schweiz | 2 120 | 6 596 | 22 085 | 2 233 | 4 079 | 1 515 | 2 400 | 163 |
| Frankreich | 13 527 | 145 682 | 547 798 | 17 073 | 47 280 | 38 119 | 7 386 | 1 775 |
| Luxemburg | 184 | 667 | 1 695 | 155 | 168 | 34 | 127 | 7 |
| Belgien | 1 336 | 6 430 | 34 722 | 2 158 | 6 844 | 3 331 | 3 311 | 202 |
| Niederlande | 1 040 | 6 243 | 23 630 | 1 376 | 5 798 | 2 962 | 2 732 | 104 |
| Dänemark | 499 | 3 684 | 14 027 | 540 | 2 193 | 661 | 1 478 | 54 |
| Schweden | 2 175 | 9 589 | 28 663 | 1 370 | 2 963 | 1 507 | 1 298 | 170 |
| Norwegen | 942 | 12 462 | 45 358 | 1 135 | 2 181 | 1 308 | 846 | 27 |
| Großbritannien u. Irland | 11 784 | 76 343 | 673 642 | 42 039 | 93 505 | 82 805 | 10 700 | — |
| Brasilien | 403 | 21 155 | 42 254 | 920 | 1 366 | 1 106 | 58 | 202 |
| Britisch Indien | 5 313 | 94 658 | 314 580 | 8 805 | 7 312 | 5 560 | 1 235 | 497 |
| Niederl. Indien | 443 | 9 870 | 14 319 | 889 | 738 | 405 | 307 | 24 |
| Japan | 1 853 | 29 466 | 123 958 | 3 956 | 16 601 | 14 071 | 531 | 1 890 |
| Viktoria | 868 | 10 348 | 21 857 | 868 | 2 080 | 2 035 | 45 | — |
| Neu-Südwales | 978 | 22 981 | 74 285 | 1 640 | 3 449 | 2 220 | 1 229 | — |
| Ägypten | 292 | 4 429 | 17 328 | 607 | 4 251 | 1 294 | 42 | 2 915 |
| Algier | 539 | 10 494 | 29 376 | 648 | 2 369 | 2 068 | 68 | 235 |
| Tunis | 122 | 3 127 | 8 458 | 203 | — | 281 | 422 | — |
| Kapland | 483 | 12 021 | 37 708 | 5 155 | 3 245 | 3 218 | 27 | — |
| Senegambien | 34 | 2 241 | 2 666 | 58 | 122 | 99 | 11 | 12 |

[1]) Außerdem 21 Telegraphenanstalten in den Schutzgebieten. — [2]) Außerdem 2 304 km besondere Anlagen; ferner 2 515 km gewöhnliche und 45 km besondere Anlagen in den Schutzgebieten. — [3]) Außerdem 9 885 km besondere Anlagen; ferner 2 529 km gewöhnliche und 115 km besondere Anlagen in den Schutzgebieten. — [4]) 1900 fehlten die Angaben über die lediglich Inlandsdienst tuenden Stellen.

## 13d. Einnahmen und Ausgaben der Post-, Telegraphen- und Fernsprechverwaltungen.

(Statistik des Weltpostvereins: »Statistique générale du service postal, de la télégraphie et téléphonie« — Bern 1901.)

| Länder | Einnahmen im ganzen | Einnahmen darunter aus dem Verkauf von Postwertzeichen | Einnahmen darunter aus der Personen- und Gepäckbeförderung | Ausgaben im ganzen | Ausgaben darunter für Gehälter | Ausgaben darunter für Dienstgebäude, Materialien und sonstigen Dienstaufwand | Ausgaben darunter Land- und Wassertransportkosten |
|---|---|---|---|---|---|---|---|
| | 1000 F. | | | 1000 F. | | | |
| Deutschland | 585 673 | 579 023 | 1 020 | 554 879 | 318 612 | 123 730 | 48 338 |
| Österreich | 115 485 | 108 865 | 105 | 109 632 | 70 335 | 18 152 | 16 711 |
| Ungarn | 40 924 | 37 794 | — | 35 511 | 20 222 | 5 873 | 8 912 |
| Bosnien-Herzegowina | 1 870 | 770 | 76 | 1 929 | 825 | 252 | 323 |
| Rußland | 214 825 | 94 080 | 1 179 | 159 720 | 88 940 | 60 234 | 7 732 |
| Rumänien | 12 784 | 4 607 | 2 | 7 017 | 5 443 | 537 | 401 |
| Türkei | [1] 32 706 | 3 301 | — | [1] 10 624 | 6 687 | 2 736 | 65 |
| Bulgarien | 3 075 | 1 409 | — | 2 959 | 2 136 | 699 | 150 |
| Italien | 60 306 | 55 324 | — | 65 668 | 40 303 | 3 743 | 8 190 |
| Spanien | 32 695 | 21 758 | — | 15 672 | 10 384 | 1 909 | 351 |
| Portugal | 9 014 | 4 362 | — | 4 842 | 2 910 | — | — |
| Schweiz | 46 300 | 31 305 | 2 510 | 45 345 | 25 578 | 11 245 | 7 112 |
| Frankreich | 272 609 | 187 277 | — | 208 543 | 128 506 | 25 614 | 14 560 |
| Algier | 5 514 | 3 192 | — | 6 019 | 4 202 | 532 | 667 |
| Luxemburg | 1 902 | 937 | — | 2 133 | 827 | 497 | 173 |
| Belgien | 35 983 | 21 858 | — | 23 835 | 18 077 | 4 580 | 305 |
| Niederlande | 26 439 | 20 465 | — | 23 901 | 18 589 | 3 159 | 2 369 |
| Dänemark | 17 606 | 10 357 | 45 | 14 358 | 10 490 | 1 145 | 2 183 |
| Schweden | 27 175 | 16 283 | 12 | 26 906 | 11 854 | 8 454 | 5 590 |
| Norwegen | 13 022 | 6 313 | — | 11 768 | 5 379 | 1 939 | 3 092 |
| Großbritannien | 458 120 | 341 039 | — | 355 624 | 245 720 | 36 924 | 39 405 |
| Ver. Staaten v. Amerika | 578 400 | 550 870 | — | 590 080 | 323 649 | 14 390 | 230 842 |
| Mexiko | 11 974 | 10 208 | — | 14 475 | 7 883 | 2 268 | 3 932 |
| Argentinien | 27 318 | — | — | 31 663 | — | — | — |
| Uruguay | 2 306 | 1 529 | — | 1 777 | 1 376 | 183 | — |
| Chile | 2 296 | 2 027 | — | 2 295 | 1 490 | 240 | 405 |
| Britisch Indien | 55 002 | 24 410 | 568 | 43 251 | 26 550 | 6 365 | 3 337 |
| Japan (ausschl. Formosa) | 52 503 | 41 701 | — | 55 748 | 18 734 | 20 226 | 6 531 |
| Ägypten | 5 389 | 3 043 | — | 4 191 | 3 212 | 543 | 177 |
| Tunis | 1 962 | 705 | — | 1 295 | 812 | 155 | 200 |

[1]) Für 1900 fehlten die Angaben für die Telegraphie.

## 14. Die Eisenbahnen der Erde in den Jahren 1890 und 1902.

(Archiv für Eisenbahnwesen, herausgegeben im Königlich Preußischen Ministerium der öffentlichen Arbeiten, 1892 und 1904).

| Länder | Länge der im Betrieb befindlichen Eisenbahnen Ende 1890 | Es entfiel Ende 1890 Bahnlänge auf je 100 qkm | Es entfiel Ende 1890 Bahnlänge auf je 10 000 Einwohner | Länge der im Betrieb befindlichen Eisenbahnen Ende 1902 | Es entfiel Ende 1902 Bahnlänge auf je 100 qkm | Es entfiel Ende 1902 Bahnlänge auf je 10 000 Einwohner |
|---|---|---|---|---|---|---|
| | Kilometer | | | Kilometer | | |
| **I. Europa.** | | | | | | |
| Deutschland: | | | | | | |
| Preußen | 25 464 | 7,3 | 8,5 | 32 466 | 9,3 | 9,4 |
| Bayern | 5 568 | 7,3 | 10,0 | 6 832 | 9,0 | 11,1 |
| Sachsen | 2 488 | 16,6 | 7,3 | 2 940 | 19,6 | 7,0 |
| Württemberg | 1 517 | 7,8 | 7,6 | 1 906 | 9,8 | 8,8 |
| Baden | 1 562 | 10,3 | 9,4 | 2 068 | 13,8 | 11,2 |
| Elsaß-Lothringen | 1 507 | 10,4 | 9,4 | 1 891 | 13,0 | 11,0 |
| Übrige deutsche Staaten | 4 763 | 9,2 | 9,4 | 6 678 | 10,7 | 9,7 |
| Zusammen Deutschland | 42 869 | 7,9 | 8,7 | 58 700 | 9,9 | 9,5 |
| Österreich-Ungarn, einschließlich Bosnien und Herzegowina | 27 112 | 4,0 | 6,4 | 38 041 | 5,6 | 8,1 |
| Rußland, europäisches, einschließlich Finland (1902: 2 891 km) | 30 957 | 0,6 | 3,3 | 52 339 | 0,9 | 4,5 |
| Serbien | 540 | 1,1 | 2,5 | 578 | 1,2 | 2,3 |
| Rumänien | 2 543 | 1,9 | 4,6 | 3 177 | 2,4 | 5,6 |
| Griechenland | 787 | 1,5 | 3,5 | 1 035 | 1,6 | 4,3 |
| Europäische Türkei, Bulgarien, Rumelien | 1 765 | 0,7 | 2,0 | 3 142 | 1,1 | 3,1 |
| Italien | 12 907 | 4,4 | 4,3 | 15 842 | 5,8 | 4,9 |
| Spanien | 9 878 | 1,9 | 5,8 | 13 770 | 2,7 | 7,7 |
| Portugal | 2 149 | 2,3 | 4,6 | 2 409 | 2,8 | 4,6 |
| Schweiz | 3 190 | 7,7 | 10,9 | 3 997 | 9,7 | 12,0 |
| Frankreich | 36 895 | 7,0 | 9,8 | 44 654 | 8,8 | 11,5 |
| Belgien | 5 263 | 17,8 | 8,8 | 6 628 | 22,8 | 9,9 |
| Niederlande, einschl. Luxemburg | 3 060 | 8,6 | 6,4 | 3 311 | 9,8 | 6,2 |
| Dänemark | 1 986 | 5,2 | 9,1 | 3 105 | 8,1 | 12,7 |
| Schweden | 8 018 | 1,8 | 16,6 | 12 177 | 2,7 | 23,9 |
| Norwegen | 1 562 | 0,5 | 7,5 | 2 344 | 0,7 | 10,5 |
| Großbritannien und Irland | 32 297 | 10,3 | 8,6 | 35 501 | 11,3 | 8,5 |
| Malta, Jersey, Man | 110 | — | — | 110 | 10,6 | 3,0 |
| Zusammen Europa | **223 869** | 2,3 | 6,2 | **296 051** | 3,6 | 7,4 |
| **II. Amerika.** | | | | | | |
| Britisch Nordamerika (Canada) | 22 533 | 0,3 | 46,7 | 30 358 | 0,3 | 56,0 |
| Vereinigte Staaten von Amerika | 268 409 | 3,0 | 42,7 | 325 777 | 4,3 | 41,4 |
| Neufundland | 179 | 0,2 | 9,0 | 1 055 | 0,8 | 49,3 |
| Mexiko | 9 800 | 0,5 | 8,6 | 16 668 | 0,6 | 11,8 |
| Mittelamerika[1]) | 1 000 | 0,2 | 3,9 | 1 339 | — | — |
| Vereinigte Staaten von Columbien | 350 | — | 1,0 | 644 | 0,05 | 1,4 |
| Venezuela | 800 | 0,1 | 3,6 | 1 020 | 0,1 | 4,2 |
| Vereinigte Staaten von Brasilien | 9 500 | 0,1 | 6,8 | 14 798 | 0,2 | 8,9 |
| Argentinische Republik | 9 800 | 0,4 | 24,1 | 16 767 | 0,6 | 34,8 |
| Paraguay | 240 | 0,1 | 7,3 | 253 | 0,1 | 4,0 |
| Uruguay | 1 127 | 0,6 | 15,6 | 1 948 | 1,1 | 20,9 |
| Chile | 3 100 | 0,4 | 11,3 | 4 643 | 0,6 | 14,0 |
| Peru | 1 667 | 0,1 | 5,8 | 1 667 | 0,1 | 3,6 |
| Bolivia | 209 | — | 1,0 | 1 055 | 0,1 | 4,6 |
| Ecuador | 300 | 0,1 | 2,3 | 300 | 0,1 | 2,1 |
| Britisch Guyana | 35 | — | 1,2 | 120 | 0,05 | 4,1 |
| Große Antillen[2]) | (4) 2 338 | — | — | 2 712 | — | — |
| Kleine Antillen[3]) | | | | 447 | — | — |
| Zusammen Amerika | **331 417** | — | — | **421 571** | — | — |

[1]) Ende 1902 hatten: Guatemala 640 km, Honduras 95 km, Salvador 117 km, Nicaragua 225 km und Costarica 261 km. — [2]) Ende 1902 hatten: Cuba 1960 km, Dominikanische Republik 181 km, Haiti 16 km, Jamaika 298 km und Portorico 230 km. — [3]) Ende 1902 hatten: Martinique 224 km, Barbados 90 km und Trinidad 130 km. — [4]) Für 1890 konnten keine getrennten Angaben gemacht werden.

| Länder | Länge der im Betrieb befindlichen Eisenbahnen Ende 1890 | Es trifft Ende 1890 Bahnlänge auf je 100 qkm | Es trifft Ende 1890 Bahnlänge auf je 10 000 Einwohner | Länge der im Betrieb befindlichen Eisenbahnen Ende 1902 | Es trifft Ende 1902 Bahnlänge auf je 100 qkm | Es trifft Ende 1902 Bahnlänge auf je 10 000 Einwohner |
|---|---|---|---|---|---|---|
| | Kilometer | | | Kilometer | | |
| **III. Asien.** | | | | | | |
| Britisch Ostindien | 27 000 | 0,6 | 0,9 | 41 723 | 0,8 | 1,4 |
| Ceylon | 308 | 0,5 | 1,0 | 593 | 0,9 | 1,6 |
| Kleinasien mit Syrien | 800 | — | — | 2 760 | 0,3 | 1,4 |
| Russisches, mittelasiatisches Gebiet | 1 433 | 0,3 | 3,8 | 2 669 | 0,5 | 3,4 |
| Sibirien und Mandschurei | — | — | — | 9 116 | 0,07 | 15,8 |
| Persien | 30 | — | — | 54 | 0,003 | 0,1 |
| Niederländisch Indien (Java, Sumatra) | 1 361 | 0,3 | 0,5 | 2 228 | 0,4 | 0,7 |
| Portugiesisch Indien | 34 | — | — | 82 | 2,2 | 1,4 |
| Malayische Staaten (Borneo, Celebes usw) | 100 | — | — | 439 | 0,6 | 6,1 |
| China | 200 | — | — | 1 516 | 0,01 | 0,04 |
| Japan | 2 333 | 0,7 | 0,6 | 6 817 | 1,8 | 1,5 |
| Korea | — | — | — | 60 | 0,03 | 0,05 |
| Siam | — | — | — | 534 | 0,08 | 0,8 |
| Cochinchina, Kambodscha, Annam, Tonkin (1902: 2398 km), Pondichery (95 km), Malakka (92 km), Philippinen (196 km) | *) 105 | — | — | 2 781 | — | — |
| Zusammen Asien | 33 724 | — | — | 71 372 | — | — |
| **IV. Afrika.** | | | | | | |
| Ägypten | 1 547 | — | — | 4 752 | 0,3 | 4,8 |
| Algier und Tunis | 3 104 | 0,5 | 5,8 | 4 894 | 0,5 | 7,3 |
| Unabhängiger Kongo-Staat | — | — | — | 444 | — | — |
| Abessinien | — | — | — | 296 | — | — |
| Britisch Südafrika: Kapkolonie | 2 922 | 0,3 | 19,8 | 4 769 | 0,6 | 27,3 |
| Britisch Südafrika: Natal | 546 | 1,3 | 10,9 | 1 185 | 1,7 | 15,8 |
| Britisch Südafrika: Transvaal | 120 | — | 1,8 | 1 935 | 0,8 | 22,8 |
| Britisch Südafrika: Oranje-Kolonie | 237 | — | — | 960 | 0,7 | 46,1 |
| Kolonien: | | | | | | |
| Deutschland (Deutsch Ostafrika 90 km, Deutsch Südwestafrika 380 km) | *) 910 | — | — | 470 | — | — |
| England (Brit. Ostafrika 936 km, Sierra Leone 122 km, Goldküste 201 km, Lagos 75 km, Mauritius 160 km) | | | | 1 503 | — | — |
| Frankreich (Franz. Sudan 843 km, Franz. Somaliküste 160 km, Madagaskar 80 km, Réunion 127 km) | | | | 1 180 | — | — |
| Italien (Eritrea 27 km) | | | | 27 | — | — |
| Portugal (Angola 343 km, Mozambique 449 km) | | | | 992 | — | — |
| Zusammen Afrika | 9 386 | — | — | 23 417 | — | — |
| **V. Australien.** | | | | | | |
| Viktoria | 4 325 | 1,9 | 38,0 | 5 314 | 2,3 | 44,3 |
| Neu-Südwales | 3 641 | 0,4 | 31,8 | 4 868 | 0,6 | 35,5 |
| Queensland | 3 435 | 0,2 | 87,2 | 4 507 | 0,3 | 92,9 |
| Südaustralien | 2 900 | 0,1 | 88,4 | 3 029 | 0,1 | 83,4 |
| Westaustralien | 825 | — | 168,4 | 3 182 | 0,1 | 77,8 |
| Tasmanien | 643 | 0,9 | 43,7 | 986 | 1,5 | 58,0 |
| Neu-Seeland | 3 120 | 1,2 | 50,2 | 3 767 | 1,4 | 45,4 |
| Hawaii (40 km) mit den Inseln Maui (11 km) und Oahu (91 km) | — | — | — | 142 | 0,8 | 18,5 |
| Zusammen Australien | 18 889 | 0,2 | 49,4 | 25 805 | 0,3 | 52,4 |
| **Wiederholung.** | | | | | | |
| Europa | 223 869 | 2,3 | 6,3 | 296 051 | 2,6 | 7,4 |
| Amerika | 331 417 | — | — | 431 371 | — | — |
| Asien | 33 724 | — | — | 71 372 | — | — |
| Afrika | 9 386 | — | — | 23 417 | — | — |
| Australien | 18 889 | 0,2 | 49,4 | 25 805 | 0,3 | 52,4 |
| Zusammen auf der Erde | 617 285 | — | — | 838 216 | — | — |

## 15. Betriebsergebnisse deutscher und ausländischer

(Aus amtlichen

| Länder und Bahnen | Jahr | Betriebslänge am Jahresschluß km | Davon zwei- und mehrgleisige Strecken % | Auf 1 km geleistete Personen-kilometer | Auf 1 km geleistete Gütertonnen-kilometer | Betriebsmittel: Auf je 100 km Betriebslänge kamen Lokomotiven | Personenwagen | Güterwagen |
|---|---|---|---|---|---|---|---|---|
| **Deutschland.** | | | | | | | | |
| Preußisch-hessische Staatsbahnen | 1895 | 27 366 | 39,8 | 357 800 | 863 809 | 40 | 69 | 844 |
| | 1901 | 31 366 | 40,0 | 474 339 | 773 586 | 42 | 77 | 939 |
| Bayerische Staatsbahnen | 1895 | 5 235 | 28,1 | 230 917 | 376 345 | 26 | 67 | 383 |
| | 1901 | 5 772 | 33,5 | 262 370 | 446 336 | 31 | 80 | 464 |
| Sächsische Staatsbahnen | 1895 | 2 486 | 31,7 | 390 712 | 545 670 | 40 | 103 | 979 |
| | 1901 | 2 848 | 31,8 | 462 090 | 526 955 | 49 | 130 | 1 120 |
| Württembergische Staatsbahnen | 1895 | 1 680 | 21,0 | 277 631 | 325 618 | 27 | 69 | 401 |
| | 1901 | 1 803 | 22,6 | 368 788 | 375 286 | 35 | 72 | 515 |
| Badische Staatsbahnen | 1895 | 1 550 | 37,6 | 334 323 | 461 903 | 37 | 91 | 718 |
| | 1901 | 1 667 | 38,0 | 463 133 | 624 647 | 43 | 105 | 776 |
| Elsaß-lothringische Reichsbahnen (einschl. Wilhelm-Luxemburg-Eisenbahn) | 1895 | 1 757 | 47,2 | 267 823 | 802 197 | 33 | 67 | 782 |
| | 1901 | 1 873 | 35,2 | 346 380 | 905 067 | 43 | 82 | 968 |
| Deutsche Privatbahnen | 1895 | 3 519 | 26,8 | 208 932 | 293 750 | 24 | 55 | 536 |
| | 1901 | 4 343 | 16,0 | 171 676 | 252 219 | 22 | 47 | 330 |
| Gesamtnetz | 1895 | 45 479 | 34,2 | 315 390 | 580 431 | 35 | 69 | 727 |
| | 1901 | 51 326 | 35,8 | 413 820 | 651 590 | 39 | 78 | 818 |
| **Österreich-Ungarn.** | | | | | | | | |
| K. K. Österr. Staatsbahnen | 1895 | 8 675 | 9,8 | 219 263 | 380 854 | 21 | 30 | 409 |
| | 1901 | 11 249 | 9,4 | 291 273 | 475 808 | 24 | 33 | 440 |
| Kgl. Ungar. Staatsbahnen | 1895 | 7 661 | 9,8 | 216 478 | 393 069 | 24 | 53 | 537 |
| | 1901 | 7 840 | 11,8 | 218 222 | 448 871 | 32 | 61 | 700 |
| Gesamtnetz | 1895 | 29 371 | 10,1 | 210 744 | 412 452 | 21 | 46 | 491 |
| | 1901 | 35 523 | 10,4 | 230 773 | 441 721 | 23 | 48 | 520 |
| **Rußland.** | | | | | | | | |
| Gesamtnetz | 1895 | 35 323 | 22,7 | 214 620 | 640 409 | 25 | 26 | 514 |
| | 1901 | 54 912 | 18,6 | 242 892 | 713 300 | 24 | 28 | 574 |
| **Italien.** | | | | | | | | |
| Gesamtnetz | 1895 | 15 479 | 11,0 | 146 298 | 132 561 | 19 | 53 | 324 |
| | 1901 | 15 809 | 12,3 | 164 170 | 140 433 | 20 | 55 | 373 |
| **Schweiz.** | | | | | | | | |
| Gesamtnetz | 1895 | 3 590 | 11,3 | 249 408 | 170 862 | 28 | 68 | 319 |
| | 1901 | 3 930 | 13,1 | 318 308 | 198 132 | 31 | 75 | 358 |
| **Frankreich.** | | | | | | | | |
| Französische Hauptbahnen (ohne die lignes d'intérêt général) | 1895 | 36 296 | — | 283 970 | 355 787 | 28 | 71 | 743 |
| | 1901 | 38 271 | 42,7 | 340 371 | 425 873 | 28 | 75 | 775 |
| **Belgien.** | | | | | | | | |
| Belgische Staatsbahnen | 1895²) | 3 321 | 40,4 | 498 909 | — | 60 | 123 | 1 426 |
| | 1901 | 4 048 | 40,1 | 678 396 | — | 71 | 136 | 1 652 |
| **Niederlande.** | | | | | | | | |
| Holländische Eisenbahn | 1895 | 1 252 | 16,8 | 291 797 | 231 072 | 25 | 64 | 290 |
| | 1901 | 1 288 | 27,8 | 427 568 | 326 870 | 28 | 71 | 416 |
| Niederl. Staatseisenbahn-Betriebsges. | 1895 | 1 703 | 33,1 | 242 018 | 307 298 | 27 | 68 | 486 |
| | 1901 | 1 734 | 34,5 | 351 803 | 371 300 | 32 | 70 | 605 |
| **Dänemark.** | | | | | | | | |
| Dänische Staatsbahnen | 1895 | 1 734 | 3,1 | 211 996 | 99 813 | 18 | 48 | 263 |
| | 1901 | 1 804 | 9,1 | 340 632 | 151 435 | 28 | 68 | 368 |
| **Schweden.** | | | | | | | | |
| Schwedische Staatsbahnen | 1895 | 3 269 | — | 76 462 | 137 211 | 13 | 26 | 324 |
| | 1901 | 3 849 | — | 124 187 | 212 602 | 16 | 27 | 392 |
| Schwedische Privatbahnen | 1895 | 6 222 | — | 42 212 | 71 923 | 10 | 21 | 231 |
| | 1901 | 7 529 | — | 53 352 | 87 336 | 11 | 21 | 280 |
| **Norwegen.** | | | | | | | | |
| Gesamtnetz | 1895 | 1 752 | — | 91 582 | 63 811 | 11 | 32 | 228 |
| | 1901 | 2 105 | — | 115 273 | 70 455 | 12 | 31 | 293 |
| **Großbritannien u. Irland.** | | | | | | | | |
| Gesamtnetz | 1895 | 34 090 | 54,0 | — | — | 55 | 124 | 1 862 |
| | 1901 | 35 524 | 55,8 | — | — | 61 | 138 | 2 069 |
| **Ver. Staaten v. Amerika.** | | | | | | | | |
| Gesamtnetz | 1895 | 290 677 | — | 68 572 | 479 490 | 12 | — | — |
| | 1901 | 317 355 | — | 89 721 | 760 414 | 13 | 11 | 463 |

¹) Der Begriff »Eisenbahnen« ist in den verschiedenen Ländern verschieden. [illegible] den Besitz an mehrgleisigen Strecken. — ²) Bei den belgischen Staatsbahnen [illegible] 1895 [illegible]

...isenbahnen in den Jahren 1895 und 1901.¹)
(...statistiken.)

| Anlagekapital im ganzen Mill. ℳ | Anlagekapital auf 1 km Betriebslänge ℳ | Gesamteinnahme auf 1 km im ganzen ℳ | davon aus dem Personen- und Gepäckverkehr % | davon aus dem Güterverkehr % | Durchschnittsertrag für 1 Person und 1 km Pf. | Durchschnittsertrag für 1 Gütertonne und 1 km Pf. | Gesamtausgabe im Verhältnis zur Einnahme % | Überschuß auf 1 km ℳ | Überschuß im Verhältnis zum Anlagekapital % |
|---|---|---|---|---|---|---|---|---|---|
| 7 020 | 256 624 | 37 471 | 27,71 | 69,17 | 2,01 | 3,61 | 53,2 | 17 533 | 8,0 |
| 6 555 | 272 748 | 43 463 | 29,04 | 65,67 | 2,57 | 3,50 | 61,3 | 10 842 | 6,2 |
| 1 246 | 238 521 | 21 547 | 30,16 | 60,80 | 3,28 | 4,00 | 66,0 | 7 827 | 3,2 |
| 1 520 | 263 340 | 28 790 | 30,67 | 60,40 | 3,15 | 3,61 | 76,6 | 6 751 | 2,6 |
| 727 | 208 138 | 39 558 | 31,29 | 64,01 | 3,08 | 4,64 | 62,7 | 14 644 | 4,0 |
| 930 | 351 208 | 43 341 | 30,76 | 56,27 | 2,70 | 4,28 | 78,2 | 9 467 | 3,0 |
| 524 | 310 194 | 25 235 | 33,87 | 61,44 | 2,94 | 4,64 | 60,4 | 9 967 | 3,3 |
| 631 | 349 072 | 30 384 | 35,12 | 55,49 | 2,77 | 4,87 | 71,1 | 8 786 | 2,6 |
| 475 | 322 948 | 34 683 | 34,38 | 61,49 | 3,30 | 4,50 | 61,4 | 13 842 | 4,2 |
| 645 | 388 923 | 46 086 | 32,02 | 57,04 | 3,02 | 4,00 | 79,5 | 9 470 | 2,7 |
| 543 | 346 735 | 38 393 | 23,30 | 72,03 | 3,16 | 3,40 | 57,1 | 16 908 | 4,8 |
| 679 | 362 520 | 44 227 | 24,26 | 69,17 | 2,94 | 3,80 | 77,1 | 10 143 | 2,9 |
| 644 | 184 642 | 21 293 | 29,85 | 63,60 | 2,05 | 4,41 | 56,2 | 9 372 | 5,0 |
| 591 | 136 081 | 18 223 | 27,47 | 59,62 | 2,52 | 4,05 | 67,8 | 5 872 | 4,3 |
| 11 407 | 252 153 | 33 287 | 28,67 | 67,76 | 2,62 | 3,02 | 55,0 | 14 720 | 5,8 |
| 12 943 | 252 161 | 38 853 | 29,56 | 63,82 | 2,67 | 3,60 | 60,4 | 13 053 | 5,1 |
| | | | | | | | | | |
| 1 862 | 250 221 | 19 494 | 27,88 | 71,40 | 2,35 | 3,61 | 63,5 | 7 118 | 2,9 |
| 2 252 | 200 196 | 26 135 | 28,80 | 65,68 | 2,28 | 3,58 | 75,9 | 6 551 | 2,5 |
| 1 504 | 206 438 | 18 441 | 25,65 | 74,05 | 2,14 | 3,58 | 58,4 | 7 211 | 3,6 |
| 1 883 | 240 179 | 22 844 | 22,75 | 68,17 | 2,31 | 3,44 | 64,1 | 8 273 | 3,6 |
| 6 174 | 219 046 | 21 283 | 24,04 | 74,20 | 2,36 | 3,80 | 54,8 | 9 669 | 4,4 |
| 7 960 | 224 080 | 23 450 | 24,37 | 71,33 | 2,37 | 3,76 | 64,7 | 8 503 | 3,6 |
| | | | | | | | | | |
| — | 195 655 | 25 042 | 15,70 | 74,14 | 1,75 | 3,10 | 57,0 | 10 551 | — |
| 11 124 | 202 570 | 24 199 | 16,55 | 74,73 | 1,80 | 2,46 | 69,7 | 7 328 | (⁴ 3,0 |
| | | | | | | | | | |
| 3 997 | 258 221 | 13 414 | 40,79 | 58,76 | 3,61 | 5,06 | 70,0 | 3 813 | 1,5 |
| 4 483 | 281 809 | 15 853 | 38,60 | 60,63 | 3,73 | 6,04 | 78,4 | 3 422 | 1,3 |
| | | | | | | | | | |
| 946 | 282 917 | 24 872 | 40,77 | 54,94 | 4,06 | 7,10 | 59,3 | 10 153 | 3,9 |
| 1 117 | 264 224 | 20 110 | 45,87 | 48,85 | 3,88 | 7,00 | 62,5 | 10 913 | 3,0 |
| | | | | | | | | | |
| 12 471 | 343 782 | 27 654 | 42,11 | 55,66 | 3,06 | 4,19 | 54,0 | 12 710 | 3,7 |
| 13 407 | 350 317 | 30 458 | 43,58 | 54,56 | 2,91 | 3,77 | 50,3 | 13 321 | 3,9 |
| | | | | | | | | | |
| 1 141 | 313 571 | 37 480 | 33,99 | 63,03 | 2,55 | — | 58,8 | 15 528 | 4,4 |
| 1 586 | 391 798 | 41 050 | 34,07 | 64,23 | 2,00 | — | 69,5 | 12 522 | 3,2 |
| | | | | | | | | | |
| (⁵ 112 | (⁵ 482 581 | 18 644 | 56,11 | 41,85 | 3,49 | 3,27 | 69,1 | 5 768 | — |
| 140 | 108 698 | 24 311 | 51,19 | 39,72 | 2,87 | 2,70 | 71,7 | 6 886 | 4,2 |
| — | — | 20 807 | 45,77 | 47,18 | 3,70 | 3,11 | 68,2 | 6 618 | — |
| — | — | 28 913 | 42,70 | 45,30 | 3,10 | 3,10 | 73,6 | 7 094 | — |
| | | | | | | | | | |
| — | — | 13 183 | 40,65 | 45,54 | 3,04 | 5,90 | 73,9 | 3 341 | — |
| — | — | 17 390 | 49,82 | 44,66 | 2,40 | 5,18 | 100,5 | — 88 | — |
| | | | | | | | | | |
| 334 | 102 098 | 9 209 | 33,87 | 65,27 | 3,78 | 4,14 | 66,7 | 3 227 | 3,2 |
| 417 | 108 340 | 13 214 | 34,34 | 64,61 | 3,38 | 3,94 | 80,5 | 2 572 | 2,4 |
| 364 | 58 470 | 6 020 | 29,47 | 66,95 | 3,66 | 5,60 | 54,9 | 2 713 | 4,6 |
| 427 | 56 714 | 6 860 | 32,07 | 64,72 | 3,74 | 5,08 | 63,0 | 2 542 | 4,5 |
| | | | | | | | | | |
| 164 | 93 429 | 6 846 | 41,73 | 50,07 | 3,04 | 5,89 | 74,2 | 1 785 | 1,0 |
| 200 | 95 012 | 8 031 | 47,79 | 50,11 | 3,04 | 5,76 | 83,0 | 1 296 | 1,4 |
| | | | | | | | | | |
| 20 022 | 587 328 | 50 754 | 43,47 | 51,31 | — | — | 55,7 | 22 449 | 3,6 |
| 23 911 | 673 004 | 59 993 | 43,78 | 49,70 | — | — | 63,6 | 21 906 | 3,5 |

## 16. Bestand der Handelsflotten.

| Länder | Zeit der Aufnahme | Segelschiffe Zahl | Segelschiffe Registertons netto | Dampfschiffe Zahl | Dampfschiffe Registertons netto | Zusammen Zahl | Zusammen Registertons netto | Bemerkungen |
|---|---|---|---|---|---|---|---|---|
| Deutsches Reich | 1. I. 1903 | 2 500 | 581 365 | 1 545 | 1 622 439 | 4 045 | 2 203 804 | Schiffe über 17,65 R.-T. brutto. |
| Österreich | 31. XII. 1902 | 1 484 | 35 636 | 220 | 243 492 | 1 710 | 279 128 | |
| Ungarn | 31. XII. 1902 | 112 | 8 042 | 91 | 84 923 | 203 | 92 965 | |
| Rußland | 1. I. 1902 | 2 378 | 272 511 | 810 | 391 697 | 3 188 | 664 208 | Schiffe v. 20 R.-T. brutto ab. |
| Finnland | 31. XII. 1902 | 2 344 | 287 742 | 301 | 45 872 | 2 645 | 333 614 | Schiffe v. 19 R.-T. netto ab. |
| Italien | 31. XII. 1901 | 5 337 | 575 207 | 471 | 424 711 | 5 808 | 999 918 | Nationalisierte Schiffe. |
| Spanien | 31. XII. 1900 | 549 | 95 187 | 502 | 679 392 | 1 051 | 774 579 | Schiffe v. 50 R.-T. aufwärts. |
| Frankreich | 31. XII. 1902 | 14 691 | 668 693 | 1 330 | 548 921 | 16 021 | 1 217 614 | Ohne die kleinen Fischerboote. |
| Belgien | 31. XII. 1902 | 5 | 877 | 68 | 105 305 | 73 | 106 182 | Schiffe v. 50 R.-T. netto ab. |
| Niederlande | 31. XII. 1901 | 417 | 75 332 | 235 | 306 384 | 652 | 381 716 | |
| Dänemark | 31. XII. 1902 | 3 372 | 158 845 | 533 | 272 883 | 3 905 | 431 728 | Schiffe über 4 R.-T. netto. |
| Schweden | 31. XII. 1901 | 2 160 | 298 589 | 943 | 341 622 | 3 103 | 640 211 | Schiffe v. 20 R.-T. netto ab. |
| Norwegen | 31. XII. 1902 | 5 569 | 883 955 | 1 290 | 567 161 | 6 859 | 1 451 116 | Schiffe v. 4 R.-T. netto ab. |
| Großbritannien u. Irland | 31. XII. 1902 | 10 273 | 1 931 841 | 9 770 | 8 098 760 | 20 043 | 10 030 601 | Ausschließlich der Boote bis 15 R.-T. brutto, welche nur auf Flüssen und an der Küste des Heimatlandes verwendet werden. |
| Insel Man und Kanalinseln | 31. XII. 1902 | 182 | 18 834 | 33 | 5 335 | 215 | 24 169 | |
| Britische Besitzungen | 31. XII. 1902 | 11 581 | 924 813 | 3 942 | 587 162 | 15 523 | 1 511 975 | |
| Britisches Reich | 31. XII. 1902 | 22 036 | 2 875 488 | 13 745 | 8 691 257 | 35 781 | 11 566 745 | |
| Vereinigte St. v. Amerika | 30. VI. 1903 | 16 371 | brutto 2 679 257 | 8 054 | brutto 3 418 088 | 24 425 | brutto 6 097 345 | Ohne die Boote unter 5 R.-T. netto. |
| Japan | 31. XII. 1902 | 3 977 | netto 334 507 | 1 441 | netto 609 951 | 5 418 | netto 944 458 | Schiffe nach europäischer Bauart. |

## 17. Seeverkehr.

(Ohne den Verkehr zwischen Häfen desselben Landes — Küstenfahrt —, soweit nichts anderes bemerkt ist. Kolonien gelten als Ausland.)

| In den Häfen der nachstehenden Länder | Jahr | Angekommen | | | | Abgegangen | | | |
|---|---|---|---|---|---|---|---|---|---|
| | | Schiffe überhaupt | | darunter Dampfer | | Schiffe überhaupt | | darunter Dampfer | |
| | | eigene | fremde | eigene | fremde | eigene | fremde | eigene | fremde |
| | | Registertons netto | | | | | | | |
| Deutsches Reich ... | 1902 | 7 747 038 | 7 749 690 | 7 185 057 | 6 999 965 | 7 670 177 | 7 715 628 | 7 109 573 | 6 972 376 |
| Österreich . | 1902 | 3 917 385 | 914 215 | 3 837 713 | 685 682 | 3 908 373 | 951 405 | 3 691 381 | 714 410 |
| Rußland [1]) | 1901 | 940 490 | 7 946 445 | 832 258 | 7 755 999 | 745 099 | 7 632 771 | 637 203 | 7 640 167 |
| Italien [2]) . | 1902 | 10 816 868 | 11 013 301 | 10 314 019 | 10 918 244 | 10 891 715 | 11 124 914 | 10 379 307 | 11 027 428 |
| Spanien [3]) . | 1902 | 7 179 571 | 7 740 370 | 7 079 826 | 7 497 106 | 7 346 427 | 7 825 431 | 7 263 135 | 7 625 380 |
| Portugal . | 1902 | 414 648 | 11 330 225 | 349 099 | 11 166 159 | 453 907 | 11 214 593 | 383 333 | 11 053 941 |
| Frankreich . | 1902 | 4 917 212 | 14 123 290 | 4 585 228 | 13 543 183 | 5 359 262 | 14 244 245 | 4 927 153 | 13 641 879 |
| Belgien .. | 1902 | 1 293 622 | 8 860 678 | 1 293 526 | 8 512 788 | 1 293 262 | 8 798 400 | 1 293 166 | 8 469 083 |
| Niederlande ... | 1902 | 2 782 083 | 6 724 215 | 2 714 343 | 6 512 113 | 2 794 767 | 6 614 956 | 2 721 503 | 6 425 171 |
| Dänemark . | 1902 | 3 172 478 | 2 805 868 | 2 946 368 | 2 249 925 | 3 200 038 | 2 843 431 | 2 962 540 | 2 282 665 |
| Schweden . | 1901 | 3 841 010 | 4 496 972 | 3 106 060 | 3 932 431 | 3 735 857 | 4 492 860 | 3 028 119 | 3 924 654 |
| Norwegen . | 1901 | 2 265 990 | 1 486 474 | 1 580 751 | 1 297 833 | 2 310 324 | 1 508 833 | 1 606 304 | 1 297 542 |
| Großbrit. u. Irland | 1902 | 32 302 438 | 17 317 681 | 31 374 957 | 14 903 163 | 32 600 471 | 17 652 131 | 31 690 898 | 15 172 831 |
| V. Staat. v. Amerika . | Juli-Juni 1901/02 | 4 018 871 | 20 341 564 | 3 153 432 | 18 262 406 | 3 955 515 | 20 298 589 | 3 142 384 | 18 175 658 |
| Uruguay .. | 1901 | 1 628 746 | 1 143 338 | 1 559 491 | 795 067 | 1 728 066 | 1 125 600 | 1 650 213 | 790 568 |
| Japan [4]) .. | 1902 | 4 381 416 | 7 186 028 | 4 309 164 | 7 090 249 | 4 393 754 | 7 205 339 | 4 318 223 | 7 097 378 |

[1]) Einschl. der großen Cabotage.

[2]) Einschl. der Fahrten von Dampfern der internationalen Linien zwischen italienischen Häfen.

[3]) Ohne Ausscheidung der Zwischenfahrten.

[4]) Nur Schiffe europäischer Bauart.

## 18. Der Außenhandel der

(E. u. A. = Einfuhr u. Ausfuhr im Spezialhandel;

| Länder | | Wert der Waren in Millionen Mark | | | | | | | | | |
|---|---|---|---|---|---|---|---|---|---|---|---|
| | | 1903 | 1902 | 1901 | 1900 | 1899 | 1898 | 1897 | 1896 | 1895 | 1894 |
| Deutsches Zollgebiet | E. | [illegible] | 5 631,0 | 5 421,2 | 5 765,6 | 5 483,1 | 5 [illegible] | 4 [illegible] | 4 307,8 | 4 120,7 | [illegible] |
| | A. | 5 [illegible] | [illegible] | [illegible] | [illegible] | [illegible] | [illegible] | [illegible] | [illegible] | [illegible] | [illegible] |
| | S.E. | 6 [illegible] | 5 918,1 | 5 727,1 | 6 128,? | 5 827,? | 5 [illegible] | 4 [illegible] | [illegible] | 4 [illegible] | [illegible] |
| | S.A. | 5 [illegible] | [illegible] | [illegible] | [illegible] | [illegible] | [illegible] | [illegible] | [illegible] | [illegible] | [illegible] |
| [illegible] | S.E. | . | 37,6 | 33,2 | 30,8 | 34,5 | 29,6 | [illegible] | 30,6 | . | [illegible] |
| | S.A. | . | 13,3 | 15,8 | [illegible] | [illegible] | [illegible] | [illegible] | [illegible] | . | [illegible] |
| Belgien[2] | E. | 1 971,8 | 1 906,8 | 1 776,4 | 1 772,2 | 1 [illegible] | 1 635,? | 1 495,? | 1 421,? | 1 311,8 | 1 250,? |
| | A. | 1 [illegible] | 1 510,? | 1 464,? | [illegible] | [illegible] | [illegible] | [illegible] | [illegible] | [illegible] | [illegible] |
| | S.E. | . | 3 151,7 | 2 912,5 | 2 875,? | 2 925,? | 2 623,2 | 2 310,? | 2 420,? | 2 321,0 | 2 162,? |
| | S.A. | . | [illegible] | [illegible] | [illegible] | [illegible] | [illegible] | [illegible] | [illegible] | [illegible] | [illegible] |
| Bulgarien[4] | S.E. | 85,4 | 57,0 | 56,0 | 37,? | 48,? | 58,? | 67,? | 61,2 | 55,? | 70,? |
| | S.A. | 86,1 | [illegible] | 66,? | [illegible] | [illegible] | [illegible] | [illegible] | [illegible] | [illegible] | [illegible] |
| Dänemark | E. | 500,2 | 400,5 | 443,8 | 469,2 | 420,? | 413,0 | 368,? | 358,? | 350,? | 343,? |
| | A. | 306,? | [illegible] | [illegible] | [illegible] | [illegible] | [illegible] | [illegible] | [illegible] | [illegible] | [illegible] |
| | S.E. | . | 485,3 | 376,? | [illegible] | [illegible] | [illegible] | [illegible] | [illegible] | [illegible] | [illegible] |
| | S.A. | . | [illegible] | [illegible] | [illegible] | [illegible] | [illegible] | [illegible] | [illegible] | [illegible] | [illegible] |
| Frankreich | E. | 3 719,1 | [illegible] | [illegible] | 3 758,? | [illegible] | [illegible] | [illegible] | [illegible] | [illegible] | [illegible] |
| | A. | 3 335,? | [illegible] | [illegible] | [illegible] | [illegible] | [illegible] | [illegible] | [illegible] | [illegible] | [illegible] |
| | S.E. | . | 4 [illegible] | 4 [illegible] | 4 391,? | 4 [illegible] | 4 521,? | 4 161,? | 3 902,? | 3 [illegible] | [illegible] |
| | S.A. | . | [illegible] | [illegible] | [illegible] | [illegible] | [illegible] | [illegible] | [illegible] | [illegible] | [illegible] |
| Algerien | E. | | [illegible] | [illegible] | [illegible] | [illegible] | [illegible] | [illegible] | [illegible] | [illegible] | [illegible] |
| | A. | | [illegible] | [illegible] | [illegible] | [illegible] | [illegible] | [illegible] | [illegible] | [illegible] | [illegible] |
| | S.E. | | [illegible] | [illegible] | [illegible] | [illegible] | [illegible] | 224,? | [illegible] | 227,? | [illegible] |
| | S.A. | | [illegible] | [illegible] | [illegible] | [illegible] | [illegible] | [illegible] | [illegible] | [illegible] | [illegible] |
| Tunis | S.E. | | | 31,? | 38,? | 44,? | 41,4 | 45,? | 37,? | 38,1 | 34,? |
| | S.A. | | | [illegible] | [illegible] | [illegible] | [illegible] | [illegible] | [illegible] | [illegible] | [illegible] |
| Französ. [illegible] | S.E. | | 171,? | [illegible] | 148,? | 92,? | [illegible] | 71,? | 85,? | 74,? | 85,? |
| | S.A. | | [illegible] | [illegible] | [illegible] | [illegible] | [illegible] | [illegible] | [illegible] | [illegible] | [illegible] |
| Übrige französ. Kolonien | S.E. | | | . | . | . | 131,? | 130,? | 132,2 | 133,? | 130,? |
| | S.A. | | | . | . | . | [illegible] | [illegible] | [illegible] | [illegible] | [illegible] |
| Griechenland[2] | S.E. | 104,? | 125,? | 112,? | 116,1 | 113,? | 110,? | 80,? | 85,? | 87,7 | 88,? |
| | S.A. | | [illegible] | [illegible] | [illegible] | [illegible] | [illegible] | [illegible] | [illegible] | [illegible] | [illegible] |
| Großbritannien[2] | E. | 9 649,? | [illegible] | [illegible] | 9 301,? | 8 587,? | 8 37?,? | 7 [illegible] | 7 877,? | 7 235,? | 7 [illegible] |
| | A. | [illegible] | [illegible] | [illegible] | [illegible] | [illegible] | [illegible] | [illegible] | [illegible] | [illegible] | [illegible] |
| | S.E. | 11 [illegible] | 10 [illegible] | [illegible] | [illegible] | [illegible] | [illegible] | [illegible] | [illegible] | [illegible] | [illegible] |
| | S.A. | 7 [illegible] | 7 [illegible] | [illegible] | [illegible] | [illegible] | [illegible] | [illegible] | [illegible] | [illegible] | [illegible] |
| Brit. Südafrika[1][3] | S.E. | | 932,0 | 631,9 | 474,? | 422,? | [illegible] | [illegible] | 376,? | 330,? | 274,? |
| | S.A. | | [illegible] | 222,? | [illegible] | [illegible] | [illegible] | [illegible] | [illegible] | [illegible] | [illegible] |
| St. Helena, Lagos, Goldküste, Sierra Leone, Gambia | S.E. | | 73,? | 64,1 | [illegible] | 56,? | [illegible] | 42,? | 44,? | 41,? | 42,? |
| | S.A. | | [illegible] | 36,? | [illegible] | [illegible] | [illegible] | [illegible] | [illegible] | [illegible] | [illegible] |
| Britisch-Indien[4] | S.E. | | 1 290,? | 1 301,5 | 1 [illegible] | 1 [illegible] | 1 [illegible] | 1 [illegible] | [illegible] | [illegible] | [illegible] |
| | S.A. | | 1 [illegible] | 1 782,5 | [illegible] | [illegible] | [illegible] | [illegible] | [illegible] | [illegible] | [illegible] |
| Ceylon | S.E. | | 132,? | 141,5 | 155,? | 136,? | 118,? | 110,? | 96,? | 98,? | 77,? |
| | S.A. | | [illegible] | 118,? | [illegible] | [illegible] | [illegible] | 97,? | 94,7 | [illegible] | [illegible] |
| Straits-Settlements | S.E. | | 562,? | 553,6 | 572,? | 505,? | 417,? | 375,? | 392,2 | 378,? | 361,? |
| | S.A. | | [illegible] | [illegible] | [illegible] | [illegible] | [illegible] | [illegible] | 337,? | [illegible] | [illegible] |
| Brit. Westindien[4] | S.E. | . | 141,? | 140,0 | 137,? | 136,? | 13?,? | 119,? | 131,? | 133,? | 138,? |
| | S.A. | . | 129,? | 128,? | 129,? | [illegible] | [illegible] | [illegible] | [illegible] | [illegible] | [illegible] |

[1]) Siehe Erläuterungen und Bemerkungen auf Seite 30* 31*. — [2]) Einschl. Edelmetalle und Münzen. — … Oranje-Kolonie und Transvaal. — [4]) Jahr endet am 31. März des Jahres, das dem im Kopfe bezeichneten

wichtigeren Länder der Erde.

G.E. u. G.A. = Einfuhr u. Ausfuhr im Gesamthandel.) [1])

| 1893 | 1892 | 1891 | 1890 | 1889 | 1888 | 1887 | 1886 | 1885 | 1884 | | Länder |
|---|---|---|---|---|---|---|---|---|---|---|---|
| | | | | | | | | | | | **Wert der Waren in Millionen Mark** |
| 3 961,7 | 4 018,3 | 4 150,8 | 4 145,6 | 3 990,8 | 3 284,8 | 3 109,0 | 2 873,1 | 2 922,4 | 3 236,2 | E. . . | Deutsches Zollgebiet |
| 3 092,0 | 2 954,1 | 3 175,3 | 3 326,1 | 3 164,1 | 3 207,4 | 2 937,4 | 2 974,1 | 2 866,7 | 3 259,0 | A. . . | |
| 4 310,9 | 4 259,8 | 4 370,8 | 4 518,0 | 4 414,2 | 3 706,7 | 3 312,5 | 3 094,3 | 3 124,0 | 3 447,8 | G.E. | |
| 3 401,8 | 3 281,0 | 3 339,0 | 3 677,1 | 3 975,0 | 3 506,1 | 3 363,0 | 3 193,4 | 3 085,1 | 3 418,4 | G.A. | |
| . | . | . | . | . | . | . | . | . | . | G.E. | Deutsch Afrika |
| . | . | . | . | . | . | . | . | . | . | G.A. | |
| 1 280,1 | 1 229,3 | 1 439,9 | 1 337,7 | 1 245,1 | 1 227,8 | 1 145,3 | 1 068,0 | 1 077,8 | 1 140,8 | E. . . | Belgien |
| 1 084,1 | 1 095,4 | 1 113,1 | 1 140,4 | 1 166,6 | 995,0 | 993,3 | 945,6 | 960,0 | 1 070,0 | A. . . | |
| 2 248,6 | 2 254,1 | 2 495,7 | 2 551,3 | 2 485,3 | 2 400,8 | 2 325,3 | 2 130,3 | 2 062,1 | 2 218,0 | G.E. | |
| 2 072,1 | 2 115,1 | 2 277,4 | 2 338,3 | 2 410,4 | 2 240,0 | 2 174,0 | 2 009,7 | 1 935,6 | 2 142,1 | G.A. | |
| 72,7 | 61,8 | 65,1 | 67,4 | 58,3 | 53,1 | 51,8 | 51,4 | 35,2 | 37,1 | G.E. | Bulgarien |
| 71,1 | 59,7 | 56,0 | 56,2 | 64,5 | 51,0 | 36,4 | 40,1 | 33,9 | 48,1 | G.A. | |
| 318,9 | 315,8 | 331,0 | 301,8 | 301,8 | 275,5 | 249,1 | 211,1 | 250,8 | 276,6 | E. . . | Dänemark |
| 223,0 | 214,1 | 234,2 | 219,5 | 193,0 | 176,7 | 173,0 | 146,1 | 149,5 | 168,4 | A. . . | |
| 360,8 | 365,1 | 376,4 | 345,4 | 342,4 | 308,7 | 282,0 | 218,1 | 280,4 | 308,4 | G.E. | |
| 264,5 | 283,9 | 280,1 | 263,1 | 235,5 | 209,9 | 206,0 | 183,4 | 179,1 | 200,7 | G.A. | |
| 3 121,6 | 3 292,8 | 3 861,8 | 3 580,6 | 3 498,5 | 3 328,7 | 3 261,1 | 3 408,8 | 3 311,6 | 3 518,3 | E. . . | Frankreich |
| 2 621,5 | 2 803,0 | 2 891,5 | 3 040,1 | 3 000,1 | 2 639,5 | 2 620,7 | 2 631,1 | 2 501,4 | 2 608,1 | A. . . | |
| 4 010,7 | 4 160,1 | 4 810,0 | 4 416,1 | 4 308,4 | 4 201,8 | 4 000,8 | 4 144,6 | 3 980,8 | 4 243,6 | G.E. | |
| 3 504,4 | 3 686,9 | 3 831,7 | 3 920,6 | 3 890,4 | 3 481,5 | 3 432,9 | 3 439,0 | 3 304,4 | 3 416,1 | G.A. | |
| 187,6 | 191,7 | 217,9 | . | 192,8 | 190,3 | 171,2 | 198,2 | 183,6 | 176,1 | E. . . | Algerien |
| 137,5 | 184,2 | 180,5 | . | 186,1 | 160,0 | 150,6 | 147,6 | 159,1 | 144,7 | A. . . | |
| 194,3 | 205,0 | 225,0 | . | 210,6 | . | . | . | . | . | G.E. | |
| 150,0 | 197,6 | 190,4 | . | 194,5 | . | . | . | . | . | G.A. | |
| 31,1 | 31,9 | 31,1 | 23,6 | . | . | . | . | . | . | G.E. | Tunis |
| 44,0 | 30,1 | 41,1 | 44,0 | . | . | . | . | . | . | G.A. | |
| 55,7 | 55,8 | 54,3 | 48,8 | 48,9 | 45,4 | 78,1 | 69,2 | 69,1 | 70,7 | G.E. | Französ. Indien |
| 75,5 | 77,0 | 54,1 | 46,1 | 46,1 | 37,5 | 62,1 | 66,0 | 69,1 | 60,2 | G.A. | |
| 109,5 | 134,1 | 117,2 | 121,9 | 114,7 | 117,0 | 109,0 | | . | . | G.E. | Übrige französische Kolonien |
| 126,5 | 110,4 | 98,6 | 109,5 | 115,1 | 112,1 | 108,1 | | . | . | G.A. | |
| 73,2 | 95,4 | 112,3 | 96,8 | 100,3 | 87,8 | 103,5 | . | . | . | G.E. | Griechenland |
| 70,4 | 63,4 | 86,0 | 76,5 | 86,1 | 76,5 | 82,1 | . | . | . | G.A. | |
| 7 064,9 | 7 341,9 | 7 631,8 | 7 272,5 | 7 374,8 | 6 611,0 | 6 187,8 | 5 998,8 | 6 386,3 | 6 882,2 | E. . . | Großbritannien |
| 4 439,1 | 4 642,0 | 5 031,0 | 5 383,0 | 5 085,7 | 4 791,4 | 4 533,7 | 4 346,0 | 4 521,1 | 4 760,7 | A. . . | |
| 8 267,8 | 8 658,1 | 8 898,1 | 8 594,7 | 8 738,6 | 7 919,4 | 7 400,3 | 7 147,7 | 7 578,9 | 7 968,1 | G.E. | |
| 5 661,4 | 5 938,1 | 6 315,1 | 6 706,1 | 6 447,6 | 6 099,1 | 5 746,0 | 5 494,4 | 5 546,1 | 6 046,5 | G.A. | |
| 282,0 | 258,5 | 247,6 | 281,4 | 314,0 | 202,8 | 164,2 | 108,3 | 133,0 | 141,7 | G.E. | Brit. Südafrika |
| 177,7 | 181,1 | 192,1 | 191,6 | 192,0 | 191,7 | 183,1 | 168,0 | 145,1 | 163,1 | G.A. | |
| 37,8 | 32,0 | 33,5 | 27,1 | 25,0 | 24,6 | 24,0 | 22,0 | 28,6 | 32,7 | G.E. | St. Helena, Lagos, Goldküste, Sierra Leone, Gambia |
| 40,4 | 32,3 | 38,1 | 32,0 | 44,7 | 34,7 | 33,4 | 34,8 | 28,4 | 32,4 | G.A. | |
| 1 000,5 | 893,3 | 1 016,7 | 1 100,8 | 1 021,9 | 1 017,1 | 955,2 | 907,4 | 837,1 | 842,4 | G.E. | Britisch Indien |
| 1 356,0 | 1 404,0 | 1 348,0 | 1 623,1 | 1 533,1 | 1 411,7 | 1 193,1 | 1 176,0 | 1 060,7 | 1 072,7 | G.A. | |
| 82,3 | 82,6 | 88,0 | 86,5 | 70,1 | 77,2 | 65,9 | 65,4 | 62,6 | 72,2 | G.E. | Ceylon |
| 85,0 | 80,0 | 86,0 | 76,0 | 64,7 | 56,9 | 55,5 | 51,1 | 51,0 | 55,0 | G.A. | |
| 372,5 | 376,0 | 397,7 | 447,3 | 400,9 | 388,3 | 308,9 | 327,5 | 333,9 | 342,3 | G.E. | Straits-Settlements |
| 316,3 | 333,0 | 330,0 | 366,0 | 317,1 | 311,0 | 315,4 | 281,5 | 278,7 | 296,1 | G.A. | |
| 141,8 | 127,8 | 124,8 | 130,9 | 122,8 | 117,1 | 106,4 | 115,3 | 114,8 | 142,0 | G.E. | Brit. Westindien |
| 141,4 | 126,7 | 113,6 | 133,7 | 118,9 | 126,0 | 111,4 | 112,0 | 117,0 | 137,1 | G.A. | |

[6]) Seit 1889 einschl. neuer Schiffe. — [7]) Vor 1890 einschl. Edelmetalle und Münzen. — [8]) Seit 1902 einschl. Jahre folgt, z. B. bedeutet 1902 die Zeit vom 1. April 1902 bis 31. März 1903.

## 18. Der Außenhandel der

(E. u. A. = Einfuhr u. Ausfuhr im Spezialhandel,

| Länder | | Wert der Waren in Millionen Mark | | | | | | | | | |
|---|---|---|---|---|---|---|---|---|---|---|---|
| | | 1903 | 1902 | 1901 | 1900 | 1899 | 1898 | 1897 | 1896 | 1895 | 1894 |
| Kanada[1])[2]) | E. | 881,8 | 851,7 | 761,2 | 759,4 | 647,0 | 548,8 | 467,6 | 404,8 | 442,1 | 475,0 |
| | A. | 903,1 | 830,1 | 795,5 | 746,0 | 591,8 | 626,5 | 513,0 | 480,4 | 410,0 | 443,0 |
| | G.E. | 1 013,1 | 891,5 | 799,7 | 790,6 | 683,8 | 569,4 | 500,8 | 495,4 | 465,0 | 518,4 |
| | G.A. | 948,4 | 888,0 | 845,3 | 806,0 | 667,4 | 689,4 | 579,1 | 508,0 | 477,0 | 491,0 |
| Neufundland | G.E. | . | 32,8 | 30,6 | 30,8 | 26,2 | 21,6 | 24,9 | 24,6 | 21,6 | 30,2 |
| | G.A. | . | 19,0 | 34,0 | 36,0 | 28,4 | 21,8 | 20,4 | 27,9 | 26,0 | 24,7 |
| Austral. Bund[1]) | G.E. | . | 829,6 | 865,7 | 844,4 | 700,3 | 643,2 | 652,8 | 608,7 | 473,9 | 447,4 |
| | G.A. | . | 895,9 | 1 013,4 | 917,4 | 991,7 | 820,4 | 771,3 | 673,3 | 687,1 | 656,4 |
| Neuseeland | G.E. | . | 223,6 | 231,7 | 208,2 | 175,7 | 167,6 | 163,3 | 143,7 | 125,0 | 122,4 |
| | G.A. | . | 236,0 | 225,4 | 239,4 | 211,5 | 190,7 | 178,4 | 169,5 | 150,1 | 170,1 |
| Italien[3]) | E. | 1 470,7 | 1 420,6 | 1 374,5 | 1 360,3 | 1 205,2 | 1 130,7 | 953,3 | 941,1 | 949,5 | 875,7 |
| | A. | 1 169,5 | 1 177,0 | 1 099,4 | 1 070,4 | 1 145,1 | 968,8 | 871,0 | 844,7 | 830,0 | 821,8 |
| | G.E. | . | 1 470,8 | 1 395,8 | 1 474,3 | 1 311,1 | 1 233,0 | 1 044,0 | 1 021,6 | 1 013,5 | 921,9 |
| | G.A. | . | 1 208,3 | 1 119,9 | 1 184,5 | 1 251,0 | 1 065,1 | 964,1 | 921,8 | 891,1 | 867,4 |
| Niederlande | E. | . | 3 668,6 | 3 449,2 | 3 316,0 | 3 240,7 | 2 997,3 | 2 845,2 | 2 752,8 | 2 431,6 | 2 445,7 |
| | A. | . | 3 100,4 | 2 941,1 | 2 876,0 | 2 664,1 | 2 572,0 | 2 499,4 | 2 259,0 | 1 988,7 | 1 880,1 |
| Norwegen | E. | . | 314,6 | 311,4 | 338,0 | 338,6 | 306,3 | 287,7 | 250,0 | 240,1 | 222,8 |
| | A. | . | 191,8 | 174,0 | 183,0 | 168,5 | 170,0 | 179,4 | 155,0 | 144,1 | 139,5 |
| | G.E. | 330,4 | 326,5 | 323,2 | 349,5 | 349,2 | 315,2 | 298,7 | 270,2 | 250,1 | 211,7 |
| | G.A. | 206,8 | 203,0 | 185,7 | 194,4 | 179,1 | 179,1 | 188,7 | 165,1 | 154,1 | 148,5 |
| Österreich-Ungarn | E. | 1 591,1 | 1 462,3 | 1 404,7 | 1 441,9 | 1 387,5 | 1 393,7 | 1 283,9 | 1 199,6 | 1 228,7 | 1 190,0 |
| | A. | 1 795,3 | 1 626,4 | 1 602,6 | 1 690,7 | 1 584,0 | 1 373,0 | 1 302,4 | 1 315,8 | 1 261,0 | 1 152,1 |
| | G.E. | 1 645,9 | 1 504,7 | 1 440,1 | 1 486,6 | 1 422,5 | 1 449,4 | 1 331,1 | 1 235,9 | 1 284,0 | 1 224,8 |
| | G.A. | 1 901,0 | 1 699,1 | 1 683,9 | 1 758,4 | 1 678,4 | 1 453,1 | 1 376,7 | 1 387,6 | 1 332,0 | 1 203,8 |
| Portugal | E. | . | 252,6 | 262,5 | 271,1 | 229,9 | 220,7 | 183,5 | 179,5 | 180,9 | 161,9 |
| | A. | . | 139,1 | 138,0 | 140,0 | 130,8 | 141,3 | 124,0 | 114,7 | 121,4 | 108,5 |
| | G.E. | . | 317,3 | 332,8 | 344,2 | 303,9 | 286,1 | 229,8 | 225,1 | 231,7 | 218,3 |
| | G.A. | . | 194,0 | 198,7 | 213,1 | 204,7 | 207,0 | 170,5 | 164,1 | 172,8 | 165,0 |
| Rumänien | G.E. | . | 226,7 | 233,9 | 173,8 | 268,7 | 311,9 | 284,4 | 270,3 | 243,7 | 337,7 |
| | G.A. | . | 299,4 | 283,1 | 224,0 | 119,3 | 226,4 | 179,3 | 259,1 | 218,0 | 235,4 |
| Rußland | G.E. | 1 166,4 | 1 043,3 | 1 281,6 | 1 353,0 | 1 405,0 | 1 339,9 | 1 215,2 | 1 279,9 | 1 184,7 | 1 231,1 |
| | G.A. | 1 948,1 | 1 691,3 | 1 645,0 | 1 547,8 | 1 554,3 | 1 589,0 | 1 576,8 | 1 494,1 | 1 516,0 | 1 471,1 |
| Finnland | G.E. | . | 187,8 | 172,5 | 216,6 | 200,8 | 169,6 | 162,0 | 138,1 | 120,8 | 111,0 |
| | G.A. | . | 160,5 | 149,3 | 158,1 | 147,4 | 144,0 | 135,0 | 127,0 | 114,3 | 108,8 |
| Schweden | G.E. | . | 568,2 | 524,6 | 601,8 | 567,9 | 512,9 | 459,4 | 403,1 | 387,2 | 385,1 |
| | G.A. | . | 441,0 | 397,7 | 440,1 | 403,0 | 388,0 | 403,0 | 382,8 | 350,4 | 336,0 |
| Schweiz[4]) | E. | 954,5 | 914,1 | 840,0 | 888,8 | 830,1 | 852,2 | 825,0 | 795,1 | 732,7 | 660,7 |
| | A. | 719,6 | 708,1 | 669,3 | 668,4 | 636,5 | 579,1 | 554,3 | 550,5 | 530,7 | 497,0 |
| | G.E. | . | 1 412,2 | 1 314,7 | 1 380,2 | 1 404,1 | 1 246,9 | 1 197,8 | 1 151,8 | 1 112,7 | 1 104,6 |
| | G.A. | . | 1 208,3 | 1 142,6 | 1 139,5 | 1 113,8 | 967,0 | 924,7 | 906,1 | 907,0 | 871,0 |
| Serbien | G.E. | . | 35,8 | 36,0 | 43,2 | 37,1 | 32,9 | 38,8 | 26,8 | 22,6 | 27,9 |
| | G.A. | . | 57,7 | 52,0 | 53,4 | 52,4 | 45,6 | 44,1 | 48,3 | 34,7 | 36,8 |
| Spanien | G.E. | . | 737,3 | 734,7 | 789,2 | 830,9 | 578,6 | 727,6 | 727,7 | 670,6 | 643,6 |
| | G.A. | . | 680,5 | 632,1 | 669,0 | 691,4 | 735,1 | 859,1 | 818,4 | 644,0 | 538,3 |
| Türkei[2]) | G.E. | . | . | . | 440,9 | 479,7 | 421,5 | 364,1 | 370,6 | 445,1 | 446,0 |
| | G.A. | . | . | . | 280,6 | 241,7 | 265,0 | 277,7 | 279,6 | 254,0 | 245,0 |
| Ägypten | E. | 347,6 | 307,4 | 316,8 | 202,8 | 237,4 | 228,9 | 220,0 | 204,0 | 174,1 | 192,8 |
| | A. | 396,3 | 365,4 | 326,0 | 347,9 | 318,5 | 245,0 | 255,7 | 274,6 | 261,1 | 246,8 |
| | G.E. | 362,1 | 321,8 | 330,3 | 305,0 | 248,6 | 239,6 | 229,2 | 212,6 | 180,7 | 198,1 |
| | G.A. | 411,1 | 380,0 | 340,1 | 360,1 | 329,8 | 254,4 | 264,5 | 283,0 | 268,7 | 253,8 |
| Argentinien[1]) | G.E. | 331,4 | 417,8 | 461,5 | 459,6 | 473,2 | 435,1 | 398,1 | 451,8 | 385,1 | 375,8 |
| | G.A. | 894,0 | 726,9 | 679,1 | 616,1 | 748,4 | 541,0 | 409,7 | 471,0 | 486,1 | 411,8 |

[1]) Einschl. Edelmetalle und Münzen. — [2]) Jahr endet 30. Juni des im Kopfe bezeichneten Jahres. — . B. 1900 bedeutet die Zeit vom 13. III. 1899 bis 12. III. 1900.

wichtigeren Länder der Erde.

G.E. u. G.A. = Einfuhr u. Ausfuhr im Gesamthandel.)

| Wert der Waren in Millionen Mark | | | | | | | | | | Länder |
|---|---|---|---|---|---|---|---|---|---|---|
| 1893 | 1892 | 1891 | 1890 | 1889 | 1888 | 1887 | 1886 | 1885 | 1884 | |
| 511,3 | 491,3 | 476,0 | 473,6 | 460,6 | 432,0 | 443,7 | 418,2 | 431,4 | 454,4 | E. … Kanada |
| 407,4 | 413,5 | 376,4 | 368,1 | 345,4 | 341,9 | 340,7 | 326,2 | 340,4 | 344,5 | A. … Kanada |
| 541,8 | 534,9 | 503,8 | 511,8 | 481,7 | 465,6 | 473,0 | 438,4 | 463,7 | 495,6 | G.E. Kanada |
| 497,2 | 470,4 | 413,1 | 406,1 | 374,4 | 378,7 | 375,4 | 357,9 | 379,8 | 389,6 | G.A. Kanada |
| 32,3 | . | 28,5 | 27,1 | 27,8 | 31,8 | 22,9 | 25,8 | 28,2 | 34,6 | G.E. Neufundland |
| 26,7 | . | 31,6 | 26,0 | 25,3 | 28,0 | 22,1 | 20,7 | 19,4 | 27,4 | G.A. Neufundland |
| 486,2 | 915,1 | 770,1 | 718,5 | 767,7 | 733,7 | . | . | . | . | G.E. Austral. Bund |
| 678,4 | 681,2 | 736,0 | 599,0 | 603,1 | 594,4 | . | . | . | . | G.A. Austral. Bund |
| 132,7 | 137,8 | 131,4 | 121,3 | 122,3 | 111,0 | 123,8 | 129,1 | 148,7 | 149,2 | G.E. Neuseeland |
| 158,1 | 174,4 | 174,6 | 180,0 | 171,5 | 138,4 | 121,1 | 114,1 | 119,4 | 134,5 | G.A. Neuseeland |
| 950,0 | 938,7 | 901,3 | 1 055,7 | 1 112,0 | 939,7 | 1 284,2 | 1 166,4 | 1 167,9 | 1 055,8 | E. … Italien |
| 771,4 | 766,4 | 701,4 | 716,3 | 760,3 | 713,3 | 804,1 | 822,6 | 760,4 | 856,3 | A. … Italien |
| 992,4 | 979,8 | 958,7 | 1 104,1 | 1 157,0 | 982,2 | 1 321,3 | 1 205,2 | 1 210,5 | 1 118,2 | G.E. Italien |
| 811,1 | 807,7 | 758,4 | 764,4 | 804,6 | 756,0 | 848,4 | 861,3 | 812,0 | 919,1 | G.A. Italien |
| 2 345,7 | 2 141,0 | 2 256,3 | 2 183,0 | 2 098,2 | 2 132,1 | 1 915,0 | 1 814,0 | 1 812,9 | 1 880,6 | E. … Niederlande |
| 1 850,0 | 1 909,6 | 1 988,1 | 1 838,0 | 1 833,1 | 1 853,8 | 1 675,6 | 1 601,5 | 1 508,4 | 1 416,1 | A. … Niederlande |
| 219,6 | 216,4 | 243,6 | 227,2 | 208,0 | 171,8 | 145,0 | 147,7 | 159,1 | 175,7 | E. … Norwegen |
| 141,6 | 133,7 | 139,6 | 140,0 | 141,8 | 131,1 | 114,8 | 111,3 | 110,0 | 123,5 | A. … Norwegen |
| 230,1 | 225,0 | 250,9 | 234,7 | 215,0 | 178,2 | 150,4 | 152,1 | 163,8 | 178,8 | G.E. Norwegen |
| 153,4 | 144,3 | 146,7 | 147,3 | 149,3 | 117,7 | 120,0 | 115,7 | 114,7 | 126,1 | G.A. Norwegen |
| 1 140,2 | 1 058,4 | 1 043,3 | 1 108,2 | 1 101,6 | 906,2 | 960,6 | 916,7 | 948,5 | 1 041,6 | E. … Österreich-Ungarn |
| 1 360,0 | 1 448,6 | 1 337,4 | 1 311,1 | 1 308,1 | 1 319,5 | 1 144,0 | 1 187,7 | 1 142,1 | 1 175,6 | A. … Österreich-Ungarn |
| 1 185,8 | 1 098,3 | 1 051,1 | . | . | . | . | . | . | . | G.E. Österreich-Ungarn |
| 1 461,1 | 1 430,1 | 1 338,8 | . | . | . | . | . | . | . | G.A. Österreich-Ungarn |
| 173,9 | 140,0 | 179,1 | 201,1 | 169,6 | 172,9 | 168,7 | 169,1 | 148,8 | 147,9 | E. … Portugal |
| 106,3 | 111,8 | 97,1 | 97,3 | 106,0 | 106,4 | 96,4 | 118,5 | 108,4 | 97,0 | A. … Portugal |
| 228,7 | 192,4 | 226,8 | 248,6 | 231,0 | 217,8 | 197,5 | 190,6 | 168,6 | . | G.E. Portugal |
| 161,1 | 164,1 | 144,1 | 145,1 | 149,1 | 140,8 | 125,1 | 140,0 | 122,0 | . | G.A. Portugal |
| 311,4 | 304,6 | 349,3 | 290,2 | 294,4 | 248,5 | 251,7 | 237,3 | 214,6 | 230,0 | G.E. Rumänien |
| 296,3 | 288,1 | 219,7 | 180,3 | 219,3 | 205,4 | 212,4 | 204,4 | 198,6 | 147,1 | G.A. Rumänien |
| 987,4 | 828,0 | 853,5 | 977,6 | 935,2 | 738,5 | 711,7 | 867,8 | 890,0 | 1 108,2 | G.E. Rußland |
| 1 276,3 | 974,9 | 1 591,6 | 1 657,0 | 1 639,1 | 1 500,6 | 1 127,8 | 967,1 | 1 204,1 | 1 245,1 | G.A. Rußland |
| 101,0 | 116,8 | 117,2 | 112,6 | 106,8 | 89,6 | 84,7 | 78,7 | 87,2 | 110,2 | G.E. Finnland |
| 91,3 | 74,9 | 83,6 | 73,9 | 84,6 | 74,4 | 61,7 | 61,8 | 71,9 | 90,1 | G.A. Finnland |
| 374,8 | 405,4 | 414,3 | 423,1 | 418,9 | 362,8 | 327,1 | 333,0 | 378,9 | 360,3 | G.E. Schweden |
| 360,1 | 370,1 | 361,3 | 348,4 | 339,3 | 316,5 | 277,6 | 256,7 | 276,9 | 268,0 | G.A. Schweden |
| 862,0 | 895,5 | 745,7 | 762,7 | 725,2 | 661,7 | 609,8 | 639,4 | 665,0 | . | E. … Schweiz |
| 517,1 | 526,1 | 537,1 | 562,8 | 556,1 | 538,6 | 536,4 | 511,0 | 538,8 | . | A. … Schweiz |
| 1 056,8 | 1 094,9 | 1 155,8 | 1 185,9 | 1 187,9 | 1 080,0 | . | . | . | . | G.E. Schweiz |
| 929,4 | 988,8 | 949,3 | 987,1 | 1 009,4 | 953,2 | . | . | . | . | G.A. Schweiz |
| 32,7 | 29,7 | 34,2 | 30,1 | 27,9 | 28,1 | 29,2 | 41,4 | 32,0 | 40,8 | G.E. Serbien |
| 30,1 | 37,4 | 41,8 | 36,7 | 31,3 | 31,1 | 28,0 | 32,6 | 29,1 | 38,0 | G.A. Serbien |
| 816,6 | 680,4 | 815,0 | 752,9 | 682,2 | 570,8 | 633,0 | 653,9 | 590,1 | 587,8 | G.E. Spanien |
| 567,3 | 607,4 | 745,3 | 750,1 | 706,9 | 607,1 | 574,1 | 579,6 | 550,8 | 491,5 | G.A. Spanien |
| 416,2 | 454,2 | 423,9 | 380,2 | 359,9 | 372,0 | 383,0 | 370,1 | 381,6 | 363,6 | G.E. Türkei |
| 288,7 | 284,0 | 237,1 | 280,7 | 250,6 | 208,4 | 235,1 | 241,4 | 236,8 | 229,1 | G.A. Türkei |
| 180,9 | 188,8 | 190,9 | 167,7 | 145,7 | 160,6 | 168,8 | 162,8 | 166,5 | 169,6 | E. … Ägypten |
| 265,0 | 276,4 | 288,0 | 246,4 | 248,0 | 216,4 | 215,7 | 210,7 | 237,1 | 260,6 | A. … Ägypten |
| 187,1 | 195,7 | 197,1 | 174,8 | 152,2 | 167,4 | 176,1 | 170,4 | 193,1 | 142,5 | G.E. Ägypten |
| 278,1 | 283,9 | 294,1 | 253,1 | 254,6 | 223,1 | 235,0 | 217,1 | 243,1 | 261,1 | G.A. Ägypten |
| 389,7 | 370,5 | 272,2 | 578,1 | 668,5 | 520,1 | 475,3 | 386,4 | 373,5 | 380,9 | G.E. Argentinien |
| 381,1 | 459,1 | 416,0 | 408,1 | 497,1 | 405,3 | 341,9 | 284,3 | 339,7 | 275,5 | G.A. Argentinien |

¹) Einschl. ungemünztes Silber. — ²) Einschl. ungemünztes Edelmetall. — ³) Jahr endet am 12. März, also

## 18. Der Außenhandel der

(E. u. A. = Einfuhr u. Ausfuhr im Spezialhandel;

| Länder | | Wert der Waren in Millionen Mark | | | | | | | | | |
|---|---|---|---|---|---|---|---|---|---|---|---|
| | | 1903 | 1902 | 1901 | 1900 | 1899 | 1898 | 1897 | 1896 | 1895 | 1894 |
| Chile[1]) | G.E. | . | 202,8 | 213,1 | 196,7 | 162,8 | 150,6 | 207,1 | 234,0 | 219,1 | 172,7 |
| | G.A. | . | 284,0 | 261,9 | 256,5 | 249,4 | 257,1 | 203,1 | 235,7 | 231,1 | 228,0 |
| Costarica | G.E. | . | 17,7 | 16,1 | 20,4 | 16,8 | 18,1 | 19,0 | 19,8 | 15,6 | 16,3 |
| | G.A. | . | 22,4 | 20,3 | 23,5 | 19,7 | 22,0 | 21,8 | 22,4 | 20,9 | 20,1 |
| Mexiko[1])[2]) | G.E. | 318,9 | 278,2 | 273,8 | 257,6 | 213,7 | 183,1 | 177,2 | 177,6 | 142,0 | 127,2 |
| | G.A. | 334,1 | 295,1 | 306,1 | 297,1 | 277,0 | 245,0 | 238,1 | 234,1 | 190,8 | 179,1 |
| Paraguay | G.E. | . | 9,1 | 12,3 | 10,0 | 8,7 | 11,4 | 8,9 | 11,3 | 10,0 | 9,0 |
| | G.A. | . | 15,8 | 13,0 | 13,0 | 11,7 | 9,7 | 8,0 | 8,4 | 8,1 | 7,5 |
| Uruguay | G.E. | 107,8 | 101,1 | 101,9 | 103,3 | 110,3 | 106,8 | 83,9 | 109,8 | 100,7 | 102,3 |
| | G.A. | 160,5 | 144,5 | 119,4 | 126,8 | 157,1 | 130,1 | 126,1 | 130,7 | 139,1 | 144,0 |
| Venezuela[1])[2]) | G.E. | . | . | . | . | . | 34,7 | 53,1 | . | 70,0 | 58,9 |
| | G.A. | . | . | . | . | . | 60,1 | 75,6 | . | 90,1 | 87,1 |
| Verein. Staaten von Amerika[2]) | E. | 4 233,4 | 3 770,1 | 3 392,6 | 3 488,3 | 2 878,8 | 2 466,0 | 3 314,8 | 3 190,7 | 3 070,8 | 2 673,8 |
| | A. | 5 847,0 | 5 603,0 | 6 111,4 | 5 757,4 | 5 016,4 | 5 083,0 | 4 134,4 | 3 625,4 | 3 332,1 | 3 650,7 |
| | G.E. | 4 318,0 | 3 703,6 | 3 457,3 | 3 569,8 | 2 928,0 | 2 587,4 | 3 211,8 | 3 274,6 | 3 074,8 | 2 751,0 |
| | G.A. | 5 964,8 | 5 803,0 | 6 248,4 | 5 856,2 | 5 153,5 | 5 174,1 | 4 414,0 | 3 706,1 | 3 391,7 | 3 747,0 |
| China | E. | 832,0 | 797,4 | 718,6 | 587,1 | 715,9 | 542,4 | 539,1 | 502,3 | 501,8 | 455,0 |
| | A. | 633,0 | 625,7 | 567,8 | 558,5 | 665,0 | 580,0 | 530,8 | 498,1 | 536,7 | 471,7 |
| | G.E. | 912,8 | 862,7 | 837,0 | 701,9 | 837,7 | 813,1 | 643,1 | 717,6 | 601,0 | 540,0 |
| | G.A. | 589,0 | 594,6 | 539,0 | 537,0 | 626,7 | 494,8 | 583,0 | 475,0 | 506,1 | 429,1 |
| Japan | E. | 664,9 | 589,8 | 536,5 | 601,6 | 462,1 | 582,8 | 460,7 | 378,9 | 274,9 | 248,8 |
| | A. | 600,1 | 536,9 | 513,8 | 420,0 | 447,1 | 343,1 | 339,1 | 257,8 | 287,8 | 237,8 |
| | G.E. | 600,0 | 570,8 | 537,3 | 603,3 | 462,8 | 582,8 | 460,8 | 370,4 | 275,8 | 219,1 |
| | G.A. | 603,0 | 544,0 | 519,0 | 420,3 | 451,0 | 348,1 | 343,6 | 260,0 | 289,0 | 240,1 |

[1]) Einschl. Edelmetalle und Münzen. — [2]) Jahr endet am 30. Juni des im Kopfe bezeichneten Jahres.

### Erläuterungen und Bemerkungen zu den Übersichten »Der Außenhandel der wichtigeren Länder der Erde«.

Die Zahlen über den Außenhandel sind, soweit möglich, den betreffenden amtlichen Statistiken entnommen worden, nur hinsichtlich des Außenhandels der nachstehenden Länder wurden andere Quellen benutzt und zwar für:

| | |
|---|---|
| Algerien, Tunis, europäische Türkei, Venezuela, Paraguay (Jahr 1893/95 u. 1896/1902), Uruguay (1903) | Statesman's Year-Book. Statistical and historical annual of the States of the World. |
| Französische Kolonien, übrige französische Kolonien | France, Statistiques coloniales. |
| [illegible], St. Helena, [illegible], Gambia, [illegible], Ceylon, Straits Settlements, [illegible], [illegible], [illegible] | Statistical Abstract for the several colonial and other possessions of the United Kingdom. |
| Argentinien, Chile, Ägypten, Paraguay (1894/95 u. 1897), Uruguay ([illegible] 1903) | Statistical Abstract for the principal and other foreign countries. |

In den Übersichten auf den Seiten 26*/31* hat, soweit möglich, für die einzelnen Länder Spezialhandel und Gesamthandel angegeben werden. [illegible] Als Spezialhandel ist angenommen worden:

bei Großbritannien: in der Einfuhr [illegible] (Imports from foreign countries and british possessions—Total exports of foreign and colonial merchandise); in der Ausfuhr [illegible] (Total exports of the produce and manufactures of the United Kingdom);

bei Norwegen: in der Einfuhr [illegible] (Indførsel af fremmede Varer — Udførsel af fremmede Varer); in der Ausfuhr [illegible] (Udførsel af norske Varer);

bei den Vereinigten Staaten von Amerika: in der Einfuhr [illegible] (Imported merchandise entered for consumption in the United States, including both entries for immediate consumption and withdrawals from warehouse for consumption); in der Ausfuhr [illegible] (Exports of domestic merchandise);

bei Kanada: in der Einfuhr [illegible] (Imports entered for consumption); in der Ausfuhr [illegible] (Exports of home produce);

bei Ägypten: in der Einfuhr [illegible] (Importations totale); in der Ausfuhr [illegible] (marchandises exportées);

bei China: in der Einfuhr der Wert der Waren im Augenblick der Landung (Imports, value at moment of landing); in der Ausfuhr der Wert der Waren im Augenblick der Verschiffung (Exports, value at moment of shipment); (für die Jahre 1886/87 sind die [illegible]);

bei Japan: in der Einfuhr [illegible] (Imports of foreign produce and manufactures); in der Ausfuhr [illegible] (Exports of japanese produce and manufactures).

[illegible] ist die Einfuhr ebenfalls mit G.E. und die Ausfuhr mit G.A. bezeichnet worden.

Die Zahlen beziehen sich auf den eigentlichen Warenverkehr, also ohne Edelmetalle und Münzen; [illegible]

wichtigeren Länder der Erde.

G.E. u. G.A. = Einfuhr u. Ausfuhr im Gesamthandel.)

| Wert der Waren in Millionen Mark | | | | | | | | | | Länder | |
|---|---|---|---|---|---|---|---|---|---|---|---|
| 1893 | 1892 | 1891 | 1890 | 1889 | 1888 | 1887 | 1886 | 1885 | 1884 | | |
| 216,8 | 247,3 | 201,9 | 275,0 | 263,0 | 245,9 | 197,0 | 178,9 | 102,4 | 214,2 | G.E. | Chile |
| 225,4 | 203,1 | 208,3 | 274,1 | 267,1 | 296,0 | 241,1 | 207,4 | 207,8 | 234,0 | G.A. | |
| 23,6 | 21,8 | 33,8 | 26,8 | 25,8 | 21,1 | 22,7 | 14,3 | 14,6 | 14,3 | G.E. | Costarica |
| 17,1 | 18,4 | 24,9 | 26,3 | 18,3 | 16,1 | 19,0 | 9,1 | 10,3 | 14,4 | G.A. | |
| 182,3 | . | . | 218,4 | 168,1 | 153,8 | . | . | 130,8 | 142,8 | G.E. | Mexiko |
| 241,1 | 233,1 | 218,1 | 200,0 | 184,7 | 134,1 | 159,4 | 148,4 | 168,0 | 171,3 | G.A. | |
| 10,3 | 10,1 | 7,8 | 11,0 | 13,0 | 13,5 | 9,9 | 7,8 | 0,0 | 5,9 | G.E. | Paraguay |
| 5,4 | 7,3 | 12,9 | 11,8 | 9,6 | 9,1 | 8,7 | 8,1 | 6,7 | 6,4 | G.A. | |
| 84,6 | 79,1 | 81,6 | 139,3 | 138,3 | 126,8 | 105,6 | 86,8 | 108,7 | 103,8 | G.E. | Uruguay |
| 119,0 | 111,4 | 116,1 | 123,1 | 111,4 | 110,4 | 80,1 | 102,4 | 108,4 | 106,3 | G.A. | |
| 42,8 | 57,8 | 54,0 | 64,8 | 53,7 | 45,4 | 47,6 | 35,7 | 47,6 | 58,4 | G.E. | Venezuela |
| 67,3 | 83,1 | 105,3 | 93,1 | 80,3 | 69,4 | 68,0 | 55,0 | 71,0 | 78,4 | G.A. | |
| 3 546,7 | 3 417,1 | 3 589,0 | 3 249,4 | 3 114,0 | 2 991,4 | 2 870,4 | 2 626,2 | 2 434,2 | 2 803,6 | E. . . | Verein. Staaten von Amerika |
| 3 490,3 | 4 266,1 | 3 663,1 | 3 530,4 | 3 067,4 | 2 872,0 | 2 951,- | 2 797,1 | 3 054,1 | 3 044,0 | A. . . | |
| 3 628,9 | 3 475,1 | 3 548,8 | 3 315,1 | 3 129,6 | 3 040,8 | 2 807,7 | 2 668,6 | 2 425,6 | 2 804,2 | G.E. | |
| 3 560,0 | 4 327,1 | 3 714,6 | 3 604,4 | 3 118,1 | 2 923,0 | 3 008,0 | 2 854,0 | 3 117,4 | 3 110,1 | G.A. | |
| 519,6 | 518,5 | 575,1 | 579,3 | 465,7 | 514,1 | 506,2 | 447,0 | 450,7 | 371,6 | E. . . | China |
| 510,4 | 410,0 | 377,8 | 310,1 | 318,8 | 504,0 | 445,0 | 394,5 | 314,0 | 341,1 | A. . . | |
| 616,1 | 610,2 | 680,1 | 691,1 | 540,2 | 602,1 | 517,8 | 456,1 | 456,2 | 379,6 | G.E. | |
| 476,8 | 465,8 | 514,8 | 469,8 | 481,7 | 448,8 | 436,1 | 403,0 | 338,3 | 351,7 | G.A. | |
| 228,4 | 207,6 | 194,3 | 231,1 | 210,7 | 202,1 | 157,1 | 114,2 | 116,1 | 119,8 | E. . . | Japan |
| 230,0 | 263,1 | 241,- | 171,1 | 216,0 | 200,9 | 156,7 | 144,0 | 149,0 | 123,1 | A. . . | |
| 228,6 | 207,6 | 193,2 | 230,9 | 208,9 | 202,8 | 134,7 | 97,8 | 104,6 | 110,4 | G.E. | |
| 232,0 | 263,1 | 244,1 | 173,4 | 219,1 | 203,0 | 159,1 | 145,3 | 131,3 | 126,0 | G.A. | |

Bei der Umrechnung der Landeswährungen in deutsche Reichswährung wurden folgende Sätze zugrunde gelegt:

Belgien . . . . . . 1 Frank 0,8 M.
Bulgarien . . . . . . 1 „ 0,8 „
Dänemark . . . . . . 1 Krone 1,125 M.
Frankreich, Algerien, Tunis, Franz. Indien, [illegible] Franz. Kolonien . . . . . . 1 Frank 0,8 M., vor 1892: 0,81 M.
Griechenland . . . . . . 1 Drachme 0,8 M.
Großbritannien, Brit. Südafrika, St. Helena, [illegible], Goldküste, Sierra Leone, Gambia, Ceylon, Straits Settlements, Brit. Westindien, Neufundland, Austral. Bund, Neuseeland . . . . . . 1 Pfd. Sterling 20,4 M., vor 1892: 20,43 M.
Kanada . . . . . . 1 Dollar 4,2 M.
Italien . . . . . . 1 Lire 0,8 M.
Niederlande . . . . . . 1 Gulden 1,7 M., vor 1892: 1,69 M.
Norwegen . . . . . . 1 Krone 1,125 M.
Österreich-Ungarn . . . . . . 1 „ 0,85 „
Portugal . . . . . . 1 Milreis 4,5 „
Rumänien . . . . . . 1 Leu 0,8 M.
Rußland . . . . . . 1 Rubel 2,16 M.
[illegible]
Finnland . . . . . . 1 finn. Mark 0,8 M.
Schweden . . . . . . 1 Krone 1,125 „

Schweiz . . . . . . 1 Frank 0,8 M.
Serbien . . . . . . 1 Dinar 0,8 „
Spanien . . . . . . 1 Peseta 0,8 „
Türkei . . . . . . 1 türk. Pfund (100 Piaster) 18 M., vor 1896: 18,5 M.
Ägypten . . . . . . 1 ägypt. Pfund 20,75 M.
Argentinien . . . . . . 1 Peso nat. [illegible]
Chile . . . . . . 1 Peso fuerte [illegible]
[illegible]
Costarica . . . . . . 1 Goldpeso 4,00 M., vor 1897: [illegible] M.
Mexiko . . . . . . Einf. 1 Silberdollar 4,2 M., Ausf. 1 Silberdollar 1903: [illegible] M.
[illegible]
Paraguay . . . . . . 1 Goldpeso 4,05 M., Ausf. 1882/95 Papierpeso 0,7 M.

Uruguay . . . . . . 1 Peso fuerte 4,3 M.
Venezuela . . . . . . 1 Bolivar 0,81 M.
Ver. Staaten v. Amerika . . . . . . 1 Dollar 4,2 M.
China . . . . . . 1 Haikuan Tael 1903: [illegible] M.
[illegible]
Japan . . . . . . 1 Yen seit 1897 2,10 M.
[illegible]
Brit. Indien . . . . . . 1 Pfd. Sterl. 20,4 M., vor 1899: 20,43 M., 1884/97: 1 Rupie [illegible] M.

## 19. Der Außenhandel der Gesamt

| Erdteile und Länder | Werte (Summen der Ein- und Ausfuhr) in Millionen Mark | | | | | | | | | |
|---|---|---|---|---|---|---|---|---|---|---|
| | 1903 | 1902 | 1901 | 1900 | 1899 | 1898 | 1897 | 1896 | 1890 | 1886 |
| **Europa.** | | | | | | | | | | |
| Deutsch. Zollgebiet | 11 628,9 | 10 914,2 | 10 471,1 | 11 088,9 | 10 379,6 | 9 443,3 | 8 917,3 | 8 551,1 | 8 105,3 | 6 287,8 |
| Deutsch Afrika | . | 55,8 | 49,8 | 50,9 | 47,0 | 40,6 | 32,4 | 31,6 | . | . |
| Belgien | [1]3 530,9 | 5 930,2 | 5 504,1 | 5 513,6 | 5 574,7 | 5 039,1 | 4 832,9 | 4 606,1 | 4 909,8 | 4 139,9 |
| Bulgarien | 151,9 | 139,9 | 122,3 | 80,9 | 90,9 | 111,4 | 115,6 | 146,8 | 124,4 | 91,7 |
| Dänemark | ([1]896,8 | 1 139,9 | 1 036,8 | 1 035,6 | 963,7 | 887,2 | 838,0 | 751,8 | 606,6 | 422,0 |
| Frankreich | [1]7 055,0 | 9 038,6 | 8 649,8 | 9 208,2 | 9 105,3 | 8 367,4 | 8 051,9 | 7 713,1 | 8 337,0 | 7 583,6 |
| Algerien | . | 518,3 | 481,6 | 451,0 | 533,0 | 476,3 | 455,0 | 423,6 | ([3]405,1 | ([4]339,8 |
| Tunis | . | ([2]83,0 | 83,0 | 83,2 | 84,1 | 79,2 | 73,4 | 65,6 | 48,4 | ([4]48,4 |
| Franz. Indien | . | 318,2 | 290,3 | 273,6 | 201,6 | 186,3 | 166,4 | 137,9 | 95,0 | 136,2 |
| Übr. franz. Kolonien | . | ([2]290,4 | ([2]290,4 | ([2]290,4 | ([2]280,4 | 280,4 | 255,3 | 248,9 | 231,3 | ([4]217,3 |
| Griechenland | . | 172,0 | 187,6 | 187,3 | 189,0 | 181,2 | 158,3 | 151,0 | 173,3 | ([4]187,6 |
| Großbritannien | 18 420,6 | 17 903,7 | 17 745,0 | 17 899,9 | 16 617,2 | 15 619,9 | 15 224,6 | 15 081,8 | 15 300,9 | 12 642,3 |
| Brit. Südafrika | . | 1 109,8 | 854,1 | 638,3 | 642,2 | 657,6 | 681,8 | 676,0 | 472,8 | 277,3 |
| St. Helena usw. | . | 122,9 | 100,5 | 97,9 | 105,4 | 94,9 | 84,1 | 86,7 | 59,1 | 46,6 |
| Britisch Indien | . | 3 084,1 | 3 081,6 | 2 720,3 | 2 659,9 | 2 658,4 | 2 354,3 | 2 335,4 | 2 785,9 | 2 083,4 |
| Ceylon | . | 266,7 | 290,3 | 281,0 | 275,8 | 231,9 | 207,9 | 188,4 | 103,4 | 117,1 |
| Straits-Settlements | | 1 018,9 | 1 032,8 | 1 060,1 | 917,1 | 779,7 | 697,8 | 731,1 | 813,6 | 609,3 |
| Britisch Westindien | | 271,6 | 268,7 | 267,3 | 264,6 | 244,5 | 223,6 | 238,9 | 273,6 | 227,3 |
| Kanada | 1 861,7 | 1 780,4 | 1 625,0 | 1 602,4 | 1 351,0 | 1 278,8 | 1 079,4 | 1 003,4 | 917,6 | 796,3 |
| Neufundland | . | 72,7 | 65,7 | 66,3 | 54,8 | 43,7 | 45,5 | 52,7 | 53,1 | 46,3 |
| Austral. Bund | . | 1 725,7 | 1 879,5 | 1 782,0 | 1 692,6 | 1 463,6 | 1 421,3 | 1 290,2 | 1 317,5 | ([4]1 345,1 |
| Neuseeland | . | 460,5 | 457,1 | 447,8 | 387,2 | 358,5 | 341,9 | 312,9 | 301,3 | 243,3 |
| Italien | [1]2 640,3 | 2 679,1 | 2 515,1 | 2 659,4 | 2 562,1 | 2 208,1 | 2 089,1 | 1 916,1 | 1 869,8 | 2 066,6 |
| Niederlande | . | 6 709,3 | 6 301,0 | 6 192,0 | 5 965,0 | 3 570,2 | 5 315,5 | 5 011,3 | 4 011,0 | 3 415,3 |
| Norwegen | 537,2 | 520,9 | 508,9 | 544,1 | 528,6 | 491,5 | 485,4 | 436,4 | 382,2 | 287,8 |
| Österreich-Ungarn | 3 546,9 | 3 204,2 | 3 124,0 | 3 239,6 | 3 084,9 | 2 902,9 | 2 707,8 | 2 623,5 | ([2]2 349,8 | ([2]2 104,4 |
| Portugal | . | 511,3 | 531,5 | 557,7 | 508,6 | 403,4 | 400,3 | 380,1 | 393,7 | 370,6 |
| Rumänien | . | 526,6 | 517,0 | 397,8 | 386,8 | 528,4 | 463,9 | 327,5 | 511,6 | 441,6 |
| Rußland | 3 114,7 | 2 734,8 | 2 920,8 | 2 900,5 | 2 759,3 | 2 929,8 | 2 792,6 | 2 774,1 | 2 634,8 | 1 834,6 |
| Finnland | . | 347,8 | 321,6 | 374,4 | 348,7 | 333,8 | 257,6 | 265,1 | 186,4 | 140,6 |
| Schweden | . | 1 009,7 | 922,3 | 1 042,1 | 970,9 | 900,2 | 862,4 | 765,9 | 765,3 | 589,7 |
| Schweiz | [1]1 674,1 | 2 620,5 | 2 457,3 | 2 500,0 | 2 518,2 | 2 213,9 | 2 122,6 | 2 058,1 | 2 173,0 | ([1]1 173,8 |
| Serbien | . | 93,8 | 88,1 | 96,4 | 89,7 | 78,5 | 81,1 | 69,6 | 67,1 | 74,0 |
| Spanien | . | 1 417,6 | 1 386,8 | 1 458,6 | 1 527,6 | 1 314,0 | 1 587,5 | 1 546,3 | 1 508,1 | 1 213,7 |
| Türkei | . | ([2]721,8 | ([2]721,6 | 721,5 | 720,9 | 687,2 | 662,3 | 650,6 | 670,6 | 593,4 |
| **Afrika.** | | | | | | | | | | |
| Ägypten | 773,2 | 701,9 | 670,6 | 665,1 | 578,4 | 495,2 | 494,0 | 493,6 | 427,0 | 388,2 |
| **Amerika.** | | | | | | | | | | |
| Argentinien | 1 426,4 | 1 144,2 | 1 140,8 | 1 085,7 | 1 222,1 | 977,1 | 867,8 | 927,3 | 984,4 | 669,2 |
| Chile | . | 487,6 | 476,0 | 453,2 | 412,3 | 413,6 | 412,9 | 470,5 | 548,1 | 386,4 |
| Costarika | . | 40,3 | 36,4 | 43,7 | 36,2 | 40,5 | 41,8 | 41,8 | 53,6 | 23,4 |
| Mexiko | 653,0 | 574,6 | 570,5 | 554,8 | 490,7 | 428,1 | 415,8 | 411,7 | 418,4 | ([2]318,5 |
| Paraguay | . | 25,2 | 26,1 | 23,8 | 29,1 | 21,1 | 16,9 | 19,8 | 22,6 | 15,9 |
| Uruguay | 208,4 | 215,8 | 221,1 | 229,4 | 267,8 | 236,8 | 210,0 | 210,5 | 251,4 | 189,2 |
| Venezuela | . | ([2]95,6 | ([2]95,0 | ([2]95,0 | ([2]95,0 | 95,0 | 131,2 | ([3]169,3 | 160,4 | 90,7 |
| Verein. Staaten v. Amerika | 10 272,8 | 9 597,1 | 9 705,8 | 9 426,6 | 8 081,5 | 7 759,6 | 7 628,1 | 6 981,7 | 6 918,8 | 5 522,6 |
| **Asien.** | | | | | | | | | | |
| China | 1 492,4 | 1 457,9 | 1 376,1 | 1 239,3 | 1 464,4 | 1 137,6 | 1 167,0 | 1 192,4 | 1 150,9 | 890,3 |
| Japan | 1 274,0 | 1 113,0 | 1 067,1 | 1 082,6 | 914,3 | 930,9 | 803,1 | 639,6 | 424,1 | 216,4 |
| Zusammen | . | **95 141,4** | **92 344,1** | **92 855,1** | **87 870,6** | **81 752,3** | **78 232,4** | **75 490,3** | **74 488,2** | **60 845,4** |

[1]) Zahlen des Spezialhandels. [2]) Vorjahrswerte eingesetzt. — [3]) Wert von 1891 eingesetzt. — [4]) Wert von 1887 eingesetzt. —

wichtigeren Länder der Erde.
Außenhandel.

| Erdteile und Länder | Anteil der Länder am Gesamtaußenhandel in % | | | | | | | | |
|---|---|---|---|---|---|---|---|---|---|
| | 1902 | 1901 | 1900 | 1899 | 1898 | 1897 | 1896 | 1890 | 1886 |
| **Europa.** | | | | | | | | | |
| Deutsches Zollgebiet .. | 11,6 | 11,2 | 12,0 | 11,0 | 11,0 | 11,4 | 11,3 | 11,0 | 10,3 |
| Deutsch Afrika ..... | 0,1 | 0,1 | 0,1 | 0,1 | 0,1 | 0,0 | 0,0 | . | . |
| Belgien ............ | 6,3 | 6,0 | 6,0 | 6,4 | 6,3 | 6,9 | 6,1 | 6,8 | 6,8 |
| Bulgarien .......... | 0,1 | 0,1 | 0,1 | 0,1 | 0,1 | 0,1 | 0,2 | 0,2 | 0,2 |
| Dänemark .......... | 1,2 | 1,1 | 1,1 | 1,1 | 1,1 | 1,1 | 1,0 | 0,9 | 0,7 |
| Frankreich .......... | 9,5 | 8,4 | 9,9 | 10,4 | 10,3 | 10,3 | 10,3 | 11,3 | 12,5 |
| Algerien .......... | 0,6 | 0,5 | 0,5 | 0,6 | 0,6 | 0,6 | 0,6 | 0,6 | 0,6 |
| Tunis ............ | 0,1 | 0,1 | 0,1 | 0,1 | 0,1 | 0,1 | 0,1 | 0,1 | 0,1 |
| Französisch Indien .. | 0,5 | 0,2 | 0,2 | 0,3 | 0,2 | 0,2 | 0,3 | 0,1 | 0,2 |
| Übrige französische Kolonien ....... | 0,3 | 0,3 | 0,3 | 0,3 | 0,3 | 0,3 | 0,3 | 0,3 | 0,4 |
| Griechenland ........ | 0,2 | 0,2 | 0,2 | 0,2 | 0,2 | 0,2 | 0,2 | 0,3 | 0,3 |
| Großbritannien ...... | 18,5 | 19,2 | 19,8 | 18,9 | 19,1 | 19,6 | 20,0 | 20,6 | 21,8 |
| Britisch Südafrika .. | 1,3 | 0,9 | 0,7 | 0,7 | 0,6 | 0,9 | 0,8 | 0,6 | 0,6 |
| St. Helena usw .... | 0,1 | 0,1 | 0,1 | 0,1 | 0,1 | 0,1 | 0,1 | 0,1 | 0,1 |
| Britisch Indien .... | 3,2 | 3,8 | 3,0 | 3,0 | 3,3 | 3,0 | 3,1 | 3,7 | 3,6 |
| Ceylon ........... | 0,3 | 0,3 | 0,3 | 0,3 | 0,3 | 0,3 | 0,2 | 0,2 | 0,2 |
| Straits-Settlements | 1,1 | 1,1 | 1,1 | 1,0 | 1,0 | 0,9 | 1,0 | 1,1 | 1,0 |
| Britisch Westindien . | 0,3 | 0,3 | 0,3 | 0,3 | 0,3 | 0,3 | 0,3 | 0,4 | 0,4 |
| Kanada ........... | 1,9 | 1,8 | 1,7 | 1,3 | 1,5 | 1,4 | 1,3 | 1,1 | 1,6 |
| Neufundland ...... | 0,1 | 0,1 | 0,1 | 0,1 | 0,1 | 0,1 | 0,1 | 0,1 | 0,1 |
| Australischer Bund .. | 1,9 | 2,0 | 1,9 | 1,9 | 1,6 | 1,8 | 1,7 | 1,9 | 2,2 |
| Neuseeland ....... | 0,5 | 0,5 | 0,5 | 0,5 | 0,4 | 0,4 | 0,4 | 0,4 | 0,4 |
| Italien ............ | 2,9 | 2,7 | 2,9 | 2,9 | 2,8 | 2,6 | 2,6 | 2,5 | 3,4 |
| Niederlande ........ | 7,1 | 6,9 | 6,7 | 6,7 | 6,6 | 6,5 | 6,7 | 5,6 | 5,8 |
| Norwegen .......... | 0,6 | 0,6 | 0,6 | 0,6 | 0,6 | 0,6 | 0,6 | 0,5 | 0,4 |
| Österreich-Ungarn .... | 3,4 | 3,4 | 3,5 | 3,5 | 3,4 | 3,6 | 3,6 | 3,7 | 3,5 |
| Portugal ........... | 0,5 | 0,6 | 0,6 | 0,6 | 0,6 | 0,6 | 0,5 | 0,6 | 0,5 |
| Rumänien .......... | 0,5 | 0,6 | 0,4 | 0,4 | 0,7 | 0,6 | 0,7 | 0,7 | 0,7 |
| Rußland ........... | 2,9 | 3,2 | 3,1 | 3,1 | 3,8 | 3,8 | 3,7 | 3,6 | 3,0 |
| Finnland ........... | 0,4 | 0,4 | 0,4 | 0,4 | 0,4 | 0,4 | 0,4 | 0,3 | 0,2 |
| Schweden........... | 1,1 | 1,0 | 1,1 | 1,1 | 1,1 | 1,1 | 1,0 | 1,0 | 1,0 |
| Schweiz............ | 2,6 | 2,7 | 2,7 | 2,9 | 2,7 | 2,7 | 2,7 | 2,8 | 1,9 |
| Serbien ............ | 0,1 | 0,1 | 0,1 | 0,1 | 0,1 | 0,1 | 0,1 | 0,1 | 0,1 |
| Spanien ........... | 1,5 | 1,5 | 1,6 | 1,7 | 1,8 | 2,0 | 2,1 | 2,0 | 2,0 |
| Türkei ............. | 0,8 | 0,8 | 0,8 | 0,8 | 0,6 | 0,8 | 0,9 | 0,9 | 0,9 |
| **Afrika.** | | | | | | | | | |
| Ägypten ............ | 0,7 | 0,7 | 0,7 | 0,7 | 0,6 | 0,6 | 0,7 | 0,8 | 0,6 |
| **Amerika.** | | | | | | | | | |
| Argentinien ......... | 1,8 | 1,7 | 1,2 | 1,4 | 1,2 | 1,0 | 1,2 | 1,3 | 1,1 |
| Chile .............. | 0,5 | 0,5 | 0,5 | 0,5 | 0,5 | 0,5 | 0,6 | 0,7 | 0,6 |
| Costarica .......... | 0,0 | 0,0 | 0,0 | 0,1 | 0,1 | 0,1 | 0,1 | 0,1 | 0,1 |
| Mexiko ............ | 0,8 | 0,6 | 0,6 | 0,6 | 0,5 | 0,4 | 0,5 | 0,6 | 0,5 |
| Paraguay .......... | 0,0 | 0,0 | 0,0 | 0,0 | 0,0 | 0,0 | 0,0 | 0,0 | 0,0 |
| Uruguay ........... | 0,3 | 0,3 | 0,3 | 0,3 | 0,3 | 0,3 | 0,3 | 0,4 | 0,3 |
| Venezuela ......... | 0,1 | 0,1 | 0,1 | 0,1 | 0,1 | 0,2 | 0,2 | 0,2 | 0,1 |
| Vereinigte Staaten von Amerika .......... | 10,1 | 10,6 | 10,2 | 9,2 | 9,5 | 9,4 | 9,2 | 9,8 | 9,1 |
| **Asien.** | | | | | | | | | |
| China.............. | 1,5 | 1,5 | 1,3 | 1,7 | 1,4 | 1,5 | 1,6 | 1,5 | 1,6 |
| Japan ............. | 1,2 | 1,2 | 1,1 | 1,0 | 1,1 | 1,0 | 0,8 | 0,8 | 0,6 |
| Zusammen... | 100 | 100 | 100 | 100 | 100 | 100 | 100 | 100 | 100 |

[1] [illegible]

## 20. Diskontsätze der wichtigsten Notenbanken.

| Jahr | Deutsche Reichsbank (früher Preuß. Bank) | | | Bank von England | | | Bank von Frankreich | | | Österr.-ungar. Bank (früher priv. österr. Nationalbank) | | |
|---|---|---|---|---|---|---|---|---|---|---|---|---|
| | Durchschnitt | höchster | niedrigster | Durchschnitt | höchster | niedrigster | Durchschnitt | höchster | niedrigster | Durchschnitt | höchster | niedrigster |
| 1871 | 4,18 | 5 | 4 | 2,91 | 5 | 2 | 5,22 | 6 | 5 | 5,10 | 6½ | 5 |
| 72 | 4,29 | 5 | 4 | 4,10 | 7 | 3 | 5,16 | 6 | 5 | 5,00 | 6 | 5 |
| 73 | 4,95 | 6 | 4 | 4,79 | 9 | 3 | 5,15 | 7 | 5 | 5,27 | 6 | 5 |
| 74 | 4,38 | 6 | 4 | 3,69 | 6 | 2½ | 4,30 | 5 | 4 | 4,67 | 5 | 4½ |
| 75 | 4,71 | 6 | 4 | 3,23 | 6 | 2 | 4 | 4 | 4 | 4,66 | 5 | 4½ |
| 1876 | 4,16 | 6 | 3½ | 2,61 | 5 | 2 | 3,40 | 4 | 3 | 4,64 | 5 | 4½ |
| 77 | 4,42 | 5½ | 4 | 2,90 | 5 | 2 | 2,26 | 3 | 2 | 4,60 | 4½ | 4½ |
| 78 | 4,34 | 5 | 4 | 3,78 | 6 | 2 | 2,21 | 3 | 2 | 4,50 | 4½ | 4½ |
| 79 | 3,70 | 4½ | 3 | 2,51 | 5 | 2 | 2,58 | 3 | 2 | 4,17 | 4½ | 4 |
| 80 | 4,24 | 5½ | 4 | 2,76 | 3 | 2½ | 2,84 | 3½ | 2½ | 4 | 4 | 4 |
| 1881 | 4,42 | 5½ | 4 | 3,48 | 5 | 2½ | 3,87 | 5 | 3½ | 4 | 4 | 4 |
| 82 | 4,54 | 6 | 4 | 4,15 | 6 | 3 | 3,77 | 5 | 3½ | 4,20 | 5 | 4 |
| 83 | 4,05 | 5 | 4 | 3,57 | 5 | 3 | 3,07 | 3½ | 3 | 4,11 | 5 | 4 |
| 84 | 4 | 4 | 4 | 2,96 | 5 | 2 | 3 | 3 | 3 | 4 | 4 | 4 |
| 85 | 4,12 | 5 | 4 | 2,93 | 5 | 2 | 3 | 3 | 3 | 4 | 4 | 4 |
| 1886 | 3,28 | 5 | 3 | 3,05 | 5 | 2 | 3 | 3 | 3 | 4 | 4 | 4 |
| 87 | 3,41 | 5 | 3 | 3,35 | 5 | 2 | 3 | 3 | 3 | 4,12 | 4½ | 4 |
| 88 | 3,32 | 4½ | 3 | 3,30 | 5 | 2 | 3,10 | 4½ | 2½ | 4,17 | 4½ | 4 |
| 89 | 3,68 | 5 | 3 | 3,55 | 6 | 2½ | 3,00 | 4½ | 3 | 4,19 | 5 | 4 |
| 90 | 4,52 | 5½ | 4 | 4,54 | 6 | 3 | 3 | 3 | 3 | 4,48 | 5½ | 4 |
| 1891 | 3,78 | 5½ | 3 | 3,32 | 5 | 2½ | 3 | 3 | 3 | 4,40 | 5½ | 4 |
| 92 | 3,20 | 4 | 3 | 2,52 | 3½ | 2 | 2,80 | 3 | 2½ | 4,02 | 5 | 4 |
| 93 | 4,07 | 5 | 3 | 3,05 | 5 | 2½ | 2,50 | 2½ | 2½ | 4,24 | 5 | 4 |
| 94 | 3,12 | 5 | 3 | 2,11 | 3 | 2 | 2,50 | 2½ | 2½ | 4,08 | 5 | 4 |
| 95 | 3,14 | 4 | 3 | 2 | 2 | 2 | 2,10 | 2½ | 2 | 4,30 | 5 | 4 |
| 1896 | 3,66 | 5 | 3 | 2,48 | 4 | 2 | 2 | 2 | 2 | 4,00 | 5 | 4 |
| 97 | 3,81 | 5 | 3 | 2,64 | 4 | 2 | 2 | 2 | 2 | 4 | 4 | 4 |
| 98 | 4,27 | 6 | 3 | 3,25 | 4 | 2½ | 2,20 | 3 | 2 | 4,18 | 5 | 4 |
| 99 | 5,04 | 7 | 4 | 3,75 | 6 | 3 | 3,06 | 4½ | 3 | 5,04 | 6 | 4½ |
| 1900 | 5,33 | 7 | 5 | 3,96 | 6 | 3 | 3,25 | 4½ | 3 | 4,58 | 5½ | 4½ |
| 1901 | 4,10 | 5 | 3½ | 3,72 | 5 | 3 | 3 | 3 | 3 | 4,08 | 4½ | 4 |
| 02 | 3,32 | 4 | 3 | 3,33 | 4 | 3 | 3 | 3 | 3 | 3,55 | 4 | 3½ |
| 03 | 3,84 | 4 | 3½ | 3,75 | 4 | 3 | 3 | 3 | 3 | 3,50 | 3½ | 3½ |
| 1871-1903 | 4,01 | 7 | 3 | 3,37 | 9 | 2 | 3,15 | 7 | 2 | 4,33 | 6½ | 3½ |

## 21. Marktzinssätze an den wichtigsten Börsenplätzen.

| Jahr | Berlin (Marktdiskont) | | | London (Marktdiskont für Wechsel mit dreimonatlicher Laufzeit) | | | Paris (Marktdiskont) | | | Wien (Marktdiskont für Wechsel mit dreimonatlicher Laufzeit) | | | New-York¹) (Geld on call) | | |
|---|---|---|---|---|---|---|---|---|---|---|---|---|---|---|---|
| | Durchschnitt | höchster | niedrigster | Durchschnitt | höchster | niedrigster | Durchschnitt | höchster | niedrigster | Durchschnitt | höchster | niedrigster | Durchschnitt | höchster | niedrigster |
| 1888 | 2,11 | 4 | 1,25 | 2,38 | 1,38 | 1,13 | 2,16 | 3,88 | 2 | — | — | — | — | — | — |
| 89 | 2,63 | 5 | 1,25 | 3,25 | 4,25 | 1,50 | 2,60 | 4,35 | 2 | — | — | — | — | — | — |
| 90 | 3,78 | 5,50 | 2,83 | 3,71 | 4,75 | 1,75 | 2,66 | 3 | 2,25 | — | — | — | — | — | — |
| 91 | 3,02 | 4,25 | 2,75 | 1,50 | 3,60 | 0,75 | 2,83 | 2,88 | 2,13 | — | — | — | — | — | — |
| 92 | 1,80 | 3,38 | 1,25 | 1,35 | 2,13 | 0,75 | 1,75 | 2,83 | 1 | — | — | — | — | — | — |
| 1893 | 3,17 | 4,88 | 1,25 | 1,67 | 3,75 | 1 | 2,33 | 2,50 | 1,44 | — | — | — | — | — | — |
| 94 | 1,74 | 3,38 | 1,38 | 1,09 | 2,13 | 0,56 | 1,83 | 2,38 | 0,75 | — | — | — | — | — | — |
| 95 | 2,01 | 3,88 | 1,13 | 0,81 | 1,50 | 0,56 | 1,63 | 3 | 0,68 | 4,07 | 5 | 3,38 | — | — | — |
| 96 | 3,01 | 4,88 | 2 | 1,53 | 3,88 | 0,50 | 1,83 | 2 | 1,25 | 3,88 | 4,66 | 3,50 | 2,80 | 10 | 1 |
| 97 | 3,09 | 4,75 | 2,25 | 1,82 | 3,13 | 0,88 | 1,96 | 2,13 | 1,75 | 3,66 | 4 | 3,18 | 1,61 | 3 | 1 |
| 1898 | 3,55 | 5,63 | 2,38 | 2,66 | 4,06 | 0,88 | 2,19 | 3 | 1,75 | 3,04 | 5 | 3,11 | 1,66 | 4 | 1 |
| 99 | 4,45 | 6,38 | 3,50 | 3,70 | 7 | 1,88 | 2,96 | 4,50 | 2,75 | 4,74 | 5,66 | 4,09 | 3,16 | 30 40 | 1,80 |
| 1900 | 4,41 | 5,88 | 3,63 | 3,70 | 5,50 | 2,31 | 3,17 | 4,50 | 2,50 | 4,31 | 5,50 | 3,41 | 2,31 | 10 | 1 |
| 01 | 3,06 | 4,18 | 2,13 | 3,20 | 4,50 | 2,13 | 2,16 | 3 | 1,50 | 3,65 | 4,76 | 3,09 | 3,69 | 50 | 1,80 |
| 02 | 2,19 | 3,83 | 1,50 | 2,90 | 4 | 2,44 | 2,43 | 3 | 1,75 | 2,72 | 3,10 | 2,15 | 4,09 | 18 | 2 |
| 03 | 3,01 | 3,86 | 1,88 | 3,10 | 4,25 | 2,19 | 2,76 | 3 | 2,16 | 3,03 | 3,47 | 2,18 | 3,66 | 10 | 1,60 |

¹) Bei den Jahren 1888–1895 [illegible] Zinssätze für Geld on call [illegible]. Die Angaben für die folgenden Jahre stellen durchschnittliche Zinsraten für Geld auf 24 Stunden dar, gleichviel welcher Art das bezügliche Unterpfand ist.

## 22. Reichsbank, Bank von England, Bank von Frankreich.

### a. Die Reichsbank seit 1876 [1]).

| Am Schluß des Jahres | Metallbestand: insgesamt | Metallbestand: darunter Gold | Anlagen: in Wechseln und diskontierten Effekten | Anlagen: in Lombarddarlehnen | Täglich fällige Verbindlichkeiten: umlaufende Noten | Täglich fällige Verbindlichkeiten: Giroguthaben und Depositen | Deckung der Noten und des fremden Geldes durch den Barvorrat |
|---|---|---|---|---|---|---|---|
| | 1 000 M | | | | | | % |
| 1876 | 500 592 | 210 363 | 447 194 | 60 578 | 768 107 | 141 158 | 59,2 |
| 80 | 522 417 | 102 204 | 419 138 | 95 689 | 806 118 | 174 130 | 59,8 |
| 90 | 758 690 | 483 215 | 625 339 | 146 133 | 1 102 588 | 347 748 | 54,2 |
| 91 | 901 880 | 599 656 | 573 242 | 138 810 | 1 122 530 | 390 707 | 61,3 |
| 92 | 837 809 | 524 170 | 618 780 | 118 807 | 1 140 162 | 361 225 | 57,6 |
| 1893 | 797 709 | 405 123 | 610 845 | 140 158 | 1 110 078 | 373 308 | 55,7 |
| 94 | 1 014 220 | 714 438 | 607 184 | 100 380 | 1 211 212 | 435 350 | 63,3 |
| 95 | 853 077 | 570 948 | 788 998 | 211 194 | 1 320 089 | 439 549 | 49,0 |
| 96 | 804 576 | 531 420 | 797 374 | 197 203 | 1 257 925 | 443 320 | 48,6 |
| 97 | 826 558 | 568 082 | 806 585 | 172 671 | 1 319 972 | 420 404 | 48,0 |
| 1898 | 752 293 | 501 673 | 907 131 | 186 074 | 1 357 392 | 430 923 | 43,7 |
| 99 | 700 896 | 469 028 | 1 109 711 | 141 675 | 1 358 833 | 475 621 | 39,7 |
| 1900 | 729 830 | 500 626 | 1 173 118 | 146 228 | 1 409 145 | 496 998 | 39,0 |
| 01 | 868 501 | 632 185 | 1 121 528 | 161 439 | 1 405 787 | 563 188 | 44,2 |
| 02 | 786 123 | 546 680 | 1 212 880 | 189 943 | 1 516 409 | 543 964 | 39,4 |
| 03 | 793 439 | 558 109 | 1 248 952 | 212 678 | 1 565 490 | 574 918 | 38,2 |

[1]) Die Angaben für das Gold sind bis zum Jahre 1894 nach der Denkschrift »Die Reichsbank 1876—1900«, für die folgenden Jahre nach den Verwaltungsberichten der Reichsbank, die übrigen Angaben nach den im Reichsanzeiger veröffentlichten Bankausweisen zusammengestellt.

### 22b. Die Bank von England seit 1870 [1]).

| Am Schluß des Jahres | Metall | Anlagen der Bankabteilung [2]): Regierungssicherheiten | Anlagen der Bankabteilung [2]): andere Sicherheiten | Täglich fällige Verbindlichkeiten: umlaufende Noten | Täglich fällige Verbindlichkeiten: öffentliche Guthaben | Täglich fällige Verbindlichkeiten: private Guthaben | Totalreserve | Verhältnis der Reserve zu den Verbindlichkeiten |
|---|---|---|---|---|---|---|---|---|
| | 1 000 £ | | | | | | | % |
| 1870 | 22 704 | 12 926 | 17 168 | 23 050 | 8 101 | 18 245 | 14 653 | 54 |
| 80 | 24 239 | 14 365 | 24 041 | 26 321 | 8 628 | 24 848 | 12 018 | 38 [illegible]/10 |
| 90 | 21 466 | 9 806 | 33 170 | 25 114 | 6 824 | 32 090 | 14 802 | 37 |
| 91 | 22 205 | 10 162 | 30 681 | 25 652 | 5 307 | 30 647 | 13 003 | 38 [illegible] |
| 92 | 24 398 | 11 256 | 23 258 | 23 487 | 4 670 | 29 387 | 17 361 | 50 [illegible]/10 |
| 1893 | 24 480 | 8 888 | 27 269 | 25 451 | 4 484 | 29 285 | 15 497 | 45 [illegible] |
| 94 | 33 091 | 14 680 | 24 026 | 25 919 | 6 509 | 38 199 | 23 872 | 53 [illegible] |
| 95 | 44 960 | 14 936 | 23 086 | 26 468 | 9 931 | 50 527 | 35 292 | 53 |
| 96 | 34 150 | 13 753 | 34 563 | 26 604 | 8 384 | 40 352 | 24 205 | 44 [illegible] |
| 97 | 30 453 | 13 024 | 34 542 | 27 347 | 9 403 | 40 244 | 19 906 | 40 |

## 22c. Die Bank von Frankreich seit 1870[1].

| Am Schluß des Jahres | Metallbestand insgesamt | Metallbestand darunter Gold | Anlagen in Wechseln | Anlagen in Lombard-darlehen | Täglich fällige Verbindlichkeiten umlaufende Noten | Täglich fällige Verbindlichkeiten öffentliche Guthaben | Täglich fällige Verbindlichkeiten private Guthaben | Deckung der Noten und der fremden Gelder durch den Barvorrat % |
|---|---|---|---|---|---|---|---|---|
| | 1000 Francs | | | | | | | |
| 1870[2]) | 504 000 | Angab. fehlen | [3] 524 800 | 107 633 | 1 726 021 | Angaben fehlen | | — |
| 1880 | 1 786 873 | 564 200 | 1 025 628 | 181 914 | 2 476 727 | 176 904 | 429 174 | 58,0 |
| 1890 | 2 361 001 | 1 120 126 | 905 302 | 284 897 | 3 186 098 | 34 767 | 469 220 | 64,0 |
| 91 | 2 591 800 | 1 307 572 | 856 774 | 318 210 | 3 194 395 | 158 840 | 488 460 | 67,8 |
| 92 | 2 979 184 | 1 708 670 | 587 600 | 320 525 | 3 293 240 | 169 739 | 469 431 | 75,3 |
| 1893 | 2 974 153 | 1 710 626 | 628 991 | 294 887 | 3 478 281 | 28 237 | 457 585 | 75,0 |
| 94 | 3 304 836 | 2 069 236 | 606 720 | 305 819 | 3 670 210 | 4 979 | 547 407 | 78,1 |
| 95 | 3 184 891 | 1 950 272 | 851 021 | 398 395 | 3 647 007 | 89 825 | 686 061 | 72,0 |
| 96 | 3 142 859 | 1 914 589 | 1 050 209 | 378 387 | 3 808 822 | 139 873 | 596 487 | 68,7 |
| 97 | 3 158 634 | 1 952 875 | 959 857 | 379 991 | 3 809 052 | 136 015 | 548 522 | 70,3 |
| 1898 | 3 030 219 | 1 822 628 | 1 008 375 | 428 942 | 3 810 220 | 324 948 | 502 388 | 65,3 |
| 99 | 3 000 729 | 1 873 654 | 1 109 818 | 483 334 | 3 983 493 | 307 117 | 565 275 | 62,0 |
| 1900 | 3 446 740 | 2 339 068 | 847 882 | 512 048 | 4 188 990 | 260 068 | 533 090 | 69,1 |
| 01 | 3 545 759 | 2 418 092 | 854 780 | 530 420 | 4 284 633 | 100 951 | 584 920 | 70,4 |
| 02 | 3 617 063 | 2 519 184 | 836 493 | 483 048 | 4 493 628 | 104 303 | 480 365 | 71,3 |
| 03 | 3 462 100 | 2 361 348 | 1 020 861 | 505 935 | 4 490 922 | 215 631 | 471 508 | 66,0 |

1) An den dem Jahresschluß nächstliegenden Ausweistagen. — 2) Die [illegible] Daten für 1870 sind den Verwaltungsberichten für die Jahre 1870 und 1871 entnommen. — 3) Einschl. 171 [illegible] 000 Frcs. [illegible].

## 23. Stand der wichtigsten europäischen Zentralnotenbanken und der Vereinigten New-Yorker Clearinghouse-Banken, nach den Ausweisen vom 31. Dezember 1903. (In 1000 ℳ[1])

| Name der Bank<br>G. Eingezahltes Grundkapital<br>R. Reservefonds (nach den Verteilungen aus dem Gewinn des Jahres 1903) | Barmittel, d. i. Gold, Silber, Papier insgesamt | Barmittel darunter Gold | Anlagen in Wechseln, diskontierten Effekten usw. | Anlagen in Lombarddarlehen | Täglich fällige Verbindlichkeiten umlaufende Noten | Täglich fällige Verbindlichkeiten öffentliche Guthaben | Täglich fällige Verbindlichkeiten private Guthaben |
|---|---|---|---|---|---|---|---|
| Deutsche Reichsbank . . G. 150 000 R. 54 614 | 829 537 | 558 109 | 1 248 952 | 212 676 | 1 565 490 | 574 918 | |
| Bank von England[2]). G. 297 318 R. ca. 60 000 | 590 068 | 574 328 | ([3]302 969 | ([3]744 158 | 588 134 | 162 413 | 989 327 |
| Bank von Frankreich . G. 154 307 R. 27 956 | 2 801 303 | 1 912 092 | 842 287 | 409 807 | 3 637 647 | 190 861 | 381 821 |
| Österr.-ungar. Bank . . G. 178 500 R. 9 382 | 1 192 096 | 943 151 | ([4]391 220 | 44 176 | 1 505 220 | 2 491 | 110 021 |
| Bank von Italien . . . G. 145 800 R. 36 731 | 468 788 | 376 868 | ([4]276 099 | 32 626 | 728 505 | 146 066 | 150 023 |
| Belgische Nationalbank G. 40 500 R. 24 820 | 94 965 | 75 072 | 431 787 | 27 553 | 543 515 | 12 052 | 58 395 |
| Niederländische Bank[5]) G. 33 840 R. 8 777 | 217 624 | 84 962 | 119 488 | 90 352 | 396 356 | — | 12 871 |
| New-Yorker Clearinghouse-Banken . . . . | 970 564 | ([6] 674 808 | 3 815 996 | | 188 687 | 154 431 | 3 567 517 |
| Russische Staatsbank[7]) | 1 723 706 | 1 565 756 | ([4]813 883 | 479 553 | 1 251 296 | 1 304 418 | 200 068 |

## 24. Kurse von Staatsanleihen.

### a. Kurse der deutschen Reichsanleihen an der Berliner Börse.[1]

| Jahr | 4% Deutsche Reichsanleihe, v. 1. 10. 97 ab 3½% [illegible] | | | 3½% Deutsche Reichsanleihe | | | 3% Deutsche Reichsanleihe | | |
|---|---|---|---|---|---|---|---|---|---|
| | Durchschnitt | höchster | niedrigster | Durchschnitt | höchster | niedrigster | Durchschnitt | höchster | niedrigster |
| 1877 | 95,44 | 96,60 | 94,40 | — | — | — | — | — | — |
| 78 | 95,75 | 96,60 | 94,10 | — | — | — | — | — | — |
| 79 | 97,43 | 98,80 | 95,00 | — | — | — | — | — | — |
| 80 | 99,40 | 100,50 | 98,40 | — | — | — | — | — | — |
| 81 | 101,48 | 102,80 | 100,20 | — | — | — | — | — | — |
| 1882 | 101,38 | 102,25 | 100,80 | — | — | — | — | — | — |
| 83 | 102,06 | 102,50 | 101,30 | — | — | — | — | — | — |
| 84 | 103,13 | 103,90 | 101,60 | — | — | — | — | — | — |
| 85 | 104,36 | 105,00 | 102,80 | — | — | — | — | — | — |
| 86 | 105,96 | 107,10 | 104,10 | 102,55 | 103,80 | 101,20 | — | — | — |
| 1887 | 106,21 | 107,40 | 102,00 | 99,75 | 102,12 | 97,12 | — | — | — |
| 88 | 107,33 | 108,15 | 107,00 | 102,24 | 104,30 | 100,20 | — | — | — |
| 89 | 108,16 | 108,60 | 105,40 | 102,81 | 104,40 | 101,10 | — | — | — |
| 90 | 106,74 | 107,60 | 104,40 | 100,19 | 103,60 | 97,00 | 87,88 | 87,10 | 85,30 |
| 91 | 105,80 | 106,40 | 105,10 | 98,88 | 99,25 | 96,15 | 84,10 | 87,14 | 82,75 |
| 1892 | 106,87 | 107,30 | 105,90 | 99,97 | 101,00 | 98,30 | 86,91 | 88,00 | 84,60 |
| 93 | 107,31 | 108,60 | 106,00 | 100,33 | 101,60 | 99,30 | 86,07 | 88,40 | 84,50 |
| 94 | 105,96 | 108,40 | 104,90 | 102,50 | 104,20 | 100,30 | 90,12 | 95,75 | 85,30 |
| 95 | 105,90 | 107,20 | 103,30 | 104,41 | 105,80 | 103,30 | 98,21 | 100,20 | 95,10 |
| 96 | 105,41 | 106,20 | 103,50 | 104,51 | 105,70 | 103,00 | 98,28 | 99,80 | 97,00 |
| 1897 | 103,61 | 104,70 | 102,10 | 103,33 | 104,50 | 102,30 | 97,46 | 99,50 | 96,00 |
| 98 | 102,83 | 104,10 | 101,00 | 102,86 | 104,00 | 100,80 | 95,51 | 97,70 | 92,10 |
| 99 | 99,28 | 101,80 | 96,40 | 99,71 | 101,00 | 95,50 | 90,11 | 94,80 | 87,00 |
| 1900 | 95,41 | 99,00 | 93,25 | 93,20 | 99,10 | 92,75 | 86,74 | 89,00 | 84,30 |
| 01 | 99,55 | 101,40 | 93,20 | 99,58 | 101,75 | 95,30 | 89,27 | 92,10 | 85,25 |
| 02 | 102,36 | 103,30 | 101,20 | 102,06 | 103,20 | 101,20 | 92,10 | 93,10 | 90,10 |
| 03 | 102,98 | 104,00 | 101,70 | 102,90 | 103,50 | 101,80 | 91,50 | 92,40 | 90,30 |

[1] Vgl. [illegible] Bemerkungen.

### 24. b. Kurse fremder Staatsanleihen im Ausland.

| Jahr | 3% Französische Rente in Paris [1] | | | 2¾% Englische Konsols (vom 1. IV. 88 ab 2½%) in London [2] | | |
|---|---|---|---|---|---|---|
| | Durchschnitt | höchster | niedrigster | Durchschnitt | höchster | niedrigster |
| 1877 | 70,67 | 74,25 | 66,00 | — | — | — |
| 78 | 74,01 | 77,25 | 70,40 | — | — | — |
| 79 | 80,40 | 83,20 | 75,75 | — | — | — |
| 80 | 84,06 | 86,90 | 80,25 | — | — | — |
| 81 | 84,18 | 90,50 | 82,00 | — | — | — |
| 1882 | 81,08 | 85,10 | 78,25 | — | — | — |
| 83 | 78,40 | 81,06 | 75,25 | — | — | — |
| 84 | 77,16 | 78,70 | 75,12 | — | — | — |
| 85 | 79,27 | 81,25 | 75,50 | — | — | — |
| 86 | 81,61 | 83,25 | 80,00 | — | — | — |
| 1887 | 80,12 | 82,80 | 78,00 | 101,88 | 103,00 | 97,25 |
| 88 | 81,61 | 83,10 | 80,00 | 100,28 | 103,06 | 96,31 |
| 89 | 84,61 | 87,75 | 81,75 | 98,81 | 99,75 | 96,44 |
| 90 | 91,78 | 95,00 | 86,64 | 95,38 | 98,63 | 93,38 |
| 91 | 94,37 | 95,50 | 91,76 | 95,79 | 97,64 | 94,50 |
| 1892 | 97,89 | 99,30 | 94,66 | 96,38 | 98,13 | 93,88 |
| 93 | 97,29 | 99,20 | 94,31 | 98,37 | 99,63 | 97,00 |
| 94 | 100,65 | 103,50 | 98,50 | 101,07 | 103,63 | 98,38 |
| 95 | 102,03 | 103,12 | 99,81 | 106,00 | 108,01 | 103,50 |
| 96 | 102,18 | 104,80 | 100,40 | 110,63 | 113,88 | 105,75 |
| 1897 | 103,33 | 105,30 | 101,70 | 112,69 | 114,97 | 110,54 |
| 98 | 102,53 | 104,23 | 101,31 | 110,90 | 115,03 | 107,24 |
| 99 | 101,01 | 103,91 | 99,35 | 107,18 | 111,38 | 98,81 |
| 1900 | 100,64 | 102,67 | 99,20 | 99,83 | 103,13 | 96,13 |
| 01 | 101,28 | 102,60 | 99,24 | 94,27 | 97,63 | 91,50 |
| 02 | 100,40 | 101,85 | 99,44 | 94,33 | 97,63 | 92,37 |
| 03 | 98,13 | 100,05 | 96,81 | 90,75 | 93,44 | 87,50 |

[1] Bis zum Jahre 18[illegible] [illegible] — [2] Nach [illegible] [illegible]

## 25. Die Edelmetallproduktion der Welt seit 1493.

| Periode, Jahr | Gold: Gesamtproduktion der Periode, Wert Mill. M | Gold: Gesamtproduktion der Periode, kg | Gold: Jahresdurchschnitt kg | Silber: Gesamtproduktion der Periode, Handelswert Mill. M | Silber: Gesamtproduktion der Periode, kg | Silber: Jahresdurchschnitt kg | Prozentualer Anteil des Goldes an der Gesamtproduktion nach dem Gewicht | Prozentualer Anteil des Silbers an der Gesamtproduktion nach dem Gewicht | Wertverhältnis zwischen Gold und Silber |
|---|---|---|---|---|---|---|---|---|---|
| 1493–1520 | 453 | 162 400 | 5 800 | 342 | 1 316 000 | 47 000 | 11,0 | 89,0 | 10,80–11,10 |
| 1521–1544 | 479 | 171 840 | 7 160 | 537 | 2 164 800 | 90 200 | 7,4 | 92,6 | 11,25 |
| 1545–1560 | 380 | 136 160 | 8 510 | 1 231 | 4 985 600 | 311 600 | 2,7 | 97,3 | 11,30 |
| 1561–1580 | 382 | 130 800 | 6 840 | 1 455 | 5 990 000 | 299 500 | 2,2 | 97,8 | 11,50 |
| 1581–1600 | 412 | 147 600 | 7 380 | 1 977 | 8 378 000 | 418 900 | 1,7 | 98,3 | 11,80 |
| 1601–1620 | 475 | 170 400 | 8 520 | 1 928 | 8 458 000 | 422 900 | 2,0 | 98,0 | 12,25 |
| 1621–1640 | 463 | 166 000 | 8 300 | 1 566 | 7 872 000 | 393 600 | 2,1 | 97,9 | 14,00 |
| 1641–1660 | 489 | 175 400 | 8 770 | 1 467 | 7 326 000 | 366 300 | 2,3 | 97,7 | 14,50 |
| 1661–1680 | 517 | 185 200 | 9 260 | 1 253 | 6 740 000 | 337 000 | 2,7 | 97,3 | 15,00 |
| 1681–1700 | 601 | 215 300 | 10 765 | 1 271 | 6 838 000 | 341 900 | 3,1 | 96,9 | 15,00 |
| 1701–1720 | 715 | 256 400 | 12 820 | 1 301 | 7 112 000 | 355 600 | 3,5 | 96,5 | 15,21 |
| 1721–1740 | 1 063 | 381 600 | 19 080 | 1 395 | 8 624 000 | 431 200 | 4,2 | 95,8 | 15,08 |
| 1741–1760 | 1 373 | 492 200 | 24 610 | 2 015 | 10 662 900 | 533 145 | 4,4 | 95,6 | 14,75 |
| 1761–1780 | 1 155 | 414 100 | 20 705 | 2 480 | 13 054 800 | 652 740 | 3,1 | 96,9 | 14,72 |
| 1781–1800 | 993 | 355 800 | 17 790 | 3 253 | 17 581 200 | 879 060 | 2,0 | 98,0 | 15,09 |
| 1801–1810 | 496 | 177 780 | 17 778 | 1 601 | 8 941 500 | 894 150 | 1,9 | 98,1 | 15,61 |
| 1811–1820 | 319 | 114 450 | 11 445 | 973 | 5 407 700 | 540 770 | 2,1 | 97,9 | 15,51 |
| 1821–1830 | 397 | 142 160 | 14 216 | 815 | 4 605 600 | 460 560 | 3,0 | 97,0 | 15,80 |
| 1831–1840 | 568 | 202 890 | 20 289 | 1 056 | 5 964 500 | 596 450 | 3,3 | 96,7 | 15,75 |
| 1841–1850 | 1 528 | 547 590 | 54 759 | 1 374 | 7 804 150 | 780 415 | 6,6 | 93,4 | 15,83 |
| 1851–1855 | 2 781 | 996 940 | 199 388 | 892 | 4 430 575 | 886 115 | 18,4 | 81,6 | 15,41 |
| 1856–1860 | 2 815 | 1 008 750 | 201 750 | 924 | 4 524 950 | 904 990 | 18,2 | 81,8 | 15,30 |
| 1861–1865 | 2 582 | 925 285 | 185 057 | 997 | 5 505 750 | 1 101 150 | 14,4 | 85,6 | 15,40 |
| 1866–1870 | 2 721 | 975 130 | 195 026 | 1 198 | 6 695 425 | 1 339 085 | 12,7 | 87,3 | 15,55 |
| 1871–1875 | 2 426 | 869 520 | 173 904 | 1 723 | 9 847 125 | 1 969 425 | 8,1 | 91,9 | 15,97 |
| 1876–1880 | 2 405 | 862 070 | 172 414 | 1 910 | 12 251 260 | 2 450 252 | 6,6 | 93,4 | 17,81 |
| 1881–1885 | 2 162 | 774 795 | 154 959 | 2 104 | 14 042 000 | 2 808 400 | 5,3 | 94,7 | 18,63 |
| 1886–1890 | 2 370 | 849 345 | 169 869 | 2 240 | 16 937 660 | 3 387 532 | 4,8 | 95,2 | 21,15 |
| 1891–1895 | 3 420 | 1 225 850 | 245 170 | 2 771 | 24 596 065 | 4 919 213 | 4,7 | 95,3 | 26,32 |
| 1896–1900 | 5 400 | 1 935 717 | 387 143 | 2 144 | 25 772 755 | 5 154 551 | 7,0 | 93,0 | 33,54 |
| 1896 | 849 | 304 314 | | 445 | 4 883 158 | | 5,9 | 94,1 | 30,59 |
| 1897 | 991 | 355 201 | | 404 | 4 989 657 | | 6,6 | 93,4 | 34,20 |
| 1898 | 1 204 | 431 648 | 387 143 | 419 | 5 258 210 | 5 154 551 | 7,6 | 92,4 | 35,03 |
| 1899 | 1 287 | 461 507 | | 424 | 5 240 429 | | 8,1 | 91,9 | 34,36 |
| 1900 | 1 069 | 383 014 | | 452 | 5 390 209 | | 6,6 | 93,4 | 33,33 |
| 1901 | 1 102 | 394 955 | 394 955 | 436 | 5 381 260 | 5 381 260 | 6,8 | 93,2 | 34,68 |
| 1902 *) | 1 243 | 445 205 | 445 205 | 372 | 5 192 908 | 5 192 908 | 7,9 | 92,1 | 39,15 |

Die Angaben beruhen bis 1890 auf der Soetbeer'schen Statistik, für die folgenden Jahre auf den Veröffentlichungen des amerikanischen Münzdirektors.

*) Die Zahlen für das Jahr 1902 sind vorläufige.

## 20. Ausprägung von Münzen.

**Deutsches Reich** (1 000 ℳ)

| Jahr | Gold | Silber | Nickel und Kupfer |
|---|---|---|---|
| 1872 bis 1889 | 2 430 789 | 465 284 | 54 578 |
| 1890 | 99 340 | — | 2 068 |
| 91 | 59 088 | 4 787 | 1 088 |
| 92 | 37 243 | 5 201 | 2 385 |
| 93 | 110 421 | 8 797 | 2 308 |
| 94 | 157 282 | 4 487 | 1 217 |
| 1895 | 107 514 | 7 672 | 522 |
| 96 | 105 000 | 11 422 | 1 965 |
| 97 | 126 063 | — | 1 686 |
| 98 | 179 307 | 15 565 | 3 208 |
| 99 | 141 299 | 18 262 | 3 481 |
| 1900 | 145 716 | 23 720 | 9 052 |
| 01 | 118 274 | 30 037 | 3 232 |
| 02 | 87 762 | 44 105 | 2 034 |
| 03 | 93 470 | 60 139 | 1 798 |
| Sr. | 4 000 677 | 699 458 | 92 073 |
| Eingezogen†) | 57 786 | 31 420 | 4 533 |
| Bleiben | 3 942 891 | 668 038 | 87 540 |

**Frankreich**[1] (1 000 Fres.)

| Jahr | Gold | Silber | Kupfer |
|---|---|---|---|
| 1795 bis 1889 | 8 788 923 (seit 1803) | 5 534 675 | 64 939 (f. 1852) |
| 1890 | 20 603 | — | 200 |
| 91 | 17 422 | — | 200 |
| 92 | 4 514 | — | 200 |
| 93 | 50 843 | — | 200 |
| 94 | 9 831 | 4 000 | 200 |
| 1895 | 108 407 | 8 000 | 110 |
| 96 | 112 538 | — | 830 |
| 97 | 221 390 | 44 | 1 400 |
| 98 | 177 327 | 40 000 | 1 000 |
| 99 | 53 985 | 27 000 | 800 |
| 1900 | 30 049 | 5 697 | 874 |
| 01 | 74 879 | 12 400 | 600 |
| 02 | 48 874 | 11 689 | 800 |
| Sr. | 9 719 278 | 5 643 705 | 72 363 |

**Österreich-Ungarn**[2] (1 000 fl.)

| Jahr | Gold | Silber | Nickel und Bronze |
|---|---|---|---|
| . | . | . | . |
| . | . | . | . |
| 1892 | 48 645 | 250 | 444 |
| 93 | 270 085 | 74 510 | 21 200 |
| 94 | 104 647 | 40 080 | 26 480 |
| 1895 | 84 023 | 33 660 | 18 557 |
| 96 | 160 232 | 8 040 | 2 146 |
| 97 | 159 652 | 2 142 | 2 883 |
| 98 | 65 278 | 5 855 | 596 |
| 99 | 18 504 | 14 004 | 1 356 |
| 1900 | 11 501 | 65 573 | 545 |
| 01 | 13 470 | 10 387 | 1 340 |
| 02 | 21 095 | 2 947 | 882 |
| Sr. | 1 047 732 | 257 484 | 76 429 |

**Rußland**[3] (1 000 Rubel)

| Jahr | Gold | Silber | Kupfer |
|---|---|---|---|
| 1800 bis 1889 | 1 207 298 | | . |
| 1860 bis 1889 | | 157 650 | 7 557 |
| 1890 | 42 225 | 2 092 | 139 |
| 91 | 4 103 | 3 486 | 225 |
| 92 | 1 080 | 3 763 | 108 |
| 93 | 4 500 | 3 219 | 552 |
| 94 | 4 500 | 403 | 485 |
| 1895 | 75 001 | 4 804 | 542 |
| 96 | 2 | 40 025 | 825 |
| 97 | 331 578 | 98 905 | 1 000 |
| 98 | 253 890 | 30 035 | 1 600 |
| 99 | 378 000 | 40 754 | 1 600 |
| 1900 | 161 595 | 9 070 | 1 400 |
| 01 | 81 270 | 7 154 | 1 001 |
| 02 | 51 390 | 6 458 | . |
| Sr. | 2 656 432 | 386 968 | 17 026 |

**Großbritannien***)[4] (Imperial coins) (1 000 £)

| Jahr | Gold | Silber | Kupfer |
|---|---|---|---|
| 1816 bis 1889 | 204 263 | 35 588 | 909 |
| . | . | | . |
| 1890 | 7 680 | 1 712 | 89 |
| 91 | 6 724 | 1 057 | 108 |
| 92 | 13 907 | 779 | 50 |
| 93 | 9 267 | 1 068 | 54 |
| 94 | 5 678 | 822 | 22 |
| 1895 | 3 811 | 1 187 | 32 |
| 96 | 4 809 | 1 330 | 124 |
| 97 | 1 778 | 942 | 108 |
| 98 | 5 781 | 1 269 | 82 |
| 99 | 9 011 | 1 628 | 130 |
| 1900 | 13 104 | 2 077 | 167 |
| 01 | 2 590 | 914 | 127 |
| 02 | 6 908 | 937 | 148 |
| Sr. | 366 320 | 51 328 | 2 182 |

**Vereinigte Staaten**[5] (1 000 Dollars)

| Jahr | Gold | Silber | Nickel, Bronze, Kupfer |
|---|---|---|---|
| 1793 bis 1889 | 1 511 533 | 584 544 | 21 250 |
| . | | | . |
| 1890 | 20 467 | 39 203 | 1 385 |
| 91 | 29 222 | 27 519 | 1 312 |
| 92 | 34 787 | 12 641 | 962 |
| 93 | 56 997 | 8 803 | 1 135 |
| 94 | 79 546 | 9 200 | 438 |
| 1895 | 50 616 | 5 698 | 882 |
| 96 | 47 053 | 23 090 | 833 |
| 97 | 76 029 | 18 487 | 1 520 |
| 98 | 77 986 | 23 034 | 1 125 |
| 99 | 111 344 | 26 062 | 1 837 |
| 1900 | 99 273 | 36 345 | 2 031 |
| 01 | 101 735 | 30 838 | 2 120 |
| 02 | 47 185 | 30 028 | 2 448 |
| Sr. | 2 352 773 | 875 492 | 38 284 |

*) Außerdem englische Goldmünzen in Australien (1 000 £):

| | Sydney | Melbourne | | Perth |
|---|---|---|---|---|
| 1855/92 | 70 036 | 49 402 | | — |
| 1893/1902 | 29 375 | 45 403 | 1899/1902 | 9 815 |

[1]) Nach den französischen Münzberichten. — [2]) Nach den amtlichen Tabellen zur österreichischen Währungsstatistik. — [3]) Bis 1900 nach dem Bulletin russe de statistique financière, für 1901 und 1902 nach den französischen Münzberichten. [4]) Nach den englischen Münzberichten. [5]) Nach den amerikanischen Münzberichten.
†) Bei den übrigen Ländern sind die Wiedereinziehungen außer Betracht geblieben.

Berlin, gedruckt in der Reichsdruckerei
900. 04. VI.

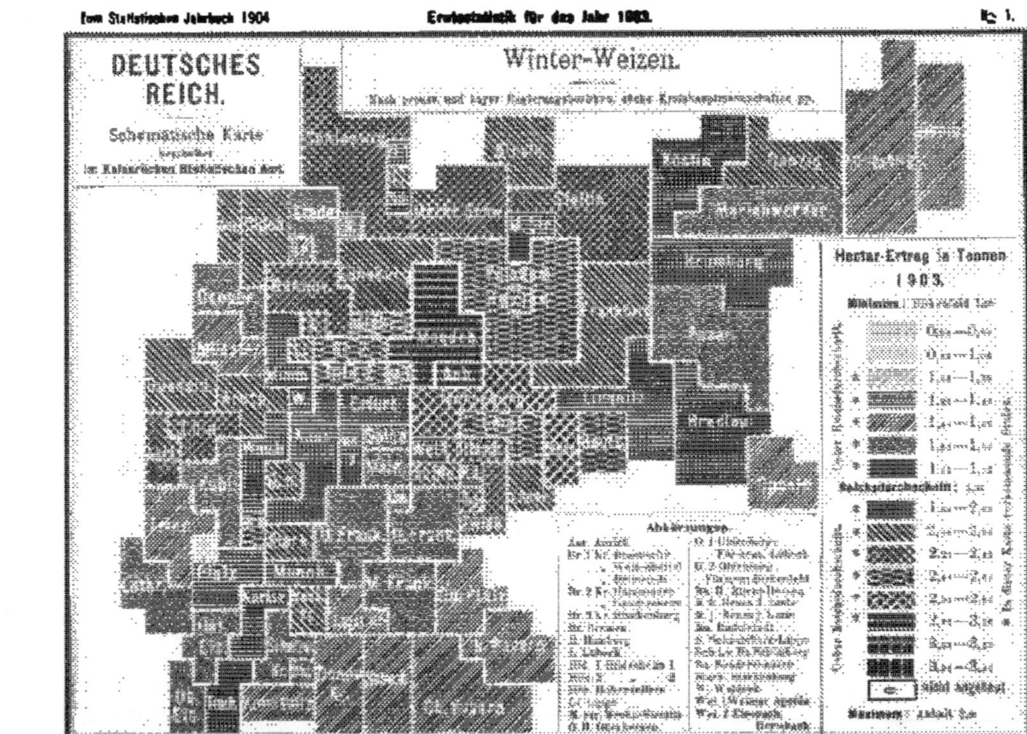
DEUTSCHES REICH.
Schematische Karte
im Kaiserlichen Statistischen Amt.
Winter-Weizen.
Hektar-Ertrag in Tonnen
1903.
Abkürzungen.
Königsberg
Marienwerder
Breslau
Liegnitz
Danzig
nicht angebaut

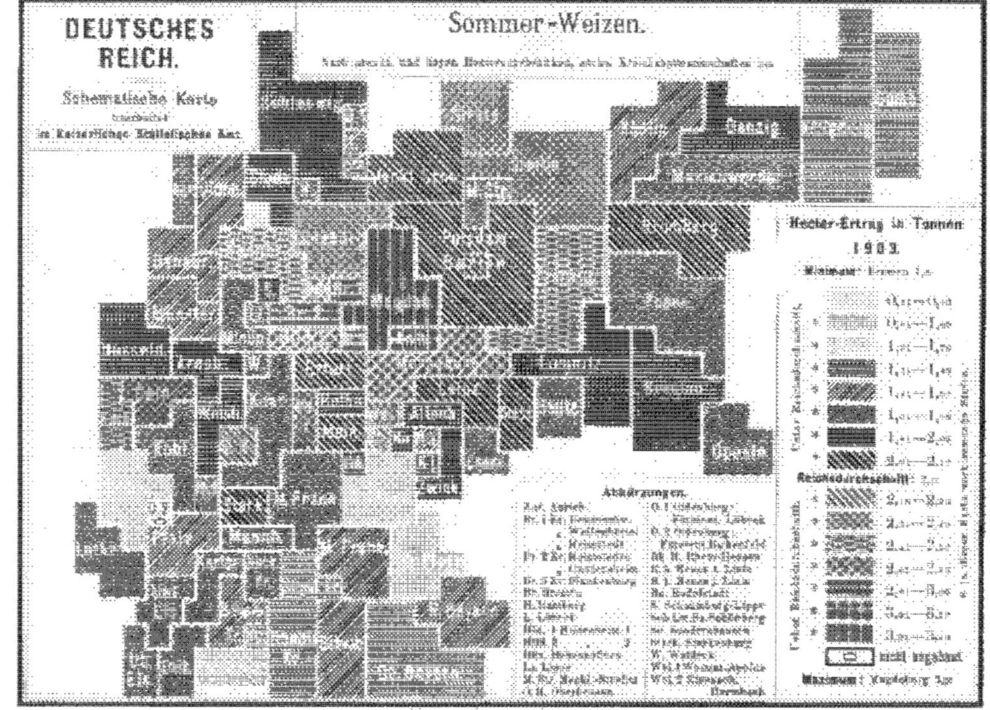


Allgemeine Stereotypie-Anstalt für Zeitungsdruckereien G. m. b. H. Berlin SW., Johanniterstrasse 6. — D. R. P.

# DEUTSCHES REICH.

Schematische Karte
bearbeitet
im Kaiserlichen Statistischen Amt.

## Winter-Roggen.

Hectar-Ertrag in Tonnen
1903.

nicht angebaut

Abkürzungen.

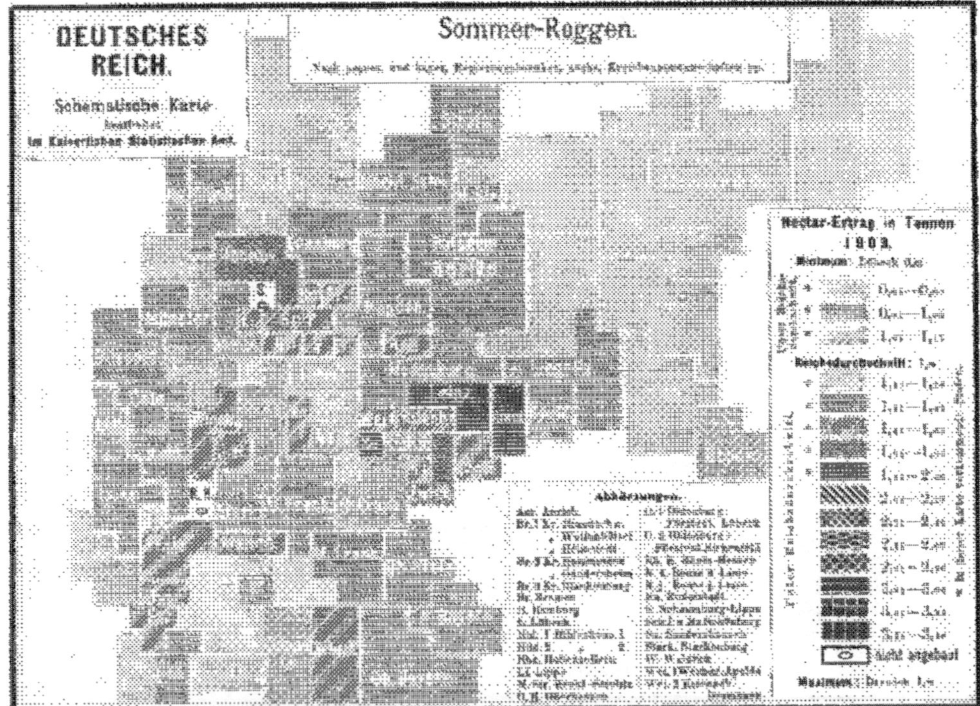
Nr. 4.
DEUTSCHES REICH.
Schematische Karte
bearbeitet
im Kaiserlichen Statistischen Amt.
Sommer-Roggen.
Hektar-Ertrag in Tonnen
1903.
Abkürzungen.
nicht angebaut

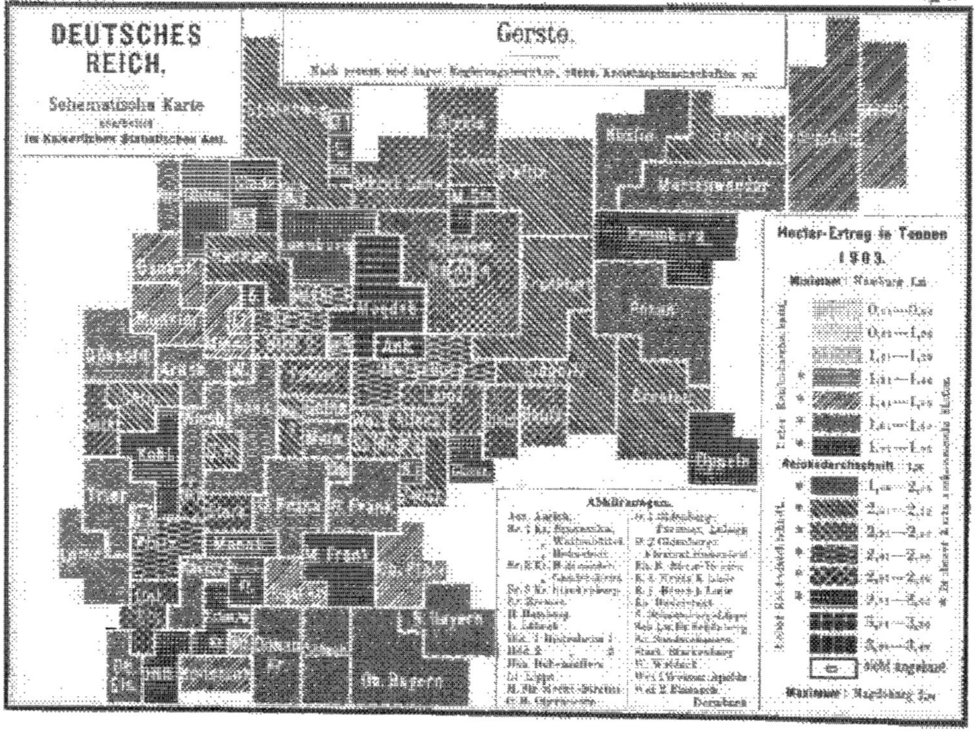

# DEUTSCHES REICH.

Schematische Karte

bearbeitet

im Kaiserlichen Statistischen Amt.

## Gerste.

Nach preuss. und bayer. Regierungsbezirken, sonst. Kreishauptmannschaften pp.

Hectar-Ertrag in Tonnen

1903.

Abkürzungen.

**DEUTSCHES REICH.**

Schematische Karte

Im Kaiserlichen Statistischen Amt.

# Hafer.

Hectar-Ertrag in Tonnen 1908.

nicht angebaut

Bromberg

Posen

Oppeln

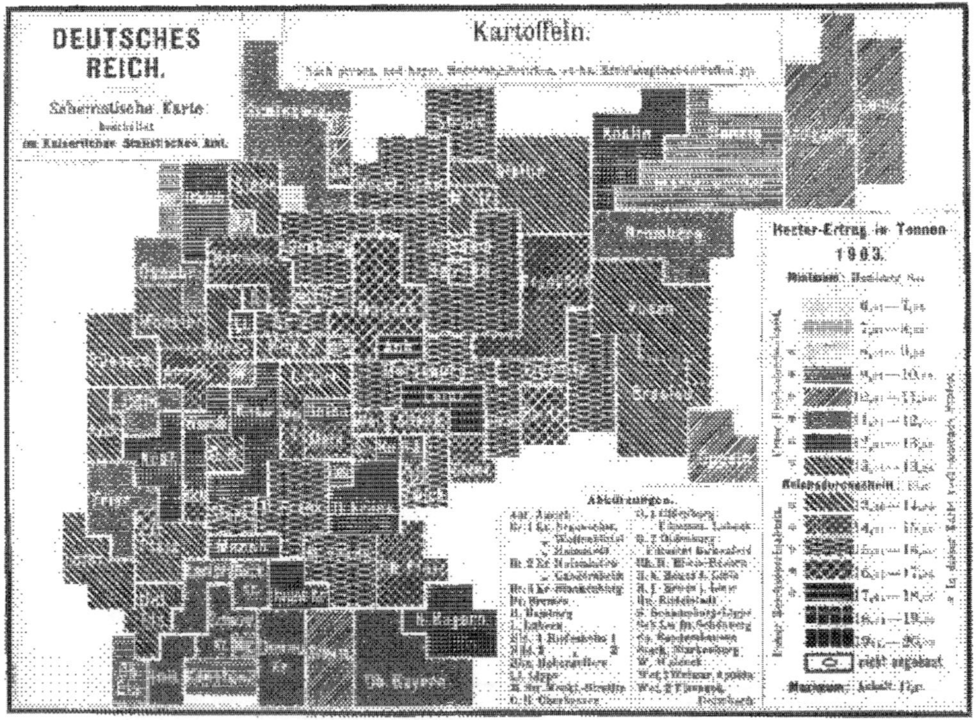
DEUTSCHES
REICH.
Schematische Karte
bearbeitet
im Kaiserlichen Statistischen Amt.
Kartoffeln.
Hektar-Ertrag in Tonnen
1903.
Abkürzungen.
nicht angebaut
Königsberg
Bromberg
Posen
Breslau
W. Bayern
Ob. Bayern

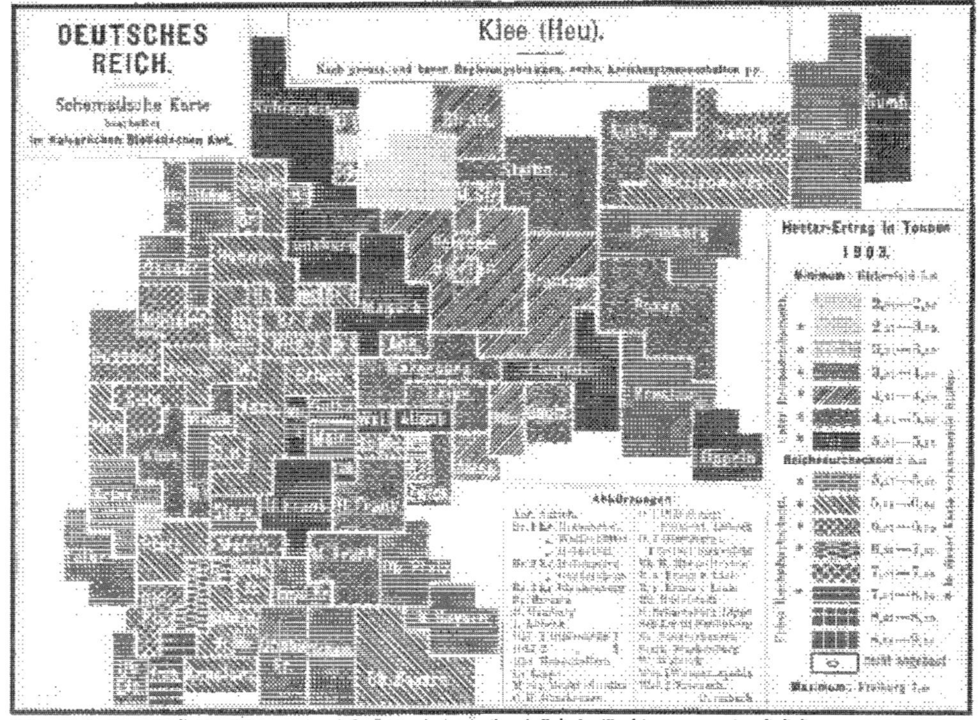


Allgemeine Stereotypie-Anstalt für Zeitungsdruckereien G. m. b. H. Berlin SW., Johanniterstrasse 6. — D. R. P.

# Todesursachen in den deutschen Orten von 15(

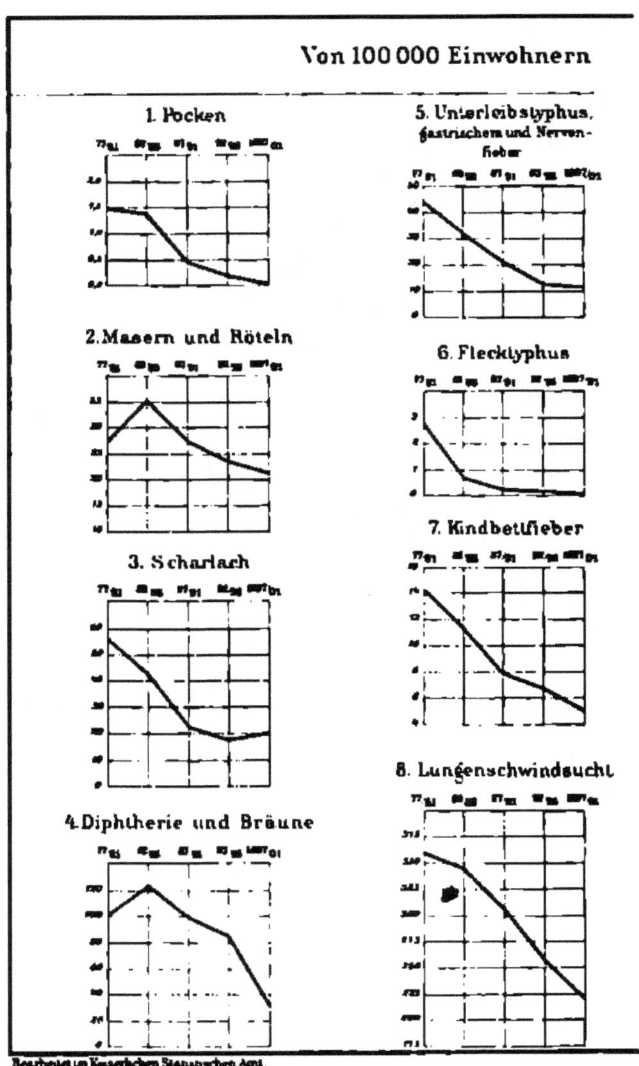


Anmerkungen. ● Durchschnitt aus den 3 Jahren 18.., ○ Durchschnitt aus den 4 Jahren 18..

…0 und mehr Einwohnern in den Jahren 1877 bis 1901.

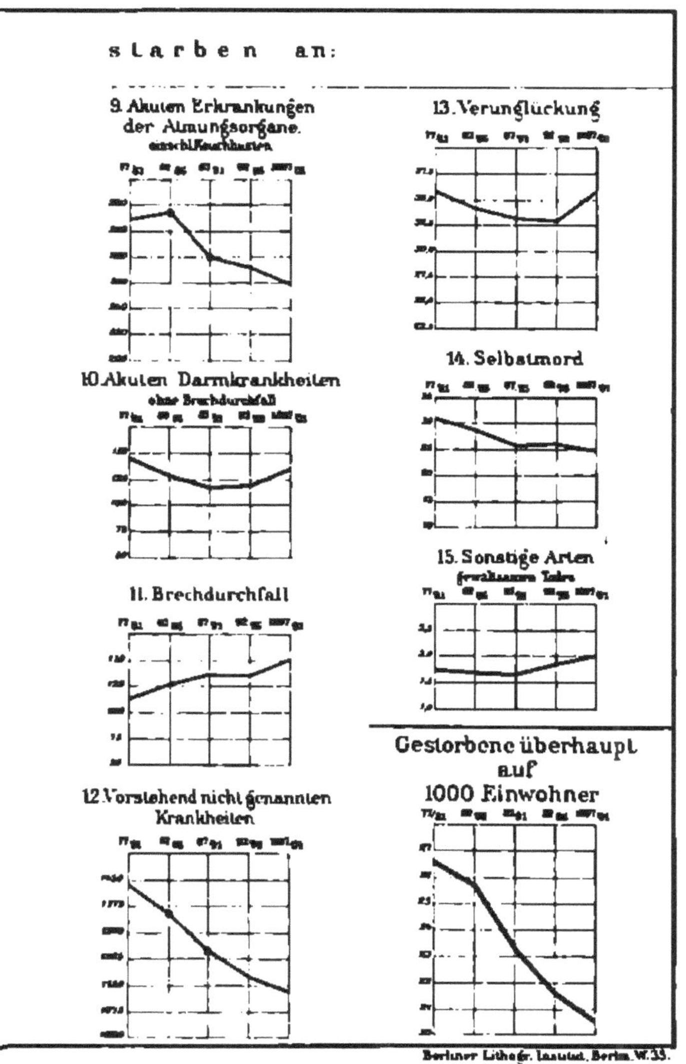


Berliner Lithogr. Institut, Berlin W. 35.

www.ingramcontent.com/pod-product-compliance
Lightning Source LLC
Chambersburg PA
CBHW021118270326
41929CB00009B/933

* 9 7 8 3 7 4 1 1 6 6 6 2 4 *